KB036043

| 제3개정판 |

인권법

| 제3개정판 |

인권법

Human Rights Law

박찬운 지음

한울
아카데미

대한민국 인권법 30년 역사를 회고하며

인권법 제2개정판을 낸 지 8년이 지났다. 교과서란 성격을 갖고 출판했으니 이미 한참 전에 제3개정판이 나왔어야 했는데 그러지 못했다. 독자들에게 죄송하다는 말씀을 드린다. 변명을 하자면 개정판을 낼 짬을 내지 못했다. 그동안 많은 일들이 있었고, 특별히 지난 3년(2020년 1월~2023년 2월)간은 국가인권위원회 상임위원(차관급)으로 일하면서 눈코 뜰 새 없이 바빴다. 공무 외에 연구를 한다거나 글을 쓴다는 것이 사치스러울 정도였다. 이제 학교로 돌아와 책상 앞에 앉으니 비로소 내 본업으로 귀환했음을 느낀다. 마음을 가다듬고 연구자로서 할 일을 해야 할 때이다.

세월이 화살처럼 흐른다는 말은 내게도 예외가 아니다. 내가 학교에서 일할 날이 그리 많이 남지 않은 것이다. 이렇게 분망하게 살다가는 내가 젊은 날부터 개척해 온 인권법 분야를 미완의 상태로 남기고 떠날 것 같다. 시간이 흐른 후 후회하지 않기 위해서는 허리띠를 졸라매고 연구실의 불을 밝히지 않으면 안 되겠다. 이것이 조급한 마음으로 이 책을 오늘의 시점에 맞게 대대적으로 손을 보게 된 이유이다.

제3개정판은 제2개정판이 나온 2015년 이후의 달라진 상황을 반영하는 데 주력하였다. 본문 이곳저곳을 그동안의 연구 성과로 보완했고 불분명한 부분을 찾아내 또렷한 의미로 바꾸었다. 나아가 부록에선 최근 우리나라가 가입한 조약을 추가하였고, 일부는 그간의 변화를 반영해 과거의 것을 버리고 새로운 것으로 교체하였다.

제3개정판을 내면서 처음부터 끝까지 원고를 읽어보니 부족하지만 이것이 한국의 인권법 역사라는 생각이 들었다. 그래서 이 기회에 한국의 인권법이 어떤 길을 걸어 오늘에 이르렀는지, 그 과정에서 내 역할이 무엇이었는지를 잠시 회고해 보고자 한다. 그것이 이 책에 관심을 갖는 독자들에게 내가 줄 수 있는 약간의 보답일지 모르겠다. 인권법을 둘러싼 지난 30년간의 역사는 본문에서 말하듯 국제인권법을 중심에 둔 것이었다. 따라서 한국의 인권법의 역사는 곧 한국의 국제인권법의 역사라고 해도 과언이 아니다.

이 역사의 출발점은 1990년대 초 우리나라가 유엔의 주요 인권조약에 가입하고 그에 따른 국가보고서를 관련 인권기구에 제출하면서부터라고 할 수 있다. 국제사회에서 우리의 인권상황이 국제인권조약에 기초해 검토되는 과정은 인권 실무가나 이론가들에게 새로운 과제를 안겨주었다. 1990년대 초부터 오늘날까지 국제인권법 실무는 '민주사회를 위한 변호사 모임'(약칭 민변)이 주도해 왔다. 특히 초기 10여 년간은 민변의 독무대였다고 말해도 지나치지 않을 것이다. 민변 변호사들은 인권조약에 따라 정기적으로 한국 정부가 조약기구에 제출하는 국가보고서에 대응하는 반박보고서를 제출하고 개인통보 사건을 대리하면서 국제인권법의 실무를 익혔다. 이 시기 이들 업무의 중심에는 조용환 변호사(제2대 인권법학회장)가 있었는바, 그는 자유권규약위원회에 최초로 NGO 반박보고서를 제출하는 데 앞장섰고, 개인통보 제도를 최초로 이용해 규약위원회로부터 인용결정을 받아냈다. 학계에선 국제법 연구자인 정인섭 교수(초대 인권법학회장)의 저술이 돋보였으며, 그의 글은 실무가들에게 큰 도움을 주었다.

1990년대 특별히 기억할 일은 비법률가 NGO 단체의 활발한 국제인권 활동이 국제인권법 발전에 큰 기여를 했다는 사실이다. 일본군위안부 문제를 유엔 인권기구에서 꾸준히 제기한 한국정신대문제대책협의회의 활동이 대표적인바, 이 활동으로 일본군위안부는 전시 성노예의 국제범죄라는 국제사회의 공감대가 형성되었다. 이 활동은 신혜수 선생에 의해 주도되었는바, 그는 2000년대에 들어와 유엔 여성차별철폐방지위원회 및 사회권규약위원회의 위원을 역임하면서 국제인권 활동을 이어갔다. 그뿐만 아니라 2000년대에는 국제사회에서 능력을 인정받은 NGO 인권운동가들이 속속 탄생하면서(예컨대 국제 NGO 팍스로마나나 포럼아시아 등에서 일한 이성훈, 김기연 등) 이들의 활동이 국내 인권운동가들과 법률가들의 국제인권법 활용에도 크게 영향을 끼쳤다.

2001년 국가인권위원회의 설립은 국제인권법의 이론과 실제에 새로운 국면을 제공하였다. 인권위는 설립 초기부터 지난 20년간 정기적으로 국제인권기구에 독립보고서를 제출해 우리 인권상황을 국제사회에 정확히 알리는 한편, 국제인권법의 국내 적용을 위해 노력해 왔다. 인권침해 판단이나 정책권고에서 국제인권법을 기준으로 삼았고, 국제인권법과 관련된 다양한 자료를 번역해 국내 활동가와 전문가들에게 귀중한 정보를 제공하였다.

2000년대에 들어와서는 민변 변호사들과 함께 국제인권 활동에 주력하는 일군의 변호사들이 나타났다. 이들은 난민법 분야를 연구하고 난민신청인들을 위한 소송지원과 국내 난민인정 제도 개선에 노력했으며(황필규, 김종철 변호사), 양심적 병역거부 사건 등에서 개인통보 절차를 활발하게 이용해(오재창, 오두진 변호사) 국제사회로부터 주목을 받았다.

2010년대로 들어오면서부터는 국제인권법을 중심에 두고 연구하는 연구자들의 수가 늘어나면서 인권법의 수준이 크게 발전한다. 로스쿨이 시작되면서 몇몇 로스쿨이 인권법을 정식 과목으로 채택하자 이를 담당하는 교수들이 나타났고(채형복, 정영선, 홍관표 교수 등), 곧이어 이들이 주축이 되어 인권법학회가 설립되고 학회지가 탄생했다. 바야흐로 실무 중심의 인권법이 이론을 토대로 심화되는 시대로 접어든 것이다. 또한 인권법학회의 자매학회로 인권학회가 설립되어 인권의 스펙트럼을 규범학 이상으로 넓히게 된 것도 인권법 연구자들에겐 큰 자극이 되었다. 이런 활동에는 인권학회를 이끈 정진성, 조효제 교수와 인권법학회를 이끈 김병주 변호사(제4대 학회장)와 김종철 교수(제5대 학회장)의 공이 컸다.

2000년대 이후 인권법 연구자들이 유엔 인권기구의 위원으로 활동하면서 국제사회에 대한민국 전문가의 역량을 보여주고 있다. 2000년대 초반부터 이양희 교수가 아동권리위원회 위원으로 활동하였고, 최근엔 서창록 교수가 자유권규약위원회에서, 이주영 교수가 사회권규약위원회에서, 백범석 교수가 유엔 인권이사회 자문위원회에서 각각 활동하고 있다. 나아가 국제인권법과 관련해서 그간의 연구 성과를 종합하는 수준 높은 연구도 지난 수년 사이에 나왔다. 국내 법원의 국제인권 관련 판례를 전수조사하거나(이혜영 교수), 개인통보와 관련하여 그동안의 연구 성과를 종합한(신윤진, 원유민 교수) 연구자들이 그들이다. 국가인권위원회와 혐오·차별 분야를 꾸준히 연구하는 홍성수 교수의 기여도 빼놓을 수 없다.

한국의 국제인권법 발전과 관련해 빠트릴 수 없는 것은 사법부의 동향이다. 사법부는 오랜 기간 국제인권법의 사각지대로 비판받아 왔으나 2010년대에 들어서 새로운 기운이 솟아나고 있다. 2011년 법관들이 자율적으로 국제인권법연구회를 조직한 이래 국제인권법을 공부하고 공동 저술(유럽인권재판소 판결 평석) 작업을 벌여나가고 있으며, 이런 분위기 속에서 근래 국제인권법을 적용하는 판례가 속출하고 있다. 이것은 세계적으로도 그 예를 찾기 힘든 현상으로 향후 대한민국 인권법 발전에 크게 기여할 것으로 귀추가 주목된다.

한국에서 국제인권법이 지난 30년 동안 많은 발전을 하였지만 인권법 차원에선 보면 아직 갈 길이 멀다. 지금까지 한국의 국제인권법 연구의 중심은 대체로 국제인권규범의 존재와 그 의미를 국내에 소개하는 데 집중하였다. 그러나 국제인권법을 기준으로 국내의 인권제도와 현실을 개선해야 한다는 인권법의 목표에서 볼 때, 국제인권법 연구의 중심은 국내에서 그 적용 가능성을 높이는 방향으로 모아지지 않으면 안 된다. 그런 면에서 국제인권법이 입법 과정과 재판 과정에서 폭넓게 수용될 수 있도록 인권의 각 분야에서 보다 구체적인 제안을 하는 것이 앞으로의 국제인권법 연구의 과제라 생각한다.

이상과 같은 한국 인권법 역사에서 나는 실무가와 이론가의 경계에서 활동해 왔다. 나의 국제인권법 연구는 1993년 행형제도 연구[『국제인권원칙과 한국의 행형』(역사비평사)]에서 시작되었으니 올해로 만 30년이 되었다. 이 기간 중 국제인권법

책을 국내에서 처음으로 출간했고(1999년), 2006년 대학교수가 된 이후에는 국제인권법을 인권법으로 확장(2008년『인권법』초판이 출간됨)했다. 부족한 능력이지만 실무가들에겐 좀 더 이론을 공부할 것을 강조했고, 이론가들에겐 현실에 밀착한 이론을 연구할 것을 주문했으며, 이것을 인권법학회 활동(제3대 학회장)으로 연결했다. 특히 국가인권위원회 상임위원으로 활동한 3년간은 수천 건의 진정사건과 수백 건의 정책안건을 처리하는 과정에서 국제인권법 활용을 주도했다. 이런 활동은 나 개인의 능력을 넘는 것으로 위에서 거명하거나 지면상 거명하지 못한 동학들의 도움이 없었다면 불가능했을 것이다. 모든 분들에게 이 지면을 빌려 심심한 감사의 말씀을 드린다.

여러 가지 사정을 고려하면 이 제3개정판이 내가 정년 전에 내는 마지막 개정판이 될지 모르겠다. 물론 정년 후에도 지적 능력이 계속되는 한 이 책을 다듬고 보완하는 일을 계속해 나갈 것이다. 그것은 지난 30년간 국제인권법을 중심으로 인권법 분야를 개척해 온 나의 의무라 생각한다. 부디 인권법에 관심 있는 분들에게 이 책과 내 연구가 참고가 되길 바란다.

마지막으로 크게 인기가 없는 이 두꺼운 책을 꾸준히 출판해 준 한울엠플러스의 관계자 여러분께도 고마운 마음을 전한다.

2023년 겨울, 한양대학교 행당캠퍼스 연구실에서

박찬운

제2개정판을 펴내며 •

『인권법』(개정판)을 펴낸 지 4년이 되어간다. 2008년에 초판이 나왔으니 이 책의 나이가 어느새 만 일곱 살이 되었다. 시간이 가면서 이 책이 인권법 영역의 주요 교과서로 자리매김하는 것은 저자로선 과분한 영광이지만 그만큼 책임감도 크다. 인권법 기본 이론의 수준을 더 높여야 하고, 각종 인권법 쟁점에 대해 계속적인 업데이트가 요구된다.

이번에 그런 의도를 갖고 책 전체를 꼼꼼히 훑어보면서 여러 곳을 수정·보강했다. 인권 이론 분야와 관련해서는 그동안의 연구결과를 반영했고, 유엔을 중심으로 한 국제인권 분야도 최신 내용으로 수정했다. 나아가 국내의 사법기관에서 최근 몇 년간 판시한 사건 중 인권법적으로 의미가 있는 결정도 소개했다. 제10장을 따로 만들어 필자가 쓴 논문 중 인권법 교과서에 넣을 만한 글들을 모아 '인권법의 쟁점'이란 이름으로 편집했다. 이렇게 책을 수정·보강하니 책의 분량이 거의 200면 이상 늘었다.

그럼에도 여전히 완성도를 자신할 수 있는 교과서라고 말하기는 어렵다. 향후에도 주기적으로 손을 대 이 책의 내용을 계속 바꾸어 나갈 것이다. 이런 과정에서 부족한 부분에 대한 독자 제현의 비판을 겸허히 수용해 나갈 것이다. 이 책이 인권을 이해하고 증진하는 데 조금이라도 도움이 될 수 있다면 저자로선 더 이상 바랄 게 없다. 출판시장의 어려움 속에서도 제2개정판을 내는 데 협력해 준 도서출판 한울 관계자분들께 심심한 감사의 말씀을 드린다.

2015년 5월, 서울 행당동 연구실에서

박찬운

개정판을 펴내며 •

『인권법』을 펴낸 지 3년이 되어간다. 그간 인권법 관련 교육환경에도 많은 변화가 있었다. 2009년 로스쿨의 출범과 더불어 각 학교에서는 인권법 관련 과목이 설강되어 강의가 이루어지고 있다. 이러한 과정에서 졸저가 주요교재로 혹은 참고교재로 사용되는 것을 보고 많은 책임감을 느꼈다. 성급하게 만들어진 교재라도 일단 세상에 나오면 일정한 몫이 있다는 것에서 집필의 완성도를 높여야 한다는 생각을 더욱 갖게 되었다.

초판을 집필하는 과정에서 유엔의 인권이사회(Human Rights Council)가 출범했기에 그 부분의 집필을 어떻게 할 것인가 고민하다가 일단은 과거의 인권위원회(Commission on Human Rights)에 준하여 설명했다. 그러나 이제 인권이사회가 출범한 지 4년이 지나 어느 정도 업무관행이 정착되었다. 나아가 국내의 법원이나 헌법재판소에서의 국제인권법 적용사례도 점점 늘어나고 있다. 또한 사소한 일이라 할 수 있지만 초판의 여기저기에 설명이 부족하거나 오류를 범한 부분도 발견되었다.

이런 이유로 초판의 개정판을 내게 되었다. 책의 체제나 내용이 여러 가지 면에서 아직 부족하다. 이것은 전적으로 저자 자신의 한계에서 비롯된 것이다. 그러나 앞으로 부단히 연구하여 고쳐나가 이 책이 인권법을 연구하는 동학들에게 좋은 동반자가 될 것을 약속한다. 따뜻한 질책을 바란다.

2011년 7월, 서울 행당동 연구실에서

박찬운

책을 펴내며 •

필자가 『국제인권법』이라는 책을 낸 지 어느덧 9년이 흘렀다. 1999년 『국제인권법』을 낼 때만 해도 이 분야는 국내에서 거의 알려지지 않은 미지의 영역이었다. 당시 필자는 미국과 유럽에서 국제인권법을 연구하고 돌아오자마자 이에 대한 국제적 흐름이라도 알린다는 일념으로 분주한 실무가의 일상을 잠시 접고 책 출판을 감행했다. 지금 생각하면 참으로 만용에 가까운 도전이었다. 더군다나 그 책에서는 어떤 법률서적에서도 볼 수 없는 몇 가지 시도를 했다. 우선 각종 국제인권법 분야의 자료를 원문 그대로 실었다. 나아가 국제사회에서 사용되는 용어는 대부분 원어를 그대로 사용했다. 그러한 시도는 필자의 책을 통해 공부하는 학생들이 국제인권법의 진수에 직접 접근할 수 있도록 하자는 의도에서 비롯된 것이었다. 그럼에도 그 책은 국제인권법의 지식을 그저 초보적으로 전달하는 수준에 불과했음을 고백하지 않을 수 없다. 그만큼 부족함이 많았다.

9년이라는 세월이 흐르면서 한국의 인권상황은 몰라보게 바뀌었다. 무엇보다 2001년 말 출범한 국가인권위원회는 국제사회에서 말하는 국가인권기구(National Human Rights Institution)의 하나로 우리 사회의 인권 지형에 엄청난 변화를 가져왔다. 특별히 이 기구는 그 활동의 근거를 국제인권법에서 찾고 있음을 근거법에서 명백히 하고 있으며, 지난 6년간 국제인권법에 근거하여 다양한 활동을 펼쳐왔다. 이러한 상황은 필자에게 국제인권법에 대한 좀 더 깊은 연구를 하게 했다.

한편 국내 법과대학은 지난 몇 년간 새로운 법학교육 시스템인 로스쿨 제도 도입으로 홍역을 앓아왔다. 많은 과제가 산적해 있음에도 전국의 로스쿨은 2009년 개원을 향해 앞으로 나가고 있다. 이 과정에서 인권을 연구하는 사람으로서는 상당히 고무적인 현상이 일어났다. 많은 로스쿨에서 공익 인권법에 대한 관심을 표명하고 이에 대한 교과과정을 만들었기 때문이다. 만일 이와 같은 교육이 로스쿨에서 현실적으로 이루어진다면 우리 사회의 인권 지형을 또다시 바꿀 만한 상황이 일어나게 될 것이다.

필자는 이러한 시점에서 종래의 저서인 『국제인권법』을 『인권법』이라는 이름으로 바꾸고 내용을 혁신하여 새로운 책을 내게 되었다. 이 책은 각 대학과 향후 로스쿨에서 사용될 인권법 개론서로서 의미가 있다. 인권법이라는 분야는 아직 그 영역이 확정되어 있지 않고 내용도 표준적인 것이 없다. 그러나 인권법이 발전하기 위해서는 빠른 시간 내에 통상의 법률영역처럼 표준적 내용이 제시되어야 한다. 그렇지 않으면 대학에서 교육과정으로 실시되는 인권법 교육의 내일을 보장할 수 없다. 이 분야의 전문가들이 하루빨리 표준적인 인권법 교재를 출간해야 할 이유가 여기에 있다고 본다.

이 책의 출간 목표가 위와 같음에도 불구하고 이 책의 내용은 그 목표에 크게 미치지 못함을 자인하지 않을 수 없다. 무엇보다 목표에 부합하는 교재를 제대로 만들기에는 필자의 연구가 아직 부족하기 때문이다. 그런 이유로 이 책은 필자가 제1장에서 밝힌 인권법의 담당영역이라는 주제에 대한 개론적 설명을 전부 하지 못하고 출판하게 되었다. 또한 각 장의 내용이나 형식도 통일을 기하지 못했다. 많은 부분이 필자가 최근까지 쓴 논문을 중심으로 만들어졌기 때문에 인권법 교재로서는 일반성이 떨어지고 수준도 일정치 못한 측면이 있다. 그럼에도 필자가 이 책의 출간을 서두른 것은 곧 실시되는 로스쿨에서 많은 대학들이 인권법 관련 과목을 설강할 것임에도 시중에는 이에 대한 교재가 거의 전무하기 때문이다. 비록 설익은 내용의 교재라도 인권법 관련 과정의 수업에 조금은 도움이 되지 않을까 하는 마음에서 이 책을 내놓게 된 것이다. 필자는 이러한 한계를 의식하고 있기 때문에 조속한 시일 내에 인권법의 전 영역을 개괄적으로 다룬 제2판을 출간할 수 있도록 연구에 박차를 가할 것이다.

필자는 이 책을 출간하면서 다음과 같은 사항에 초점을 맞추려고 노력했다.

첫째, 인권법의 근간을 국제인권법에 맞추었다. 따라서 본문은 국제인권법과 관련된 문제에 많은 지면을 할애했다.

둘째, 독자들의 가독성을 높이기 위해 이 책에서 사용된 각종 원문 용어는 번역어를 사용하는 것을 원칙으로 했고 원문을 병기했다. 또한 본문에 사용된 원문 자료도 거의 모두 번역문을 붙임으로써 독자의 편의를 고려했다.

셋째, 국제인권보장 메커니즘과 관련된 주요 국제문서를 원문과 국문으로 동시에 볼 수 있도록 부록에 배치했다. 이들 자료는 본문의 내용을 좀 더 심층적으로 이해할 때 필요한 것들이다.

넷째, 각 단원마다 분명한 학습목표를 정했다. '장' 또는 '절' 모두에 '학습을 위한 질문' 박스를 만들어 각 장과 절에서 독자들이 어떤 문제의식을 가지고 학습을 해야 할지 생각하도록 했다. 이러한 질문을 토대로 이 교재가 토론식 강의의 교재로 사용되길 바란다.

다섯째, 본문에 가급적 많은 도표를 만들어 넣고자 노력했다. 이는 시각적 효과를 노리는 것도 있지만 복잡한 내용을 단순명료하게 이해하는 방법으로 채택된 서술기법이다.

필자는 지난 20여 년을 인권 현장에서 실무가로 활동하면서 인권법 영역을 연구해 왔다. 특히 국가인권위원회에서 1년 반 동안의 활동(인권정책본부장)은 실무와 연구를 인권기구의 기능을 통해 직접 경험해 볼 수 있는 좋은 기회였다. 그리고 이제는 드디어 학문의 전당인 대학의 연구실에서 오로지 학문 연구에 힘을 쏟을 수 있는 기회를 갖게 되었다. 참으로 감사할 따름이다. Gracias a la vida!(삶에 감사!)

첫술에 배부를 수 없다. 그러나 시작이 반이라는 생각으로 이 부족한 책을 세상에 내놓는다. 관심 있는 분들의 많은 질책을 기다린다. 끝으로 이 책이 나오는 과정에서 각주를 정리해 준 한양대 대학원 박사과정의 박미경 양에게 고마움을 표한다. 또한 이 책에서 사용한 자료의 상당 부분을 모아주고 정리해 준 국가인권위원회의 오유진 선생에게 감사한다. 그녀의 도움이 없었다면 이 책의 빠른 출간은 어려웠을 것이다. 어려운 출판 현실에서도 이 책의 출간을 독려해 준 도서출판 한울의 관계자 여러분에게도 감사의 뜻을 전한다.

2008년 7월

박찬운

차례 •

부 록 687

제1장 인권법의 기초

그리스인들은 인간의 아름다움을 이렇게 표현했다. 인간의 아름다움이라는 플라톤식 이데아의 표현(정신)이자 인간본성을 중시하는 아리스토텔레스적 관능미(몸)의 혼합이다. 이 작품은 바로 존귀한 인간을 이상화한 예술품이다. 우리는 저 아름다움 속에서 무한히 발전할 수 있는 인간의 덕성을 발견한다. 나는 저 조각품에서 인간의 존엄성을, 나아가 인권을 읽는다(밀로의 비너스, 기원전 2~1세기 작품, 루브르 박물관 소장, 저자 촬영).

제1절 인권법의 개념과 연구대상

■ 학습을 위한 질문

1. 인권법이란 법 영역이 독자적으로 구축될 수 있는가, 그럴 필요성이 있는가?
2. 인권법은 어떻게 정의될 수 있는가?
3. 인권법은 다른 법 영역에 비해 어떤 특질을 가지고 있는가?
4. 법치주의와 인권의 관계는 무엇인가?
5. 인권법에서 국제인권법은 어떤 위상을 갖는가?
6. 인권법의 구체적 연구대상은 무엇인가?

I. 인권법의 개념

1. 인권법이란 무엇인가?

인권법 강의에 들어가면서 우선 인권법이 무엇인지에 대하여 설명해야겠다. 법학의 영역에서 인권법이라는 것이 무엇인지, 좀 더 본질적으로는 인권법이란 영역이 법학에서 독자적으로 존재하는지, 존재한다면 그것의 특질은 무엇이고 무엇을 추구하는지 등에 대하여 설명하고자 한다.

가. 인권법(학)의 정의: 인권법이란 무엇인가?

인권법(학)은 '인간으로서의 존엄과 가치 그리고 자유와 권리'(이를 간단하게 인권이라 하자)에 입각하여 법제도와 법현실을 분석·비판하고 그 증진을 위한 대안을 제시하는 법학의 한 영역을 말한다. 따라서 인권법은 기본적으로 어떤 특정 법 영역의 규범체계를 연구하는 여타 법학(예컨대 헌법, 민법, 형법, 상법, 민사소송법, 형사소송법 등)과는 달리 법 영역에 구애되지 않고 법 영역 전체를 대상으로 인권문제를 연구하는 종합법학이다. 나아가 인권법은 인권의 보편적 성격 때문에 다른 국내법보다 국제법(국제인권법)과의 관계에서 훨씬 일원적인 접근방법을 취하는 법률체계이다. 인권의 보편성 원칙에 따라 국제사회에서 널리 인정되는 인권의 원칙은 바로 우리 국내의 인권원칙으로 인정될 필요가 있으므로 인권법의 체계는 국제인권법과의 밀접한 관련 속에서 살펴보아야 한다.

나. 인권법의 독자성: 인권법이 독자적인 법 영역이 될 수 있는가?

헌법은 인권의 주요 부분이라고 할 수 있는 국민의 기본권을 담고 있고 헌법학은 이를 연구하는 것이므로 헌법이야말로 인권법이라고 할 수 있다. 형사법도 인권적 차원에서 연구될 수 있으므로 인권법이라고 할 수 있다. 그렇다면 인권법이란 원래 각 법률 영역의 인권적 측면을 말하는 것일 뿐 독자적인 법 영역으로 존재하기는 어렵지 않을까 하는 의문이 생길 수 있다. 그러나 필자는 과감히 인권법의 독자성을 주장한다.

인권법은 종합법학으로서 어떤 특정 영역의 법규범이 아닌 모든 법 영역을 대상으로 하여, 그 영역의 제도와 현실을 인권이란 시각으로 분석하고 비판하며 대안을 제시하는 것을 목표로 한다. 따라서 인권법은 '헌법의 인권적 측면'이나 '형사법의 인권적 측면'과 같이 개별법학(헌법 혹은 형사법) 차원에서 인권을 분절적으로 연구하는 것이 아니라 오히려 '인권법 측면에서의 헌법'이나 '인권법 측면에서의 형사법'과 같이 보편적 인권이란 통일된 잣대를 사용하여 여러 법률 영역을 종합적이고도 체계적으로 연구한다.[1] 이런 이유로 인권법(학)은 종합법학으로서의 지위에서 개별법(학)의 한계를 넘어 모든 법 영역에 공통적으로 적용할 수 있는

1) 이런 시각으로 보면 민사법조차도 인권적으로 설명할 기회가 많아질 것이다. 예를 들면 민법을 공부하다 보면 첫 부분에 '근대 민법의 3대원칙'이라는 것이 나온다. 계약자유의 원칙, 소유권 절대의 원칙, 자기책임(과실책임)의 원칙이 그것들이다. 민법 공부에서 이들 원칙이 매우 중요한 것으로 소개되고 있지만 아쉬운 것은 이들 원칙이 인권과 관련하여 어떤 의미가 있는지 거의 설명되지 않는다는 것이다. 인권법적으로 근대 민법의 3대원칙을 설명하면 이것은 근대국가 형성기에 만들어진 인권사상의 발현이라고 할 수 있다. 즉, 근대국가 형성기에 가장 중요하게 취급된 자유와 재산권 보장이 근대 민법의 원리로 발현된 것이 3대원칙이다. 이와 같은 방법으로 보면 20세기 변형된 사법의 원리도 쉽게 이해된다. 즉, 계약자유의 원칙이나 소유권절대의 원칙이 모두 공공의 이익에 의해 제한되고 과실책임의 원칙마저 상당 부분에서 무과실책임 원칙으로 변화되는 것은 평등을 중심으로 확립된 20세기 인권사상의 영향 때문이라고 설명할 수 있다.

인권의 원칙을 체계적으로 연구하는 법 영역으로서 존재한다고 할 수 있다.

다. 법치주의와 인권

인권법을 법치주의와 동의어로 이해하는 사람들이 많다. 법이 제대로 지켜지면 그것이 곧 인권보장이라는 말이다. 이런 이유로 많은 법률가들이 자신들의 일이나 사고방식 모두를 인권과 결부시키는 경향이 있다. 법률가는 모두 인권옹호자라는 것이다. 이런 상황에서는 인권법의 독자성을 논할 수가 없다. 법학이라는 것이 곧 인권법이 되기 때문이다. 과연 그럴까.

법치주의를 단순히 법을 준수하는 것으로 이해하는 한 법치주의 자체가 인권법이 될 수는 없다. 법을 준수하는 것이 반드시 인권보장 혹은 인권신장으로 이어지는 것은 아니기 때문이다. 예를 들면 형식적 법치주의를 강조하는 경우 악법도 준수되어야 한다.[2] 그런 경우에는 인권보장이 아니라 인권침해가 될 수도 있다. 또한 법치주의는 다수결을 중시하는 민주주의 원칙에서 나오는 이념이므로 거기에서의 '법'은 다수의 이익을 대변하는 경우가 많다. 이 경우 법치주의는 법의 지배라는 이름으로 소수자를 무시하고 차별하는 수단이 되기도 한다.

따라서 모든 법률가는 법치주의하에서 인권옹호자라는 말은 법률가들의 오만에 불과하다. 법률가들도 특별히 인권에 대해 교육을 받지 못하면 그들이 배운 법학은 인권을 침해하는 수단으로 사용될 가능성이 크다는 사실을 알아야 한다.

라. 인권법의 토대

인권법은 어떤 잣대로 다른 법 영역을 비판하고 분석하며 대안을 제시하는가?

---

2) 악법이 아닌 정당한 법률하에서도 인권법의 영역은 별도로 존재한다. 예를 들면 어떤 사람이 타인의 토지 위에 아무런 권원 없이 장기간 무허가 주택을 짓고 산다고 하자. 이런 경우 토지 소유자는 민사상의 소유권방해배제 청구권을 행사하여 철거와 퇴거를 구할 수가 있을 것이다. 이것은 법치주의하에서는 너무나 당연한 귀결이다. 그러나 인권법은 이 상황에서도 거주자의 생존권 혹은 주거권이라는 인권을 주장할 여지를 살핀다. 법치주의하에서는 거주자는 어쩔 수 없이 타인의 토지에서 나가야 하지만 인권법은 또 다른 권리인 생존권과 주거권을 동원하여 그를 보호할 수 있는 방법을 찾는다는 것이다.

인권법이 종합법학으로서 모든 법 영역에 관통하는 인권원칙을 체계적으로 연구하기 위해서는 반드시 그 잣대가 필요하다. 어떤 시각에서 인권을 정의하며 어떤 시각에서 다른 법 영역을 비판하고 대안을 제시할 것인가? 한마디로 인권법 연구의 토대가 있어야 한다는 것이다. 이에 대해서 인권법을 연구하는 사람들은 누구나 두 개의 기본 토대를 제시한다. 하나는 국내법적인 영역에서 헌법이고, 또 하나는 국제법적 영역에서 국제인권법이다. 즉, 인권법은 헌법과 국제인권법이 보장하는 인권을 토대로 각 법 영역이 안고 있는 인권적 문제점을 끄집어내 이를 비판하고 대안을 제시한다.

그런데 인권법의 토대로서 볼 때 국제인권법은 국내법인 헌법보다 더 중요한 가치를 담고 있다. 인권법에서 말하는 인권의 주요한 특질 중 하나인 '인권의 보편성'은 국지적 차원에서 추구되는 것이 아니라 전 지구적(보편적) 차원에서 추구되는 것이기 때문에, 보편적 인권이라는 가치에서 출발한 국제인권법의 중요성은 더욱 부각될 수밖에 없다. 헌법도 필요한 경우에는 국제인권법의 잣대에서 비판될 수밖에 없고, 이것은 국제법과 국내법의 관계에서 일원적인 접근방법을 사용하는 인권법에서는 자연스러운 현상이다. 법체계상 국내법에서는 헌법을 능가하는 법체계는 있을 수 없지만 인권법의 영역에서는 국제인권법이 헌법을 능가할 수 있다. 그런 측면에서 인권법의 체계는 국내법과 국제법의 관계를 이원론적으로 보지 않고 하나의 틀 속에서 종합적으로 고려하는 일원론적 법체계로 이해할 수 있다.[3)]

2. 인권법의 예: 공모공동정범과 인권법

형법을 공부하다 보면 배우게 되는 것이 공모공동정범 이론이다. 이 이론을 인권법적 차원에서 점검하면 어떻게 보아야 할까? 인권법의 관점에서 형사법의

3) 통상 국내법과 국제법의 관계를 설명하는 방법은 일원론(monism)과 이원론(dualism)이 있다. 국제법 학자들은 일원론적 입장에서, 국내법 학자들은 이원론적 입장에서 그 둘의 관계를 바라보는 것이 일반적이다.

한 이론을 관찰하는 경우 어떤 문제의식을 찾아낼 수 있는지 하나의 예로서 설명하고자 한다. 이러한 관찰을 통해 인권법의 의미를 알 수 있을 것이다.

가. 공모공동정범의 의의와 학설

공동가담의 의사가 사전모의의 형태로 나타나는 경우에는 조직적인 역할분담으로 인해 배후자가 외부로 드러나지 않는 경우가 많다. 이러한 경우 배후자에게 공동정범의 객관적인 요건인 실행분담이 있음을 입증하기도 어렵다. 이때 그 배후자를 공동정범으로 처벌해야 할 필요에 따라 인정된 이론이 바로 공모공동정범 이론이다. 즉, 이 이론은 공동모의라는 공동정범의 주관적 요건만 있고 공동의 실행분담이라는 객관적 요건이 없는 경우에도 공동정범의 성립을 긍정하는 이론이다.

이 이론에 대해 학설은 몇 개로 나누어진다. 가장 적극적인 이론은 공동의사주체설로, 이 이론은 공동의사주체의 일원인 공모자에게 공동정범의 성립을 인정하는 이론이다.[4] 두 번째 이론은 간접정범유사설이다. 이 이론은 공모공동정범을 유지하면서 그 성립범위를 일정 부분 제한하려는 시도인데 공모자들 사이의 의사연락이 간접정범에 있어서 이용자와 피이용자 사이의 관계에 준할 정도로 강력한 경우에만 공모공동정범을 인정하자는 견해이다. 따라서 이 설은 공모자들 사이에 서로 다른 사람을 이용하여 자신의 범죄를 실행한다는 강력한 의사연락이 있을 때에 비로소 공모공동정범을 인정하는 이론이다.

세 번째는 적극이용설이다. 이 이론도 공모공동정범을 기본적으로 인정하면서 그 성립범위를 제한하려는 시도에서 나온 것인데 공모공동정범이 배후의 주모자를 처벌하기 위하여 극히 예외적으로 하수인인 실행정범을 적극적으로 이용하여 자신

4) 이 입장에서는 공모공동정범에 대해 다음과 같이 설명한다. "2인 이상의 사람들 사이에 공동으로 범죄를 실현하려는 의사연락이 있으면 공동의 의사주체가 형성된다. 공동의사주체란 공동의 범죄실현을 목적으로 결합된 하나의 주체이다. 공동의 범행의사로 연결된 개개인은 공동의사주체의 지체가 된다. 공동의사주체의 지체를 이루는 한 사람이 실행행위를 하면 그 행위는 공동의 의사주체 전체의 행위가 된다. 이 행위는 공동의사주체를 형성한 전제공모자에게 귀속된다. 따라서 공모자는 의사연락만 있고 실행행위를 분담하지 않더라도 전체 범행에 대하여 정범으로 책임을 진다." 신동운, 『형법총론』, 제2판(법문사, 2006), p. 569.

의 범행을 실현시키는 주범만을 공모공동정범으로 포착하려고 한다. 네 번째는 기능적행위지배설이다. 상기 이론들이 모두 기본적으로 공모가 인정되기만 하면 실행행위를 전혀 분담하지 않더라도 공모자에게 공동정범의 성립을 인정하는 이론인 것에 비해 이 이론은 공동정범이 성립하려면 공모 이외에 객관적 측면에서 어떠한 형태로든지 공동가공의 행위가 있어야 한다고 보는 견해이다. 이 이론은 공모 이외에 기능적 행위지배를 나타내는 객관적 행위기여가 있을 때에 공동정범을 인정하자는 기능적행위지배설과, 공모자가 구성요건의 실행행위를 일부 분담할 때 비로소 공동정범이 성립한다고 보는 실행행위분담설로 나누어진다.[5)]

나. 공모공동정범의 문제점: 집시법 위반 등에서의 공모공동정법의 남용 예

우리나라에서는 주말이 되면 도심 집회가 끊이지 않고 발생한다. 도심 집회는 시민들에게 많은 불편을 준다는 이유로 당국으로부터 많은 제한을 받는가 하면 때로는 경찰에 의한 대량 연행 사태가 일어나기도 한다. 이 경우 경찰과 검찰은 집회 현장에서 연행한 집회참가자들에 대하여, 일률적으로 집회 도중 우연적으로 발생한 특정한 결과(물리적 충돌 및 이로 인한 부상 등)에 대해서도 제한 없이 공동정범을 인정하여 처벌하는 사례가 있다.

현실에서 공모공동정범의 논리가 적용되는 것은 다른 범죄이론과 중첩적으로 사용되고 있는데 이를 유형화하면 다음과 같다.[6)]

① 가장 흔한 사례: 집회에 참가했을 뿐 특정 행위에 대한 인식이나 실행행위 가담이 인정되지 않는 경우를 공모공동정범으로 처벌하는 경우

② 현장에 없던 지도부나 구체적 실행행위의 가담이 입증되지 않은 경우를 공모공동정범으로 적용하는 경우

③ 결과적 가중범(공무집행방해치상 등)을 공동정범으로 인정하는 경우[7)]

---

5) 이에 대한 자세한 내용은 Ibid. pp. 572~575 참고.

6) 이 예는 '민주사회를위한변호사모임'의 변호사들이 우리 사법부의 공모공동정범 이론의 무분별한 적용에 대응하기 위하여 직접 담당한 사건을 근거로 하여 분류한 것이다.

④ 합동범이나 폭력행위등처벌에관한법률(이하 "폭처법"이라 한다)의 '공동하여'를 구성요건으로 가진 범죄(폭처법 제2조, 제3조 공동폭행 등)에서 현장에 있었다는 것만 입증되면 '합동하여'나 '공동하여'라는 구성요건을 인정하는 경우

검찰은 과거 ①~④ 모든 경우에 공소장에 '공모공동하여'라고 기재하여 기소하였다. 위 사례들의 공통점은 '공모'의 개념을 완화시켜 집회참가의 고의를 집회 도중 발생한 모든 행위에 대한 고의로까지 확장하고, 집회 과정에서 일어난 폭력사건에 관한 형사재판에서는 사실상 구체적 실행행위의 분담 자체에 대한 입증을 요구하지 않음으로써 검찰의 입증책임을 전폭적으로 완화시켜 주고 있다는 점 등이다.

다. 대법원 판례의 문제점

대법원의 판례 중 공모공동정범을 인정하는 사건의 설시례를 보면, "2인 이상이 공모하여 범죄에 공동 가공하는 공범관계에 있어서 공모는 법률상 어떤 정형을 요구하는 것이 아니고 범죄를 실현하려는 의사의 결합만 있으면 되는 것으로서 비록 전체의 모의과정이 없었다고 하더라도 수인 사이에 순차적으로 또는 암묵적으로 상통하여 그 의사의 결합이 이루어지면 공모관계가 성립한다고 할 것이고, 이러한 공모가 이루어진 이상 실행행위에 관여하지 아니한 자라 할지라도 다른 공모자의 행위에 대하여 공동정범으로서의 죄책을 진다"(대법원 1994. 3. 8. 선고 93도3154 등 다수). 이 이론은 폭처법에서도 똑같이 사용되고 있다. "여러 사람이 (구)폭력행위등처벌에관한법률 제2조 제1항에 열거된 죄를 범하기로 공모한 다음 그중 2인 이상이 범행장소에서 범죄를 실행한 경우에는 범행장소에 가지 아니한 사람들도 같은 법 제2조 제2항에 규정된 죄의 공모공동정범으로 처벌할 수 있다"(대법원 2005. 1. 27. 선고 2004도7511).

위 판례들에 따르면, 집회에 참가한 자는 다른 사람이나 매체를 통하여 집회

7) 대법원 1978. 1. 17. 선고 77도2193: "결과적 가중범인 상해치사죄의 공동정범은 죽일 의사는 없이 폭행 기타의 신체침해행위를 공동으로 할 의사가 있으면 성립되고 결과를 공동으로 할 의사는 필요 없다."

사실을 알고 참가한 이상 집회의 구체적 주장이나 내용, 시위대 일부가 쇠파이프 등을 들었는지 여부, 집회 일부에서 물리적 충돌이 발생한 것을 알았는지 여부와 관계없이 '순차적 또는 암묵적 상통'이 인정되어 집회 중 발생한 모든 상황에 대한 공모가 인정되고, 공모가 인정되는 이상 폭행 등 현장에 없었더라도 공동정범의 책임을 지게 된다.

이와 같은 현상으로 인하여 다음과 같은 문제가 발생한다.

첫째, 단순 집회참가자들이 중한 죄의 죄명(폭처법 위반 등)으로 기소됨으로써 실형 또는 집행유예를 받는 과잉처벌이 발생한다.

둘째, 집회참가 중 공모공동정범으로 기소된 자들에 대하여는 재판과정에서도 검찰의 입증책임이 사실상 무의미해지고 있어 피고인의 방어권이 침해되고 있다. 검찰은 공모공동정범 이론을 무감각하게 적용하고 있고, 법원도 이를 문제 삼지 않고 있기 때문이다. 현재 대법원이 인정하는 공모공동정범 이론에 의할 경우 집회에 참가한 사실만 인정되면 집회에서 발생한 모든 행위에 대한 공모가 인정되고, 이에 따라 가담하지 않은 행위에 대해서도 공동정범이 인정된다(또는 폭처법 위반의 경우 폭력행위에 대한 전체적인 공모가 없더라도 수인 사이에 순차적인 또는 암묵적인 상통만 있기만 하면 의사의 결합이 있다고 볼 수 있고 이러한 공모만 있기만 하면 실행행위에 가담하지 아니한 사람도 공동정범으로 처벌이 가능). 이런 이유로 집회 도중 진압 요원인 경찰관 중에서 부상자가 발생할 경우, 검찰은 해당 경찰관의 상해진단서와 피고인이 집회현장에 있었다는 사실만을 제출하는 것으로 형사처벌에 관한 입증책임을 다한 것이 되고 법원은 이를 근거로 공동정범을 인정함으로써 부당한 전과자를 양산하고 있다.

라. 인권법적 문제점

전통적으로 공모공동정범 이론의 확장을 경계해야 한다는 부정론이 있다. 그러나 이 이론에 대한 인권적 측면의 문제점은 크게 부각되고 있지 않다. 인권법적 측면에서 이 이론의 문제점을 살피면 다음과 같다.

첫째, 이 이론은 헌법과 국제인권법이 보장하는 죄형법정주의의 원칙을 형해화시킨다. "법률 없으면 범죄 없고, 법률 없으면 형벌 없다"는 죄형법정주의를 고려하면 공모공동정범 이론은 이에 대한 확실한 법률적 근거 없이 판례에 의해 공동정범을 확대하는 것이라고 볼 수 있다. 우리 형법은 범죄구성요건을 명확히 규정하고 이를 실행한 사람에 대해서 처벌하는 것을 원칙으로 한다(실제로 실행의 분담을 전혀 하지 않으면서도 처벌할 수 있는 경우가 있으나 이는 '정범'이 아닌 공범의 형태로 교사범, 방조범 또는 간접정범임). 그런데 공모공동정범 이론은 실제로 구성요건을 실행하지 않은 사람을 법적 근거 없이 실행한 것으로 의제하는 것이다. 이것은 형법의 해석상 금기로 되어 있는 확장해석을 통해 형벌법규에 규정되어 있지 않은 행위를 처벌하는 것이나 마찬가지로 결코 허용할 수 없다.

둘째, 이 이론은 헌법과 국제인권법이 보장하는 여타 인권을 심각하게 침해한다. 즉, 공모공동정범 이론하에서는 집회참가자들이 자신의 행위 때문에 일어난 것이 아닌 집회 중의 불상사에 대하여 형사책임을 당할 가능성이 있으므로 집회 및 결사의 자유를 실질적으로 제한받게 된다. 게다가 참여자 중 상당수는 절대로 폭력시위를 용납하지 않았음에도 다른 참가자의 폭력행위 때문에 폭력시위자로서 처벌받아야 한다는 사실은 누가 보아도 헌법과 국제인권법이 보장하는 집회 및 시위의 권리를 본질적으로 제한하는 사정이다.

셋째, 이 이론은 형사책임의 기초인 행위책임을 부정함으로써 개인의 자유를 침해한다. 범죄에 대한 형사책임은 범죄인 자신의 행위에 기초하지 않으면 안 된다(그런 면에서 행위책임은 근대 인권제도의 기초이다). 남의 범죄행위로 인하여 형사책임을 질 수 없다. 그러나 이 이론하에서 일어나는 현재의 상황은 나의 행위가 아닌 남의 행위로 인하여 형사책임을 지는 것이므로 근대 형법의 기초인 행위책임 원칙을 부정하는 것이나 마찬가지이다.

II. 인권법의 연구대상

종합법학의 성격을 띠고 있는 인권법의 연구는 인권을 체계적으로 이해하고 그것을 토대로 인권에 영향을 주는 각종 법 영역을 비판하며 대안을 제시하는 것을 목표로 한다. 이를 위해 다음과 같이 인권법 연구영역을 체계화할 수 있다.

〈표 1-1〉 인권법 체계도

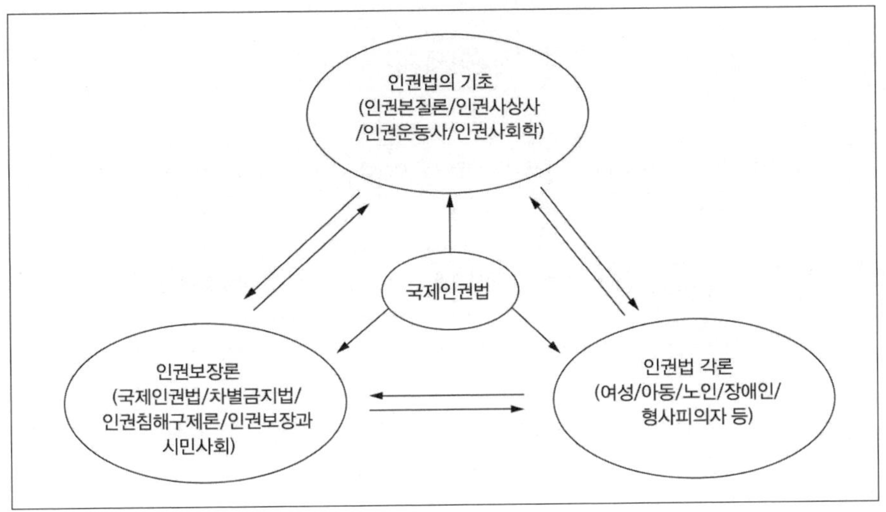

1. 인권법의 기초

인권법의 기초 분야는 인권법 연구의 출발점으로서 인권의 본질을 이해하는 영역이다. 이를 위해 인권본질론, 인권사상사, 인권운동사(세계인권운동사, 한국인권운동사) 등이 연구되어야 한다. 이 분야는 본래 법학의 분야가 아니고 역사학이나 철학의 분야라고 볼 수 있으나 인권법의 불가분의 기초로서 연구되어야 할 대상이다. 다만 인권법에서 이 분야를 연구할 때는 인권법의 취지에 맞는 대상과 연구방법을 찾는 것이 중요하다. 이를 위해 역사학, 철학, 인류학 등 기존의 인문학에서 성취한 결과를 토대로 인권법의 연구목적에 맞는 인권의 본질과 역사를 발견할 필요가 있다. 나아가 최근의 큰 흐름인 사회학적 접근방법에 따른 인권연구도 인권법의 기초적 인식에서 주요한 연구방법론이라고 할 수 있다.

2. 국제인권법

인권법에서 말하는 인권은 보편적 인권을 말한다. 그러므로 인권법의 규범적

〈표 1-2〉 국제인권법 체계도

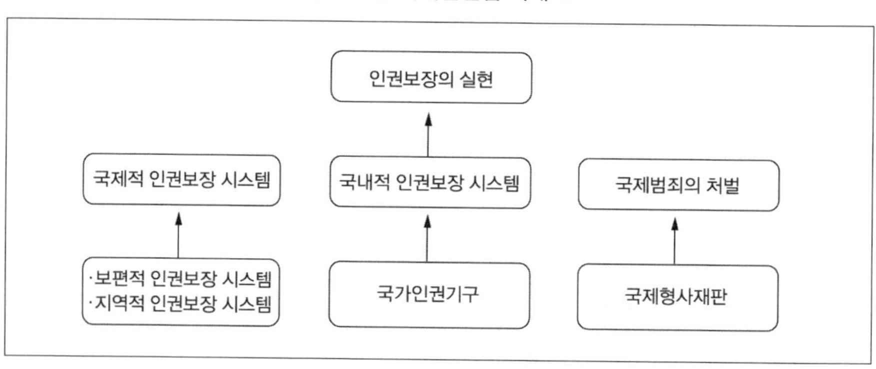

근원의 출발은 국내법보다 국제법에서 찾아야 한다. 이런 이유로 국제인권법은 인권법의 출발점이나 마찬가지이며 주요한 연구대상이다. 국제인권법은 주로 국제인권법의 법원(法源)에 따라 조약에 기초한 국제인권법과 관습에 기초한 국제인권법의 내용을 알아보고 그에 따른 인권보장 메커니즘을 그 연구대상으로 한다. 주요 연구대상은 다음과 같다.

첫째, 보편적 인권보장(universal protection of human rights) 시스템이다. 이것은 유엔헌장에 기초한 유엔의 일반적 인권보장 시스템과 자유권규약 등을 비롯한 유엔 인권조약에 근거한 인권보장 시스템을 말한다.

둘째, 지역적 인권보장(regional protection of human rights) 시스템이다. 이것은 세계 지역에서 지난 반세기 동안 추진되어 온 인권보장 시스템을 연구하는 것이다. 여기에는 아시아를 제외한 3개의 지역 인권보장 시스템이 있는데, 유럽인권보장 시스템과 미주인권보장 시스템, 아프리카인권보장 시스템이 바로 그것이다.

셋째, 국내적 인권보장(national protection of human rights) 시스템이다. 유엔은 국제인권법의 국내 실현을 위해 국가인권기구의 설립을 각국에 권고해 왔다. 따라서 국내적 인권보장 시스템에서 가장 중요한 것은 국가인권기구론이다.

넷째, 국제범죄와 관련된 이론이다. 국제사회에서 심각한 인권침해는 결국 범죄가 되므로 이를 처벌하는 것은 국제인권법에서 아주 중요한 의미를 차지한다. 따라서 현재의 국제형사재판소를 중심으로 하는 국제범죄를 좀 더 자세히 알 필요가 있다.

3. 인권보장과 차별법제 연구

인권법제가 발전된 몇몇 선진국의 상황을 볼 때 인권법에서 가장 먼저 관심을 가져야 할 분야가 차별법제이다. 소위 사회 모든 영역에 있는 차별문제를 어떻게 발견하고 이를 시정하는지가 인권법의 주된 관심사가 되어야 한다. 이 분야는 국내 법적으로는 본래 헌법의 관심 영역이다. 즉, 차별은 헌법상의 평등권과 직결되는 문제이다. 그러나 우리의 헌법학은 국민이 국가에 대하여 갖는 평등권에 주로 관심을 가질 뿐 사회 현장에서 발생하는 다양한 차별문제에는 아직 관심을 갖지 않고 있다. 지금 우리 사회는 국가에 대한 평등권보다 사영역에서 발생하는 차별이 더 큰 문제이고 이것이 향후 인권문제의 대종을 이룰 것이다. 그럼에도 이러한 현상은 우리의 현재 헌법체제로는 대응하기도 어려운 실정이다(예를 들면 사영역에서 일어나는 평등권 침해는 헌법소원의 대상이 아니다). 따라서 인권법은 기존의 헌법학에서 제대로 대응하지 못하는 이러한 차별문제를 본격적으로 다루어야 한다. 2007년에 제정되어 2008년부터 시행되고 있는 '장애인차별금지 및 권리구제 등에 관한 법률'이나 향후 제정될 '차별금지법' 등이 바로 인권법의 주된 연구영역이 되어야 한다.

4. 인권침해구제론

인권법에서 중요한 연구대상은 인권침해에 대한 효과적인 구제방안이다. 이 방안은 법제에 따라 각국이 상이하지만 대체로 사법제도에 의한 구제방법과 비사법적 구제방법이 있다. 인권법에서 이들 제도를 구체적으로 분석하고 비판하는 것은 매우 중요한 과제이다. 인권침해구제는 인권법으로 무장된 지식만으로는 안 된다. 이것을 실무로 연결시키는 방법론이 필요하다. 인권법에 대한 지식이 아무리 많아도 인권을 실질적으로 개선하려면 그것을 구체적 현실에 적용해야 하기 때문이다. 그런 의미에서 인권법이 다루어야 할 실무적 과제로 공익인권소송이 관심을 모은다. 이는 우리 사회에서 일어나는 각종 인권문제를 사법적 구제의 방식으로 해결하는 것으로, 인권증진을 위한 강력한 수단이다. 또 비사법적 구제수단으로 국가인권위원회 등의 인권기구를 이용하는 것도 결코 간과해서는 안 된다.

가. 인권보장과 사법제도

인권이 침해되었을 때 이를 회복하는 방법으로 가장 중요한 것은 사법제도를 이용하는 것이다. 이를 위해 민형사 소송절차를 중심으로 한 사법적 구제절차를 이해하고 헌법소송절차를 연구해야 한다. 그러나 이 분야는 전통적으로 국내 일반법의 관심영역이었다. 따라서 이 분야 자체는 인권법의 중심영역이 되기 어렵다. 다만 인권법에서는 이 분야 사법제도를 인권적 차원에서 분석·비판해야 하고 그 활용방안을 연구해야 한다. 즉, 일반법 영역의 사법제도에 의한 인권보장을 인권적 측면에서 비판하고 그 대안을 제시하는 데에 인권법의 의의가 있다는 것이다. 국제인권법을 중심으로 우리의 사법제도, 특히 형사사법절차를 분석하면 아직도 많은 분야에서 그 간극을 찾을 수 있다. 인권법은 바로 이런 간극을 발견하여 대안을 마련함으로써 우리의 사법제도를 국제수준으로 향상시켜야 한다.

나. 인권보장과 비사법절차

인권침해에 대한 구제절차는 사법절차만으로는 충분치 못하다. 그러므로 인권법제에서는 다양한 비사법절차에 의한 인권침해 구제방법을 강구하고 있다. 이것과 관련하여 서구에서 주목받아 온 것은 옴부즈맨제도이다. 이는 공무원의 위법 부당한 행위로 말미암아 권리를 침해받은 시민이 제기하는 민원 불평을 조사하여 관계기관에 시정을 권고함으로써 국민의 권리를 구제하는 기관으로 호민관 또는 행정감찰관으로 일컬어진다.[8] 대표적인 것이 국가인권기구 등에 의한 인권보장제도이다. 우리나라에서는 국가인권위원회와 국민권익위원회[9]가 그 역할을 한다. 특히 인권제도로서는 국제인권법적 요구에 의해 설립된 국가인권위원회의 역할이 중요하다. 따라서 인권법에서는 이를 중심으로 한 비사법기구에 의한 인권보장제도가 연구되어야 한다.

국가인권기구인 국가인권위원회가 하고 있는 인권기능은 대체로 세 가지이다.

---

8) 이경주, 「비사법적 구제」, 인권법교재발간위원회 편저, 『인권법』(아카넷, 2006), pp. 206~207.

9) 국민권익위원회는 2008년 2월 29일 설립되었다. 국민권익위원회는 종래의 국민고충처리위원회와 국가청렴위원회, 국무총리 행정심판위원회 등의 기능을 합쳐 새로이 만든 조직이다.

인권 법령 및 제도를 개선하는 인권정책권고기능, 인권침해사건에 대한 구제기능 및 인권교육홍보기능이다. 인권기구는 일반적으로 이러한 기능을 통해 사법기구가 하기 힘든 인권보호 및 인권증진을 할 수 있다. 그러나 현재까지 이러한 비사법절차에 의한 인권보장은 법학의 영역에서는 크게 관심을 받지 못하고 있다. 단지 인권운동가들이 활동하는 영역으로 치부되었다고 볼 수 있다. 인권법은 바로 이러한 분야를 좀 더 정치하게 연구·발전시켜 많은 사람이 이를 이용할 수 있도록 해야 한다.

5. 인권보장과 시민사회

인권보장은 법과 제도만으로 가능하지 않다. 시민사회의 꾸준한 노력이 시스템화되었을 때 인권의 발전은 본질적으로 가능하다. 이를 위해 시민단체, 시민운동이 인권과 어떤 연관관계가 있는지를 연구해야 한다. 특히 인권 NGO의 국제적인 활동은 국제인권법의 분야에서 대단히 중요한 의미를 갖는다. 국제인권제도의 상당 부분이 인권 NGO의 활동과 관계가 깊다. 따라서 NGO와 유엔 등의 관계를 이해하고 NGO가 국제기구에서 어떤 방식과 원칙으로 인권활동을 하고 있는지를 알아보는 것은 인권증진을 위한 실천적 의미를 갖는다.

6. 영역별 인권보장

앞의 1~5가 인권법의 총론적 분야(인권법의 메커니즘 연구 분야)라면 이후부터는 본격적으로 인권법을 각 영역별로 연구해야 한다. 위의 인권법의 기초를 동원하여 각각의 영역에서 어떻게 인권이 침해되고 보장되어야 하는지를 연구하는 것이다. 즉, 인권법의 각론에 해당하는 분야라고 할 수 있다. 이곳에서는 '여성과 인권', '아동과 인권', '노인과 인권', '형사피의자와 인권', '재소자와 인권', '외국인과 인권' 등과 같이 인권의 주체별 연구나 '시민적·정치적 권리', '경제적·사회적·문화적 권리' 등과 같이 인권의 종류별 연구가 진행되어야 한다.

제2절 인권 개념의 역사적 인식

■ 학습을 위한 질문

1. 이제까지 배운 법학의 지식에 비추어 인권을 어떻게 정의할 수 있으며, 그 근거는 무엇인가?
2. 법학(헌법학, 민법 등)을 배우면서 공부한 권리의 개념과 인권의 개념에는 어떠한 차이가 있는가?
3. 인권은 시대별로 어떤 발전을 가져왔는가, 그리고 그 개념은 시기적으로 어떤 차이가 있는가?
4. 개화기에 우리나라 사람들이 인식한 권리 혹은 인권 개념은 무엇이었을까?
5. 현대의 인권 개념은 어떤 특징이 있는가?

I. 인권 개념의 의미

1. 인권의 개념

인권을 말하기 전에 '사람'이 무엇인지, 사람의 본질 혹은 인간의 본성(human nature, '인간성'이라고도 할 수 있음)이 무엇인지에 대하여 우선 설명하지 않으면 안 된다. 인권이란 바로 인간성과 직결되는 개념이기 때문이다. 역사상 인간성을 부인하거나 조롱하는 의견[1]도 없지 않지만 인권이 성립하기 위한 전제로서의 인간은 도덕적 혹은 종교적 존재이지 않으면 안 된다. 칸트에 의하면 인간이 도덕적 존재라고 하는 것은 더 이상 이론이 있을 수 없는 정언명령이다. 그는 인간 사회에서

1) 사회주의에서는 인간성을 타고난 본질로 보지 않고 사회적으로 규정된 틀에 의해 형성되는 역사 과정의 산물로 본다. 이런 사상에서는 '단순히 사람이기 때문에'라는 말은 아무 의미가 없다. 공리주의에서도 마찬가지이다. 벤담의 '최대 다수의 최대 행복의 원리'는 우리에게 고통을 최소화하고 쾌락을 최대화하도록 행동할 것을 요구한다. 이러한 사상에서는 인간이나 인간성은 고통이나 쾌락을 낳을 때만 의미가 있을 뿐이다.

최고의 도덕 원리는 인간을 수단이 아닌 목적으로 대우하는 것이라고 했다. 이런 의식 속에서 인간성이라는 것은 존엄한 것이며 그것을 위한 수단으로서 권리, 곧 인권이 필요하다는 생각을 갖는다. 한편 종교적(특히 기독교)으로 말한다면 인간은 하나님의 형상을 따라 하나님이 만든 존재이다. 인간이 하나님을 절대적으로 존중할 의무가 있듯 인간은 하나님의 또 다른 형상으로서 대우받아야 한다는 것이 인간에 대한 하나님의 명령이다. 따라서 인간은 어떤 경우에서든 가치 있는 존재이며 그 가치에 걸맞은 수단으로서 인권이라는 것이 필요하다.

인권은 'Human Rights'라는 서구 개념을 우리말로 바꾼 것이기는 하나 동서양을 구별할 필요도 없이 위에서 본 인간의 존엄성을 보장받기 위한 필수불가결한 개념이다. 이것은 사람을 뜻하는 'human'과 권리라는 개념의 'rights'가 결합된 말이다. 그러므로 인권은 단순히 '사람의 권리'라고도 할 수 있지만 인권학자들은 그 뜻을 분명히 하기 위해 '사람이기 때문에 누려야 하는 권리'라고 말한다. 우리에게는 그것이 도덕에서 나왔든 종교에서 나왔든 인간의 본질 혹은 인간성에 비추어 없어서는 안 될 권리의 목록이 있다. 그것들이 없으면 존엄한 인간성이 보장되지 않는 것이 있는데, 바로 그것이 인권이다. 다른 말로 바꾸면 존엄한 인간성을 갖기 위해서 우리는 어떤 권리를 필요로 하는데, 그것이 바로 인권이라는 것이다. 그런 뜻에서 인권이란 인간의 존엄성을 지키기 위해 필요한 사회적·정치적 보장책이라고도 할 수 있다.[2)]

그런데 여기서 짚고 넘어가야 할 것이 있다. 하나는 역사적으로 보아 인권은 국가와 개인의 관계에서 시작되었다는 점이다. 즉, 국가와 개인이라는 수직적 관계에서 개인을 보호하기 위해 만들어진 개념이 인권이라는 것이다.[3)] 여기에서 국가로부터 간섭받지 않을 개인의 권리(소극적 자유)가 인권의 핵심으로 논의되었다. 따라서 인권의 역사적 개념을 이야기할 때는 우선적으로 국가와 개인의 관계에

---

2) 이상에 대해서는 Jack Donnelly, *Universal Human Rights in Theory and Practice*, 2nd ed. (Cornell University Press, 2003), pp. 13~16 참고.

3) 서구 역사에서 보면 이 국가 개념 속엔 교회도 넣을 수 있을 것이다. 교회는 국가와 함께 개인의 자유를 제한해 왔다.

서 개인이 국가에 대해 어떤 권리를 주장할 수 있었느냐가 주된 관심사였다.[4] 또 하나 짚고 넘어가야 할 것은 인권의 주체로서의 '인간'은 '모든 인간'이지만 인권의 내용에 따라서는 어떤 특정 계층이나 특정 성(性)의 사람이 인권의 중심적인 주체가 된다는 사실이다. 일반적으로 인권의 분류 중 시민적·정치적 권리(자유권)는 모든 인간에게 공히 평등하게 주어져야 하는 것이지만 경제적·사회적 권리(사회권)는 사회적 소수자나 약자의 주체성을 강조하지 않을 수 없다. 인권의 역사가 자유권 영역에서 사회권 영역으로 발전되었다는 것을 상기하면 현대의 인권논쟁에서 보다 중요한 것은 사회적 소수자나 약자를 위한 인권의 문제이다. 그것은 사회권의 역사적 배경에서 당연히 귀결되는 문제의식이다. 이런 점에서 우리가 관심을 가져야 하는 인권법은 주로 사회적 소수자와 사회적 약자의 권익을 보호하기 위한 법률체계라고도 말할 수 있다.

2. 권리의 개념과 인권

인권이 사람의 권리 혹은 사람이기 때문에 누려야 할 권리라고 한다면 그 분명한 이해를 위해서는 권리라는 개념을 우선적으로 이해할 필요가 있다. 이것을 위해 우리가 민법을 공부할 때 배운 권리 개념을 잠시 반추해 보자.[5] 그곳에서는 권리 개념을 설명하면서 몇 개의 학설을 소개한다.

첫째는 의사설이다. 이것은 권리의 본질이 역사적으로 법에 의하여 주어진 의사의 힘 내지 의사의 지배라고 본다. 이러한 의사설은 인간의 자유와 선택을 중시하는 사상에서 비롯된 권리사상이라고 할 수 있다. 따라서 의사설적 입장에서 인권을 보면 권리의 자유적 성격을 강조한다. 인권 중 자유권은 이런 입장에서 쉽게 설명이 가능하다. 둘째는 이익설로, 권리란 법에 의하여 보호되는 이익이라고 보는 것이다. 이 입장에서는 권리의 본질이 이익이므로 이익 없는 권리는 권리로서의 성격이 약하다. 여기에서는 인간의 자유나 선택보다는 어떤 행위를 통해 인간이 실질적으

4) 따라서 인권은 기본적으로 공권적 개념이지 개인과 개인 사이에서 문제 되는 사권적 개념이 아니다.
5) 이것은 물론 사권 개념이지만 공권으로서의 인권의 이해에도 도움이 된다.

로 이익을 취할 수 있느냐 여부가 권리의 핵심이다. 따라서 인권 중 적극적 급부를 내용으로 하는 사회권은 이런 입장에서 쉽게 설명이 가능하다. 셋째는 법력설로 이것이 바로 우리나라의 통설인데, 이 견해에서는 권리란 일정한 구체적 이익(법익)을 누릴 수 있도록 법에 의하여 권리 주체에게 주어진 힘이라고 정의한다.[6] 즉, 권리란 어떤 사람에게 있어 이익이며 법은 그 권리자에게 그것을 향유할 수 있는 힘을 부여했다는 것이 전통적인 권리 개념의 핵심이다. 이 입장은 인권사상에서 인권이 실질적인 권리 개념이 되기 위해서는 그것을 강제할 수 있는 '힘'의 존재를 부각한다고 할 수 있다. 그 힘은 당연히 사적 힘이 아니라 국가의 힘이 되어야 한다. 대표적인 것이 국가에 의한 법의 집행력이라고 할 수 있다. 곧 국가의 집행력으로 담보되는 권리, 그것이 이 입장의 핵심이라 할 수 있다.

다수설적 입장에서 말하면, 만일 어떤 사람에게 이익을 주지 못하고 그것을 향유하는 데 법이 도움을 주지 못한다면(예컨대 분쟁이 생겼을 때 그 이익을 확인하고 그 향유를 위해 법적인 힘을 부여하는 것) 그것은 개념상 권리가 될 수 없다. 이 개념은 사적인 권리이든 공적인 권리이든 그 속성에 있어서는 다를 바가 없다고 본다. 따라서 '사람의 권리'인 인권은 단순히 이익 이상의 개념이다. 즉, 그 이익을 넘어 그것을 주장할 수 있는 자격의 개념이라고 할 수 있다.

3. 호펠드와 도널리의 권리 개념

위에서 보았듯이 권리 개념은 단순히 이익의 개념이 아니고 그것보다 더 적극적인 개념이다. 이러한 적극적 성격이 무엇인지는 두 사람의 학자에 의해 심층적인 분석이 시도되었다. 우선 호펠드(Hohfeld)[7]의 권리 개념은 권리의 속성을 이해하는 데 아주 유용하다. 그는 권리라는 말이 법적인 의미로 사용될 때 통상 다음과

---

6) 지원림, 『민법강의』(弘文社, 2005), p. 33.

7) Wisely Newcomb Hohfeld(1879~1918년). 미국의 법학자. 그의 주저 『기본적 법개념(Fundamental Legal Conceptions)』은 현대의 권리 및 의무 개념의 본질을 확인하는 데 많은 영향을 끼쳤다.

같은 4개의 내용으로 나눌 수 있다고 했다. ① 청구권(claim), ② 자유권(liberty), ③ 권능(authority), ④ 면제(immunity). 그리고 이들 권리는 모두 상관되는 의무(correlative duties)와 연결되어 있다고 했다.[8)]

예를 들면 A가 B에 대해 X와 같은 내용의 청구권(claim)이 있다면 A는 B에게 일정한 행위를 하도록 청구할 수 있고 B는 A에 대해 X의 내용을 충족해 주어야 하는 의무(duty)가 있다.[9)] 또한 A가 B에 대해 X와 같은 내용의 자유권(liberty)이 있다면, A는 B에 대하여 X와 관련하여 일정한 행위를 하거나 하지 않을 의무를 지지 않는 상태(자유)에 있고, B는 A의 이러한 자유를 막을 권리가 없다.[10)] 나아가 A가 B에 대해 X와 관련된 권능(authority 혹은 power)이 있다면 A는 B에 대하여 X에 관한 법률관계를 형성하고 바꿀 능력이 있으며, B는 A에게 그것과 관련된 책무(liability)를 진다.[11)] 그리고 A가 X와 관련하여 B에 대해 어떤 면제(immunity)를 주장할 수 있다면, B는 X와 관련하여 A에 대해 아무런 권능(authority)도 행사할 수 없게 된다.[12)]

---

8) 호펠드의 권리 개념에 대해서는 김도균, 『권리의 문법』(박영사, 2008), pp. 3~21; 조효제, 『인권의 문법』(후마니타스, 2007), pp. 103~106; 深田三德, 『現代人權論』(弘文堂, 1998), p. 124 참고.

9) claim vs. duty. 만일 A가 어떤 토지에 대해 소유권이 있어 이를 독점적으로 사용할 권리가 있다면, B는 A의 이러한 권리를 방해하지 않을 의무(즉, A의 토지에 들어가지 않을 의무 등)가 있다. 이것은 청구권에서는 권리와 의무가 대응관계(correlative)에 있다는 것을 말한다.

10) liberty vs. no claim. 만일 A가 어떤 토지에 대해 소유권이 있는 경우 A는 여러 가지 방법으로 그 땅을 사용할 자유가 있다. B는 A의 그러한 자유를 막을 권리가 없다. 또는 A가 어떤 옷을 입을 자유권이 있다는 것은 그가 어떤 옷을 입든 그것은 그의 자유이며 누구도 그것을 막을 권리가 없다는 것을 말한다. 이를 달리 표현하면 A는 어떤 식으로 옷을 입을 의무나 특정한 방식으로 옷을 입지 않아야 할 의무를 지지 않는다.

11) authority vs. liability. 예컨대 A는 유언을 할 권리에 따라 사후에 그의 재산을 어떻게 처분할 것인지를 결정할 수 있는 법적 권능이 있다. 통상 이 권능은 민법상 형성권과 유사하다. 따라서 여기에서 B의 책무는 A의 권능(형성권)의 지배하에 놓인 상태를 의미한다.

12) immunity vs. disability. 이것은 A가 B의 형성권 행사에서 해방되어 있는 것을 의미한다. A는 B의 일방적 권능 행사에 의하여 그의 지위가 변경되지 않는다. 예를 들면 A는 성년이 되기 전까지는 법정대리인인 부(모) B의 감독을 받을 의무가 있다. 그러나 그는 성년이 되는 순간 부모의 친권으로부터 해방(B의 친권상실)되는 일종의 면제 권리를 향유하게 된다.

호펠드의 이와 같은 분석은 적어도 권리와 의무의 상관관계를 명백히 함으로써 두 개념에 대해 깊이 이해하는 데 크게 기여했다. 오늘날 인권 이론에서 앞의 개념 중 청구권과 자유권은 가장 중요한 개념으로 이해된다. 청구권은 계약사회에서 상관관계에 있는 의무가 명확하여 책임소재를 정확히 할 수 있으며, 자유권은 근대 자유주의적 인권관에서 개인의 권리와 국가의 의무의 속성을 명확히 해주기 때문이다.

도널리(Jack Donnelly)의 주장 또한 권리 개념을 이해하는 데 유용하다. 그는 권리란 세 가지 구성요소를 가지고 있다고 주장했다. 즉, 권리에는 상대방의 의무를 촉구하는 주장적 요소(assertive exercise), 그 권리를 존중해 주어야 하는 의무(active respect), 그 권리에서 나오는 이익을 향유할 지위(objective enjoyment)가 있다는 것이다.[13] 이것은 어떤 권리가 성립하기 위해서 상대방(의무 담지자)은 그 권리에 대해 존중할 의무가 있으며 권리 담지자는 그것에서 나오는 이익을 향수하고 또 그것이 침해되거나 침해될 우려가 있는 경우에는 상대방에게 그 의무의 이행을 요구할 수 있다는 것을 말한다.

4. 한국 헌법학에서의 기본권과 인권의 개념

권리 개념 중 호펠드의 권리 개념은 우리 헌법학에서 말하는 기본권의 개념에도 영향을 끼친 것으로 보인다. 우리 학자 중에는 헌법상의 기본권을 "실정 헌법에 보장된 권리"라고 말하면서[14] 그 구성요소로서 권리의 개체귀속성, 청구성, 처분성, 면책성을 들고 있는데,[15] 이는 호펠드의 권리 개념과 상당 부분 유사하다. 이것은 헌법상의 기본권 개념이 통상의 권리 개념과 밀접한 관련성이 있다는 것을 말한다.

---

13) Jack Donnelly, *Universal Human Rights in Theory and Practice*, 2nd ed.(Cornell University Press, 2003), p. 9.

14) 정종섭, 『헌법학원론』(박영사, 2006), p. 218.

15) Ibid. pp. 218~220.

한편 우리 헌법학은 기본권을 몇 가지 분류방법에 따라 설명하는데 그 내용은 대체로 다음과 같다.

① 기본권 주체에 따른 분류: 인간의 권리와 국민의 권리, 자연인의 권리와 법인의 권리

② 성질에 따른 분류: 초국가적 기본권과 실정법상의 기본권, 진정한 기본권과 비진정한 기본권

③ 내용에 따른 분류: 인간의 존엄과 가치, 행복추구권, 평등권, 자유권적 기본권, 참정권적 기본권, 사회권적 기본권, 청구권적 기본권

위의 기본권 분류 중 내용에 따른 기본권 분류는 독일의 국법학자 옐리네크(Georg Jellinek)의 주관적 공권론과 지위론에 영향을 받은 바가 크다. 옐리네크는 국가에 대한 국민의 지위를 4개의 지위로 나누었다. 즉, 국민은 국가에 대하여 수동적 지위(이 지위에서 국민의 의무가 나옴), 소극적 지위(국가권력으로부터의 자유, 자유권적 기본권은 본질상 이 지위에서 나옴), 적극적 지위(국민이 국가에 대하여 적극적인 청구권을 가지는 지위, 청원권, 재판받을 권리 등과 근대 복지국가에서의 적극적 급부를 요구할 수 있는 사회권적 기본권이 여기에서 나옴), 능동적 지위(여기에서 참정권이 나옴)를 가지고 있으며 이러한 지위에 따라 각각 다른 성격의 기본권이 나온다고 했다.

우리 헌법학에서도 인권이라는 용어를 왕왕 사용하지만 그 개념은 반드시 명확한 것은 아니다. 다만 인권이란 개념은 도덕적 가치 또는 도덕적 권리, 자연권, 국제법상의 인권, 국내 헌법상의 권리, 법률상의 권리를 모두 포괄하는 의미로 사용되기도 하고, 자연권의 의미로 사용되기도 한다.[16] 생각건대 인권이란 개념은 헌법상의 기본권보다는 포괄적인 개념으로 인식하고 있는 것으로 판단된다.

---

16) Ibid. p. 224.

5. 인권의 역사적 분류

국제인권법에 따라 설명하면 인권은 그 생성단계에 따라 제1세대, 제2세대, 제3세대 인권으로 나뉜다.[17)]

가. 제1세대 인권

서구 사회에서 인권은 17세기 이후 계몽시대를 거치면서 본격적으로 발전하였다. 제1세대 인권은 바로 이 시기에 발전한 고전주의적 인권관에서 나온 것인데, 자유권을 중심으로 시민적·정치적 권리를 강조하는 인권 개념이다. 이 권리 개념은 권리 향유를 위해 국가의 개입을 요구하기보다는 국가의 활동으로부터 개인을 보호하는 것이다. 따라서 그 속성은 적극적이라기보다는 소극적인 것(국가로부터의 자유)으로 이해되었다. 이 개념은 프랑스 대혁명에 이은 '인간과 시민의 권리선언'에서 그 대강의 개념을 알 수 있다. 페인(Thomas Paine)은 그의 책 『상식』에서 "인간의 권리란 인간의 자연권, 시민권의 기초, 인간이 존재하는 데 따르는 권리, 모든 지적 권리와 정신적 권리, 그리고 타인의 자연권을 침해하지 않는 한 자신의 안락과 행복을 위해 개인적으로 행동할 수 있는 권리"라고 했고, "시민의 권리는 인간이 사회구성원이라는 데 따르는 권리"라고 하면서 "모든 시민권은 개인에게 이미 존재하는 자연권을 기반으로 한 것이지만 모든 개인이 그것을 실제로 누릴 처지에 있지는 않다"라고 했다.[18)] 페인의 설명으로 보건대 시민적·정치적 권리는 위의 '인간의 권리'와 '시민의 권리' 둘을 합친 개념으로 이해된다. 다만 시민적 권리는

---

17) 이 개념은 체코 출신의 프랑스 법학자 카렐 바사크(Karel Vasak)가 1979년 처음 제안한 이래 국제적으로 통용되는 인권 분류법이다. 혹자는 이를 청색권리(1세대 인권), 적색권리(2세대 인권), 녹색권리(3세대 인권)라고도 부른다. 세대별 인권 개념 외에도 국제인권법에서는 미국의 프랭클린 루스벨트 대통령이 1941년 국회 연설에서 밝힌 네 가지 자유(Four Freedoms) 역시 인권의 개념으로 많이 사용한다. 루스벨트는 인간이 존엄성을 유지하면서 살기 위한 권리로서 표현의 자유(freedom of speech and expression), 종교의 자유(freedom of belief), 결핍으로부터의 자유(freedom from want), 공포로부터의 자유(freedom from fear)를 들었다.

18) 토머스 페인, 『상식』, 박홍규 옮김(필맥, 2004), pp. 138~139.

(페인의) '인간의 권리'에, 정치적 권리는 (페인의) '시민적 권리'에 가깝다고 본다.

나. 제2세대 인권

19세기 이후 서구 사회에서는 자본주의가 급속도로 발전하기 시작했다. 그것은 바로 산업혁명의 결과였다. 제2세대 인권은 바로 이 시기에 그 중요성이 부각되었는데, 주로 평등을 중심으로 발전하였다. 평등은 19세기 후반 이래 실질적 평등을 기초로 하는 사회권이라는 이름의 사회적·경제적·문화적 권리를 탄생시켰다.[19)] 시민적·정치적 권리가 자의적인 정부의 간섭으로부터 자유를 수반하는 개인의 권리임(또는 시민사회에서 참여권을 보장하는 것)에 반하여 이것은 사회적 평등에 그 근본을 두고 분배적 정의의 기준에 따라 자원을 배분함에 있어서 국가의 개입을 필요로 하는 권리이다. 따라서 이 권리는 국가의 개입을 요구하는 것으로 소극적인 의미보다는 적극적인 의미를 갖는다고 할 수 있다.[20)]

다. 제3세대 인권

제2차 세계대전 이후 인권은 특정 국가 내의 문제만이 아니라는 생각이 널리 퍼졌다. 인권은 전 지구적이며, 오로지 개인의 권리만이 아니라는 생각을 갖게 된 것이다. 이런 상황에서 싹튼 제3세대 인권은 제1, 2세대 인권과는 달리 국가와 개인의 관계 속에서 파생되는 권리가 아니라 연대의 권리(solidarity rights)라는 특징이 있다. 이 권리는 국제적 연대성을 기초로 자결권, 인종차별금지, 발전권 등과 같은 문화적이고 집단적인 권리를 강조한다. 이는 제2차 세계대전 이후 인권의 국제화 현상에서 형성되어 왔으며 아직도 확정되었다고 보기보다는 형성되는 중인 동태적 인권이다. 제3세대 인권의 목록에 들어갈 수 있는 권리로서는 환경권, 발전권, 평화권, 인류공동유산의 혜택에 대한 권리, 개인의 자유로운 커뮤니케이션

---

19) 19세기 후반 독일은 통일 국가를 만들고(1871년) 소위 철혈 재상 비스마르크가 활약하는 독일제국이 시작된다. 비스마르크는 한편으론 사회주의자를 탄압하였으나, 다른 한편으론 노동자의 불만을 누그러뜨리기 위해 질병보험이나 양로보험 등 사회보험을 도입하였다. 이것은 그 뒤 1919년 바이마르공화국의 성립과 함께 사회권(사회적 기본권)으로 발전한다.

20) 박병도, 「연대의 권리, 제3세대 인권」, 인권법발간위원회 편저, 『인권법』(아카넷, 2006), p. 163.

〈표 1-3〉 인권의 단계적 구분 요약

구분	제1세대 인권	제2세대 인권	제3세대 인권
권리 주체	개인	개인	국가/민족/사회(집단)
권리의 내용	자유	평등	문화/집단의 권리
권리의 성격	소극적	적극적	종합적
생성 시기	18~19세기	20세기	20세기 후반

에 대한 권리, 국제사회에서 인도적 원조를 받을 권리 등이 논의되고 있다.

그러나 제3세대 인권은 아직 인권으로서 제대로 대접받지 못하고 있다. 그것은 종래의 인권이 개인적 권리로서 일신전속적이고 권리침해 시 그 보호의 정도가 강했지만, 제3세대 인권은 이러한 성격이 약하기 때문이다. 하지만 제3세대 인권이 아직까지 체계적인 인권의 한 분야로서 자리를 잡지 못한 상황이지만, 국제 정치적·문화적·경제적 변화 과정 속에서 새로운 인권으로서 끊임없이 논의되고 주목받는 것도 사실이다.[21)]

6. 소극적 자유와 적극적 자유

인권을 자유라는 측면에서 살펴 소극적 자유와 적극적 자유로 인권의 의미를 설명하는 경우가 있다.

소극적 자유는 국가로부터 간섭받지 않는 상태를 말한다. 근대 인권 개념은 주로 이러한 자유를 중심으로 형성되었다. 이 자유는 주로 시민적·정치적 자유로 불리는 것으로, 신체의 자유, 집회·결사의 자유, 언론·출판의 자유, 사상·양심·종교의 자유 등을 말한다. 이들 자유의 속성은, 국가의 의무라는 차원에서 보면, 국가가 개인의 자유에 간섭하지 않는 것을 의미한다. 즉, 국가가 개인의 각각의 자유를 보장하기 위해 해야 할 일은 그저 방해하지 않으면—이를 자기 억제 의무라 한다—되는 것이라고 생각했다. 이것이 바로 개인의 소극적 자유에 대한 국가의 소극적 의무이다.[22)]

21) Ibid.

예를 들면, 거리에서 경찰관이 걸어가는 시민을 영장 없이 체포한다면, 우리는 그것에 대해 국가가 신체의 자유를 침해하는 것이라고 말할 수 있다. 이런 자유를 말할 때, 국가가 신체의 자유를 보장하는 것은 어려운 일이 아니다. 길거리에서 영장 없이 시민을 마구잡이로 체포하는 것을 중단하면 되는 것이다. 한마디로 국가가 불법체포를 하지 않아야 한다는 소극적 의무만을 실천하면 신체적 자유는 보장되는 것이다.

이에 대해 적극적 자유는 국가가 간섭하지 않는 것만으론 인권이 실질적으로 보장되지 않는다는 것에서 고안된 개념이다. 출판의 자유를 예로 들어보자. 이 자유는 종래 국가가 개인의 출판에 대해 간섭하지 않으면 보장되는 것으로 이해되었다. 하지만 개인이 출판할 능력이 없다면 국가의 불간섭 상태가 있다고 해서 개인이 이 자유를 누리는 게 아니다. 개인이 교육을 못 받아 문맹인 경우, 글을 쓰지 못하는데, 무슨 출판의 자유가 필요하겠는가. 이런 상황에선 개인의 출판의 자유는 사실상 종이 위의 권리에 불과하다. 국가가 간섭하지 않는 것만으로 누릴 수 있는 자유가 아니다. 출판할 수 있는 개인의 역량이 없다면 사실상 출판의 자유는 의미 없다. 즉, 자유를 누리길 위해선 개인의 능력이 전제되어야 한다는 것이다. 이런 입장에선 자유는 사실상 역량이라고 보지 않으면 안 된다고 한다. 자유의 본질적 요소가 역량(능력)이라면, 자유의 의무자인 국가에겐, 간섭의 배제 이상의 의무가 생길 수밖에 없다. 그것은 개인의 역량을 일정 부분(인간다운 생활을 할 수 있는 최소한의 하한선)을 국가가 책임지지 않으면 안 되는 적극적 의무이다. 국가가 개인의 역량에 무관심하다면 개인의 인권은 실질적으론 보장된다고 할 수 없기 때문이다.

그러나 인권 개념의 이런 전환에는 상당한 저항이 있음도 알아야 한다. 이사야 벌린(Isaiah Berlin)이 그런 저항의 선두에 선 사람인데, 그는 국가가 개인의 자유에 대한 의무로서 간섭의 배제라는 소극적 의무 외에 개인의 역량을 강화하기 위해 적극적 조치를 취한다면 자유 상실이라는 대가를 치러야 한다고 주장한다. 이것은

---

22) 샌드라 프레드먼, 『인권의 대전환: 인권 공화국을 위한 법과 국가의 역할』, 조효제 옮김(교양인, 2009), p. 77 참고.

벌린이 목격한 20세기의 사회주의 국가를 떠올리면 쉽게 이해가 될 것이다. 사회주의 체제하에선 개인의 역량을 평등하게 올리기 위해 배분을 국가가 통제한다. 벌린은 이 과정을 수행하기 위해선 사회주의는 필연적으로 개인의 자유를 상실케 하는 전체주의로 빠질 수밖에 없음을 경고하는 것이다.[23] 벌린의 주장 말고도 적극적 자유를 강조하면 당연히 정부는 큰 정부를 지향하는 수밖에 없다. 국민의 역량을 강화시키기 위해선 부득이 조세부담을 높이고 정부의 개입의 폭을 넓혀야 하기 때문이다. 따라서 적극적 자유는 한 개인의 입장에서 보면 꼭 이루어야 할 삶의 목표이지만 국가적 목표가 되는 경우에는 그 과정이 험난하다. 개인의 소극적 자유가 오히려 침해될 가능성도 있으므로 그 조화(혹은 속도 조절)가 필요하다고 할 것이다.

II. 인권 개념의 역사적 인식

1. 인권 개념의 역사

가. 인권 개념의 시원(始原)

인류사회에서 인권이란 개념이 인식된 것은 언제부터일까. 인권사상의 연장에서 나온 인권 개념이야 근대 이후의 산물이라 할 수 있지만, 인류사회가 인권사상의 기초라고 할 수 있는 인간에 대한 존엄성을 인식한 것은 그 훨씬 전이라고 보는 데에는 이론의 여지가 없다. 논자에 따라서 인권 개념은 인간본성의 산물이라고 하면서 인권 개념을 제대로 이해하기 위해선 역사적 개념으로서의 인권만을 볼 게 아니라 역사 이전 인간의 생물학적 본성을 우선 이해해야 한다고 주장한다.[24]

---

23) Ibid. 79.

24) 이것은 사회생물학을 인권사상에 적용함으로써 주장되는 것이다. 즉, 인간은 생물학적으로 도덕적 존재일 수 있고, 그것이 결국 사회를 형성하면서 인권의식을 갖게 되었다는 주장이다. 이에 대한 자세한 내용은 박찬운, 「인권과 사회생물학」, ≪법학논총≫(2009. 3), pp. 325~356 참고.

인권사상과 연관되는 인간본성은 이타적 본성이나 도덕성과 관련이 있다. 인류사를 추측건대, 인간에게는 이타적 본성이나 도덕적 본성이 있고 이것이 문화와 연결되어 타인에 대한 존중 사고가 길러졌으며, 이는 결국 국가사회를 만드는 과정에서 법과 제도로 인정되었을 것이다.[25] 그런 연후 수천 년이 흐르는 동안 정교한 권리사상과 결합하여 인권사상과 제도가 탄생하였다. 즉, 인권의 기원은 인간본성의 출현-도덕의 탄생-사회적 규범(관습과 법)의 탄생 순으로 발전해 왔다고 할 수 있다.

우리가 인권사상을 연구함에 있어 의미 있는 인권 역사는 역시 인류가 국가를 만든 이후부터라고 할 수 있다. 시대와 역사에 따라 다르지만 지배자와 피지배자의 갈등은 항상 존재했고 그 속에서 지배자에 대한 피지배자의 항거는 자연스럽게 인간의 자유와 권리에 대한 체계적인 사고를 배태시켰다. 따라서 인권의 기원은 우리가 생각하는 것보다 훨씬 긴 역사를 가지고 있다. 적어도 인권의 시원적 발상은 서양의 전유물은 아니었다. 그것은 고대에서부터 동서양에 공히 존재하는 종교적 휴머니즘이라는 것을 통해 발견되었다. 그런 면에서 인권의 기초적 토대는 아주 오래 전부터 보편성을 띠고 존재했다고 볼 수 있다.

이러한 사실은 1948년 유엔이 세계인권선언을 만들면서 실증적으로 조사되었다. 당시 유엔인권위원회는 인류 모두가 공유할 수 있는 인권의 표현을 찾기 위해 유네스코에 인권에 관해 전 세계에 존재하는 다양한 견해를 조사해 줄 것을 의뢰했다. 이 요청을 받은 유네스코는 가맹국들의 사상가와 문필가에게 설문을 돌려 각자의 종교적·문화적·지성적 배경에 도출된 특유한 인권관을 조사했다. 이러한 조사에 근거하여 유엔인권위원회의 위원들은 인권철학의 전통이 좁은 서구 전통의 범위를 벗어나 폭넓게 존재하며 동서양을 막론하고 인권의 탄생이 철학의 탄생과

25) 다윈도 인간의 도덕의식에 관한 진화를 믿었다. 그는 도덕의식은 인간의 사회적 본능에 근거한다고 하였다. 인류는 선사시대부터 공동체가 각 구성원의 행동에 영향력을 행사하여 왔고, 그것은 공동체의 이익을 위한 것이었다. 따라서 최초의 원시인도 오직 부족의 복리에는 관심을 가졌을 것이고, 이러한 것은 작은 부족들이 결합됨으로써 국가단위, 나아가 모든 종족의 순으로 확대되어 갔다고 믿었다. 로저 트리그, 『인간본성에 대한 철학적 논쟁』, 최용철 옮김(간디서원, 2003), pp. 186~191.

함께한다는 점을 강조했다. 이런 뜻에서 동 위원회는 세계인권선언문 기초 작업에 착수할 때부터 원칙을 세워 보편적 인권이 18세기 유럽 계몽주의에서 기원한 서구의 발명품이라는 가정을 부정했다.[26]

그러나 지금과 같은 '사람의 권리'라는 개념의 인권 개념은 근대 서구의 산물이지 결코 중세나 그 이전의 고대사회에서 발견될 수 있는 것은 아니라는 것이 일반적 견해이다. 인권 개념의 역사를 놓고 보면 전 세계의 다양한 종교와 철학을 통틀어 하나의 보편적 역사가 존재한다고 주장할 수도 있으나[27] 개인의 권리 개념에 기초한 인권사상은 그 역사가 그리 길지 않다는 것이 대체로 전문가들의 공통된 의견이다.

나. 고대의 권리 개념과 자연권 사상

현대의 인권 개념은 국가의 권력 남용으로부터 개인을 보호하는 것을 목적으로 한다. 고대 그리스에도 권리 개념이 있었는지 명백하지는 않지만 권력과 권력 남용이라는 개념은 존재했고 이것에 저항하는 것은 당연하다는 사고도 싹트고 있었다. 그것은 자연법 사상의 시작이라고 할 수 있다. 이와 같은 맥락에서 소포클레스의 『안티고네』가 거론된다. 『안티고네』는 그리스의 비극 작가 소포클레스(기원전 496~406년)의 3부작(『오이디푸스 왕』, 『콜로노스의 오이디푸스』, 『안티고네』) 중 마지막 편으로 아테네의 발전 시기인 기원전 441년 디오니소스 극장에서 초연되었다.

자신의 아버지를 죽이고 어머니를 아내로 삼을 운명을 타고난 오이디푸스는 테베의 왕좌에 오른 후 자신이 저지른 일을 깨닫게 되자 스스로 두 눈을 찌르고 두 딸 안티고네와 이스메나를 앞세우고 방랑하다가 콜로노스에서 죽게 된다. 오이디푸스가 방랑하는 동안 두 아들 폴류네이케스와 에케오클레스가 왕위를 놓고 싸우다 서로 찔러 모두 죽게 된다. 그러자 외삼촌 크레온이 왕좌를 차지하면서 폴류네이케스의 시신을 매장하는 자는 돌로 쳐서 처형한다고 명했다. 이때 방랑에

26) 미셸린 이샤이, 『세계인권사상사』, 조효제 옮김(도서출판 길, 2005), p. 56.

27) Ibid. p. 57 이하 참고.

서 돌아온 안티고네가 왕의 명을 거역하고 오빠의 시신을 매장한다. 왕 앞에 끌려간 안티고네는 왕과 다음과 같은 대화를 나눈다.

크레온 감히 네가 '법'을 어겼단 말이냐?

안티고네 네, 그러나 그 '법'을 저에게 내리신 것은 제우스 신이 아니었습니다. 정의의 신은 그런 '법'을 사람이 사는 세상에 정해놓지 않으셨습니다. 또한 저는 글로 쓰인 것은 아니지만, 그러나 확고한 하늘의 법'이 있다고 믿습니다. 왕의 '법'이 있다고는 생각하지 않습니다.

여기서 왕의 '법'은 현실의 법, 실정법을 말한다. 그러나 인간의 마음속과 세상의 이성에는 왕의 법을 초월한 '법'이 있다. 제우스 신의 법, 정의의 법, 하늘의 법은 바로 자연법을 의미한다. 안티고네의 항변에는 아무리 한 국가 사회의 법이라 하더라도 근원적인 자연법을 거스를 수 없다는 사상이 담겨 있다.[28]

그러나 고대 그리스에 지금과 같은 권리 개념이 있었다고 보기는 어렵다. 안티고네의 경우에도 그녀가 오빠의 시신을 묻을 권리가 있다고 생각해서 왕의 명을 거역한 것이 아니라 종교적 의무가 있다고 생각해서 그렇게 한 것이다. 오늘날 우리는 이 이야기를 종교행사의 자유와 관련한 인권문제로 볼 수는 있을지언정 소포클레스가 인권문제를 이러한 방식으로 표현했다고 보기는 어렵다.[29]

다. 중세의 권리 개념

로마제국 이후 중세에 걸쳐 만들어진 권리사상은 자연법사상을 중심으로 하는 객관적 권리(정의, 법)가 중심을 이루었다. 인권사상의 본령인 국가에 대한 개인의 주관적 권리는 중세를 넘어 근대에 들어와 정립된 것이라고 보는 것이 전문가들의 통설적 견해이다. 하지만 고대 로마법에서 보이는 'jus'(ius)라는 단어에는 객관적

28) 차병직, 『인권의 역사적 맥락과 오늘의 의미』(지산, 2003), pp. 15~16.

29) 마이클 프리먼, 『인권: 이론과 실천』, 김철효 옮김(아르케, 2004), p. 32.

권리만이 아니라 주관적 권리의 의미도 포함되었음이 분명하다.[30] 로마법하에서는 재산을 소유하거나 공유할 수 있는 권리, 재산을 점유하거나 임대 또는 사용할 수 있는 권리 등 재산에 관한 광범위한 권리가 인정되었으며, 이러한 권리가 침해되는 경우, 소송을 통해 그 회복을 구할 수 있었다.

로마법하에서의 주관적 권리 개념은 국가 권력에 대해 행사될 수 있는 권리 개념으로 발전하지 못하다가 중세 후기에 이르러서 새로운 인식이 싹튼다. 한 연구자(예컨대 티어니)에 따르면 최소한 12세기부터 권리 개념과 그것을 표현할 언어가 존재했다고 한다. 이것은 11세기 후반부터 12세기에 걸쳐 일어났던 고대 로마법 문서들의 재발견 및 그에 관한 연구와 관련이 있다. 당시 학자들은 이런 연구를 통해 로마법의 주관적 권리를 인식하게 되었다.[31] 그러나 당시 중세인들은 특정인, 특정 신분, 특정 집단, 특정 계급의 개인적 권리(개인에 대한 권리)에 대한 생각을 갖고는 있었지만 그것이 17세기 이후의 국가에 대한 인간의 권리로 이어지는 자연권 개념을 뜻하는 것은 아니었다.[32]

중세의 자연법사상은 13세기 토마스 아퀴나스와 16세기 스페인의 프란시스코 수아레스를 거치면서 자연권 개념으로 서서히 전환되었다. 두 사람 모두 자연법이란 동일한 용어를 사용했으나 아퀴나스가 말하는 자연법은 정의라는 의미의 전통적 개념에 머물러 있었지만 수아레스에 이르러서는 처분하거나 통제할 수 있는 개인의 능력을 의미하는 개념으로 바뀌었다. 즉, 수아레스 시대에 들어오면서 전통적 자연법 개념은 근대적 자연권으로 변용되었던 것이다.[33]

라. 근대 자연권 사상의 발전

서구의 인권 역사가 근대적 의미로 부각된 것은 17세기 이후라고 하겠지만

---

30) 존 위티 주니어, 『권리와 자유의 역사』, 정두메 옮김(Ivp, 2015), pp. 54~55. 로마법에서 말하는 권리는 기본적으로 개인 간의 사권이나 그것이 침해된 경우 소송이 인정되었다는 것으로 국가에 대해 주관적 공권으로서의 재판청구권 개념이 있었다고 볼 수 있다.

31) Ibid.

32) 마이클 프리먼, 『인권: 이론과 실천』, 김철효 옮김(아르케, 2004), p. 34.

33) 차병직, 『인권의 역사적 맥락과 오늘의 의미』(지산, 2003), p. 20.

그것이 가능했던 것은 르네상스의 영향이라고 할 것이다. 신의 시대이었던 천 년 중세가 끝나가는 무렵 유럽에서는 인간성 발견이라는 거대한 문화적 흐름이 발견된다. 르네상스라는 이름의 이 문화운동은 단순히 고대 그리스·로마의 고전의 재발견이 아니라 신의 시대에서 인간의 시대로 옮아가는 정신적 변혁운동을 의미한다. 이 시기 유럽인들은 개인과 자유라는 개념을 터득하게 된다. 피렌체나 베네치아는 당시 신성로마제국과 투쟁하는 가운데 자신들의 정치적 독립을 쟁취하려고 했고 이런 환경은 그곳에 사는 지식인으로 하여금 숨 막히는 기독교적 삶에서 인간 본연의 모습을 갈구하게 하였다. 그리고 12세기부터 주요 도시에 설치된 대학은 바로 이런 분위기를 대학의 자치라는 이름으로 고양시키며 개인과 자유의 이념을 설파하기 시작한다. 우리가 익히 아는 단테, 페트라르카, 알베르티와 같은 사람들은 바로 이런 분위기에서 자라난 사람들이고 바로 이들의 사상은 근대 이후 발달한 인권사상의 뿌리로서의 역할을 하게 된다.

17~18세기의 자연권론에 입각한 불가양의 권리사상은 로크의 『시민정부론』(1650년), 홉스의 『리바이어던』(1651년) 등에서 나오는 자연권(jus naturale)에서 정립되었다. 로크는 『시민정부론』에서 주장한 사회계약론에서 모든 인간은 자연상태에서 이성의 법칙인 자연법에 따라 독립, 평등하며 일정한 인권(자연권)을 부여받았다고 했다. 이 중에서 기본적인 것은 생명, 자유, 재산이며 인간은 사회계약을 통해 이들 권리를 좀 더 확실하게 보장하기 위해 정치사회(국가)를 만들었다. 사회계약의 목적은 각자의 생명, 자유, 재산 등의 인권을 내외의 침해자로부터 수호하기 위한 것이고 그 방법으로 각자가 자연 상태에서 가지고 있던 자연법을 집행하는 권리를 국가에 양도하는 것이다. 따라서 국가에게 실체적인 권리(생명, 자유, 재산)는 양도되는 것이 아니므로 이들 권리를 옹호하지 않은 정치체제(국가)에 대해서는 본질적으로 해체될 수밖에 없다(저항권의 인정).[34]

홉스는 자연권은 "각 사람이 자기 자신의 자연, 즉 생명을 유지하기 위하여 자기의 힘을 하고자 하는 대로 사용할 수 있는 자유"라고 했으며, 권리(jus)와 법(lex)을 구별하여, 권리는 "어느 행위를 하기도 하고 안 하기도 하는 자유", 법은 "그 어떤

34) 스기하라 야스오, 『인권의 역사』, 석인선 옮김(도서출판 한울, 1998), pp. 21~33.

것을 결정하고 그것을 구속하는 것"(다른 말로 바꾸면 권리는 자유를 뜻하고 법은 금지를 뜻함)이라고 정의했다.[35] 'jus'와 'lex'는 이미 14세기 영국의 프란시스코 수도회의 철학자 오캄(W. Ockham)에 의해 구별되었으며, 그는 그때까지 법, 정의 등의 개념으로 이해되던 'jus'를 근대적인 권리 개념으로 이해하기 시작했다.[36]

벌라마키(J. J. Burlamaqui, 1694~1748년)의 '자연법원리', '국법원리'에 나타난 자연권 사상은 자연신학의 요소가 강하다. 그에 의하면 신이 인간을 창조하고 인간본성(자연)을 주었다. 그러므로 인간본성을 고찰할 때 신의 의도인 자연법이 발견된다. 그리고 인간본성에서 자기보존과 행복추구와 그것에 대한 자연법상의 의무와 권리가 생겨난다고 했다.

한편 그로티우스(H. Grotius, 1583~1645년)는 중세의 사상들을 근대적 권리 개념으로 전환시키는 데 결정적인 역할을 한 사람으로 평가된다. 그는 'jus'가 정당한 것을 뜻함과 동시에 인간(남성)이 정당하게 무엇인가를 소유하거나 어떤 행동을 취할 수 있는 능력을 뜻한다고 보았다. 그리고 자연법은 권리의 주장과 정의의 내용에 관한 것이라 여겼다.[37] 이것은 권리사상이 객관적인 권리(법)에서 주관적 권리로 발전하고 있다는 것을 의미한다.[38] 이렇게 형성된 자연권 사상은 미국의 독립전쟁이나 프랑스의 시민혁명 등의 사상적 기초를 제공했고, 그 후 근대 입헌국가의 헌법에 기본권으로 반영되었다.

이상과 같이 보는 것이 근대 인권사상에 대한 일반적 설명이다. 이러한 설명을

---

35) 深田三德,『現代人權論』(弘文堂, 1998), p. 6.

36) 여기서 말하는 권리의 핵심적 요소는 그것이 침해되었을 경우, 회복할 수 있는 힘 혹은 가능성이라고 할 수 있다. 그 힘은 왕도, 권력도 존중해야 하는 의무이다. 이것은 권리(인권)가 국가에 의해 보장되는 공권적 속성이 있다는 것을 의미한다.

37) 마이클 프리먼,『인권: 이론과 실천』, 김철효 옮김(아르케, 2004), p. 36.

38) 권리가 객관적 질서에서 주관적 권리로 바뀌었다는 말이 무슨 뜻일까. 이것을 종교의 자유로 설명해 보자. 종교의 자유는 중세 동안 권리로 보장되지 않았다. 그러나 이것은 근대(17~18세기) 이후 권리로 보장되었는데, 그 과정은 처음부터 개인의 주관적 권리로 보장된 것이 아니었다. 첫 단계에서 국가(왕)가 신민에게 종교의 자유를 선언했지만 그것은 사회적 질서(객관적 질서 혹은 법)에 불과했다. 개인이 종교의 자유를 개인의 권리(주관적 권리)로 인식하고 그것이 침해되었을 때 국가에 보호를 요청할 수 있게 된 것은 그 이후의 일이었다.

보다 알기 쉽게 말한다면 그 핵심은 크게 두 가지다. 하나는 근대에 들어와 개인의 국가에 대한 권리가 확립되었다는 점이다. 사회계약론적 입장에서 보면 국가의 목적은 개인(인민)의 보호에 있기 때문에, 개인은 언제나 국가(교회)나 공동체에 그것을 요구할 수 있는 지위에 있다는 사상이 생겨났고, 우리는 그것을 인권이라 부른다. 중세 시절, 곧 신국(神國)의 시대에는 개인은 종교의 자유나 사상의 자유를 국가나 교회에 요구할 수 없었으나 르네상스와 종교혁명을 경험하면서 이러한 자유가 확인되고, 그 내용이 점점 확고한 권리로 확대되었다. 또 하나는 인권의 주체가 특정 인간이나 특정 계급에서 보편적 인간으로 이행했다는 사실이다. 즉, 권리의 주체가 왕이나 귀족 혹은 성직자에서 상공인, 전문가 등의 시민계급으로 확대되었다. 그리고 이러한 권리 주체의 확대는 그 후에도 계속되어 모든 사람이 권리의 주체가 되는 바야흐로 사람이라면 누구나 누리는 인권의 시대를 열게 된다. 이 과정에서 자연법 및 자연권 사상은 근대 인권사상에 크나큰 영향을 끼쳤다고 할 수 있다.

2. 인권사상의 제도화

17~18세기에 형성된 자연권 사상은 18세기 말부터 시작된 인민에 의한 혁명의 시대에 하나하나 제도화된다. 이 사상은 미국의 독립 과정에서 실현되며[버지니아 권리선언(1776년), 미국 독립선언(1776년)] 그 이후 유럽[프랑스의 '인간과 시민의 권리선언'(1789년)]에 이어 20세기에 국제연맹과 국제연합의 창설 그리고 세계인권선언에 이은 각종 인권조약의 체결로 제도화를 이루어간다. 물론 20세기에 들어와 세계의 국가 대부분은 국가의 기본법(헌법)을 갖게 되고 그것에 국민의 기본적 인권을 규정함으로써 인권을 제도화시켰다.[39]

---

39) 현대 국가들이 가지고 있는 헌법에 규정되어 있는 인권은 세계인권선언의 재판이라고 볼 수 있다. 적어도 100여 개국 이상의 헌법에 인권선언의 내용이 그 나라의 기본적 인권으로 보장되어 있다.

3. '인권'이라는 용어의 기원

인권은 'human rights'의 번역어이다. 그렇다면 human rights라는 용어는 어떻게 시작되었을까? 이 문제를 연구하는 사람들은 이 용어가 프랑스 대혁명 과정에서 선포된 '인간과 시민의 권리선언(Déclaration des Droits de l'Homme et du Citoyen, 26 août 1789)'에서 시작되었다는 데에 동의한다. 이 선언을 보면 인간의 권리와 시민의 권리를 구분하고 있는 것이 주목된다. 인간의 권리는 인간이라면 모든 사회에서 향유하는 권리이며 시민의 권리는 한 국가 체제 아래에서의 권리를 말한다. Droits de l'Homme(인간의 권리)는 미국의 토머스 페인이 '인간의 권리(Rights of Man)'로 번역했다. 그 후 이 용어는 Human Rights로 번역되었다고 추론할 수 있다.

그러나 '인간과 시민의 권리선언'에서 인간의 권리라는 것은 자연권의 의미가 그대로 내포된 것이다. 이러한 자연권은 프랑스 대혁명 이전에 이미 1776년에 버지니아 권리선언과 미국 독립선언에서 나타난다. 그러므로 인권이라는 용어 자체는 프랑스 대혁명 과정의 '인간과 시민의 권리선언'에서 시작되었을지 모르지만 실질적으로는 미국에서 자연권의 이름 혹은 천부적인 인권이라는 이름으로 시작되었다고 보는 것이 타당할 것이다.[40)]

한편 우리나라에서 인권이라는 용어가 어떻게 도입되었는지를 이해하기 위해서는 19세기 이들 용어가 처음으로 도입된 일본과 중국의 상황을 이해할 필요가 있다. 일본에서는 막부 말기(19세기 중엽)에 이미 구미의 'rights'의 개념을 숙고 끝에 번역한 바 있다. 1855년 네덜란드의 민사소송법이 미쓰쿠리 겐포(箕作阮甫)에 의해 번역되었는데, 그 속에서 네덜란드어 'regt'(이 단어는 독어의 recht, 불어의 droit, 라틴어의 jus, 영어의 law, right와 같은 뜻이었음)를 어떻게 번역할 것인지를 놓고 고민했다고 한다. 끝내 그는 원어가 갖는 법률과 정의라는 뜻을 담기 위해 '正律'이라는 역어를 만들어냈다. 한편 권리(權利)라는 용어는 일본이 아닌 중국에서 만들어졌는데 이는 1864년 중국에서 번역된 휘튼의 『만국공법(Elements of Inter-

40) 차병직, 『인권의 역사적 맥락과 오늘의 의미』(지산, 2003), pp. 39~41.

national Law)』(마틴 옮김)에서 등장했다. 일본은 이 책을 1865년 미쓰쿠리 린쇼(箕作麟祥)가 번역함으로써 이 용어를 만나게 된다. 이처럼 일본에서는 'rights'라는 용어를 둘러싸고 몇 가지 용어가 사용되었는데 가장 대표적인 번역어는 '權利'와 '權理'였다. 상당수의 사람들은 이 두 개를 병용하여 사용했으나 구별하여 사용하기도 했다고 한다. '權理'를 선호하는 사람들은 자유민권운동가들이나 도덕적 염결성을 좋아하는 무사계급 출신의 사람들이었다. 그러나 시간이 흐르면서 '權利'의 선호도가 높아졌고 마침내 공문서 등에도 이 용어가 보편화되었으나 그 결정적인 이유는 분명치 않다. 다만 일본에서 이 문제를 연구하는 사람들 사이에서는 'rights'의 번역어가 '權利'가 된 것에 많은 아쉬움을 표한다. 그 이유는 '權利'는 '權理'에 비하여 'rights'가 갖는 권리의 덕성, 정의, 정당성의 의미가 들어 있지 못하고, 일본 사회에서 권리가 갖는 자기중심적·이익추구적·독선적인 의미와 연결되는 것에 무관하지 않기 때문이다.[41]

일본은 위와 같은 과정을 거쳐 메이지 전반기에 인권이라는 용어가 처음으로 사용되었는데 '천부인권'을 소개한 가토 히로유키의 저작에서도 발견된다. 이 시대 일본에서는 서구의 계몽사상이 물밀 듯이 들어왔는데 이 과정에서 '천부의 자유' '천부의 권리', '천연의 인권', '자연의 권리' 등의 표현이 사용되었다. 후쿠자와 유키치의 『서양사정』에서는 미국 독립선언 및 미국 헌법이 소개되었고, 블랙스톤의 『영법석의』에 나오는 '개인의 절대적 권리' 부분이 소개되었다.

우리나라에는 권리 개념이 위의 일본 선각자들의 영향을 받아 구한말 또는 일제시대에 소개되었다. 유길준은 그의 저서 『서유견문』[42]에서 '인민의 권리'(제4편)를 소개하고 있는데, 여기에서 그는 개인의 자유와 권리는 하늘이 준 것이라 하면서 만민평등 사상을 미국독립선언서의 천부인권론을 염두에 두고 설명하고 있다. 유길준의 이러한 사상은 "사람 위에 사람 없고, 사람 아래 사람 없다(人上人이 無ᄒᆞ고 人下人도 無ᄒᆞ다)"라는 표어로 집약되는데, 이것은 후쿠자와 유키치가 미국독립선언서에 나오는 "All men are created equal"을 그의 책 『학문의 권장(學問すすめ)』

41) エリック A フェルドマン, 『日本における 權利のかたち』(現代人文社, 2003), pp. 25~27.

42) 『서유견문』은 1894년 후쿠자와 유키치가 설립한 일본의 교순사(交詢社)에서 출판되었다.

에 "하늘은 사람 위에 사람을 만들지 않고 사람 아래 사람을 만들지 아니하였다"라는 말로 소개한 것에서 비롯된다.[43] 한편 1886년 설립된 근대식 교육기관인 육영공원(育英公園)에서 사용한 교재 중에는 위의 휘튼의 만국공법이 포함되어 있는 것으로 보아 1880년대 말경에는 우리나라에서도 일본식의 권리 개념이 널리 도입된 것으로 볼 수 있다.[44] 참고로 우리 헌법사의 자료에 따르면 개인의 권리를 규정하고 있는 최초의 것은 1919년 9월 11일 제정한 대한민국 임시헌법이다. 동 헌법 제8조에 신교의 자유, 언론·저작출판·집회결사의 자유, 서신비밀의 자유, 거주이전의 자유를 규정하고 있다.

4. 인권의 국제화

인권문제는 전통적인 국제법 이론하에서는 기본적으로 국내문제에 불과했다. 국가가 개인의 인권을 존중할 것인지 아닌지는 그 국가가 결정할 문제이지 국제사회가 간섭할 문제가 아니라는 것이었다. 심지어 제3국이 타국의 인권문제를 간섭하는 것 자체가 그 나라의 주권을 침해하는 것이라고 인정되었다. 그러나 우리가 현재 조명하고자 하는 현대의 국제인권법은 위의 전통적인 인식을 상당 부분 바꾸어 놓았다. 오늘날의 국제인권법은 모든 나라가 자국민의 인권을 존중할 것을 요구하고 만일 이러한 의무를 저버리면 국제사회가 이에 항의할 권리와 의무가 있음을 전제로 하여 발전했기 때문이다.[45]

예를 하나 들어보자. 프랑스가 영토 내에 거주하는 미국 시민에 대하여 부당한 대우를 했다면, 미국 정부는 프랑스 정부에 적절히 항의할 수 있다. 국제법은 일찍이 해외에 거주하는 자국민의 권리가 침해된 경우 본국 정부가 외교적 보호권(diplomatic protection)을 행사하여 가해국에 항의하고 시정을 요구하는 것을 보장

43) 전봉덕, 『한국근대법사상사』(박영사, 1980), p. 84.

44) 김효전, 『서양 헌법 이론의 초기 수용』(철학과현실사, 1996), p. 90 참고.

45) Richard B. Bilder, *An Overview of International Human Rights Law, in Guide to International Human Rights Practice*, Hurst Hannum eds., 4th ed.(Transnational Publishers, 2004), p. 3 참고.

하고 있기 때문이다. 그러나 전통적인 국제법 이론하에서는 프랑스가 미국 시민의 인권을 침해한 경우 미국이 항의할 권리가 전혀 주어지지 않는다. 그럼에도 미국이 프랑스에 항의한다면 프랑스는 오히려 미국이 국내문제에 간섭함으로써 프랑스의 주권을 침해했다고 주장할 것이다.[46)]

이러한 전통적인 주권이론에 입각한 국제법 이론은 제2차 세계대전 전까지 국제사회를 전반적으로 지배했다. 물론 약간의 예외가 없었던 것은 아니다. 반노예운동(antislavery movement)이 19세기 및 20세기 초에 정점에 이르러 1926년에 노예협약(Slavery Convention)이 체결된 것이라든가 러시아 거주 유대인이나 오토만제국 내의 아르메니아인들과 같은 소수자들의 보호를 위한 국제사회의 움직임 그리고 국제연맹 및 1919년의 ILO의 설립에 뒤이은 활동은 과거에 볼 수 없던 국제사회의 변화를 보여준다. 그러나 우리가 오늘날 국제인권법이라고 일컫는 것은 1945년 제2차 세계대전의 종식과 더불어 발전되어 온 것이라고 할 수 있다.[47)] 나치가 저지른 대재앙(Holocaust)에 충격을 받은 국제사회는 인권과 기본적 자유의 증진이 새롭게 만들어지는 국제연합의 기본목적 중 하나임을 결의했다. 이에 따라 유엔헌장은 회원국에 대해 인권존중의 의무를 일반적 의무의 하나로 규정하고 이의 증진을 위해 인권위원회(Commission on Human Rights)를 설치했다. 유엔의 창립 이후 인권문제에 대한 국제사회의 관심과 관여는 획기적으로 확장되었고, 급기야 2006년 인권이사회(Human Rights Council)를 설치하기에 이르렀다.

1948년의 세계인권선언(Universal Declaration of Human Rights)과 1948년의 집단살해 방지 및 처벌에 관한 협약(Convention on the Prevention and Punishment of the Crime of Genocide), 1952년의 여성의 정치적 권리에 관한 협약(Convention on the Political Rights of Women), 1957년의 피구금자처우에 관한 최저기준규칙(Standard Minimum Rules for the Treatment of Prisoners), 1965년의 모든 형태의 인종차별철폐에 관한 국제협약(Convention on the Elimination of All Forms of Racial Discrimination), 1966년의 시민적·정치적 권리에 관한 국제규약(International

46) Ibid. p. 4.

47) Ibid. p. 5.

Covenant on Civil and Political Rights)과 경제적·사회적·문화적 권리에 관한 국제규약(International Covenant on Economic, Social and Cultural Rights), 1967년의 난민의 지위에 관한 의정서(Protocol relating to the Status of Refugees), 1979년의 여성에 대한 모든 형태의 차별철폐에 관한 협약(Convention on the Elimination of All Forms of Discrimination against Women), 1984년의 고문 및 그 밖의 잔혹한, 비인도적인 또는 굴욕적인 대우나 처벌의 방지에 관한 협약(Convention against Torture and other Cruel, Inhuman or Degrading Treatment or Punishment), 1989년의 아동의 권리에 관한 협약(Convention on the Rights of the Child), 1990년의 이주노동자 및 가족의 권리 보호에 관한 국제협약(International Convention on the Protection of the Rights of All Migrant Workers and Members of their Families), 2006년의 장애인권리협약(Convention on the Rights of Persons with Disabilities), 2010년의 모든 형태의 강제실종자 보호에 관한 국제협약(International Convention for the Protection of All Persons from Enforced Disappearances) 등과 같은 것들이 바로 그 증좌이다.

나아가 1993년에는 제2회 세계인권대회가 비엔나에서 열렸던바, 이곳에서는 인권에 대한 다양한 주요 의제가 논의되었다. 이 시기에 열린 인권 관련 주요 국제회의로는 1991년의 리우환경회의, 1994년의 카이로 인구 및 개발에 관한 회의, 1995년의 베이징 세계여성대회 등이 있는바, 모두 각각의 영역에서 인권사적인 의미를 갖는 것들이다. 1998년의 국제형사재판소의 설립에 관한 로마규정의 채택은 유엔 설립 이후 최대의 국제법적 사건이라고 평가되고 있는데, 동 재판소는 2002년 7월 1일 마침내 역사적인 출범을 했다. 그뿐만 아니라 유엔은 2006년 인권위원회(Commission on Human Rights)를 인권이사회(Human Rights Council)로 격상시킴으로써 인권시스템의 일대 전환을 시도했다.

유엔이 위와 같이 적극적으로 인권문제에 관심을 가질 수 있었던 것은 지역적인 레벨에서 인권시스템이 작동하기 시작한 것과 무관하지 않다. 1953년부터 시작된 유럽인권협약(European Convention on Human Rights), 1978년부터 시작된 미주인권위원회(Inter-American Commission on Human Rights), 1986년부터 시작된 아프리카 인권헌장(African Charter on Human and Peoples' Rights)이 바로 그것이다.

1950년대 말부터 인권문제는 이미 국제사회의 주요한 과제가 되었지만 국제정치적으로 그 진정한 중요성을 인정받기 시작한 것은 최근의 일이라고 할 수 있다. 1960년대 이전만 하더라도 인권문제는 유엔에서 정기적으로 논의되기는 했지만 이에 관심을 보인 나라는 극히 소수에 불과했다. 유엔에서 적극적으로 인권문제가 논의되기 시작한 것은 1960년대 초 아프리카를 비롯한 소위 비동맹권 국가들이 유엔의 회원국으로 대거 입성한 것에서 비롯되었다. 이 나라들은 인종차별과 같은 인권문제에 깊은 관심을 보였으며, 특히 아랍 국가들은 팔레스타인 문제에 초점을 맞추어 1967년 이후에는 유엔에 특별한 인권 이슈를 제공했다.

1970년대 초에 시작된 미국 의회 내의 인권에 대한 관심과 카터 행정부의 인권정책(국제인권문제가 미국의 외교정책의 핵심이라는 것)은 미국과 전 세계에 인권에 대한 관심을 불러일으켰다. 더욱이 국제인권운동은 1977년 양심수(prisoners of conscience)에 대한 인권운동이 국제적으로 인정받으면서 국제사면위원회(Amnesty International)가 노벨평화상을 수상하고, 1980년에 또다시 아르헨티나의 인권운동가 에스키벨(Adolfo Perez Esquivel)이 노벨평화상을 수상함으로써 국제사회의 이목을 집중시켰다. 뒤이어 바웬사(Lech Walesa, 1983년), 투투(Desmond Tutu, 1984년), 달라이 라마(Dalai Lama, 1989년), 아웅 산 수 치(Aung San Suu Kyi, 1991년), 멘추(Rigoberta Menchu Tum, 1992년), 벨로(Carlos Bello)·오르타(Jose Ramos-Horta, 1996년), 국경 없는 의사회(Medecins Sans Frontieres, 1999년), 에바디(Shirin Ebadi, 2003년) 등의 노벨평화상 수상도 모두 국제사회에 인권의 가치를 호소하는 계기가 되었다.[48)]

그러나 분명한 것은 국제인권법은 다른 분야에 비하여 그 생성이 최근에 이루어진 것이어서 그 내용과 절차가 아직도 미성숙의 상태에 있다는 것이다. 많은 규범들이 부정확하고 때로는 중복되기도 하며 제도와 절차는 꾸준히 생성 중에 있다. 그럼에도 불구하고 국제인권법의 기본개념은 국제법과 그 실제에 있어 굳건히 뿌리를 내려가고 있으며 인권에 대한 관심과 노력은 앞으로 국제사회에서 더욱 큰 관심사가 될 것이라는 점은 아무도 부인하지 못할 것이다.[49)]

48) Ibid. p. 6.

49) Ibid.

5. 현대 인권 개념의 특징

가. 인권의 보편성

인권은 모든 사람에게 평등하게 적용되어야 한다. 인권은 국경, 문화, 종교 등의 벽에 의해 좌지우지되지 않고 어느 나라나 지역에서도 타당해야 한다. 이러한 원칙하에 자유권규약이나 사회권규약의 전문 그리고 1993년 비엔나선언 및 행동계획에 표시되어 있다. 그렇다면 위와 같은 인권규약에 가입하지 않은 나라에 대해서도 인권의 보편성을 주장할 수 있는가? 이에 대해서는 다음과 같은 답을 할 수 있다.

첫째, 국제연합 헌장은 모든 회원국에게 인권 및 기본적 자유의 보편적 존중 및 준수를 요구하고 있다(제55조 및 제56조). 둘째, 세계인권선언을 중심으로 하는 국제인권법의 상당한 내용은 이미 국제관습법을 형성하고 있다. 셋째, 경제사회이사회는 1503결의를 통해 일관된 패턴의 대규모 인권침해에 대해 개인청원을 허용하고 있다. 넷째, 인권 중의 절대적 권리는 국제사회에서 법의 일반원칙이고 강행법규이다.

나. 인권의 평등성

인권은 모든 사람에게 인종, 민족, 성, 언어, 종교, 사상, 출신, 재산 등에 관계없이 평등하게 배분되고 보장되어야 한다.

다. 인권의 불가양성

인권은 다른 사람으로부터 침해되어서는 안 되며 다른 사람에게 양도하거나 방기해서도 안 된다. 이를 위반하는 계약이나 거래는 무효이다.

라. 인권의 역사성

인권의 보지(保持) 조건, 향유 조건, 인권의 대상, 범위, 정도 등이 이제까지 역사적으로 변화 내지 발전해 왔다는 것, 그리고 앞으로도 비슷하게 변화 내지 발전해 갈 가능성이 있다.

마. 인권의 상호연관성

자유권과 사회권은 별개의 인권이 아니다. 둘의 관계는 상호연결(interrelated)되어 있어 분리할 수 없으며, 완전히 독자성을 띨 수 없다. 그런 의미에서 상호의존적(interdependent)이라고도 할 수 있다.

6. 인권의 보편성을 부인하는 견해

가. 공동체론과 지역주의

각 공동체의 역사와 문화를 중시하고 그것들을 초월한 선험적인 것, 보편적인 것을 인정하지 않는 이론이다. 따라서 이 이론에서는 개인의 권리보다도 공동체의 전통적 가치에 관계하는 덕, 인간적 완성의 이념 등이 중시된다.

나. 문화적 상대주의

문화적 상대주의(cultural relativism)란 문화의 다양성, 이질성을 인정하면서 문화의 내재적·기능주의적 이해와 가치중립적인 연구방법 등을 주장하는 것이다. 인류학적으로 서양인의 자문화중심주의의 반성을 촉구하고 어떤 관습이나 풍습도 문맥 내지 배경을 떠나 우열, 선악의 평가를 해서는 안 된다고 주장한다.[50)]

다. 발전단계론

인권원리를 경제적으로 빈곤한 개발도상국에 적용하는 것은 무리라는 것이다. 개발도상국에서는 우선 경제발전이 중요하고 그 목표 달성을 위해 사람들의 권리 자유를 무시하거나 제한하지 않을 수 없다고 주장한다.

---

50) 문화적 상대주의에 대해서는 '제4절 인권의 보편성과 상대성'에서 자세히 언급할 것이다.

7. 인권의 효력

현대의 인권을 이야기할 때 한 가지 주의해야 하는 것은 그 효력 문제이다. 인권은 원칙적으로 국가와 개인의 관계에서 효력을 발생시키지, 개인과 개인의 관계에서는 효력을 발생시키지 못한다.[51] 이것은 인권을 헌법상의 기본권으로 규정한 경우 그 기본권의 효력과 관련된 문제인데, 원칙적으로 기본권은 국가와 개인 사이에서 개인의 국가에 대한 주관적 공권이기 때문에 이에 기초한 효력이 발생한다. 즉 기본권은 사인 간의 관계에서 발생하는 권리는 아니다.

이상이 헌법상 기본권의 원칙적 효력이지만, 헌법에 규정된 기본권이나 국제인권조약상에 규정된 각종 인권이 개인들 사이에서도 적용될 필요가 있다는 주장이 제기되어 왔다. 이것과 관계 있는 이론이 독일을 중심으로 만들어진 기본권의 대사인적 효력이며, 미국에서 만들어진 국가행위(state action) 의제 이론이다.[52] 독일의 대사인적 효력으로 보면, 인권 혹은 기본권은 국가와 나(개인) 사이에서 권리·의무 관계의 효력을 만들어 내는 것이 원칙이지만 특별한 경우에는 개인 사이에서도 직접적 혹은 간접적으로 효력이 발생한다.[53] 미국의 국가행위 의제 이론은 대사인적 효력과 같이 헌법상의 기본권은 원칙적으로 국가의 개인에 대한 행위에서 효력이 발생하는 것이지만 사인의 행위라도 국가가 깊이 관여된 행위(국가의 원조가 있거나 국가의 감독을 받는 경우 등)는 국가행위로 의제되어 기본권의 적용을 받는다는 것이다.

---

51) 이 말은 인권의 핵심이 '국가에 대한 개인의 권리보장'에 있다는 것을 의미한다. 즉 인권은 국가와 개인이라는 수직적 관계에서 개인을 보호하기 위해 만들어진 개념이라는 것이다.

52) 이에 대한 많은 논문이 있다. 그중 하나를 소개하면 김선택, 「私法秩序에서의 기본권의 효력」, ≪고려법학≫, 제39권(고려대학교 법학연구원, 2002) 참고.

53) 기본권의 대사인적 효력에는 두 가지 주장이 있는데, 기본권은 사인 간에도 직접적으로 적용이 가능하다는 직접적용설, 간접적으로 적용을 해야 한다는 간접적용설이 그것들이다.

제3절 국제인권법의 효용성

I. 국제인권법은 과연 배울 만한 가치가 있는가

우리가 공부하는 인권법의 주요한 잣대는 국제인권법이다. 그렇기 때문에 인권법 공부에서 국제인권법은 주요한 부분을 차지할 수밖에 없다. 따라서 우리는 이제부터 국제인권법이라는 미지의 세계에 발을 들여놓을 것이다. 미지의 세계를 배운다는 것은 언제나 그렇듯이 그리 간단치만은 않다. 우리에게 인내와 시간을 요구한다. 그렇기에 과연 이런 지식들을 힘들여 배우는 것이 꼭 필요한지에 대하여 의문을 품는 것은 배우는 이들에게 자연스러운 일일 것이다. 그래서 국제인권법이라는 미지의 세계를 탐험하기 전에 먼저 그 효용성에 대하여 토론을 해보는 것도 학습 전체의 의도를 이해하는 데 도움이 될 것이다. "과연 국제인권법은 배울 만한 가치가 있는 것인가?"

이 질문에 대한 답은 따지고 보면 국제인권법을 포함한 국제법의 효용도와 실효성에 관한 일반적인 답과 크게 다르지 않다. 전통적으로 국제법은 실효성, 특히 이행의 확보와 관련하여 많은 의문이 제기되어 왔다. 근대적 개념의 국제법은 주권 개념을 기본적 토대로 하고 있기 때문에 사실상 각국에서 일어나는 인권문제를 국내적 문제(주권문제)로 인식하는 한 국제인권법은 성립할 논거가 없다. 또한 국내의 인권문제가 주권의 벽을 뛰어넘는 것이라고 인정하더라도 여전히 이를 국제사회가 간섭하기에는 현실적인 장벽이 있다. 그 때문에 많은 이들은 국제인권법을 하나의 국제정치의 소산 정도로 이해하거나 강대국의 궤변으로 이해하는 경향이 있다. 그런 이들의 인식하에서는 국제인권법이 배울 만한 가치가 없는 지식일 것이다. 그러나 오늘날 국제인권법에 대한 인식은 이를 활용하는 국가나 단체 혹은 개인에 따라 많은 차이를 가져오고 있다. 현실적으로 이에 대한 인식을 활발히 활용하는 이들에게는 국제인권법이 지극히 실용적인 지식이자 규범이 될 수 있다는 말이다. 따라서 국제인권법을 공부할 때는 과연 국제인권법이 어떠한 면에서 필요한지(효용도) 그리고 그것의 실효성은 있는 것인지에 대하여 학습자 개개인이 나름대로 정리할 필요가 있다. 필자는 아래에서 몇 가지 사례를 들어가며 그 효용성을 토론하고자 한다. 주의 깊게 사례를 음미하며 국제인권법이 어떠한 의미가 있는지 생각하기를 바란다.

II. 국제인권법의 효용성에 관한 사례와 질문

1. 인권침해와 국제사회의 비판

사례: A국의 정보기관에서 수백 명의 정치적 반대자를 연행하여 불법으로 감금하고 고문했다. 그중에는 상당수가 고문의 후유증으로 사망했다고 알려졌다. 그뿐만 아니라 많은 수가 정치적 이유로 행방불명되었다. 이러한 사태에 대하여 유엔의 인권이사회(Human Rights Council)에서는 A국을 비판하고 그 진상을 파악하기 위하여 특별보고관(special rapporteur)을 임명했다. 이에 대해 A국은 내정간섭이라고 응수하고 있다.

질문: 인권이사회가 A국을 비판하는 근거는 무엇인가?

2. 인권침해와 국제사회의 무력응징

사례: B국의 독재자와 그 추종자들은 B국 내에 거주하는 C종족에 대해 인종차별 정책을 취했고 급기야 그것은 다수 종족에 의한 C종족의 집단살해로 이어졌

다. C종족은 인근 국가로 대피했고 유엔 안보리는 B국을 무력응징하기로 결의했다. 며칠 후 상임이사국 D국은 B국의 수도에 공중폭격을 감행했다.

질문: 안보리의 결의의 근거는 무엇인가? B국과 인접국가 간의 전쟁이 일어나지 않은 상황에서 안보리가 무력응징을 감행하는 것에 타당한 근거가 있을까? 있다면 그것은 무엇일까? D국이 B국에 무력응징을 행하는 과정에서 생기는 양민 살상은 어떤 논리에 의해 비판되어야 하는가?

3. 인권침해와 국제사회의 사법적 응징

사례: 위의 사례에 대하여 안보리는 집단살해의 책임자를 처벌하기로 하고 그 처벌을 국제형사재판소(International Criminal Court: ICC)에 요구했다. 헤이그에 위치한 ICC는 위의 독재자와 그 추종자에 대하여 국제구속영장을 발부했고, 일부의 관련자는 체포되어 현재 재판 중에 있다.

질문: 인권침해자 개인이 국내법적 책임 이외에 국제법적 책임을 지는 경우는 어떤 경우인가? 국제법의 대상이 국가가 아니라 개인이 될 수 있는가? 사실상 위와 같은 국제법에 의한 사법적 응징이 가능한 것인가? 사법권은 주권의 핵심인데 국제형사재판이 어떻게 가능하다고 생각하는가?

4. 국제인권기구에 제소

사례: 〈표 1-4〉는 한 인터넷 신문에 기재된 사건이다. 이 기사를 읽고 아래 질문에 답해보자.

질문: 국내의 인권문제를 국제적인 인권기구에 제소하는 것이 과연 효용성이 있을까? 있다면 그것은 무엇일까? 그리고 한계가 있다면 그것은 무엇일까?

〈표 1-4〉 신학철 〈모내기〉 작품 돌려줘라!

유엔인권이사회(자유권규약위원회를 의미함)에서 15년 전 국가보안법 위반혐의로 몰수된 뒤 이적표현물로 논란을 빚던 민중미술가 신학철 씨의 그림 〈모내기〉와 관련 "표현의 자유 침해"라는 결정을 내려 그림 반환 여부에 관심이 쏠리고 있다.

지난 18일 유엔인권이사회는 신 씨 측이 2000년 "모내기 그림에 대한 유죄판결은 인권규약위반"이라며 진정한 사건에 대해 시민적·정치적 권리에 관한 국제규약상의 표현의 자유 침해사실을 인정하고 한국 정부에 구제조치를 취할 것을 결의한 것으로 전해졌다. 유엔인권이사회는 한국 정부에 대해 유죄판결 무효화 및 보상, 그림의 원상복구 및 반환 등을 요청하고, 90일 내에 사후조치 결과를 통보토록 했다.

신 씨는 1987년 농부가 외세를 상징하는 코카콜라 등을 바다로 쓸어 넣은 남쪽의 장면과 행복한 표정을 짓고 있는 북한 사람들을 대비시킨 이 그림을 전시회에 출품해 1989년 기소됐다.

신 씨는 이어 1, 2심에서 무죄를 선고받았으나 1999년 대법원이 유죄취지로 파기환송함에 따라 징역 10월형을 선고유예 받고 그림이 몰수됐다. 이에 대해 신씨는 2000년 4월 유엔인권이사회에 사건을 진정했다.

이와 관련, 법무부는 "그림 반환, 판결 무효화 등을 위해서는 법원 확정 판결에 대한 재심이 이뤄져야 한다"며 "현행법상 재심 사유가 새 증거가 나왔을 때, 수사관 가혹행위가 있었을 때, 증거가 위조됐을 때 등으로 한정돼 있어 그림 반환 여부 등은 불투명한 상황"이라고 답했다.

법무부 관계자는 "유엔인권이사회의 결정이 법적 구속력이 없는 데다 신 씨 혐의에 대한 가치판단만을 달리한 것이어서 재심의 사유로 인정하기 어렵다는 분석이 지배적"이라고 말했다. 법무부는 대검 등과 협의, 그림 반환 여부 등을 논의한 뒤 내달 중 유엔인권이사회에 결과를 통보할 예정이다.

(≪이조은뉴스≫, 2004년 4월 19일 자)

5. 국제인권법의 국내 적용과 국내법 개정운동

사례: 국제인권조약에는 사람이 체포되면 즉시 판사에게로 인치되도록 하는 규정이 있다. E국은 위 조약에 유보함이 없이 가입했는데 사실 이 나라의 형사사법절차에는 위와 같은 절차가 보장되지 않고 있다. 이에 대해 일부의 사람들은 E국이 국제인권조약에 가입했으니 즉시 이를 적용할 수 있다고 하고, 한편에서는 그 주장은 실효성이 없다며 국내법 개정운동을 하는 데 국제인

권조약을 그 근거로 삼자고 한다.

질문: 국제인권법은 국내법이 수용하지 않고서는 무용지물인가? 국내법에 국제인권법과 같은 규정이 없다면 그 국제인권법이 국내법과 같은 효과를 낼 수는 없는가?

6. 재판에서의 국제인권법

사례: 이미 옛일이 되었지만 우리 인권사에서 길이 기억될 만한 헌법재판소 결정이 하나 있다. 바로 91헌마111 사건이다. 이 사건은 1990년대 초까지 제도화되었던 미결수에 대한 변호인 접견에서의 교도관 입회[1]를 위헌으로 판단한 결정이다. 이 결정으로 인해 형사피의자와 피고인의 변호인 접견은 완전한 비밀접견이 보장되게 되었다. 이러한 결정이 나오게 된 배경이 무엇일까? 당시 이 사건을 담당한 변호인이 주장한 유엔 피구금자보호원칙[2] 제18조 제4항의 소위 가시불청(可視不聽) 원칙의 영향이 컸다.[3] 헌법재판소의 결정을 보면 이 원칙이 국제인권법적으로 어떤 지위에 있으며 그것이 우리 국내법과의 관계에서 어떤 관계가 있는지에 대해서는 명확한 입장을 알 수 없지만 이 원칙의 내용을 소개하고 그것이 우리 헌법의 형사피의자(피고인)에 대한 변호인의 조력을 받을 권리의 한 내용으

1) 이 사건 결정이 있기 전의 행형법 제18조 제3항은 "수형자의 접견과 서신수발은 교도관의 참여 또는 검열을 요한다"라고 규정되어 있었고 같은 법 제62조는 "미결수용자에 대하여 본법 또는 본법의 규정에 의하여 발하는 명령에 특별한 규정이 없는 때에는 수형자에 관한 규정을 준용한다"라고 규정하여 미결수용자(피의자, 피고인)의 변호인 접견에도 행형법 제18조 제3항에 따라서 교도관이 참여할 수 있었다.

2) 이 원칙의 원명은 'Body of Principles for the Protection of All Persons under Any Form of Detention or Imprisonment'이며, 1988년 9월 9일 유엔총회결의안 43/173으로 채택되었다.

3) 유엔 피구금자보호원칙 제18조 제4항은 다음과 같다. "구금된 자 혹은 수형자와 그의 변호인과의 접견은 법률집행공무원의 감시하에 있을 수는 있으나 그 내용을 들을 수는 없다."

로 본 것이 아닌가 하는 해석을 할 수 있다. 여하튼 우리는 이러한 유엔원칙의 발견으로 지금 인권선진국에서나 볼 수 있는 변호인의 완전한 비밀접견을 누릴 수 있게 되었다.

질문: 국제인권법이 우리 사법 현실에 얼마나 영향을 미칠 수 있을까? 국제인권법이 재판에서도 적용될 수 있다면 이에 대한 근거는 무엇인가? 어떻게 하면 국제인권법을 우리의 재판 현실에 적극적으로 반영시킬 수 있을까?

제4절 인권의 보편성과 상대성

■ 학습을 위한 질문

1. 우리가 추구하는 인권은 지역과 나라, 문화에 관계없이 동일하게 적용되어야 하는가?
2. 인권운동에서 각 나라가 고유하게 간직하고 있는 문화는 어느 정도로 반영되어야 하는가?
3. 문화적 차이에도 불구하고 인권운동에는 보편성이 있어야 한다면 그 근거는 무엇인가?
4. 인권의 보편성을 인간의 생물학적 본성에서도 찾을 수 있을까?
5. 문화적 차이를 존중하면서 인권의 보편성을 이룰 수 있는 방법은 무엇인가? 문화적 차이에도 불구하고 인류가 보편적으로 이루어 내야 할 인권의 내용은 무엇인가? 참고로 자유권규약 제4조는 국가의 위기적 상황에서 가입국의 동 인권규약상의 의무가 일부 이행되지 않을 수 있음을 선언하면서도(제1항) 몇몇의 권리에 대해서는 이러한 의무 경감을 허용치 않고 있다(제2항). 동 규약이 내세우는 경감될 수 없는 기본적 인권은 동 규약 제6조(생명에 관한 권리), 제7조(고문으로부터의 해방), 제8조(노예상태로부터의 해방), 제11조(민사적 의무로 인한 구금의 금지), 제15조(죄형법정주의), 제16조(법 앞의 평등), 제18조(사상 및 양심의 자유)가 규정하고 있는 것들이다.
   그렇다면 위의 권리들은 모두 인류가 보편적으로 이루어 내야 할 최소한의 보편적 인권으로 인정될 수 있는가? 그 외에도 반드시 포함되어야 할 보편적 인권이 있다면 무엇을 들 수 있겠는가?

I. 주제와 관련된 몇 가지 사례

이 주제에 접근하기 위하여 다음의 몇 가지 자료를 제시한다. 위의 질문을 염두에 두면서 자료를 읽어보자.

자료 (1) **싱가포르에서 있었던 미국 소년의 수난**

1994년 마이클 패이(Michael p. Fay)라는 18세의 미국 소년이 싱가포르에서 자동차에 장난으로 페인트칠을 하고 교통 사인을 지운 혐의로 4개월의 징역과 2,215달러의 벌금 그리고 여섯 대의 곤장을 맞아야 했다. 여기에서 문제가 된 것은 곤장이었다. 싱가포르의 곤장은 무술전문가가 벌거벗긴 엉덩이를 길고 단단하고 납작한 나무로 때리는 것이다. 싱가포르의 법률에서는 마이클이 한 것 같은 행위에 대해서는 반드시 태형이 부과된다. 이 사건에서 클린턴 대통령과 마이클의 소속 주인 오하이오의 하원 의원은, 태형은 어린 소년에게는 너무나 잔인한 형벌이라고 하면서 싱가포르 정부에 재고를 요청했다. 엠네스티 인터내셔널 또한 이 형벌을 비인도적인 형벌로 판단하고 국제사회의 관심을 촉구했다. 동 단체는 이 형벌을 규정한 싱가포르의 법률은 소위 비정상적으로 잔인하고 인간의 존엄성을 해치는 형벌을 금지한 국제법에 반하는 것이라는 태도를 보이고 있다.[1] 이에 대해 주미 싱가포르 대사관의 한 관계자는 미국 내에서 이 사건과 관련된 편지가 하루에도 수백 통씩 답지하는데 대다수는 이 형벌을 지지한다고 말했다. 통계에 의하면 1987~1988년 사이에 싱가포르에서는 1,218건의 태형이 있었고 이 중에서는 234명의 외국인도 그 대상이 되었다고 한다("Many in U.S. Back Singapore's Plan to Flog Youth," *New York Times*, April 5, 1994, p. A6).

---

1) 서구인들이 신체적 형벌에 대해 야만적이라고 생각하는 것은 역설적으로 그들이 그런 형벌의 역사를 가지고 있기 때문이다. 서구 사회는 프랑스 대혁명 이전까지만 해도 세계의 어느 지역과도 비교할 수 없을 만큼 신체에 가혹한 형벌을 가하는 잔인한 형벌제도를 가지고 있었다. 이런 신체형은 19세기에 들어와 서서히 없어졌지만 아직도 그 형벌에 대한 서양인들의 기억은 생생하다. 서구 사회에 어느 정도의 신체형이 있었는지 하나의 예를 들어보자.

1757년 3월 2일 프랑스에서는 루이 15세를 살해하려다 미수에 그친 다미엥이라는 사람에 대하여 다음과 같은 유죄판결이 내려졌다. "손에 2파운드 무게의 뜨거운 밀랍으로 만든 횃불을 들고, 속옷 차림으로 파리의 노트르담 대성당의 정문 앞에 사형수 호송차로 실려와 공개적으로 사죄를 할 것. 그다음 상기한 호송차로 그레브 광장에 옮겨간 다음, 그곳에 설치된 처형대 위에서 가슴, 팔, 넓적다리, 장딴지를 뜨겁게 달군 쇠집게로 고문을 가하고, 오른손은 국왕을 살해하려 했을 때의 단도를 잡게 한 채 유황불로 태워야 한다. 계속해서 쇠집게로 지진 곳에 불로 녹인 납, 펄펄 끓는 기름, 지글지글 끓는 송진, 밀랍과 유황의 용해물을 붓고, 몸은 네 마리의 말이 잡아끌어 사지를 절단하게 한 뒤, 손발과 몸은 불태워 없애고 그 재는 바람에 날려버린다." 미셸 푸코, 『감시와 처벌』, 오생근 옮김(나남신서, 1994), p. 23.

자료 (2) 이슬람 여성들의 인권

이슬람 세계에서 Shari'a는 주로 가족법과 상속에 관한 중요한 규범으로 현대에까지 절대적 영향력을 행사하고 있다. 마호메트는 죽을 때까지 자신의 설법과 행위를 통하여 코란의 의미를 새롭게 하고 자신의 가르침을 체계화했다. 이것은 후대에 Sunna라는 형태로 전승되어 왔다. 이슬람의 여러 율법학자들은 이 코란과 Sunna를 해석하면서 다양한 법적 체계, 즉 Shari'a를 만들어 냈다. 한마디로 Shari'a는 코란의 해석에 관한 율법이라고 보면 된다. 오랜 기간 동안 Shari'a는 이슬람 문화권의 실질적인 법체계로 군림해 왔으나 19세기 중엽에 이르러 서구문화의 수용으로 이슬람 국가들은 인민의 사적 부문을 제외한 대부분의 공적 생활을 서구식 법체제로 전환했다.

Shari'a는 코란상의 "남자는 여성에 대한 보호감독권"을 엄격히 해석한다. 이 해석은 여성이 공직에서 활동하는 것을 금하는 논리로 발전했다. 또한 Shari'a는 여성의 얼굴을 가리는 베일 착용을 강조하며 여성은 특별한 사정이 없는 한 가택 내에서만 생활해야 한다고 가르친다. 이것은 나아가 남성의 다처제와 남편에 의한 부인처벌권을 인정한다. 여성에 대한 이러한 차별적 문화는 학식 있는 여성들과 현대적 사고에 물들어 있는 사람들에게는 도저히 이슬람 국가에서 자신들의 희망을 실현하는 것을 불가능하게 만든다.

자료 (3) 아프리카 여성 성기 절단

남자들의 포경수술은 원래 종교적 이유에서 시작되었을지라도 현대에 와서는 건강과 원만한 성생활을 위해 한다. 그러나 이것과는 좀, 아니 상당히 다른 문화가 여성에 대한 할례문화인 FGM(female genital mutilation)이다. 여성의 중요 부분에서 음핵과 그 주변 부위를 도려내는 이 문화는 현재 아프리카를 위시하여 중동 지방, 아시아, 중남미의 일부 지역에서 시행되고 있다. 무려 1억 3,500만 명의 여성이 이 문화에 의하여 생식기가 잘라졌고 매일 약 6,000명의 여성이 이 문화의 제물이 되고 있다. 이 문화는 종교적으로, 문화적으로 많은 이유와 근거에 의해 행해지고 있다. 이 문화의 시행자들은 이것을 시행함으로써 종족의 일체감을 갖게 되며 완전한 여성이 된다고 설명한다. 종교적으로는 이슬람의 창시자인 마호메트가 이 문화의 효시가 될 수 있는 가르침을 주었다고 설명한다. 설명이야 어쨌든 많은 여성들이 이 문화의 희생물이 되어 육체적·정신적 고통을 당하고 있다.[2)]

자료 (4) **중국 정부의 인권에 관한 입장**[3)]

…… 중국은 역사가 발전함에 따라 인권의 개념도 발전한다는 것을 믿는다. …… 개발도상국의 인민들에게 가장 중요한 인권은 아직도 생존하는 권리와 경제적·사회적·문화적 권리이다. …… 오랜 기간 중국은 국제사회에서 자국의 가치와 사상, 정치적 기준과 발전의 모델을 수출하기 위하여 인권이란 문제를 이용하는 나라들에 대해서 반대해 왔다. 인권이란 미명하에 내정간섭을 하고 특히 개발도상국의 주권과 존엄성을 해하는 어떠한 나라에 대해서도 반대를 해왔던 것이다. 중국은 다른 개발도상 국가들과 함께 그러한 부당한 간섭에 대항하여 싸워왔으며 공정성에 근거한 정의를 주장해 왔다. 중국은 항상 인권문제는 기본적으로 한 국가의 국내관할권의 문제라는 입장을 견지해 왔다. 각자의 주권을 존중하고 내정문제에 불간섭하는 것은 국제법에서는 보편적인 것으로 인식되어 왔으며 인권 분야에서도 마찬가지이다. …… 내정불간섭의 원칙이 인권 분야에서는 적용이 안 된다는 주장은 결국 주권국가가 인권 분야에서는 주권을 포기해야 한다는 요구와 다름없다. 이것은 국제법에 반하는 요구임이 틀림없다. …… 어떤 나라의 사상을 다른 나라에 강요하려는 목적으로 인권을 이용하는 것은 내정간섭의 방법으로 힘의 정치를 실현하려는 것에 지나지 않는다. 국제인권에서의 그러한 비정상적인 관행은 제거되지 않으면 안 된다 …… (“Human Rights in

2) 이에 대한 자세한 설명은 Amnesty International에서 http://www.amnesty.org/ailib/intcam/femgen/fgm1.htm의 내용을 참고할 것.

3) 중국 정부는 오랫동안 미국으로부터 인권문제에 관해 집중적인 공격을 받아왔다. 이에 대해 중국은 위의 입장을 견지하고 있다. 최근에는 미국에 대해 미국이야말로 인권을 이중적인 잣대로 사용하는 나라라고 비판하면서 미국 국무성의 연례 인권보고서에 대항하는 미국인권보고서를 발간하고 있다. 여기에서 중국은 미국의 인종차별, 교정시설 내에서의 인권침해, 빈부차이 등을 부각시키고 있고, 이라크 전쟁 이후에는 미군에 의한 각종 인권침해를 부각하여 미국의 이중적인 태도를 비난하고 있다. 중국 국무원이 발행한 2022년 미국인권보고서를 보려면 다음 사이트에 가볼 것: https://www.chinadaily.com.cn/a/202303/28/ WS64227f54a31057c47ebb6fd3.html.

China," *Information Office of the State Council*, Beijing, 1991).

자료 (5) 인권과 사회생물학[4)]

…… 인권의 보편성에 대한 사회생물학의 설명은 …… 인권기원에 대한 사회생물학의 설명과 크게 다르지 않다. 인권기원에 관한 사회생물학의 설명은 어떤 특정의 인종(race)에게만 국한되는 것이 아니라 인류 전체에 해당한다. 따라서 인류는 그 인종이 어디에서 살았다 해도 유사한 유전적 이타성이 있었으며, 그것은 후성규칙으로 연결되어 일정한 이타적 문화를 성장시켜 왔다고 할 수 있다. 이 후성규칙에 의한 문화는 긴밀히 연결되어 있는데 다만 이 연결은 유동적이다. 이것은 문화가 유전적 영향권 내에 있다고 해도 그것이 완전히 사전 프로그램에 의해 결정되지 않는다는 것을 의미한다. 다만 이 연결은 일정한 방향성과 편향성을 가지고 있기 때문에 유동적이라고 해도 일정한 한계가 있을 수밖에 없다. 에드워드 윌슨은 이 과정을 이렇게 설명한다.

> 유전자는 인지발달의 신경회로와 규칙적인 후성규칙을 만들어 내고, 개별 마음은 그 규칙을 통해 자기 자신을 조직한다. 개별 마음은 태어나서 무덤에 들어갈 때까지 주변의 문화를 흡수하면서 성장하는데, 이 성장은 개체의 두뇌를 통해 유전된 후성규칙의 안내를 받아 이루어진다. …… 문화는 유전자 문화 공진화의 부분으로서 각 세대 구성원의 개인의 마음속에서 재구성된다. 구전 전통이 글쓰기와 예술을 통해 증보되면 문화는 무한히 성장할 수 있고 세대를 건너뛸 수도 있다. 그러나 후성규칙이 주는 영향의 방향을 근본적으로 결정하는 것은 유전적인 것이며 제거될 수 없기 때문에 일정하게 유지된다.[5)]

결국 인류가 인권이라는 이타적 사고에 일정한 보편적 사고를 갖게 되었다면 그것은 일차적으로 유전자의 영향에 의한 이타적 후성규칙에 연유한다. 이것의 가장 원형적

4) 박찬운, 「인권과 사회생물학」, ≪법학논총≫(한양대 법학연구소, 2009.3.), pp. 339~340. 이 책 제10장 제1절 인권과 사회생물학 참고.

5) 에드워드 윌슨, 『통섭』, 최재천·장대익 옮김(사이언스북스, 2005), p. 232.

모습은 인류 문화가 교류하지 않은 상태에서도 인간의 본성에 기인하여 나타난다고 할 수 있다. …… 근친상간의 회피는 대부분의 문화권에서 인간에 대한 공통의 교육과 학습이 없이도 일어나는 현상이다. 이러한 현상의 연장으로서 인권의 가장 원형적인 모습은 일단 유전자에 의한 인지발달의 결과로서 나타난다고 할 수 있고 이것은 완전히 보편적인 것이다. 이것은 인류가 진화의 한 시점에서 어디에 존재하든지 나타나는 인간본성의 모습이라고 할 수 있다. 그런데 인권의 다음 모습은 후성규칙이 인도하는 문화적 산물이다. 인간의 이타성은 후성규칙의 안내를 받아가며 꾸준히 진화를 거듭하면서, 종전의 문화와 다른 문화를 진화·생산해 낸다. 이것이 바로 유전자-문화 공진화(共進化)이다. 이 공진화 현상은 시공간 개념으로 이루어진다고 할 수 있다. 즉, 공진화는 모든 지역과 모든 시간대에서 동일할 수가 없다. 유전자에서 비롯된 인류의 최초 행동양식은 공간 개념을 무시할 정도로 유사할 수 있었을 것이다. 그러나 이러한 최초의 원형은 시공간 개념이 들어감으로써 다른 행동 양식을 만들어 냈고 이것은 급기야 상이한 문화를 생산해 내기 시작했다. ……

자료 (6) **세기의 논쟁: 리콴유와 김대중, 아시아적 가치에 대해 논쟁하다**

싱가포르의 국부라 불리는 리콴유(1923~2015)는 생전에 인권과 관련하여 아시아적 가치를 강조한 인물로 널리 알려져 있다. 이에 반해 대한민국의 대통령을 지낸 김대중(1926~2009)은 민주주의 가치와 인권을 강조한 인물이다. 이 둘은 1994년 매우 흥미로운 논쟁을 벌인다. ≪포린 어페어스(Foreign Affairs)≫에서 리콴유의 인터뷰(3월 호)가 나오자 김대중이 반론(11월 호)을 한 것이다. 그 내용을 간단히 정리하면 다음과 같다.

리콴유

경제나 정치 이상으로, 한 나라의 문화는 그 나라의 운명을 결정한다. 개인의 권리를 확대하는 것은 어떤 방식으로든 사회체제를 유지하는 데 있어 비용으로 다가온다. 아시아의 개인은 서양과 달리 가족 안에서 존재하며 가족은 사회를 구성하므로 우선 잘 갖춰진 사회를 만드는 것이 중요하다. 그래야만 개인의 자유와 행복을 극대화할 수 있다. 이에 반해 서양은 정부가 개인에게 권한을 주고 개인이 사회의 문제를 해결하는 사회다. 서구 사회가 다 좋은 것 같지만 지나친 개인주의는 도덕의 파멸을 가져온다. 미국 사회의 열린 자세는 좋은 점이지만 총, 마약, 폭력은 사회를 망가뜨리고 있지 않은가. 서구의 민주주의는 아시아에서는 작동하지 않으며 그것을 무차별적으로 강요하는 데에는 반대한다.

김대중
리콴유는 서양의 민주주의와 인권은 아시아에서는 작동하지 않는다고 말하나 그것은 명백히 틀린 말이다. 민주주의에 필요한 근본적 정신이나 전통은 유럽이나 아시아나 모두에 존재한다. 아시아에서도 민주주의, 법치주의 및 인간에 대한 존임에 대한 공경할 만한 전통이 있나. 맹자는 서양의 존 로크보다 2천 년 앞서 천명을 다하지 못하는 왕을 쫓아낼 수 있다고 했으며, 국민이 첫 번째, 국가가 두 번째, 왕이 세 번째라고 말했다. 아시아의 운명은 서구의 사고를 무시하는 것이 아니라 그것을 향상시키는 것이다. 아시아는 민주주의를 발전시키고 인권을 향상시키는 데 시간을 지체해서는 안 된다. 이런 발전에 가장 큰 장애물은 문화적 유산이 아니라 독재자와 그들의 추종자들의 저항이다. 문화는 반드시 우리의 운명이 아니며, 민주주의야말로 우리의 운명이다.

II. 보편주의와 문화적 상대주의의 입장 개관

1. 3개의 인권 세계

인권에 대한 입장들은 다양하게 존재한다. 그중에서도 1980년에 유명해진 것으로 인권에도 '3개의 세계'가 존재한다는 주장이다. 이에 따르면 제1세계의 서구적 접근법은 시민적·정치적 권리와 사유재산권을 강조하고, 제2세계의 사회주의적 접근법은 경제적·사회적 권리를 강조하며, 제3세계의 접근법은 자결권(self-determination)과 경제개발을 강조한다. 나아가 사회주의적 접근법과 제3세계 접

근법은 서구적 접근법의 근본적인 개인주의와 대조적으로 집단주의적 성향을 보인다고 한다.[6)]

그러나 이러한 접근방법은 지난 반세기의 경험에 비추어 볼 때 어느 것도 완전하다고 입증된 것이 없다면서 통렬히 비판하는 사람들이 늘고 있다. 즉, 서구적 접근방법으로 볼 수 있는 제1세계의 유럽 국가 대부분이 인권의 상호의존성과 불가분성을 적극적으로 인정하며 복지국가를 지향해 온 것은 제1세계 인권관의 문제를 스스로 인정한 것이고, 소련을 중심으로 한 사회주의 국가들도 서유럽인 못지않게 시민적·정치적 권리가 피상적인 부르주아적 사치가 아니라 삶의 존엄성에 본질적인 것으로 생각하고 민주화의 길을 걸어간 것은 제2세계 인권관의 문제점을 보여주는 것이다.

마찬가지로 제3세계 인권관도 최근의 자유화와 민주화 물결에 비추어 별 근거가 없는 것임을 보여주었다고 한다. 그들은 개발권, 자결권, 국가안보라는 미명하에 이루어진 자신들의 희생이 스스로에 의해 선택된 것이 아니라 물리력과 체계적인 시민적·정치적 권리의 침해를 통해 강요된 것이었다고 한다.[7)]

2. 상대주의와 보편주의의 스펙트럼

인권을 보는 눈으로서 상대주의와 보편주의는 오래된 논쟁거리이다. 이들 논쟁을 조금 도식화하면 다음과 같이 정리할 수 있다.[8)]

가. 급진적 상대주의(radical relativism)

이 견해는 문화(또는 역사나 경제)만이 모든 가치의 궁극적 기원이라고 보는 극단적 입장이다. 이 입장은 인권이라는 개념 자체를 부인한다. 왜냐하면 단순히 사람이

---

6) 잭 도널리, 『인권과 국제정치: 국제인권의 현실과 가능성 및 한계』, 박정원 옮김(도서출판 오름, 2002), pp. 71~72.

7) Ibid. pp. 72~73.

8) Ibid. pp. 73~74.

라는 사실만으로 모든 사람이 동등하게 자격을 부여받는 그런 권리란 존재하지 않는다고 보기 때문이다.

나. 급진적 보편주의(radical universalism)

이 견해는 인권을 포함한 모든 가치들은 전적으로 보편적이며 문화나 역사적 차이에 비추어서도 어떤 방식으로든 수정될 수 없다고 본다. 순수한 형태의 급진적 보편주의는 언제 어디서나 적용될 수 있는 한 가지 부류에만 인권이 존재할 뿐이라고 주장한다.

다. 강한 상대주의(strong relativism)

이 입장은 인권은 전적으로는 아니지만 원칙적으로 문화와 다른 환경에 의해 결정된다고 주장한다. 보편적 인권은 단지 문화적으로 특정한 가치들을 점검해 보는 의미를 가질 뿐이라고 보며, 가치들의 변화와 상대성에 강조점을 둔다.

라. 약한 상대주의(weak relativism)

이것은 위의 강한 상대주의에 대해 강조점을 반대로 둔다. 이 입장은 보편적 인권을 제1차적인 것으로 보고 문화에 따른 수정은 부차적인 것으로 본다.

III. 보편주의와 상대주의의 논쟁

1. 논쟁의 내용

인권운동에서 보편주의(universalism)를 믿는 사람들은 법 앞에서의 평등, 신체의 자유, 언론의 자유, 종교 및 집회결사의 자유와 같은 권리는 나라와 문화의 차이를 막론하고 똑같이 보장되어야 한다고 주장한다.[9] 이에 반해 문화적 상대주의

9) 그러나 이러한 주장도 한계는 있다. 그들이 주장하는 것은 권리의 본질(rights' substance)이지 형

(cultural relativism)를 옹호하는 사람들은 문화의 다양성과 차이를 중시하면서 무엇이 옳고 그른지는 그것이 처해 있는 문화적 배경에 따라 달라질 수 있으므로,[10] 위의 권리들도 그러한 상이한 배경에 따라 달라질 수 있다고 한다.

상대주의를 더욱 중시하는 사람들은 어떠한 문화도 자신의 문화를 다른 문화권 속에 있는 사람들에게 강요할 수 없다고 주장하기도 한다. 이 정도가 되면 보편적 관점에서의 인권운동과 상대주의는 결정적으로 배치되게 된다.

전반적으로 볼 때 유엔이 창설된 이후의 국제인권운동은 보편주의에 입각하여 전개되어 왔다고 보는 것이 옳을 것이다. 국제인권의 최고의 장전인 세계인권선언(Universal Declaration of Human Rights)과 지역과 문화에 관계없이 수많은 국가들이 가입한 두 개의 인권규약(ICCPR, ICESCR)은 기본적으로 인권의 보편성에 입각한 것이다. 이들은 대체로 다음과 같은 방법으로 인권보장을 각국에 요구하고 있다.[11]

> '모든 사람(everyone)'은 자유의 권리가 있다; '모든 사람(all persons)'은 평등한 보호를 받을 권리가 있다; '어떤 사람(no one)'도 고문을 받아서는 안 된다; '모든 사람(everyone)'은 적정한 생활환경에 대한 권리를 갖는다('Everyone' has the rights to liberty; 'All persons' are entitled to equal protection; 'No one' shall be subjected to torture; 'Everyone' has the right to an adequate standard of living).

즉, 이들이 표현하고 있는 인권은 지역과 인종, 종교, 정치적·문화적 배경과 관계없이 보편적으로 적용될 것을 전제로 하고 있다. 물론 이들 규약의 경우는 공중의 건강이나 질서(public health or order) 혹은 국가의 안보(national security)라는 근거하에 권리가 제한될 수 있고 그에 대한 해석은 각 나라에 따라 달라질

식까지 어디에서나 똑같아야 한다는 것은 아니다. 예컨대 공정한 재판을 받을 권리는 세계 어디에서나 동일하게 보장되어야 할 권리이지만 이를 위해 꼭 영미의 배심재판이 요구되는 것은 아니다.

10) Henry J. Steiner & Philip Alston, *International Human Rights in Context: Law, Politics and Morals*, 1st ed.(Oxford, 1996), pp. 192~193.

11) Ibid. p. 193.

수 있지만 이들 조약 어디에도 문화적 차이에 의한 차별적 적용이 가능하다는 표현은 없다.

상대주의자들 중에는 위와 같은 인권장전이 소위 정치적 이데올로기로서 자유주의(liberalism), 종교적으로는 기독교로 대표되는 서구의 문화적 제국주의(cultural imperialism)의 표현에 다름 아니라고 비판하기도 한다. 이들 중에는 인권을 보편성이라는 이름으로 요구하는 것은 문화의 다양성을 파괴하고 나아가 현대세계를 또 다른 형태의 획일화로 나아가게 할 것이라고 경고한다.[12)]

이러한 보편주의와 상대주의 논쟁은 지난 냉전 기간 동안 주로 동서진영 간에 치열하게 전개되었다. 서구의 민주진영은 공산진영을 향하여 그들 국가가 많은 기본적 권리(특히 시민적·정치적 속성의 권리)들을 침해하고 있다고 비판했고, 이에 대해 공산진영은 공산진영에서의 정치적·사상적 구조는 권리에 대한 이해를 달리한다고 지적하면서 서구자본주의가 인간생활에 더 중요한 경제적·사회적 권리를 침해하고 있다고 비판했다. 이러한 논쟁은 냉전이 종식된 오늘날에도 진영과 구조를 달리하여 여전히 진행 중이다. 즉, 남북(North-South)의 개발-저개발 구조나 서구-이슬람(West-Islam)의 서구 기독교-회교 구조로 탈바꿈되어, 인권문제가 국제사회에서 부각될 때마다 이 대립되는 사고는 중요한 이론적 근거로 사용된다.

2. 보편주의와 상대주의 논쟁의 한 단면

여기에서는 보편주의와 상대주의가 국제사회에서 현실적으로 어떻게 나타나는지를 사례를 통하여 보도록 하자.

1993년 비엔나 세계인권대회가 열리기 전 이를 준비하기 위하여 지역적 준비모임이 있었다. 아시안 국가들은 비엔나대회 개최 1년 전에 지역준비모임을 방콕에서 열었는데 이것은 결국 방콕 정부선언(Bangkok Governmental Declaration)으로 결집되었다. 동 선언에서 참여 국가들은 내정문제에의 불간섭과 정치적 압력의 도구로서 인권문제를 사용하지 말 것과 국가주권(national sovereignty)과 영토의 불가침

---

12) Ibid.

(terri- torial integrity)을 존중할 것을 천명했다(para.5). 물론 인권의 보편성이 언급되기는 했지만(para.7) 바로 뒤이어 동 선언은 인권이 각 나라와 지역의 특수성과 다양한 역사적·문화적·종교적 배경을 중시하면서 고려되어야 한다고 강조하고 있다. 이러한 아시안 각국 정부의 태도는 철저히 인권을 상대주의적 관점에서 본 것으로 각국이 가지고 있는 인권문제를 호도하기 위한 것으로 볼 수 있다.

위와 같은 정부의 선언이 있기 전 아시안 각국에서 활동하는 NGO들도 방콕에서 모임을 갖고 그들의 통일된 목소리를 내었다. 그 내용은 위의 것과 사뭇 다른 것임은 말할 나위 없다. 즉, 이들이 만든 방콕 NGO인권선언(Bangkok NGO Declaration on Human Rights)의 관련 부분은 다음과 같이 인권의 보편성을 선언하고 있다.

> **보편성**: 우리는 다양한 관점에서 다른 문화로부터 배울 수 있다. …… 보편적 인권은 많은 문화에서 뿌리를 둔 것이다. 우리는 …… 모든 인류에 대한 보호의 근거가 되는 인권의 보편성이라는 기초를 확인한다. 문화적 다양성을 옹호하면서도 보편적으로 인정된 인권(그중에서도 여성의 인권)이 침해되는 문화적 관행이 더 이상 용인되어서는 안 된다. 인권이 보편적 관심사이고 보편적 가치이기에 인권의 옹호는 주권에 대한 침해로 인식될 수 없다.[13)]

이 선언은 위의 정부선언과 방향을 달리하는 것으로 인권의 보편주의에 철저히 입각한 것으로 이해할 수 있다. 특히 마지막 문장은 인권과 관련된 특정 국가에 대한 요구는 주권개념과도 배치되지 않는다는 내용으로 위의 정부선언과는 완전히 상반된 내용이다. 그렇다면 이 문제는 본 경기에 해당하는 1993년 비엔나 세계인권

---

13) 원문을 보면 다음과 같다. "Universality: We can learn from different cultures in a pluralistic perspective. …… Universal human rights are rooted in many cultures. We affirm the basis of universality of human rights which afford protection to all of humanity. …… While advocating cultural pluralism, those cultural practices which derogate from universally accepted human rights, including women's right, must not be tolerated. As human rights are of universal concern and are universal in value, the advocacy of human rights cannot be considered to be an encroachment upon national sovereignty."

대회에서 어떻게 정리되었는가? Vienna Declaration[14]의 para.5에 그에 해당하는 답이 들어 있다. 그 부분을 옮겨보면 다음과 같다.

> 모든 인권은 보편적이고 불가분이며 상호의존적이다. 국제공동체는 인권을 같은 뿌리에 근거하여 같은 정도로 공정하고도 공평한 방식에 의해 전 지구적으로 다루어야 한다. 국가적·지역적 특수성의 중요성과 다양한 역사적·문화적·종교적 배경을 염두에 두면서도 정치적·경제적·문화적 제도에 관계없이 인권과 기본적 자유를 보호하고 증진하는 것은 국가의 의무이다.[15]

비엔나선언은 내용상으로 보아 앞의 아시안 정부선언과 NGO선언의 절충이라고 보인다. 여기에서 분명한 것은 현실적으로 인권 후진국이라 불리는 나라들의 인권상황을 상대주의라는 잣대로 합리화시켜서는 안 된다는 것이다. 그러므로 어떻게 하면 각국이 간직해야 할 문화적 전통을 유지한 채 인권을 증진시킬 것인지가 실제적인 과제가 될 것이다.

---

14) "Vienna Declaration and Programme of Action"(UN Doc., 1993), A/49/668.

15) 원문을 보면 다음과 같다. "All human rights are universal, indivisible, and interdependent and interrelated. The international community must treat human rights globally in a fair and equal manner, on the same footing and with the same emphasis. While the significance of national and regional particularities and various historical, cultural and religious backgrounds must be borne in mind, it is the duty of States, regardless of their political, economic and cultural systems, to promote and protect all human rights and fundamental freedoms."

제5절 국제인권법의 법원(法源)

■ 학습을 위한 질문

1. 우리나라가 가입한 국제인권조약은 무엇인가?
2. 우리 헌법 제6조 제1항과 관련하여 국제인권법의 법원의 헌법적 지위를 살펴보자.
3. 국제인권법에서 강행규범의 역할은 무엇인가?
4. 대표적인 연성법의 사례를 들어보고 이것의 의미와 효력에 대해 알아보자.

I. 국제사법재판소 규정

일반적으로 국제법의 법원(法源, source of law), 즉 국제법이 어떠한 형식으로 존재하는가를 논할 때 권위적 근거로서 국제사법재판소 규정(Statute of International Court of Justice) 제38조 제1항을 제시한다. 이것은 동 재판소가 국제법적 분쟁을 처리할 때 사용해야 할 재판규범을 열거하고 있어 국제법의 법원을 한눈에 볼 수 있기 때문이다. 그 내용은 다음의 〈표 1-5〉와 같다.

〈표 1-5〉의 법원(sources) 중 일반 국제법의 법원으로 가장 중요한 것은 실무상 국제조약과 국제관습법이고 나머지 법의 일반원칙[1]과 국제법원의 선례 및 국제법

---

1) 오스카 샤흐터(Oscar Schachter)는 법의 일반원칙(general principles of law)에 대해서 다음과 같이 다섯 가지로 나누었다. ① 문명국가에서 인정되는 국내법 원칙(the principles of municipal law of 'recognized by civilized nations'), ② 국제사회에서의 특별한 성격에서 비롯되는 법의 일반원칙(general principles of law 'derived from the specific nature of the international community'), ③ 법정신에 고유하고 모든 법체계에 기본적으로 적용되는 원칙(principles 'intrinsic to the idea of law and basic to all legal system'), ④ 서열 중시의 사회이든 평등 중심의 사회이든 모든 사회에서 통용될 수 있는 원칙(principles 'valid through all kinds of societies in relationships of hierarchy and co-ordination'), ⑤ 합리적 존재 및 사회적 존재로서의 인간이 갖고 있는 특성에서 발견되는 정의의 원칙(principles of justice founded on 'the very nature of man as a rational and social being'). Oscar Schachter, *International Law in Theory and Practice* (Martinus Nijhoft Publishers, 1991), p. 5 이하 참고.

〈표 1-5〉 국제사법재판소 규정 제38조 제1항

1. 재판소는 재판소에 회부된 분쟁을 국제법에 따라 재판하는 것을 임무로 하며, 다음을 적용한다. 가. 분쟁국에 의하여 명백히 인정된 규칙을 확립하고 있는 일반적인 또는 특별한 국제협약 나. 법으로 수락된 일반관행의 증거로서의 국제관습 다. 문명국에 의하여 인정된 법의 일반원칙 라. 법칙 결정의 보조수단으로서의 사법 판결 및 제국(여러 나라)의 가장 우수한 국제법학자의 학설. 다만 제59조의 규정(재판소의 결정은 당사자 사이와 그 특정 사건에 관해서만 구속력을 가진다)에 따를 것을 조건으로 한다.

학자들의 학설 등은 사실상 보충적 법원일 수밖에 없다. 사실 〈표 1-5〉의 가~다의 순서가 법원 간의 서열(hierarchy)을 나타내는지에는 논란이 없지 않다('라'는 명백히 보충적 법원이라고 규정되어 있어 논란이 없음). 입법과정에서는 법원 간의 서열을 의도했고 실무상으로도 국제사법재판소는 그 순서를 중시한다고 하나 언제나 위 법원 간의 서열이 고정적인 것은 아니다. 국제조약이라 하더라도 그것이 강행규범(jus cogens)에 해당하는 관습법과 법의 일반원칙에 상충된다면 그 국제조약은 무효이거나 적용되지 않을 것이고 기존의 국제조약이 있다 해도 그것은 사후에 만들어지는 국제관습법에 의해 대체될 수 있기 때문이다.[2] 이러한 사정은 국제인권법에서도 마찬가지이다. 일반적으로 국제인권법을 연구할 때는 일반 국제법에서와 같이 우선적으로 두 가지의 법원, 즉 국제조약과 국제관습법에 대해 좀 더 확실한 개념을 익힐 필요가 있다.

---

2) Ian Brownlie, *Principles of Public International Law*, 4th ed.(Oxford, 1990), p. 3 참고.

II. 국제인권법의 법원(法源)

1. 국제인권조약

우선 가입국에 국제인권에 관한 국제적 의무를 명백하고도 직접적으로 지우는 국제인권조약은 국제인권법의 가장 중요하고도 유용한 법원(法源, source of law)이다. 국제조약은 국제법상 여러 가지로 불린다. Treaty라는 이름 이외에도 pact, protocol(일반적으로 어떤 주된 조약에 부속하는 합의서), covenant, convention, charter, exchange of notes, concordat 등의 이름이 상황에 따라 붙는다. 국제조약이 가입국을 법적으로 구속하기 위해서는 먼저 동 조약이 효력을 발효하고 있어야 하며, 특정국이 그 조약에 가입하겠다는 의사가 명백히 표시되지 않으면 안 된다.

따라서 어떤 조약이 법률적으로 특정 사안에 대해 특정국을 구속하기 위해서는 ① 동 조약이 가입국에 대해 특정 인권을 존중하도록 의무를 부여하고 있는지, ② 동 조약이 이미 발효 중에 있는지[일반적으로 다수당사자가 조약체약국이 되는 소위 다자조약(multilateral treaty)은 일정 수의 국가가 그들의 동의서를 제출하기 전까지는 발효되지 않는다], ③ 해당 국가가 당해 조약에 동의했는지(일반적으로 조약은 정부대표가 서명한 것만으로는 해당국에 법적 구속력이 없다. 당사국 내에서의 비준절차가 있는 경우는 이 절차를 마쳐야 한다), ④ 해당 국가가 조약의무를 명백히 수정하는 어떠한 유보조치(reservation)를 취했는지 여부 등이 검토되어야 한다.

2. 국제인권관습법

다음으로 국제인권법의 한 부분을 이루고 있는 국제관습법을 알아보자. 이것은 국제인권조약에 비교하면 훨씬 많은 국제법적 이슈를 가지고 있다. 국제(인권)관습법의 효용성은 어떤 경우 성문의 국제인권조약보다 더 유용한 측면이 있다. 만일 특정 인권원칙이 국제관습법에 해당한다면 그것은 일반적으로 어떤 나라가 그 원칙에 명백히 동의했는지 여부를 불문하고 그 나라를 포함하여 모든 나라를 국제법적으로 구속한다. 그러나 어떠한 원칙이 국제관습법이 되기 위해서는 몇 가지 까다로운 요건을 충족해야 한다. 일반적으로 국제관습법이 되기 위해서는 두 가지의 조건이 이루어져야 한다. ① 국가들에 의해 널리 통용되는 국가관행(state practice: physical element), ② 이러한 관습에 대한 법적 확신(opinio juris: psychological element). 학자에 따라서는 위의 practice라는 요소를 좀 더 세분하기도 하나 두 가지 요건의 핵심은 국가들이 어떠한 원칙에 대해 법적 의무감을 가지고 일정하고도 일관성 있게 시행해 왔다는 것이 입증되어야 함을 의미한다.[3)]

그렇다면 국가관행(practice)은 현실적으로 어떻게 발견되는가? 그것은 대개 외교행위 및 지침, 공적인 수단(public measures), 정부고위직 공무원의 공식적 발언 등에서 발견된다고 할 수 있는데[4)] 현실적으로는 세심한 관찰이 요구된다. 하나의 예를 들어보자. 지금은 외교상의 면책특권이 조약상의 권리이기도 하지만 이것은 조약 이전부터 장기간 동안 대부분의 국가에서 하나의 관습으로 내려오고 있었다. 만일 이 특권이 관습법으로 제도화되기 전에 대부분의 나라에서 이것을 법적 의무로 생각하기보다는 외교마찰을 줄이기 위한 편의에서 그렇게 했다고 주장한다면 이러한 관행을 관습법으로 보기는 어려울 것이다. 그러나 이러한 관행이 대부분의 나라의 법원에서 하나의 국제관행(국제법)으로 인정되어 외교관의 체포 및 재판을 금지했다면 이것이 바로 법적 의무하에 이루어 온 국가관행이라고 쉽게 인정할 수 있을 것이다.[5)]

성문의 조약이나 국제기구의 결의 등도 모두 중요한 국제관습법을 인정하기 위한 국제사회의 관행이라고 할 수 있다. 예컨대 어떤 특정 인권이 X국과 Y국의 양자조약에 의해 보호되기 시작했다고 하자. 그 뒤 이 같은 조약이 다른 나라들 간의 양자조약에 의해 혹은 다자조약에 의해 인정되어 세계 대부분의 국가가 이러

---

3) 브라운리(Ian Brownlie)는 국제관습법의 요건을 ① Duration, ② Uniformity, consistency of the practice, ③ Generality of the practice, ④ opinio juris et necessitiatis로 나누어 설명한다. 이 중 ①~③이 바로 practice에 관한 설명인데 그는 duration(기간)은 practice의 필요요건은 아니라고 말한다. Ibid. p. 3 이하 참고.

4) Restatement(Third) of the Foreign Relations Law of the United States(1987), Section 102 참고.

5) Henry J. Steiner et al., *International Human Rights in Context*, 3rd ed.(Oxford, 2007), p. 73.

한 조약의 당사국이 되었다면 비록 이러한 조약에 가입하지 않은 Z국에서도 이 권리는 국제관습법상 인정되는 권리가 될 수 있을 것이다. 이런 면에서 조약은 국제관습법을 생산하는 관계에 있다고도 말할 수 있다.[6)]

그렇다면 국제관습법에서 일반적으로 인정하는 기본적 인권은 무엇인가? 국제법의 권위적인 참고서라고 할 수 있는 미국 대외관계법 주석(Restatement) 702조에서 표준적인 답을 발견할 수 있다. 702조는 특정 국가가 국가의 정책으로서 다음의 행위를 시행하거나 찬양, 고무하면 국제관습법에 위반된다고 설명한다. 원문을 그대로 옮겨보면 다음과 같다.[7)]

(a) genocide(집단살해)
(b) slavery or slave trade(노예범죄 혹은 노예무역)
(c) the murder or causing the disappearance of individuals(살인 혹은 개인의 강제 실종을 야기하는 행위)
(d) torture or other cruel, inhuman, or degrading treatment or punishment(고문이나 기타 비인간적이며 비인도적인 처우 혹은 처벌)
(e) prolonged arbitrary detention(장기적인 자의적 구금)
(f) systematic racial discrimination(조직적 인종차별)
(g) a consistent pattern of gross violations of internationally recognized human rights(국제적으로 널리 인정된 인권에 대한 지속적 형태의 심각한 위반)

대외관계법 주석은 위의 모든 사항이 소위 강행규범(jus cogens)에 해당하는 것은 아니지만 (a)~(f)는 강행규범에 속하며 따라서 이에 위반되는 국제조약이나 합의는 무효라고 설명한다. 이때 강행규범은 국제관습법의 하나를 말한다.

위에서 본 대로 국제법상 인권에 관한 강행규범은 대부분 인권에 관한 국제관습

---

6) Ibid.

7) Restatement(Third) The Foreign Relations Law of the United States, American Law Institute (1987), § 702.

법을 형성한다. 그렇다면 국제인권관습법은 사실상 국제인권조약보다 서열(hierarchy)이 우위에 있다는 것을 의미한다. 왜냐하면 강행규범은 그것을 배제할 수 있는 새로운 강행규범이 생기지 않고서는 어떤 다른 규범에 대해서도 우월한 규범이기 때문이다. 이런 이유로 국제인권법에서 어떤 규범이 강행규범으로 불린다면 그것은 가장 우월적인 인권규범으로서의 국제인권관습법을 뜻한다고 보아도 무방하다.

한편 국제인권규범 중에서 세계인권선언이 차지하는 비중은 매우 크다. 그런데 세계인권선언은 형식적으로는 유엔총회의 선언(declaration)에 불과하여 국제법상 구속력을 인정할 수 없다. 그러나 많은 학자들은 형식적 법원에 관계없이 세계인권선언의 대부분 내용은 이미 국제관습법의 지위를 얻었다고 설명한다. 그것은 세계인권선언이 국제사회에서 보편적 인권을 선언한 최고의 국제인권규범으로 인정되고 있고, 대부분의 내용이 이미 각국의 헌법 등에서 기본권으로 확인되어 국제관습법의 요소인 객관적·주관적 요소를 모두 갖추었다고 보기 때문이다.

3. 강행규범

강행규범(jus cogens)은 임의규범(jus dispositivum)에 대응하는 법적 개념이다. 로마법에 기원을 둔 이 강행규범은 근대법에 이르러서는 오로지 국내법에서만 존재하는 것으로 여겨졌다. 국내법에서는 하위 법규의 내용을 절대적으로 규제하고 그 일탈을 허용하지 않는 법적인 힘을 갖는 상위규범을 강행규범으로 취급해 왔다. 이것에 대해 국제법에서는 일반적으로 최근까지 강행규범이 존재한다고는 생각하지 않았다. 국제사회에서는 그 주요한 구성원인 주권국가 간에는 법적으로 대등하다. 이 기초 위에 성립한 국제법은 국가의 의사가 존중되고 국가 간의 계약의 자유(조약체결의 자유)를 제한하는 강행규범이 존재할 여지가 없다고 생각되었다. 즉, 국제법의 규칙은 어느 것이나 임의규범이고 통상 국가는 그러한 규범을 따르지만 필요가 있을 때에는 그것과 저촉하는 내용의 조약을 체결할 수도 있다고 생각한 것이다.

그러나 20세기에 들어서 전쟁의 위법화, 인권의 존중, 인류의 공통이익의 옹호

〈표 1-6〉 조약법에 관한 비엔나협약

제53조 일반 국제법의 절대규범(강행규범)과 충돌하는 조약
조약은 그 체결 당시에 일반 국제법의 절대규범과 충돌하는 경우에 무효이다. 이 협약의 목적상 일반 국제법의 절대규범은 그 이탈이 허용되지 아니하며 또한 동일한 성질을 가진 일반 국제법의 추후의 규범에 의해서만 변경될 수 있는 규범으로 전체로서의 국제 공동사회가 수락하며 또한 인정하는 규범이다.

등의 관념이 발전함에 따라 오스트리아의 버드로스(Alfred Verdross, 1890~1980년) 등의 학자들은 "국제법에서도 국가가 그것에서 일탈할 수 없는 일정의 규범(jus cogens)이 존재한다"고 주장했다. 이 주장은 제2차 세계대전 후 유엔이 주도한 조약법의 법전화 과정에서 개발도상국과 사회주의 국가를 포함한 다수 국가들의 지지를 얻어 실정법화에 이르러 조약의 무효원인 및 종료원인의 하나가 되었다. 1969년 조약법에 관한 비엔나협약 제53조 및 제64조의 규정이 그것이다. 그러나 국제법의 어느 규범이 강행규범의 성질을 갖는지는 이 조약 속에 명기되어 있지 않다. 그 때문에 침략전쟁, 무력행사, 해적행위, 집단살해, 노예매매를 각각 금지하는 국제법 규칙이 강행규범이라는 것에 이론을 제창하는 사람은 그 외에도 존재하는지에 대해서는 학설이 일치하지 않고 국가의 관행도 확립되어 있다고 볼 수 없다.[8] 이와 같이 적용상의 문제가 남아 있지만 강행규범이 국제법에서도 존재한다는 것이 비엔나협약에 의하여 확인되었다는 것은 국제법 질서의 새로운 발전으로서 주목된다.

4. 연성법

국제인권법의 법원을 논할 때 빠트릴 수 없는 것이 연성법(soft law)이다. 이것은 국제조약이나 국제관습법이 법적 구속력이 있는 경성법(hard law)이라는 개념에서 나온 상대개념이다.[9] 따라서 연성법은 현재로서는 당장 법적 구속력이 없는 규

8) 波多野里望 외 엮음, 『國際法講義』(有斐閣, 1993), p. 56.

범을 말한다. 굳이 말한다면 법적 효력이라기보다는 정치적·도덕적 효력이 강하다고 할 수 있을 것이다. 국제인권법에서 자주 등장하는 'standards', 'guidelines', 'principles' 등이 바로 연성법을 구성하는 규범들이다. 그러나 연성법은 국제인권법상 무시할 수 없는 효용성과 영향력을 가지고 있는 것이다.[10] 연성법은 국내 입법발전에 하나의 기준과 모델을 제공하며 법률해석에서도 중요한 도구로 사용된다. 그것은 또한 국제적으로 법적 구속력을 갖는 성문의 조약(hard law)의 기초가 되기도 한다.[11] 나아가 연성법으로서의 국제인권기준(International Human Rights Standards)은 국가의 관행(practice)을 형성하여 국제관습법의 형성에 기여하기도 한다. 같은 내용이 반복되는 국제기준(guideline)은 국제관습법의 발전에 불가결한 법적 확신(opinio juris)을 형성한다.[12]

---

9) 참고로 국제법상 조약 이외에 법적 구속력이 있는 것으로는 유엔 안전보장이사회의 결의(resolutions), 국제사법재판소 등 국제사법기관의 판결(권고적 결정 제외) 등이 있다.

10) Jiri Toman, "Quasi-Legal Standards and Guidelines for Protecting Human Rights," in *Guide to International Human Rights Practice*, 4th ed.(Transnational Publishers, 2004), p. 217.

11) Ibid.

12) Ibid.

제2장 사회권의 새로운 인식

장애인에게 큰 희망을 준 영국의 구족화가 앨리슨 래퍼(1965~). 런던 트래펄가 광장에 있는 그녀의 조각상

■ 학습을 위한 질문

1. 경제적·사회적 권리(사회권)는 시민적·정치적 권리(자유권)와 본질적인 차이가 있는 것인가? 차이가 있다면 그것은 무엇인가?
2. 자유권규약(ICCPR)과 사회권규약(ICESCR) 규정의 형식상 차이는 무엇인가?
3. 사회권규약에서 요구하는 국가의 의무란 구체적으로 무엇을 의미하는가?
4. 사회권의 사법적 구제에 대하여 토론해 보자.
5. 다음 사례를 읽고 인권전문기관인 국가인권위원회가 취할 태도를 생각해 보자. "정부는 ㅇㅇ지역을 주택지구로 개발하기로 확정했다. 그곳에는 택지개발 이전에 들어온 세입자들이 많이 살고 있다. 정부의 택지개발과 뒤이은 주택건설로 말미암아 세입자들의 주거문제가 심각하게 되었다. 정부는 이 지역을 공영 개발하면서 세입자들에 대해서는 이사비와 소액의 이주비 지급 정도의 대책만 세울 뿐 세입자들은 토지(기존 주택) 소유자가 아니라는 이유로 별다른 대책을 세우지 않은 채 택지개발을 서두르고 있다. 급기야 정부는 6개월간의 기한을 주며 이 기간 내에 세입자들이 현재의 주거를 비워주지 않으면 강제퇴거 절차를 밟겠다고 통지했다. 이에 세입자들은 최소한의 주거권을 보장하라며 시청 앞에서 연일 시위를 했고, 급기야 국가인권위원회에 정부의 ㅇㅇ지역 택지개발은 주거권(인간다운 생활을 할 권리)을 침해한 것이라며 인권위가 나서서 해당 정부기관 등에 시정을 요구해 달라는 진정을 해왔다." *

---

* 현재 국가인권위원회의 인권침해 조사구제 권한은 헌법 제10조 내지 제22조 범위 내의 기본권 침해를 대상으로 한다(국가인권위원회법 제30조 제1호). 그래서 사례와 같은 사건이 진정사건으로 들어오면 위 범위 내의 기본권 침해가 아니라고 하여 각하결정을 하는 것이 통례이다. 그러나 이러한 업무관행은 사회권 분야의 인권침해를 전적으로 포기하는 것으로 인권기구의 임무에 비추어 받아들이기 힘들다. 헌법 제10조가 인간의 존엄성과 행복추구권을 보장하고 있고, 인권위는 헌법 제10조의 침해에 대해서도 조사구제 권한이 있으므로 어떤 인권침해 사건이 헌법 제11조 내지 제22조에 들어가기 어렵더라도 그 침해가 인간의 존엄성을 해하고 행복추구권을 본질적으로 훼손한다고 인정된다면 제10조의 위반 사건으로 보아도 무방할 것이다.

이런 면에서 이 사례는 인권위의 진정사건이 될 수 있다고 본다. 설혹 이러한 사건이 진정사건으로 처리되지 못한다고 해도 인권위의 인권정책권고 기능에 따라 관련 법령에 근거한 정부의 택지개발정책이 사회권규약에서 보장하는 주거권을 침해한다고 인정한다면 인권위는 이의 시정을 위해 관련 기관 등에 시정 권고(인권정책권고)를 할 수 있을 것이다. 국가인권위원회의 기능에 대한 자세한 내용은 이 책 제5장 참고.

인권이라고 하면 우리의 머릿속을 지배하는 것은 기본적으로 시민적·정치적 권리이다. 국제인권법적 시각으로 보면 시민적·정치적 권리에 관한 국제규약(ICCPR)에서 열거하고 있는 권리들이 바로 인권 개념에 맞는 권리들로 인정받아 왔다. 이러한 의식은 국제적 NGO들의 활동에서도 예외는 아니었다. NGO들의 인권운동마저도 주로 시민적·정치적 권리에 치우쳐 추구되어 왔다고 해도 과언이 아니다. 우리에게 잘 알려져 있는 대표적 NGO인 국제사면위원회(Amnesty International)나 휴먼 라이트 워치(Human Rights Watch)도 그들의 주된 활동에서 경제적·사회적 권리를 증진시키기 위한 활동을 거의 찾기 힘들 정도이다. 그 이유는 무엇일까? 이 주제에 대하여 위와 같은 문제의식을 가지고 공부해 보자.

제1절 사회권의 역사적 배경

세계인권선언(Universal Declaration of Human Rights)은 두 개의 권리를 선언하고 있다. 즉, 시민적·정치적 권리(일명 자유권)와 경제적·사회적·문화적 권리(일명 사회권)이다. 유엔은 세계인권선언의 이 같은 권리를 법률적으로 구속하기 위하여 두 개의 역사적인 인권조약을 만들었던바, 여기에 해당하는 것이 시민적·정치적 권리에 관한 국제규약(자유권규약, ICCPR)과 경제적·사회적·문화적 권리에 관한 국제규약(사회권규약, ICESCR)이다.

세계인권선언이 만들어진 이후 이 두 권리의 상호관계에 관한 국제사회의 공식적인 견해는 이미 합의를 보았다고 해도 과언이 아니다. 그것은 1993년 비엔나선언에서 명기된 대로 "이들 권리는 보편적이고 불가분이며 상호의존적이고 연계되어 있다"는 것이다.[1)] 그러나 이것은 형식적인 합의에 불과하고 그 이면에는 사회권의 적절한 지위가 무엇인지에 관하여 여전히 뿌리 깊은 이견이 자리 잡고 있다. 어떤 논자는 사회권이 가치체계로 보나 연혁적 입장에서 보나 자유권보다 우위에 있다고 설명하기도 하나 이러한 주장은 그들 권리가 진정한 의미의 권리라는 범주에 들어갈 수 없으며 오히려 그것을 권리로 보는 경우 불가피하게 국가로부터의 광범위한 간섭을 가져오게 하여 개인이 향유해야 할 자유권마저도 위협을 받게 된다는 견해에 의해 정면 도전을 받기도 한다.[2)]

---

1) "Vienna Declaration and Programme of Action"(UN Doc., 1993), A/49/668, para. 5.

2) Henry J. Steiner & Philip Alston, *International Human Rights in Context: Law, Politics and*

대부분의 나라가 사회권규약에 가입했지만[3] 이들 권리에 대한 취급은 자유권과 비교해 여전히 차별적이다. 즉, 그들 대부분은 사회권을 헌법적인 권리로 인정하지 않거나 헌법적인 권리로 인정하더라도 그의 시행을 위한 입법적·행정적 조치를 취하지 않고 있으며 나아가 이들 권리를 침해당한 개인에게 사법적 구제를 인정하는 나라는 매우 드문 형편이다.

그동안 이들 권리가 국제사회에서 확고히 자리 잡기 어려웠던 사정은 소위 냉전체제와 무관하지 않다. 상대적으로 사회권에 자신감을 갖고 있는 공산진영은 이를 무기로 국제인권논쟁에서 빈부격차에 시달리는 서방진영을 공격했고 서방진영 또한 상대방의 약점인 자유권을 들추어 내 양 진영은 소모적 논쟁을 지속했던 것이다. 그러나 냉전의 붕괴, 자유시장경제 질서의 세계적 지배와 세계경제의 통합화 추세와 더불어 향후 이들 권리는 국제사회에서 과거와는 다른 실질적인 논쟁이 될 전망이다.

사회권의 역사적 연원은 다양한 뿌리를 가지고 있어 어떠한 역사적 배경이 결정적으로 오늘날의 이들 권리를 형성시켰는지는 한마디로 말하기 힘들다. 종교적으로 볼 때 가톨릭의 경우 전통적으로 존엄하게 살 권리를 강조해 왔으며 이는 해방신학에서 가난한 자에 대한 우선적 관심으로 이어져 왔다. 철학적으로는 페인(Thomas Paine), 마르크스(Karl Marx), 칸트(Immanuel Kant), 롤스(John Rawls) 등에 의하여 이 문제가 심각하게 제기되었고 정치적으로는 19세기 영국의 페이비언(Fabian) 사회주의자들과 독일의 비스마르크(Bismarck, 그는 1880년대에 사회보험제도를 제안했다)에 의해 정치적 프로그램으로 시도되었고, 그 뿌리는 미국의 뉴딜정책으로 이어졌다. 헌법적인 권리로서 이들 권리가 처음으로 선을 보인 것은 1917년의 멕시코헌법과 소비에트헌법, 이어 1919년의 바이마르공화국 헌법이라고 할 수 있다.[4]

Morals, 1st ed.(Oxford, 1996), p. 30, 256 참고.

3) 2023년 2월 현재 171개국이 사회권규약에 가입되어 있다.

4) Henry J. Steiner & Philip Alston, *International Human Rights in Context: Law, Politics and Morals*, 1st ed.(Oxford, 1996), p. 257 참고.

그러나 사회권의 획기적 발전은 국제노동기구(International Labour Organization: ILO)의 설립에 힘입은 바 크다. 이것은 1919년 베르사유조약에 의해 노동자들이 당하고 있는 부정의와 고통 그리고 사유화를 방지하고, 공정하고 인간적인 노동조건을 보장하기 위하여 창설된 것이다. 물론 이것은 당시 러시아 혁명에서 비롯된 사회주의에 대한 서방세계의 응답이라는 측면도 있다.[5)] ILO는 현재 우리가 사회권으로 이해하고 있는 광범위한 권리들에 대해 국제적 최저기준을 설정했다. 즉, 집회의 자유, 노동조합 결성의 자유, 강제노동 금지, 최저노동연령, 근로시간, 주휴, 질병으로부터의 보호, 산업재해, 실업 및 고령보험, 산업현장에서의 차별 금지 등에 관해 국제조약을 마련했던 것이다. 1930년대의 대공황은 이들 권리에 대해 세계의 여러 나라가 심각하게 고려하게 된 다시없는 기회였다.

이러한 발전에 힘입어 유엔헌장의 기초과정에서는 회원국이 완전고용과 근로조건 및 사회보장 등에 대해 국내외적인 조치를 취할 것을 약속하는 규정의 채택까지 시도되었다.[6)] 그러나 이러한 제안은 내정간섭의 우려가 있다는 미국의 반대에 부딪혀 결국 수위가 낮추어진 상태로 헌장 제55조 (a)[7)]에 반영되었다.

사회권에 대한 미국의 입장은 1941년 루스벨트의 국회연두연설(State of the Union)에서 다시 한 번 부각되었다. 그는 향후 세계질서가 추구해야 할 네 가지

---

5) Virginia Leary, "Lesson from the Experience of the International Labour Organization", in Philip Alston(ed.), *The United Nations and Human Rights: A Critical Appraisal* (Oxford, 1992), p. 580, 582 참고.

6) 이들 제안 중 가장 강력한 제안으로 불리는 것이 소위 Australian Pledge라는 것인데, 거기에는 다음과 같은 규정이 포함되어 있다.
"All members of the United Nations pledge themselves to take action both national and international for the purpose of securing for all peoples, including their own, improved labour standards, economic advancement, social security, and employment for all who seek it: and as part of that pledge they agree to take appropriate action through the General Assembly, the Economic and Social council, the ILO ……." Ruth Russel & Jean Muther, *A History of the United Nations Charter: The Role of the United States 1940~1945* (1958), p. 786 참고.

7) 동 규정의 관련된 부분은 다음과 같다. "The United Nations shall promote: (a) higher standards of living, full employment, and conditions of economic and social progress and development."

자유 중의 하나로서 결핍으로부터의 자유(freedom from want)를 제시했다. 그의 이 부분 연설 중 한 대목을 소개하면 다음과 같다.[8)]

> We come to a clear realization of the fact that true individual freedom cannot exist without economic security and independence. "Necessitous men are not free men." People who are out of a job are the stuff of which dictatorships are made(우리는 경제적 보장과 독립 없이 개인의 자유는 존재할 수 없다는 사실을 확실히 깨달았다. "경제적으로 궁핍하고 부족한 사람은 자유로운 사람이 아니다." 직업을 갖지 못한 사람들은 독재의 도구로 사용된다).

그는 이 같은 인식 아래 국가와 인종 그리고 신념에 관계없이 다음과 같은 권리를 요구했다. 직업의 권리, 의식주를 해결할 만한 수입의 권리, 생산하고 그것을 판매하여 인간다운 생활을 할 수 있는 농민의 권리, 불공정한 독점으로 해방되어 비즈니스를 할 권리, 인간다운 생활을 할 수 있는 가족의 권리, 보건의 권리, 실업 및 질병으로부터 보호받을 권리, 교육의 권리 등.

이러한 요구는 1944년의 미국법연구소(American Law Institute)가 마련한 국제인권장전(International Bill of Rights)의 초안에 반영되었다. 동 연구소는 이 장전을 초안함에 있어 미국 헌법의 권리장전(최초의 10개 수정 조항)에 덧붙여 다음의 권리(혹은 국가의 의무)를 추가했다.[9)] ① 교육을 받을 권리(국가는 모든 아동에게 무상의 초등교육을 받게 할 의무가 있으며 그 이상의 교육을 위한 제도를 증진시켜야 한다), ② 직업의 권리(국가는 모든 사람들이 유용한 직업을 가질 수 있도록 조치를 취할 의무가 있다), ③ 합리적인 근로환경의 조성(국가는 합리적인 임금, 근로시간, 작업환경을 만들어야 할 의무가 있다), ④ 의식주의 권리(국가는 모든 사람들이 삶의 필수품을 얻을 수 있도록 조치를 취할 의무가 있다), ⑤ 사회보장(국가는 건강의 증진, 질병과 재해 방지, 병약자에

---

8) "Eleventh Annual Message to Congress(Jan. 11, 1944)," in J. Israel(ed.), *The State of the Union Messages of the Presidents*, Vol.3(1966), p. 2875, 2881.

9) "Statement of Essential Human Rights"(UN Doc., 1947), A/148, Arts. 11~15.

대한 의료 및 보상조치를 위해 종합적인 대책을 세울 의무가 있다).

미국법연구소의 제안은 1947년 유엔이 세계인권선언을 초안하는 과정에 큰 영향을 끼쳤다. 관련 조항인 제22조 내지 제28조를 초안함에 있어 엘리너 루스벨트(Eleanor Roosevelt)에 의해 주도된 미국과 이집트, 몇몇의 남미 국가와 공산진영의 국가들은 이들 조항에 경제적·사회적 권리를 넣을 것을 강력히 요구하여 성사시켰다. 물론 반대도 만만치 않았다. 특히 영국과 호주, 남아프리카공화국의 반대가 치열했는데 이들은 존재의 상태(a condition of existence, 이것은 예컨대 가난하다는 것 자체 혹은 질병이 있다는 것 자체를 의미한다) 자체가 기본적인 인권(fundamental human rights)을 구성할 수 없으며, 만일 제안된 권리가 시행된다면 그것은 국가경제활동에 전체주의적 통제를 허용하게 될 것이라고 경고했다.[10]

세계인권선언의 채택 이후 국제사회는 이의 실현을 위해 법률적으로 구속력 있는(소위 legally binding) 조약을 채택하기 위해 노력했다. 1949년부터 사회권규약(ICESCR)이 채택된 1966년까지의 과정이 바로 그 기간이다. 이렇게 많은 시간이 요구된 것은 주로 냉전에서 비롯된 동서진영의 갈등과 사회권에 관한 입장 차이가 컸기 때문이었다.

10) UN Doc.(1948), E/CN.4/82/Add.4, para. 11, 13.

제2절 사회권규약의 일반적 성격

이제 본격적으로 사회권의 본질에 대한 입장들을 검토해 보자. 이것을 위해 많은 논자들이 이들 권리와 자유권의 차이를 비교 검토했다. 우리도 그 논쟁을 기초로 이들 권리의 본질에 접근해 보자. 국제사회가 자유권규약(ICCPR)과 사회권규약(ICESCR)을 기초하면서 각각 별도의 조약을 만든 것을 보면 분명히 이들 권리의 차이를 인정했거나 합의할 수 없었던 무엇이 있었던 것을 짐작할 수 있다. 원래 국제사회는 세계인권선언을 만든 다음 이들 권리를 조약으로 만드는 과정에서 하나의 조약을 목표로 작업을 벌여왔다. 그러나 이것은 많은 나라, 특히 서방세계의 요구로 2개의 다른 조약으로 추진하도록 방향을 바꾸고 말았다.[1)]

그 당시에도 유엔 회원국 사이에서는 단일조약안을 지지하든 두 조약안을 지지하든 자유권과 사회권의 관계는 상호 연결되었고 상호의존적이라는 데는 이견이 없었다. 다만 이들 회원국 사이에는 두 범주의 권리를 실현하는 방법에 큰 차이가 있었다.[2)]

먼저 단일조약안에 찬성하는 국가들은 인권이란 것은 분명하게 다른 범주로(즉, 자유권 vs. 사회권) 나눌 수 없으며 가치의 서열에 따라 권리를 나눌 수도 없다고 주장했다. 모든 권리는 동시에 증진되고 보호되어야 하는 것이지 사회권이 보장되

---

1) 유엔총회는 1951년 2개의 다른 조약으로 세계인권선언에 수록된 권리를 조약화하기로 결의했다. “Annotations on the text of the draft International Covenants on Human Rights”(UN Doc., 1955), A/2929 참고.

2) Ibid. para. 7.

지 않는 상황에서 자유권은 단지 형식적일 뿐이며, 자유권이 보장되지 않는 상황에서 사회권은 오래갈 수 없다는 것이다. 그러므로 그들은 단일조약을 만들어 거기에 모든 인권을 포함하고 그것에 의하여 국가가 모든 권리를 증진하고 보장하도록 만들어야 한다고 주장했다.[3)]

반면 두 조약안을 찬성하는 국가들은 두 범주의 권리에 대한 차이점을 적극적으로 주장했다. 이들에 의하면 두 범주는 다음과 같은 차이가 있다고 한다.

① 자유권은 권리가 침해된 경우 이의 강제나 혹은 사법적 구제가 가능하고(enforceable or justiciable), 권리 성격상 절대적(absolute) 속성이 있는 반면, 사회권은 그러한 속성이 없다.

② 자유권은 (조약이 만들어지는) 즉시 적용이 가능한데, 사회권은 점진적으로 실시가 가능하다[달리 말하면 자유권은 법적 권리(legal rights)인데 사회권은 프로그램적 권리에 불과하다는 것이다].

③ 자유권은 국가의 위법하고 부당한 행위에 대한 개인의 소극적인 권리인 데 반하여 사회권은 그것을 증진시키기 위하여 국가가 긍정적인 행위를 해야 하는 적극적인 권리이다.

따라서 이들은 두 범주의 권리가 속성이나 이에 대한 국가의 의무가 다르므로 2개의 조약을 준비하는 것이 바람직하다고 주장했다.[4)]

사실 위의 논쟁에서 중요한 것은 어떻게 조약상의 권리를 이행(implementation)하느냐인데(사실 이행방법이 다르지 않다면 2개 조약안이나 단일조약안이나 현실적으로 차이는 없을 것이다) 위 두 조약안을 찬성하는 국가들은 자유권은 법적 권리이므로 이의 이행 여부를 적절한 위원회를 설치함으로써 감독할 수 있을 것이라고 본 반면, 사회권은 정기적인 보고제도를 만듦으로써 가장 적합한 이행방법을 확보할 수 있다고 함으로써 이행방법의 차이를 부각시켰다.[5)]

---

3) Ibid. para. 8.

4) Ibid. para. 9.

이에 대해 단일조약 찬성국들은 모든 나라에서 모든 자유권이 법적 권리도 아니며 모든 사회권이 프로그램적 권리도 아니라고 반박했다. 어떤 체제에서는 자유권도 프로그램적 권리이며 또 다른 체제에서는 사회권도 법적 권리가 되기도 한다는 것이다. 그러므로 각국이 조약에 가입하면서 어떤 권리가 법적 권리이며, 프로그램적 권리인지 그리고 어떠한 절차에 의하여 그들 권리가 실시될 것인지를 선언하게끔 하는 방식으로 (하나의) 조약을 만들 수도 있다고 주장했다.[6)]

위와 같은 구별 논쟁과 관계없이 현실적으로 분명한 것은 사회권규약과 자유권규약은 몇 가지 점에서 형식적이고도 실질적인 차이가 있다는 사실이다. 대체로 세 가지의 차이점이 있다.[7)] 첫째, 두 규약에 사용된 용어상의 차이이다. 자유권규약은 문면상 직접적으로 개인에게 '어떠어떠한 권리가 있다('everyone has the right to~' or 'no one shall be~')'라는 형식으로 권리를 규정하고 있는 반면, 사회권규약은 국가는 '개인의 어떠어떠한 권리를 인정한다('States Parties recognize the right of everyone to~')'라는 형식으로 되어 있다는 것이다. 물론 예외는 있다. 사회권규약 제3조(남녀의 평등), 제8조(노동조합 관련 권리) 그리고 제2조 제2항(차별금지)에서는 국가는 '관련 권리를 보장해야 한다(States undertake to ensure the relevant rights or undertake to guarantee~)'고 되어 있는 것이 그것이다. 둘째, 사회권규약 제2조 제1항에서 규정하고 있는 국가의 의무는 그 국가가 이용할 수 있는 자원의 한계 내에서 인정된다고 되어 있다. 자유권규약에는 물론 이러한 규정이 없다. 셋째, 자유권규약의 국가의무가 즉각적인 의무 실현이라면 사회권규약에서 말하는 국가의 의무는 점진적인 실현(progressive realization)이라는 것이다. 핵심 규정은 사회권규약 제2조 제1항 및 제2항이다. 원문을 그대로 옮겨보면 다음과 같다.

1. Each State Party to the present Covenant undertakes to take steps, individually and through international assistance and cooperation, especially economic and

5) Ibid. para. 10.

6) Ibid. para. 11.

7) Henry J. Steiner & Philip Alston, *International Human Rights in Context: Law, Politics and Morals*, 1st ed.(Oxford, 1996), p. 274 참고.

technical, to the maximum of its available resources, with a view to achieving progressively the full realization of the rights recognized in the present Covenant by all appropriate means, including particularly the adoption of legislative measures(이 규약의 각 당사국은 특히 입법조치의 채택을 포함한 모든 적절한 수단에 의하여 이 규약에서 인정된 권리의 완전한 실현을 점진적으로 달성하기 위하여, 개별적으로 특히 경제적·기술적인 국제지원과 국제협력을 통하여, 자국의 가용자원이 허용하는 최대한도까지 조치를 취할 것을 약속한다).

2. The States Parties to the present Covenant undertake to guarantee that the rights enunciated in the present Covenant will be exercised without discrimination of any kind as to race, color, sex, language, religion, political or other opinion, national or social origin, property, birth or other status(이 규약의 당사국은 이 규약에서 선언된 권리들이 인종, 피부색, 성, 언어, 종교, 정치적 또는 기타의 의견, 민족적 또는 사회적 출신, 재산, 출생 또는 기타의 신분 등에 의한 어떠한 종류의 차별도 없이 행사되도록 보장할 것을 약속한다).

이들 규정 방식은 잦은 해석의 혼란을 가져온다. 논자에 따라서는 이 규정 방식이 국가의 의무를 과도하게 요구하고 있어 어떤 정부도 이를 제대로 이행할 수 없을 것이라고 말한다. 특히 개발도상국들에게는 불가능한 요구를 하고 있다는 것이다. 다른 논자들은 '점진적인 실현(progressive realization)' 혹은 '가용자원(available resources)'이라는 용어가 너무나 다의적인 개념이라 사실상 국가의 의무를 무의미한 것으로 만든다고 비판한다.

제3절 사회권에 관한 새로운 인식

I. '사회권에서의 국가의무'에 관한 국제인권법의 변화와 발전

종래 국제인권법에서 '경제적·사회적·문화적 권리에 관한 국제규약'(약칭 '사회권규약')상의 권리는 국가에 대하여 일종의 노력의무를 부과한 것에 불과하다는 견해가 많았다. 우리가 사회권에 대해 이런 개념을 그대로 받아들인다면 사회권의 권리성을 사실상 부정하는 것이나 마찬가지이다. 이러한 견해가 상당한 정도 지지를 받는 것은 다음과 같은 두 가지 논의에서 비롯되었다고 볼 수 있다. 첫째는 인권의 성질에 관한 이원론이고, 둘째는 점진적 달성 등의 의무를 과하고 있는 사회권규약(제2조 제1항)의 문언[1]에 관한 이해이다.

---

1) 사회권규약 제2조 제1항: 이 규약의 각 당사국은 특히 입법조치의 채택을 포함한 모든 적절한 수단에 의하여 이 규약에서 인정된 권리의 완전한 실현을 점진적으로 달성하기 위하여, 개별적으로 특히 경제적·기술적인 국제지원과 국제협력을 통하여, 자국의 가용자원이 허용하는 최대한도까지 조치를 취할 것을 약속한다.

영어 원문을 소개하면 다음과 같다.

"Each State Party to the present Covenant undertakes to take steps, individually and through international assistance and co-operation, especially economic and technical, to the maximum of its available resources, with a view to achieving progressively the full realization of the rights recognized in the present Covenant by all appropriate means, including particularly the adoption of legislative measures." 사회권규약에서 국가의 의무를 둘러싼 해석상의 논란은 밑줄 친 부분과 관계가 있다(밑줄은 필자).

사실 위의 두 가지 논의는 상호 밀접한 관련이 있다. 인권규약을 기초할 당시 유엔인권위원회(Commission on Human Rights)에서는 인권의 성질의 차이점(권리의 성격)을 둘러싼 논의가 있었는데, 여기에서 당시 다수를 차지하고 있던 서방 자유진영은 시민적·정치적 권리(자유권)는 일반적으로 국가에 권리행사의 억제를 요구하는 권리이면서 재판을 통해 집행할 수 있는 권리인 점에 비해 경제적·사회적·문화적 권리(사회권)는 국가의 적극적 조치를 요구하는 권리이며 재정부담도 요구하기 때문에 사법기관에 의한 집행에는 친하지 않다고 보았다. 그 때문에 인권규약은 2개의 권리규약으로 나누어지게 되었고, '시민적·정치적 권리에 관한 국제규약'(약칭 '자유권규약')이 국가에 대하여 '권리의 존중 및 확보(respect and ensure)'를 의무의 주 내용으로 하는 규약이 된 반면 사회권규약은 권리의 완전한 실현을 위해 '조치(행동)'를 취하는(take steps) 정도의 규약으로 만들어지기에 이르렀다는 것이다.

이러한 인권규약의 이원화에 대한 역사적 경위는 그 후 학설에서도 2개의 규약을 해석함에 있어 권리의 성질의 차이를 필요 이상으로 강조하게 된 계기가 되었다. 국제인권법이 비약적으로 발전한 1980년대 중반까지 구미의 학설은 자유권규약이 권리의 즉시적 실현의무를 과한 조약임에 대하여 사회권규약은 점진적 실현의무를 과한 것에 그치는 이른바 촉진적 조약(promotional convention)이라는 설명이 일반적이었다.[2) 3)]

그러나 이러한 이원론은 1980년대 후반 이래 사회권에 관한 새로운 인식에 의해 강력하게 비판받았고 이러한 비판은 림버그 원칙(Limburg Principles)[4)]으로

---

2) 申惠丰, 『人權條約上の 國家の 義務』(日本評論社, 1999), pp. 11~14 참고.

3) 국내에서도 사회권규약과 자유권규약을 비교하면서 자유권규약은 발효 또는 가입 즉시 규약상의 모든 권리가 즉각 그리고 완전히 실현됨을 목표로 함에 반해 사회권규약은 제3세계의 낙후된 경제여건을 고려할 때 동 규약상의 인권은 프로그램적 성격을 갖는다고 설명하는 학자가 있다. 김대순, 『국제법』, 제11판(삼영사, 2005), p. 636 참고.

4) "The Limburg Principles on the Implementation of the International Covenant on Economic, Social and Cultural Rights," *Annex; Human Rights Quarterly*, vol. 9(UN Doc., 1987), E/CN.4/1987/17, pp. 122~135. 림버그 원칙은 1986년 국제법률가위원회(International Commission of Jurists), 네덜란드 림버그 대학의 마스트리흐트인권센터, 미국의 신시내티 대학 로스쿨이 공동으로 주관한 전문가 회의에서 나온 선언이다. 이 원칙은 주로 사회권규약에서의 국가의무와 범위에

이어져 사회권의 권리성 및 국가의 의무에 대한 명확한 인식이 자리 잡게 되었다. 그리고 이러한 원칙은 1990년대 초의 사회권규약위원회의 일반논평 3[5]과 1990년대 후반의 마스트리히트 원칙(Maastricht Guidelines)[6] 등으로 이어지면서 적어도 국제인권의 시각에서는 사회권과 자유권의 이원론은 극복되었다고 할 수 있다.

II. 사회권에 대한 권리 중심적 접근방법

사회권에서 말하는 권리가 단지 이익이나 복리, 필요 정도를 의미한다면 그것은 권리가 아니다. 사회권도 권리라고 한다면 그것은 권리의 일반적 표징을 갖고 있어야 하며 우리는 그것을 인정하지 않으면 안 된다. 권리라는 것은 원래 권리주체

관한 내용을 담고 있다. 그 후 이 선언은 네덜란드의 노력으로 유엔의 공식문서로 발간되었다.

5) "General Comment No. 3"(Fifth session, 1990), *Report of the Committee on Economic, Social and Cultural Rights*, UN Doc. E/1991/23, pp. 83~87. 이 논평에서는 사회권규약에서의 국가의무의 성격을 설명하면서 규약이 제2조 제1항에서 점진적인 실현을 규정했지만 그렇다고 하여 자유권규약과의 차별성만을 강조하고 유사성을 간과해서는 안 된다고 했다. 그리고 자유권과의 유사성을 다음과 같이 몇 가지 면에서 강조했다. 첫째, 사회권의 재판규범성이다. 즉, 사회권도 국내 법체계에 따라 사법심사의 재판규범으로 충분히 적용될 수 있다는 것이다. 둘째, 최소핵심의무에 관한 것이다. 이것은 사회권규약상의 각 권리의 최소 필요수준을 충족시키기 위한 최소핵심의무는 '점진적인 실현'의 문제가 아니라 모든 당사국에 즉각적으로 있다는 것이다. 셋째, 사회권규약의 여러 가지 권리는 아예 처음부터 대다수의 국내법 체계상 사법기관 등에서 즉각적으로 적용할 수 있는 규정[제3조, 제7조(a)(i), 제8조, 제10조 제3항, 제13조 제2항(a), 제3, 4항, 제15조 제3항]을 가지고 있다는 것이다.

6) "The Maastricht Guidelines on Violation of Economic, Social and Cultural Rights," *Human Rights Quarterly*, Vol.20(1998), pp. 691~705(이하 'Maastricht Guidelines'이라 한다). 마스트리히트 원칙의 원문과 번역문은 이 책의 자료편 참고. 마스트리히트 원칙은 1997년 림버그 원칙 10주년을 맞이하여 열린 전문가 회의에서 만들어진 것으로 주로 사회권규약위원회의 모니터링 강화를 위한 방법론으로 어떤 경우에 사회권규약에 위반되는지(소위 violation approach)를 선언했다. 이 원칙의 주석을 원하는 사람들은 Victor Dankwa, Cees Fliterman and Scott Leckie, "Commentary to the Maastricht Guidelines on Violations of Economic, Social and Cultural Rights," *Human Rights Quarterly*, Vol.20(1988), pp. 705~730을 참고할 것.

와 의무주체의 규범적 관계를 함의하는 개념이고 권리주체가 권리를 향수한다는 것은 타자(의무주체)에게 상관적 의무(correlative duty)가 발생하는 것을 전제로 하는 것이다. 따라서 사회권도 의무주체인 국가에 대해 상관적 의무를 요구할 수 있어야 하고 국가는 이를 수행해야 한다. 국가의 책무가 단지 노력의무 정도로 축소되어서는 안 되는 이유가 여기에 있다. 이것은 사회권규약도 자유권규약과 마찬가지로 국제인권규약의 하나로서 인권의 실현을 목적으로 한다는 데에는 아무런 차이가 없다는 것을 의미한다.

그럼에도 사회권규약의 권리를 해석함에 있어서는, 동 규약 제2조 제1항의 '점진적(progressively)'이라는 용어가 동 규약의 의무의 성질을 '노력 장려적'인 것으로 해석하는 데에 결정적 요인이 되었다. 이러한 해석에 대해 사회권규약위원회는 일반논평 등을 통해 지속적으로 그 부당성을 지적했다.[7] 특히 동 위원회는 일반논평 3을 통해 '점진적으로 달성한다(achieving progressively)'는 것은 관련 제 권리의 완전한 실현을 점진적으로 해나간다는 것이고 그때까지의 사이에 국가는 아무런 구체적 의무도 부담하지 않는다는 것을 의미하지는 않는다고 했다. 즉, 국가는 사회권규약의 체결에 의해 제 권리의 완전한 실현을 점진적으로 달성하기 위해 이용 가능한 수단을 최대한도로 사용하여 즉시 필요한 행동을 시작할 의무를 부담한다.

완전한 실현에는 시간이 걸리지만 그것을 위한 행동(steps)은 즉시 시행되지 않으면 안 된다.[8] [9] 어떤 행동이 즉시 취해져야 하는 것이고 어떤 행동이 뒤에

---

7) General Comment No. 3, para. 2.

8) 일반논평 3은 이에 대해 "규약 가입 이후 합리적으로 짧은 시간 내에(within a reasonably short time after the Covenant's entry into force for the States concerned)"라고 표현했다(para. 2). 이와 관련하여 림버그 원칙은 '규약상의 권리 실현을 위해 즉시 조치를 취할 의무가 있다'고 선언했다. 즉, 동 원칙 제16항은 "All States parties have an obligation to begin immediately to take steps towards full realization of the rights contained in the Covenant"라고 함으로써 체약국의 즉시 조치의무를 강조했다.

9) 다만 의무위반으로서 규약위반이라고 함에 있어서는 뒤에서 볼 충족의무는 일정한 조치(measures 혹은 steps)를 취해야 하고 이를 하기 위해서는 일정한 시간이 요구되므로 즉시 의무위반이라고 말할 수 있는 상황은 별로 없을 것이다.

취해질 수 있느냐는 권리 의무의 성질에 따라 같지는 않지만, 어떻든 점진적 실현의무를 추상적인 노력의무 혹은 정치 선언적 목표 정도로 해석하려는 것은 사회권규약위원회나 학설에 의해서 이제 더 이상 지지되지 않는다고 말할 수 있다.[10] 사회권규약위원회를 중심으로 사회권에 관한 이러한 논의방식을 우리는 권리 중심적 접근방법(rights-based approach: RBA)이라고 한다.

III. 사회권에서의 국가의무

1. 의무의 다면적 성격과 사회권에 대한 국가의무의 성격

1개의 권리로부터 나오는 국가의 구체적 의무는 처음부터 1개로 결정되지 않는다. 국가의 의무는 상황에 따라 구체적으로 결정된다. 이것은 자유권이든 사회권이든 그 권리에 대한 의무주체(국가)의 의무내용은 일의적으로 정해지지 않는다는 의미이다. 자유권에서 국가의 의무는 무조건 소극적 의무이고, 사회권에서 국가의무는 무조건 적극적 (조치를 취해야 하는) 의무라고 말하는 것은 적절치 않다. 이것은 위의 이원론에서 나온 도식적인 결론으로 의무의 다면적 성격을 이해하지 못한 결과에서 비롯된 것이다.

자유권의 경우를 하나의 예로 들어보자. '고문을 받지 않을 권리'에 대응하는 의무는 '고문을 하지 않을 의무'만 있는 것이 아니다. 즉, 국가가 고문만 하지 않는다는 소극적 의무만 다한다고 해서 이 권리가 개인에게 보장되는 것은 아니다. 상황에 따라서는 고문이 발생한 경우에 이를 '저지하는 의무', 고문이 일어날 가능성이 있는 상황이라면 이를 '방지할 의무'가 생길 수 있다. 이와 같이 인권규약에서는

---

10) 사회권규약위원회의 일반논평 3 이외에 학설로서 이와 같은 논지를 펴는 것으로는 Matthew Craven, "The International Covenant on Economic, Social and Cultural Rights: A Perspective on Its Development"(1995); Asbjorn Eide, "Social and Cultural Rights: A Universal Challenge," in Asbjorn Eide, Catarina Krause & Allan Rosas(eds.)., *Economic, Social and Cultural Rights: A Textbook*(2001) 등이 있다.

인권을 지킬 의무를 부담하는 국가에 대하여 조약상 인정된 권리를 실효적으로 보장하기 위해 자기 스스로의 권력행사를 억제하는 의무(소극적 의무)와 함께 권리를 침해로부터 방지하기 위한 의무(적극적 의무)도 경우에 따라서는 지게 된다.

이와 같이 하나의 자유권에서 나오는 국가의 의무는 다면적이다. 물론 이러한 국가의무의 다면성은 사회권의 경우도 마찬가지이다. 개인의 사회권을 국가가 제대로 보장(실현, implementation)하기 위해서는 여러 가지 각도에서, 여러 가지 의무를 충족시켜야 한다. 그렇다면 이러한 국가의 의무를 좀 더 이론적으로 일반화할 수 있는 방법은 없을까? 이 점은 지난 1980년대 후반부터 여러 학자들에 의해서, 그리고 앞에서 본 림버그 원칙과 마스트리흐트 원칙, 나아가 사회권규약위원회의 논의 과정에서 활발하게 논의되었다. 그 결과 논자에 따라서는 세세한 점에 있어서 조금 다르지만 인권의 상관개념으로서의 국가의무를 소위 3중 구조 혹은 4중 구조(layers of obligations)로 이해하게 되었다. 3중 구조로 이해하는 경우에는 권리의 존중, 보호, 충족(obligation to respect, protect and fulfil)으로 설명하고[11] [12] 4중 구조로 설명하는 경우에는 존중(respect), 보호(protect), 충족(fulfil, 혹은 확보 ensure), 증진(promote)의 의무로 설명한다.[13]

존중이라는 것은 국가 스스로 권리침해를 하지 않는 것을 의미하고 보호라는 것은 제3자에 의한 침해로부터 권리를 보호하는 것이다. 충족이라고 하는 것은 권리가 국가의 적극적인 조치가 있어야 비로소 실현되는 경우 그 필요한 조치를 취하는 것을, 마지막으로 증진이라는 것은 권리의 실현을 증진하기 위해 여러

---

11) Maastricht Guidelines, para. 6.

12) 유엔의 인권논의에서 이 3중 구조(three level typology of obligations)를 처음으로 시도한 사람은 식량권에 관한 특별보고관을 지낸 에이드(Asbjorn Eide)로, 1987년에 낸 보고서에서이다. 그의 3중 구조 접근방법은 사회권규약위원회의 특별보고관을 지낸 터크(Danilo Turk) 및 주거권 특별보고관이었던 사차르(Rajindar Sachar)에 의해 지지받았다. "Commentary to the Maastricht Guidelines," *Human Rights Quarterly*, Vol.20(1998), p. 713 참고.

13) Asbjorn Eide et al.(eds.), *Economic, Social and Cultural Rights: A Textbook*, p. 155 in Scott Leckie, The Human Right to Adequate Housing; 申惠丰,『社會權規約の 履行と 課題』, (財)アジア 太平洋 人權情報センター (現代人文社, 1999), p. 13.

가지 인적·물적 조건을 정비(예컨대 공무원을 교육 훈련하는 것, 시민을 대상으로 한 인권교육 및 홍보활동을 하는 것, 시설 및 설비의 확충 등 권리가 실현되기 위한 환경을 정비하는 것)하는 것을 의미한다.[14)]

국가의 의무를 이렇게 다면적으로 포착하면 국가의무의 즉시성과 점진성도 각각의 측면에서 분석할 수 있다. 자유권규약하에서는 일반적으로 국가의 즉시적 의무를 이야기하지만 동 규약하에서도 충족과 증진의 의무 분야가 있을 수 있는데 이러한 분야의 국가의무는 불가피하게 점진적으로 노력하여 이의 실현을 위해 나아가는 것이다. 예를 들면 공정한 재판을 받는 권리(자유권규약 제14조 제1항)는 즉각적으로 이행되어야 할 의무(의무의 존중 혹은 보호의 측면)이나 이를 실효적으로 보장하기 위해서는 적절한 법률가가 양성되어야 하고 법률부조 제도가 정비되어야 한다. 나아가 국민에 대한 인권교육(규약의 주지 등)도 필요하다. 이러한 것들은 국가의 의무 중 충족 혹은 증진의무의 내용이다.

다음으로 사회권 분야를 보자. 사회권규약은 체약국에 점진적 의무를 부과하고 있다고 하지만 모든 의무가 점진적인 것은 아니다. 즉, 국가는 규약상 인정된 권리를 스스로 침해해서는 안 되며(의무의 존중의 측면), 규약상 인정된 권리를 직접 침해하는 제3자의 행위에 대해서는 권리를 보호할 의무가 있고(의무의 보호 측면) 이들 의무는 국가가 즉시 시행해야 할 것이다.[15)] 마스트리흐트 원칙에 의하면 존중의무의 예로 국가가 거주자에 대하여 자의적인(주거권에서 요구하는 강제퇴거의 원칙 위반, 이에 대해서는 후술함) 강제퇴거 조치를 취한 경우 주거권을 위반했다고 했고, 보호의무의 예로는 사영역에서 고용주가 노동기준 등을 위반한 경우 이를 국가가 방치하는 것은 노동권 등을 위반한 예에 속한다고 한 바 있다. 나아가 충족의무는 국가가 사회권의 완전한 실현을 위해 입법, 행정, 예산, 사법 기타의 적극적 조치를 취해야 하는 의무라고 하면서 하나의 예로 국가가 필수적인 건강보호를 위한 조치를 제공하지 못한 경우(혹은 의무적 초등교육을 제공하지 못한 경우)에 충족의무를 위반한 것으로 볼 수 있다고 한 바 있다.[16)]

---

14) Ibid.

15) "Commentary to the Maastricht Guidelines," *Human Rights Quarterly*, Vol.20(1998), p. 714.

마스트리히트 가이드라인은 한 국가가 사회권에 있어 국가의 의무를 위반한 경우를 열거하고 있는데 그곳에서는 작위에 의한 위반과 부작위에 의한 위반으로 나누어 설명한다. 이 중 작위에 의한 위반행위로는 현재 향유하고 있는 권리와 관련된 법률의 소멸 또는 정지행위, 특정 개인이나 집단에 대해 권리를 부인하는 행위, 사회권 위반을 하는 제3자에 대해 지원하는 행위, 기존의 법적 의무와 완전히 배치되는 법률이나 정책을 채택하는 행위, 현재 보장하고 있는 권리를 축소하는 행위 등을 열거하고 있다.[17] 또한 부작위에 의한 위반행위로는 사회권규약에서 요구하고 있는 조치를 취하지 않는 것, 규약상의 국가의무와 완전히 배치되는 법률을 고치지 않는 것, 특정 개인이나 집단의 사회권이 침해되고 있음에도 이를 방치하는 것, 사회권의 침해 현상을 전혀 감독하지 않는 것, 규약상 즉시 이행하도록 되어 있는 사항에 대해 조치를 취하지 않는 것 등이 열거되어 있다.[18]

2. 행위의무와 결과의무

사회권규약위원회는 규약상의 국가의 의무는 행위의무와 결과의무를 동시에 포함한다고 설명한다.[19] 이에 대한 명확한 의미는 마스트리히트 원칙에서 발견되는데, 동 원칙은 국가의 의무를 3중 구조(respect, protect and fulfil)로 설명한 다음 이러한 3중 의무에는 행위의무 및 결과의무의 요소가 포함되어 있다고 한다.[20] 행위의무는 특정 사회권의 목적을 달성하기 위해 국가가 특정의 행위(작위 혹은 부작위)를 해야 하는 의무를 말하고, 결과의무는 사회권의 실현을 위해 특정의

16) Maastricht Guidelines, 6. 존중 및 보호의무는 의무위반과 함께 즉시 판단할 수 있는 것이지만 충족의무의 경우는 성질상 의무위반이라고 말하기 위해서는 상당한 정도의 시간이 필요할 것이다. 이 의무가 바로 사회권규약 제2조 제1항의 "가용자원 범위 내에서의 (사회권규약에서 요구하는) 권리의 점진적인 실현"과 밀접하게 관련이 있다고 볼 수 있다. Ibid.

17) Maastricht Guidelines, 14.

18) Maastricht Guidelines, 15.

19) General Comments No. 3, para. 1

20) Maastricht Guidelines, 9.

결과를 국가에 부여된 여러 가지 재량적 권한을 통해 달성해야 하는 것을 말한다.[21] 행위의무를 실현하기 위해 국가는 입법조치 외에도 행정, 재정, 교육 및 사회상의 제 조치를 강구해야 하지만 그것에 한정될 필요는 없다.[22] 결과의무는 그 의무의 속성상 어떤 특정 행위를 통한 결과 달성은 원칙적으로 요구될 수 없다. 한 국가가 가지고 있는 모든 자원의 범위 내에서 사용할 수 있는 여러 방법을 선택할 수 있다. 문제는 사회권이 국가의 행위의무 혹은 결과의무를 통해 실현된다고 해도 이는 원칙적으로 점진적인 달성을 전제로 한다는 것이다. 다만, 권리가 점진적으로 달성된다고 해서 그 달성을 위한 조치마저도 마냥 지연될 수 있다는 것은 아니다. 그 '조치'는 사회권규약에 가입한 이상 합리적으로 인정되는 최단 시간 내에 취해지지 않으면 안 되며, 이를 하지 않으면 사회권규약 위반이라는 평가를 받을 수밖에 없다.[23]

3. 체약국의 최소핵심의무

사회권규약의 제 권리가 일반적으로 가용자원(available resource) 범위 내에서 완전한 실현(full realization)은 점진적으로(progressively) 달성된다고 해도 국가가 일정한 범위의 최소의무도 달성하지 못했다면 일단 체약국의 규약위반으로 볼 수 있다.[24] 예컨대 체약국이 최소한의 건강보호, 주거환경(기초적인 거주시설) 또는

---

21) Matthew Craven, "The International Covenant on Economic, Social and Cultural Rights: A Perspective on Its Development(1995)," p. 107. 행위의무와 결과의무를 사회권규약 제6조의 근로의 권리를 놓고 설명하면 다음과 같다. 국가는 완전고용이라는 목적을 달성하기 위한 의무를 달성하기 위한 제반 조치를 취해야 한다(결과의무). 나아가 국가는 강제노동이 일어나지 않도록 해야 하는 의무가 있다(행위의무).

22) General Comments No. 3, para. 7.

23) 위의 각주 8) 참고.

24) General Comments No. 3, para. 10; Maastricht Guidelines, 9; 우리 헌법재판소도 이러한 개념을 분명히 이해하고 있는 것으로 보인다. 사회보장권과 관련하여 국가가 광범위한 입법형성권을 가지고 있지만 입법형성의 한계를 일탈하여 최소한의 보장을 하지 못한 경우에는 헌법상의 기본권(사회권)을 위반하는 것이라는 취지의 결정이 있다. 헌법재판소 2001. 9. 27. 2000헌마

교육환경(초등교육)도 제공하지 못하는 경우이다. 이러한 최소핵심의무(minimum core obligation)는 앞의 3중 의무 중 기본적으로 충족(혹은 증진의무)의무의 측면을 이해하는 데 도움이 되는 개념이다.

4. 일정한 권리의 즉시적 실현의 의무

사회권규약 제2조 제1항의 '점진적 실현'이라는 규정의 의미는 국가의 의무 중 충족의무의 측면을 강조한 것에 지나지 않는다.[25] 그 외 존중, 보호의 의무는 위에서 본 대로 원칙적으로 의무의 성격상 즉시적 실현의 의무와 관계가 깊다. 사회권규약위원회는 이와 같은 원칙을 선언함과 동시에 사회권규약의 일부 조항에 규정된 권리는 원래부터 즉시 실현을 목적으로 한 것이라고 설명한다. 즉, 규약위원회는 규약 제2조 제2항[26] 및 제3조[27]의 무차별조항, 제7조 (a)(i)[28]의 남녀동일노동조건, 제8조[29]의 노동기본권, 제10조 제3항[30]의 아동보호, 제13조 제2항 (a)[31]의

342 참고.

25) 宮崎繁樹 編,『解說 國際人權規約』(日本評論社, 1996), p. 29 참고.

26) 사회권규약 제2조 제2항: 이 규약의 당사국은 이 규약에서 선언된 권리들이 인종, 피부색, 성, 언어, 종교, 정치적 또는 기타의 의견, 민족적 또는 사회적 출신, 재산, 출생 또는 기타의 신분 등에 의한 어떠한 종류의 차별도 없이 행사되도록 보장할 것을 약속한다.

27) 사회권규약 제3조: 이 규약의 당사국은 이 규약에 규정된 모든 경제적·사회적·문화적 권리를 향유함에 있어서 남녀에게 동등한 권리를 확보할 것을 약속한다.

28) 사회권규약 제7조는 근로조건과 관련된 규정으로 제7조 (a)(i)는 보수와 관련하여 모든 근로자에 최소한 다음의 것을 보장하도록 하고 있다. 공정한 임금과 어떠한 종류의 차별도 없는 동등한 가치의 노동에 대한 동등한 보수, 특히 여성에 대하여는 동등한 노동에 대한 동등한 보수와 함께 남성이 향유하는 것보다 열등하지 아니한 근로조건의 보장.

29) 사회권규약 제8조.

1. 이 규약의 당사국은 다음의 권리를 확보할 것을 약속한다.

(a) 모든 사람은 그의 경제적·사회적 이익을 증진하고 보호하기 위하여 관계단체의 규칙에만 따를 것을 조건으로 노동조합을 결성하고, 그가 선택한 노동조합에 가입하는 권리. 그러한 권리의 행사에 대하여는 법률로 정하여진 것 이외의 또한 국가안보 또는 공공질서를 위하여 또는 타인의 권리와 자유를 보호하기 위하여 민주사회에서 필요한 것 이외의 어떠한 제한도

무상의 초등의무교육, 제13조 제3, 4항[32]의 부모와 사립학교의 교육의 자유, 제15조 제3항[33]의 과학연구 창작활동의 자유 등의 규정에 대하여 "많은 나라의 법제도에서 사법적 기타 기관에 의한 즉시적 적용이 가능할 것으로 본다. 이러한 규정이 본질적으로 비자기집행적이라고 하는 지적은 유지될 수 없다"라고 한 바 있다.[34]

과할 수 없다.

(b) 노동조합이 전국적인 연합 또는 총연합을 설립하는 권리 및 총연합이 국제노동조합조직을 결성하거나 또는 가입하는 권리

(c) 노동조합은 법률로 정하여진 것 이외의 또한 국가안보, 공공질서를 위하거나 또는 타인의 권리와 자유를 보호하기 위하여 민주사회에서 필요한 제한 이외의 어떠한 제한도 받지 아니하고 자유로이 활동할 권리

2. 이 조는 군인, 경찰 구성원 또는 행정관리가 전기한 권리들을 행사하는 것에 대하여 합법적인 제한을 부과하는 것을 방해하지 아니한다.

3. 이 조의 어떠한 규정도 결사의 자유 및 단결권의 보호에 관한 1948년의 국제노동기구협약의 당사국이 동 협약에 규정된 보장을 저해하려는 입법조치를 취하도록 하거나, 또는 이를 저해하려는 방법으로 법률을 적용할 것을 허용하지 아니한다.

30) 사회권규약 제10조 제3항: 가문 또는 기타 조건에 의한 어떠한 차별도 없이, 모든 어린이와 연소자를 위하여 특별한 보호와 원조의 조치가 취하여진다. 어린이와 연소자는 경제적·사회적 착취로부터 보호된다. 어린이와 연소자를 도덕 또는 건강에 유해하거나 또는 생명에 위험하거나 또는 정상적 발육을 저해할 우려가 있는 노동에 고용하는 것은 법률에 의하여 처벌할 수 있다. 당사국은 또한 연령제한을 정하여 그 연령에 달하지 않은 어린이에 대한 유급노동에의 고용이 법률로 금지되고 처벌될 수 있도록 한다.

31) 사회권규약 제13조 제2항 (a): 초등교육은 모든 사람에게 무상 의무교육으로 실시된다.

32) 사회권규약 제13조

3. 이 규약의 당사국은 부모 또는 경우에 따라서 법정후견인이 그들 자녀를 위하여 공공기관에 의하여 설립된 학교 이외의 학교로서 국가가 정하거나 승인하는 최소한도의 교육수준에 부합하는 학교를 선택하는 자유 및 그들의 신념에 따라 자녀의 종교적·도덕적 교육을 확보할 수 있는 자유를 존중할 것을 약속한다.

4. 이 조의 어떠한 부분도 항상 이 조 제1항에 규정된 원칙을 준수하고, 그 교육기관에서의 교육이 국가가 결정하는 최소한의 기준에 일치한다는 요건하에서 개인과 단체가 교육기관을 설립, 운영할 수 있는 자유를 간섭하는 것으로 해석되지 아니한다.

33) 사회권규약 제15조 제3항: 이 규약의 당사국은 과학적 연구와 창조적 활동에 필수불가결한 자유를 존중할 것을 약속한다.

34) General Comment No. 3, para. 5.

이 견해는 사법적 구제수단의 적절성에 관하여 언급하는 문맥 중에서 나오는 것이지만 이들 조항의 권리에 관하여 체약국에 즉시적 의무가 있다는 전제가 있다고 보아도 무방할 것이다.

IV. 사회권의 침해와 사법적 구제

1. 일반론

원래 자유권과 사회권은 권리의 성격이 다르다고 하는 권리의 2분법에 의하면 사회권은 비록 그것이 침해되었다고 해도 이에 대해 사법적 구제를 받는 것은 어렵다는 것이 일반적 사고였다. 그러나 국가의 의무의 다면성을 고려하면서 이 문제를 생각하면 전혀 다른 평가를 할 수밖에 없다.

일반적으로 말해 존중, 보호, 충족, 증진이라고 하는 국가의 의무 중 충족과 증진의 의무는 입법·행정부의 역할이 크지만 사법의 역할은 본래 한정적일 수밖에 없다.[35] 그러나 사회권규약위원회는 주거권과 관련된 일반논평에서 각국의 국내법제에 의할 것이지만 다음 사항을 열거하고 있다.[36] ① 강제퇴거와 주거파괴를 방지하기 위해 법원의 보전처분을 구하는 것, ② 위법한 강제퇴거에 대한 배상을 구하는 것, ③ 임대조건과 인종차별 등의 차별이 임대인에 의하여 행해진 경우의 소의 제기, ④ 주거에 대한 접근과 이용가능성에 관한 소, ⑤ 비위생 또는 부적절한 거주 조건을 이유로 한 임대인에 대한 소 등.

이들 예는 대체로 국가의 의무 중 존중 및 보호와 관련된 내용이다. 그러나 충족 또는 증진의무도 무조건 사법구제와 관련이 없다고 단언할 수 없다. 이 의무들도 각국의 사법제도와 판례의 축적에 의한 개념의 명확화 등으로 가능하다. 무엇보

35) 일반적으로 국가의 부작위를 구하는 존중의무의 측면에서는 합법과 위법의 판단이 즉시 가능하다고 한다. 阿部浩己,『國際人權의 地平』(現代人文社, 2002), p. 160.

36) General Comment No. 4, para. 17. E/1992/23.

다 사법부의 적극성에 의해 입법·행정의 부작위 위법확인 등의 형태로 국가의 의무불이행을 판단하는 것은 불가능한 것이 아니다.[37]

2. 우리나라의 경우

사회권이란 용어가 주로 국제인권법적 차원에서 사용된다면 국내에서 이와 관련된 개념은 헌법상의 기본권 중 강학상 사회권적 기본권 혹은 생존권적 기본권이라는 것들이다. 국내의 헌법학자들은 이들 기본권의 주관적 공권성(사법구제가 가능한 주관적 권리)에 대해서 그동안 프로그램 규정설, 추상적 권리설, 불완전 구체적 권리설 등의 다양한 이론들을 주장해 왔다.[38] 헌법재판소는 여러 결정을 통해 인간다운 생활을 할 권리(헌법 제34조 제1항)는 법률에 의하여 구체화할 때 비로소 인정되는 법률상의 권리라고 보았으며,[39] 헌법상의 사회보장권도 그에 관한 수급요건, 수급자의 범위, 수급액 등 구체적인 사항이 법률에 규정됨으로써 비로소 구체적인 법적 권리로 형성되는 권리라고 본 바 있다.[40]

다만 이러한 결정과 비교할 때 헌법재판소의 '1994년 생계보호기준위헌확인'

---

37) 申惠丰,『人權條約上の 國家の 義務』(日本評論社, 1999), pp. 16~17 참고. 우리나라의 경우는 행정소송법상의 부작위 위법확인소송과 헌법재판소법의 헌법소원 등의 방법으로 이러한 의무불이행을 사법부가 판단할 수 있다. 여기서 한 가지 명확히 해야 하는 것은 사회권규약의 재판규범성과 사회권의 재판규범성을 구별해야 한다는 것이다. 사회권규약의 재판규범성은 인권조약 중의 하나인 사회권규약의 재판규범성을 둘러싼 논의로 통상 직접적용과 간접적용의 문제를 이야기하는 것이다. 직접적용은 사회권규약의 자기집행력을 인정하여 직접적인 재판규범으로 사용하는 것을 말하고 간접적용은 사회권규약을 국내법(헌법)의 해석 기준으로 간접적으로 적용하는 것을 말한다. 사회권의 재판규범성은 사회권 그 자체의 규범성을 말하는 것인데, 헌법적으로 말하면 사회적 기본권의 주관적 공권성에 관한 논의이다. 즉, 사회권이 직접적으로 재판상에서 권리로 주장될 수 있느냐의 문제이다. 이 글에서는 주로 이 개념을 논의하고 있다.

38) 사회권의 헌법적 성격에 관한 논의는 다음 논문을 참고할 것. 홍성방, 「헌법재판소결정례에 나타난 사회적 기본권」, ≪서강법학연구≫, 제4권(2002. 5), pp. 35~60.

39) 헌법재판소 1995. 7. 21. 93헌가14; 1998. 2. 27. 97헌가10; 2000. 6. 1. 98헌마216; 2003. 5. 15. 2002헌마90; 2004. 10. 28. 2002헌마328.

40) 헌법재판소 1995. 7. 21. 93헌가14; 2003. 7. 24. 2002헌바51.

헌법소원 사건[41]은 사회권의 법적 성격에 적잖은 변화의 가능성을 보여준다. 이 결정은 생계급여 및 기타 각종 급여의 합계가 최저생계비의 50%가 안 되는 사안에 대해 당해 생활보호기준이 청구인의 인간다운 생활을 할 권리를 침해했다고 볼 수 없다고 판시했으나 판시의 이유에서 사회권의 주관적 공권성에 대한 주요한 판단을 했다. 즉, 헌법재판소는 '인간다운 생활을 할 권리'에 대하여 적어도 사법적 구제의 가능성이 있다는 것에는 이론을 달지 않았으며(오히려 이 권리는 명백히 국가기관의 행위규범이 되며, 이를 위반한 경우는 위헌이 될 수 있음을 밝혔다) 다만 그 구체적인 내용에서 국가에 대해 광범위한 입법재량을 인정하여 해당 사건이 동 기본권에서 요구하는 국가의 의무를 위반하지 않았다고 봄으로써 청구를 기각했던 것이다.[42] 비록 결론은 아쉬운 것이었지만 사회권의 사법구제성의 문을 열었다는 점에

41) 헌법재판소 1997. 5. 29. 94헌마33.

42) 이 결정에서 이와 관련된 부분을 보면 다음과 같다.

"모든 국민은 인간다운 생활을 할 권리를 가지며 국가는 생활 능력 없는 국민을 보호할 의무가 있다는 헌법의 규정은 입법부와 행정부에 대하여는 국민소득, 국가의 재정능력과 정책 등을 고려하여 가능한 범위 안에서 최대한으로 모든 국민이 물질적인 최저생활을 넘어서 인간의 존엄성에 맞는 건강하고 문화적인 생활을 누릴 수 있도록 하여야 한다는 행위의 지침, 즉 행위규범으로서 작용하지만, 헌법재판에 있어서는 다른 국가기관 즉 입법부나 행정부가 국민으로 하여금 인간다운 생활을 영위하도록 하기 위하여 객관적으로 필요한 최소한의 조치를 취할 의무를 다했는지의 여부를 기준으로 국가기관의 행위의 합헌성을 심사하여야 한다는 통제규범으로 작용하는 것이다. 그러므로 국가가 인간다운 생활을 보장하기 위한 헌법적인 의무를 다했는지의 여부가 사법적 심사의 대상이 된 경우에는, 국가가 생계보호에 관한 입법을 전혀 하지 아니했다든가 그 내용이 현저히 불합리하여 헌법상 용인될 수 있는 재량의 범위를 명백히 일탈한 경우에 한하여 헌법에 위반된다고 할 수 있다".(밑줄은 필자)

위 결정과 같은 취지로 헌법재판소가 결정한 사건으로는 1999. 12. 23. 선고 98헌바33 사건이 있다. 이 사건에서 주요한 부분은 다음과 같다.

"인간다운 생활을 할 권리에 관한 헌법의 규정은 모든 국가기관을 기속하지만, 그 기속의 의미는 적극적·형성적 활동을 하는 입법부 또는 행정부의 경우와 헌법재판에 의한 사법적 통제기능을 하는 헌법재판소에 있어서 동일하지 아니하다. 위와 같은 헌법의 규정이, 입법부나 행정부에 대하여는 국민소득, 국가의 재정능력과 정책 등을 고려하여 가능한 범위 안에서 최대한으로 모든 국민이 물질적인 최저생활을 넘어서 인간의 존엄성에 맞는 건강하고 문화적인 생활을 누릴 수 있도록 하여야 한다는 행위의 지침 즉 행위규범으로서 작용하지만, 헌법재판에 있어서는 다른

서 의의를 찾을 수 있다.

V. 사회권에 관한 국제인권법적 요구

이상과 같은 사회권에 관한 국제인권법적 흐름은 말 그대로 권리 중심적 접근방법(rights based approach)이다. 이것을 요약하면 다음과 같다.

첫째, 자유권은 즉시적 이행의무를 보장하지만 사회권은 점진적 이행의무를 의미한다는 권리에 대한 전통적 이분법은 극복되어야 한다. 사회권 중에서도 존중의무와 보호의무는 즉시적 이행이 가능하며(혹은 즉시적 이행을 해야 하며), 자유권이라고 해도 모든 내용을 국가가 즉시적으로 이행할 수는 없다(즉, 충족 혹은 증진의무의 영역은 역시 돈과 시간이 필요하므로 점진적인 이행을 하는 수밖에 없다). 그뿐만 아니라 일정한 사회권(남녀근로조건의 차별금지, 의무적 초등교육 등)은 처음부터 즉시 이행의무를 전제로 하여 만들어진 것도 있다는 사실이다. 따라서 사회권을 제대로 보장하기 위해서는 즉시 이행의무와 점진적인 이행의무를 구별하는 것이 무엇보다 중요하고 현실적이다.

둘째, 사회권에서의 국가의무는 행위의무와 결과의무로 이루어진다. 이를 위해서는 목표에 대한 행동계획을 세우고(행위의무) 이에 따라 결과를 낼 수 있어야 한다(결과의무). 이와 관련된 영역은 특별히 국가의 사회권에 관한 증진 및 충족의무이다. 국가가 아무런 행동계획도 세우지 않고 만연히 그대로 있다고 하면(예컨대 입법부작위 등) 그것만으로도 사회권 위반이다.

셋째, 사회권에 관한 국가의 일차적인 의무는 사회권의 최소핵심의무를 우선적으로 해결하는 것이다. 이러한 의무는 즉시 이행되어야 한다. 본질적으로 증진 및 충족의무에 해당할지라도 그것이 최소핵심적 사항이라면 즉시 이행될 필요가

국가기관, 즉 입법부나 행정부가 국민으로 하여금 인간다운 생활을 영위하도록 하기 위하여 객관적으로 필요한 최소한의 조치를 취할 의무를 다했는지를 기준으로 국가기관의 행위의 합헌성을 심사하여야 한다는 통제규범으로 작용하는 것이다".(밑줄은 필자)

있으며, 이것은 국가정책의 우선순위가 되어야 한다.

넷째, 사회권은 재판규범이 될 수 없다는 도그마에서 탈피할 필요가 있다. 사회권도 앞에서 본 첫 번째 내지 세 번째 원칙을 어긴 경우에는 사회권 위반이라는 사법판단을 받을 수 있는 충분한 여지가 있다. 즉, 행정소송 등을 통해 행정부의 명령 규칙 처분들에 대해 헌법위반 여부를 판단받을 수 있으며, 입법부작위에 대해서는 헌법소송이 가능할 수 있다.

제3장 보편적 인권보장 시스템

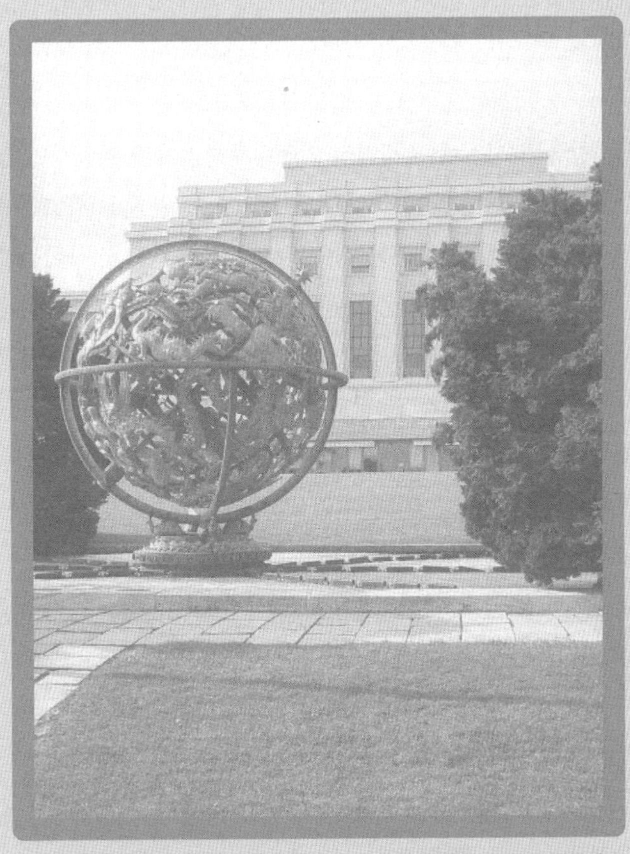

스위스 제네바에 있는 유엔 유럽본부, 유엔의 인권문제는 대부분 이곳에서 논의된다.

제1절 유엔헌장에 기초한 국제인권 메커니즘[1)]

■ 학습을 위한 질문

1. 인권은 국내문제인가, 국제문제인가?
2. 유엔을 중심으로 이루어지는 '인권의 보편적 보장'은 무엇인가?
3. 유엔인권이사회 체제가 인권위원회 체제에 비해 다른 점은 무엇인가? 또 그 실질적 효용성은 무엇인가?
4. 유엔의 새로운 인권시스템에서 UPR이란 무엇인가?
5. 유엔인권체제 중 특정국의 인권상황에 대해 피해자 그룹이 진정할 수 있는 방법은 무엇인가? 그 방법이 있다면 그것과 인권협약에 의한 진정은 어떤 차이가 있는가?

유엔은 처음 창설된 시점에는 개인적 인권침해사건이든 일반적인 인권침해이든 구체적인 인권문제를 유엔 안에서 다루지 않는다는 원칙을 확고하게 견지했다. 그러나 1960년대 이후 이러한 분위기는 서서히 달라지기 시작했는데 유엔의 각 기구들은 유엔이 선언한 국제인권의 원칙을 회원국들이 준수하는지를 검토하기 위하여 절차를 하나둘씩 만들어 가기 시작했다. 그중 어떤 것은 국가의 일반적인 인권상황을 다루는 것이었고 어떤 것은 개인의 인권침해청원을 심사하는 것이었다. 이러한 절차는 유엔 회원국들이 특정의 인권조약 가입 여부를 불문하고 작동하며, 국제인권법에서는 이를 보편적 인권보장(universal protection of human rights) 시스템이라 부른다.

---

1) 이 부분을 설명하는 데 있어 Nigel S. Rodley, "United Nations Non-Treaty Procedures for Dealing with Human Rights Violations," in Hurst Hannum ed., *Guide to International Human Rights Practice*, 4th eds.(Transnational Publishers, 2004), p. 65 이하를 많이 참고했다. 따라서 이하에서 특별히 전거를 밝히지 않는 경우는 이 글에 의존했음을 밝힌다.

I. 내정불간섭의 원칙과 유엔의 인권보장 시스템

유엔의 인권보장 메커니즘을 본격적으로 다루기 이전에 유엔 창설 이후 오늘에 이르기까지 유엔이 인권문제를 논의할 때마다 따라다니는 문제 하나를 먼저 이야기해 보자. 그것은 내정불간섭의 원칙(주권국가의 인권문제는 타국이 관여할 수 없는 고유한 해당 국가의 관할사항이라는 의미에서 domestic jurisdiction principle이라고 함)과 관련된 논쟁이다. 현대의 국제법 질서의 기초는 주권국가를 전제로 이루어진 것이다. 주권국가는 타국으로부터 독립적이어야 하고 평등해야 한다. 이를 이루기 위해서는 국제사회가 특정 국가의 관장범위 내에서 일어난 문제에 간섭을 삼가는 것이 기본적으로 요구된다.

문제는 무엇이 한 국가의 고유한 관할사항(domestic jurisdiction)이고 무엇이 국제사회가 상호 관여하에 풀어나가야 할 문제인지가 항상 논란의 대상이 된다는 것이다. 유엔 창설의 주요한 목적이 국제평화와 안전을 위해하는 움직임에 집단적인 대응을 하자는 것이었으므로[2)] 어떤 문제가 국제평화 및 안전에 관계된다면 그것이 한 국가 내에서 이루어진 것이라 하더라도 국제사회가 집단적으로 관여하는 것을 참여 국가가 합의했다 볼 수 있을 것이다. 그러나 여전히 참여 국가들은 주권국가의 독립성이 유엔의 창설로 침해되는 것을 우려한 나머지 그 보장책을 요구했고 결과적으로 유엔헌장은 두 가지 요구를 동시에 명문화했다. 바로 헌장 제2조 제7항이 그것이다. 그 원문을 보면 다음과 같다.

> Nothing contained in the present Charter shall authorize the United Nations to intervene in matters which are essentially within the domestic jurisdiction of any State or shall require the Members to submit such matters to settlement under the present Charter; but this principle shall not prejudice the application of enforcement measures under Chapter VII(이 헌장의 어떠한 규정도 본질상 어떤 국

---

2) 유엔헌장 제1조 제1항은 유엔의 목적으로서 국제평화와 안전을 유지하며 이를 위해 평화를 위협하는 요인 등에 대해 예방과 제거를 목적으로 하는 집단적인 조치를 취할 것 등을 정하고 있다.

가의 국내 관할권 안의 사항에 간섭할 권한을 국제연합에 부여하지 아니하며, 또는 그러한 사항을 이 헌장에 의한 해결에 맡기도록 회원국에 요구하지 아니한다. 다만 이 원칙은 제7장에 의한 강제조치의 적용을 해하지 아니한다).

위의 제2조 제7항은 유엔에서 인권문제가 거론될 때마다 당사국에게는 가장 좋은 방어무기가 되어왔다. 하나의 예를 들어보자. 유엔총회는 창설 초기에 남아프리카공화국의 인종차별정책(Apartheid)이 헌장에 위반된다고 비난했다. 이에 남아프리카공화국은 어떻게 자신의 국민을 다룰 것인가는 전적으로 한 국가의 국내문제에 속하는 것(domestic jurisdiction)이라고 반론했다.[3] 이후에도 총회는 국제적인 충격파가 예상되는 문제에 대해서는 비록 국제법상 아직 논란이 있지만 헌장 제2조 제7항을 적용하지 않고 지속적으로 총회 내에서 논의하거나 결의 등을 해왔다. 이것과 관련하여 1952년 총회에 의해 이 문제를 연구하기 위하여 지명된 한 위원회(Commission on the Racial Situation in the Union of South Africa)의 보고서는 하나의 중요한 기준을 제시한다. 동 위원회는 헌장 제2조 제7항에서 금지하는 간섭(intervention)은 강압적 간섭(dictatorial interference)만이 금지되는 것으로 해석했다. 즉, 동 조항은 한 나라의 국내경제, 사회구조, 문화에 직접적인 간섭을 하는 것을 말하는 것으로 동 국가의 영역 밖에서 이루어지는 (인권과 관련된 총회의) 권고 결의(recommendation)의 채택이나 그 논의를 배제하는 것은 아니라고 해석했다.[4]

이 문제에 대하여 아직껏 총회가 국제사법재판소(ICJ)에 권고적 의견(advisory opinion)을 구한 적은 없다(즉, 총회의 각종 특정 국가의 인권문제에 대한 토론 및 권고, 일반적 혹은 특별 결의, 혹은 선언이 헌장 제2조 제7항에서 금지하고 있는 내정불간섭의 원칙을 위반하고 있는지). 그러나 반세기에 가까운 동안 유엔 내에서 지속해 온 관행을 관찰하다 보면 특정 국가의 인권문제가 불거졌을 때 내정불간섭의 원칙은 총회를 비롯한 유엔 내의 기구에 의해 논의되는 것을 막는 충분한 논거가 되지

3) Henry J. Steiner & Philip Alston, *International Human Rights in Context: Law, Politics and Morals*, 1st ed.(Oxford, 1996), p. 164.

4) UN Doc.(1953), A/2505, pp. 16~22.

못했다는 것이다.

인권문제가 오로지 국내문제가 아니라는 것은 냉전 종식 후 국제사회의 극적인 변화를 통해 알 수 있다. 1991년 모스크바에서 채택된 유럽안보협력회의(Conference on Security and Co-operation in Europe: CSCE)의 선언에는 국제사회에서 인권문제를 어떻게 다룰 것인지가 잘 표현되어 있다.

> 참가국은 인권, 기본적 자유, 민주주의 및 법의 지배와 관계되는 문제들이 국제적 관심사항임을 강조한다. 이는 이들 권리와 자유에 대한 존중이 국제질서의 기초를 구성하기 때문이다. 참가국은 CSCE의 인간적 측면(인권)에서의 노력이 모든 참가국의 직접적이고도 정당한 관심사항이며 인권의 문제가 전적으로 당사국의 국내적 문제가 될 수 없다는 것을 강력히 선언한다.[5)]

그러나 이 문제가 현재 유엔 내에서 순조롭게 위와 같은 모습으로 합의되어 가는 것 같지는 않다. 여전히 많은 나라들, 특히 제3세계 국가들은 인권문제를 주권문제에 기초하여 접근하길 바라는 경향이다. 1994년 총회의 resolution 49/186은 이를 잘 표현해 주고 있다. 이 결의에서는 국제경제, 사회, 인도적 문제를 해결하기 위해서는 각국의 독립성과 주권, 영토의 불가침성(integrity)에 기초하는 국제협력이 이루어져야 한다는 것을 명시하고 있다.

---

5) "The participating State emphasize that issues that relating to human rights fundamental freedoms, democracy and the rule of law are of international concern, as respect for these rights and freedoms constitutes one of the foundations of the international order. They categorically and irrevocably declare that the commitments undertaken in the field of the human dimension of the CSCE are matters of direct and legitimate concern to all participating States and do not belong exclusivel.y to the internal affairs of the state concerned." Int'l Leg. Mat., Vol.30(1991), pp. 1670, 1672.

II. 유엔의 인권 관련 조직의 일반적 이해

2006년 유엔에 총회(General Assembly)의 보조기관으로 인권이사회(Human Rights Council: HRC)가 만들어지기 전까지, 유엔헌장에 근거한 인권 관련 조직으로는 주요기구(principal organs)로서 총회와 경제사회이사회(Economic and Social Council: ECOSOC)를 들 수 있다. 이 중 경제사회이사회는 인권문제에 관한 한 유엔에서 가장 중요한 기능을 담당하는 기구였다. 경제사회이사회는 자신의 인권기능을 담당하기 위하여 2개의 하부기구를 두고 있었는데 그 하나가 유엔의 인권기능의 중심격인 인권위원회(Commission on Human Rights)이며 다른 하나가 여성지위위원회(Commission on the Status of Women)였다. 인권위원회는 그 기능을 보조하기 위한 하부기구로 인권소위원회(Sub-Commission on Prevention of Discrimination and Protection of Minorities)를 두고 있었다.

그러나 이러한 조직은 2006년 인권이사회가 발족됨으로써 전면적인 변화를 맞이했다. 인권위원회가 인권이사회로 격상됨으로써 경제사회이사회의 인권기능은 인권이사회로 이전되었고, 인권소위원회도 인권이사회의 산하기관으로 바뀌었다. 그러나 인권이사회가 탄생했다 해서 유엔의 인권 메커니즘에 결정적인 변화가 왔다고는 할 수 없다. 왜냐하면 인권이사회의 현재 메커니즘은 과거의 위원회(Commission) 체제를 기초로 변화를 모색하고 있기 때문이다. 물론 인권이사회 체제로 바뀐 이후 유엔은 더욱 강화된 인권보장 메커니즘을 만들기 위해 각종 제도를 손보고 있지만 그것이 얼마나 인류사회의 인권증진에 큰 성과를 가져올지는 앞으로 두고 볼 일이다.

한편 유엔의 인권기능을 실무적으로 보조하는 기능은 사무국(Secretariat) 소속인 인권최고대표사무소(Office of High Commissioner for Human Rights)가 담당한다. 위의 여러 기구 중 유엔의 인권 메커니즘은 주로 인권위원회와 소위원회에서 이루어졌으며 2006년 이후에는 인권이사회에서 다루어지고 있다. 이들 주요 인권기관에 대해서는 다음 항에서 자세히 다루기로 하고 이하에서는 그 둘을 제외한 기관들의 인권 관련 기능을 간단히 정리해 본다.[6)]

〈표 3-1〉 유엔 인권 조직

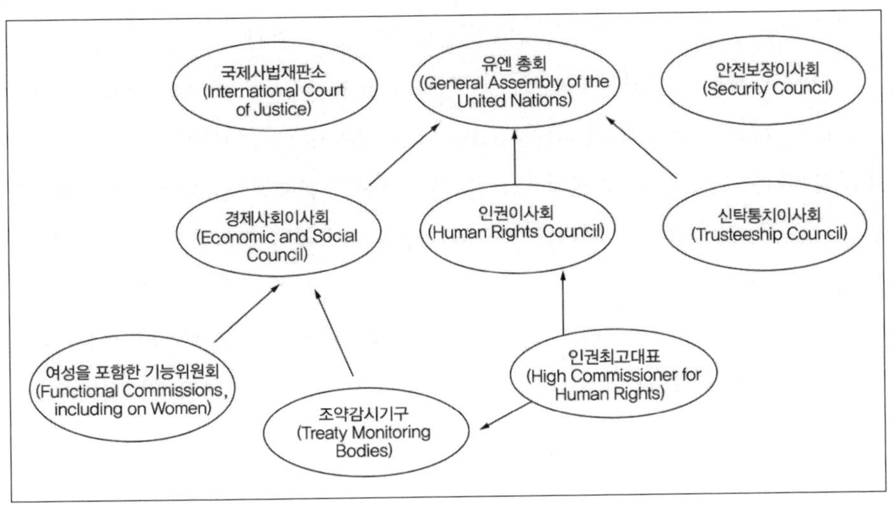

1. 유엔총회

유엔총회(General Assembly)는 유엔의 주요 대의기구로 모든 회원국에게 평등하게 그 의결권이 보장된다. 정기회기는 매년 9월 셋째 주 화요일이며 12월 중순까지 계속된다. 총회 인권기능의 헌장상의 근거는 제13조인데 거기에는 총회가 경제, 사회, 문화, 교육, 건강에 관한 국제협력을 증진하고 인종, 성, 언어, 종교와 관계없이 모든 사람의 인권과 기본적 자유를 실현하는 데 도움이 되도록 연구를 촉진하고 그 방안을 만들도록 되어 있다. 총회의 대부분 인권 관련 의제는 경제사회이사회의 보고서에 근거하거나 전 회기에서 인권 관련 문제를 고려하도록 한 결의에 의하여 정해지나 유엔의 다른 주요 기구, 회원국 혹은 사무총장(Secretary General)의 제안에 의해서 정해지기도 한다.

총회는 1948년 세계인권선언을 채택한 이래 셀 수 없는 인권 관련 선언과 조약을 만들어 냈다. 거기에는 집단살해(genocide), 인종차별(racial discrimination or apart-

---

6) 이하의 내용은 David Weissbrodt, *An Introduction to the Sources of International Human Rights Law*, C399 ALI-ABA 1을 참고하여 설명한다.

heid), 난민(refugee), 여성의 권리, 노예 금지, 결혼, 아동, 청소년, 외국인, 망명, 장애자, 고문, 발전 및 사회적 진보 등의 문제들이 열거될 수 있다.

총회의 의제는 대부분 사회문화 및 인도적 의제(social, humanitarian and cultural matters)를 다루는 총회의 제3위원회(Third Committee)로 넘겨져 논의된다. 이 밖에 총회의 다른 주요 산하 위원회[7]도 인권과 관련된 문제를 넘겨받아 논의하기도 한다. 그러나 일부 의제는 이러한 위원회로 넘겨지지 않고 총회가 스스로 논의하기도 한다.

총회의 보조기관들도 인권과 기본적 인권에 관하여 논의하는데, 여기에는 탈식민지화에 관한 특별위원회(Special Committee on Decolonization)를 비롯한 다수의 기관이 있다.[8]

2. 경제사회이사회

2006년 인권이사회의 발족으로 경제사회이사회(ECOSOC)의 인권기능 상당 부분은 인권이사회로 옮겨졌지만 지난 60년간의 유엔의 인권 메커니즘을 이해하는 데 있어 경제사회이사회의 역할을 그냥 지나칠 수 없다.[9] 유엔헌장 제62조는 경제사회이사회의 의무 중 하나로 인권과 기본적 자유를 증진시키기 위한 방안을

7) 총회는 다음과 같은 6개의 주요 위원회를 두고 있다. First(Disarmament and International Security); Second(Economic and Financial); Third(Social, Humanitarian and Cultural); Fourth (Special Political and Decolonization); Fifth(Administrative and Budgetary); Sixth(Legal).

8) 예를 들면 다음과 같은 기관이 있다. UN Council for Namibia; Special Committee against Apartheid; Special Committee to Investigate Israeli Practices Affecting the Human Rights of the Population of the Occupied Territories; Committee on the Exercise of the Inalienable Rights of the Palestinian People.

9) 비록 인권이사회가 새로이 설치되었지만 상당 기간 유엔 내에서 ECOSOC의 인권기능은 클 것이라 생각한다. 헌장 개정 이전에는 원칙적으로 인권기능은 ECOSOC의 소관이며 인권이사회의 설치 이후에도 여성 인권을 다루는 여성지위위원회나 아동, 장애인, 노동 등의 인권 분야를 다루는 사회개발위원회(Commission on Social and Development)도 여전히 ECOSOC의 소속이기 때문이다.

제안토록 하고 있다. 동 조항은 또한 경제사회이사회에게 인권과 관련된 조약을 조문화하여 총회에 제출하거나 국제회의 개최를 제안할 것을 규정하고 있다. 또한 헌장 제68조는 경제사회이사회에게 인권보장을 위한 위원회를 두도록 하고 있다. 이에 따라 경제사회이사회는 인권위원회와 여성지위위원회를 설치했으며 인권위원회는 그 보조기구로서 인권소위원회를 만들었다. 나아가 헌장 제64조는 경제사회이사회에게 그것이 만든 인권 관련 권고(recommendations)가 효과적으로 이행되는지를 알기 위해 유엔의 회원국 및 전문기구를 조정할 수 있는 권한과 이를 총회에 보고할 수 있는 권한을 주고 있었다.

경제사회이사회는 54개국의 멤버들로 구성되어 있는데 보통 1년에 한 번의 절차토론을 위한 회기와 두 번의 정기회기를 가지고 있다. 이 외에도 간혹 임시특별회기가 열리고 있다. 인권문제는 간혹 경제사회이사회의 전체회의(Plenary meeting)에서 다루어지기도 하나 보통은 경제사회이사회의 제2위원회(사회부문)의 첫 번째 회기(봄 회기)로 넘겨져 왔다.

경제사회이사회는 간혹 특별한 인권문제를 다루기 위해 회원국의 대표로 구성된 임시위원회(ad hoc committee)를 설치하기도 하고 때로는 전문가들로 구성된 위원회를 만들기도 했다. 나아가 사무총장에게 특별보고관(special rapporteur)이나 전문가 위원회를 만들어 인권문제에 관한 보고서를 준비토록 하기도 했다.

또한 인권조약에 따라 설치된 감독기구들은 경제사회이사회에 각각의 소관 업무에 대하여 보고하도록 되어 있다. 이로써 경제사회이사회는 유엔의 인권보장 메커니즘에서 인권조약의 이행과 관련된 전반적 책임을 가지고 있다고 할 수 있다.

3. 여성지위위원회

여성지위위원회(Commission on the Status of Women)는 1946년 경제사회이사회에 의하여 설립되었다. 그 기능은 두 가지인데 하나는 정치, 문화, 경제, 교육 등의 분야에서 여성의 권리를 증진시키기 위한 방안(recommendations)과 그 보고서를 만드는 것이며, 다른 하나는 남녀평등권에 기초하여 여성의 권리 분야에서 시급한 관심이 요구되는 문제에 관하여 경제사회이사회에 그 방안을 제시하고 이를 극대화하기 위한 제안 등을 연구하는 것이다. 이 위원회는 45명의 유엔 회원국 대표로 구성되었으며 임기는 4년으로 경제사회이사회에서 선출된다. 위원회는 1년에 한 번 10일 회기로 뉴욕에서 모인다.

이 위원회는 경제사회이사회의 운영절차 규정에 따라 진행되는데 출석과 참가의 방법은 인권위원회와 대동소이하다. 회기가 시작되면 위원회의 멤버와 수행인력 이외에도 유엔의 회원국 혹은 비회원국으로부터의 옵서버, 다른 유엔기구와 전문기구의 대표 및 NGO의 대표들이 회의에 참석하게 된다.

이 위원회는 이제껏 위원회 명의의 여성 인권과 관련된 결의(resolutions)와 결정(decisions)을 채택해 왔으며 경제사회이사회가 검토해야 할 결의와 결정에 대한 초안을 만들어 왔다. 위원회의 운영에서 중요한 역할은 의장과 몇 명의 부의장으로 구성된 위원회 집행기구(Bureau of the Commission)가 맡으며 실무적으로는 2010년 7월 새롭게 만들어진 유엔여성기구(UN-Women)가 맡는다.[10]

4. 유엔 인권최고대표와 인권최고대표사무소

유엔의 사무국은 유엔의 인권기능을 사무적으로 보조한다. 사무국 중 이 기능을 담당하는 것은 원래 인권센터(Center for Human Rights)였다. 이 센터는 제네바의 유엔 유럽본부에 소재하여 유엔의 각종 기구의 인권활동을 지원했다. 즉, 유엔총회, 경제사회이사회, 인권위원회와 그 소위원회의 인권활동을 지원하고 나아가 자유권규약위원회 등 인권조약에 기초한 감독기구의 활동도 지원했다. 그뿐 아니라 동 센터는 인권과 관련한 각종 자문 및 기술적 협조도 기획하고 인권 관련 NGO들과의 관계도 조정했다. 또한 인권관계 정보를 수집해 출판하여 각국에 전파하는 일도 맡았다.

인권센터는 원래 유엔 유럽본부의 장인 사무차장의 책임하에 운영되어 왔다.

10) 유엔여성기구(UN-Women)는 2010년 7월 기존의 여성지위위원회의 사무를 담당하던 여성지위향상국을 비롯하여 성문제 및 여성지위향상을 위한 특별고문, 유엔여성개발기금, 여성지위향상을 위한 유엔 국제연구훈련소 등이 통합되어 출범된 기구로서 유엔 내에서 여성에 대한 차별철폐와 여성지위향상, 양성평등에 관한 통합적·효과적 정책추진을 위하여 설립되었다.

그러나 1997년 9월 이후 인권최고대표(High Commissioner for Human Rights)의 관장으로 넘어가 동 최고대표 관할하에 있는 인권최고대표사무소(Office of the High Commissioner for Human Rights)로 통합되었다. 인권최고대표는 1993년 비엔나선언에 뒤이어 나온 유엔총회의 결의(resolution 48/141)에 의해 창설된 유엔의 인권 관련 업무를 총괄하는 최고의 직책이다. 인권최고대표는 사무총장의 지휘와 유엔의 전반적인 인권시스템(예컨대 총회, 경제사회이사회, 인권위원회 등)하에서 인권 관련 활동을 전개한다. 인권최고대표는 총회의 동의를 받아 사무총장이 임명하고 그 임기는 4년으로 되어 있다. 총회 결의는 인권최고대표의 특별한 임무로 다음과 같은 내용을 정하고 있다.

- 시민적·정치적·문화적·경제적·사회적 권리 및 발전권을 포함한 사회적 권리의 효과적인 향유의 증진과 보호
- 인권영역에서 각국에 자문 서비스와 기술적·재정적 지원의 제공
- 인권의 완전한 실현을 위해 교육 환경과 전 세계의 지속적 인권침해를 방지하기 위해 유엔 내에서 조정역할 담당
- 인권존중을 확보하기 위해 각국 정부와 대화
- 인권의 증진과 보호를 위한 국제적 협력의 강화
- 유엔의 모든 시스템 속에서 인권의 증진과 보호활동의 조정
- 인권의 효율성과 효과를 증진키 위한 유엔 제도의 강화

인권최고대표의 역할과 기능은 설립 이래 급속도로 증대되고 있고, 2023년 현재 인권최고대표사무소 직원 수는 1,300여 명에 달하며 13개 지역사무소와 13개 국가사무소를 운영하고 있다.

III. 인권이사회의 인권보장 메커니즘

1. 개관

유엔 내에서 인권절차와 관련하여 가장 중요한 역할을 수행하는 곳은 2006년 이전까지는 경제사회이사회 소속의 인권위원회(Commission on Human Rights)였으며 2006년 이후에는 인권위원회를 계승한 인권이사회이다. 인권이사회 설립 이전에는 인권위원회의 하부기구인 소위원회[11] 역시 중요한 역할을 했다. 먼저 과거의 인권위원회부터 설명해 보자. 인권위원회는 매년 1월 말 혹은 2월 초에 스위스 제네바에서 6주간의 회기로 열렸다. 53개국에서 선출된 위원으로 구성되어 있었으며 이들은 경제사회이사회에서 선출되었다. 이들은 유엔의 다른 기구와 마찬가지로 제안된 결의안에 자신이 대표하는 정부를 대신하여 투표하거나 의견을 개진했다. 위원국이 아닌 나라들도 많은 대표들을 참석시켜 투표권은 없지만 자신들의 의견을 개진했다.

인권위원회에서의 각국 대표들의 활동을 보면 어떤 나라는 대표에게 폭넓은 재량을 부여하기도 하지만 그렇지 않은 경우도 많았다. 이슈가 민감할수록 대표들은 본국 정부의 지시를 기다리는 경향이었다. 인권 이슈의 대상이 되는 국가는 불리한 결론이 나오지 않도록 대표들의 본국 정부를 상대로 로비를 하는 경우도 왕왕 있었다. 따라서 어떤 국가가 특정 국가와 외교적으로 긴밀한 관계를 유지하고 있는 상황이라면 그 나라를 비난하거나 불리하게 하는 결의에 참여하기는 사실상 어려웠다. 이것은 인권위원회가 정부대표로 구성되어 기능하는 한 있을 수밖에 없는 한계이기도 했다. 인권위원회는 이러한 메커니즘으로 활동을 한 뒤 매년 경제사회이사회의 다음 회기에 맞추어 보고서를 제출하고 경제사회이사회는 가을에 열리는 유엔총회에 이것을 제출했다.

---

11) 인권소위원회는 1946년 설립 당시부터 오랫동안 그 영문명이 Sub-Commission on Prevention of Discrimination and Protection of Minorities였으나 1999년부터 Sub-Commission on the Promotion and Protection of Human Rights로 바뀌었다. 소위원회는 인권이사회 출범 이후 동 이사회의 자문위원회(Advisory Committee)로 대체되었다.

인권이사회는 유엔의 인권기능 강화를 위해 2006년 유엔총회 결의에 의해 설치되었다.[12] 인권이사회는 47개국의 정부대표로 구성되며 스위스 제네바에서 활동한다. 이사회는 설립 이후 매년 3회(개최 기간은 최소 10주)의 정기회의를 열고 있다. 이사회의 주요 임무와 기능은 다음과 같다.

- 인권과 기본적 자유의 보편적 존중의 증진 책임
- 인권침해의 현상을 직시하고 그 개선을 위한 활동 및 유엔 내에서의 인권업무 조정
- 각국의 인권교육 및 인권능력 배양에서의 자문, 기술적 지원
- 인권 분야에서의 국제법 발전을 위한 총회에 권고
- 각국의 인권상태에 대한 객관적이고도 믿을 만한 정보에 바탕을 둔 정기적 검토
- 인권증진과 보호를 위한 권고
- 총회에 대한 연례보고서 제출

그뿐만 아니라 인권이사회는 국가별 인권상황 정례검토(Universal Periodical Review: UPR)[13]라는 제도를 통하여 종래와 다른 인권상황 점검을 하게 된다. 국가별 인권상황 정례검토는 유엔 회원국이 인권의무와 의지를 충실히 이행하고 있는지 여부를 객관적이고 신뢰할 수 있는 정보를 바탕으로 보편적이고 평등한 방식을 통해 정기적으로 폭넓게 검토하는 것을 말한다.[14] 이 검토는 상호 대화를 바탕으로

---

12) Resolution adopted by the General Assembly, A/RES/60/251. 유엔이 과거의 인권위원회를 인권이사회로 대체한 것은 인권문제를 좀 더 보편적이고 객관적으로 다루기 위함이다. 과거 인권위원회는 이중 잣대와 정치색으로 보편성과 공정성이 결여되었다는 비판을 받아왔다.

13) 이하는 UN Human Rights Council, Resolution 5/1 on Institution Building(June 18, 2007)을 기초로 설명한 것이다. UPR은 우리나라에서 통상 '보편적 정례검토'라고 번역되어 사용되고 있으나 그러한 번역으로서는 그 제도의 의미가 분명하게 드러나지 않는다. 그래서 인권단체에서는 UPR의 다른 번역어로 '국가별 인권상황 정례검토'를 사용하고 있는데, 필자는 이 책에서 이 용어를 채택하기로 하였다.

14) 여기서 회원국의 '인권의무와 의지'라는 것은 회원국이 "가입한 인권조약 및 문서에 의거하여 발생하는 인권 관련 의무와 약속"을 의미하는데, 구체적으로는 유엔헌장, 세계인권선언, 국가가 가입한 인권조약, 국가가 자발적으로 제시한 결의 및 약속을 말한다.

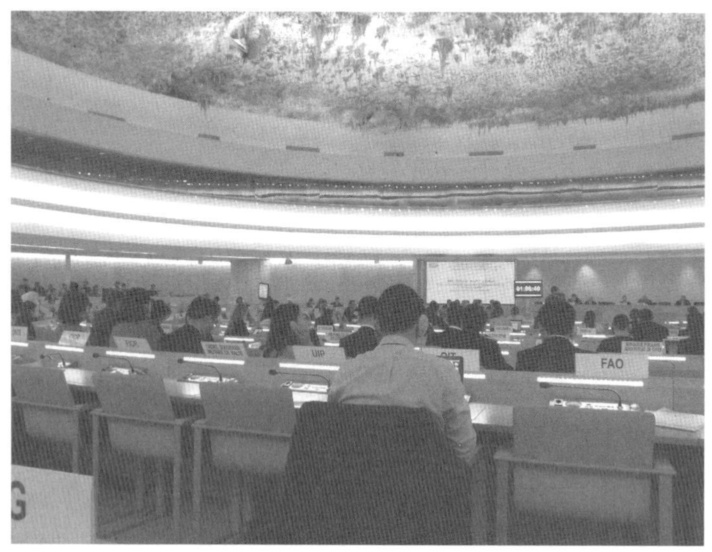

UPR 회의 모습
(저자 촬영)

한 협력적인 메커니즘으로, 해당 국가의 완전한 참여와 그 국가의 역량강화 필요성에 대한 고려가 전제되어야 한다. 이러한 메커니즘은 조약기구들의 업무를 보완하고자 하는 것이지, 중복하는 것이 아니라고 설명되고 있다. 인권이사회는 2008년 4월부터 이 제도의 시행에 들어갔다. 특기할 사항은 유엔총회는 인권이사회의 이사국에 대해 특별한 의무를 지우고 있는데 그것은 임기 중 국가별 인권상황 정례검토를 받아야 한다는 것이다.

이와 같은 인권이사회의 기능은 종래의 인권위원회보다는 확실히 강화된 모습이나, 문제는 현실적으로 어떤 차별성을 둔 활동이 기대될 수 있느냐이다. 시간이 가면서 인권위원회 시대와 인권이사회 시대의 차별성이 나타날 것으로 기대되나 그 구체적 결과는 두고 볼 일이다.

인권소위원회는 인권이사회 출범 이전에는 매년 제네바에서 인권이사회 출범 이전인 7월 말 혹은 8월 초에 4주간의 회기로 모였다. 소위원회의 위원은 26명의 개인자격의 전문가로 구성되었다. 이들은 각국 정부의 지명과 뒤이은 인권위원회에서의 선출로 자격을 얻었다. 상당수의 위원들은 자국 정부와 잘 조율하여 특별히 자국 정부와 마찰을 일으키지 않으려고 하며 왕왕 인권위원회의 정부대표를 겸직하기도 했다. 그러나 전반적으로 볼 때 소위원회는 인권문제의 정치적 측면보다는

〈표 3-2〉 국가별 인권상황 정례검토

■ 개념과 운영방법 이 제도는 새로운 유엔인권이사회 체제에서 이사회가 정기적으로 유엔 회원국의 인권상황을 점검하는 절차로 다음과 같은 원칙하에 실시 - 모든 유엔 회원국은 4~5년에 한 번 인권상황을 점검받음 - 모든 이사회의 회원국은 임기 중에 점검받음 - 검토는 인권이사회의 47개 이사국들로 구성된 실무그룹(Working Group)에 의해 이루어짐 - 각 국가에 대한 검토는 이사국의 추첨을 통해 선정된 3명의 보고관(Rapporteurs, '트로이카'라 지칭)이 실무그룹을 도와 이루어짐 - 보고관들은 3개의 지역그룹에서 각 1명씩 선정되며, 실무그룹 보고서 준비 등 각 검토를 조정하는 역할을 담당 ■ 결과 채택방식 및 후속조치 - 검토는 각국 정부의 보고서 제출, 실무그룹에서의 검토, 실무그룹에 의한 검토보고서 작성, 인권이사회 전원회의에 의한 보고서 논의 및 채택, 후속조치의 단계로 이루어짐 - 결과 보고서 내용: 검토회의 과정 요약, 권고, 결론, 자발적 공약 등 - 차기 검토회의는 이전 검토회의 결과 이행에 초점 - 인권이사회는 UPR에 대한 지속적 비협력국 문제에 대처 ■ 인권조약 감독기구에 의한 검토와의 차이 - 인권조약 감독기구에 의한 당사국 국가보고서 검토는 당해 인권조약에 대한 당사국의 준수 여부가 핵심 - 이에 반해 UPR은 유엔 회원국 전체에 대한 전반적 인권상황 점검으로서, 유엔헌장, 세계인권선언, 당해 국가가 가입한 인권조약, 당해 국가가 인권이사회에 자발적으로 약속한 사항 등에 기초하여 이루어지기 때문에, 시민적·정치적 권리, 경제적·사회적·문화적 권리, 여성권리, 아동권리, 고문방지, 인종차별철폐 등 모든 인권 분야가 망라적으로 검토됨

이슈 자체의 본질적인 문제에 접근하도록 기대되고 있고 현실도 인권위원회에 비하여 훨씬 비정치적이었다. 특히 이런 비정치적인 분위기는 1989년에 특정 국가 관련 문제에 관하여 투표를 하는 경우 비밀투표를 하도록 한 뒤부터 더욱 강화되었

〈표 3-3〉 인권위원회와 인권이사회 비교

구분	인권위원회 (Commission on Human Rights)	인권이사회 (Human Rights Council)
지위	ECOSOC 산하기관	총회 산하기관으로 격상
규모	53개국	47개국
선출 방법	ECOSOC(54개국)에서 지역그룹별 배정에 따라 다득표 순으로 선출	총회 회원국의 절대 과반수
자격	자격 제한 없음	이사국 내에서 대규모 인권침해가 발생할 경우 총회 3분의 2 결의로 자격정지 가능
개최 빈도	연 1회/6주 특별회기 가능	준상설화(연중 최소 3회/10주 이상, 이사국 3분의 1 요구로 특별회기)
임무/기능	① 특정 국가의 인권침해 상황 혹은 특정 분야 인권상황에 대한 조사, 감시 및 공개(특별절차) ② 규범 제정 및 이행 ③ 정부에 대한 자문 및 기술협력	① UN 인권시스템의 효과적 조정, 인권침해 상황에 대한 즉각적인 대처, 주제별 이슈에 대한 대화의 장, 인권교육 및 능력배양 등 증진 ② 국가별 인권상황 정례검토 신설

다. 인권소위원회는 인권위원회의 다음 회기에 맞추어 보고서를 제출했다.

그러나 인권이사회 출범 이후 인권소위원회는 자문위원회(Advisory Committee)로 대체되고 그 구성에도 상당한 변화가 일어났다. 26명의 전문가에서 18명의 전문가 위원회로 바뀌었고 회의도 연간 2회(각 회기당 10일 이내) 열리는 것으로 바뀌었다. 더욱 그 기능도 과거와 같이 독자적인 활동이 제한되고 인권이사회의 결의나 지침에 따라 활동하도록 대폭 축소되었다. 즉, 자문위원회는 과거의 소위원회와 같이 독자적인 결의는 할 수 없으며 오로지 인권이사회의 요청에 응하는 자문기구로서만 활동하게 된 것이다.[15] 또한 자문위원회는 특정 국가의 인권문제에 개입할 수 없고 오로지 일반적(주제별) 인권문제의 증진을 위해 일할 수 있게 되었다.[16] 이런 점들은 과거 유엔인권위원회 체제가 그나마 소위원회의 적극적 활동에 힘입은 바 컸다는 것을 생각할 때 매우 우려되는 조치라고 생각된다.

15) UN Human Rights Council, Resolution 5/1 on Institution Building(June 18, 2007), para.75.

16) Ibid. para.76.

2. 인권침해사건을 다루는 절차와 방법

특정국의 인권침해 문제를 위해 과거의 인권위원회나 인권소위원회가 다루는 방법은 크게 세 가지로 나뉘었다.[17] ① 1235절차에 의한 공개토론, ② 1503절차에 의한 비공개조사 절차, ③ 특별보고관이나 실무그룹을 통하여 특별한 주제(예컨대 고문, 행방불명, 자의적인 구금과 같은 특정 인권문제나 인권침해와 관련된 특별한 국가)와 관련된 인권침해를 다루는 특별절차(special procedures). 이들 절차는 기원, 성격, 목적, 방법 등에 차이가 있어 현실적으로는 상호 중첩되는 활동을 한다. 따라서 한 가지 특정 사안을 놓고서 동시에 각 절차가 가동될 수도 있다. 동시에 위 절차와 함께 조약에 근거한 절차가 동시에 진행될 수도 있다.[18] 물론 이에 대해서는 절차의 중복성과 비효율성으로 개선의 여지가 많아 1993년 비엔나 세계인권대회에서는 이에 대한 개혁 논의가 관심을 모으기도 했다. 이들 절차는 2006년 인권이사회 출범 이후에도 크게 달라지지 않은 채 오늘에 이르고 있다.

가. 1235절차에 의한 공개토론

특정 국가의 인권문제에 대한 논의는 주로 1967년에 만들어진 경제사회이사회 결의1235(XLII)에 의한 절차에 따라 이루어진다. 이 결의는 인권위원회와 인권소위원회에게 인권 및 기본적인 자유의 중대한 침해(gross violation)에 관련된 정보를 조사할 수 있도록 권한을 부여했다.[19] 동 결의에 의하면 인권위원회는 관련 정보를 세심하게 살핀 뒤 필요한 경우 철저한 사태연구(thorough study of situations)를 거쳐 그 사태가 지속적 패턴의 인권침해(consistent pattern of violations of human rights)임을 밝힐 수 있다.[20] 다만 그 구체적인 방법에 대해서는 자세한 언급을 하고 있지

17) 인권이사회 출범 이후 그 메커니즘이 과거의 인권위원회와 여러 부분에서 달라졌지만 인권문제를 논의하는 기본적인 절차와 구조는 크게 달라지지 않았다. 특히 1235절차, 1503절차 및 특별절차는 인권위원회 시절과 비교해 거의 유사하다.

18) Henry J. Steiner & Philip Alston, *International Human Rights in Context: Law, Politics and Morals*, 1st ed.(Oxford, 1996), p. 374 이하 참고.

19) ECOSOC Resolution 1235(XLII)(1967), para. 2.

않다.

과거 인권위원회는 위의 권한에 따라 두 가지 타입의 활동을 전개했다. 첫째, 인권위원회는 각국 정부와 NGO들이 참여한 상황에서 위원회가 관심을 갖는 특정 국가의 인권문제에 대해 연례 공개토론을 진행한다. 둘째, 인권위원회는 특정 인권상황에 대해 위원회가 적당하다고 인정하는 방법에 의해 이를 연구하고 조사한다.[21] 이 과정에서 인권소위원회는 통상 인권위원회가 이들 문제를 다루기 전에 이를 논의하고 조사한 다음 결의(resolutions) 등을 통하여 인권위원회에 의견을 전달하는 역할을 한다. 인권소위원회의 결론은 인권위원회의 활동을 정치적으로 압박하고 설령 인권위원회가 그 결론에 관심을 보이지 않는다 해도 여전히 그 결론은 유엔의 공식기구에 의한 의견으로서의 가치를 인정받았다. 나아가 인권소위원회는 유엔사무총장에게 보고서를 제출할 것을 요구함으로써 공식적인 유엔 문서를 남길 수 있었다.

위와 같은 인권위원회와 인권소위원회의 활동을 통하여 얻을 수 있는 소득은 무엇인가? 알스턴(Philip Alston)은 다음과 같이 그 성과를 열거한다.[22]

- 토론에서의 단순한 부정적 언급이라 할지라도 해당 국가에게는 수치의 제재(sanction of shame)가 될 수 있으며, 세계 언론에 크게 보도되거나 다른 나라의 외교정책에 영향을 미친다.
- NGO는 다른 나라 정부들에 압력을 가하여 문제를 불러일으킬 기회로 삼을 수 있다.
- 결의안이 나와 참가자들에게 배포된 후 취소되는 경우가 있는데 그런 경우 대체로 해당 국가의 강력한 로비가 있고 취소 대가로 그 국가에 요구된 것들이 수용되는 경우가 있다.
- 인권위원회의 의장은 위원회의 양해하에 권고 성명을 낼 수 있다.
- 인권위원회는 다음 회기에 논의하기 위하여 관련된 문제의 모든 정보를 위원회에

---

20) Ibid. para. 3.

21) Henry J. Steiner & Philip Alston, *International Human Rights in Context: Law, Politics and Morals*, 1st ed.(Oxford, 1996), p. 390 참고.

22) Ibid.

제출하라는 결의(resolutions)를 채택할 수 있다.

- 인권위원회는 관련 정부에 다음 회기 전에 관련 이슈에 대해 자세히 서면으로 답변하도록 요구할 수 있다.
- 인권위원회는 관련 국가를 비난하는 결의(단지 외교적 수사의 결의에서부터 강력히 비판하는 내용의 결의까지 다양할 수 있음)를 채택하여 특정 조치를 취할 것을 요구할 수 있다.
- 인권위원회는 인권침해사태를 (주로 해당 국가를 방문하여 조사하는 방법으로) 조사하여 보고서를 제출케 하기 위하여 특별보고관이나 워킹그룹을 임명할 수 있다.[23)]
- 인권위원회는 관련 국가에 대해 국제적인 제재(sanction)나 징벌적인 조치를 구하기 위하여 문제를 안전보장이사회에 회부할 수도 있다.

나. 1503절차에 의한 비공개조사(인권이사회 진정절차)

(1) 일반적 메커니즘

1235절차가 1967년 만들어졌을 당시의 의도는 인권위원회가 남아프리카, 나미비아, 로데시아 및 아프리카의 포르투갈 식민지의 인권문제를 논의하기 위한 것이었다. 그리고 당시는 NGO들이 유엔의 회원국을 상대로 서면을 돌리거나 회의장에 참가하여 구두로 참여하는 것이 배제되어 있었다. 그런데 1967년 후반기에 인권소위원회가 NGO의 정보를 기초로 인권위원회에 남부아프리카뿐만 아니라 그리스 및 아이티의 인권문제를 논의하기 위해 특별전문가위원회를 만들 것을 제안했는데 이것은 인권위원회에 큰 충격파를 주었다. 바로 이 사태는 NGO들의 정보가 보다

---

23) 사실상 인권위원회의 인권활동 중 가장 현실적인 방법 중의 하나가 특별보고관 등을 임명하여 보고서를 제출케 하는 방법인데 이 방법은 비단 인권위원회뿐 아니라 유엔총회 등에서도 인권문제를 다룰 때 사용된다. 예컨대 이스라엘의 점령지구에 대한 인권문제가 총회에서 논의되었을 때 총회는 보고서 제출을 위해 특별위원회를 만들었다. 일반적으로 이들 조사기구가 사안을 조사하는 방법은 특별한 제한이 없다. 그들은 현장에 나가기도 하고 어떠한 정보원과도 접촉한다. 이들에게 제공되는 정보는 특별한 형식도 없다. 서면이든 구두든 상관이 없다.

제한된 방법으로 취급되어야 한다는 방향으로 움직여 1970년 경제사회이사회의 1503절차가 탄생하게 되었다. 이 절차는 특정국에서 지속적인 패턴의 중대하고도 믿을 만한 인권침해로 보이는 사태(situation)가 있는 경우 NGO나 개인의 진정(communication이라는 형식으로 그 주장을 제출하게 된다. 일종의 'complaint'이다)에 의해 인권위원회 및 인권소위원회에서 비공개 회의로 논의되는 것을 말했다. 따라서 이것은 개인의 특정한 인권침해사건에 대하여 위 기관들이 관련 국가를 상대로 조사하는 것은 아니다. 이런 점에서 다음에서 설명할 조약에 근거한 개인통보제도와는 큰 차이가 있다. 인권이사회 출범 이후 1503절차는 과거의 메커니즘을 기본적으로 유지하고 있다. 다만 그 명칭은 통상 '인권이사회 진정절차(Human Rights Council Complaint Procedure)'라고 불리고 있다. 이하에서는 인권이사회 결의 5/1(2007)에 규정된 내용에 입각하여 동 절차의 메커니즘을 설명한다.

인권침해에 관한 진정(communication)이 제네바의 유엔 인권사무국(현재는 유엔 인권최고대표 사무실, 과거는 인권센터)에 도착하면 사무국은 관련 정부에 그 사본을 보내고 월별비밀목록(monthly confidential list)에 그 진정을 요약한다. 이후 관련 정부로부터 오는 모든 답변[24]은 월별목록에 정리된다. 인권이사회와 인권이사회 자문위원회에서의 진정처리방법은 다음의 4단계에 의하여 처리된다.[25]

① 제1단계(initial screening): 인권이사회 자문위원회에서 구성하는 진정담당 실무그룹(Working Group on Communications)의 의장은 접수된 사건에 대해 형식적 요건을 갖추었는지 1차적 점검을 한다. 이 과정에서 적격한 진정이라고 판단되어야 해당 국가에 동 진정에 대해 답변할 것을 요청한다.

② 제2단계(진정담당 실무그룹에 의한 검토): 인권이사회 자문위원회(Human Rights

24) 현재 관련 정부에게는 최소 12주의 답변 기간이 주어진다.

25) 이 부분의 설명은 Philip Alston, *The Commission on Human Rights, in The United Nations and Human Rights: A Critical Appraisal*, in Alston eds.(Oxford, 1992), pp. 126, 146과 Nigel S. Rodley, "United Nations Non-Treaty Procedures for Dealing with Human Rights Violations," in Hurst Hannum ed., *Guide to International Human Rights Practice*, 4th eds. (Transnational Publishers, 2004), p. 65 이하를 요약한 것이다.

Council Advisory Committee)의 지명에 따라 구성된 5명의 실무그룹이 1단계 검토를 받은 진정에 대해 검토를 담당한다. 이들 그룹은 연간 2회 만나 진정을 검토해 진정 검토를 중단할지, 진정 검토를 계속하면서 해당 국가나 진정인에게 관련 정보나 자료를 제출할 것을 요구할지, 진정 사건에 대해 의견을 붙여 상황 실무그룹(Working Group on Situations)에 이첩할 것인지를 결정한다.

③ 제3단계(상황실무그룹에 의한 검토): 진정담당 실무그룹이 검토한 진정은 각 지역그룹의 지명에 의해 5명으로 구성되는 상황실무그룹(Working Group on Situations)에 검토되어 인권이사회 회부 여부가 결정된다. 이 그룹은 연간 2회 인권이사회 회기가 있기 직전 각각 1주일 동안 모임을 갖고 진정접수담당 실무그룹으로부터 송부된 진정사건이 1503절차에서 요구하는 진정사건으로서의 형식적 적격성과 인권침해의 실질을 갖추었다고 판단하는 경우, 인권이사회가 특정 국가의 인권사태에 대해 취해야 할 조치에 대한 권고(recommendation) 초안을 작성한다.

④ 제4단계: 인권이사회는 며칠간 위 회부된 진정사건과 관련된 모든 자료를 살피고, 마지막에 의장은 논의된 나라와 기각된 나라의 이름을 발표한다. 그러나 그는 관련된 나라의 협의사실이나 인권이사회가 취한 행위에 대해서는 자세한 내용을 제공하지 않는다. 다만 우리는 인권이사회가 취할 만한 몇 가지 행위를 예측할 수 있다. 첫째는 '계속 심의 중'이라는 결정이다. 이것은 당 회기에 최종 판단을 하지 않고 다음 회기로 넘기는 것인데, 좀 더 추가된 증거의 제출이 허용되고 관련 정부의 답변이 다시 요구될 것이다. 둘째는 특별 대표단(envoy)을 현지에 파견해 좀 더 많은 정보를 수집하여 인권이사회에 보고하도록 하는 것이다. 셋째는 임시위원회를 구성하여 관련국의 협조하에 비공개조사를 펼친 뒤 동 위원회가 가장 적합하다고 생각하는 의견과 함께 보고서를 인권이사회에 제출하도록 하는 것이다. 마지막에는 인권이사회가 동 사건을 1235절차에 옮기는 것을 결정한다.

이 제도에 대한 국제적인 관심은 예상 외로 크다. 그것은 유엔에 접수되는 진정사건의 숫자로 짐작할 수 있을 것이다. 1980년대 중반까지만 해도 매년 평균 2만 5,000통의 진정이 접수되었는데 최근에는 30만 통까지 증가되었다고 한다. 물론 이것은 NGO들의 편지쓰기 캠페인의 결과(따라서 많은 수의 접수문건이 같은 사태에 관한 것이다)이기도 하나 국제사회의 높은 관심을 말해주는 주요한 지표일 것이다. 1972년부터 2005년까지 86개국이 이 절차에 의해 인권침해 여부가 검토되었다. 이 절차는 유엔인권이사회 체제로 유엔의 인권체계가 전환된 이후에도 과거와 크게 다르지 않게 유지되고 있다. 그렇다면 이 절차가 인권문제를 해결하는 국제적인 메커니즘으로서의 역할을 성공적으로 하고 있다고 평가될 수 있을까? 아마도 부정적인 의견이 대세인 것 같다. 주로 이 절차가 비공개로서 그 메커니즘이 너무 정치적으로 움직인다고 비판한다. 진정 제출자가 참여할 여지가 없는 것도 하나의 큰 맹점이다. 많은 경우 이 절차는 인권침해국가의 변명의 장으로 사용될 여지가 많다는 것이다.

(2) 진정절차의 구체적인 이용방법

인권이사회 진정절차를 이용하기에 앞서 문제된 사안이 이 절차에 적합하느냐가 우선 고려되어야 한다. 만일 어떤 상황이 공개적으로 유엔에서 논의될 가능성이 있는 경우라면 이 절차는 피하는 것이 좋다. 그러나 공개적인 논의 가능성을 예측하기란 여간 어려운 것이 아니므로 진정의 제출 시점에서 경험 있는 유수한 국제적 NGO들(예컨대 Amnesty International 혹은 International Commission of Jurists)과 상의해 보는 것이 좋다. 만일 이것을 제대로 판단하지 않고 진정을 제출하여 이것이 논의 중(consideration)이라면 자칫 그 상황이 인권이사회의 공개적 논의 가능성이 있을지라도 이미 그 상황이 진정절차에서 논의되고 있다는 이유로 공개논의를 반대할 멤버들이 생길 것이고 관련 국가들도 이 같은 논리로 방어하려고 할 것이다.

만일 같은 상황이 이미 인권이사회 진정절차에 의하여 논의 중에 있다면 반드시 이 절차는 다시 이용되어야 한다. 왜냐하면 인권이사회 진정절차는 제출자 측에 과거에 제출된 특정의 인권침해 상황에 추가하는 방식으로 참여할 기회를 주지 않기 때문에 현실적으로 인권이사회에 후속적인 상황을 알릴 방법은 새로운 진정을 내는 방법밖에는 없기 때문이다. 이것은 이 절차가 진행되는 동안 아무런 후속적인 진정이 없는 경우 관련 국가는 그 자체가 상황의 호전 때문이라고 견강부회하는 경우가 있기 때문에 더욱 중요하다.

위의 고려사항을 검토한 연후 진정을 제출하기로 결정했다면 그것이 이 절차를 이용할 수 있는 심리적격성(admissibility)이 있는지 절차적 요건을 검토해야 한다. 이를 위한 잣대는 인권이사회의 결의에 규정되어 있다.[26] 그 내용은 다음과 같다.

- 진정의 목적은 유엔헌장이나 세계인권선언 혹은 적용 가능한 국제인권규정의 관련된 원칙과 상치되지 않아야 한다.
- 진정은 지속적인 패턴의 중대하고 믿을 만한 인권침해[27](consistent pattern of gross and reliably attested violations of human rights and fundamental freedoms, 예컨대 인종차별 혹은 분리정책)가 있다는 합리적인 근거가 있는 경우에만 절차적 적격이 있다.
- 제소적격이 있는 진정은 그 정보가 위와 같은 인권침해의 피해자로 보이는 개인이나 단체로부터 나오든지, 이들 침해에 대해 직접적이고도 믿을 만한 정보를 가진 개인이나 단체 혹은 정치적 목적이 아닌 일반적으로 인정되는 인권원칙하에서 활동하는 NGO들로부터[28] 나오는 것이 아니면 안 된다. 진정은 그 정보가 간접적이라는 이유만으로는 절차부적격으로 판정되지 않는다.
- 익명으로 진정서를 제출하는 것은 인정되지 않는다.
- 진정은 반드시 사실의 묘사[29]와 침해된 권리[30]가 정확히 표시되어야 하고 그 제

26) 이것은 종래 인권소위원회의 결의 1(XXIV)(1971)에 있는 것이었으나 인권이사회 출범 이후 인권이사회 결의 5/1에 수록되었다. UN Human Rights Council, Resolution 5/1 on Institution Building(June 18, 2007), para. 87.

27) 따라서 communication에는 '지속적(consistent)'이라고 판단될 만큼의 충분한 침해 사례를 적시하는 것이 필요하다.

28) NGO가 communication을 제출하는 경우에는 명확한 증거(clear evidence)를 함께 내는 것이 중요하다. 예컨대 피해자나 그 가족의 진술서 등은 특별히 설득력이 있다.

29) 따라서 지속적인 패턴을 이해할 수 있도록 이름, 장소, 일자 등을 명기하는 것이 필요하다.

30) 침해된 권리는 세계인권선언상의 조문에 기초하여 적시하는 것이 좋다. 왜냐하면 진정접수담당 실무그룹은 진정을 세계인권선언의 조문별로 정리하기 때문이다.

출의 목적이 밝혀지지 않으면 안 된다.

- 진정서에 표현되는 언어는 적절히 절제되지 않으면 안 된다. 관련 국가를 모독하거나 과격한 언어를 쓴 경우, 만일 다른 요건이 1503절차에 충족된다면 이 언어들이 삭제되지 않는 한 심리는 들어가지 못한다.
- 진정이 명백히 정치적 목적을 지니거나 그 주제가 유엔헌장에 반하는 것이라면 받아들이지 않는다.
- 진정의 수리(admission)가 유엔의 다른 전문기구의 활동에 편견을 줄 소지가 있는 경우는 받아들이지 않는다.
- 진정이 제기되려면 국내의 구제절차가 완전히 끝나지 않으면 안 된다. 단, 국내의 구제절차가 비효과적이고 비합리적으로 장기화된다면 그러하지 아니하다.
- 진정은 국내의 구제절차가 끝난 후 합리적인 시간 범위 내에서 제출되지 않으면 안 된다.

다음으로 약간의 실무적 권고를 한다면 다음과 같은 기술적인 것들에도 주의를 기울일 필요가 있다.

- 진정은 보통 3개의 부분으로 구성하는 것이 좋다. 첫 부분은 표지인데 여기에는 진정절차(complaint procedure)임을 표시해 주고, 주장요지와 취지(목적)를 간단히 정리하는 것이 필요하다. 이것은 사무국에서 비밀목록(confidential list)에 요약할 때 도움을 준다. 둘째 부분은 본문으로 지속적이고 중대한 인권침해를 상세히 설명한다. 셋째 부분은 부록으로 여기에는 가능한 문서로 된 증거(예, 진술서 등)를 부친다.
- 진정은 유엔의 공용어(아랍어, 중국어, 영어, 불어, 러시아어, 스페인어)로 내도록 되어 있는 것은 아니나 공용어로 내는 것이 지극히 타당(가급적 영어나 불어)하며 원본이 자국어라면 공용어로 번역하여 함께 부치는 것이 좋다. 그리고 5개의 부본을 함께 내는 것이 좋다.

다. 특별절차

(1) 의의 및 종류

과거 인권위원회 시절부터 유엔인권 메커니즘에서 핵심적인 역할을 한 것이 소위 특별절차(Special Procedures)이다. 이 절차에는 2개가 있는데, 하나는 특정한 인권침해를 주제별로 다루는 주제별 메커니즘(thematic mechanism)이고 다른 하나는 특정한 국가의 인권상황을 다루는 국가별 메커니즘(country specific mechanism)이다. 1235절차나 1503절차(인권이사회 진정절차)는 모두 전반적 인권상황(overall situation)을 다루는 것이지 개별 사건(individual case)을 다루는 것이 아니며 절차상 무수한 장애물이 도사리고 있다. 전반적으로 이들 절차는 시간 소모적이며 비생산적인 측면이 많았다. 또한 1235절차에 의하여 조사되는 사례와 1503절차에 의하여 조사되는 사례는 당시 인권위원회의 능력을 고려할 때 많은 차이를 가져왔다.

특별절차는 1980년대 이후 이러한 상황을 극복하기 위하여 개발된 새로운 인권 메커니즘이다. 이것은 특정한 나라에 초점을 맞추기도 하지만 그것보다 특정한 장르나 주제(theme)의 인권침해에 초점을 맞춘다. 이 메커니즘의 현실적인 모습은 실무그룹(working group)이나 특별보고관(special rapporteur)의 활동으로 나타난다. 특별절차는 인권이사회 출범 이후에도 그대로 계승되었다.[31)]

현재 특별설차의 임무는 인권이사회의 결의문 채택에 의해 시작된다. 이사회는 2006년 설립 이후 기존의 특별절차 수임사항들을 검토하여 일부는 종료하고 일부는 신규로 도입했다. 주제별 메커니즘은 일반적으로 3년의 기간을 두며 1회에 한해 3년 연장할 수 있고, 국가별 메커니즘은 주로 1년 단위로 수행 및 연장된다. 2023년 말 현재 46개의 주제별 특별절차 및 14개의 국가별 특별절차의 특별절차가 운영 중이다.

앞의 모든 메커니즘은 이제껏 공정성을 유지해 왔다고 평가되고 있다. 그것은 이들 메커니즘이 내놓고 있는 연례보고서를 보아도 알 수 있다. 이들 보고서는

31) UN Human Rights Council, Resolution 5/1 on Institution Building(June 18, 2007), Annex. para. 39 이하.

관련 국가가 국제사회에서 아무리 강력한 영향력을 행사하는 국가라 할지라도 사례와 문제점들이 적시된다. 이러한 공정성은 과거 정치색에 의하여 퇴색된 인권위원회나 인권소위원회의 관행에 비추어 큰 발전이라고 보인다. 이들 메커니즘은 그동안 다음과 같은 몇 가지 주목할 만한 활동방법을 보여주었다. ① 관련 정부에 특정 사건에 대한 정보 요구, ② 관련 정부에 즉시적인 시정을 요구하는 긴급요구절차(urgent action procedure), ③ 현장 방문을 통한 보다 적극적인 조사방법 등.

이하에서는 이들 메커니즘을 좀 더 알아본 후 이들을 어떻게 활용할 것인지의 문제를 다루어 본다.

(2) 주제별 특별절차의 활동 메커니즘

주제별 특별절차는 인권이사회를 대신하여 특정 임무를 수행하도록 선임된 독립적인 인권전문가(혹은 그룹)에 의한 인권활동 메커니즘이다. 통상 특별보고관은 위임된 인권상황이나 인권침해의 행태, 원인 및 관련된 국가의 법적·행정적 규범과 침해를 방지하는 구조를 분석한다. 특별절차의 공통적인 활동 중 하나는 매년 보고서를 작성하여 인권이사회에 제출하는 것인데 이 보고서에는 특별보고관의 모든 활동이 자세하게 기록되고 특히 일반적인 분석과 더불어 권고(recommendation)가 포함된다. 다만 인권상황에 대해 옳고 그름을 적극적으로 판단하려 하지 않는다. 그러므로 이 보고서들은 가급적 어떤 특정한 인권상황이 어떻게 증명되었다는 식의 표현은 삼가는 경향이 있다. 그러나 주제별 특별절차는 모두가 똑같은 방법으로 활동하는 것은 아니다.[32] 설치근거인 소위 위임규정(mandate)도 다를 수 있고 무엇보다 특별절차 하나하나가 서로 조금씩 다른 방법론을 택하는 경향이 있다. 이하에서는 설치된 특별절차 중 가장 활발한 활동을 하는 자의적 구금 실무그룹(Working Group on Arbitrary Detention)의 활동을 보면서 주제별 특별절차의 현실에 좀 더 접근해 보도록 하자.[33]

---

32) 하지만 특별절차에서 공통적으로 볼 수 있는 활동방법은 대체로 다음과 같은 것들이다: 국제인권법의 발전에 기여할 수 있도록 연구, 수임사항과 관련된 인권침해 사례의 조사, 해당 국가의 방문, 인권침해 피해자들의 진정 접수 및 검토 나아가 해당 국가에 대한 일정한 개입, 긴급조치의 요청, 인권이사 및 총회 등 여타 정부 간 기구에의 보고 등.

자의적 구금 실무그룹은 1991년 인권위원회 결의(Commission resolution 1991/42)에 의하여 설치되었다. 이 결의에 의하면 동 실무그룹은 5명의 독립적인 전문가로 구성되었으며 원래 3년간 활동할 것으로 만들어졌다. 이 실무그룹의 목적은 자의적으로 집행된 구속이나 세계인권선언, 기타 국제인권규범에 위반하는 방법으로 구속된 사건을 조사하는 것이다. 이를 위하여 동 실무그룹은 관련 정부, 국제기구 혹은 NGO에 정보를 요구하거나 수집할 수 있으며 나아가 관련된 개인이나 가족, 대리인으로부터 정보를 얻을 수도 있다. 또한 위 결의는 동 실무그룹에게 그 목적을 달성하기 위한 구체적인 방법을 정하도록 재량을 주었다. 이러한 설치근거에 따라 동 실무그룹은 매년 3번에 걸쳐 총 4주간의 회기로 만나 활동을 전개한다. 이 실무그룹이 활동하는 데 있어 주요하게 사용하는 법적 판단근거는 관련 인권 조약과 다양한 유엔 제정의 인권 관련 선언이다. 특히 1988년 유엔총회에서 만장일치로 만들어진 피구금자보호원칙(Body of Principles for the Protection of all Persons under any Form of Detention or imprisonment)은 중요한 근거가 되고 있다.

자의적 구금 실무그룹은 사실상 모든 정보원으로부터 정보를 입수한다. 또한 고려대상이 되는 요건(admissibility)이 되기 위한 정보도 최소한만을 요구하고 사건이 일단 정식으로 고려대상이 되면 관련 국가에 그 답변을 요구한다. 동 실무그룹은 다른 주제별 메커니즘과는 상당히 다른 매우 진보적인 메커니즘을 개발했는데 그것은 그들이 조사하는 사건을 쌍방의 주장을 듣는 구조(adversarial nature)로 운영한다는 것이다. 관련 국가의 주장 등을 들은 다음 실무그룹이 취할 수 있는 사실 확인절차를 마치면 실무그룹은 의견(opinion)[34]이라는 것을 낸다. 예컨대 1998년에 실무그룹은 15개국의 92명을 심사하여 그중 21개의 '의견'을 냈다. 이 중 4건에 대해서 실무그룹은 해당국에 석방을 권고했다.

동 실무그룹이 계발한 특별한 절차 중 하나가 긴급요구절차(urgent action procedure)인데, 이것은 어떠한 사람의 자의적 구금이 심각하게 그 사람의 건강이나

33) 이 부분의 설명은 Henry J. Steiner & Philip Alston, *International Human Rights In Context*, 2nd ed.(Oxford, 2000), pp. 642~645에 의존한다.

34) 과거에는 decision이라는 이름으로 냈으나 당사국들의 반발이 있어 명칭을 바꾸었다고 한다.

생명을 위협할 우려가 있다고 믿을 만한 주장이 있고 그 상황이 확실하다고 인정될 때 사용되는 것으로 본안에 관한 조사를 하기 이전에 관련 정부에 피해자에 대한 임시적인 조치를 요구하는 것이다. 예컨대 어떤 피해자가 당장 관련 정부에 의해 사형이 집행될 것이라는 정보가 있다면 실무그룹은 그 사건에 대한 본격적인 조사 이전에 관련 정부에 사형의 중지를 요청하게 된다. 1998년의 경우 실무그룹은 763명의 개인과 관련된 사건을 처리하면서 37개 정부에 83건의 긴급호소(urgent appeal)를 보낸 바 있다. 또한 실무그룹은 필요한 경우 현장을 조사하고(on-site visit) 매년 인권위원회에 보고서를 제출한다. 비록 심리 중 관련자가 석방이 되더라도 그 사건이 종결하지 않는 경우 관련 국가에 권고를 하는 경우가 있다. 나아가 실무그룹은 논평(deliberation)이라는 것을 내놓는데 이것은 실무그룹이 자의적 구금과 관련된 특정 이슈에 대해 의견을 내놓는 것을 말한다. 자유권규약위원회에서 내놓는 일반논평(general comment)과 비슷한 것이라고 말할 수 있다.

(3) 주제별 특별절차를 이용하는 방법

주제별 특별절차를 위한 특별보고관(혹은 실무그룹)은 여러 경로를 통해 정보를 찾고 입수한다. 실종문제 실무그룹(Working Group on Disappearance)의 경우는 정부, 국제기구, 각종 인도주의 기구와 기타 믿을 만한 정보원으로부터 정보를 입수한다. 일반적으로 동 실무그룹에서는 피해가족단체와 피해자 본인으로부터의 정보를 환영한다. 그러나 몇 개의 주제별 특별절차와 관련된 결의는 NGO로부터의 정보를 제한한다. 예컨대 자의적 집행 특별보고관과 정보를 주고받을 수 있는 NGO는 경제사회이사회와 협의자격(consultative status)이 있는 경우에 한한다. 그러나 고문 관련 특별보고관과 자의적 구금 실무그룹에게는 이러한 제한이 없다. 이들 메커니즘은 설치근거상 정보를 주고받을 수 있는 NGO가 엄격히 제한되어 있지 않고 관련된 개인이나 가족 혹은 그들의 대리인으로부터도 정보를 받을 수 있도록 되어 있다[그러나 정보를 추구(seek)하지는 못함].

이들 메커니즘을 이용하는 방법(곧, 정보를 제출하는 방법)은 특별한 형식이 없다. 다만 제출되는 정보는 반드시 믿을 만하고 확실한 것이어야 한다. 정보로서 기본적으로 갖추어야 할 요소들도 당연히 포함되어야 한다. 예컨대 희생자의 이름(가능하다면 신원을 증명하는 ID번호), 사건의 일시장소, 그 사건과 관련된 가해자 측에 대한 정보(그들의 신분, 인상착의 등) 등이 제공되어야 하고, 국내에서 시도된 구제장치에 대해서도 언급해야 한다. 만일 정보가 이미 유엔의 공개 및 비공개 절차에서 논의되고 있는 문제와 관련이 있다면(혹은 동 메커니즘의 최근 보고서에서 이들 정보와 관련된 것이 언급되었다면) 그 정보는 좀 더 신빙성 있는 것으로 고려될 가능성이 높다. 또한 후속적인 상황의 발전도 적절히 이들 메커니즘에 전달되도록 노력해야 한다. 예컨대 고문의 경우, 정보제공 이후 의학적 보고서가 나온 경우 이를 적기에 전달하는 것은 이들 메커니즘에게 지속적으로 관심을 갖게 할 뿐만 아니라 더욱 효과적인 활동을 가능케 한다.

(4) 국가별 특별절차

국가별 특별절차는 인권침해가 상존하는 국가들 중에서 인권위원회가 특별보고관(special rapporteur) 혹은 독립전문가(independent expert)를 임명하여 활동케 하는 것을 말한다. 특별보고관이나 독립전문가는 임무를 수행하는 과정에서 문제의 국가를 방문하기도 하고 NGO나 피해자 그룹을 접촉하여 정보를 수집한다. 그리고 이러한 정보를 바탕으로 인권위원회 등에 연례적으로 보고서(mission report)를 내기도 하고 인권증진을 위한 권고를 발표하기도 한다. 2023년 말 현재 북한, 캄보디아, 미얀마, 아프가니스탄 등 14개국에 대해 특별보고관 혹은 독립전문가가 임명되어 활동 중에 있다.

제2절 인권조약에 기초한 인권보장

■ 학습을 위한 질문

1. 인권조약에 따른 당사국의 의무는 어떤 방법에 의해 그 이행이 확보되는가?
2. 개인통보제도의 절차와 제도 이용을 위한 요건은 무엇인가?
3. 개인통보제도와 유엔의 진정제도(1503절차)의 차이는 무엇인가?
4. 우리나라의 경우 개인통보제도의 이용 상황은 어떠하며 이 제도가 가지고 있는 문제점은 무엇인가?
5. 개인통보제도에 따른 조약감독기구의 결정(views)의 이행방안은 무엇인가?
6. 인권조약 감독기구에서 그동안 발표한 일반논평은 어떠한 것이 있으며, 그 가치는 무엇이라 생각하는가?

인권조약에 기초한 인권보장(treaty based protection of human rights)이란 앞서 본 유엔의 일반적 인권보장 시스템으로는 인권보장이 제대로 되지 않는다는 것을 직시하고 국제법상 법적 구속력이 있는 인권조약을 만들어 이를 각국이 비준 가입하여 그 조약에서 요구하는 내용을 특별히 준수할 것을 요구하는 인권보장제도를 의미한다. 유엔은 세계인권선언을 만든 다음 1960년대에 이를 자유권규약과 사회권규약으로 조약화했고, 1970~1980년대에 더욱 세분화된 인권조약을 만들어 각 회원국이 가입해 이행토록 독려해 왔다.

유엔 인권시스템 내에는 2023년 말 현재 9개의 조약에 기초한 다음과 같은 인권기구가 있다.

- 사회권규약위원회(Committee on Economic, Social and Cultural Rights): 경제적·사회적·문화적 권리에 관한 국제규약(International covenant on Economic, Social and Cultural Rights: ICESCR)[1)]

1) ICESCR은 1966년 12월 16일 유엔총회에서 채택되었으며, 1976년 1월 3일부터 발효되었다. 2023년 2월 현재 171개국이 가입했고 한국은 1990년 4월에 가입했다. 유엔은 개인진정 제도를 인정하

- 자유권규약위원회(Human Rights Committee): 시민적·정치적 권리에 관한 국제규약(International Covenant on civil and political rights: ICCPR)[2)]
- 인종차별철폐위원회(Committee on the Elimination of Racial Discrimination: International): 모든 형태의 인종차별철폐에 관한 국제협약(Convention on the Elimination of All Forms Racial discrimination: CERD)[3)]
- 여성차별철폐위원회(Committee on the Elimination of Discrimination against Women): 여성에 대한 모든 형태의 차별철폐에 관한 협약(Convention on the Elimination of All Forms of Discrimination against Women: CEDAW)[4)]

는 사회권규약의 선택의정서를 2008년 12월에 마련했고, 이는 2013년 5월 발효되었다. 2023년 2월 현재 26개국이 이 선택의정서에 가입하였으나 한국은 아직 가입하지 않았다.

2) ICCPR은 1966년 유엔총회에서 채택되었으며 1976년 3월부터 효력발생에 들어갔다. 2023년 2월 현재 173개국이 가입했고 한국은 1990년 4월에 가입했다. 한국은 이 조약에 가입하면서 제14조 제5항, 제7항, 제22조 및 제23조 제4항에 대해 유보를 행사했다. 이에 대해 우리 정부는 제23조 제4항을 1991년 3월 15일 유보철회했으며, 제14조 제7항에 대해 1993년 1월 21일 유보철회했고 제14조 제5항에 대해 2007년 4월 2일 유보철회했다. 이로써 현재는 제22조만이 유보된 상태에 있다. 이 조항은 노동조합 등을 위시한 집회결사의 자유에 관한 것이다. 우리 정부는 노동관계법상 복수노조나 전교조 등이 금지되었기 때문에 유보한 것으로 보인다. ICCPR은 개인진정 제도를 위한 선택의정서를 가지고 있는바, 한국은 ICCPR 가입과 동시에 이 선택의정서에도 가입하였다. 2023년 2월 현재 117개국이 이 선택의정서에 가입하였다. 한편 ICCPR은 개인진정 선택의정서 외에 사형폐지에 관한 선택의정서도 가지고 있는데, 2023년 2월 현재 90개국이 가입하였으나 한국은 아직 가입하지 않았다.

3) CERD는 1965년 12월 21일 유엔총회에서 채택되었으며, 1969년 1월 4일에 발효되었다. 2023년 2월 현재 182개국이 가입했고, 한국은 1978년 12월 5일에 가입하였다. 한국은 동 협약의 개인진정 제도를 규정하고 있는 제14조를 수락하였다.

4) CEDAW는 1979년 12월 18일 유엔총회에서 채택되었으며, 1981년 9월 3일에 발효되었다. 2023년 2월 현재 189개국이 가입했고, 한국은 1984년 12월 27일 가입했는데, 당시 한국 정부는 이 협약을 검토한 후 동 협약 제9조와 제16조 1(c), (d), (f), (g)에 대하여 유보하면서 동 협약을 비준했다. 제9조는 결혼 후 여성의 국적에 관한 것이고, 제16조의 1(c)는 혼인 중 및 혼인을 해소할 때의 동일한 권리와 책임, (d)는 자녀에 관한 문제에 있어 혼인 여부를 불문하고 부모로서의 동일한 권리와 책임, (f)는 아동에 대한 보호, 후견, 재산관리 및 자녀입양 또는 국내법제상 존재하는 개념 중에 유사한 제도와 관련하여 동일한 권리와 책임, (g)는 가족 성(姓), 직업을 선택할 권리를 포함하여 남편과 아내로서의 동일한 개인적 권리에 관한 것이다. 그런데 한국은 1991년 3월 15일 제16조

- 고문방지위원회(Committee against Torture): 고문 및 그 밖의 잔혹한, 비인도적인 또는 굴욕적인 대우나 처벌의 방지에 관한 협약(Convention against Torture and Other Cruel, Inhuman or Degrading Treatment or Punishment: CAT)[5)]
- 아동권리위원회(Committee on the Rights of the Child): 아동의 권리에 관한 협약(Convention on the Rights of the Child: CRC)[6)]
- 이주노동자보호위원회(Committee on Migrant Workers): 이주노동자 및 그 가족의 권리 보호에 관한 국제협약(International Convention on the Protection of the Rights of All Migrant Workers and Members of their Families: CMW)[7)]
- 장애인권리위원회(Committee on the Rights of Persons with Disabilities): 장애인 권리협약(Convention on the Rights of Persons with Disabilities: CRPD)[8)]

---

1 (c), (d), (f)에 대하여, 1999년 8월 24일에는 제9조에 대하여 각각 유보를 철회하였다. 동 협약은 개인진정을 허용하는 선택의정서를 가지고 있는바, 2023년 2월 현재 115개국이 가입하였다. 한국은 2006년 10월 선택의정서에 가입하였다.

5) CAT는 1984년 12월 10일 유엔총회에서 채택되었으며, 1987년 6월 26일부터 효력이 발생했다. 2023년 2월 현재 173국이 가입했고, 한국은 1995년 1월 9일에 가입했다. 국가통보제도와 개인통보제도를 규정한 제21조, 22조에 대해서는 2007년 11월 9일 수락선언을 했다.

6) CRC는 1989년 11월 20일 유엔총회에서 채택되었으며, 1990년 9월 2일에 발효되었다. 2023년 2월 현재 195개국이 가입하였다. 한국은 1991년 11월 20일에 가입했고 당시 한국 정부는 이 협약을 심의한 후, 제9조 제3항, 제21조 제1항 및 제40조 제2항 (b)(ⅴ)의 규정을 유보하면서 이 협약을 비준하였다. 제9조 제3항은 "당사국은 아동의 최상의 이익에 반하는 경우 이외에는 부모의 일방 또는 쌍방으로부터 분리된 아동이 정기적으로 부모와 개인적 관계 및 직접적인 면접교섭을 유지할 권리를 가짐을 존중하여야 한다"이고, 제21조 제1항은 아동의 입양에 관한 조항이고, 제40조 제2항 (b)(ⅴ)은 형사피의자 또는 형사피고인인 모든 아동이 형법 위반으로 간주되는 경우 그 결정 및 그에 따라 부과된 여하한 조치는 법률에 따라 권한 있고 독립적이며 공정한 상급당국이나 사법기관에 의하여 심사되어야 한다는 것이다. 한국은 2008년 10월 16일 제9조 3항에 대하여 유보를 철회하였다. 동 협약은 개인진정을 위한 선택의정서를 가지고 있는바, 2023년 2월 현재 50개국이 가입하였다. 한국은 아직 가입하지 않았다.

7) CMW는 1990년 12월18일 유엔총회에서 채택되었으며, 2003년 7월 1일 발효되었다. 2023년 2월 현재 58개국이 이 협약에 가입되어 있다. 우리나라는 아직 가입하지 않았다.

8) CRPD는 2006년 12월 13일 유엔총회에서 채택되었으며, 2008년 5월 3일 발효되었다. 2023년 2월 현재 186개국이 이 협약에 가입하였다. 동 협약은 개인진정을 위한 선택의정서를 가지고 있는바,

〈표 3-4〉 인권조약 이행 시스템 개관

인권 조약	채택일/ 발효일	감독 기구	위원 수	선출 기관	국가 보고	국가 간 통보	개인 통보	방문조사 등 절차	한국 가입 여부
인종차별 철폐협약	1965.12.21/ 1969.1.4	인종 차별 철폐 위원회	18	당사국	의무 (제9조)	의무 (제11~ 13조)	선택 수락 (제14조)		가입/ 제14조 수락
자유권 규약	1966.12.16/ 1976.3.23	자유권 규약 위원회	18	당사국	의무 (제40조)	선택 (제41조, 42조)	선택 의정서		가입/ 선택 의정서 가입
사회권 규약	1966.12.16/ 1976.3.3	사회권 규약 위원회	18	경제 사회 이사회	의무 (제16조, 17조)		선택 의정서		가입/ 선택 의정서 미가입
여성차별 철폐협약	1979.12.18/ 1981.9.3	여성 차별 철폐 위원회	23	당사국	의무 (제18조)		선택 의정서	선택 의정서 제8, 10조 (불수락 가능)	가입/ 선택 의정서 가입
고문방지 협약	1984.12.10/ 1987.6.26	고문 방지 위원회	10	당사국	의무 (제19조)	선택 (제21조)	선택 수락 (제22조)	선택 의정서 제20, 28조 (불수락 가능)	가입/ 제28조 수락
아동권 협약	1989.11.20/ 1990.9.2	아동권 위원회	10	당사국	의무 (제44조)		선택의정 서		가입/ 선택 의정서 미가입
이주 노동자 보호협약	1990.12.18/ 2003.7.1	이주 노동자 보호 위원회	10	당사국	의무 (제73조)	선택 (제76조)	선택 수락 (제77조)		미가입
장애인 권리 협약	2006.12.13/ 2008.5.3	장애인 권리 위원회	12	당사국	의무 (제35조)		선택 의정서		가입/ 선택 의정서 가입
강제실종 방지 협약	2006.12.20/ 2010.12.23	강제 실종 위원회	10	당사국	의무 (제29조)		선택 수락 (제31조)		가입/ 제31조 수락

2023년 2월 현재 104개국이 가입하였다. 한국은 2009년 1월 9일 협약에 가입했고 2023년 1월 선택의정서에 가입했다.

- 강제실종위원회(Committee on Enforced Disappearances): 모든 형태의 강제실종자 보호에 관한 국제협약(International Convention for the Protection of All Persons from Enforced Disappearances: CED)[9)]

위 기구들이 다루는 권리로는 시민적·정치적 권리, 경제적·사회적 권리, 인종차별금지, 성차별금지, 고문금지, 아동의 권리, 이주노동자 등이다. 이들 인권조약들은 여러 측면에서 구별이 되지만 적어도 그 기본적인 메커니즘은 유사하다고 할 수 있다. 따라서 대표적인 인권조약에 근거한 실시 시스템을 이해하면 다른 것들의 이해는 크게 어렵지 않을 것이다. 우리는 그 대표적인 시스템으로 자유권규약(ICCPR)에 기인한 인권실시 시스템을 연구하기로 한다. 이것은 사회권규약(ICESCR)과 함께 인권보장의 가장 핵심적인 것으로 다른 인권보장제도의 선구적 역할을 해왔기 때문이다. 그 전에 우리는 세계인권선언이 자유권규약과 사회권규약으로 분리되어 탄생된 경위와 두 규약의 성격에 대하여 간단히 알아본다.

I. 권리장전으로서의 두 개의 국제인권규약

1. 자유권규약과 사회권규약

가. 국제인권장전의 탄생

오늘날 많은 국가는 인권보장을 통치의 기본원리의 하나로 내걸고 있다. 이들 국가는 대부분 반드시 보장해야 할 인권을 나열한 '인권장전' 내지 '권리장전(bill of rights)'을 헌법 또는 법률에 규정하고 있다. 1945년에 설립된 유엔은 설립과 동시에 인권장전을 만들기 위해 노력했다. 먼저 1948년에 모든 국가와 사람이

9) CED는 2006년 12월 20일 유엔총회에서 채택되었으며, 2010년 12월 23일 발효되었다. 2023년 2월 현재 70개국이 이 협약에 가입되어 있다. 협약 본문에 개인진정 절차를 규정(제31조)함으로써 당사국이 이를 수락한 경우 피해자 가족 등은 강제실종위원회에 청원을 할 수 있다. 한국은 2023년 2월 이 협약에 가입하였고, 동시에 제31조도 수락하였다.

지켜야 할 기준으로서 '세계인권선언(Universal Declaration of Human Rights)'이 채택되었다. 이는 역사상 최초로 국제사회가 지구적 차원에서 보편적 인권선언을 한 것이다. 그러나 이 선언은 국제법상 구속력 있는 조약이 아니었기 때문에 유엔은 선언 이후 바로 법적 구속력이 있는 인권조약을 만드는 작업을 개시했다. 그 결과 1966년 유엔총회는 국제인권장전(international bills of rights)으로서의 성격을 갖는 인권규약을 완성했다. 이것은 법적으로는 조약, 협정, 계약 등의 명칭을 갖는 여러 가지 국제문서와 마찬가지로 법적 형식으로는 '조약'이지만 중요한 서약이라는 것을 강조하기 위하여 '규약(covenant)'이라는 명칭을 사용했다.

이 국제인권장전은 본체로서는 두 개의 조약으로 되어 있는데 원래 하나의 인권장전으로 준비되었기 때문에 전문이나 일부 조항(예: 제1조)은 두 규약이 동일하다. 두 규약 제1조는 인민자결권의 규정으로, 모든 인민은 자결의 권리를 갖고, 그 정치적 지위를 자유롭게 결정하고 그 경제적·사회적·문화적 발전을 자유롭게 추구한다는 것 등을 정하고 있다(제1항). 두 개의 규약에서 제1조 이외의 규정은 모든 개인의 권리라는 형태로 규정되고 있는 데 비하여 제1조는 인민이라는 집단의 권리를 규정하고 있는 점이 특이하다. 이것은 국제인권규약의 작성이 이루어진 1950~1960년대의 탈식민주의와 거기에서 연유한 인민자결권과 관련이 있다. 구미 제국의 식민지에서 막 벗어나 독립국이 되고 연이어 유엔에 가입한 제3세계 국가들은 개인의 인권은 식민지배로부터의 완전한 이탈이 전제조건이라고 인권규약 제정 과정에서 강력하게 주장했던 것이다.

나. 두 규약 간의 차이

국제인권규약의 하나는 '경제적·사회적 및 문화적 권리에 관한 국제규약(International Covenant on Economic, Social and Cultural Rights)'이라고 하며 노동의 권리나 노동기본권, 사회보장에 관한 권리, 교육을 받을 권리 등 일반적으로 '사회권'이라고 불리는 여러 권리를 정하고 있으므로 약칭, '사회권규약'(일명 A규약)이라고 한다. 또 하나인 '시민적·정치적 권리에 관한 국제규약(International Covenant on Civil and Political Rights)'은 생명권, 고문 그리고 잔혹하거나 비인도적이거나 품위를 손상시키는 취급이나 형벌을 받지 않을 권리, 표현의 자유, 사생활의 존중

등 일반적으로 '자유권'이라고 불리는 권리를 정하고 있어 약칭, '자유권규약'(일명 B규약)이라 불린다. 이처럼 인권규약이 두 개의 개별 조약으로 채택된 것은 조약에서 비롯되는 국가의 의무와 관련되어 있다. 즉, 당시 규약 제정 과정에서 각국 대표자들은 규약상의 인권은 즉시 실현하는 것이 비교적 용이한 권리와 현실적으로 국가의 재정적 부담이 커서 즉시 실현하기 어려운 권리로 나누어지므로 동일한 의무를 부과할 수 없다는 주장을 했고 이러한 주장이 받아들여진 것이다. 이런 이유 때문에 두 개의 규약에서는 인권보장에 관하여 체약국이 지는 의무가 다르게 표현되었다. 즉, 자유권규약에서는 규약상의 권리를 "영역 내에 있고 그 관할하에 있는 모든 개인에 대하여 …… 존중하고 확보(respect and ensure)"(자유권규약 제2조 1항)라는 강한 문언으로 규정되어 있는 반면, 사회권규약에서는 체약국은 권리의 "완전한 실현을 …… 점진적으로 달성"하기 위하여 "자국의 가용자원이 허용하는 최대한도까지 조치를 취할 것을 약속"(사회권규약 제2조 1항)이라는 문언으로 되어 있다. 또한 조약에 의한 실시방안도 사회권규약은 애초부터 국가보고제도뿐이었던 데 비해 자유권규약은 별도의 '선택의정서'를 만들어 규약상의 인권을 침해당한 개인이 규약위원회(Human Rights Committee)에 통보를 하는 '개인통보제도(individual communication)'를 채택했다.[10)]

다. 규약상 권리주체와 관할

자유권규약은 체약국이 권리를 보호해야 하는 개인을 "영역 내에 있고 그 관할하에 있는 모든 개인"으로 규정(제2조 1항)하고 있어 자국민인지 여부는 관계없다. 이것은 '인권 = 모든 사람의 권리'라는 원칙을 적용한 것이다. 그러나 사회권규약은 체약국의 경제적인 사정을 고려하고 "개발도상국은 인권과 국가 경제를 충분히 고려하여 그 규약에서 인정되는 경제적 권리를 어느 정도까지 외국인에게 보장하는가를 결정할 수 있다"(제2조 3항)라는 규정을 두고 있다. 그러나 특별히 명기되어

10) 유엔은 2008년 개인통보제도를 내용으로 하는 사회권규약 선택의정서를 채택하였다. 이 의정서는 동 의정서 제18조 제1항이 요구하는 수(10개국)의 체약국의 가입으로 2013년 5월 5일부로 효력이 발생되었다. 그러므로 개인통보제도의 유무가 자유권규약과 사회권규약의 차이라고 하는 설명은 더 이상 의미가 없게 되었다.

있는 경우를 제외하고 일반적으로는 인권조약은 체약국의 '관할하(내)에 있는 개인' 모두를 대상으로 인권조항의 의무를 체약국에 부과하고 있다. 여기에서 관할이란 국가의 권한이라는 의미에서 파악해야 한다. 국가의 영역은 일정한 예외(예: 외국의 대사관 부지 등)를 제외하고 보통은 국가의 관할하에 있으므로 양자는 실제로는 대체로 겹치게 된다. 한편, 영역 외라고 하더라도 국가가 관할을 갖는 경우로서 해외의 대사관 등에서 국가기관이 행하는 행위 등이 있다. 그런데 자유권규약에서는 "영역 내에 있고 그 관할하에 있는 모든 개인"이 규약 적용의 대상으로 되어 있는데 이것은 어떻게 이해하면 좋을까. 이 규정을 문리해석하여 한 국가의 영역 밖에 있는 경우에는 규약이 적용될 여지가 없다고 해야 할 것인가. 그렇게는 해석하기 어렵다고 보아야 한다. 자유권규약도 규정상 영역 밖에서의 적용을 예정하고 있기 때문이다. "어느 누구도 자국에 돌아갈 권리를 자의적으로 빼앗기지 않는다"라고 한 제12조 4항이 그 전형적인 예이다. 이 권리에 대해서는 애초에 자국 외에 있는 사람의 권리가 문제가 되기 때문에 '영역 내'의 요건에 얽매이게 되면 명백하게 불합리한 결과가 된다. 따라서 본질적으로 중요한 것은 체약국의 '관할하'에 있다는 요건인바, 개인이 규약상의 권리와 관계있고 그 나라의 관할하에 놓여 있다면 문제는 되지 않는다. 예를 들면 타국 주재 대사관이나 영사관이 자국민에게 여권의 갱신을 자의적으로 행하지 않아 자국에 돌아갈 권리를 박탈하는 경우, 제12조 4항의 권리와의 관계에서 해당 개인은 그 나라의 '관할하'에 있다고 할 것이고, 자유권규약 위반을 주장할 수 있다.

2. 인권장전으로서의 두 규약과 국가의 의무

자유권규약과 사회권규약에서 예상하는 국가의 의무는 두 규약의 탄생 배경에 비추어 일견 상이함을 알 수 있다. 그러나 국제인권법 분야에서는 두 규약이 탄생된 이래 그 성격의 차이를 불식시키기 위해 노력해 왔다. 특히 이것은 사회권규약의 이행과 관련하여 실질적인 의미가 있다. 사회권은 '점진적으로 실현'되는 것이라는 말이 국가의 '노력의무'로만 이해되면 사회권규약의 법적 구속력은 사실상 상실되는 것이나 마찬가지이기 때문이다. 사회권규약상의 국가의 의무가 자유권규약상의 그것과 본질적으로 다르지 않음은 지난 20년간 국제사회의 노력으로 이제 국제인권법에서는 상식적으로 통용된다.[11] 인권의 내용이 사회권이든 자유권이든 국가에게는 즉시 이행할 의무가 있으며 적극적 의무가 있다. 이러한 논법을 여기에서는 자유권규약을 해석하는 데 적용해 보자. 자유권은 통상 그 권리실현을 위하여 국가의 적극적 의무는 불필요하다는 견해가 지배적이었다. 그러나 꼭 그렇지만은 않다. 예컨대 공정한 재판을 받을 권리(규약 제14조)를 보자. 이 권리는 재판을 받을 권리라는 단어 그대로 공정한 재판을 위해 국가에 행위를 요구하는 권리로서의 성격을 갖는다. 자유권규약은 공정한 재판을 받을 권리에 대하여 형사상의 죄를 결정함에 있어서 보장되는 여러 가지 권리(제2~3항)를 포함하여 상세한 규정을 두고 있는데 이 권리들은 공정한 재판을 위한 국가의 부작위 의무를 내포할 뿐만 아니라, 원래 국가의 적극적인 시책에 의해 그 실현이 가능한 권리이며 그 실현에는 상당한 재정 부담이 필요하다. 이 규약을 만들 당시에는 자유권규약상의 권리는 국가가 권리침해를 하지 않으면 되는 것이므로 국가의 재정 부담 없이 용이하게 달성할 수 있다는 생각이 강했다. 그러나 재판소의 설비가 정비되고 재판의 운영을 지지하는 법조인이 많은 서구의 나라들이라면 몰라도 그와 같은 기반을 갖지 못하는 개발도상국의 경우는 이런 전제가 들어맞지 않는다. 또한 서구 여러 나라조차도 피고인이 재판소에서 사용되는 용어를 이해하지 못하거나 또는 사용할 수 없는 경우에 무료로 통역 원조를 받을 권리(제14조 3항 f)의 확보는 용이한 것이 아니다. 이와 같이 어떤 나라라도 공정한 재판을 받을 권리의 실현을 위해서는 재정지출을 포함한 국가의 적극적인 조치를 필요로 한다. 또한 자유권규약에 포함되는 고문이나 잔혹한 취급 등을 받지 않을 권리(제7조)는 그에 대응하는 의무로서 국가가 고문 등을 하지 않을 의무만을 생각하면 부작위 의무이므로 일견 즉시실현이 용이한 것처럼 생각된다. 그러나 이러한 부작위 의무가 현실화되기 위해서는 법령의 규정만으로는 불충분하다. 아무리 고문 등을 금지하는 규정을 가지고 있다고 해도 고문은 일어날 수 있으므로 문제는 국가가 그런 행위가 일어나지 않도록 방지하며 실제로 발생한 경우에는 실행자의 처벌이나 피해자의 구제,

11) 이에 대해서는 '제2장 제3절 사회권에 관한 새로운 인식' 참고.

그리고 같은 종류의 사건이 다시 일어나지 않도록 재발방지조치를 취해야 한다. 따라서 고문이나 잔혹한 취급을 받지 않을 권리는 현실적으로 단순한 국가의 부작위 의무로는 바로 확보되지 않는다. 사전의 방지조치, 사후의 구제, 재발방지조치에 이르기까지 폭넓고 적극적인 대책을 지속적으로 해나가지 않으면 안 된다.

'사생활의 존중'(규약 제17조)도 마찬가지다. 누구나 사생활, 가족, 주거 또는 통신에 대하여 자의적 또는 불법으로 간섭당하거나 명예와 신용을 불법으로 공격당하지 않도록 하고 있다(제1항). 이것을 국가가 이러한 공격이나 간섭을 하지 않는 부작위 의무로만 실현된다고 생각한다면 이것도 일견 즉시실현이 가능할지도 모른다. 그러나 동조의 제2항은 모든 자는 제1항의 간섭 또는 비난에 대하여 법의 보호를 받을 권리를 갖는다고 정하고 있다.

세계에서 IT 산업이 가장 발달한 한국에서는 최근 개인정보 누설 문제가 심각하다. 각종 포털사이트에서 관리하는 개인정보가 누설되는 사건이 종종 일어나고 있다. 이처럼 정보통신기술이 비약적으로 발전한 오늘날의 사회에서 이 권리를 실효적으로 확보하기 위해서는 국가의 적극적이고 계속적인 대응이 필요하다. 국가는 기술 진보에 따라 항상 주의를 기울이면서 적절한 법 정비를 해나가면서 개인의 사생활을 보호해야 한다. 이처럼 이른바 '자유권'으로 분류되는 권리라도 현실에서 권리를 실효적으로 확보하기 위해서는 국가의 적극적인 조치가 불가결한 경우가 많다. 다시 말하면 이른바 자유권의 확보를 포함한 모든 인권보장은 국가의 적극적인 대응을 필요로 한다고 할 수 있다.

II. 자유권규약위원회의 기능 개관

자유권규약위원회의 기능은 자유권규약의 제28조 내지 제45조 및 제1선택의정서에 잘 나타나 있다. 이를 토대로 동 위원회의 기능을 설명하면 다음의 네 가지로 설명할 수 있다.

- 국가보고제도(national reporting): 자유권규약 제40조는 가입국가에게 동 규약을

얼마나 성실히 이행했는가를 알 수 있도록 보고서 제출을 의무화하고 있다. 자유권규약위원회는 이 보고서를 검토한다. 위원회는 보고서를 검토한 다음 당사국에 대하여 최종 견해를 발표하고 이행을 촉구한다.

- 일반논평(General Comment): 자유권규약 제40조는 위 제도 이외에 규약위원회로 하여금 필요하다고 인정될 때 일반적인 의견을 낼 수 있도록 하고 있다. 주로 자유권규약의 해석과 적용의 원칙에 대하여 일반적인 논평을 낸다.
- 개인통보제도(individual communication): 인권침해를 당한 개인이 자유권규약위원회에 진정(communication)을 제출하여 위원회가 이를 검토하고 준사법적 결정을 내린다. 이것은 선택사항으로 개인이 이 제도를 이용하기 위해서는 자유권규약 가입국은 선택의정서에도 동시에 가입해야 한다.[12)]
- 국가 간 통보제도(inter-state complaints): 자유권규약 제41조 내지 제43조는 규약 가입국의 규약위반 행위가 있을 시 규약의 다른 가입국의 통보제도를 인정한다. 이는 규약 가입국 간에 진정제도를 인정하는 것으로 이것이 작동되기 위해서는 규약 가입국이 위 조항에 대해 특별히 수락의 의사표시를 해야 한다. 다만 이 제도는 각국이 외교적 갈등을 우려하여 현실적으로는 잘 이용되지 않는다.

자유권규약 제28조 내지 제31조는 자유권규약위원회의 구성에 대해 규정하고 있다. 18명의 위원들로 구성되는데 이들은 높은 도덕적 덕성과 인권 분야에서 능력을 인정받는 사람이어야 하고 일부 위원들에게는 법률적 소양과 경험이 고려된다. 사실상 모든 위원들은 다음 중에서 한 분야의 전문가들이다. 개인 전문영역, 학교, 공익활동, 외교, 사법 관계기관, 정부 등. 멤버 선출에 있어 한 가지 중요한

---

12) '개인통보(individual communication)'는 일반적으로 '개인진정(individual complaint)'이라고도 불린다. 이 제도는 현재 ICCPR을 비롯해 최근까지 9개 인권조약 모두 마련되었다. 이 중 ICCPR, ICESCR, CEDAW, CRC, CRPD는 본 조약 외에 별도의 선택의정서(optional protocol)에 이 제도가 정해져 있고, CAT, CERD, CMW, CED는 본 조약 중에 규정되어 있다. 개인통보제도를 이용하기 위해서는 전자의 경우는 당사국이 별도의 선택의정서에 가입해야 하고, 후자의 경우는 협약 가입과 별도로 수락선언(declaration)을 해야 한다. 한국은 2023년 말 현재 ICCPR, CEDAW, CRPD의 각 선택의정서에 가입했고, CERD, CAT, CED의 경우 수락선언을 했다.

고려사항은 지역 안배와 법률체계의 안배이다. 제28조 제3항은 모든 위원이 개인의 능력 범위 안에서 독립적으로 일하도록 요구하고 있다. 이것은 이들이 정부의 대표가 아니고 독립적인 전문가라는 것을 의미한다. 그러나 이들의 독립성은 단지 상대적인 개념으로 이해하는 것이 정확하다. 정부대표로 구성되는 종전의 인권위원회와 같은 기구보다 정치성이 덜하다는 것이지 완전한 것은 아니다. 선출과정에서 정부의 추천이 있어, 그 과정에서 각국 정부는 정부와 관련이 있는 사람을 선호하므로, 이것이 위원들의 독립성을 해칠 수 있다. 또한 위원은 파트타임 직업에 불과하므로 많은 위원들이 자기의 고정적인 직업으로 자국 정부의 공무원 직업을 계속 유지하기 때문에 완전한 독립성을 기대하기는 어렵다.

자유권규약위원회는 연중 3번의 회기를 갖는데 각기 3주의 일정으로 두 번은 제네바에서, 한 번은 뉴욕에서 모인다. 낮은 급여와 파트타임 업무를 감안할 때 위원들은 회기 중에 바쁜 일정을 보내야 하는 상황이다. 대부분의 모임은 공개로 열리며 대개는 방청객도 미디어도 관심을 끌지 않는 상황에서 진행된다.

자유권규약위원회의 결정은 규약 제39조 제2항에 따라 원칙적으로 과반수에 의하여 결정된다. 그러나 사실상 모든 결정은 투표 없이 합의에 의한 방식으로 결정된다. 위원들 사이에서는 만장일치로 의사를 단일화하는 과정에서 많은 거래(give-and-take)가 이루어진다. 개인통보제도의 경우에서는 소수의견(dissenting opinion)을 쓸 수 있는 기회가 보장되고 있다.

자유권규약위원회의 기능과 역할에 대해서는 냉전이 종식된 이후 과거와 같은 심각한 갈등은 없어졌지만 아직도 창설 초기(자유권규약은 1976년에 발효되었음)의 이념적 논쟁은 동 규약위원회의 운영에 큰 영향력을 발휘하는 배경이다.[13] 원래 자유권규약의 초안과정에서는 규약에서 규정되는 권리의 이행(implementation)은 우선적으로 국가적 차원에서 주도되어야 한다는 것이 일반적 합의였다. 소련과 같은 공산진영은 절대로 동 권리를 국제적으로 실시케 하는 조치는 없어야 한다고 주장했다. 그들은 인권의 국제적 실시조치는 국가에 특정한 조치를 강요하는 국제

13) 이러한 논쟁에 대해서는 Dominic McGoldrick, *The Human Rights Committee*(Oxford, 1991), p. 13 참고.

〈표 3-5〉 국제인권기구에 의한 방문조사제도

고문방지협약의 선택의정서는 국제인권기구 및 국내인권기구에 의해 구금시설의 정기적인 방문제도(on-site-visits)를 확립하기 위해 성안되었다. 이 선택의정서에 가입하면 이 의정서에 의해 만들어지는 방지소위원회는 가입국의 구금시설에 다음과 같은 권한을 갖게 된다(제14조 제1항). - 구금 장소에서 자유를 박탈당한 사람들의 수, 구금 장소의 숫자 및 위치에 대한 정보에 대한 제한 없는 접근 - 피구금자에 대한 처우, 그들의 구금 상태에 대한 정보에 대한 제한 없는 접근 - 모든 구금 장소와 시설 및 설비에 대한 제한 없는 접근 - 자유를 박탈당한 사람들 기타 관련 정보를 제공할 수 있는 모든 사람들과 개인적으로 혹은 필요시 통역사와 함께 입회인 없이 면담할 기회 - 원하는 방문 장소와 면담자를 선택할 자유 (우리나라는 2023년 말 현재 아직 이 선택의정서에 가입하지 않고 있다. 국가인권위원회는 2006년 정부에 이 선택의정서에 가입할 것을 권고한 바 있다.)

적 압력이라고 주장하면서 이것은 유엔헌장 제2조 제7항에서 보장하는 국가의 주권과 독립을 해치는 행위라고 했다. 나아가 이들은 개인통보제도는 평화적인 국제관계를 해쳐 결국 국제적 분쟁을 낳을 것이라고 경고했다.

그러나 이러한 견해는 곧 소수의 견해로 전락하고 말았다. 다수의 견해는 인권의 국제적 실시는 결코 국내관할권(domestic jurisdiction)과 배치되는 것이 아니라고 하면서 그것은 인권의 효과적인 준수를 위해서는 필수적인 장치라고 주장했다. 다만 구체적으로 어떻게 해야 할 것인가는 많은 제안이 있었다. 거기에는 규약의 권리에 대해 분쟁이 있을 경우 인권국제재판소에서 처리하자는 안(International Court of Human Rights), 우선적으로 외교적 교섭으로 해결하고 그것이 안 되는 경우 임시사실확인조사위원회를 만들자는 안(ad hoc fact-finding Committee), 인권문제를 위한 고등판무관실을 만들자는 안(Office of High Commissioner for Human Rights), 규약의 모든 권리 혹은 일부의 권리에 대하여 국가에 보고의무제도를 두어야 한다는 안(reporting procedure), 규약위원회에 규약상의 인권의 준수와 관련된 모든 정보를 수집케 하고 필요한 경우 사실조사를 할 수 있는 권한을 주자는 안(Human Rights Committee) 등이 바로 그것이다. 위와 같은 다양한 인권의 국제적 실시를 위한 제안들은 비단 자유권규약이 창설될 당시만의 문제가 아니라 현재의 문제이기도 하다. 인권의 국제적 관심이 고조될 때마다 위의 제안들은 형식을 조금 달리한 채 다시 부상한다.

III. 국가보고제도(state reporting)

특정 국가가 자국의 인권상황과 정부의 인권실시조치를 인권조약의 기구에 정기적으로 보고한다는 것은 이제는 국제인권법상 꽤나 상식적인 제도가 되었다. 그러나 이것이 제도화되는 과정은 위에서 언급했듯이 많은 반론이 제기되었다. 전통적인 주권이론이 세계를 풍미하던 제2차 세계대전 이전에는 국내의 정부와 국민의 관계라고 보이는 인권문제를 국제기구에 보고한다는 의무를 국제사회가 합의한다는 것은 감히 상상조차 할 수 없는 제안이었을 것이다. 그러므로 국제사회가 적어도 인권조약에 가입한 국가에 대해서 조약에서 부여한 국가의 의무를 점검하기 위하여 국가에 보고의무를 부과하기로 한 것은 국제인권의 큰 발전이라고 할 수 있다.

자유권규약의 제40조 제1항은 바로 국가의 보고의무를 다음과 같이 정하고 있다.

> 이 규약의 당사국은 규약에서 인정한 권리를 실현하기 위하여 취한 조치와 그러한 권리를 향유함에 있어서 성취된 진전사항에 대하여 보고할 것을 약속한다.

국가가 어떻게 보고서를 작성할 것인가는 이 제도를 만든 이래로 항상 문제가 되고 있다. 이에 대해 자유권규약위원회의 일반논평 제2호는 다음과 같은 가이드라인을 제시한다.

> 위원회는 동 규약에서 규정한 의무에 관한 관련 법률 및 기타 규범뿐만 아니라 당사국 법원 및 기타 기관의 관행과 결정, 그리고 동 규약에서 밝힌 권리의 실제적인 이행

및 향유 정도와 현재까지의 성과와 동 규약상의 의무를 이행하는 과정에서 맞닥뜨린 요소 및 어려움을 보여줄 수 있는 관련 사실도 보고의무에 포함되는 사항으로 본다.[14]

따라서 국가가 보고서를 제출할 때는 단지 관련 법규만을 늘어놓는 것이 아니라 관련 판례 및 국가기관의 결정을 적시하고, 나아가 더 중요한 것은 규약상의 권리가 현실적으로 어떻게 적용되고 있는가를 알 수 있는 사실들(권리신장이 있었다면 그 사실, 권리 실현에 장애가 있다면 그 사실과 원인 등)을 정확히 기술하는 것이 필요하다. 많은 나라가 단지 법률상의 권리만을 열거하면서 마치 헌법과 법률에 보장되어 있는 권리가 현실로도 보장되는 것처럼 보고서를 작성하는데, 이것은 자유권규약위원회에서 보고서를 검토할 때마다 지적되는 사항이다.[15]

자유권규약위원회는 국가로부터 보고서가 송부되면 그것을 심사(study)하는데 그것은 규약위원회 위원들과 몇 명의 관계자들이 참석한 상태에서 공개된 절차로 이루어진다. 동 절차는 위원들이 개별적으로 보고서를 읽어가며 검토하거나 중간에 의견을 이야기하고 질문을 하는 식의 엄격한 검토에는 미치지 못한다. 그러나 정부의 대표들은 위원들의 의견이나 질문에 답변토록 되어 있다. 공개토론이 진행되는 것을 보면 대개 두 가지의 양상을 보인다. 하나는 위원들과 정부대표가 대치적인 양상을 보이는 것이다. 위원들은 보고서 이외에서 입수한 정보를 가지고 보고서의 문제점을 적시하기도 하고 보고서가 현실적인 인권침해의 사례를 적시하지

14) "The Committee considers that the reporting obligation embraces not only the *relevant laws and other norms* relating to the obligations under the Covenant but also the *practices and decisions of courts and other organs of the State party* as well as further *relevant facts* which are likely to show the degree of the *actual implementation and enjoyment of the rights* recognized in the Covenant, the *progress achieved and factors and difficulties* in implementing the obligations under the Covenant"(emphasis added). General Comment No. 2: Reporting guidelines.

15) 2005년 이후 국가보고서(정부보고서라고도 함)는 조약 감시기구들 간의 회의를 통해 만들어진 가이드라인에 의해 공동 핵심문서(모든 조약 감시기구들에게 공통적으로 제출하는 문서로서 해당 국가의 헌법 및 사법제도, 정치제도, 인구통계학 자료 등 기본적인 정보를 담은 문서)와 조약별 제출문서로 나누어 구성하도록 권장되고 있다.

못했다고 비난하기도 한다. 이러한 양상은 소위 인권후진국의 보고서를 심사하는 과정에서 단연 돋보인다. 다른 하나는 보고서의 심의를 관련 국가와 위원회 간에 토론의 장을 삼기 위한 하나의 계기로 삼는다는 것이다(흔히 이것을 건설적 토론, constructive dialogue라고 부른다). 이것은 소위 인권선진국의 보고서를 심사하는 경우에 일어나는 양상이다.

보고서는 국가가 규약에 가입한 이후 1년 이내에 최초보고서를 제출하도록 되어 있으며 그 이후는 위원회가 정하도록 되어 있으나, 현재는 5년마다 제출토록 되어 있다. 그러나 현실적으로는 문제가 되는 것은 많은 나라가 제 기일 내에 보고서를 제출하지 않을 뿐만 아니라 보고서를 제출한다고 해도 시스템적으로 예정된 기일 내에 규약위원회에서 검토되기 어렵다는 점이다.[16)]

자유권규약의 보고서 검토와 관련하여 가장 어려운 문제 중의 하나가 위원들이 반대 자료를 얻는 것이다.[17)] 만일 위원들이 관련 국가의 보고서를 심사하면서

---

16) 자유권규약위원회를 비롯 인권조약기구의 국가보고서 심사는 다음과 같은 절차(정기보고절차)로 진행하는 것을 원칙으로 한다. ① 해당 국가의 정부보고서 제출, ② 국가인권기구의 독립보고서 및 NGO 등 병행보고서 제출, ③ 조약기구의 사전심의회 개최 및 쟁점목록 채택 ④ 당사국의 쟁점목록 답변서 제출 ⑤ 조약기구의 본심의회 개최 및 최종견해 채택, ⑥ 당사국의 권고이행 및 후속조치, ⑦ 조약기구의 정부 후속보고서 평가. 그러나 당사국의 보고서 제출 부담과 조약기구의 심의 적체 현상이 계속되면서 유엔은 최근 이와 같은 보고절차를 간이하게 만드는 절차를 만들어 시행하고 있다. 이를 약식보고절차(Simplified Reporting Procedure, SRP)라고 하는데, 이 절차는 다음과 같다. ① 조약기구의 사전심의회 개최 및 쟁점목록 채택, ② 당사국의 쟁점목록 답변서 제출(국가보고서로 갈음), ③ 조약기구의 본심의회 개최 및 최종견해 채택, ④ 당사국의 권고이행 및 후속조치, ⑤ 조약기구의 정부후속보고서 평가. 2023년 말 현재 모든 인권조약기구가 당사국에 약식보고절차를 운영하고 있다.

17) 유엔 인권조약기구들이 국가보고서를 심의할 때 참고하는 문서는 다음과 같다. ① 당사국에 대한 일반정보(인구, 경제, 사회, 문화적 특성, 헌법, 정치 및 사법제도 등) 및 인권정보(국제인권기준 수용, 인권보호 및 인권증진의 기본틀, 보고절차, 인권침해에 대한 실효적 구제 관련 정보 등)를 담은 공통핵심문서(Common Core Document, CCD), ② 인권조약 이행상황에 관한 국가보고서, ③ 인권조약기구가 채택한 쟁점목록(List of Issues, LoIs), ④ 이해당사자(국가인권기구, NGO등)가 제출한 보고서, 다른 인권조약기구 및 유엔인권이사회, 국가별인권상황정기검토(UPR), ⑤ 특별절차 권고내용 등의 당사국 인권조약 관련 일반자료. 유엔인권최고대표사무국은 위의 자료들을 국가별 파일(country file)로 만들어 국가별 보고관 및 심의위원들에게 제공한다.

〈표 3-6〉 2023년 자유권규약위원회 제5차 한국 정부보고서 심의 최종견해(발췌)

……

B. 긍정적인 측면

3. 위원회는 자유권규약에 따른 인권 보호를 강화하기 위해, 보고기간 동안 당사국이 아래 등을 포함하여 다양한 입법, 정책 및 제도적 조치를 시행한 것을 환영한다.
   (a) 2021년 4월, 「인신매매 방지 및 피해자 보호 등에 관한 법률」
   (b) 2019년 12월 27일, 「대체역의 편입 및 복무 등에 관한 법률」
   (c) 2018년 12월 24일, 「여성폭력방지기본법」

4. 위원회는 당사국이 다음의 국제협약에 가입하거나 비준한 것을 환영한다.
   (a) 2023년 1월, 강제실종으로부터 모든 사람을 보호하기 위한 국제협약
   (b) 2022년 12월, 유엔장애인권리협약 선택의정서
   (c) 2021년 4월, ILO협약 제29호, 제87호, 제98호 (3개 협약 2022년 4월 20일 국내 발효)

……

C. 주요 우려 사항과 권고

선택의정서상의 견해(제2조)

5. 위원회는 당사국(한국)이 선택의정서에 따라 채택된 개인통보 결정의 이행을 위한 구체적인 절차를 아직 마련하지 않았으며, 다수의 결정이 채택된 지 상당한 시간이 지났음에도 불구하고 아직 완전히 이행되지 않았다는 점에 대해 여전히 우려를 표한다. 위원회는 당사국이 위원회의 개인통보 결정을 포함한 국제인권기구의 권고에 대한 국내 이행 메커니즘에 관한 사항을 포함하는 「인권정책기본법」의 제정을 준비하고 있다는 보고를 환영한다. 그럼에도 불구하고 위원회는 한국 법원의 판결이 위원회의 개인통보 결정에 의해 무효화될 수 없다는 당사국의 진술과, 사법부가 일반적으로 당사국이 비준한 국제인권조약의 적용 가능성, 내용 및 해석에 익숙하지 않다는 보고에 대해 우려를 표명한다.

6. 당사국은 피해자의 효과적인 구제 권리를 보장하기 위해 국내 법원 절차를 포함하여 위원회가 채택한 최종견해 및 개인통보 결정에 포함된 권고사항의 이행을 보장해야 한다. 위원회가 배상 조치를 권고한 개인통보 사건의 진정인이 국내 법원에서 해당 조치의 이행을 요구할 수 있는 권리를 인정하는 법률의 제정을 고려해야 한다. 판사,

검사 및 법 집행 공무원 등에게 자유권규약에 대한 구체적인 교육을 제공해야 한다. 또한 위원회의 권고와 개인통보 결정의 이행을 모니터링하기 위한 국내 메커니즘의 제도화를 고려해야 한다.

국가인권기구(제2조)

7. 위원회는 국가인권위원회 위원 후보자 선정위원회를 설치하는 법안이 현재 국회에 계류 중이라는 당사국의 입장에 주목하면서, 위원회의 위원 선정 및 임명을 위한 매우 투명하고 참여적인 절차가 아직 법률로 규정되어 있지 않다는 점에 우려를 표한다. 위원회는 또한 국가인권위원회가 그 임무를 완전히 이행하는 데 필요한 재정이 충분치 않다는 점을 우려한다.
8. 당사국은 국가인권위원 후보자 추천을 위한 독립적인 위원회의 설치를 포함하여 위원 선정 및 임명을 위한 투명하고 참여적인 절차를 보장하기 위해 필요한 조치를 취하고, 국가인권위원회가 그 임무를 온전히 이행할 수 있도록 재정적 독립성과 자율성을 보장해야 한다.

……

차별금지, 혐오표현 및 혐오범죄

11. 위원회는 인종, 민족, 연령, 국적, 종교, 이주 상태, 장애, 성적 지향 및 성정체성 등을 사유로 한 차별 및 혐오 표현을 다루는 포괄적인 차별금지법이 당사국에 부재한 것에 대해 여전히 우려하고 있다. 위원회는 또한 북한이탈주민, 무슬림 이주민, 난민 등 특정 집단을 대상으로 한 차별 및 혐오 발언이 지속적으로 발생하고 있는 점, 코로나19 팬데믹 기간 동안 오프라인 및 온라인상에서 이주민, 난민 신청자, 난민을 향한 정치인 및 공인 등에 의한 혐오 발언이 증가한 점에 대해 우려한다. (제2조, 제19조, 제20조, 제26조)
12. 당사국은,
    (a) 모든 삶의 영역에서 인종, 민족, 연령, 국적, 종교, 이주 상태, 장애, 성적 지향, 성정체성 등을 이유로 한 직접적, 간접적, 교차적 차별을 정의하고 금지하며, 차별 피해자를 위한 효과적이고 적절한 구제 수단을 보장하는 포괄적인 차별금지법을 채택하여야 한다.
    (b) 인권 존중과 다양성에 대한 관용을 증진하고 인종, 민족, 종교 또는 성적 지향 및 성 정체성 또는 국제인권법에 따라 보호되는 기타 근거에 기반한 고정관념적 편견을 근절하기 위한 인식 제고 노력을 강화하여야 한다.
    (c) 혐오범죄 신고를 장려하고 그러한 범죄가 효과적이고 철저하게 조사되고, 가해자

가 기소되며, 유죄판결을 받으면 적절한 처벌을 받고, 피해자에게 효과적인 구제책이 제공될 수 있도록 해야 한다.

(d) 중앙 정부 및 지방 정부, 법 집행 공무원, 판사, 검사를 대상으로 혐오표현 및 혐오범죄 대응에 대한 적절한 교육을 제공하고, 미디어 종사자에게는 다양성 수용을 촉진하는 교육을 제공하여야 한다.

성적 지향 및 성 정체성

13. 위원회는 당사국 내에서 레즈비언, 게이, 양성애자, 성전환자 및 간성인(LGBTI)이 직면하고 있는 지속적이고 광범위한 차별, 혐오표현, 폭력에도 불구하고 성적 지향과 성 정체성에 근거한 차별을 구체적으로 금지하는 법과 정책이 부재한 것에 우려를 표한다. 위원회는 또한 2022년 4월 대법원이 군 시설 밖에서 합의하에 성행위를 한 군인 2명에 대한 유죄 판결을 파기환송했음에도 불구하고, 「군형법」 제92조의6에 따라 군대 내 동성 간 성행위를 계속 범죄화하고 있는 것에 대해 우려를 표한다. 위원회는 동성 커플에 대한 법적 인정이 부족하고, 이로 인해 건강보험과 같은 분야에서 동성 커플과 그 자녀에 대한 경제적, 사회적 차별이 발생하는 것에 대해 추가적인 우려를 표명한다. 또한, 위원회는 성전환(성별정정)을 인정하는 법률이 부재하고, '성전환증' 진단, 불임 및 성전환 수술 등의 요건을 두고 있는 대법원의 '성전환자의 성별정정 신청사건 등 사무처리지침'이 계속 적용되는 것에 대해 우려를 표한다. (제2조, 제7조, 제17조, 제26조)

14. 당사국은,

(a) 성적 지향 및 성 정체성에 기반한 차별을 구체적으로 금지하고 적극적으로 대처하는 법률 및 정책을 채택하여야 한다.

(b) 군인 간의 합의에 의한 동성 간 성행위를 범죄로 규정하는 「군형법」 제92조의6을 폐지하여야 한다.

(c) 동성 커플과 그 자녀가 경제적, 사회적 영역에서 차별을 받지 않도록 민법을 개정하거나 시민 결합(civil union)을 도입하는 등 관련 법률을 제정하거나 개정하여야 한다.

(d) '성전환증' 진단, 불임 및 생식기 재건 수술, 혼인 상태 등의 요건을 삭제하는 등 법적 성별정정의 접근성을 높여야 한다.

(e) 학생들에게 성 및 다양한 성 정체성에 관한 포괄적이고 정확하며 연령에 적합한 정보를 제공하는 성교육 프로그램을 개발하여야 한다.

(f) 성적 지향과 성 정체성의 다양성에 대한 인식과 존중을 장려하기 위해 공공 캠페인을 개발 및 시행하고 공무원을 대상으로 교육을 제공하여야 한다.

……

자발적 임신 중단 및 성과 재생산에 대한 권리

19. 위원회는 안전한 자발적 임신 중단에 대한 효과적인 접근을 보장하기 위해 2019년 4월 낙태를 비범죄화한 헌법재판소의 결정을 이행하기 위한 적절한 입법 및 기타 조치를 취하는 것이 지연되고 있는 것에 우려를 표한다. 이와 관련하여 위원회는 임신중단 약물의 안전성과 효능에 대한 검토가 지연된 것에 대해 유감을 표한다. (제6조, 제7조, 제8조)
20. 당사국은 자유권위원회 〈일반논평 제36호(2018)〉의 8항을 염두에 두고, 안전하고 합법적인 임신중절에 대한 접근을 보호하는 적절한 법률의 제정 등 안전하고 자발적인 임신중절에 대한 효과적인 접근을 보장하기 위해 필요한 모든 조치를 지체 없이 취해야 한다. 의료용 임신중단 약물을 국내에 도입하고, 낙태, 피임, 낙태 치료 및 기타 재생산 건강 서비스에 대한 건강보험 적용을 보장해야 한다.

……

사형제

23. 위원회는 1997년 이후 당사국이 사형 집행을 사실상 유예해 온 점을 인정한 가운데, 법원이 계속해서 사형을 부과하고 상당수의 사람들이 여전히 사형을 선고받고 있음을 심각하게 우려한다. 위원회는 사형제 폐지에 대한 인식 제고 조치 등 사형제 폐지를 위해 (당사국이) 취한 조치가 명백히 부족하다는 점에 대해 유감을 표한다. (제6조)
24. 당사국은 자유권위원회의 〈생명권에 관한 일반논평 제36호(2018)〉을 염두에 두고, 다음을 수행하여야 한다.
    (a) 법률상 사형제도를 폐지하고 모든 사형선고를 징역형으로 감형해야 한다.
    (b) 사형제 폐지를 목표로 하는 자유권규약 제2선택의정서에 가입하는 것을 검토하여야 한다.
    (c) 사형제 폐지에 대한 대중의 지지를 높이기 위해 적절한 인식 제고 조치를 시행하여야 한다.
    (d) 사형선고를 받은 개인이 새로운 DNA 증거 등 새로 발견된 증거를 바탕으로 유죄판결을 재검토할 수 있도록 적절한 법률 및 재정 지원을 제공하여야 한다.

……

생명권 — 이태원 참사

27. 위원회는 2022년 10월 29일 서울 이태원에서 159명이 사망하고 수백 명이 부상을

입은 군중 압사 참사를 예방하고 대응하기 위한 적절한 조치가 취해지지 않은 것에 대해 우려를 표명한다. 위원회는 진상 규명을 위한 전면적이고 독립적인 조사가 이루어지지 않은 것으로 보이며 피해자들에게 효과적인 구제책이 제공되지 않은 것에 대해 유감을 표한다. 또한, 위원회는 당사국이 추모 집회에서 과도한 무력을 사용하고 그러한 집회에 참여한 인권활동가를 조사하는 등 참사 희생자를 추모하려는 노력을 방해했다는 보고에 실망하지 않을 수 없다. (제2조, 제6조)

28. 당사국은 자유권위원회의 〈일반논평 제36호(2018)〉를 염두에 두어, △참사를 조사하고 진실을 규명할 독립적이고 공정한 기구를 설립하고, △고위직을 포함한 책임자들을 사법처리하고, 유죄판결을 받은 경우에 적절히 처벌하며, △피해자와 유가족에게 적절한 배상과 추모를 제공하고, △재발 방지를 보장해야 한다.

……

군대 내 인권침해

31. 위원회는 국가인권위원회에 독립적인 군인권보호관을 신설하고 군사법원의 관할 범위를 축소하는 군사법원법을 개정하는 등 군대 내 인권침해를 예방하고 해결하기 위해 당사국이 취한 다양한 조치를 환영한다. 그러나 위원회는 여전히 군대 내 가혹행위, 성희롱, 성폭력 등 인권침해가 지속적으로 발생하고 있는 것에 대해 우려를 표한다. (제6조, 제7조)

32. 당사국은 군대 내 인권침해에 대한 투명하고 공정한 조사를 수행하기 위한 시스템과 절차를 강화하고, 가해자가 기소되고, 유죄판결을 받은 경우에 적절한 처벌을 받도록 해야 한다. 또한 피해자가 적절한 보상과 법률적, 의료적, 재정적, 심리적 지원을 포함한 완전한 배상을 받을 수 있도록 해야 한다. 당사국은 또한 군대 내 인권보호 시스템을 강화하고 인권 존중 문화를 조성하기 위한 노력을 강화해야 한다.

……

변호인의 조력을 받을 권리

35. 위원회는 「형사소송법」 및 '변호인의 신문 및 조사 참여에 관한 운영지침'등에 모호하게 정의된 여러 조건에서 변호인 참여권이 제한될 수 있으며, 검사 또는 사법경찰관에게 광범위한 재량권을 부여하여 변호인을 배제할 수 있다는 점에 대해 여전히 우려하고 있다. (제9조 및 제14조)

36. 당사국은 자유권위원회의 〈신체의 자유와 안전에 관한 일반논평 제35호(2014)〉를 참조하여, 자유권규약 제9조에 따라, 어떠한 경우에도 피구금자가 심문 중 변호인의

조력을 받을 권리가 제한되지 않도록 「형사소송법」 및 관련 규정을 개정해야 한다.

……

구금시설 여건

41. 위원회는 당사국이 취한 특정 조치를 인정하면서도, 구금시설 여건이 여전히 자유권 규약 제10조와 '수형자 처우에 관한 유엔 표준 최소규칙('만델라 규칙')'을 완전히 준수하지 못하고 있다는 점에 우려를 표한다. 2023년에 구금시설의 전체 수용률이 수용 인원의 108%까지 감소했지만, 과밀 수용, 특히 혼거수용실의 수감자 1인당 공간 부족이 여전히 문제로 남아 있다는 점에 주목한다. 위원회는 또한 독방 구금의 연장 등을 포함하여, 처벌로서 독방 구금에 과도하게 의존하는 것에 대해서도 우려하고 있다. 위원회는 정신질환을 포함한 의료서비스에 대한 불충분한 접근과 조사수용실에서 남성 교도관이 여성 수용자를 감독하는 것에 대해 추가적인 우려를 표한다. (제10조)

42. 당사국은 구금시설 여건이 '수형자 처우에 관한 유엔 표준 최소규칙('만델라 규칙')', '여성 수감자 처우 및 여성 범죄자에 대한 비구금 조치에 관한 유엔 규칙(방콕 규칙)'등 국제인권기준을 준수하도록 해야 한다. 특히,
   (a) 비구금 조치에 대한 의존도를 높이고 구금시설을 신축 및 리모델링하는 등 과밀 수용을 방지하고 줄이기 위한 노력을 지속하며, 수감자당 최소 생활 공간이 국제기준에 부합하도록 보장한다.
   (b) 처벌적 독방 감금에 대한 의존도를 줄이고, 법정 최대 독방 감금 기간을 '만델라 규칙'에 부합하도록 하며, 독방 감금을 연속적으로 부과하는 조치를 금지하여야 한다.
   (c) 교정 시설에 자격을 갖춘 의료진의 수와 관련 예산을 늘리고, 수감자의 건강권을 보장하기 위해 구금 환경을 개선하여야 한다.
   (d) 조사수용실에서 여성 수감자가 남성 교도관의 감독을 받지 않도록 한다.

……

양심적 병역거부

51. 위원회는 2019년 12월 27일 「대체역의 편입 및 복무 등에 관한 법률」이 제정되어 2020년 1월부터 시행됨으로써 대체복무제도가 도입된 것을 환영한다. 그러나 위원회는 현행 대체복무제도의 복무기간이 36개월로 현역복무(18~21개월)에 비해 차별적이고 징벌적이라는 점과 대체복무가 교정 시설 복무로 제한되어 있다는 점에 우려를

표한다. 위원회는 대체복무제를 거부한 사람들의 청구가 현재 헌법재판소에 계류 중임을 인지하며, 군복무 중인 군인은 양심에 따른 병역거부를 할 수 없다는 사실에 주목한다. 위원회는 2018년 6월 28일 헌법재판소의 결정에 따라 양심적 병역거부자들이 석방되고 전과 기록이 말소된 것을 환영하지만, 위원회의 전차 권고 및 개인통보 결정에 반하여, 이들에게 보상이 제공되지 않았다는 점에 대해 우려한다. (제17조, 제18조)

52. 당사국은 과도하게 긴 대체복무 기간을 단축하고, 교정 시설 외의 장소로 대체복무 영역을 확대함으로써 양심적 병역거부자에 대한 차별적 처우를 철폐해야 한다. 또한 당사국은 현역 군인의 양심적 병역거부권을 인정하고, 위원회의 이전 권고와 개인통보 결정을 준수하여, 2018년 6월 28일 헌법재판소의 결정에 의거하여 석방되고 범죄 기록이 말소된 양심적 병역거부자에게 보상을 제공하는 방향으로 법률을 개정하는 것을 고려해야 한다.

……

표현의 자유

53. 위원회의 전차 권고를 참고하여 볼 때, (당사국에서) 명예훼손을 비범죄화하기 위한 조치가 취해지지 않은 것으로 보이며, 형법 조항에 따라 최대 7년의 징역형이 적용될 수 있다는 점에 대해 위원회는 우려를 표한다. 특히 정부나 기업의 이해관계에 비판적인 견해를 표명한 언론인이 형사 기소를 당하고, 고위 공직자와 선출직 공직자들이 자신들을 비판하는 언론인을 상대로 형사고소를 계속하고 있다는 점에 우려를 표명한다. 위원회의 이전 권고와 관련하여, 위원회는 「국가보안법」, 특히 동법 제7조의 지나치게 모호한 문구에 따라 기소가 계속되고 있는 것에 대해 여전히 우려하고 있다. 위원회는 명예훼손죄와 「국가보안법」이 대한민국의 표현의 자유에 미치는 위축 효과에 대해 지속적으로 우려하고 있다. (제9조, 제15조, 제19조)

54. 당사국은 명예훼손의 비범죄화를 고려해야 하며, 자유권위원회의 〈일반논평 제34호(2011)〉에 명시된 바와 같이 징역형은 명예훼손에 대한 적절한 처벌이 될 수 없음을 명심하여 모든 경우에 형법의 적용은 가장 심각한 명예훼손 사건에 제한해야 한다. 형사법이 언론인이나 반대 목소리를 침묵시키는 데 사용되지 않도록 보장하고, 민주주의 작동에 필수적인 비판에 대한 관용 문화를 장려해야 한다. 또한 당사국은 「국가보안법」 제7조를 폐지하거나 최소한 그 범위 내에서 금지되는 행위를 보다 정확하게 정의하여 자유권규약 제15조에 따른 법적 명확성의 요건을 충족해야 한다.

……

CCPR/C/KOR/CO/5

오로지 그 국가에 대한 정보를 그 보고서에만 의존한다면 정부대표에 대한 질문은 순전히 추측에 불과할 것이다. 그러나 현실은 위원들이 스스로 정보를 얻을 수 있는 방법은 거의 없다. 파트타임의 업무인 데다 마땅한 보조 인력도 없는 실정이다. 그러므로 위원들은 국가인권기구나 NGO들이 제출하는 독립보고서 또는 (정부 보고서에 대한) 대응보고서에 크게 의존하는 수밖에 없다. NGO들은 보고서 검토를 위한 공개토론(해당 국가 대표가 참여하는 상호 대화)에 참관하면서 위원들에 대한 현지 로비활동을 벌여 자신들의 입장이 검토과정에 반영되도록 노력한다.

1992년 전까지만 해도 규약위원회가 보고서의 검토를 끝내고 집단적인 의견을 내지 않는 것이 오래된 관행이었다. 단지 위원들의 개인적인 의견(보통 제목으로 'Concluding observations by individual members'가 붙는다)을 부치는 것이 고작이었다. 그러다가 1992년 규약위원회는 드디어 집단적인 검토의견(Comment of the Committee)을 내기로 결정했다.[18] 이 의견은 보고서 검토의 말미에 행해지는 것으로 최종견해(concluding observations)라고 하는데, 여기에서는 해당 국가보고서의 일반적인 평가, 정부대표와의 대화, 긍정적인 발전사항, 규약상의 의무를 이행하는 데 있어서 영향을 미치는 요소 및 난점, 및 특별한 이슈 등을 거론하며 관련 국가에 인권증진을 위한 제안(suggestions and recommendations)을 한다. 이러한 절차가 끝나면 당사국은 권고이행 및 후속조치를 취하고 그 결과를 조약기구에 보고(후속 보고서)하며 조약기구는 다시 이를 평가하는 단계로 넘어간다.

IV. 일반논평

자유권규약위원회의 활동 중 그 중요도에서 빼놓을 수 없는 것이 일반논평(general comments)을 생산해 낸다는 것이다. 이것은 규약위원회가 자유권규약을 해석하고 실시하는 데 있어 문제가 되거나 될 소지가 있는 부분을 발견해 유권적 해석을 함으로써 당사국들에게 규약의 국내적 이행을 돕는 데 목적이 있다. 원래

18) UN Doc.(1994), A/47/40 at 18, para. 45.

이것의 규약적 근거는 조금 불투명하다. 규약 제40조는 위원회가 국가들에 의하여 제출된 보고서를 검토하고 위원회 자체 보고서와 위원회가 적당하다고 간주하는 일반적인 의견(general comments)을 관련 국가들에게 보내줄 것을 규정하고 있는데, 여기서 말하는 '일반적 의견'이 정확히 무엇을 말하는지 해석의 여지가 있다. 그러나 일찌감치 규약위원회는 여기에서의 '일반적 의견'은 특정 국가에 관한 것이 아니고 어떤 '일반성'을 갖는 문제에 대한 규약위원회의 견해인 것으로 정리했다.[19]

일반논평의 중요성은 규약위원회로 하여금 국제인권법의 실질적 생산자가 되게 한다는 것이다. 국가마다 적용이 다르고 해석이 다른 문제에 대하여 규약위원회가 통일화시킨다면 규약위원회는 이 기능을 이용하여 새로운 국제인권법을 만들어 내는 것이나 다름이 없다. 그런 이유로 일부 나라는 규약위원회가 자유권규약의 문언적 한계를 넘어 일반논평을 남용하고 있다는 비판을 하고 있다. 이것은 유보에 대한 국제법적 논쟁을 벌인 일반논평 제24호에서 특히 문제가 되었다. 또한 규약위원회가 일반논평을 통해서 한 자유권규약의 해석이 얼마나 권위가 있는가도 문제다. 예컨대 어떤 문제가 자유권규약에 위반되는지가 국내법원이나 국제사법재판소(ICJ)에서 문제가 되었을 때 일판논평은 어떠한 권위를 인정받을 것인가? 결정적이고 최종적인 것으로 인정될까? 그러나 분명한 것은 일반논평은 자유권규약을 해석하는 데 있어서 중요한 기준을 주고 있으며 이는 국제인권법 발전에 큰 영향을 끼친다는 것이다. 자유권규약위원회의 일반논평은 2023년 말 현재 37개가 나와 있다.

19) Henry J. Steiner & Philip Alston, *International Human Rights In Context*, 2nd ed.(Oxford, 2000), p. 732. 자유권규약위원회는 규약의 절차규정(Rules of Procedures) 제76조와 제77조에 일반논평과 관련된 근거 규정을 마련하였다. 제76조 제1항은 일반논평의 근거와 목적을 규정하고 있는데 다음과 같다. "The Committee may decide to prepare and adopt general comments on specific topics addressing aspects of the Covenant or its Optional Protocols with a view to assisting States parties in fulfilling their obligations under the Covenant and its Optional Protocols."

V. 개인통보제도[20)]

1. 일반적 이해

2023년 말 현재, 자유권규약에 가입한 173개국 중 117개국이 제1선택의정서에 가입되어 있다. 동 의정서 제1조는 국가에 의해 인권침해를 받았다고 주장하는 개인(individual)으로 하여금 규약상의 권리침해를 주장하면서 규약위원회에 'communication'이라는 이름의 진정(complaint)을 제기할 수 있도록 하고 있다. 이것이 바로 인권조약상의 권리를 구체적 사건에서 실현하는 개인진정(individual complaints)인바, 추상적인 인권조약의 권리를 개인의 실제의 삶에 구체화시키는 인권의 국제적 구제절차라고 할 수 있다. 이 진정을 통해 인권조약상의 권리를 침해받은 피해자는 조약기구로부터 인권침해 여부를 판단받고, 조약기구는 인권침해로 판단하는 경우 해당 당사국에 피해자의 권리 회복을 위해 다양한 조치를 요구하게 된다.

사건의 검토는 비공개절차를 통하여 이루어지고 그것이 끝나면 제출자 측과 관련 국가에 위원회의 결정(views)을 전달한다. 그동안 규약위원회의 관행에 의하여 정리된 동 절차의 기본원칙을 알아보면 다음과 같다.

- 동 절차는 국내 사법절차의 연장이나 그 이의절차가 아니다. 그것은 완전히 새롭고, 과거에 관계되었던 절차와는 구별되는 절차이다.
- 동 절차는 1235절차나 1503절차(인권이사회 진정절차)와는 달리 제기하는 인권침해가 반드시 조직적(systematic, 이것은 지속적인 패턴의 인권침해 현상을 뜻한다)일 필요는 없다. 이론적으로는 단일사건이라 할지라도 진정 대상이 된다.
- 구두청문회 같은 절차를 보장한 규정은 없으며 독립적인 사실 확인절차(예컨대 당

20) 이 제도의 영어 보통명사는 individual complaints이므로 개인진정 혹은 개인청원이라고도 번역된다. 자유권규약에서는 individual communication이라는 용어를 사용하므로 여기에서는 개인통보라는 명칭을 사용하되, 필요한 경우엔 개인진정이란 용어도 혼용한다.

〈표 3-7〉 인권조약과 개인진정 제도

인권조약	개인진정 제도의 가능성/수단	한국 이용 가능 여부
인종차별철폐협약(CERD)	가능/협약 제14조	가능
사회권규약(ICESCR)	가능/선택의정서	
자유권규약(ICCPR)	가능/제1선택의정서	가능
여성차별철폐협약(CEDAW)	가능/선택의정서	가능
고문방지협약(CAT)	가능/협약 제22조	가능
아동권리협약(CRC)	가능/선택의정서	
이주노동자권리협약(CMW)	가능/협약 제77조	
장애인권리협약(CRPD)	가능/선택의정서	가능
강제실종방지협약(CED)	가능/협약 제31조	가능

사자, 증인, 전문가에 대한 조사 혹은 현장조사 등)에 대해서도 언급된 것이 없다.

- 규약위원회에 제기된 진정에 대하여 위원회 위원들이 참여하는 청문회나 토론은 없다.
- 규약위원회의 검토결과로서 나온 결정(views)의 정확한 법률적 효력이 무엇인지에 관하여는 아무런 규정이 없다. 그것 때문에 이것은 왕왕 국가들에 의하여 무시되어 오기도 했다. 그런 이유로 규약위원회는 이 결정의 실효성을 높이기 위해 노력해 왔다. 예컨대, 규약위원회는 관련 국가에 90일 이내로 위원회의 결정에 따른 조치를 취할 것을 요구하고 있고 이의 준수 여부를 확인하기 위하여 특별보고관을 임명한다.

사실상 규약위원회에 의하여 개발된 절차는 5명의 위원들로 구성된 실무그룹(working group)의 활동과 밀접한 관련이 있다. 이들은 매년 세 번 위원회의 회기가 시작할 때마다 1주일 먼저 만나 개인통보사건의 심리적격성(admissibility)을 검토한다. 그러나 심리적격성 여부를 최종 결정하는 것은 규약위원회이지 이 실무그룹이 아니다.

개인통보는 이 제도가 시작된 1977년 이래 2021년 3월 현재 94개국으로부터 3,727건이 접수되어 이 중에서 1,289건이 규약위반의 판단을 받았다. 요건 불비로 심리부적격 판단을 받은 건수는 791건에 달한다. 2000년대에 들어서 매년 약

200건씩 새로 접수되고 있으며 이 중 100여 건 정도가 결정되고 있다.[21] 참고할 것은 국가에 의한 고발제도(제41조)는 여태껏 단 한 건의 진정도 접수되지 않았다는 사실이다.

2. 개인통보제도의 이용과 구체적 메커니즘[22]

가. 제소권자

자유권규약 제1선택의정서 제1조는 규약위원회가 규약상의 어떤 권리를 특정 가입국가로부터 침해당했다고 주장하는 (바로 그 국가의 관할 내에 사는) 개인으로부터 진정을 접수할 수 있다고 규정하고 있다. 그동안의 절차 관행에 의하면 진정은 피해자 개인이 직접 혹은 피해자의 승인을 받은 대리인을 통하여 제출해야 하는 것으로 되어 있다. 그러나 피해자 개인이 직접 낼 수 없는 상황(예컨대 피해자가 강제실종된 경우나 외부와의 접촉이 어려운 감옥에 구금된 경우) 에서는 제3자가 피해자를 대신하여 제출할 수 있다. 하지만 이 경우는 제출자가 피해자의 승인을 받을 수 없는 특수한 사정에 있다는 것을 소명해야 한다. 그렇지 않은 진정은 부적격(inadmissible)한 것으로 판정된다.

규약위원회는 위의 제1조의 개인(individuals)을 오로지 실제 피해자로 한정하여 해석한다. 따라서 실제 피해자가 아닌 개인이 어떤 국내 법률이 규약에 위반한다고 하여 그 위반을 선언해 달라는 취지의 진정은 허용하지 않는다. 이것은 이 제도가 소위 추상적 규범통제는 허용하지 않고 오로지 구체적 규범통제만을 허용한다는 것을 의미한다.

---

21) "Report of the Human Rights Committee," 129th session(29 June-24 July 2020); 130th session (12 October-6 November 2020); 131st session(1-26 March 2021), General Assembly Official Records Seventy-sixth Session Supplement No. 40.

22) 이하에서 특별히 전거를 밝히지 않는 부분은 Sian Lewis-Anthony, "Treaty-based Procedures for Making Human rights Complaints Within the UN System," in Hurst Hannum ed., 4th ed., *Guide to International Human Rights Practice*, pp. 43, 44 이하에 의존한 것이다.

나. 이 절차의 대상국가

이 절차의 대상이 되는 국가는 오로지 자유권규약 제1선택의정서를 별도로 비준 가입한 국가에 한한다. 일단 특정 국가가 선택의정서에 가입한 이상 이 절차를 이용할 수 있는 위의 개인은 반드시 그 국가의 시민권자나 상주 주민이 아니어도 상관이 없다. 단지 피해자가 진정을 제출할 당시 그 국가의 관할권에 속하기만 (subject to jurisdiction of the state party to the Protocol at the time of the complaint) 하면 된다. 그러나 '관할권에 속한다(subject to the jurisdiction of)'라는 말은 그 개념의 속성상 이제껏 많은 사건에서 논란이 되어왔다. 이것은 일반적으로 피해자 개인이 규약상의 권리를 침해당한 시점에 관련 국가의 영토 내에 존재하는 것을 의미하는 것으로 해석된다. 그러나 규약 제2조 제1항에서는 국가는 그 '영토 및 그 관할에 속하는 모든 개인(all individuals within its territory and subject to its jurisdiction)'의 권리를 보호할 의무가 있다고 되어 있어 분명히 'subject to its jurisdiction'이라는 개념을 'within its territory'와는 구별하고 있다.

관할과 관련된 규약위원회의 관행은 'within its territory'보다는 조금 넓은 개념으로 보고 있는 것 같다. 비록 피해자의 규약상의 권리가 침해될 때 관련국의 영토 내에 있지 않다 하더라도 그 당사자 적격을 인정한 사례가 있기 때문이다. 즉, 규약위원회는 캐나다에 사는 한 우루과이인이 우루과이 정부의 여권 연장 거부에 대한 진정에서 그 적격을 인정한 바 있다.[23] 또한 규약위원회는 우루과이 보안요원에 의해 아르헨티나로 납치, 구금되어 비인도적 처우를 받은 사람이 제기한 진정에 대해서도 그 적격을 인정한 바 있다. 나아가 규약위원회는 선택의정서 제1조의 'subject to its jurisdiction'의 의미는 피해자 개인과 관련 국가의 관계를 말하지 단지 인권침해가 일어난 장소를 의미를 하는 것은 아니라는 결정을 함으로써 그 개념을 좀 더 정확히 한 바 있다.[24]

---

23) "Lichtenstein vs. Uruguay," Communication No. 77/1980, reprinted in *2 Selected Decisions of the Human Rights Committee Under the Optional Protocol* (UN Doc., 1990), CCPR/ C/OP/1, para. 102.

24) "Lopez Burgos vs. Uruguay," Communication No. 52/1979, reprinted in *1 Selected Decisions of the Human Rights Committee Under the Optional Protocol* (UN Doc., 1985), CCPR/C/

다. 개인통보의 적격성

자유권규약위원회에 제출되는 모든 개인통보 사건은 반드시 규약상의 제2부 및 제3부에 규정되어 있는 권리 중 무엇이 침해되었는가를 기재해야 한다. 즉, 여기에는 고문을 당하지 않을 권리, 생명권, 신체의 자유, 공정한 재판을 받을 권리, 표현의 자유, 사상과 종교의 자유, 결사집회의 자유, 정치적 참여권, 차별받지 않을 권리, 법 앞의 평등이 포함되고 관련국이 제2선택의정서에 가입한 경우라면 사형금지도 거기에 포함된다.

자유권규약은 세계인권선언과 유럽인권협약상에 보장되어 있는 권리와도 그 범위와 내용에 있어서 거의 유사하다. 다만 세계인권선언과 유럽인권협약 제1선택의정에는 포함되어 있는 재산권은 포함되어 있지 않다. 한편 유럽인권협약과는 달리 자유권규약 제26조의 법 앞의 평등과 차별금지는 규약상의 다른 권리와 관계없이 그 자체로 보장되는 권리로 인정되고 있다. 즉, 규약위원회는 Broeks vs. Netherlands와 Zwan De Vries vs. Netherlands 사건에서 성에 근거한 여성에 대한 차별적 사회보장제도는 규약이 별도로 사회보장을 인정하고 있지 않다 해도 제26조에 위반한다고 결정했다.[25)]

자유권규약 제1조의 자결권(right to self-determination)에 대해서 규약위원회는 개인통보의 대상이 될 수 없다고 결정했다. 왜냐하면 그 권리는 속성상 인민의 권리이지 개인의 권리는 아니기 때문이라는 것이다.[26)]

자유권규약은 소급효가 인정되지 않는다고 일반적으로 해석한다. 그러므로 관련국가가 규약 및 선택의정서에 가입하기 전에 일어난 일을 규약위반이라고 주장하면서 진정을 했다면 그것은 개인통보로서의 적격(admissibility)을 갖추지 못한 것으로 판단될 것이다. 그러나 만일 위반사례가 비록 관련국의 규약 (및 선택의정서) 가입 이전에 일어났지만 그 행위나 효과가 가입 이후에도 지속된다면 사정은 달라진다.

OP/1, para. 88.

25) Communications No. 172/1984 and 182/1984, reprinted in *2 Selected Decisions*, para. 196, 209.

26) "Lubicon Lake Band vs. Canada," Communication No. 167/1984; Human Rights Committee, *Annual Report*, vol. 2(UN Doc., 1990), A/45/40, para. 1 참고.

예컨대 규약위원회는 관련 국가의 규약 가입 이전에 구금과 고문이 이루어졌다 해도 가입 이후 적법절차(due process)가 인정되지 않은 채 재판이 진행된 사건에 대하여 그 적격성을 인정했다.[27]

한편 관련 국가가 가입 시 규약상의 일부 권리를 유보한 경우에는 개인통보절차에서 문제를 삼을 수 있는 권리도 제한될 수밖에 없으므로 제출자는 이를 고려해야 한다.

자유권규약에서 보호하는 많은 실체적 권리는 관련 국가가 비상사태가 선포되면 규약 제4조에 따라 제한될 수 있다.[28] 그러나 개인통보를 할 수 있는 권리는 제한하지 못한다. 그것은 이를 규정하는 선택의정서에는 개인통보를 제한하는 규약 제4조와 같은 규정(소위 derogation)이 없기 때문이다. 위 제4조에 의하여 어떠한 실체적 권리가 제한된다 하더라도 그것은 엄격히 사태의 비상성(emergency)의 범위 내에서만 가능하다. 따라서 비록 관련국이 비상사태를 선포했다 해도 그것이 규약상의 권리를 제한할 수 있는 비상상황으로 볼 수 없으면 개인통보 제출자는 관련국의 비상사태 선포와 관계없이 제한된 권리를 향유할 수 있어야 한다. 결국 규약위원회는 비상상황 여부를 결정함으로써 개인통보의 적격성을 최종적으로 판단할 수 있다.

선택의정서 제5조 제2항은 만일 같은 사안(same matter)이 동시에 다른 국제기구에 의한 조사나 해결절차에 들어가 있는 경우에는 규약위원회는 통보사건을 검토할 수 없도록 되어 있다. 여기에서 '같은 사안'이라 함은 다음의 두 가지 면이 동시에 동일한 것으로 인정되어야 한다. 첫째는 앞선 사건에서의 당사자와 후의 사건(진정)의 당사자가 동일해야 하고 둘째는 앞선 사건과 후의 사건의 사실관계가 동일해야 한다. 이와 관련하여 규약위원회는 미주인권위원회에 불법감금과 관련하여 제소한 수백 명의 우루과이인들 중 한 사람이 제기한 통보사건에 대하여 이는 동일한

27) "Machado vs. Uruguay," Communication No. 83/1981, reprinted in *2 Selected Decisions*, para. 108 참고.

28) Covenant, Article 4(2)에 의하면 국가의 비상사태 시라도 일부 권리는 제한의 대상이 되지 않는 경우가 있다. 여기에는 고문을 당하지 않을 권리, 노예로부터의 자유, 형사법의 불소급효, 법 앞의 평등, 사상·양심·신앙의 자유 등이 있다.

사안으로 보지 않는다는 결정을 한 바 있다.[29)]

이 문제와 관련하여 특히 주의를 요하는 것은 인권이사회 진정절차(1503절차)와의 관계이다. 만일 특정 개인의 인권침해사건이 1503절차에서 다루어지는 지속적인 패턴의 중대한 인권침해의 하나로서 이미 심리되고 있다면 이것은 위의 개인통보 제기의 장애요인이 될 것인가? 이에 대한 대답은 장애가 되지 않는다는 것일 것이다. 왜냐하면 1503절차는 인권상황을 다루는 것이지 개인의 특정 사건을 다루는 것이 아니기 때문이다. 한마디로 대상이 근본적으로 다르다고 보기 때문에 위의 동일사안으로 보지 않는다.

사건의 적격성(admissibility)과 관련하여 가장 문제가 되는 것은 국내 구제절차의 완료(exhaustion of domestic remedies)라는 요건의 충족이다. 선택의정서 제5조 제2항은 피해 개인이 이 제도를 이용하기 위해서는 사전에 국내 구제절차를 완료하도록 요구하고 있다(the individual has exhausted all available domestic remedies). 그러나 동 규정은 위의 국내절차가 비합리적으로 길어지는 경우에는 이 원칙을 적용하지 않는다는 예외를 인정한다(This shall not be the rule where the application of the remedies is unreasonable prolonged). 이 예외규정은 다른 인권기구에서의 적용례와 같이 국내 구제절차가 아무런 효과도 기대할 수 없는 경우도 포함되는 개념으로 보아야 할 것이다. 이 문제와 관련된 몇 개의 실제 사례를 살펴보면서 실제 상황에서 이 문제가 어떻게 일어나는지를 알아보자.

1986년의 Miango vs. Zaire 사건[30)]에서 제출자는 국내 구제절차를 전혀 밟지 않은 상태에서 그 형이 자이레 군의 고문으로 살해되었다는 주장을 하면서 자유권규약위원회에 진정을 했다. 그는 동 진정에서 자이레에서 군인과 관련된 사건은 군사법원에서만 다룰 수 있는데, 자신의 형의 죽음이 그곳에서 적법하게 수사되리라는 희망을 전혀 할 수 없었다고 주장했다. 이 사건에 대해서 규약위원회는 일반적인 절차에 따라 관련국(자이레)에 진정서 부본을 보내고 관련 정보를 요구했다.

---

29) "Sequeira vs. Urguay," communication No. 6/1977, reprinted in *1 Selected Decisions*, para. 52.

30) Communication No. 194/1985(UN Doc., 1988), A/43/40, Supp. No. 40, para. 218.

그러나 자이레가 아무런 답변을 하지 않자 규약위원회는 이 사건의 적격성을 인정함과 동시에 자이레의 규약위반을 인정했다.[31]

그러나 규약위원회의 견해가 이렇게 관대한 것만은 아니다. 다른 사건에서는 국내절차가 완료되지 않았다는 이유로 적격성을 부인했는데 그 내용을 보면 약간의 의문이 제기된다. 즉, D.B.-B vs. Zaire 사건[32]에서 개인통보의 제출자는 자이레를 탈출하여 자이레 보안군에 의한 100~150명의 살해를 증언한 뒤 스위스로부터 난민 지위를 얻었다. 그 뒤 제출자는 자이레의 '인권 및 자유담당 행정부처(Ministry for Citizens' Rights and Freedom)'에 자신이 목격한 위의 사건을 고발했다. 그러나 그 고발에 대하여 자이레 정부는 아무런 조치를 취하지 않았다.

이 사건에서 규약위원회는 위의 사정을 인정하면서도 개인통보의 제출자는 성의를 다하여 이용 가능한 국내 구제절차를 추구했다는 것을 보여주었어야 하는데 이에 실패했다고 했다. 즉, 제출자는 위의 고발 이외에 다른 절차를 이용하는 것을 방해하는 상황을 보여주지 못했다는 것이다. 그러나 제출자가 관련국을 탈출하여 제3국으로부터 난민 지위를 얻은 상황이라면 그가 추구하는 어떠한 국내 구제절차(예컨대 사법구제절차)도 효과가 없을 것이 예상되므로 사건의 적격성을 인정해야 했다는 이론이 있을 수 있다.

이 문제의 증명과 관련되어 먼저 개인통보의 제출자가 제출 시 국내의 구제절차를 모두 완료하지 못했다면 그 실효성 없음을 증명해야 한다. 만일 관련국이 개인통보에 대해 답변을 하면서 제출자가 국내의 구제절차를 완료하지 못했다고 주장한다면 국가는 반드시 이용 가능한 절차가 무엇인지, 그 실효성이 어떻게 되는지를 증명하지 않으면 안 된다.

---

31) 이 사건에서 규약위원회가 사건의 적격성을 인정한 것은 자이레 정부의 답변거부에 있었다고 보인다. 그것은 결정문의 한 구절을 보면 분명하다. "...... despite its repeated requests and reminders and despite the State Party's obligation under article 4, paragraph 2, of the Optional Protocol, no explanation or statements clarifying the matter have been received from the State party in the present case. In the circumstances, due weight must be given to the author's allegations."

32) Communication No. 463/1991(UN Doc., 1994), A/47/40, Supp. No. 40, para. 432.

국내 구제절차의 실효성과 관련하여 규약위원회는 피해자의 입장에서 합리적 수준의 성공 가능성이 있어야 한다고 한다. 구제절차를 밟아봐야 전연 성공의 가능성이 없는 상황이라면 굳이 이 절차가 요구될 이유가 없기 때문이다. 그 때문에 규약위원회는 당사국 사법기관의 판례에 비추어 법원을 통해서는 권리를 구제받을 가능성이 없거나 당사국 권리구제기관이 정상적으로 기능하지 아니하는 경우에는 구제절차가 실효적이 아니라고 본다.[33] 이것과 관련하여 우리나라를 살펴보면 다음과 같다.

우리나라의 경우 일반소송에서는 대법원이 최종적인 권리구제기관이며, 위헌법률심판과 헌법소원을 통한 권리구제는 헌법재판소가 최종적인 구제기관이다. 따라서 문제된 사안이 위헌법률심판을 거치지 아니하고 재판만을 통해 끝난 것이라면 그 성공 가능성(국내 구제절차의 실효성)을 판정하기 위해서는 대법원 판례를 검토해야 한다. 또한 사안이 일단 위헌법률심판이나 헌법소원을 거칠 수 있는 것이라면 그에 대한 헌법재판소의 결정례를 살펴보아야 한다.[34] 이와 관련하여 규약위원회는 손종규 사건에서 우리나라 헌법재판소가 이미 다른 사건에서 노동쟁의조정법상의 제3자 개입금지 조항을 합헌이라고 판단했으므로 통보자가 헌법재판소에서의 위헌법률심판절차까지 밟을 필요는 없다고 결정했다.[35] 나아가 박태훈 사건에서도 한국 정부는 통보자가 사건에 적용된 국가보안법 제7조 제1항과 제3항에 관하여 헌법재판소에 위헌심판을 제청하지 않았으므로 국내 구제절차를 완료하지 않았다고 주장했으나 규약위원회는 한국의 헌법재판소가 다른 사건에서 이미 국가보안법의 해당 조항을 검토하여 합헌 판정을 내린 바 있으므로 박태훈이 이 절차를 다시 밟을 필요는 없다고 판단했다.[36]

---

33) 정인섭, 『국제인권규약과 개인통보제도』(사람생각, 2000), p. 93.

34) Ibid. pp. 93~94.

35) "Jong-Kyu Sohn vs. Republic of Korea," Communication No. 518/1992(UN Doc., 1995), CCPR/C/54/D/518/1992.

36) "Tae Hoon Park vs. Republic of Korea," Communication No 628/1995: Republic of Korea, 03/11/98. CCPR/C/64/D/628/1995.

라. 절차와 관련된 몇 가지 문제

자유권규약위원회는 현재 제출자의 편의를 위하여 개인통보양식(model communication)을 만들어 놓고 있으나 그것을 반드시 사용해야 하는 것은 아니다. 문제는 필수적으로 기재되어야 할 사항이 빠지지 않아야 한다는 것이다. 그 기재사항으로는 다음의 것들이 있다. 성명, 주소, 피해자 및 제출자의 국적, 만일 제출자가 피해자 본인이 아니라면 본인을 대신하는 사유, 사건의 상대국가, 인권침해가 되었다고 주장되는 규약상의 권리의 특정, 국내에서 마친 구제절차의 내용, 동일한 사안에 대하여 다른 국제절차가 진행되고 있다면 그에 대한 진술, 일시를 포함한 권리침해의 구체적인 사실 묘사 등.

최종적으로 제출자는 서명과 날짜를 기재하여야 한다. 제출할 때는 반드시 제네바의 유엔인권최고대표 사무소(과거에는 제네바 유엔본부 인권센터)의 주소로 보내져 자유권규약위원회에게로 들어가도록 해야 한다. 익명의 개인통보는 허용되지 않는다. 만일 규약위원회가 그 결정을 공표하는 경우 익명으로 처리해 달라는 요구를 할 수 있다.

개인통보를 제출하는 데 있어 그것이 일반적으로 통보의 이익이 있는 한 시간적 제한은 원칙적으로 없다.[37] 개인통보가 법률가에 의하여 대리되지 않는 경우, 법률가를 선임해 주는 부조제도는 현재로서는 없다.

마. 본안심리방법

진정(communication)이 일단 자유권규약위원회에 접수되면 유엔인권최고대표

---

37) 다만 규약위원회의 절차규정은 국내 구제절차가 완료되고 5년이 지나거나 다른 국제절차의 종료 후 3년이 지난 후에 진정이 제출된 경우는 다른 특별한 합리적 이유가 없는 한 진정권의 남용으로 간주해 각하한다. Rules of Procedure of the Human Rights Committee, Rule 99(c). 이런 제한에 걸리지 않는다 하더라도 국내 구제절차 종료 후 늦게 진정을 하는 것은 당사국의 답변이 어려울 수 있고 규약위원회가 사실관계를 충분히 검토하는 데 어려움이 있을 수 있다. 이에 대해서는 다음 자료를 참고할 것. United Nations Human Rights Office of the High Commissioner, Individual Complaint Procedures under the United Nations Human Rights Treaties, Fact Sheet No. 7/Rev.2.

사무소 담당 직원이 검토한 다음 일응 요건을 갖춘 진정은 규약위원회의 신건 특별보고관(Special Rapporteur on New Communications and Interim Measures)에게 보내진다. 동 보고관은 규약위원회의 회기와 회기 사이에 개인통보절차의 일을 담당하기 위하여 임명된 규약위원회의 위원인데, 그의 우선적인 임무는 규약위원회가 사건의 적격성(admissibility)을 판단하기에 충분한 정보가 확보되었는지를 확인하는 것이다. 그가 통보사건이 일단 그 적격성을 갖추었다고 판단하면(통보사건이 규약 및 선택의정서에 상충되지 않는다는 판단으로 형식적인 요건의 구비 여부를 검토한다는 것이다) 통보사건은 관련 국가의 의견[38)]을 구하기 위하여 그 정부로 보내진다. 일반적으로 관련 국가는 2개월 이내에 답변을 하도록 되어 있으며 제출자는 이 답변에 대해 자신의 의견(comments)을 제시할 기회가 주어진다.

규약위원회는 통보사건이 등록이 되면 본안판단 전이라도 언제든지 피해자(신청인)의 회복 불가능한 손해(예컨대 사형이 임박한 사건)를 방지하기 위하여 임시조치(interim measure)가 필요하다는 의견을 관련 당사국에 전달할 수 있다. 이러한 임시조치는 비록 개인통보 제출 시 제공된 정보로는 사건의 적격성을 판단하기 어려운 상태이므로 제출자 측으로부터 추가적인 정보가 필요한 경우에도 규약위원회의 판단에 따라 제출에 이은 짧은 시간 내에 이루어질 수 있다. 이런 경우 규약위원회는 관련 국가에 사건의 적격성을 판단하기 전까지는 사형집행을 하지 말아달라는 요구를 하게 된다. 이러한 규약위원회의 요구가 국제법상 구속력(binding)이 없는 것은 분명하나 그것은 적어도 정치적·도덕적 힘을 가진다고 볼 수 있다.

본격적인 사건의 적격성 판단은 규약위원회의 회기 직전 1주일 동안 열리는 5명 이하의 위원회 위원으로 구성되는 실무그룹(working group)에서 이루어진다. 동 실무그룹은 만장일치로 적격성 여부를 판단하고 만일 반대가 있는 경우에는 그 판단을 본회의(전체 위원회)로 넘긴다. 부적격 판단의 최종결정은 위 실무그룹에서 할 수 없고, 오로지 전체 위원회에서만(물론 이때 특별보고관이나 실무그룹의 의견을 참고한다) 할 수 있는 것으로 되어 있다. 한 가지 알아둘 것은 만일 사안이

38) 이를 'observation'이라 한다. 이것은 일종의 개인통보의 적격성 여부에 대한 관련 정부의 답변이라고 볼 수 있다. 그러므로 이것은 사건의 본안에 대한 의견을 구하는 것은 아니다.

다른 국제절차가 진행 중이거나 국내의 구제절차가 끝나지 않았다는 이유로 부적격(inadmissibility)한 것으로 결정되었다면 개인통보 제출자는 이들 절차가 끝난 것을 전제로 재심사를 요구할 수 있다.

사안이 적격한 것으로 결정이 되면, 선택의정서 제4조 제2항에 의하여 관련 국가는 6개월 기간 내에 서면으로 본안에 대한 답변(사실에 대한 답변 및 만일 어떠한 구제조치가 이미 행해졌다면 그것에 대한 답변)을 하도록 되어 있다. 관련 국가로부터 나온 모든 답변은 통보 제출자에게로 전달되며 그는 보통 6주 내로 이에 대한 의견을 제출할 수 있는 기회가 주어진다.

규약위원회는 사안을 검토하여 결정하기 위하여 제출자와 관련 정부로부터 얻을 수 있는 모든 문서를 이용할 수 있다. 그러나 아쉽게도 구두 청문회나 현장조사를 할 수 있는 근거는 어디에도 없다. 나아가 다른 국제절차와는 달리 당사자 사이에 우호적인 해결을 주선할 권한도 없다.

바. 결정과 집행

자유권규약위원회의 모든 결정은 원래 참석 위원의 과반수 찬성으로 하도록 되어 있으나 현실적으로는 만장일치에 이르도록 노력한다. 규약위원회는 통보사건과 관련된 모든 정보가 모아지면 소위 'view'라고 알려진 결정을 하고 이를 제출자(author)와 관련 국가에 송부한다. 이 결정은 원칙적으로 집단의견(collegiate opinion)의 방식으로 발표되나 만일 멤버 중 자신의 개인 의견(individual opinion)을 내고자 하는 경우는 위 의견에 같이 첨부된다. 규약위원회의 결정은 매년 회기 말에 공식발표(communiques)의 형식으로 공개되고 유엔총회에 보고되는 연례보고서에 실리게 된다.[39)]

규약위원회의 결정(view)은 단지 관련국에 의한 규약상의 인권이 침해되었는가만을 판단하지는 않는다. 그것은 보통 규약위원회의 사실판단에 기초하여 관련 국가의 구체적인 의무를 적시한다. 예를 들면 그것은 관련 국가에 규약상의 엄격한

---

39) 적격판단여부결정(admissibility decision)은 항상 이 보고서에 실리지는 않는다. 그러나 적격결정이 난 사안은 규약위원회 결정(views)의 본문에 함께 실려 있다.

〈표 3-8〉 개인통보제도 처리절차 요약

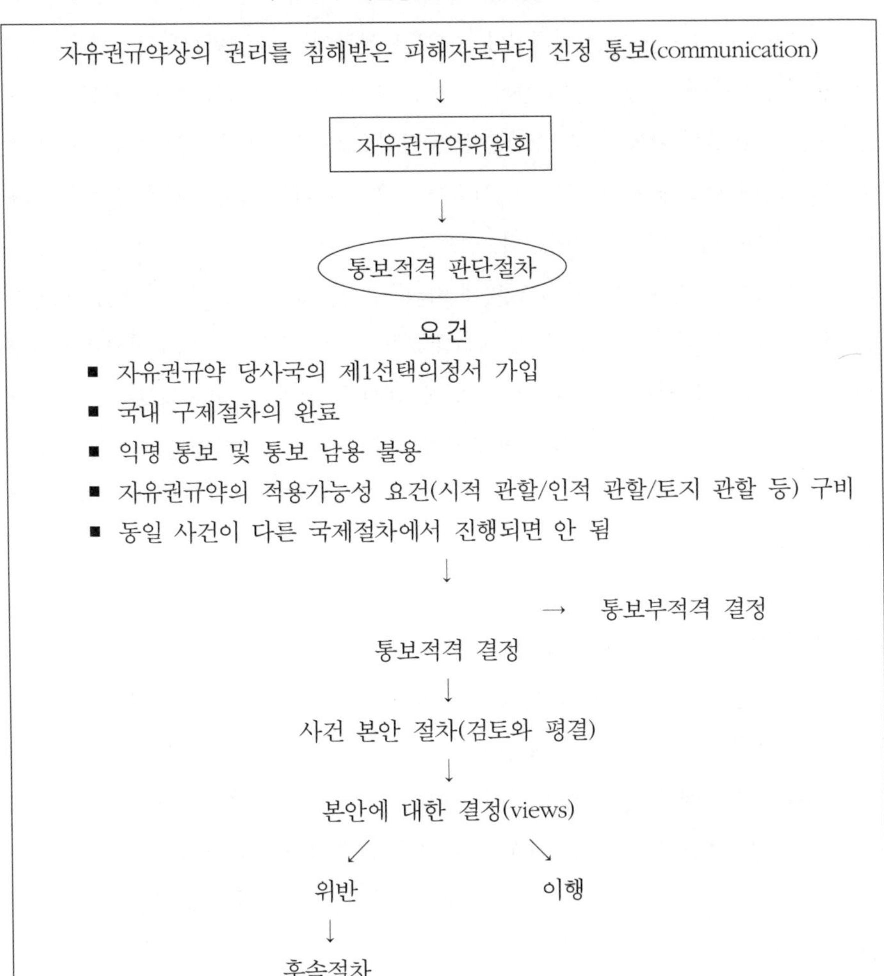

준수를 위한 즉각적인 조치를 취할 것을 요구하거나 구금되어 있는 피해자를 석방하라고 요구하고 향후 재발금지를 요구하기도 한다. 또한 규약에 위반된 사형선고에 대하여 감형할 것을 요구하기도 하며 나아가 관련국에 피해자에게 피해에 대해 효과적으로 구제(예컨대 손해배상조치)할 것을 요구한다.

규약위원회의 결정은 국제법적으로 법률적 구속력(legally binding)이 있다고 받아들여지지는 않는다. 많은 사안에서 관련 국가들은 규약위원회의 결정을 따르지 않았다. 그 결과 규약위원회의 결정이 관련 국가에 송부된 이후의 규약위원회의 권한에 대한 많은 토론이 전개되었다. 1982년 이후에는 규약위원회가 결정을 관련 국가들에 송부하면 그들 결정에 따라 관련국들이 어떠한 조치를 취했는가를 보고해 줄 것을 요청했다. 이에 일부 국가들은 긍정적으로 반응하여 그들이 취한 조치를 규약위원회에 보고해 왔다. 그러나 이러한 규약위원회의 집행방법은 여전히 피해자의 입장에서는 부족한 것이었다.

피해자 측의 불만과 압력이 고조됨에 따라 1990년에 규약위원회는 결정(view)의 준수를 감독하기 위하여 일련의 조치를 내놓았다. 이 새로운 조치하에서 관련국은 180일 이내에 규약위원회가 결정한 사안에 대하여 취한 조치를 보고하도록 되어 있다. 1991년부터 규약위원회의 연례보고서는 위원회의 보고요청을 묵살한 나라들과 피해자들에게 구제수단을 제공하지 않는 나라의 명단을 공개하고 있다. 물론 규약위원회와 잘 협조하는 나라들의 명단도 공개한다. 나아가 관련국은 정기적으로 제출하도록 되어 있는 국가보고서를 제출할 때에 규약위원회가 판단했던 인권침해를 방지하기 위하여 어떠한 조치가 취해졌는지를 보고해야 한다. 또한 규약위원회는 위의 결정을 관련국들이 어떻게 이행하는가를 확인하기 위하여 후속조치 담당 특별보고관(Special Rapporteur for the Follow-up of Views)을 임명하고 있다. 이 보고관은 결정에 따른 어떠한 구제조치도 취해지지 않는다는 피해자 측의 호소가 있는 경우 이를 조사한 후 적절한 조치를 규약위원회에 제안한다. 보고관은 어떤 조치가 효과적인지를 확인하기 위하여 관련국과 피해자를 직접 접촉할 수 있다.

사. 인권이사회 진정절차와의 차이[40]

우리는 앞서 인권이사회 진정절차(1503절차)에 대해서 알아본 바 있다. 이것은 특정의 인권조약에 의하지 않은 유엔의 일반인권보장절차로서 개인이나 NGO들이 이용할 수 있는 절차이다. 그렇다면 자유권규약의 개인통보제도는 이 진정절차와

40) 이하는 "United Nations High Commissioner for Human Rights," Fact Sheet No. 7, Communications Proc 2/FS7.htm #introduction을 참고했다.

어떠한 차이가 있는지를 알아보는 것도 이들 제도를 이해하는 데 도움이 될 것이다.

첫 번째의 차이는 두 제도의 조사내용이 다르다는 것이다. 즉, 인권이사회 진정절차는 인권상황(situation)을 조사하는 것임에 반해 자유권규약의 개인통보제도는 개인의 특정한 사건(individual case)을 조사함에 목적이 있다. 이에 따라 인권이사회 진정절차에 맞는 사건은 특정의 개별사건이 아니고 지속적인 패턴의 중대한 인권침해상황(a consistent pattern of gross violations of human rights)이어야 하나 개인통보제도는 규약상의 권리를 침해당한 개별적인 사건이면 충분하다.

두 번째는 각 제도의 대상국가가 다르다는 것이다. 즉, 인권이사회 진정절차는 유엔에 가입한 모든 나라에 적용되는 것임에 반해 개인통보제도는 자유권규약과 그 선택의정서에 가입한 국가에 적용되는 제도이다.

세 번째는 침해된 권리의 내용과 폭이 다르다는 것이다. 인권이사회 진정절차는 사실상 보호되어야 할 권리에 제한이 없다. 모든 인권과 기본적인 자유(all human rights and fundamental freedoms)가 그에 해당된다. 반면 개인통보제도는 규약에 보장되어 있는 시민적·정치적 권리를 침해당했을 경우에만 사용될 수 있는 제도이다.

네 번째의 차이는 각 제도를 사용할 수 있는 신청인이 상이하다는 것이다. 인권이사회 진정절차는 인권침해상황에 대한 정보를 직접적 혹은 간접적이지만 믿을 만한 상황에서 가지고 있다면 그것이 개인이든 단체든 NGO든 가리지 않고 이용할 수 있는 제도임에 반하여 개인통보제도는 피해자 본인이거나 그의 권한을 대리하는 사람이나 단체가 아니면 사용이 불가능하다.

다섯 번째는 제도의 운용과정의 차이다. 인권이사회 진정절차에서는 제소권자가 절차에 참여할 수 있는 기회가 주어지지 않는다. 제소자는 단지 자신의 진정이 유엔에 도달되었으며 현재 인권위원회나 인권소위원회에서 다루어지고 있음을 통보받을 수 있음에 불과하다. 이에 반해 개인통보제도는 규약위원회나 그 실무그룹에서 자신의 통보사건에 이루어진 모든 결정에 대해 통보를 받을 뿐 아니라 관련 정부가 답변한 내용에 대해 자신의 의견을 낼 수 있는 기회도 주어진다.

3. 한국에서의 개인진정 제도의 활용과 한계

가. 개인진정 제도의 활용 현황

2023년 말 현재 대한민국이 가입한 국제인권조약 중 개인진정 제도를 사용할 수 있는 조약은 총 6개 인권조약(자유권규약, 인종차별철폐협약, 여성차별철폐협약, 고문방지협약, 장애인권리협약, 강제실종방지협약)이다. 우리나라는 이들 조약에 대해 개인진정을 허용하기 위해 당해 조약의 개인진정 선택의정서에 가입하거나 개인진정 조항을 수락선언했다.

2022년 말 현재 절차가 종료된 개인진정사건은 총 23건으로 이 중 21건은 자유권규약에 관한 것이고, 1건은 인종차별철폐협약, 1건은 고문방지협약에 관한 것이다. 이 중 대한민국의 인권침해를 인정한 것은 총 15건인데, 자유권규약이 14건, 인종차별철폐협약이 1건이다.[41)]

2007년 이후에는 양심적 병역거부자들이 집단적으로 진정을 제기하여 2014년까지 총 550여 명에 달하는 병역법 위반사건이 규약위원회에 의해 인용결정(5개의 개인통보사건)을 받았다. 또한 난민사건도 국내 구제절차를 모두 종료한 이후에는 자유권규약위원회로 개인통보될 가능성이 높다. 이미 2009년 이후 3건이 통보되어 그중 한 건이 2014년 규약위반으로 결정된 바 있다.

이하에서는 그동안의 개인진정사건 중 자유권위원회가 인용한 개인통보 사건의 내용에 대해 간단히 살펴본다.[42)]

(1) 손종규 사건[43)]

이 사건은 과거 노동쟁의과정에서 많은 문제가 있었던 (구)노동쟁의조정법의

---

41) 한국의 개인진정사건을 인권침해 양상별로 알고자 한다면 다음 글을 참고할 것. 원유민, 「국제인권조약 개인통보제도 30년: 한국 개인통보사건과 국내법원 판례」, ≪국제법학회논총≫, 제67권 제3호(2022).

42) 이들 사건 중 손종규, 박태훈, 김근태 사건에 대한 자세한 내용은 정인섭, 『국제인권규약과 개인통보제도』(사람생각, 2000), p. 157 이하 참고.

43) Communication No. 518/1992(UN Doc., 1995), CCPR/c/54/D/518/1992.

제3자 개입금지조항과 관련된 것이다. 1991년 2월 8일 거제도에 위치한 대우조선에서 노동쟁의가 발생하자 2월 9일 대기업연대회의 회원들은 서울 근교에서 모임을 갖고 대우조선 노조의 쟁의를 지지하는 성명을 채택했다. 이 성명서는 팩시밀리로 대우조선 노조로 전송되었고 그곳에서 대량 복사되어 배포되었다. 연대회의 모임에 참석했던 (주)금호의 노조위원장 손종규는 다른 회원과 함께 체포되어 (구)노동쟁의조정법 제13조의 2 노동쟁의에 대한 3자 개입금지조항 위반혐의 등으로 구속, 기소되었다. 손종규는 1심판결에서 징역 1년 6월에 집행유예 3년을 선고받았다. 이 형은 1992년 4월 14일 대법원에서 상고기각으로 확정되었다. 이후 손종규는 자신의 사건을 1992년 7월 7일 자유권규약위원회로 통보했다.

자유권규약위원회는 이 사건을 심리하고 1995년 그 견해를 발표했다. 규약위원회는 손종규가 규약 제19조 제2항에 규정된 권리(표현의 자유)를 침해받았다고 결론 내렸다. 따라서 한국 정부는 손종규에게 배상 등 적절한 구제조치를 제공하고 제3자 개입금지 규정을 재검토하여 장래에 이와 유사한 인권침해가 일어나지 않도록 보장하며, 자유권규약위원회의 견해를 이행하기 위하여 취한 조치를 90일 이내에 규약위원회로 통보해 달라고 요청했다.

(2) **박태훈 사건**[44)]

이 사건은 한국의 개인통보사건에서 사상 두 번째로자유권규약위원회가 인용결정한 사건이다. 박태훈은 1983~1989년 미국 유학 중 재미한국청년연합(이하 '한청련'이라 한다) 시카고지부에 가입하여 활동했다. 1988년 8월 12일부터 2박 3일간 뉴욕에서 한청련이 주관한 '8·15 남북청년학생회담 성공 및 조국의 평화와 통일을 위한 해외동포대회'에 참가하여 "주한미군 철수하라, 핵무기 철거하라, 미국은 내정간섭을 중지하라"와 같은 구호를 외치며 유엔본부 앞에서 시위를 했고, 한청련 설립자 윤한봉의 '통일운동의 현황과 전망'이라는 제목의 강연을 들었다.

44) Communication No. 628/1995(UN Doc., 1998), CCPR/C/64/D/628/1995. 이 건에 대한 자세한 소개와 논평은 조용환, 「국제법에 비추어본 제3자 개입금지규정의 효력」, ≪민주사회를 위한 변론≫, 제5호(1995), p. 161 이하 참고.

한국 정부는 이 단체가 북한의 활동에 동조하는 이적단체라고 판단하여 박태훈이 귀국하자 바로 체포했다. 그리고 그가 한청련에 가입한 것은 국가보안법 제7조 제3항(이적단체가입) 위반, 미국 내에서의 시위에 참가한 것은 같은 법 제7조 제1항(이적단체동조) 위반이라는 혐의로 기소했다. 박태훈은 1989년 12월 22일 1심법원에서 징역 1년에 집행유예와 자격정지 1년을 선고받았다. 그 후 그는 군입대를 했고 그의 사건은 군사법원으로 이송되어 1993년 5월 11일 고등군사법원에서 항소기각 판결을 받았고, 1993년 12월 14일 대법원에서도 상고를 기각했다. 박태훈은 1994년 8월 11일 자유권규약에 따른 개인통보제도에 따라 자유권규약위원회에 위 사건을 통보했다.

자유권규약위원회는 이 사건을 심리하고 1998년 그 결과를 발표했다. 규약위원회는 우선, 표현의 자유는 민주사회에서 근본적인 중요성을 갖는 것이므로 그 제한은 엄격한 심사를 거쳐야 한다고 했고, 한국 정부는 통보자의 행위가 구체적으로 어떠한 위험을 초래했는지를 입증하지 못했으며, 규약 제19조 제3항의 제한사유에 해당하는 이유도 제시하지 못했다고 보았다. 따라서 청원인에 대한 유죄판결은 규약 제19조가 보호하는 청원인의 표현의 자유에 대한 권리를 침해했다고 했다. 나아가 규약위원회는 한국 정부가 박태훈에게 적절한 배상과 효과적인 구제조치를 제공할 것과 이에 대한 조치결과를 90일 이내에 통보해 줄 것을 요구했다.

(3) 김근태 사건[45)]

김근태는 1989년 1월 21일 결성된 전국민족민주운동연합(전민련)의 창립회원이자 정책기획실장, 집행위원장 등의 직책을 맡았으며, 전민련 창립총회를 비롯한 각종 집회와 시위에서 국가보안법 제7조 제1항, 제5항, 집회및시위에관한법률, 폭력행위등처벌에관한법률 등을 위반한 혐의로 기소되었다. 김근태는 1990년 9월 11일 자 1심법원 판결에서 징역 3년 및 자격정지 1년을 선고받았고, 1991년 1월 11일의 2심법원 판결에서는 징역 2년 및 자격정지 1년을 선고받았다. 이 판결은 1991년 4월 26일 대법원의 상고기각으로 확정되었다. 이에 대해 김근태는 1993년

45) Communication No. 574/1994(UN Doc., 1999), CCPR/C/64/D/574/1994.

9월 27일 규약위원회에 이 사건이 자유권규약에 위반된다며 통보했다.

규약위원회는 이 사건을 심리하고 김근태를 국가보안법 위반혐의로 형사처벌한 것은 규약이 보장하고 있는 표현의 자유를 침해하는 것이라고 결론을 내리며 통보자에게 효과적인 구제조치를 취하고 그 결과를 다른 사건과 같이 90일 이내에 통보해 달라고 요구했다.

(4) 강용주 사건[46)]

강용주는 1984년 군사정권을 비판하는 유인물을 배포하고 북한을 방문했는데, 1985년 국가안전기획부(현 국가정보원)에 의하여 영장 없이 체포되었다. 36일간 외부와 단절된 채, 소위 'incommunicado(외부와의 접촉금지)' 구금 상태에 있었으며 고문과 가혹행위를 당했고, 동년 9월 4일 국가보안법(1980년 12월 31일 개정) 위반혐의로 기소되었다. 1986년 1심 및 항소, 상고심에서 모두 국가보안법상 반국가단체 고무찬양죄 및 반국가단체 구성원과 회합죄, 간첩죄로 유죄판결을 받고 무기징역형이 확정되어 수감 후 곧 독방에 구금되었으며, '사상전향제도'에 의하여 '확신범'으로 분류되어 가석방 및 수용자 처우에 있어서 불이익을 당했다. 1992년 강용주는 헌법재판소에 사상전향제도의 위헌 결정 및 그 폐지를 구하는 헌법소원을 제기했으나, 헌법재판소는 헌법소원의 기간이 도과했다는 이유로 헌법소원을 각하했다. 이후 1993년 강용주의 형은 20년형으로 감형되고, 1999년 일반사면으로 석방되었다.

통보인이 규약위원회에 한 주장은 첫째, 자신이 유인물을 배포한 것을 '국가 또는 군사기밀'을 수집하고 누설한 것으로 판결한 것은 규약 제19조 제2항의 위반이며, 제19조 제3항의 합리적 제한의 범위를 벗어난 것이고; 둘째, 사상전향제도는 규약 제10조 제1항 및 제3항, 제18조 제1항 및 제2항, 제19조 제1항, 제26조의 위반이라는 것이었다. 즉, 사상전향제도에 따라 '공산주의자'로 분류되었으나 이는 사실이 아니며, 자신의 정치적 신념에 근거하여 사상전향제도로 인하여 불평등한 처우를 받았다는 주장을 제기했다.

---

46) Communication No. 878/1999(UN Doc., 2003), CCPR/C/78/D/878/1999.

우리 정부는 이에 대하여, 통보자는 일반사면으로 1999년 석방되었고 사상전향제도가 폐지되고 준법서약제로 대체되었으며 강제로 운용되고 있지 않다는 점, 강용주의 행위는 광주미문화원을 파괴하려는 공모행위 등 간첩죄로서, 이는 자유권규약상의 표현의 자유에 의해 정당화될 수 없는 행위라고 주장했다.

규약위원회는 절차규칙에 따라 심리적격성을 판단함에 있어 간첩죄 유죄판결과 관련해서는 선택의정서의 시간적 관할에 따라 그 효과가 지속되는 것으로 볼 수 없다고 했으며, 나머지 주장에 대해서 통보자가 단순히 석방되었다는 사실만으로 효과적이고 전면적인 구제책이 부여되었는지 여부에 대하여 알 수 없으며, 이 문제는 본안에 대한 판단으로만 알 수 있다는 결정을 했다.

규약위원회는 사상전향제도 및 뒤이은 준법서약제도가 정치적 견해의 차별적 기초 위에 표현의 자유를 제한하여 규약 제26조 및 제18조 제1항과 제19조 제1항을 침해한다고 인정했다. 또한 13년 이상 지속된 독방구금은 규약 제10조 제1항 및 제3항을 침해한다고 인정했으며, 규약 제2조 제3항에 따라 대한민국 정부가 강용주에게 배상 및 재발방지를 포함한 효과적인 구제조치를 제공할 의무가 있다고 했다.

(5) 신학철 사건[47)]

신학철은 민중화가로서 1987년 〈모내기〉라는 그림을 완성하여 전시했는데, 이로 인하여 옛 국가보안법 제7조 제5항 위반혐의로 기소되었다. 국내에서 재판 결과 집행유예 판결 및 〈모내기〉 그림의 몰수형을 선고받았다.[48)]

신학철은 자유권규약위원회에 개인통보를 하면서 국가보안법에 의한 유죄판결 및 그림을 훼손한 행위가 규약 제19조 제2항의 표현의 자유 침해라고 주장하며, 특히 국내 재판 중에 규약위원회가 국가보안법 제7조의 엄격하고 제한적으로 해석할 것을 권고한 사실 및 유엔특별보고관이 국가보안법과 표현의 자유에 대하여 권고한

---

47) Communication No. 926/2000(UN Doc., 2004), CCPR/C/80/D/926/2000.

48) 서울지방법원 1992. 11. 22. 선고 89고단7174 판결, 항소심 서울지방법원 1994. 11. 16. 선고 93노7620 판결, 상고심 대법원 1998. 3. 13. 선고 95도117 판결. 이 사건은 1심 및 항소심에서는 무죄가 선고되었으나, 대법원에서 원심이 파기되어 원심재판부로 환송되어 유죄 확정되었다.

사실[49]을 제시했으나 재판부가 받아들이지 않았다는 것을 주장했다. 또한 몰수형으로 국가에 귀속된 그림을 현 상태대로 통보인 본인에게 돌려줄 것을 요청했다.

우리 정부는 이 사건이 심리적격성이 없다고 주장했다. 즉, 그림은 법률에 따라 몰수되었으므로 재심의 이유나 배상 등 국가의 책임이 없으며, 규약 제19조도 표현의 자유를 제한하는 요건으로 법률로서 제한할 것을 들고 있는바, 신학철에 대한 유죄판결도 법률에 따라 이루어진 것이라 주장했다.

이에 대하여 규약위원회는 국내적 구제절차를 완료했고, 국내적 사법절차가 법률에 의한 것이라는 일반적인 주장만으로 심리부적격이라고 정부가 주장하는 것에 대하여는 본안 심사에서 판단할 문제라 하여 심리적격성을 선언했다. 또한 그림은 규약 제19조 제2항 '예술의 형태로'라는 문구에 해당하는 예술작품으로서 표현의 자유의 보호대상이고, 이러한 권리를 제한하기 위해서는 규약 제19조 제3항의 요건을 충족시켜야 하며, 특히 당사국이 개별 사건에 있어서 안보에 대한 위험의 정확한 성격을 입증해야 한다고 했다. 규약위원회는 국가배상을 하고, 유죄판결을 취소하고, 법적 비용을 제공하며, 몰수한 그림을 현 상태대로 신학철에게 돌려줄 것을 결정했다.

(6) 이정은 사건[50]

이정은은 건국대학교 총학생회 부총학생회장에 선출되어 한총련에 자동 가입되었으며 2001년 한총련 대의원회 위원이 되었다는 이유로 2001년 7월 구속, 국가보

---

49) 1995. 11. 21. 유엔 의사표현의 자유에 관한 특별보고관 후세인(Abid Hussain)은, 한국 방문 결과 보고서에서 "국가보안법의 입법과 시행은 세계인권선언 제19조, 한국이 1990년 가입한 시민적·정치적 권리에 관한 국제규약 제19조 등의 국제인권법에 규정된 사상과 표현의 자유에 대한 적절한 보호를 부여하는 데 실패하였다. 한국 정부가 국가보안법을 폐지할 것을 강력히 권고한다. 그리고 세계인권선언과 시민적·정치적 권리에 관한 국제조약에 일치하는 다른 수단을 통해서 국가안보를 보장할 것을 권고한다"라고 했다(Report on the mission to the Republic of Korea of the Special Rapporteur on the promotion and protection of the right to freedom of opinion and expression, Mr. Abid Hussain, submitted pursuant to Commission on Human Rights resolution 1993/45, E/CN.4/1996/39/Add., 1995.11.21).

50) Communication No. 1119/2002(UN Doc., 2005), CCPR/C/84/D/1119/200.

안법 제7조 위반으로 기소되었으며 2001년 9월 1심판결에서 징역 1년, 자격정지 1년을 선고받고 이어 항소 및 상고했으나 모두 기각되어 2002년 유죄 확정되었다.

이정은은 개인통보사건에서 한총련에 가입한 사실로 처벌하는 것은 규약 제18조 제1항, 제19조 제1항 및 제2항을 침해한 것이며, 건국대 총학생회 부회장이 됨으로써 당연직으로 한총련 대의원회 위원이 되었다는 것을 근거로 처벌한 것은 규약 제22조(결사의 자유)의 침해에 해당하고, 북한을 실제로 이롭게 하는 행동을 하지 않았음에도 단체 가입만을 이유로 처벌한 것은 '정치적 견해'에 따른 차별로서 규약 제26조(법 앞의 평등)의 위반이라고 주장했다.

규약위원회는 심리적격성 판단에 있어서 규약 제26조의 위반 여부에 대하여 통보자가 자신의 주장을 구체화하지 않았으므로 이에 대한 판단은 하지 않았으며, 한국 정부가 제22조에 대하여 유보했으나, 국가보안법이 헌법에 부합한다고 주장할 뿐 유보 사실에 대한 주장을 제기하지 않았으므로 당해 사건에 있어 제22조의 침해 여부를 판단할 수 있다고 했다.[51]

본안심사에서 규약위원회는 제22조 제2항의 제한조치의 요건을 다음과 같이 제시하면서 제22조 제2항의 침해 여부만 판단했을 뿐, 그 외 규약 제18조 및 제19조에 대해서는 판단할 필요가 없다고 했다. 우선, 규약 제22조 제2항에 따라 결사의 자유를 제한하는 조치는 법률에 의하여, 또한 제2항에 규정되어 있는 목적을 위하여, 민주적 사회에서 필요한 조치여야 한다는 요건을 갖추어야 하며, 특히 결사의 자유 제한조치가 합리적이고 객관적으로 정당화될 수 있다는 것을 제시하는 것만으로는 부족하고, 당사국은 개인이 특정 조직에 가입하는 것이 실제 국가안보나 민주적 질서에 위협이 되며, 여타 강제적이지 않은 다른 수단이 불충분하다는 점을 증명해야 한다고 하면서, 한국 정부가 이정은의 결사의 자유를 침해했다고 결정했다. 또한 규약위원회는 국가보안법 제7조를 개정하고 유사한 인권침해가 재발하지 않도록 할 것을 한국 정부에 권고했다.

---

51) 정부에서는 대한민국이 유보한 조항에 대하여 규약위원회가 심의할 수 있다고 한 이 결정에 대하여 법리상 문제가 있다고 보았으며, 이 결정 이후 개인통보결정을 즉각적으로 국내에 수용하려고 하는 움직임에 부정적 영향을 끼친 것도 사실이다.

(7) 양심적 병역거부 사건

2000년대 후반 들어 자유권규약의 개인통보사건의 대종을 이루는 것은 양심적 병역거부 사건이다. 이 사건은 대체로 국내에서 종교적 이유로 병역을 거부하면 병역법으로 처벌되고 형이 확정되면 규약위원회에 개인통보하는 수순으로 진행된다. 수십 명 혹은 수백 명이 집단적으로 통보를 진행하는 것도 특징이다. 이하에서는 대표적인 사건 몇 건을 보기로 한다.[52)]

먼저 윤여범·최명진 사건이다.[53)] 윤여범, 최명진은 '여호와의 증인' 신도로서 규약 제18조 제1항의 침해를 주장했는데, 규약위원회는 절차규칙 제94조 제2항에 따라 병합 심리했다. 윤여범의 경우 2004년 7월 대법원에서 병역법 제88조 위반으로 징역 1년 6월이 확정되었으며, 최명진 역시 병역법 위반으로 유죄판결을 받고 헌법재판소에 헌법소원을 제기했으나 기각되었다.[54)] 대한민국은 규약 제18조 제3항

---

52) 양심적 병역거부에 대한 자세한 설명은 이 책 '제10장 제5절 양심적 병역거부'를 참고할 것.

53) Communication No. 1321/2004 and 1322/2004(UN Doc., 2007), CCPR/C/88/D/1321~1322/2004. 이 결정의 경우, 특별히 규약위원회의 일반논평의 성격 및 양심적 병역거부에 관한 각국의 사례 및 관련 유엔인권기준(예로서는 옛 유엔인권위원회 결의안)의 성격 등에 대한 논의를 볼 수 있다. 특히 본 결정에 있어서 Hipolite Solari-Yrigoyen의 반대의견(dissenting opinion) 및 Ruth Wedgewood의 반대의견(dissenting opinion)은 흥미로운 논점들을 제시한다. 첫째 Solari-Yrigoyen의 경우, 대한민국 정부가 양심적 병역거부권 자체를 인정하지 않기 때문에 규약위원회는 제18조 제3항(자신의 종교나 신념을 표명하는 자유는 법률에 규정되고 공공의 안전, 질서, 공중보건, 도덕 또는 타인의 기본적 권리 및 자유를 보호하기 위하여 필요한 경우에만 제한받을 수 있다)에 따라 본 통보를 심의할 것이 아니라 제18조 제1항(모든 사람은 사상, 양심 및 종교의 자유에 대한 권리를 가진다)에 따라 심의해야 한다고 주장하며, 한국 정부는 제18조 제1항을 침해하고 있다고 판단했다.

Wedgwood는 양심적 병역거부권이 규약에 의하여 보호되는 권리인지 여부에 대한 의문을 제시한다. 규약 성안을 위한 문건이나, 그 후 일반논평 22에 따르면 규약위원회가 제18조에 따라 양심적 병역거부권이 도출될 수 있다고 제시하기는 했지만, 실제로 규약위원회가 이러한 의견에 따라 단 한 번도 양심적 병역거부권이 규약에 의해 직접 도출된다고 결정한 바가 없다는 것이다. 또한 규약 제8조 제3항 (c)(ii)의 규정(군사적 성격의 역무 및 양심적 병역거부가 인정되고 있는 국가에 있어서는 양심적 병역거부자에게 법률에 의하여 요구되는 국민적 역무는 강제노동으로 보지 않는다)의 해석상 특정 당사국이 양심적 병역거부권을 인정하지 않는다고 하여 이를 바로 규약(양심의 자유를 규정하는 제18조 제1항)에 위반한다고 보기는 어렵다고 했다.

및 헌법 제37조 제2항 등에 따라 양심표명의 자유는 일정한 제한이 따를 수 있으며, 양심적 병역거부의 경우에는 국가안보를 위하여 제한할 수 있음을 주장했다. 또한 군복무에 있어서 형평성이 문제가 되어 양심적 병역거부자에게 대체복무를 인정할 경우, 차별의 문제가 제기될 수 있음을 지적했다.

이 통보에서는 심리적격성을 판단할 때 큰 이슈가 없었으며, 본안심사에서 첫째, 규약 제8조 제3항의 강제노동에서 군복무를 제외한다는 조항에 따라서 제8조에 따라 본 통보를 심사하지 않고 제18조만으로 판단한다는 점을 적시했다. 이어 규약위원회는 대한민국 정부가 규약 제18조 제3항의 제한요건을 충족하지 못했으며, 규약 제18조 제1항을 위반했다고 결정했다.

다음으로 김종남 등 사건이다.[55] 기본적 사실관계는 위 양심적 병역거부 사건과 동일하다. 다만 의미 있는 것은 양심적 병역거부에서 문제되는 양심의 자유에 대해 보다 명백히 그 권리를 인정했다는 것이다. 이 사건 결정에서 규약위원회는 "양심적 거부권은 근본적으로 사상·양심 및 종교의 자유(규약 제18조)에서 유래하는 것이며 병역의무가 개인의 종교적 신념과 양립할 수 없다면 강제징집으로부터 면제받을 권리가 있다"고 하면서 양심적 병역거부권을 명확히 인정하였다.

끝으로 김영관 등 사건이다.[56] 이 사건은 김영관을 비롯한 50명이 제기한 것인데, 기본적 사실관계 역시 앞의 양심적 병역거부 사건들과 동일하다. 이 사건 결정에서 특이한 것은 양심적 병역거부를 규약 제18조의 사상·양심 및 종교의 자유에서 나오는 본질적인 것을 인정한 것을 넘어 양심적 병역거부를 인정하지 않고 신청인들을 구금(형벌)하는 것은 자의적 구금(규약 제9조)에 해당한다고 한 것이다.

---

54) 그러나 헌법재판소의 소수의견은 특별히 규약위원회의 일반논평 22, 옛 유엔인권위원회 결의 및 각국의 사례 등을 근거로 하여 양심적 병역거부자에게 대체복무를 인정하지 않는 병역법에 대해 위헌의견을 낸 바 있다(헌법재판소 2004. 8. 26. 2002헌가1 결정).

55) Communication No. 1786/2008, CCPR/C/106/D/1786/2008.

56) Communication No. 2179/2012, CCPR/C/112/D/2179/2012.

(8) 이란인 X 난민신청 사건[57)]

이란인 X는 원래 이슬람 종교를 가진 사람이었으나 2005년 3개월 체류가 가능한 단기 상용비자로 한국에 들어와 기독교로 개종하였다. 그런데 그는 체류 중 대마초 흡연으로 집행유예를 받고, 출입국관리법에 따라 강제퇴거를 위해 외국인보호소에 수용되었다. 그는 이 상황에서 난민신청을 하였지만 우리 정부는 이를 기각하였다. 그 후 정부는 그에 대한 강제출국을 진행하였고, 그 과정에서 X의 여권 발급을 위해 한국 주재 이란대사관 직원의 방문을 요청하였던 바, X는 대사관 직원과의 접견과정에서 직원에게 자신의 개종 사실을 알렸다. 그는 1차 난민신청 기각결정 이후 다시 한국 정부에 난민신청을 하였던바, 그 이유는 자신이 본국으로 강제퇴거되면 개종문제로 박해의 위험에 직면할 것이라는 것이었다. 2차 난민신청 과정에서도 이란대사관에서는 직원을 보내 X의 개종을 번복시키려는 시도를 하였다. 정부는 2차 난민신청에 대해서도 기각결정을 하였고, 이 결정에 대해 X는 법원에 그 취소를 구하는 소송을 제기하였지만 결국 대법원에서 최종기각되었다. 그 후 이 사건은 X에 의해 자유권규약위원회에 통보되었다.

X는 개인통보를 하면서 화성외국인보호소에 보호되어 있던 중 자신이 본국으로 강제퇴거되면 자유권규약 제7조(고문 또는 비인도적 처우금지)의 권리가 침해될 우려가 있고, 한국의 강제퇴거절차는 동 규약 제9조(자의적 체포 및 구금의 금지)에 위반된다고 주장하였다. 자유권규약위원회의 특별보고관(Special Rapporteur on new communications and interim measures)은 이 신청을 진행하는 과정에서 2009년 10월 한국 정부에 개인통보절차가 진행되는 동안 퇴거조치를 중단해 줄 것과 그에 대한 일반적 사법심사를 보장해 줄 것을 요청했다. 정부는 이 요청을 받아들였다.

이 사건에서 규약위원회는 X의 주장을 사실상 받아들였다. X의 주장대로 그가 본국으로 강제퇴거되는 경우 개종에 따른 박해의 가능성을 인정한 것이다. 즉, 위원회는 그가 강제적으로 이란에 송환될 경우 규약 제6조 제1항 및 제7조의 권리가 회복할 수 없는 실제적인 위협에 놓일 것이라고 보았다. 이런 이유로 위원회는 한국 정부의 강제퇴거에 대해 위 조항 위반을 인정하였고, 그의 난민신청에 대해 재

---

57) Communication No. 1908/2009, CCPR/C/110/1908/2009.

심사를 포함한 효과적인 구제를 제공할 것을 권고하였다.[58)]

나. 개인통보 결정에 대한 우리나라의 태도

자유권규약위원회는 위의 개인통보사건에서 한국 정부가 규약에 위반했으며 피해자들에게 적절한 구제조치를 취하라는 결정을 내린 바 있다. 그러나 이들 결정에 대해 우리 정부가 취한 태도는 아주 실망스럽다.

맨 마지막 이란인 X 사건을 제외하고 8건의 결정에 대해서 우리 정부가 한 일은 사실상 없기 때문이다. 우선 손종규 사건에서 정부는 그 결정이 있던 1995년 이후 손종규에 대해 아무런 구제조치를 취하지 않았다. 이에 손종규는 규약위원회의 견해를 근거로 자신은 정당한 활동을 했음에도 부당한 형사처벌을 받았다며 국가를 상대로 손해배상소송을 제기했다. 그러나 이 사건에서 손종규는 1, 2, 3심 모두 패소하고 말았다.[59)] 법원은 한결같이 (구)노동쟁의조정법의 제3자 개입금지 규정(제13조의 2)이 공공질서를 위하여 필요한 범위 내에서 표현의 자유를 제한했을 뿐, 규약위원회의 견해처럼 규약이 보장하고 있는 표현의 자유를 침해한 것은 아니라고 했다. 특히 규약위원회의 견해는 권고사항으로서 법적 기속력을 인정할 근거가 없다고 판시했다. 대법원은 자유권규약 제2조 제3항의 국가의 규약이행의무에 대하여, 당사국 상호 간의 국제법상 의무로 규정한 것이며, 개인이 국가를 상대로 한 손해배상 등의 구제조치를 청구할 수 있는 권리를 창설하는 것은 아니라고 판시했다. 손종규 사건 이외에 다른 사건에서도 우리 정부가 규약위원회가 내린 적절한 배상과 효과적인 구제조치에 대하여 이를 이행했다는 구체적인 예는 보이지 않는다.

다만 최근 우리 사법부가 자유권규약위원회의 개인통보 결정에 대해 과거와 다른 시각에서 헌법과 법률의 주요 해석기준으로 삼아가고 있음을 볼 수 있어

---

58) 한국 정부는 규약위원회의 이와 같은 결정에 대하여 X에게 인도적 체류를 허가하였다. 비록 난민 재심사를 하여 난민자격을 인정한 것은 아니지만 그동안의 개인통보결정에 비해서는 긍정적이었다고 평가할 수 있다.

59) 서울지방법원 1996. 6. 7. 선고 95가단185632 판결; 서울지방법원 1996. 11. 15. 선고 96나27512 판결; 대법원 1996. 3. 26. 선고 96다55877 판결.

고무적이다. 예를 들면 헌법재판소는 2018년 양심적 병역거부자들(청구인)이 개인통보절차에 의해 자유권규약위원회의 결정을 받았으나 국회가 동 결정에 따른 구제조치를 이행하기 위한 아무런 입법조치를 취하지 아니하여 청구인들의 기본권을 침해하였다는 취지로 입법부작위에 대한 헌법소원을 제기한 사건에서 비록 청구를 각하하였지만 자유권규약위원회의 결정은 동 규약 해석에 중요한 참고기준이 되고 당사국은 이 결정을 존중할 의무가 있음을 명시적으로 확인하였다.[60] 또한 대법원은 2018년 11월 전원합의체 판결을 통하여 양심적 병역거부자에 대하여 병역법위반의 유죄를 인정한 원심판결을 무죄취지로 파기환송하였는데,[61] 이 판결의 (다수의견에 대한) 보충의견은 국제인권조약기구의 개인진정 결정에 대해 획기적인 태도를 보여주었다. 이 보충의견은 자유권규약 선택의정서 당사국은 규약위원회의 개인통보 결정을 따르고 받아들일 국제법상 의무를 진다고 하여 개인통보 결정의 법적 기속력까지 인정하는 태도를 취하였다.

다. 개인통보 결정의 효력 논쟁

자유권규약위원회의 개인통보 결정을 비롯해 유엔 조약감독기구가 개인진정사건을 심리한 뒤 내리는 결정(Views)의 법적 성격에 대해서 다양한 논의가 있다. 이들 의견을 개괄하면 크게 세 개 정도의 견해로 나눌 수 있다.[62]

첫째는 법적 기속력(legally binding)을 긍정하는 견해다. 이 견해는 인권조약의 틀 내에서 설치, 운영되고 있는 전문기관의 판단의 법적 기속력을 명시적으로 규정하고 있는 조약상의 조항이 없다고 하여, 그 판단이 단지 권고에 불과하다고 볼 수는 없다는 것이다. 조약상의 의무 자체는 응당 법적 기속력을 가지며(legally binding), 당해 인권조약에 의하여 설립된 국제전문기관이야말로 당해 조약에 대한 가장 유권적인 해석자라고 본다. 그러므로 UN 인권조약기관이 조약에 대한 위반이

60) 헌법재판소 2018. 7. 26. 선고 2011헌마306 등 결정.

61) 대법원 2018. 11. 1. 선고 2016도10912 전원합의체 판결.

62) 개인통보 결정(견해)의 법적 성격에 관한 국내외의 전반적인 논의에 대해서는 원유민 교수의 전게 논문(각주 41)을 참고할 것.

존재한다고 판단하는 경우, 당사국은 (조약위반으로 인한) 상황에 대하여 구제수단을 강구할 법적 의무를 부담한다는 것이다.[63]

둘째는 설득적 권위를 인정하는 견해다. 이 견해는 개인통보 결정에 공식적인 법적 기속력까지는 인정하지 않지만 자유권규약의 해석을 위한 주요한 자료(a major source for interpretation of the ICCPR)로서 인정하거나[64] 상당한 설득적 권위(considerable persuasive authority)를 보유하고 있는 것으로 파악한다.[65] 이러한 입장은 우리나라를 포함 상당수의 국내법원의 판단에서 널리 발견된다. 즉, 개인통보 결정은 자유권규약위원회의 일반논평(general comments)과 함께 자유권규약이나 국내법을 해석함에 있어서 매우 중요한 (해석)기준으로 사용되고 있다.[66]

셋째는 법적 기속력을 부인하는 견해다.[67] 이 견해는 여러 나라의 국내법원에서 사법적 판단으로 공식화되었다. 예를 들면 아일랜드의 고등법원은 kavanagh v. Governor of Mountjoy Prison(2001)에서, 자유권규약위원회가 Kavanagh에 대한 개인통보절차에서 아일랜드 법원의 심리 및 유죄판결을 자유권규약 위반으로 판정했음에도 불구하고, 자유권규약위원회의 개인통보 결정은 구속력이 없음을 지적하면서, Kavanagh의 사법심사 청구를 배척했다. 그 뒤 아일랜드 대법원은 같은 이유로 Kavanagh의 청구를 기각하였다. 이러한 견해는 우리나라 법원이 앞서

63) 이 견해는 자유권규약위원회의 위원으로 활동한 샤이닌이 주장한 것이다. Martin Scheinin, "International Mechanisms ad Procedures for Implementation", in Raija Hanski and Markku Suksi(eds.)., *An Introduction to the International Protection of Human Rights: A Textbook*, 2nd ed.(Turku/Åbo: Institute for Human Rights, 1999), p. 444[이근관, 「HRC의 견해(view)의 규범적 효력에 관한 고찰」, ≪서울국제법연구≫, 제13권 1호(2006), p. 4에서 재인용].

64) Maria v. McElroy, 68 F Supp 2nd 206, 232(EDNY 1999)(이근관, 전게 논문, 각주 8 재인용).

65) Nicholls v Registar of the Court of Appleal(1998) 1 New Zealand Law Report, p.405(New Zealand Court of Appeal, Eichelbaum CJ)(이근관, 전게 논문, 각주 9 재인용).

66) 1999년 대전지방법원은 국가보안법 사건에서 "인권이사회(HRC)의 결정이 있는 이상 향후 국가보안법 해석, 적용함에 있어서는 인권이사회의 결정 및 해석기준을 깊이 고려하여 (국가보안법 규정의) 반국가활동성 및 이적목적성을 판단하여야만 할 것이다"라고 판시한 것은 이런 견해와 궤를 같이하는 것이라고 할 수 있다. 대전지방법원 1999. 4. 1. 선고 98고합532 판결.

67) 이근관, 전게 논문, p. 13~14.

본 손종규 사건에서 취한 태도와 대동소이하다.

개인진정 결정의 법적 효력에 대한 우리나라 학자들의 견해는 법적 기속력을 인정하지 않는 것이 대세로 보인다. 즉, 자유권규약위원회의 개인통보 결정은 그것이 단순한 사실의 확인에 불과하든 혹은 개별적 및 일반적 구제조치의 결정에 해당하든, 원칙적으로 당사국에 대하여 법적 구속력을 가지지 아니하고, 단지 권고적 효력만을 가진다는 것이다.[68] 다만 학자들 사이에선 개인통보 결정의 법적 기속력은 인정하지 않더라도 당사국에겐 감독기구의 결정을 신의칙에 좇아 고려·존중할 최소한의 의무를 부담한다고 주장하는 경우가 있다.[69]

생각건대 개인통보(개인진정) 결정이 적어도 형식적으로는 법적 기속력이 없다는 것은 크게 논란을 벌일 필요가 없다고 본다. 그 결정은 원래 처음부터 법적 기속력이 있는 결정이나 판결을 의도한 것이 아니며(그래서 견해라는 뜻의 View라는 형식의 결정을 함), 결정과정도 사법기관의 엄격한 절차(당사자 변론주의나 증거에 의한 증명절차)에 의한 것이 아니다.[70] 나아가 이 결정의 성격에 대해, 감독기구가 사법기관이나 준사법적 권한을 가진 기관이 아니라는 것과 동 기관이 내린 결정(Views)은 기속력이 없으며 단지 권고적 효력만을 갖는다고, 감독기구 스스로 말한 바도 있다.[71] 따라서 이러한 조약감독기구의 결정에 대해 국제사법기구(예컨대

68) 김태천, 「국제인권규약(B규약)의 국제적 실시조치」, ≪국제법학회논총≫, 제40권 제2호(1995), p. 249.

69) 이근관, 전게 논문 p. 13 및 이근관, 「국제인권규약상의 개인통보제도와 한국의 실행」, ≪국제인권법≫, 제3호(2000), p. 61~62. 이와 유사하지만 주목할 만한 주장으론 신윤진 교수의 견해가 있다. 신 교수는 사법판단의 경우 국내사법기관은 개인진정 결정에서 국제인권조약기구가 한 해석에 대하여 신의성실하게 규범적 연계를 할 의무(Duty to Engage)가 있고 그것은 그 타당성과 실체를 가진 '법적 의무'로 인식되어야 한다고 주장한다. 신윤진, 「국제인권규범과 헌법: 통합적 관계 구성을 위한 이론적·실천적 고찰」, ≪서울대학교 법학≫, 제61권 제1호(2020년 3월), 231쪽. 원유민 교수도 대체로 이와 같은 입장을 취하고 있다. 원유민, 전게논문, p. 67.

70) 정인섭, 『국제인권규약과 개인통보제도』(사람생각, 2000), p. 142; 정인섭, 「국제인권규약 가입 10년의 회고」, ≪국제인권법≫, 제3호(2000), p. 29.

71) Selected Decisions of the Human Rights Committee under the Optional Protocol, vol. 2(New York: U.N., 1990), p. 1~2.

국제사법재판소)의 판결과 같은 법적 성격을 인정해 법적 기속력을 인정할 수는 없다고 본다.

라. 개인통보 결정의 효력에 관한 새로운 시도

앞에서 보듯 개인진정 결정의 효력에 대해 형식적으로는 법적 기속력을 인정할 수 없지만, 그것만으로는, 선택의정서와 같은 별도의 조약이나 인권조약상의 (개인진정 규정의) 수락선언에 의해 운용되는 개인진정 결정의 효력을 충분히 설명했다고 보기 어렵다. 조약감독기구의 개인진정 결정(Views)은 그 형식적 효력을 넘어 '사실상의 기속력'을 인정하지 않으면 안 된다. 그 이유를 자유권규약의 개인진정(개인통보) 제도를 통해 알아본다.

(1) 자유권규약 선택의정서 해석에 따른 당사국의 국내 이행절차의 의무

먼저 개인진정 제도의 근거가 되고 있는 자유권규약 제1선택의정서 제1조를 보자.

> 제1조: 이 의정서의 당사국이 된 규약 당사국은 그 관할권에 속하는 자로서 동국에 의한 규약에 규정된 권리에 대한 침해의 희생자임을 주장하는 개인으로부터 통보를 접수하고 심리하는 위원회의 권한을 인정한다.

위 조문에 따르면 자유권규약위원회의 권한은 권리 피해자로부터 개인진정을 받아 당사국의 자유권규약 위반 여부를 판단하는 것이다. 이것으로 개인통보와 관련된 자유권규약위원회의 기능이 처음부터 당사국의 국제법 준수 여부를 심판하는 기능이라는 것을 알 수 있다. 이것은 당사국이 이 규약을 위반했는지 여부를 판단하는 규약위원회의 판단권을 인정했다는 것을 말한다.[72] 자유권규약위원회의

---

72) 통상 개인통보사건에서 HRC가 규약위반을 선언하는 경우 다음과 같은 정형화된 문장이 나온다. "선택의정서의 당사국이 됨으로써 [○○ 나라가] 규약의 위반행위가 일어났는가 여부를 결정할 HRC의 권한을 인정했고, 또한 규약 제2조에 따라 [○○ 나라가] 자국의 영역 내에 있거나 그 관할하에 있는 모든 사람들에 대하여 규약이 인정한 권리를 보장하고 침해행위가 인정된 경

심판권은 그 자체가 목적이 아니라 당사국이 규약위원회에 의해 국제법인 자유권규약을 위반한 것으로 판단되면 규약위원회의 판단을 존중하여 국내적 조치를 취하는 것을 전제로 한다.[73] 이것이 전제가 되지 않으면 이 조약은 아무런 의미가 없다고 할 것이다.

따라서 당사국은 개인통보절차에 따라 자유권규약위원회가 규약위반이라고 판단하는 경우 그 내용을 국내적으로 이행하도록 노력해야 할 의무가 있다.[74] 이것은 개인진정을 규정한 선택의정서가 조약 자체에서 암묵적으로 예정한 당사국의 의무(implied obligation)다. 물론 이행절차의 방법은 당사국이 선택할 수 있는 것으로 사법적 절차만이 아니고 준사법적 혹은 행정적 방법에 의해서도 달성될 수 있다고 본다.

(2) 사실상 기속력

위와 같이 자유권규약 제1선택의정서의 당사국은 자유권규약위원회가 판단한 개인통보 사건의 결정을 국내적으로 이행할 수 있는 절차를 만들 조약적 의무(국제법상 법적 기속력 있는 의무)가 있다. 나아가 개인통보 결정은 그 자체로서는 국제법적 법적 기속력이 없다고 해도, 당사국은 이행절차를 통해 그 결정내용을 국내적으로 이행하기 위해 노력하지 않으면 안 된다. 따라서 개인통보 결정의 국내적 이행수단이 아예 없거나, (이행수단이 있어도) 그 결정을 의도적으로 무시하거나 장기간 아무런 조치를 취하지 않는 경우, 국제법(선택의정서) 위반이 된다.[75] 여기서 국제

우 효과적이고 집행가능한 구제조치를 제고할 것을 약속한 사실을 상기하면서……." 예컨대 Communication No. 518/1992(UN Doc., 1995), CCPR/C/54/D/518/1992, para. 13. 여기에서도 HRC는 선택의정서에 의해 자신이 규약위반 여부를 결정할 권한이 있음을 명백히 하고 있다.

73) 대법원 2018. 11. 1. 선고 2016도10912 전원합의체 판결에서 다수의견의 보충의견(박정화, 김선수, 노정희 대법관)은 이에 대해 "개인통보제도를 규정한 선택의정서에 가입하였다는 것은 당사국 내에 있는 개인의 진정에 대한 유엔자유권규약위원회의 심사권을 인정한다는 것이고, 이는 그 심사결과에 따르겠다는 의미를 포함한다"라고 함으로써 같은 취지의 판단을 하였다.

74) 이행체제는 반드시 이행법률을 의미하지는 않는다. 그것이 없이도 현재의 사법·행정 절차로도 당사자의 구제가 가능하다면 이행체제가 갖추어져 있다고 할 수 있다.

75) 따라서 개인통보 결정이 형식적으론 법적 기속력이 없다고 해도 그것을 마냥 무시하는 것은 국

법 위반이라는 것은 결정 그 자체에서 발생하는 효력이 아니고, 결정에 따른 국가의 구제노력(혹은 협력) 의무의 위반 효력이다. 구제노력 의무는 그것을 하지 않는다고 그 즉시 국제법 위반이라고 보긴 힘들지만, 그렇다고 구제노력을 전적으로 당사국의 판단에 맡긴다는 것은 아니다. 이것은 당사국에 결정의 이행을 위해 상당한 정도 재량적 여지를 준다는 것일 뿐 (결과에 책임을 지지 않는) 자유재량을 의미하지는 않는다. 개인통보 결정이 나오면 당사국은 반드시 이에 대한 이행노력을 해야 한다. 이런 이유로 개인통보 결정은 그 자체로는 법적 기속력이 없지만 '사실상 기속력'이 있다고 보아야 한다.

마. 개인통보 결정의 국내적 이행을 위한 방안

(1) 자유권규약위원회가 규약위반이라고 결정하는 경우의 회복 유형

규약위원회가 개인통보사건을 심리하고 만일 당사국의 규약위반 행위를 발견하는 경우 피해자에 대한 효과적인 구제조치를 열거하고 이에 대한 당사국의 이행을 권고한다. 그 내용은 사건에 따라 달라질 수밖에 없지만 지금까지 규약위원회의 개인통보사건을 분석할 때 다음과 같은 네 가지 내용으로 분류·정리할 수 있다.[76]

① 금전배상: '적절한 보상(appropriate compensation)'

② 원상회복(restitution): 몰수품의 반환과 같은 것

제법 위반의 소지가 크다. 이 같은 경우가 발생한 경우엔 국가에 대해 불법행위에 의한 손해배상 청구도 고려할 만하다. 그런 의미에서 최근 스페인 최고재판소의 앙헬라 판결(TRIBUNAL SUPREMO, Sala de lo Contencioso-Administrativo, Sección Cuarta, Sentencia núm. 1263/2018)은 우리에게 시사하는 바가 크다. 이에 대해서는 박찬운, 「개인진정 결정(Views) 불이행을 원인으로 한 국가배상소송 가능성」, ≪법학논총≫, 제35권 3호(2018.9), p. 87 이하를 참고.

76) 규약위원회는 일반논평 31에서 자유권규약 제2조 제3항의 당사국이 규약상의 권리를 침해당한 개인들에 대해 조치해야 할 '효과적인 구제수단(effective remedy)'을 열거한 바 있는데, 이러한 구제수단의 내용을 규약위원회는 개별 개인통보사건에서 구제수단으로 당사국에 권고한다 (General Comment No. 31 [80] *Nature of the General Legal Obligation Imposed on States Parties to the Covenant:* 26/05/2004. CCPR/C/21/Rev. 1/Add. 13).

〈표 3-9〉 신학철 개인통보사건 결정문(발췌)

……
8. 자유권규약위원회는 규약 선택의정서 제5조 제4항에 따라 이 사건의 사실이 규약 제19조 제2항의 위반에 해당한다는 견해를 표명한다. 9. 규약 제2조 제3항에 따라 당사국은 통보인에게 그의 유죄에 대한 배상, 그 판결에 대한 무효화 및 법적 비용을 포함하여 효과적인 구제책을 제공할 의무가 있다. 나아가 당사국은 통보인이 그 그림을 통하여 표현한 표현의 자유를 제한한 것이 정당성이 있다는 것을 보여주지 못했기 때문에 당연히 그 그림을 통보인에게 원래의 상태로 반환해야 한다. 이 과정에서 발생하는 필요한 비용도 당사국이 부담해야 한다. 당사국은 향후 유사한 침해 행위가 발생하지 않도록 해야 하는 의무가 있다. 10. 선택의정서에 가입함으로써 당사국은 규약위원회가 규약의 위반 여부를 판단할 권한이 있음을 인정했고 또한 규약 제2조에 따라 당사국은 그의 영토 및 관할하에 속하는 모든 사람에게 규약에서 정하는 권리를 보장해야 한다는 것을 염두에 두면서, 규약위원회는 당사국으로부터 90일 이내에 이 결정의 이행 조치에 대한 정보를 접수하길 기대한다. 또한 당사국은 규약위원회의 결정을 출판하여 공개해야 한다.

자료: Communication No. 926/2000: Republic of Korea. 19/03/2004. CCPR/C/80/D/926/2000.

③ 명예회복(rehabilitation, 복권): 유죄판결의 무효화(재심)를 포함

④ 기타 '만족적 수단(measures of satisfaction)'

i. 공적 사과(public apology)

ii. 공적 기념(public memorial)

iii. 재발방지의 보장

iv. 관련 법률 및 관행의 변경

v. 인권침해의 가해자에 대한 사법처리

그렇다면 위와 같은 규약위원회의 권고내용을 국내에서 이행하는 방법은 무엇일까? 우선 그동안 주장되었던 것을 잠시 정리한 다음 필자의 생각을 정리하기로 한다.

(2) 종래의 국내 이행방법론과 그 문제점

현재까지 논의되어 온 가장 유력한 방향은 형사사건의 경우 규약위원회의 결정을 형사소송법상 재심사유로 추가하는 방안 혹은 그러한 경우에 재심을 가능케 하는 내용의 특별법을 제정하는 방법이다. 이 중 특별법에 의한 재심은 1995년에 제정된 '5·18 민주화운동 등에 관한 특별법'과 유사한 법률을 만들자는 것이다.[77] 이 견해는 규약위원회의 규약위반 결정이 있는 경우 원판결에 대한 재심개시결정을 강제화하고 법원은 규약위원회의 해석을 존중하여 심리할 것을 내용으로 하는 이행법률을 제정하자는 것이다.[78] 또한 민사적인 구제를 위해서 국가배상법을 개정하여 배상사유의 하나로 규약위원회의 결정이 있는 경우를 추가해야 한다는 것이었다. 필자 또한 종래 이러한 주장을 해왔다.[79] 그러나 이러한 주장에는 다음과 같은 중대한 맹점이 있다는 사실을 인정하지 않으면 안 된다.

첫째, 이 주장은 규약위원회의 결정(views)이 법적 구속력이 없음에도(사실상 구속력이 있다고 해도) 위와 같은 특별법(혹은 현행법의 개정)에 의해 재심사유 혹은 배상사유로 넣어 과거의 우리 사법부의 판결을 번복하는 논리를 명쾌하게 설명해 주지 못한다. 만일 이와 같은 법률을 만든다면 사실상 우리는 규약위원회의 결정에 바로 법적 구속력을 주는 것이나 마찬가지인데, 이것은 사법적 판단(한국의 국내 재판)을 비사법적 판단(규약위원회의 결정인 views)에 의해 번복을 허용한다는 것을 의미한다. 이러한 결과는 우리의 헌법질서에서는 수용하기 어려울 것이다. 규약위원회의 권고를 존중한다고 해도 그것은 우리 헌법상의 사법질서와 조화를 이루지 않으면 안 될 것이다.[80] 그러한 조화를 이루지 못하면 국내의 사법 종사자들 대부분

---

77) 동법 제4조 제1항은 "5·18 민주화운동과 관련된 행위 또는 제2조의 범행을 저지하거나 반대한 행위로 유죄의 확정판결을 선고받은 자는 형사소송법 제420조 및 군사법원법 제469조의 규정에 불구하고 재심을 청구할 수 있다"고 규정한다.

78) 임진원, 「유엔인권이사회 결정의 국내 집행방안에 관한 소고」, ≪공익과 인권≫, 제1권 제2호 (2004), p. 103.

79) 박찬운, 「인권위원회의 개인통보결정의 이행, 어떻게 담보할 것인가」, 『국제인권규약 가입 10주년 기념 학술발표대회 자료집』(서울대학교 법과대학, 2000), p. 48.

80) 민주사회를위한변호사모임 국제연대위원회, 「국제인권기구의 권고에 대한 국내적 이행방안의

이 규약위원회의 결정을 국내적으로 이행하는 데 동의하기는 어려울 것이다. 규약위원회의 결정이 기본적으로 비사법적 구제결정이었다면 우리가 이행해야 할 수준이나 방법도 이에 걸맞은 방법이어야 한다는 것이다.

둘째, 재심사유 및 배상사유의 추가에 의한 형사판결의 번복이나 금전배상의 방법은 모두 사법적 접근방법인데, 이 방법은 규약위원회가 요구하는 피해자의 추가적인 조치가 필요 없는 즉시적인(신속한) 구제절차와는 거리가 있다. 이와 관련해서는 앞서 본 대로 규약위원회는 1999년 우리나라가 제출한 제2차 정부보고서 심사 시 규약상의 권리침해가 (규약위원회에 의해) 인정된 통보자에 대하여 다시 국내 소송절차를 통해 규약위원회의 권고내용을 실현하라고 요구하는 것은 적절치 않으며 한국 정부는 규약위원회의 권고가 즉각 실현될 수 있도록 하라고 권고한 바 있다.[81)]

셋째, 규약위원회의 결정에서 요구하는 구제방법에는 위와 같은 국내 사법절차에 대한 구제나 금전배상을 넘어 명예회복이나 다른 만족적 수단에 의한 구제방법이 있는데, 이러한 구제는 현재 우리가 가지고 있는 사법적 구제절차로서는 하기 힘들다.

위와 같은 맹점을 상기한다면 사법적 이행을 중심으로 논의해 온 종래의 특별법 혹은 기존 법률의 개정방식은 개인통보절차의 국내 이행방식으로 적절치 않다는 결론이 나온다. 이런 이유로 위의 맹점을 극복할 수 있는 새로운 접근방법이 필요하다. 결론을 우선 말하면 개인통보절차의 국내 이행방법은 사법적 절차가 아닌 준사법적(실질은 행정적 절차) 절차에 의해야 하며 이를 위해 행정부 내에 특별위원회를 만들어 이 위원회가 규약위원회의 결정을 국내적으로 이행하는 방법(행정적 방법)을 검토하여 이행해 나가는 방식을 취하는 것이 좋다는 것이다. 특별법은 바로 이를 위해서 필요하다고 본다.

이러한 주장에 대해서는 규약위원회의 결정의 대상이 되었던 판결의 확정력은

연구」, 『국회법제사법위원회 정책연구 05-6』(국회법제사법위원회, 2006), p. 51.

81) "Concluding Observations of the Human Rights Committee," UN Doc., CCPR/C/79/Add.114, para. 21.

여전히 존속하고 있으므로 행정위원회에 의한 보상금의 지급은 시혜적인 지급과 차이가 없는 것이고 또한 확정판결의 기판력과 저촉되는 정부의 판단은 국내법 체계상 바람직하지 않다고 비판하는 학자도 있다.[82] 그러나 규약위원회의 결정을 국내적으로 이행하기 위해 국내의 특별법에 근거하여 만들어진 위원회가 보상결정을 하는 것을 단순한 시혜적인 조치라 할 수 없으며, 나아가 법적 구속력 없는 규약위원회의 결정을 존중하는 방법이 반드시 국내의 사법적 결정에 의한 방법은 아니라는 것을 생각하면 국내법 체계상 맞지 않는다는 비판도 설득력이 없다고 본다.

(3) 특별법의 내용

특별법을 만드는 방법은 위의 회복 유형을 가장 편리하게 실시할 수 있는 방법이어야 한다. 그러기 위해서는 그 입법형식은 차치하더라도 법률의 내용은 다음과 같은 내용이 되어야 할 것이다.

(가) 형사사건으로 인해 규약상의 권리가 침해된 경우의 구제조치

그동안 우리나라의 개인통보사건은 모두 형사사건에 관련된 것이었다. 즉, 통보자들은 국내의 형사재판에 의해 자신들의 규약상의 권리가 침해되었다고 주장하여 개인통보를 했고 규약위원회는 이 주장을 받아들였다. 따라서 이들 통보자들의 규약상의 권리를 회복시킨다는 것은 이들의 유죄 확정판결을 어떻게 무효화시키느냐 하는 것이었다. 그동안 이 방법으로 논의되어 온 것 중 가장 확실한 방법은 위에서 본 재심의 방법이었다. 재심의 방법은 종래의 확정판결을 재심사유에 의해 번복하는 것이므로 제2의 사법판단이다. 그러나 아무리 생각해도 법적 구속력이 없는 규약위원회의 결정을 형사소송법상의 재심사유나 특별법에 의한 특별재심으로 만들어 무조건 재심을 허용하는 것은 비사법적 성격의 결정에 무리한 국내적 효과를 주는 것이나 마찬가지이고, 전 세계적으로 이러한 국내 이행절차를 취하는

82) 임진원, 「유엔인권이사회 결정의 국내 집행방안에 관한 소고」, ≪공익과 인권≫, 제1권 제2호 (2004), p. 101.

나라도 거의 발견되지 않는다.[83)]

이를 고려하면 형사사건으로 인한 권리침해에 대한 회복은 재심의 방법보다는 오히려 비사법절차인 대통령의 사면권에 의한 방법이 좋을 듯싶다. 이것은 개인통보결정의 성격이 비사법적이라면 국내 이행절차도 비사법적 성격의 절차로 대응하는 것이 논리적이고 합리적이라는 생각이 든다. 비사법절차로서 통보자에 대해 특별사면이나 복권절차를 진행하고 나아가 전과기록 말소의 방법 등으로 형사처벌 및 그 효력을 무력화시키는 정도라면 규약위원회 결정의 국내적 이행으로 무난하다고 볼 수 있지 않을까 하는 생각이다. 또 이렇게 해야 피해자에 대한 즉시적이고도 효과적인 구제를 요구하는 규약위원회의 결정에도 맞을 것 같다. 재심의 방법은 재심청구와 그에 대한 법원의 재심개시결정 및 재심절차 등의 복잡한 절차가 필요하므로 규약위원회의 위와 같은 요구에 부응하는 절차가 아니다.

(나) 금전적 손해에 대한 회복

당사국의 규약위반에 따른 권리침해로 개인이 금전적 손해를 본 경우(그래서 개인통보절차에 의해 규약위원회로부터 규약위반의 결정을 받은 경우) 이를 회복하는 방법은 국가배상소송절차를 이용하는 방법과 보상법을 만드는 방법이 있을 수 있다. 이 중에서 국가배상의 방법은 현재 우리의 국가배상법 체제(공무원의 고의 과실의 위법행위)로는 개인통보의 원인이 되었던 국내적 절차가 위법행위로 판단되어야 하는데,[84)] 국내법적으로는 적법한 국가기관의 판단이었기 때문에[85)] 그에

83) 그리고 형사소송법상의 재심사유로 넣는다고 해도 재심사건을 담당한 재판부가 규약위원회의 결정에 따라 재심을 개시한 다음 원판결을 반드시 번복한다는 보장도 없다. 오히려 국가보안법 사건의 경우는 대법원의 판례 경향으로 보아 재심절차가 열린다고 해도 원판결은 유지될 가능성이 높다. 법무부, 「국제인권규약상의 개인통보의 국내 구제방안 연구」(2005), p. 34 참고.

84) 따라서 규약위원회의 결정, 즉 view를 직접적인 근거로 국가배상을 해주는 것도 현행법의 체제에는 맞지 않는다.

85) 국내법적으로는 헌법을 비롯한 어떤 법령에도 위반되지 않았다는 판단을 이미 받았다는 것을 상기하라. 예컨대 국가보안법으로 구속된 사건이 후에 개인통보절차에서 규약위반으로 나왔다고 해도 수사기관 및 법원의 유죄판결이 국가배상법상의 공무원에 의한 고의 과실의 위법행위라고 보기는 어렵다.

반하는 법령 규정(국가배상사유)을 새로이 신설하는 것도 법체제상 적절하지 않다고 생각한다. 따라서 금전적 손해에 대한 회복은 배상절차가 아닌 특별 보상법에 의한 보상절차가 바람직하다고 본다. 이것이 규약위원회의 요구를 즉시적으로 이행하는 방법이 될 것이다. 이를 위해서는 행정부 내에 행정위원회를 설치하여 운용하는 것이 필요하다.

현재 금전보상과 관련하여 비교법적 도움을 줄 수 있는 나라는 남미의 콜롬비아이다. 이 나라는 1996년 국제인권기구의 결정에 관한 이행입법(콜롬비아법 제288호)을 제정했다. 이 법은 규약위원회와 미주인권위원회에 의한 인권침해 결정을 받은 사안의 피해자에 대한 보상을 내용으로 하는데, 그 방법은 내무부, 외교부, 법무부, 국방부의 직원으로 구성된 각료위원회가 보상 판정을 내리고 법원(행정재판소)이 확인하는 절차를 밟는 것이다. 따라서 이 나라의 보상방법도 기본적으로는 정부위원회의 행정적 절차를 통해 이루어지는 것이지 피해자가 사법적 구제절차를 이용하는 것은 아니다.[86]

(다) 명예회복 및 기타 만족적 수단

국가가 규약을 위반함으로써 규약 규정의 권리를 침해한 경우 위의 두 가지 유형 이외의 권리 회복이 필요하다. 그러나 그 방법은 법률로 열거하기 어려운 것이 많아 구체적으로 법률에 규정하는 것은 현실적으로 어렵다. 따라서 포괄적인 규정을 두어 규약위원회의 결정이 있는 경우 국내의 관련 기관이 피해자의 명예회복 혹은 기타 만족적 수단을 동원하여 피해를 회복시키는 방법을 강구하고 이를 해당 국가기관에 요구하여 수용케 하는 것이 적절하다고 본다. 명예회복 및 기타 만족적 수단에 의한 구제절차는 사법적 절차로 진행하여 피해자를 구제하기에는 적절치 않는 절차이다.

(4) 특별법의 형식

그렇다면 위와 같은 내용의 법률을 만드는 방법은 무엇일까? 앞에서 본 대로

---

86) 법무부, 「국제인권규약상의 개인통보의 국내 구제방안 연구」(2005), p. 25.

종래의 사법적 접근방법을 탈피하여 규약위원회 결정의 준법적 구속력에 걸맞은 국내 이행방법은 무엇일까? 이에 대해 필자는 현재 시행 중인 '민주화운동 관련자 명예회복 및 보상 등에 관한 법률'(이하 '민주화보상법'이라 한다)과 같은 법률 형식을 토대로 특별법을 만드는 것이 바람직하다고 본다.[87] 동법은 과거 민주화운동과 관련된 사람들에 대해 사법적 방법이 아닌 행정적 절차[준사법적 절차에 가까운 민주화운동 관련자 명예회복 및 보상심의위원회(이하 '민주화운동보상심의위원회'라 한다)의 심의와 결정[88]]에 의해 민주화운동 관련자를 인정하고 이에 인정된 사람에 대해 과거의 부당한 형벌 등을 무력화시키는 조치와 금전 보상 및 명예회복을 위한 다양한 조치를 취하고 있다. 민주화운동과 관련하여 형사 유죄판결을 받은 사람들은 이 위원회의 심의결과에 따라 사면 및 복권의 대상이 될 수 있고 전과기록도 말소시킬 수 있다(위원회에 건의요청권이 있음).[89]

---

87) 과거의 부당한 공권력 사용으로 인해 피해를 입은 사람들에게 위원회를 설치하여 보상금을 지급하는 특별법으로는 민주화보상법 이외에 민주화보상법과 삼청교육피해자의 명예회복 및 보상에 관한 법률이 있다. 이 법률은 모두가 보상금을 지급하기 위하여 보상심의위원회를 설치하여 운용하고 있다.

88) 이 위원회의 기능 등은 동법 제4조 참고.

第4條(民主化運動關聯者名譽回復 및 補償審議委員會)

① 이 法에 의한 關聯者 및 그 遺族에 대한 名譽回復과 補償金 등을 審議·決定하기 위하여 國務總理所屬下에 民主化運動關聯者名譽回復및補償審議委員會(이하 "委員會"라 한다)를 둔다.

② 委員會의 機能은 다음 各號와 같다.

1. 關聯者 및 그 遺族에 해당하는지 여부의 審議·決定
2. 關聯傷痍者의 障害等級 판정
3. 關聯者 또는 그 遺族의 補償金 등의 審議·決定 및 지급
4. 關聯者 및 그 遺族의 名譽回復을 위하여 필요한 사항
5. 關聯者 또는 그 遺族의 補償金 등에 관한 財源對策의 강구
6. 關聯者追慕團體에 대한 지원
7. 기타 名譽回復과 補償 등에 관련하여 大統領令이 정하는 사항

89) 동법 제5조의 3 참고.

제5조의 3(특별사면·복권의 건의와 전과기록의 말소)

① 위원회는 대통령에게 민주화운동과 관련하여 유죄판결을 받은 자와 이로 인하여 법령이 정한 바에 따라 자격이 상실 또는 정지된 자에 대해서 특별사면과 복권을 건의할 수 있다.

또한 민주화운동과 관련하여 해고되거나 학교에서 제적된 사람들은 해당 기관에 복직이나 복학을 권고하여 명예회복을 시킬 수 있다.[90] 나아가 금전적 보상을 할 수 있을 뿐만 아니라 필요에 따라서는 의료지원금 및 생활보조금을 지급할 수 있는 근거 규정도 있다.[91] 그뿐만 아니라 동법의 보상심의위원회는 기타의 방법

② 위원회는 민주화운동과 관련하여 작성·관리되고 있는 관련자의 전과기록을 삭제 또는 폐기할 것을 요청할 수 있다.

90) 동법 제5조의 4 및 5 참고.

제5조의 4(복직의 권고)

① 위원회는 국가·지방자치단체 또는 사용자에게 관련자가 희망하는 경우 해직된 관련자의 복직을 권고할 수 있다.

② 제1항의 규정에 따라 권고를 받은 기관의 장은 그 권고사항을 존중하고 이행하기 위하여 노력하여야 한다. 〈신설 2007.1.26〉

③ 제1항의 규정에 따라 권고를 받은 기관의 장은 그 권고내용의 이행 여부를 3개월 이내에 위원회에 문서로 설명하여야 한다. 이 경우 권고내용을 이행하지 아니한 때에는 그 이유를 기재하여야 한다. 〈신설 2007.1.26〉

제5조의 5(학사징계기록 말소 등의 권고)

위원회는 해당 학교에 관련자의 민주화운동과 관련된 학사징계기록 말소와 복학 및 명예졸업장 수여를 권고할 수 있다.

91) 동법 제7조, 8조, 9조 참고

第7條 (補償金)

① 關聯者 또는 그 遺族에 대하여는 다음 各號의 구분에 따라 算出한 금액에 補償決定時까지의 法定利率에 의한 利子를 加算한 補償金을 지급한다.

1. 民主化運動과 관련하여 死亡하거나 行方不明으로 확인된 者의 遺族에 대하여는 死亡하거나 行方不明된 때를 기준으로 그 당시의 月給額·月實收額 또는 平均賃金에 장래의 就業可能期間을 곱한 금액에서 法定利率에 의한 單割引法으로 中間利子를 공제한 금액
2. 民主化運動과 관련하여 傷痍를 입은 者 또는 그 遺族에 대하여는 다음의 금액을 합한 금액
   가. 필요한 療養으로 인하여 月給額·月實收額 또는 平均賃金의 收入에 損失이 있는 경우에는 그 療養期間의 損失額
   나. 傷痍를 입은 者가 身體에 障害가 있는 경우에는 그 障害로 인한 勞動力 상실정도에 따라 傷痍를 입은 때를 기준으로 그 당시의 月給額·月實收額 또는 平均賃金에 勞動力喪失率 및 장래의 就業可能期間을 곱한 금액에서 法定利率에 의한 單割引法으로 中間利子를 공제한 금액

② 民主化運動과 관련하여 傷痍를 입은 者가 그 傷痍 외의 원인으로 死亡한 경우에는 그가 生存

에 의한 명예회복 방법을 강구하여 권고할 수도 있어 다양한 구제방법을 가능케 하고 있다.

생각하면 민주화보상심의위원회의 결정과 개인통보절차에 의한 규약위원회의 결정은 대단히 유사한 측면이 있다. 둘 다 기존의 사법적 절차가 모두 끝난 다음에 그 사법적 판단의 잘잘못을 가릴 수 있는 절차라는 데서 공통점이 있다. 즉, 민주화

하는 것으로 보아 第1項 第2號의 規定에 따라 補償金을 지급한다.

③ 第1項의 規定에 의한 月給額·月實收額 또는 平均賃金은 住所地를 관할하는 市長·郡守·區廳長·稅務署長의 증명이나 기타 公信力 있는 증명에 의하고 이를 증명할 수 없을 때에는 大統領令이 정하는 바에 의한다.

④ 第1項의 規定에 의한 補償金을 算定함에 있어서는 月給額·月實收額 또는 平均賃金에서 大統領令이 정하는 生活費를 공제하여야 한다.

⑤ 第1項의 規定에 의한 就業可能期間과 障害等級 및 勞動力喪失率에 관하여 필요한 사항은 大統領令으로 정한다.

第8條(醫療支援金)

① 民主化運動과 관련하여 傷痍를 입은 者 중에서 이 法 施行 당시 그 傷痍로 인하여 계속 治療를 요하거나 상시 보호 또는 補裝具의 사용이 필요한 者에 대하여는 大統領令이 정하는 바에 따라 治療·보호 및 補裝具購入에 실질적으로 소요되는 費用을 일시에 지급한다.

② 第1項의 規定에 의한 醫療支援金을 지급할 때에는 法定利率에 의한 單割引法으로 中間利子를 공제하여야 한다.

③ 민주화운동과 관련하여 상이를 입은 자에 대하여는 이미 지급한 치료비를 지급한다. 이 경우 지급기준 및 지급방법은 대통령령으로 정한다. 〈신설 2007.1.26〉

第9條(생활지원금)

① 위원회는 다음 각 호에 해당하는 자 및 그 유족에 대하여 그 생활을 보조하기 위한 지원금을 지급할 수 있다. 〈개정 2007.1.26〉

1. 민주화운동을 이유로 30일 이상 구금된 자
2. 민주화운동과 관련하여 상이를 입은 자로서 제7조 제1항 제2호 나목의 규정에 따른 보상을 받지 못한 자
3. 재직기간 1년 이상인 해직자

② 第1項의 規定에 의한 생활지원금은 關聯者의 지원을 위하여 寄附된 誠金으로 지급할 수 있으며, 政府는 그 財源의 일부를 지원할 수 있다.

③ 생활지원금의 지급기준·지급액 및 지급방법 등에 관하여 필요한 사항은 대통령령으로 정한다. 〈신설 2004.3.27〉

보상심의위원회가 과거 민주화운동 과정에서 유죄판결을 받은 사람에 대해서 민주화운동 관련자로 인정하여 사면 복권 및 보상절차를 진행한다는 것은 실질적으로는 과거 사법판단에 대해 행정적(준사법적) 절차에 의해 그 번복의 결정을 말한다(단, 이와 같은 결정이 있다고 해서 판결의 효력이 상실되는 것은 아니다). 개인통보절차 또한 국내의 사법판단에 대해 법적 구속력은 없지만 사실상 번복의 결정을 한다는 점에서 같다고 할 수 있다. 나아가 민주화보상심의위원회의 구제결정(타 국가기관 등에 대한 권고결정)과 규약위원회의 결정은 모두 법률적으로 볼 때 권고적 효력만 있지 법적 구속력이 없다는 점에서도 동일하다.

이런 이유로 개인통보제도의 국내적 이행을 위한 방법으로는 현재 진행 중인 민주화운동 관련자의 명예회복과 보상을 위한 법제를 원용하는 것이 한 방법이라고 생각한다. 즉, 가칭 '국제인권조약 개인통보절차 국내적 이행을 위한 법률'을 만들어 동 법률 내에 '개인통보절차 이행위원회'를 설치하고 동 위원회에서 규약위원회 등 국제인권조약기구가 요구한 구제조치의 국내적 이행방법을 강구하는 것이 좋을 것이라 생각한다. 이 위원회는 관련 기관인 대통령 등에게 사면 및 복권 등을 건의(건의에 대해서는 특별한 사정이 없는 권고에 기속된다는 취지의 규정이 필요)하고 보상절차(보상절차는 민주화보상법 제7조와 같은 규정이 필요)를 진행시킬 수 있으며 기타 비사법절차에 의한 이행방법을 강구하여 관련 기관에 권고하는 역할을 수행할 수 있을 것이다.

[사회권규약선택의정서는 어떤 내용인가]

2013년 발효된 사회권규약선택의정서(2023년 현재 대한민국 미가입)의 내용을 간단히 알아보자. 중요 내용은 세 가지인바, 하나는 개인통보(individual communications), 둘은 조사절차(inquiry procedure) 그리고 셋은 국가 간 진정(inter-state communications)이다. 이하에서는 그 내용의 요지와 성안 중 쟁점이었던 사항에 대해서 간단히 살펴본다.

1. 개인통보

(1) 청원 대상 권리

사회권규약선택의정서 제2조는 청원 대상 권리를 사회권규약에서 규정하고 있는 어떤 권리라도 그 청원의 대상이 될 수 있음을 명백히 하고 있다. 그러나 이와 같은 규정이 들어가게 된 과정에는 상당한 진통이 있었다. 이것은 사회권의 신장을 위해 의정서가 필요하다고 해도 권리의 성격상 자유권과 같다고 볼 수 없는 사회권에 대해 국가의 의무위반 여부를 자유권과 동일하게 심사하는 것이 과연 타당한지의 문제와 깊이 관련이 있다. 따라서 이것은 앞서 본 사회권의 '사법심사가능성(justiciability)'의 문제와 직결된다. 즉, 사회권을 자유권과 성격을 기본적으로 같게 보고 모든 규약에서 보장하는 모든 권리를 심사 대상으로 할 것인지, 아니면 일정한 권리는 국가의 의무위반을 판단하기 어려우므로 심사 대상에서 배제할 것인지의 문제가 바로 청원 대상 권리의 폭을 결정하는 데 깊이 관련이 되어 있다는 사실이다. 여하튼 이 문제는 1997년 의정서 초안 당시부터 여러 논의가 있었는데, 대체로 다음과 같은 두 개의 의견이 대두되었다.[92)]

① 종합적 접근방법(comprehensive approach)

이것은 사회권규약의 모든 권리(제1조~제15조)가 청원 대상이 될 수 있다는 것이다. 1997년 선택의정서 초안과 2007년 실무그룹이 작성한 초안의 입장이었다. 이 입장을 취하면 청원 대상에는 사회권규약 제1조가 규정하는 자결권(self-determination)도 포함하게 된다. 이것은 자유권규약의 자결권이 자유권규약위원회에서 소극적인 판단을 받는 것을 생각할 때 매우 중요한 의미가 있다고 생각된다. 만일 이 규정이 개인통보의 대상이 된다면 선진국에 의해 수탈을 당하는 후진국의 국민들은 이를 종국적으로 사회권규약위원회에 사회경제적 자결권의 침해로서 다투게 될 수 있다. 이런 이유로 이 접근방법은 많은 나라로부터 반발이 있었다. 하지만 국제적 NGO들은 이 접근방법을 가장 선호하였다.

나아가 이 접근방법의 아류로 보이는 것으로는 종합적 접근방법을 기본적으로 선호하면서 다만 사회권규약 제1조의 자결권만은 포함시키지 말자고 하는 제한적·종합적 접근방법(limited comprehensive approach)이 있다. 이것은 아래의 선별적 접근방법과 위의 종합적 접근방법의 절충이라고 할 수 있는데, 실무그룹의 최종 입장이었다.

② 선별적 접근방법(à la carte approach)

이 방법은 선택의정서에 가입하는 국가의 수를 현실적으로 늘리도록 하기 위해서는 위의 방법은 적절치 않다는 지적하에 당사국에 선택의 여지를 주자는 안이다. 여기에는 크게 두 가지 방법이 거론되었다. 그 하나가 소위 권리선택방법(opt-in approach)이다. 이것은 선택의정서에 가입하는 국가가 사회권규약 제1조에서 제15조 중에서 청원 대상 권리를 선택할 수 있도록 하자는 것이다. 이 방법은 개정된 유럽사회헌장(European Social Charter)에서

92) Elements for an optional protocol to the International Covenant on Economic, Social and Cultural Rights, Analytical paper by the Chairperson-Rapporteur, Catarina de Albuquerque, UN Doc. E/CN.4/2006/WG.23/2, para.5.(이하 Elements Paper).

볼 수 있다. 또 하나의 방법은 권리배제방법(opt-out approach)이다. 이것은 선택의정서에 가입하는 국가가 사회권규약 제1조에서 제15조 중의 권리 중 일부를 청원 대상 권리에서 배제할 수 있도록 하자는 안이다. 즉, 이 안은 선택의정서에 가입하면서 규약의 일부 권리를 배제하는 '유보'를 선언하는 것과 마찬가지로 '유보방식(reservation approach)'이라고도 할 수 있다. 여하튼 전자는 사회권규약선택의정서의 첫 출발을 사회권규약상의 일부 특정 권리에 대해서만 실시하자는 안이라고 볼 수 있는 반면, 후자는 선택의정서의 청원 대상을 원칙적으로 사회권규약의 전 권리로 확대하자는 안이라고 볼 수 있다.

청원 대상 권리를 어떻게 허용할 것인가를 놓고 위와 같은 논의가 있었지만 최종적으로 채택된 선택의정서는 청원 대상 권리에 어떠한 제한도 주지 않는 것으로 결론을 냈다. 이것은 국제사회가 사회권규약의 개인통보 절차에 대하여 전향적 판단을 한 것으로 볼 수 있지만 향후 당사국 가입과 실시과정에서 어떤 영향을 줄지 지켜볼 일이다.

(2) 심리적격

사회권규약선택의정서에 의한 개인통보는 몇 가지 형식적 요건을 구비해야 규약위원회의 본안 판단에 들어간다. 이것은 자유권규약 선택의정서의 규정이나 오랜 기간의 관행에 의해 확립된 심리적격(admissibility)의 문제인데, 채택된 사회권규약선택의정서는 이를 반영하는 규정을 가지게 되었다. 이런 이유로 자유권규약 선택의정서에 비해 내용상 좀 더 자세하다.

① 국내구제절차의 완료

규약위원회에의 청원의 전제는 국내구제절차이다. 물론 이에 예외가 있을 수 있는데, 그것은 국내절차가 불합리하게 지연되는 경우에는 국내절차가 종료됨이 없이 청원이 가능하다.[93] 다만 국내구제절차가 사실상 실효성이 없는 경우도 포함될 것인가가 문제이다. 이와 관련해 여러 논의가 있었지만 구제절차가 사실상 실효성이 없는 경우에는 어떤 식으로든지 국내구제절차 완료의 예외로 인정될 것이라 본다. 그것은 자유권규약위원회에서도 선택의정서에는 사회권선의정서의 규정과 같은 규정이 있을 뿐임에도[94] 사건 처리에서는 '국내구제절차가 사실상 실효성이 없는 경우'도 '국내구제절차의 완료'의 예외로 인정하고 있는 데서도 알 수 있다. 따라서 권리침해에 대해 적법절차에 의한 구제절차가 제공되지 못한 경우, 권리 피해자에게 국내구제절차의 접근이 부인된 경우, 국내구제절차가 과도하게 지연된 경우 등은 실효성 없는 국내구제절차로 보아 국내구내절차 완료의 예외로 인정될 것이라 본다. 또한 청원은 국내 구제절차가 종료된 지 1년 이내에 제출되어야 한다. 물론 이것도 예외가 인정되는데, 청원인이 1년 내에 청원을 하는 것이 어려웠다는 것을 소명한 경우이다.[95]

---

93) OP -ICESCR, art. 3(1).

94) OP-ICCPR, art. 5(2)(b).

1년이란 기한은 자유권규약 선택의정서에 의한 개인통보절차에서는 볼 수 없는 제한이다.

② 선택의정서 효력 불소급

개인통보는 대상 권리가 당사국에서의 선택의정서 발효일 이후에 침해되었을 때 가능하다.[96] 즉, 규약위원회는 당사국의 의정서 발효일 이전으로 소급하여 규약상의 권리 침해 여부를 판단할 수 없다. 이 규정은 자유권규약의정서에는 존재하지 않는다. 다만, 자유권규약위원회는 이러한 규정이 없음에도 개인통보 절차를 운영하면서 불소급의 원칙을 확립하였다. 반면, 최근의 여성차별금지협약 선택의정서에는 이와 같은 규정이 들어가 있다.[97]

③ 동일사건 중복청원금지

동일한 사항에 대해서 이미 규약위원회나 다른 국제적 절차에 의해 조사되었거나 조사되고 있는 경우에는 청원할 수 없다.[98] 이 규정은 다른 청원절차에서도 볼 수 있지만 약간 상이하다. 종래의 다른 절차가 이와 유사한 규정을 둘 때는 통상 동일 기관에 의한 중복청원을 명확히 배제하는 규정을 두지 않고, “동일한 사항에 대하여 다른 국제적 절차에 심사되고 있는 경우”[99] 또는 “동일한 사항에 대하여 다른 국제적 절차에 의해 심사되었거나 심사되고 있는 경우”[100]라는 규정 중 하나를 두었을 뿐이었는데, 이번 선택의정서는 이들 내용을 전부 포함하는 규정을 두었다. 이것은 동일사건 중복청원 금지에 관한 국제절차의 관행을 종합한 의미가 있다.

④ 남용적 청원 등의 금지

개인통보는 어디까지나 국내 구제절차를 우선시하는 보충적 제도이고, 남용되어서는 안 된다.[101] 의정서는 남용방지를 위해 그동안 다른 청원절차에서 확립되었던 제도적 관행을 대거 도입하였다. 우선, 청원은 익명으로 제출되어서는 안 되며 반드시 서면으로 제출되어야 한다.[102] 그러나 여기에서 익명으로 제출되어서는 안 된다는 것은 제출 당시 남용을 막기 위한 것이므로 규약위원회가 청원인의 신분보장을 위해 관련 당사국에 신원을 비밀로 하

95) OP-ICESCR, art. 3(2)(a).

96) OP-ICESCR, art. 3(2)(b).

97) OP-CEDAW, art. 4(2)(e).

98) OP-ICESCR, art. 3(2)(c).

99) OP-ICCPR, art. 5(2)(a) 참고.

100) CAT. art.22(5); CMW, art. 77(2); OP-CEDAW, art.4(2)(b) 참고.

101) OP-ICESCR, art. 3(2)(f).

102) OP-ICESCR, art. 3(2)(g).

는 것과는 관계가 없다.[103] 또한 청원 자체에서 주장사실이 명백히 근거가 없거나 오로지 언론 등의 보도에 근거해 청원하는 것은 허용되지 않는다.[104]

(3) 당사자적격

당사자적격(standing)의 문제는 누가 청원절차의 신청인이 될 것인가의 문제이다. 이에 관해 선택의정서는 개인(individuals)이나 집단(group of individuals)이 직접 청원을 할 수 있고, 또한 이들을 대신하여 제3자가 할 수 있도록 하였다.[105] 먼저 '개인이나 집단'이 청원 당사자가 될 수 있도록 한 것은 대부분의 다른 청원절차의 현실을 고려한 것이다. 현재 대부분의 개인통보 절차에서 청원자격은 개인으로만 규정되어 있지만 인종차별철폐협약과 여성차별철폐협약 선택의정서에서는 개인뿐만 아니라 집단까지도 청원자격을 확대하였고, 자유권규약의 경우에도 선택의정서에는 집단의 경우는 들어가 있지 않지만 절차규칙을 통해 가능토록 되어 있다.[106] 이번에 사회권규약선택의정서는 이러한 제반 상황의 변화를 반영한 것이라 할 수 있다. 피해자 개인이나 집단을 대신하는 제3자의 경우도 다른 청원절차에 이미 인정되고 있는 변호사 및 대리인 제도를 도입한 것이라 할 수 있다.[107] 이 경우에는 원칙적으로 피해자인 개인이나 집단의 위임의사가 필요하다. 하지만 선택의정서에서는 위의 경우를 제외하고는 ILO 청원절차나 유럽사회헌장 추가의정서에서 도입하고 있는 이해집단이나 단체의 청원자격(집단청원, collective communications)을 인정하지 않았다. 그뿐만 아니라 국제사법기구 등에서 많이 인정하고 있는 NGO나 국가인권기구에 의한 의견제출제도(amicus curiae)도 인정하지 않았다.

(4) 본안심리 절차

선택의정서는 형식적인 심리적격을 구비한 청원 사건에 대하여 본안심리 절차를 명확히 규정하였다. 이것은 그동안 다른 청원절차에서 제도와 관행으로 확립된 절차를 대부분 받아들인 것이라고 볼 수 있다. 즉, 청원신청서가 들어오면 위원회는 해당 당사국에 비공개적으로 그 내용을 송부해야 하며, 당사국은 6개월 내에 그 문제에 관한 의견이나 당사국이 취한 조치를 서면으로 제출해야 한다.[108] 이러한 절차 뒤에 위원회는 선택의정서에 규정은 없지만 당사자가 제공한 정보를 타 당사자에게 제공하여 정해진 시간 내에 의견을 제출할 수

103) ICERD, art. 14(6)(a) 참고.

104) OP-ICESCR, art. 3(2)(e). OP-CEDAW, art. 4(2)(c) 참고.

105) OP-ICESCR, art. 2.

106) Element Paper, para. 10.

107) OP-CEDAW, 4(2)(c) 참고.

108) OP-ICESCR, art. 6.

있도록 할 것이다. 그리고 최종적인 심리는 이러한 절차가 모두 끝나고 위원회에 모든 정보가 수집되었을 때 진행되는데, 이 절차는 비공개적으로 진행된다.[109] 다만, 한 가지 알아둘 것은 위의 모든 절차가 서면송부 방식에 의한 것이라는 점이다. 당사자가 직접 위원회에 참석하여 청문절차 등을 하는 방법은 아직 고려하지 않았다. 그렇지만 위원회는 필요한 경우 양 당사자뿐만 아니라 유엔의 다른 기구나 전문기구 혹은 지역 인권기구에 관련 문서를 요구할 수 있다.[110]

(5) 우호적 분쟁해결

선택의정서는 위원회의 일방적 판단에 의한 사건 종결보다는 당사자들이 우호적으로 사건을 해결할 수 있도록 노력할 것을 규정하고 있다.[111] 원래 국제법에서 분쟁해결 방법은 본질적으로 사법적 해결이나 심판기관의 일방적 판단은 친하지 않다. 가급적이면 당사자들이 원만한 해결을 도모하는 것을 원칙으로 한다. 이러한 원칙은 국제인권기구의 청원절차에서도 근거 규정의 유무와 관계없이 보편적으로 받아들여졌다.[112] 사회권규약선택의정서는 이러한 원칙을 명문의 규정으로 받아들였다. 하지만 우호적 해결방식은 위원회의 본안 판단의 필수적 사전조치라고는 볼 수 없다. 위원회는 해당 사건에 대한 본안 판단을 하기 전에 우호적 해결방식을 도모해야 하지만 사안 자체가 그러기에 부적합하거나 당사국이 그러한 방식에 우호적이지 않을 때는 본안 판단에 넘길 수 있는 재량이 있다고 보아야 한다.[113]

(6) 잠정조치

선택의정서는 잠정조치에 대하여 규정하고 있다.[114] 이것은 청원이 접수되면 위원회가 어떤 단계에서이든 청원인 측의 회복할 수 없는 권리 피해를 막기 위한 잠정조치를 당사국에 요청할 수 있는 제도이다. 이러한 요청은 다른 청원절차에서 대부분 인정되는 제도를 명문화한 것이다. 자유권규약위원회의 개인통보절차에서는 선택의정서상 근거규정은 없지만

---

109) OP-ICESCR, art. 8.

110) OP-ICESCR, art. 8(3).

111) OP-ICESCR, art. 7.

112) 우호적 해결방법이 명문으로 규정된 것은 미주인권시스템과 유럽인권시스템에서 볼 수 있다. American Convention on Human Rights, art. 48(1)(f) 및 European Convention on Human Rights, art. 28(b) 참고.

113) Elements Paper, para. 15. 이러한 해석은 유사한 규정을 두고 있는 미주인권위원회의 절차규정에서도 볼 수 있다. Regulations of the Inter-American Commission on Human Rights, regulation 45(7).

114) OP-ICESCR, art. 5.

사안이 사형 관련 사건이나 강제추방 사건의 경우 왕왕 이용되었다. 비교적 최근에 만들어진 여성차별철폐협약의 개인통보절차에서는 명문으로 잠정조치를 규정하고도 있다.[115)]

(7) 사후이행조치

선택의정서는 위원회의 본안 판단 이후 그 결정에 대한 이행을 담보하기 위한 절차(follow-up procedures)를 규정하고 있다.[116)] 본래 개인통보절차는 조약감독기구에 의해 당사국이 해당 인권조약 위반으로 판단되면 그에 따른 결정(통상 view 또는 recommendation이라는 명칭의 결정)이 내려지고, 이의 이행절차로 넘어간다. 청원절차에서 내려진 감독기구의 결정은 국제법상 구속력이 있다고 볼 수 없으므로 각 감독기구는 그동안 절차적 방법을 개발하여 결정의 실효성을 높여왔다. 예컨대, 인종차별위원회와 고문방지위원회는 해당 국가에 위원회의 결정에 대한 이행상황을 보고케 하는 절차를 마련하였고, 자유권규약위원회는 1990년 이후 이행상황보고에 시한을 두거나 특별보고관을 임명하는 방법을 만들어 왔다. 여성차별철폐위원회의 경우는 선택의정서상에 사후이행조치를 위한 특별보고관이나 실무그룹을 만들 수 있는 근거조항을 두기도 하였다.[117)]

사회권규약선택의정서는 이러한 다른 청원절차에서 그동안 개발한 사후이행절차를 대부분 그대로 수용하여 명문화하였다. 특별보고관이나 실무그룹의 설치에 대해서는 규정하지 않았지만 6개월 이내에 당사국이 이행상황을 서면으로 보고케 하거나 위원회가 필요하다고 인정하는 경우에는 당사국의 이행상황을 위원회에 대한 정기보고나 그 밖의 방법으로 보고케 하는 절차를 마련하였다.

2. 조사절차

선택의정서는 개인통보절차와 관계없이 중대한 인권침해에 대해서 위원회가 자체적으로 사실을 조사하여 그에 기초한 적절한 조치를 취할 수 있는 절차(inquiry procedure)를 만들어 놓고 있다.[118)] 이 절차는 청원절차가 없다고 해도 일단 수집된 정보를 토대로 해당국에서 중대하고도 조직적인 인권침해가 일어난다고 볼 여지가 있는 경우에 작동할 수 있다(2항). 이 경우 위원회는 사실조사를 위해 1인 이상의 위원에게 조사 임무를 맡길 수 있으며, 이 위원은 당사국이 동의하는 경우 당사국을 방문하여 조사를 할 수도 있다(3항). 이러한 조사에 기해 위원회는 당사국에 확인된 사실을 위원회의 판단과 함께 통보할 수 있으며, 당사

115) OP-CEDAW, art. 5(1).

116) OP-ICESCR, art. 9.

117) Elements Paper, paras. 21~24 참고.

118) OP-ICESCR, art. 11.

국은 이러한 통보에 대하여 6개월 이내에 의견을 제출해야 한다(5, 6항). 이 절차를 통해 당사국에 권고된 내용의 이행 여부는 위원회가 당사국의 사회권규약에 따른 정기보고에 반영토록 할 수 있으며, 필요한 경우 위 6개월이 경과된 다음에는 당사국에 추가적인 보고를 요구할 수도 있다.[119]

이러한 절차는 사실 매우 강력한 위원회의 규약이행 감독 시스템인 반면, 주권국가로서는 자칫 주권침해라는 반발을 받을 만한 절차이다. 이런 이유로 선택의정서는 이 절차를 위원회가 사용하기 위해서는 당사국이 특별히 수락선언을 하도록 하였다.[120] 다만 이 선언은 조약의 유보와는 달리 조약 가입 이후 언제든지 가능하다. 이러한 절차는 거의 유사한 절차를 가지고 있는 다른 인권조약과 비교할 때 약간의 차이가 있다. 고문방지협약은 제20조에 이 절차를 규정하고 있는데, 이곳에서는 당사국이 조약 가입 시 유보를 하지 않는 경우에는 고문방지위원회가 당연히 이러한 사실조사 권한을 갖는 것으로 되어 있으며, 여성차별철폐협약 선택의정서는 제10조에서 선택의정서 가입 시에 이러한 절차에 대한 위원회의 권한을 인정하지 않는다는 특별선언을 하도록 하고 있다.[121] 따라서 사회권규약선택의정서가 취한 태도는 고문방지협약이나 여성차별철폐협약 선택의정서에 비해 한 단계 낮은 수준이라고 볼 수 있다. 이는 많은 국가가 선택의정서를 가입하도록 하는 목적이 숨어 있다고 볼 수 있다.

3. 국가 간 진정

(1) 의의와 한계

선택의정서는 당사국이 사회권규약을 위반한 경우 다른 당사국이 위원회에 그 위반을 진정할 수 있는 국가 간 진정제도(inter-state communication)를 도입하였다.[122] 이 제도는 대부분의 주요 인권조약에서 발견되는 제도이다. 즉, 이 제도는 자유권규약, 인종차별철폐협약, 고문방지협약 및 이주노동자인권협약에 규정되어 있다.

그러나 이 제도는 아직껏 국제사회에서 제대로 기능해 본 적이 없는 제도로 단지 제도 자체로만 존재한다. 위의 어느 조약에서도 이제껏 단 한 번도 이 제도가 작동된 적이 없기 때문이다. 국가 간의 진정을 하는 경우 불가피하게 초래할 수 있는 외교적 마찰을 피하고자 하는 국가들의 고려가 이 같은 결과를 가져왔다고 본다. 따라서 선택의정서가 이 제도를 도입하

119) OP-ICESCR, art. 12.

120) OP-ICESCR, art. 11(1).

121) 고문방지협약은 조약유보 방식이고, 여성차별철폐협약 선택의정서는 opt-out 방식이다. 그러나 실질적 내용은 조약 가입 시에 당사국의 의사에 따라 적용여부가 결정된다는 점에서 동일하다.

122) OP-ICESCR, art. 10.

였다고 해서 실질적으로 이 절차가 작동할 것을 기대하기는 어렵다.

(2) 국가 간 진정의 내용

① 당사국의 수락선언

이 절차가 이용되기 위한 전제는 당사국이 이러한 절차를 운용하는 위원회의 권한을 인정하는 수락선언(declaration)을 해야 한다. 여기서 당사국이란 진정을 하는 국가와 진정 대상이 되는 국가 모두를 포함한다(1항). 이것과 관련한 다른 인권조약의 태도도 거의 동일하다. 다만 인종차별철폐협약의 경우는 협약에 가입한 당사국은 이 절차에 관한 별도의 수락선언이 없어도 이 절차의 이용 주체 및 대상이 될 수 있다.[123] 이러한 선언은 언제든지 철회될 수도 있다(2항).

② 국가 간 진정의 내용

이 절차[1항 (a)-(h)]는 특정 당사국(통보국)이 다른 당사국(접수국)에 대하여 사회권규약을 위반하였다고 하면서 서면통보(진정, communication)를 하는 것으로 시작된다. 이 진정은 위원회에도 통보된다. 이렇게 되면 접수국은 3개월 내로 이 사건에 대한 설명이나 사건과 관련된 조치사항에 대하여 답변을 하게 된다. 통보 후 6개월 내에 통보국과 접수국 간에 만족스러운 협상이 되질 못하면 관련국은 이 사안을 위원회로 가져갈 수 있다(이 경우 이 사안은 접수국의 국내구제절차를 모두 완료해야 함). 그런 다음 위원회는 이 사안이 우호적으로 해결되도록 주선한다. 국가 간 진정의 결론은 위원회의 관련국에 대한 보고로 귀결된다. 즉, 위원회가 주선에 의해 당사국 간에 해결책이 나온 경우에는 그 내용을 보고하고, 주선에 의한 해결책이 나오지 못한 경우에는 그 경과를 보고하면서, 위원회의 견해를 통보할 수 있다.

123) ICERD, art. 11.

제3절 유엔전문기구에 의한 인권보장

I. ILO의 인권보장 시스템[1)]

1. ILO의 기본구조

국제노동기구(International Labor Organization: ILO)는 베르사유 조약에 의해 설립되었고 제2차 세계대전에서 살아남은 유일한 국제연맹기구이다. 이것은 유엔의 출범과 동시에 유엔의 전문기구가 되었다.

ILO는 정부, 사용자, 노동자의 세 가지 부문(tripartite structure)으로 구성되었으며 그 주요기관은 총회(International Labour Conference, 회원 국가로 구성), 집행기구(Governing Body), 사무국(International Labour Office)이다. 이 중 총회와 집행기구는 정부대표 절반과 사용자 및 노동자 대표 절반으로 구성되어 있다.

2. ILO와 인권

ILO는 그의 활동을 통하여 인류의 삶과 밀접한 권리를 확인하고 그들 권리가 각국에서 현실적으로 집행되도록 감독활동을 벌인다. ILO는 수많은 조약(conven-

---

1) 이 부분은 Hurst Hannum, *Guide to International Human Rights Practice*, 4nd ed.(Transnational Publishers, 2004), pp. 89~105를 참고했다.

tions)과 권고(recommendations)를 통하여 국제적인 노동조건을 설정하고 각국 정부로 하여금 조약을 비준케 하고 가입한 조약의 이행을 감독한다.

가. ILO조약의 이행 상태에 대한 일반적 감독

ILO는 ILO가 만든 각종 조약의 집행상태를 정기적이고도 조직적으로 모니터한다. 이를 위해 다음과 같은 2개의 주요한 기구가 있다.

① ILO조약과 권고의 적용에 관한 '전문가위원회(Committee of Experts on the Application of Conventions and Recommendations)': 이것은 20명의 개인전문가로 구성되었으며 매년 정기적으로 만나 가입국 정부가 내는(통상 2년 혹은 4년) 정부보고서를 검토한다. 동 위원회는 보고서의 검토과정에서 통상 각국 정부(혹은 사용자 단체나 노동자 단체)에 직접요구서(Direct Requests)를 발송하여 정보를 취득하며, 총회에 평가보고서(Observation)를 냄으로써 해당국의 노동인권상황에 영향을 준다.

② ILO조약과 권고의 적용을 관한 '총회위원회(Conference Committee on the Application of Conventions and Recommendations)': 이것은 총회(International Labour Conference)에 의해 매년 구성되는데(tripartite 원칙에 입각) 주로 위의 전문가위원회의 보고서 중에서 중요 이슈 혹은 특정 국가를 선정하여 ILO조약 등에 입각한 노동조건을 검토하고 그 결과를 총회에 보고한다.

나. 청원절차

ILO는 개인인 노동자나 정부 혹은 ILO의 기관에 의해 특정 국가의 노동조건 등에 대해 ILO의 내부 감독기구에 청원이 가능하도록 하고 있다. 거기에는 다음과 같은 절차가 있다.

① ILO헌장 제24조에 의한 대표청원(Representations): 이것은 노동자 단체나 사용자 단체가 정부를 상대로 특정 국가가 ILO조약 등을 위반하고 있다며 진정을 제기하는 절차이다. 이러한 진정은 집행기구에 의해 설립된 특별위원회로부터

조사가 되고 그 결과보고서는 집행기구에 보고된다. 집행기구는 이 결과보고서에 따라 일정한 결정을 하며 이 사건은 전문가위원회에서 다시 논의될 수 있다.

② ILO헌장 제26조에 의한 고발: 이것은 각국 정부, 총회의 대표 혹은 집행기구 스스로가 특정 국가의 ILO조약 위반행위를 고발하는 절차이다. 이 절차가 시작되면 집행기구는 조사위원회(Commission of Inquiry)를 설치하여 고발의 내용을 조사한다. 이 위원회는 하나의 준사법적 기구와 같이 운용되며 조사 후 보고서를 집행기구에 제출한다. 전문가위원회나 총회위원회는 해당 정부가 조사위원회의 보고서 내용을 이행하는지를 감독한다.

③ 집회의 자유에 관한 고발의 특별절차: 이것은 ILO 청원절차 중 가장 흔하게 사용되는 절차이다. 이 제도의 근거는 ILO헌장이 아닌 1950년대 유엔경제사회이사회와 ILO의 특별협정에 기인한다. 이 절차는 우선 고발이 노동자 혹은 사용자 단체에서 제기되면 집회의 자유에 관한 집행기구위원회(Governing Body Committee on Freedom of Association: CFA)가 검토하고 동 위원회는 의견서를 집행기구에 보낸다. 그러면 집행기구는 CFA의 의견에 따라 이를 사실확인 및 조정위원회(Fact-Finding and Conciliation Commission of Freedom of Association: FFCC; 이 기구는 임시기구임)를 설치하여 사실관계를 조사하거나 그것을 토대로 조정을 시도할 수 있다.

II. UNESCO의 인권보장 시스템(1978절차)

교육, 문화, 정보, 과학의 영역에서 인권과 관련해서는 유엔교육과학문화기구(UN Educational, Scientific and Cultural Organization: UNESCO)의 활동도 눈여겨볼 만하다. 이 중에서도 1978절차라고 알려져 있는 개인청원제도를 알아보자. 이 제도는 UNESCO 집행위위원회가 1978년 결정 104 EX/3.3에 의해 도입한 절차이다. 권리침해를 받은 개인이나 집단이 UNESCO의 사무총장에게 편지의 형식으로 청원을 하면 협약위원회(Committee on Conventions and Recommendations)는 이 청원을 심사하게 된다. 위원회에서 청원의 검토는 자유권규약의 규약위원회와 비교하여 크게 다르지 않다. 이러한 절차를 통해 얻을 수 있는 것은 최소한 책임 있는 국가에서 발생한 인권문제가 타국에도 알려짐으로써 권리구제를 위해 충분한 외교적·인도적 압력이 가능하게 되었다는 것이다.

제4절 인도적 개입[1)]

I. 인도적 개입의 개념과 법적 근거

유엔체제에서 주권국가의 국내문제에 불간섭하는 것은 헌장상의 명백한 원칙이며(헌장 제2조 제7항), 무력에 의한 간섭은 몇 가지 예외(헌장 제7장상의 안보리에 의한 무력사용 및 자위권의 발동)를 제외하고는 허용되지 않는다. 즉, 불간섭의 원칙과 무력사용금지의 원칙이라고 하는 현대 국제법의 원칙하에서 일국이 타국의 인권문제를 이유로 무력사용을 하는 것은 일반적으로 금지된다고 할 수 있다.

그러나 1999년의 코소보 사태에서 보듯 나토는 유엔(안보리)의 결의 없이 무력을 사용했다. 당시 안보리는 인종청소와 대량학살의 참상이 지속됨에도 아무런 조치를 취하지 않았고 나토는 더 이상의 사태 악화를 막기 위해 무력을 사용한다고 했다. 이 같은 경우 국제법의 어떤 이론으로 이 행위의 정당성을 확보할 수 있을까? 여기에서 거론되는 것이 소위 인권사태에 대한 '인도적 개입'[혹은 '인도적 간섭(humanitarian intervention)'] 이론이다.

인도적 개입이 국제법상 문제된 것은 최근의 일이 아니다. 적어도 20세기 초부터 이러한 논의는 꾸준히 있어 왔다. 특정국의 국민이 억압적인 정권에 의해 그 인권이 조직적으로 심각하게 침해되고 있을 때 다른 나라가 인도적인 차원에서 개입(무력

---

1) 이 부분은 Christian Tomuschat, *International Law: Ensuring the Survival of Mankind on the Eve of a New Century*(Martinus Nijhoff Publishers, 2001), pp. 215~226을 참고했다.

행사를 포함)할 수 있다는 논의를 적어도 국제관습법적 차원에서 진행시켜 왔던 것이다. 그러나 이러한 이론은 언제나 법적 혼란 속에 빠져 있었다. 오펜하임(L.F.L. Oppenheim)은 그의 책에서 다음과 같이 인도적 개입의 모호함에 대해 설명했다.

> "Many jurists maintain that intervention is …… admissible, or even has a basis of right, when exercised in the interest of humanity for the purpose of stopping religious persecution and endless cruelties in time of peace and war. …… But whether there is really a rule of the Law of Nations which admits such interventions may well be doubted(많은 법률가들은 인도적 개입이 종교적 박해와 전평시 …… 에 그치지 않는 잔혹한 행위를 멈추게 할 목적으로 인도적인 관심사에서 행해진다면 그것은 …… 허용되어야 하며 권리의 기초를 갖는다고까지 주장하지만 과연 그러한 개입을 허용하는 국제법이 존재하는지에 대해서는 의문이다)."

국제관습법적 차원에서 인도적 개입이 허용될 수 있는가는 두 가지 관점에서 살필 수 있다. 첫째는 유엔헌장의 해석상 무력사용의 예외로서 안보리의 무력사용 결정과 자위권 이외의 (국제관습법상의) 무력사용은 금지되었다고 보아야 하는지, 아니면 국제관습법상의 무력사용이 허용된다면 그것은 헌장과 관계없이 허용된다고 볼 것인지이다. 이에 대해서는 헌장의 해석상 적법한 무력사용의 근거는 예시적인 것이 아닌 열거적(한정적)으로 보는 데에 대체로 이견이 없는 것 같다. 만일 그와 같은 예외를 인정했다고 한다면 헌장 기초자들이 자위권 등의 예외를 규정할 때 함께 규정하지 않았을 리 없다는 것이다.

둘째는 첫째와 관계없이 인도적 개입이 국제관습법상의 요소인 국가적 관행을 구성해 왔느냐이다. 논자에 따라서는 1979년 탄자니아가 이디 아민(Idi Amin)의 독재로 신음하는 우간다를 구하기 위해 군대를 파견한 것이나 크메르 루주(Khmer Rouge)에 의한 킬링필드를 종식하겠다는 명분으로 베트남이 캄보디아를 침공한 것을 인도적 개입의 예로 들지 모르나, 이들은 모두 지역에서 자신들의 힘을 강화시키겠다는 의도가 컸다는 이유로 인도적 개입의 유효한 예로서는 강한 도전을 받아왔다.

II. 인도적 개입의 정당성에 대한 새로운 시도

인도적 개입은 앞에서 본 대로 헌장의 문리적 해석이나 국제관습법의 관점 어느 것으로나 부정적인 결론에 도달한다. 그러나 일정 지역에서 대량살상과 같은 인권유린사태가 일어남에도 유엔의 집단적 안보체제가 제대로 작동하지 않을 때 인도적 개입은 정당성을 가질 수밖에 없다. 그렇다면 이런 상황에서 인도적 개입이 정당성을 갖는다면 그 근거는 무엇일까? 여기에는 새로운 논거가 필요하다.

첫째, 유엔이 성립한 이래 수십 년간 인권의 보장은 새로운 국제질서를 형성했다.[2] 인권의 보장은 이제 진정한 국가의 의무가 되었고 특별히 가장 기본적 권리(most fundamental rights)는 대세적 의무의 대상이며 이는 모든 나라의 관심사가 되었다.

둘째, 인권문제에 대한 국제기구의 이행감독 시스템의 정비와 인도에 반한 범죄 등을 저지른 개인에 대한 국제형사재판 등은 인권문제가 심각할 때 국제사회가 주권을 일부 제한할 수 있음을 보여주었다.

셋째, 안보리는 국제적 분쟁이 아닌 경우라도 대량의 생명이 위협을 받고 있는 상황에서는 이를 국제평화와 안전을 위협하는 것이라 보고 헌장 제7장의 권한을 발동하기 시작했다. 1992년의 소말리아에 대한 안보리 결의 794는 그와 같은 권한의 출발점이라고 할 수 있다.

넷째, 위와 같은 상황의 결과, 인권의 보호와 주권보장은 이제 국제법상 가장 중요하면서도 동등한 원칙이 되었으며 이 둘의 관계는 서로가 서로를 조정해 주는 관계가 되었다는 것이다. 인권보호의 필요성이 주권보장보다 더한 상황에서는 해당국은 주권침해를 이유로 인권보장을 위해 국제사회가 간섭하는 것을 막을 수 없다.

문제는 인도적 개입(무력의 사용)이 가능하다고 해도 모든 인권상황에서 인도적 개입이 가능한 것은 아니다. 정당화될 수 있는 조건을 정리하면 다음과 같다.

---

2) 1948년의 세계인권선언, 1966년의 인권규약(자유권, 사회권), 1975년의 헬싱키 Final Act, Barcelona Traction 사건에서 대세적 의무(erga omnes obligation)의 인정 등을 상기하라.

첫째, 인도적 개입의 대상이 되는 인권상황은 가장 중요한 인권의 심각한 유린 상황이 있어야 한다. 특정국의 언론의 자유가 심각하게 침해된다고 하여 군사적 개입을 할 수 있는 것은 아니다.

둘째, 인도적 개입은 최후의 수단이어야 한다. 군사적 개입을 하지 않고서도 해결할 수 있는 수단이 있다면 그것이 우선적으로 사용되어야 한다.

셋째, 인도적 개입이 특정국 1국에 의해 사용되는 것은 인도적 개입이라는 이름으로 정치적 목적을 달성하는 데 사용될 가능성이 높다. 따라서 유엔이나 지역적 안보기구(예컨대 나토) 등에 의해 사용되는 것이 그래도 남용을 막을 수 있는 방법이 된다.[3)]

3) 이와 관련하여 2005년 9월 뉴욕 유엔본부에서 개최된 세계정상회담에서는 인도적 개입에서의 국제사회의 책임을 "주민들을 집단살해, 전쟁범죄, 인종청소 및 인도에 반한 죄로부터 보호할 책임(Responsibility to protect populations from genocide, war crimes, ethnic cleansing and crimes against humanity)"(이를 국제사회에서는 간단히 RtoP 혹은 R2P라고 함)으로 표현하면서 이들 범죄로부터 자국의 주민을 보호할 일차적 책임이 각 개별국가에게 부과되어 있으며, 개별국가가 이 보호책임을 명백히 다하지 못하는 경우 국제공동체가 유엔(안보리)을 통해 이 책임을 부담해야 한다고 했다. 2005 World Summit Outcome, adopted by the UN A/Res/60/1.

제4장 지역적 인권보장

프랑스 스트라스부르에 있는 유럽인권재판소

■ 학습을 위한 질문

1. 왜 유엔의 인권보장제도 이외에 지역적 인권보장 시스템이 있어야 하는가?
2. 지역적 인권보장제도와 유엔의 시스템은 어떠한 점에서 차이가 있는가?
3. 어떠한 지역적 장점이 유엔의 시스템에 반영되어야 하는가? 그 반대는 무엇인가?
4. 각 지역적 인권장치가 가지고 있는 특징은 무엇인가?
5. 지역적 인권장치가 유엔의 인권장치에 영향을 미치는 것은 무엇인가? 그 반대는 무엇인가?
6. 아시아 지역의 인권보장제도는 필요한가? 필요하다면 그 실현을 위한 현실적 방안은 무엇이라 생각하는가?

우리는 앞에서 유엔을 중심으로 하는 보편적 인권보장(global or universal protection of human rights)을 알아보았다. 이제 그 관심을 지역(region)으로 돌려 세계의 각 지역은 국가단위를 넘어 어떠한 인권보장 장치가 있으며 그것들은 어떻게 기능하는지, 보편적 인권보장(특히 유엔인권보장 시스템)과는 어떠한 차이가 있는지를 알아보고자 한다. 이것을 통하여 우리는 국제인권제도의 전반의 내용을 이해할 수 있을 것이다.

현재 지구상에 존재하는 지역적 인권보장 시스템은 크게 유럽, 미주, 아프리카로 나눌 수 있다. 아랍 세계도 인권시스템이 아주 없는 것은 아니나 그것은 위의 세 곳에 비하면 크게 뒤떨어진다고 할 수 있고, 아시아 지역은 아쉽게도 아직 지역적 인권보장 시스템을 가지고 있지 않다.

이하에서는 현재 존재하는 세 개의 지역적 인권시스템을 하나씩 살펴볼 것이다. 하나하나의 제도를 전반적으로 자세하게 살피는 것보다는 중요성과 특징에 중심을 맞추어 설명할 것이다. 이하의 설명을 보면서 위의 질문들에 관심을 가져보자.

제1절 유럽의 인권보장 메커니즘

I. 유럽인권협약의 의의[1)]

유럽의 인권보장제도는 유럽인권협약(European Convention for the Protection of Human Rights and Fundamental Freedoms)[2)]이 만들어지고 나서부터라고 볼 수 있다. 이것은 1953년부터 발효되기 시작했다. 이 협약은 국제인권 분야에서 몇 가지 측면에서 중요한 의미가 있다. 첫째, 이것은 국제인권 분야에서 세계 최초의 포괄적(comprehensive, 하나의 다자조약에 보장해야 할 인권과 그것을 이행하는 방법에 이르기까지 종합적인 내용을 담고 있다는 것을 말한다)인 인권조약이다. 이 당시 유엔에서도 세계인권선언을 구체화하는 종합적인 인권조약을 논의하고 있었지만 유럽인권협약은 이것보다 시기적으로 먼저 현실화되었고 이후 유엔의 인권조약논의(특히 ICCPR, ICESCR)에 많은 영향을 주었다.

둘째, 이것은 처음으로 인권침해사건을 당한 개인에게 국제적인 구제절차를 인정했다. 즉, 이 협약은 인권침해를 당한 개인에게 국내 사법절차를 뛰어넘어 다툴 수 있는 기회를 주었고 이를 다룰 수 있는 국제적 절차를 만들었던 것이다. 셋째, 이것은 현존하는 세 개의 지역적 인권장치 중 가장 발전된 형태의 인권장치를

---

1) 이 부분의 설명은 Henry J. Steiner & Philip Alston, *International Human Rights In Context*, 2nd ed.(Oxford, 2000), pp. 786~787에 의존했다.

2) 유럽인권협약은 통상 European Convention on Human Rights라고 약칭한다.

유지하고 있어 다른 시스템(유엔의 인권시스템을 포함)에 모델적인 역할을 하고 있다. 유럽인권협약이 현실적으로 다른 인권장치에 비하여 특별한 의미를 가지고 있는 이유는 위의 두 번째 이유, 그중에서도 국제법원인 유럽인권재판소(European Court of Human Rights)의 존재와 그 활동에 있다. 따라서 우리의 관찰도 이것을 중심으로 이루어질 것이다.

우리는 이러한 본격적인 관찰을 하기 이전에 유럽인권협약의 역사적 배경과 유럽의 인권장치가 기능하는 전체적인 제도의 틀을 이해할 필요가 있다.

II. 유럽인권협약의 역사적 배경

유럽인권협약이 나오게 된 배경은 크게 세 가지 이유로 설명할 수 있다. 첫째는 제2차 세계대전 중 유럽에서 자행된 상상을 초월하는 인권유린에 대한 대응이라는 차원에서 설명할 수 있다. 전후 유럽인들은 이웃 나라에 총부리를 들이대는 정부는 모두가 국내에서 인권을 존중하지 않는다는 사실에 공감하고 전쟁을 방지하는 근원적인 방법은 인권을 존중하는 정부를 만드는 것이라고 생각하기 시작했다. 둘째, 전후 유럽인들은 어떻게 하면 호전적인 독일과 연합국의 관계를 본질적으로 개선할 수 있을 것인가에 관심을 두었다.[3] 그에 대한 해답으로 나타난 것이 독일을 비롯한 유럽의 모든 국가가 공동의 가치를 토대로 지역적 통합을 이루는 것이라고 생각했다. 이러한 사고는 1949년 유럽평의회(Council of Europe)와 1952년 유럽공동체(European Community, 현재는 European Union)를 창설하는 데 한 기초를 이루었다. 유럽인권협약이 이러한 과정에서 하나의 계기를 만들었음은 그 서문의 한 부분에서 읽을 수 있다. "유럽의 국가들은 같은 생각을 가지고 있으며 정치적 전통과 이상, 자유와 법의 지배에 대한 공통의 유산을 갖고 있다."[4]

3) 이것은 제1차 세계대전 이후의 소위 베르사유 체제와는 큰 차이가 있는 것이다. 동 체제는 주로 전승국들이 패전국인 독일에 징벌을 가하고 배상금을 받아내는 접근방법을 택했다.

4) "European countries which are likeminded and have a common heritage of political traditions,

셋째는 더욱 현실적인 것으로 냉전을 들 수 있다. 서유럽 국가들은 직면한 공산진영으로부터의 위협에서 공동의 이념적 틀을 마련하고자 했다. 이것은 공산진영이 말하고 있는 인민민주주의(people's democracy)와는 본질적으로 다른 유럽인권협약에서 이야기하는 '진정한 민주주의(genuine democracy)'의 개념이었다. 유럽인권협약은 바로 이러한 서구의 이념적 틀을 대변하는 국가 간의 약속이었다고 할 수 있다.

III. 유럽의 인권장치와 관련된 주요 기구

유럽 인권시스템의 구조와 메커니즘을 본격적으로 살펴보기 전에 유럽인권협약을 둘러싸고 있는 유럽의 주요 기구를 개괄적으로 살펴볼 필요가 있다. 그것은 우리에게 유럽 인권시스템의 이해에 필요한 중요한 백그라운드를 형성시켜 줄 것이다. 유럽인권장치의 핵심인 유럽인권협약은 유럽평의회의 창조물이지만 평의회 자체는 유럽의 인권과 관련된 세 개의 주요 기구 중 하나일 뿐이다. 다른 두 기구, 즉 유럽연합과 유럽안보협력기구(Organization for the Security and Co-operation in Europe: OSCE)도 유럽의 인권보장 시스템의 일각을 형성한다. 이들 세 기구가 모두가 오로지 인권문제를 다루는 것은 아니다. 그러나 적어도 인권문제에 있어서는 유럽평의회가 가장 오래되었고 중요한 족적을 남기고 있음은 누구도 부인하지 못한다.

1. 유럽평의회[5)]

유럽평의회(Council of Europe)는 1949년 10개의 서유럽 국가들에 의해 주로 민주

---

ideals, freedom and the rule of law ……."

5) 이 부분의 설명은 Henry J. Steiner & Philip Alston, *International Human Rights In Context*, 2nd ed.(Oxford, 2000), pp. 789~790에 의존했다.

〈표 4-1〉 유럽평의회 설립규정(Statute of the Council of Europe)

제3조

유럽평의회의 모든 당사국은 법의 지배의 원칙과 그 관할하에 있는 모든 인민의 인권과 기본적 자유의 향유의 원칙을 수락해야 하고 제1장에 명시된 평의회의 목적을 달성하기 위해 성실하고 효과적으로 협력해야 한다.

……

제8조

제3조를 심각하게 위반한 당사국은 대표권을 정지당할 수 있으며 각료위원회로부터 제7조에 따른 제명을 요구받을 수 있다. 만일 해당 국가가 이 요구를 따르지 않으면 각료위원회는 위원회가 결정한 날로부터 해당 국가가 당사국의 지위가 중단되었다고 결정할 수 있다.

주의와 법치주의 그리고 국가들 간의 대동단결을 위하여 창립되었다. 따라서 이것은 제2차 세계대전 이후의 냉전 질서 속에서 서유럽 국가들이 공산진영에 대결하기 위한 가치와 이념적 자세를 견지하기 위한 기구로 볼 수 있었다. 오랜 기간 동안 이 기구의 주된 활동은 사회, 문화, 스포츠 등의 광범위한 문제에 관하여 회원국 상호 간의 협력을 높이는 것이었다. 냉전 기간 중인 1990년까지는 이 기구의 회원은 오로지 서유럽 국가에 국한되어 있었다. 이후 냉전 종식과 함께 이 기구의 참여 국가는 혁명적으로 변모했다. 중립국으로서 평의회 회원국이 되기 어려웠던 핀란드의 참여를 시발로 수년 내로 러시아를 비롯한 동구권 국가 대부분이 회원국이 되었다. 이로써 2023년 12월 현재 평의회 회원국은 46개국으로 증가했다.

유럽평의회에 들어오기 위한 조건은 동 평의회의 설립규정 제3조에 명시되어 있다. 이에 의하면 참여 국가는 반드시 법치주의와 인권을 존중하는 '참된 민주주의(genuine democracy)'하에 있어야 하며 이러한 문제와 관련하여 평의회와 진실되고(sincerely), 효과적으로(effectively) 협력해야 한다. 현실적으로 이러한 협력의 의무는 참여 국가가 유럽인권협약에 가입하는 것으로 나타난다. 가입 희망 국가는 반드시 동 국가가 제3조의 요건을 충족하고 있다는 것을 평의회의 각료위원회(Committee of Ministers)에 보여주어야 한다. 이 과정에서 의회 총회(Parliamentary

Assembly)에 의견을 조회하는데, 이를 위해 총회는 전문가로 구성된 자문그룹을 임명한다. 이 그룹의 의견은 주로 현장조사를 바탕으로 이루어진다. 예컨대 이 그룹은 1994년 현장조사를 통한 조사 결과, 러시아는 회원국의 자격이 없는 것으로 결론을 내렸다. 이 그룹의 보고서는 러시아가 신체의 자유, 개인의 안전 및 공정한 재판을 받을 권리에 중대한 결함이 있고 법치주의가 제대로 기능하지 못한다는 것을 지적했다.[6)]

많은 동구권 국가들이 회원국으로 들어오고 있다는 사실은 우선 이 지역 내에서의 인권발전에 긍정적이라는 측면이 있는 한편, 그들 국가들에게는 국가의 신인도를 제고하여 장래의 유럽연합(European Union)에의 참여 가능성을 높이는 방법이기도 하다.

유럽평의회는 1997년 각료위원회의 결의로 인권담당관(Commissioner for Human Rights)을 설치했다. 이것은 유엔인권최고대표와 대비되는 제도로 각료위원회의 위임을 받아 회원국과 인권 대화를 촉진하고 지역 내에서의 인권침해 방지와 인권 증진을 위한 조언과 정보를 제공하는 임무를 담당한다.

2. 유럽연합[7)]

유럽연합(European Union: EU)의 근원은 1952년의 파리조약(Treaty of Paris)에 의하여 만들어진 유럽석탄및철강공동체(European Coal and Steel Community: ECSC)와 1957년의 2개의 로마조약(Treaties of Rome)에 의하여 만들어진 유럽경제공동체(European Economic Community: EEC) 및 유럽원자력에너지공동체(European Atomic

---

6) Rudolf Bernhart et al., "Report on the Conformity of the Legal Order of the Russian Federation with Council of Europe Standards," reprinted in *15 Human Rights Law Journal 249* (1994), p. 287. 러시아는 1996년에 유럽평의회에 가입했다.

7) 이 부분은 Henry J. Steiner & Philip Alston, *International Human Rights In Context*, 2nd ed. (Oxford, 2000), pp. 790~791과 더불어 Kevin Boyle, "Europe: The Council of Europe, the OSCE, and the European Community," in Hurst Hannum eds., *Guide to International Human Rights Practice*, 4th ed.(Transnational Publishers, 2004), p. 143 이하를 참고하여 설명한다.

Energy Community: EAEC)이다. 유럽연합조약(Treaty of European Union)은 1993년 11월 1일 발효되어 위의 유럽공동체를 EU로 통합했다. 2023년 말 현재 EU는 27개국의 회원국으로 구성되어 있다.

원래 ECSC를 만든 목적은 제2차 세계대전 이후 전쟁 중 독일군에 의하여 점유된 석탄산지인 루르지방을 서독과 전쟁 중의 적대국인 프랑스를 비롯한 인접 국가들로 구성된 국제기구의 관할하에 두고자 한 것이었다. 1957년의 EEC로의 팽창은 서유럽의 경제적 통합을 촉진하는 계기가 되었다. 그러나 이것은 경제적 이익을 서로 증진하는 것이 애당초 주목적이었기 때문에 인권향상이라는 관점에서는 제한적 범위에서 관계를 맺고 있었다. 즉, 로마조약에는 유럽공동체(EC)와 관련된 최소범위 내에서의 인권규정만을 두고 있었다. 바로 EC 국가 시민 간의 차별을 금지한 제7조, EC 내에서의 노동자의 이주의 자유를 인정한 제48조, 나아가 남녀의 평등임금을 규정한 제119조 등이 바로 그것이다.

EC에서의 이러한 제한적 의미에서의 인권에 대한 관심은 그것이 EU로 발전, 확대되면서 좀 더 중요한 의미로 부각되기 시작했다. 유럽연합조약은 EC 내의 모든 시민들의 이동과 주거이전의 자유를 인정했고 나아가 EC기관들의 잘못에 대한 개인의 소청을 담당할 공동체 옴부즈맨(Community Ombudsman)을 두었다. 현재 EU에 가입하기 위해서는 소위 코펜하겐 요건(1993년 코펜하겐에서 열린 EU 이사회에서 정함)이라 불리는 세 가지 요건을 갖추어야 한다. 그것은 가입국은 인권과 법의 지배를 존중하는 안정된 민주국가여야 하며, EU 내에서 경쟁이 가능한 시장경제를 가지고 있어야 하고, EU법을 준수해야 한다는 것이다. 여기에서도 알 수 있듯이 EU 가입의 전제조건은 인권에서 선진국이 되지 않으면 안 된다.

EU 내의 인권과 관련해서는 EU 관련 법률의 해석과 분쟁을 해결하는 유럽사법재판소(European Court of Justice: ECJ)의 역할이 크다. ECJ는 번번이 그 해석의 법원(法源)으로서 유럽인권협약에서 보장하고 있는 권리와 자유를 제시한다. 예컨대 1970년의 한 사건에서 ECJ는 “EC 회원국이 가입하여 협력해 온 유럽인권협약은 EC 관련법의 가이드라인이 될 수 있다”라고 했다.[8] 뒤이은 해석에서도 ECJ는 국제인권

8) “Nold vs. Commission,” *European Court Reports* 491(1974), para. 507.

원칙이 EC의 법질서 내에 수용되었음을 확인해 왔다. 이러한 ECJ의 판단은 결국 EU 공동체 조약의 개정(Amsterdam Treaty)으로 나타났는데, 동 조약 제6조는 EU가 자유와 민주주의 및 인권의 존중 원칙하에서 설립되었고 유럽인권협약의 기본적 권리를 존중해야 함을 규정했다. 나아가 동 조약은 제7조에서 만일 회원국이 심각한 인권침해를 하는 경우 공동체 구성원으로서의 자격을 정지당할 수 있다는 규정까지 두었다.

EU법은 대단히 복잡하고 한마디로 설명하기 어려우나 유럽인권협약이나 다른 국제법과 비교하여 중요한 차이가 하나 있다. 그것은 EU법이 EU 회원 국가들에 직접적인 효력이 있으며, 어떤 상충된 국내법에도 우선한다는 사실이다. 그러므로 EU법 내에 인권 관련 규정이 있는 경우 그 효력은 어떤 다른 국제인권법보다 우월한 측면이 있다. 개인은 직접 ECJ에 제소할 수 없고 먼저 국내법원에 제소하여야 하지만 만일 인권문제가 국내법원에서 로마조약의 해석과 관련하여 문제가 되었다면 그 사건은 제177조에 따라 ECJ에 이관되어 심리될 수가 있다.

3. 유럽안보협력기구[9)]

유럽안보협력기구(Organization for Security and Co-operation in Europe: OSCE)의 전신인 유럽안보협력회의(Conference on Security and Co-operation in Europe: CSCE)의 첫 번째 국면은 1975년 8월의 헬싱키 최종협정(Helsinki Final Act, Helsinki Accord로도 알려져 있음)의 채택이라고 할 수 있다. 당시 참여국은 35개로 알바니아를 제외한 유럽의 모든 나라(동서진영을 불문)와 캐나다, 미국이 참가했다. 이 당시 CSCE에서 각 진영이 우선적으로 쏟은 관심은 서로 달랐다. 소련은 서방세계로부터 소련의 유럽 경계를 공식적으로 인정받으려는 목적이 강했고, 이에 반해 서유럽 쪽은 안보문제에 대하여 공산진영의 양보를 얻어내 동서 간의 데탕트를 이루려는

9) 이 부분은 Henry J. Steiner & Philip Alston, *International Human Rights In Context*, 2nd ed. (Oxford, 2000), pp. 791~793 및 Kevin Boyle, "Europe: The Council of Europe, the OSCE, and the European Community," in Hurst Hannum eds., *Guide to International Human Rights Practice*, 4th ed.(Transnational Publishers, 2004), p. 145를 참조하여 설명한다.

데 우선적 목적이 있었다. 인권문제는 단지 2차적인 문제에 불과했다.

CSCE는 조약도 특별한 국제기구도 아닌 단지 장기간의 외교회의(diplomatic conference) 형태로 헬싱키 최종협정에서 합의한 의무를 추진하고 발전시키기 위해 1970년대와 1980년대를 지나오면서 계속되었다.

인권문제와 관련되어 CSCE가 중요한 의미를 갖기 시작한 것은 1989년 이후 일련의 인권 관련 회의(Conferences on Human Dimension)를 갖고 나서이다.[10] 1989년에 만들어진 인권장치(Human Dimension Mechanism)는 다른 국가에서 발생한 인권에 관한 개인적 사건이나 상황에 대해 특정 국가가 외교적 채널을 통해 문제를 제기할 수 있는 정치적 정당성을 주었다. 1991년에 이것은 약간 수정되었지만, 이 메커니즘은 위의 문제제기를 받은 나라는 10일 이내에 서면으로 답변을 하도록 했고 만일 그러한 과정을 통해서도 그 문제가 해결되지 않는다면 문제 제기국은 관련국에 그 문제를 토의할 쌍무회의를 가질 것을 요구할 수 있다. 또한 문제 제기국은 외교채널을 통해서 다른 CSCE 국가들이 관심을 갖도록 알릴 수 있으며 그래도 문제가 해결되지 않았다면 다음의 CSCE 회의에 이 문제를 넘길 수 있다.

그러나 1991년까지(어떤 면에서는 현재까지)의 CSCE는 다른 인권기구와는 몇 가지 점에서 특징을 가지고 있었다. 첫째, 거기에서 내놓는 모든 원칙과 기준은 국제법상 법적 구속력(legal binding)이 없다는 것이다. 왜냐하면 이것이 국제법상 국가의 비준동의가 필요한 조약의 형태로 이루어진 것이 아니기 때문이다. 둘째로 이것에 참여하고 있는 국가의 수는 EU나 유럽평의회에 가입한 국가의 수보다 훨씬 광범위하다는 것이다. 2023년 현재 57개국이 OSCE에 참여하고 있다는 사실이 그 증거이다. 셋째, 1991년까지 오로지 정기적인 회의를 조직하는 정도의 조직만을 가지고 있었을 뿐 그 이상의 어떤 조직도 갖지 않고 활동해 왔다는 것이다. 한마디로 이것은 외교적 방법에 의하여 좀 더 유연하고 어떤 면에서는 창조적인 인권향상을 도모해 왔다고도 평가할 수 있다. 1980년대 후반과 1990년대에 동구권의 공산주의 몰락 과정에서 CSCE는 동구권에서 일어나는 인권문제에 정당성을 부여했고 국내

10) 즉, 1989년 비엔나와 파리회의, 1990년 코펜하겐 회의, 1991년 모스크바 회의, 1992년 제네바 회의가 바로 그것이다.

OSCE의 회의 장면, OSCE는 이렇게 회원국에게 토론의 장을 제공한다(저자 촬영)

외에서 활동하는 NGO들에 힘을 주었다. 나아가 유엔이나 유럽평의회 등의 기존 국제기구가 하기 힘든 민주주의와 법치주의, 소수민족 보호 또는 표현의 자유 등에 대한 기준과 원칙을 발전시켰다. 그러나 아무런 법적 구속력도 없는 CSCE의 기능은 많은 관찰자들에게 그 효용성에 의문을 갖게 하는 것이기도 했다.

1991년 이래 CSCE의 조직은 일련의 사무국이 유럽의 각 도시에 설치됨으로써 많은 변화를 보이고 있다. 즉, 프라하에 일반사무국(General Secretariat)이, 바르샤바에 민주제도·인권사무국(Office for Democratic Institutions and Human Rights)과 자유선거사무국(Office for Free Elections)이, 비엔나에 분쟁방지센터(Conflict Prevention Center)가, 헤이그에 소수민족고등판무관(High Commissioner on National Minorities) 사무실이 세워졌다. 나아가 1995년 CSCE는 공식적으로 유럽안보협력기구(OSCE)로 변모했다. 그 기구는 의원총회(Parliamentary Assembly of the OSCE), 외교장관이사회(Council of Ministers for Foreign Affairs), 정기적으로 모임을 갖는 고위층 위원회(Committee of Senior Officials: CSO), 각 회원 국가 외무장관이 순환적으로 담당하는 의장 및 2년에 한 번 열리는 정상회담 등으로 이루어졌다.

OSCE의 발전과 더불어 일어난 한 가지 이슈는 인권문제에 관한 유럽평의회와의 관계이다. 물론 최근까지의 활동을 놓고 보면 평의회는 개인의 인권을 사법적 혹은 준사법적 메커니즘에 의하여 보호한다는 데 초점을 맞추는 반면 OSCE는 국내외의 분쟁(특히 국내의 소수민족과 관련된 분쟁)과 민주주의 및 법치주의에 관련된 좀 더 큰 이슈에 관심을 두고 있는 것으로 차이를 인정할 수 있다. 그러나 평의회 또한 최근 OSCE가 전통적으로 관심을 가져온 법치주의의 문제나 소수자보호 등의 문제에 대해 본격적인 관심을 갖기 시작했기 때문에 양측의 구별점을 찾기 힘든 경우도 많다.

Ⅳ. 유럽인권협약의 실시 메커니즘

1. 협약에서 보호하는 권리

유럽인권협약이 만들어진 과정을 살펴보면 그 시기상 세계인권선언이 참고되었음을 쉽게 짐작할 수 있다. 그래서인지 처음의 초안은 세계인권선언과 같은 권리를 그대로 열거했다고 한다. 그러나 이것은 결국 거부되었다. 그 후 기초자들은 협약을 기초하는 데 있어 자유권규약(ICCPR)의 초기 초안을 참고했으나 그 뒤 자유권규약의 초안이 여러 번에 걸쳐 바뀌는 바람에 현재의 두 국제 인권조약의 내용은 상당히 달라졌다. 예컨대 유럽인권협약은 자유권규약에서 볼 수 있는 국민의 자결권(제1조)과 소수자에 대한 권리(제27조)가 없다. 권리의 제한과 유보에 대한 접근방식도 상당히 다르다. 두 조약이 표현의 자유, 집회의 자유나 종교의 자유에 대해 비슷한 이유(예컨대 공공 및 국가의 안전)로 그 제한을 허용한다. 그러나 유럽인권협약은 자유권규약에서 볼 수 없는 그 제한의 한계를 설정한다. 즉, 협약은 '민주사회에서 필요한 경우(necessary in a democratic society, 제8조~제11조)'에만 권리의 제한을 할 수 있도록 하고 있으며 권리를 제한하지 못하는 소위 절대적 권리의 범위도 상호 크게 차이가 있다.

유럽인권협약의 제2조 내지 제12조에서 규정하는 권리는 다음과 같다. 생명권, 고문으로부터의 자유, 노예 및 강제노동으로부터의 자유, 신체의 자유, 공정하게 민사 및 형사재판을 받을 권리, 사생활 및 가족의 권리, 사상·양심·종교의 자유,

표현의 자유 및 집회결사의 자유, 결혼 및 가정을 가질 권리 등. 특히 제14조는 위의 권리들을 향유함에 있어 차별받지 않을 것을 보장하고 있다.

제1조는 회원국에게 그들 관할권 내에 들어오는 모든 사람들의 권리를 보호할 것[secure (these rights) to everyone within their jurisdiction]을 요구하고 있고, 제13조에서는 만일 권리가 침해된 경우에는 국가에게 효과적인 구제절차를 제공할 것(effective remedy before a national authority)을 요구하고 있다. 이것은 유사한 규정을 두고 있는 자유권규약의 제2조와 비교된다. 자유권규약은 특별히 국가가 동 규약에서 인정하고 있는 권리를 현실화하기 위하여 입법적 및 기타 조치를 만들고 나아가 사법적 구제절차의 가능성을 도모할 국가의 의무(duty to 'legislative and other measures to give effect to the recognized rights' and to 'develop the possibilities of judicial remedy')를 규정하고 있다. 용어의 선택상 자유권규약 쪽이 조금은 현실적이고 구체적이다.

유럽인권협약은 자유권규약과는 달리 1950년 채택된 이후 의정서(protocol)의 형식으로 실체적인 권리를 추가했다. 1952년 최초의 의정서 채택 이후 15개의 의정서가 만들어졌는데 그 대부분은 절차적 규정이지만 다음의 것은 실체적 권리를 보장하고 있다. 재산권, 교육권 및 자유선거권(제1의정서); 민사채무로 인한 구금으로부터의 자유, 이동과 주거의 자유, 국가를 떠날 자유, 망명의 자유, 국적국으로 입국할 수 있는 자유, 외국인에 대한 집단추방의 금지(제4의정서); 사형폐지(제6의정서); 적정절차에 의하지 않는 외국인의 추방금지, 형사사건에서의 상소권, 국가의 부당한 사법집행으로 인한 피해에 대한 보상을 받을 권리, 배우자의 권리와 의무의 평등(제7의정서); 차별의 일반적 금지(제12의정서); 전시를 포함한 모든 경우에서의 사형금지(제13의정서). 이 선택의정서는 모두 유럽인권협약 가입국가의 선택사항이다.

2. 유럽인권재판소

가. 서설

유럽인권협약은 1998년 11월 이전까지는 유럽인권위원회(European Commission

of Human Rights)와 유럽인권재판소(European Court of Human Rights: ECHR), 각료위원회(Committee of Ministers)의 세 기관에 의해 이행되었다. 그러나 이들 기관에 의한 협약의 이행절차가 번거롭고 비효율적이라는 비판을 받게 되어 1994년 제11의정서가 채택(1998년 11월 1일 발효)되어 유럽인권재판소를 중심으로 하는 인권보장체제가 새로이 성립되었다. 제11의정서는 유럽인권협약의 II부에서 IV부의 규정을 대폭 개정했는데, 이 개혁의 초점은 협약상의 권리를 침해받은 개인이 상대국의 의사와 관계없이 ECHR에 직접 제소할 수 있다는 것이다.[11] 이것은 협약의 권리구제절차가 완전히 사법적 구제절차로 전환되었음을 말한다. 이러한 개혁으로 ECHR의 제소사건은 폭발적으로 증가했으며,[12] 이를 해소하기 위해 2004년 제14의정서가 채택(2010년 6월 1일 효력 발생)되었다.

나. 유럽인권재판소의 조직과 운영

ECHR은 현재 프랑스의 스트라스부르에 위치해 있으며 재판소 재판관의 수는 유럽인권협약의 당사국 수와 같다(2022년 말 현재 47명). 재판관은 각 당사국이 3명의 후보자를 추천하면 그중 한 명을 유럽평의회의 의원총회 투표를 통해 결정한다. 법관의 임기는 9년이며 연임은 불가능하다다. 재판관들은 어디까지나 개인자격이지 당사국을 대표하는 것은 아니다. 그들은 상근재판관이며 어떤 경우에도 독립성과 공정성을 해치는 일을 해서는 안 된다.

ECHR의 운영상 가장 중요한 역할은 모든 재판관이 참여하는 전원재판부(Plenary Court)가 담당한다. 이 재판부는 재판소의 소장과 2인의 부소장을 선출하고 5개부(Section)의 수석재판관을 선출한다. 그뿐만 아니라 전원재판부는 사무국장

---

11) 과거에는 개인이 ECHR에 제소하기 위해서는 일단 인권위원회에 사건을 통보하고(Individual Communication이라 할 수 있음) 위원회에 의해 인용된 경우(그럼에도 불구하고 당사국이 결정의 내용을 이행하지 않은 경우)에 한해 제소할 수 있었다.

12) 1999년 이후 최근까지 증가율을 보면 1999년 8,400건이 제기되었는데, 2020년에는 41,700건이 제기됨으로서 500% 가까운 증가율을 보였다. 현재 재판소는 매년 1,000여 건의 본안판결을 선고하고 있다. European Court of Human Rights, "The ECHR in fact & figures 2020," in http://www.echr.coe.int 참고.

(Registrar)과 부국장(Deputy Registrar)을 임명하며 재판소의 절차규정을 제정, 개정한다.

사건의 처리는 현재 5개의 부(Section)마다 설치된 7인 재판부(Chamber)와 3인 위원회(Committee), 그리고 1인 재판관이 담당하며, 각 부에서 판결한 사건 중 당사자가 이의를 하거나 선례 등에 비추어 각 부의 재판부가 판단하기 곤란해 사건 이관을 요청한 경우는 재판소장과 부소장 그리고 각 부의 수석재판관 등 17명으로 구성되는 대재판부(Grand Chamber)가 담당한다. 사건의 구체적 처리는 각 부의 1인 재판관이 예비심리를 통해 심리부적격의 경우 각하 처리하고, 3인 위원회가 전원 합의 방식으로 심리적격 여부와 이미 형성된 판례에 따른 본안판단을 하며, 그 외의 경우는 7인 재판부(Chamber)가 심리적격 및 본안판단을 한다.

인권재판소의 판결은 국제법상 구속력이 있다. 이 판결의 집행 책임은 과거와 같이 각료위원회이다.[13] 이 위원회는 판결의 집행을 위해 판결 집행국(Department for the Execution of Judgments of the European Court of Human Rights)이라는 사무조직을 가지고 있다.

한편 구속력 있는 판결과 별도로 인권재판소에는 권고적 의견(advisory opinion) 제도가 있다.[14] 이것은 국제사법재판소의 그것과 유사한데, 각료위원회가 유럽인권협약 및 그 선택의정서의 해석과 관련된 법적 해석을 인권재판소에 의뢰할 수 있다. 이 경우 재판소는 대재판부에서 다수결의 원칙에 의해 결정한다.

다. 개인제소 절차

개인[15]은 각 당사국이 유럽인권협약 및 그 선택의정서에 보장하는 권리를 침해했다고 판단하면 인권재판소에 제소할 수 있다. 그러나 다음과 같은 제한이 있다.[16]

---

13) Convention Art. 46.

14) Convention Art. 47.

15) 여기서 개인이라 함은 개인, 비정부기구 또는 개인들의 그룹을 통틀어 말한다. 유럽인권협약 제34조.

16) Convention Art. 35.

〈표 4-2〉 유럽인권재판소 절차 요약

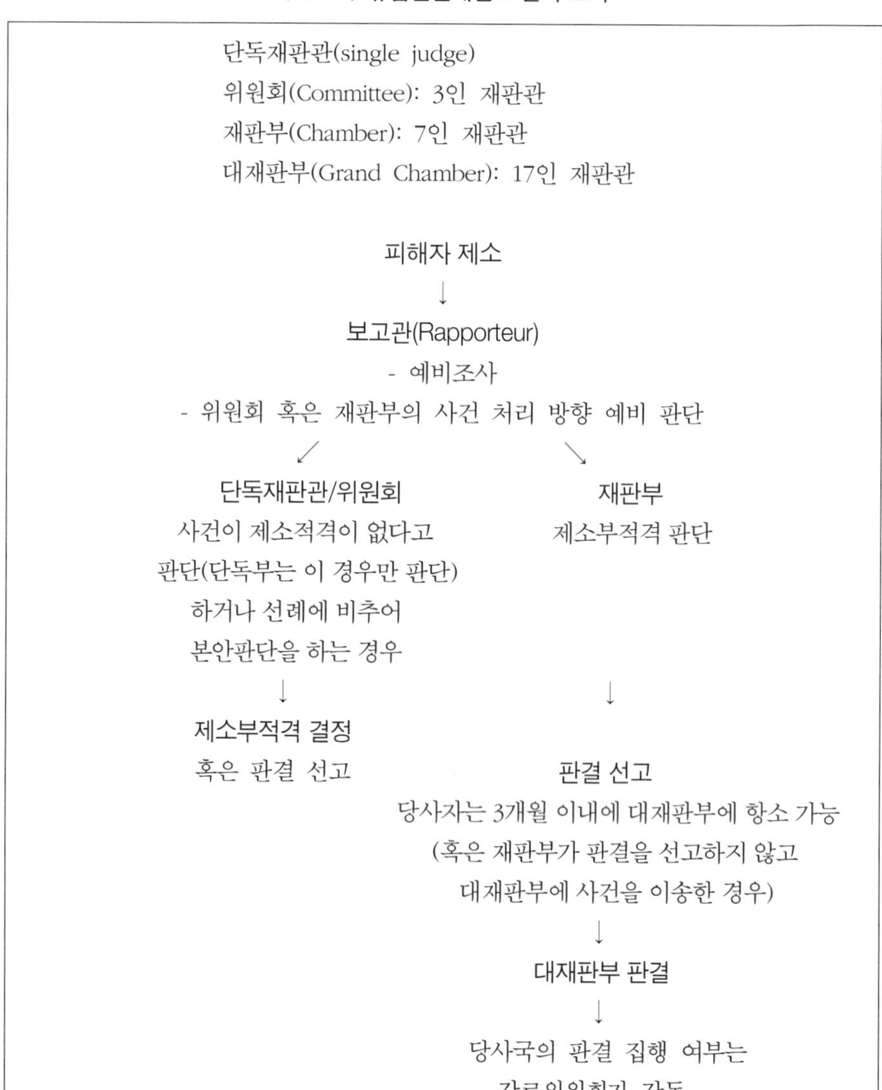

단독재판관(single judge)
위원회(Committee): 3인 재판관
재판부(Chamber): 7인 재판관
대재판부(Grand Chamber): 17인 재판관
피해자 제소
보고관(Rapporteur)
- 예비조사
- 위원회 혹은 재판부의 사건 처리 방향 예비 판단
단독재판관/위원회
사건이 제소적격이 없다고
판단(단독부는 이 경우만 판단)
하거나 선례에 비추어
본안판단을 하는 경우
제소부적격 결정
혹은 판결 선고
재판부
제소부적격 판단
판결 선고
당사자는 3개월 이내에 대재판부에 항소 가능
(혹은 재판부가 판결을 선고하지 않고
대재판부에 사건을 이송한 경우)
대재판부 판결
당사국의 판결 집행 여부는
각료위원회가 감독

- 인권재판소에 제소하기 이전에 각 당사국의 국내 구제절차를 모두 완료해야 한다.
- 국내 구제절차가 끝난 뒤 6개월 이내에 제소해야 한다.
- 제소자는 익명이어서는 안 된다.
- 재판소에 의해 동일한 사건이 이미 심리되었거나 동일한 사건이 다른 국제적인 절

차에 제소된 경우 혹은 제소의 내용이 아무런 관련 정보를 갖지 않은 경우가 있어서는 안 된다.

위와 같은 제한요건에 해당되면 재판부는 언제든지 심리부적격으로 재판을 종료해야 한다. 심리적격이 인정되면 우호적 해결(friendly settlement)이 시도되며 실패한 경우 재판부의 본안에 대한 심리가 진행된다. 일반적으로 재판부의 본안에 대한 결정은 최종적이다. 그러나 재판부는 심리 중인 사건이 협약의 해석에 영향을 주는 심각한 문제를 제기하거나 동 재판부의 결정이 협약의 이전 결정과 일치하지 않는 결과가 있을 경우에 자신이 결정을 내리지 않고 대재판부(Grand Chamber)에 사건을 회부할 수 있다.[17]

대재판부의 결정은 그것으로 최종적이며, 일반재판부(Chamber)의 판결은 3개월 이내에 대재판부에 상소를 할 수 있다.[18]

〈사례연구〉

Soering Case: 범죄인인도의 거절사유로서의 비인도적 처우금지의 원칙

Soering 사건[Soering case, 161 Eur.Ct. H.R(Ser. A)(1989)]은 유럽인권재판소가 1989년 판결한 것으로서 범죄인인도의 거절사유로서 인권조약상의 비인도적 처우금지 원칙이 어떤 식으로 적용될 수 있는지를 보여주는 대표적 사례이다.

(1) 사실관계

판결문에 나타난 사실관계를 정리하면 다음과 같다.

- Jens Soering은 1966년 8월에 태어났으며 독일 국민이며, 현재 미국 버지니아주에서 발생한 살인사건의 혐의자로 범죄인인도를 위해 영국의 한 교도소에 수감 중이다.
- 위 살인사건은 1985년 3월 버지니아주의 Bedford County에서 일어났다. 피해자는 William Reginald Payson(72세)과 Nancy Astor Hayson(53세)으로 피의자의 여자친구

17) Convention Art. 30.

18) Convention Art. 44. 각 부(단독재판관 및 3인 위원회)의 심리부적격 각하결정은 항소할 수 없다.

의 부모였다. 당시 피의자는 버지니아 대학(University of Virginia)의 학생이었으며 사건 발생 후 사라졌다가 1986년 4월 영국에서 수표사기사건으로 체포되었다.

- 피의자는 체포된 후 Bedford County의 수사관에 의해 심문받았으며 동 수사관은 선서된 진술서에서 그가 위 사건의 범인임을 진술했다.
- 미국 정부는 영국 정부에 대하여 양국의 1972년 범죄인인도조약에 따라 피의자의 범죄인 인도를 요청했다.
- 영국 정부는 사형제도가 영국에서는 폐지되었으므로 미국 정부에 Soering이 인도될 경우 사형을 구형하지 않거나 사형선고가 된다 해도 집행하지 않을 것이라는 보증을 요구했다(이것은 양국의 범죄인인도조약에 관련 조항이 있음). 이에 버지니아주 Bedford County 담당검사는 법원의 선고과정에서 영국 정부의 위와 같은 요망을 법원에 전달하겠다고 약속했다. 그러나 그는 뒤에 태도를 바꾸어 Soering에 대한 재판이 진행되면 사형을 구형할 것이라고 알려졌다.
- Soering은 1988년 8월에 정신이상의 소견으로 의무교도소로 이감되었는바, 의사에 따르면 그는 미국으로 인도되었을 경우 미국 교도소 내에서 사형수들이 겪을 육체적 고통과 성적 괴롭힘에 대하여 강한 정신적 스트레스를 가지고 있다고 했다.
- 미국(버지니아)의 사형제도와 관행 그리고 사형수들의 실태가 밝혀졌는바, 다음과 같은 것들이다.
  - 18세 이하의 소년들에 대해서도 사형은 선고된다.
  - 사형 확정 후 집행까지는 6~8년 소요된다.
  - 미국의 대법원은 현재까지 사형수의 집행 대기상태(death row phenomenon)를 미국 헌법 수정8조의 '잔인하고 비정상적인 형벌'에 해당한다고 판단한 적은 없다.
  - 사형수는 3×2.2미터 사이즈의 독방에 수감, 일주일에 6~7시간의 여가시간 허용, 이동 중에는 수갑과 허리를 두르는 특별 계구를 착용한다.
  - 사형을 집행할 때는 15일 전에 집행동으로 이감되며, 전기의자가 있는 집행실의 근처 방에 수감하는데, 그 방은 빛이 들어오지 않는 방이다.

(2) 사건의 쟁점

이 사건의 중심 쟁점은 미국의 사형수의 집행 대기상태가 유럽인권규약 제3조(No one shall be subjected to torture or to inhuman or degrading treatment or punishment)에 위반되어 범죄인인도의 거부사유가 될 수 있는지 여부였다.

(3) 유럽인권재판소의 판단

- 유럽인권협약의 해석상 범죄인을 인도했을 경우 고문을 당하거나 비인간적이며 비인도적인 처우가 예상된다면 체약국은 범죄인인도를 거부할 수 있다.
- 사형판결 자체가 유럽인권규약 제3조 위반이라고 볼 수는 없다. 그러나 사형집행과

관련된 처우가 비인도적이라는 판단이 되는 경우는 유럽인권규약 제3조 위반 여부가 검토될 수 있다.

- 이 사건의 경우 미국 버지니아주 교도소의 사형 대기기간이 평균 수년(6~8년)이며, 그 기간 중 사형수는 비정상적인 상황에 놓이게 된다. 그리고 Soering이 사건을 저지른 것은 그의 나이 18세에 불과할 때였으며 그의 정신상태는 비정상적이었다. 이런 상황에서 Soering을 인도하는 것은 유럽인권규약 제3조 위반이 된다.

제2절 미주 인권보장 메커니즘

I. 미주 인권보장의 배경

미주 지역에서는 미주기구(Organization of American States: OAS)가 수 개의 인권 조약과 감독기구 및 개인제소제도 등을 관할하면서 이 지역의 인권을 증진, 보호하고 있다. 미주기구의 최고의 헌법적 규범은 미주기구헌장(Charter of the Organization of American States)이다(1967년, 1985년의 Protocol을 통하여 개정됨). 그 외의 중요한 인권 관련 규범으로는 인간의 권리와 의무에 관한 미주인권선언(American Declaration of the Rights and Duties of Man, 1948), 미주인권협약(American Convention on Human Rights, 1969), 미주고문방지협약(Inter-American Convention to Prevent and Punish Torture, 1985) 등이 있으며, 기타 미주인권위원회 및 미주인권재판소 설립규정 등을 들 수 있다.

미주인권협약은 미주고문방지협약과 마찬가지로 이에 가입한 나라들에 대하여 국제법적 구속력을 가진다. 미주인권선언은 모든 미주기구 회원국들에게 적용될 인권기준을 정하고 있는데, 이는 미주인권협약에 가입하지 않은 나라들에 대하여도 적용이 가능하다.[1)]

한편 여러 가지 이유로 미주인권제도는 유럽의 그것과는 다른 길을 걸어왔다.

---

1) Dinah L. Shelton, "The Inter-American Human Rights System," in Hurst Hannum eds., *Guide to International Human rights Practice*, 4th. ed.(Transnational Publishers, 2004), p. 128.

물론 두 지역의 제도는 표면적으로 매우 유사하다. 이들이 가지고 있는 각종 인권 관련 조약과 규정 등의 유사함이 그것을 증명한다. 그러나 이들 제도의 토대는 대단히 다르다. 그 극명한 차이는 유럽평의회 내에서의 국가들은 군사독재를 거의 경험하지 못한 반면 라틴아메리카는 1980년대까지 거의 모든 나라가 그러한 경험을 해왔다는 것이다. 국내에서의 좌우익 분열로 극심한 안보문제를 초래한 것도 유럽에서는 거의 볼 수 없는 상황이었지만 라틴아메리카는 그것이 상례화되어 있었다.

이러한 상황적 차이는 유럽의 인권기구와 미주의 인권기구가 관심을 가지고 처리해 온 사건에서도 결정적인 차이를 나타낸다. 유럽 쪽에서는 재판 전 구금의 기간이나 사생활과 같은 권리가 주로 제도 내에서 논의되어 왔으나 비상사태(state of emergency)와 같은 사례는 거의 찾기 힘들다. 그러나 라틴아메리카의 경우는 이것이 상식화된 상황이었고, 이러한 상황에서 무수한 고문, 행방불명, 처형 등이 일어났다. 그러므로 미주인권기구가 유럽의 인권기구와 비교하여 다른 사건을 취급하는 것은 당연한 일이었다. 또한 유럽의 경우는 인권기구(과거의 유럽인권위원회나 유럽인권재판소)가 동 기구를 무시하고 혹은 적대적으로 나오는 정부나 국내법 질서와 맞닥뜨린 적이 거의 없다. 그러나 남미의 독재정권은 왕왕 인권기구와 정면대결을 하기도 하고 인권기구의 결정을 철저히 무시하기도 했다.

2023년 현재 OAS는 35개의 회원국을 가지고 있다. 그중 25개국이 미주인권협약에 가입했고, 20개국은 인권재판소의 관할권까지 인정했다. 미국은 1978년 미주인권협약에 서명했지만 아직 비준하지 못하고 있는 상태이다. 흥미 있는 것은 쿠바는 미주기구의 한 일원이기는 하지만 1962년 1월 31일부터 그 활동을 정지당하고 있다는 사실이다.

전반적으로 보아 미주인권시스템은 유럽을 따라가고 있지만 그에 비해 상당한 시차가 있는 것이 사실이다. 북미 지역을 제외하고는 아직 대륙 전체가 빈곤과 부패 그리고 차별과 문맹으로 어렵게 살아가고 있으며 인권에 대한 의지가 빈약하다. 더욱 미국과 캐나다가 미주인권협약을 아직 비준하지 않고 있어 동력을 잃고 있는 상황이다. 또한 미주기구 회원국 중 상당수의 사법기구가 미주인권협약의 국내적 이행에 큰 관심이 없는 것도 사실이다. 그럼에도 많은 사람들은 지난 반세기

동안 미주인권기구가 인권증진을 위해 장족의 발전을 해왔음을 부인하지 않는다.[2)]

II. 미주인권기구의 내용

미주인권위원회(Inter-American Commission on Human Rights)는 미주기구 헌장하에서 창설된 이 지역의 인권증진과 인권보호, 인권문제에 관해 미주기구를 자문하는 가장 중요한 기구이다. 또한 인권위원회는 미주인권협약과 미주고문방지협약에 가입한 국가들의 의무수행에 관한 문제를 관장하는 특별한 권한을 가지고 있다.

미주인권위원회는 임기 4년의 7명의 독립적인 전문가들로 구성되었으며 그들의 선출권은 미주기구의 총회가 가지고 있다. 이 위원회의 본부는 워싱턴 D.C.에 위치하고 있으며 사무국의 보좌를 받고 있다. 인권위원회의 회의는 보통 워싱턴에서 열리나 가끔은 회원국에서 열리기도 한다. 회기 중에는 개인과 단체의 대표들로부터 청문을 실시한다.

미주인권재판소(Inter-American Court of Human Rights)는 미주인권협약에 의하여 설립되었는데, 일부 기능은 인권협약에 가입하지 않은 국가라도 미주기구의 회원국이면 영향을 미친다.[3)] 재판소의 7명의 판사로 구성되었으며 미주인권협약 가입국의 추천을 받아 선출된다. 재판소는 원래 미주인권협약에 따른 기구이지 미주기구의 산하 기구가 아니나 7명의 판사는 미주인권협약에 가입하지 않은 미주기구의 국가 출신도 선출될 수 있다. 이들 판사의 임기는 6년으로 한 번에 한해 재임이 가능하다. 재판소의 기능과 절차는 미주인권협약과 재판소 근거규정 및 재판절차규정에 규정되어 있다. 재판소의 소재지는 코스타리카의 산호세이다.

---

2) Thomas Buergenthal, "The Evolving International Human Rights System," *Am. J. Int'L.*, vol. 100(2006), p. 797.

3) 예컨대 Convention Art. 64에 의하면 어떤 OAS 가입국이라도 재판소에 미주인권협약이나 미주지역에서의 인권보호에 관한 다른 조약의 해석과 관련하여 권고적 의견(advisory opinion)을 구할 수 있다.

III. 미주인권협약의 내용과 특징

사실상 미주기구 헌장은 대의민주주의, 인권과 평등, 경제적 권리, 교육을 받을 권리 등에 관해 특별히 주목하는 규정을 가지고는 있지만 일반적인 인권에 대해서는 언급을 거의 하지 않고 있다. 인권에 관하여 그중에서도 시민적·정치적 권리에 대하여 주로 언급하고 있는 것은 미주인권선언과 미주인권협약인데, 미주인권선언은 세계인권선언과 그 내용이 유사한 데 반해 미주인권협약은 자유권규약과 유사한 면이 많다고 할 수 있다. 미주인권선언은 세계인권선언에서와 같이 여러 가지의 경제적·사회적·문화적 권리, 예컨대 재산권, 문화, 일, 건강, 교육, 여가와 사회보장을 규정하고 있으나, 미주인권협약은 자유권규약과 같이 시민적·정치적 권리가 주류를 이루고 그 예외로 경제적 권리인 재산권만을 특별히 언급하고 있을 뿐이다. 다만 제26조에 경제적·사회적·문화적 권리와 관계하여 헌장에 규정되어 있는 경제, 사회, 문화, 교육, 과학의 기준에 내재된 권리를 완전히 실현시키기 위해 회원국에 점진적인 조치(progressive measures)를 요구하고 있는 것은 주목할 만하다.

사회적·경제적(혹은 문화적) 권리에 대한 미주인권협약의 상대적 소홀은 최근의 경제적·사회적·문화적 권리에 관한 선택의정서에 의하여 상당히 적극화되었다. 여기에서 국가의 의무로 언급하고 있는 권리로는 다음의 것들이 있다. 노동조합을 결성하고 파업을 할 권리, 사회보장, 건강과 보건, 건강한 환경권, 먹을 권리, 교육권, 문화의 혜택, 가족을 형성하고 보호받을 권리, 사회적 약자에 대한 특별보호 등.

어떤 사안에 대해서는 미주인권협약에는 명문의 규정이 없지만 명백히 금지되는 것으로 본다. 예컨대 강제납치에 의한 행방불명이 바로 그 예이다. 이것에 대하여 미주인권재판소는 협약에서 보호하고 있는 많은 권리의 지속적인 침해를 구성하며 이것은 회원국의 인권보호의무의 심각한 위반으로 보아야 한다고 했다.[4)]

4) Inter-American Court of Human Rights, Velasquez Rodriguez Case, Judgment of 29 July 1988, Ser. C. No. 4, para. 158.

미주인권협약이 만들어진 과정을 보면 유럽인권협약에 크게 의존했음을 알 수 있다. 그리고 자유권규약의 초안 작성 과정도 적지 않은 영향을 주었을 것이 분명하다. 그럼에도 이것은 내용에서 이들과 약간의 차이를 보이고 있다.[5]

첫째, 자유권규약 제27조는 소수자에 대한 권리를 인정하고 있으나 미주인권협약은 그러한 규정이 없다.

둘째, 미주인권협약에는 보장이 되어 있지만 자유권규약에는 없는 권리가 5개 있다. 언론사 등에 대한 반론권(제14조), 재산권(제21조), 자국에서의 추방금지 등(제22조 제5항), 정치적 망명권(제22조 제7항), 외국인에 대한 집단적인 추방의 금지(제21조 제9항).

셋째, 미주인권협약에는 규정되어 있으나 유럽인권협약에는 규정되어 있지 않은 권리도 있다. 반론권(제14조), 아동에 관한 권리(제19조), 이름과 국적에 관한 권리(제18조 및 제20조), 정치적 망명권(제22조 제7항) 등.

IV. 미주인권협약의 인권보장 메커니즘[6]

미주인권협약은 두 기구에 그 준수의 감독권을 주고 있다. 그것은 협약이 만들어지기 이전에 존재했던 미주인권위원회이고 다른 하나는 협약에 의하여 창설된 미주인권재판소이다.

미주인권위원회는 7인의 위원으로 구성되는데,[7] 1978년 이후 위원회는 2개의 임무를 동시에 수행하는 것으로 되어 있다. 하나는 미주기구의 한 기구로서 미주기구를 구성하는 전 국가의 영역 내에서 인권을 증진하고 보호하는 역할이며, 다른

---

5) Henry J. Steiner & Philip Alston, *International Human Rights in Context: Law, Politics and Morals*, 1st ed.(Oxford, 1996), pp. 642~643.

6) 이하의 설명은 Cecilia Medina, "The Inter-American Commission on Human Rights and the Inter-American Court of Human Rights: Reflections on a Joint Venture," *Human Rights Quarterly*, vol. 12(1990), p. 440 이하를 참고했다.

7) Convention Art. 33.

하나는 미주인권협약의 한 기구로서 협약에 가입한 회원국들을 상대로 그 영역 내에서 인권을 보호하고 감독하는 역할이다. 이들 임무를 세분하여 인권위원회의 현실적인 기능으로 설명하면 다음과 같이 열거할 수 있다.[8] ① 모든 미주기구 국가 내에서의 인권증진, ② 인권 관련 문서의 초안 작성, ③ 미주기구 국가에 대한 인권 관련 자문, ④ 국가방문을 통한 국가인권보고서 작성, ⑤ 인권문제와 관련된 중재, ⑥ 개인제소제도의 관장, ⑦ 미주인권재판소에서의 사건 심리 시 참가 및 의견자문 등.

미주인권재판소는 7인의 재판관으로 구성되는데, 이들은 미주인권 회원국 국민으로서 최고의 덕망을 갖추고 인권 분야에서 능력이 인정된 자로서 본국의 법률 또는 그를 후보로 추천한 국가의 법률에 따라 최고의 사법적 기능행사에 요구되는 자격을 갖춘 법률가 중에서 개인자격으로 선출된다.[9] 인권재판소는 국제사법재판소(ICJ)와 마찬가지로 강제관할권(contentious jurisdiction)[10](쌍방 간의 다툼이 있는 경우 재판소에 사건을 제기하여 판결을 받는 경우의 관할)과 권고적(advisory) 관할권[11](재판소가 구속력 있는 판결을 하는 것이 아니고 국가나 국제기구의 권위적 법률자문을 해주는 경우의 관할)을 갖는다.

강제관할권을 개시함에 있어서 재판소는 인권위원회나 관련 국가의 제소를 받아 특별절차를 통하여 미주인권협약의 관련 규정의 해석과 적용에 관한 분쟁을 해결한다. 권고적 관할권에서 재판소는 미주인권협약뿐만 아니라 미주기구 지역 내에서의 인권보호와 관련된 다른 조약의 해석도 가능하다. 나아가 재판소는 미주기구 회원국들의 국내법이 미주인권협약이나 협약이 언급하는 다른 인권조약에 상충하는지 여부의 의견도 개진할 수 있다. 이러한 권고적 관할권은 비록 미주인권협약의 가입국이 아닐지라도 미주기구 회원국이라면 어느 국가든지 재판소에 권고적 의견(advisory opinion)을 구할 수 있도록 하고 있고, 나아가 미주기구 헌장의 제10장

8) Convention Art. 41.

9) Convention Art. 52.

10) Convention Art. 62.

11) Convention Art. 64.

C에 열거되어 있는 미주기구의 어떠한 기구라도 마찬가지의 권한을 가지고 있다.

개인통보제도는 개인 또는 단체 등이 당사국에 의한 미주인권협약 위반을 이유로 진정서를 미주인권위원회에 제출할 수 있다. 이러한 절차는 유럽인권협약이나 자유권규약의 선택의정서상의 개인통보절차와 거의 같은 메커니즘으로 운용된다. 이 절차는 일종의 준사법적 절차(quasi-judicial mechanism)로서 인권침해의 희생자 인지에 관계없이 어떠한 개인이나 그룹 혹은 미주기구 회원국 중 하나 이상이 법률적으로 인정하는 비정부조직에 의하여 그 제기가 가능하다.[12] 이러한 면에서 자유권규약이나 유럽인권협약의 절차보다는 제소의 기회가 넓다고 할 수 있다. 또한 중요한 점은 개인통보제도는 자유권규약이나 유럽인권협약과는 달리 미주인권협약 가입과 동시에 생기는 의무라는 점이다(이에 반해 국가제소제도는 관련국의 명백한 인정이 없으면 안 된다[13]). 더 나아가 미주인권위원회 자신도 스스로 인권침해 사건을 제기할 수 있다는 점도 위의 두 인권시스템과는 다른 점이다.

미주인권위원회의 사실관계를 확인하는 방법과 권한도 다른 인권기구와는 유사하면서도 약간은 다른 면이 있다. 인권위원회는 사실관계를 확인하기 위하여 관련국에 정보를 요구할 수 있으며 관련국의 동의가 있으면 인권침해가 있다고 주장되는 현장에서 조사도 할 수 있다. 중요한 것은 만일 관련국이 이러한 일련의 인권위원회의 사실조사활동에 협조하지 않았을 때이다. 즉, 요구된 정보를 인권위원회에게 특정한 기간 내에 제출하지 않은 경우에는 인권위원회 규정 제39조는 인권위원회로 하여금 더 이상의 사실조사를 할 필요 없이(특별히 다른 증거가 있어 결론을 달리할 가능성이 없다면) 제소자의 주장을 사실로 받아들일 수 있도록 하고 있다. 인권위원회의 결정을 관련 당사국이 받아들이지 않는 경우에는 위원회는 규정에 의하여 정해진 기한 내에 사실을 설명하고 자신의 결론을 진술하는 보고서를 작성해야 한다. 이 보고서는 관련국에 전달되어야 하는데, 이때 인권위원회는 적절하다고 판단되는 제안과 권고를 할 수 있다.[14]

---

12) Convention Art. 44.

13) Convention Art. 45.

14) Convention Art. 50.

미주인권재판소가 개인통보사건의 관할을 가지기 위해서는 관련 국가는 미주인권협약에 가입함과 동시에 재판소의 관할권을 인정해야만 한다.15) 사건이 인권위원회의 절차를 마치게 되면 위원회가 관련 보고서를 당사자들에게 보낸 날로부터 3개월 이내에 인권위원회나 관련 국가 중 어느 하나에 의하여 사건은 재판소에 오게 된다.16) 아쉽게도 개인에게는 이러한 재판소로의 제소권을 주지 않고 있다.17) 이 점이 유럽인권재판소와의 큰 차이점이다.

그렇지만 재판과정에서 개인의 참여는 특별히 보호되고 있다. 2001년 이후 사건이 재판소에 제소되면 인권피해자인 개인은 재판소 출석하여 자신의 주장을 할 수 있는 기회가 보장된다.18) 재판 중 개인과 그 대리인은 증인과 증거의 보호를 위해 필요한 명령을 청구할 수 있다.

인권재판소에서의 절차는 문서와 구두로 진행된다. 첫 번째 국면은 보통 서면에 의한 논쟁인데 이는 재판소에서 정한 시간표에 따라 서면과 반대서면이 오가며 주장을 편다. 재판소는 또한 당사자들에게 증거를 제시할 것과 각 증거가 증명하고자 하는 것이 무엇인지, 언제, 어디에서, 어떤 상황에서 증거를 제출할 것인지를 묻는다. 재판소의 심문절차는 보통 공개되지만 때로는 재판소의 결정에 따라 비공개되기도 한다. 재판소의 결정과 의견은 출판되어 공개된다.

만일 인권재판소가 미주인권협약의 위반을 발견하면 재판소는 그 사건이 구제되어야 하며 피해자에게는 손해배상이 되어야 함을 선고하게 될 것이다. 여기에서 손해배상이라 함은 실제 손해에 대한 배상을 의미하지 징벌적 배상을 의미하지는 않는다. 관련 국가는 재판소의 판결에 법률적으로 따라야 할 의무가 있고 손해배상은 적합한 국내법원에서 집행되어야 한다.19) 만일 관련국이 재판소의 판결을 따르지 않는다면 어떻게 될까? 재판소는 미주기구 총회에 그 사실을 보고하고 권고안을

15) Convention Art. 62.

16) Convention Art. 61(2). 이 규정에 의하면 재판소에 사건을 제소하기 위해서는 인권위원회의 심리를 거쳐야 하고, 관련 국가가 인권위원회의 권고를 받아들이지 않을 것이 전제되어야 한다.

17) Convention Art. 61(1).

18) Rules of Procedure, Art. 23, Inter-Am. C.H.R.(ser. A) No. 17(2003).

19) Convention Art. 68.

〈표 4-3〉 미주인권기구에서의 개인통보절차 요약

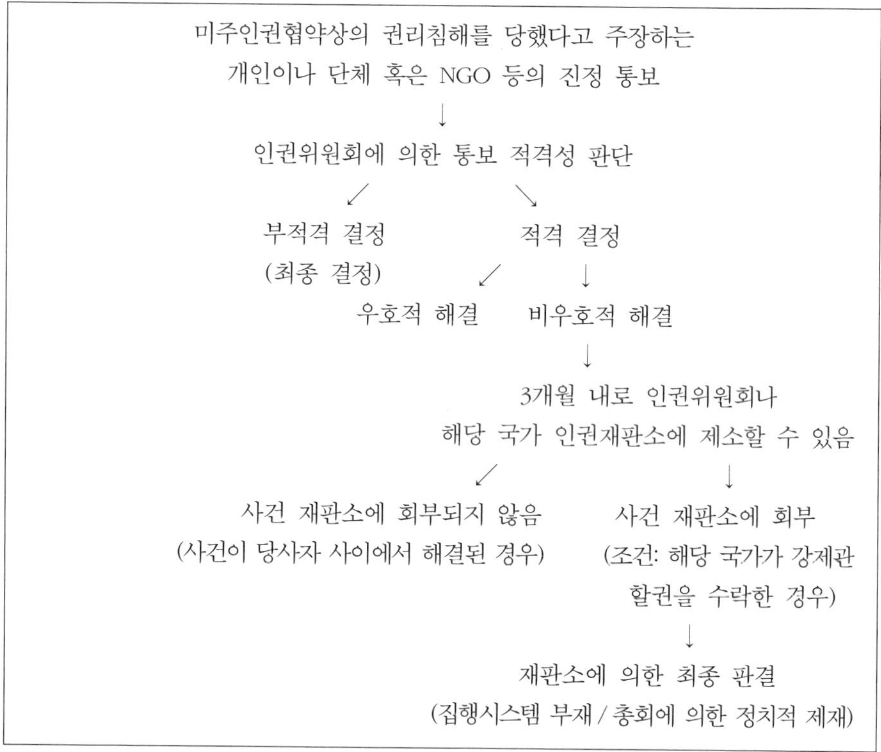

내게 된다. 이렇게 되면 총회가 어떠한 조치를 취하는 것에 대해서는 언급이 없지만 총회가 정치적 기구이므로 관련국이 국제적 의무를 이행하도록 하는 적절한 정치적 결정을 하게 될 것이다.

한 가지 알아둘 것은 인권재판소는 강제관할권 사건이든 권고적 관할권 사건이든 이해관계자들의 의견서면(amicus curiae)을 허용한다. 따라서 개인 제소자들은 복잡한 법률문제가 있는 경우 의견서면을 제출해 줄 수 있는 NGO가 있는지 그 가능성을 고려하는 것이 좋다.

제3절 아프리카의 인권보장 메커니즘[1)]

I. 서설

세 개의 지역인권 시스템 중 가장 늦게 성립된 아프리카의 인권 메커니즘은 1981년 6월 27일 아프리카단결기구(Organization of African Unity: OAU) 정상총회가 아프리카인권헌장(African Charter on Human and Peoples' Rights)을 채택함으로써 시작되었다. 동 헌장은 1986년 발효되었고 2019년 현재 53개 아프리카 국가가 가입해 있다.

아프리카인권헌장은 다양한 인간(human)과 인민(people)의 권리를 규정하고 있다. 전자의 경우로는 차별금지, 개인의 안전과 자유의 존중, 사상, 종교, 집회, 표현의 자유 등이 그것들이고, 후자의 예로서는 자결(self-determination), 자연자원의 자유로운 활용, 개발 및 환경권 등이 바로 그것이다. 또한 헌장은 가족과 사회에 대한 개인의 의무도 규정하고 있다.

아프리카인권헌장은 감독기구로서 아프리카인권위원회(African Commission on Human and Peoples' Rights)를 두고 있는데 이것은 아프리카 인권보장 시스템의 핵심이라고 볼 수 있다. 인권위원회는 아프리카연합(African Union: AU)[2)]의 정상

---

1) 이 부분의 설명은 Henry J. Steiner & Philip Alston, *International Human Rights in Context: Law, Politics and Morals*, 1st ed.(Oxford, 1996), p. 689 이하와 Cees Flinterman et al., "The African Charter on Human and Peoples' Rights," in Hurst Hannum eds., *Guide to International Human Rights Practice*, 4th ed.(Transnational Publishers, 2004), p. 171 이하를 참고했다.

총회에서 선출되는 11명의 전문가로 구성되는데, 이들은 개인자격으로 6년의 임기로 일을 한다(그러나 대부분은 각국 정부의 고위직 공무원이다). 인권위원회의 사무국은 현재 감비아의 반줄에 위치한다.

아프리카 국가들은 최근 OAU를 아프리카연합으로 개편하고 그 내에 또 하나의 인권기구인 아프리카인권재판소(African Court on Human and Peoples' Right: ACHPR)를 출범시켰다.[3] 이것은 1998년 인권재판소 설립을 위한 당시 OAU 의정서[4]에 기초한 것이다. 이로써 아프리카 지역도 유럽과 미주 지역에 이어 지역 인권보장 시스템 내에 인권재판소를 갖게 되었다.

II. 아프리카연합

아프리카의 인권시스템을 이해하기 위해서는 AU와 그의 전신인 OAU를 먼저 이해할 필요가 있다. OAU는 1950년대 말 반식민지 투쟁에 의해 고양되어 탄생한 뒤 아프리카의 식민지 청산에 많은 공헌을 했다. 신생 아프리카 국가들은 그것을 통하여 아프리카 국가 간의 긴밀한 관계를 도모했고 외부세력에 대한 지역적 연대를 형성해 왔다. OAU 헌장은 1963년 아프리카정상회의에서 채택되었고 오늘날 모든 아프리카 국가들은 OAU의 한 회원으로 되어 있다.

유엔헌장과는 달리 OAU 헌장은 선언된 원칙의 집행규정이 없었다. 그럼에도 그것은 회원국 사이의 협조와 평화적인 분쟁해결을 강조했다. 헌장상(제2조 제1항) OAU는 아프리카 국가 사이의 연합과 단결(unity and solidarity), 나아가 주권, 영토의 불가침 및 독립의 보호(defense of 'their sovereignty, their territorial integrity and inde-

2) AU는 OAU(Organization of African Unity, 아프리카 단결기구)의 후신이다.

3) 2006년 1월 22일 AU의 제8차 집행이사회에서 11명의 초대 재판관들이 선서를 했고, 이들은 동년 7월 2일부터 첫 회의에 들어갔다.

4) "Protocol to the African Charter on Human and People's Rights on the Establishment of an African Court on Human and People's Rights,"(OAU Doc., June 9, 1998), OAU/LEG/EXP/AFCHPR/PROT(III).

pendence')를 창립목적으로 강조했다. 이 중에서도 내정문제에 대한 불간섭으로 표현되는 영토의 불가침성은 OAU의 중심 신조 중 하나로 인정되었다.

그러나 이 신조는 불행하게도 OAU 국가들이 인권향상을 위해 과감하게 행동하는 것을 저해하는 요인이 되었다. 내정문제 불간섭이라는 신조는 많은 아프리카 국가들로 하여금 인권문제가 심각한 형제국들을 비판하는 것을 머뭇거리게 만들었다. 우간다의 이디 아민과 같은 독재자에 대해서도 아프리카 국가들의 태도는 탄자니아를 제외하고는 마찬가지였다.

이와 같은 분위기에서 하나의 예외로 탄생한 것이 1981년에 OAU에서 채택한 아프리카인권헌장(African Charter on Human and Peoples' Rights)이다. 아프리카인권헌장은 인권문제가 오로지 내정문제로 불가침이라는 인식을 최소한 원칙적으로 배제했다. 제2조 제1항 (b)는 회원국들에게 아프리카 인민의 좀 더 나은 생활을 위해 각국의 협동과 노력을 조정하고 강화할 것을 요구한다. 나아가 제2조 제1항 (e)는 회원국에게 유엔헌장과 세계인권선언을 존중하면서 국제협력을 증진할 것을 요구하고 있다.

AU는 아프리카 국가들이 OAU를 대체하면서 마치 유럽의 유럽연합(EU)을 모델로 하여 정치, 경제, 사회 부문을 통합해 가는 과정에서 나온 아프리카 국가들의 단결기구이다. OAU 내에서는 1990년대에 꾸준히 단결기구를 좀 더 발전시킨 기구로 만들려는 노력이 계속되었다. 2001년 아프리카의 53개국 정상들은 잠비아의 수도 루사카에 모여 AU의 설립규정인 아프리카연합헌법(Constitutive Act of the African Union)을 채택했고, 마침내 2002년 7월 9일 남아프리카공화국의 더반에서 AU의 초대 의장으로 남아프리카공화국 대통령 음베키(Thabo Mbeki)를 선출함으로써 역사적인 출범을 했다. 이로써 OAU는 AU로 대체되었다.[5)]

---

5) Constitutive Act of African Union Art. 33.

III. 아프리카인권헌장상의 권리와 의무

아프리카인권헌장은 서문(Preamble)에서조차 다른 인권장치와는 현격한 차이를 보이고 있다. 이는 다음의 내용을 참고하여 독자 스스로가 비교해 보도록 하자. 이것을 비교하기 위해서는 이 책의 부록에 있는 아프리카인권헌장, 자유권규약, 사회권규약, 유럽인권협약, 미주인권협약 등의 관련 부분을 자세히 음미해 보는 것이 필요할 것이다.

1. 권리

① 아프리카인권헌장 제1조 및 제2조와 자유권규약 제2조는 인권보장에서의 국가의무를 규정하고 있는데 이들 규정을 비교해 보자. 어떠한 차이가 있는가?

② 몇 가지 권리는 다른 인권조약과 표현방법을 달리하고 있다. 표현방법의 차이가 이들 조약 간의 관련 조항의 특별한 차이를 가져다준다고 생각하는가? 예를 들어 아프리카인권헌장 제4조를 통해 생각해 보자.

③ 많은 권리들은 다른 인권조약과는 현저히 다른 방법으로 표현되어 있다. 특별히 자유권규약과의 차이만을 생각해 보면, 형사절차에 관한 아프리카인권헌장 제7조와 자유권규약 제14조 및 제15조, 참정권을 표현한 인권헌장의 제13조와 자유권규약 제25조가 차이가 있는데 그 차이는 무엇이고 어느 쪽이 인권보장에 더 철저하다고 생각되는가?

④ 아프리카인권헌장 제14조는 재산권을 보장하고 있는데 이것은 세계인권선언 제17조를 연상시킨다. 반면 유럽인권협약에는 이러한 규정이 없고 단지 제1선택의정서에서 이를 규정하고 있는데, 이들을 비교해 보자.

⑤ 몇몇 규정은 아프리카의 서구 열강에 의한 노예무역이나 식민통치의 경험을 반영하고 있는데 이들을 눈여겨보자. 예컨대 제5조, 제19조, 제20조 등이 바로 그것이다. 나아가 식민지 이후의 역사에서 아프리카 국가 자신이 저지른 비인권적 행위에 대한 반성에서 비롯된 규정도 보인다. 제12조 제5항을 눈여겨보자.

⑥ 몇몇 규정은 개인의 인도적 처우를 보장하면서 다른 한편으로는 국가의 안보나 영토의 불가침을 보호하려는 타협적인 내용을 보이고 있다. 예컨대 제23조 제2항이 그것이다.

⑦ 권리의 제한은 모든 인권보장 시스템이 정도와 내용을 달리한 채 인정하고 있는데 이들을 비교해 보자. 예컨대 자유권규약 제4조 제2항은 제한할 수 없는 절대적인 권리를 보장하고 있는데, 이에 반해 아프리카인권헌장은 이러한 규정을 두고 있지 않다. 또한 자유권규약은 사상과 양심의 자유(제18조 제1항)를 절대적인 권리로 보고 있는데 인권헌장은 법률에 의하여 제한이 가능한 것으로 규정되어 있다.

⑧ 아프리카인권헌장은 제15조와 제16조에서 경제적·사회적 권리를 규정하고 있는데 사회권규약의 제2조와 같은 규정(이들 권리가 각국이 가지고 있는 자원의 한계 내에서 점진적으로 실현된다는 내용)이 없다. 이것은 특별한 의미가 없는 단순한 규정 방식의 차이인가, 아니면 이들 권리가 즉각적으로 실현될 수 있다는 것을 의미하는가?

⑨ 아프리카인권헌장은 다른 인권시스템에서 볼 수 없는 특징적인 권리가 발견된다. 이들은 통상 '제3세대 인권(third-generation human rights)'이라고 불리는 것인데 제23조와 제24조가 바로 그것이다. '국내의 평화와 안전에 대한 인민의 권리(peoples' rights to national and international peace and security)'와 '발전과 양립할 수 있는 환경권(right to a general satisfactory environment favourable to development)'으로 표현되는 이들 권리의 성격을 어떻게 설명하는 것이 좋을까?

2. 의무

아프리카인권헌장은 다른 인권장치와는 달리 특이한 규정을 두고 있다. 바로 의무규정을 따로 두고(제2부 제2장) 있다는 점이다. 물론 국제인권규범에서 의무규정이 아주 새로운 것은 아니다. 세계인권선언 제29조는 사회에 대한 의무를 규정하고 있고 사회권규약의 서문에서도 그와 유사한 내용을 표현하고 있다. 그러나 이들은 단지 일반적인 규정에 불과하고 개인의 특정 의무를 규정하고 있는 것은 아니다. 이에 비해 아프리카인권헌장은 더욱 구체적인 개인의 의무를 규정하고 있다.

이러한 개인의 구체적 의무규정을 두고 있는 인권조약은 아프리카인권헌장 외에는 아직껏 없다. 이 의무는 개인이 가지는 권리의 반사적 측면으로 규정한 것이 아닌 독립의 의무이다. 제27조 이하를 읽어보면서 구체적인 개인의 의무가 무엇인지 알아보자.

IV. 아프리카인권헌장의 인권보장 메커니즘

1. 서설

아프리카 인권장치의 꽃은 아프리카인권위원회이다. 유럽이나 미주와 달리 아프리카 시스템은 최근까지 인권재판소가 없었기 때문에 인권위원회의 활동이 처음이자 마지막의 인권보장 장치라고 해도 과언이 아니다.

인권위원회는 11명으로 구성되는데 이들은 아프리카인권헌장 회원국의 추천을 받아 정상총회(Assembly of Heads of State and Government)[6]에서 선출되며 다른 지역적 인권 메커니즘과 같이 독립적인 자격으로 활동하게 된다. 인권헌장 제45조는 인권위원회의 기능을 규정하고 있는데, 이에 따르면 위원회는 다음의 네 가지 기능을 하도록 되어 있다. ① 인권의 증진, ② 인권의 보장, ③ 인권헌장의 해석,[7] ④ 총회에 의하여 주어진 임무의 수행. 이들 기능은 크게 인권증진과 인권보장으로 나누어 볼 수 있다.

인권위원회의 인권증진 임무는 인권헌장 제45조에 규정되어 있다. 즉, 위원회는 아프리카의 인권문제에 관한 연구와 리서치를 수행하고 이와 관련하여 세미나

6) AU 출범 이후에는 이 명칭이 연합총회(Assembly of the Union)로 바뀌었다.

7) 이것은 인권위원회가 인권헌장에 관한 해석에 관하여 권고적 의견(Advisory opinion)을 낼 수 있는 권한의 근거가 될 수 있다.

와 회의를 개최한다. 또한 그것은 인권에 관한 정보를 전파하고 인권 관련의 국내 기구를 격려하며 각국 정부에 위원회의 의견을 전달한다. 나아가 위원회는 인권문제에 관련된 법률문제를 해결할 목적의 원칙과 규칙을 만들어 각국의 입법의 기초가 되도록 한다.

인권보장의 의무를 수행하는 가장 중요한 방법은 다른 인권장치와 같이 개인통보제도(Communication)와 국가통보제도(inter-state complaint)이다. 국가통보제도는 다른 인권장치에서 보는 바와 같이 실제 이용되어 본 적이 없는 제도이다. 따라서 우리의 관심사는 당연히 개인통보제도이다.

2. 개인통보제도[8)]

이 제도는 아프리카인권헌장 제55조 내지 제59조에 걸쳐 규정되어 있다. 개인과 그룹 및 국내외의 NGO가 진정(communication)을 인권위원회에 낼 수 있고 이것은 인권위원회 위원의 과반수 찬성으로 심사될 수 있다.

인권헌장 제56조와 인권위원회 절차규정 제114조는 개인통보사건의 적격성에 관하여 자세히 규정하고 있다. 개인통보는 원칙적으로 피해를 입은 개인이나 그 대리인이 낼 수 있다. 심각하고 광범위한 인권의 침해(serious or massive violations of human and peoples' rights)가 있는 경우에는 피해자와 직접 관련이 없는 개인이나 NGO라도 진정을 제출할 수 있다. 진정 제출자가 반드시 관련 국가에 거주할 필요도 없다.

대부분의 메커니즘은 다른 지역의 인권장치(나아가 자유권규약의 개인통보제도)와 다를 바 없다. 약간 설명이 필요한 부분이 있다면 다음과 같은 것일 것이다.

진정을 제출할 때 이미 다른 국제절차에 의하여 동일한 사건이 다루어지고 있을지라도 제출에 방해가 되지 않는다. 그 다른 절차에 의하여 사건이 해결만 되지 않

---

8) 이 부분 설명은 Cees Flinterman et al., "The African Charter on Human and Peoples' Rights," in Hurst Hannum eds., *Guide to International Human Rights Practice*, 4th ed.(Transnational Publishers, 2004), pp. 174~178에 의존한다.

았으면 된다.

인권위원회의 적격성(admissibility) 판단 이후의 절차도 특징적이다. 만일 인권위원회가 진정을 적격하다고 결정하면 위원회는 국가와 제출자에게 통지한다. 이에 대해 국가는 4개월 이내에 그 문제에 관한 설명이나 주장을 위원회에 제출할 수 있다(위원회는 이에 대해 제출자에게 답변할 기회를 준다). 그러고 나서 위원회는 적격성 심사를 다시 할 수 있다. 또 하나는 만일 진정이 순전히 특정 개인의 인권침해에 관한 것이라면 사실상 관련국에 어떠한 행동을 취하거나 권고를 전달할 권한이 없다. 그러나 인권위원회가 개인통보사건에서 심각하고 광범위한 인권침해를 발견하면 이를 인권헌장 제58조에 따라 사건을 정상총회로 넘길 수 있고 인권위원회는 총회의 요청에 의하여 이들 사건에 대해 심도 있는 연구와 보고서 작성에 들어갈 수 있다.

3. 아프리카인권재판소

가. 역사

2006년 7월 11명의 신임재판관이 임명되고 문을 연 아프리카인권재판소는 아프리카의 인권시스템을 다른 지역 인권시스템과 유사하게 만든 획기적 조치였다. 이러한 인권 사법기관의 설립은 아프리카인권헌장 이전부터 논의되어 온 것이지만 헌장의 채택과정에서는 많은 국가를 끌어들이기 위해 재판소 규정을 넣을 수는 없었다. OAU는 약 20여 년간의 토론 끝에 1990년대에 인권재판소 설립을 위한 의정서 초안이 만들어졌고 이것은 1998년에 OAU 대표에 의해 채택되었다.

그러나 이 의정서가 발효된 것은 약 6년이라는 세월이 더 흐른 후였다. 2004년 드디어 의정서 발효요건인 15개국의 비준이 끝남으로써 재판소의 설립을 위한 법적 절차는 끝났다. 그 후 재판소의 소재지와 관련된 협의가 어렵게 진행되었고 마침내 르완다전범재판소(ICTR)가 소재한 탄자니아의 아루샤로 결정되었다. 이어 2006년 11명의 재판관 모두가 임명됨으로써 역사적인 아프리카인권재판소가 출범하게 되었다. 2023년 현재 34개국이 의정서에 가입하였으며, 2004년 설립된 이래 2021년까지 260여 건의 사건이 선고되었다.

나. 재판소의 구성과 기능

재판소는 AU의 한 기관으로 설립되었고 이것은 아프리카인권위원회를 보충하는 기관으로서의 성격을 지니고 있다.[9] 특히 후자와의 관계는 특별한데, 이 두 기관은 아프리카인권헌장의 인권보장기능을 담당한다. 재판관은 AU 구성국가의 국민 중에서 11명으로 구성되며 임기는 6년이다(연임 가능). 이들은 모두 개인적 자격으로 일할 뿐 국가를 대표하지 않는다. 또한 재판관의 업무상의 독립성은 철저히 보장되며, 재판관은 독립성과 공정성을 해치는 어떠한 행위를 해서는 안 된다.[10]

재판소는 아프리카인권헌장의 설립근거인 의정서 및 해당국에 의해 비준된 인권 관련 조약의 해석과 적용에 관한 모든 사건과 분쟁에 대해 관할권을 갖는다.[11] 그뿐만 아니라 재판소는 AU의 구성국가, 기관과 AU에 의해 인정된 기구의 요청에 의해 인권헌장 및 인권 관련 조약의 법적 문제에 관한 의견을 제시할 권한을 갖는다.[12] 이것은 법적 구속력이 있는 것이 아니고 단지 권고적 의견을 제시하는 권한이다.

다. 재판소에 대한 제소적격

재판소에 제소할 수 있는 자격은 다음과 같다.[13]

- 아프리카인권위원회
- 아프리카인권위원회에 고발장을 제출한 국가
- 아프리카인권위원회에 진정(개인통보)이 제기된 국가
- 자국의 시민이 인권침해를 받았을 경우 그 소속국
- 아프리카의 국제기구

9) Protocol for Establishment of an African Court, Arts. 2, 5(1).

10) Protocol, Arts. 11, 14, 15, 16, 17, 18.

11) Protocol, Art. 3.

12) Protocol, Art. 4.

13) Protocol Art. 5.

제소적격에서 중요한 것은 NGO와 개인이 제소적격이 있느냐인데, 의정서는 이를 인정한다. 그러나 엄격한 제한을 하고 있다. 그것은 개인이나 NGO의 경우 인권위원회에 옵서버 자격이 있어야 한다는 것이다.[14] 또한 NGO나 개인이 재판소에 제소하기 위해서는 해당국이 이 설립 의정서에 가입할 때 이의 수락을 특별히 선언해야 한다. 2023년 현재 9개국이 이 수락선언을 했다.

라. 다른 지역의 인권재판소와 비교[15]

유럽과 미주 그리고 아프리카의 인권재판소는 여러 가지 면에서 유사성이 많다. 즉, 재판관들의 임기(6년), 재판소의 기능(사법적 기능, 권고적 의견 기능), 재판절차(공개 재판), 결정방법(단순 과반수), 결정의 집행(자발적인 결정의 집행원칙) 등이 모두 유사하다. 그러나 이들 간에는 다른 면도 상당히 발견된다.

(1) 제소직격

아프리카인권재판소의 경우에는 개인과 NGO에게 제소자격을 주었지만 미주인권재판소는 개인과 NGO에게 그러한 자격을 주지 않았다. 그렇지만 아프리카는 유럽인권재판소와 비교할 때 큰 차이가 있다. 아프리카에서는 개인이나 NGO가 제소하기 위해서는 인권위원회에 옵서버 자격이 있어야 한다는 조건이 있는 반면 유럽에서는 그러한 조건이 없다. 유럽에서는 인권침해의 피해자라고 주장하는 개인이나 그룹 혹은 NGO가 모두 재판소에 소를 제기할 자격이 있다. 이 차이가 클 것으로 보이는데, 향후 아프리카의인권재판소의 현실을 가늠하게 될 것이다. 왜냐하면 아프리카 국가들 대부분은 개인이나 NGO에게 인권위원회의 옵서버 자격을 주지 않으려 하기 때문에 현실적으로 이들이 인권재판소에 소를 제기할 가능성은 적어보이기 때문이다.

---

14) Protocol Art. 5, 34(6).

15) Scott Lyons, "ASIL Insight: The African Court on Human and Peoples' Rights," in www.asil.org, vol.10, 24(19 September, 2006) 참고.

(2) 사건관할

또 하나의 차이는 3개의 재판소가 관할하는 사건의 내용이다. 아프리카인권재판소는 다른 두 재판소에 비해 그 관할이 매우 넓다. 미주 및 유럽인권재판소의 경우는 권리 근거 규정인 인권협약 및 의정서의 집행 및 해석에 국한하여 기능을 행사하지만 아프리카의 경우는 그렇지 않다. 아프리카인권재판소는 인권헌장은 물론 당사국이 비준한 어떤 인권조약도 적용할 수 있다. 이것은 아프리카인권재판소로 하여금 새로운 인권 이슈를 취급할 가능성을 높여줄 것이다.

(3) 재판관 구성

재판관 구성에서도 세 지역의 재판소는 상당한 차이를 보이고 있다. 유럽의 경우는 비유럽인이라 할지라도 재판관으로 임명될 수 있지만 나머지 두 재판소는 오로지 회원국(AU, OAS)의 국민이어야 한다. 또한 아프리카에서는 재판관과 동일한 국가나 그 국가의 국민이 사건을 제기한 경우에는 재판에서 배제된다. 그러나 유럽과 미주 재판소는 그러한 제한 규정이 없다.

제5장 국내적 인권보장

국가인권위원회 군인권보호위원회 2022년 제1차 회의. 인권위는 2022년 7월 1일 군인권보호관을 출범시켰다. 초대 군인권보호관인 필자가 회의를 주재하고 있다.

제1절 국가인권기구

■ 학습을 위한 질문

1. 국가인권기구는 왜 필요한가? 국제인권법에서 특히 국가인권기구의 필요성을 강조하는 이유는 무엇인가?
2. 어떠한 형태로 국가인권기구를 만드는 것이 바람직한가?
3. 효과적인 국가인권기구가 되기 위해서는 어떠한 요건이 충족되어야 하는가?
4. 인권기구의 기능은 대체로 어떠한 기능을 포괄해야 하며 그중에서도 무슨 기능이 강조되어야 하는가?
5. 인권기구의 인권조사기능은 다른 국가기관과의 권한의 충돌을 가져올 염려는 없는가? 인권기구에는 어떠한 조사권능이 부여되어야 하는가? 조사결과에 대해서는 어떠한 처리권능이 부여되는 것이 바람직한가?
6. 국가인권위원회 출범 이후 한국의 인권상황에 어떤 영향을 끼쳤는지 토론해 보자.

I. 국가인권기구의 개념과 배경

과거 20여 년간 많은 국제인권조약이 만들어지고 또 많은 나라들이 이에 가입했다. 국제인권조약에 따른 국가의 의무는 유엔과 지역적 인권시스템 그리고 NGO 등에 의하여 부단히 점검된다. 그러나 인권이 보장되고 실현되는 것은 현실적으로 국가단위이다. 인권이란 특정 국가 내에서 적절한 법률과 독립적인 사법기관 그리고 기타의 민주적 제도와 장치 나아가 국민들을 상대로 부단히 인권교육을 하고 인권을 홍보하는 과정에서 보장, 실현된다. 따라서 국제인권법에서 요구하는 인권은 국가의 의지와 그것을 실현하는 현실적인 장치가 없으면 단지 종이 위에 존재하는 권리가 되기 쉽다.

이러한 현실을 고려하여 국제사회(특히 유엔)는 각 국가에 국제인권법이 요구하는 인권을 실현하고 증진시키기 위하여 특별한 인권기구(human rights institutions)의 설치를 장려하고 있다. 이것은 국가 내에 존재하는 인권을 현실적으로 보호하고 집행하는 법집행기구(예컨대 사법기관)와는 존재의의를 달리하는 것이다. 국가인권

〈표 5-1〉 국제인권법의 이행방법

국제인권규범의 실현

↗ ↖

인권의 국제적 보장 시스템　　인권의 국내적 보장 시스템

↗ ↖ ↑

보편적 인권보장 시스템　　지역적 인권보장 시스템　　국가인권기구

기구는 그러한 법집행기구의 행위가 국제인권법에서 요구하는 수준인지를 점검하고 국가 전체의 인권문제를 관련 국가기관에 권고하기 위하여 국가가 설치하는 인권옹호기구를 말한다.

따라서 국가인권기구는 제도적 형식으로는 각국이 국내법에 따라 설립하는 국내기구이지만, 그 실질을 들여다보면 자국의 입법기관이 제정한 국내법의 시행을 본질적 임무로 하는 일반 국가기관과 달리 국제인권법의 효과적인 국내적 적용을 확보함으로써 국내에서 인권보호와 향상, 인권침해의 예방과 구제를 달성하려고 한다는 특징이 있다. 다시 말하면 국가인권기구는 형식상으로는 국내법상의 기구이지만 그 모체는 국제인권법이며 활동의 기본 방향과 내용은 국제인권규범에서 찾는 이중적이고도 특수한 기구라고 할 수 있다.[1)]

1) 조용환, 「국가인권기구의 국제적 발전과 한국적 대안」(서울대학교 대학원 석사학위논문, 2002), p. 13; 국내 학자들 대부분도 국가인권기구의 국제인권법적 관련성을 이런 내용으로 설명한다. 홍성필 교수는 "(국가인권기구) 국제적·지역적 차원에서 시행되어 왔던 인권보호체제를 국내적 차원으로 옮겨서 운영함으로써, 각국의 인권상황의 특수성을 반영하여 국내적 차원에서의 효과적인 인권보호 및 보장을 꾀하고, 국제기구나 지역기구에 비하여 개인들에게 실제로 용이한 인권보호제도를 제공하며, 동시에 국제인권법의 효과적인 국내적 적용을 확보하는 것을 목적으로 설립된 기구"라고 설명한다. 홍성필, 「한국형 국가인권기구 설립을 위한 연구」, ≪법학논총≫, 제3권 제1, 2 합병호(이화여자대학교 법학연구소, 1999. 6), p. 161.

II. 국가인권기구 설립을 위한 국제사회의 요구

1. 파리원칙의 성립까지의 경과

유엔은 창설 초기부터 국제적 차원에서의 인권의 기준설정과 그 실시조치(實施措置)의 충실 강화를 위해 노력해 왔다. 그와 함께 가입국에서의 국내적 인권보장을 도모하면서 이를 위해 국가인권기구의 역할에 주목했다.[2] 그러나 이것이 좀 더 구체적인 형태로 나타난 것은 1970년대 후반이라고 할 수 있다. 1978년 제네바에서 '인권증진과 보호를 위한 국가인권기구에 관한 세미나(Seminar on National and Local Institutions for the Promotion and Protection of Human Rights)'가 개최되었고, 여기에서는 후의 파리원칙의 원형이라 할 수 있는 '국가인권기구의 조직 및 기능에 관한 가이드라인(Guidelines for the structure and functioning of national institutions)'[3]이 채택되었다. 이 가이드라인에서는 국가인권기구의 기능으로서 정부와 국민을 위한 인권 관련 정보원, 인권에 대한 인식과 존중을 위한 여론 형성 지원, 정부가 의뢰한 국내 특정 상황에 관한 조사 및 권고, 정부가 의뢰한 인권 관련 문제에 관한 자문, 인권증진을 위한 입법·사법·행정작용에 대한 조사와 감시 및 당국에 대한 정기적인 보고, 국제인권조약의 의무이행과 관련하여 정부에 대한 조력(助力) 등을 열거하고 있다.[4]

그 후 여러 번의 국가인권기구와 관련된 국제회의가 개최됨과 동시에 국내인권기구에 관한 연구도 추진되어 1991년 유엔의 국가인권기구에 관한 노력의 정점이라고 불릴 수 있는 '국가인권기구에 관한 국제 워크숍(International Workshop on National Institutions for the Promotion and Protection of Human Rights)'이 파리에서 개최되었다. 이때의 결론이 통칭 파리원칙으로 알려진 '국가인권기구의 지위에

---

2) 국가인권기구에 대한 논의가 유엔에서 처음 시작된 것은 세계인권선언이 총회에서 선언되기 2년 전인 1946년 경제사회이사회(ECOSOC)의 제2차 회기에서이다. ECOSOC Resolution 2/9 of 21 June 1946, sect. 5.

3) UN Doc. ST/HR/SER.A/2 and Add.1.(GA Res.33/46, 14. Dec. 1978).

4) 조용환, 「국가인권기구의 국제적 발전과 한국적 대안」, pp. 24~25.

관한 원칙(Principles relating to the Status of National Institutions: Paris Principles)'인데 곧이어 인권위원회에 의하여 인준되었고(1992년), 1993년에는 유엔총회에서도 인준되었다.[5] 이후 이 원칙은 같은 해 비엔나 세계인권대회를 거치면서 국가인권기구의 설치와 관련된 보편적인 기본준칙이 되었다.[6]

2. 파리원칙

파리원칙은 국가인권기구의 설치와 관련하여 다음과 같은 원칙을 제시하고 있다.

가. 권한과 책임

국가인권기구는 인권의 신장과 보호의 권한을 부여받아 가능한 한 광범위한 직무가 인정되어야 하며 그 구성과 권한은 헌법 또는 법률에서 정해야 한다. 국가인권기구의 권한으로서는 정부 의회 등에 대하여 인권법제와 인권상황에 관한 제언 및 권고, 국제인권문서의 실효적 이행의 촉진 및 확보, 인권조약의 비준 및 그 이해의 담보, 인권조약상의 정부보고서에 대한 협력 및 의견 표명, 국제적인 인권 관련 기관과의 협력, 인권교육 연구 프로그램의 작성 지원 및 프로그램에 참가, 인권 및 차별철폐에 관한 선전 등을 예시하고 있다.

나. 권위와 독립성, 다원성

국가인권기구가 위와 같은 기능을 담당하기 위해서는 인권기구의 구성원에 관한 다양성이 확보되지 않으면 안 된다. 파리원칙은 인권NGO와 노동조합, 변호사,

---

5) Commission on Human Rights resolution 1992/54, 3 March 1992, annex; General Assembly resolution 48/134, 20 Dec. 1993. 이하 '파리원칙'이라 부름. 이 원칙에 대한 해설은 UNITED NATIONS, National Human Rights Institutions: A Handbook on the Establishment and Strengthening of National Institutions for the Promotion and Protection of Human Rights(1995)에 의존한다. 이하 'UN Handbook'이라 부름.

6) 조용환, 「국가인권기구의 국제적 발전과 한국적 대안」, p. 25 참고.

의사, 언론인 등을 예로 들고 있다. 아울러 활동의 재원 등에 있어 독립성이 확보되어야 한다.

다. 활동방법

국가인권기구는 권한에 속하는 모든 사안을 독자적인 판단에 따라 자유롭게 심사하고 필요한 조사를 할 수 있어야 하며 전체회의와 실무회의 구성 등 운영방식을 자유로이 정할 수 있어야 한다. 이를 위해 파리원칙은 국가인권기구의 활동으로서 진정사건의 심사, 의견 청취 및 정보나 문서의 취득, 의견 및 권고의 공표, 정기적인 회의 개최, 실무위원회와 지역 또는 지방사무소의 설치, 인권촉진 및 보호에 책임을 갖는 사법기관 등과의 협의, 인권에 관련된 NGO와의 연대 등을 열거하고 있다.

라. 준사법적 기구

국가인권기구는 개별적인 인권상황에 관한 고발과 진정을 청문하고 심리하는 권한을 갖는다. 인권기구의 이러한 조사와 구제절차는 기존의 사법기관에 의한 권리구제절차와 상호 보완기능을 하는 일종의 대안적 분쟁해결기구라고 할 수 있다. 이것은 인권피해자가 사법기구에 의한 일반적인 구제절차를 이용함과 동시에 보완적으로 좀 더 빠르고, 편리하며 저렴한 구제절차를 이용할 수 있다는 의미이다. 중요한 점은 인권기구가 기존의 국내법에 의하면 사법적 권리구제가 곤란한 문제, 즉 실정법상 합법과 불법 여부가 불분명한 이른바 회색지대의 인권침해도 조사하고 구제할 수 있다는 점이다.[7)]

파리원칙은 인권기구의 인권침해에 대한 조사와 권고기능을 말하면서 이에 대해 다음과 같은 원칙을 제시한다. 조정을 통한 우호적 해결, 진정인에 대한 구제수단에 관한 정보의 제공, 법률의 제한 내에서 진정의 청문 및 타 기관에 이송, 법률 규칙 행정관행의 개선 등의 제안 및 권고.

---

7) UN Handbook 93항; 조용환, 「국가인권기구의 국제적 발전과 한국적 대안」, p. 42 참고.

III. 국가인권기구의 제도적 의미

1. 준국제기구

국가인권기구는 국내기구이지만 국제인권규범의 이행을 위해 탄생한 개념이므로 국제기구적 성격을 가지고 있다. 다시 말하면 국가인권기구는 각국이 국내법을 근거로 설치하는 국내기구인 것이 분명하지만 그 목적은 국제인권법의 발전과정에서 국제인권규범의 실현에 있는 것이므로 국제기구적 성격을 가지고 있는 것이다. 즉, 국내기구와 국제기구로서의 두 측면을 동시에 가지고 있다.[8]

이것을 좀 더 깊이 이해하기 위해서는 국제인권규범과 이를 이행하기 위한 보장체제(institutions)의 관계를 설명하는 것이 필요하다. 국제사회는 제2차 세계대전 이후 유엔체제를 만들고 국제인권규범을 만들어 나가면서 그 이행을 위해 세계적(global) 차원의 장치를 만들어 냈다. 유엔헌장에 기초한 유엔인권기구나 전문기관, 국제인권규약 등 조약에 의하여 설치된 실행감시장치(實行監視裝置) 등이 바로 그것이다. 나아가 국제사회는 국가단위를 뛰어넘는 또 다른 차원의 인권보장 장치를 만들었다. 유럽인권협약에 따른 인권위원회와 인권재판소, 미주인권위원회와 인권재판소, 아프리카인권위원회 등 지역적 인권보장 장치가 그것이다.

이들 장치는 모두 국제법인 국제조약에 근거한 것이다. 국제사회는 위와 같은 2개의 인권보장 체제를 넘어 국제인권규범의 실천을 위해 또 하나의 보장체제를 고안했다. 그것이 국가적 차원에서 만들어지는 국가인권기구이다. 이는 국제법에 의해 만들어진 인권기구만으로는 국제인권규범의 이행에 한계가 있다는 인식으로 국제사회가 각국에 국제인권규범의 실천을 위해 설치를 요구하여 만들어진 기구가 국가인권기구이다.[9]

---

8) 이런 이유로 국가인권기구의 성격을 말할 때 준국제기구라는 용어가 사용된다. 한국의 국가인권위원회는 각종 출판물에서 인권위원회의 성격을 준국제기구로 설명한다. 예컨대 위원회는 위원회 설립의 의미를 설명하면서 "위원회의 탄생은 국제인권기구의 국내적 실행, 즉 인권 관련 '준국제기구'의 국내 출범을 의미한다"라고 했다. 국가인권위원회 연간보고서(2002), p. 17.

9) 조용환, 「국가인권기구의 국제적 발전과 한국적 대안」, pp. 44~45 참고.

2. 국제인권법의 국내 이행 촉진자

대부분의 국가들은 스스로 가입 또는 비준한 국제조약과 국제관습법을 적극적으로 승인하고 국내법의 체계 속으로 끌어들여 효력을 인정한다. 한국 헌법도 이와 같은 태도를 취하고 있는 것은 마찬가지이다.[10] 그러나 이와 같은 헌법 정책을 가졌다고 해서 국제인권규범이 국내적으로 그 이행이 담보되는 것은 아니다. 많은 나라의 사법기관은 국제법의 국내법상의 효력과 관계없이 국제인권법을 재판규범으로 사용하지 않고 있고, 법관을 위시한 법집행자들 대부분이 국제인권규범에 대해 무관심한 상태에 있다. 국제인권법은 국내법 질서에서 단순히 추상적 지위에 있는 것이 현실이다.

국가인권기구는 이러한 문제의식 속에서 생겨난 조직이다. 국가인권기구는 국내법 체계에서 국제인권법이 안고 있는 한계, 즉 추상적 지위를 넘어서 규범적 의미를 구체화하는 방법론의 하나로 구상된 것이라고 할 수 있다.[11] 이런 의미에서 국가인권기구는 국제인권법을 국내에서 이행하는 데 있어 촉진자(facilitator)로서의 성격을 갖는다고 할 수 있다.

IV. 인권조약상 국가의 의무와 국가인권기구

국제인권조약에는 통상 당해 조약의 국내 이행을 위한 방법규정을 두고 있다. 즉, 사회권규약 제2조 제1항은 "입법조치 기타의 모든 적당한 방법"에 의해 규약상의 권리 실현을 체약국에 의무로서 과하고 있고, 자유권규약 제2조 제2항도 유사하게 "입법조치 기타의 조치"의 필요를 규정하고 있다. 이러한 인권조약의 국내 실시를 위한 방법으로서 대표적인 것이 국가인권기구의 설치 및 운영이다. 이러한

10) 헌법 제6조 제1항은 "헌법에 의하여 체결 공포된 조약과 일반적으로 승인된 국제법규는 국내법과 같은 효력을 가진다"라고 규정되어 있다.

11) 조용환, 「국가인권기구의 국제적 발전과 한국적 대안」, p. 48 참고.

것은 각 인권조약에 의해 설치된 감시기구(treaty monitoring bodies)가 그동안 인권기구의 설치에 관해 역설해 온 것을 보아도 분명해진다. 이하는 이와 관련된 각 조약감시기구의 활동을 알아본다.[12)]

1. 사회권규약(ICESCR)

사회권규약위원회는 1998년에 채택된 일반논평(一般論評) 10(경제적·사회적·문화적 권리의 보장에서의 국내인권기구의 역할)[13)]에서 "모든 국가인권기구에 부여된 권한 속에 경제적·사회적·문화적 권리에 대한 적절한 관심이 요망되며 동시에 기관의 활동으로서 경제적·사회적·문화적 권리에 관한 교육 프로그램 등의 촉진, 규약과 국내법의 합치에 관한 검토, 전문적 조언, 규약상의 의무에 관한 국내적 지표의 설정, 연구 및 조사, 규약상의 권리의 실현상황에 관한 감시 및 보고서의 공표, 사회권의 침해에 관한 진정의 심사 등을 예시하고 있다.[14)]

2. 자유권규약(ICCPR)

자유권규약위원회의 경우 일반논평의 형태로는 국가인권기구에 관한 언급을 한 바 없지만 체약국의 정부보고서 검토 중에 여러 차례 인권기구의 설치 필요성을 강조한 바 있다. 예컨대 일본의 경우는 1998년 제4차 정부보고서 검토회의의 최종

---

12) 이 부분은 藤本俊明, 「國際人權法の國內的 實施と 國內人權機構」, 『國內人權機構の 國際比較』 山崎公士 編(現代人文社, 2000), pp. 22~23을 참고했음.

13) UN Doc. E/C.12/1998/25.

14) 2005년 유엔인권최고대표 사무소에서는 사회권과 관련된 국가인권기구의 역할에 관한 핸드북을 냈다. 이 핸드북은 일반논평 10을 사실상 구체적으로 설명한 책자라고 할 수 있는데, 내용 중에서 국가인권기구의 3대 역할을 강조한다. 즉, 사회권 침해에 대한 조사구제 업무, 모니터링 업무, 사회권 증진 업무가 국가인권기구의 중요 업무임을 강조하고 이들 임무를 어떤 방법과 내용으로 수행할 것인지를 상세히 설명하고 있다. United Nations, Economic, Social and Cultural Rights: Handbook for National Human Rights Institutions(Professional Training Series No. 12).

견해[15]에서 "인권침해를 조사하고 신청인을 위한 시정조치를 취할 수 있는 제도적 기구가 존재하지 않는 것에 유감"을 표명하는 동시에 "인권침해에 관한 진정신청을 조사하는 독립적 기구"의 설치를 강력히 권고했다. 더욱 "실제로 개인의 권리를 존중하는 것을 확보할 수 있는 효과적인" 국가인권기구의 필요성을 지적하고 특히 경찰과 출입국관리직원에 의한 학대에 관한 진정신청을 취급하는 독립기관의 신속한 설치를 권고했다. 그뿐만 아니라 동 견해에서는 일본의 인권옹호위원회 제도가 상기와 같은 독립적인 국가인권기구에 미치지 못한다고 하였다.

3. 여성차별철폐협약(CEDAW)

여성차별철폐위원회는 1988년에 채택한 일반논평 6[16]에서 "효과적인 국내기구, 제도 및 절차를 높은 정부의 차원에서, 또 충분한 재원, 임무 및 권한을 갖는 것으로서 설치 내지 강화"할 것을 권고하고, 기관의 활동으로서 ① 정부의 정책이 여성에게 주는 영향에 대한 조언, ② 여성이 놓여 있는 상황의 감시, ③ 정책입안 및 차별철폐 등의 효과적인 실시에 대한 지원 등을 들고 있다.

4. 인종차별철폐협약(CERD)

인종차별철폐위원회는 1993년 채택한 일반논평 17[17]에서 "조약의 실시를 촉진하기 위한 국내기관(국내인권기구)의 설치를 더욱 장려할 필요가 있다는 것"을 지적하고 기관의 활동으로서 ① 차별철폐의 촉진, ② 국내 관련 정책의 재검토, ③ 국내법과 조약과의 합치의 감시, ④ 일반대중의 계발, ⑤ 정부보고서 작성에서의 협력 등을 들고 있다.

---

15) UN Doc. CCPR/C/79/Add.102, para. 9~10.

16) UN Doc. A/43/38.

17) UN Doc. A/48/18.

5. 아동권리협약(CRC)

아동권리위원회도 자유권규약에서와 같이 일본 정부에 대해 1998년 제1회 일본 정부보고서 검토 결과 내놓은 최종 견해[18]에서 "아동의 권리 실현을 감시하는 권한을 갖는 독립기관이 존재하지 않는 것에 대해 염려"를 표시하고 "아동의 권리를 위한 옴부즈맨 또는 인권위원회"의 창설을 제안했다.

V. 국가인권기구의 형태

1. 서설

국가인권기구를 현실적으로 어떻게 만들 것인가는 원칙적으로 각 국가가 정할 문제이다. 그러나 각국의 현실은 대개 이 기구가 행정적(administrative) 속성을 갖고 있다는 데는 일치하는 것으로 보인다. 이것은 국가인권기구가 사법적이거나 입법적인 것이 아님을 의미한다. 다시 말하면 국가인권기구의 어떠한 결정이 사법기관의 결정과 같이 법적 구속력을 지닌다든지 혹은 국가인권기구가 인권문제에 관한 일반적인 구속력 있는 규범을 창설하는 그러한 권능은 없다는 것이다. 따라서 일반적으로 국가인권기구는 국내 단위에서 인권의 향상과 보호를 위하여 권고 권능(다만 그 권고가 어떠한 정도의 힘이 있는지는 각국의 사정에 따라 상당히 다를 수 있을 것이다)을 가지는 것으로 설립되어 왔다.

그러나 국가인권기구가 권고적 성격을 가지고 있다고 하더라도 인권교육과 증진을 위한 활동, 인권문제에 관해 정부에 자문, 공공기구에 의한(때로는 사인에 의한 경우도 있음) 인권침해에 대한 조사 등의 기능은 각국의 인권기구에서 공통적으로 발견되는 권능들이다. 각국은 이러한 권능을 가진 인권기구를 헌법기관으로서 설치하는 경우도 있지만 다수의 국가는 법률에 의하여 설치하고 있는 것으로 보인

18) UN Doc. CRC/C/15/Add.90.

다. 법률적 근거에 의하는 경우에도 현실적으로 국가인권기구가 어떠한 법적 지위를 가지며 어떤 법적 기구로 위치해야 하느냐에 대해서는 크게 국가인권위원회(national human rights commission) 방식과 옴부즈맨(ombudsman) 방식으로 나누어진다.

국가인권위원회 방식은 일반적으로 그 설치목적을 직접적으로 인권의 증진과 보호에 둔다. 이를 위해 위원회는 인권에 관한 법률과 정부의 정책에 대한 자문기능을 갖고 공중에 대한 인권교육을 담당한다. 때로는 인권침해사건에 대해 조사적 기능을 담당하기도 한다. 그러나 각국에서 발견되는 인권위원회는 각국의 사정에 따라 특정한 기능(혹은 권능) 간의 차이가 많이 발견된다.

이에 반해 옴부즈맨 방식은 원래 공공기관의 행위의 공정성과 적법성에 대하여 공정한 조사기능(impartial investigatory function)을 담당하는 기능이 주류를 이루고 있다. 그러므로 인권문제에 대한 관심은 직접적인 것이 아니고 이 같은 조사기능을 담당하는 과정에서 인권문제가 연관이 될 때에 한하는 것이 보통이다. 그러나 최근에 만들어진 옴부즈맨은 인권보호에 관한 특별 권능이 법률이나 헌법에 정해져 과거의 전통적인 옴부즈맨과는 상당히 다른 면을 보여주고 있다.

사실 오늘날 위의 두 기관을 기능적인 차원에서 차이를 이야기한다는 것은 상당히 어려운 일이다. 그 권능이 점점 유사해지고 있기 때문이다. 국가인권위원회라 할지라도 때로는 옴부즈맨에서와 같이 인권침해의 조사기능을 오로지 공공부문에서 일어난 것에 한정하기도 하고 옴부즈맨의 경우도 그 설치목적에서 인권의 증진과 보호를 일반적인 권능으로 삼을 수 있기 때문이다. 그럼에도 불구하고 이 두 방식은 아직도 각국의 현실에서 인권기구를 만듦에 있어 주요한 논의방식이 되고 있는 것이 사실이다. 그러므로 우리는 각국의 현실에 나타난 이들 방식의 특징을 좀 더 충실히 연구할 필요가 있다.

2. 인권위원회

상당수의 나라들은 인권보호와 관련된 법령이 효과적으로 집행되는 것을 담보하기 위하여 인권위원회를 설치하고 있다. 대부분의 인권위원회는 의회에 정기적인 보고서를 제출하는 것 외에는 정부의 다른 기구로부터 독립적으로 운영되고 있다. 인권위원회는 보통 자신의 독립성을 유지하기 위하여 그 구성에 있어 매우 다양한 배경을 가진 위원들을 요구하고 있다. 위원들은 인권문제에 관한 특별한 관심과 전문성을 가진 사람들이다. 일부 나라에서는 그 구성의 공정성과 독립성을 기하기 위하여 위원들의 선발에 특별한 조건이나 제한을 부과하기도 한다. 즉, 여러 전문영역, 정당 혹은 지역에서 오는 위원의 수를 쿼터제로 제한한다든지 하는 것 등이다.

인권위원회의 주된 관심사는 인권보호와 증진에 있다. 그러므로 위원회는 모든 종류의 차별로부터 사람을 보호하고 시민적·정치적 권리를 보호하는 데 우선적인 관심을 보인다. 물론 어떤 경우는 경제적·사회적·문화적 권리를 보호하고 증진하기 위한 권한도 부여받는다. 위원회의 자세한 권한과 기능은 보통 그것을 설치하는 근거 법령에 규정된다. 이 근거 법령은 위원회의 관할(관장 사항)을 정하게 되는데 어떤 위원회는 헌법상에서 보장되고 있는 기본권 전반에 관하여 관할이 있는가 하면 어떤 위원회는 여러 가지 근거에 의한 차별 그 자체에만 초점을 맞추는 경우가 있다.

인권위원회의 기능 중 가장 보편적인 것의 하나로서 중요시되는 것은 인권침해사건에 대해 개인(혹은 단체)으로부터 진정(complaint)을 받아 이를 조사하는 것이다. 조사과정에서 중요한 권한으로 인정되는 것은 위원회의 증거수집 권능이다. 이것은 양 당사자가 증거제출에 협조하지 않을 경우에 사용될 수 있는 중요한 무기가 될 것이다. 위원회가 개인이 진정한 인권침해사건을 어떻게 처리하느냐는 위원회마다 다르지만 많은 위원회는 화해와 중재에 의존하는 경향이 있다. 우선 위원회는 상호 간의 만족할 만한 결과에 도달하도록 노력한다. 그럼에도 화해가 이루어지지 않으면 청문절차를 거쳐 결정을 내리는 중재절차를 개시하게 된다.

위원회의 결정에 법적 구속력을 주는 경우는 보기 드물다. 그러나 이것이 위원회에 의해 제안된 해결방법이나 구제책이 무시되어도 좋다는 것을 의미하는 것은 아니다. 위원회의 결론이 준수되지 않은 경우 특별법원이 이를 판단하기도 하고 어떤 경우는 위원회가 일반법원에 법적 구속력 있는 결정을 받아내기 위하여 소송을 제기하기도 한다.

인권위원회의 또 다른 주요한 기능 중 하나는 정부의 인권정책을 체계적으로 체크하여 그 개선을 위하여 관련 부처에 개선안을 제시한다는 것이다. 위원회는 이를 위해 정부가 인권 관련 법률과 국제인권법을 준수하는지를 점검하게 된다.

인권을 실질적으로 증진하고 향상시키는 것은 단지 법령을 바꾸거나 위와 같이 위원회가 인권문제에 관하여 조사기능 및 인권준수 감독기능을 갖는다고 해서 되는 것은 아니다. 중요한 것은 국민의 인권에 대한 깨어 있는 의식이다. 따라서 인권위원회는 국민을 상대로 인권을 증진하고 교육하는 다양한 프로그램을 준비한다. 예컨대 인권관계 세미나를 열거나 인권훈련 프로그램을 계획하고 인권 관련 정보를 만들어 이를 적절히 배포하여 홍보하기도 한다.

3. 옴부즈맨

옴부즈맨은 일반적으로 헌법적 권한에 근거하여 의회가 임명하거나 특별법에 의하여 임명된다. 그러나 아프리카의 일부나 영연방(Commonwealth)의 경우는 옴부즈맨의 임명권이 국가수반(head of State)에게 있다.

옴부즈맨의 기본적인 기능은 공공행정의 공정성과 적법성을 감독하는 것이다. 좀 더 세밀히 말한다면 옴부즈맨은 불공정하고 부적법한 공공행정으로 인하여 피해를 본 개인의 권리를 보호하는 것을 기본목적으로 한다.

옴부즈맨의 직무수행은 나라마다 조금씩 다르지만 일반적인 유사성이 있다. 우선 옴부즈맨은 개인으로부터 진정서(complaint)를 접수하여 이것이 자신의 권한 내의 것으로 판단되면 조사에 착수한다. 조사과정에서 옴부즈맨은 일반적으로 관련 공공기관이 보관하고 있는 자료에 대한 접근권이 보장되고 정부 공무원을 포함한 관련자들에게 정보제공을 요구할 수 있다. 조사가 끝나면 그 조사에 기초를 둔 성명(statement)이나 제안(recommendation)을 하게 된다. 이 결과는 보통 진정을 한 당사자나 관련 행정당국에 보내진다. 만일 옴부즈맨이 제안한 내용대로 문제가 해결되지 않는 경우는 일반적으로 의회에 특별보고서를 제출한다. 나아가 옴부즈맨은 의회에 연례보고서를 제출하는데, 여기에는 그가 확인한 어떤 문제에 관한 정보와 입법적 혹은 행정적 변경을 요구하는 제안이 포함된다.

개인이 옴부즈맨에게 진정서를 내는 경우에도 많은 나라들은 약간의 제한을 가하고 있다. 우선 진정은 고발인이 사법적 혹은 행정적 구제절차를 전부 거친 뒤에 가능토록 하는 경우가 많다. 이것은 옴부즈맨의 인권침해구제기능이 다른 사법 및 행정적 구제와 관련하여 보충적이어야 함을 의미한다. 또한 진정은 일정한 시간적 제한 내에서 하는 것이 많다. 예컨대 모든 일반 구제절차가 끝난 후 6개월 내와 같은 제한이다. 옴부즈맨이 다루는 것은 공공행정의 모든 측면에 미치지만 대부분의 옴부즈맨은 입법부와 사법부의 구성원에 관련된 진정은 회피한다.

옴부즈맨이 조사권한을 발동하는 것은 보통은 개인의 진정에 의해서이지만 반드시 그것에 국한하는 것은 아니다. 옴부즈맨은 자신의 정보에 의하여 스스로 권한을 발동할 수도 있다.

〈스웨덴 인권기구: 옴부즈맨 제도〉

오늘날 국제사회에서 국가인권기구(national human rights institutions)라 불리는 인권기관은 20세기 후반의 역사적 산물이지만 스웨덴에서 인권보장과 관련된 인권기관의 존재는 매우 긴 역사를 가지고 있다. 이것은 16세기까지 거슬러 올라가는데 당시 국왕 카를 7세는 행정부의 한 부문으로 옴부즈맨[19] 사무실을 설치했다. 이것은 오늘날까지 그 실체가 존재하는데, 감찰관(Chancellor of Justice, Justitiekanslem)이 바로 그것이다. 그러나 이것은 어디까지나 정부 내에서 공무원의 법령 준수를 감독하는 기관이지 국회나 인민의 의사에 기초한 중립적인 인권기관이 아니다.[20] 스웨덴에서 인권적 의미가 보다 농후한 옴부즈맨의 탄생은 1809년 새로운 헌법을 채택함으로써 비로소 시작되었다고 보는 것이 맞다.[21] 이 헌법은

19) 스웨덴어에서 옴부즈맨의 원래 의미는 다른 사람으로부터 권한을 위임받은 대리인이라는 뜻이다. Ibrahim al-Wahab, *The Swedish Institution of Ombudsman*(Stockholm: LiberFörlag, 1979), p. 19.

20) 국회 옴부즈맨이 국회가 만든 준법감독기관이라고 한다면 감사관은 정부가 만든 준법감독기관이다. 감사관은 1998년 이후 개인진정 사건은 맡지 않고 공공행정 영역 내의 구조적 문제를 해결하는 데 역량을 집중한다. 또한 정부를 상대로 하는 민사소송의 법적대리인 역할도 한다. Gabriele Kucsko-Stadlmayer(ed.)., *European Ombudsman-Institutions*(Wien: Sringer-Verlag, 2008), p. 410.

21) 여기서 말하는 헌법이란 1809년 헌법을 말하지만, 스웨덴은 다른 대륙법계 국가와 달리 단행법으로서의 헌법전을 가지고 있지 않고 다음 4개의 법률을 최고법(헌법)으로 인정하고 있다:

국회로 하여금 정부와 국회로부터 완전히 독립적인 국회 옴부즈맨(Parliamentary Ombudsman, Justitieombudsman, 약칭 JO)을 설치토록 하였다. 이 기관의 탄생 배경은 비록 민주주의 시스템에서 만들어진 것은 아니지만 국민의 기본적 권리와 자유를 보장하기 위한 기구를 만들라는 민중의 요구에 의한 것이었다.[22] 국회 옴부즈맨은 처음에는 주로 입법부가 만든 법률을 정부기관 등에서 제대로 지키는지 살피는 모니터링 기구에 불과하였지만 점차 공적 구제조사기관으로 발전해 나갔다.[23] 즉, 이 기구가 설립될 당시나 설립 이후 상당 기간 동안 이 기구의 기본적 역할은 행정부와 법원 그리고 지방자치단체 등 공무 영역에서 공무원들의 권한남용을 감시함으로써 법치주의를 구현하는 것이었지 직접적으로 국민의 인권보장을 위해 활동하는 것은 아니었다.[24] 하지만 국회 옴부즈맨은 지난 2세기 동안 진화하는 과정에서 공권력에 의한 국민의 권리침해를 보호한다는 기능을 확립함으로써 국민의 기본적 권리와 자유를 보장하는 중요한 인권기관으로 발전하였다.[25] 사실상 스웨덴에서 국회 옴부즈맨은 공무원들의 비위행위를 감독하고 필요한 경우에는 이에 대해 사법적 책임까지 추구할 수 있는 강력한 권력기관이다.[26] 스웨덴 국민들은 국회 옴부즈맨이 창설된 이래 이 기관의

Instrument of Government(Regeringsform, 1974: 152), 이것은 스웨덴 국가 조직의 원칙과 주요한 헌법원칙을 규정한 것임; Freedom of the Press Act(Tryckfrihetsforordning, 1949: 105); Fundamental Law on the Freedom of Expression(Yttrandefrihetsgrundlag, 1991: 1469); Act of Succession(Successionordning, 1810: 926). Michael Bogdan(ed.), *Swedish Legal System* (Stockholm: Norsteds Juridik, 2010), p. 39.

22) Ibrahim al-Wahab, *supra* note 19, pp. 20, 24~27.

23) Linda C. Rief, *The Ombudsman, Good Governance and the International Human Rights System* (Martinus Nijhoff Publishers, 2004), p. 5.

24) 스웨덴 헌법은 국회 옴부즈맨의 기본적인 임무를 명시하고 있다. 여기에는 옴부즈맨이 국회의 지침에 따라 공공부분에서의 법령의 준수를 감독하는 것이라고 규정되어 있다. Instrument of Government, art. 6.

25) 국회 옴부즈맨이 국민의 기본권 보장에 기여하는 것은 그의 기능 중 가장 중요한 것으로 여겨지는 개인진정 사건에 대한 조사구제이다. 일반 국민은 공무원이 법령을 남용하여 권리가 침해된 경우 국회 옴부즈맨에 진정할 수 있고 옴부즈맨은 이 진정에 대해 조사하고 필요한 경우 일정한 조치를 취할 수 있다. 만일 관련 공무원의 법령 위반이 확인될 경우 징계권자에게 징계를 요청할 수 있고, 비위행위가 심각할 경우에는 옴부즈맨이 직접 특별검사로서 법원에 기소할 수도 있다. 이에 대해서는 The Act with Instructions for the Parliamentary Ombudsmen, art. 5, 6 참고.

26) 스웨덴 헌법과 국회 옴부즈맨법을 자세히 살피면 이 옴부즈맨이 상설 부패방지기구 및 상설 특별검사로서의 역할을 하고 있다는 사실을 발견할 수 있다. 옴부즈맨이 비리 공무원을 기소하는 경우 옴부즈맨은 특별검사의 지위에 있다고 법률은 명확히 규정(section 6)하고 있다. Act of

권위를 대단히 신뢰해 왔고, 이 기구는 많은 나라에 수출되어 세계 여러 나라에 유사한 옴부즈맨을 만드는 데 있어 원형으로서의 역할을 해왔다.[27)]

한편, 스웨덴은 두 세기 전에 국회 옴부즈맨을 만든 것에 그치지 않고 20세기 후반에 들어서 다수의 옴부즈맨을 만들었다. 이것은 위의 국회 옴부즈맨과는 달리 오로지 국민의 인권보장을 위해 설치된 것이다. 이런 옴부즈맨은 전통적인 옴부즈맨에 대해 특별히 인권 옴부즈맨(human rights ombudsman)이라고 불릴 수 있는 것들이다.[28)] 그 첫 번째 옴부즈맨이 미국의 시민권법(1964 Civil Rights Act)과 영국의 영향을 받아 1980년 만들어진 기회균등 옴부즈맨(Equal Opportunities Ombudsman, Jämställdhetsombudsmannen), 두 번째가 1986년에 만들어진 인종차별방지 옴부즈맨(Ombudsman against Ethnic Discrimination, Diskrimineringsombudsmannen), 세 번째가 1993년에 만들어진 아동 옴부즈맨(Children's Ombudsman, Barnombudsmannen, 약칭 BO), 네 번째가 1994년에 만들어진 장애인차별방지 옴부즈맨(Disability Ombudsman, Handikoppombudsmannen)이며, 마지막이 1999년에 만들어진 성적 지향에 따른 차별방지 옴부즈맨(Ombudsman against Discrimination on Grounds of Sexual Orientation, Ombudsmannen mot diskriminering på grund av sexuell läggning)

Instruction to the Parliamentary Ombudsmen(2011), section 6.

27) 스웨덴 옴부즈맨은 우선 스칸디나비아 국가에 영향을 주었다. 핀란드가 1919년 헌법개정을 통해 이 제도를 받아들였고, 이어 1953년에 덴마크가, 1962년에는 노르웨이가 받아들였다. 그리고 지난 40년간 옴부즈맨 제도는 주로 영연방국가를 중심으로 퍼져나갔다. 1962년 뉴질랜드를 시작으로 미주, 아프리카, 아태 지역에 스웨덴식의 고전적인 옴부즈맨 제도나 이를 변형한 옴부즈맨 제도가 도입되었다. 그뿐만 아니라 옴부즈맨 제도는 영연방을 넘어 다양한 나라에 민주주의를 확립하는 과정에서 하나의 이상적 통치제도로서 받아들여졌다. 여기에 해당하는 것으로는 미국의 몇 개 주, 이탈리아의 대부분 주, 아일랜드, 아이슬란드, 벨기에, 대한민국 등이 여기에 속한다. Linda C. Rief, *supra* note 48, pp. 6~7. 참고로 전형적인 옴부즈맨(classical ombudsman)은 어떤 것을 말하는가. 논자에 따라 설명을 달리하지만 국제사회에서 가장 전형적인 옴부즈맨으로 불리기 위해서는 다음 몇 가지 조건을 구비해야 한다. 첫째, 옴부즈맨은 헌법이나 법률에 의한 확고한 법적 근거에 의해 국회의 결정에 의해 임명되어야 한다. 둘째, 옴부즈맨은 독립적인 고위 공직자에 의해 운영되어야 하며 국회에 대하여 책임을 진다, 셋째, 옴부즈맨은 공무원이나 공공기관의 행위에 의해 권리가 침해된 사람에 의해 진정을 받아 이를 조사할 권한이 있어야 한다. 넷째, 옴부즈맨은 관련기관에 적절한 행위를 권고하고 보고서를 낼 수 있어야 한다. Ombudsman Committee, International Bar Association Resolution, Vancouver: International Bar Association, 1974 참고.

28) 인권 옴부즈맨은 인권위원회(human rights commission)와 전통적인 옴부즈맨(classical ombudsman)이 결합된 제3의 옴부즈맨(hybrid ombudsman)이라고도 부른다. Linda C. Rief, *supra* note 27, pp. 7~8.

이다. 이들 옴부즈맨 중 인종차별방지 옴부즈맨과 장애인차별방지 옴부즈맨은 법률에 따라 설치되었지만 나머지는 행정부의 명령에 의해 만들어졌다. 이렇게 다수의 옴부즈맨이 생긴 것은 1970년대 이후 차별사유별로 그것을 방지하는 기관이 정부 산하에 만들어졌기 때문이다.

정부 옴부즈맨이 국회 옴부즈맨과 본질적으로 다른 것은 그 소속에서 비롯된다. 정부 옴부즈맨은 모두 행정부 소속이므로 옴부즈맨 임명권은 당연히 정부가 가지고 있고 예산배정도 행정부가 주도하며 옴부즈맨의 목표 또한 행정부가 정한다. 그 외에도 특별한 임무가 정부에 의해 부여될 수 있고, 대개는 정부에 대해 보고의무도 지게 된다.

이들 옴부즈맨의 주된 역할은 차별을 금지하는 여러 법률이 각각의 영역(노동현장, 교육기관, 상업 기타 용역제공)에서 제대로 지켜지고 있는지를 감독하는 것이다. 주로 개인의 진정사건을 조사하여 처리하거나 필요한 경우 법원에 소송을 제기하여 피해자를 대리한다. 다만, 5개의 인권 옴부즈맨 중 아동 옴부즈맨은 다른 옴부즈맨과는 달리 개인진정 사건을 처리하지 못하고, 단지 유엔아동권리협약의 국내적 이행을 증진한다는 차원에서 정책권고만을 해왔다.

그런데 이렇게 분산된 스웨덴 옴부즈맨 제도는 2009년을 기점으로 대전환을 맞이한다. 5개의 옴부즈맨 중 4개가 통합되는 일대 혁신을 하게 된 것이다. 즉, 평등 옴부즈맨, 인종차별방지 옴부즈맨, 장애인차별방지 옴부즈맨, 성적 지향에 따른 차별방지 옴부즈맨이 하나로 통합되어 평등 옴부즈맨(Equality Ombudsman, Diskrimineringsombudsmannen, 약칭 DO)을 만든 것이다. 이 과정에서 스웨덴은 통합적인 차별방지법을 만들었고, 종래의 차별사유 이외에 성정체성 및 나이를 새로운 차별사유로 추가했다.[29] 이와 같은 통합 인권 옴부즈맨의 탄생 배경에는 유사한 차별업무를 통합함으로써 기관을 강력하게 만들고 업무의 효율성과 경제성을 도모하고자 하는 의도가 깔려 있다.[30] 나아가 차별사유가 추가될 때마다 새로운 법률을 만들고 그에 따른 새로운 옴부즈맨을 만드는 것보다는 통합적인 차별금지법과 이에 맞는 시정기관을 만드는 것이 인권보호적 차원에서도 더 도움이 된다는 주장도 설득력 있는 논거가 되었다. 아동 옴부즈맨의 경우는 그 업무영역과 수행방식이 위에서 본 바와 같이 다른 옴부즈맨과는 상이하였기 때문에 통합과정에서 제외되었다.

---

29) 새로운 차별금지법 제5조는 차별사유를 열거하고 있는데, 여기에는 성, 트랜스젠더로서의 정체성 혹은 표현, 인종, 장애, 성적 지향, 나이가 들어간다. 한 가지 염두에 둘 것은 이들 사유는 열거적(한정적)이라는 데 있다.

30) Proposition 2007/08:95: Ett starkare skydd mot Diskriminering(Stockholm, 2008), p. 364.

VI. 외국의 국가인권기구의 동향

국가인권기구는 1980년대 중반까지만 해도 캐나다, 오스트레일리아, 뉴질랜드 정도에서만 찾아볼 수 있었다. 그 후 유엔의 적극적 지원과 아시아, 중남미, 동구, 아프리카에서의 민주화 바람과 더불어 전 세계적으로 설치되기 시작했다. 2023년 현재 국가인권기구세계연합(Global Alliance of National Human Rights Institutions: GANHRI)[31]은 약 130개국에서 국가인권기구가 활동하는 것으로 파악하고 있다.[32] 이들 나라의 상황을 보면 헌법에 근거한 인권기구를 둔 나라들과 하위 법령을 근거로 설치한 나라들로 대별될 수 있다. 헌법에 근거하여 인권기구를 설치한 나라로는 아르헨티나, 멕시코, 나미비아, 가나, 남아프리카공화국, 우간다, 잠비아, 말라위, 에티오피아, 파푸아뉴기니, 폴란드, 헝가리, 슬로베니아, 루마니아, 필리핀, 태국, 피지 등이 있다.[33] 법률에 근거한 인권기구를 가진 나라로는 아시아·태평양 지역에서는 한국, 네팔, 유럽 지역에서는 덴마크, 스웨덴, 아프리카 지역에서는 모리셔스, 모로코, 나이지리아, 미주 지역에서는 캐나다, 파나마 등이 있다.[34] 한편 카메룬의 인권과 자유에 관한 국가위원회와 인도네시아의 국가인권위원회는 대통령령에 의해 설립되었다.[35]

---

31) GANHRI는 파리원칙에 부합하는 국가인권기구의 설립 및 그 기능 강화를 목적으로 2000년 설치된 인권기구 조정기구(International Coordinating Committee of National Institutions for the Promotion and Protection of Human Rights, ICC)가 2016년 명칭 변경을 한 것이다. GANHRI는 인권기구의 대표로 구성되며 유엔인권최고대표 사무소(국가인권기구팀)의 지원을 받는다.

32) 2023년 4월 현재, 총 130개국 인권기구를 GANHRI 등급별로 살피면, 파리원칙을 제대로 준수하는 A등급 기구는 88개, 파리원칙의 일부를 충족하지 못하는 B등급 기구는 32개, 파리원칙을 준수하지 못하는 C등급 기구는 10개이다. http://ganhri.org 참고.

33) 조용환, 「국가인권기구의 국제적 발전과 한국적 대안」, pp. 54~55 및 국가인권위원회, 『세계 주요 국가인권기구 현황집』(2005), pp. 95~96 참고.

34) 국가인권위원회, 『세계 주요 국가인권기구 현황집』(2005), pp. 95~96 참고.

35) 헌법이나 법률에 의해 인권기구가 설치되지 않은 경우 그 기능과 권한이 행정부의 일방적인 판단에 의해 좌우될 뿐 아니라 기구의 독립성을 인정받기 어려우므로 파리원칙에서 말하는 국가인권기구로 볼 수 있는지 의문이 있다. 조용환, 「국가인권기구의 국제적 발전과 한국적 대안」, pp. 54~55.

〈표 5-2〉 주요 국가 국가인권기구 현황표

지역	기관명	직원 수	설립연도/설립법	성격	지방사무소
아시아·태평양					
네팔	국가인권위원회 (National Human Rights Commission of Nepal)	위원장 1인, 위원 4인/ 직원 약 200인	2000.5.26 설립/ 1997년 인권위원회법	국가기구	3개 지역사무소
필리핀	인권위원회 (Commission on Human Rights)	위원장 1인, 위원 4인/ 직원 600인	1987 헌법(제13장 제17, 18, 19조), 1987 행정명령 제163호	국가기구, 헌법기구, 대리소송 제기	15개 지역사무소/ 5개 분소
피지	피지인권위원회 (Fiji Human Rights Commission)	위원장 1인, 위원 2인/ 직원 28인	1999년 설립/ 헌법 제42조, 1999년 인권위원회법	법인, 헌법기구, 불공정한 차별에 대한 진정조사, 고등법원에 민사소송 제기	
한국	국가인권위원회 (National Human Rights Commission of the Republic of Korea)	위원장 1인, 위원 10인/ 직원 250인	2001.11.25 설립/ 국가인권위원회법	국가기구	5개 지역사무소 (1개 출장소)
유럽					
덴마크	국가인권연구소 (The Danish Institute for Human Rights)	이사회 13인/ 자문위원회 30인/ 직원 114인	1987년 설립/ 1987 의회법(act of parliament), 2002 덴마크 국제학 및 인권연구센터 설립을 위한 법률(Act on establishment of a Danish Center for International Studies and Human Rights)에 의해 통합, 명칭 변경	법인, 연구활동 중심, 진정기능 최근 신설	
프랑스	국가인권자문 위원회(National Consultative Commission of Human Rights)	위원 123인 (위원장 1인, 부위원장 2인)/ 사무총장 1인 등 직원 5인	1988년 설립/ 1988 국가인권자문위원회 설치령(The constitutive decree of the National Consultative Commission of Human Rights)	국가기구, 자문기구 성격, 진정기능 없음, 위원회 중심	
그리스	국가인권위원회 (Greece National Commission for Human Rights)	위원 18~20인 (위원장 1인, 부위원장 2인)/ 대리위원(위원 수와 동일)/ 직원 4인	2000.1.10 설립/ 1988 국가인권위원회 정관(Constitution of a National Commission for Human Rights)	국가기구, 자문기구 성격, 진정기능 없음, 위원회 중심	
스웨덴	평등 옴부즈맨 (Equality Ombudsman)	옴부즈맨 1인/ 직원 90명	2009년 평등 옴부즈맨, 인종차별방지 옴부즈맨, 장애인차별방지	국가기구, 행정부 소속	

			옴부즈맨, 성적지향 차별방지 옴부즈맨이 평등 옴부즈맨으로 통합		
아프리카					
모리셔스	모리셔스 국가인권위원회 (National Human Rights Commission of Mauritius)	위원장 1인, 위원 3인/ 직원 17인	2001년 설립/ 1998 인권보호법(The Protection of Human Rights Act)	법인	
모로코	인권자문위원회 (Conseil Consultatif des Droits de l'Homme)	위원장 1인, 위원 44인	1990년 설립/ 1990년 설립법(Creation Law), 2001년 재편법 (Reorganization Law)	국가기구, 진정기능 미비, 위원회 중심	
우간다	우간다인권위원회 (Uganda Human Rights Commission)	위원장 1인, 위원 6인/ 직원 약 24인	1997년 설립/ 헌법 제51조, 우간다 인권위원회법(Uganda Human Rights Commission Act)	국가기구, 헌법기구	5개 지방사무소
나이지리아	국가인권위원회 (National Human Rights Commission)	이사회 임원 16인/ 본부 직원 261인, 지방 직원 160인	1996년 설립/ 1995년 국가인권위원회법(National Human Rights Commission Act 1995)	법인체, 연방기구	5개 지방 사무소 및 6개 분소 (지방자치 권한)
미주					
캐나다	캐나다인권위원회 (Canadian Human Rights Commission)	위원장 1인, 상임위원 1인, 비상임위원 6인/ 직원 200인	1978년 설립/ 1977년 캐나다 인권법(The Canadian Human Rights Act)	국가기구, 연방사건관할, 차별, 필요시 캐나다인권 재판소에 사건 이송	6개 지방사무소
아르헨티나	국가옴부즈맨 (Defensor del Pueblo de la Nación)	옴부즈맨 1인/ 사무처 직원 110명	1994년 설립/ 헌법 제86조, 옴부즈맨 설치에 관한 법률	국가기구, 헌법기구, 의회에서 설치, 소송당사자	8개 지역사무소
멕시코	국가인권위원회 (Comision Nacional de los Derechos Humanos)	위원장 1인, 위원 9인/ 직원 700인	1992년 설립/ 헌법 102조, 국가인권위원회법	국가기구, 헌법기구, 연방관할	32개 지방인권 위원회
파나마	파나마 옴부즈맨 (Defensoria del Pueblo de la Republica de Panama)	옴부즈맨 1인 (직원 수 미파악)	1996년 설립/ 파나마공화국 옴부즈맨설치법	의회에서 설치	4개 지역사무소

자료: 국가인권위원회, 『세계 주요 국가인권기구 현황집』(2005), pp. 95~96에 기초하여 정리하되 일부 사항 (한국, 스웨덴)은 수정했음.

인권기구의 조직형태는 각국의 법적·사회적·정치적 여건에 따라 달리 나타나는데, 대체로 인권위원회와 인권 옴부즈맨의 형태로 나타나고 있다. 유럽 지역에서는 옴부즈맨과 인권위원회가 별도로 설치되어 있는 경우가 많아, 옴부즈맨은 진정처리 기능을 전담하고 인권위원회는 자문 혹은 연구 위주의 활동을 하는 특성이 있으며 아시아·태평양, 아프리카 지역의 국가에서는 일반적으로 포괄적인 관할권을 가진 인권위원회 제도를 도입하는 경향이 있다. 동유럽 국가들과 라틴아메리카 제국들은 스칸디나비아 제국과 스페인의 모델을 따라 옴부즈맨의 형태로 제도를 도입하는 경향이 있다.[36)]

VII. 유엔인권이사회 체제하에서 국가인권기구의 역할

1. 유엔인권이사회의 출범

2006년 6월 유엔인권이사회(UN Human Rights Council)가 출범했다. 종래 유엔의 핵심적인 인권기구로서 활동해 온 인권위원회의 시대가 끝나고 총회 산하의 인권이사회 체제가 시작된 것이다. 이로써 유엔의 인권기능은 좀 더 확대되고 강화되었다. 이러한 유엔 인권시스템의 변화는 국제인권규범의 국내적 이행을 위해서도 긍정적인 영향을 끼치고 있는데, 초점은 국가인권기구가 이렇게 변화된 유엔의 새 체제하에서 어떤 역할을 하는가이다.

2. 인권이사회의 출범과 국가인권기구의 역할

유엔에서의 국가인권기구 발언권 강화 문제는 인권이사회 출범 이전부터 꾸준히 논의되어 왔다. 급기야 2005년 인권위원회는 그 결의를 통해 향후 유엔 내에서의

---

36) Ibid. p. 55; 국가인권위원회, 『세계 주요 국가인권기구 현황집』(2005); 국가인권위원회, 『국가인권기구: 인권증진 및 보호를 위한 국가기구 설치와 강화 관련 안내서』(2004) 참고.

국가인권기구의 발언권을 강화하기 위해 인권위원회 의제에 대해 발언할 수 있는 권한 등을 긍정적으로 검토해 가기로 했다.[37] 인권이사회도 그 설립과정에서 향후 이사회의 활동에서 각국의 인권기구와의 협력에 대한 중요성을 강조했다.[38]

이에 따라 국가인권기구는 인권이사회의 주요 기능인 각국의 인권상황에 대한 국가별 인권상황 정례검토(Universal Periodical Review: UPR), 특별절차(특별보고관 등에 의한 주제별 인권상황 검토) 및 긴급한 인권침해상황에 대한 예방노력[39]에 활발하게 기여할 수 있게 되었다.

국제인권규범의 국내적 이행이라는 관점에서 볼 때 각국이 UPR을 받는 과정에서 인권기구는 각국의 국제인권규범의 국내적 이행상황을 점검하여 별도의 보고서를 인권이사회에 제출하거나 검토회의 시에 발언권을 행사할 수 있다.[40]

그뿐만 아니라 인권기구는 유엔인권조약에 의거해 만들어진 감독기구(monitoring bodies)에서의 활동도 기대된다. 조약기구에서 정부보고서가 검토될 때 정부보고서 외의 별도보고서를 제출하거나 정부보고서 검토 전에 쟁점사항을 정리하는 실무그룹의 활동에도 적극 참여할 수 있다. 이렇게 함으로써 인권기구는 국제인권법의 국내이행을 위한 준국제적 인권기구로서의 역할을 보다 강화할 수 있는 것이다.

VIII. 국가인권기구의 주요 기능

앞에서 우리는 국가인권기구가 보통 행정부 소속의 국가인권위원회와 의회 소속의 옴부즈맨 방식에 의하여 실시되고 있음을 보았다. 어떤 방식을 택하느냐에 따라 초점이 다름도 보았다. 그러나 많은 나라의 인권기구는 그 방식의 차이에도 불구하고 그 기능과 메커니즘이 유사한 것도 사실이다. 그것은 다음의 세 가지로

---

37) Resolution 2005/74 on National Institutions, E/CN.4/2005/L.92/Rev.1.

38) UN A/RES/60/251, para. 5(h).

39) A/RES/60/251, para. 5(f).

40) 한국의 국가인권위원회는 2008년 제1차 UPR 이래, 계속적으로 독립보고서를 제출해 오고 있다.

요약될 수 있다. ① 인권의식 고양과 인권교육 기능, ② 정부에 인권 관련 권고(자문) 기능, ③ 인권침해사건의 조사 기능. 이하에서는 이들의 기능을 인권기구가 구체적으로 어떻게 실시할 것인가의 문제를 다루도록 한다. 필자는 이를 위해 UN Handbook이 권장하는 내용을 소개한다.[41)]

1. 인권의식의 고양과 인권교육 기능

인권의 완전한 실현은 단지 인권을 보호하는 법률을 만들고 그 법률을 실시하는 메커니즘을 구축한다고 하여 되는 것은 아니다. 국민 개개인이 인권의식을 충분히 갖고 있지 않다면 아무리 보호장치가 있어도 그것들은 사용되지 않을 것이다. 그러므로 인권의 궁극적 실현은 결국 국민 개개인들의 인권의식이 고양되고 그들 스스로가 인권침해에 민감히 반응할 때 가능한 것이다. 이 같은 고려하에 국가인권기구는 그들의 기본적 기능의 하나로서 국민의 인권의식 제고를 위한 활동을 전개해야 한다.

국가인권기구는 이 기능을 담당하기 위하여 몇 가지 방향에서 활동을 전개해야 한다.

첫째, 인권기구는 인권에 관한 다양한 정보를 수집하여 이를 적절하고도 효과적으로 배포해야 한다. 일반적으로 인권기구는 최소한의 기초적인 인권관계 자료를 수집해야 한다. 이에는 다음과 같은 것들이 포함될 것이다. 당해 인권기구에 대한 정보, 국제인권관계조약과 인권기준에 대한 자료 및 당해 국가의 인권조약가입 및 유보에 관한 정보, 국제인권기구가 펴낸 각종 보고서나 의견, 인권 관련 국내법·사법부·행정부의 인권관계 결정례, 인권보호에 관한 국내 메커니즘, 국제적 차원에서의 인권메커니즘에 관한 정보 등. 나아가 인권기구는 국제인권기구와 긴밀한 연락체계를 확보하여 그에 관한 정보를 일상적으로 수집하고 인권 관련 NGO들과도 교류하여 그들이 가지고 있는 자료를 입수할 수 있어야 한다.

인권기구는 수집된 정보를 이용자를 위해 적절히 배포할 수 있도록 방안을

41) UN Handbook, para. 139~300.

강구해야 한다. 정보의 배포 대상자가 일반 공중이라면 그 정보가 대중적으로 이해될 수 있도록 배려해야 한다. 외국어라면 번역을 하거나 학술적인 것이라면 일반인이 이해할 수 있도록 설명을 곁들여야 한다. 만일 학자나 학생이 인권기구가 보유한 정보를 이용하고자 한다면 적절하고도 효과적인 편리를 제공해야 한다. 또한 일반적인 정보라면 공공도서관이나 학교, 정부기관 등을 통하여 광범위하게 전파되도록 노력해야 한다.

둘째, 다양한 인권행사를 조직하는 것도 인권의식 제고에 도움을 줄 것이다. 학생들을 상대로 하는 인권주제 경연대회나 세계인권의 날(12월 10일)을 기념하는 특별행사 혹은 인권발전에 공을 세운 사람이나 단체에 인권상을 시상하는 방법 등이 고려될 수 있다.

셋째, 인권기구는 언론매체와의 협조를 통하여 국민의 인권의식을 제고시킬 수 있다. 현대사회에서 언론매체는 국민의 정신세계에 절대적인 영향을 끼친다. 그러므로 언론매체가 국민의 인권의식을 제고할 수 있는 방법은 얼마든지 있다. 언론은 그의 정보 전파를 통하여 인권기구의 존재를 국민들에게 부각시킬 수 있고 국민들에게 향유해야 할 인권이 무엇인지 교육할 수 있다. 그뿐만 아니라 인권관계 정보나 인권기구의 의견이나 제안을 전파하고 인권 관련 문제에 관하여 자신들의 의견을 제시할 수도 있다. 이같이 언론매체를 활용하여 국민의 인권의식을 제고하기 위해서는 인권기구 내에 언론문제를 전담하는 전문가가 있을 필요가 있다.

넷째, 인권기구는 사회 각계각층의 사람들을 상대로 직접 인권교육을 담당하여 국민의 인권의식 제고에 기여할 수 있다. 인권기구가 인권교육을 할 때는 그 대상을 인권문제에 직접 관여하는 사람들과 교육의 전파력이 강한 사람들을 우선으로 하는 것이 좋다. 그에는 다음과 같은 사람들이 포함될 것이다. 사법 종사자(변호사, 판검사, 경찰관, 교도관 등), 행정부 및 의회관계자(국회의원, 법안 작성담당전문위원, 정책결정공무원 등), 기타(군인, 언론인, NGO관계자, 교사, 노조관계자, 의사, 지역지도자 등). 나아가 인권기구는 학생들에 대한 인권교육에도 관심을 경주해야 한다. 학생들에게 인권교육을 실시하는 것은 한 사회가 가지고 있는 인권문화의 기초에 변화를 가져올 수 있다. 사회의 인권의식에 관한 문화가 변하지 않고서는 인권의식의 고양은 한계가 있을 수밖에 없다. 그런 면에서 학생에 대한 인권교육의 중요성을 강조하지 않으면 안 된다.

2. 정부에 인권 관련 권고기능

앞서 본 파리원칙에서 언급한 바와 같이 국가인권기구가 인권과 관련된 문제에 관하여 정부(행정부)나 의회에 권고하는 것은 인권기구의 보편적 기능 중의 하나이다. 인권기구는 기존의 인권관계법의 문제와 개선안에 대한 의견을 직접 의회에 제출하는 경우도 있다. 인권침해가 발생한 경우 정부에 관심을 촉구하고 그 침해를 해결할 수 있는 방안을 만들어 관계기관에 제출하기도 한다. 이하에서는 이와 관련된 몇 가지 문제를 다루어 보자.

우선 인권기구의 권고가 관계기관의 자문 요청이 있을 경우에 한할 것인가 아니면 자문 요청과 관계없이 인권기구의 판단에 의하여 그것이 필요하다고 인정되는 경우에도 허용할 것인지가 문제된다. 이것은 인권기구의 근거법에 명시할 사항이지만 인권기구의 전문성과 그 위상의 고양을 위해서는 광범위한 권고권능을 주는 것이 바람직하다. 만일 인권기구에 광범위한 권고기능을 부여한다면 인권기구는 다음과 같은 권고를 담당할 수 있을 것이다.

먼저 인권 관련 입법에 관하여 광범위한 권고를 할 수 있을 것이다. ① 이미 제안된 인권 관련 법안에 대하여 인권기구의 의견을 제시하는 것, ② 기존의 인권 관련 법률에 대하여 그 문제점과 개선 방향을 제시하는 것, ③ 새로운 인권관계 법률안을 성안하여 의회나 관계기관에 제출하는 것. 다음으로 인권기구는 정부의 인권 관련 정책이나 인권관계관행에 대해 건설적인 제안을 할 수 있다. 국가가 직면해 있는 많은 인권문제에 대하여 인권기구는 자신의 전문성과 공신력을 발휘하여 정부의 문제점을 발견하고 개선안을 만들어 그 해결에 도움을 줄 수 있다. 또한 인권기구는 사법당국이나 행정기관의 인권과 관련된 관행 중 문제점으로 지적되는 부분에 대해서 전문적인 의견을 제시할 수도 있다. 나아가 국제적인 인권문제(제3국의 인권문제)에 관하여 정부가 나름의 외교정책을 필요로 하는 경우에도 적절한 제안을 할 수 있을 것이다.

다음으로 중요한 문제는 인권기구의 권고가 어떠한 효력을 지니느냐이다. 물론 글자 그대로 권고(advice)이기 때문에 법적 구속력은 없는 것이지만, 만일 인권기구가 정부(혹은 의회)에 제안한 사항이 아무런 이유 없이 무시된다면 인권기구의 존재의의는 없어진다. 적어도 인권기구의 권고(혹은 제안)는 특별한 사정이 없는 한 우선적인(우호적인) 고려가 이루어지도록 근거법에 명시할 필요가 있다. 이와 같은 맥락으로 인권기구가 권고를 한 이후의 정부 반응에 대한 절차를 규정할 필요가 있다.

인권기구의 권고기능과 관련하여 또 하나 중요한 것은 국가인권기구가 국제인권조약을 비롯한 국제인권 관련 조약에의 가입과 그 실시에 상당한 역할을 해야 한다는 것이다. 국제인권법적 차원에서 본다면 이 기능이야말로 국가인권기관의 가장 중요한 기능 중 하나로 권장된다. 인권기구는 우선 인권조약 중 자신의 국가가 가입하지 않은 조약이 있는 경우 이에 대한 의견을 정부에 제시해야 한다. 가입을 하는 경우 국내의 인권문제가 어떻게 달라지고 그 실현을 위해서 정부가 무엇을 해야 하는지를 권고해야 한다. 나아가 국제인권조약에 가입한 후에는 정부가 인권조약의 의무를 얼마나 성실히 준수하고 있는지를 관찰하고 이에 대한 의견을 수시로 관련 당국에 제시하여 인권조약이 국내에서 최선의 방법으로 실시될 수 있도록 해야 한다. 또한 중요한 것은 인권기구는 인권조약의 한 의무로서 발생하는 국가보고과정(예컨대 자유권규약에 근거한 가입국의 규약위원회에의 최초보고 및 그 이후의 정기보고)에서 보고서를 만드는 관련 기관과 협조하여 그 보고서가 국가의 인권상황을 성실히 나타내도록 해야 한다. 인권기구는 자신이 가지고 있는 인권관계 각종 자료를 해당 기관에 공급할 수 있고 산재해 있는 인권 관련 기관의 자료를 통합하여 보고서 작성과정에서 조정기능을 담당할 수도 있다. 또한 보고서가 국제인권기구에 제출되기 전에 그것을 사전 검토하여 의견을 제시할 수도 있을 것이다.

3. 인권침해사건의 조사기능

국가인권기구의 기능 중 가장 중요하게 생각되는 것 중 하나는 역시 인권침해사건의 조사기능이다. 이것은 인권기구의 존재의의를 현실적으로 알려주는 기능이며 국민들은 이것을 통해서 동 기구의 신뢰성을 확인한다. 그러나 이 기능은 많은 측면에서 논란이 예상되는 기능이기도 하다. 우선은 조사대상이나 방법이 광범위하고 심각한 경우에는 국가의 다른 기구(예컨대 사법기구)와의 권한 다툼이 있을 수 있다. 또한 조사결과를 어떻게 다룰 것인가도 큰 문제이다. 조사결과에 따른 인권기구의 의견에 어떠한 법적 권한을 주느냐에 따라 인권기구의 위상이 달라지고 나아가 인권기구의 존재의의도 달라질 수 있다. 여기에서는 이와 같은 문제를 고찰해 보기로 한다.

우선 인권기구의 조사는 크게 두 가지로 나누어 볼 수 있다. 첫째는 조사가 오로지 개인이나 단체의 진정에 의하여 발동되는 경우이고, 둘째는 조사가 인권기구의 자체 판단으로 이루어지는 경우이다. 인권기구에 이 2개의 조사기능을 주느냐는 근거법에 규정되어야 할 문제이나 두 가지의 조사기능을 동시에 주는 경우가 국가의 인권수호 의지를 명확히 읽을 수 있는 경우로 해석되기는 어렵지 않을 것이다.

인권기구가 진정된 인권침해사건에 대하여 조사를 할 때는 국가의 사법기능을 담당하는 기관과의 관계를 명확히 할 필요가 있다. 이에 대해서는 인권기구에 사법기구에 대한 보완적(complementary) 지위를 줄 것인가 아니면 보충적(supplementary) 지위를 줄 것인가가 문제된다. 보완적 지위란 인권침해에 대한 구제는 사법기구에 의한 구제를 원칙으로 하지만 인권기구 또한 독자적인 지위에서 조사권한을 행사케 하여 인권침해에 대한 구제를 완전하게 한다는 의미이다. 이에 반해 보충적 지위란 인권기구의 조사기능은 사법기구에 의한 구제에 추가적 혹은 부가적 기능에 불과하므로 인권기구의 조사의 독자성은 제한된다는 것을 의미한다. 인권기구의 조사권한은 각 국가의 국내법에 의해 설정되는 것이므로 그 성격이 보완적이냐 혹은 보충적이냐 하는 것은 국가마다 다르다 할 것이나, 설립 초기에는 보충적인 조사기능으로 만족한다 해도 인권기구의 역할이 증대되면 보완적 성격의 조사기능으로 자리매김하는 것이 바람직하다 할 것이다. 인권기구의 조사기능을 사법기구에 대한 보완적 혹은 보충적 지위로 볼 것인가는 어떤 인권침해사건이 사법기구에 의해 조사(수사 혹은 재판) 중이거나 종료되었을 때 인권기구가 그 사건을 조사할 것인가의 문제와 깊은 관련이 있다. 단순히 보충적 지위만을 인정한다면 굳이 그런 사건까지 인권기구에 조사권한을 주기는 어려울 것이지만 보완적 지위를 인정한다면 인권기구의 조사권한은 독자성이 있기 때문에 비록 사법기구에 의해 조사 중(혹은 조사 종료)이라고 해도 인권기구가 조사하지 못할 이유는 없다.

나아가 인권기구가 조사기능을 적절히 행사하기 위해서는 근거법에 인권기구가 담당할 관장사건(subject-matter jurisdiction)에 대해 명확히 규정할 필요가 있다. 어떤 종류의 권리가 침해된 경우를 인권기구가 담당할 것인가? 단지 시민적·정치적 권리에 한정할 것인가? 아니면 경제적·사회적·문화적 권리도 인권침해에 포함시킬 것인가? 대부분의 인권기구는 전자에 한하는 것 같다. 인권침해가 오로지 국가 혹은 공공기관에 의하여 행해진 것에 한하여 인권기구가 관할을 가질 것인지, 아니면 사인 간에 이루어진 침해에 대해서도 관할을 가질 것인지도 논란이 된다. 일반적으로 인권기구가 옴부즈맨의 형식이면 그 관할은 전자의 경우에 한하나 인권위원회 형식인 경우에는 대개 후자의 경우도 포함된다.

조사기능을 적절히 담당하기 위해서는 인권기구에게 그에 상응하는 조사권한이 주어져야 한다. 인권기구에 어떠한 조사권한을 주고 그것을 어떻게 행사하도록 하느냐는 인권기구마다 다르지만, 인권기구가 사실을 확인하여 누구에게 책임이 있는지를 가려낼 수 있는 법적 권한은 어떠한 상황에서도 보장되어야 한다. 그렇다면 그런 법적 권한의 내용은 무엇인가? 유엔의 가이드라인에 의하면 다음과 같은 권한을 제시하고 있다.[42]

- 혐의사실에 대한 피진정인에 대한 고지권
- 공적 기록 등에 접근할 수 있는 권한
- 관련 정보의 제공을 강제할 수 있는 권한
- 구금시설 등 현장을 조사할 수 있는 권한
- 관련자에 대한 소환권
- 정보제공에 협력한 관련자에 대한 형사면책을 줄 수 있는 권한
- 관련자에 대한 심문권
- 필요한 경우 공공기관 등으로부터 관련 서류를 제공받을 수 있는 권한

42) Center for Human Rights, *National Human Rights Institutions*, para. 259.

마지막으로 인권기구의 조사기능이 효율적으로 행사되기 위해서는 조사결과(인권이 침해되었는가를 확인하고 그것이 누구의 책임이었는가를 밝히는 것)를 어떻게 인권기구가 처리하느냐가 또 하나의 중요한 이슈이다. 인권기구에 어떠한 처리권한을 주느냐는 인권기구마다 많은 차이를 보인다. 그러나 그 차이에도 불구하고 인권기구가 인권침해에 대한 구제책을 적절히 제공하지 못한다면 인권기구의 조사기능은 반감되게 마련이다. 인권을 침해당한 국민들이 인권기구를 적극적으로 이용하기 위해서는 인권기구가 그 침해사실을 확인하고 그에 대한 적절한 구제책을 내놓을 수 있을 때 가능하다.

일반적으로 국가인권기구가 취할 수 있는 조사결과의 처리권한은 다음과 같은 것이 있다. 첫째는 권고적 권능(power to recommend)이다. 이것은 인권기구의 최소한 권한이라고 할 수 있다. 인권기구는 침해된 인권을 구제할 수 있는 관련 기관에 인권침해를 방지하거나 최소화할 수 있는 방안을 제안하거나 관련 기관이 내린 결정을 번복하거나 재고할 것을 권고할 수 있다. 둘째는 사건을 적절한 기관에 이첩시킬 수 있는 권능(powers to referral)이다. 이것은 위의 권고가 관련 기관에 의해 거부되거나 효과가 없는 경우 인권기구가 직접 관련 사법당국이나 수사당국 등에 사건을 보내 그 조사를 의뢰하는 것이다. 셋째는 구속력 있는 최종결정권한(power to make determinations)을 갖는 경우도 있다. 즉, 어떤 경우에는 인권기구가 위의 권고나 다른 기관으로의 사건의 이첩을 넘어 행정부의 결정을 직접 번복하기도 한다. 이러한 경우는 흔하지는 않지만 매우 강력한 인권기구에서는 볼 수 있는 권한이다. 이 경우 인권기구는 최종결정을 내리기 전에 임시적 조치를 취하기도 한다. 넷째는 결정을 출판할 수 있는 권한이다. 이것은 침해된 인권사건의 구제책이라고는 볼 수 없지만 인권기구의 공정성과 신뢰성을 위해서는 중요한 권한 중의 하나이다. 인권기구는 정기적으로 자신의 인권조사 결과를 공표함으로써 일반국민에게 자신의 일을 알리며 그 평가를 받을 수 있다. 위와 같은 권한 중에서 어떠한 권한을 인권기구에게 줄 것이냐는 반드시 근거법에 명시되어야 한다.

IX. GANHRI의 설립과 인권기구의 등급화

1. GANHRI의 설립

파리원칙이 국제적으로 인권기구의 설립과 운영에 있어 결정적인 기준으로 자리를 잡게 된 데에는 인권기구의 국제적인 연합체인 국가인권기구 국제조정위원회(International Coordinating Committee National Human Institutions for the Promotion and Protection of Human Rights, 약칭 ICC)와 그 기관이 주도하는 인권기구의 등급화 작업이 큰 역할을 했다. ICC의 설립은 1993년 비엔나 세계인권대회가 인권기구의 발전을 도모하고 인권기구 간의 경험 교류를 위해 대표자들의 모임을 정기적으로 할 것을 강력히 주문한 다음 본격적으로 구체화되었다.[43] 이러한 주문에 따라 인권기구의 대표자들은 실무회의를 거듭해 나갔고,[44] 마침내 2000년 국가인권기구 국제조정위원회(ICC)에 관한 절차규정[45]이 채택되기에 이르렀다. ICC는 그 설립목표를 파리원칙에 따른 국가인권기구의 설치 운영을 위해 협력하고 지원하는 것이라고 명문화했다.[46] 2008년이 되어 ICC는 보다 분명한 법적 주체로 정비되었다. ICC 설립 정관(statute)이 정비되었고, 이에 따라 ICC는 스위스 민법에 따른 법인격을 부여받았다.[47] ICC는 2016년 국가인권기구 세계연합(Global Alliance of National

---

43) Vienna Declaration and Programme of Action, adopted by the World Conference on Human Rights, Vienna, 25 June 1993, A/CONF.157/24, part II, para. 86.

44) 이에 대한 자세한 내용은 M. Brodie, "Progressing Norm Socialisation: Why Membership Matters. The Impact of the Accreditation Process of the International Coordinating Committee of National Institutions for the Promotion and Protection of Human Rights," *Nordic Journal of International Law*, Vol.80(2011), pp. 152~157 참고.

45) International Coordinating Committee of National Human Institutions for the Promotion and Protection of Human Rights. "Rules of Procedure for the International Coordinating Committee of National Human Institutions for the Promotion and Protection of Human Rights"(2000).

46) Ibid. Preamble.

47) International Coordinating Committee of National Institutions for the Promotion and Protection of Human Rights, "Association International Coordinating Committee of National

Human Rights Institutions, 약칭 GANHRI)이란 명칭으로 바뀌었다.

GANHRI(종전 ICC)는 설립 이후 회원기구의 등급과 파리원칙을 연계시키고, 이를 GANHRI 내에서의 투표권으로 연계시키는 방법으로 회원기구의 파리원칙 준수를 강력히 요구해 왔다. 2004년부터는 이 등급분류 작업이 GANHRI 산하 등급심사 소위원회(Sub-Committee on Accreditation, 영문 약칭 GANHRI-SCA)에서 이루어지고 있는데, 2008년 이후 이 소위원회는 회원기구를 3등급으로 분류하면서,[48] 등급절차를 보다 효율적이면서도 신뢰할 수 있도록 그 과정을 대폭 정비하였다.[49]

이 등급화는 GANHRI가 각국의 국가인권기구의 설치와 운영에 있어 파리원칙에 부합토록 하는 방법으로 큰 역할을 하고 있다. 인권기구를 설치한 국가들은 한결같이 GANHRI 내에서 자국의 인권기구가 최고의 평가를 받아 투표권을 인정받기를 원한다. 따라서 GANHRI가 회원 인권기구의 등급심사를 강화하게 되면 자연스레 각국은 자국의 인권기구의 설치와 운영에서 파리원칙의 부합정도를 고려하

Institutions for the Promotion and Protection of Human Rights Statute," Section 2.

48) 2004년 등급소위원회의 절차규정은 회원기구를 원래 A(파리원칙 준수국), A(R)(예비 조사에서는 A등급으로 분류되나 그것을 뒷받침해 주는 자료가 부족할 때), B(옵서버 지위, 파리원칙을 완전히 준수하지 못하거나 준수 여부를 판단할 수 있는 자료가 부족한 경우), C(파리원칙 불준수국)로 분류하였다. Rules of Procedure for the ICC Sub-Committee on Accreditation(2004), art. 5. 이것은 2008년 3등급으로 조정되었다. 즉, A(파리원칙을 충실히 이행하므로 투표권 있음), B(파리원칙을 충분히 이행하고 있지 않거나 판단에 필요한 자료를 내지 않은 경우, 투표권 없음), C(파리원칙을 이행하지 않는 경우)가 바로 그것이다. 종전의 경우보다 등급기준이 명확해지고 등급에 따라 ICC 내에서의 권리와 의무 또한 명확해졌다. International Coordinating Committee of National Institutions for the Promotion and Protection of Human Rights, "Rules of Procedure for the ICC Sub-Committee on Accreditation"(2008), art. 5.

49) 등급절차의 정비는 2008년 4월 ICC가 20차 총회에서 등급절차와 관련된 실무그룹의 보고서(Decision on the Review of ICC Accreditation Procedures for NHRIs)에 따라 등급절차 규정을 개정함으로써 이루어졌다. 이 개정은 등급절차를 보다 신뢰할 수 있고 효율적으로 바꾸는 것이었다. 특히 심사의 정확성, 투명성, 적시성이 강조되었다. 자세한 내용은 다음 문건을 참조 할 것: International Coordinating Committee of National Institutions for the Promotion and Protection of Human Rights, "Decision Paper on the Review of ICC, Accreditation Procedures for National Human Rights Institutions(NHRIs)." ICC Working Group on Accreditation(2008).

지 않을 수 없게 된다. 이런 점을 충분히 활용하기 위해 GANHRI는 2006년부터 정기적인 등급심사를 하고 있다. 즉, 등급심사를 받아 이미 A등급을 받은 인권기구라 할지라도 매 5년마다 정기적으로 재심사를 하도록 한 것이다.[50] 이렇게 함으로써 GANHRI 초기 과정에서 A등급을 받았지만 그 실제적 상황은 파리원칙에 못 미치는 다수의 인권기구에 대하여 파리원칙의 지속적인 준수를 요구할 수 있게 되었다.[51]

2. GANHRI-SCA의 인권기구 등급기준

등급심사 소위원회(GANHRI-SCA)가 인권기구의 등급을 판단할 때 사용하는 기준은 파리원칙이다. 다만 이 원칙은 앞에서 본 대로 구체적인 후속 규정[52]을 통해 구체화되었다. 그 기준은 크게 보아 인권기구의 '권한과 책무' 그리고 '독립성과 다양성의 원칙에 의한 조직 구성 및 운영'에 관한 것이다. 다음에서는 그 내용을 간단히 살피고자 한다.

(1) 권한과 책무

GANHRI가 회원 권한을 행사할 수 있는 A등급 인권기구로 인정하기 위한 '인권기구의 권한과 책무' 요건은 한마디로 보편적 인권기구(universal human rights institu-

---

50) Association International Coordinating Committee of National Institutions for the Promotion and Protection of Human Rights Statute, art. 15.

51) 정기 등급심사에서는 단순히 인권기구에 관한 법령 검토만 하는 것이 아니다. 법령은 파리원칙과 부합해도 실제적 운영이 파리원칙에 부합되지 않는 경우가 많으므로 등급심사 소위원회는 실제 운영의 파리원칙 부합 정도도 심사할 수 있다. 하지만 등급심사의 현실에서는 실제적 운영에 관한 심사는 매우 제한적이라 생각한다. International Coordinating Committee of National Institutions for the Promotion and Protection of Human Rights, "Reports and Recommendations of the Sub-Committee on Accreditation," Geneva, 21~23 April 2008, p. 22.

52) International Coordinating Committee of National Institutions for the Promotion and Protection of Human Rights, SCA General Observations(as updated March 2009)(이하 SCA General Observations). 이것은 ICC가 GANHRI로 명칭을 바꾼 이후에도 그대로 유효하다.

tions)의 실체를 가져야 한다는 것이다. 우선 인권기구는 반드시 헌법이나 법률 등의 법적 근거 아래에서 설치되어야 한다.[53] 법적 근거가 분명하지 않은 인권기구는 A등급의 인권기구가 될 수 없다. 인권기구의 권한 또한 반드시 파리원칙에서 열거한 것처럼 인권증진과 보호를 위한 특정한 기능이 열거되어야 한다.[54]

GANHRI 등급기준이 인권기구의 권한과 관련하여 특별히 강조하는 것은 국제인권협약에 해당 국가가 가입하는 것을 적극적으로 권고하는 기능이다. 이 기능은 설치 근거법에서 반드시 명기되어야 한다.[55] 나아가 인권기구는 국제인권 메커니즘에 활발히 참여할 수 있어야 한다.[56] 즉, 유엔헌장에 기초한 인권 메커니즘인 유엔인권이사회 절차(예컨대, UPR)나 특별절차에 인권기구로서 참여해야 하고, 인권협약에 기초한 절차에도 참여할 수 있어야 한다. 여기서 참여란 이들 절차에 따른 국내외적 참여를 뜻하므로, 정부보고서의 제출과정이나 인권이사회나 협약감독기구로부터의 권고에 대한 국내 후속절차에서 인권기구로서의 일정한 역할을 담당하는 것 모두를 의미한다. 그뿐만 아니라 인권기구는 국내외의 인권 관련 기구들과의 원활한 협력과 소통을 할 수 있어야 한다. 정부의 관련 기구나 인권 관련 국내외 NGO 등이 바로 그 대상이다.[57]

마지막으로 GANHRI 등급기준은 인권기구의 각종 권고가 단순한 권고로 끝나지 않기 위해 일정 기간 내에(적어도 권고 후 6개월 이내) 인권기구가 관련 기관(정부기관 혹은 국회의 관련 위원회)과 협의할 것을 요구한다. 인권기구는 권고에 대한 후속조치와 관련된 확고한 권한을 가지고 있지 않으면 안 된다.[58]

(2) 독립성과 다양성 원칙에 의한 조직 구성 및 운영

GANHRI 등급심사 소위원회는 파리원칙에 입각한 인권기구인지를 판단함에

53) SCA General Observations 1.1.

54) SCA General Observations 1.2.

55) SCA General Observations 1.3.

56) SCA General Observations 1.4.

57) SCA General Observations 1.5.

58) SCA General Observations 1.6.

있어 인권기구의 조직 구성이 얼마나 독립성의 원칙과 다양성의 원칙에 따라 이루어지고 운영되는가를 중요 점검항목으로 살핀다. 먼저 다양성이라는 관점에서 보면 이것은 조직 구성 자체가 사회의 여러 이해관계를 다양하게 반영하여야 한다는 측면과 조직 구성 후에 다양한 시민사회와 지속적인 관계를 형성하며 인권기구를 운영해야 한다는 것을 의미한다.[59] GANHRI 등급기준은 다양성을 실현하는 데 있어 몇 가지를 예시하고 있는데, 인권기구의 최고의사결정기관의 구성원(member of governing body)을 사회의 여러 부문을 대표할 수 있도록 구성하는 것, 인권기구의 최고 구성원(예컨대, 인권위원)의 임명 절차를 다양한 사회집단으로부터 추천이나 제안을 받아 운영하는 것, 인권기구를 운영함에 있어 다양한 사회집단의 목소리를 듣는 절차를 확보하는 것(예컨대, 자문위원회, 각종 토론회, 연대기구 운영 등), 인권기구의 직원 구성을 다양한 사회집단을 대표할 수 있도록 채용하는 것 등이 여기에 포함된다.[60] 특히 이 다양성의 원칙에서 중요한 것은 여성 참여를 통한 젠더 밸런스다. 아무리 다양성이 확보된다고 해도 남성 중심의 다양성은 진정한 의미의 다양성이라고 볼 수 없기 때문이다. 나아가 인권기구의 최고의사결정기관 구성원의 임명절차에 있어서는 투명성과 이해관계자 집단과의 광범위한 협의절차 그리고 다양한 사회집단으로부터의 후보자 확보 등이 요구된다.[61]

인권기구 운영에서 정부와의 관련성은 독립성을 판단하는 데 매우 중요하다. 독립적인 운영을 위해서는 인권기구 내에 어떤 조직에도 정부 공무원의 참여는 제한적일 수밖에 없다. 인권기구의 원활한 운영을 위해 정부대표가 인권기구의 조직에 들어올 수는 있지만 그가 인권기구의 의사결정에는 참여해서는 안 된다.[62]

등급기준은 인권기구의 최상급기관의 구성원에 대해 신분보장을 요구한다. 또한 인권기구는 예상되는 이해관계의 충돌로부터 인권기구의 독립성을 지키고, 인권기구의 권한과 책임을 지속적이고 효율적으로 행사하기 위하여 상근위원을 확보해야

59) SCA General Observations 2.1.

60) SCA General Observations 2.2.

61) SCA General Observations 2.2.

62) SCA General Observations 2.3.

한다.[63] 나아가 인권위원의 임기와 해임은 임명권자의 독단적인 판단에 의해 자의적으로 행사되지 않도록 인권기구의 운영에 관한 법률에 특별히 보호되어야 한다.[64]

등급기준은 인권기구의 사무처의 직원에 대해서도 구체적인 요구사항을 담고 있다. 그 핵심은 인권기구가 원칙적으로 자신의 직원에 대하여 스스로 임명할 수 있는 권한을 가져야 한다는 것이다.[65] 인권기구가 독립적으로 운영되기 위해서는 정부로부터 파견되는 인력에 대해서도 어느 정도 제한을 할 수밖에 없다. 그렇지 않으면 사실상 독립적인 인권기구를 운영하기는 불가능하기 때문이다. 인권기구는 가급적 자신이 직접 임명한 직원으로 운영되어야 하고 불가피한 경우에만 정부로부터 파견을 받아야 한다. 이와 관련하여 등급기준은 간부급에 대해서는 파견불가원칙을 정하고 있고, 그 외의 직원에 대해서는 파견직원 수가 일정 수(25%)를 넘으면 안 된다(절대 불가 기준은 50%)는 원칙을 정하고 있다.[66]

등급기준에서 또 하나 중요한 것이 재정의 독립성에 관한 것이다. 인권기구는 한 국가의 경제적 상황에 따라 재정운용을 달리할 수 있지만 그 운영을 위한 최소한의 물적 토대(사무실, 인권위원과 직원의 급여, 통신수단 등)가 확보될 수 있도록 적절한 예산이 주어져야 한다. 인권기구의 재정은 국가재정에 의해 충당되어야 하며, 재정에 관한 자율성이 확보되지 않으면 안 된다.[67] 경우에 따라서는 인권기구가 완전한 재정 자율성을 가지지 못한다 해도(예컨대 인권기구의 재정운용이 정부에 의존하는 경우), 결코 그것이 인권기구의 독립성을 방해하는 요소가 되어서는 안 된다.[68]

63) SCA General Observations 2.8.

64) SCA General Observations 2.9.

65) SCA General Observations 2.7.

66) SCA General Observations 2.4.

67) SCA General Observations 2.6.

68) SCA General Observations 2.10.

제2절 한국의 국가인권기구

■ 학습을 위한 질문

1. 한국의 국가인권위원회(인권위)는 파리원칙에 충실한 인권기구인가?
2. 인권위의 조직상 문제는 무엇인가?
3. 파리원칙에 비추어 볼 때 인권위의 기능 중에서 부족한 부분은 무엇인가?
4. 인권침해의 구제를 구하는 인권위 진정제도의 문제점은 무엇이며 그 해결방안은 무엇인가?
5. 인권위는 권고기관인데, 권고기관으로서의 한계는 무엇이고 그 한계를 극복하기 위해서는 어떠한 노력이 있어야 하는가?

I. 설립경과

한국의 국가인권위원회(약칭 '인권위')는 시민사회의 투쟁의 산물이다. 1993년 6월 빈에서 열린 세계인권대회에 인권단체공동대책위원회가 참석하면서 한국의 시민사회는 국제사회에서 논의되는 국가인권기구의 개념과 필요성에 대해 인식한다. 이후 한국의 시민사회는 인권단체를 중심으로 국가인권기구 설치의 필요성을 꾸준히 요구했다. 이 요구는 1996년 대통령선거전에서 김대중 후보의 선거공약으로 연결되었고, 이후 김대중 정부(소위 국민의 정부)의 100대 국정과제에 포함됨에 따라 국가인권기구의 설립 논의가 본격화되었다.

하지만 인권기구를 만드는 데에는 법무부와의 지루한 투쟁이 계속되었다. 법무부는 인권기구를 법무부의 산하기관으로 만들어 통제가 가능한 기구로 만들려고 했고, 시민사회는 이를 거부하며 헌법기관에 준하는 독립성과 자율성을 갖는 독립기구를 요구했다. 급기야는 법무부가 만든 국가인권위원회법안이 나오고 70여 개의 인권단체의 연합체인 공동대책위원회(올바른 국가인권기구 실현을 위한 민간단체공동대책위원회)가 작성한 법안이 대립되면서 이견을 좁히지 못했으나 국회에서 당시 여당이던 새천년민주당의 수정안이 가까스로 국회를 통과했다. 수정안은 시민사회의 전폭적인 지지를 받는 것은 아니었지만 법무부의 산하기관화를 극복하고 입법·사법·행정부 어디에도 소속하지 않는 독립된 국가인권기구를 만드는 데에는 성공했다. 이러한 과정을 통해 인권위는 2001년 11월 25일 역사적인 출범을 했다.[1)]

독립위원회로서의 인권위의 법적 성격

우리 법에서 인권위가 어느 정도의 독립성을 갖는 위원회로 인식되고 있는지를 알아보자. 헌법에 직접 근거하지 않으면서도 독립성이 강조되는 행정위원회는 여럿 있다. 먼저 행정부 소속으로서 어느 정도 독립성이 부여된 위원회가 있는데, 이에 해당하는 것이 대통령 소속으로 되어 있는 방송통신위원회, 경제사회발전노사정위원회 등이 있고, 국무총리 소속으로는 공정거래위원회, 국민권익위원회 등이라 할 수 있다. 이들 위원회의 설치 근거는 모두 각각의 법률에 의하지만 일반적으로는 정부조직법 제5조(합의제행정기관의 설치) "행정기관에는 그 소관사무의 일부를 독립하여 수행할 필요가 있는 때에는 법률로 정하는 바에 따라 행정위원회 등 합의제 행정기관을 둘 수 있다"는 규정에 근거하고 있다.

한편, 헌법이 아닌 법률상 근거를 가지고 있지만 위의 행정위원회보다는 훨씬 독립성이 보장되며 기대되는 위원회도 있다. 그 대표적인 예가 인권위이고 한시적인 위원회로서는 진실·화해를 위한 과거사정리위원회가 여기에 해당한다. 이 두 위원회는 비록 헌법에 직접적인 근거가 없다고 해도 그 위상은 헌법적 위상을 갖는 것에 특징이 있다. 인권위는 헌법의 최고 가치인 불가침의 인권을 옹호하기 위한 것이고, 과거사위원회는 헌법의 기본원리인 민주적 헌정질서의 정착을 위하여 현대사 전 범위에 걸쳐 소위 '이행기의 정의'를 실현하기 위한 것이다.[2)] 이 두 위원회는 다른 행정위원회와는 달리 모두 소속 규정이 없고, 그 구성방식에서 대통령, 국회, 대법원에 의한 원칙이 적용되어 헌법기관인 헌법재판소와 유사하다. 이 두 가지 구성원칙은 일반적인 행정위원회에서는 발견하기 힘든 원칙으로 위원회의 독립성을 강화하기 위한 입법 의지라고 할 수 있다.[3)]

이와 같이 볼 때 인권위는 우리 법제상 헌법상 그 독자성이 보장된 최고기구(국회, 행정부,

---

1) 『국가인권위원회 연간보고서』(2003), pp. 13~17.

2) 정태욱, 「국가인권위원회의 독립성과 직제령 개정의 문제」, ≪민주법학≫, 제15권(민주주의법학연구회, 2009. 7), p. 19.

3) 특히 무소속 기관성은 독립위원회에서 별로 예가 없는 것이다. 아마도 예가 있다면 현재의 방송통신위원회가 대통령 소속으로 개편되기 전의 방송통신위원회일 것이다. 이 당시 방통위와 현재의 방통위는 소속 변경으로 말미암아 독립성에서는 약화되었다고 볼 수 있다.

법원)나 독립기구인 헌법재판소나 중앙선거관리위원회에 비해서는 독립성이 약하지만 정부조직법상의 행정위원회에 비하면 독립성이 강한 기구로 볼 수 있다.[4)]

인권위는 설립과정에서 독립성을 둘러싸고 법무부와 시민사회가 엄청난 갈등을 겪었다. 법무부는 새로 만들어질 인권위의 형식적인 독립성을 강조하며 민간법인 혹은 특수법인 형식의 인권위를 만들려고 했다. 이에 대해 인권단체들은 인권위가 법인 형식으로 만들어지면 법무부의 산하기관으로 되는 것이기에 국가기관, 특히 검찰을 감시해야 할 인권위는 제 기능을 담당하지 못할 것이라 하면서 극력 반대했다. 이런 이유로 인권위는 국가기구로 설립하되 소속 규정을 두지 않은 독립기구로 출범하게 된 것이다. 따라서 인권위의 독립성을 위해 인권위법 제정과정에서 무소속 독립기관으로 규정한 것이나 위원 구성의 분할원칙이 들어간 경위를 보아도 인권위가 일반적인 행정위원회와는 독립성 측면에서 비교할 수 없는 것이라는 것은 쉽게 이해할 수 있을 것이다.

II. 인권위의 출범의의

한국에서 인권위가 만들어졌다는 것은 다음과 같은 세 가지의 의미가 있다.[5)]

첫째, 국제인권규범의 국내적 실시(실행)을 위한 '준국제기구(準國際機構)'의 출범을 의미한다. 국가인권기구의 성격에 대해서 앞서 설명한 바와 같이 파리원칙에 설립된 인권기구는 준국제기구의 성격을 갖는다. 한국의 경우 인권위의 근거법인 국가인권위원회법은 인권의 개념을 "헌법 및 법률에서 보장하거나 대한민국이 가입 비준한 국제인권조약 및 국제관습법에서 인정하는 인간으로서의 존엄과 가치 및 자유와 권리"(제2조)라고 정의함으로써 인권의 헌법적 보장과 국제인권법적 보장을 명백히 하고 있다. 인권위는 단순히 국내기구만으로서의 성격을 갖는 것이 아니라 보편적 인권을 선언한 국제인권규약 등을 국내에 실행하는 기구로서의 성격을 갖는다는 것이다.

둘째, 헌정사상 최초로 기존 권력을 감시하면서 인권의 증진을 도모하는 독립적 국가기구가 만들어졌다는 것을 의미한다. 입법·사법·행정 어디에도 소속하지 않는

4) 정태욱, 「국가인권위원회의 독립성과 직제령 개정의 문제」, p. 21.

5) Ibid. pp. 17~19 참고.

국가기구는 헌정사상 유례를 찾을 수 없으나 인권증진을 위해서는 그러한 기구가 필요함을 한국의 시민사회는 절감했다. 인권위의 설립은 이러한 필요성에 대한 답이라고 할 수 있다.

셋째, 사회적 소수자를 위한 옹호자로서의 기능을 수행할 국가기관의 탄생을 의미한다. 인권위는 그동안 인권침해를 당해도 그 구제를 위해 스스로 일어서지 못했던 사회적 소수자를 위해 간편하고 효율적인 인권구제를 제공한다. 장애인, 아동, 노인, 성적 소수자, 외국인 등 사회적 약자들이 언제든지 그들의 문제를 가지고 인권위를 노크할 수 있으며 인권의 사각지대였던 감옥과 외국인 보호시설, 노인복지시설, 정신질환자 보호시설 등 다수인 보호시설이 인권위의 감시권하에 들어오게 된 것은 한국의 인권상황에서 큰 의미가 있다.

III. 인권위의 주요 기능 및 설립 이후의 활동

인권위의 주요 기능으로는 다음의 세 가지를 들 수 있다.[6)]

---

6) 인권위법 제19조는 인권위의 업무를 열거하고 있는데 그중에서 주요 기능을 골라내면 3개로 설명할 수 있다. 참고로 제19조는 다음과 같다.

제19조(업무) 위원회는 다음 각 호의 업무를 수행한다.

1. 인권에 관한 법령(입법과정 중에 있는 법령안을 포함한다)·제도·정책·관행의 조사와 연구 및 그 개선이 필요한 사항에 관한 권고 또는 의견의 표명
2. 인권침해행위에 대한 조사와 구제
3. 차별행위에 대한 조사와 구제
4. 인권상황에 대한 실태조사
5. 인권에 관한 교육 및 홍보
6. 인권침해의 유형·판단기준 및 그 예방조치 등에 관한 지침의 제시 및 권고
7. 국제인권조약에의 가입 및 그 조약의 이행에 관한 연구와 권고 또는 의견의 표명
8. 인권의 옹호와 신장을 위하여 활동하는 단체 및 개인과의 협력
9. 인권과 관련된 국제기구 및 외국의 인권기구와의 교류·협력
10. 그 밖에 인권의 보장과 향상을 위해 필요하다고 인정하는 사항

1. 인권정책 권고 기능

인권위는 인권에 관한 법령, 제도, 정책, 관행의 조사와 연구 및 그 개선이 필요한 사항에 관해 권고한다. 이를 위해 인권위는 인권상황에 대한 실태를 조사하고, 인권침해의 유형, 판단기준, 예방조치 등에 관한 지침을 제시 및 권고하며 국제인권조약 가입 및 그 조약의 이행에 관한 연구와 권고 또는 의견의 표명을 한다. 나아가 이와 연결된 업무로서 인권조약에 따른 정부보고서의 검토, 법원 및 헌법재판소의 인권 관련 사건에 대한 의견 제출 등을 한다.[7] 인권위는 출범 이후 20년간 1천 여 건의 정책 권고를 하여 한국 사회의 인권정책 방향을 제시했고,[8] 특히 2006년 이후 국가인권정책기본계획을 권고[9]함으로써 대한민국 정부가 일정 기간 집중해야 할 인권 분야의 방향과 목표를 제시하고 있다. 2006년 및 2020년 정부와 국회에 평등법 제정을 위한 권고(의견표명)는 우리 사회의 불합리한 차별 관행 및 제도 개선을 위한 인권위의 대표적 노력이었다.

나아가 국제인권법의 국내적 이행을 위해 미가입 국제인권조약에 대해 가입을 권고하고 국제인권기구가 한국 정부에 권고한 각종 결정을 이행하기 위한 노력은 파리원칙에 따른 국가인권기구의 기능에 비추어 매우 중요한 인권위 활동이라 할 수 있다.

---

7) 인권위법 제28조.

8) 이 중에서 사회적으로 많은 반향을 일으킨 정책 권고로는 테러방지법 제정 반대의견(2002년), 사회보호법 폐지의견(2003년), 국가보안법 폐지의견(2003년), 이라크 파병 반대(2004년), 사형제도 폐지의견(2005년), 비정규직근로자관련 법률안에 대한 반대의견(2005년), 반인도적범죄의 공소시효 배제의견(2005년) 등이 있다.

9) 국가인권정책기본계획(National Action Plans for the Promotion and Protection of Human Rights, 약칭 '인권NAP') 권고안은 한국 정부가 5년간(제1차 NAP 기간은 2007~2011년) 집중해야 할 인권분야의 청사진을 말한다. 제1차 NAP는 2006년 1월 인권위의 전원위에서 확정되어 대통령에게 송부되었다. 정부는 인권위의 인권NAP 권고에 기초하여 2007년 5월 인권NAP를 발표했다. 1차 NAP 권고 이후 이 권고는 인권위의 고유한 업무로 계속되고 있다. 인권위는 2022년 4차 인권 NAP 권고를 정부에 하였다.

2. 조사구제 기능

인권위는 국가권력 또는 공권력에 의한 인권침해와 사인에 의한 인권침해 중 평등권의 침해(차별행위)에 대하여 조사구제 기능을 가지고 있다.[10] 공권력에 의한 인권침해의 경우 인권위 출범 이후 20년 동안 인권침해사건으로 조사한 진정사건의 수는 15만 건이 넘는다.[11] 이 중 공권력 등에 의한 인권침해사건이 80%에 가깝고, 평등권 침해 사건인 차별사건이 20%에 달한다. 공권력 등에 의한 인권침해 사건은 구금시설, 다수인보호시설, 경찰 등 세 기관이 전체 사건의 70% 이상을 차지한다. 차별행위의 조사 및 구제의 경우는 국가기관, 공사 기업뿐만 아니라 사인(私人) 간에 발생하는 평등권 침해의 차별행위에 대한 조사 및 구제활동을 전개한다. 주요 내용으로는 성차별, 장애인 차별, 연령 차별, 용모 등 신체조건에 의한 차별, 인종 피부색을 이유로 한 차별, 사회적 신분에 의한 차별 등에 관한 진정사건이며 2005년부터는 법률개정으로 성희롱 사건 등 성차별에 관한 시정업무 전체가 인권위에 통합되었다. 2007년에는 장애인차별금지및권리구제등에관한법률(장애인차별금지법)이 제정됨으로써 인권위는 장애인차별사건의 조사구제 기능도 담당한다.[12]

2022년 7월 1일부터 인권위에 군인권보호관이 설치되어 군인권보호 업무에 들어갔다.[13] 이것은 인권위라는 합의제 기구에 옴부즈맨 성격이 강한 인권조직이 만들어진 것인데 향후 그 활동이 주목된다. 군인권보호관은 인권위의 소위원회인

---

10) 여기에서 구제기능이라 함은 인권위가 특정 진정사건을 조사한 다음 적절한 구제조치를 해당 기관에 권고하는 것을 의미한다.

11) 국가인권위원회, 『국가인권위원회 20년사』(2022).

12) 장애인차별금지법에 의하면 인권위는 차별시정기구로서 산하에 '장애인차별시정 소위원회'를 두도록 되어 있다(동법 제38조). 인권위는 장애인차별사건의 조사를 통해 차별이 인정되면 그 시정을 권고할 수 있다. 그러나 이 권고에 대해 당사자가 정당한 사유 없이 이행하지 않고 차별행위의 양태가 심각하여 공익에 미치는 영향이 중대한 경우 법무부장관이 시정명령을 할 수 있다고 되어 있다(동법 제43조).

13) 2022년 1월 군인권보호관·군인권보호위원회 및 군인권침해의 조사·구제를 규정하는 국가인권위원회법 제4장의 2가 신설되었다.

군인권보호위원회의 위원장으로서의 역할과 군인권보호업무 전반에 걸쳐 사무처의 지원 아래 진정사건의 조사, 권인권정책 및 군인권교육 전반에 중심적인 역할을 하게 될 것이다.

〈인권위 진정제도 요약〉

■ 누가 진정을 할 수 있는가

진정은 인권침해(차별행위 포함)를 당한 사람(피해자) 또는 그 사실을 알고 있는 사람이나 단체가 할 수 있다(인권위법 제30조 제1항). 전자를 본인 진정이라고 하고, 후자를 제3자 진정이라 한다. 진정인들은 대리인을 통해서도 진정을 할 수 있다(인권침해 및 차별행위 조사규칙 제12조).

■ 어떤 인권침해를 당했을 때 진정을 할 수 있는가

모든 인권침해가 인권위에 진정을 할 수 있는 것이 아니다. 인권위법은 크게 두 가지 경우를 진정대상으로 하고 있다. 하나는 공권력 등에 의해 헌법 제10조부터 제22조까지 보장된 인권을 침해당한 경우이다. 즉, 국가기관, 지방자치단체, 각급학교, 공직유관단체 또는 구금·보호시설이 업무수행과 관련하여 위의 인권을 침해한 경우이다(인권위법 제30조 제1항 제1호). 또 하나는 법인, 단체 또는 사인(私人)으로부터 차별행위를 당한 경우이다(인권위법 제1항 제2호). 이것은 사적 영역에서의 평등권 침해의 경우인데, 인권위법은 제2조에서 그 사유와 영역을 제한하고 있다.

■ 진정은 어떻게 하는가

진정은 다양하게 할 수 있으나 인권위가 안내하는 방법은 다음과 같다.

- 전화: 전국 어디서나 국번 없이 1331을 이용하면 전문상담사의 상담을 받을 수 있음
- 우편/방문/팩스·직접 인권위(지방은 지역 인권사무소)를 방문해 진정서를 접수하거나 인권위 홈페이지의 진정서 양식을 다운 받아 우편/팩스로 접수할 수 있음
- 인권위 홈페이지: 인권위 홈페이지를 방문해 홈페이지에 있는 진정서 양식에 진정내용을 직접 기입해 제출하거나 진정서 양식을 다운받아 인권위 전자주소(hoso@humanrights.go.kr)로 제출할 수 있음

■ 진정을 하면 어떻게 조사하는가

일반적으로 진정내용에 대해서 피진정인에게 답변과 관련 자료의 제출을 요구하고, 이후 진정제기 시 접수된 자료와 피진정인이 제출한 자료를 비교 검토하며, 필요한 경우 추가 자

료 제출 요구, 참고인 조사, 현장 조사, 감정 등을 통해서 사실관계를 확인한다.

■ 조사가 끝나면 어떻게 결정하는가

해당 소위원회에 안건 상정을 한 후 기각 또는 인용 여부를 결정한다. 기각의 경우는 3가지 사정이 있을 때 하는데(인권위법 제39조 제1항), 하나는 진정내용이 사실이 아님이 명백하거나 사실이라고 인정할 만한 객관적인 증거가 없을 때(1호기각), 조사결과 인권위법 제30조 제1항 제1호의 공권력 등에 의한 인권침해나 제2호의 차별행위에 해당하지 않는 경우(2호기각), 인권침해(차별행위)에 해당해도 이미 피해 회복이 이루어져 별도의 구제조치가 필요하지 아니하다고 인정되는 경우(3호기각). 안건을 인용하는 경우에는 피진정인, 그 소속기관 단체 또는 감독기관의 장에게 인권침해(차별행위)의 중지, 원상회복·손해배상 등 필요한 조치, 재발방지를 위한 필요한 조치, 인권침해와 관련된 법령 제도 등의 시정 또는 개선 등의 권고를 할 수 있다(인권위법 제44조).

■ 권고 결정은 어떻게 이행되는가

인권위의 권고 결정은 법적 구속력이 있지 않다. 다만 이 결정은 피진정인이나 관련기관을 사실상 구속하는데, 이를 위해 인권위법은 권고 결정을 받은 기관의 장에게 권고 결정의 존중의무를 부과하고(인권위법 제25조 제2항), 권고를 받은 날로부터 90일 이내에 권고사항의 이행계획을 위원회에 통지하도록 하고 있으며(인권위법 제25조 제3항), 권고사항을 이행하지 못할 경우는 그 이유를 통지하도록 하고 있다(인권위법 제25조 제4항). 인권위는 필요한 경우 권고 결정과 피권고기관의 통지내용을 언론 등에 공표할 수 있다(인권위법 제25조 제5항).

* 참고 조문

인권위법 제30조(위원회의 조사대상)

① 다음 각 호의 어느 하나에 해당하는 경우에 인권침해나 차별행위를 당한 사람(이하 "피해자"라 한다) 또는 그 사실을 알고 있는 사람이나 단체는 위원회에 그 내용을 진정할 수 있다. 〈개정 2011.5.19, 2012.3.21〉

1. 국가기관, 지방자치단체, 「초·중등교육법」 제2조, 「고등교육법」 제2조와 그 밖의 다른 법률에 따라 설치된 각급학교, 「공직자윤리법」 제3조의2제1항에 따른 공직유관단체 또는 구금·보호시설의 업무 수행(국회의 입법 및 법원·헌법재판소의 재판은 제외한다)과 관련하여 「대한민국헌법」 제10조부터 제22조까지의 규정에서 보장된 인권을 침해당하거나 차별행위를 당한 경우
2. 법인, 단체 또는 사인(사인)으로부터 차별행위를 당한 경우

3. 인권교육 및 국내외 협력 기능

인권위는 시민의 인권의식을 향상시켜 인권의 문화적 토대를 만들기 위한 방법으로 인권교육기능을 가지고 있다. 인권교육을 종합적·체계적으로 추진하기 위해 인권교육 법제화를 추진하고 있고 사이버 인권교육 기반을 구축했다. 또한 인권교육 강화를 위한 인권교육 프로그램 및 교재개발, 인권교육 연구학교 운영, 학교 교원 및 검찰, 경찰, 교정 공무원 등 법집행관 등에 대한 인권교육 프로그램 등을 지속적으로 추진하고 있다. 그뿐만 아니라 인권영화, 인권잡지, 인권만화 등의 인권문화 콘텐츠 개발에도 힘을 쏟고 있다. 특히 영화 부분은 차별을 주제로 한 3개의 영화[14]를 만들어 일반 극장에서 상영한 바 있다.

인권위의 기능 중에서 국제협력 분야는 국제인권의 국내화와 국제인권규범의 형성에 기여한다는 목표를 가지고 활발히 추진하는 분야이다. 한국이 가입한 국제인권조약의 모니터링을 위해 제네바 등에 인권위원 및 전문직원을 파견하고 있으며 국제기구 및 NGO와의 협력, 국가인권기구와의 협력체제를 강화하기 위해 각종 회의를 주최하거나 참가하고 있다. 인권위는 국가인권기구 간 회의체인 APF(아시아태평양 국가인권기구 포럼), GANHRI(국가인권기구세계연합)에서 중심적 역할을 하고 있다.

Ⅳ. 인권위의 국제인권법 적용방법

국제인권법을 국내에서 적용할 때 방법론은 대체로 직접적용 혹은 간접적용의 방법이 있다.[15] 그러나 이들 방법론은 엄밀히 보아 사법기구에서 국제인권법을

---

14) 〈여섯 개의 시선〉(2002년), 〈다섯 개의 시선〉(2004년), 〈별별이야기〉(2005년). 이들 작품들 중 〈다섯 개의 시선〉과 〈별별이야기〉는 다수의 국제영화제에 출품되거나 초청되어 화제작이 되었다.

15) 이에 대한 자세한 언급은 이 책 제5장 3절 이하 및 박찬운, 「사법판단에서의 국제인권법의 적용 가능성: 국제인권법의 국내 이행에 있어 문제점 및 대안」(국가인권위원회 심포지엄, 2004. 10. 27); 박찬운, 「실무적 입장에서 본 국제인권법의 직접적용」, ≪인권과 정의≫(2004. 4) 참고.

적용할 때의 문제이고 인권위와 같은 소위 인권기구에서의 적용방법은 아니다. 사법기구는 확정된 사실에 대해 법적 평가를 할 때 판단기준인 법규범에 대한 존재를 분명히 해야 하므로 국제인권법의 법원(source of law)과 그것을 적용하는 데에 엄격할 수밖에 없다. 이에 비해 인권기구에서의 국제인권법 적용은 대단히 유연하다.

인권기구는 국제인권법의 국내적 이행을 목적으로 설립되었기 때문에[16] 그 목적 수행을 위해 다양한 방법을 사용할 수 있다. 즉, 인권기구는 인권정책자문기능, 조사구제기능, 인권교육기능을 수행할 때 우리가 가입한 국제인권조약 등의 국제인권법을 국내적으로 이행하기 위해 동 규범을 직접적 혹은 간접적으로 활용할 수 있고[17] 그 방법은 사법기관처럼 경직될 필요가 없다. 실무적으로 보아 인권위는 정부기관 등 관련 기관에 인권정책을 권고함에 있어서는 국제인권법에 직접 터잡아 의견표명 혹은 권고를 하는 데 아무런 문제가 없다(이런 면에서는 국제인권법의 직접적용이라 할 수 있음).[18] 그뿐만 아니라 인권침해의 조사구제 과정에서는 현재 인권위법 제30조가 헌법 제10조 내지 제22조의 위반 여부와 평등권(헌법 제11조) 침해 여부를 판단하는 것으로 되어 있어 국제인권법을 직접적용하여 진정사건을 판단하기 어렵다는 지적이 있으나 적어도 해당 기본권을 해석하는 데 그 기준으로서 국제인권법을 사용하는 데는 아무런 문제가 없다고 본다(이런 면에서는 국제인권법의 간접적용이라 할 수 있음). 이와 같은 태도로 현재 인권위가 인권정책의 권고 또는 진정사건의 처리에서 국제인권법을 적용하기 위해 노력하고 있다고 본다.

---

16) 인권위법 제2조는 인권 개념을 정의하면서 국내법에 근거한 인권과 함께 "대한민국이 가입 비준한 국제인권조약 및 국제관습법에서 인정하는 인간으로서의 존엄과 가치 및 자유와 권리"를 규정함으로써 인권 개념의 외연을 국제인권법적 측면으로 확대했고 제19조 제7호(국제인권조약에의 가입 및 그 조약의 이행에 관한 연구와 권고 또는 의견의 표명) 등의 조문에서 국제인권법의 국내 이행을 위한 각종 활동을 인권위원회의 기능으로 정하고 있다.

17) 인권위의 활동 중 국제인권법의 적용방법과 관련하여 방법론을 생각해야 하는 분야는 인권정책 권고기능 및 조사구제기능 등의 분야이다.

18) 사회권에서의 국가의 다면적 의무를 연구하여 이에 맞는 인권정책 권고기능을 할 수 있을 것이다. 즉, 무엇이 특정 사회권의 존중의무인지, 보호의무인지, 충족의무인지를 가려내 이에 맞는 인권정책을 권고해야 한다.

〈표 5-4〉 국가인권위원회 인권증진 행동전략(2021~2025)

비전 "사람이 사람답게 사는 세상"		
사명	전략목표	성과목표
모든 사람의 존엄, 평등, 자유가 보장되는 인권사회 실현	급변하는 인권환경과 지구적 재난·위기상황에 선제적 대응	1. 재난상황에서 인간의 존엄과 권리 보장 2. 빈곤과 양극화 해소를 위한 사회보장 강화 3. 4차 산업혁명시대 정보인권 보호 4. 초고령사회 노인의 권리 강화 5. 새로운 노동인권 사각지대 해소와 인권경영 강화 6. 스포츠인권환경의 패러다임 전환과 스포스인권강화 7. 북한인권 개선 강화
	국제 인권규범·국내 이행 강화	8. 평등과 차별금지를 위한 법·제도화 및 혐오포현 대응 9. 인종차별 대응과 이주민·난민 인권보호 10. 성차별 해소와 성평등 기반 구축 11. 장애인 인권 강화를 위한 사회참여 증진 12. 아동·청소년 인권에 대한 인식 정립 및 법·제도 개선 13. 형사사법절차의 인권친화적 개선 14. 미가입 국제인권조약 대응과 국제협력 강화
	국가인권 기구로서의 책임성과 역량 제고	15. 조사구제 활동의 신속성, 실효성, 전문성 강화 16. 생애주기별 인권교육 확대와 인권문화 확산 17. 교류협력 내실화와 인권거버넌스 강화 18. 지역인권보장체계 및 인권사무소역량 강화 19. 군 인권 보호·증진 체계 강화 20. 체계적 인권진단과 평가제도 마련 21. 위원회 전문성 제고와 독립성 강화

향후 인권위의 이와 같은 국제인권법의 적용방법은 국제인권규범의 국내적 이행을 위한 국가기관의 태도로서 중요한 자세로 평가될 것이다.

V. 인권위의 향후 과제

한국의 국가인권기구의 탄생, 곧 인권위의 설립은 지난 30여 년간의 한국 인권사에서 하나의 상징과 같은 사건이다.[19] 인권위는 출범 이후 이러한 역사적 평가에 걸맞게 짧은 기간 동안 많은 일을 했고, 해오고 있다. 그러나 인권위가 향후 좀

19) 김대중 전 대통령의 재임 5년간의 업적 중 2개가 두드러진다고 한다. 하나가 IMF 체제하의 한국 경제를 구해 경제 대국으로 도약시켰다는 것이고, 다른 하나가 수많은 논란 속에서도 인권위를 설립해 대한민국을 인권 선진국으로 나아가도록 기틀을 만들었다는 것이다.

더 한국의 인권사에 중추적인 역할을 해나가기 위해서는 아직도 적잖은 과제가 남아 있다. 몇 가지를 열거하면 다음과 같다.

첫째, 무소속(無所屬) 독립기구의 한계를 넘어 헌법기구로 위상(位相)을 높여야 한다. 현재 인권위는 법률에 의해 무소속 독립기구의 성격을 갖는 국가기구가 되었다. 그러나 법률에 근거한 무소속 독립기구의 업무 수행은 대단히 어려운 실정이다. 헌법에 근거하지 않는 독립기구에 대한 이해가 넓지 않은 현실에서 타 국가기관의 협조를 받기가 쉽지 않고, 기관의 법상 지위에 대한 애매모호함이 출범 이후부터 꾸준히 제기되고 있다. 이런 이유로 불원간 헌법개정이 논의되는 시점에서 인권위의 헌법기구화를 도모하기 위한 논의가 필요하다고 생각한다.

둘째, 조직적인 측면에서 인권위원의 임명방법을 개선해서 전문성과 인권감수성(人權感受性) 높은 인권위원이 임명되도록 해야 한다. 인권위원 11명은 국회와 대통령이 각각 4인을, 대법원이 3인을 추천할 수 있게 되어 있다. 사회적 다양성이 확보될 수 있는 구조로 보여 긍정적인 측면이 있지만 실상은 위원으로서 갖추어야 할 전문성이나 인권감수성에 문제가 있다는 지적이 많다. 따라서 임명과정에서 시민단체 및 인권단체 등 국민이 추천과정에 직접 참여할 수 있는 방법이 연구되어야 한다. 초창기와 달리 인권위법은 인권위원 임명 시 다양한 사회계층으로부터 후보를 추천받거나 의견을 들은 후 임명하도록 규정되어 있지만 그 절차는 여전히 많은 문제를 갖고 있다.[20)]

셋째, 인권정책 분야에선 국가인권정책기본계획의 수립근거와 수립절차에 대한 법적 근거와 국제인권기구의 권고사항을 국내적으로 이행할 수 있는 법적 근거를 각각 마련할 필요가 있다. 인권위 설립 이후 2023년 현재까지 4회에 걸친 국가인권정책기본계획 권고가 있었지만 그 법적 근거는 모두 인권위법 제19조에 따른 정책권고였다. 하지만 국가인권정책기본계획의 수립에 대해서는 직접적 법률적

20) 2016년 인권위법은 제5조 제4항을 신설하여 "국회, 대통령 또는 대법원장은 다양한 사회계층으로부터 후보를 추천받거나 의견을 들은 후 인권의 보호와 향상에 관련된 다양한 사회계층의 대표성 반영될 수 있도록 위원을 선출 지명하여야 한다"고 규정하였고, 제5항을 신설하여 인권위원장에 대한 국회 인사청문 절차를 마련하였다. 이런 규정을 두고 있지만 인권위원 임명과정에서 적절한 추천기구를 설치하여 후보자들에 대해 검증하는 절차를 마련하지 못하고 있다.

근거가 없어 정부가 인권위의 권고에 따른 기본계획 수립에 많은 어려움이 있다. 나아가 유엔인권이사회나 조약감독기구인 유엔인권위원회 등에서 한국 정부에 인권상황 개선을 위해 많은 권고를 하고 있지만 이를 국내적으로 이행할 수 있는 수단과 방법이 없는 것도 문제이다.[21)]

넷째, 조사구제기능을 인권기구의 성격에 맞추어 재조정할 필요성이 있다.[22)] 무엇보다 인권위법 여기저기에 산재하는 '인권침해'라는 용어의 올바른 정립이 필요하다. 인권침해란 차별행위를 포함하는 것이지, 오로지 '공권력에 의해 한정된 기본권을 침해한 경우'만을 의미한다고 보아선 안 된다. 나아가 현행법의 조사대상과 각하사유를 인권기구의 '사법에 대한 보완성'의 원칙[23)]에 따라 재정립해야 한다. 현재의 조사대상과 각하사유는 많은 인권침해 피해자들을 인권위가 외면하는 원인을 제공하고 있다. 조사대상을 넓히고 각하사유를 제한하는 인권위법 개정이 필요하다.

다섯째, 인권위의 기능과 관련하여 권고의 실효성을 높일 수 방법을 적극적으로 모색해야 한다. 인권위는 기능상 본질적으로 권고기관이므로 이 권고가 타 국가기관으로부터 합리적인 사유 없이 배척되면 그 존재의의가 없게 될 것이다. 따라서 권고의 수용률을 높이는 것은 사활적 과제이다. 이를 위해 두 가지가 고려되어야 할 것이다. 하나는 인권위의 권고 자체가 전문적이고 실용성이 높아 해당 기관이 그것을 수용하지 않으면 안 되게 만들어야 한다.[24)] 다른 하나는 해당 기관이 합리적

21) 이런 문제를 해결하기 위해 논의되고 있는 것이 인권정책기본법 제정이다. 2022년 정부와 인권위는 이 법률의 제정에 합의하여 정부 입법을 추진하기로 하였으나 2023년 말 현재 국회 논의는 큰 진전이 없다.

22) 이에 대한 자세한 논의는 박찬운, 전게 논문(「국가인권위원회의 조사구제 분야 개선방안에 관한 소고」), ≪법학논총≫, 제40집 제2호(한양대학교 법학연구소, 2023. 6.), p. 49 이하 및 이 책 제10장 제5절 국가인권위원회의 조사구제기능 재검토 참고.

23) 인권위의 보완성의 원칙(complementarity)이란 사법절차의 부족한 부분을 인권위의 조사구제기능이 보충하여 인권보장 수준을 완전하게 한다는 의미이다. 이것은 인권위의 조사구제기능이 단순히 사법절차를 추가·보충하는 것이 아니라 그 이상으로서 그것이 없으면 인권보장 절차가 완전해지기 어렵다는 의미를 내포하고 있다.

24) 물론 미래 지향적인 권고도 있을 수 있고, 그런 권고는 바로 수용되기 어려울 것이다. 하지만 일

인 사유가 없으면 이를 반드시 수용해야 하는 법적 장치를 만들어야 한다. 사실상의 구속력을 줄 수 있는 방법으로 인권위의 권고를 수용을 하지 않는 경우 일정 기간 내에 불수용에 대한 합리적인 설명 의무를 부과하는 방법[25] 외에 필요한 경우 인권위가 그 이행을 위해 권고 이외의 처분을 할 수 있는 방법을 연구할 필요가 있다.[26]

반적인 권고는 현실적이고도 실용성 있는 권고여야 한다.

25) 이 방법은 인권위 설립 초기에는 없었으나 2012년 인권위법 개정을 통해 권고를 받은 관계기관 등의 장은 그 권고의 내용을 이행하지 아니할 경우에는 그 이유를 위원회에 통지하도록 하는 규정(인권위법 제25조 제4항)을 신설하였다.

26) 현재 장애차별의 진정사건은 장애인차별금지 및 권리구제에 관한 법률(제43조)에 따라, 인권위가 장애차별을 인정해 권고했음에도 권고를 받은 자가 정당한 사유 없이 이행하지 않고 피해의 정도가 심각하고 공익에 미치는 영향이 중대하다고 인정되는 경우, 법무부장관은 피해자의 신청 또는 직권으로 시정명령을 할 수 있다.

제3절 국제인권조약의 국내적 효력과 적용

■ 학습을 위한 질문

사례: B는 2007년 1월 1일 강도혐의로 긴급체포되었다. 그는 경찰에서 조사를 받던 중 영장실질심사를 받겠느냐는 수사관의 질문에 그 의미를 제대로 이해하지 못하고 거부하고 말았다. 그 뒤 검사는 그에 대하여 영장을 청구했고 판사는 피의자의 신문 없이 영장을 발부했다. 이 사건을 맡은 C변호사는 자유권규약 제9조 제3항이 피의자의 의사와는 관계없는 필요적 절차라는 데에 착안하여 B에 대한 구속은 자유권규약 위반이라고 판단했다.[1)]

질문: 이 사례에서 변호인 C는 구속절차가 자유권규약 위반임을 들어 구속적부심사 등을 청구할 수 있을까?

국제인권법적 입장에서 보았을 때 국가인권기구는 하나의 시스템으로 중요한 것이지만 또 하나 중요한 것은 국제인권규범의 국내적 효력을 어떻게 하면 현실화할 것인지이다. 전자가 국제인권법의 국내적 보장의 형식적 접근방법이라면 후자는 실체적 접근방법이라 할 수 있다. 이 절에서는 후자에 대하여 본격적으로 다루어 본다.

I. 문제의 제기

우리나라는 대부분의 국제인권조약에 가입한 나라로서 국제적 인권규범을 어떻게 국내에서 이행하는가는 인권향상에 있어 지대한 관심사이다. 인권조약에 가입한 이후에 이것을 이행하는 문제는 국가의 선택사항이 아니라 법적으로 구속되는(legally binding) 의무이다. 이러한 의무를 우리 헌법체계는 어떻게 국내법적으로

---

1) 형사소송법상의 영장실질심사제는 2007년 형사소송법의 전면 개정으로 필요적 제도로 바뀌었다. 이 사례는 개정 형소법의 발효일(2008. 1. 1) 이전의 상황이다.

보증하고 있는가? 이를 위해 우리는 우리의 헌법체계를 어떻게 해석해야 하는가?

우리 헌법 제6조 제1항은 "이 헌법에 의하여 체결 공포된 조약과 일반적으로 승인된 국제법규는 국내법과 같은 효력을 가진다"라고 규정하고 있다. 이 규정은 국제법과 국내법의 관계에 대한 헌법적 근거이다. 일견하여 이 규정은 국제법과 국내법의 관계를 명확하게 표현한 것처럼 보이나 사실은 그렇지 못하다. 국내법과의 관계에서 국제법의 지위나 규범적용의 방법에서 국제법의 적용방법에 관하여 많은 논의들이 진행되어 왔음이 이를 증명한다. 국제법의 일부인 국제인권법도 그 지위나 효력에 대해서는 국제법 일반론에서 볼 수 있는 동일한 논쟁이 존재한다. 다만 국제인권법은 국제법 중에서 국제사회가 개인에게 직접 권리를 인정하는 형식의 규범이므로 일반적인 국제법 이론과는 조금 다른 이론이 적용될 수도 있지 않을까 하는 의문이 있다. 이하에서는 국제인권법, 그중에서도 국제인권에 관한 조약의 국내적 효력과 그 적용을 둘러싼 문제에 관하여 일반 국제법의 이론에 따라 알아보고 필요한 경우 국제인권법의 특수성에 입각한 새로운 해석을 하고자 한다.

이하의 서술은 크게 두 가지 문제에 대한 답변을 목표로 한다. 첫째는 국제인권조약의 국내법에서의 지위와 관련된 문제이다. 즉, 국제인권조약이 국내법과 같은 효력이 있다고 할 때 그것은 기존의 국내법과 어떤 관계에 있다고 볼 수 있는가? 좀 더 직접적으로 말하면 국내법이 국제인권조약에 저촉된다고 할 때(혹은 반대의 경우도 있을 수 있음) 이들의 관계는 어떻게 되는가? 한마디로 양 규범의 서열관계는 무엇인가 하는 문제이다. 둘째는 국제인권조약의 직접적용을 중심으로 한 국내적 적용의 문제이다. 여기에서는 직접적용가능성(자기집행성)이란 무엇인지, 어떤 경우에 국제인권조약은 국내법의 도움 없이도 직접적으로 적용이 가능한지, 이 문제와 통상 논의되는 인권조약에서의 국가의무와는 어떤 관련성이 있는지, 나아가 우리의 사법현실에서 인권조약의 국내적 적용을 위한 구체적 방법은 무엇인지 등의 문제에 대해 답을 구해보고자 한다.

II. 국제인권조약과 국내법의 관계

1. 일원론과 이원론 논쟁

전통적으로 국제법과 국내법의 관계를 설명할 때 일원론과 이원론의 대립을 설명한다. 일원론은 국제법과 국내법의 관계를 별개의 법체계가 아닌 하나의 통일적 법체계로 파악한다. 이 이론을 취하게 되면 국제법은 통상 국내법의 일부가 되어 특별한 수용절차 없이 국내적 효력을 갖는다. 다만 국내법과의 서열관계에서 국내법우위설과 국제법우위설로 나뉘게 되는데, 통상 국내법 학자들은 전자를, 국제법 학자들은 후자의 견해를 취한다. 이에 반해 이원론은 국제법과 국내법의 관계를 서로 독립한 별개의 법체계로 파악한다. 이 견해에 의하면 국제법과 국내법은 독립된 법체계이므로 상호 아무런 관련이 없고, 국제법이 국내적으로 바로 효력도 인정될 수 없다. 이 견해에 의하면 국제법이 국내적으로 효력이 있기 위해서는 국제법을 국내법으로 변형하는 절차가 있지 않으면 안 된다.

2. 국제법과 국내법의 관계에 관한 비교법적 고찰

국제법과 국내법의 관계를 일원론적 입장에서 보는 경우에도 나라마다 다양한 입법정책을 사용하고 있다. 각각의 경우를 다음과 같이 나누어 설명할 수 있다.

가. 조약에 헌법을 포함한 어떤 국내법령보다 우월한 지위를 부여하는 경우

이 경우는 헌법을 포함한 국내법에 대하여 조약의 우위를 인정하는 것이다. 유럽의 일부 나라에서 채택하고 있는데, 대표적인 나라가 네덜란드이다. 네덜란드는 헌법 제94조에 "왕국 내에서 시행 중인 법령규정은 그 적용이 모든 사람에게 구속력 있는 조약의 규정이나 국제기구결의의 규정과 충돌하는 경우 적용될 수 없다"라고 규정하고 있다. 이것은 조약이 모든 국내 입법에 우선함을 밝히고 있는 것이다. 나아가 헌법 제120조에 의하면 재판소는 조약의 합헌성 여부를 심사할 수 없다. 그러므로 네덜란드가 비준한 조약은 그 자체로서 네덜란드의 최고법이라

고 할 수 있다.[2)]

나. 조약이 당사국의 헌법의 일부가 되는 경우

이 경우는 조약이 명백히 조약 당사국의 헌법에 수용될 수 있다는 것이다. 이 접근방법을 사용하고 있는 나라로는 오스트리아를 들 수 있는데 여기에서는 조약이 헌법의 각 규정과 같은 지위를 갖게 되어 헌법을 제외한 어떠한 국내법령도 조약에 위반될 수 없고, 위반되면 무효가 된다. 그러나 이 이론에 의할 때라도 헌법과 조약이 상충되는 경우는 생길 수 있다. 즉, 조약의 가입과정에서 조약의 규정이 헌법의 관련 규정과 상충되는 것이 간과되었다면 후에 헌법과 조약의 우열문제가 생기게 된다.[3)]

다. 조약이 당사국의 법령에는 우위이나 헌법에는 후위인 경우

유럽의 나라들 대부분이 택하고 있는 방법이 바로 이것이다. 이 방법은 조약이 국내법 질서의 한 부분을 형성하면서 헌법과의 관계에서는 체계상 후위에 있지만 다른 법령보다는 우위에 있는 것을 말한다. 이러한 접근방법을 쓰고 있는 나라 중 대표적인 나라가 프랑스인데, 프랑스 헌법 제55조는 "적법하게 비준되거나 승인된 조약 또는 협약은 각 협약 또는 조약이 타방 당사자에 의하여 적용될 것을 조건으로 그 공포 시부터 법률보다 우월한 권위를 갖는다"라고 규정하고 있다. 이러한 원칙하에서는 국내법령이 국제조약에 상충될 때 개인은 국내법원에서 조약상의 권리를 주장할 수 있다.[4)5)]

---

2) 김대순, 『국제법』, 제11판(삼영사, 2005), p. 192.

3) Rudolph Bernhardt, "The Convention and Domestic Law," in R St. J. Macdonald, F. Matscher and H. Petzold(eds.), *The European System for the Protection of Human Rights 25*(1993), p. 26.

4) Ibid.

5) 그러나 현실은 조약이 법률에 우선하는 경우는 거의 없다고 한다. 이러한 현실에 대해 김대순 교수는 세 가지 이유를 들고 있다. 첫째, 전통적으로 법률은 주권자인 국민의 일반의지의 표현으로 간주되고 있고, 사법재판소와 행정재판소를 가리지 않고 재판관이 법률의 유효성에 대해 이의를

라. 조약과 국내 법률이 같은 지위를 갖는 경우

상당수의 나라에서는 조약을 헌법에는 후위이지만 국내 법률과는 같은 지위를 준다. 이것은 국내 법률이 의회에서 제정되는 것과 같이 조약도 국회의 동의를 받아 국내법으로 수용되는 것이므로 기본적으로 조약과 국내 법률과의 우열은 인정할 수 없다는 것이다. 문제는 조약과 국내 법률이 상충될 때 어떻게 문제를 해결할 것인가이다. 이 접근방법은 이 문제의 해결을 위해 국내법률 상호 간에 충돌이 있을 때 해결하는 방법을 원칙적으로 원용한다.

첫째는 신법 우선의 원칙(lex posteori rule)이 적용된다. 이것은 조약과 국내 법률이 시간적으로 어느 것이 나중에 만들어졌는가를 판단하여 후에 만들어진 것의 우위를 인정한다는 것이다. 둘째는 특별법 우선의 원칙(lex specialis derogat leges generales)이다. 이 원칙을 적용함에 있어서 일반적으로 조약은 국내 법률의 관계에서는 특별한 관계로 취급된다. 셋째는 국내 법률은 국제조약과 조화되도록 해석되어야 한다는 원칙이 적용된다.

이러한 해석에 의해서 조약은 국내 법률이 조약의 내용을 명백히 부인하는 것이 아닌 이상 국내 법률과의 관계에서 사실상 우위에 있게 되는 결과가 된다. 따라서 위의 세 원칙을 적용하다 보면 조약이 국내 법률에 후위에 있게 되는 경우는 조약이 성립한 연후에 국내 법률이 만들어지고 그 법률의 내용이 명백히 조약의 내용을 부인하거나 개정할 의도로 만들어진 경우에 한하게 된다. 그러나 현실적으로 이러한 경우는 거의 찾아볼 수 없다.[6]

제기하는 것은 금기로 되어 있다고 한다. 둘째, 다른 국가에서는 조약 해석이 대체로 재판관의 임무로 간주되고 있지만 프랑스에서는 그 임무가 원칙적으로 외무부에 할당되어 있고, 재판과정에서 외무부에 조약 해석과 관련된 의견을 묻게 되면 외교부는 국가이익을 보호하려는 경향으로 조약우위의 원칙을 사실상 지키지 못한다고 한다. 셋째, 1958년 헌법 제55조는 그 이전의 규정이 가지고 있지 않은 상호주의 조건을 달고 있다는 것이다. 김대순, 『국제법』, 제11판(삼영사, 2005), pp. 189~191.

6) Rudolph Bernhardt, "The Convention and Domestic Law," in R St. J. Macdonald, F. Matscher and H. Petzold(eds.), *The European System for the Protection of Human Rights* 25(1993), p. 26.

3. 한국 정부의 입장

국제인권조약(규약)과 국내법의 관계에서 우리 정부가 취한 태도는 조금 모호하다. 우리 정부는 인권조약에 따라 설치된 감시기구(treaty monitoring bodies)에 대해 제출한 정부보고서와 보고서 검토과정에서 수회에 걸쳐 인권조약과 국내법의 관계를 설명한 바 있다.

먼저 정부는 1992년 자유권규약(ICCPR)에 따른 정부보고서(최초보고서) 검토과정에서 강한 톤으로 자유권규약의 국내법(헌법을 제외한 법령)에 대한 우위를 확인했고 만일 국내법이 자유권규약에 위반되면 그것은 위헌이라고까지 했다.[7] 그런데 이러한 태도가 변했는지 한국 정부가 1996년 고문방지위원회(CAT Committee)에 제출한 최초 정부보고서에는 위의 입장과는 상당히 다른 대목이 발견된다. 여기에서 한국 정부는 고문방지협약이 자유권규약과 같이 별도의 국내 입법이 없이도 직접 국내적 효력이 있다는 것을 확인하면서 하나의 단서를 달고 있다. 그것은 고문방지협약과 국내법의 관계에 관한 것인데, 한국 정부는 국내법(헌법을 제외한 국내법령)에 대한 협약의 우위를 선언한 위의 자유권규약위원회에서의 공언과는 달리 국내법과 협약의 관계는 신법 우선의 원칙과 특별법 우선의 원칙이 적용된다고 함으로써 경우에 따라서는 국내법이 우위에 있을 수 있음을 표현했다.[8]

---

7) UN GAOR, Hum. Rts. Comm. 45th Sess., 1154 mtg. p. 3, para. 8, Doc. CCPR/C/SR 1154(July 20, 1992). 관련 부분의 원문을 소개하면 다음과 같다. "Under article 6(1) of the constitution, the Covenant had the same effect as domestic law. He [the delegate] could not accept the claim that the guarantees contained in the Covenant might be overturned by subsequent domestic legislation, since such a suspicion underestimated the Republic of Koreas commitment to human rights and the increasing public awareness of the rights enshrined in the Covenant. …… Moreover, since the principal rights enshrined in the Covenant were also embodied in the Constitution, any conflicting domestic legislation would be deemed unconstitutional."

8) "Initial Report of Sates parties due in 1996: Republic of Korea"(UN Doc., May 30, 1996), CAT/C/32/Add.1, para. 20. 관련 부분의 원문을 소개하면 다음과 같다. "[T]herefore, when conflicts between domestic laws and the Convention arise, the lex posteriori rule and the principle of the precedence of special law shall be applied."

이것은 1998년 자유권규약에 따른 제2차 정부보고서의 제출 때에도 문제가 되었다. 당시 정부는 보고서에서 이 문제를 다시 한 번 다루며 "규약 가입 이후 제정된 국내법령이 규약의 내용과 충돌하는 경우 규약이 우월하다. 어떤 국내법도 규약과 상치될 수 없으며 만일 그럴 경우 그것은 위헌이다"라고 표현했다.[9] 그러나 이 표현도 조금은 모호하다. 즉, 이 표현 중 "규약 가입 이후 제정된 국내법령이 규약의 내용과 충돌하는 경우 규약이 우월하다" 부분은 신법 우선 원칙을 선언한 것이나 다름이 없고, 후단의 표현도 그것이 신법 우선의 원칙 혹은 특별법 우선의 원칙을 배제하는지가 불분명하기 때문이다. 이것은 위의 고문방지위원회에 제출한 정부보고서의 내용이 인권조약에 대한 국내법 우위로 해석될 수 있다는 비판을 막기 위해 일부러 모호한 표현을 썼다는 의혹이 든다. 이런 이유로 이 보고서를 심사한 자유권규약위원회는 한국의 헌법 제6조 제1항이 국제법(인권규약)이 국내법과 동일한 효력을 갖는다고 되어 있지만 이것이 오히려 규약 가입 이후에 제정된 국내 법률이 규약에 우월하다는 해석을 낳을 수 있다는 우려를 표시했다.[10]

이상과 같이 볼 때 인권규약의 국내적 지위에 대한 우리 정부의 입장은 다소 모호하다고 볼 수 있다. 정부의 기본적인 태도는 인권규약의 특성에서 오는 국내법

---

9) Second periodic reports of States parties due in 1996: Republic of Korea. 20/08/98. CCPR/C/114/Add.1. para. 9. 관련 부분의 원문을 소개하면 다음과 같다. "In the event that a law enacted prior to the Covenant's ratification conflicts with its provisions, the Covenant has greater authority. No law enacted in the Republic of Korea may encroach on the rights provided in the Covenant; any such law would be viewed as unconstitutional."

10) Concluding observations of the Human Rights Committee: Republic of Korea. 01/11/99. CCPR/C/79/Add.114. para. 7. 관련 부분의 원문을 소개하면 다음과 같다. "The Committee is concerned that article 6 of the Constitution, according to which international treaties ratified by the State party have the same effect as domestic laws, has been interpreted as implying that legislation enacted after accession to the Covenant has status superior to that of Covenant rights." 우리 헌법재판소의 입장도 명확한 것은 아니나 다만 한 사건(헌법재판소 2001. 4. 26. 선고 99헌가13)에서 헌법 제6조 제1항의 "…… 국내법과 같은 효력을 가진다"는 의미에 대하여 이것은 "국제법규가 국내법에 우선한다는 것을 의미한다는 것은 아니다"라고 한 바 있다. 이것은 헌법재판소가 국제법과 국내법이 충돌할 경우 특별법 우선의 원칙과 신법 우선의 원칙에서 해결할 것이란 것을 전제하지 않았나 하는 생각을 갖게 한다.

에 대한 우월을 인정하지 않고 단순히 두 규범의 관계를 동렬로 보고 신법 우선의 원칙과 특별법 우선의 원칙이 적용될 수 있는 관계로 보고 있는 것으로 파악된다.

4. 우리 헌법의 해석

우리 학자들, 그중에서도 국제법 학자들은 대체로 헌법 제6조 제1항의 "…… 국내법과 같은 효력을 가진다"라는 규정을 해석하면서 이 규정은 우리 헌법이 국제법과 국내법의 관계에서 일원론을 취한 근거로 보는 데 일치하고 있다.[11] 헌법학자들도 이에 대해서는 크게 다르지 않다. 문제는 국제법과 국내법의 서열문제, 즉 이 두 규범이 충돌했을 때 어떤 법리에 의해 해결할 것인가이다. 이에 대해 헌법학자 대부분은 국제법(국제조약)의 국내법에서의 지위를 헌법 통제라는 입장에서 헌법과의 관계에서는 헌법우위론을 주장한다.[12] 즉, 국제조약은 헌법의 사법심사의 대상이 된다고 보고 있다.[13] 다만 법률과의 관계에서는 등위론을 주장하는 학자가 많다. 등위론을 주장하게 되면 일반 법률의 충돌이론에 따라 특별법 우선의 원칙과 신법 우선의 원칙에 따라 상호 간의 충돌은 해결된다. 이에 반해서 국제법 학자들 중에는 기본적으로는 위와 같은 논리에 찬성하지만 조약 중에서 입법적 다자조약은 법률에 우선하거나 국제인권조약 등과 같이 강행규범(jus cogens)의 연원을 갖는 조약은 국내 법률보다는 우위에 두고자 하는 시도가 있다.[14]

필자는 국제인권조약은 형식적으로는 헌법에 비해 열위를 인정해야 하지만 국내법률에 대해서는 우위에 있다고 본다. 그것은 인권조약이 보장하는 인권은 대부분

11) 김대순, 『국제법』, 제11판(삼영사, 2005), p. 203.

12) 예컨대 허영, 『한국헌법론』(박영사, 2006), p. 176.

13) 허영 교수는 국제조약을 조약의 성질과 성립과정을 따져 법률과 같은 효력을 가지는 조약과 명령 규칙의 효력을 갖는 조약으로 나누어 전자는 헌법재판소가 후자는 대법원이 규범통제를 할 수 있다고 한다. Ibid.

14) 김대순, 『국제법』, 제11판(삼영사, 2005), p. 204. 국내 학자들의 국제인권규범의 서열에 대한 자세한 논의는 다음 논문을 참고할 것. 정경수, 「국제인권법의 국내 적용에 관한 비판적 분석」, ≪민주법학≫(민주주의법학연구회, 2000), p. 170 이하.

일반 국제법의 강행규범에서 출발한 것이므로 성질상 우리 헌법의 기본권 규정 이상의 보호의무가 우리 국가에 있고, 국제사회에서 인권보장을 위해 만들어 놓은 구속력 있는 규범에 우리가 가입해 놓고 후속 국내법에 의해 이를 배제하거나 국제법과 국내법을 일반법과 특별법 관계로 보아 배제하는 것은 그 자체가 국제법 위반이며[15] 우리 헌법의 국제법 존중원칙에도 도저히 부합하지 않는다고 보기 때문이다. 혹자는 이 같은 태도를 "국제사회에서 조약의 준수를 약속하고 그 불이행의 정당화 방법으로 국내법 규정을 원용하지 않겠다고 서약한 후 국내법률 규정으로써 조약의 국내적 효력을 폐기할 수 있다면 조약체결행위는 법적으로 아무런 의미가 없는 외교적 유희에 불과하며 국제평화주의의 이념은 공허한 구호에 지나지 않는다"라고 비판하기도 한다.[16]

문제는 필자와 같이 양자의 관계를 본다고 해도 국내 법률이 국제인권조약에 배치되는 경우 전자를 어떻게 배제하느냐이다. 일반 법원에서 문제가 되는 경우에는 국내 법률을 배제하고 인권조약을 우선적으로 적용시킬 수도 있을 것이다. 그러나 헌법재판에서는 국제인권조약 위반을 이유로 국내 법률의 효력을 실효시킬 수 있을 것인가가 문제가 된다. 인권조약에 헌법적 지위를 명문으로 부여하지 않는 우리 헌법하에서 헌법재판소가 인권조약을 헌법재판의 재판규범으로 인정하여 국내 법률을 무효화시키는 것은 사실상 어려울 것이다. 다만 뒤에서 보게 될 직접적용 및 간접적용의 방식으로 우리 헌법상의 기본권을 인권조약의 권리가 보충하게 되면 '국제인권조약 위반=헌법 위반'이라는 결론에 도출할 수 있을 것이므로 인권조약에 사실상의 헌법적 지위를 부여할 수 있게 된다. 이렇게 되면 국제인권조약은 헌법재판에서 사실상의 헌법규범으로 활용될 가능성도 있다고 본다.

---

15) 이것은 우리가 가입한 조약법에 관한 비엔나협약 제27조에 비추어 분명하다. 동 조항은 "어느 당사국도 조약의 불이행에 대한 정당화의 방법으로 그 국내법 규정을 원용해서는 아니 된다"라고 규정하고 있다.

16) 오승철, 「UN국제인권규약(B규약) 제9조 제3항의 국내법적 해석 적용」, ≪인권과 정의≫(2001. 2), p. 143.

III. 국제인권법의 자기집행성과 직접적용가능성

우리 헌법체계는 앞에서 본 대로 국제인권법(국제인권조약, 국제인권관습법)의 국내적 효력(domestic effect)을 인정하고 있다. 그렇다면 이 뜻은 무엇인가? 국내적 효력을 인정한다는 것은 특별한 국내 입법조치 없이도 재판기관(헌법재판소 포함)에서 다른 국내 법률을 적용하듯이 국제인권법(특히 국제인권조약)을 재판규범으로 적용할 수 있다는 말인가?

1. 전통적 주장

국제인권법의 국내적 효력을 어떤 방법으로 인정할 것인지에 대해서는 주로 자기집행성(self-executing) 혹은 직접적용가능성(직접적용성, direct applicability)이라는 개념으로 논의되어 왔다.[17] 그러면 어떤 경우에 자기집행적 조약이라고 할

---

17) 국내외적으로 자기집행력이라는 용어는 직접적용가능성 혹은 직접효력이라는 용어와 함께 왕왕 달리 혹은 같게 사용됨으로써 그 의미의 이해에 혼동을 야기하고 있다. 많은 사람들은 이를 같은 의미로 사용하기도 하지만 혹자는 완전히 달리 사용하기도 한다. 예컨대 김대순 교수는 직접적용성과 직접효력을 구별하여 사용하는데, 전자는 "조약 규정이 국내이행입법의 도움 없이 그 자체로(즉, 자동적으로) 국내법 질서의 일부를 형성할 때 그 규정"이라는 의미로 사용하고, 후자는 "여기에서 한 걸음 더 나아가 조약 규정이 그 자체로 개인에게 국내 재판소에서 원용할 수 있는 권리를 부여하거나 의무를 부과하기에 충분할 때 그 규정"이라는 의미로 사용한다. 이 말은 직접적용성은 일반 추상적 개념으로서 한 조약이 국내법의 도움 없이도 직접효력의 가능성이 있는 경우를 의미하며, 직접효력은 현실적 개념으로 그러한 조약 중에서 법원에서 직접 적용할 수 있는 조약이나 조약 중의 일부를 의미한다고 할 수 있다. 필자도 종전에 이러한 의미로 직접적용성과 자기집행력을 구별하여 사용한 바 있다. 박찬운, 『국제인권법』(도서출판 한울, 1999), p. 34 참고.
그러나 필자는 이곳에서는 자기집행력이라는 용어와 직접적용가능성이라는 용어를 구별하지 않고 같은 개념으로 사용하고자 한다. 아베 코키 교수는 이와는 다른 차원에서 자기집행성과 직접적용가능성을 구분한다. 즉, 그는 직접적용가능성은 국제상설사법재판소의 단치히 사건 이후 유럽공동체에서 국제법 평면에서 논의된 조약의 직접적용의 문제이고, 자기집행성은 그것과 관계없이 국내법적으로 논의되어 온 재판규범성의 문제라고 한다. 阿部浩己, 『國際人權の地平』

수 있는가? 이에 대해서는 한국과 일본의 국제법 학자들 사이에서는 다음과 같이 두 가지 요건이 충족되었을 때 자기집행적 조약이라고 볼 수 있다는 것이 통설적 견해였다.[18] 즉, 자기집행적 조약이 되기 위해서는 주관적 의사와 객관적 요건이 필요하다는 주장이다.[19] 우선 주관적 의사라는 요건으로서는 조약의 당사국이 당해 조약 규정을 국내에서 직접적용하는 것을 의도해야 한다는 것이다. 이것은 국제상설사법재판소(PCIJ)가 소위 단치히 사건[20]을 통한, 국제조약을 개인이 직접 소권의 근거로 사용하기 위해서는 조약 성립과정에서 이를 위한 당사국의 의사가 있어야 한다는 판단에서 기인한다. 그러나 이에 대해서는 조약 체결 과정에서 당사국들은 조약이 이행되는 것은 관심이 있어도 그것이 국내에서 어떠한 방법으로 이행될 것인가에 대해서는 관심이 없기 때문에 조약이 자기집행적이라는 당사국의 적극적 의사를 확인할 수 있는 경우는 거의 희박하다는 반론이 있다.

다음으로 객관적 요건이란 조약이 자기집행적이기 위해서는 국내에서 조약의 내용을 굳이 이행할 별도의 조치가 필요 없어야 하므로 조약은 국내 이행조치가 필요하지 않을 정도의 국내법과 같은 수준의 명확성(특정성, specificity)과 완전성(구체성, concreteness)을 확보해야 한다는 것이다. 그러나 이에 대해서도 어느 정도의

(現代人文社, 2002), pp. 88~89.

한편 여기서 한 가지 더 알아둘 것은 국제법의 국내법적 효력이라는 개념(legal force, domestic effect)이 직접적용성이나 자기집행력의 개념과는 명확히 구별된다는 주장이다. 일본의 이와사와 유지 교수의 견해인데, 전자는 헌법 정책적으로 우리와 같은 일원론적 헌법체계하에서는 당연히 생기는 효력이고 직접적용성은 그러한 조건을 전제조건으로 해서 발생하는 이차적인 효력이라는 것이다. 그러므로 국제인권조약이 국내법적 효력이 있다고 해서 반드시 직접적용이 가능하다고 볼 수 없다는 것이다. Yuji Iwasawa, *International Law, Human Rights, And Japanese Law* (Oxford University Press, 1999), pp. 44~45.

18) 浅田正彦, "條約の自動執行性", 「ジュリスト」, No. 156(2001), p. 23.

19) 김태천, 「재판규범으로서의 국제인권법의 지위 및 제고 방안」, 『한일 심포지엄 국제인권법의 국내 이행(현황과 과제)』(국가인권위원회, 2006. 5. 2.), p. 53. 이 글은 동일한 저자가 쓴 2개의 논문[「재판과정을 통한 국제인권협약의 국내적 이행」, ≪국제법평론≫, 제20호(2004), pp. 25~75 및 김태천, 같은 제목 논문, ≪인권법연구≫(2005), pp. 117~181]과 같은 것이나 여기에서는 동 저자의 최신의 논문으로 간주하고 관련 부분을 참고하기로 한다.

20) Jurisdiction of the Court of Danzig, Advisory Opinion, 1928, PCIJ, Series B, No. 15.

명확성과 완전성이 확보되어야 국내 법률과 같은 정도의 객관적 요건을 충족했다고 볼 수 있느냐를 놓고 주관적 판단을 할 수밖에 없다는 반론이 있다. 이러한 인권조약의 직접적용성에 관한 주·객관적 요건을 가장 확실하게 판시한 판결로 예시할 수 있는 것이 일본의 경우에는 1999년 동경지방재판소의 한 판결이다. 그 해당 부분은 다음과 같다.

> 조약은 본래 국가 간의 권리의무 관계를 규정하는 국제법의 하나의 형식이기 때문에 개인과 국가 간 또는 개인과 개인 간의 권리의무 관계에 적용 가능한 것으로서 재판소의 판단기준으로 되기 위해서는 원칙적으로는 국내 입법 등의 국내 조치에 의한 보충이 필요하다. 조약에 따라서는 그대로 국내법으로서 직접적용 가능하도록 하는 규정을 갖는 것이 있지만 조약 중 어느 규정이 그대로 국내법으로서 직접적용 가능한 것인가는 당해 조약의 개개 규정의 목적, 내용 및 문언 그리고 관련 제 규정의 내용 등을 감안하여 구체적으로 판단할 필요가 있다. 그리고 조약의 특정 규정이 국내법으로서 직접적용 가능하다는 것을 긍정하기 위해서는 그 규정에 대하여 조약의 성립과정 등으로부터 개인의 권리 의무를 정하고 직접적으로 국내 재판소에서 집행 가능한 내용의 것으로 하는 체약국의 의사가 확인될 수 있는 이른바 주관적 요건과 개인의 권리 의무가 명백하고 확정적이며 완전하고도 상세하게 규정되어 그 내용을 구체화하는 국내 입법 등을 기다리지 않고 국내적으로 집행 가능하다고 하는 이른바 객관적 요건이 동시에 인정되는 것을 요한다고 해석해야 한다.[21]

한편 미국의 경우 자기집행적 조약이냐 아니냐를 놓고 판례 등에서 문제가 되어 왔는데, 미국의 대외관계법 주석[Restatement(Third) Section 111]은 다음과 같은 경우에는 조약을 비자기집행적으로 보고 있음을 명기하고 있다. (a) 조약이 국내 입법 없이는 효력을 발생할 수 없다거나 국내법이 될 수 없다고 그 의도를 선언하고 있는 경우, (b) 상원에서 특정 조약에 동의하는 과정에서, 혹은 의회의 결의에 의

21) 동경지방재판소 1999. 10. 1. 평성5년(ワ)제6152호. 阿部浩己, 『國際人權の地平』(現代人文社, 2002), pp. 88~89에서 재인용.

해 국내 입법을 요구하는 경우, (c) 국내 입법이 헌법적으로 요구되는 경우.[22] 이러한 대외관계법 주석의 규정은 자기집행적 조약의 주·객관적 요건을 반영한 것이라 할 수 있다. 특히 미국에서는 자기집행적 조약 여부가 조약 비준 이후 국내에서 문제가 되는 것을 막기 위해 상원 인준 과정에서 그 의미를 분명히 하는 경우가 있다. 대표적인 예로 들 수 있는 것이 자유권규약의 경우인데 미국 상원은 미국 정부가 자유권규약에 가입하는 것을 동의하면서 이 규약에서 보장하는 권리(규약 제1조에서 제27조)는 미국 내에서 자기집행적 조약이 아님을 선언(declaration)한 바 있다.[23]

2. 한국 정부의 태도

한국 정부는 인권조약의 감시기구인 각 위원회에 정기보고서를 제출하는 과정에서, 또한 그 검토를 받는 과정에서 공식적으로 당해 인권조약의 직접적용성을 언급했다. 대부분 같은 내용인바, 요지는 우리 헌법 제6조 제1항이 국제법(국제인권조약)에 대해 국내법과 동일한 효력을 인정하고 있기 때문에 당해 인권조약은 특별한 국내 입법 조치 없이도 바로 국내에서 효력을 갖는다는 내용이다. 이러한 공언을 몇 가지 예를 들어 설명해 보자. 먼저 자유권규약과 관련해서는 1991년 제출한 최초보고서에서 "국회의 동의를 얻어 비준 공포된 자유권규약은 특별한 국내 입법 조치 없이도 국내법과 동일한 효력을 갖는다"라고 명시했고,[24] 이것은

22) 이와 관련하여 대외관계법 주석은 좋은 예를 들고 있다. 국제조약이 국제범죄(예컨대 genocide)를 창설하여 이의 처벌을 요구하는 경우 그것 자체만으로는 미국의 형사법을 구성할 수 없고 의회가 그러한 범죄를 처벌하기 전에 적절한 입법을 해야 한다고 한다. Restatement, 111(i). 이것은 형사범죄에 대하여 미국 헌법이 우리와 같은 죄형법정주의를 요구한다고 보기 때문이다.

23) U.S. Reservations, Declarations, and Understandings to the International Covenant and Civil and Political Rights, 138 Cong. Rec. S4783-4(daily ed., 2 April, 1992). 관련 부분의 원문은 다음과 같다. "The Senate's advice and consent is subject to the following declarations: (1) That the United States declares that the provisions of Articles 1 through 27 of the Covenant are not self-executing."

제2차 보고서에서도 그대로 반복되고 있다.[25] 이러한 태도는 고문방지협약[26]과 인종차별철폐협약[27] 등에서도 발견된다. 그러나 한 가지 흥미로운 것은 이 직접적용성에 대한 공언이 사회권규약이나 성질상 사회권적 성격을 갖는 인권조약(예컨대 아동권협약)에서는 발견되지 않는다는 사실이다. 이것은 우리 정부가 자유권적 성격을 갖는 인권조약은 직접적용 가능한 것으로 보고 있으나 사회권적 성격을 갖는 인권조약은 하나의 프로그램적 성격으로 이해하여 국내의 특별한 입법을 요한다는 입장에 서 있다는 것을 암묵적으로 표현한 것이 아닐까 하는 생각을 갖게 하는 대목이다.

3. 한국의 재판 현실과 국제인권조약의 직접적용가능성

우리나라의 국제인권법 역사가 1990년대 초에 시작되었다고 한다면 대략 30여 년의 시간이 흘렀다. 초기 10여 년은 국내법원에서 국제인권조약이 재판과정에서 재판규범 등으로 논의된 경우는 이례적 사건을 제외하곤 극히 소수의 사건에서만

---

24) UN Doc.(31 July, 1991), CCPR/C/68 Add.1, para. 5, reprinted in Official Records of the Human Rights Committee (91/92) 205. 관련 부분의 원문은 다음과 같다. "Since article 6(1) of the Constitution provides that [t]reaties …… shall have the same effect as the domestic laws of the Republic of Korea, the Covenant, which was ratified and promulgated by the government with the consent of the National Assembly, has the same effect as domestic laws without the enactment of separate domestic legislation."

25) Second periodic reports of States parties due in 1996: Republic of Korea. 20/08/98. CCPR/C/114/Add.1, para. 9.

26) Initial reports of States parties due in 1996: Republic of Korea. 30/05/96. CAT/C/32/Add.1, para. 20.

27) Eighth periodic report of States parties due in 1994: Republic of Korea. 23/11/95. CERD/C/258/Add.2, para. 9. 여기에서는 협약(인종차별철폐협약)이 "직접적으로 적용가능하다"라는 표현(directly applicable)을 사용하고 있다. 원문을 옮기면 다음과 같다. "9. Accordingly, the Convention on the Elimination on All Forms of Racial Discrimination has become part of domestic laws, and is directly applicable and can be invoked in the courts of the Republic of Korea."

그 예를 찾을 수 있다. 하지만 2000년대에 들어서 국제인권조약의 재판규범성 문제는 많은 사건에서 볼 수 있고 이를 반영한 판결문도 적지 않다.[28] 다만 국제인권조약을 직접적으로 적용해 인권침해를 인정한 사례는 극히 드물다. 그것은 아마도 우리 사법부가 국제인권법에 대해 아직도 그 이해가 부족하여 재판규범성을 인정하는 것을 주저하거나 규범성을 인정한다고 해도 그것을 이유로 사건의 당부를 결정하기 어려워하는 분위기에서 이유를 찾을 수 있을 것이다. 판례를 전체적으로 살펴보면 인권조약의 재판에서의 직접적용 여부의 문제(자기집행력)는 위의 전통적 견해에 입각한 것으로 보인다. 즉, 자기집행 조약과 비자기집행 조약의 구별기준은 주관적 및 객관적 요건에 의해 좌우된다는 것이다.[29] 이 중에서 우리 판례가 취하는 태도를 몇 개의 판결을 중심으로 분석해 보자.

국제인권조약의 직접적용가능성이 본격적으로 다루어진 가장 중요한 사건은 손종규 국가배상청구사건이다. 이 사건의 상고심 판결[30]에서 대법원은 자유권규약 제2조 제3항[31]이 규정의 형식상("구제조치가 허용되는 경우 권한 있는 당국이 이를 집행할 것을 확보할 것") 당사국 간의 의무를 규정한 조항으로서 개인에게 권리를 부여한

28) 한 연구자의 연구에 의하면 1992년부터 2019년까지 우리나라 재판에서 국제인권조약이 판단되었던 사건은 3천여 건이 넘는다고 한다. 비록 국제인권조약을 직접 적용해 인권침해를 바로 인정한 사건은 많지 않지만 30여 년간 우리 사법부에 상당한 변화가 일어나고 있음을 알 수 있다. 자세한 내용은 이혜영, 「법원의 국제인권조약 적용: 판결문 전수조사를 통한 현황 진단 및 적용 단계별 논증 분석」, ≪국제법학회논총≫, 제65권 제1호(통권 제156호, 2020) 참고.

29) 김태천, 「재판규범으로서의 국제인권법의 지위 및 제고 방안」, 『한일 심포지엄 국제인권법의 국내 이행(현황과 과제)』(국가인권위원회, 2006. 5. 2.), p. 53.

30) 대법원 1999. 3. 26. 선고 96다55877.

31) 자유권규약 제2조 제3항은 다음과 같다.

이 규약의 각 당사국은 다음의 조치를 취할 것을 약속한다.

(a) 이 규약에서 인정되는 권리 또는 자유를 침해당한 사람에 대하여 그러한 침해가 공무집행 중인 자에 의하여 자행된 것이라 할지라도 효과적인 구제조치를 받도록 확보할 것

(b) 그러한 구제조치를 청구하는 개인에 대하여 권한 있는 사법, 행정 또는 입법 당국 또는 당해 국가의 법률제도가 정하는 기타 권한 있는 당국에 의하여 그 권리가 결정될 것을 확보하고 또한 사법적 구제조치의 가능성을 발전시킬 것

(c) 그러한 구제조치가 허용되는 경우 권한 있는 당국이 이를 집행할 것을 확보할 것

조항이 아니라고 해석하여 직접적용가능성을 부인했다.[32] 즉, 국내적으로 직접적용될 수 있는 객관적 요건[33]을 갖추지 못한 것을 이유로 이 규정의 직접적용가능성을 부인했던 것이다.[34] 이 판결문의 주요 부분은 다음과 같다.

> '시민적·정치적 권리에 관한 국제규약' 제2조 제3항은 위 국제규약에서 인정되는 권리 또는 자유를 침해당한 개인이 효과적인 구제조치를 받을 수 있는 법적 제도 등을 확보할 것을 당사국 상호 간의 국제법상 의무로 규정하고 있는 것이고, 국가를 상대로 한 손해배상 등 구제조치는 국가배상법 등 국내법에 근거하여 청구할 수 있는 것일 뿐, 위 규정에 의하여 별도로 개인이 위 국제규약의 당사국에 대하여 손해배상 등 구제조치를 청구할 수 있는 특별한 권리가 창설된 것은 아니라고 해석된다.

대법원은 이 사건에서 자유권규약 제19조에 대한 판단도 했는바, 여기에서 대법원은 비록 이 사건의 피고인에 대한 처벌이 위 규정에 위반된 표현의 자유를 침해한 것이 아니라는 판단을 했지만 이것은 동 규정의 직접적용가능성을 전제로 한 판단이라 보는 것이 타당하다.[35]

손종규 사건에서 대법원이 취한 판시 태도는 그 후 부산고등법원의 속칭 거창양민학살사건에서도 유지되었다. 즉, 거창양민학살사건에 대해 피고 대한민국은 자유권규약 제7조[36]에 따라 학살사건의 희생자 및 그 유족에게 배상할 의무가 있다는 원고의 주장에 대하여 "위 규약에서 인정되는 권리 또는 자유를 침해당한 개인

32) 정경수, 「국제인권법의 국내 적용에 관한 연구」(고려대학교 대학원 석사논문, 1999), p. 139.

33) 이 판결의 취지로 보면 인권규약이 직접적용되기 위해서는 당해 조약 규정의 내용과 형식이 문언상으로 보아 개인에 대하여 직접 그 구체적 권리를 창설할 것을 목표로 해야 한다는 것이다.

34) 김태천, 「재판규범으로서의 국제인권법의 지위 및 제고 방안」, 『한일 심포지엄 국제인권법의 국내 이행(현황과 과제)』(국가인권위원회, 2006. 5. 2.), p. 53.

35) 정경수, 「국제인권법의 국내 적용에 관한 연구」(고려대학교 대학원 석사논문, 1999), pp. 139~140.

36) 자유권규약 제7조는 다음과 같다. "어느 누구도 고문 또는 잔혹한, 비인도적인 또는 굴욕적인 취급 또는 형벌을 받지 아니한다. 특히 누구든지 자신의 자유로운 동의 없이 의학적 또는 과학적 실험을 받지 아니한다."

이라도 국가를 상대로 손해배상 등의 청구를 할 경우에는 국가배상법이나 민법 등 국내법에 근거하여 청구할 수 있을 뿐, 위 규약에 의하여 별도로 개인이 국가에 대하여 손해배상 등을 청구할 수 있는 특별한 권리가 창설된 것은 아니다"라고 한 것이다. 이로써 위의 대법원 판결과 유사한 태도로 원고의 직접적용 주장을 배척했다.[37)]

한편 하급심 법원에서 인권조약의 적용을 부인은 했지만 그 논리 자체는 인권조약의 직접적용가능성을 인정했다고 볼 수 있는 사건도 발견된다. 서울지방법원은 속칭 방송노조파업사건의 항소심[38)]에서 파업을 이유로 처벌하는 것은 자유권규약 제8조 제3항의 강제노역금지 원칙에 반한다는 피고인들의 주장에 대하여 이를 배척했으나 규약의 동 규정은 우리 헌법 제12조 제1항 후문과 동일한 취지의 규정이라고 하면서 직접적용가능성의 문은 열어놓았다.[39)]

이들 판결은 비록 국제인권규약의 직접적용을 부인한 사건이지만 그 논거가 동 규약의 규정 형식이 '규약에 의해 별도로 개인이 국가에 대하여 청구할 수 있는 특별한 권리가 창설된 것이 아니다'라는 것이므로 규약(인권조약)의 형식 여하에 따라서는 충분히 직접적용할 수 있는 법리를 열어놓은 판결이라 할 수 있다.

나아가 학자들은 헌법재판소도 인권규약(자유권규약)의 직접적용가능성을 전제로 하는 태도를 취하고 있다고 본다.[40)] 예컨대 헌법재판소는 속칭 문화방송노조사건에서 근로자들이 집단적으로 노무제공을 거부한 경우 이를 옛 형법 제314조 위력에 의한 업무방해죄로 형사처벌하는 것이 헌법에 위반되는지 여부를 판단했는데, 비록 자유권규약 제8조 제3항을 직접적용하여 청구인의 청구를 인용한 것은 아니지만 이 규정의 직접적용가능성을 열어놓은 판시를 했다.[41)]

---

37) 이 판결의 내용은 김태천, 「재판규범으로서의 국제인권법의 지위 및 제고 방안」, 『한일 심포지엄 국제인권법의 국내 이행(현황과 과제)』(국가인권위원회, 2006. 5. 2.), p. 54에서 재인용.

38) 서울지방법원 2004. 4. 12. 선고 99노10804.

39) 김태천, 「재판규범으로서의 국제인권법의 지위 및 제고 방안」, 『한일 심포지엄 국제인권법의 국내 이행(현황과 과제)』(국가인권위원회, 2006. 5. 2.), p. 54.

40) Ibid.

이렇게 볼 때 우리의 국내법원(헌법재판소 포함)의 인권조약의 직접적용가능성 혹은 자기집행성에 관한 태도는 조약의 문언과 형식이 구체성과 특정성을 지님으로써 개인에 대하여 직접 그 권리와 의무를 창설할 것을 목표로 규정한 것으로 인정되고(객관적 요건), 또한 조약의 기초자들이 당해 규정에서 개인의 권리와 의무를 정하여 그 자체만으로 국내법원에서 직접적으로 적용될 수 있는 규칙을 제정하려고 의도했음이 문언 자체에 의하여 확인될 수 있다면 재판규범으로 직접적용가능하다는 것이다.[42] 즉, 우리 법원의 태도가 기본적으로는 앞에서 본 인권조약의 자기집행력에 관한 전통적 견해에 서 있다고 볼 수 있다.

4. 직접적용가능성(자기집행성)에 대한 새로운 주장

국제인권법의 자기집행력에 대해서 최근 일본 학계에서는 종래의 자기집행력의 요건으로 논의된 객관적·주관적 요건론은 국제재판에서 사용된 개념을 무분별하게 국내재판에 도입한 것으로 수용할 수 없다는 반론이 제기되고 있다. 먼저 학자 중에는 자기집행적 조약의 '주관적 요건'인 조약체결 과정에서의 당사국의 의도에 대해 이의를 제기한다. 이 견해에 의하면 당사국들이 조약체결 과정에서 당사국이

---

41) 헌법재판소 1998. 7. 16. 선고 97헌바23. 관련 부분의 원문은 다음과 같다. "1966년 제21회 국제연합(UN) 총회에서 채택된 '시민적·정치적 권리에 관한 국제규약(1990. 6. 13. 조약 1007호, 이른바 B규약)' 제8조 제3항은 법원의 재판에 의한 형의 선고 등의 경우를 제외하고 어느 누구도 강제노동을 하도록 요구되지 아니한다는 취지로 규정하고 있고, 여기서 강제노동이라 함은 본인의 의사에 반하여 과해지는 노동을 의미한다고 할 수 있는데, 이는 범죄에 대한 처벌로서 노역을 정당하게 부과하는 경우와 같이 법률과 적법한 절차에 의한 경우를 제외하고는 본인의 의사에 반하는 노역은 과할 수 없다는 의미라고 할 수 있는 우리 헌법 제12조 제1항 후문과 같은 취지라고 할 수 있다. 그렇다면 강제노역금지에 관한 위 규약과 우리 헌법은 실질적으로 동일한 내용을 규정하고 있다 할 것이므로, 이 사건 심판대상 규정 또는 그에 관한 대법원의 해석이 우리 헌법에 위반되지 않는다고 판단하는 이상 위 규약위반의 소지는 없다 할 것이다."
이 설시에 의하면 경우에 따라서는 강제노역금지에 관한 자유권규약 위반이라는 판단을 할 수 있고, 그것은 헌법위반이 될 수 있다는 취지로 읽을 수 있다. 김태천 판사도 이 결정을 이렇게 판단하는 것으로 보인다. Ibid.

42) Ibid. p. 55.

조약의 직접적용 가능 여부에 대한 의도를 갖는 것은 거의 없다고 한다. 그러한 의도는 조약 자체나 조약 준비문건 어디에도 사실상 발견할 수 없다는 것이다. 따라서 당사국의 의도 여부를 자기집행적 조약의 결정적 요건으로 보는 법률가들에게는 조약의 규정으로부터 객관적 기준을 추론하는 수밖에 없다.

그러나 이것은 하나의 허구에 불과하다고 한다. 이 견해는 이렇게 주관적 요건의 '당사국의 의도'를 강력히 비판하면서 조약이 국내법적 효력(domestic effect)을 지닌다면 그것은 당연히 직접적용 가능하다고(즉, 자기집행적이라고) 추정해야 한다고 주장한다. 이러한 상황에서 그 조약이 자기집행적 조약이 아니라고 주장한다면 당연히 그렇게 주장하는 측이 그것(비자기집행적 조약이라는 것)을 입증하지 않으면 안 된다고 한다.[43)]

따라서 주관적 요건을 거부하는 이 견해는 인권조약의 직접적용 여부를 그 규범의 정밀성(precision)에서 찾는다. 한마디로 전통적 견해의 객관적 요건을 직접적용의 일원적 요건으로 사용해야 한다는 것이다. 다만 이 경우에도 어느 특정 국제인권규범의 직접적용성은 국제법적 문제가 아니라 국내법적 문제이기 때문에 나라마다 해석이 다를 수 있으며 국내법 규정의 정밀성과의 비교에 의해 달라질 수 있다고 한다.[44)]

이러한 주장은 다른 학자들에 의해 더욱 적극적으로 주장된다. 이들 주장은 직접적용가능성과 자기집행성(자동집행성)의 개념의 차를 설명하는 것에서 시작한다. 이들은 조약의 직접적용가능성이라 하는 것은 원래 국제적 평면에서 이해해야 하는 문제이고, 국내재판에서 문제되는 자기집행성의 개념과는 명확히 구별되어야 한다고 주장한다.[45)] 이들의 분석에 따르면 직접적용가능성의 개념은 국제상설사법재판소(PCIJ)의 단치히 사건에서 유래했다고 한다. 즉, 이 사건에서 재판소가 판단을 요구받은 것은 단치히 철도직원의 고용조건 등에 대하여 정한 폴란드·단치히

---

43) Yuji Iwasawa, *International Law, Human Rights, And Japanese Law* (Oxford University Press, 1999), p. 47.

44) Ibid. pp. 48~49.

45) 阿部浩己,『國際人權の地平』(現代人文社, 2002), p. 88.

간의 국제협정이 단치히 국내 재판소에서 직접적용될 수 있는가에 관한 판단이었다.[46] 재판소는 이 사건에서 "확립된 국제법의 원칙에 의하면 철도직원협정은 국제협정인 이상 그 자체로 직접 개인의 권리의무를 창설할 수는 없다는 것이 쉽게 인정된다. 그러나 체약국의 의사에 의해 당해 국제협정의 목적 그것이 개인의 권리의무를 창설하거나 국내 재판소에서 집행할 수 있는 일정한 규칙의 채택인 경우가 있다는 것은 다툴 수 없다"고 했다.[47] 직접적용가능성이라는 개념은 그 후 유럽공동체 설립조약이 가맹국의 국내 재판소에서 직접적용될 수 있는가에 대하여 유럽공동체재판소의 판례에 의해 한층 명확해졌다고 한다.[48]

공동체재판소(유럽사법재판소)는 모든 공동체 조약의 규정이 직접적용성을 갖는다고 보지 않고 직접적용 가능 여부는 체약국의 의사에 의해 정해지는 것이라고 보았다. 그리고 그 의사는 조약의 정신, 내용, 문언, 취지, 목적을 관찰하여 확인할 수 있는 것이지만 공동체재판소의 판례 속에서 실제로 적용되어 온 기준은 관련 규정의 명백성, 무조건성, 완전성(그 이상의 입법조치가 필요하지 않는 것)이라는 것이다.[49] 요컨대 주관적 의사와 객관적 요건이 필요하다는 조약의 직접적용가능성은 연원상 특정의 국제법규가 국제법상의 의무로서 국내에서 직접적용될 수 있는가를 판단하는 (국제재판의) 기준으로서 만들어진 것이지 특정의 규범이 국내 법정에서 재판규범으로 가능한 것인가를 판단하는 기준으로서 만들어진 것이 아니라는 것이다.[50] 국제사법재판소의 재판관인 뷔겐탈(Thomas Buergenthal)도 지적하는 바와 같이 조약의 자기집행성 문제는 국제법의 문제가 아니라 국내법의 문제라고 본다.[51] 자기집행성의 문제는 특정의 조약규정이 그대로 재판규범으로서 적용될

---

46) 자세한 것은 P.C.I.J., Ser. B, No. 15(1928) 참고.

47) Ibid.

48) 이와 관련해서는 박기갑, 「조약의 자기집행력: 프랑스의 이론 및 판례를 중심으로」, ≪판례실무연구(III)≫(1999), pp. 178~179 참고.

49) Thomas Buergenthal, "Self-Executing and Non-Self-Executing Treaties in National and International Law," *Collected Courses of the Hague Academy of Int'l L*(1992, IV), pp. 325~335.

50) 阿部浩己, 『國際人權の地平』(現代人文社, 2002), pp. 89~90.

51) Thomas Buergenthal, "Self-Executing and Non-Self-Executing Treaties in National and Inter-

수 있는가의 문제이고 이것은 체약국의 의사가 어떤지와는 별도로 국내법에 의하여 결정되어야 하는 문제라고 보는 것이다. 따라서 동일한 규정이라도 어떤 나라에서는 재판규범으로 될 수 있고 어떤 나라에서는 재판규범이 될 수 없다는 사정이 생겨도 특별히 이상할 것이 없다고 한다.[52)]

위의 주장을 한마디로 분석하면 다음과 같은 결론에 도달한다. 국제법이 국내법적 효력이 있는 경우에는 본래 국제인권조약은 다른 국내법과 완전히 같은 기준으로 재판에서 적용할 수 있다고 해석해야 한다는 것이다. 다른 국내법령에서는 결코 적용하지 않는 특수한 기준(주관적 의사와 객관적 요건)을 가지고 국제법(인권조약)의 재판규범성을 부정하는 것은 이미 국내법으로 변형된 국제법의 취급으로서는 부적절하다고 본다. 이것은 국제적 평면에서 만들어진 직접적용가능성의 요건을 그대로 '재판규범성=자기집행성'의 기준으로 만들어 버린 오도된 접근방법에서 비롯된 것으로 재판실무에서 전혀 적합하지 않다는 것이다.

필자는 국제법의 국내법의 효력을 인정하는 것이 우리 헌법의 요구인 한 위의 견해는 어쩌면 당연한 주장이라 생각한다. 과거 헌법이 생활규범으로서의 현실적 의미가 크지 않을 때(헌법재판소 이전의 상황을 떠올리자) 헌법의 많은 기본권 규정은 추상적이어서 법률의 뒷받침 없이 직접적용시키기 어렵다는 실무적 논란이 있었다. 그러나 그렇다고 해서 헌법의 직접적 효력 혹은 직접적용이 부정되었던 것은 아니었다. 그런 면에서 국제법(그중에서도 국제인권법)의 국내법적 효력과 관련된 논란은 바로 헌법과 다른 국내법령과의 관계와 유사한 측면이 있지 않나 하는 생각이다. 그렇다면 국제인권조약의 자기집행력의 논란은 특별히 중요성이 없다. 국제인권조약도 헌법의 기본권과 같이 직접적용이 원칙적으로 가능한데, 다만 구체적 상황에서 그것을 어떻게 해석하여 어떤 식으로 적용시키느냐의 문제만 남는 것이다.

---

national Law," *Collected Courses of the Hague Academy of Int'l L*(1992, IV), p. 322.

52) 阿部浩己,『國際人權の地平』(現代人文社, 2002), p. 90.

IV. 국제인권조약의 직접적용가능성과 국가의 의무

1. 양자의 관련성

국제인권조약의 직접적용가능성 혹은 재판규범성의 문제는 인권조약에서 요구하는 국가의 의무(state's obligation)를 어떻게 이해하느냐와 밀접한 관련을 맺는다. 직접적용성을 주저하거나 부인하는 견해의 기저에는 인권조약이 비록 사람에 대한 인권을 부여하는 것을 목표로 하고 있지만 그 실현은 즉시적으로 가능한 것이 아니라 국내의 이행입법을 통해서 가능하다는 논거가 자리 잡고 있다고 볼 수 있다. 이것은 특히 사회권 관련 인권조약이 재판규범성을 부인받고 있는 주요한 이유였다. 사회권의 경우 동 규약 제2조 제1항에 사회권은 점진적으로(progressively) 실현된다는 취지의 문언을 두고 있는데, 이것은 사회권을 하나의 프로그램적 성격의 권리로 이해하는 원인을 제공했고, 재판규범성 혹은 사회권규약의 직접적용성을 부인하는 근거규정으로도 사용되었다. 이에 반해 자유권은 그 성질상 즉시 실현의 가능성이 높기 때문에 인권조약의 직접적용은 모두 이러한 성격의 조약에서나 가능하다는 견해가 유력했다. 즉, 인권조약의 직접적용가능성을 일반적으로 인정하는 견해에서도 자유권과 사회권의 성격을 분리하여 자유권은 직접적용이 가능하나 사회권은 그렇지 못하다는 견해가 유력하게 주장되었다.

2. 국가의무의 다면적 성격과 직접적용가능성

1개의 기본적 권리(인권)로부터 나오는 국가의 구체적 의무는 처음부터 1개로 결정되지 않는다. 국가의 의무는 상황에 따라 구체적으로 결정된다. 이것은 자유권이든 사회권이든 그 권리에 대한 의무주체(국가)의 의무내용은 일의적으로 정해지지 않는다는 말이다. 자유권에서 국가의 의무는 무조건 즉시 실현가능한 소극적 의무이고, 사회권에서의 국가의무는 무조건 적극적 (조치를 취해야 하는) 의무라고 말하는 것은 적절치 않다. 이것은 인권의 성격을 도식적으로 이분하는 것으로 국가의무의 다면적 성격을 이해하지 못한 결과에서 비롯된 것이다.

한편 인권조약의 직접적용성은 인권의 즉시 실현가능성과 직접적인 관련이 있다고 보고 있다. 이러한 주장에 의해 인권조약의 직접적용성을 일반적으로 인정하는 사람들도 즉시적 실현이 가능하지 못한 인권에 대해서는 직접적용을 꺼리고 있다. 그러나 자유권이나 사회권 모두 국가의 의무는 하나가 아닌 몇 개의 다면적 성격의 의무로 이루어져 있고, 그 성격에 따라 국가는 즉시 이행해야 할 의무가 있게 된다. 이렇게 볼 때 권리의 성격을 자유권과 사회권으로 분리하여 그에 따라 국가의 즉시 실현의무를 달리 보고, 나아가 직접적용가능성 혹은 재판규범성을 부인하는 태도는 비판받아 마땅하다.[53]

V. 우리의 재판에서 국제인권조약의 적용방법

1. 국제인권조약의 적용방법 논의의 필요

위에서 살펴보았듯이 우리나라의 헌법체제에서 이론적으로 국제인권조약이 국내재판에서 직접적으로 적용되는 데에 장애물은 없다. 그러나 현실은 그렇지 못하며 그것이 반드시 사법부의 국제인권법에 대한 무지라는 이유만으로 그 원인을 돌릴 수도 없을 것이다. 국내법 규정의 해석과 적용을 자신의 본래적 임무라고 인식하고 있는 국내법원의 법관(헌법재판소 포함)들이 인권조약을 적용하는 것에 대해 일종의 거부감 내지 저항감을 갖는 것은 당연한 현상이라 할 수 있다.[54] 이러한 현상은 비단 우리나라뿐만 아니라 미국과 같은 사법 선진국에서도 나타나고 있는 현실이다. 따라서 우리나라가 가입한 국제인권조약의 규범성을 높이면서 우리 재판 현실에서 좀 더 적용가능한 적용방법을 찾아내는 것은 국제인권법의

53) 사회권의 의무의 성격과 재판규범성에 대한 자세한 논의는 박찬운, 「국제인권법에서 바라본 사회권의 법적 성격」, ≪인권과 정의≫(2006. 12), p. 79 이하 참고.

54) 김태천, 「재판규범으로서의 국제인권법의 지위 및 제고 방안」, 『한일 심포지엄 국제인권법의 국내 이행(현황과 과제)』(국가인권위원회, 2006. 5. 2.), p. 56.

국내적 실시에서 아주 중요한 문제의식이라 생각한다. 이러한 관점에서 이하에서는 국제인권법의 재판 규범성을 높일 수 있는 방법론을 논해보고자 한다.

2. 직접적용

직접적용이란 위에서 보았듯이 국제인권법을 직접적인 재판규범으로 적용하는 것이다. 이것은 통상 어떤 특정 영역에서 국내법이 미처 규율하지 못한 부분이 있어 이를 보충하는 경우에 생각할 수 있는 방법이다. 과거 영장실질심사제도가 도입되기 이전에 자유권규약 제9조 제3항[55]이 국내에 실현되지 못한 시절이 있었다. 이 경우 판사가 이 규정에 따라 구속 전 피의자신문을 한다거나 그러한 절차 없이 구속영장이 발부된 경우 구속적부심에서 구속절차의 위법을 다투는 경우 그 근거로서 직접 사용될 수 있다는 것이다.[56]

나아가 이 방법론은 국내법과 국제인권조약의 충돌 시에 적용되어야 할 국제인권법의 적용방법론이다. 국내 법률이 국제인권법에 위반되는 경우 국제인권조약의 우위를 인정하여 이 같은 상황을 우리의 헌법이 천명한 '국제법 존중의 원칙'을 위반했다고 보고 그것으로 바로 위헌을 선언하는 것이다(따라서 이 같은 경우는 우리의 헌법재판소에서 쓸 수 있는 방법론이 될 것이다). 이 방법론은 국제인권조약의 지위가 결국 헌법과 동렬에 있다는 주장과 일맥상통하는 것이다. 따라서 국제법과 국내법이 충돌할 때 사용되는 '신법 우선의 원칙' 혹은 '특별법 우선의 원칙'은 적용되지 않아야 한다.

이 방법론을 쓰게 되면 중요한 것은 국제인권법의 법원(source of law)을 어떻게 구별하느냐가 중요하다. 국제법적으로 법적 구속력(legally binding)이 있는 국제인권규범이 여기에 해당할 것은 당연하나 그중에서도 조약 자체가 국민의 권리의무에

55) 자유권규약 제9조 제3항의 해당 부분은 다음과 같다. "형사상의 죄의 혐의로 체포되거나 또는 억류된 사람은 법관 또는 법률에 의하여 사법권을 행사할 권한을 부여받은 관헌에게 신속히 회부되어야 하며 ……."

56) 이에 대해서는 박찬운, 「실무적 입장에서 본 국제인권법의 직접적용」, ≪인권과 정의≫(2004. 4), p. 111 이하 참고.

관한 법규범을 포함하고 있어서 조약의 문구나 내용으로 보아 국내의 법적용 기관, 특히 법원에 의하여 조약이 직접 구체적인 사건에 적용될 수 있는 경우의 인권조약이 직접적용 가능한 조약57)의 예가 될 것이다.58) 나아가 국제법상 강행규범적 성격을 갖는 국제인권관습법도 그 대상이 될 것이다.

3. 간접적용

간접적용이란 국제인권법을 헌법의 기본권 해석의 주요 잣대로 삼는 방법이다. 소위 간접적용의 방법이다.59) 이것은 헌법상의 인권규정을 적용, 해석함에 있어 국제인권법상의 기준에 합치되도록 해석함으로써 간접적으로 국제인권법의 국내

57) 헌법학자인 허영 교수는 조약이 국내적으로 법률과 같은 효력을 가지는 경우에도 조약의 국내법상 효력은 조약의 내용에 따라 각각 다르다고 하면서 다음과 같은 세 가지 유형을 제시한다. 첫째, 국가 간의 정치적 내용으로 하는 정치적인 조약, 둘째, 그 내용이 정치적인 것에 국한되지 아니하고 국민의 권리의무와도 밀접한 관련이 있어 조약에 의해서 당해 국가가 일정한 법률의 제정의무를 지는 경우, 셋째, 조약 자체가 국민의 권리의무에 관한 법규범을 포함하고 있어서 조약의 문구나 내용으로 보아 국내의 법적용기관, 특히 법원에 의하여 조약이 직접 구체적인 사건에 적용될 수 있는 경우. 허영, 『한국헌법론』(박영사, 2006), pp. 174~175.

58) 박기갑, 「조약의 자기집행력: 프랑스의 이론 및 판례를 중심으로」, ≪판례실무연구(III)≫(1999), p. 180.

59) 국제인권법의 간접적용에 대해서는 김태천, 「재판규범으로서의 국제인권법의 지위 및 제고 방안」, 『한일 심포지엄 국제인권법의 국내 이행(현황과 과제)』(국가인권위원회, 2006. 5. 2.), pp. 56~73 참고. 우리 헌법재판소도 이 방법에 대해서는 명확하게 헌법해석의 방법론이 될 수 있다는 입장을 취하고 있다. "헌법 제6조 제1항은 '헌법에 의하여 체결, 공포된 조약은 물론 일반적으로 승인된 국제법규는 국내법과 같은 효력을 가진다'라고 규정하여 국제법을 수용하고 존중함을 천명하고 있고, 현재 우리나라는 국회의 동의를 얻어 국제인권규약들의 대부분을 수락한 체약국이자 국제노동기구의 정식회원국이기도 하다. 따라서 헌법의 개별 조항을 해석함에 있어서는 국제연합의 세계인권선언이나 국제인권규약들, 국제노동기구의 협약과 권고 등 국제법 규범과 조화되도록 해석해야 할 것이고, 국내법이 이러한 국제적 규범에 위배된다고 하여 곧바로 위헌이라고 할 수는 없다 하더라도, 그 국내법의 위헌 여부를 판단함에 있어 중요한 기준으로 삼아야 할 것이다." 헌법재판소 2007. 8. 30. 선고 2003헌바51, 2005헌가5(병합); 헌법재판소 2005. 10. 27. 자 2003헌바50·62; 2004헌바96, 2005헌바49(병합).

법화를 시도하는 방식으로 '국제법 합치의 해석 원칙' 내지 '국제법 합치의 추정 원칙'이라고 일컬을 수 있다.[60]

사실 우리 헌법상의 기본권은 대부분 국제인권규약에서 보장하는 권리를 반영하고 있다고 볼 수 있다. 그리고 우리 헌법의 국제평화주의와 국제법 존중주의에 입각하여 국제인권법의 모든 내용을 우리 헌법을 해석함에 있어 주요 잣대로 삼는 것은 전혀 이상할 것이 없다. 이렇게 되면 국제인권법은 '사실상' 국내법과의 관계에서 헌법상 지위를 얻는 것이나 마찬가지가 된다. 다만 논리적으로 국제인권법이 우리의 헌법과 조화를 이루지 못할 경우 국제인권법은 헌법재판의 규범이 될 수 없다는 문제가 생길 수 있으며, 국제인권법의 적용이 헌법재판소의 재량적 행위가 될 수 있다는 한계가 있다. 이 방법을 쓰게 되는 경우 국제인권법이란 반드시 우리가 가입한 국제인권규약이나 조약만이 아니고 국제관습법 나아가 연성법(soft law)이라고 하는 국제인권의 원칙(principle)이나 선언(declaration)도 사실상 헌법의 기본권 해석에서 주요한 잣대로 삼을 수 있으므로 국제인권법의 확장이라는 부수적 효과도 거둘 수 있으리라 생각한다.

그리고 이러한 간접적용은 비단 헌법재판에서만 사용되는 것이 아니라 일반법원의 법률 해석에도 적용될 수 있다고 생각한다. 국내 법률과 국제인권법이 저촉되지 않는 범위 내에서는 국제인권규범의 내용을 법률의 해석 수단으로 보충하는 것은 얼마든지 가능하며 일반 법관들도 크게 저항감 없이 받아들일 수 있는 접근방법이 될 것이다.

4. 헌법재판에서의 관습헌법론과 헌법 제37조 제1항의 적극적 해석론

국제인권조약 혹은 국제인권관습법의 국내적 적용에서 한 가지 더 생각해 볼 수 있는 것이 이들 규범의 내용에 관습헌법적 지위를 인정하는 방법이다. 이것은 2004년 헌법재판소가 신행정수도특별법의 위헌결정[61]에서 사용한 관습헌법 이론

60) Ibid. p. 57.

61) 헌법재판소 2004. 10. 21. 선고 2004헌마554·566(병합).

을 향후 국제인권법의 국내법에서의 지위 및 적용에 활용해 보자는 것이다. 즉, 국제사회에서 일반적으로 승인된 인권에 관한 국제관습은 한국 헌법 내에서도 단순히 법률의 효력이 있는 것이 아니라 관습헌법의 지위도 있는 것이 아니냐 하는 것이다.

헌법재판소의 논리대로라면 인류사회의 보편성 있는 인권(대부분은 자유권 분야임)은 일단 우리 헌법에서 관습헌법의 지위를 득했다고 보는 것이 타당할 것이다. 즉, 국제법에서 확립된 소위 강행규범으로서의 인권이나 자유권규약 제4조의 유보(훼손)할 수 없는 유형의 인권은 다른 인권에 비해 좀 더 중시되는 규범의 서열화가 가능하고 이런 유형의 인권은 국제사회의 관습인권으로서 국내법적으로는 헌법적 지위를 갖는 것으로 설명이 가능하다. 인권규약을 해석함에 있어 국제법상의 강행규범 등으로 이해할 수 있는 인권은 이미 대한민국에서도 관습헌법적 지위를 인정했다고 보는 것이다. 이런 경우 국제인권법은 이미 헌법의 지위에 있으므로 이에 위반되는 국내 법률이나 공권력의 행사(혹은 불행사)는 위헌이라는 판단이 가능하지 않을까 하는 생각이다.

나아가 우리 헌법 제37조 제1항의 "국민의 자유와 권리는 헌법에 열거되지 아니한 이유로 경시되지 아니한다"라는 규정을 적극적으로 해석하는 방법도 국제인권조약 등의 내용을 간접적용하는 하나의 방법이 될 것이다.[62] 우리 헌법에 열거되지 아니한 자유와 권리 중에서 인간의 존엄성과 직접적으로 관련 있는 국제인권규범의 내용을 위의 "헌법에 열거되지 않은 국민의 자유와 권리"로 이해한다면 인권조약(혹은 국제인권관습법)은 사실상 헌법상 지위를 득하게 되는 결과를 낳게 될 것이다.

62) 헌법학자인 장영수 교수도 이것과 관련하여 사법부가 헌법 제37조 제1항의 '열거되지 아니한 자유와 권리'가 구체적으로 무엇인지를 해석을 통해 판단함에 있어서는 국제인권규약상의 권리들이 하나의 기준으로 작용할 수 있다고 한다. 장영수, 「국제인권규약의 국내법적 의의와 효력」, ≪판례실무연구(III)≫(1999), p. 168.

5. 국제인권조약의 적용영역

향후 우리 재판에서 국제인권조약을 직접 혹은 간접적으로 적용시킬 수 있는 영역은 어디일까를 실무적 입장에서 생각해 보자. 국제인권조약을 실무에서 앞으로 활발히 사용할 수 있는 분야는 다음과 같은 4개의 영역이다.

첫째, 형사사건에서 피고인은 국제인권조약 등을 원용하여 공소의 기각 등을 구할 수 있다.[63] 이 주장은 실제의 상황에서는 형사소송법 제327조(공소기각의 판결)의 제2호 "공소제기의 절차가 법률의 규정에 위반하여 무효인 때"의 해석에서 '법률'에 관습국제법규나 자유권규약 등을 포함시키자는 주장이다. 나아가 구속적부심사 등에서도 피의자는 국제인권조약의 직접적용을 주장할 수 있다. 위에서 필자가 언급한 대로 영장발부 과정에서 판사의 피의자 심문을 생략한 채 구속영장이 발부된 경우라면 필요적 영장실질심사를 요구하는 자유권규약 제9조 제3항의 취지에 따라 피의자는 구속적부심사에서 그 위법성을 따질 수 있다는 것이다.

둘째, 국제인권조약 위반을 근거로 행정청의 처분이나 재결의 취소 등을 구하는 것이다.[64] 즉, 행정소송에서 국제법이 원용될 수 있다는 것인데, 그 근거로는 행정소송은 행정청의 처분이나 재결의 취소를 구할 법률상의 이익이 있는 사람이 제기하는 것인데 '법률상의 이익'에는 당연히 국내법만이 아닌 국제법도 포함된다는 것이다. 나아가 취소소송의 대상인 "행정청의 위법한 처분"에서 '위법'의 의미에는 국내법뿐만 아니라 국제법도 해당된다는 말이다.

셋째, 국제인권조약 위반을 근거로 손해배상(국가배상) 청구소송을 구할 때도 국제법은 원용될 수 있다.[65] 국가배상은 공권력을 행한 공무원의 고의 또는 과실의 위법행위에 의해 손해를 입은 사람이 청구할 수 있는바, 여기에서 '위법행위'라 함은 당연히 국내법을 넘어 국제법 위반도 포함된다는 것이다. 이것과 관련하여 일본의 논의는 우리와는 상당한 차이를 보이고 있다고 생각한다. 일본에서는 국가

---

63) 阿部浩己, 『國際人權の地平』(現代人文社, 2002), p. 93.

64) Ibid.

65) Ibid. p. 94 참고.

배상소송에서 소위 입법부작위도 불법행위의 하나로 보면서 헌법 등에 위반된 법률의 개정이 부당하게 지연된 경우 국가배상을 인정한다.[66)]

이러한 상황에서는 어떤 공무원이 국내법령(예컨대 위헌적인 법률)에 위반된 행위를 하지 않았다 해도 피해 국민은 국가를 상대로 입법부작위를 불법행위로 보고 소송을 할 수 있게 된다. 그러나 우리나라에서는 국회의 입법행위는 본질적으로 정치적 행위로 보고 있으며 불법행위의 가능성을 인정한다 해도 극히 한정적이다.[67)] 따라서 국제인권조약의 위반을 근거로 손해배상(국가배상) 등을 청구하기 위해서는 우선적으로 이러한 배상의 법리가 해결될 필요성이 있다.

넷째, 국제인권조약 등의 국제인권규범은 각종 소송에서 국내법의 해석을 유도하는 목적으로 사용될 수 있다.[68)] 재소자의 처우와 관련하여 헌법 및 행형법 등을 해석함에 있어 자유권규약(제14조 제1항)을 참고하는 것이 한 예이다. 이 부분은

---

66) 이와 관련된 최근의 대표적 판결로서는 한센 병력자들이 일본 정부를 상대로 제기한 구마모토 판결(2001. 5. 11)을 들 수 있다. 이 사건에서 구마모토 재판소는 과거 한센인들을 상대로 격리 정책을 규정했던 일본의 'らい예방법'은 늦어도 1960년까지는 폐지했어야 했다고 하면서 입법부작위에 대한 불법행위를 인정했다.

67) 이에 대한 흥미 있는 하급심 판결이 있다. 서울지법 남부지원 1999. 2. 25. 선고 98가합15904 판결이 그것인데 이 판결에서는 입법부작위의 불법행위 가능성을 인정했지만 아주 예외적인 상황만을 상정했다. 주요 부분은 다음과 같다.
"우리 헌법질서 내에서 국회의 입법행위는 본질적으로 정치적인 것이고 그 성격상 실정법적 규제로부터 자유로운 것이며 그러기에 소속 국회의원들 개개인에게 선거 등에 의하여 정치적 책임을 추궁하는 것을 넘어서서 실정법질서의 관점에서 입법행위 또는 그 부작위에 대하여 법적 책임을 귀속시키는 것은 원칙적으로 가능하지 않다고 볼 것이고, 다만 국회의원이 이념적 통일체로서의 전체 국민을 대표하고 전체 국민에 대하여 법적인 의무를 부담하여 개별 국민에 대하여는 어떠한 구체적인 법적 책임을 부담하지 않는 것이 원칙이라고 할지라도 <u>국회의 입법형성권도 헌법에 의하여 부여된 것이기 때문에 헌법질서 내에서만 그 정당성이 인정되는 것이므로 헌법에서 기본권 보장을 위하여 법령에 명시적인 입법위임을 했을 때, 헌법해석상 특정인에게 구체적인 기본권이 생겨 이를 보장하기 위한 국가의 행위의무 내지 보호의무가 발생했을 때에는 입법권자인 국회에게 헌법상의 입법의무가 부여되었다고 할 수 있는 예외적인 경우에는 헌법에 의하여 부여된 입법의무를 행하지 않는 입법부작위가 위헌 내지 위법한 것으로 평가될 수 있다.</u>"

68) 阿部浩己,『國際人權の地平』(現代人文社, 2002), p. 96.

우리나라에서도 특히 많은 사례가 나올 수 있는 분야라고 생각한다. 재소자의 인권과 관련된 국제인권조약은 자유권규약을 포함하여 고문방지협약 등이 있으며 이러한 조약의 구체적 의미를 보충하는 각종 하위규범(국제법에서는 이를 '소프트 로'라고 함)이 발달되어 있다. 따라서 행형절차에서 위법 부당한 처우를 받은 재소자들은 국제인권규범(인권조약과 이를 보충하는 소프트 로)에 입각하여 우리의 행형법령을 해석하여 주장할 수 있다. 과거의 예이기는 하지만 미결재소자가 변호인과 접견할 때 교도관이 입회한 사건에서 이것은 헌법상의 '변호인의 조력을 받을 권리'(제12조)를 침해했다고 주장하면서 '변호인의 조력을 받을 권리'에는 국제인권규범상 널리 인정되는 '가시불청(可視不聽)'의 원칙이 당연히 포함된다고 주장한 예가 바로 여기에 해당한다.[69]

위의 네 가지 적용영역은 모두 우리의 실무에서 국제인권조약의 직접 혹은 간접적용을 시도할 만한 영역이다. 이의 구체적 실천을 위해서는 좀 더 심도 있는 연구와 법률가들의 용기 있는 적용 시도가 향후 우리의 과제라고 생각한다.

---

69) 이 예가 바로 헌법재판소 1992. 1. 28 91헌마 111 사건이다. 이 사건에서 헌법재판소는 국제인권법상의 가시불청 원칙을 확인하고 미결재소자에 대한 변호인의 접견 시에 교도관 입회가 가능케 한 당시의 행형법 규정의 위헌을 선언했다. 이 결정에서 헌법재판소는 가시불청의 근거를 설시하면서 1988.12.9. 제43차 유엔총회에서 채택된 "모든 형태의 구금 또는 수감상태에 있는 모든 사람들을 보호하기 위한 원칙" 제18조 제4항["피구금자 또는 피수감자와 그의 변호인 사이의 대담은 법 집행 공무원의 가시거리(可視距離)내에서 행하여질 수는 있으나 가청거리(可聽距離)내에서 행하여져서는 아니 된다"]을 직접 언급했다.

〈표 5-6〉 한국 법원에서의 국제인권법 적용 사례

1990년대 이후 한국의 대법원과 헌법재판소에서 국제인권법을 적용한 사건 중 주요한 것을 정리하면 다음과 같다.

〈일반법원에서의 적용사례〉

① 대법원 1999. 3. 26. 선고 96다55877

【사건 및 판결의 요지】

이 사건은 과거 노동쟁의조정법 제13조의 2(현재는 폐지)에 의해 국내법원에서 유죄판결을 받은 노조위원장 손종규가 HRC에 개인통보절차를 통해 대한민국 정부의 규약 위반 결정을 받은 다음, 이에 근거하여 국가를 상대로 손해배상을 청구한 사건이다.

이에 대해 대법원은 "노동쟁의조정법상의 제3자 개입금지 규정은 노사분쟁해결의 자주성 및 산업평화의 유지 등 공공질서를 위하여 필요한 범위 내에서 법령에 의하여 정당한 권한을 가진 자를 제외한 제3자가 쟁의행위에 관하여 관계 당사자를 조종·선동·방해하거나 기타 이에 영향을 미칠 목적으로 개입하는 행위를 금지한 것이다. 따라서 이것은 대한민국이 가입한 자유권규약 제19조 2항의 취지에 반하여 표현의 자유를 침해한 것이라 볼 수 없다"라고 판단하였고, 나아가 "자유권규약 제2조 3항은 별도로 개인이 규약 당사국에 대하여 손해배상 등 구제조치를 청구할 수 있는 특별한 권리가 창설된 것은 아니다"라고 판단하였다.

【평가】

이 사건은 국제인권조약의 직접적용가능성을 본격적으로 다룬 사건으로 중요한 의미가 있다. 대법원은 자유권규약 제2조 제3항이 규정의 형식상 당사국 간의 의무를 규정한 조항으로서 개인에게 권리를 부여한 조항이 아니라고 해석하여 직접적용가능성을 부인하였다. 즉, 국내적으로 직접적용될 수 있는 객관적 요건*을 갖추지 못한 것을 이유로 이 규정의 직접적용가능성을 부인하였던 것이다. 대법원은 이 사건에서 자유권규약 제19조에 대한 판단도 하였는바, 여기에서 대법원은 비록 이 사건의 피고인에 대한 처벌이 위 규정에 위반된 표현의 자유를 침해한 것이 아니라는 판단을 하였지만 이것은 이 규정의 직접적용가능성을 전제로 한 판단이라고 할 수 있다.

* 이 판결의 취지로 보면 인권규약이 직접적용되기 위해서는 당해 조약 규정의 내용과 형식이 문언상으로 보아 개인에 대하여 직접 그 구체적 권리를 창설할 것을 목표로 해야 한다는 것이다.

② 대법원 2004. 7. 15. 선고 2004도2965

【사건 및 판결의 요지】
이 사건 피고인은 '여호와의 증인' 신도가 종교적 교리에 따라 현역병 입영하는 것을 거부한 것이 병역법 위반이라 하여, 제1심 및 제2심에서 모두 유죄판결을 받았다.
대법원은 이 사건에서 피고인이 주장하는 자유권규약 위반 여부에 대하여 판단하였다. 대법원은 대한민국 헌법 제19조의 양심의 자유, 제20조의 종교의 자유의 해석상 양심적 병역거부는 도출될 수 없고, 자유권규약 제18조의 규정은 위 헌법 규정이 보장하는 기본권의 보호 범위와 동일한 내용을 규정하고 있다고 보이므로 이 조항으로부터 피고인에게 예외적으로 이 사건 법률조항의 적용을 면제받을 수 있는 권리가 도출되지 않는다고 판단함으로써 양심적 병역거부가 자유권규약에 위반되지 않음을 명백히 하였다.

【평가】
이 사건은 유엔의 인권기구에서 널리 인정되고 있는 양심적 병역거부를 부인하고 있는 국내 법원의 견해를 확인한 것이라 할 수 있다. 그러나 판결의 논리는 자유권규약은 국내법으로서 지위가 있으며, 이에 위반하는 경우 상고이유가 될 수 있다는 것이므로, 국제인권법의 직접적용가능성을 인정한 것이라 할 수 있다.

③ 대법원 2007. 12. 27. 선고 2007도7941

【사건 및 판결의 요지】
이 사건에서 피고인은 종교(여호와의 증인)적 이유로 병역을 거부하였고, 이에 병역법 위반(제88조 제1항)으로 제1심 및 제2심에서 유죄선고가 되자 대법원에 상고하였다. 피고인은 양심적 병역거부권이 자유권규약 제18조 제1항에 의하여 보장되고 있으므로, 종교적 양심에 기한 병역의무의 거부는 위 규정상의 '정당한 사유'에 해당한다고 주장하였다.
대법원은 양심적 병역거부가 자유권규약에 위반되지 않는 것이라고 피고인의 상고를 기각하였다. 대법원이 기각 이유로 밝힌 것 중에서 주요한 것은 다음과 같다.
첫째, 자유권규약 제18조는 물론, 규약의 다른 어느 조문에서도 양심적 병역거부권을 기본적 인권의 하나로 명시하고 있지 않으며, 규약의 제정 과정에서 규약 제18조에 양심적 병역거부권을 포함시키자는 논의가 있었던 것은 사실이나, 제정에 관여한 국가들의 의사는 부정적이었던 것으로 보인다고 판단하였다.
둘째, 강제노역금지에 관한 자유권규약 제8조 제3항 (C) 제(ii)호에서 "군사적 성격의 역무 및 양심적 병역거부가 인정되고 있는 국가에 있어서는 양심적 병역거부자에게 법률에 의하여 요구되는 국민적 역무(any service of a military character and, in countries where conscientious objection is recognized, any national service required by law of conscientious

objectors)"를 규약상 금지되는 강제노역의 범주에서 제외되는 것 중 하나로 규정하고 있는 것으로 보아 규약은 가입국으로 하여금 양심적 병역거부를 반드시 인정할 것을 요구하고 있지 않다. 그리고 규약 제18조 제1항의 양심 표명의 자유의 일환으로 양심적 병역거부를 인정한다 하더라도 대체복무제도를 두지 아니한 것 그 자체가 규약 위반으로 평가될 수는 없다.

셋째, 양심적 병역거부자들에게 병역의무의 면제를 부여할 것인지 여부 혹은 순수한 민간 성격의 대체복무제도를 도입할 것인지 여부에 관하여는 규약 가입국의 입법자에게 광범위한 재량이 부여되어야 한다.

【평가】

이 사건은 다른 국제인권법 관련 대법원 사건에 비하여 다음과 같은 의미를 가진다.

첫째, 상고이유와 쟁점이 오로지 자유권규약 위반 여부에 모아져 있다는 점이다. 이것은 종래의 국제인권법 관련 사건이 다른 국내법적 쟁점이 주된 것이었다는 점을 고려하면 아주 획기적 사건이라 할 수 있다.

둘째, 이 사건은 인권조약의 위반이 바로 상고이유가 될 수 있다는 가능성을 전제로 한 사건이었다. 즉, 자유권규약 위반은 국내 법률위반과 같은 효력을 가진다는 점에서 이론이 없음이 확인되었다.

셋째, 비록 대법원이 양심적 병역거부가 자유권규약에 위반되지 않는다고 판단하였지만 그 논리전개는 대단히 발전적이었다. 즉, 대법원은 조약의 해석원칙으로 조약법에 관한 비엔나협약 제31조 및 제32조를 적용한 것이 분명하다. 협약 제32조에 따라 조약해석의 보충적 수단으로 사용할 수 있는 조약체결준비 문서를 검토한 흔적이 있으며, 제31조에 따라 체계적 해석 또는 문맥해석을 시도하였다.

넷째, 대법원이 명시적으로 '조약합치적 해석'이라는 용어를 사용하였다는 점이다. 이는 향후 하급심 법원으로 하여금 국제법규를 재판에 적용할 때 큰 지침으로 작용할 것으로 예상된다.

④ 대법원 2018. 11. 1. 선고 2016도10912 전원합의체 판결

【사건 및 판결의 요지】

대법원은 2018년 11월 전원합의체 판결을 통하여 양심적 병역거부자에 대하여 병역법 위반의 유죄를 인정한 원심판결을 무죄 취지로 파기환송하였다. 이 판결에서는 대법관 박정화, 대법관 김선수, 대법관 노정희는 다수의견에 대한 보충의견을 통해 국제인권법에 대한 논의를 망라적으로 했다. 현재까지 국내 재판에서 논의된 어떤 국제인권법에 대한 입장보다 발전된 것이라고 할 수 있다. 이 보충의견이 취한 견해 중 중요한 의미가 있는 부분을 뽑으면 다음과 같다.

- 우리나라가 가입한 자유권규약의 경우에는 헌법 제6조 제1항에 의해 국내법과 동일한 효력을 가지고 직접적인 재판규범이 될 수 있다.
- 자유권규약은 국회의 동의를 얻어 체결된 조약이므로 헌법 제6조 제1항의 규정에 따라 국내법적 효력을 가지며, 그 효력은 적어도 법률에 준한다.
- 양심의 자유를 보장한 자유권규약 제18조는 특별한 입법조치 없이 우리 국민에 대하여 직접적용되는 법률에 해당한다는 것이 대법원과 헌법재판소의 견해이다.
- 우리나라는 자유권규약 가입 당시 개인통보제도에 관한 선택의정서에도 함께 가입하였다. 자유권규약 제2조 및 위 선택의정서의 규정들을 종합하면, 개인통보제도를 규정한 선택의정서에 가입하였다는 것은 당사국 내에 있는 개인의 진정에 대한 유엔자유권규약위원회의 심사권을 인정한다는 것이고, 이는 그 심사결과에 따르겠다는 의미를 포함한다. 따라서 선택의정서 가입국은 보편적이고 다자간에 체결된 자유권규약에 따라 유엔자유권규약위원회가 내린 개인통보에 대한 견해를 받아들일 국제법상 의무를 진다고 보아야 한다.
- 자유권규약 제18조에 양심적 병역거부에 관한 권리가 포함되어 있다는 점은 유엔자유권규약위원회뿐만 아니라 유엔경제사회이사회 산하의 유엔인권위원회(UN Commission on Human Rights)와 2006.3.부터 그 업무를 이어받은 유엔인권이사회(UN Human Rights Council) 그리고 유럽인권법원 등에서 일관되게 계속적으로 인정되어 이제는 확립된 국제적 기준이 되었다고 평가할 수 있다.
- 자유권규약의 전체적 규율 내용, 유엔자유권규약위원회의 일반논평, 정부보고서 심의 결과에 따른 권고, 유엔자유권규약위원회가 우리나라 국민이 제기한 개인통보사건에서 채택한 견해 등에서 일관되게 양심적 병역거부권이 인정되고 있는 점에 비추어 자유권규약 제18조를 해석함에 있어서도 양심적 병역거부권이 위 조항 자체에서 인정되고 있다고 해석해야 한다.
- 설령 자유권규약 제18조 자체에서 양심적 병역거부권이 인정되지 않는다고 해석하더라도 유엔자유권규약위원회의 일반논평, 정부보고서 심의 결과에 따른 권고, 유엔자유권규약위원회가 우리나라 국민이 제기한 개인통보사건에서 채택한 견해 및 유엔인권이사회의 권고 등은 국제법 존중주의라는 헌법적 차원에서 병역법 제88조 제1항 의 '정당한 사유'의 해석을 위한 유력한 규범적 근거가 된다고 보아야 한다.

【평가】

위 보충의견에 대해 다음과 같은 평가가 가능하다.

첫째, 국제인권조약이 국내 재판에서 국내 입법 조치 없이도 직접적인 규범으로 적용될 수 있음을 분명히 했고(자기집행적 국제법), 그 국내법적 지위는 적어도 법률에 준한다고 하였다.

둘째, 국제인권조약에 따른 개인진정(개인통보) 결정(view)의 효력에 대해 이를 국내적으로 받아들여야 하는 국제법적 의무가 있다고 함으로써 결정의 법적 구속력을 인정하였다. 이것은 이제껏 최고법원인 대법원이나 헌법재판소에서 볼 수 없는 획기적 판단이다.

셋째, 양심적병역거부가 자유권규약 제18조의 해석상 당연히 나오는 것이라고 주장하면서 그 논거를 개인통보 결정의 법적 구속력에서 찾고 있다. 즉, 자유권규약위원회가 개인통보 사건에서 그렇게 해석하였으므로 우리나라의 사법부도 그 해석을 따라야 한다는 것이다. 나아가 우리 헌법의 국제법존중주의에 비추어 자유권규약위원회나 유엔인권이사회가 양심적 병역거부에 대해 해온 해석은 국내법을 해석하는 데에 유력한 규범적 근거가 되어야 한다는 것도 매우 주목할 만하다.

⑤ 서울고등법원 2006. 2. 14. 선고 2005나27906

【사건 및 판결의 요지】

이 사건은 1973년 중앙정보부에서 간첩혐의로 조사 받던 중 사망한 서울대학교 법과대학 최종길 교수의 유족이 사후 30년 만에 국가를 상대로 국가배상소송을 낸 것이다. 최 교수의 유족은 사건 이후 최 교수가 고문에 의해 사망하였다고 주장하였으나 진실이 밝혀지지 않다가, 2002년 특별국가기관인 의문사진상위원회에 의해 최 교수가 공권력에 의해 사망했음이 밝혀졌다.

이 사건에서 서울고등법원은 국가가 주장한 소멸시효 항변을 배척하면서 국가의 손해배상책임을 인정하였는데, 이 가운데 국제인권법적 시각을 엿볼 수 있는 대목이 있다. 관련 부분은 다음과 같다.

> 중대한 인권침해에 대한 시효 적용을 배제하는 국제법상의 원칙과 관련한 검토. 1990.7.10.부터 우리나라에서 발효되기 시작한 '시민적 및 정치적 권리에 관한 국제규약'(자유권규약) 제7조는 "어느 누구도 고문 또는 잔혹한, 비인도적인 또는 굴욕적인 취급 또는 형벌을 받지 아니한다. 특히, 누구든지 자신의 자유로운 동의 없이 의학적 또는 과학적 실험을 받지 아니한다"고 규정하고 있는데, 이러한 인권보장 원칙을 구현하기 위하여 인권범죄를 다루는 국제형사재판소는 고문 등 범죄에 대하여는 그 공소시효 적용을 배제하고 있으며[구유고슬라비아와 르완다 지역의 인권침해 사건을 재판하고 있는 국제형사재판소(ICTY와 ICTR)가 인권침해 범죄자들에 대한 형사재판을 하면서 견지한 원칙이다], 유엔 인권이사회는 각국의 군사정권 아래에서 저질러진 시민적·정치적 권리의 중대한 침해에 대하여는 필요한 최장기간 동안 기소가 이루어져야 한다고 권고하는 등 반인도적 범죄, 전쟁범죄나 고문과 같은 중대한 인권침해에 관하여는 공소시효의 적용을 배제하는 것이 국제법의 일반원칙이다. 이와 같은 국제법적 원칙은 공소시효에 관한 논의이기는 하지만, 국가의 반인권적 범죄에 대한 민사상 소멸시효를 적용할 때에도 동일하게 고려되어야 할 것이다.

【평가】

이 사건에서 한국 법원이 국제법의 원칙이라고 판단한 부분은 다음과 같은 의미가 있다.

첫째, 민사상 소멸시효 적용 배제의 하나의 이유로서 국제인권규약과 국제인도법인 로마규정 등을 국내법의 해석을 위한 수단으로 고려하였다는 것이다. 이는 국제법의 간접적용의 방식으로 매우 의미가 있다.

둘째, 인도에 반한 범죄 등에 대하여 시효를 적용시키지 않는 것이 국제법의 일반원칙이라고 한 점도 획기적이다. 대한민국은 시효부적용조약에 가입하지 않았고, 통상 이 조약의 내용이 국제관습법의 확인에 불과한 것이라고 말하기에는 시기상조라는 점을 고려할 때 더욱 그러하다.

셋째, 일반적으로 국제법상 인도에 반한 범죄의 시효 부적용의 원칙은 공소시효에서 적용되는데, 이를 민사상 소멸시효에 적용시킨 것도 이례적이다. 더욱 대한민국이 가입한 로마규정에서는 공소시효의 소급효를 인정하지 않는 것을 고려하면 법원의 태도는 매우 혁신적인 태도라고 할 수 있다.

〈헌법재판소에서의 적용사례〉

⑥ 헌법재판소 1992. 1. 28. 선고 91헌마111

【사건 및 결정의 요지】

이 사건은 1990년대 초까지 행형법 규정에 따라 구속피의자에 대한 변호인 접견 시 교도관 또는 수사관이 참관하는 상황에 대한 헌법적 판단이다. 당시 변호인이 구속 피의자를 접견할 때는 비밀접견이 보장되지 않고 교도관 또는 수사관이 접견상황을 모니터링할 수 있었다. 이에 대해 이 사건 신청인은 변호인 접견 시 교도관 등의 모니터링은 헌법상의 변호인의 조력을 받을 권리를 침해한 것이라 주장하였다.

헌법재판소는 이러한 주장에 대하여 "변호인과의 자유로운 접견은 신체구속을 당한 사람에게 보장된 변호인의 조력을 받을 권리의 가장 중요한 내용이어서 국가안전보장 질서유지, 공공복리 등 어떠한 명분으로도 제한될 수 있는 성질의 것이 아니다"라고 하면서 그 논거 중 하나로 1988.12.9. 제43차 유엔총회에서 채택된 "모든 형태의 구금 또는 수감상태에 있는 모든 사람들을 보호하기 위한 원칙" 제18조 제4항이 "피구금자 또는 피수감자와 그의 변호인 사이의 대담은 법 집행 공무원의 가시거리(可視距離) 내에서 행해질 수는 있으나 가청거리(可聽距離) 내에서 행해져서는 아니 된다"라고 규정한 것을 적시하고 있다.

【평가】

이 사건은 1990년대 초 한국의 인권발전에 크게 공헌한 대표적 헌법재판소 결정이다. 국제인권법적 의미는 법적 구속력이 없는 소프트 로의 하나로 평가되는 유엔총회의 "모든 형태의 구금 또는 수감상태에 있는 모든 사람들을 보호하기 위한 원칙"을 헌법해석의 수단으로 사용하였다는 점이다. 소프트 로로서의 국제인권규범을 간접적용한 예라고 할 수 있다.

⑦ 헌법재판소 1991. 4. 1. 선고 89헌마160

【사건의 개요 및 판결 내용】

이 사건은 헌법재판소 설립 이후 헌법해석에 있어서 국제인권법을 반영한 최초의 사건이다. 잡지사로부터 명예훼손을 당한 사람이 민사소송을 제기하면서 민법 제764조에 따라 손해배상과 함께 구하는 사죄광고가 헌법상의 양심의 자유(헌법 제19조)에 위반되는지가 문제되었다.

헌법재판소는 민법 제764조가 사죄광고를 포함하는 취지라면 헌법 제19조에 위반되는 동시에 헌법상 보장되는 인격권 침해에 해당된다고 판단하였다. 헌재는 헌법 제19조를 해석하면서 자유권규약 제18조 2항에서도 스스로 선택하는 신념을 가질 자유를 침해하게 될 어떠한 강제도 받지 않는다고 규정하고 있음을 적시하였다.

【평가】

이 사건은 헌법재판소가 헌법 조항을 국제인권기준을 반영하여 해석할 수 있음을 보여준 첫 사건이다. 이것은 소위 국내법의 국제법합치적 적용, 즉 간접적용의 전형적인 예라 할 수 있다. 이 사건 이후 헌재의 많은 결정에서 이 적용법리가 사용되었다.

⑧ 헌법재판소 1991. 7. 22. 선고 89헌가106

【사건 및 결정의 요지】

이 사건은 현재는 합법화된 전국교직원노동조합(전교조)이 불법단체로 평가되던 1980년대 후반의 사건이다. 당시 사건의 신청인들은 사립학교의 교사들로서 불법단체인 전교조에 가입하여 활동한다는 이유로 해당 학교로부터 사립학교법에 근거해서 해직되었다. 이에 신청인들은 교원노조 활동을 금지하는 사립학교법의 해당 조항이 국제인권기준을 위반한 것으로 국제법 존중 원칙을 규정한 헌법 제6조 제1항에 위반된다고 주장하였다.

이에 대해 헌법재판소는 사립학교 교원에게 헌법상의 근로3권(단체조직권/단체협약권/단체행동권)을 제한하는 것은 사립학교 교원이 가지는 근로기본권의 본질적 내용을 침해한 것이라 볼 수 없어 해당 사립학교법 조항은 헌법에 위반되지 않는다고 하였다. 또한 신청인들이 주장하는 국제인권에 관한 선언, 권고 또는 규약은 대한민국의 현실에 적합한 교육제도의 실시를 제약하면서까지 교원에게 근로권이 제한 없이 보장되어야 한다든가 교원단체를 전문직으로서의 특수성을 살리는 교직단체로 구성하는 것을 배제하고 반드시 일반노동조합으로서만 구성하여야 한다는 주장의 근거로 삼을 수 없다고 판단하였다.

【평가】

이 사건은 국제인권법의 법원(source of law)에 따라 각종 국제인권기준을 평가하였다는 데 의의가 있다. 즉, 세계인권선언을 평가하면서 모든 국민과 모든 나라가 달성하여야 할 공통의 기준으로 선언하는 의미가 있으나 그 선언내용인 각 조항이 바로 보편적인 법적 구속력을 가지거나 국제법적 효력을 갖는 것으로 볼 것은 아니라고 하였다. 유네스코가 채택한 '교원의지위에관한권고'는 또한 우리 제도의 개선과 발전의 지침으로 삼을 가치를 충분히 담고 있지만 직접적으로 국내법적 효력을 갖는 것은 아니라고 하였다. 또한 자유권규약과 사회권규약은 실천적 의미(법적 구속력을 의미)를 갖지만 관련 조항(예컨대, 자유권규약 제22조)은 대한민국 정부에 의해 유보되어 효력이 없거나, 국가안보 또는 공공질서를 위해 법률로 제한할 수 있다는 것을 들어 그 적용을 배제하였다.

⑨ 헌법재판소 2001. 4. 26. 선고 99헌가13

【사건 및 결정의 요지】

이 사건의 수표 발행자는 수표를 발행한 다음 부도가 나 수표 소시자에게 수표금을 지급하지 못했다. 그런 이유로 발행자는 부정수표단속법에 의해 기소되어 징역형이 선고되었다. 이 사건 2심 재판부는 부정단속법의 해당 조항이 대한민국이 가입한 자유권규약 제11조에 위반되고, 나아가 헌법 제6조의 국제법존중주의를 위반하였는지 여부를 헌법재판소에 물었다.

헌법재판소는 "헌법 제6조 제1항의 국제법 존중주의는 우리나라가 가입한 조약과 일반적으로 승인된 국제법규가 국내법과 같은 효력을 가진다는 것으로서 조약이나 국제법규가 국내법에 우선한다는 것은 아니다. 이 사건 법률조항에서 규정하고 있는 부정수표 발행행위는 지급제시될 때에 지급거절될 것을 예견하면서도 수표를 발행하여 지급거절에 이르게 하는 것으로 그 보호법익은 수표거래의 공정성이며 결코 '계약상 의무의 이행불능만을 이유로 구금'되는 것이 아니므로 국제법 존중주의에 입각한다 하더라도 자유권 규약 제11조의 명문에 정면으로 배치되는 것이 아니다"라고 판단했다.

【평가】

이 사건은 크게 두 가지 의미가 있다. 헌재가 헌법 제6조 1항의 국제법존중주의를 해석하면서 그 의미를 분명히 했다는 점이다. 즉, 헌재는 국제법규가 국내법과 같은 효력을 갖는다는 것이 "국제법규가 국내법에 우선한다는 것이 아니다"라고 함으로써 국내법에 의한 국제법의 배제 가능성도 내비치고 있다. 이것은 국제법규와 국내법이 신법우선원칙이나 특별법우선원칙을 적용한다는 것을 전제한 것이라 볼 수 있다. 둘째, 국내법을 해석하면서 의도적인 국제법 합치해석을 했다는 점이다. 목적론적 해석을 하면 우리 형법 규정이 규약에 위반된다고 할 수 있는데 두 개의 규범이 명확히 충돌하지 않는 한, 두 개의 규범이 조화를 이루도록 해석하려는 헌재의 의도가 엿보인다.

⑩ 헌법재판소 2003. 11. 27. 선고 2002헌마193

【사건의 개요 및 판결 내용】

이 사건은 뇌물죄로 구속된 신청인에 대하여 군사법경찰관이 구속기간을 10일 연장한 것이 문제가 되었다. 민간인의 경우에는 사법경찰관이 구속 피의자에 대하여 10일간만 구금할 수 있을 뿐, 연장이 불가능한데, 군사법원법은 군인의 경우에는 예외를 규정하고 있다. 신청인은 이것이 헌법상의 평등권을 침해한 것이라 주장하였다.

이에 대해 헌법재판소는 군사법원법의 근거규정이 신청인에게 보장되는 헌법상 신체의 자유, 신속한 재판을 받을 권리 및 평등권을 침해한 것이라 판단하였다. 국제인권법과 관련해서는 이러한 판단을 하면서 자유권규약 제9조3항을 적시하며 이 규정은 법관에 의한 구금의 적법성 판단 이외에도 신병구속에 대한 권한을 경찰로부터 이관시킨다는 의미가 있다고 판단하였다.

【평가】

이 사건에서 헌법재판소가 자유권규약 제9조3항을 적시한 것은 위헌성 판단을 함에 있어서 국제인권조약에 근거한 검토를 하였다는 것을 의미한다. 이것은 국내법(헌법)을 해석함에 있어 국제법 합치해석 원칙에 따라 국제인권규약을 간접적용한 것이다. 다만, 이 사건에서 국제인권규약이 헌법해석에 결정적이었다고는 볼 수 없고 헌법해석의 보충적 수단으로 사용되었다고 보는 것이 맞다.

⑪ 헌법재판소 2004. 8. 26. 선고 2002헌가1

【사건 및 결정의 요지】

이 사건은 종교적 신념에 따라 병역을 거부한 사례에서 당사자가 병역법 위반으로 기소가 되자, 법원이 헌법재판소에 양심적 병역거부의 인정 여부를 물어온 것이다.

헌법재판소의 다수의견은 양심적 병역거부는 헌법상의 양심의 자유에 포함되지 않는다고 하면서도 양심적 병역거부에 대한 유럽공동체, 국제연합의 결의와 징병제를 실시하는 국가 중 많은 국가가 대체복무제를 제도화한 것을 적시하면서 국제인권기준에 맞춘 입법개선 권고를 하였다.

나아가 두 명의 재판관은 소수의견에서 자유권규약 제18조 및 양심적 병역거부를 인정한 자유권규약위원회(Human Rights Committee)의 일반논평 22호 그리고 유엔인권위원회(Commission on Human Rights)의 양심적 병역거부에 대한 반복적 인정 결의(결의46호/결의84호/결의77호) 등을 적시하면서 양심적 병역거부를 인정해야 한다는 주장을 하였다.

【평가】

이 사건은 어느 사건보다 헌법재판소에서 양심적 병역거부의 헌법적 판단을 함에 있어 국제인권기준을 고려한 사건으로 분류될 수 있다. 비록 다수의견이 양심적 병역거부를 인정하지는 않았지만 국제인권기준을 인정하면서 입법개선을 권고하였고, 소수의견에서는 국제인권기준에 따라 양심적 병역거부를 인정해야 한다고 한 점은 국제인권법의 국내적용과 관련되어 의미 있는 사건으로 평가된다.

⑫ 헌법재판소 2004. 12. 14. 선고 2004헌마889

【사건 및 결정의 요지】

이 사건은 신청인들이 1980년대 국가안전기획부(한국의 CIA)에서 고문받은 것에 대하여 고문행위자를 고소하였지만 검찰이 공소시효 만료를 이유로 불기소한 것에서 비롯되었다. 신청인은 이러한 검찰의 결정에 대하여 불복하여 헌법소원을 제기하였다.

이 사건에서 신청인들이 공소시효의 배제의 부당성을 주장하며 그 근거로 든 것은 고문범죄에 대한 시효배제를 선언한 ICC 로마규정과 고문범죄에 대한 공소시효 배제에 관한 국제관습법이었다.

이에 대해 헌법재판소는 신청인의 주장을 기각하며 다음과 같은 결정을 하였다.

첫째, ICC로마규정은 한국헌법 제6조 1항에 의해 국내법규와 같은 효력을 지닌다. 그러나 로마규정에서 시효배제가 되는 관할범죄로서의 고문범죄는 "민간인 주민에 대한 광범위하거나 체계적인 공격의 일부로서 그 공격에 대한 인식을 가지고 범하여진 행위로서의 고문"(제7조 제1항 제6호)을 말하는 것이므로 이 사건은 거기에 해당하지 않는다.

둘째, 고문범죄에 대한 공소시효 적용배제가 국제관습법인지의 문제는 유엔의 '전쟁범죄 및 반인도적범죄에 대한 국제법상의 시효의 부적용에 관한 협약'이 있지만 이 협약이 모든 고문범죄에 대하여 적용되는 것도 아니며 신청인 주장의 국제관습법이 국제사회의 보편적 규범으로서 세계 대다수 국가가 승인하고 있는 법규(국제관습법)로 볼 근거가 없다.

【평가】

이 사건은 헌법재판소가 비록 기각은 했지만 고문범죄의 공소시효 부적용 문제를 오로지 국제인권법 및 인도법적 입장에서 다루었다는 입장에서 의미가 있다. ICC 로마규정이 국내법적 효력이 있다는 점을 분명히 하면서, 로마규정상의 고문범죄와 일반적인 고문범죄는 차이가 있다는 점을 인정한 점과 고문범죄의 공소시효 배제에 관한 국제관습법을 판단한 것은 향후 유사사건을 판단함에 있어 선례적 의미가 있다고 본다.

⑬ 헌법재판소 2005. 5. 26. 선고 2001헌마728

【사건 및 결정의 요지】

이 사건은 형사사건의 피의자인 청구인이 검사 앞에서 팔과 상반신이 묶이고 양손에 수갑을 채운 상태에서 조사를 받은 것에서 비롯되었다. 청구인은 이러한 조사가 청구인의 신체의 자유를 침해한 것이라고 하면서 헌법소원을 제기하였다.

헌법재판소는 이 사건 계구사용행위가 과잉금지원칙에 어긋나게 청구인의 신체의 자유를 침해한 위헌적인 공권력 행사라고 하면서 청구인의 청구를 인용하였다. 헌재는 이러한 판단을 함에 있어서 주요 근거로서 유엔 피구금자최저기준규칙(Standard Minimum Rules of Treatment of Prisoners) 제84조 2항 "유죄판결을 받지 아니한 피구금자는 무죄로 추정되고 무죄인 자로서 처우되어야 한다"라는 규정을 적시하였다.

【평가】

이 사건은 헌법재판소가 국내 헌법의 해석을 함에 있어서 국제인권규범을 해석의 주요한 근거로 사용하였다. 즉, 간접적용의 방식으로 국제인권규범을 사용하였다고 할 수 있다. 더욱 이 사건에서는 국제법상 법적 구속력이 없는 소위 소프트 로에 해당하는 유엔의 결의를 간접적용했다는 점이 큰 의의가 있다.

⑭ 헌법재판소 2018. 7. 26. 선고 2011헌마306 등

【사건 및 결정의 요지】

이 사건 청구인들은 양심적 병역거부자로서 자유권규약위원회에 개인통보를 하여 대한민국이 자유권규약 제18조를 위반하였고 정부는 청구인들에게 전과말소와 충분한 배상 등 효과적 구제조치를 제공할 의무가 있다는 결정을 받았다. 그럼에도 대한민국(국회)이 아무런 입법조치를 취하지 않음으로써 이 결정을 이행하지 않자 헌법재판소에 입법부작위에 대한 헌법소원을 제기하였다. 헌재는 이 사건을 각하하면서 자유권규약위원회의 결정(views)은 사법적인 판결이나 결정과 같은 법적 구속력이 인정된다고 단정하기 어렵고 "우리 입법자가 반드시 자유권규약위원회의 견해의 구체적 내용에 구속되어 그 모든 내용을 그대로 따라야만 하는 의무를 부담한다고 볼 수는 없다"고 하였다.

다만 이 결정에서 헌재는 자유권규약위원회의 견해를 존중하고 고려하여야 한다는 점은 분명히 하였다.

"자유권규약위원회는 자유권규약의 이행을 위해 만들어진 조약상의 기구이므로 자유권규약위원회의 견해는 규약을 해석함에 있어 중요한 참고기준이 된다고 할 수 있고 규약의 당사국은 그 견해를 존중하여야 한다. 특히 우리나라는 자유권규약을

비준함과 동시에 개인통보를 접수 심리하는 자유권규약위원회의 권한을 인정하는 것을 내용으로 하는 선택의정서에 가입하였으므로 대한민국 국민이 제기한 개인통보에 대한 자유권규약위원회의 견해(Views)를 존중하고 그 이행을 위하여 가능한 범위에서 충분한 노력을 기울여야 한다."

【평가】

이 사건은 종래 헌재의 개인통보 결정의 법적 효력을 유지하고 있지만 우리나라가 선택의정서에 가입한 이상 자유권규약위원회가 결정하는 견해(views)를 존중하고 이행을 위해 노력해야 함을 명시적으로 인정한 것은 과거 개인통보 결정을 한낱 법적 구속력 없는 권고에 불과하다고 하거나 별다른 분석·논의 없이 나열하는 데 그친 것에 비추어 진일보한 결정이라고 할 수 있다.

〈표 5-7〉 일본에서의 국제인권법 적용 동향

〈수형자와 변호사와의 접견방해에 관한 손해배상사건(일명 도쿠시마 사건)〉

1. 국내사건에서 국제인권법의 적용에 관한 일본의 전반적 상황

일본국 헌법 제98조 제2항[70]은 소위 국제법의 성실준수의무를 규정하고 있다. 대부분의 일본의 학자들과 실무가들은 이 규정에 터 잡아 조약의 직접적용성을 인정하고 있고 개인은 인권조약의 규정을 국내 재판소에서 원용할 수 있다(소위 자기집행력의 인정)고 해석한다. 또한 조약은 법률에 우위에 있으므로 조약에 위반한 법률은 무효라는 입장이 주류적 견해인 것 같다.[71] 일본 정부의 대외적 입장 또한 이러한 해석과 일치한다. 즉, 일본 정부는 자유권

70) 동 규정은 다음과 같다. "일본국이 체결한 조약 및 확립된 국제법규는 이를 성실히 준수할 것을 필요로 한다." 이 규정과 관련하여 우리 헌법 제6조 제1항(헌법에 의하여 체결·공포된 조약과 일반적으로 승인된 국제법규는 국내법과 같은 효력을 가진다)의 규정 형식을 상호 비교할 필요가 있다. 일본의 헌법 규정 형식이 우리보다 국제법의 국내법에 대한 우위를 인정한 것으로 보아야 할까? 일본 학자들 중에는 주로 국제법의 국내법 우위를 논함에 있어 위의 일본 헌법 "성실히 준수할 것"에서 찾는 사람들이 많다. 우리나라의 헌법 규정은 일본에서의 논의와 같이 국제법의 국내법에 대한 우위를 주장할 논거가 될 수는 없을까 의문이다.

71) 北村泰三,『國際人權と刑事拘禁』(일본평론사, 1996), p. 21.

규약위원회(Human Rights Committee)에 제출한 정부보고서에서 규약의 직접적용성과 자기집행력 그리고 국내법률에 대한 우위성을 인정한 바 있다.

그러나 일본 정부는 개개의 사건에서는 국제인권법(특히 자유권규약)의 자기집행력이 문제가 될 때 대체로 그것을 부인해 왔다. 즉, 자유권규약 제2조 제2항을 적시하며 "동 규약은 애당초 국내 입법을 필요로 하지 않고 그대로의 형태로 국내적 효력을 갖는 것은 아니다"라는 식의 주장을 해오고 있다.[72)]

그렇다면 판례의 태도는 어떠한가. 판례를 조사하다 보면 자유권규약과 국내법의 저촉관계에 대해서는 법률, 규칙, 처분이 규약에 위반되지 않는다는 논지의 판례는 적지 않게 발견된다. 이것은 기본적으로 재판소의 태도가 국내재판에 있어서 규약의 직접적용성과 자기집행력을 인정한다는 전제하의 논리라고 학자들은 해석한다. 예컨대 외국인등록법에 기한 지문압날의 강제와 자유권규약 제7조와의 관계에 대하여 일련의 판례는 지문압날이 규약이 금지하는 '품위를 손상하는 취급'에 해당하지 않아 규약에 위반되지 않는다고 판단했는데 이것은 기본적으로 규약의 직접적용성과 국내법률에 대한 우위를 전제로 한 논리라는 것이다. 다만 문제는 이제껏 일본의 사법부가 국제인권법(특히 자유권규약)을 근거로 일본국의 법률이나 규칙 혹은 처분을 무효로 만든 판례를 거의 내지 않았다는 사실이다. 전반적으로 일본의 사법부는 국제인권법에 대해 대단히 소극적이며 이해가 부족하다는 것이 국제인권법 전문가들의 일반적 견해이다.

그러나 최근 일본에서는 사법부가 위와 같은 소극적 태도에서 벗어나기 시작했다고 볼 만한 판례가 조금씩 나오고 있다. 1990년대에 들어와 일부의 하급심 판결에서 보이기 시작한 이러한 경향은 국제인권법의 국내적 활용에 적극성을 보이는 계기를 만들고 있다. 몇 개의 하급심 판례에서 변호인들은 본격적으로 국제인권법(자유권규약)을 주장했고 재판소는 이를 정면으로 인정했다. 이에 필자는 일본의 최근 하급심 판결 중 국제인권법의 직접적용과 국내법 우위를 인정한 1996년의 도쿠시마 사건을 통해 일본의 상황을 소개하고자 한다.[73)]

2. 사건의 개요

A수형자는 판결확정에 따라 그때까지 구금되었던 오사카 구치소에서 도쿠시마 형무소로 이감되었다. 동인은 무죄를 주장하여 재심을 준비 중이었다. 그런데 이감 후 도쿠시마 형무소의 교도관으로부터 폭행을 당하고 이유 없이 보호방(독방)에 감금되는 등의 징벌을 받았다. 변호사는 이러한 형무소의 처우를 간과할 수 없어 A수형자를 원고로, 국가를 피고로 하는 손해배상소송을 제기했다.

그런데 형무소장은 이 손해배상사건을 논의하기 위하여 접견 온 변호사와 A수형자의 접견

---

72) Ibid.

73) 이 판결은 일본변호사연합회, 『國際人權規約と 日本の司法市民の權利』(1997), p. 392 이하와 http://www. nichibenren.or.jp/hrsympo/manual/case-e.htm에 소개되어 있다.

에 교도관을 입회시켰을 뿐만 아니라 접견시간도 30분으로 제한했다. 형무소 측의 근거는 감옥법 제50조의 위임을 받은 감옥법 시행규칙 제121조가 "접견은 30분 이내로 한다. 단 변호사와의 접견은 그러하지 아니하다"로 되어 있고 여기서 말하는 변호사라 함은 형사변호인을 말하는 것이므로 형사변호인이 아닌 경우에는 변호사라 할지라도 접견시간을 이 규정에 따라 30분으로 제한한다는 것이었다.

이에 대해 A수형자와 그의 대리인인 변호사 3인은 원고가 되어 1991년 8월 21일 도쿠시마 지방재판소에 접견방해를 원인으로 하는 손해배상청구소송을 제기했다.

3. 원고 측 주장

원고 측은 두 가지 관점에서 위 감옥법 시행규칙이 무효라고 주장했다. 첫째는 감옥법 시행규칙의 제한이 헌법 제32조가 정하고 있는 재판을 받을 권리를 침해한다는 것이다. 즉, 수형자의 경우 재판을 받을 권리는 거의 유일하게 접견교통권을 통하여 가능하고 특히 본건과 같이 그 상대가 형무소의 경우에는 수형자와 변호사와 무조건의 접견이 보장되지 않으면 안 된다는 것이다. 둘째는 일본이 가입한 자유권규약은 법률에 우선하는 효력이 있고 동 규약 제14조 제1항은 재판을 받을 권리를 규정하고 있는데 본건에서의 감옥법 시행규칙은 바로 이 규약의 규정에 위반된다는 것이다. 결국 원고 측은 국내법적으로 헌법위반을, 국제법직으로 자유권규약위빈을 주장한 것이다.

4. 판결의 내용

도쿠시마 지방재판소는 1996년 3월 15일 원고 측의 주장을 인정하고 일본국에 대하여 A수형자에게 금 50만 엔, 변호사 3인에게 10만~35만 엔에 이르는 손해배상금을 지불할 것을 명하는 원고승소판결을 내렸다.

다음은 동 사건에서 쟁점이 되었던 문제에 대한 판결의 해당 부분을 소개한다.

가. 자유권규약의 효력

동 판결은 자유권규약의 직접적 효력과 동 규약의 국내법률에 대한 우위를 정면으로 인정했다. 해당 부분은 다음과 같다. "자유권규약은 자유권적 기본권을 내용으로 하고 당해 권리가 인류사회의 모든 구성원에 의하여 향유되어야 한다는 생각에 입각하여 개인을 주체로서 당해 권리가 보장된다는 규정형식을 취하고 있다. 이와 같은 자유권규정으로서의 성격과 규정형식으로부터 본다면 이것이 추상적, 일반적 원칙 등의 선언에 지나지 않는다고 해석할 수는 없고, 따라서 국내법으로서의 직접적 효력, 더욱 법률에 우선하는 효력을 갖는 것이라고 해야 한다."

나. 자유권규약 제14조 제1항

다음으로 판결은 이 사건이 자유권규약 제14조 제1항(공정한 재판을 받을 권리)의 해당사항인지를 판단했다. 즉, 민사사건의 대리인인 변호사와 수형자가 접견함에 있어서도 동 조항의 취지에 맞추어 편의가 최대한 보장되어야 하느냐의 문제이다. 이에 대해 판결은 다음과 같은 판시를 하고 있다. "(동 조항은) 수형자가 민사사건의 소송대리인인 변호사와 접견하는 권리를 보장하고 있다고 해석하는 것이 상당하고 접견시간 및 교도관의 입회 허용에 대해서는 일의적으로 명확하지 않다 하더라도 당해 민사사건의 상담 및 타협에 지장을 초래할 만한 접견제한은 허용되어서는 안 된다. 따라서 감옥법 및 동 시행규칙의 접견에 관한 조항도 위의 규약 제14조 제1항의 취지에 따라 해석되지 않으면 안 되고 만일 법과 규칙이 동 규약에 위반되는 경우 당해 부분은 무효가 되지 않으면 안 된다."

다. 수형자와 변호사의 접견에 관한 소장의 재량

판결은 위와 같은 원칙적 판단을 한 다음 이어서 자유권규약 제14조 제1항이 구체적으로 형무소장의 재량에 어떻게 적용되는가에 대하여 다음과 같이 판시했다.

• 접견의 요건에 관하여

판결은 민사사건에 대한 수형자와 변호사의 접견은 특단의 사정이 없는 한 원칙으로서 허가되어야 함을 천명했다. 관련 부분을 보면 다음과 같다.

> "자유권규약 제14조 제1항 및 헌법의 취지 그리고 접견의 중요성에 비추어 보면 이것(접견의 허부)이 전적인 소장의 자유재량이라고 해석할 수는 없고, 전술한 것과 같이 접견에 대한 제한은 처우상 그리고 형무소 내의 규율질서상의 필요가 있는지 여부, 그 제약이 합리적인 범위 내인가의 여부에 관한 판단에 대해서는 일정의 엄격함이 요구되는 것이고 형무소 내의 관리, 보안상황 기타 구체적 사정하에서 당해 접견을 허하는 것이 수형자의 교화상 바람직하지 않는 영향을 주거나 형무소 내의 규율질서의 유지상 방치할 수 없는 정도의 장해가 발생하는 상당한 개연성이 있는 경우를 제외하고는 본건과 같이 민사사건의 소송대리인인 변호사와의 접견은 원칙으로서 허가되지 않으면 안 되고 특단의 사정이 없음에도 접견을 거부하는 것은 소장의 재량권의 범위를 일탈하여 위법이 된다고 해석하여야 한다."

• 접견의 태양에 관하여

그렇다면 소장은 감옥법 시행규칙 제121조(30분의 시간제한)과 제127조 제1항(교도관의 입회)을 적용함에 있어 어떻게 해야 하는가? 이에 대해 판결은 다음과 같이 판단하고 있다.

> "자유권규약 제14조 제1항 등의 취지에 비추어 보면 수형자와 민사사건의 소송대리인인 변호사의 접견에 대하여 당해 민사사건의 상담 및 사전준비에 지장을 초래하는 정도의 접견제한은 허용되어서는 안 되고 소장으로서는 사안에 대응하여 시행규칙 제127조 제3항 및 제124조가 정한 제한완화조치를 취해야만 하고 이 점에 대

해서도 전적인 자유재량으로 해석할 수는 없다."

• 시간제한에 관하여

판결은 위와 같은 논리에 의하여 구체적으로 이 사건에서 문제된 시간제한(시행규칙 제121조)에 관하여 다음과 같이 판단했다.

"…… 접견시간의 제한이 소송준비를 위한 사전준비에 대한 직접의 제한이고 전술한 것과 같이 소장으로서는 사안에 따라 시행규칙 제124조가 정한 제한완화의 조치를 취할 것이 요구되고 있다는 것에 비추어 본다면 본건에서 접견시간을 30분 이내에 제한하는 것이 처우상은 물론 형무소 내의 규율질서상의 필요가 있다고도 인정할 수 없으며, 따라서 도쿠시마 형무소 소장이 본건 각 접견에서 30분 이내로 하는 조건을 붙인 것은 그 허여된 재량권을 일탈 내지는 남용한 것이다."

• 교도관 입회에 관하여

판결은 이 사건에서 접견의 시간제한과 더불어 문제가 되었던 교도관 입회의 문제에 관하여 형무소 측에 입회를 시킬 만한 '특단의 사정'이 있다고 인정했다. 관련 부분을 보자.

"…… 본건 각 접견에서 교도관의 입회에 의하여 심리적 압박 이상으로 현실로 민사사건의 사전준비가 방해되었다는 것을 인정할 만한 증거가 없고 교도관의 입회를 가지고 민사재판의 공정이 침해된다고까지는 말하기 어렵다는 것으로부터 보면 본건에서 도쿠시마 형무소장이 접견에 교도관을 입회시킨 조치는 전술한 계호 및 처우상의 목적을 달성하기 위한 합리적 범위 내라는 것이 인정되고 이것을 가지고 재량권의 일탈 혹은 남용이라고는 말하기 어렵다."

이 부분은 사실상 이 사건에서 가장 애석한 부분으로 재판부가 소송준비에 있어서 변호사와 수형자의 접견 실태에 대한 이해가 부족하다는 변호사 단체의 비판을 듣고 있다.

5. 판결의 평가

이 판결은 다음의 몇 가지 의의를 가지고 있다고 평가된다.

첫째, 이 판결은 최근 일본의 하급심 판결에서 국제인권법을 직접적으로 원용하는 일련의 흐름을 대표한다는 것이다. 최근 이 판결 이외에도 국제인권법(자유권규약)이 적용되어 승소판결이 된 사례가 몇 개 더 있다. 즉, 동경고등재판소는 1993년 2월 3일 외국인의 국선변호사건에서 소송비용 중 통역에 사용된 비용을 피고인에게 부담케 한 것은 자유권규약에 반한다는 판결을 한 바 있으며, 1994년 10월 28일 오사카고등재판소는 외국인등록법에 기해 지문압날의 거부를 이유로 하는 체포에 대한 국가배상소송사건에서 자유권규약을 적용하여 위법성을 인정했는데, 이 판결은 그러한 일련의 하급심의 분위기를 가장 정확히 반영한 판결이라고 할 수 있다.

둘째, 이 판결은 자유권규약을 직접적용했으며(국제법의 직접적용성과 자유권규약의 자기집행력의 인정) 그것이 법률과 규칙에 우선하므로 그 취지에 반하는 법과 규칙은 무효라고 하는 원칙(국제인권법의 국내법에 대한 우위)을 선언했다는 점이다. 국제인권법에 근거하여 승소판결을 내린 위의 판결들이 대체로 이와 같은 논거에 바탕을 두었지만 이 판결은 그 논거를 좀 더 확실히 한 의미가 있다.

제6장 비정부단체의 역할

우리 사회의 다양한 인권 NGO의 활동으로 한국의 인권상황은 빠르게 진보해 왔다.

■ 학습을 위한 질문

1. NGO들의 조직은 대체로 어떻게 구성되는가?
2. NGO들의 구체적인 활동은 무엇인가?
3. NGO들의 위상과 지위는 이들이 국제인권활동을 하는 데 만족할 만한 수준이라고 이야기할 수 있는가? 만일 문제가 있다면 구체적으로 무엇이 문제인가?
4. 유엔에서 NGO들은 주로 어떤 활동에 초점을 맞추는가? 또 그들이 유엔에서 혹은 국내적 단위에서 활동을 하는 데에는 어떠한 제한이 있으며 그 제한을 벗어나려는 노력에는 어떠한 것들이 있는가?

국제인권 분야에서 비정부단체(Non-Governmental Organization: NGO)의 역할을 빼놓고서는 제대로 그 메커니즘을 이해했다고 볼 수 없다. 국제인권의 보호와 증진을 위하여 NGO는 핵심적인 역할을 해왔다. NGO는 어느 나라가 인권침해를 하는지를 모니터하여 침해가 발생했을 경우 이를 국제사회에 생생하게 고발하고, 이의 재발을 방지하기 위하여 제도적 장치를 만들 것을 제안한다. 최근에는 단순한 제도의 제안에 멈추지 않고 자신이 직접 국제인권의 룰을 고안하여 이를 국제사회에서 제도화하도록 압력을 행사한다. 그뿐만이 아니다. NGO는 자신의 대표들을 수시로 국제인권문제가 다루어지는 국제기구에 보내 이를 모니터하고 자신들의 의사를 반영시키려고 이런저런 방법을 강구한다. 회의에 참석하고 있는 각국의 대표를 만나 로비하는 것도 빼놓을 수 없는 NGO의 역할이다. 나아가 NGO는 인권침해사건이 일어난 경우 이의 직접적인 해결을 도모하기 위해서 발 벗고 뛴다. 국제인권기구에 피해자들을 대신하여, 혹은 그들과 함께 진정을 제출해 침해된 인권의 구제를 위해 노력한다.

우리는 위와 같은 역할을 하는 NGO를 좀 더 심층적으로 이해하기 위하여 국내에 기반을 두고 활동하는 NGO보다는 국제적 NGO(International NGO 혹은 INGO라고 부름)에 관심을 둘 것이다. 주로 유엔을 중심으로 NGO들이 어떠한 활동을 전개하는지를 보면서 국제인권에서 NGO가 차지하는 위상을 확인해 볼 것이다.

제1절 NGO 조직에 대한 이해

I. NGO의 조직과 활동[1)]

1. 조직

인권활동을 하는 국내외 NGO들의 조직적 구성은 다양하다. 그러나 대개 다음의 세 가지 형태 중 하나로 운영된다. 첫째는 개인들이 회원이 되어 조직을 만들고 운영하는 방법이다. 국제적십자사(International Committee of the Red Cross)나 반노예협회(Anti-Slavery Society, 1840년에 설립되었으며 본부는 런던에 있음) 같은 NGO들이 여기에 속한다. 이 같은 단체는 속성상 한두 나라의 국민들이 지배적인 구성원이 된다. 국제적십자사의 경우 스위스와 영국 국민들이 지배적인 회원이 되고 있다. 둘째는 여러 개의 조직이 연합하여 연맹을 만들어 결합하는 방법이다. 국제인권연맹(International Federation of Human Rights, 본부는 뉴욕)과 같은 단체가 여기에 속한다. 이들 단체는 여러 나라에서 인권보호를 위하여 일하는 국가단위의 인권단체가 회원으로 구성되어 있으며 이들이 국제이사회(international board)의 위원(이사)들을 선출하여 그 이사회가 단체를 선도한다.

---

1) 이 부분은 Nigel Rodley, "The work of Non-Governmental Organizations in the world-wide promotion and protection of human rights," *U.N. Bulletin of Human Rights*, Vol. 90, No. 1 (1991), p. 85 이하에 의존하여 설명한다.

셋째는 민주적인 중앙조직을 만든 다음 각 지역에 회원조직(constituent units)을 만들어 그 임무를 수행하는 방법이다. 이 부류에 속하는 NGO로는 국제사면위원회(Amnesty International)를 들 수 있다. 국제사면위원회는 국내적 단위에서 설치된 위원회의 지부(national sections)가 국제집행기구(international executive)를 선출하여 세계적 단위의 인권문제를 다룸과 동시에 국내단위의 사면위원회는 소재한 나라 이외 국가의 인권문제를 다룬다.

위의 어느 형태에 속하든 국제적 인권 NGO들의 공통점은 이들이 인권을 옹호하기 위하여 국제적으로 노력한다는 것이다. 다만 재정문제에서는 이들 비정부단체의 성격에 따라 차이가 있다. 국제적십자사와 같은 단체는 대부분의 재정을 각국의 정부로부터 받아 해결한다. 그렇다보니 그들은 정부와 비교적 가까운 관계를 형성하고 있고 임무 자체도 정부와 관련된 것이 있게 마련이다. 이에 반해 국제사면위원회와 같은 단체는 각국 정부로부터 절대로 돈을 받지 않는다. 오로지 개인이나 정부와 관련되지 않은 단체로부터 헌금을 받을 뿐이다.

대부분의 인권 관련 NGO들은 활동을 함에 있어 주된 영역이 있게 마련이다. 그것은 인권문제가 워낙 광범위한 것이기 때문에 어느 한 단체가 모든 문제에 관여한다는 것은 현실적으로 불가능하기 때문이다. 이제까지의 국제 NGO들의 활동을 보면 두드러진 영역은 아무래도 시민적·정치적 권리(자유권)에 관한 부분이라고 할 수 있다. 그 이유는 여러 가지가 있겠지만 무엇보다 권리의 특성에서 원인을 찾는 것이 좋을 것이다. 자유권은 경제적·사회적 권리(사회권)에 비하여 그 침해를 발견하는 것이 용이하다는 것이다. 사회권이 각국이 처한 특수한 상황에 따라 달라지는 것이라면 자유권은 보편성(universality)이 강하여 어느 사회에서든 그 침해는 비교적 쉽게 판별되는 경향이 있다. 그러다 보니 자유권에 대한 NGO들의 활동은 세계 각국의 사람들로부터 보편적 지원을 받을 수 있었던 것이다. 그러나 1990년대에 들어서 대부분의 NGO들은 자유권과 사회권의 상호 관련성을 강하게 인정한다. 그렇다 보니 많은 NGO들이 사회권을 중심으로 활발한 활동을 벌여나가고 있다.

2. 활동

가. 정보수집활동

인권 관련 NGO들의 주요한 활동 중의 하나는 정보를 획득하여 이를 전파하는 것이다. 과거 유엔인권위원회(UN Commission on Human Rights)와 그 소위원회(Sub-Commission)에 들어오는 많은 정보자료는 NGO가 제공한 것이었다. 일례로 국제사면위원회는 전 세계적인 조직과 250여 명이 넘는 런던 본부의 상근인력에 힘입어 정보 입수와 그 전파의 상당한 역할을 스스로 하고 있다. 자체적으로 인권침해진상조사단을 만들어 현장에 파견하고 이에 근거하여 작성된 보고서를 유엔의 각 기관에 배포한다. 자유권규약위원회의 국가보고서 심의과정에서 위원들이 해당국에 묻는 대부분의 질문은 이들 NGO가 보내준 정보(예컨대 counter report)에 의존한다.

그러나 정보의 전달방법은 NGO들의 활동대상(인권문제를 일반적으로 다루느냐 아니면 어떤 특정 국가를 대상으로 다루느냐)과 그 전략에 따라 달라진다. 예를 들면 국제적십자사의 경우는 철저히 비공개적으로 정보를 전파한다. 즉, 재소자 문제를 다루는 그 단체의 보고서는 관련국 정부에 비공개로 보내진다. 관련 정부는 그 보고서를 자유로이 출판할 수 있다. 그러나 만일에 동 정부가 자신이 편리한 대로 그 보고서의 일부만 출판하는 경우 적십자사는 그 전부를 출판할 권리를 가지고 있다. 전파방법으로 공개적인 방법을 택하는 NGO들이라 하더라도 최근에는 관련국 정부에 우선 그 보고서를 보내어 동 정부의 반응을 살피는 NGO들이 많다.

나. 자료출판활동

대부분의 NGO들은 그들이 가지고 있는 자료를 출판하는 것을 인권침해를 종식시키는 가장 중요한 수단으로 보고 있다. 그러나 그 방법은 보통 두 가지 요소에 의하여 결정된다. 첫째는 자료가 가지는 성격이고 둘째는 출판이라는 방법의 효율성이다. 예를 들어 긴급한 상황의 인권문제를 다루는 것이라면 언론에 자료를 배포하거나 기자회견을 하는 방법 등이 이용될 것이다. 반면 특정 국가에 대한 보고라면 책이나 연구보고서와 같은 형태가 더욱 적절할 것이다. 이러한 자료의 출판을 통해 NGO는 국제사회에서 거역할 수 없는 여론을 형성하고 이를 바탕으로 해당국과 국제기구를 압박해 간다.

특정 사건에 대한 간단한 형태의 보고서를 내는 것도 많은 인권 NGO들이 하는 방법이다. 어떤 NGO(예컨대 국제사면위원회)들은 긴급호소문(urgent appeal)을 자신의 회원이나 다른 관련 NGO 네트워크를 통해 배포하여 많은 사람들이 일시적으로 특정 인권문제에 참여하는 방법을 취하기도 한다.

다. 인권기구에 대한 제소단체로서의 활동 및 입법절차에서의 활동

많은 NGO들은 유엔의 1503절차(현재 '인권이사회 진정절차'라고 불림)와 같은 인권청원절차에서도 중심적인 역할을 하고 있다. 사실상 이러한 절차에서 개인이 인권기구에 통보를 한 경우와 국제적인 NGO의 지원하에 그것이 내어진 것과는 그 처리에서 많은 차이가 난다고 한다. 1503절차는 앞에서 살핀 대로 엄격한 비공개 절차로 개인은 그곳에서 일어나는 정보에 다가가기가 사실상 불가능하다. 그러나 국제적인 NGO들은 이들 절차의 상황을 비교적 정확히 추적하며 로비활동을 벌이고 있다.

또한 1235절차와 같은 공개절차의 경우에는 NGO들의 대표가 직접 발언할 수 있는 기회가 주어진다. 이러한 과정에서 NGO들은 절차의 결론으로 만들어지는 각종 결의안에 그들의 의사를 관철시키기 위해 노력한다.

인권협약에 따른 개인통보절차(individual complaints)에서도 인권 NGO들의 역할은 중요하다. 특정 개인의 인권침해에 대한 구제절차이기는 하지만 해당 위원회의 결정이 해당국의 인권향상에 큰 영향을 끼칠 수 있는 경우, NGO들은 진정인을 위해 의견서를 제출하는 등의 활동을 할 수 있다.

때때로 NGO들은 특정 사건이 현재 법원에서 다루어지고 있는 경우 적절한 방법(예: amicus curiae briefs의 제출)을 통하여 영향력을 행사하기도 한다. 이러한 경우에는 보통은 NGO의 의견서는 정치적이기보다는 법률적인 측면을 많이 강조하게 된다.

어떤 경우는 입법부를 향하여 영향력을 행사하는 경우도 있다. 이러한 경우는 그 활동이 정치적인 색깔을 띠기 쉽다. 하지만 NGO가 어떤 특정 인권문제에 관심을 가져 입법과정에 자신들의 의견을 개진하고 아이디어를 문서로 작성하여

〈표 6-1〉 국제사면위원회의 활동원칙

■ 국제운동이다. 세계 150여 개국 180만 명의 회원들이 참여하여 활동한다. ■ 보편적이다. 국적, 인종, 신앙의 차이를 초월하여 활동한다. ■ 공평하다. 특정 정부나 정치적 신념 또는 종교를 지지하거나 반대하지 않는다. 단지 인권문제에 대해서만 관심을 가진다. ■ 연대한다. 세계인권선언문에 명시된 모든 권리를 지지할 수 있도록 유엔 및 단체들과 연대한다. ■ 민주적이며 독립적이다. - 전 세계 회원들의 의사만을 따른다. - 재정은 세계 각처에 있는 회원들의 회비와 일반인들의 기부로 충당된다. - 정부로부터 기금을 받지 않는다.

자료: 국제사면위원회 한국지부 홈페이지 http://www.amnesty.or.kr 참고.

로비한다면 결과는 의외로 클 수 있다. 이러한 경우는 유엔을 통해 국제적인 인권장치를 만드는 과정에서 흔히 나타난다.

라. 압력단체로서의 활동

NGO들은 유엔경제사회이사회(ECOSOC)의 NGO위원회(Committee on NGOs)를 비롯하여 유엔의 많은 기구에서 NGO들 상호 간에 연대하며 활동한다. 과거 유엔인권위원회나 그 소위원회에서 만들어지는 결의의 초안들 중 많은 것이 NGO에서 준비한 것이다. NGO들의 대표는 결의 초안 혹은 그들이 만든 보고서나 의견서를 가지고 회의장과 통로 혹은 식당에서 각국의 대표나 위원회의 위원들을 상대로 맹렬히 로비를 한다. 이러한 관행의 역사는 세계인권선언이 만들어질 당시인 1948년까지 거슬러 올라가는 것이다.

마. 인권침해의 예방활동

최근 들어 NGO들은 중장기의 인권예방 프로그램에 관심을 갖기 시작했다.

인권문제는 일부의 사람들이 관심을 갖는다고 해결되는 것이 아니고 좀 더 많은 대중을 확보하는 것이 장기적인 안목에서 필요하다. 이러한 안목에서 NGO들은 일반 대중을 위한 인권교육을 실시하며 특히 인권과 직접적으로 관련이 있는 전문가 집단(예컨대 법조인, 경찰, 군인 등)을 상대로 인권교육을 실시함으로써 인권침해의 사전예방을 도모한다.

II. 사례연구

여기에서 대표적인 국제적 NGO의 하나인 국제사면위원회의 활동을 살펴보자. 특별히 관심을 가질 것은 국제사면위원회가 무슨 목적의 활동을 하는가와 그 목적을 달성하기 위하여 구체적으로 어떤 방법의 활동을 전개하는가이다.

1. 국제사면위원회

국제사면위원회는 현재 150여 개국에 180만 명 이상의 회원을 가지고 있으며 80개국에 지역지부를 두고 있다. 런던의 국제사무국에는 320여 명의 직원과 100여 명의 자원봉사자가 일을 한다. 위원회의 운영은 2년마다 국제이사회에서 선출되는 9명의 집행위원으로 구성된 국제집행위원회가 담당한다.

2. 국제사면위원회의 활동 목적

국제사면위원회는 다음과 같은 목적을 달성하기 위해 활동한다.

- 양심수의 해방: 양심수는 인종적 출신, 성, 피부색, 언어, 국가, 사회적 출신, 경제적 지위 등의 이유나 신념 때문에 구금되어 있는 사람으로, 폭력을 사용하지 않은 사람을 의미함.
- 정치범에 대한 공정하고도 신속한 재판

〈그림 6-1〉 국제사면위원회의 활동방식

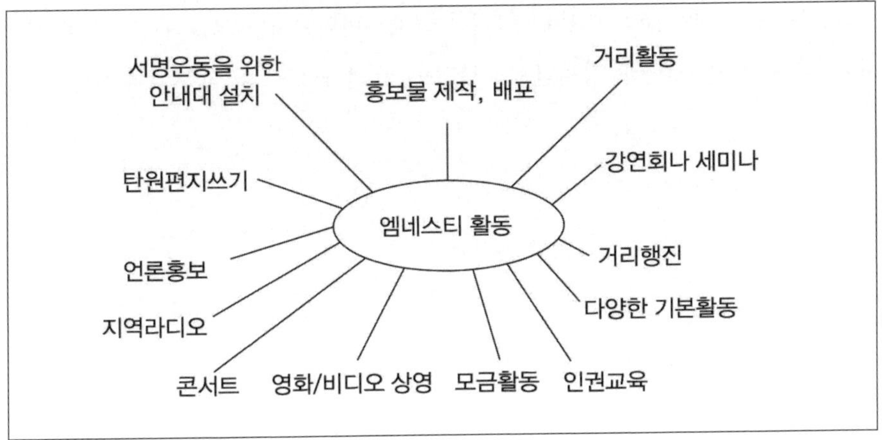

자료: 국제사면위원회 한국지부 홈페이지(http://www.amnesty.or.kr).

- 사형 폐지, 고문 또는 비인도적 처우의 철폐
- 기타 비사법적 집행이나 실종의 종식

3. 활동의 기본 방향

국제사면위원회는 위와 같은 목적을 수행하기 위하여 크게 두 가지의 일을 한다. 하나는 인권에 관한 인식을 보급하는 것이다. 세계인권선언을 비롯한 각종 인권문서를 많은 사람들이 알게 하여 인권의식을 고양하는 일이다. 두 번째는 인권침해 현상이 벌어졌을 때 이에 대항하여 피해자를 보호하는 일이다. 이러한 활동은 크게 두 가지 원칙, 즉 보편성(universality)과 공정성(impartiality)의 원칙에 의해 수행된다.

국제사면위원회는 어떤 상황에서도 인권의 보편성을 부정하는 국가나 세력에 대항하며 그들에게 보편적 인권관에 따른 인권보호를 강조한다. 나아가 그 활동에서 필요로 하는 모든 정보와 관계자의 행동은 최대한 편견 없는 공정성에 입각하여 수행된다. 이를 위해 그 업무 수행 과정에서 현장방문 등 정보를 직접 수집하고 법적 점검을 중시한다. 제3자로부터 얻어지는 모든 정보는 중시하되 철저한 점검을 전제로 사용된다. 공정성을 보호하기 위해 사무국 직원은 자신의 출신 국가에 대한 결정에서 배제된다. 그뿐만 아니라 국제사면위원회는 그들의 공정성을 보장하기 위해 어떤 국가나 정치단체로부터도 금전적 도움을 받지 않는다.

제2절 유엔에서 NGO의 지위와 과제

NGO가 국제인권활동에서 빼놓을 수 없는 존재라는 것은 유엔헌장 제71조에서 그 중요성을 인정한 것에서도 잘 알 수 있다. 사실상 유엔의 인권 메커니즘에서 NGO가 없이는 그 기능을 도저히 발휘할 수 없게 되어 있는 것이 현실이다. 예컨대 과거 인권위원회와 같은 기관에서 어떤 특정 나라의 인권문제가 거론되고 있을 때 만일 위원들에게 관련국의 인권현실에 관한 아무런 정보가 없었다면 어떻게 되었을까? 그것은 단순한 추측에 의거한 허황한 토론장이 되었을 것이다. 이러할 때 관련국의 생생한 인권정보를 제공하는 것이 누구인가? 바로 NGO이다. 따라서 NGO에 대한 유엔에서의 적절한 지위보장(인권문제를 거론하는 회의장에서의 참여권 등)은 NGO의 역할에 비추어 볼 때 불가결한 조건이다.

한편 NGO의 활동으로 인하여 국제사회에서 창피를 당할 관련 국가들은 가급적 NGO들이 유엔의 토론의 장에서 제외되도록 압력을 행사할 것은 불을 보듯 뻔한 일이다. 또한 세계의 수많은 NGO들이 모두 유엔의 회의장에 나타나 인권활동을 벌이는 것도 현실적으로 여러 가지 문제가 있다. 우선 물리적으로 그들을 수용할 만한 여건이 되지 못할 것이다. 이 때문에 유엔은 이미 1960년대 말부터 NGO들의 유엔 내에서의 자격을 제한하기 시작했다. 즉, ECOSOC의 협의자격(consultative status)을 얻지 못하거나 로스터(Roster)에 등재되지 못한 NGO들은 유엔 내에서의 활동에 제한을 받는다. 즉, 위와 같은 자격을 얻은 NGO들만이 원칙적으로 유엔 내에서 각종 회의(ECOSOC 관련 회의)에 참가하면서 활발하게 의견을 개진하고 각국 대표들을 상대로 로비를 벌일 수 있게 된 것이다. 2022년 현재 6천 개가 넘는

NGO들이 ECOSOC의 협의자격을 얻어 활동하고 있다.[1)]

I. 유엔에서의 협의자격 내용

유엔에서 NGO들의 협의자격은 1968년 ECOSOC 결의(Resolution 1296(XLIV))에서 정하고 있었다. 그러나 이 결의는 시대의 변화에 따라 1996년 ECOSOC 결의[2)]에 의해 상당한 내용의 변화를 겪었다. 이하에서는 1996년 결의에 따라 현재 유엔이 NGO들에게 부여하는 협의자격의 조건과 내용을 알아보기로 한다.

1. 협의자격의 종류

세 가지 유형의 협의자격이 있다. 일반협의자격(General Consultative Status/ 종래 Category I), 특별협의자격(Special Consultative Status/ 종래 Category II), 로스터 등재가 바로 그것들이다. 일반협의자격은 ECOSOC 및 그 부속기관의 활동 대부분에 관심을 가질 수 있으며 여러 지역의 접근이 가능한 비교적 대규모의 국제 NGO에게 부여된다. 특별협의자격은 ECOSOC의 특별한 활동영역에 대하여 관심을 가지며 활동할 수 있는 비교적 최근에 생긴 NGO들에게 부여된다. 나아가 로스터 등재는 위의 두 유형 이외에 ECOSOC와 그 부속기관에 간헐적이지만 유용한 기여를 할 수 있는 NGO들로서 유엔지속가능위원회(Commission on Sustainable Development)에서 인정하여 등재된다. 이들 세 가지 유형은 각 자격별로 유엔 내에서의 활동의 폭이 달라진다. 그 내용은 〈표 6-2〉와 같다.

---

1) 2022년 12월 현재 6,343개의 NGO가 협의자격을 가지고 있는데, 이 중에서 일반협의자격 NGO는 142개, 특별협의자격 NGO는 5,235개이고 로스터 등재 NGO는 966개이다. 한편 ECOSOC를 제외한 총회(GA)나 안전보장이사회(SC)에서의 NGO 활동은 원칙적으로 허용되지 않는다. 다만 최근 들어 총회에서도 특별 회기에 NGO를 초청하는 일이 늘어나고 있으며, 안전보장이사회에서도 '아리아 협의(Arria consultation)'라 불리는 비공식 협의 절차에서는 NGO가 참여하고 있다.

2) ECOSOC Resolution 1996/31.

〈표 6-2〉 협의자격 구분에 따른 활동의 차이

활동 구분	일반협의자격	특별협의자격	로스터 등재자격
ECOSOC과의 업무 관련성	모든 영역	특별 영역	제한적 영역
ECOSOC과의 협의 영역	상동	상동	상동
유엔 회의 참석	상동	상동	상동
유엔에 대표 파견	상동	상동	상동
유엔의 국제회의 초청	상동	상동	상동
ECOSOC 안건 제안	상동		
ECOSOC 회의에서의 문건 배포	2,000자 이내 배포	500자 이내 배포	
ECOSOC 회의 시 발언권	가능		
ECOSOC 부속기관 회의 시 문건 배포	2,000자 이내 배포	1,500자 이내 배포	
ECOSOC 부속기관 회의 시 발언권	가능	가능	
분기별 보고서 제출 의무	있음	있음	

II. 협의자격 부여 절차

협의자격은 ECOSOC 소속하의 NGO위원회에서 매년 두 번 심사한다. 이 위원회는 19개 유엔 회원국으로 구성되는데 협의자격 신청서를 검토한 다음 ECOSOC에 위의 3개 유형 중 어디에 해당하는지를 결정하여 권고하고, 그런 다음 ECOSOC은 위 위원회의 권고에 따라 최종적인 결정을 하게 된다.

협의자격을 신청하고자 하는 NGO는 실무적으로 유엔사무국 경제사회국 NGO과(NGO Section of the Department of Economic and Social Affairs, DESA NGO Section)에 의향서를 내야 한다. 그러면 NGO과는 해당 NGO에게 협의자격 요건 심사를 위한 질문서 등이 담긴 신청서류를 보내준다. 해당 NGO는 이 서류를 모두 작성하여 위 NGO과에 매년 6월 1일 이전에 당도하도록 보내야 한다.

III. 안보 문제와 NGO

앞에서 본 대로 유엔 내에서의 NGO 활동은 주로 인권 관련 활동이다. 이것은 종래 경제사회이사회의 소관 업무였으므로(현재는 인권이사회) 동 이사회가 부여하

〈표 6-3〉 협의자격 신청 절차 흐름

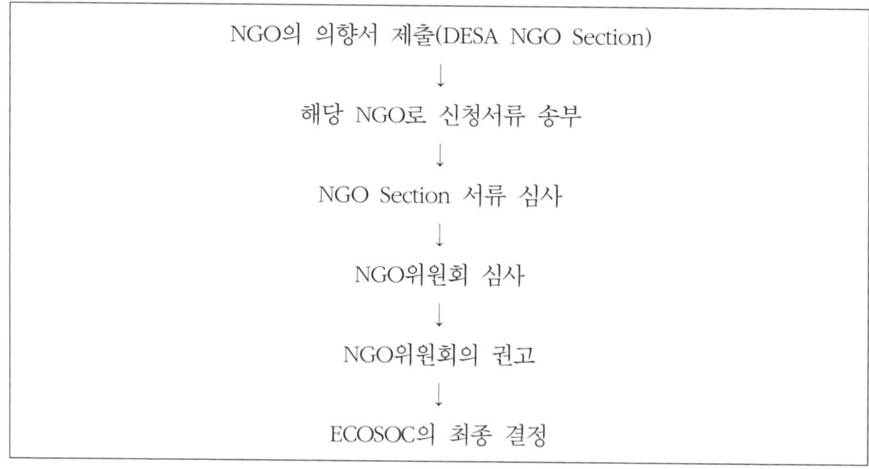

NGO의 의향서 제출(DESA NGO Section)
↓
해당 NGO로 신청서류 송부
↓
NGO Section 서류 심사
↓
NGO위원회 심사
↓
NGO위원회의 권고
↓
ECOSOC의 최종 결정

는 협의자격에 따라 활동 범위가 제한되었다. 그러나 인권활동에서의 NGO 활동은 시간이 감에 따라 점점 활발해져 왔고, 지난 반세기 동안 유엔 인권 분야에서의 NGO의 역할은 크게 증대되었다.

한편, 안보문제, 즉 국제평화와 안전에 관한 문제에 관한 NGO 활동은 인권 분야와는 대조적이다. 유엔에서 이 분야를 책임지는 안전보장이사회는 아직껏 NGO에게 그 문을 활짝 열어놓지 않고 있기 때문이다. NGO에 대해 안보리는 협의자격도 인정하지 않고 공식적인 회의에 NGO를 초청하지도 않는다. 그 때문에 NGO들은 인권 분야와는 달리 안보리 이사국들에 대하여 자신들의 의견을 전달할 수 있는 기회가 대단히 제한적이다.

그러나 이러한 상황도 최근 많은 변화를 겪고 있다. 크게 보면 두 가지 변화를 읽을 수 있다. 첫째는 아리아 방식(Arria Formula)의 관행화이다. 이것은 1990년대 초부터 시행된 것으로 안보리 이사국 대표들이 NGO 관계자들을 안보리의 공식적 회의와 관계없이 초청하여 안보리의 입장을 청취하는 것이다. 아리아 방식은 1992년 구유고 연방에서 내전이 발생했을 때 베네수엘라의 디에고 아리아(Diego Arria) 대사가 보스니아의 한 신부를 면담한 것에서 비롯된 것이다. 아리아 대사는 당시 다른 안보리 이사국 대표들을 안보리 회의 장소 근처로 초청하여 차를 들며 신부의 이야기를 들었고 이것은 안보리가 보스니아 사태를 이해하는 데 크게 도움이 되었다. 이후 이러한 초청행사가 관행화되었고, 이러한 초청행사가 이루어질 때는 안보리도 공식 회기 일정을 고려하게 되었다고 한다. 따라서 안보리 이사국 대표들은 마음만 먹으면 언제든지 관련 NGO들을 접촉할 수 있으며 NGO들도 안보리 이사국 대표들에게 자신들의 입장을 전달할 수 있는 기회를 갖게 되었다. 둘째는 1995년경부터 NGO 단체들이 'NGO 안보리 실무그룹(NGO Working Group on the Security Council)'이라는 조직을 만들어 안보리 관계자들과 정기적으로 만날 수 있는 채널을 확보했다는 것이다. 이 조직은 국제적 명성을 갖고 있는 단체들이 만든 조직으로 안보리의 상임이사국뿐만 아니라 비상임이사국 관계자들을 정기적 혹은 부정기적으로 만나면서 자신들의 입장을 전달하고 있다.

그러나 분명한 것은 안보리에서의 NGO의 활동은 아직 매우 제한적이라는 점이다. 바로 이러한 점이 유엔에서의 NGO 활동의 한계라고 할 수 있으며 향후 개선되어야 할 점들이다.

IV. 문제점과 과제

오늘날 NGO의 국제적 활동은 눈부시지만 이는 항상 적대적인 국가에 의하여 견제를 받는 상황이다. NGO들은 계속적으로 국제사회, 특히 유엔에서의 한층 적극적인 참여를 바라지만 이것은 여러 가지 장애물에 의하여 여의치 않은 현실이다. 한 가지 비근한 예를 들어보자. 1993년 비엔나 세계인권대회에서는 NGO의 활동에 대한 진지한 논의가 있었고 이것은 비엔나선언을 작성하는 데 많은 시간을 소모하게 만들었다. 그러나 결과는 NGO들로서는 실망스러운 것이었다. 각국 정부들은 NGO의 역할을 높이 찬양하는 것 같으면서도 결정적인 부분에서는 여전히 그들의 발목을 잡으려고 했던 것이다. 비엔나 행동강령 중 관련 부분을 옮겨보면 다음과 같다.

"인권영역에서 긴밀히 활동하는 NGO들은 세계인권선언에서 인정하는 권리와 자유 그리고 국내법의 보호를 누려야 한다. …… NGO들은 인권활동을 함에 있어 어떤 방해도 받음이 없이 국내법과 세계인권선언의 구조 내에서 자유스러워야 한다."[3)]

이 선언에서 NGO들이 반대한 것은 바로 '국내법' 부분이다. 국내법은 어떤 경우 기본적 국제인권의 원칙을 위반할 수 있기 때문이라는 것이다. 따라서 NGO의 활동과 그 보호는 국내법의 원칙하에서 할 것이 아니고 국제법의 테두리에서 해야 한다는 것이다.

인권과 관련되어 유엔에서의 NGO 활동이 문제가 되는 것은 과연 현재 유엔의 NGO에 대한 접근시스템이 NGO의 효과적인 논의에 접근하도록 보장하고 있느냐이다. 또한 협의자격이 없는 국내적 NGO들이 유엔에 접근하기 위해서는 어떻게 해야 하느냐가 문제이다.[4)]

우선 협의자격 시스템으로 되어 있는 현재의 제도를 돌아보자. 비록 협의자격이 있는 국제적 NGO라 할지라도 현재 유엔에서 인권문제가 논의될 때 제대로 된 대접을 받지 못하고 있다. 예를 들면 앞에서 거론한 비엔나 세계인권대회의 선언문(Vienna Declaration and Programme of Action)의 초안 작성 과정에서 NGO의 기대와는 달리 NGO의 참여는 좌절되었다. 또한 협의자격 있는 NGO에게 주어지는 유엔인권기구에서의 연설기회도 사실상 형식적인 경우가 많다. 회의장은 너무나 소란스럽고 북적거리기 일쑤이고, 발언순서에서도 NGO는 여전히 후순위로 밀리게 되어 참가자들이 가장 원하지 않는 시간대인 늦은 밤에 청중도 없이 발언하는 일이 종종 벌어진다.

그래도 협의자격 있는 국제적 NGO에게는 위와 같이 어렵더라도 발언기회라도

---

3) "Non-Governmental Organizations genuinely involved in the field of human rights should enjoy the rights and freedoms recognized in the Universal Declaration of Human Rights and the protection of the national law. …… Non-Governmental Organizations should be free to carry out their human rights activities, without interference, *within the framework of national law* and the Universal Declaration of Human Rights."

4) Michael Posner and Candy Whittome, "The Status of Human Rights NGOs," *Colum. Hum. Rts. L. Rev.*, Vol. 25(1994), p. 283 참고.

〈그림 6-2〉 유엔 협의자격 NGO 지역별 분포 및 시기별(1946~2016) 변화

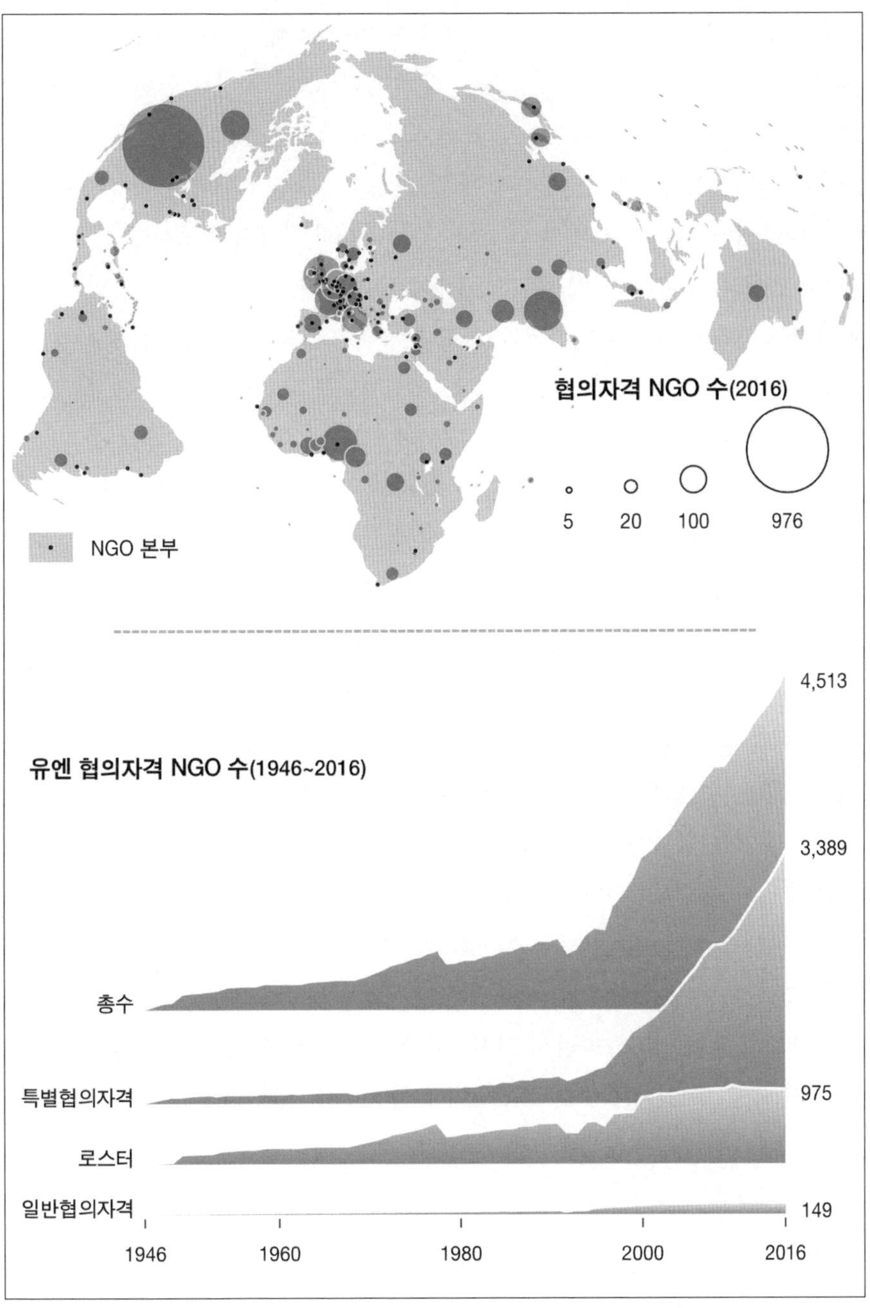

자료: United Nations, Economic and Social Council, esango.un.org

주어진다. 그러나 수많은 국내 NGO에게는 그것도 주어지지 않으므로 이들이 유엔에서 발언권을 얻으려면 그들과 연대할 수 있는 국제적 NGO를 찾아내 그들의 양해하에 그들의 이름으로 발언하는 수밖에 없다. 그러나 다른 한편 생각해 보면 협의자격이 없는 NGO라 할지라도 유엔 특별절차의 보고관이나 인권조약기구에 정보를 보내는 것은 아무런 제약 없이 할 수 있다. 그리고 어쩌면 이것이 위의 형해화되어 가는 협의자격보다도 더 효율적인 NGO의 전략일지 모른다.

현재 유엔의 협의자격 시스템은 개혁해야 할 때이다. 이 제도가 처음 만들어졌을 때 그리고 1980년대 초까지만 하더라도 국제적 NGO와 소위 지역 NGO의 수는 극히 적었다. 따라서 그 당시까지만 해도 이 제도는 그 정도 수의 NGO를 소화해 낼 수 있는 제도로 평가될 수 있었을 것이다. 그러나 현재의 상황은 사뭇 다르다. 현재 이 제도에 의해 협의자격이 있는 NGO의 수만도 6,000여 개 이상에 달하고 그 대부분은 국제적 NGO이다. 1993년 비엔나 세계인권대회에 참가한 NGO(국제 혹은 국내 NGO를 불문)만도 1,500개에 달했다. 그 때문에 이들이 모든 협의자격을 갖는다는 것도 문제이다. 만일 이들이 똑같은 자격으로 유엔의 논의구조에 들어간다면 삽시간에 제도는 파산될 것이라고 예측하는 것은 무리가 아니다. 그렇다면 어떻게 이같이 많은 NGO들이 효과적으로 유엔의 논의구조에 접근하면서도 제도의 파산을 막을 수 있을까? 지속적으로 유엔이 고민할 과제이다.

더 큰 문제는 협의자격 NGO들의 지역적 편재이다. 현재 3,000여 개의 협의자격 NGO 중에서 유럽과 북미주를 배경으로 하는 NGO 수가 거의 70%에 육박하고 아시아와 아프리카는 다 합쳐도 30%를 넘지 않는다. 이것은 국제인권활동이 서구 중심적으로 이루어진다는 것을 의미한다. 인권문제에서도 남북문제는 상당히 심각한 문제라고 할 수 있다. 따라서 아시아와 아프리카의 다양한 목소리를 유엔 인권구조에서 들을 수 있는 방안이 강구되어야 한다. 이는 유엔이 넘어야 할 큰 과제이다.

제7장 국제범죄와 인권

2002년 국제형사재판소(ICC)는 역사적인 출범을 했다. 재판소의 로고는 정의의 실현으로 국제적 평화를 이룬다는 염원을 담았다.

제1절 국제범죄

■ 학습을 위한 질문

1. 국제범죄는 국내범죄와 어떤 차이가 있는가?
2. 죄형법정주의와 국제범죄는 어떠한 관계가 있는가? 국제범죄에서도 이 원칙은 지켜지는가? 만일 국내범죄와 죄형법정주의를 적용하는 데 있어 다른 점이 있다면 그것은 무엇인가?
3. 보편적 관할권은 죄형법정주의와 어떠한 관계가 있는가? 보편적 관할권 대상 범죄는 죄형법정주의의 예외가 될 수 있는가? 아니면 보편적 관할권에 해당하는 국제범죄라 할지라도 죄형법정주의는 그대로 적용되는 것인가?

I. 사례를 통한 이해

인권침해의 극단적인 모습은 범죄이다. 그러나 인권법, 그중에서 국제인권법에서 관심을 갖는 범죄는 모든 범죄가 아니라 각국의 일반적인 사법기구에 의해 처벌이 어려운 범죄 유형이다. 또한 이들 범죄는 특정 국가를 넘어 국제 공동체와 관련된 범죄이다. 이름하여 국제범죄(international crimes)이다. 이러한 범죄는 인권을 조직적으로 심대하게 침해함에도 불구하고 그 책임자에 대한 형사처벌은 거의 이루어지지 않는 특색이 있다. 따라서 개인의 인권보장을 목표로 하는 국제인권법에서는 이들 국제범죄의 책임자를 적절하게 처벌하는 것이 인권보장과 직결됨을 인식하고 오랜 세월 그 처벌을 위한 제도를 연구해 왔다. 이 장에서는 이러한 문제의식 아래에서 국제범죄(international crimes)의 개념과 그 처벌에 대한 국제법적 이론과 실제를 공부하고 현재 진행 중인 구(舊)유고슬라비아 국제형사재판소 및 르완다 국제형사재판소와 국제형사재판소의 운영상황을 알아볼 것이다.

본론에 들어가기 전에 우리는 이 문제가 과연 우리에게 어떠한 의미가 있는지에 대하여 이해할 필요가 있다. 이러한 이해는 아래에서 논의할 내용의 전반에 깔려 있는 기본적 인식이므로 필히 알아둘 필요가 있다. 다음 몇 개의 사례를 통해 이에 접근해 보자.

사례 1: 아이히만(Adolf Eichmann)에 대한 처벌은 정당했는가?

아이히만은 바로 600만 유태인의 학살을 진두지휘한 홀로코스트의 장본인이다. 그는 제2차 세계대전 이후 아르헨티나로 도망가 신분을 노출시키지 않은 채 살다가 그를 쫓는 이스라엘의 정보기관에 의해 납치되어 이스라엘 법정에서 사형선고를 받고 집행되었다. 법률을 공부하는 사람들이라면, 특히 형사법의 대원리인 죄형법정주의에 민감한 법학도라면 일순간 이 사건에 대해 몇 가지 의문을 품을 것이다. 납치행위는 별론으로 한다 해도 과연 이스라엘이 그를 처벌할 권한이 있을까? 그가 범죄를 저지른 것은 분명 이스라엘이라는 국가가 세워지기 전이므로 범죄 당시에는 그를 처벌할 법이 이스라엘에 존재했을 리가 없다. 명백히 사후법에 의하여 그는 처벌된 것이다. 이것을 어떻게 설명할 것인가? 이스라엘의 아이히만에 대한 처벌이 국제법적 정당성이 있었다면 그것은 무엇인가?(이 사건에 대해서는 뒤에서 다시 다룰 것이다)

다음의 사례 2~4는 가상의 예이다. 그러나 이것은 현재 지구상에서 일어나고 있고 우리도 그 예외가 될 수 없는 것이다.

사례 2: X국에서는 지난 1980년 군사쿠데타가 일어나 독재자 A의 철권통치를 경험했다. A는 쿠데타를 반대하는 데모군중에게 무차별 사격을 가하여 수백 명의 무고한 시민을 한순간에 죽음으로 몰아갔다. 그가 통치한 10여 년간 약 1만 명의 시민이 생사불명이 되었고 그들 대부분은 고문을 당한 후 살해된 것으로 추정된다. 지난 1990년 X국에 불어닥친 민주화의 열기는 마침내 A를 권좌에서 끌어냈고 시민들은 A의 죄상을 묻고자 했다. 그러나 새로운 정권은 기실 A가 물러나기 전 정치적 타협에 의해 탄생시킨 정권이라 A를 처벌하기보다는 국민화합을 강조하며 사면하고 말았다. 이제 더 이상 X국은 A를 처벌할 수 있는 법률적 가능성을 잃고 말았다.

사례 3: 아프리카의 Y국은 전통적으로 인구의 90%를 차지하는 B종족과 10%를 차지하는 C종족 간의 인종갈등이 극심한 나라이다. 지난 1995년, 당시 대통령(다수 종족 출신)이 비행기 폭발사고로 사망하자 이것이 C종족에 의하여 이루어졌다는 루머가 퍼졌다. B종족의 지도자들은 급기야 C종족을 처단하자고 방송에 호소하기 시작했다. 이것은 곧바로 B종족에 의한 C종족의 살육으로 나타났다. 이로 인해 한 달 만에 50만 명의 무고한 C종족이 죽임을 당했다. 결국 사태는 유엔 평화유지군의 개입으로 일단 종식되었다. 그 후 피해자들과 국제사회는 위의 살육을 조종한 사람들을 처벌하라고 Y국에 압력을 가하고 있으나 Y국은 사실상 무정부 상태에 빠져 있다. 책임자를 처벌할 수사기관도, 사법기관도 내전 중 철저히 파괴되었던 것이다. 전문가들은 이러한 상태에서 책임자들에 대한 형사처벌은 불가능한 것으로 진단하고 있다.

사례 4: Z국의 D는 10여 년간의 철권정치로 수많은 사람들을 죽음에 이르게 했다. 민주화혁명으로 정권은 바뀌었으나 Z국의 사법기관은 D에 대한 사법처리에 미온적이다. 그 사이 D는 제3국인 S국으로 도피해 버렸다. Z국의 피해자들은 D가 S국에 은거하고 있다는 것을 알고 S국의 사법기관에 그의 처벌을 요구했다. S국으로서는 이와 같은 요구에 어떤 사법처리를 해야 할지 고심 중이다. 과연 S국이 D에 대하여 사법처리를 할 수 있을까?

위의 세 가지 사례는 모두 국내적 사법절차가 그 기능을 제대로 발휘할 수 없는 경우이다. 이 경우 형사사법의 정의를 세우기 위하여 국제사회는 어떻게 대응해야 하는가? 그저 국내법적 형사사법의 한계 내에서만 문제해결을 도모하다가 결론은 처벌불가의 답을 내야만 할 것인가, 아니면 국제사회가 이의 해결을 주도하여 정의를 마침내 실현해야 하는 것인가? 국제사회가 주도한다는 것은 국내적 형사사법의 절차의 한계를 벗어나 국제적인 형사사법의 새로운 틀을 만들어 위와 같은 반인권·반인도적 범죄를 저지른 범법자를 그 틀 안에서 처벌한다는 것을 의미한다. 이에 대한 논의가 바로 이하에서 다루고자 하는 것이다.

II. 국제범죄에 대한 대응

1. 국제범죄의 개념과 효과

가. 국제범죄의 개념

국제범죄(international crimes)의 개념은 다의적이고 복잡하여 논자에 따라 달리 사용된다. 그러나 여기에서는 국제범죄를 '인류의 공통이익(혹은 국제 공공이익)'이라는 보호법익을 침해하며, 일반적으로 국제법에 의하여 직접적으로 형성된 범죄라는 의미로 사용하고자 한다.[1] 국제법은 크게 국제조약과 국제관습법으로 이루어지므로 국제범죄는 이 두 가지 규범의 발전에 의하여 형성되었다 볼 수 있다. 우

---

1) 국제범죄의 개념은 학자들마다 다양하게 사용되고 있다. 이에 대해 국내에서는 문규석 박사가 상세히 정리한 바 있는데, 그가 정리한 것에 의하면 국제범죄의 개념은 다음과 같이 대략 여섯 가지의 의미로 사용된다고 한다. 즉, 국제범죄란 ① 그 구성요건과 소추 처벌의 절차가 국제관습법 또는 조약에 의하여 직접 규정되는 국제법상의 범죄, ② 조약 등 실체적인 실정 국제법에서 '국제법상의 범죄(crime under international law)'라고 명시적으로 규정되어 있는 경우의 범죄, ③ 국제법이 규율하는 범죄, ④ 해적, 항공기 탈취, 인신매매 등과 같은 형법 적용에 있어서 세계주의(보편적 관할권)의 대상이 되는 범죄, ⑤ 내국에서 형사소추를 하기 위하여 외국의 협력을 필요로 하는 범죄, ⑥ 범죄의 실행행위는 물론이고 범죄의 수사, 재판, 형의 집행 등 모든 형사사법 과정에서 사건의 전부 또는 일부가 국제적 관련성을 가지는 범죄. 문규석, 「국제범죄 개념의 이원론적 분류에 관한 연구」, ≪외법논집≫, 제7집(1999. 4), pp. 540~541.

일본의 미즈카미 치유키(水上知史) 교수도 국제범죄를 나름대로 분류하였는바, 그에 의하면 국제범죄란 우선 구성요건과 소추 처벌의 절차를 정한 것이 오로지 국내법인가 아닌가에 의하여 '섭외성(외국성)을 갖는 범죄'와 '국제법상의 범죄'로 크게 양분된다고 한다. 여기에서 전자는 범죄행위가 국제적인 영역 확대로 인해 국제협력의 필요성이 있지만 원래는 국내법상의 범죄이고, 국제법이 정한 범죄가 아니다. 이에 반해 후자는 범죄의 추급에 내국 형법의 개재를 필요로 하고 각국 국내법에 기한 소추 처벌에 위임되느냐 아니면 국제사회 전체의 일반 법익을 침해하기 때문에 그 소추 처벌이 국제법에 직접 준거하고 원칙상 국제기구가 소추 처벌 하느냐에 따라 '국제적 규제범죄'(전체 국가의 공동이익을 해하는 범죄. 여기에는 해적, 노예 거래, 마약 범죄 등이 포함)와 '국제사회 전체의 이름으로 처벌하는 범죄'(국제법 위반의 범죄. 여기에는 집단살해죄, 평화에 대한 죄, 인도에 반한 죄 등이 포함)로 분류된다고 한다. 杉原高嶺 外, 『現代國際法講義』, 第3版(有斐閣, 2003), pp. 238~241.

선 국제관습법으로 형성된 국제범죄로서 대표적인 것이 해적행위(piracy)이다. 이 범죄가 문제가 되는 것은 원래 공해상에서 발생했을 때이다. 전통적인 국제법이론으로 보면 공해상에서 범죄가 발생하면 어느 나라도 그 행위를 처벌할 수 없다. 형사처벌이라는 것은 주권의 한 내용이기 때문에 주권이 미치지 않는 공해상에서 일어난 행위는 법이론상 어느 나라도 처벌할 수 없는 행위가 되는 것이다. 그러나 해적행위는 반드시 처벌되어야 할 범죄행위인 것은 분명하다. 이것은 나라의 주권과 관계없이 '인류에 반한 죄(crimes against mankind)' 혹은 '세계에 반한 죄(crimes against the whole world)'가 되기 때문이다. 그래서 전통적으로 해적행위는 국제관습법에서 인정하는 국제범죄로 간주되어 왔다.

조약에 의해 형성된 국제범죄는 비행기 납치 행위(hijacking of aircraft) 같은 것이 대표적이다. 이들 범죄는 여러 국제조약(예컨대 1970년의 헤이그협약)에 의해 범죄로 규정되었고 국제사회가 응징하도록 되어 있다. 이 같은 범죄는 100년 전까지만 해도 존재하지 않았던 범죄유형인데 현대에 들어와 국제사회가 새로이 그러한 행위의 보편적인 범죄성을 인정한 것이다.

그렇다면 구체적으로 어떠한 행위가 국제범죄에 해당하며 국제사회가 그 처벌을 요구하는 것일까? 달리 말하면 현재의 국제조약과 국제관습법에 의하여 형성된 국제범죄에는 어떤 행위들이 있을까? 이에 대해 포스트(Jordan J. Paust) 교수는 1996년 5월을 기준으로 1815년부터 315개의 국제조약 등을 분석하여 24개 유형의 국제범죄를 정리했다.[2] 그것을 소개하면 다음과 같다.

평화관련 범죄: 1. 침략행위: 전쟁 및 무기사용과 관련된 범죄, 2. 전쟁범죄, 무기의 불법적 사용, 3. 무기의 불법적 배치, 4. 용병; **기본적 인권침해와 관련된 범죄**: 5. 집단살해죄, 6. 인도에 반한 죄, 7. 아파르트헤이트, 8. 노예제도, 9. 고문, 10. 불법적인 인간실험; **테러관련 범죄**: 11. 해적행위, 12. 항공기 납치, 13. 국제적으로 보호되는 요

---

2) Jordan J. Paust, "Customary International Law: Its Nature, Source and Status as Law of the United States," *Michigan Journal of International law*, Vol. 12, No. 1(1990), pp. 63~74; Revised in "International Law as Law of the United States," in Paust et al.(ed.), *International Criminal Law*(Carolina Academic Press, 1996), p. 11.

인에 대한 위협 및 폭력의 사용, 14. 민간인에 대한 인질행위, 15. 상선에 대한 공격 및 상선에서의 인질행위; **사회적 이익관련 범죄**: 16. 마약범죄, 17. 음란물의 국제적 유통; 문화재 범죄: 18. 국가적 보물의 파괴 및 절도; **환경범죄**: 19. 환경파괴, 20. 핵물질의 절도; **통신수단범죄**: 21. 우편물의 불법적 사용, 22. 해저케이블의 파괴교란; **경제적 범죄**: 23. 유가증권의 위조, 24. 외국공무원의 뇌물수수

이들 범죄 중 어느 것이 종래 국제관습법상 인정되는 국제범죄인가? 이에 대해서는 미국의 대외관계법 주석(3판)이 표준적인 해답을 주고 있다. 그것에 의하면 유엔헌장에 위반되는 침략행위, 집단살해죄, 인도에 반한 죄, 전쟁범죄, 해적행위, 노예매매, 고문 등의 범죄가 국제관습법에 의하여 인정되는 국제범죄이다.[3)]

나. 국제범죄의 부정

그러나 위와 같은 일반적인 견해에도 불구하고 일각에서는 국제범죄라는 용어를 부인한다. 그것은 죄형법정주의와 일반적으로 세계의 형사사법을 지배하는 메커니즘을 볼 때 국제법에 반하는 범죄(crimes against international law)라는 개념은 없다는 것이다. 국제범죄는 엄밀히 말한다면 '국제법에 터 잡은 범죄[혹은 국제법상의 범죄(crimes under international law)]'일 뿐이라는 것이다.[4)] 이 견해는 아무리 국제법에서 어떤 행위를 범죄로 규정한다 해도 결국 그것을 처벌하기 위해서는 국내 사법제도를 이용해야 한다는 것을 전제로 한다. 국내의 사법제도에 의해 어떤 행위(국제법에서 처벌을 요구하는 행위)가 처벌되려면 국제법이 국내 입법에 의해서 수용되지 않으면 안 되므로 결국 국제범죄라는 것도 국내법 위반행위에 불과하다는 것이다. 따라서 이 견해는 국제형사재판소가 만들어져 국제법에서 범죄행위로 규정한 행위가 국내 사법절차와 관계없이 국제절차에 의해 처벌이 가능하다면 그때서야 국제범죄의 개념과 국제법에 기인한 국내범죄의 차이가 있을 수 있어도 그 이전에는

---

3) Restatement(Third), § 102.

4) Yoram Dinstein, "International Criminal Law," *Israel Yearbook on Human Rights*, Vol. 5 (1975), p. 55.

양자의 차이를 인정할 수 없다고 한다.

그러나 이러한 견해에는 찬동하기 어렵다. 특정 범죄에 대해서는 그 처벌 방식이 일반 국내범죄와 다를 수 있는데 이것은 그 범죄의 국제범죄성 때문이라고 볼 수 있다. 예컨대 A국의 국민 B가 C국에서 집단살해죄를 범하고 현재 D국에 소재하는데, D국의 형법에는 집단살해죄가 규정되어 있으나 관할권에 대해서는 전통적 관할권만 규정되어 있지 보편적 관할권은 규정되어 있지 않다고 가정하자. 이 경우 D국에서 국제관습법상의 보편적 관할권을 적용하여 A를 처벌할 수 있는데 그것은 A가 범한 집단살해가 일반적인 국내범죄가 아니고 보편적 관할권의 대상인 국제범죄이기 때문이다. 이와 같이 보편적 관할권이 인정되는 국제범죄에 대해서는 국가 관할권이 순수한 국내범죄보다 넓어지는 것이 사실이고 국가 간의 사법공조나 범인인도 등의 문제에 있어서도 다른 범죄에 비하여 두드러진 국제적 의무를 지게 된다. 이러한 점만 보더라도 국제범죄의 개념은 여전히 유효하다는 주장에 동의를 표하지 않을 수 없다.

국제범죄의 개념이 위와 같으므로 비록 국제범죄가 국내법원에서 처벌된다고 해도 그 본질은 국제법에 의해 직접 처벌되는 것과 다르지 않다. 그 하나의 예를 다음의 사례를 통해 설명할 수 있다. 캐나다의 대법원은 핀타(Finta) 사건에서 보편적 관할권이 적용되는 국제범죄의 본질을 다음과 같이 적확하게 설시한 바 있다.

> "캐나다 법정은 외국에서 범죄를 저지르고 캐나다에 거주하는 사람에 대하여 관련 법률에서 정한 조건이 충족될 때 처벌할 수 있는 관할권이 있다. 현재의 사건에서 가장 중요한 처벌조건은 혐의 범죄가 전쟁범죄 혹은 인도에 반한 죄를 구성해야 한다는 것이다. 따라서 관할을 정할 때 가장 중요한 것은 그 행위의 속성(성격)이다. 캐나다 법정은 외국 관할권 내에서 일어난 일반 범죄를 처벌하지 않는다. 캐나다 법정이 핀타(Finta) 사건과 같은 사건에서 개인을 처벌할 수 있는 유일한 이유는 그 행위가 전쟁범죄나 인도에 반한 죄로 볼 수 있기 때문이다. 바시우니(Bassiouni) 교수가 적절하게 언급한 것같이 전쟁범죄나 인도에 반한 죄는 국내범죄가 아니다."[5]

다. 국제범죄의 국제법적 효과

국제범죄를 위와 같이 인식한다면, 국제범죄로 인정되었을 때의 효과는 무엇일까? 이에 대해서는 바시우니 교수가 1985년 312개의 국제조약 등의 국제규범을 조사하여 정리한 '국제범죄의 속성'이 적절한 답이 될 수 있다.[6] 그중에서 몇 가지를 들면 다음과 같다.

첫째는 국제범죄행위의 명문화이다. 이는 각국에 이들 범죄를 처벌할 수 있도록 형법 등에 명문의 규정을 두는 것이다. 둘째는 처벌 및 기소의 의무이다. 국제범죄행위에 대해서 각국이 이를 처벌할 의무가 있다는 것이다. 이들 의무 중에는 처벌을 시도하는 나라에 대하여 범죄인의 신병을 인도할 범죄인인도의무가 포함된다. 셋째, 각국의 상호협조의무이다. 국제범죄행위에 대해서 이를 처벌하기 위해 국가 간에 협조해야 한다는 것이다. 넷째, 국제범죄를 각국이 처벌할 수 있는 관할권의 근거를 설정할 의무이다. 대표적인 것이 바로 보편적 관할권 등을 설정하는 것이다. 특정 국제범죄에 대해서는 어떤 나라도 처벌할 수 있도록 하는 것이다. 다섯째, 만일 특정 범죄에 대하여 이를 처벌할 수 있는 국제법정이 있는 경우 범죄인을 그 법정으로 인도할 의무이다. 위의 각 의무는 모든 국제범죄에서 동일하게 발생하는 것이 아니고 범죄에 따라 그 전부 혹은 일부만 발생하게 된다.

국제범죄에 이런 효과를 인정하는 것은 그들 범죄가 단순한 범죄가 아니라 인류 전체 혹은 국제공동체의 보편적인 이익을 침해하는 범죄이므로 그 처벌은 국제사회 전체가 일정한 의무로서 부담해야 한다는 것에 기초한다.

---

5) Supreme Court of Canada, R. vs. Finta (1994), 1 S.C.R. 701(Cory.J.).

6) M. Cherif Bassiouni, *International Crimes: Digest/Index of International Instruments 1815~1985* (Oceana, 1985).

2. 국제범죄와 보편적 관할권

가. 인권보장과 보편적 관할권의 대두

(1) 인권보장에서의 일반 관할 한계

인권보장 측면에서 볼 때 인권침해자에 대한 형사소추는 분명히 인권보장책의 하나이다. 인권을 유린하는 사람에 대하여 형사소추를 통해 사법적인 응징을 하는 것만큼 적극적인 인권보장책은 없다. 그러나 국제인권법적 측면에서 볼 때 이러한 형사소추에 의한 인권보장은 두 가지 점에서 속지주의적 경향을 보였다.

첫째, 국제인권법은 각국에서 일어나는 인권문제와 관련하여 각각의 국가에 그 보장의무를 주었지 그 영역을 넘는 다른 나라의 인권문제를 해결할 의무를 준 것은 아니다. 많은 국제인권조약이 그 보호영역과 관련된 규정을 두고 있는데 그것은 대부분 '그 영역 내에 있는 모든 개인'(자유권규약 제2조 제1항)과 같은 내용이다. 즉, 인권조약의 당사국은 그 (속지적) 관할 영역 내에서 인권보장의무를 진다고 할 수 있다. 이것은 국제인권규약의 기본구조가 각 당사국을 신뢰한다는 것을 전제로 그들 국가에 대하여 그 영역 내의 인권보장을 요구한다는 것이다. 결코 어떤 특정국이 이러한 의무를 위반하여 제대로 인권보장을 하지 못했다고 해도 제3국이 인권보장을 대신할 의무가 있는 것은 아니다.[7] 이러한 의미에서 국제인권법의 기본구조는 속지주의적이라고 할 수 있다.[8]

둘째, 근대 형사사법제도는 기본적으로 속지적 성격을 갖고 있다. 즉, 증거 수집의 편의성이나 이해당사자(용의자, 피해자 등)의 절차적 이익을 위해서도 범죄가 발생한 국가에서 관할권을 행사하는 것이 바람직하다. 또한 영미 국가의 형사처벌의 전통인 배심재판은 시민공동체가 처벌을 담당한다는 것을 의미하고, 이것을

---

7) 다만 인권규약의 당사국이 당해 국가의 영역 내에서 제대로 인권보장을 하지 못한 경우는 인권규약의 감독장치인 규약위원회(예컨대 자유권규약의 인권위원회)의 모니터링, 제3국에 의한 국가보고, 개인통보절차 등에 의해 통제를 받는다.

8) 尾崎久仁子, 「人權侵害行爲に対する國家の刑罰權の行事とその範圍について」, ≪國際法外交雜誌≫, 102卷 1号(2005), p. 43.

위해 구두주의나 직접주의가 요구된다. 이러한 사법제도와 현실은 모두 사법의 속지주의적 성격과 연결된다.[9] 이런 이유로 국제형사법은 종래 국제성이 강한 범죄에 대해서 속지주의와 범죄인인도를 통해 대응해 왔다.

그러나 현대에 들어와 위와 같은 국제인권법의 속지주의적 원칙은 인권보장의 목적에 비추어 그 한계를 분명히 드러냈다. 이 한계는 기능적 한계와 이념적 한계로 나누어 볼 수 있다.

속지주의의 기능적 한계는 각국에서 일어나는 인권침해의 양상과 국가 간의 다양성으로 인해 속지주의와 범죄인인도만으로는 인권침해자의 처벌이 어렵게 되었다는 사실에서 나타났다.[10] 구체적으로 말하면 범죄발생지국의 사법체계가 파괴되어 인권침해자를 사실상 처벌할 수 없거나, 정부 자체가 인권침해와 관련이 있어 애당초부터 인권침해자 처벌을 바랄 수 없는 상황도 있을 수 있다. 또한 법체계의 차이로 인해 범죄인인도가 불가능하여 인권침해자에 대한 형사처벌이 불가능할 수도 있다.

속지주의의 이념적 한계는 인권이 보편적인 가치라면 그 보장은 국제사회 전체의 이익이고 인권침해자, 특히 대규모 인권침해자의 소추에 국경의 벽이 있을 수 없다는 사고에서 오는 한계이다.[11] 전쟁범죄나 집단살해죄, 인도에 반한 죄를 저지른 사람을 처벌하는 것은 인류 보편의 가치를 실현하는 것이므로 국제공동체 모두의 이해와 관련이 있다. 그러나 만일 그런 사람들이 처벌되지 않는 것이 속지주의에서 오는 것이라면 그것은 우리가 극복해야 하는 속지주의의 이념적 한계라 할 것이다.

(2) 불처벌의 극복과 보편적 관할권의 대두

보편적 관할권(universal jurisdiction or universal principle)의 개념적 의미는 간단히 말하면 외국인이 외국에서 저지른 행위로 인하여 직접 어떠한 침해도 받지 않더라

9) Ibid.

10) Ibid. pp. 44~45.

11) Ibid. p. 45.

도 이를 범죄로 규정하여 형사관할권을 행사할 수 있다는 것이다.[12] 보편적 관할권이 역사상 처음으로 대두된 것은 17세기 이후 해적 등을 국제사회가 단죄하고 노예무역 등을 금지하는 과정에서이지만 오랫동안 이 원칙은 주권국가에 큰 관심을 끌지 못했다. 그러다가 20세기에 들어와 제1, 2차 세계대전을 경험하고 그 과정에서 인류의 공적이라고 할 수 있는 각종 인도에 반한 죄를 발견한 국제사회는 이들 범죄를 좀 더 적극적으로 척결하기 위하여 위에서 본 속지주의의 한계를 극복한다는 차원에서 보편적 관할권 개념을 발전시켜 여러 국제조약에서 당사국이 보편적 관할권을 인정할 것을 요구하기에 이르렀다. 그러나 관할권 행사국의 영토나 주권과 전혀 관계없는 순수한 의미의 보편적 관할권을 국내법으로 인정하는 나라들은 극히 소수에 불과했다.[13]

국제사회에서 보편적 관할권이 집중적으로 논의된 것은 1990년대 이후이다. 국제사회의 공통이익 개념의 발전, 극단적인 인권침해국가의 출현 및 분쟁에 의한 대규모 인권침해의 빈발 등은 종래의 전통적 관할권만으로는 대처하기 어렵게 되었다. 비록 영토적으로나 국적으로나 아무런 연관이 없는 나라라도 능력이 된다면 처벌권한을 갖도록 보편적 관할권이 인정될 필요가 생겼다. 전통적 이론대로 한다면 이러한 사태가 발생하면 국제사회가 국제재판 등에 의하여 직접 처리해야 할 것이나 국제사법기구가 발전하지 않은 현 시점에서 이러한 문제를 해결하는 것은 결국 '국가단위'일 수밖에 없다는 사실을 직시한 것이다. 즉, 국가가 국제사회를 대신하여 국제사회 전체의 이익을 지키는 역할을 하도록 하는 것이 바로 보편적 관할권이라고 할 수 있다.[14]

---

12) 김대순, 『국제법』, 제11판(삼영사, 2005), p. 333.

13) Cheriff Bassiouni, "The History of Universal Jurisdiction and Its Place in International Law," in Stephen Macedo(ed.), *Universal Jurisdiction* (University of Pennsylvania, 2004) p. 44.

14) 오자키 쿠니코(尾崎久仁子) 교수는 보편적 관할권의 대두를 '안전지대(safe heaven)의 불허용'이라는 개념으로 설명한다. 즉, 인권침해자가 속지주의의 한계를 이용하여 더 이상 '안전지대'에서 살게 해서는 안 된다는 것이다. 이러한 안전지대를 극복하기 위해 국제사회가 발전시킨 것이 보편적 관할권 이론과 국제형사재판소의 설립이라고 설명한다. 尾崎久仁子, 「人權侵害行爲に対する國家の刑罰權の行事とその範圍について」, ≪國際法外交雜誌≫, 102巻 1号(2005), p. 46.

나. 보편적 관할권의 개념

전통적으로 국제법상 형사관할권을 행사함에 있어서는 위에서 본 대로 그 기초로서 해당 범죄와 영토 또는 국적의 관련성이 요구되었다. 그러나 보편적 관할권은 이러한 원칙의 예외이다. 이 관할권은 원래부터 '인류 일반의 적'이라는 속성을 갖춘 범죄, 예컨대 해적행위(piracy) 등의 범죄를 국제사회가 처벌하기 위하여 개발된 개념이다. 이러한 범죄는 영토나 국적 등에 연결되지 않더라도 다른 어떤 나라에 의해서도 처벌될 수 있다는 것이다.[15] 그러나 보편적 관할권의 정확한 개념은 아직 국제사회에서 합의되었다고 보기는 어려울 것 같다.[16] 이에 대해서는 벨기에 체포영장 사건에서 소수의견을 낸 빙가에르트(Wyngaert) 재판관도 이 관할권의 개념은 아직 조약이나 국제관습법에 의해 정립된 것이 아니며 나라마다 상당한 상이성을 가지고 적용되고 있음을 지적한 바 있다.[17] 이는 보편적 관할권에서 '보편적(universal)'이라는 말의 의미를 가장 넓게 사용할 때는 '소추국의 영역을 넘어 일어난 범죄에 대해 그 범죄를 일으킨 범죄인에 대한 처벌 관할권'[18]이라고 말하는가 하면 때로는 그 의미를 협소하게 보는 경우도 있기 때문이다. 논자에 따라 혹은 상황에 따라 '보편적'이라는 의미는 달리 사용하는 경우가 많은 것으로 보인다. 마크 서머스(Mark A. Summers)는 이런 것을 고려하여 보편적 관할권이 다음의 세 가지 다른 상황에서 사용되고 있다고 분석한 바 있다.[19]

---

15) Bartram S. Brown, "The Evolving Concept of Universal Jurisdiction," *New England Law Review*, Vol. 35, No. 2(2001), p. 383.

16) Mark A. Summers, "The International Court of Justice Decision in Congo v. Belgium: How Has It Affected the Development of Principle of Universal Jurisdiction that would obligate All State to Prosecute War Criminals?" *Boston University International Law Journal*, Vol. 21 (Spring, 2003), pp. 69~70.

17) *Arrest Warrant of 11 April 2000(Democratic Republic of Congo v. Belgium), Judgment, I.C.J. Reports 2002*, p. 3, Dissenting Opinion of Judge Van den Wyngaert, pp. 165~166 (para. 44).

18) 이 의미는 한마디로 보편적 관할권을 단지 역외적 관할권(extraterritorial jurisdiction)으로 넓게 이해한다는 것이다.

19) Mark A. Summers, "The International Court of Justice Decision in Congo v. Belgium: How

① 한 국가의 영역 밖에서 범죄행위의 일부 혹은 전부가 일어난 경우 그 행위자를 처벌하는 것

② 국제조약적 의무에 기초하여 한 국가의 영토 밖에서 일어난 범죄행위를 한 행위자를 처벌하는 것

③ 국제범죄를 저지른 행위자에 대해 어떤 특정 국가가 (그 국가와 관련성이 없어도) 처벌하는 것

위의 ①의 개념은 단순한 역외 관할권의 개념으로 볼 수 있는 가장 넓은 개념이고 ②의 개념은 조약에 의한 보편적 관할권 혹은 조약에 의한 역외 관할권을 의미한다. 이에 반해 ③의 개념은 역외 관할권 중 관할 결정의 요소가 없음에도 관할권을 행사할 수 있는 경우로 국제관습법에 의해 발전된 것이다.

보편적 관할권의 개념이 정확히 국제사회에서 확립되지 않았다고 해도 일반적으로 이것이 인류사회 공동의 이익(common interests of mankind)을 침해하는 보편적 속성의 범죄(universal crimes)에 대하여 국제공동체가 공동의 이해관계를 가지고 처벌해야 한다는 사상에서 발전되었다는 것에는 큰 다툼이 없다. 즉, 보편적 관할권에서 대상으로 삼는 범죄를 처벌하는 권한은 그 범죄 자체가 갖는 속성에서 비롯되었다는 것이다. 그런 면에서 위의 ③의 개념으로 사용되는 보편적 관할권이 일반적이라 할 수 있다.[20] 이런 면에서 볼 때 보편적 관할권은 "범죄가 행해진 장소, 범죄자의 국적, 희생자의 국적 또는 관할권을 행사하는 국가와 그 어떤 관련성도 없이 오로지 범죄의 성질에 근거하는 형사관할권"이라고 개념화할 수 있다.[21] 이와 같은 개념은 벨기에 체포영장 사건에서 빙가에르트 재판관이 비록 보편적 관할권의 개념이 아직 정립되지 않았지만 분명한 것은 그 개념의 요체는 "전쟁범죄

Has It Affected the Development of Principle of Universal Jurisdiction that would obligate All State to Prosecute War Criminals?" *Boston University International Law Journal*, Vol. 21 (Spring, 2003), p. 70.

20) Gerhard Werle, *Principles of International Criminal Law* (Cambridge University Press, 2005), p. 59.

21) 박병도, 「국내법원에서 국제범죄의 소추와 처벌」, ≪중앙법학≫, 제8집 제1호(2006. 4), p. 365.

나 인도에 반한 죄를 일으킨 범죄자에 대해 불처벌을 회피하고 제3국으로의 안전지대(safe haven)를 제공하지 않는 것"[22]이라고 한 말과 같은 맥락이다.

미국의 대외관계법 주석은 보편적 관할권을 일반적 관할권에 관한 조건(속지주의, 속인주의, 보호주의)이 없는 경우라도 해적행위, 노예무역, 항공기에 대한 공격 혹은 납치, 집단살해, 전쟁범죄 및 테러행위와 같이 국제공동체의 보편적 관심사항인 범죄에 대해서 이의 처벌을 위해 그 개념을 확정하고 처벌규정을 둘 수 있는 권한을 의미한다고 설명한다.[23]

1990년대 이후 보편적 관할권이 국제사회에서 왕성하게 연구되면서 그 통일적 개념과 기준을 정해야 한다는 운동이 일어난바, 이는 미국 전문가들이 중심이 된 프린스턴 원칙과 국제법협회(International Law Association: ILA)의 '보편적 관할권의 이행 실천을 위한 최종보고서'[24]에서 그 결과를 볼 수 있다.

먼저 프린스턴 원칙에서는 보편적 관할권을 "그 범죄가 어디에서 일어났든, 혐의자나 범죄자 혹은 피해자의 국적과 관계없이 오로지 범죄의 성격에 따른 형사관할권"[25]이라고 설명한다. ILA의 최종보고서는 보편적 관할권을 설명하면서 법정지국에서의 범죄인 신병의 현존을 중시하면서 "어떤 특정의 중대한 범죄에 대해 범죄의 발생지나 행위자 및 피해자의 국적에 관계없이 소추할 수 있는 것으로 최소한의 요건은 범죄인의 신병이 관할권 행사국에 현존한다는 사실 그것 하나"[26]라

---

22) *Arrest Warrant Case, I.C.J. Reports* (2002), p. 3; Dissenting Opinion of Judge Van den Wyngaert, pp. 167~168(para. 46).

23) Restatement(Third), § 404. Universal Jurisdiction to Define and Punish Certain Offenses.
"A state has jurisdiction to define and prescribe punishment for certain offenses recognized by the community of nations as of universal concern, such as piracy, slave trade, attacks on or hijacking of aircraft, genocide, war crimes, and perhaps certain acts of terrorism, even where none of the bases of jurisdiction indicated in § 402 is present."

24) International Law Association, London Conference(2000), Committee on International Human Rights Law and Practice, *Final Report on the Exercise of Universal Jurisdiction in Respect of Gross Human Rights Offences*, pp. 19~20.

25) Principle 1. para. 1, The Princeton Principles on Universal Jurisdiction, in Stephen Macedo (ed.)., *Universal Jurisdiction*(University of Pennsylvania Press, 2004), pp. 21~25.

고 설명한다.

〈참고자료〉

아이히만(Eichmann) 사건[27)]

1961년의 이스라엘에서 이루어진 나치 홀로코스트의 주역 아돌프 아이히만(Adolf Eichmann)에 대한 재판은 종래의 보편적 관할권 이론을 확장시키는 계기가 되었다. 이스라엘이 아이히만을 아르헨티나에서 납치하여 예루살렘에서 기소한 것은 이스라엘의 국내법인 '나치 및 나치부역자법'에 의거한 것인데, 이 법률에는 유대인에 대한 나치의 범행과 '인도에 반한 죄'에 대해 규정하고 있다.[28)] 이 법률은 이스라엘이 건국되기 전에 일어난 홀로코스트의 책임자들을 처벌하기 위한 역외적 법률(extraterritorial legislation)이었던바, 예루살렘의 지방재판소는 이 사건에 대해 판결하면서 이 사건의 보편적 성격을 강조했고, 나아가 이스라엘과 유대인 사이의 효과적인 관련성도 강조함으로써 관할의 정당성을 찾았다. 이스라엘 대법원은 이 사건에서 보편적 성격을 한층 강조하고 피고인의 범죄가 '인도에 반하는 죄'에 해당하고 이것은 이스라엘 법률의 역외적 적용, 나아가 보편적 관할권을 행사할 수 있는 근거임을 분명히 했다. 즉, 판결에서는 아이히만의 범죄가 국제사회의 기초를 뒤흔드는 것이었고, 이러한 행위에 대해 이스라엘은 보편적 관할권의 원칙과 국제법의 수호자로서 관할권을 행사할 수 있다고 했다. 그리고 이러한 관할권을 행사함에는 이스라엘이 범죄행위가 일어날 시점에 존재했느냐의 여부는 중요하지 않다고 했다.[29)]

---

26) ILA Final Report, What is universal jurisdiction? 이 입장은 후술하는 부재형 보편 관할권을 보편적 관할권의 개념에서 제외한 입장이라고 할 수 있다. 학자들 사이에서도 부재형 보편 관할권을 처음부터 배제하고 보편적 관할권을 정의하는 사람도 있다. 예컨대 야마모토 소지 교수는 보편적 관할권을 "많은 나라에 공통하는 이익을 침해하는 범죄에 대하여 그 실행자의 신병을 억류하고 체포한 모든 국가에 기소, 처벌의 관할권을 부여하는 입장"이라고 정의함으로써 부재형 보편 관할권을 보편적 관할권 개념에서 처음부터 배제하고 있다. 山本草二, 『國際法』(有斐閣, 1994), p. 237.

27) 이 사건의 전개과정과 내용은 Henry J. Steiner & Philip Alston, *International Human Rights In Context*, 2nd ed.(Oxford, 2000), pp. 1138~1142 참고.

28) Nazis and Nazi Collaborators (Punishment) Law, 1950, 4 L.S.I. 154, § 1(a) (1949~1950).

29) *Attorney General of Israel v. Eichmann, International Law Report*, Vol. 36, pp. 277~304 (Israel Sup. Ct. 1962) in Amnesty International, *UNIVERSAL JURISDICTION: The duty of states to enact and enforce legislation* - Introduction, AI Index: IOR 53/002/2001(1 September, 2001).

벨기에 체포영장 사건

이 사건은 국제재판에서 보편적 관할권의 문제가 본격적으로 논의된 최초의 사건이다.[30] 특히 이 사건에서는 피고인이 관할행사국의 수사 당시에 부재하여 그 체포가 필요한 경우에 보편적 관할권을 행사하는 것이 과연 국제법상 적법한 것인가가 문제되었다. 당시 벨기에는 콩고의 외무부장관(Yerodia Ndombasi)에 대해 국제인도법의 심각한 위반이라는 혐의로(위의 국제인도법위반에 관한 처벌법 위반) 국제체포영장을 발부했던바, 이에 반발한 콩고가 국제사법재판소(ICJ)에 그 적법성을 물었던 것이 바로 이 사건의 핵심내용이다. 이 사건에서 재판부는 핵심적 논쟁이었던 보편적 관할권, 그중에서도 '범죄인 부재 상황에서의 관할권 행사'에 관해서는 판단을 피하고 단지 콩고의 주장대로 외무부장관은 임기 중에 타국의 형사관할권으로부터 면제된다고 판단했다. 그러나 5명의 재판관이 내놓은 보충의견 및 반대의견에서는 위의 논쟁을 자세히 살필 수 있으며 이는 현재의 보편적 관할권에 관한 국제법 이론의 집대성이라고 해도 과언이 아니다. 여기에서 재판장인 기욤(Guillaume)은 부재형 보편적 관할권을 인정하는 것은 기소 관할을 너무 확장하는 것이라 반대하면서 수사 시 피고인이나 피해자의 소재(presence) 또는 관련 사건과 관할 행사국의 관련성이 있어야 한다고 했다. 이에 반해 히긴스(Higgins), 쿠이르만(Kooijmans)과 뷔겐탈(Buergenthal) 재판관은 범죄인 부재 상황에서도 보편적 관할권을 행사하여 수사하고 범죄인인도를 행사하는 것을 비난할 수 있는 국가관행(state practice)이 존재하지 않는다고 했고, 나아가 빙가에르트 재판관은 부재형 보편적 관할권이 국제법상 위법이라는 것은 어떤 조약에도 없으며 국제형사재판소규정(로마규정)의 보충성의 원칙에 비추어 보아도 결코 위반되지 않는다고 했다.

다. 부재형 보편적 관할권

(1) 개념

보편적 관할권을 인정한다고 해도 관할 행사국(법정지국, forum state)에 용의자가 부재하는 상황에서 관할권 행사를 인정할 수 있는가? 이것이 소위 '용의자 부재적 상황에서의 보편적 관할권(universal jurisdiction in absentia)'(약칭 '부재형 보편적 관할권')의 문제이다. 이 개념을 좀 더 자세히 말하면 '용의자가 관할 행사국의 영역에 부재함에도 보편적 관할권이라는 근거 아래 체포 영장 등을 발부하여 수사를 하거나 동인을 소추하는 것'이 가능한가이다.[31] 따라서 이것은 공소 제기 이후 피고인의

---

30) *Arrest Warrant Case, I.C.J. Reports*, p. 3.

법정 불출석 개념인 소위 결석재판(trials in absentia)과는 본질적으로 개념을 달리하는 것이다.[32] 부재형 보편적 관할권의 문제가 결석재판과는 다른 문제라는 것은 아래에서 볼 벨기에 체포영장 사건에서도 분명히 했다. 동 판결에서 ICJ는 이 문제에 관하여 다음과 같이 판시했다.

> "어떤 나라의 관할하에서는 결석재판을 허용한다. 그러나 다른 나라는 그것을 허용하지 않는다. 만일 어떤 사람이 재판 당시에 그 관할하에 반드시 소재해야 한다고 한다면 그것은 공정한 재판을 받을 권리를 위한 매우 사려 깊은 인권보장책은 될 수 있지만 국제법에서 말하는 관할의 원칙(기초)과는 관계가 없는 것이다."[33]

부재형 보편적 관할권은 보편적 관할권의 한계이자 범위의 문제라 할 수 있다. 만일 이러한 관할권 행사가 인정된다면 이론적으로는 특정국이 자국과 관련 없는 범죄에 대해 심지어 용의자가 그 나라에 소재하지 않음에도 수사와 기소 그리고 재판을 할 수 있는 상황이 생길 수 있다. 이것은 많은 국제적 분쟁을 초래할 수 있는 여지를 만들 수도 있다. 특히 범죄 용의자가 타국의 국가수반이나 정치지도자인 경우 그 출신국가에서는 그를 범죄인으로 취급하지 않음에도 불구하고 타국이 범죄인이라고 단정하고 수사를 진행하여 기소하고자 한다면 국가 간 분쟁은 자명하다.

뒤에서 보는 바와 같이 벨기에의 경우 이러한 보편적 관할권을 인정한 나머지 지난 10여 년간 몇 건의 사건에서 외국의 정치지도자가 고발되는 사태가 속출되어 국제사회에서 큰 파장을 일으켰다. 미국의 이라크 전쟁과 관련하여 부시 대통령이나 럼스펠드 국방장관이 전쟁범죄 등으로 고발되고 이스라엘의 샤론(Sharon) 총리가 팔레스타인 사태와 관련되어 고발되기도 했다. 따라서 보편적 관할권을 논의함

31) Anthony J. Colangelo, "The New Universal Jurisdiction: In Absentia Signaling Over Clearly Defined Crimes," *Georgetown Journal of International Law*, Vol. 36, No. 2(2005), p. 543.

32) 형사재판에서 결석재판은 원칙적으로 인정되지 않는다. 이것은 자유권규약(ICCPR) 제14조3(d)의 규정을 보아도 명백하다. Ibid.

33) *Arrest Warrant Case, I.C.J. Reports*, p. 23(para. 56).

에 있어서 그 개념의 한계와 범위의 문제로서 과연 범죄 용의자가 관할 행사국(법정지국, forum state or acting state)에 소재하지 않음에도 관할권의 행사를 허용할 것인가의 문제(부재형 보편적 관할권)를 논할 필요가 있다.

(2) 벨기에 사례

부재형 보편적 관할권이 벨기에에서 특별히 문제가 된 것은 국제인도법위반범죄처벌법[34]이 제정되고부터이다. 이 법률은 전쟁범죄 등의 범죄자를 처벌하기 위한 제네바협약과 그 추가의정서를 벨기에 국내에서 실시하기 위해 제정되었다. 동법은 이들 협약에 위반되는 행위로서 20가지를 열거하고 이들을 국제범죄(crimes under international law)라고 선언했다. 이 법률은 1999년에 대폭 개정되어 전쟁범죄 이외에도 집단살해죄와 인도에 반한 죄가 범죄목록에 추가되었다. 문제는 이 법률 제7조가 보편적 관할권을 규정하면서 "벨기에 법원은 범죄가 발생한 장소에 관계없이 이 법에 규정되어 있는 범죄에 대한 관할권을 가진다"라고 했는데,[35] 이를 무제한적 보편적 관할권의 규정, 즉 용의자 부재적 상황에서도 보편적 관할권을 인정하는 규정으로 이해했다는 사실이다.[36] 이것은 이 법률이 만들어질 때의 입법자의 의사를 보아도 분명하다. 법률(국제인도법위반범죄처벌법)의 규정은 명확하지 않지만 입법자는 입법 당시 다음과 같은 의사를 분명히 표시한 바 있다.

"이들 조약(제네바조약 등)에 의해 벨기에 재판소는 예컨대 용의자가 벨기에 국내에 없는 경우에도 똑같이 관할권을 갖게 된다. 이 가능성은 제9조(1993/1999년 국제인도

---

34) *Loi relative à la répression des violations graves du droit international humanitaire*, 이 법은 1993년 제정되고 1999년 개정되었음.

35) 이 법률에서 관할권이라 함은 다음의 권한을 의미한다. 예심(l'instruction)의 개시와 종료, 가구류(la detention préventive)의 결정, 국내/국제체포장(un mandat d'arrêt intern/ international)의 발부 및 기소 이전의 전반적인 수사 등. V.gén., BOSLY(Henri-D.) et VANDERMEERSCH (Damien), *Droit da la procédure pénale*, 2nd ed.(Bruxelles: Bruylant, 2001). 村上太郎, 「國際人道法の重大な違反の犯罪に關する1993/1999年 ベルギー法(1)」, ≪一橋法學≫, 第2券 第2号 (2003. 6), p. 396에서 재인용.

36) Reydams, *Universal Jurisdiction*(Oxford, 2003), pp. 106~109.

법위반범죄처벌법 제7조)의 문면에는 나타나 있지 않다. 그러나 이 점을 본법의 특정 조항 속에서 명확히 하는 것은 시의적절하지 않은 것으로 보인다. 실제, 한편에서는 인질금지조약의 승인을 목표로 다른 법률안이 제출되어 있는데 거기에는 역외 관할권의 기준을 적용하기 위해서는 용의자가 벨기에에 소재해야 한다는 형사소송법 제12조의 삭제를 예정하고 있기 때문이다."[37]

이런 이유로 벨기에에서는 지난 10여 년간 꽤 많은 사건에서 이 관할권을 이용하려는 인권피해자 그룹의 고발사태가 있었다. 이 중에서 2003년에 1982년의 레바논 난민캠프에 대한 군사작전과 관련되어 집단살해죄 등의 혐의로 이스라엘의 A. 샤론 총리, 그리고 걸프전쟁과 이라크 전쟁과 관련하여 부시 미국 대통령을 비롯하여 체니 부통령과 군 수뇌부가 각각 기소[38]되었다.[39] 이 모든 사건은 범죄혐의자들이 벨기에 영역 내에 존재하지 않는 전형적인 '용의자 부재적 상황'에서의 보편적 관할권의 행사였다.

그러나 이러한 관할권 행사는 국제사회에서 다양한 논쟁만 일으켰을 뿐 실제적인 수사와 재판으로 연결되지 못했고, 벨기에는 관련국과 외교적 충돌을 감수하지 않으면 안 되었다. 결국 벨기에는 2003년 4월과 8월 두 번에 걸친 위 법률의 개정을 통해 보편적 관할권을 크게 후퇴시키지 않으면 안 되었다. 즉, 개정법은 범죄인의 국적국이나 체류국의 사법절차가 적절한 권한이 있고 독립적이고 공정한 상황이라면 사건을 그들 국가로 이송하여 벨기에가 관할권을 행사하지 않기로 했으며,

---

37) Doc. Parl., Sénat, 1317-1, Sess. 1990~1991, p. 16. 村上太郎, 「國際人道法の重大な違反の犯罪に關する1993/1999年 ベルギー法(1)」, ≪一橋法學≫, 第2券 第2号(2003. 6), p. 397에서 재인용.

38) 여기에서 기소라 함은 원어로는 constitution de partie civile이라는 절차를 말한다. 이것은 검사의 기소권을 제한하는 장치로 검사가 만일 어떤 사건에 대해 불기소를 하든가 수사를 하지 않으면 피해자 측이 직접 법원에 수사를 요구하는 것이다. 그렇게 되면 법원의 심리판사(examining magistrate)가 수사를 하여 기소 여부를 결정한다. Reydams, *Universal Jurisdiction*(Oxford, 2003), p. 108.

39) 이들 사건의 내용에 대해서는 Malvina Halberstam, "Belgium's Universal Jurisdiction Law: Vindication of International Justice or Pursuit of Politics?" *Cardozo Law Review*, Vol. 25, issue 1 (2003), p. 247 이하 참고.

나아가 벨기에가 관할권을 행사하는 경우라도 용의자나 피해자의 소재(presence)를 요구하고 민간인에 의한 기소는 허용하지 않는 것으로 규정했다.[40)]

라. 한국의 범죄관할에 관한 원칙

현행 형법은 위의 관할원칙 중 속지주의(territorial principle)와 속인주의(nationality principle)를 근본원칙으로 하고 있다. 즉, 형법 제2조는 "본법은 대한민국 영역 내에서 죄를 범한 내국인과 외국인에게 적용한다"라고 규정하고 있어 속지주의를 명백히 선언하고 있다. 여기에서 대한민국의 '영역'이라 함은 대한민국의 영토·영해·영공은 물론이고 '대한민국의 영역 외에 있는 대한민국의 선박 또는 항공기 내'를 포함한다(제4조). 또한 속인주의의 표현은 형법 제3조에서 발견된다. 즉, 동 규정은 "본법은 대한민국 영역 외에서 죄를 범한 내국인에게 적용한다"라고 함으로써 이를 선언하고 있다.

이 외에도 우리 형법은 보호주의와 수동적 속인주의도 취하고 있다. 즉, 형법 제5조는 "본법은 대한민국의 영역 외에서 다음에 기재한 죄를 범한 외국인에게 적용한다"라고 하면서 그 죄들로서 내란, 외환, 국기, 통화, 유가증권, 우표, 인지, 문서, 인장 등에 관한 죄를 정하고 있다. 이것은 우리의 형법이 보호주의 원칙 아래에서 대한민국의 국가적·사회적 이익의 보호를 도모하고 있다는 것을 말해주고 있다. 또한 형법 제6조는 "본법은 대한민국 영역 외에서 대한민국 또는 대한민국 국민에 대하여 전조에 기재한 이외의 죄를 범한 외국인에게 적용한다. 단 행위지의 법률에 의하여 범죄를 구성하지 아니하거나 소추 또는 형의 집행을 면제할 경우에는 예외로 한다"라고 규정하고 있는데, 이것은 수동적 속인주의의 표현이라 할

40) Ibid. pp. 262~264; "Contemporary Practice of the United States Relating to International Law: U.S. Reaction to Belgian Universal Jurisdiction Law," *American Journal of International Law*, Vol. 97, No. 4(2003), p. 984; Human Rights News(Human Rights Watch) 〈http://www.hrw.org/press/2003/08/ belgium080103.htm〉 참고. 2003년 8월의 개정을 좀 더 자세히 보면 이 법은 피고인이 벨기에 국적을 가지고 있거나 벨기에가 상거소지인 경우 혹은 범죄 피해자가 벨기에 국적을 가지고 있거나 최소 3년 이상 벨기에에서 거주한 경우에 적용되며 기소절차는 검사에 의해서만 가능하며 검사의 결정(기소 여부 결정)에 대해서는 불복의 기회를 주지 않는다는 것이다.

것이다. 그러나 우리 형법 어디에도 보편적 관할권에 입각한 규정은 두고 있지 않다.

3. 국제범죄와 죄형법정주의

국제범죄와 관련하여 추가적으로 논의할 사항은 죄형법정주의와의 관련성이다. 죄형법정주의는 국내형사법을 넘어 국제형사법의 보편적 원칙이기도 하다. 문제는 죄형법정주의 원칙이 국제범죄에도 그래도 적용될 것인지이다. 이와 관련된 논의는 다음의 몇 가지로 나누어 생각할 필요가 있다.

가. 국제범죄의 직접 처벌 가능성

인도에 반한 죄 등이 국제관습법상의 범죄인 것은 특별히 큰 이론이 없다. 한편 근대 형사법에서 죄형법정주의는 범죄인 처벌의 최고 원리이다.[41] 그렇다면 국제관습법상의 범죄는 죄형법정주의를 배제할 수 있느냐가 문제된다. 이것은 인도에 반한 죄 등 국제관습법적으로 인정되고 있는 국제범죄를 국내 형법에 반영함이 없이 바로 국내재판에서 처벌의 근거로 삼을 수 있느냐이다.[42] 한마디로 이 문제에 대한 국제법적 흐름은 기본적으로 죄형법정주의가 국제관습법상의 범죄에 대한 처벌에도 적용되는 것이지만 국내의 일반범죄에 비하여 완화된 상태에서 적용될 수 있다는 것이다.

뉘른베르크 재판에서 확인된 것처럼 국제관습법상 인도에 반한 죄는 성문의 사전조약이 없어도 국제재판에서 처벌이 가능하다.[43] 그 정당성의 근거는 인도에 반한 죄를 사후에 국제재판에서 그 근거법에 정한다고 할지라도 그것은 이미 범죄

---

41) 죄형법정주의는 다음과 같은 표현으로 간단히 설명될 수 있다. 법률 없으면 범죄 없고(nullum crimen sine lege), 법률 없으면 형벌 없다(nulla poena sine lege).

42) 여기서 국내재판에서 처벌한다는 것은 '국제범죄'로 처벌하는 것을 의미하지 국내 형법의 유사한 범죄로 처벌한다는 의미가 아니다.

43) 구(舊)유고슬라비아 국제형사재판소의 재판에서도 죄형법정주의(그중에서도 사후법 논쟁)가 피고인 측에서 주요한 반론으로 논의되었지만 법원은 이를 배척하였다.

로 인정되어 온 것을 확인하는 것에 불과하다는 논리였다. 이러한 논리는 유태인 학살의 책임자 중 한 사람인 아이히만에 대한 재판에서 이스라엘 법원이 보인 태도에서 더욱 명확하게 나타난다. 이스라엘 법원은 아이히만이 범법행위를 저지를 때 그가 그 행위를 보편적·도덕적 원칙을 위반하는 것으로 인식하지 못했다고 주장할 수 없다고 하면서 그의 행위는 저지른 순간 보편적 관할권에 속하는 범죄행위가 성립되었다고 했다. 나아가 동 법원은 국제법상의 형사처벌은 마치 사후법에 의한 처벌이 가능했던 초기의 보통법(common law) 시대와 같다고 현상을 진단하면서 국제범죄에 대하여 판단하고 처벌할 수 있는 기구가 없는 상황에서 국내의 사법기구가 국제법을 바로 적용하든지 국내의 입법절차로 수용하여 처벌할 수 있다고 했다.[44] 따라서 이 논리를 받아들인다면 인도에 반한 죄와 같은 국제범죄에 대해서 국내법과 동일한 죄형법정주의를 요구하지 않는다고 말할 수 있다.

그러나 국제관습법상의 범죄에 대해 국내의 입법수용절차 없이 행위자를 처벌할 수 없다는 것이 미국 내 통설적 입장이다. 대외관계법 주석은 이에 대해 다음과 같이 설명하고 있다.

> 국제법은 미국의 법이기는 하지만 의회가 범죄와 형벌을 정하는 입법을 하지 않는 한 국제범죄를 범한 사람이 연방법원에서 처벌될 수 없다.[45]

이러한 미국의 통설은 국가권력의 자의적 행사로부터 국민을 보호하는 죄형법정주의의 기능을 중시하는 우리나라의 상황에서도 그대로 적용될 수 있을 것이다. 즉, 국제범죄를 처벌하는 국내 법률이 없는 상황에서 국내법원이 국제조약 내지 국제관습법을 근거로 바로 형벌권을 행사할 수는 없는 것이다. 또한 국제관습법상의 국제범죄는 그 구성요건이나 형벌이 분명히 성립했다고 볼 수도 없어 이에 근거하여 국내법원이 국제범죄를 바로 처벌하는 것은 현실적으로도 불가능하다.

---

44) 이 판결의 영문 요약본은 *American Journal of International Law*, Vol. 56(1962), p. 805에서 볼 수 있다.

45) Restatement(Third), § 404.

그 때문에 국제범죄를 제대로 국내에서 처벌하려면 이에 대한 명확한 처벌 근거를 국내법에 규정하는 것이 처벌을 위한 현실적 전제라고 할 수 있다.

나. 사후 국내법에 의한 국제범죄의 처벌 가능성

어떠한 범죄가 보편적 관할권의 관할 범죄이기는 하지만 범행 당시는 그것을 처벌할 수 있는 국내법이 존재하지 않았고, 그 뒤 그 범죄를 처벌할 수 있는 국내법이 만들어진 경우 이를 처벌할 수 있는지가 문제될 수 있다. 이 문제에 대해서는 위의 아이히만의 사례가 가장 적확한 사례가 될 것이다. 그러므로 우리는 이 사건을 다룬 당시 이스라엘 법원이 어떻게 이 문제를 설명했는지를 살펴볼 필요가 있다.[46] 당시 아이히만은 이스라엘이 건국한 뒤 만든 나치 및 나치부역자 처벌법에 의하여 처벌되었다. 참고로 당시의 법률을 소개하면 다음과 같다.

> 다음 행위를 한 자는 사형에 처한다. ① 나치 치하의 적대국에서 유태 민족에 대한 범죄를 구성하는 행위를 한 자, ② 나치 치하의 적대국에서 인도에 반한 죄를 구성하는 범죄를 저지른 자, ③ 제2차 세계대전 기간 중 적대국에서 전쟁범죄를 저지른 자[47]

아이히만은 위의 세 개 범죄 모두로 기소되었고 이 중에서도 첫 번째 혐의인 유태인에 대한 학살 부분이 무엇보다 강조되었다. 이 재판에서 아이히만이 다툰 것은 대부분 관할에 관한 것이었다. 우선 그는 특정 국가의 형사법은 기본적으로 그 국가의 시민(nationals)에게 그리고 그 영토 내에서 일어난 범죄에 대해 관할이

---

46) 이에 대한 필자의 설명은 Henry J. Steiner & Philip Alston, *International Human Rights in Context: Law, Politics and Morals*, 1st ed.(Oxford, 1996), pp. 1034~1036에서 소개한 아이히만 사건의 영문 발췌문에 의존한다.

47) Ibid.; Nazi and Nazi Collaborators (Punishment) Law, "A person who has committed one of the following offenses-① did, during the period of the Nazi regime, in a hostile country, an act constituting a crime against the Jewish people; ② did, during the period of the Nazi regime, in a hostile country, an act constituting a crime against humanity; ③ did, during the period of the Second World War, in a hostile, an act constituting a war crime; is liable to the death penalty."

있는데 동 사건에서 자신은 이스라엘의 시민도 아니고 범행장소도 이스라엘의 영토와 관계없는 곳이므로 이스라엘의 위 법률은 국제법에 위반된다고 주장했다.

이에 대해 예루살렘 지방법원(District Court of Jerusalem)은 주로 보편적 관할권 이론과 관할 기준 원칙 중의 하나였던 보호주의(protective principle)에 의존하여 동 법률의 정당성을 설명했다. 그 판결은 아이히만의 행위를 처벌하는 것은 보편적 관할권이 적용되는 전통적인 범죄인 해적 처벌과 같은 이치이고 그 행위의 본질은 집단살해방지협약에서 규정하는 집단살해죄와 비교되는 것이라고 했다. 나아가 아이히만은 위 법률이 죄형법정주의에 위반되는 전형적인 사후법이라고 주장했다. 이에 대해 법원은 뉘른베르크(Nuremberg) 전범재판을 정당화하는 모든 이유가 바로 이스라엘의 사후법 제정의 근거라고 하면서 이를 부인했다.[48)]

사후법 논쟁은 그 뒤 이스라엘 대법원에서 좀 더 구체적으로 다루어졌다. 동 법원은 아이히만이 범법행위를 저지를 때 그 행위가 보편적인 도덕 원칙에 위반한다고 인식하지 못했다고 주장할 수 없다고 하면서 그의 행위는 저질러진 순간 보편적 관할권에 해당하는 범죄행위가 성립했다고 설시했다. 문제는 그에 대한 처벌인데 동 법원은 앞서 본 대로 국제법상의 형사처벌은 국내의 사법기구가 국제법을 바로 적용하든지[49)] 아니면 국내의 입법절차로 수용하여 처벌할 수 있다고 했다(이스라엘의 경우는 후자의 경우에 해당한다).

이와 관련하여 국제재판에서 사후법 논쟁(죄형법정주의 논쟁)은 국내재판에 비해 비교적 관대했다. 제2차 세계대전 이후 진행된 뉘른베르크 재판이나 동경재판에서도 사후법 논쟁은 최대의 쟁점 중 하나였다. 당시 변호인들은 모두 이들 재판의 근거규범이 피고인들의 범행 이후에 제정된 것이므로 사후법에 해당한다고 주장했다. 이에 대해 당시 재판부는 이들 주장을 모두 배척했는데 그것은 형식적인 죄형법

48) 뉘른베르크 재판에서도 사후법 문제는 매우 중요한 논쟁이었는데 결국 법원은 그 정당성을 보편적 관할권 이론 및 국제관습범죄 이론에서 찾았다.

49) 국내의 입법절차 없이 국제법에 의하여 바로 국내에서 형사처벌이 가능하다는 주장으로 보이는데 이것은 앞에서 논의한 첫 번째 경우와 상호 배치된다. 위에서 우리는 죄형법정주의에 대한 미국이나 우리의 일반적인 인식은 아무리 보편적 관할권과 그 관할 범죄를 인정한다 해도 그러한 범죄를 국내에서 처벌하려면 국내법에 관할 범죄에 대한 처벌 근거를 두어야 한다는 것이었다.

정주의를 채택하지 않고 실질적인 정의(substantive justice)를 선택한 것이었다. 나치 만행 주범 중의 한 사람인 괴링(Göring)을 재판한 프랑스의 재판관 드 바브레(H. Donnediu de Vabres)는 죄형법정주의의 목적을 강조하면서 "죄형법정주의는 (형벌을 가하는) 주권을 제한하는 원칙이 아니며, 정의의 일반원칙이다. 따라서 아무런 경고도 하지 않고 이웃 나라를 침공한 사람들을 처벌하는 것이 부당하다고 주장하는 것은 완전히 틀린 이야기이다. 왜냐하면 그들도 자신이 나쁜 짓을 했다는 것을 그 행위 당시 알았으며 처벌된다 해도 부당하지 않다는 것을 알았기 때문이다. 만일 그러한 사람들에게 면죄부를 준다면 그것은 부당한 일이다"[50]라고 말한 것은 그러한 선택을 한 이유를 정확히 설명한다고 할 수 있다.[51]

다. 보편적 관할권의 국제관습법성

보편적 관할권에 해당하는 국제범죄의 구성요건을 국내의 형사법에서 발견할 수 있지만 그 범죄 발생지나 행위자가 위의 일반적인 관할의 원칙에서 요구하는 것과 다를 때(즉, 법정지국의 관할 원칙인 속지주의나 속인주의 등에 의하면 관할권이 없을 때) 보편적 관할권을 적용하여 처벌할 수 있는지의 여부를 살펴본다. 이것은 본질적으로 보편적 관할권의 국제관습법성을 다루는 문제이다. 왜냐하면 보편적 관할권이 국제관습법의 지위에 있다면 관할 행사국인 법정지국은 국내법에 보편적 관할권이 규정되어 있지 않다 해도 (관할권에 관한) 국제관습법에 기해 범죄 혐의자를 처벌할 수 있기 때문이다.[52] 예컨대 A국의 국내형법상 집단살해죄(crime of genocide)를 처벌할 수 있는 근거가 있다고 가정하자. 그러나 지금 문제되는 상황은 그 집단살해가 A국에서 일어난 것이 아니고 제3국에서 일어났으며 그 행위자도 A국인이 아닌 제3국인일 때이다. 물론 이 A국 형법의 집단살해 규정에는 관할권에

---

50) Antonio Cassese, *International Criminal Law*(Oxford, 2003), p. 143.

51) 동경재판의 재판관 뢰링(B.V.A Röring)이 한 사건(Araki and others)의 반대의견에서 "죄형법정주의는 법 정책일 뿐 정의의 원칙이 아니다"라고 이야기한 것도 같은 맥락이라고 할 수 있다. Ibid.

52) 이것은 그 나라의 헌법체제가 국제관습법을 국내법의 일부로 보는 상황을 전제로 한다. 즉, 국제법과 국내법의 관계를 일원론적으로 보는 법제를 전제로 하는 논리이다.

대한 명확한 입장이 나타나 있지 않다(즉, A국의 관할권에 관한 규정은 속지주의, 속인주의 정도의 원칙만 규정되어 있다고 하자). 이러한 경우 A국은 관할문제에 대해서 보편적 관할권의 원칙으로 그 관할권의 정당성을 설명하면서 국내 형법에 의해 제3국인을 처벌할 수 있을까?

이를 긍정하는 것으로 아이히만 사건을 들 수 있다. 인도에 반한 죄로 기소된 이 사건에서 아이히만이 저지른 범죄지의 국가나 그의 국적국인 독일 그리고 아이히만의 범죄에 의해 희생된 피해자들의 국가 등 어떤 나라도 이스라엘이 아이히만에 대해 관할권(보편적 관할권)을 행사하는 데 이의를 제기하지 않았다. 이 사건에서 이스라엘 대법원은 인도에 반한 죄와 같은 보편적 성격을 갖는 범죄는 모든 국가에게 이러한 범죄에 가담한 어떤 사람에 대해서도 재판하여 처벌할 권한을 부여한다고 했다.[53] 이 같은 입장은 미국의 대외관계법 주석에서도 찾을 수 있다. 즉, 이곳에서는 보편적 관할권이나 기타의 역외관할(extra-territorial jurisdiction)의 적용에 관하여 다음과 같이 설명을 하고 있다.

> 한 국가의 법원은 보편적 관할권의 범죄(§404)나 다른 영토에서 발생한 범죄로 그 나라의 입법관할권 내의 범죄에 대해 그 나라의 형사법을 집행할 관할권을 행사할 수 있다.[54]

이 설명은 국내법원이 국내 형사법에 보편적 관할권의 관할 범죄가 규정되어 있다면 달리 관할에 대한 입법이 없어도 법원의 권한으로 그 범죄를 처벌할 수 있다는 것을 의미한다. 한마디로 보편적 관할권은 국제관습법이므로 국내법에 의한 관할 규정이 없어도 관할권 행사가 가능하다는 것이다. 그런 면에서 국내법의 죄형법정주의는 적어도 보편적 관할권의 행사 시 적용되지 않을 수 있다. 이 같은

53) Antonio Cassese, *International Criminal Law*(Oxford, 2003), p. 293.

54) Restatement(Third), § 443 "A state's court may exercise jurisdiction to enforce the state's criminal laws which punish universal crimes(§ 404) or other non-territorial offenses within the state's jurisdiction to prescribe(§§ 402~403)."

입장은 미국의 판례에서도 완전히 인정되었다. 데마뉴크(Demjanjuk) 사건[55]에서 미국의 한 항소법원은 어떠한 나라도 보편적 관할권의 대상이 되는 범죄를 저지른 사람에 대하여 그 범죄를 처벌할 수 있는 적당한 국내 법률이 있다면, 그 법률에 의하여 처벌할 수 있다는 취지의 판결을 한 바 있다.

데마뉴크 사건의 취지는 미국의 다른 사건에서도 발견할 수 있다. 즉, 유니스(Yunis)[56] 사건에서 미국의 한 연방법원은 항공기 테러가 보편적 관할권에 해당하는 국제범죄임을 확인하고 이 경우 미국은 관할권에 대하여 특별히 법적 근거가 없이도 피고인 유니스의 범죄행위가 보편적 관할권에 해당한다는 이유만으로 관할권을 행사할 수 있다고 판결했다.

이 같은 판례는 미국에서만 발견되는 것은 아니다. 오스트리아의 대법원도 보편적 관할권과 관련된 사건에서 '만일 오스트리아에서 저질러졌다면 오스트리아의 법률에 의해 처벌이 가능한 범죄가 보편적 관할권에 해당하는 경우, 오스트리아 법원은 그 범죄를 처벌할 수 있다'는 취지의 판결을 한 바 있다.[57] 그뿐만 아니라 이러한 취지는 영국의 피노체트(Pinochet) 사건에서 두 명의 대법관(Brown-Wilkinson과 Millet)도 확인한 바 있다. 이들 중 브라운-윌킨슨 대법관은 강행규범(jus cogens)적 성격을 가진 국제범죄로서의 고문은 어디에서 일어났더라도 보편적 관할권의 대상이 될 수 있으며, 밀레 대법관은 국제법 위반의 범죄는 그것이 강행규범에 위반되며 그 심각성과 정도에 있어 국제법 질서에 반한다고 인정한다면 국제관습법하

55) Demjanjuk vs. Petrovsky, 776 F.2d 571(6th Cir. 1985). 이 사건은 우크라이나 출신으로 제2차 세계대전 후 미국시민권을 취득한 데마뉴크가 대전 중의 행적이 탄로 나면서 시작된다. 그는 대전 중 독일군의 보안부대(SS)에서 일하면서 유태인 학살의 선봉에 섰다. 그러나 전쟁이 끝난 후 그런 사실을 숨기고 서류를 위조하여 시민권을 획득한 것이다. 그에 대해 1981년 오하이오주 소재 연방법원이 시민권을 무효화시키자 이스라엘 정부에서 즉각 그에 대해 범죄인인도를 요청했다. 그에 대한 혐의는 'crimes against humanity'와 'war crimes'였다. 그러나 그는 extradition(범죄인인도) 법정에서 이스라엘의 관할권 문제를 들고 나왔으며 이에 대해 법원은 이스라엘이 보편적 관할권(universal jurisdiction)에 따른 관할권이 있음을 확인했다.

56) United States vs. Yunis, 681 F. Supp. 896(D.D.C. 1988).

57) Universal Jurisdiction (Austria) Case, Austria, Supreme Court(May 29, 1958), *International Law Report*, Vol. 28(1958), p. 341.

의 보편적 관할권에 해당된다고 했다.[58)]

4. 국제범죄에 대한 국제법상의 원칙

국제범죄는 앞에서 본 대로 보편적 관할권이 적용되지만 그것만이 전부가 아니다. 국제범죄는 속성상 반드시 처벌되어야 하는 범죄이다. 이를 위해 국제범죄에 대해서는 보편적 관할권뿐만 아니라 다음과 같은 원칙이 주장되고 있다.

가. 시효부적용의 원칙

반드시 처벌되어야 하는 인도에 반한 죄를 저지른 범죄인에 대해서는 공소시효라는 면죄부를 줄 수 없다는 것이다. 인도에 반한 죄자는 시효와 관계없이 언제라도 발견되면 처벌이 가능하다는 것이다. 이것은 이미 몇 개의 국제조약에 의해 확인되었다. 1968년의 유엔총회에서 채택된 전쟁범죄와 인도에 반한 죄에 관한 시효부적용조약과 유럽평의회가 1974년에 채택한 같은 명칭의 부적용 조약을 들 수 있으며, 최근에는 국제형사재판소 근거규정(제29조)에서도 시효부적용의 원칙은 채택되었다. 인도에 반한 죄(전쟁범죄를 포함)에서 시효를 부적용시키는 것이 이미 국제관습법적 지위를 얻었느냐에 대해서는 논란의 여지가 없는 것이 아니나[59)] 제2차 세계대전 이후 나치 협력자에 대해 유럽의 국가들이 현재에 이르기까지 처벌하는 것을 보면 적어도 국제관습법에 가까운 원칙이 되었다고 볼 것이다.

몇몇 나라에서는 이미 인도에 반한 죄에서 시효는 적용되지 않음을 판례를 통하여 선언한 바 있다. 즉, 프랑스의 파기재판소(Cour de Cassation)는 1984년 바비(Barbie) 사건에서 인도에 반한 죄에서 시효가 부적용되는 것은 국제관습법이라고 선언했으며[60)] 이탈리아의 군사법정은 1997년 프리프케(Erich Priebke) 사건에서

---

58) Antonio Cassese, *International Criminal Law*(Oxford, 2003), p. 294.

59) 국제관습법의 두 가지 요건인 국가들의 관행(state practice)과 법적 확신(opnio juris) 중 과연 관습법의 지위에 오를 정도로 관행(practice)이 있다고 볼 수 있을지가 의문이라는 것이다. 참고로 2023년 말 현재 시효부적용조약은 56개국이 가입해 있다.

60) Federation Nationale des Deportes et Internes Resistants et Patriotes and Others vs. Barbie,

전쟁범죄에 시효가 부적용되는 것은 바로 강행법규(jus cogens)라고 선언한 바 있다.[61] 그뿐만 아니라 국제적으로 저명한 국제형사법학자들 사이에서도 전쟁범죄, 인도에 반한 죄, 집단살해와 같은 국제적 범죄에 대해서 시효를 적용시키지 않는다는 것이 국제관습법이라고 보는 견해에 동의하는 사람들이 늘어가고 있다.[62]

그러나 이 문제가 논란이 되었던 각국의 논의에 비추어 인도에 반한 죄 등에 있어 시효부적용의 원칙이 이미 국제관습법의 지위를 얻었으므로 국내법의 근거가 없이도 당연히 (공소)시효가 배제된다는 주장은 아직 주류를 이룬다고 볼 수는 없다. 국제법적으로는 시효부적용이 하나의 원칙으로 인정되어 간다고 해도 각국의 사법제도는 대부분 이러한 국제적 원칙을 국내적으로 수용하는 장치를 마련함으로써 현실적인 시효부적용의 원칙을 실현하고 있다고 할 수 있다. 그렇다면 구체적으로 어떻게 이 문제를 해결해 왔는가?

시효부적용의 첫 번째 접근방법은 입법적 시도와 그의 적극적 해석이었다. 독일의 경우는 전후 나치 잔당을 척결하기 위하여 수회에 걸친 시효연장조치를 취하게 된다. 이것은 시효가 끝나기 전에 나치에 의해 저질러진 전쟁범죄 및 인도에 반한 죄 등을 계속적으로 처벌하기 위함이었다. 프랑스의 경우는 1964년에 인도에 반한 죄 등에 대해 시효를 적용시키지 않는 법률을 제정했는데, 흥미로운 일은 이 법률에 의해 제2차 세계대전 당시의 인도에 반한 죄를 처벌했던 것이다. 우리의 눈으로 보면 분명히 사후법에 의해 처벌하는 것(형법불소급의 원칙에 위반)이어서 죄형법정주의 위반문제가 나올 텐데 프랑스의 파기재판소는 바비 사건 및 투비에(Touvier) 사건에서 인도에 반한 죄의 특수성을 인정하여 형벌불소급의 원칙에 반한다는

International Law Review, Vol. 78, p. 135(Fr. Cour de Cassation 1984), in Steven R. Ratner et al, *Accountability for Human Rights Atrocities in International Law*(Oxford, 2001), p 143.

61) Sergio Marchisio, "The Priebke Case before the Italian Military Tribunals: A Reaffirmation of the Principle of Non-Applicability of Statutory Limitation to War Crimes and Crimes Against Humanity," *Y.B. Int'l Human. L.*, 344(1998), in Ratner et al., op cit, p. 143.

62) 이 견해를 가지고 있는 사람으로 미국의 저명한 학자 해넘(Hurst Hannum)을 들 수 있다. 자세한 것을 알고자 하면 그의 다음 논문을 참고하라. "International Law and Cambodian Genocide: The Sounds of Silence," Vol. 11, *Hum. Rts. Q.*, 82(1989), pp. 101~102.

주장을 배척했다.[63)]

두 번째 접근방법은 입법적으로 혹은 법원의 판단에 따라 과거 인도에 반한 죄를 실효적으로 처벌할 수 없었던 기간은 시효가 정지되었다고 선언하는 것이다. 이 방법은 이미 프랑스와 독일에서 사용한 방법인데 이들 나라에서는 제2차 세계대전 중의 인도에 반한 죄 등에 대해 대전 중 혹은 전쟁이 끝난 후 일정 기간 동안 효과적인 사법절차가 존재하지 않았으므로 이 기간 동안은 시효가 정지되었다고 입법적인 조치를 취했다.[64)]

나아가 고문의 경우나 기타 인도에 반한 죄의 유형에 들어가지 않는 국가기관에 의한 반인권적 범죄행위를 생각하면, 시효부적용원칙이 이들 모든 범죄에까지도 일률적으로 적용되어야 할 것인가이다. 아무래도 국제적인 입장에서는 인도에 반한 죄와 그렇지 않은 반인권적 범죄행위의 공소시효가 똑같다고 볼 수는 없을 것이다. 인도에 반한 죄로서의 고문은 위에서 본 대로 시효를 적용하지 않은 것이 국제사회에서 보편적으로 인정되어 가는 원칙이라고 말할 수 있지만 그 범주에

63) Leila Sadat Wexler, "The Interpretation of the Nuremberg Principles by the French Court of Cassation: From Touvier to Barbie and Back Again," *Colum. J. Transnat'l L.*, Vol. 32(1984), pp. 335~337 참고. 파기재판소가 이들 재판에서 형벌불소급의 원칙위반 문제에 대하여 취한 태도는 인도에 반한 죄가 발생한 시점인 제2차 세계대전 중 이미 범죄행위로서 처벌되어야 한다는 것이 당시의 국제관습법이었다는 것이다. 따라서 이들 범죄에 대해 제2차 세계대전이 끝난 후 프랑스 정부가 인도에 반한 죄에 관한 법률을 만들었다고 해도 이는 사후에 처벌유형을 별도로 만든 것이 아니라 단지 그 범죄유형을 확인한 것에 불과했다는 것이다. 이와 같은 논리는 아이히만을 처벌한 이스라엘의 법원의 태도이기도 했다.

64) 독일의 경우 1965년 나치의 인도에 반한 죄자들의 20년의 시효가 완성되게 되자 입법적으로 제2차 세계대전의 종전일부터 독일연방공화국의 수립일까지 시효가 정지되었다는 선언적 입법을 하게 된다. 그리고 이 문제는 후일 시효를 아예 배제하는 입법을 통하여 해결하게 된다. 한국의 5공 청산도 이 예에 해당한다고 할 수 있다. 1995년 국회는 「헌정질서 파괴범죄의 공소시효 등에 관한 특별법」과 「5·18 민주화 운동에 관한 특별법」을 만들었는데, 이 중 5·18 특별법 제2조에 "1979년 12월 12일과 1980년 5월 18일을 전후하여 발생한 「헌정질서 파괴범죄의 공소시효 등에 관한 특례법」 제2조의 헌정질서 파괴범죄행위(형법상의 내란죄, 외환죄, 군형법상의 반란죄, 이적죄)에 대하여 해당 범죄행위의 종료일부터 1993년 2월 24일까지의 기간은 공소시효의 진행이 정지된 것으로 본다"라고 규정함으로써 공소시효 정지 규정을 둔 바 있다.

들어가지 않은 고문은 원칙적으로 일반범죄와 같이 취급된다고 하는 것이 국제적 주류로 보이기 때문이다.[65] 그러나 국가기관에 의한 반인권적 행위는 왕왕 그 사실의 존부가 은폐되기 쉬우므로 최소한 사실이 밝혀지기까지는 공소시효가 정지된다고 보는 것이 타당할 것이다.

나. 불처벌금지의 원칙

시효부적용에서 보듯이 인도에 반한 죄는 시간과 관계없이(시효부적용) 반드시 처벌이 되어야 한다. 이것은 인도에 반한 죄를 처벌하는 데 있어 범죄인의 지위에 따라 면책을 주는 행위, 국민화합을 명분으로 수사나 기소를 하지 않는 행위, 그리고 정치적 편의에 의해 이루어지는 사면 등을 인정해서는 안 된다는 것을 의미한다. 다만 이러한 불처벌금지의 원칙이 국제법상 하나의 원칙, 즉 국제사회가 이미 인정하고 있는 국제관습법과 같은 지위에 있는 원칙이라고는 아직 말할 수 없을 것이다. 이 원칙은 과거 독재정권 아래에서 무수한 인권침해를 겪은 나라들의 책임자들이 사면 혹은 위장 재판(sham trial) 등에 의해 면책된 경우 사후에 민주적 정권이 들어선 다음 혹은 국제사회가 나서 이들 책임자들의 죄과를 물을 수 있느냐를 두고 활발하게 논의되고 있다.

국내적 예를 찾기는 어렵지만 1998년 로마회의를 통해 만들어진 국제형사재판소 규정(Rome Statute)은 동 재판소의 관할 범죄(대표적인 것이 인도에 반한 죄임)를 저지른 사람에 대해 해당국이 형사책임을 면하게 할 목적으로 국내 사법제도를 이용하거나 국제법에 의해 인정된 적정절차에 따라 독립적이고 공정하게 재판되지 못해 정의가 실현되지 못했다면 국제형사재판소가 다시금 처벌을 할 수 있다는 규정을 둠으로써 이 원칙의 국제법적 근거를 마련했다.[66] 또한 이 원칙은 인도에 반한

---

65) 미국에서는 고문의 법정형은 피해자가 사망에 이른 경우에는 종신형 혹은 사형, 그렇지 않은 경우에는 20년 이하의 징역형에 처하도록 규정(US Code, Title 18, Sec. 2340A)하면서 공소시효에 대해서는 고문범죄에 특칙을 정하지 않고 법정형에 따른 일반공소시효가 적용된다. 그런 결과 고문에 의한 사망사건에서는 공소시효적용을 하지 않고, 그 이외의 고문사건에서는 5년의 공소시효가 적용된다(US Code, Title 18, Sec. 3282).

66) Rome Statute, Art. 20.

죄인에 대해 소재지국 이외의 타국에서 처벌하고자 하는 경우 해당 범죄인은 자신의 범죄를 정치적 범죄라고 하면서 인도배제 주장을 하지 못하는 것으로도 나타나고 있다.[67)]

5. 국제범죄의 국내범죄화 필요성

전쟁범죄, 집단살해죄, 인도에 반한 죄 등 소위 핵심 국제범죄가 국제관습법상의 범죄인 것은 그다지 이론이 없다. 그렇다면 국제관습법상의 범죄는 죄형법정주의를 배제할 수 있느냐의 문제는 인도에 반한 죄 등 국제관습법적으로 인정되고 있는 국제범죄를 국내 형법에 반영하지 않더라도 바로 국내재판에서 처벌할 수 있는가의 여부이다. 이에 대해서는 앞에서 이미 설명했지만 국제재판 등에서 범죄자를 직접 처벌하는 경우에는 죄형법정주의가 완화된 상태에서 적용된다고도 볼 수 있지만 국내적으로 처벌하기 위해서는 죄형법정주의가 기본적으로 요구된다고 할 수 있다. 이러한 입장은 미국 등에서도 확립된 원칙이다.[68)]

이러한 미국의 입장은 국가권력의 자의적 행사로부터 국민을 보호하는 죄형법정주의의 기능을 중시하는 우리나라에서도 그대로 적용될 수 있다. 즉, 국제범죄를 처벌하는 국내 법률이 없는 상황에서 국내법원이 국제관습법을 근거로 바로 형벌권을 행사할 수는 없다. 더욱 국제관습법상의 국제범죄는 그 구성요건이나 형벌이 분명하지 않기에 이에 근거하여 국내법원이 국제범죄를 바로 처벌하는 것은 현실적으로도 불가능하다. 이런 이유로 국제범죄를 처벌하기 위해서는 원칙적으로 국내

---

67) Quin v. Robinson, 783 F2d 776 (9th Cir. 1986). 이 판결에서 라인하르트(Reinhardt) 판사는 인도에 반한 죄는 범죄의 속성상 범죄인인도의 배제원칙 중의 하나인 정치적 범죄(rule of political offense exception)의 개념에 당연히 들어갈 수 없다고 설명하고 있다. 한편 고문방지조약에 의하면 고문범죄는 어떠한 경우라도 범죄인인도대상 범죄가 되어야 한다(Art. 8, para. 1): "The offenses referred to in article 4 shall be deemed to be included as extraditable offenses in any extradition treaty between States Parties."

68) 이에 대해 미국 대외관계법 주석(3판), § 404는 다음과 같이 규정하고 있다. "국제법은 미국의 법이기는 하지만 의회가 범죄와 형벌을 정하는 입법을 하지 않는 한 국제범죄를 범한 사람을 연방법원에서 처벌할 수 없다."

에서 제정된 법률에 그 구성요건과 형벌을 명확히 규정하는 것이 필요하다.[69] 이러한 원칙은 국제범죄의 근거가 국제조약이라 할지라도 특별히 다르지 않을 것이다. 국제조약상의 범죄라도 우리 국내의 형사법 체계하에서 관찰하면 그 구성요건이 확실치 않아 국내 입법 없이 바로 처벌하는 것은 거의 불가능하다.

나아가 국제범죄 대부분이 국내형법상의 다른 구성요건으로 처벌이 가능하다 해도(예컨대 집단살해죄는 형법상의 살인죄로 처벌 가능) 국제범죄의 구성요건을 마련하는 국내 입법이 필요할 것이다. 왜냐하면 국제관습법상의 국제범죄는 그 범죄의 성격이 개개의 범죄 행위를 넘어서 그 전체를 포괄하는 조직성, 집단성, 계획성, 목적성 같은 요소에서 기존의 국내범죄와 차원이 다른 범죄이기 때문이다. 따라서 국제범죄를 개별적인 국내범죄로 규정하여 처벌하는 것은 범죄의 실질을 제대로 파악하지 못하는 결과로 이어질 가능성이 높다. 그리고 기존의 국내범죄가 국제관습법 혹은 국제조약상의 국제범죄의 구성요소를 모두 범죄화했다고 볼 수도 없기에 특별히 국내 입법을 하지 않으면 처벌이 불가능할 수도 있다. 그뿐만 아니라 실무상으로도 문제된 국제범죄 행위에 맞는 국내 형법 규정을 제대로 찾아서 적용하는 데도 많은 어려움이 있을 것이다. 그러므로 국제범죄를 국내에서 보편적 관할권에 기해 처벌하기 위해서는 국제범죄의 원래 개념에 맞추어 구성요건과 형벌을 규정하는 것이 필요하고 또한 바람직하다.[70]

---

69) 조용환, 「국제형사재판소 규정 이행을 위한 국내법의 정비방향」, ≪국제인권법≫, 제5호(2002), p. 131.

70) Ibid. pp. 131~132. 이러한 입장이 뒤에서 보는 국제형사재판소 로마규정의 국내 입법과정에서 취하는 '최대이행방법'이라는 것이다. 이에 반해 로마규정의 관할범죄에 대응하는 범죄의 처벌규정을 당사국의 국내법에 별도로 정하지 않고 오로지 국제형사재판소의 임무에 협력하기 위한 필요최소한의 사법공조 내지 수사공조 등의 절차규정만을 국내법으로 만드는 방식을 '최소이행방법'이라 한다.

6. 한국에서의 국제범죄의 범죄화

가. 로마규정의 이행입법을 통한 국제범죄의 범죄화

한국에서 국제범죄의 범죄화와 보편적 관할권의 도입은 국제형사재판소 근거규정인 로마규정의 이행입법을 통해 논의되었다. 우리나라는 2002년 11월 13일 국제형사재판소 로마규정을 비준했지만 상당 기간이 지나도록 이행법률을 만들지 못하다가 2007년 11월 23일에서야 관련 법률이 국회를 통과했다. 이행법률의 주무기관인 법무부는 원래 로마규정의 비준과 동시에 이행입법 제정을 법무부의 주요과제로 설정하여 노력해 왔다. 로마규정의 비준일 이전인 2002년 9월경에 법안 1차 초안을 마련하여 관계기관의 의견 조회를 했고 2003년에도 관계기관의 추가적인 의견조회를 완료하여 마침내 2004년 5월 법안 초안을 완성하여 입법예고를 하기에 이르렀다.

그러나 이 법안의 국회 발의는 그렇게 순탄치 않았다. 전문가들이 제기하는 주된 논쟁점은 크게 보아 세 가지였다.[71] 첫째는 로마규정의 적용원칙을 어떻게 국내법으로 도입하느냐의 문제이다. 즉, 보편적 관할권의 문제, 상급자 명령에 관한 위법성조각 문제, 지휘관 책임 및 공소시효 배제 등의 문제를 구체적으로 어떻게 도입할 것인지의 여부가 문제되었다. 둘째는 로마규정의 관할 범죄인 집단살해죄, 인도에 반한 죄, 전쟁범죄를 어떤 방법으로 구성요건화하여 도입하느냐이다. 이 부분은 국내의 형법학자들이 아무리 국제관습법상 국제범죄라 하더라도 우리나라에서 처벌하기 위해서는 죄형법정주의의 원칙하에 구성요건을 명확히 하여 도입해야 한다고 주장해 왔으므로 적지 않은 논쟁이 발생했다. 우리나라에 없는 죄명과 구성요건을 새롭게 마련하려는 데서 오는 필연적인 진통이었다.

셋째는 ICC와의 협력의무를 적절히 규율하는 법률을 어떻게 만들어 낼 것이냐의 문제이다. 협력의무를 법률에 구체적으로 열거하여 만들어야 한다는 의견과 그렇게 하지 않아도 로마규정 자체가 국내법적 효력을 갖고 있으므로 동 규정의 당사국의 협력의무 규정은 그대로 국내법적 효력이 있고 부족한 부분은 기존의 국내법인

---

71) 국내 전문가들의 전반적인 의견은 2004년 6월 법무부가 주최한 공청회에서 제기된 바 있다.

국제사법형사공조법이나 범죄인인도법 등에 의해 보완할 수 있으므로 이행입법을 간소하게 만들어도 된다는 입장이 대립했다.

그러나 다행스러운 것은 우리나라의 이행입법은 정부나 민간 전문가 모두 처음부터 이행입법의 방법에 대해서 특별한 이견이 없었다는 점이다. 즉, 이행입법은 로마규정의 보충성의 원칙을 최대한 살리는 '최대이행방법'[72]으로 한다는 점에서 양자가 일치했다는 것이다. 다만 그 구체적인 내용에서 있어서 약간의 다툼이 있었다고 할 수 있다.

법무부의 2004년 초안은 입법예고가 된 후에도 여러 차례에 걸쳐 관련 전문가들의 검토[73]와 정부 내의 법안 심의를 거친 다음 2006년 12월 29일 '국제형사재판소 관할 범죄의 처벌 등에 관한 법률안'이라는 이름으로 국회에 제출되었고 이것이 마침내 2007년 11월 23일 국회를 통과했다.[74]

나. 이행법률의 주요 내용

(1) 법률의 주요 내용

'국제형사재판소 관할 범죄의 처벌 등에 관한 법률'의 주요 내용은 다음과 같다.

(가) 관할권의 확장(제3조)

외국인이 국외에서 범한 범죄에 대하여 현행 형법 제5조 내지 제6조에 해당하는 경우를 넘어 국제형사재판소 로마규정의 관할 범죄를 우선적으로 처벌할 수 있도록 관할 범위를 넓혔다. 특히 이 조문에서는 인도에 반한 죄 등에 대해서 보편적 관할권을 설정함으로써 특정의 국제범죄에 대해 우리 사법권의 관할을 넓히는

72) 이 방법은 로마규정에 따른 협력의무를 넘어 보충성의 원칙에 따라 당사국이 관할 범죄를 완전하게 처벌할 수 있는 국내법 체계를 만든다는 원칙이라 할 수 있다.

73) 다만 아쉬운 것은 초안에 대한 검토가 극히 제한적인 전문가들에 의해서만 진행되었다는 점이다. 국제법학회나 형사법학회 그리고 법률전문가 단체가 참여하는 공개적인 토론 등이 제대로 진행되지 못한 것은 법안의 질을 담보하는 데 걸림돌이 될 것이다.

74) 이 법률은 정부안 그대로 원안 통과되었고 2007년 12월 21일 자로 발효했다.

조치를 취했다.

(나) 시효의 배제(제6조)

법률의 관할 범죄인 인도에 반한 죄 등에 대해서는 공소시효나 형의 시효의 적용을 배제하여 시효 초과로 인한 처벌 불능사유를 없앴다.

(다) 국제형사재판소 관할 범죄의 처벌(제8조 내지 제14조)

법률은 국제형사재판소 관할 범죄인 집단살해죄, 전쟁범죄, 인도에 반한 죄에 관하여 로마규정의 취지와 우리의 죄형법정주의 원칙을 반영하여 범죄구성요건을 만들어 처벌근거를 확보했다.

(라) 사법방해죄 처벌규정 마련(제16조)

국제형사재판소 사건과 관련된 사건에서 허위증거를 제출하는 등 적정한 사법권의 행사를 방해하는 행위를 금지하기 위하여 허위증거의 제출, 위증, 국제형사재판소 직원에 대한 공무집행방해 및 뇌물공여 등의 사법방해 행위를 처벌하는 규정을 마련했다. 이 규정은 국제형사재판소와의 협력의무를 실질적으로 확보하기 위한 하나의 방안이다.

(마) 국제형사재판소와의 협력(제19조 내지 제22조)

국제형사재판소와의 범죄인인도 및 형사사법 공조를 시행하기 위하여 국내법적 근거를 마련했다. 범죄인인도 및 국제 형사사법 공조 등 국제형사재판소와의 협력과 관련하여 기존의 법률을 준용하되 국제형사재판소에 관한 로마규정을 우선적으로 적용하도록 하여 국제형사재판소와의 협력관계의 특수성을 반영했다.

(2) 법률 제3조와 보편적 관할권

(가) 제3조의 규정

법률 제3조는 다음과 같이 정하고 있다.

제3조(적용범위)

① 이 법은 대한민국 영역 내에서 이 법에 정한 죄를 범한 내국인과 외국인에게 적용한다.

② 이 법은 대한민국 영역 외에서 이 법에 정한 죄를 범한 내국인에게 적용한다.

③ 이 법은 대한민국 영역 외에 있는 대한민국의 선박 또는 항공기 내에서 이 법에 정한 죄를 범한 외국인에게 적용한다.

④ 이 법은 대한민국 영역 외에서 대한민국 또는 대한민국 국민에 대하여 이 법에 정한 죄를 범한 외국인에게 적용한다.

⑤ 이 법은 대한민국 영역 외에서 집단살해죄 등을 범하고 대한민국 영역 안에 있는 외국인에게 적용한다.

(나) 제3조의 해설

제3조 제1항은 소위 속지주의를 선언한 것이고, 제2항은 속인주의, 제3항은 속지주의의 연상을, 제4항은 수동적 속인주의를 선언한 것이다. 제5항이 바로 보편적 관할권을 선언한 것인데, "대한민국 영역 안에 있는 외국인"이라고 규정함으로써 소위 부재형 보편적 관할권을 부인했다.

〈연습〉

이제까지의 논의를 바탕으로 한 가지 사례를 가지고 연습을 해보자. 여러분이 다음 사례의 담당 변호사라면 어떤 조치를 취할 수 있을까?

아프리카 A국에서는 몇 년 전 끔찍한 집단살해 행위가 일어났다. 다수종족인 B종족에 의해 소수종족인 C종족이 수십만 명 살해되었다. 이 과정에서 B종족의 정치지도자 D의 역할은 지대했다. 그는 끊임없이 C종족에 대한 인종청소의 필요성을 강조했고, 이것은 B종족의 C종족에 대한 인종적 적개심을 크게 자극했다. E는 이러한 상황에서 A국을 탈출하여 여러 나라를 전전하다가 드디어 대한민국으로 들어와 정치적 망명을 신청했고 정부는 그에게 난민 지위를 부여했다.

한편 D는 A국의 수상이 되어 대한민국을 공식 방문하게 되었다. 이러한 사정을 안 E는 D

의 위 집단살해 연루를 전 세계에 폭로하고 한국의 사법당국에 그의 형사적 책임을 묻기로 하고 변호사인 귀하를 찾아왔다.

과연 이 사건을 담당한 귀하는 어떤 조치를 취할 수 있을까?

제2절 국제형사재판과 인권

■ 학습을 위한 질문

1. 왜 우리는 ICC를 만들어야 하는가?
2. ICC를 둘러싼 역사적 배경은 무엇인가?
3. ICC의 설립과 관련된 문제 중에서 무엇이 가장 기본적인 이슈이고 효과적인 국제형사재판소가 되기 위한 조건은 무엇인가?
4. ICC 출범 이후 어떤 사건이 어떻게 처리되고 있는가?

오랜 세월 국제범죄에 효과적으로 대응하기 위해서는 국제형사재판소의 설치가 필요하다고 주장되어 왔다. 이것은 특히 심각한 인권침해사태가 발생했을 때, 그러한 사태의 책임자를 처벌하지 않으면 유사한 인권침해는 장차 또 다시 발생할 수 있다는 과거의 역사가 그것을 증명한다.[1] 국제법상 보아도 국제범죄는 국제조약이나 국제관습법에 의해 존재하는데 국내 사법절차에 의하여 이를 처벌하려면, 법체계에 따라 약간은 다르지만 죄형법정주의의 요구에 따라 일반적으로 먼저 국제법을 국내 형사법에 수용하는 절차를 밟아야 한다. 그런데 이것은 국가마다 편차가 있을 수 있어 정의가 각국의 제도에 따라 달라질 수 있다는 문제가 있고, 더 큰 문제는 정의실현에 대한 의지와 능력은 각국의 사정에 따라 달라질 수 있다는 것이다.

이하에서는 위와 같은 문제의식을 가지고 먼저 국제형사재판의 역사를 살펴보고 2002년 문을 연 국제형사재판소(International Criminal Court: ICC)에 대해서 알아본다.

1) 예를 들어보자. 뒤에서 언급할 제1차 세계대전 중 독일황제는 심각한 전쟁범죄를 저질렀다. 그러나 전후 그에 대한 전범재판은 결국 실패로 돌아갔다. 그 뒤 20년 후 히틀러가 다시 독일을 지배하면서 제2차 세계대전을 일으키고 600만 명의 유태인을 학살한 것이 그 예가 될 것이다.

I. 국제형사재판소와 국제인권

1. 몇 가지 주제

지난 한 세기 동안 국제상설형사재판소를 설립하고자 하는 노력은 끊임없이 국제사회에서 전개되었다. 비록 네 번에 걸친 임시 재판소 형태의 국제형사재판소[2]가 만들어지기는 했지만 아직껏 상설형사재판소는 설치되지 못했다. 그뿐만 아니라 그동안의 임시 재판소는 모두가 전쟁과 관련된 이른바 국제인도법(international humanitarian law)에 근거한 재판이었다. 전쟁 상황을 상정하지 않은 순수한 인권침해[예컨대 혹독한 독재정치하에서 발생하는 인권유린, 지난 1970년대 말의 아르헨티나의 소위 '더러운 전쟁(dirty war)'을 생각하라]에 대해 그 책임자를 국제사회가 처벌하는 아이디어로까지는 발전하지 못했다.

그러나 상황은 1990년대에 들어 급변하기 시작했다.[3] 냉전체제의 종식과 더불어 국제사회는 유엔을 중심으로 국제형사재판소(ICC)의 설치가 국제사회의 평화와 인권존중을 위하여 필수적 요소임을 인정하기 시작했고 이것은 유엔의 중심적인 과제가 되었다. 특히 지난 1998년은 ICC의 설치와 관련해서는 역사적인 해로 기록되었다. ICC 설치를 위한 국제조약의 최종적 단계로서 그동안 유엔이 만들어 온 국제형사재판소 설립규정 초안을 검토하기 위해 국제회의가 동년 6~7월 로마에서 열렸고 여기에서 마침내 역사적인 조약형태인 국제형사재판소에 관한 로마규정(Rome Statute)이 채택되었다. 그리고 그로부터 4년 후인 2002년 ICC는 역사적인

---

2) 4개의 임시 국제형사재판소는 제2차 세계대전 이후 전범처리를 위해 만들어진 뉘른베르크 전범재판소 및 동경 전범재판소 그리고 1993년, 1994년에 각각 만들어진 구(舊)유고슬라비아 국제형사재판소 및 르완다 국제형사재판소이다.

3) 각국 정부의 ICC에 대한 태도는 한마디로 드라마틱하다. 이에 대한 다음의 언급은 그것을 보여준다. 1994년 ILC에 의한 규정 초안이 만들어졌을 때만 하더라도 NGO 관계자들은 ICC가 설립되는 데는 적어도 50~100년의 시간이 필요할 것으로 관망했다. 1995년까지만 해도 대부분의 나라들은 (강대국을 포함하여) 여전히 그 설립에 회의적이었다. 그러나 1996년이 되자 어떤 나라도 ICC의 설립구상에 반대하지 않았다.

출범을 하게 된다.

그러나 로마규정이 만들어지고 ICC는 설립되었지만 그 기능이 설립목적에 부합하기 위해서는 아직도 풀어야 할 문제가 많다. 또한 핵심적인 문제에 대한 이견은 앞으로도 상당 기간 계속될 것이다. 미국이 위의 로마규정에 서명을 하고도 이를 철회한 것은 아직도 넘어야 할 과제가 많이 남아 있음을 실감케 하는 대목이다.

이러한 상황에서 이하의 글은 ICC에 대한 독자들의 기본적인 문제의식에 약간의 해답을 주는 것을 목표로 다음과 같은 주제에 접근해 보고자 한다.

① 왜 우리는 ICC를 만들어야 하는가? ② ICC를 둘러싼 역사적 배경은 무엇인가? ③ ICC의 설립과 관련된 문제 중에서 무엇이 가장 기본적인 이슈이고 효과적인 국제형사재판소가 되기 위한 조건은 무엇인가? 이 중에서 우리의 논의는 ③번에 맞추어질 것이다. 이러한 논의를 함에 있어 1994년 유엔 국제법위원회(International Law Commission: ILC)[4]가 성안한 국제형사재판소 설립규정 초안과 국제사회가 최종적으로 합의한 로마규정을 그 기본자료로 삼을 것이다. 국제법위원회의 초안은 1994년 이후 유엔이 주도하는 ICC 논의의 가장 중요한 기초였고, 모든 논의는 여기에서 비롯되었다고 해도 과언이 아니기 때문에 그 중요성이 인정되는 자료이고 로마규정은 이것을 기반으로 그간의 논의가 집대성된 마지막 결정판이라고 볼 수 있다.

2. 왜 국제사회는 ICC를 요구하는가?

사실상 이 질문은 ICC의 문제를 다루는 데 가장 기본적이며 중요한 문제이다. 왜냐하면 우리가 이 질문에 어떻게 대답하느냐에 따라 장차 ICC의 기능과 권한이 달라지기 때문이다. 지금까지 국제사회에서 그 필요성으로 논의해 온 것을 정리하

4) 국제법위원회는 1947년 유엔총회에 의해 설치되었다. 이의 임무는 유엔헌장 제13조 제1항의 국제법의 진보와 발전 그리고 이의 성문화를 위한 유엔의 의무를 실무적으로 뒷받침하는 것이다. 동 위원회의 위원은 총 34명으로 총회에 의해 선출되고 이들은 세계 각국의 기본적인 법률체계를 대표하는 국제법의 전문가들로 구성되어 있다. United Nations, *The Work of the International Law Commission* 4, 4th ed.(1988), p. 28.

면 크게 두 가지 관점이 주목된다. 첫째, ICC는 국제인도법적 관점에서 필요하다는 것이다. 이것은 지금까지 임시 재판소로 만들어진 국제형사재판소가 주로 이 관점에서 만들어진 것이므로 특별히 이론은 없는 듯하다. 전쟁 중의 비인도적인 행위에 대하여 국제사회가 이를 상설재판소를 통하여 심판하도록 하자는 것이다. 둘째, 국제인권법적 시각에서 ICC의 설립의 당위성을 설명한다. 이것은 주로 국제적 NGO들의 입장인데 이들의 아이디어는 비록 전쟁 상황이 아니더라도 반인권적 행위에 대해서 국내의 사법제도가 제대로 대응하지 못하면 이를 국제사회가 대신해야 한다는 것이다. 이들의 주장을 좀 더 자세히 살펴보자.

가. 불처벌의 종식

뉘른베르크와 동경 전범재판이 있었음에도 대부분의 중대한 인권침해자들은 국제적으로나 국내적으로 처벌받지 않았다는 것이 NGO들의 평가이다.[5)] 불처벌(impunity)의 관행은 중대한 인권침해를 하나의 패턴으로 만드는 데 큰 원인으로 작용했다. 그것은 법을 무시하고 법률 위에서 군림하는 사람들에게 더 잔혹한 인권침해를 부추겼다.[6)] 그러므로 그러한 인권침해자들이 ICC의 앞에서 정의의 심판을 받음으로써 불처벌을 종식시킬 때가 왔다는 것이다.

나. 피해자들에 대한 구제

중대한 인권침해자를 기소하고 심판하는 것은 피해자 그리고 그들의 가족, 나아가 그 사회 전체에 중대한 피해전보조치를 가능케 한다.[7)] 초대 구(舊)유고슬라비아 국제형사재판소의 수석검사(chief prosecutor)를 지낸 골드스톤(Goldstone)은 다음

---

5) Lawyers Committee for Human Rights(이하 'LCHR'), "Why an International Criminal Court is Necessary," *Establishing an International Criminal Court: Major Unresolved Issues in the Draft Statute*, Vol. 1, No. 1, http://www.ichr.org/icc/ pap1intro.htm 참고.

6) Amnesty International, *The quest for international justice: Time for a permanent international criminal court*, AI Index: IOR 40/04/95(July, 1995), p. 3.

7) LCHR, "Why an International Criminal Court is Necessary," *Establishing an International Criminal Court: Major Unresolved Issues in the Draft Statute*, Vol. 1, No. 1.

과 같은 기초 위에 ICC의 필요성을 강조한다.[8)] ① 진실을 밝히는 것은 책임을 집단책임(인종, 종교 혹은 어떤 그룹)으로 돌리기보다 개별화시킨다. ② 정의(기소 및 재판)는 피해자 측에게 공식적이고 공개적인 피해인정을 가능케 하며 이것은 피해전보절차의 첫 단계이다. ③ 진실을 공개적으로 밝히는 것은 역사를 더욱 정확하고 진실되게 기록케 한다.

다. 국내적 사법체계의 보충

각국 정부는 인권침해로부터 자국민을 보호해야 할 일차적인 의무를 진다. 그러나 불행히도 많은 정부가 그것을 회피해 온 것이 역사적 사실이다. 또한 국제적 혹은 국내적 무력충돌은 국내 사법제도를 완전히 파괴하는 경우도 있다. 이 경우에는 해당 국가가 인권침해자를 정의의 심판에 맡기고자 해도 물리적으로 불가능하다. 이러한 경우 국제사회는 국내재판을 보충하여 그들을 심판할 장치를 필요로 한다.[9)]

라. 보편적 관할권 대상 범죄의 처벌

현재의 국제조약과 국제관습법은 너무나 잔혹하고 인간의 양심에 충격을 가하는 범죄에 대해서는 그 범죄가 어디에서 일어났든 모든 나라가 처벌할 수 있다는 보편적 관할권 이론을 점점 심화시켜 나가는 경향이 있다. 그러나 실제는 꼭 그렇지 않다. 각국은 자국과 관련이 없으면 무관심하거나 외교적인 마찰을 두려워하여 이들 범죄에 대해 형벌권을 행사하지 않으며 그들에 대해 형벌권을 행사하겠다는 나라의 범죄인인도 요구에 대해서도 소극적인 자세를 보인다. 그러므로 ICC가 세워지면 각 국가가 처벌을 회피하는 보편적 관할권 관할 범죄의 처벌을 용이하게 할 수 있는 가능성이 있다.

---

8) Richard J. Goldstone, "Justice as a tool for peace-making: Truth commission and international criminal tribunals," *N. Y. U. J. Int'l L. & Pol.*, Vol. 28(1996), p. 488.

9) LCHR, "Why an International Criminal Court is Necessary," *Establishing an International Criminal Court: Major Unresolved Issues in the Draft Statute*, Vol. 1, No. 1.

마. 임시 국제형사재판소의 한계 극복

임시 국제형사재판소는 정치적으로나 법률적으로 ICC를 대신할 수 없다. 예컨대 임시 국제형사재판소가 생기게 되면 다음과 같은 정치적 의문을 남긴다. ① 어떤 임시 재판소가 그 상황에서는 설치되었는데 왜 이 상황에서는 설치되지 않는가? ② 국제적 혹은 국내적 위기는 서로 다르게 처리되는 것이 맞는가?

나아가 법률적 의문도 강력하다. 과연 어떤 나라에 인권유린사태가 일어났다 하더라도 이것이 구(舊)유고슬라비아 국제형사재판소나 르완다 국제형사재판소와 같이 유엔 안전보장이사회의 결의에 의해서 임시 재판소로 만들어지는 것이 유엔헌장상 가능한가이다. 이에 대해 부정적으로 보는 견해가 다수 존재한다. 따라서 이러한 임시 국제형사재판소의 한계를 극복하기 위해서는 국제법상 기초가 튼튼한 국제형사재판소의 설립이 필요하다.

바. 모델적 사법체계의 구현

현재까지 국제적으로 형사피의자 및 피고인의 권리보호를 위하여 국내 사법기관에 그 준수를 요구하는 룰은 상당히 집적되었다. 그러나 그 정확한 개념과 자세한 기준은 대개 각국의 사정에 따라 많이 달라진다. ICC가 세워지면 동 법원은 국제적 인권기준을 좀 더 정교화시켜 인권기준의 평준화에 기여하게 될 것이다.[10)]

3. ICC의 역사적 배경

가. 제1차 세계대전 이후의 논의

현재의 ICC에 대한 논의를 이해하기 위해서는 그동안 역사적으로 이 문제가 어떠한 과정을 거쳐 오늘에 이르렀는가를 알아보아야 한다. 국제사회가 이 문제에 관심을 갖게 된 것은 논자에 따라서는 15세기까지 거슬러 올라간다.[11)] 그러나

---

10) LCHR, "Why an International Criminal Court is Necessary," *Establishing an International Criminal Court: Major Unresolved Issues in the Draft Statute*, Vol. 1, No. 1.

11) 1474년 오스트리아에서는 브라이자흐(Breisach) 지방을 다스리던 하겐부쉬(Peter Von Hagenbush)

현대적 의미에서의 ICC에 논의는 제1차 세계대전이 끝난 후 그에 대한 처리과정에서 본격화되었다. 즉, 당시의 전범의 책임 및 그 처벌을 논의한 위원회(Commission on the Responsibility of the Authors of the War and on the Enforcement of Penalties)는 전쟁법규(laws and customs of war)와 인도법(laws of humanity)을 위반한 모든 책임자를 처벌하기 위해 국제고등재판소(international high tribunal)를 만들 것을 제안했다.[12] 이 제안에 미국은 반대를 했는데 그 이유는 ICC 설립과정에서도 적잖게 영향을 미쳤다.[13] 첫째, 미국은 위원회의 제안 중 국가수반(Heads of State)에 대해 재판을 하는 것은 사후법(ex post facto law)에 의해 처벌하는 것이며 이는 죄형법정주의에 위반된다고 주장했다. 둘째, 미국은 위 위원회가 제안한 인도법과 원칙(laws and principles of humanity)이라는 용어가 너무나 추상적이어서 개인에게 적절한 범죄에 대한 경고를 주기에는 적절치 않다고 지적했다. 당시 미국의 주장을 우리 법제에 맞추어 한마디로 정리한다면 ICC에 대한 구상은 형사법의 최고원리인 죄형법정주의에 위반되어 불가하다는 것이다.

위의 논쟁은 결국 타협이 이루어졌다. 즉, 베르사유 조약은 독일황제 빌헬름 2세(Wilhelm II)에 대해 국제도덕과 조약의 신성성에 반한 최고의 범죄(supreme offense against international morality and the sanctity of treaties)를 저지른 것으로 규정하고 이를 처벌하기 위해 특별법정을 만들기로 했다. 그러나 이 재판은 끝내 성사되지 못했다. 황제의 신병을 확보하고 있던 네덜란드가 그의 신병인도를 거절했기 때문이었다.[14]

에 대해 crimes against "God and man" 위반으로 재판했다고 한다. 이것을 ICC의 효시로 보는 이가 있다. Sandra L. Jamison, "A Permanent International Criminal Court: A Proposal that overcomes past objections," *Denv. J. Int'l L & Pol'y*, Vol. 23(1995), p. 421 and accompanying note 21.

12) Leilia Sadat Wexler, "The proposed permanent international criminal court: An appraisal," *Cornell Int'l L. J.*, Vol. 29(1996), p. 669.

13) Ibid.

14) Wexler, "The proposed permanent international criminal court: An appraisal," *Cornell Int'l L. J.*, Vol. 29(1996), p. 670.

위의 시도에 이어 몇 번의 ICC 설치를 위한 제안이 이루어졌으나 그 어느 것도 성공적이지 못했다. 국제연맹(League of Nations)이 설립된 후 국제연맹 법률가자문위원회(Advisory Committee of Jurists of the League of Nations)는 다시 한 번 ICC의 설치구상을 제안했다. 즉, 위원회는 국제사법고등재판소(High Court of International Justice) 설치를 제안했는데, 이는 국제질서를 위반하거나 보편적 국제법(universal law of nations)에 반하는 범죄에 대하여 연맹의 총회나 연맹 이사회의 요청으로 이를 처벌할 수 있는 국가들로 법정을 만들자는 것이었다. 그러나 그것마저 철저히 외면받고 말았다.

제1차 세계대전 이후 저명한 국제적 법률가단체들에 의해서도 ICC 설치는 여러 번 제안되었다. 1926년 국제법협회(International Law Association)는 ICC에 관한 초안을 채택했고 1928년에는 국제형사법협회(International Association of Penal Law) 또한 유사한 초안을 완성했다. 이 2개의 안은 모두 ICC를 국제연맹의 사법기관인 국제상설사법재판소(Permanent Court of International Justice)의 한 부로 만들자는 것과 처벌대상은 개인과 국가 모두를 처벌한다는 데에 공통점이 있었다.[15] 그러나 이들 안은 공식적인 논의로 발전하지는 못했다.

그렇다면 왜 이 제안들은 제안 이상의 진전을 보지 못한 채 폐기되고 말았는가? 그것은 대체로 세 가지 이유가 있었다. 첫째, 전통적인 주권이론이 너무 강했다는 사실이다. 이러한 환경에서는 주권의 핵심인 형사사법의 한 권능을 국제법원에 넘긴다는 것은 사실상 어려웠다. 둘째, ICC에서 다루어질 범죄에 대한 실체법이 존재하지 않았다는 사실이다. 이로 인하여 비판자들은 국제형사법정이 만들어지기 전에 실체법인 국제형법이 먼저 만들어져야 한다고 주장했다. 셋째, 모든 사람들이 ICC가 전쟁을 막고 세계평화에 기여한다고 믿지는 않았다는 사실이다. 반대론자들은 만일 이러한 법원이 만들어진다면 전쟁에 책임이 있는 사람들은 전쟁에서 지면 국제형사법정에 갈 우려가 있다고 생각하여 끝까지 싸움을 선택하게 될 것이고 그렇게 되면 오히려 세계평화에 해가 될 것이라고 우려했다.

15) Ibid. pp. 670~671.

나. 제2차 세계대전 이후의 변화

주지하는 바와 같이 제2차 세계대전이 연합국 측의 승리로 끝나자 전승국들은 국제군사재판소(International Military Tribunal)를 만들었다. 동 재판소는 유럽에서는 1945년 8월에, 일본에서는 1946년 1월에 각각 설치되었다. 이들이 담당한 범죄는 다음의 세 가지였다.[16)]

① 평화에 반한 죄(crimes against peace): 이것은 대체로 침략전쟁을 기획하고 일으킨 책임자를 처벌하기 위한 것이었다.
② 전쟁범죄(war crimes): 이것은 전쟁수행 중 국제법에 위반하여 무고한 시민에 대해 살인 등의 만행을 저지르거나 전쟁포로에 대해 비인도적인 처우를 한 경우를 처벌하기 위한 것이었다.
③ 인도에 반한 죄(crimes against humanity): 이것은 전쟁 전후를 막론하고 무고한 시민에 대한 비인도적 행위(즉, 살인, 인종말살, 추방 등)나 정치적·인종적·종교적 이유로 박해를 가하는 것을 처벌하기 위한 것이었다. 대표적인 범죄로는 유태인에 대한 대량학살이 이에 해당했다.

뉘른베르크 국제전범재판소에서는 22명의 나치 전범들을 위의 범죄로 기소하여 이들 중 19명이 유죄가 인정되었고 그중 12명은 사형집행이 되었다.[17)] 동경 국제전범재판소는 뉘른베르크에 비하여 상대적으로 그 운영이 자의적이었다고 비판받는다.[18)] 28명에게 유죄가 인정되었고 그중 몇몇은 경한 처벌을 받았을 뿐이고, 7명에게는 사형을, 그 외 대부분은 종신형이 선고되었다.

제2차 세계대전 후 유엔이 설립되고 나서 국제사회는 이 문제를 다시 고려하기

16) International Military Tribunal Charter, Art. 6.

17) Jordan J. Paust et al., *International Criminal Law*, p. 717.

18) 그 비판의 내용은 다음 몇 가지이다. ① 기소가 공정하지 못했고, ② 평결이 재판에 현출된 증거에 근거하지 못했으며, ③ 유죄로 인정된 사람들에 대해서조차 합리적인 의심을 넘을 정도의 입증이 되지 못했다. Jamison, "A Permanent International Criminal Court: A Proposal that overcomes past objections," *Denv. J. Int'l L & Pol'y*, Vol. 23(1995), p. 425.

시작했다. 1948년에 유엔총회는 집단살해방지협약을 채택하면서 국제법위원회(ILC)에 동 협약 범죄나 다른 국제조약에 의해 관할이 생긴 범죄를 처벌하기 위한 국제사법기구의 설립 필요성과 그 가능성에 대해 연구할 것을 요구했다.[19] 그 뒤 ILC는 국제형사재판소의 필요성과 설치 가능성에 긍정적인 결론을 내리고 1954년에 실체법으로서 '인류의 평화와 안전에 반하는 범죄 법전 초안'을 채택했으며 뒤이어 국제형사재판소 설립규정 초안을 마련했다. 그러나 이 당시 이미 냉전이 시작되었고 이것은 위의 아이디어의 지속적인 발전을 가로막는 계기가 되었다. 소련은 국제형사재판소가 국가주권을 불필요하게 저해하는 것이라고 하면서 반대했다. 그 후 약 20년간 국제형사재판소의 아이디어는 한 발자국도 전진하지 못했는데, 이 당시 최대의 걸림돌은 국제형사재판소가 담당할 한 범죄로 상정된 침략행위(aggression)를 둘러싼 개념논쟁이었다. 냉전 상황에서 특히 소련은 주변 위성국가에 자주 군대를 보내 내정을 간섭하는 상황이었으므로 만일 이것을 침략행위로 본다면 소련 자신이 법정에 서야 하는 위기가 올 것이므로 소련이 이를 인정할 리는 없었던 것이다.

다. 2개의 임시 국제형사재판소 설립

1990년대 초 냉전의 종식은 ICC의 논의를 가속화시켰다. 그 결과 국제사회는 다시 한 번 ICC를 설립할 수 있는 기회를 맞이했다. 이것은 또한 1990년대 2개의 임시 국제형사재판소의 설립에 결정적인 영향을 미치게 된다.

구(舊)유고슬라비아 국제형사재판소(International Criminal Tribunal for the Former Yugoslavia: ICTY)는 1993년 5월 25일 유엔안보리 결의(Resolution 827)에 따라 설치되었다. 그 목적은 "과거 유고슬라비아 영토 내에서 이루어진 심각한 국제 인도법

---

19) 집단살해방지협약은 명백히 국제형사법정(international penal tribunal)의 설치를 예정했다. 즉, 동 협약 제7조는 다음과 같이 명기하고 있다. "persons charged with genocide shall be tried either before a court of the state in which the act was committed, or by such international penal tribunal as may have jurisdiction with respect to those Contracting Parties which shall have accepted its jurisdiction(집단살해 혐의자는 그 범죄가 발생한 국가에서 재판받거나 아니면 당사국들이 관할권에 동의한 국제형사법정에서 재판받아야 한다)."

위반의 범죄자를 형사처벌"하는 것으로 되어 있다. 이 재판소가 설치될 당시 과연 안보리에 그러한 권한이 있는가에 대하여 많은 논란이 있었다. 그러나 위 결의는 과거 유고슬라비아에서 일어난 사건이 유엔헌장 제7장(Chapter VII)의 국제평화와 안전에 위협을 주는 행위라고 판단하고 재판소의 설치는 헌장이 안보리에 부여한 평화의 회복과 유지를 위한 행위로 간주했다. ICTY는 1994년 임무를 시작해 2017년 12월 역사적 임무를 마감했다. 이 기간 중 161명이 기소되었고 90명이 유죄선고 되었다.

르완다 국제형사재판소(International Criminal Tribunal for Rwanda: ICTR)는 안보리 결의(Resolution 955)에 의해 1994년 11월 설치되었다. ICTY와 같이 ICTR은 한정된 시간적·영토적 제한을 지닌 임시 재판소이며 그것은 1994년 1월 1일부터 같은 해 12월 31일 사이에 르완다와 그 주변에 일어난 심각한 국제법 위반에 대해 관할을 갖고 있다.[20] ICTR은 1997년 임무를 개시하였고 2016년 12월 공식적으로 문을 닫았다. 이 기간 중 ICTR은 96명에 대해 기소를 하였고 이 중 61명에 대해 유죄를 인정하였다.

라. 1994년 ILC 국제형사재판소 설립규정 초안

냉전의 종식과 더불어 ICC에 대한 작업은 1989년 재개되었다.[21] 이 해 유엔총회는 ILC에 ICC 설치와 그 메커니즘을 연구할 것을 요구했다. ILC는 국제범죄의 실체법으로서 국제형법 법전 초안 작성과 함께 ICC 설립 규정의 초안 작업에 들어갔다. 1992년 44차 회의에서 ICC를 연구할 실무그룹(working group)을 만들었으며 이 실무그룹은 그 후 ICC 설립규정 초안을 위한 보고서를 작성했고,[22] 이것은

20) Statute for the ICTR, Arts. 1, 7.

21) 이 해 트리니다드토바고(Trinidad and Tobago) 대표는 유엔총회에서 점증하는 국제적 마약거래(international drug trafficking)의 방지를 위해 국제사법기구를 만들 필요가 있다며 ICC에 관한 규정(statute)을 만들기 위한 노력을 경주할 것을 호소했다.

22) *Report of the International Law Commission on the work of its 45th session 2 May-July*, 1994, U.N. GAOR, 48th Sess., Supp. No. 10, pp. 255~335; U.N. Doc. A/48/10, Annex(1993), reprinted in *Transnat'l L. & Contemp. Probs.*, Vol. 7, pp. 219~249.

ILC에 1994년 확정되었다.[23] ILC는 같은 해 유엔총회에 ILC의 초안을 제출했으며 국제회의에서 조약 형태의 ICC 설립규정을 채택할 것을 권고했다.[24]

마. 로마규정의 성립과 ICC 탄생

그 후 유엔총회는 ILC의 초안을 검토하기 위한 임시위원회를 설치했다. 동 위원회는 1995년 4월과 8월에 만났고 거기에서는 위 초안에 대한 철저한 검토가 이루어졌다. 이 활동은 총회의 제6위원회(법률)에 의하여 승인되었고 총회는 이를 뒷받침하기 위해 준비위원회를 설치했다. 동 위원회의 목적은 향후 열릴 외교회의를 위한 초안 작성이었다. 1996년 12월 유엔총회는 위 준비위원회의 목적을 재확인하고 외교회의를 1998년에 열 것을 만장일치로 결의했다. 준비위원회는 그 후 6번에 걸친 회의를 열었고 최종 회의는 1998년 3월 16일에 있었다. 준비위원회의 작업은 주로 1994년 ILC의 초안에 기초를 두고 이루어졌다. 드디어 1998년 6월 15일~7월 17일에 로마에서는 국제상설형사재판소의 최종안을 만들기 위한 외교회의가 열렸고 마침내 조약 형태의 로마규정(Rome Statute)[25]이 채택되었다.

로마규정은 60개국이 비준함으로써 발효되었는데, 창립 기념행사가 있던 2002년 4월 11일 비준국은 66개국이 되었다. 10개국이 마지막 날 비준서를 제출함으로써 60번째 국가의 영예는 어떤 나라에게도 돌아가지 않았다. 로마규정에 따라 ICC의 법적 창립은 2002년 7월 1일이었고, 이날 이후 발생한 범죄에 대해 기소할 수 있게 되었다. 18명의 초대 재판관들은 당사국 총회에 의해 2003년 2월 선출되었다. 그들은 동년 3월 11일 ICC의 창립 회기에 맞추어 선서를 했다. ICC는 2005년 7월 8일 첫 번째 체포영장을 발부했고 2006년에 들어와 첫 번째 예비심문 절차를 진행했다. 2023년 현재 로마규정을 비준한 국가는 총 123개국에 이른다.

---

23) 이 최종판은 대체로 1951년 및 1953년에 만들어진 ICC에 관한 초안에 기초했다고 한다. James Crawford, "The ILC's Draft Statute for an International Criminal Tribunal," *Am. J. Int'l L.*, Vol. 88(1994), pp. 140~141.

24) *Report of the International Law Commission of the Work of its 46th session*, U.N. GAOR, 49th Sess., Supp. No.10, U.N. Doc. A/49/10(1994).

25) Rome Statute of the International Criminal Court, A/CONF.183/9(17 July, 1998).

II. ILC 초안과 로마규정에 대한 비판적 고찰

1. 쟁점 판단을 위한 고려사항

우리가 ICC의 설립과 관련된 논의를 평가할 때 당연히 생각나는 것은 무엇을 기준으로 그것을 평가하느냐일 것이다. 이에 대해 국제형사법의 권위자인 바시우니[26] 교수는 적절한 해답을 준다. 그는 ICC의 설립의 장애요인을 설명하면서 정치적·실무적·법기술적 차원에서 그것을 설명한다. 필자는 이 장애요인을 거꾸로 뒤집으면 바로 향후 ICC 문제를 논의함에 있어 그 현실성을 진단하는 잣대(혹은 고려요인)가 될 수 있으리라 생각한다. 필자의 분석으로는 위의 세 가지 요인 중 실무적 요인과 법기술적 요인은 상호 중첩되는 것이 많다고 생각되므로 그것들을 하나의 잣대로 취급하기로 한다. 이렇게 볼 때 ILC 초안은 우선 국제정치적인 잣대로 그 타당성을 검토해 볼 수 있을 것이며 다른 하나는 법기술적 혹은 실무적 관점에서 그것의 현실성 혹은 ICC의 효율성을 평가해 볼 수 있을 것이다. 이 중에서 정치적 측면이 더 중요한 것은 불문가지이다.[27]

정치적 요인을 고려해야 하는 것은 아직도 주권이론이 국제질서의 근간을 이루고 있기 때문이다. 많은 나라들은 주권론을 내세우며 혹은 헌법상의 제한을 내세우며, 더 나아가 만일 형사재판권을 잃었을 경우 돌아올 재앙[28]을 예상하면서 형사사법

26) 국제형사법(International Criminal Law) 분야에서 바시우니(M. Cherif Bassiouni) 교수는 빼놓을 수 없는 권위자 중의 한 사람이다. 그는 지난 30년간 이 분야에 관여하면서 수많은 학문적·실무적 활동을 해왔다. 특히 그는 일찍이 ICC에 관한 자신의 독자적 아이디어를 내놓았고 그것은 이 분야를 연구하는 이들의 지침서 역할을 해왔다. 특히 UN에서 95년 ICC의 연구를 위해 임시위원회(ad hoc Committee)를 만들었을 때 부위원장(vice-chair)으로 일했고, 뒤이어 준비위원회가 만들어졌을 때도 여전히 부위원장으로 일하면서 초안 작성 작업에서 탁월한 역량을 발휘했다.

27) M. Cherif Bassiouni, "The time has come for an International Criminal Court," *Ind. Int'l & Comp. L.* Rev., Vol. 1(1999), p. 11.

28) 예컨대 수많은 인권을 침해한 독재자를 생각하라. 만일 ICC가 만들어지는 경우 그것이 자신의 죄과를 물을지 모르는데 그가 어떻게 ICC의 설치를 찬성할 것인가?

권의 국제사법기관에의 양여를 두려워한다.[29] 따라서 이 요인은 ICC의 설치에 현실적 한계로서 작용한다. 그뿐만 아니라 국제정치는 좋든 싫든 강대국의 각축장이다. 그것은 유엔 안보리 상임이사국들 간의 이해관계에 의하여 좌우되는 것이 현실이다. 만일 어느 상임이사국이 자신의 이해와 상충되기 때문에 ICC의 설치를 반대하거나 기본적으로는 찬성하더라도 그 운용방법에 결정적인 이견을 가지고 있다면 ICC의 앞날은 기대하기 힘들다. 위와 같은 정치적 요인은 ICC를 논의하기 위한 준비과정에서 대개 두 가지의 중요한 이슈를 제기했다. ① 어떻게 하면 주권이론과 조화를 이루며(달리 말하면 어떻게 하면 국내의 사법권능과 조화를 이루며) ICC를 설치할 수 있을 것인가?(ICC를 국내 사법절차의 보충적인 제도로 보는 데는 대체로 인식을 같이하지만 그 정도에서는 국가 간에 상당한 차이가 있다) ② 유엔 안보리와 ICC의 관계는 어떻게 설정하는 것이 좋은가?(안보리에 종속시킬 것인가 아니면 독립적인 기관으로 만들 것인가)

둘째로 실무적 관점 혹은 법기술적 관점에서도 평가는 이루어져야 한다. 비록 ICC에 대한 대의는 찬성하더라도 그 운영방법에 대해서는 상당한 이견이 있을 수 있다. 어떤 방법을 택하느냐에 따라 향후 동 법원의 기능과 권한은 달라질 수 있다. 이것은 무엇보다 세계의 법체계가 같지 않기 때문에 나오는 필연적인 제한이다. 세계의 법체계를 크게 영미법계와 대륙법계로 나눈다고 해도 과연 ICC에서 어떤 법체계를 채택해야 할지는 그 운용과 관계하여 지대한 관심사이다. 이외에도 준비과정에서 나타난 문제로는 다음과 같은 문제가 거론된다.[30] ① 법원은 어디에 소재해야 하는가? ② 법원이 심판할 사건은 어떻게 개시되어야 하는가?(누가 첫 방아쇠를 당겨야 하는가) ③ 어떻게 피의자, 피고인의 신병을 확보할 것인가? ④ 어떻게 법원을 구성하는 재판관을 선출할 것인가? 등등. 그러나 이들 문제는 ②의 문제[31]를 제외하고는 위의 정치적 고려 요인보다는 훨씬 쉬운 문제로 취급되

29) M. Cherif Bassiouni, "The need for an International Criminal Court in the new International world order," *Vand. J. Transnat'l L.*(1992), p. 161.

30) Ibid.

31) 사실 이 문제는 간단한 법기술적 문제는 아니다. 후술하는 바와 같이 ICC의 검사에게 수사개시권을 주느냐의 문제가 바로 이 문제의 핵심인데 이것은 다분히 국제정치적인 요소가 더 강한 중

고 있다. 이에 관한 연구는 이미 국제연맹 시절부터 축적되어 있어 방대한 자료가 존재하고, 특히 제2차 세계대전 이후 네 차례의 임시 재판소가 있었기 때문에 그 운용방법에 대해서는 상당한 노하우가 축적되어 있기 때문이다.

2. ICC 설립 방식

ILC 초안은 ICC의 설립을 다자조약에 의해 만들 것을 전제하고 만들어졌고 이에 따라 로마규정도 다자조약의 형태로 만들어졌다. 그렇지만 ILC 초안 및 로마규정 제2조는 ICC가 어떤 형태로든지 유엔과 적절하게 연결될 것을 예정하고 있다. 다만 이 조문은 확정적인 형태로 만들어지지 않고 여러 가지의 가능성을 전제하고 있다.[32] 따라서 ICC와 유엔의 관계는 동 법원이 설치된 이후 양 기관이 어떠한 협의를 하느냐에 따라 달라질 수밖에 없다. 원래 ICC의 설립 과정에서 상정해 볼 수 있는 ICC와 유엔의 관계는 대략 다음과 같은 것들이었다.[33]

우선 ICC가 유엔의 주요 기구, 예컨대 국제사법재판소(International Court of Justice)와 같은 지위를 얻는다는 것이다. 이를 위해서는 향후 유엔헌장이 개정되어야 한다. 두 번째 가능성은 유엔의 보조기구(secondary organ), 예컨대 국제아동기금(UNICEF)과 같은 지위를 얻는 것이다. 이를 위해서는 별도의 헌장개정은 필요 없다. 셋째는 ICC가 유엔과 조직상은 별개지만 양기구의 협정에 의해 특별한 관련성을 맺는 것이다. 마지막으로 유엔과 조직상 별개로 만들되 그 관련성은 유엔의 주요 기구(예컨대 안보리)의 결의에 의해 결정하는 것이다. 많은 전문가들은 현재의 로마규정 제2조의 취지를 ICC가 국제사법재판소와 같은 유엔의 주요 기구가 되어야 한다는 측과 이러한 접근방법은 비실용적이고 바람직하지 않다는 측의 타협안으

대 문제로 인식되고 있다.

32) Statute Draft Art. 2는 다음과 같이 되어 있다. "The President, with the approval of the States parties to this Statute, may conclude an agreement establishing an appropriate relationship between the Court and the United Nations." Rome Statute의 Art. 2도 내용은 이것과 같다.

33) Bradley E. Berg, "The 1994 I.L.C. Draft for an international criminal court: A principled appraisal of jurisdictional structure," *Case W. Res. J. Int'l L.*, Vol. 28, Part III C.

로 해석한다.[34] 원래 ICC를 안보리의 결의를 통해 유엔의 부속기구로 만든다는 안이 있었고 이 안은 그 나름대로의 정당성을 가지고 있는 것이었다. 이는 ICC를 다자조약에 의해 유엔과 일단 별개의 조직을 만드는 것은 너무나 많은 시간이 소요되고 적정 수의 나라들이 회원국으로 참여하지 않으면 그 실효성이 담보되지 않기 때문에 안보리와 같은 유엔 기구의 구속력 있는 결의에 의해 조직을 만드는 것이 능률적이라는 것이다.

그러나 이 방법은 ICC를 너무 국제정치에 노출시키는 계기가 되며, 특히 안보리 상임이사국의 절대적 영향을 ICC가 받게 되는 결과를 초래하게 되어 결국 절대다수의 국가들로부터 ICC의 권위를 인정받지 못하게 되는 상황을 만들 수 있다. 나아가 이의 법적 근거인 유엔헌장 제7장이 과연 장래의 평화에 대한 위협도 포함하는지는 지극히 논란의 대상이 되었다.[35]

위와 같은 논의 속에서 ICC를 유엔에서 분리하되 긴밀한 관련성을 갖도록 하는 다자조약을 만들자는 접근방법이 국제사회의 주류적 접근방법이 되었다. 무엇보다 이 방법은 유엔의 결의(특히 안보리결의)에 의한 방법보다 국제사회의 협력을 얻어내는 데 좋다. 안보리 결의는 아직도 국가주권의 중요성을 인정하는 대다수의 국가들에게는 주권의 침해로 받아들이기 쉽다. 다른 한편 유엔과의 긴밀한 관련성,

34) Ibid. p. 689.

35) Amnesty International, The International Criminal Court: making the right choice-Part I(AI Index: IOR 40/01/97), VIII, C, http://www.amnesty.it/eventi/ icc/docs/ choices8.htm. 이 문제는 구(舊)유고슬라비아 국제형사재판소(Former Yugoslavia Tribunal)의 타디찌(Dusko Tadic) 사건에서 상세히 취급되었다. 피고인 측은 안보리의 결의에 의하여 만들어진 동 Tribunal이 헌장상의 근거가 없는 것이라 주장했다. 그 주장을 구체적으로 보면 다음과 같다. ① 그 같은 Tribunal은 그것이 만들어지기 전에는 전혀 예상할 수 없었던 것이다. ② 국제사회를 대표하는 유엔총회는 그 설립에 전혀 관여하지 못했다. ③ 헌장 Chapter VII상 안보리가 사법기구, 국제형사재판소를 만든다는 것은 전혀 예상되지 않았다. ④ 안보리의 동 Tribunal 설치를 위한 결의는 유사한 국제인도법위반사건에서 그러한 조치를 취하지 않은 것을 고려하면 일관성이 없다. …… 정치적 기구인 안보리가 독립적이고 공정한 사법기구를 설치한다는 것은 불가능하다. The Prosecutor of the Tribunal v. Dusko Tadic, Decision on the Defence Motion on Jurisdiction(10 Aug., 1995), the International Criminal Tribunal for the Former Yugoslavia, revised and affirmed in part by the Appeals Chamber(2 Oct., 1995).

특히 안보리와의 협력은 재판소의 실효성을 담보하는 거의 유일한 방법이다. 만일 안보리의 도움이 없다면 사실상 재판소의 명령이나 결정은 무시되기 쉽다. 유엔과의 긴밀한 관련성은 동 재판소의 보편성과 권위 그리고 집행성을 보장하는 것이다.[36)]

이상과 같은 이유로 조직상 유엔과 분리된 ICC가 만들어졌으며 로마규정은 ICC와 유엔과의 적절한 관계를 특별협정의 형식으로 하도록 했다. 이에 따라 ICC와 유엔은 ICC가 설립된 이후인 2004년 그 양자의 관계를 독립적인 관계로 설정하되 조직적 관계에서 긴밀하게 협력할 것을 내용으로 하는 협정을 체결했다.

3. 관할권

이 문제와 관련해서는 2개의 이슈가 주로 논의되었다. ① 어떠한 범죄가 동 법원의 관할이 될 것인가: 사건 관할(subject matter jurisdiction), ② 위의 관할사건을 어떻게 실행할 것인가? ②의 문제는 ICC가 설립된 후 현실적으로 ICC가 사건을 담당할 경우에 관련 회원국의 별도의 동의가 필요한지의 문제로 다루어졌다. 별도의 동의가 없이 재판소가 사건을 개시하는 경우를 자동관할 혹은 본래적 관할(automatic jurisdiction 혹은 inherent jurisdiction)이라 부르며 반대의 경우를 동의관할(consensual jurisdiction)이라 부른다.[37)]

---

36) *Report of the Ad Hoc committee on the Establishment of an International Criminal Court*, U.N. GAOR, 50th Sess. Supp. No.22, U.N. Doc. A/50/22(1995), p. 3.

37) 바시우니 교수는 국제형사법원의 관할을 설명하면서 전속관할(exclusive jurisdiction)이라는 개념을 사용한다. 그러나 필자는 이러한 용어가 적확한 용어가 될지에 의문을 품는다. 왜냐하면 국내재판제도가 존속하는 한 국제재판의 관할이 전속(exclusive)적인 관할이 된다는 것은 상상하기 힘들기 때문이다. 아무리 국제법원의 권한이 강하더라도 동 법원이 그 관할권을 개시하기 전까지는 국내법원이 그 사건을 담당할 수 있다. 이러한 면에서 국제형사법원의 관할은 본질적으로 동시관할(concurrent jurisdiction)이다. 그러므로 전속관할이 국제형사법원의 관할 내에 속한 범죄에 대해서는 당사국의 의사와 관계없이 동 법원의 심사 대상이 된다는 것을 의미하는 것으로 사용된다면 그것은 자동관할(automatic jurisdiction)이나 본래적 관할(inherent jurisdiction)이라고 불리는 것이 타당하다. 아마도 그 상대적 개념은 동의관할(consensual jurisdiction)

가. ICC 관할 범죄

(1) 주권과 관할

국제법원을 설립한다는 아이디어는 근본적으로 고전적인 주권개념을 상당히 수정하는 것이나 마찬가지이다. 주권개념은 근대 국제법이 성립한 이래 가장 근본적인 국가의 권리로 인정되어 왔기 때문에 ICC의 설립과 운영을 논의함에 있어서는 이 문제를 합리적으로 정리할 것을 요구한다. 이 문제는 기본적으로 ICC의 관할권의 범위와 관련되어 있다. ICC가 어느 정도의 사건을 그 관할권하에 두느냐는 어떤 나라가 얼마나 주권을 ICC에 양도하느냐의 문제이다. 아직도 많은 나라들은 앞에서 본 대로 주권을 핑계 삼거나 헌법질서를 핑계 삼으며 형사관할권의 상실을 극도로 염려한다.

그러나 절대주권론은 더 이상 현대사회에서 인정되지 않는다. 주권은 모든 국민에게 속한 것이지 그 국민의 인권을 탄압하는 소수의 독재자를 위하여 존재하는 것은 아니다. 이러한 면에서 현대의 주권론을 민중주권론(popular sovereignty)으로 정의하는 것은 극히 타당하다. 따라서 어떤 사회에서 극악한 인권침해가 일어났을 경우 그 국가가 그 책임자를 처벌할 수 없는 경우 국제사회가 (국제재판을 통해) 개입하는 것은 결코 주권침해로 해석될 수 없을 것이다. 또한 국제형사재판이 외국인에 의해 범해지는 국내범죄를 어떤 나라가 현실적으로 재판할 수 없는 경우(예컨대 거대한 국제범죄조직에 적극적으로 대응하지 못하는 일부의 나라를 생각하라)에 이에 대응하는 체제로 이용된다면 오히려 그 나라의 주권을 보호하는 제도로 볼 수도 있을 것이다.

그럼에도 불구하고 주권이론은 아직도 ICC의 운영에서 극복해야 할 가장 어려운 문제 중 하나이다. 그래서 이 문제를 하나의 중요한 고려요인으로 인정하면서 ICC의 관할문제를 생각하면 주권 고려의 강도에 따라 ICC의 관할권은 논리적으로 다음과 같이 분류할 수 있을 것이다.

이 될 것이다.

① 최소관할권(minimum jurisdiction): 이것은 ICC가 당사국이 그 개개 범죄의 관할권에 대하여 동의하는 경우에만 관할권을 갖게 되는 경우이다. 즉, ICC가 사건을 관할하기 위해서는 당사국의 로마규정 가입과 개개 사건에서의 관할에 관한 동의가 필요하다는 것이다. 이것은 국제사법재판소의 관할권과 유사하다.

② 중간관할권(medium jurisdiction): 이것은 ICC가 어떤 범죄에 대해서는 자동관할권을, 또 어떤 범죄에 대해서는 동의관할권을 갖게 되는 경우이다. 즉, ICC는 특정 사건에서는 당사국이 로마규정에 가입한 것에 의하여 바로 관할권을 행사할 수 있고, 다른 범죄에 대해서는 당사국의 추가적인 관할권 동의가 필요하다는 것이다.

③ 최대관할권(maximum jurisdiction): 이것은 ICC가 그 관할권에 속하는 모든 범죄에 대하여 자동관할권을 갖게 되는 경우이다. 즉, ICC의 관할권 행사는 당사국의 로마규정 가입으로 족하고, 추가적인 동의는 불필요하다는 것이다.

(2) ILC 초안과 로마규정상의 사건관할의 문제

간단히 말하면, 이 이슈는 과연 어떤 범죄들이 ICC에 의해 다루어질 것인가에 대한 문제이다. 이것은 반드시 ICC가 현실적으로 다루는 범죄와 일치하지는 않는다. 왜냐하면 어떤 범죄가 ICC의 관할이 된다 해도 현실적으로는 당사국의 동의가 필요한지 여부가 또 다른 이슈로 제기되어 왔기 때문이다. ILC 초안 제20조는 ICC가 다룰 범죄의 리스트를 열거하고 있다. 집단살해(genocide), 침략행위(aggression), 무력충돌에서의 심각한 국제법 또는 관습법 위반(serious violations of the laws and customs applicable in armed conflict), 인도에 반한 죄(crimes against humanity), 초안 부록에 첨부된 국제조약상에 열거된 범죄.[38]

ILC 초안상의 사건관할의 초점은 과연 초안이 ICC에서 다루어야 할 범죄를 적절하게 규정하고 있느냐에 있었다. 여기에는 두 개의 대립되는 견해가 있었다.

첫 번째 입장은 가급적 ICC의 관할을 최소화하자는 것이었다. 이 견해는 몇 가지 중대한 범죄, 즉 국제사회가 전반적으로 인정하는 핵심범죄(core crimes)에

38) 이들 조약 범죄는 1949년 제네바협약 및 부속의정서, 고문방지협약과 국제 테러관련 조약 범죄, 마약 거래 등에 관한 조약 범죄 등이 그것이다.

관할을 국한시키자고 한다. 여기에서 핵심범죄란 집단살해, 전쟁범죄, 인도에 반한 죄 및 침략행위 등[39]을 말한다. 또한 이 견해는 핵심범죄의 개념을 초안과 같이 그 명칭을 단지 열거하는 수준이 되어서는 안 된다고 하면서 그 개념을 죄형법정주의의 원칙에 맞게 자세하고도 명확하게 규정해야 한다고 한다. 이 입장은 미국 정부에 의해 지지되었고 몇 개의 저명한 NGO들이 지원했다.[40] 준비위원회(Preparatory Committee)의 다수견해 또한 이 입장에 기울어졌었다.[41] 이 입장은 다음과 같은 장점이 있다.[42]

① 관할권을 제한하는 것은 ICC의 설치 조기에 많은 나라들로부터 참여를 유도할 수 있고 ICC의 도덕적 권위와 신뢰성을 강화할 것이다.
② ICC에 과다한 사건이 폭주하는 것을 막을 수 있을 것이다.
③ ICC 설립과정에서 예상되는 ICC의 기능과 역할에 관한 수많은 이슈들을 단순화시켜 ICC 설립의 시간을 단축시킬 것이다.

따라서 이 견해는 초안상에 나타나 있는 ICC 관할 범죄(사건관할)는 너무나 넓다고 비판했다.

이에 반해 몇몇의 인권NGO는 이러한 접근방법을 비판하면서 오히려 ILC 초안상의 ICC의 사건관할은 너무 제한적이라고 주장했다. 대표적으로 국제사면위원회(Amnesty International: AI)는 초안이 좀 더 광범위하고 포괄적이어야 함을 지적했다.[43] 그러나 AI의 입장을 세심히 분석해 보면 그 입장이 위의 첫 번째 입장과 확

---

39) LCHR은 종래 핵심범죄 중의 하나로 취급받은 침략전쟁(Aggression)을 그 리스트에서 배제한다. 이유인즉, 현재까지 침략전쟁은 개인에게 형사책임을 부과할 목적에 걸맞은 명확한 개념을 가지고 있지 않다는 것이다.

40) 대표적인 NGO 중 하나가 Lawyer Committee for Human Rights(LCHR)이다. LCHR, "Why an International Criminal Court is Necessary," *Establishing an International Criminal Court: Major Unresolved Issues in the Draft Statute*, Vol. 1, No. 1, 'III. subject matter jurisdiction.'

41) Ibid.

42) Ibid.

연히 다른 것은 아님을 알 수 있다. 단지 AI가 인도에 반한 죄의 범위를 상당히 광범위하게 본다는 데에 약간의 차이가 있을 뿐 오히려 공통점이 더 많이 발견된다. 즉, 핵심범죄는 반드시 ICC의 관할대상이 되어야 하며 그것의 개념은 명확히 설립규정상에서 표현되어야 한다는 것 등이 바로 그것이었다.[44]

위와 같은 논의 중에서 로마규정은 대체로 위의 첫 번째 입장에서 사건관할을 정리했다. 즉, 로마규정 제5조는 ICC의 관할 범죄를 열거하고 있는데 그것은 위의 소위 핵심범죄에 한하고 있다. 집단살해, 인도에 반한 죄, 전쟁범죄 및 침략행위. 그리고 로마규정은 위의 첫 번째 입장에 따라 제6조 내지 제8조에 위의 범죄들에 대해 개별적으로 그 개념을 정하고 있어 죄형법정주의에 충실하려는 노력을 엿볼 수 있다.

이제까지의 사건관할과 관련하여 관심을 모아온 것 중의 하나는 인도에 반한 죄(crimes against humanity)였다. ① 무슨 범죄들이 이 개념 안에 포섭될 것인가? ② 어떻게 그것들의 개념은 정의되어야 할 것인가? 다른 핵심범죄(전쟁범죄 혹은 집단살해)는 이미 국제조약에 의하여 정의되어 있으나[45] 인도에 반한 죄는 지금까

---

43) Amnesty International, *The International Criminal Court: making the right choice-Part I*(AI Index: IOR 40/01/97), p. 11.

44) Ibid. p. 12.

45) 집단살해의 경우 1948년 집단살해방지협약이 그 개념을 제공한다. 동 협약 제2조에 의하면 집단살해는 다음과 같이 정의되어 있다. "전체적이건 혹은 일부분이건 어떤 민족, 인종 혹은 종교집단을 말살할 의도를 가지고 자행되는 다음의 범죄: (1) 그런 그룹에 속한 구성원을 살해하는 것, (2) 그런 그룹에 속하는 구성원에게 신체적 혹은 정신적 장해를 일으키는 것, (3) 그런 그룹의 전체적 혹은 부분적인 육체적 파멸을 의도하면서 생존조건을 악화시키는 것, (4) 그런 그룹의 생산을 막기 위해 의도된 행위, (5) 아동을 강제적으로 다른 그룹으로 옮기는 행위."
한편 ILC 초안상 "무력충돌에서 적용되는 법률과 관습의 심각한 위반"으로 표현된 전쟁범죄는 1899년 및 1907년의 헤이그조약과 관습법 및 1949년의 제네바조약 및 그 부속의정서에서 표현된 "심대한 위반(grave breaches)"을 포함한다. 전쟁범죄와 관련하여 문제되는 것은 ICC의 관할이 국제적인 무력충돌이 아닌 국내적인 무력충돌에도 미쳐야 하느냐이다. 이와 관련하여 1995년 ICTY 항소부는 다음과 같이 판시했다. "전쟁범죄는 그것이 국내적이건 국제적인 무력충돌이것 상관없이 개인적인 형사책임을 물을 수 있다." *The Prosecutor vs. Dusko Tadic a/k/a/"Dule"* Case No. IT- 94-1-AR72, 137.

지 조약과 같은 성문의 국제법에 의하여 정의되어 있지 않기 때문이다. 따라서 인도에 반한 죄는 ICC의 설립규정에 정교하게 그 개념이 정의될 필요가 있다는 것이다. 그 개념을 정의함에 있어서는 그간의 임시 재판소(뉘른베르크, 동경, 유고슬라비아, 르완다)의 경험[46]과 국제형사법의 성문화 노력[47]이 좋은 자료를 제공해 주었다. 그동안의 국제사회가 논의한 것을 바탕으로 일반적으로 말한다면 인도에 반한 죄는 매우 중대한 범죄, 이를테면 고의적인 살인, 고문, 강간, 민간인을 대상으로 한 광범위하고 조직적인 공격과 민족적·정치적·인종적·종교적 이유로 자행되는 광범위하고도 조직적인 박해 등이 그에 포함되는 개념들이다.[48] 종래 개념상 문제된 것은 위의 범죄가 무력충돌(예컨대 전시상황)이 있는 경우에만 적용되느냐 하는 것이었으나 최소한 준비위원회의 다수견해는 위의 범죄와 무력충돌과의 관련성은 필요 없다는 것이었다. 로마규정은 이러한 논의를 그대로 반영하여 제7조에 다음과 같은 규정을 두고 있다.

---

46) 인도에 반한 죄는 뉘른베르크 국제전범재판소에서 처음으로 그 개념이 도입되었다. 뉘른베르크 재판소 헌장(Charter of the Nuremberg Tribunal)의 제6조는 다음과 같이 그 개념을 정의한다. "이름하여, 전쟁 전후를 불문하고 민간인에 대하여 저질러지는 살인, 절멸(extermination), 노예화(enslavement), 추방 및 기타 비인도적인 행위 그리고 범행이 자행된 곳의 법률위반과 관계없이 재판소 관할 내에서 일어난 정치적·인종적·종교적인 이유로 자행된 박해(persecution)." 이에 대해서 자세히 알아보고자 한다면 당시의 대표적 판결 하나를 보는 것이 좋다. *In re Goering and others*(Oct. 1, 1946), International Law Report 203. 한편 ICTY는 그 설립규정 제5조에서 뉘른베르크 전범재판소의 인도에 반한 죄의 내용을 좀 더 넓혀놓았다. "ICTY는 무력충돌(국내적 혹은 국내적 성격을 불문)이 있고 다음의 범죄가 직접적으로 민간인을 대상으로 이루어졌다면 이에 책임 있는 자를 처벌할 권한이 있다. 살인, 절멸, 노예화, 추방, 구금, 고문, 강간, 정치적·인종적·종교적 이유로 자행된 박해, 및 기타 비인도적 행위." *Report of the Secretary-General Pursuant to Paragraph 2 of Security Council Resolution 808*(1993), U.N. Doc. S/25754(3 May, 1993).

47) 1996년에 ILC는 국제형사법의 실체법이라고 할 수 있는 20개의 조문으로 된 인류의 평화 및 안전에 반하는 범죄 법전 초안(Code of Crimes Against the Peace and Security of Mankind)을 완성했다. *Report of the International Law Commission*, U.N. GAOR, 51st Sess., Supp. No. 10, U.N. doc. A/51/10.

48) 1998 ABA Recommendation(2 Feb., 1998). 〈gopher://gopher.apc.org:70/00org/icc/ngodocs/abareport.298〉, "Core Crimes" 부분 참고.

이 규정의 인도에 반한 죄라 함은 민간인 주민에 대한 광범위하거나 체계적인 공격의 일부로서 그 공격에 대한 인식을 가지고 범하여진 다음의 행위를 말한다. (가) 살해, (나) 절멸, (다) 노예화, (라) 주민의 추방 또는 강제이주, (마) 국제법의 근본원칙을 위반한 구금 또는 신체적 자유의 다른 심각한 박탈, (바) 고문, (사) 강간, 성적 노예화, 강제매춘, 강제임신, 강제불임 또는 이에 상당하는 기타 중대한 성폭력, (아) 이 항에 규정된 어떠한 행위나 재판소 관할 범죄와 관련하여 정치적·인종적·국민적·민족적·문화적·종교적 사유, 제3항에 정의된 성별 또는 국제법상 허용되지 않는 것으로 보편적으로 인정되는 다른 사유에 근거하여 어떠한 동일시될 수 있는 집단이나 집합체에 대한 박해, (자) 사람들의 강제실종, (차) 인종차별범죄, (카) 신체 또는 정신적 육체적 건강에 대하여 중대한 고통이나 심각한 피해를 고의적으로 야기하는 유사한 성격의 다른 비인도적 행위.

생각건대 ICC 관할권은 주권과 ICC의 관할과의 관계를 고려한 위의 세 가지 관할원칙 중에서 중간관할권이 바람직하고 현실적이라고 본다. 왜냐하면 이것은 주권원칙의 장단점을 어느 정도 전부 고려하기 때문이다. 이러한 접근방법하에서는 ICC가 두 가지 형태의 사건관할을 가질 수 있을 것이다. ① 자동관할권을 바탕으로 하는 핵심범죄, ② 동의관할권을 전제로 하는 국제조약상의 범죄. 따라서 이 문제는 후술하는 ICC의 자동관할권과 깊은 관련을 맺는다. 자동관할권은 효율적인 사법기관을 위해서는 불가피한 장치이다. 그러나 이것은 국가의 주권(사법권)을 본질적으로 제한하는 것이므로 그 범죄유형을 광범위하게 할 수는 없다. 이러한 입장에서 보았을 때 로마규정이 채택한 사건관할은(비록 사건관할에 있어 침략행위를 넣은 것은 약간의 논란이 예상되지만) 대체로 만족스러운 접근방법이라고 할 것이다. 조약상의 국제범죄를 포함시키지 않은 것은 설립 시 관할과 관련된 불필요한 시간지연을 막기 위한 것으로서 향후 이것은 동의관할권의 대상으로 논의될 수 있을 것이다.

나. 자동관할권과 동의관할권

ICC가 어떻게 관할권을 행사할 것인가는 또 하나의 중요한 이슈였다. ILC 초안에 의하면 ICC는 오로지 집단살해에 대해서만 자동관할권을 행사할 수 있도록 되어 있었다. 즉, 집단살해방지협약과 ICC의 설립규정(Statute)에 가입하기만 하면 어떤 국가라도 집단살해에 대해서만큼은 해당국의 의사와 관계없이 ICC에 제소할 수 있다는 것이다. 그러나 다른 범죄에 대해서는 다음 해당 국가들의 별도의 동의가 전제되지 않으면 안 되었다.[49] ① 범죄 발생국, ② 범죄인 구금국, ③ 범죄인 국적국, ④ 피해자 국적국.

그러나 위의 4중 동의구조는 향후 ICC의 권한과 효율성을 결정적으로 약화시킬 것이라는 비판을 받아왔다.[50] 이 때문에 대부분의 NGO들은 최소한 핵심범죄(집단살해, 전쟁범죄 및 인도에 반한 죄)에 대해서는 당사국의 의사와 관계없이 ICC의 관할권(즉, 자동관할권)하에 두자고 주장해 왔다. 왜냐하면 이들 범죄 상호 간의 중대성을 구별한다는 것 자체가 어려운 것이고 이들 범죄들은 모두가 보편적 관할권(universal jurisdiction)의 대상으로서 종래 국제관습법상 설사 당사국이 아닌 국가라 할지라도 이들 범죄를 처벌할 수 있는 것으로 인정되어 왔기 때문이다. 그러나 미국의 입장은 집단살해와 그 이외의 범죄의 구별을 전제로 집단살해를 제외한 범죄에 대하여 자동관할권을 인정하는 것에 반대의 입장을 분명히 했다.[51]

로마규정은 이와 관련하여 ILC 초안의 동의관할권 원칙을 자동관할권 원칙으로 획기적으로 전환했다. 이것은 위에서 본 사건관할을 핵심범죄에 국한하는 대신 관할권의 행사는 해당 국가가 로마규정의 가입국이라면 추가의 동의를 요하지 않는 입장으로 정리한 것이다. 로마규정 제12조는 원칙적으로 어떤 국가가 로마규정에 가입하면 제5조에 정한 범죄에 대해 ICC가 관할권을 갖는 것으로 간주한다.[52]

---

49) Draft Statute, Art. 21, 1(b).

50) AI, *The International Criminal Court: making the right choice-Part I* (AI Index: IOR 40/01/97), pp. 12~13; LCHR, "Why an International Criminal Court is Necessary," *Establishing an International Criminal Court: Major Unresolved Issues in the Draft Statute*, Vol. 1, No. 1, "Exercise of Jurisdiction and Role of the Security Council"; 1998 ABA Recommendation(2 Feb., 1998), "Automatic Jurisdiction over the Crimes." 참고.

51) Statement by Jamison S. Borek, Deputy Legal Advisor, United State Department of State, U.S. U.N. Press Rel. No. 182, p. 3.

그러나 관련국이 당사국이 아닌 경우에 ICC가 관할권을 개시하기 위해서는 범죄가 발생한 국가 또는 범죄 혐의자의 국적국이 ICC의 관할권을 수락하지 않으면 안 된다.[53] 물론 여기에는 예외가 있다. 사건의 개시가 유엔헌장 제7장에 의한 안보리의 요청에 의한 것일 때는 해당 국가의 로마규정 가입 여부는 문제가 되지 않는다.[54]

다. ICC와 국내법원의 관계 – 보충성의 원칙

ILC 초안은 ICC가 국내의 형사사법체계와의 관계에서 보충적임을 강조한다. 그리고 이것은 로마규정에도 그대로 반영되었다. 이 원칙은 초안의 서문과 로마규정 서문에 명백히 표현되어 있다.[55] 따라서 ICC는 국내 사법절차를 배제하는 것을 목표하지 않는다. 국내 사법절차는 비록 ICC가 설치된다 해도 국제범죄의 처벌을 위한 제1차적인 장으로서의 기능을 다해야 한다는 것이다. 이 이슈는 미국과 같이 강력한 사법절차를 가지고 있는 나라들에게는 아주 중요한 문제이다. 왜냐하면 이들 나라들은 국제법원이 설치된다 해도 그것이 자신의 사법질서에 간섭하는 것을 결코 원하지 않기 때문이다. 그러므로 로마규정의 준비과정에서 주요한 관심사 중의 하나는 ILC 초안에서 말하는 "국내법원의 사법절차가 이용될 수 없고 비효과적인 경우"가 어떠한 상황인지를 정의하는 것이었다.[56]

어떠한 경우에 ICC의 관할 범죄가 국내법원의 관할을 벗어나 ICC의 현실적인 관할사항으로 인정될 것이며 그것을 결정하는 것은 누구여야만 하는가가 문제의

52) Rome Statute, Art. 12(1). 이러한 규정이 들어가는 데에는 한국 정부의 관할권 제안이 주효했다. 자세한 언급은 김영석, 『국제형사재판소강의』(법문사, 2003), pp. 106~108 참고.

53) Rome Statute, Art. 12(2).

54) 이에 대해서 ILC 초안은 제23조에서 명확히 규정하고 있는데 로마규정은 그 규정이 약간 모호하다. 그러나 ICC 준비과정에서 안보리에 의한 사건개시는 해당 국가의 로마규정 가입 여부와 관계없는 것으로 인식되어 왔다.

55) IIC 초안 서문의 다음 표현을 보라. "Emphasizing further that such a court is intended to be complementary to national criminal justice systems in cases where such trial procedures may not be available or may be ineffective ……." 그리고 로마규정 서문 중 "…… It(Court) …… hall be complementary to national criminal jurisdictions"라는 표현을 보라.

56) 1998 ABA Recommendation(2 Feb., 1998), "Complementarity" 부분 참고.

핵심이었다. ILC 초안에 의하면 ICC의 관할적합성 여부는 ICC에 의하여 결정되도록 되어 있었다. 즉, 초안 제35조는 ICC가 다음과 같은 경우에는 제소된 사건이 ICC의 관할사항이 아님을 결정할 수 있다. ① 해당 사건이 당사국에 의해 적절히 수사가 이루어졌고 불기소결정에 특별한 문제가 없을 경우, ② 해당 사건이 현재 당사국에 의해 수사가 이루어지고 있고 지금 당장 ICC가 관여할 특별한 이유가 없는 경우, ③ 해당 사건이 ICC의 추가적인 조치를 취할 정도의 중대성이 없는 경우.

한편 ILC 초안은 일정한 경우 국내법원의 절차를 ICC의 절차를 회피하기 위한 위장 재판(sham trial)으로 규정하고 국내재판절차를 부정할 수 있는 장치를 마련하고 있었다. 즉, 초안 제42조 제2항(non bis in idem, 일사부재리 조항)은 다음과 같은 경우에 국내법원의 재판절차를 부정한다. ① 해당 재판이 단지 문제된 범죄를 ICC의 관할 범죄로 취급하지 않고 일반 범죄로 취급하여 재판한 경우, ② 그 절차가 불공정하거나 독립적이지 못했을 경우, ③ 그 재판이 오로지 국제형사책임을 면하기 위한 방패역할을 하기 위한 것일 경우나 그 기소가 진실되지 못할 경우. 이러한 보충성의 원칙(complementarity principle)에 대한 ILC 초안의 규정들은 로마규정 제17조 및 제20조 제3항에서 반영되었다. 여기에서는 국내 사법제도가 해당 범죄에 대하여 수사와 기소를 일부러 피하거나(unwillingness) 그것들을 할 수 있는 능력이 없는 경우(inability)가 아닌 경우는 원칙적으로 국내 사법제도에 우선권이 있음을 규정하고 있다.

4. 사건개시 메커니즘

이 문제는 ICC의 관할사건을 누가, 어떻게 ICC의 현실적인 관할사건으로 만드느냐의 문제이다. ILC 초안에 의하면 오로지 설립규정의 당사국과 유엔의 안보리만이 사건을 개시할 수 있는 권능[57]이 부여되어 있었다.[58] 그래서 로마규정의 논의과정에서 당사국과 안보리[59]가 사건개시의 권능을 갖는다는 데에는 특별한 이론이

57) 여기에서 사건을 개시할 권능이란 ICC의 검사가 수사에 착수할 수 있도록 하는 것을 말한다.

58) Draft Statute, Art. 25.

없었다.

그러나 대부분의 NGO들은 사건개시 메커니즘이 이보다는 확대되어야 함을 지적했다. 이와 관련하여 문제의 초점은 ICC의 검사와 사건 피해자인 개인, 나아가서는 피해자의 친척이나 NGO에게 위와 같은 사건개시 권한을 주어야 할 것인가였다. 몇몇의 주요한 NGO(미국변호사협회를 포함하여)들은 ICC의 검사에게는 국내의 검사의 권한과 같이 직무의 당연한 권한으로서 당연히 수사개시권을 주어야 한다고 주장했다.[60] 그들은 독립적인 검사가 심각한 국제범죄를 처벌하고 방지하기 위한 ICC의 효율성을 강화하는 데 필수적임을 강조했다. 개인에게 사건개시권을 주어야 한다는 제안은 소수의 견해이었지만 사건개시권까지는 주지 않더라도 개인이 ICC의 검사에게 수사개시를 위한 정보를 제공할 수 있도록 해야 한다는 데에는 광범위한 지지가 있었다.

이 문제와 관련된 미국 정부의 입장은 확고한 불가 입장이었다. 즉, 미국은 ICC의 현실적인 운용은 해당 국가나 안보리가 사건개시를 ICC에 신청했을 경우에만 검사가 그 사건의 수사를 개시할 수 있다는 입장이었다. 다만 미국은 사건개시를 위한 ICC에의 신청은 특정한 범죄 혹은 특정 개인의 범죄구성을 법률적으로 적시하는 것이 아니라 전반적인 상황(situation)을 고발해야 한다고 했다.[61] 그리고 일단 ICC에 그 상황이 접수되면 검사는 절대적인 자기 권한하에 그 상황을 수사하고

59) ICC 설립 이후 안보리가 ICC에 회부한 사건은 2005년의 다르푸르(Darfur) 사건이다. 만일 안보리가 나서지 않았다면 이 사건은 수단이 로마규정의 당사국이 아니기 때문에 ICC의 관할이 되기 어려웠을 것이다. Security Council Resolution 1593.

60) 1998 ABA Recommendation(2 Feb., 1998), "Trigger Mechanism"; LCHR, "Why an International Criminal Court is Necessary," *Establishing an International Criminal Court: Major Unresolved Issues in the Draft Statute*, Vol. 1, No. 1, "The Prosecutor."; LCHR, *The Accountability of an Ex Officio Prosecutor: III. Checks on Prosecutorial Discretion*, http://www.ichr.org/icc/paposecii.htm.

61) 예컨대 유엔안보리에서 이라크의 쿠르드족에 대한 박해를 ICC에 제소한다면 그 제소방법은 특정인(예컨대, 사담 후세인)을 지목하거나 특정 사실을 적시하는 것이 아니고 단지 그 전체적인 상황을 적시하여 ICC에 이첩하면 된다는 것이다. 구체적으로 위의 사태 중 어떤 사실에 누가 형사책임을 져야 할 것인가는 ICC의 검사의 수사에 의해 결정되어야 한다는 것이다.

기소할 수 있는 권한이 있어야 한다고 주장했다.62) 미국 정부의 종국적인 의도는 ICC의 사건개시는 절대적으로 유엔 안보리가 통제할 수 있길 바라는 것이었다. 미국은 비록 당사국이 제소하는 경우라 하더라도 안보리가 이미 그 상황에 대해 적극적으로 개입했다면 안보리의 동의가 없는 한 국가제소도 불가하다는 입장을 취하고 있었다.63) 미국 정부가 개인에 의한 제소를 고려하지 않는 것은 이러한 상황 속에서 당연했다.

로마규정에서는 일단은 위의 NGO의 입장이 상당히 반영되었다. 즉, 제13조 및 제15조는 수사개시권을 회원국가와 유엔 안보리 이외에 검사에게도 인정한다. 다만 로마규정은 검사의 사건개시 권한은 매우 제한된 것으로 사용되도록 정하고 있다. 검사가 자신의 독자적인 권한에 의하여 수사를 개시하기 위해서는 자신의 수사개시가 합리적인 이유가 있음을 ICC의 판사들로 구성된 예심재판부(Pre-trial Chamber)에 보여주고 그 승인을 얻어내야 한다(이 과정에서 피해자나 개인 그리고 NGO들이 자신의 정보를 검사에게 제출할 기회는 열려 있다). 그리고 로마규정의 다른 규정을 보면 이러한 검사의 독자적 수사권은 얼마든지 유엔 안보리에 의하여 통제될 수 있음을 보여준다. 즉, 제16조는 어떠한 수사나 기소도 안보리가 반대하면 개시될 수 없다는 규정을 두고 있는 것이다.

> 안전보장이사회가 국제연합 헌장 제7장에 따라 채택하는 결의로 재판소에 수사 또는 기소의 연기를 요청하는 경우 12개월의 기간 동안은 이 규정에 따른 어떠한 수사나 기소도 개시되거나 진행되지 아니한다. 그러한 요청은 동일한 조건하에서 안전보장이사회에 의하여 갱신될 수 있다.

필자의 견해로는 ICC의 검사가 자신이 얻은 정보에 따라 독자적으로 수사를

---

62) Statement by Ambassador Bill Richardson, United States Representative to the United Nations, on Agenda Item #150, the Establishment of an International Criminal Court, In the Sixth Committee, Oct. 23, 1997, U.S.U.N. Press Rel. #188-(97) (23, Oct., 1997).

63) 1998 ABA Recommendation(2 Feb., 1998), "Trigger Mechanism."

개시하는 것은 대단히 중요하다고 본다. 사실, 몇몇 국제인권조약에 규정되어 있는 국가통보제도의 운용현실에서 보듯이 국가에 의한 제소는 그 실효성을 기대하기 힘들다. 각국은 자신들의 제소가 궁극적으로는 외교관계에 불이익을 초래할 것이라는 우려를 가지고 있다. 또한 유엔 안보리는 국제외교에 의해 절대적으로 좌지우지된다. ICC의 역할은 국제정치로부터 독립적이지 않는 한 제한적일 수밖에 없다. 그러므로 ICC의 검사의 독립성은 위의 문제를 극복하는 데 하나의 답이 될 수 있을 것이다. 이를 논의함에 있어서는 현재의 ICTY가 검사에게 독자적인 수사권을 주고 있다는 사실에 주의를 기울일 필요가 있다.[64] ICC의 사건관할이 본질적으로 위의 임시 재판소와 다르지 않다는 것을 고려하면 사건개시 절차(trigger mechanism)를 상호 달리할 이유는 없을 것이다.

한편 개인의 제소권은 검사의 권한의 연장선에서 고려되어야 할 것이다. 만일 검사가 직무상 당연히 독자적인 수사권을 가진다면 그에게는 수사개시를 위한 정보가 필요할 것이다. 개인의 제소권이 단지 검사가 수사를 개시하는 데 있어 단서를 제공하는 경우라면 이를 부정할 아무런 이유가 없는 것이다. 여기에서 개인이란 범죄의 피해자를 포함하여 그의 친척, 법률상 대리인 혹은 NGO가 해당될 것이다.

5. 미국의 로마규정 제98조 제2항 관련 양자협정 체결노력

로마규정에 따라 ICC로부터 범죄인의 인도요청을 받은 피청구국은 ICC에 적극적으로 협력할 의무가 있다. 그러나 로마규정은 특별한 경우의 특정 부류의 사람에 대해서는 그러한 요청을 할 수 없도록 하는 제한 규정을 만들었다. 즉, 외교관에게 주어진 외교면제 특권을 갖는 특정 외교관이 ICC의 범죄인요청의 대상이 되는

64) Statute of the International Tribunal, Art.18(1): "The Prosecutor shall initiate investigations *ex-officio* or on the basis of information obtained from any source, particularly from governments, United Nations Organs, intergovernmental and non-governmental organizations. The Prosecutors shall assess the information received or obtained and decide whether there is sufficient basis to proceed."

경우 ICC는 범죄인인도의 전제로서 그 외교관의 본국 정부로부터 면제의 포기를 위한 협력을 얻어야 한다. 그러지 않고서는 범죄인인도 절차를 진행시킬 수가 없다.[65] 나아가 SOFA 협정 등에 의해 파견국의 동의 없이는 피청구국이 ICC에 파견국 병사를 인도할 수 없는 경우에는 ICC는 파견국으로부터 인도 동의를 위한 협력을 얻어야 한다.[66]

이와 관련하여 묵과할 수 없는 것이 미국의 양자협정 체결 노력이다. 미국은 로마규정이 발효하기 이전부터 미국민을 ICC의 관할권으로부터 면제시키기 위해 제98조 2항의 "국제협정"에 해당하는 양자협정 체결을 세계 각국에 제의했다. 이는 미국민이 로마규정 당사국 영토에서 ICC 관할대상범죄를 저질렀다고 주장되는 경우 로마규정 제12조의 관할규정상 ICC가 당해 미국인을 재판할 수 있는 것을 이 양자협정을 통해 막고자 하는 것에서 비롯되었다.[67] 이러한 미국의 노력은 집단살해죄 등 ICC의 관할 범죄를 처벌하려는 로마규정의 의도와 취지를 훼손하는 것이며 로마규정의 교섭과정상의 의도[68]와도 다른 것으로 판단되어 국제사회의 강력한 비판을 받고 있다.

III. 토론과제

현재 ICC가 설치되었지만 순조로운 운영을 위해서는 수많은 장애물이 도사리고

---

65) Rome Statute Art. 98 (1).

66) Rome Statute Art. 98 (2).

67) 김영석, 『국제형사재판소강의』(법문사, 2003), pp. 227~228 참고.

68) AI는 제98조 제2항의 취지는 기존의 SOFA 협정이 로마규정에 의해 무효화되지 않도록 하기 위한 것이지 로마규정의 전체 체계를 훼손하는 후속 양자협정을 체결하는 것을 허용하여 ICC로부터의 처벌을 피하기 위한 것이 아니라고 주장하면서 미국의 양자협정 체결 노력을 비판했다. Amnesty International, International Criminal Court: U.S. efforts to obtain impunity for genocide, crimes against humanity and war crimes(2002. 8). 김영석, 『국제형사재판소강의』(법문사, 2003), p. 228에서 재인용.

있다. 그중에서 앞에서 언급한 이슈는 가장 기초적이고 중요한 문제들이다. 이하에서는 위의 논의를 바탕으로 우리가 토론할 주제들을 열거해 보자.

1. 우선 국제정치적 고려가 ICC 설치에 어느 정도 영향을 미쳤는지를 토론해 보자.

ICC를 국제사회가 왜 설치했는가에 대하여 인식을 같이하면서 그 운영에 협조해야 한다. 그리고 실제적으로는 유엔 안보리와 총회의 적절한 역할이 무엇이 되어야 할지 충분한 논의가 이루어져야 한다. 유엔의 도움이 없이는 사실상 ICC는 그 기능을 실현할 수 없다. 안보리가 ICC의 결정을 담보해 주지 않으면 ICC의 집행력은 무력해질 수밖에 없을 것이다. 그러나 우리는 ICC가 국제정치기구로 취급되기보다는 사법기구로 취급되어야 함에 주의해야 한다. 이것은 ICC가 정치적 메커니즘에 의해 운용되기보다는 사법적 메커니즘에 의해 운용되어야 한다는 것을 의미하는 것이다. 만일 ICC가 국제정치, 특히 유엔 안보리에 과도하게 의존한다면 정의의 실현은 멀어질 수밖에 없다. 이것은 결국 대부분의 나라들이 국제사법질서를 불신하게 되는 계기를 제공할 것이다. 이것은 ICC의 미래를 위해 반드시 피해야만 한다. 따라서 우리는 ICC를 논의함에 있어 현실적인 한계로서 정치적 고려를 할 수밖에 없지만 그것은 사법적 속성의 한계 내에서 이루어져야 함을 강조하지 않으면 안 된다.

2. ICC의 관할 대상 범죄에 대해 토론해 보자.

ICC는 우선 핵심범죄(genocide, war crimes, crimes against humanity)를 중심으로 하는 관할권을 설정했다. 그리고 향후 당사국 사이에 합의가 이루어진다면 조약에 기초한 범죄들이 ICC의 확대된 사건관할에 해당될 수 있을 것이다. 이와 같은 축소지향적인 접근방법은 ICC의 초기단계에서 각국의 주권에 대한 염려를 줄여줄 수 있고 많은 협력을 유도할 수 있을 것이다.

3. ICC가 관할권을 행사함에 있어 해당 관련국의 동의가 필요해야 하는지 여부에 대하여 토론해 보자.

로마규정은 ICC의 사건관할을 축소하는 대신에 관할사건에 대해서는 자동관할권에 의해 운용되도록 했다. 이것은 회원국이 로마규정에 가입하면 ICC가 관할권을 행사하기 위한 어떠한 추가적인 동의도 필요 없다는 것을 의미한다. 이것은 ICC의 효율성과 정의의 실현에 도움을 줄 것이다. 한편 핵심범죄 이외의 범죄(조약범죄)가 ICC의 관할대상이 된다면 그것은 당사국의 동의가 필요한 것으로 운용되어야 할 것이다.

4. 국내 형사사법 절차와 ICC의 관계를 어떻게 형성하느냐에 대하여 토론해 보자.

이에 대한 국제사회의 기본적인 입장은 보충성의 원칙이 적용되어야 한다는 것이다. 그러나 그것이 국죄범죄의 처벌을 목적으로 하는 ICC의 능력을 해치는 결과가 되어서는 안 된다. ICC는 2개의 사법기관이 충돌할 때 국내의 사법절차가 적정했는지를 우선적으로 판단할 권한을 갖고 있어야 할 것이다.

5. ICC의 독립성에 대하여 토론해 보자.

ICC는 유엔의 지원을 받는 기초 위에서 독립적으로 운용되어야 한다. 이를 위해 ICC의 검사는 그 직무의 고유한 권한으로서 수사를 개시할 수 있다. 나아가 개인(그의 친척이나 NGO도 포함)에게도 검사에게 사건의 수사를 촉구할 수 있을 정도의 권한을 주는 것이 바람직하고, 현재의 로마규정은 그것을 가능케 한다.

6. 마지막으로 ICC의 절차 중에서 국내의 사법절차가 참고해야 할 피의자 및 피고인의 권리 혹은 증거절차 등을 토론해 보자.

ICC의 설립 논의과정에서 참가자들은 ICC가 그동안 국제사회가 만들어 놓은

〈표 7-1〉 ICC 요약 정리(2023년 현재)

- 로마규정 채택일: 1998. 7. 17.
- 발효일: 2002. 7. 1.
- 가입국: 123개국(미국과 중국은 미가입)
- 소재: 네덜란드 헤이그
- 목적
  - 불처벌의 방지
  - 전쟁범죄 혹은 인권범죄의 예방
  - 무력 충돌의 예방 및 방지
  - 임시 국제형사재판소의 단점 보완
- 조직
  - 재판부(Judicial Division): 예심, 1심 및 항소부, 총 18명의 재판관으로 구성
  - 검찰국(Office of the Prosecutor)
  - 서기국(Registry)
- 관할권
  - 관할 범죄: 집단살해, 인도에 반한 죄, 전쟁범죄, 침략범죄(단, 이 범죄는 그 개념과 기소 조건이 후속 논의를 통해 당사국에 의해 확정될 때까지 관할권이 보류되었으나 관련 절차를 마치고 2018년 7월부터 관할권을 갖게 됨)
  - 인적 관할: 로마규정 제25조에 따라 관할 범죄를 저지른 자연인
- 시적 범위: 로마규정 발효 후에 범한 범죄에 대해서만 관할권 가짐
- 보충성의 원칙: ICC는 당해 국가의 사법기구가 관할 범죄에 대하여 처벌할 수 없거나 처벌하지 않는 경우에 보충적으로 관할권을 가짐(규정 제1조 및 제17조)

각종의 인권규범(예컨대 ICCPR 등)을 그 절차에서 수용해야 한다는 데 의견을 같이 하고 관련 규정에서 피의자 및 피고인의 인권규정을 현재의 국제인권수준에 맞추도록 노력했다. 이들의 규정은 향후 우리의 국내 형사절차의 개선에도 하나의 모델이 될 수 있을 것으로 보이는데, 어떠한 제도가 우리의 형사절차에 하나의 모델이 되는지는 많은 연구가 뒤따라야 할 것이다.

제8장 인권과 차별금지

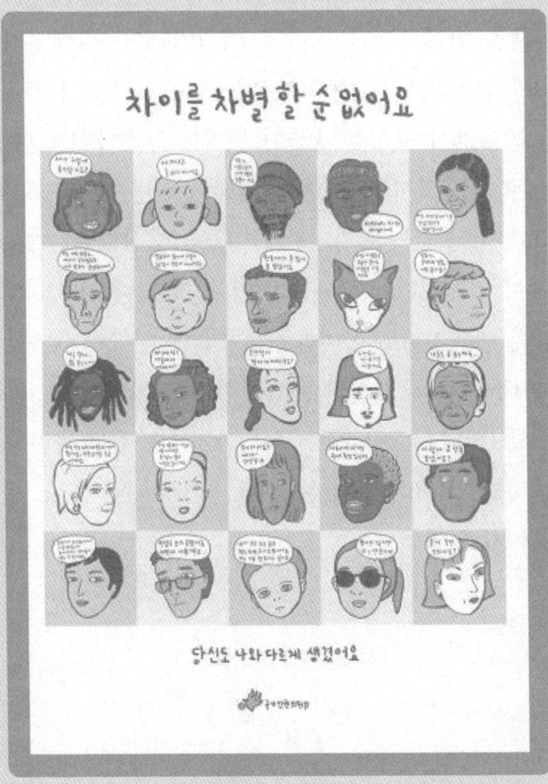

피부색이 달라도, 출신국가가 달라도 우리는 하나!
(출처: 국가인권위원회)

■ 학습을 위한 질문

1. 차별금지와 관련된 국제인권법적 근거와 국내법적 근거는 무엇인가?
2. 헌법재판소의 차별판단 기준은 무엇인가?
3. 차별행위의 예외로서 적극적 우대조치(할당제 등), 진정직업자격 등에 대해 알아보자.
4. 차별금지와 구제에 관한 일반법으로서 '차별금지법'이 필요한가? 필요하다면 어떤 내용이 들어가야 하는가?
5. 2007년 제정된 '장애인차별금지 및 권리구제 등에 관한 법률'의 내용을 알아보면서 그 법률의 의미와 시행상 예상되는 문제점을 토론해 보자

인권법 연구에서 가장 큰 관심을 끌고 있는 것 중의 하나가 차별 분야이다. 이 분야는 원래 헌법의 평등권 문제로 논의되고 있으나 인권법의 논의는 그 이상이 되어야 한다. 이제껏 한국의 평등권 논의는 헌법상의 평등권에 관한 해석론에 치중되었다. 그러나 인권법에서 다루어야 할 영역은 이것보다 훨씬 넓다. 인권법은 그동안 헌법재판소 등에서 형성한 평등의 원칙을 고려하면서 비사법적 영역에서 이루어지고 있는 각종 차별시정기능을 이해해야 한다. 국가인권위원회를 비롯해 차별시정기능을 담당하고 있는 국가기관의 역할을 중심으로 차별금지에 관한 본격적인 규범 해석론이 전개되어야 한다는 것이다. 또한 우리의 차별 분야 인권법은 다른 인권법 영역과 마찬가지로 국내법령의 해석에 천착해서는 안 된다. 국제사회에서 형성된 차별에 관한 국제인권규범과 선진 외국의 차별 관련 법령에 대한 적극적인 연구가 필요하다. 이 장에서는 차별금지와 관련된 관련 규범을 법원(法源)적 관점에서 설명하고, 뒤이어 차별 관련 인권법에서 논의되고 있는 쟁점 개념을 개괄적으로 설명하기로 한다.

제1절 차별금지 인권법의 법원

I. 국제인권법적 법원(法源)

1. 세계인권선언

세계인권선언은 그 대부분의 내용이 이미 국제관습법을 구성하고 있다는 평가를 받고 있다. 차별금지와 관련된 규정은 곳곳에 있지만 그중에서도 가장 일반적인 규정은 다음 2개의 조문이다. 우선 제2조는 "모든 사람은 인종, 피부색, 성, 언어, 종교, 정치적 또는 그 밖의 견해, 민족적 또는 사회적 출신, 재산, 출생, 기타의 지위 등에 다른 어떠한 종류의 구별도 없이, 이 선언에 제시된 모든 권리와 자유를 누릴 자격이 있다"라고 규정하고 있다. 이어 제7조는 "모든 사람은 법 앞에 평등하고, 어떠한 차별도 없이 법의 평등한 보호를 받을 권리를 가진다. 모든 사람은 이 선언을 위반하는 어떠한 차별에 대해서도, 또한 어떠한 차별의 선동에 대해서도 평등한 보호를 받을 권리를 가진다"라고 규정한다. 이러한 규정의 의미는 우리의 헌법을 해석하거나 차별금지에 관한 법령을 해석함에 있어 판단의 기준이 되어야 할 것이다.

2. 시민적·정치적 권리에 관한 국제규약

자유권 분야의 권리장전이라고 할 수 있는 시민적·정치적 권리에 관한 국제규약

(자유권규약)은 우리 헌법상 국내법과 동일한 효력을 갖는 구속력 있는 법규범이다. 이 규약에서 차별금지와 관련 있는 조항은 다음 몇 개의 조항이다. 우선 제2조 제1항은 "이 규약의 각 당사국은 자국의 영토 내에 있으며, 그 관할권하에 있는 모든 개인에 대하여 인종, 피부색, 성, 언어, 종교, 정치적 또는 기타의 의견, 민족적 또는 사회적 출신, 재산, 출생 또는 기타의 신분 등에 의한 어떠한 종류의 차별도 없이 이 규약에서 인정되는 권리들을 존중하고 확보할 것을 약속한다"라고 규정하고 있다. 이 규정에서 중요한 것은 평등권의 주체와 관련하여 '영토 내에 있거나 관할권하에 있는 모든 개인'이라는 개념이다. 이것은 비록 내국인이 아닌 외국인이라 해도 대한민국의 영토 내에 있거나 관할권이 미치는 곳에 있다면 이 규약이 보장하는 권리의 향유자가 될 수 있다는 것이다. 그리고 자유권규약은 제26조에서 "모든 사람은 법 앞에 평등하고 어떠한 차별도 없이 법의 평등한 보호를 받을 권리를 가진다. 이를 위하여 법률은 모든 차별을 금지하고, 인종, 피부색, 성, 언어, 종교적 또는 기타의 의견, 민족적 또는 사회적 출신, 재산, 출생, 또는 기타의 신분 등의 어떠한 이유에 의한 차별에 대해서도 평등하고 효과적인 보호를 모든 사람에게 보장한다"라고 규정하고 있다. 이 규정의 차별사유는 우리 헌법의 평등권 규정에 비해 좀 더 명확하고 포괄적이다.

자유권규약의 차별금지는 단지 위 조항들에 대하여 당사국의 소극적 의무만을 규정하는 것이 아니다. 차별금지라는 결과를 내기 위한 적극적 조치에 대해서도 규약은 강력히 요구하는데, 그 근거가 제3조("이 규약의 당사국은 이 규약에서 규정된 모든 시민적·정치적 권리를 향유함에 있어서 남녀에게 동등한 권리를 확보할 것을 약속한다")이다. 자유권규약위원회는 일반논평을 통해 이 조항이 여성의 적극적인 권리향유를 보장하기 위한 당사국의 적극적 조치를 포함한다고 선언한 바 있다.[1)]

자유권규약은 제1선택의정서를 가입한 경우 개인통보절차를 이용할 수 있다. 우리나라는 자유권규약에 가입함과 동시에 이 선택의정서에도 가입함으로써 대한민국의 영역 및 그 관할권하에 있는 모든 개인은 자유권규약에서 보장하는 평등권

---

1) General Comment No. 04: Equality between the sexes(Art. 3): 30/07/81. CCPR General Comment No. 4. para. 2.

을 침해받아 차별을 받은 경우 국내구제절차를 모두 완료한 다음 이 개인통보절차를 이용, 자유권규약위원회에 통보함으로써 규약위반 여부를 판단받을 수 있다.

3. 경제적·사회적·문화적 권리에 관한 국제규약

경제적·사회적·문화적 권리에 관한 국제규약(사회권규약)은 자유권규약과 더불어 양대 권리장전이다. 이 규약도 규약상의 모든 권리가 차별 없이 개인들에게 적용되어야 함을 선언하고 있다. 즉, "이 규약의 당사국은 이 규약에서 선언된 권리들이 인종, 피부색, 성, 언어, 종교, 정치적 또는 기타의 의견, 민족적 또는 사회적 출신, 재산, 출생 또는 기타의 신분 등에 의한 어떠한 종류의 차별도 없이 행사되도록 보장할 것을 약속한다"(제2조 제2항)라고 선언하고 있다.

4. 인종차별철폐협약

인종차별철폐협약은 차별 중에서 인종차별에 초점을 둔 인권협약이다. 이 협약은 모든 형태의 인종차별을 철폐할 것을 목적으로 만들어졌다. 이 협약에서 인종차별이라 함은 "인종, 피부색, 가문 또는 민족이나 종족의 기원에 근거를 둔 어떠한 구별, 배척, 제한 또는 우선권을 말하며 이는 정치, 경제, 사회, 문화 또는 기타 어떠한 공공생활의 분야에 있어서든 평등하게 인권과 기본적 자유의 인정, 향유 또는 행사를 무효화시키거나 침해하는 목적 또는 효과를 가지고 있는 경우"를 말한다(제1조).

한편 이 협약은 "체약국은 특히 수업, 교육, 문화 및 공보 분야에 있어서 인종차별을 초래하는 편견에 대항하기 위하여 민족과 인종 또는 종족 집단 간의 이해, 관용과 우호를 증진시키기 위하여 그리고 국제연합 헌장, 세계인권선언, 모든 형태의 인종차별철폐에 관한 국제연합 선언 및 이 협약의 제목적과 원칙을 전파시키기 위하여 즉각적이고 효과적인 조치를 취할 의무를 진다"라고 규정(제7조)하고 있는데, 이것은 인종차별의 목적을 실현하기 위한 효과적인 조치를 취할 의무를 당사국에 부과하고 있는 것으로 적극적 우대조치의 근거가 되기도 한다.

이 협약은 제14조에 개인통보절차를 규정하고 있고 이 조항을 수락한 국가에 대하여 인종차별을 당한 피해자(개인이나 집단)로부터 인종차별철폐위원회에 직접 통보를 함으로써 체약국의 협약 위반 여부를 판단받을 수 있다. 우리나라는 이 협약에 가입할 때는 이 조항에 대하여 수락선언을 하지 않았지만 1997년 수락선언을 함으로써 이 협약에 따른 개인통보절차를 이용할 수 있게 되었다.

5. 여성차별철폐협약

여성차별철폐협약은 여성에 대한 모든 형태의 차별을 금지하는 인권협약이다. 이 협약은 정치적·경제적·사회적·시민적 또는 기타 분야에 있어서 결혼 여부에 관계없이 남녀동등의 기초 위에서 인권과 기본적 자유를 인식, 향유 또는 행사하기 위하여 성에 근거한 모든 구별, 배제 또는 제한을 금지할 것을 당사국에 요구한다(제1조).

그리고 이 협약은 여성차별금지를 위한 당사국의 약속을 선언하고 있는데 그 내용은 다음과 같다(제2조).

① 남녀평등의 원칙이 헌법 또는 기타 적절한 입법에 아직 규정되지 않았다면 이를 구현하며 법 또는 기타 적절한 수단을 통해 동 원칙의 실제적 실현을 확보할 것

② 여성에 대한 모든 차별을 금지하는 적절한 입법 및 기타 조치를 채택하고 필요한 경우 제재를 포함시킬 것

③ 남성과 동등한 기초 위에서 여성의 권리에 대한 법적 보호를 확립하며 권한 있는 국내 법정과 기타 공공기관을 통하여 여성을 여하한 차별행위로부터 효과적으로 보호하도록 확보할 것

④ 여성에 대한 여하한 차별행위 또는 관행에 따르는 것을 삼가며 공공당국과 기관이 동 의무와 부합되게 행동하도록 확보할 것

⑤ 여하한 개인, 조직 또는 기업에 의한 여성 차별도 철폐되도록 모든 적절한 조치를 취할 것

⑥ 여성에 대한 차별을 구성하는 현행 법률, 규칙, 관습 및 관행을 수정 또는 폐지하도

록 입법을 포함한 모든 적절한 조치를 취할 것
⑦ 여성에 대한 차별을 구성하는 모든 국내 형사법 규정을 폐지할 것

이 협약은 위와 같은 일반적인 약속 외에 당사국에 구체적인 생활영역에서 여성에 대한 차별을 금지하고 남성과의 관계에서 동등한 권리를 보장할 것을 요구한다. 공적 생활에서는 남성과 동등한 조건으로 공직 참여 및 피선거권이 보장되어야 하고(제7조), 교육 분야에서는 남성과 동등한 권리를 확보하기 위하여 모든 적절한 조치가 취해져야 하며(제10조), 고용 분야에서도 동일노동 동일처우의 원칙 등 남녀 차별을 철폐하기 위한 모든 조치가 취해져야 한다(제11조).

한편 협약은 위와 같은 조치를 취함에 있어 남녀의 사실상의 평등을 촉진하기 위하여 잠정적인 특별 조치, 즉 적극적 우대조치를 취할 것을 의무화하고 있다(제4조).

이 협약은 당사국에 이행확보를 위한 노력을 강화하기 위해 최근 개인통보절차를 허용하는 선택의정서를 채택했다. 우리나라는 2007년 이 선택의정서에 가입함으로써 여성차별철폐협약에 의해 보장되는 여성차별금지가 국내적으로 제대로 지켜지지 않는 경우 피해 당사자는 이 협약의 이행기구인 여성차별철폐위원회에 직접 통보함으로써 협약 위반 여부를 확인받을 수 있게 되었다.

II. 국내법적 법원

1. 헌법

차별금지에 대한 국내법적 최고의 법원은 헌법이다. 헌법 전문에는 “정치, 경제, 사회, 문화의 모든 영역에서 각인의 기회를 균등히 하고 ……”, “국민생활의 균등한 향상을 기하고 ……”라고 선언하고 있으며, 제11조 제1항은 “모든 국민은 법 앞에 평등하다. 누구든지 성별 종교 또는 사회적 신분에 의하여 정치적·경제적·사회적·문화적 생활의 영역에 있어서 차별을 받지 아니한다”라고 규정하고 있다. 우리 헌법은 이러한 평등의 원칙을 선언한 것에 그치지 않고 더욱 구체적인

생활영역에서 평등원칙을 선언하고 있다. 즉, 제31조 제1항에 교육의 기회 균등, 제32조 제4항에 여성근로자의 보호 및 부당한 차별금지, 제36조 제1항에 혼인과 가족생활에서의 양성평등, 제41조 제1항 및 제67조 제1항에 평등선거의 원칙을 각각 규정하고 있다.

2. 국가인권위원회법

국가인권위원회(인권위)는 공권력에 의한 인권침해와 더불어 차별행위에 대하여 조사하여 구제를 도모할 수 있다. 차별행위의 경우 통상 피해자 측으로부터 차별행위의 진정이 있으면 이를 조사하여 사실을 확인한 다음 차별행위로 판명되면 관련 당사자 등에게 적절한 구제 권고를 하게 된다. 국가인권위법은 인권위의 이러한 기능을 행사하기 위한 전제로서 차별행위가 무엇인지를 정하고 있는바, 동법 제2조에서 '평등권 침해의 차별행위'라는 이름으로 그 개념을 규정하고 있다. 인권위법이 규정하고 있는 차별사유는 총 19개나 되고 그들 사유도 법문상 예시적 성격의 사유라 실제로는 그 외의 사유에 의한 차별도 차별행위가 될 수 있다. 고용 영역 및 재화 용역의 공급이나 이용과 관련된 영역 그리고 교육 관련 영역에서 일어나는 모든 차별행위가 인권위법의 구제대상이 되는 차별행위라고 할 수 있다.

국가인권위원회법에서는 차별행위를 "합리적인 이유 없이 성별, 종교, 장애, 나이, 사회적 신분, 출신지역(출생지, 등록기준지, 성년이 되기 전의 주된 거주지역 등을 말한다), 출신국가, 출신민족, 용모 등 신체조건, 기혼·미혼·별거·이혼·사별·재혼·사실혼 등 혼인 여부, 임신 또는 출산, 가족형태 또는 가족상황, 인종, 피부색, 사상 또는 정치적 의견, 형의 효력이 실효된 전과, 성적(性的) 지향, 학력, 병력(病歷) 등을 이유로 …… 한 행위"라고 하면서 이를 ① 고용(모집, 채용, 교육, 배치, 승진, 임금 및 임금 외의 금품 지급, 자금의 융자, 정년, 퇴직, 해고 등을 포함한다)과 관련하여 특정한 사람을 우대·배제·구별하거나 불리하게 대우하는 행위, ② 재화·용역·교통수단·상업시설·토지·주거시설의 공급이나 이용과 관련하여 특정한 사람을 우대·배제·구별하거나 불리하게 대우하는 행위, ③ 교육시설이나 직업훈련기관에서의 교육·훈련이나 그 이용과 관련하여 특정한 사람을 우대·배제·구별하거나 불리하게 대우하는 행위, ④ 성희롱 행위에 적용하고 있다(제2조 제4호).

한편 '성희롱'이라 함은 업무, 고용 그 밖의 관계에서 공공기관의 종사자, 사용자 또는 근로자가 그 직위를 이용하거나 업무 등과 관련하여 성적 언동 등으로 성적 굴욕감 또는 혐오감을 느끼게 하거나 성적 언동 그 밖의 요구 등에 대한 불응을 이유로 고용상의 불이익을 주는 것을 말한다(인권위법 제2조 제5호). 원래 성희롱은 영어의 'sexual harassment'를 번역한 것으로 그 의미상 평등권 침해의 차별행위라고 보기는 어려운 것이다. 그럼에도 불구하고 성희롱을 차별행위로 본 것은 우리나라에서 처음으로 성희롱의 개념을 도입할 때부터 성희롱을 성차별의 한 유형으로 보았기 때문이다. 즉, 이 개념을 규정한 여성발전기본법에서 남녀고용평등법과 (구)남녀차별및구제에관한법률에 이르기까지 성희롱을 성차별의 유형으로 규정했다. 성희롱이 국가인권위원회법에서 차별행위로 규정되어 있지만 조문의 형식과 내용은 아무래도 어색하다. 법 제2조 제4호 '라'목의 해석상 "합리적인 이유 없이 성별, 종교, 장애, 나이, 사회적 신분, 출신지역(출생지, 등록기준지, 성년이 되기 전의 주된 거주지역 등을 말한다), 출신국가, 출신민족, 용모 등 신체조건, 기혼·미혼·별거·이혼·사별·재혼·사실혼 등 혼인 여부, 임신 또는 출산, 가족형태 또는 가족상황, 인종, 피부색, 사상 또는 정치적 의견, 형의 효력이 실효된 전과, 성적(性的) 지향, 학력, 병력(病歷) 등을 이유로" 성희롱을 하면 평등권 침해의 차별행위가 된다는 것인데, 과연 성희롱의 개념에 차별사유 19개가 들어가야 하는지 의문이다. 성희롱의 개념은 그러한 차별사유와 관계없이 제5호의 규정만으로 충분하기 때문이다. 그리고 성희롱의 개념에 '고용상의 불이익을 주는 것'이라는 요건을 넣은 것도 이상하다. 이는 성희롱을 차별행위의 하나로 규정하기 위한 고육지책이라고 생각되지만 성희롱은 고용상의 불이익과 전혀 관계없이도 일어나는 것이므로 이를 여기에 넣은 것은 입법상의 실수로 보인다.

3. 성차별금지 관련 법률

가. 여성발전기본법

이 법은 남녀평등이념을 구현하기 위하여 국가와 지방자치단체의 책무 등을 정한 법률인데, 여성에 대한 차별을 실질적으로 개선하기 위해 적극적 조치를 취할 수 있도록 하고 있다. 즉, 법 제6조는 국가 및 지방자체단체는 여성의 참여가 현저히 부진한 분야에 대하여 합리적인 범위 안에서 여성의 참여를 촉진함으로써 실질적인 남녀평등이 이루어질 수 있도록 관계법령이 정하는 바에 따라 적극적 조치를 취할 수 있다고 규정하고 있다(제1항).

나. 남녀고용평등법

이 법은 고용현장에서 남녀의 평등을 보장하기 위한 법률이다.[2] 이 법에서 차별이라 함은 "사업주가 근로자에게 성별, 혼인, 가족 안에서의 지위, 임신 또는 출산 등의 사유로 합리적인 이유 없이 채용 또는 근로의 조건을 달리하거나 그 밖의 불이익한 조치를 취하는 경우(사업주가 채용 또는 근로의 조건은 동일하게 적용하더라도 그 조건을 충족할 수 있는 남성 또는 여성이 다른 한 성에 비하여 현저히 적고 그로 인하여 특정 성에게 불리한 결과를 초래하며 그 조건이 정당한 것임을 입증할 수 없는 경우를 포함한다)를 말한다"(제2조 제1호). 이 법에서 금지하는 차별은 사업주가 모집, 채용(제7조), 임금 외의 근로자의 생활을 보조하기 위한 금품지급 또는 복리후생(제9조), 교육·배치·승진(제10조), 정년퇴직 해고(제11조 제1항)에서 남녀를 차별하는 경우이다.

그뿐만 아니라 이 법은 임금에서의 성차별에 관해서 동일가치노동에 대한 남녀동일 임금규정을 두고 있으며(제8조), 이 법의 금지 규정을 위반하는 경우 벌칙을 받게 된다. 이 법은 "이 법과 관련된 분쟁해결에서의 입증책임은 사업주가 부담한다"(제19조)라고 함으로써 차별의 입증책임의 사업주 전환 규정을 두고 있다.

다. 근로기준법 등

근로기준법은 노동현장에서의 성차별을 금지하는 일반적인 규정을 두고 있다.

---

2) 이 법률은 종래 남녀고용평등법이었으나 2007년 12월 남녀고용평등을 실현함과 아울러 근로자의 일과 가정의 양립을 지원한다는 목적하에 종래의 규정을 강화·보강하여 '남녀고용평등과 일·가정양립지원에 관한 법률'(약칭 남녀고용평등법)이라는 이름으로 개정되었다.

즉, 동법에서는 사용자는 근로자에 대하여 남녀의 성(性)을 이유로 차별적 대우를 하지 못하고, 국적·신앙 또는 사회적 신분을 이유로 근로조건에 대한 차별적 처우를 하지 못한다(제6조). 이 외에도 노동현장에서 성차별을 금지하는 법률로는 노동조합및노동관계조정법, 고용정책기본법, 직업안정법, 파견근로자보호등에관한법률 등이 있다.

라. 공직선거법

공직선거법은 여성에 대한 할당제를 실시함으로써 여성의 정치적 참여를 실질적으로 보장하고 있다. 이러한 조치는 형식적 평등에 불과한 남녀평등을 잠정적으로 인위적으로 끌어올려 실질적 평등 상태로 만들기 위한 적극적 우대조치라고 할 수 있다.

이러한 취지로 이 법에서는 정당이 비례대표국회의원선거 및 비례대표지방의회의원선거에 후보자를 추천하는 때에는 그 후보자 중 100분의 50 이상을 여성으로 추천하되, 그 후보자 명부의 순위의 매 홀수에는 여성을 추천해야 한다고 규정하고 있다(제47조 제3항). 또한 정당이 임기만료에 따른 지역구국회의원선거 및 지역구지방의회의원선거에 후보자를 추천하는 때에는 각각 전국지역구총수의 100분의 30 이상을 여성으로 추천하도록 노력해야 한다(제47조 제4항).

마. 정치자금법

정치자금법은 여성의 국회 및 지방의회의 진출을 보장하기 위해 공직후보자 여성추천 보조금제를 실시하고 있다. 이 규정에 의하면 임기만료에 의한 지역구 국회의원 및 시 도의회 의원 선거 후보자 중 100분의 30 이상을 여성으로 추천한 정당에 대하여 공직후보자 여성 추천 보조금의 100분의 50은 지급 당시 정당별 국회의석 수의 비율에 따라, 그 잔여분은 최근 실시한 국회의원 총선거의 득표율의 비율에 따라 배분 지급한다(제26조 제2항 제1호).

바. 교육공무원법

대학의 교원임용에서 실질적인 성차별을 해소하기 위하여 대학인사위원회의 구성 기능과 운영에 관하여 필요한 사항은 대통령령으로 정하되, 위원의 일정 비율 이상은 여성으로 해야 한다(교육공무원법 제5조 제2항). 나아가 국가 및 자치단체는 대학의 교원임용에 있어서 양성평등을 제고하기 위하여 필요한 정책을 수립, 시행해야 하며, 특히 대학의 장은 대학의 교원을 임용함에 있어서 특정 성별에 편중되지 아니하도록 3년마다 계열별 임용목표비율이 명시된 임용계획 등 적극적 조치의 시행을 위하여 필요한 계획을 수립하여 시행해야 한다(교육공무원법 제11조의4 제1항 및 제2항).

사. 과학기술기본법 등

과학기술 분야에서 남녀의 평등을 이룩하기 위한 적극적 조치도 취할 수 있는 법적 근거를 마련했다. 즉, 정부는 국가과학기술역량을 높이기 위하여 여성 과학기술인의 양성 및 활용방안을 마련하고, 여성 과학기술인이 그 자질과 능력을 충분히 발휘할 수 있도록 필요한 지원시책을 세우고 추진해야 한다(과학기술기본법 제24조). 특별히 국가 및 지방자치단체는 여성과학기술인의 진출이 크게 부진한 과학기술 분야에 이들의 진출을 확대하기 위하여 합리적인 범위 안에서 잠정적으로 여성 과학기술인에 대한 채용목표비율 및 직급별 승진목표비율을 일정 수준으로 설정하는 등의 적극적 조치를 취할 수 있다(여성과학기술인육성 및 지원에 관한 법률 제11조).

아. 공무원임용시험령 등

공무원 채용에서도 적극적 우대조치는 실시된다. 시험실시기관의 장은 여성과 남성의 평등한 공무원임용기회를 확대하기 위하여 필요하다고 인정하는 경우에는 한시적으로 여성 또는 남성이 시험실시 단계별로 선발예정 인원의 일정 비율 이상이 될 수 있도록 선발예정 인원을 초과하여 여성 또는 남성을 합격시킬 수 있다(공무원임용시험령 제20조 제1항, 지방공무원임용령 제51조의 2).

4. 장애인 차별금지 관련 법률

가. 장애인차별금지 및 권리구제 등에 관한 법률

장애인차별금지및권리구제등에관한법률(일명 장애인차별금지법)은 장애인에 대한 차별 전반을 개선하기 위한 법률로서, 2006년 제정되어 2008년 4월부터 시행되었다. 이 법률은 총 6개 장, 50개 조문으로 구성되어 있으며 장애인에 대한 차별금지, 장애인차별시정기구 및 권리구제 등이 상세히 규정되어 있다.

주요 규정을 보면 다음과 같다.

① 직접차별, 간접차별, 정당한 편의제공 거부, 광고에서의 차별 등 차별의 개념을 구체적으로 규정했다(제4조).

② 최근 장애인 운동의 추세에 맞추어 자기결정권 및 선택권을 규정했다(제7조).

③ 장애인 차별을 실질적으로 해소하기 위한 적극적인 조치 및 정당한 편의제공을 위한 각종 지원을 할 의무를 국가 및 지방자치단체에 부여했다(제8조).

④ 고용, 교육, 재화와 용역의 제공 및 이용, 사법 행정절차 및 서비스와 참정권, 모·부성권, 성에 관한 권리, 가족·가정·복지시설, 건강권 등 각종 영역에서의 차별행위를 구체적으로 금지했다(제2장).

⑤ 장애여성과 장애아동, 정신적 장애인에 대한 특별규정을 두었다(제3장).

⑥ 차별시정기구로 국가인권위원회 내에 장애인차별시정 소위원회를 만들었다(제40조).

⑦ 법무부 장관에게 시정명령권을 부여했다(제43조).

⑧ 손해배상에 있어서 손해액 입증을 완화하고 재산상 손해 추정 규정을 두었다(제46조).

⑨ 장애인 당사자가 소송단계에서 불이익을 당하지 않도록 입증책임을 분배하는 규정을 두었다(제47조).

⑩ 소송 제기 전이나 소송 제기 중이라도 임시로 차별행위를 중지시킬 수 있는 법원의 임시구제조치 제도를 도입했다(제48조).

⑪ 악의적인 차별의 경우 형사처벌을 받게 했고(제49조), 확정된 시정명령 불이행자에 대해서는 과태료를 부과할 수 있다(제50조).

〈표 8-1〉 장애인 차별의 정의

장애인차별금지및권리구제등에관한법률에서 장애인 차별행위라고 보는 것은 다음과 같다(제4조 제1항).

1. 장애인을 장애를 사유로 정당한 사유 없이 제한·배제·분리·거부 등에 의하여 불리하게 대하는 경우
2. 장애인에 대하여 형식상으로는 제한·배제·분리·거부 등에 의하여 불리하게 대하지 아니하지만 정당한 사유 없이 장애를 고려하지 아니하는 기준을 적용함으로써 장애인에게 불리한 결과를 초래하는 경우
3. 정당한 사유 없이 장애인에 대하여 정당한 편의 제공을 거부하는 경우
4. 정당한 사유 없이 장애인에 대한 제한·배제·분리·거부 등 불리한 대우를 표시·조장하는 광고를 직접 행하거나 그러한 광고를 허용·조장하는 경우. 이 경우 광고는 통상적으로 불리한 대우를 조장하는 광고효과가 있는 것으로 인정되는 행위를 포함한다.
5. 장애인을 돕기 위한 목적에서 장애인을 대리·동행하는 자(장애아동의 보호자 또는 후견인 그 밖에 장애인을 돕기 위한 자임이 통상적으로 인정되는 자를 포함한다. 이하 "장애인 관련자"라 한다)에 대하여 제1호부터 제4호까지의 행위를 하는 경우. 이 경우 장애인 관련자의 장애인에 대한 행위 또한 이 법에서 금지하는 차별행위 여부의 판단대상이 된다.
6. 보조견 또는 장애인보조기구 등의 정당한 사용을 방해하거나 보조견 및 장애인보조기구 등을 대상으로 제4호에 따라 금지된 행위를 하는 경우

나. 장애인고용촉진 및 직업재활법

이 법률은 고용현장에서의 장애인에 대한 실질적인 차별을 개선하기 위해 적극적 조치를 규정하고 있다. 국가와 지방자치단체의 장은 장애인을 소속 공무원 정원의 100분의 3 이상 고용해야 하며(제27조 제1항), 각 시험 실시 기관(이하 '각급기관'이라 한다)의 장은 장애인이 신규채용 인원의 100분의 3(장애인 공무원의 수가 해당 정원의 100분의 3 미만이면 100분의 6) 이상 채용되도록 시험을 실시해야 한다(제27조 제2항). 또한 상시 50명 이상의 근로자를 고용하는 사업주(건설업에서 근로자 수를 확인하기 곤란한 경우에는 공사 실적액이 노동부장관이 정하여 고시하는 금액 이상인 사업주)는 그 근로자의 총수(건설업에서 근로자 수를 확인하기 곤란한 경우에는 대통령령으로 정하는

바에 따라 공사 실적액을 근로자의 총수로 환산)의 100분의 5의 범위에서 대통령령으로 정하는 비율(현재 의무고용률은 동법 시행령 제25조에 따라 100분의 2) 이상에 해당하는 장애인을 고용해야 한다(제28조 제1항).

제2절 차별금지 관계법에서의 주요 개념과 쟁점

I. 차별판단의 기준

1. 의의

각종 차별금지를 선언한 법령에서 말하는 차별이 과연 무엇일까? 각 법령은 차등적 행위에 대해 무조건 차별이라 말하지 않는다. 법령에 의해 금지되는 차별행위는 모두 합리적인 이유가 없음을 요건으로 한다. 차등행위는 불가피하게 필요한 경우가 얼마든지 있다. 예컨대 특정 기능이 필수적인 직업에서 당해 기능에 대한 자격증을 가지고 있는 사람만을 채용하는 경우나 특정한 신체조건이 필요한 직업에서 일정한 신체조건을 채용조건으로 내건다고 해서 그것을 차별행위라고 할 수는 없다. 그렇다면 '합리적 이유'를 어떻게 판단하는지에 따라서 차별행위가 될 수 있고 안 될 수 있다는 말이다. 이것이 바로 차별의 판단기준의 문제인데, 현실적으로는 그 판단이 쉽지 않다.[1)]

---

1) 우리 헌법재판소는 그동안 평등권 침해 사건에서 평등심사의 기준을 다수 결정했다. 그것이 아래 이야기되는 고전적 심사기준(완화된 심사기준)과 새로운 심사기준(엄격한 심사기준)이다.

2. 심사기준

가. 고전적 심사기준

차별행위의 여부, 곧 평등권에 대한 침해 여부에 대한 심사기준은 본질적으로 자유권 영역과는 다를 수밖에 없다. 그것은 평등권은 자유권과 달리 침해로부터 보호하려는 고유한 보호범위가 존재하지 않으며 권리 자체가 상대적으로 추상적이기 때문에 심사기준 역시 추상적일 수밖에 없다. 이런 이유로 차별행위(혹은 평등권)의 심사기준은 전통적으로 불평등한 대우가 정당화될 수 있느냐의 논의형식으로 다루어져 왔다. 이것은 곧 평등권에 관한 심사기준은 공동체의 구성원 누구나 납득하고 동의할 수 있는 최소한의 기준을 설정하여 거기에 벗어나는 것을 배제하는 소극적 방법으로 출발했다.[2)]

이러한 소극적 방법 중 가장 많이 사용된 원칙은 소위 합리적 근거 심사기준(rational basis test) 혹은 자의금지원칙이라는 것이다. 이것은 종래 미국과 독일의 평등심사 기준으로 오랫동안 사용된 것이다.[3)] 그 의미에 대해서는 우리 헌법재판소가 (구)병역법 제71조 제1항 단서 위헌 헌법소원 사건[4)]에서 설명한 바 있다. 즉, 헌법재판소는 "평등원칙의 위반 여부에 관한 심사기준은 입법자에게 인정되는 입법형성권의 범위에 따라서 달라지는데, 위에서 본 바와 같이 국방의무를 부담하는 국민들 중에서 구체적인 징집대상자를 선정하는 사항은 우리 헌법상 입법자에게 매우 광범위한 입법형성권이 부여된 영역이다. 따라서 이 사건 법률조항의 평등원칙위반 여부에 관해서는 그 차별에 관하여 현저한 불합리성이 있는지 여부, 즉 입법자의 자의성이 있는지 여부만을 심사하면 족하다". "일반적으로 자의금지원칙에 관한 심사요건은 ① 본질적으로 동일한 것을 다르게 취급하고 있는지에 관련된 차별취급의 존재 여부와, ② 이러한 차별취급이 존재한다면 이를 자의적인 것으로

---

2) 국가인권위원회, 『국가인권위원회법 해설집』(2005), p. 267.

3) 송석윤, 「차별의 개념과 법의 지배」, 정인섭 편저, 『사회적 차별과 법의 지배』(박영사, 2004), p. 15.

4) 헌법재판소 2002. 11. 28. 2002헌바45.

볼 수 있는지 여부라고 할 수 있다. 한편 ①의 요건에 관련하여 두 개의 비교집단이 본질적으로 동일한가의 판단은 일반적으로 당해 법규정의 의미와 목적에 달려 있고, ②의 요건에 관련하여 차별취급의 자의성은 합리적인 이유가 결여된 것을 의미하므로, 차별대우를 정당화하는 객관적이고 합리적인 이유가 존재한다면 차별대우는 자의적인 것이 아니게 된다"라고 했다.

나. 새로운 심사기준

평등의 원리가 지니고 있는 성격상 입법자에게 폭넓은 재량영역이 인정되어 왔지만 사회적 소수자의 차별철폐를 위해서는 좀 더 적극적인 심사기준이 필요하다는 새로운 경향이 등장했다. 미국에서는 유색인종의 구조적 차별 문제를 해결하기 위해 위의 합리적 근거 심사기준 이상의 엄격한 심사기준이 적용되어야 한다는 기준이 새로이 설정되었다. 1938년 캐롤린 제조회사(Carolene Products) 판결은 엄격한 평등권 심사기준이 적용되는 세 가지 분야를 제시했다. 첫째는 헌법상 특수한 금지조항으로 되어 있는 최초의 수정헌법 10개 조항들이었고, 둘째는 정치적 과정을 규제하는 법률이었으며, 셋째는 소수자의 권리를 규제하는 법률이었다.[5)]

우리나라에서는 이 원칙이 소위 군가산점제도를 규정했던 제대군인지원에관한 법률 제8조 제1항 등의 위헌확인사건[6)]에서 확인되었다. 이 결정에서 헌법재판소는 "평등위반 여부를 심사함에 있어 엄격한 심사척도에 의할 것인지, 완화된 심사척도에 의할 것인지는 입법자에게 인정되는 입법형성권의 정도에 따라 달라지게 될 것이다. 먼저 헌법에서 특별히 평등을 요구하고 있는 경우 엄격한 심사척도가 적용될 수 있다. 헌법이 스스로 차별의 근거로 삼아서는 안 되는 기준을 제시하거나 차별을 특히 금지하고 있는 영역을 제시하고 있다면 그러한 기준을 근거로 한 차별이나 그러한 영역에서의 차별에 대하여 엄격하게 심사하는 것이 정당화된

---

5) 송석윤, 「차별의 개념과 법의 지배」, 정인섭 편저, 『사회적 차별과 법의 지배』(박영사, 2004), p. 16.

6) 헌법재판소 1999. 12. 23. 98헌마363.

다. 다음으로 차별적 취급으로 인하여 관련 기본권에 대한 중대한 제한을 초래하게 된다면 입법형성권은 축소되어 보다 엄격한 심사척도가 적용되어야" 할 것이라고 하면서 가산점 제도는 헌법 제32조 제4항(여자의 근로는 특별한 보호를 받으며, 고용·임금 및 근로조건에 있어서 부당한 차별을 받지 아니한다)에 의해 보장되는 남녀평등과 헌법 제25조에 의하여 보장된 공무담임권이라는 기본권의 행사에 중대한 제약을 초래하므로 엄격한 심사척도가 적용되어야 한다고 했다.

헌법재판소는 이 사건에서 엄격한 심사의 의미에 대해서도 확실한 개념을 설정했는데, 이에 의하면 "엄격한 심사를 한다는 것은 자의금지원칙에 따른 심사, 즉 합리적 이유의 유무를 심사하는 것에 그치지 아니하고 비례성원칙에 따른 심사, 즉 차별취급의 목적과 수단 간에 엄격한 비례관계가 성립하는지를 기준으로 한 심사를 행함을 의미한다"라는 것이다.

3. 구체적 차별기준의 필요성

사법부 등에서 사법판단의 기준으로서 평등권 심사기준을 제시한 것은 큰 의미가 있다. 그러나 이러한 기준만으로는 일상생활에서 광범위하게 일어나는 차별행위를 판단하는 데 크게 부족하다. 특히 국가인권위원회 등 차별시정기구에서 수많은 차별 사건을 판단함에 있어서는 사법부의 추상적인 판단기준만으로는 사건을 처리할 수 없다. 따라서 위와 같은 사법부의 심사기준을 기초로 구체적인 심사기준을 만드는 것이 무엇보다 중요하다. 차별의 영역을 분류하고 각 영역에서 발생할 수 있는 차별의 종류를 정리한 다음 각각의 기준을 구체적으로 정해보는 것이다. 이러한 작업은 비사법적 구제를 하는 인권기구의 중요한 의무라고 생각된다. 이런 이유로 국가인권위원회법은 그 기본적 기능으로 "인권침해의 유형·판단기준 및 그 예방조치 등에 관한 지침의 제시 및 권고"(제19조 제6호)를 규정하고 있는 것이다.

II. 직접차별과 간접차별

1. 의의

직접차별이란 특정한 사안에서 동일하다고 생각되는 다수의 집단에 각각 다른 기준을 적용하여 달리 취급하는 것을 의미한다.[7] 이러한 차별은 "특정한 사람을 우대, 배제, 구별하거나 불리하게 대우하는 행위"의 형태로 이루어진다. 예를 들면 고용과 관련해서는 대학 이상의 학력을 가진 사람만이 지원 가능하다고 하거나, 승진에 필요한 근무연수를 남자와 여자를 다르게 정하는 경우, 정년을 학력이나 성별에 따라 달리 정하는 경우가 여기에 해당한다.[8]

이에 반해 간접차별이란 기준 자체는 형식적으로 차별이라고 볼 수 없으나 실제 그 기준이 적용될 경우 특정 성이나 그룹에게 불리한 결과를 가져오는 경우를 의미한다. 성차별에서의 간접차별의 경우는 남녀고용평등법에서 정하고 있는데, "사업주가 채용 또는 근로의 조건은 동일하게 적용하더라도 그 조건을 충족할 수 있는 남성 또는 여성이 다른 한 성에 비하여 현저히 적고 그로 인하여 특정 성에게 불리한 결과를 초래하며 그 조건이 정당한 것임을 입증할 수 없는 경우"(제2조 제1호)로 정의하고 있다. 예를 들면 교도관을 채용함에 있어서 남자와 여자에게 동일한 키와 몸무게를 요구하는 경우 남자가 훨씬 유리할 수밖에 없고 소득공제의 대상을 부양가족이 있는 세대주로 제한하는 경우 세대주라는 별개의 제도 때문에 소득공제에 있어서는 동일한 기준이 적용되더라도 여성이 차별받는 경우 등이 여기에 해당한다.[9]

장애인에 대한 간접차별은 장애인차별금지및권리구제등에관한법률에서 정하고 있는바, "장애인에 대하여 형식상으로는 제한, 배제, 분리, 거부 등에 의하여 불리하게 대하지 않지만 정당한 사유 없이 장애를 고려하지 않는 기준을 적용함으로써

7) 국가인권위원회, 전게서, p. 273.

8) Ibid.

9) Ibid. p. 274.

〈표 8-2〉 직접차별의 사례: 구직자가 모집 채용 차별을 고소

1989년 11월 서울 지역 여대생대표자협의회는 지원자격을 남자로 한정하여 신문에 사원모집 광고를 낸 4개 기업에 대하여 남녀고용평등법 위반으로 검찰에 고소했다. 검찰은 기업들이 그 직종이 여성에게 부적합하다고 볼 수 없기 때문에 위법행위임을 인정하고 4개 기업체 법인과 그 대표 4명에 대하여 각각 벌금 100만 원으로 약식기소했다. 이에 법원은 100만 원의 약식명령을 내렸다. 이 사건은 우리나라에서 처음으로 사업주가 성차별로 인해 처벌받은 사례이며, 또한 처음으로 구직자에 의해 제기된 사건이다.10)

〈표 8-3〉 간접차별의 사례: 성을 이유로 한 경력인정 차별

여성인 진정인은 농업에 종사한 경력을 호봉획정 경력으로 인정받고자 했으나 관련규정에 의거 진정인이 농지원부상의 농업인이 아니라는 이유로 실제 농업에 종사한 경력을 인정받지 못했는데, 이를 여성에 대한 차별이라고 국가인권위원회에 진정했다 인권위는 '토지대장, 등기부등본, 농지원부상의 소유자 및 농업인'을 농업인의 기준으로 정한 현행 규정을 따를 경우 남편을 세대 및 전체 가족의 대표자로 당연시하는 사회풍토로 인하여 실제와는 다르게 여성에 비해 남성 농업인의 비율이 현저히 다수를 차지하는 것으로 나타나는바, 비록 그 기준이 표면적으로는 성별 중립적으로 보이더라도 그에 따라 경력을 인정하는 경우 남성에 비해 여성의 농업 경력 인정률이 현저히 낮을 수밖에 없어 결과적으로 성별에 따른 차등이 초래된다고 판단했다. 또한 인권위는 해당 기준이 결과적으로 성별에 따른 차등을 초래한다 해도 그 기준이 실제 농업 종사 여부 판단이라는 목적 달성을 위해서 적절하고 필수불가결하다면 그를 차별로 볼 수 없겠으나, 한 필지의 토지에서 가족이나 피고용인이 함께 농사를 짓는 것이 일반적이고, 토지를 임차하여 농사짓는 이도 있으므로 실제 농업종사 경력과 농지 등기부등본 및 토지대장상 소유관계는 별개라고 할 수 있고, 한 세대에 농지원부 등록대상 농업인이 2인 이상인 경우에는 세대별 대표자 명의로 농지원부를 작성하고 다른 가족 구성원들은 세대원(업무집행사원)으로 등록하게 되어 있어 농지원부상 농업인만이 실제 농업 종사자라고 볼 수 없는 등, 해당 기준은 실제 농업 종사 여부 판단이라는 목적 달성을 위해서 적절하고 필수불가결하다고 보기 어렵다고 판단했다〈국가인권위원회 2005. 9. 28. 05진차467 결정〉.

장애인에게 불리한 결과를 초래하는 경우"라고 정하고 있다. 하지만 문제는 어느 정도의 불평등한 결과가 있을 경우 간접차별로 볼 것인지가 문제이다. 집단 사이의

10) 국가인권위원회, 전게서, pp. 289~290.

'동일하지 않음'은 일반적인 경우이므로 동일하지 않은 결과가 나왔다고 하여 무조건 간접차별이라고 볼 수는 없을 것이다. 따라서 '일정 범위'를 벗어난 결과상의 불평등만이 간접차별로 평가받아 위법시될 수밖에 없다.

III. 적극적 우대조치

1. 의의

적극적 우대조치는 영어로는 'affirmative action', 'positive action' 또는 'positive measures'로 칭하는 조치로 국가, 지방자치단체, 공공기관, 기업, 노조 등에 대하여 특정한 사람이나 집단이 받고 있는 정치, 경제, 교육, 고용 등의 영역에 있어서의 구조적 차별과 집단적 불이익을 실질적으로 개선하기 위한 잠정적 조치라고 정의할 수 있다. 즉, 이것은 "사회체제나 관습에서 유래하는 차별을 약화 또는 개선하기 위한 조치를 통하여 사실상의 평등을 이루기 위하여 고안한 프로그램"이라고 할 수 있다.[11] 적극적 우대조치는 위에서 보았듯이 국제인권조약이 그 필요성을 인정하며 각 당사국에 실시를 요구하고 있고 우리나라의 차별금지 관련 법률에서도 광범위하게 규정되어 있다. 예컨대 국가인권위원회법은 차별행위의 예외로서 "현존하는 차별을 해소하기 위하여 특정한 사람(특정한 사람들의 집단을 포함한다. 이하 같다)을 잠정적으로 우대하는 행위와 이를 내용으로 하는 법령의 제·개정 및 정책의 수립·집행은 평등권침해의 차별행위로 보지 아니한다"(제22조)라고 규정함으로써 적극적 우대조치를 명문화하고 있다.

11) 김선욱, 「적극적 조치의 현실과 법리」, 양현아 편저, 『가지 않은 길, 법여성학을 향하여』(사람생각, 2004), pp. 44~45 참고.

2. 적극적 우대조치로서의 여성할당제

가. 개념

적극적 우대조치 중 할당제는 가장 많이 사용되는 대표적 우대조치이다. 이것은 특히 성차별을 개선하는 데 많이 사용되는데 남녀차별을 현실적으로 좁힐 수 있는 잠정적 조치로 사용되고 있다. 즉, 여성의 수적 대표성 비율이 일정한 수준에 도달할 때까지 체계적인 증가를 목표로 하는 적극적 조치이다.

나. 여성할당제의 형태[12)]

(1) 자격과 관련된 할당제

어떤 직위나 자리에 자격요건이 일반적으로 필요한 경우 몇 가지의 할당제 형태가 있는데 여성과 남성의 비율을 정해놓고 자격요건과 무관하게 그 비율을 지켜나가는 방법(자격무관할당제), 여성과 남성의 비율을 정해놓고 어느 한 성이 그 대표성에 못 미치는 경우 그 성에 대해서는 최소한의 자격만을 구비하면 임명하는 방법(최소자격요건 할당제), 직위나 자리의 자격요건은 남녀가 동일한데 다만 동일한 자격을 갖춘 경우 대표성이 부족한 성에 우선권을 주는 방법(동일한 자격 시의 우선적 고려 할당제) 등이 있다.

(2) 법적 효력과 관련한 할당제 형태

확정된 할당률이나 목표율을 지키지 않은 경우 이에 대한 규제가 따르는 방법(법적 기속력이 있는 할당제)이나 국가가 기업 등에게 인센티브(보조금, 조세 혜택 등)를 주어 할당제를 실시하도록 하는 방법 등이 있다.

(3) 목표할당제와 확정할당제

일정 기간 내에 특정 지위나 직위에 여성이 일정 비율이 되도록 하는 방법(목표할

---

12) Ibid. pp. 55~57.

당제)과 채용이나 피교육자 선정 등에 남녀 할당을 정하고 대표성이 낙후된 성에 대하여 할당목표에 도달할 때까지 우선 고려하는 방법(확정할당제) 등이 있다.

〈참고자료〉

제2차 양성평등정책 기본계획(2018~2022)[13]
추진계획 중 정치·공공분야 여성대표성 제고

1. 정치분야 여성 대표성 제고

〈생략〉

2. 정부·공공기관에서의 적극적 조치

○ 주요 공공부문의 여성 관리자를 확대하기 위해 「공공부문 여성대표성 제고계획('18~'22)」 수립 추진(관계부처 합동)

○ 남녀 동수 내각 구성을 위한 지속적 노력(각 부처)

○ 여성 관리직 공무원 임용확대 목표 수립·관리(행정안전부, 인사혁신처)

- 국가직 여성 관리직 공무원 임용계획 수립, 지방직 여성 관리자 임용 확대 추진
- 개방형 직위 여성 채용 추진

3. 여성 대표성 제고 및 참여 활성화

- 「여성 고위공무원 목표제」 신규 도입 및 실시, 개방형 직위 활용 여성 비율 확대
- 중앙부처 본부 과장급, 자치단체 과장급 여성 관리자 확대
- 개방형 직위 후보자를 선발하는 중앙선발시험위원회 여성위원을 40%까지 확대하도록 관련 규정 개정

○ 균형인사관리지침 마련 및 적극적 인사관리 강화(인사혁신처)

- 여성 관리직 임용확대를 위한 균형인사지침 개정
- 보직·승진·교육훈련에서 성평등한 균형인사지침 이행 강화

○ 공공기관 여성 대표성 강화 및 임원 비율 확대(기획재정부)

- 여성 임원을 대폭 확대할 수 있도록 「여성 임원 목표제」 도입 및 실시, 기관 내·외 다양한 여성 인재 임용을 통해 획기적으로 확대
- 여성 임원 후보자에 적합한 여성 인재 발굴 및 여성 인재풀 확충, 여성인재아카데미의 여성

---

13) 이것은 양성평등기본법에 따라 여성가족부가 관계 중앙행정기관과 협의하여 매 5년마다 수립하는 계획이다.

임원 후보자 교육 확대
- 임원추천위원회에 여성위원이 20% 이상 포함되도록 인사지침 개정
- 공공기관 여성 임원 비율 공시
- 공공기관의 양성평등채용 목표율 도입 및 이행 모니터링 실시

○ 지방공기업 여성 관리자 목표제 신규 도입 및 단계적 확대(행정안전부)
- 연도별 여성 관리자 목표제 순차적으로 도입
  ※ ('17년) 500인 이상, ('18년) 300인 이상, ('19년) 전체 확대
- 여성 관리자 확대 등을 위한 노력과 성과를 경영평가 지표에 반영
- 지방공기업 직급별 현황 분석을 통해 연도별 여성 관리자 목표안 마련

○ 각종 위원회 여성 참여 질적 수준 제고(여성가족부, 각 부처)
- 위촉직 여성위원 비율 40% 이상 달성 및 유지 모니터링
- 정부위원회의 여성 참여율 40% 이행점검 강화(부처별→위원회별), 남성 위원 비율이 낮은 위원회의 성별 비율 준수 관리
- 정부위원회 대비 여성참여율이 현저히 낮은 지자체 위원회에 대한 개선 권고 실시, 2회 연속 개선권고 위원회는 언론 공표
  ※ '16년 말 정부위원회 여성 비율 37.8%, 지자체 위원회 32.3%로 5.5%p 낮음
- 국민의 삶에 직접적으로 영향력을 미치는 중앙행정기관인 위원회[14]의 성별 구성 현황 점검 신규 추진
- 「5대 국정목표」 의사결정 위원회를 '주요 위원회'로 선정 중점 관리

다. 할당제의 한계

할당제를 시행하는 가운데 가장 큰 문제는 할당제의 우대조치에서 혜택을 받는 사람과 그렇지 못한 사람 사이의 역차별이다. 현실적으로 여성의 차별을 개선하기 위해 실시되는 여성 할당제는 남성에 대한 차별로 이어질 수 있다는 한계가 있다. 특히 자격에 고려가 없는 할당제, 확정 할당제, 명령적 할당제의 경우는 타 기본권 또는 다른 헌법상의 가치와 충돌이 있을 수 있다. 즉, 남성의 입장에서 보았을 때 이러한 할당제가 실시됨으로써 남성이 성에 의한 차별을 받았다고 할 수도 있는데 이것은 남성 개인의 주관적 권리로서의 기본권과 충돌되는 현상이다. 또한 공무원에 대한 할당제의 경우 직업공무원제도에, 정당에서의 할당제는 정당의

14) 「헌법」 또는 별도 법률에 의하여 중앙행정기관으로 설치되는 위원회

자유 원칙과 민주주의 원칙에, 기업에서의 할당제는 남성 근로자의 직업의 자유, 기업주의 영업의 자유 및 재산권 보장에 문제가 될 수 있다.15)

문제는 이러한 기본권 충돌에서 여성 할당제가 헌법적 정당성을 어떻게 갖는가이다. 결국 이것은 앞에서 본 차별판단의 기준에 의해서 판단되어야 하는데, 헌법이 추구하는 양성평등의 실현을 위하여 개인의 주관적 권리 또는 헌법상의 다른 가치의 제한이 불가피하다면 원칙적으로 비례의 원칙에 의해 한계가 정해져야 한다. 단, 이러한 논의에서 중요한 것은 할당제가 처음부터 위헌 논의의 대상이 될 수 없다는 사실이다. 할당제가 위헌이므로 실시할 수 없다는 것이 아니라 헌법적 근거하에 할당제의 필요성을 인정하고 그 목적 실현을 위해 어떤 할당제를 실시할 때 헌법의 다른 가치와의 충돌을 최소화할 수 있는가를 고려해야 한다.16)

IV. 진정직업자격

차별로 인정되어 금지되는 행위는 그것이 합리적인 사유가 없는 경우를 의미한다. 일단 차별적 외형을 가지고 있다 해도 그것이 합리적 사유가 있는 경우에는 차별행위로 볼 수 없다. 그런 이유로 차별금지 관련 법령에서는 위의 적극적 우대조치 외에도 몇 가지 합리적 사유를 열거하고 그에 해당할 때는 비록 차별의 외형을 가졌다 해도 차별행위로 보지 않는다. 남녀고용평등법의 경우 ① 직무의 성질상 특정 성이 불가피하게 요구되는 경우와, ② 근로여성의 임신, 출산, 수유 등 모성보호를 위한 조치를 취하는 경우를 차별로 보지 않고 있다(제2조 제1항 단서). 여기에서 전자를 진정직업자격(Bona Fide Occupational Qualification: BFOQ)이라 부른다.

미국에서는 진정직업자격을 민권법 제7편(Civil Rights Act VII)에 두고 있는데 이곳에서는 이를 “종교, 성 또는 국적이 특정 사업 또는 기업의 정상적 운영을 위해서 합리적으로 필요한 경우”로 규정했다. 민권법 제7편을 시행하기 위해 설치된 고용

15) 김선욱, 전게서, p. 67.

16) 김선욱, 전게서, pp. 68~69.

기회평등위원회(EEOC)는 이 규정의 세부지침(성차별에 관한 지침)을 만들었는데 그것에 의하면 동 위원회는 위의 예외를 신중하고 엄격하게 해석할 것을 요구하면서 구체적인 경우를 들고 있다. 즉, 남성역할을 표현하기 위해 남성만을 배우로 모집하는 경우와 같이 직무수행이라는 사실적이고 순수한 목적을 위해 성에 따른 다른 대우를 하는 경우 등이다. 반면에 ① 여성의 이직률이 남성보다 높다는 등의 상대적 근무특성을 이유로 한 여성의 고용거부, ② 개개인의 능력에 따라 평가하지 않고 남성은 여성보다 복잡한 장비의 조립을 못하며 여성은 남성보다 적극적 판매술이 부족하다는 등의 양성의 특성에 관한 정형적인 고정관념에 근거한 고용거부, ③ 동료들, 고용주, 의뢰인 또는 고객들의 선호를 이유로 한 고용거부는 진정직업자격 요건으로 볼 수 없다고 했다.[17)]

이러한 진정직업자격은 영국의 성차별금지법(Sex Discrimination Act)과 이에 기초하여 설립된 기회평등위원회(EOC)가 제정한 행위준칙(Code of Practice)에서 좀 더 명확히 표현되어 있는데, 이곳에서는 진정직업자격은 ① 직업의 본질적 속성이 신체적 이유(힘이나 스태미나 제외)로서 특정한 성을 요구하거나 연극이나 기타 예술흥업에서 사실성을 이유로 특정한 성을 요구하고 다른 성이 수행하면 실질적으로 차이가 생기는 경우, ② 직무 중 육체적 접촉이 필요한 상황에서 프라이버시나 품위유지를 이유로 상대방 성이 거부되는 경우, ③ 직무의 수행자가 모두 옷을 벗거나 위생상의 도구를 사용하여 상대방 성이 거부되는 경우, ④ 업무수행이 가정집에서 이루어져 신체적·사회적 접촉이 불가피하거나 환자와 간호인의 관계처럼 업무에 개인적인 친밀감의 필요성이 인정되는 경우에 인정된다.[18)]

우리나라에서 진정직업자격이 명확히 규정되어 있는 것은 노동부 예규인 '남녀고용평등업무처리규정'인데 이곳에서는 "직무의 성질상 남성 근로자가 아니면 업무의 정상적인 수행이 곤란하여 당해 직종에 남성만을 채용하는 경우로서 예술 예능 분야에서 신체적 특성에 따른 표현의 진실성이 요청되어 남성을 고용하는 것이 당연한 직업, 근로의 중요한 부분이 특정 성에 대한 배려를 필요로 하는 직업,

17) 국가인권위원회, 전게서, p. 281.

18) Ibid. p. 282.

기타 운동경기상의 필요 등 남성으로 하는 것이 불가피하다고 인정되는 직업"으로 규정하고 있다.

V. '차별금지법'의 제정 필요성

이 장에서 보았듯이 우리나라에는 차별금지와 소수자의 실질적 평등을 도모하는 다양한 법률이 존재한다. 그러나 이들 기존 법률은 차별금지의 선언적인 표명에 그치는 것이 대부분이거나 특정 분야에 한정되어 있어 차별의 구제에 미흡하다는 비판이 제기되어 왔다. 따라서 기존의 법률을 보완하여 더욱 효과적으로 차별을 시정하고 광범위하게 발생하고 있는 차별의 문제를 포괄적으로 다루는 법률 마련이 필요하다는 주장이 오랫동안 제기되었다. 특히 차별의 의미와 판단기준을 구체적으로 제시함으로써 차별에 대한 사회적 인식을 높이고 적극적인 차별 구제를 도모할 필요성이 주장되었다.

이와 같은 이유로 국가인권위원회는 2001년 설립 이래 두 번에 걸쳐(2006년 및 2020년) 차별금지와 구제에 관한 일반법으로서 '차별금지법'(혹은 평등법)을 권고했다.[19] 인권위의 차별금지 권고법안은 차별의 정의와 금지대상의 구체적 적시, 차별시정에 대한 국가 및 지방자치단체의 의무 명시, 차별유형 및 판단기준 그리고 예방조치의 구체적 제시, 구제수단의 다양화와 구제의 실효성 제고를 위한 방법을 규정한 차별금지 및 구제에 관한 일반법의 성격을 띠고 있는 법률안이다. 이 권고법안이 있은 이후 정부입법 및 의원입법이 추진되었으나 성소수자 문제에 강한 이견을 갖고 있는 종교계 일부와 이 법안이 통과될 경우 경제적 부담을 안게 되는 경제계 등의 강한 반대에 직면하여 2023년 말 현재 제정되지 못하고 있다.

---

19) Ibid. p. 367.

제9장 인권법 연습

인도네시아 외국인노동자 단체가 외국인노동자의 인권 개선을 요구하는 현수막

이 장에서는 국제인권법을 활용하여 우리의 인권상황을 점검하고 그 개선방향을 알아보는 연습을 해본다. 이 연습을 위해 두 개의 소재를 선택했다. 첫 번째는 우리의 수사절차에서 변호인의 참여권과 관련된 문제이고, 두 번째는 강제추방 과정에서 외국인의 인권문제이다.

제1절 국제인권법과 수사과정에서의 변호인 참여권

■ 학습을 위한 질문

1. 국제인권법에 의한 국내 인권 현실의 비판적 분석을 어떻게 해야 하는가?
2. 해당 인권문제와 관련 있는 국제인권규범을 찾아보자.
3. 국제인권규범에서 소프트 로의 역할과 기능은 무엇인가?
4. 국제인권규범에 따른 인권증진을 위한 대안을 제시해 보자.

I. 관련 국제인권법과 그 내용 알아보기

1. 구속력 있는 국제인권법 찾기

가. 구속력 있는 국제인권법의 의미

국제인권법의 관점에서 우리의 인권상황을 살피기 위해서는 우선 이와 관련된 구속력 있는 국제인권법[1]을 찾는 것이 급선무이다. 인권상황은 구속력 있는 국제인권법[이를 '하드 로(hard law)'라고 함]에 비추어 최종적으로 판단해야 의미 있는 평가가 되기 때문이다. 인권상황을 국제인권법에 의해 비판하면 '국제인권법에 위반', '국제인권법에 위반되지 않음', '국제인권법에 위반되지는 않지만 개선될 여지가 있음' 등의 평가를 하게 되는데 이런 평가를 함에 있어 그 기준은 구속력 있는 국제인권법이다.

나. 자유권규약 제14조 제3항

변호인의 조력을 받을 권리와 관련하여 '하드 로'로 이야기할 수 있는 대표적인

---

1) 여기에서 '구속력 있다'는 말은 우리나라가 국제법상 해당 규범에 대한 준수 의무(법적 의무)가 있다는 말이다. 따라서 우리가 가입하지 않은 인권조약은 그 조약이 일반적으로는 구속력 있는 조약이지만 적어도 우리나라에게는 준수의 '법적 의무'가 없다.

국제인권법은 자유권규약이다. 그중에서도 다음의 제14조 제3항 (b)를 들 수 있다.

자유권규약 제14조 제3항 (b)

"변호의 준비를 위하여 충분한 시간과 편의를 가질 것과 본인이 선임한 변호인과 연락을 취할 것"

다. '하드 로'의 의미 찾기

하드 로는 비록 구속력은 있지만 그 규정의 방식은 아주 추상적이다. 따라서 그 규정만을 가지고 우리의 인권상황을 점검하는 것은 거의 불가능하다. 따라서 이 추상적 문구의 규정을 국제인권기구 등이 어떻게 해석하고 있는지를 알아야 한다. 마치 우리의 추상적인 기본권 규정을 헌법재판소가 구체적 사건을 통해 그 의미를 구체화하는 것이나 마찬가지이다.

이런 의미에서 국제인권조약의 감독기구(monitoring body)에서 해당 규정에 관해 논평한 소위 일반논평(general comments)은 대단히 중요한 의미가 있다. 일반논평에서 해당 규정을 해석했다면 그 해석이 추상적인 인권조약의 의미를 구체화했다고 보면 된다. 변호인의 접견권과 관련된 자유권규약의 일반논평은 논평 13(General Comment 13)의 제9항에 잘 나타나 있다.

〈표 9-1〉 자유권규약위원회 일반논평 13 제9항

9. 제3항 (b)는 변호의 준비 및 본인이 선임한 변호인과의 연락을 위한 충분한 시간(adequate time)과 편의(facilities)를 가질 것을 규정한다. 여기서 언급한 "충분한 시간"은 각 사건의 상황에 따라 다른 것이지만, "편의"에는 변호사를 선임하고 연락할 수 있는 기회뿐 아니라 피고인이 변호를 준비하는 데 필요한 관련 문서 및 기타 증거자료에 대한 접근 가능성이 반드시 포함되어야 한다. 만약, 피고인이 직접 변호하기를 원하지 않거나 또는 본인이 선임하는 자 또는 단체에의 요청을 원하지 않을 경우 피고인은 변호인에게 의뢰할 수 있어야 한다. 더욱이 동 조항에서는 피고인과 그의 변호인이 비밀이 완전히 보장되는 조건하에서 연락을 취할 것을 요구하고 있다. 변호인은 어떠한 제한, 영향, 압력 또는 외부로부터의 부당한 간섭 없이 그들의 확립된 전문적 기준과 판단에 따라 자신의 의뢰인과 상의하고 그를 대표할 수 있어야 한다.

2. 구속력 없는 국제인권규범 찾기

가. 구속력 없는 국제인권규범의 의미

구속력 없는 국제인권규범, 소프트 로(soft law)는 비록 규범 자체로는 구속력이 없지만 사실은 관련 '하드 로'의 의미를 구체화하는 보충규범으로서의 역할을 한다. 즉, '소프트 로'는 '하드 로'가 가지고 있는 추상성을 보충해 줌으로써 하드 로의 규범 적용가능성을 높이는 역할을 한다. 이것은 각각의 국제인권기구가 하드 로를 해석하면서 다양한 소프트 로를 언급하는 데서도 알 수 있다. 소프트 로는 하드 로에 비해 훨씬 자세한 규정을 가지고 있어 실제의 우리의 인권상황을 점검하는 데 매우 유용하다. '소프트 로'에 위반한다는 말은 소프트 로의 성격에 비추어 적절한 표현은 아니지만 소프트 로에 배치되는 인권상황은 소프트 로가 관련 하드 로의 해석을 보충해 줌으로써, 결국 그것에 위반되는 것으로 평가될 수 있다.

나. 유엔피구금자보호원칙 '18'

변호인의 조력을 받을 권리와 관련된 대표적인 소프트 로는 유엔총회가 1988년 만장일치로 결의한 '모든 형태의 구금 혹은 징역 상태에 있는 모든 사람의 보호를

〈표 9-2〉 유엔피구금자보호원칙 '18'

1. 구금된 자 혹은 수형자는 그의 변호인과 연락하고 상담할 권한을 갖는다.
2. 구금된 자 혹은 수형자는 그의 변호인과의 상담을 위한 적절한 시간 및 장소가 제공되어야 한다.
3. 구금된 자 혹은 수형자가 그의 변호인과 신속히 그리고 사전검열 없이 완전한 비밀이 보장된 상태에서 면회, 상담 및 연락을 할 권리는, 법률이나 적법한 규칙에 의하여 규정되어 안보 및 질서유지를 위하여 사법기관 혹은 기타 국가기관이 절대 필요하다고 판단할 경우를 제외하고 중지되거나 제한될 수 없다.
4. 구금된 자 혹은 수형자와 그의 변호인과의 접견은 법률집행공무원의 감시하에 있을 수는 있으나 그 내용을 들을 수는 없다.
5. 동 원칙에서 언급하는 구금된 자 혹은 수형자와 그의 변호인과의 의사소통 내용은, 지속적이고 계획된 범죄와 연루되었을 경우를 제외하고는 구금된 자 혹은 수형자에게 불리한 증거로써 효력이 없다.

위한 원칙'(약칭 '유엔피구금자보호원칙', Body of Principles for the Protection of all Persons under any Form of Detention or imprisonment)의 제18원칙이다.

II. 우리의 인권상황 점검

1. 점검의 항목

변호인의 조력을 받을 권리와 관련된 국제인권법의 내용을 알아보았다면 이제는 우리의 인권상황을 국제인권법의 시각에서 하나하나 점검해 볼 차례이다. 즉, 위의 자유권규약 제14조 3항 (b)를 보충해 주는 일반논평과 유엔피구금자보호원칙의 내용을 토대로 ① 변호인과 피의자(피고인)은 완전한 비밀접견이 보장되는가, ② 변호인 접견 시의 시설은 완전한 비밀접견에 적합한가, ③ 접견의 시간 등에 제한은 없는가, ④ 변호인이 변호를 함에 있어 관련 정보(관련 기록) 등의 접근권은 적절한가, ⑤ 변호인의 접견이 제한되는 경우는 없는가 등의 항목과 관련된 우리의 제도와 현실을 점검해야 한다.

2. 인권현실의 의미

한 나라의 인권현실은 인권과 관련된 제도와 제도의 구현으로서의 현실에 의해 규정된다. 따라서 우리의 인권현실을 알아보기 위해서는 제도로서의 법령 등을 살피고, 그와 관계없이 나타나고 있는 현실(관행, 실상 등)을 동시에 고려해야 한다. 인권현실을 점검할 때는 어떤 경우에도 법령 제도가 완벽하게 실현되지 않는다는 점을 고려해야 한다. 인권적으로는 아무런 문제가 없는 제도라도 현실은 그와 관계없이 일어나는 현상이 있을 수 있다. 그러나 실제의 현실은 제도보다 좋을 수는 없다. 따라서 제도(법령)는 인권현실의 최상의 목표이자 최소의 모습이기도 하다.

〈표 9-3〉 변호인의 조력을 받을 권리에 대한 헌법소원(헌법재판소 1992. 1. 28. 91헌마111)

"변호인의 조력을 받을 권리의 필수적 내용은 신체구속을 당한 사람과 변호인과의 접견교통권이며 이러한 접견교통권의 충분한 보장은 구속된 자와 변호인의 대화내용에 대하여 비밀이 완전히 보장되고 어떠한 제한·영향·압력 또는 부당한 간섭 없이 자유롭게 대화할 수 있는 접견을 통해서만 가능하고 이러한 자유로운 접견은 구속된 자와 변호인의 접견에 교도관이나 수사관 등 관계공무원의 참여가 없어야 가능하다."

3. 점검

변호인의 조력을 받을 권리와 관련된 위의 점검 항목에 맞추어 간단히 현실(제도와 현상)을 진단해 보자.

가. 완전한 비밀 접견과 관련된 제도

과거에는 미결수에 대한 변호인 접견에서 교도관 등의 입회가 있었으나 1992년의 헌법재판소 결정 91헌마111 사건에서 해당 행형법 규정이 위헌으로 판단된 이후 비밀 접견은 제도적으로는 정착되었다고 할 수 있다.

나. 비밀 접견을 위한 시설 등의 현황

변호인이 피의자 및 피고인을 접견할 때 비밀 접견은 보장되나 그것을 현실적으로 가능케 하는 접견 시설은 아직 많은 문제점이 있다. 경찰서 및 검찰청의 변호인 접견시설이 충분치 않으며 유엔피구금자보호원칙 등에서 요구하는 '보이지만 들을 수 없는 원칙(可視不聽)'을 구체화한 시설은 상당히 부족한 실정이다.

다. 변호인의 정보접근권

변호인의 정보접근권은 소위 증거개시제도에 의해 확보되는데 이 부분은 아직 제도적으나 현실적으로나 여러 가지 문제가 많다. 수사과정에서는 변호인이 수사기관이 가지고 있는 수사기록이나 증거물에 접근할 수 있는 제도적 장치가 없고, 공소제기 이후에도 검사가 법원에 증거를 제출하기 전까지는 수사기록 등에 접근할

〈표 9-4〉 형사소송법(2007.6)

제266조의 3(공소제기 후 검사가 보관하고 있는 서류 등의 열람·등사)
① 피고인 또는 변호인은 검사에게 공소제기된 사건에 관한 서류 또는 물건(이하 "서류 등"이라 한다)의 목록과 공소사실의 인정 또는 양형에 영향을 미칠 수 있는 다음 서류 등의 열람·등사 또는 서면의 교부를 신청할 수 있다. 다만 피고인에게 변호인이 있는 경우에는 피고인은 열람만을 신청할 수 있다. 1. 검사가 증거로 신청할 서류 등 2. 검사가 증인으로 신청할 사람의 성명·사건과의 관계 등을 기재한 서면 또는 그 사람이 공판기일 전에 행한 진술을 기재한 서류 등 3. 제1호 또는 제2호의 서면 또는 서류 등의 증명력과 관련된 서류 등 4. 피고인 또는 변호인이 행한 법률상·사실상 주장과 관련된 서류 등(관련 형사재판확정기록, 불기소처분기록 등을 포함한다) ② 검사는 국가안보, 증인보호의 필요성, 증거인멸의 염려, 관련 사건의 수사에 장애를 가져올 것으로 예상되는 구체적인 사유 등 열람·등사 또는 서면의 교부를 허용하지 아니할 상당한 이유가 있다고 인정하는 때에는 열람·등사 또는 서면의 교부를 거부하거나 그 범위를 제한할 수 있다. ③ 검사는 열람·등사 또는 서면의 교부를 거부하거나 그 범위를 제한하는 때에는 지체 없이 그 이유를 서면으로 통지하여야 한다. ④ 피고인 또는 변호인은 검사가 제1항의 신청을 받은 때부터 48시간 이내에 제3항의 통지를 하지 아니하는 때에는 제266조의 4 제1항의 신청을 할 수 있다. ⑤ 검사는 제2항에도 불구하고 서류 등의 목록에 대하여는 열람 또는 등사를 거부할 수 없다. ⑥ 제1항의 서류 등은 도면·사진·녹음테이프·비디오테이프·컴퓨터용 디스크, 그 밖에 정보를 담기 위하여 만들어진 물건으로서 문서가 아닌 특수매체를 포함한다. 이 경우 특수매체에 대한 등사는 필요 최소한의 범위에 한한다.

수 없었다. 다만 후자의 경우는 2007년 형사소송법의 개정으로 상당한 변화가 있었다. 왜냐하면 개정 형사소송법은 공소제기 이후 증거제출 이전까지 과거와 다른 증거개시 제도를 도입했기 때문이다.

라. 변호인 접견의 제한

대표적인 것이 수사과정에서의 변호인의 참여권이다. 변호인 참여권은 대법원에서 판례에 의해 헌법상의 '변호인의 조력을 받을 권리'의 내용으로 확인했지만 우리 형사소송법은 수사과정에서 변호인 참여를 규정하지 않고 있음으로 현실은 헌법의 이상과는 거리가 있었다. 그러나 2007년 형사소송법의 전면적 개정으로 변호인의 수사 참여권도 마침내 법률 규정으로 들어가게 되었다. 다만 수사기관은 정당한 사유가 있으면 변호인 참여를 거부할 수 있는데, 과연 어떤 경우가 정당한 사유에 해당할지는 하위법령[2] 및 법원의 판례 등을 통해 구체화될 것이라 생각한다.

---

2) 2007년 형사소송법이 개정된 후 변호인의 피의자신문 참여 방식을 구체화하는 하위규정에 대한 많은 비판이 있었다. 즉, 하위법령이 변호인 참여를 거부할 수 있는 정당한 사유와 관련해 명확한 지침을 주지 못하거나 법률의 취지에서 벗어나 변호인의 조력을 제한하는 경우도 있었기 때문이었다. 2020년 제정된 「검사와 사법경찰관의 상호협력과 일반적 수사준칙에 관한 규정」(대통령령)은 이 문제를 개선하기 위해 다음 두 조문을 두었다.

제13조(변호인의 피의자신문 참여·조력)

① 검사 또는 사법경찰관은 피의자신문에 참여한 변호인이 피의자의 옆자리 등 실질적인 조력을 할 수 있는 위치에 앉도록 해야 하고, 정당한 사유가 없으면 피의자에 대한 법적인 조언·상담을 보장해야 하며, 법적인 조언·상담을 위한 변호인의 메모를 허용해야 한다.

② 검사 또는 사법경찰관은 피의자에 대한 신문이 아닌 단순 면담 등이라는 이유로 변호인의 참여·조력을 제한해서는 안 된다.

③ 제1항 및 제2항은 검사 또는 사법경찰관의 사건관계인에 대한 조사·면담 등의 경우에도 적용한다.

제14조(변호인의 의견진술)

① 피의자신문에 참여한 변호인은 검사 또는 사법경찰관의 신문 후 조서를 열람하고 의견을 진술할 수 있다. 이 경우 변호인은 별도의 서면으로 의견을 제출할 수 있으며, 검사 또는 사법경찰관은 해당 서면을 사건기록에 편철한다.

② 피의자신문에 참여한 변호인은 신문 중이라도 검사 또는 사법경찰관의 승인을 받아 의견을 진술할 수 있다. 이 경우 검사 또는 사법경찰관은 정당한 사유가 있는 경우를 제외하고는 변호인의 의견진술 요청을 승인해야 한다.

③ 피의자신문에 참여한 변호인은 제2항에도 불구하고 부당한 신문방법에 대해서는 검사 또는 사법경찰관의 승인 없이 이의를 제기할 수 있다.

④ 검사 또는 사법경찰관은 제1항부터 제3항까지의 규정에 따른 의견진술 또는 이의제기가 있는 경우 해당 내용을 조서에 적어야 한다.

〈표 9-5〉 개정 형사소송법(2007.6)

제243조의 2(변호인의 참여 등) ① 검사 또는 사법경찰관은 피의자 또는 그 변호인·법정대리인·배우자·직계친족·형제자매의 신청에 따라 변호인을 피의자와 접견하게 하거나 정당한 사유가 없는 한 피의자에 대한 신문에 참여하게 하여야 한다. ② 신문에 참여하고자 하는 변호인이 2인 이상인 때에는 피의자가 신문에 참여할 변호인 1인을 지정한다. 지정이 없는 경우에는 검사 또는 사법경찰관이 이를 지정할 수 있다. ③ 신문에 참여한 변호인은 신문 후 의견을 진술할 수 있다. 다만 신문 중이라도 부당한 신문방법에 대하여 이의를 제기할 수 있고, 검사 또는 사법경찰관의 승인을 얻어 의견을 진술할 수 있다. ④ 제3항에 따른 변호인의 의견이 기재된 피의자신문조서는 변호인에게 열람하게 한 후 변호인으로 하여금 그 조서에 기명날인 또는 서명하게 하여야 한다. ⑤ 검사 또는 사법경찰관은 변호인의 신문참여 및 그 제한에 관한 사항을 피의자신문조서에 기재하여야 한다.

III. 간극 발견과 개선 방향

위와 같은 작업을 거치다 보면 우리의 인권상황(변호인의 조력을 받을 권리)에 대한 문제점과 개선 방향에 대한 명확한 시사를 받게 된다. 우리는 위와 같은 간극을 메우기 위해 법령의 개선과 현실 개선을 위한 노력을 하지 않으면 안 된다. 이러한 노력에는 구체적 사건에서 국제인권법의 직접 혹은 간접 적용을 통해 제도와 현실에 대해 사법적 판단을 구하거나 국제인권기구(자유권규약위원회)의 개인통보제도 및 특정 인권조약에 의한 정부보고서가 해당 감독기구에서 검토될 때 적극적인 반박 활동을 벌여 우리 정부에 국제적 압력을 가하는 방법이 포함된다.

제2절 강제추방 과정에서의 외국인의 인권

■ 학습을 위한 질문

1. 외국인에 대한 인권보장은 내국인과 비교하여 어떤 차이가 있는가?
2. 강제추방 과정에서 신체의 자유가 침해되는 외국인이 사법적 심사를 받을 방법이 있는지 알아보자.
3. 외국인의 강제추방 절차에서 우리나라의 사법제도는 어떤 문제가 있는지 국제인권법적 차원에서 알아보자.

I. 강제추방 사례

외국인의 국내체류가 급증함에 따라 불법체류 외국인에 대한 강제추방 과정에서 많은 인권침해가 보고되고 있다. 이 절에서는 그중 하나의 사례를 소개하고 이 문제를 국제인권법의 규범에 따라 어떻게 평가하고 해결할지에 대하여 간단히 살펴보고자 한다.

사례: 동남아의 A국에서 온 B는 노동자로서 서울 인근의 한 공장에서 일했다. 그는 불법체류 상태에서 일을 하면서 미등록이주노동자 노동조합의 설립 과정에 깊이 관여했다. 정부에서는 이 조합의 설립신청을 반려했지만 B를 중심으로 하는 미등록이주노동자들은 행정소송을 통해서 정부의 노동조합 반려처분을 다투고 있다. 이 소송은 1심에서는 원고들이 패소했지만 항소심은 노동조합 설립의 적법성을 인정하고 원고 승소 판결을 내렸다. 이런 가운데 지방노동사무소는 B에 대해 전격적으로 강제추방 절차에 나서 그 신병을 확보하여 외국인보호소에 구금시켰다. 이에 B는 법원에 이와 같은 인신구속은 자신의 신체의 자유를 본질적으로 침해하는 것이라 보고 그 적부심사를 청구하고자 한다.

II. 국제인권법에 의한 평가

1. 하드 로 및 소프트 로 찾기

이 사안에서 문제되는 신체의 자유와 관련된 국제인권규범 중 우리나라에서 직접적 구속력이 있는 규범은 자유권규약이다. 따라서 관련 조항을 우선 찾아보아야 한다.

가. 자유권규약 제2조 제1항

자유권규약 제2조 제1항은 자유권규약의 적용대상에 대한 일반적 규정이다. 이 규정은 위 사례에서 문제가 되는 외국인의 신체의 자유를 보장하는 것이 대한민국의 국제법적 의무인지에 대하여 답을 준다. 나아가 우리 헌법상의 신체의 자유가 외국인에 대해서도 보장되는지도 이 조항을 통해 알아볼 수 있다.

> 자유권규약 제2조 제1항
> "이 규약의 각 당사국은 자국의 영토 내에 있으며, 그 관할권하에 있는 모든 개인에 대하여 인종, 피부색, 성, 언어, 종교, 정치적 또는 기타의 의견, 민족적 또는 사회적 출신, 재산, 출생, 또는 기타의 신분 등에 의한 어떠한 종류의 차별도 없이 이 규약에서 인정되는 권리들을 존중하고 확보할 것을 약속한다."

이 규정의 해석상 특별한 경우가 아닌 이상 자유권규약의 각 조항(신체의 자유를 포함)은 외국인의 법적 지위에 관계없이 원칙적으로 적용되어야 함을 알 수 있다.

나. 자유권규약 제9조 제4항

다음으로 위 사례와 관련되어 직접적으로 문제가 되는 조항이 자유권규약 제9조 제4항이다.

자유권규약 제9조 제4항

"체포 또는 억류에 의하여 자유를 박탈당한 사람은 누구든지 법원이 그의 억류의 합성을 지체 없이 결정하고 그의 억류가 합법적이지 아니한 경우에는 그의 석방을 명령할 수 있도록 하기 위하여 법원에 절차를 취할 권리를 갖는다."

이 규정은 우리나라 형사법 절차의 구속(체포)적부심사와 관련된 것이다. 그러나 이 조항은 반드시 형사사건에서 체포 구금된 자만을 의미하지 않음이 분명하다(자유권규약위원회 일반논평 8 참고). 따라서 불법체류자를 강제퇴거하기 위하여 외국인 보호소 등에서 유치되어 있는 경우도 이 조항에 의할 경우 법관에 의한 사법심사가 가능해야 한다. 그러나 우리나라는 출입국관리법상 강제퇴거(강제추방) 결정에 대한 행정절차상의 이의신청은 있지만 위 조항에서 요구하는 사법절차는 존재하지 않는다.

한편 2007년 인신보호법이 제정되었지만 이 법률에서도 출입국관리법상의 인신구금은 포함되지 않는다.[1] 이것은 자유권규약의 위 조항에 정면으로 배치된다는 비판이 있다.[2]

다. 자유권규약위원회 일반논평 8

자유권규약위원회는 1982년 제16차 회기에서 자유권규약 제9조의 의미에 대하여 논평했는데, 그중에는 제4항의 보장은 "체포 및 구금으로 자유를 박탈당한 모든 사람에게 적용됨"을 명백히 했다. 이것은 불법체류자의 강제추방 과정에서도

---

1) 인신보호법은 위법한 행정처분 또는 사인에 의한 시설에의 수용으로 인하여 부당하게 인신자유를 제한당하고 있는 개인의 구제절차를 마련함으로써 헌법이 보장하고 있는 국민의 기본권을 보호하는 것을 목적으로 만들어진 법률이다. 이 법률 제2조 제1항은 이 법률이 적용되는 피수용자를 정의하고 있는데 다음과 같은 내용이다. "이 법에서 피수용자란 자유로운 의사에 반하여 국가, 지방자치단체, 공법인 또는 개인, 민간단체 등이 운영하는 의료시설, 복지시설, 수용시설, 보호시설에 수용, 보호 또는 감금되어 있는 자를 말한다. 다만 형사절차에 따라 체포, 구속된 자, 수형자 및 출입국관리법에 따라 보호된 자는 제외한다."

2) 국가인권위원회는 이미 이런 문제를 인식하여 2006년 인신보호법안에 대한 의견을 내면서 강제출국의 경우에도 인신보호법이 적용되어야 함을 강조한 바 있다.

사법기관에 의한 적부심사가 가능함을 말한다. 이 논평은 그 자체로는 법적 구속력이 없지만 자유권규약 제9조 제4항의 의미가 무엇인지를 명확히 한 해석기준으로서의 의미가 있다.

2. 평가

위와 같이 볼 때 현재 우리나라의 강제추방 절차는 국제인권법적으로 큰 문제가 있음을 알 수 있다. 적어도 추방 과정에서 외국인에 대한 신체의 자유를 보장하기 위한 사법기관에 의한 적부심사가 보장되지 않음은 우리가 가입한 자유권규약 제9조 제4항에 위반된다는 평가를 받을 수 있다고 본다. 그리고 이것은 우리 헌법 제12조 제6항의 해석에도 그대로 적용될 수 있다고 본다. 즉, 동 조항은 "누구든지 체포 또는 구속을 당한 때에는 적부의 심사를 법원에 청구할 권리를 가진다"고 규정하고 있는데, 여기서 말하는 체포 또는 구속은 반드시 형사상 체포 또는 구금을 의미한다고 할 수는 없다.

형사상 체포 또는 구금과 관계없이 그 속성이 사람의 인신을 구속하는 것이라면 이 조항에 포함된다고 보아야 한다. 이런 이유로 그동안 형사소송법상의 구속적부심사 대상이 아니었던 (실질적) 구금에 대해서도 인신보호법이 제정되어 헌법의 취지에 맞는 적부심사(구제절차)가 가능하게 된 것이다.

결론적으로 인신보호법이 강제추방 절차에 있는 외국인에 대해서는 동법의 구제절차를 밟지 못하도록 못을 박은 것은 우리가 가입한 자유권규약에 위반됨은 물론이고 우리의 헌법 취지와도 맞지 않는다고 할 수 있다.

III. 대안 제시

강제추방 절차에서 사법기관에 의한 적부심사의 문제점을 위와 같이 평가할 때 우리는 어떤 대안을 제시할 수 있는가. 몇 가지 생각할 수 있는 안은 다음과 같다.

1. 사법적 해결방안

현재 외국인 보호소에 구금되어 있는 외국인이 법원에 그 적부의 신청을 할 수 있는 방법은 뚜렷이 존재하지 않는다. 다만 인신보호법을 이용하는 방법을 생각해 볼 수 있다. 앞에서 본 바와 같이 인신보호법 제2조는 강제퇴거 절차에 들어가 있는 외국인이 이 법률에 의한 구제절차를 밟지 못하도록 하는 명문의 규정을 두고 있지만 우선은 이 법률 제3조에 의한 구제청구를 해보는 것이다. 그러면서 바로 이 법률의 위헌법률심판 청구를 하는 것이다. 이 법률은 분명 우리가 가입한 자유권규약 위반이며 헌법 제12조 제6항에도 위반된다고 볼 수 있다.[3] 따라서 법원은 이 법률의 위헌심판을 헌법재판소에 청구할 가능성이 있다(헌법재판소법 제41조 제1항). 만일 법원이 이를 기각한다면 당사자는 헌법소원 절차를 이용하여 인신보호법의 위헌성을 본격적으로 다투어 볼 수 있을 것이다(헌법재판소법 제68조 제2항).

위와 같은 방법이 아니고 외국인보호소에 구금되어 있는 당사자가 바로 인신보호법의 위헌판단을 구하는 헌법소원을 제기할 수는 없을까. 가능성이 있다고 본다. 이 경우는 강제추방 대상 외국인에 대한 적부심사에 대한 법률을 제정해야 함에도 오히려 인신보호법이 그 배제를 명백히 함으로써 해당 외국인의 기본권을 직접 침해한 것으로 볼 수 있기 때문에 헌법소원(헌법재판소법 제68조 제1항)으로 다투어 볼 수 있다고 생각한다(즉, 이 경우는 인신보호법의 입법행위가 헌법소원의 한 요건인 '공권력의 행사'에 의한 기본권 침해에 해당한다는 것임).[4]

---

3) 헌법재판소의 그동안의 성향으로 보아 인신보호법이 자유권규약에 위반된다고 하여 바로 위헌 판단을 하지는 않을지도 모른다. 그러나 우리 헌법 제12조 제6항의 해석을 함에 있어 자유권규약 제9조 제4항에 따른 해석을 할 수는 있다. 이것이 바로 헌법합치적 해석에 의한 국제인권법의 사실상의 직접적용이라 할 수 있다.

4) 입법작용에 의한 헌법소원의 가능성에 대해서는 정종섭, 『헌법소송법』, 제3판(박영사, 2005), p. 556 이하 참고.

2. 비사법적 해결방안

이 사안에서 당사자가 해볼 수 있는 사법적 구제 방법 외의 방법을 인권법적 차원에서 살펴보면 크게 국가인권위원회의 구제절차와 국제인권기구를 통한 절차로 나누어 생각해 볼 수 있다.

가. 국가인권위원회를 통한 구제절차

국가인권위원회(인권위)는 공권력에 의해 인권침해가 이루어졌을 때 이를 조사하여 구제할 수 있다(국가인권위원회법 제30조). 물론 여기에서의 구제는 사법적 구제와 달리 법적 구속력 있는 결정에 의한 구제가 아니라 권고적 효력의 결정에 의한 것으로 종국적으로 관련 기관이 이를 수용하지 않으면 현실적인 구제는 이루어지지 않는다. 다만 관련 기관은 인권위의 이러한 권고결정에 대하여 존중의 의무가 있고(국가인권위원회법 제25조 제2항), 실제로 대부분의 관련 기관이 출범 이후 특별한 사정이 없는 한 인권위의 권고결정을 수용해 왔다는 사실에서 이 결정의 실효성을 읽을 수 있다.

이 사례는 앞에서 본 대로 국제인권법인 자유권규약 제9조 제4항과 우리 헌법 제12조 제6항을 위반하는 사례이다. 따라서 인권위는 이 사례에 대해 진정을 받는 경우, 강제추방 절차에서 사법기관의 적부심을 허용하지 않는 것에 대해 국제인권법 및 헌법 위반임을 선언할 수 있다. 또한 출입국관리법상의 보호 외국인을 배제한 인신보호법이 국제인권법 및 헌법에 위반됨을 지적하고 관련 기관에 그 개정을 권고할 수도 있다. 다만 인권위의 위의 결정은 모두 정책권고적 성격이 강하므로 구체적인 사건에서 당사자가 바로 구제되기는 어렵다는 단점이 있다.

나. 국제인권기구를 통한 구제절차

이 사례의 당사자는 우리나라가 가입한 자유권규약 제1선택의정서에 따른 개인통보절차를 이용하여 구제를 받을 수도 있다. 당사자가 국내에서 사법기관에 의한 적부심사를 받을 수 있는 방법이 국내법에서는 막혀 있으므로 국내 구제절차의 이용과 관계없이(이 경우는 '국내절차의 완료'라는 요건은 필요 없음) 바로 자유권규약

위원회(Human Rights Committee)에 사건을 통보할 수 있다고 본다. 이 사건이 자유권규약위원회로 통보되면 위원회가 자유권규약 제9조 제4항 위반으로 보아 한국 정부에 적절한 조치를 취하도록 하는 결정이 가능하리라 생각한다. 또한 이러한 절차가 진행되는 동안 당사자가 강제출국될 가능성이 있으므로 당사자는 위원회가 한국 정부에 대하여 위원회의 결정이 이루어질 때까지 당사자를 강제출국시키지 않도록 하는 임시적 조치를 취하도록 요청하는 것이 필요하다.

제10장 인권법의 이론과 실제

고야는 나폴레옹 군대에 맞서 봉기한 마드리드 시민들이 학살당하는 장면을 섬뜩하게 그렸다. 처형당하는 시민들의 얼굴은 보는 이의 모골을 송연케 한다. 군인들은 하나의 살인기계다. 신은 교회의 첨탑을 통해 이 살육의 현장을 굽어보고 있지만 아무 말이 없다(프란시스코 고야, 〈1808년 5월 3일〉, 1814년 작, 유화, 266 x 345cm, 프라도 미술관 소장).

제1절 인권과 사회생물학

■ 학습을 위한 질문

1. 인간은 생물학적으로 도덕적 존재일 수 있는가?
2. 인권의 기초를 생물학적으로 설명할 수 있는가?
3. 인권의 생물학적 접근은 인권의 보편성을 설명하는 데 어떤 도움이 될 수 있는가?
4. 사회생물학적 접근방법이 동성애와 같은 인권문제를 해결하는 데 도움을 줄 수 있는가?

I. 서언

이 글의 목적은 인권을 사회생물학적으로 이해해 보는 것이다. 이것은 종래 법학 분야에서 거의 볼 수 없는 관점에서 인권을 이해하려는 시도이다. 이제까지의 인권에 대한 논의는 주로 19세기 이후 만들어진 근대적 개념의 인권과 20세기에 만들어진 현대적 개념의 인권을 규범주의 관점에서 이해하는 것이었다. 이러한 연구방법론은 철저하게 법학 혹은 사회과학이라는 테두리 내에서 전개된 것으로 규범해석론을 크게 벗어나지 못했다.

그런데 여기에선 종래의 틀을 벗어나 인권의 기초적 이해를 자연과학, 그중에서도 생물학적 근거 위에서 설명해 보고자 한다. 사회생물학자들의 말을 그대로 수용한다면 모든 사회과학은 인간의 본성에 근거한 것이고, 그 본성은 생물학적 기초 위에 있는 것이므로, 생물학적 이해가 없는 사회과학은 뿌리 없는 나무나 마찬가지이다. 그리고 이 주장은 사회과학의 일부인 법학, 그중에서도 인권법학에서 그대로 적용될 수 있을 것이다.

이 글의 기본 구상은 에드워드 윌슨(Edward Wilson)의 통섭(統攝)에 대한 견해에서 비롯되었다.[1] 그의 말에 의하면 세계에 대한 균형 잡힌 관점은 여러 학문들을

---

* 제1절은 필자의 다음 논문을 수정·보완한 것이다: 박찬운, 「인권과 사회생물학」, ≪법학논총≫

쪼개서 하나하나 공부한다고 얻을 수 있는 것이 아니라 그들 간의 통합을 추구할 때만 가능하다고 한다.[2)] 필자는 이 말의 의미를 깊이 신뢰한다. 학문의 커다란 가지들 사이의 간격이 좁아지는 만큼 지식의 다양성과 깊이는 심화될 것이라 믿기 때문이다.

이 글은 바로 통섭적 입장에서 인권의 몇 가지 기초적 문제를 '생물학적 진화론에 입각해 설명'해 보고자 하는 것이다. 법학도가 인권의 기원을 생물학적 기초에서 설명할 수 있을까, 혹은 인권의 보편성이라는 인권법학의 전통적 기본 이슈를 생물학적 기초에서 설명할 수 있을까, 나아가 인권사에서 많이 논쟁되어 온 많은 인권이슈들, 예컨대 동성애자들의 인권이나 남성 본위의 부계혈통주의 문제를 생물학적 기초에서 설명하면서 새로운 시대의 인권 함의로 바꾸어 낼 수 있을까 하는 것들이 이 글에서 시도해 보고자 하는 주제들이다.

II. 사회생물학의 기초적 이해

1. 사회생물학의 기본 개념

사회생물학은 주로 사회적 행태를 보이고 있는 생물을 연구하는 자연과학자들 사이에서 비롯된 것이지만 최근에는 인문철학자들 사이에서도 많은 관심을 받고 있다. 따라서 국내외에 출판된 사회생물학에 관한 저작들도 대체로 자연과학자가

(한양대 법학연구소, 2008.3), pp. 325~355.

1) 통섭이란 말이 국내에 전파된 것은 에드워드 윌슨의 저서인 *Consilience: The Unity of Knowledge*가 번역된 2005년 이후다. 이 책의 번역자 중 한 사람인 최재천 교수는 'consilience'라는 단어를 통섭(統攝)이라고 번역하고 그것이 '큰 줄기를 잡다'라는 의미를 갖는다고 설명했다. 이것은 윌슨이 위 책을 저술한 목적이 '사물에 널리 통하는 원리로 학문의 큰 줄기를 잡고자' 하는 것에 비추어 부합한다고 설명한다. 에드워드 윌슨, 『통섭』, 최재천·장대익 옮김(사이언스 북스, 2005), pp. 10~13.

2) Ibid. p. 47.

설명하는 것과 철학자가 설명하는 것으로 나누어진다. 이하에서는 이 글에서 다루고자 하는 인권문제를 설명하는 데 도움을 줄 정도의 범위 내에서 사회생물학의 기본 개념을 소개하고자 한다.

현대 사회생물학의 창시자로 일컬어지는 에드워드 윌슨은 사회생물학을 "모든 사회행동의 생물학적 근거를 체계적으로 연구하는 학문"이라고 정의한 바 있다.[3] 여기서 말하는 '생물학적 근거'란 바로 진화론에 입각한 근거를 말한다. 즉, 사회생물학은 인간을 포함한 모든 사회적 생물의 행동양식을 진화론적 입장에서 추적하여 그 근거를 밝혀내는 학문영역이라고 할 수 있다. 비록 사회생물학이 윌슨에 의해 시작되었다고 해도 윌슨이 이 학문 자체를 만들어 낸 것은 아니다. 이것은 찰스 다윈(Charles R. Darwin) 이래 많은 생물학자들이 진화론에 입각하여 연구해 온 인간을 포함한 모든 동물들의 자연사 또는 사회사를 윌슨이 집대성하고 적절한 이름을 붙인 것에 지나지 않는다.[4]

사회생물학의 주요 논점 중 가장 핵심적인 내용은 프란츠 부케티츠(Franz M. Wuketits)가 요약한 바 있는데, 이를 토대로 설명하면 다음 몇 가지로 정리할 수 있다.[5]

첫째, 사회생물학은 현존하는 모든 생물종들은 진화의 산물이며, 생물학적 진화를 초래하는 것은 유전자의 재조합, 돌연변이 그리고 자연선택이라는 사실을 기반으로 성립한다. 사회생물학은 행동방식, 특히 인간을 포함한 생물들의 사회적

---

3) 에드워드 윌슨, 『사회생물학 I: 사회적 진화의 메커니즘』, 이병훈·박시룡 옮김(민음사, 1992), p. 22. 부케티츠는 사회생물학이 동물행동학과 사회학의 학제적 연관성에서 연유했다는 점을 들어 "사회생물학은 동물학적, 사회학적 비교연구를 통해 인간과 다른 생물에 공히 적용될 수 있는 보편타당한 법칙성을 발견하는 것을 목적으로 하는 하나의 새로운 학제적 과학"이라고 했다. 프란츠 부케티츠, 『사회생물학 논쟁』, 김영철 옮김(사이언스 북스, 1999), pp. 43~44.

4) 최재천, 「사회과학, 다윈을 만나다」, (사)부산민주항쟁기념사업회 부설 민주주의사회연구소 편, 『사회생물학, 인간의 본성을 말하다』(산지니, 2007), p. 18. 많은 전문가들은 사회생물학이 세계적으로 주목을 받게 된 계기는 에드워드 윌슨의 『사회생물학: 새로운 종합』(1972)과 리처드 도킨스의 『이기적 유전자』(1976)의 출간으로 본다. 전자는 매우 학술적인 스타일로 쓰였으며, 후자는 일반 대중이 보다 소화하기 쉬운 스타일로 쓰였다.

5) 프란츠 부케티츠, 『사회생물학 논쟁』, pp. 230~231.

행동에 진화적 사고를 적용한다.

둘째, 사회적 행동의 여러 가지 양상들(이기주의-이타주의, 경쟁-협력)을 인과적으로 설명할 경우, 사회생물학은 행동에 필연적으로 수반되는 선택의 이점을 전제한다. 이에 따르면 이타적 행동도 번식을 위한 일이거나 생존 경쟁 속에서 자신의 최적 상태를 유지하기 위한 방책이다.

셋째, 사회생물학은 본질적으로 유전이론이다. 이것은 모든 동물의 행동은 유전적 영향을 벗어날 수 없다는 것을 말한다. 물론 이러한 주장이라고 해도 개별적 학습의 중요성이나 외적인 영향에 의한 행동의 변화 가능성을 부인하는 것은 아니다. 그렇지만 극단적인 사회생물학자인 리처드 도킨스(Richard Dawkins)와 같은 사람은 생물체를 유전자에 의해서 조종되는 일종의 생존기계로 본다.[6)]

넷째, 사회생물학은 인간도 사회생활을 하는 생물이라는 것을 전제로 진화-유전학 모델을 인간의 사회적 행동에 적용시킨다. 여기에는 도덕적 행위도 포함된다. 물론 대부분의 사회생물학에서는 도덕의 생물학적 원천을 인정하지만 그것이 유전적으로 미리 결정되었다고까지는 말하지 않는다. 그럼에도 도덕이 진화의 산물이라는 것을 어쩔 수 없는 진실로 받아들인다.

윌슨의 제자이며 우리나라에 사회생물학을 전파하고 있는 최재천 교수는 이에 대해 인간의 본성, 의식, 문화 등 우리가 특별히 인간적인 특성으로 간주하는 그 모든 면이 궁극적으로는 다윈주의적 진화과정에 의한 설계에 따라 만들어진 것이라고 단언한다.[7)] 이 말은 사랑, 윤리, 자기희생, 종교 등 인간만이 갖고 있을 만한 특성조차 인류의 진화사를 통해 어떤 방식으로든지 자연선택되었기 때문에 오늘날까지 우리 속에 존재한다는 말이나 다름이 없다.

---

6) 도킨스의 유전적 결정론에 대해서는 그의 대표적 저작인 『이기적 유전자』에서 설명되고 있다. 리처드 도킨스, 『이기적 유전자』, 홍영남 옮김(을유문화사, 2006).

7) 최재천, 「사회과학, 다윈을 만나다」, p. 37.

2. 사회생물학에서 보는 인간의 본성

일반적으로 전통적인 윤리학이나 철학에서는 우리 인간의 정체성을 본능적 존재이자 이성적 존재로 간주한다. 인간을 본능적 존재라고 할 때는 인간의 생물학적 본능에 입각한 본성을 강조한다. 이것은 인간도 생물이며, 그중에서도 동물의 하나이기 때문에 동물들이 가지고 있는 본능적 욕구나 필요에서 비롯되는 본질적인 특성이 인간에게도 있다는 것이다. 이에 반해 이성적 존재란 본능을 뛰어넘는 형이상학적 의미를 갖는다. 인간은 어떤 경우에도 생물학적 본능을 억제하면서 누군가를 사랑하기도 하고, 누군가를 위해 자신을 희생하기도 한다. 이러한 인간의 특성이 바로 이성이고, 이것이 바로 도덕이나 규범의 기초가 된다고 설명한다.

그렇다면 사회생물학에서는 인간을 어떻게 설명할까? 그것은 위에서 본 대로 생물학적 특성을 넘을 수 없는 존재로서 규정한다. 사회생물학에서는 이성이란 개념도 인간의 생물학적 본성 내에 존재하는 개념이지 그것을 뛰어넘는 개념이 될 수 없다. 만일 인간에게 이타적인 속성이 있고, 그것이 발전하여 도덕적 존재로 평가될 수 있다고 해도 그것은 유전자에 의한 인간설계의 결과이다. 따라서 인간의 모든 행동은 궁극적으로는 유전자의 표현형일 뿐이다. 물론 사회생물학을 옹호하는 사람들이라도 유전자의 표현방법이 언제나 같은 것이라고는 하지 않는다. 동일한 유전자라 할지라도 환경의 영향에 따라서 동일하게 나타나지 않는다.[8] 그렇지만 중요한 것은 인간이란 존재가 유전자의 눈높이에서 바라볼 수밖에 없는 존재라는 것과 인간의 유전자 속에 들어 있지 않은 것을 생존하는 인간에게서 찾을 수는 없다는 점이다. 그리고 유전자란 도덕이나 윤리의식을 가진 주체가 아니라는 것이다. 그것은 오로지 자기복제를 위해 끊임없이 노력하는 이기적 존재이다. 도킨스에 따르면 생명체는 유전자에 의해서 창조된 '생존기계(survival machine)'이고, 유전자는 본질적으로 이기적이며, 이타적인 행동 또한 실제로는 유전자가 주어진 환경

---

8) 만일 이러한 주장마저 하지 않는다면 유전자의 대부분이 동일한 일란성 쌍둥이의 행동양식을 설명할 수 없을 것이다. 이들이 비록 행동양식에서 상당 부분 유사점이 있지만 그렇다고 이들의 모든 행동이 동일하다고는 볼 수 없다.

속에서 생존하기 위한 전략이라고 한다.

따라서 사회생물학에서 보는 인간이란 유전적으로 결정되었거나, 적어도 유전적 영향권에서 벗어나지 못하는 존재라 할 것이다. 물론 환경적 요소가 유전적 요소를 희석시키면서 원래의 설계도에 변경을 가하지만 유전적 요소에서 완전히 해방될 수는 없다. 그런 이유로 사회생물학에서 보면 인간의 생물학적 속성을 완전히 배제한 순수한 형이상학적 인간본성에 관한 논의는 과학이 아닌 비과학일 뿐이다. 인간의 이성마저도 예외가 될 수 없다. 이성도 생물학적 본성이라는 큰 테두리 안에서 존재할 때 비로소 과학적 사실로서 평가를 받을 수 있는 것이다. 그런 이유로 윌슨은 자신 있게 말하길, 인간을 포함한 어떤 종도 자신의 유전적 역사가 부과한 의무를 초월하는 어떠한 목적도 갖고 있지 않으며, 심지어 인간 정신도 생존과 번식을 위한 장치이며, 이성은 그 장치의 다양한 기능 중 하나일 뿐이라고 한다.[9] 이렇게 볼 때 사회생물학에서 보는 인간이란 결국 결정된 존재이다. 이 시각에서 보면 인간의 정신마저도 근원적으로는 어떤 속박에 자연스럽게 구속되어 있을 수밖에 없고, 이것은 인간의 종교적 혹은 도덕적 심성, 나아가 심미적 속성마저도 그 구속의 굴레 안에 존재할 수밖에 없다.[10]

9) 에드워드 윌슨, 『인간본성에 대하여』, 이한음 옮김(사이언스 북스, 2000), pp. 24~25.

10) 그러나 어느 사회생물학자도 인간이 유전자에 의해 기계적으로 결정되었다고 주장하지 않는다. 뒤에서 보는 바와 같이 환경과의 관계와 교육 학습의 영향이 유전자와 함께 인간의 행동양식을 결정하는 또 하나의 요소라는 점에서는 큰 이론이 없다. 하지만 사회생물학자들 사이에서도 유전자 역할에 대한 강도가 다른 것 같다. 그로 인해 사회생물학에도 극단적인 경향과 온건한 경향이 발견된다. 이러한 것에 비추어 도킨스는 극단적인 경향을 대표하고, 윌슨은 온건한 경향을 대표하는 것으로 이야기된다.

III. 인권의 기원과 사회생물학

1. 인권 기원에 관한 사회생물학의 도전

윌슨은 사회과학에서 비롯된 연구결과는 단지 '결과적 현상'을 보고 그린 것에 불과하다고 한다. 이에 반해 사회생물학은 '현상' 이면의 '기원' 혹은 '원인'을 찾는다고 한다. 이런 면에서 윌슨은 과학이 '인과적 법칙'을 중핵으로 한다면 사회과학은 자연과학에 비할 때 엄밀한 의미에서 진정한 이론이 아니라고까지 극언한다.[11] 이 말은 사회과학을 하는 사람들에게 참으로 뼈아픈 지적이며 자존심 상하는 야유이다. 그러나 생각하면 법학의 대부분은 현상을 규율하는 규범을 연구하는 것을 주된 임무로 하니 위의 지적에 반론을 제기하기 어렵다. 필자와 같이 특정 법률의 해석을 주 임무로 하지 않는 인권법학을 연구하는 사람에게도 위의 지적은 크게 다르지 않다. 단도직입적으로 자문하면 이렇다. 인권의 역사를 이야기하지 말고, 그 역사 속에 '숨어 있는 기원'을 말하라면 무엇이라 할 것인가? 인간은 역사를 통해 인권의 의식과 사상 그리고 제도를 발전시켜 왔다. 이제까지 인권법학을 하는 사람들은 이 역사를 현상적으로만 이해해 왔다. 과학적 인과관계를 중시한다고 해도 한 인권의 현상을 낳은 원인으로서 또 하나의 '현상'에 불과한 선행역사를 연구했을 뿐이고, 그것들을 인권의 역사라 말해왔다. 그런데 지금 우리는 현상으로서의 인권 역사가 아니고, 그 역사를 만든 인간 행태의 근원적 기원에 관심을 갖고자 하는 것이다. 윌슨의 말대로 현상으로서의 인권 역사의 기원이 아니라 진정한 원인으로서의 인권 기원을 알고자 하는 것이다. 이것은 기존의 인권 역사책에는 서술되어 있지 않다. 완전히 다른 관점에서 그것을 찾지 않으면 안 되는 이유가 여기에 있다.

인권의 기원을 논하기에 앞서 먼저 인권의 정의부터 간단히 언급하고 들어가자. 인권이란 '사람이기 때문에(사람이라는 이유로) 누려야 하는 권리'라고 말한다. 우리에게는 인간의 본질 혹은 인간성(human nature)에 비추어 없어서는 안 될 것들이

---

11) 에드워드 윌슨, 『통섭』, p. 329.

있다. 그것들이 없으면 존엄한 인간성이 보장되지 않는 것이 있는데, 바로 그것이 인권이다. 다른 말로 바꾸면 존엄한 인간성을 갖기 위해서 우리는 어떤 권리를 필요로 한다. 바로 그 권리가 인권이라는 것이다. 그런 뜻에서 인권이란 인간의 존엄성을 지키기 위해 필요한 사회적·정치적 보장책이라고도 할 수 있다.[12)]

인권의 개념을 위와 같이 보고 인권 기원을 과학의 환원주의 관점[13)]에서 고찰할 때 우리는 다음과 같은 의문을 갖게 된다. 인권사상과 그 제도를 가능케 했던 인간 존엄성 사고는 언제부터, 왜 시작되었을까? 인간 존엄성이란 근대적 혹은 현대적 언어 개념이므로 이것을 환원하면 '인간에 대한 존중 사고' 혹은 '나 아닌 타자에 대한 존중 사고'인데 이러한 사고의 시작은 어디에서, 왜 생겼을까?

분명한 것은 권리 사고란 적어도 인류가 국가단위의 사회를 만든 이후에 생겨난 개념이다. 더욱이 권리를 전통 법학에서 이해하는 '법에 의해 인정되는 이익'이나 '법에 의해 인정되는 힘'의 개념으로 이해한다면 그 역사는 더욱 짧다. 서구에서 근대국가를 만들면서 생겨난 개념으로 이해하는 데 큰 이론이 없으니 고작 200~300년 정도의 역사를 가질 뿐이다. 그러나 여기에서 말하고자 하는 인권 기원은 현상으로서의 역사가 아니라 현상의 이면에 가려진 진정한 원인이다. 따라서 여기서는 인권제도를 보고자 하는 것이 아니라 먼 옛날 그러한 인권제도를 가능케 했던 최고(最古)의 원인으로서 인간본성이다. 인권사상과 그 제도를 가능케 했던 인간본성은 언제, 어떤 이유로 시작되었을까가 필자가 인권의 기원에서 논해보고자 하는 중심 논제이다.

인권사상과 연관되는 인간본성은 분명 이타적 본성이나 도덕성과 큰 관련이 있을 것이다. 인류사를 추측건대 인간에게는 이타적 본성이나 도덕적 본성이 있고 이것이 문화와 연결되어 타인에 대한 존중 사고가 길러졌으며, 이것이 결국 국가사

12) 인권의 개념에 대해서는 이 책 p. 33 이하 참고.

13) 환원주의란 과학철학이나 자연과학 등에서 자주 사용하는 용어인데, 여기에서는 '복잡하고 추상적인 사상(事象)이나 개념을 단일 레벨의 더 기본적인 요소로부터 설명하려는 입장' 정도로 이해하고자 한다. 원래 과학에서의 환원주의는 부분의 합이 전체라는 사고 속에서 모든 것을 최소 단위의 부분으로 쪼개어 관찰하는 경향성을 가지고 있고, 거기에서 어떤 특정의 인과법칙을 찾아낸다.

회를 만드는 과정에서 법과 제도로 인정되었을 것이다.[14] 그런 연후 수천 년이 흐르는 동안 정교한 권리사상과 결합하여 인권사상과 제도가 탄생했다. 즉, 인권 기원은 인간본성의 출현-도덕의 탄생-사회적 규범(관습과 법)의 탄생 순서로 발전해 왔다고 할 수 있다.

역사 이후 인권과 관련된 제도는 우선 도덕으로부터 기인했고, 그중에서 일부가 사회(국가)가 강제하는 규범(관습을 거쳐 성문법 혹은 불문법)으로 발전한 것은 몇 가지 역사적 사실만 보아도 충분하다. 지금으로부터 4천여 년 전에 메소포타미아 바빌로니아의 함무라비 왕은 탈리오 사상으로 알려진 그 유명한 함무라비 법전을 만들었는데, 여성의 사유재산 보유와 같은 내용은 인권과 분명 관련이 있다.[15] 또한 인류 최초의 인권문서라고 이야기되는 페르시아의 키루스 실린더[16]는 바빌로니아를 정복한 키루스 대왕이 피정복민인 바빌로니아인들을 어떻게 대우할 것인가를 적어놓은 것인데 그 속에도 인간의 이타성에 입각한 권리사상의 편린을 찾을

14) 다윈도 후술하는 바대로 인간의 도덕의식에 관한 진화를 믿었다. 그는 도덕의식은 인간의 사회적 본능에 근거한다고 했다. 인류는 선사시대부터 공동체가 각 구성원의 행동에 영향력을 행사하여 왔고, 그것은 공동체의 이익을 위한 것이었다. 따라서 최초의 원시인도 오직 부족의 복리에는 관심을 가졌을 것이고, 이러한 것은 작은 부족들이 결합됨으로써 국가단위, 나아가 모든 종족의 순으로 확대되어 갔다고 믿었다. 로저 트리그, 『인간본성에 대한 철학적 논쟁』, 최용철 옮김(간디서원, 2003), pp. 186~191.

15) 기원전 1800년경 바빌로니아의 함무라비 왕 때 편찬된 이 법전은 오랫동안 메소포타미아 지역에서 통용되던 보복적 관습법과 율법을 집대성하여 전문 282조로 체계화한 것이다. 이 법전을 통해 바빌로니아 사회가 사제와 귀족, 상인과 시민, 노예 등 세 계층으로 구성되어 있었다는 것과 농경과 목축보다는 상업 중심 사회였다는 사실을 알 수 있다. 또한 함무라비 법전에서는 복수법과 신분계층에 따른 차별적용이 인정되었으며, 여성의 사유재산 보유와 금전을 통한 노예의 해방도 보장되었다.

16) 키루스 실린더는 1879년 고대 바빌로니아의 수도였던 이라크의 수사에서 고고학자 호르무즈드 라삼(Hormuzd Rassam)에 의해 발견되었다. 키루스 대왕은 고대 페르시아의 아케메네스 왕조를 연 왕으로 그는 당시 신바빌로니아의 수도 수사를 정복하고 과거의 지배자였던 나보니두스가 신의 뜻을 배신하여 그가 새로운 지배자가 되었음과 피정복민인 신민에 대하여 그 삶을 증진시킬 것임을 약속하고 그것을 진흙으로 만든 원통에 새겨놓았다. 키루스 실린더에 대한 자세한 내용은 인터넷 백과사전 위키피디아(http://en.wikipedia.org/wiki/Cyrus_cylinder)를 참고할 것.

수 있다. 그뿐만 아니라 기원전 8세기부터 시작한 로마문명은 법과 규범을 발전시켰는데, 그들이 만들어 온 12표법[17]을 포함한 수많은 법률제도는 많은 부분이 인권과 관련이 있는 제도들이었다. 이들 모든 법규범들은 하루아침에 출현한 것이 아니다. 분명 당시 그들 사회가 가지고 있었던 도덕적 규범이나 관습적 규범들을 법제화한 것이라 할 수 있다. 그리고 이들 도덕적 규범의 배후에는 수천 년 아니 수만 년 이상 인간사회가 형성해 온 인간의 이타적 속성으로서의 그 무엇인가가 있었음이 확실하다. 그 이타적 속성이 바로 인간의 본성이며 이것은 생물학적 기초 위에서 이해되지 않으면 안 된다. 따라서 인권 기원에 대한 논의도 당연히 인간본성으로서의 이타성 혹은 도덕성에 대한 생물학적 기초를 따져봐야 하는 것이다. 이것이 규명되지 않고서는 인권 기원은 여전히 현상학적 관찰에 불과한 것이고, 인과율적 입장에서는 무엇인가가 빠져 있는, 기초가 결여되어 있는 표피적 논의일 뿐이다.

2. 인간본성으로서의 이타성과 도덕성

이제 인권 기원을 진지하게 논하기 위해서는 인간본성으로서의 이타성과 도덕성의 기원을 따져보는 단계에 이르렀다. 이 문제는 그동안 철학과 윤리학의 영역에서 활발하게 논의되어 왔다. 서양에서는 소크라테스, 플라톤, 아리스토텔레스 이후 수많은 철학자들이 이 문제에 매달려 왔다.[18] 그 많은 철학이론을 여기에서 논할 필요는 없지만 대체로 그들은 인간의 본능과 구별되는 이성을 강조했고, 여기에서

---

17) 12표법은 기원전 450년경 로마 귀족과 평민 사이의 투쟁 결과 양 계급 사이에서 합의가 이루어져 공표된 로마 최초의 성문법이다. 이 법률은 그간 귀족들 사이에서만 알려져 왔던 관습법과 판례법의 일부가 성문화됨으로써 귀족세력의 전유물이었던 법률적 지식이 일반 평민들에게도 균등하게 제공되어 일반 평민들도 법적인 보호를 받게 되었다는 점에서 법제사적으로 아주 큰 의의를 지닌다.

18) 인간본성에 관한 논의는 그동안 수많은 사람들에 의해 진행되어 왔다. 최근 이들 작업을 일목요연하게 정리한 책들이 국내에서 출간되어 그 대강을 이해하는 데 큰 도움을 주고 있다. 그중 2권만 소개하면 다음과 같다. 레슬리 스티븐슨·데이비드 L. 헤이버먼, 『인간본성에 관한 10가지 이론』, 박중서 옮김(갈라파고스, 2006); 로저 트리그, 『인간본성에 대한 철학적 논쟁』, 최용철 옮김(간디서원, 2003).

형이상학이라는 학문체계를 발전시켰다. 동양에서도 인간본성을 사상적으로도 논의해 온 것은 분명하다. 맹자의 성선설과 순자의 성악설은 바로 인간본성에 대한 동양적 이해의 시작이었다. 주희로부터 시작된 성리학은 인간본성에 관한 본격적 논의로서 인간을 '이(理)'와 '기(氣)'로 나누어 분석했다. 그러나 이들 모든 논의는 형이상학으로서 인간 사유의 창작물이라 볼 수 있다. 보이지 않는 것이라 하여 자의적으로 추측하고 그것에 기인하여 사유의 체계를 구축했다는 비판을 할 수 있다. 이들 사유체계에 대해서는 사실 이들 체계와 유사한 방법론으로 바라볼 때는 아무도 그 진위를 가릴 수가 없다. 그런데 20세기 후반 과학으로 무장된 사회생물학자들이 이에 반기를 들었다. 그 반기의 핵심은 이러한 인간본성에 관한 논의는 모두 현상학적인 것으로 인간본성에 관한 진정한 탐구가 될 수 없다는 것이다. 즉, 인간본성에 관한 논의는 진화론에 입각한 진화인류학적 관점에서 탐구되지 않으면 피상적일 수밖에 없다는 것이다.[19] 그럼 사회생물학에서 이해하는 인간본성으로서의 이타성의 실체는 무엇인가?[20]

먼저 다윈은 1871년 출간된 『인간의 유래와 성선택(性選擇)(The Descent of Man and Selection in Relation to Sex)』에서 당시의 스코틀랜드 도덕철학의 기본사상을 수용하면서 이를 진화론적 입장에서 재해석했다. 즉, 스코틀랜드 도덕철학은 도덕적 분별력이 인간의 본성 안에 주어져 있다고 보았는데, 다윈은 이를 진화론에 입각하여 도덕적 행위란 인간의 본능과 동떨어진 이성에 선천적으로 주어진 것이 아니라 생명 진화의 산물이라고 보았다. 이런 이유로 다윈은 인간사회의 도덕도 진화론의 선택이론에 입각하여 설명할 수 있다고 하면서 인간의 도덕적 의미, 법과 불법에 대한 감정이나 양심은 동정심이라는 본능 속에 뿌리박고 있는 것이라고 보았다.

---

19) 최재천 교수는 이렇게까지 말한다. "나는 감히 진화의 개념을 통하지 않고는 그 무엇도 의미가 없다고 말하려 한다. 여기에는 사회과학은 물론 종교와 예술도 포함된다." 최재천, 「사회과학, 다윈을 만나다」, p. 18.

20) 이 부분은 이을상 교수의 다음 글에 많은 부분을 의존했다. 이을상, 「다윈주의 윤리학: 윤리학에서 유전자의 기능과 이성의 역할」, (사)부산민주항쟁기념사업회 부설 민주주의사회연구소 편, 『사회생물학, 인간의 본성을 말하다』(산지니, 2007), p. 165 이하.

다윈의 고전적 진화론은 20세기 후반에 들어와 에드워드 윌슨 등 일군의 사회생물학자들을 만나 좀 더 구체적이고 체계적으로 발전한다. 윌슨은 생물학을 이용하여 인간의 도덕성을 모든 차원에서 남김없이 설명하겠다고 한다. 그에 의하면 인간의 자의식이 뇌 속의 시상하부(hypothalamus)와 대뇌변연계(limbic system)에 있는 정서중추에 의해 제어된다고 한다. 즉, 이 중추들은 인간의 의식을 미움, 사랑, 죄의식, 공포 등의 감정으로 채우는데, 그 과정에서 도덕성이 표출된다. 따라서 생물학적으로 보면 바로 이 뇌의 시상하부와 대뇌변연계가 어떻게 만들어졌는가가 관건인데, 이것이 바로 진화의 산물이라는 것이다.[21] 윌슨은 윤리의 생물학적 탐구를 유전자 차원까지 확대시켜 연구함으로써 인간의 본성, 감정, 동기를 더 깊이 이해할 수 있다고 확신한다. 이러한 탐구에 따른 결과로서 인간이 본질적으로 도덕적인 것은 인간의 생물학적 본성 속에 이타성이 있기 때문이라는 것이다. 사회생물학자들은 인간사회에서 볼 수 있는 이타성에 입각한 도덕 현상을 유전자의 표현형이라고 해석하며, 그 진화론적 발전과정을 자연선택(natural selection)과 적응도(fitness)에 따라 설명한다. 자연선택은 가장 적응도가 높은 것이 살아남는 것을 말하고 적응도는 자손 번식의 성공률을 높이는 정도를 말한다. 자연선택과 적응도에 따라 이타성과 도덕성을 설명할 때 나오는 개념이 혈연이타성과 호혜이타성이다. 혈연이타성의 예는 자식을 위한 모성애라든지 좀 더 넓게 보면 동족을 위한 민족애 등을 들 수 있다. 이런 유형의 이타성은 자기 집단의 번식성공률을 높이려는 집단의 적응도에 의해 잘 설명될 수 있는데, 이와 같이 자기 집단의 적응도를 높이는 방향에서 일어나는 선택을 혈연선택(kin selection)이라 한다. 그런데 이타적 행동은 혈연적 친족이나 집단에서만 나타나는 것이 아니다. 다른 종이나 다른 집단에까지 확장되는 경우가 있는데 이것을 호혜적 이타성(호혜적 이타주의)이라고 한다. 호혜성이란 나의 이타적 행위가 상대방에게 이익을 주는 동시에 나의 미래이익까지도 보장받을 수 있음을 의미한다. 예를 들면 사람이 물에 빠진 사람을 구해주는 이타적 행위를 하는 것은 장래 있을지도 모를 자신의 위험(익사사고)에 대비한 보험 들기라고도 할 수 있다.[22] 윌슨은 이타성을 맹목적 이타성과 목적성

21) 에드워드 윌슨, 『사회생물학 I』, p. 19.

이타성으로 구별하여 설명하는데, 맹목적 이타성은 혈연이타성을 가리키는 말로 이타적 행위에 대한 대가를 바라지 않는 것을 특징으로 한다. 이런 이타성은 혈연관계가 가까울수록 강력하게 나타나고 멀수록 옅어진다. 이에 반해 목적성 이타성은 혈연이타성을 제외한 모든 이타성을 아우르는 말로 이런 이타성은 혈연이타성과 달리 이타행위에 대한 대가를 바란다는 특징이 있다. 사실 후자의 경우는 종래의 윤리학적 입장(예컨대, 칸트의 정언명령으로서의 도덕명령)이라면 결코 이타주의라고 볼 수 없다. 그러므로 사회생물학자들이 말하는 이타주의의 본질은 이기적이라고 할 수밖에 없다. 그들이 말하는 인간이란 의식적이든 무의식적이든 '자기 이익'에 우선적 관심을 둘 수밖에 없고 이런 관심을 갖게 되는 궁극적인 원인은 유전자가 자기 자신의 이익을 도모하는 것에 있다고 보기 때문이다.[23] 이러한 입장에서는 사람을 포함한 모든 동물의 이타적 행동이란 예측할 수 없는 환경에 대처하기 위한 유전자의 대처방식일 뿐이고 마찬가지로 협동도 이기적인 유전자를 보존하도록 프로그램화된 생존기계가 번식률을 높이기 위한 노력의 일환으로 다른 생존기계를 이용하는 행위에 불과한 것이다.

이렇게까지만 말하면 사회생물학에서 보는 인간이란 완전히 결정적 존재이다. 유전자라는 프로그램에 의해 조종되는 생존기계로서의 인간이 도덕적 행위를 한다고 해도 그것은 기계론적 행위 결과에 불과하다. 만일 그것이 사실이라면 특정한 유전자는 특정한 문화를 만들어 낼 수밖에 없다는 결론에 도달한다. 그러나 이러한 유전자 결정론에 대해서는 사회생물학자들 사이에서도 동의하지 않는다. 이런 이유로 윌슨은 인간본성을 이해하면서 도덕성의 기초를 열기 위한 또 다른 개념을 제시한다. 그것이 바로 후성규칙이라는 개념이다. 이것은 문화의 진화를 한쪽으로 편향시켜 유전자와 문화(도덕을 포함)를 연결해 주는 정신 발달의 유전적 규칙성을 말한다.[24] 도덕이란 단순히 생물학적으로 또는 본능적으로 나타나는 이타성이

---

22) 피터 싱어, 『사회생물학과 윤리』, 김성한 옮김(인간사랑, 1999), p. 38.

23) 이런 모습을 강조한 도킨스는 그의 책 제목을 '이기적 유전자'라 하고, 유전자의 이기적 속성을 밝혔다.

24) 에드워드 윌슨, 『통섭』, p. 291.

아니라 반드시 자기의식적이고 자율적인 동기에서 일어나야 한다는 당위의식이 전제되어야 한다. 그리고 이 당위의식이 제도화되면 그것이 도덕이나 규범인데, 그것은 특정의 개별적 유전자가 바로 결정하는 것이 아니다. 그것은 후성법칙이라는 규칙성에 의해 발전되는 것이다. 즉, 유전자가 인간 도덕감의 원천인 호오(好惡) 감정을 유전적으로 결정하면, 이 감정은 점차 일정한 규칙성에 입각하여 일종의 의무감으로 발전하고, 이것에 따라 인간의 개별 마음은 조직화(이러한 규칙에 따라간다는 의미)된다는 것이다. 따라서 후성규칙은 유전자 결정론의 비판을 막는 완충적 역할을 하는 개념이다. 왜냐하면 그 규칙은 특정 유전자에서 비롯되는 기계적 규칙이 아니라 '유전자에서 비롯되는 하나의 경향성'이기 때문이다.[25)]이것을 근친상간의 경우로 설명하면 다음과 같다. 근친상간의 회피는 사람을 포함한 동물들 일반에 퍼져 있는 생물학적 특질이라고 한다. 이러한 근친상간의 회피 특질은 따지고 보면 근친상간자 사이에서 나타날 수 있는 우생학적 위험성에서 인간이 그 적응도를 높이기 위한 자연스러운 본능이다. 이러한 본능은 근친상간을 회피케 하는 메커니즘을 만들었는데, 이것이 바로 후성규칙이다. 그리고 이 후성규칙에 의해 근친상간을 금지하는 규범이나 문화가 만들어졌다고 설명될 수 있다.

3. 인권 기원에 관한 사회생물학의 결론

이제 인권 기원에 관한 사회생물학적 설명을 정리해 보자. 현대의 인권 개념이 형성된 결정적 계기는 지금으로부터 2세기 전 계몽주의 시대의 인권의식 고양에서 찾을 수 있다. 그러나 우리가 인권의 본래적 기원을 현상적으로만 찾는다고 해도 인권의 원초적 모습은 역사시대 전반에 걸쳐 어떤 형태로든 존재한다고 할 수 있다. 어쩌면 인간이 사회를 구성하고, 나아가 국가를 조직한 이후 어떤 시대에도

25) 그래서 윌슨은 사회생물학이 유전적 결정론이라는 비판에 대하여 그것은 유전의 본질에 대한 오해에서 비롯된 것이라며 이렇게 단호하게 말한다. "유전자가 명령하는 것은 특정 행동이 아니라 어떤 행동으로 발전될 수 있는 가능성이며, 더 나아간다면 다양하게 주어진 환경 속에서 특정 행동이 발달하는 성향이다." 에드워드 윌슨, 『우리는 지금도 야생을 산다』, 최재천·김길원 옮김(바다출판사, 2005), p. 98.

존재한다고도 할 수 있다. 이 글에서 관심을 갖는 것은 바로 그 현상으로서의 인권 기원을 찾는 것이 아니라 그 현상의 이면에 숨어 있는 인권 기원을 찾는 것이다. 그것은 인간의 본성에 의존할 수밖에 없다. 이 글은 인간이 왜 인간사회에서 인권이라는 사회적 규범 혹은 문화를 만들었으며, 그 배후의 진정한 동인은 무엇일까 하는 문제를 다루고자 했다. 이 문제에 필자는 사회생물학이라는 현대의 과학을 제시했다. 이 과학은 적어도 인간은 본성적으로 이타성, 나아가 도덕성을 갖는다는 것이다. 그것은 유전자의 이기적 성향에 의해 설명되는 혈연이타성과 호혜적 이타성으로 분석될 수 있다. 그리고 이런 성향은 인간을 일정한 문화적 방향으로 이끄는 후성규칙을 낳았는데, 이 규칙이야말로 인간으로 하여금 도덕적 규범이나 법규범을 만들어 살아가게 하는 생물학적 기초라는 것이다. 따라서 인권의 기원도 바로 이런 생물학적 기초 속에서 이해한다면, 인권은 인류의 시작과 함께 점차적으로 발전해 온 진화의 산물이라고 볼 수 있다.

IV. 인권의 보편성과 사회생물학

1. 인권의 보편성과 문화적 상대주의 논쟁

인권을 연구하는 사람들에게서 '인권의 보편성(universality of human rights)'은 상식적인 믿음이다. 이것은 인권의 주요 내용은 지구상 어떤 나라나 문화권에서도 그 차이를 막론하고 동일하게 실천되어야 한다는 믿음이다. 그러나 이에 대해서는 문화적 상대주의(cultural relativism)라는 강력한 반대론이 있다. 이것은 문화의 다양성과 차이를 중시하면서 무엇이 옳고 그른지는 그것이 처해 있는 문화적 배경에 따라 달라질 수 있으므로 인권의 목록들도 그러한 상이한 배경에 따라 구체적 실현 여부가 달라진다는 것이다.[26] 상대주의를 더욱 중시하는 사람들은 어떠한 문

---

26) Henry J. Steiner & Philip Alston, *International Human Rights in Context: Law, Politics and Morals*, 2nd ed.(Oxford, 2000), pp. 366~367.

화도 자신의 문화를 다른 문화권 속의 사람들에게 강요할 수 없다고 주장하기도 한다. 이 정도가 되면 보편적 관점에서의 인권운동과 상대주의는 결정적으로 배치되게 된다.

전반적으로 볼 때 유엔이 창설된 이후의 국제인권운동은 인권의 보편성에 입각하여 전개되어 왔다. 국제인권 최고의 장전인 세계인권선언(Universal Declaration of Human Rights)과 지역과 문화에 관계없이 수많은 국가들이 가입한 두 개의 인권규약(ICCPR, ICESCR)은 기본적으로 인권의 보편성에 입각한 것이다.[27] 이것들은 대체로 다음과 같은 방법으로 인권보장을 각국에 요구하고 있다.

> '모든 사람(everyone)'은 자유의 권리가 있다; '모든 사람(all persons)'은 평등한 보호를 받을 권리가 있다; 어떤 사람도 고문을 받아서는 안 된다; '모든 사람(everyone)'은 적정한 생활환경에 대한 권리를 갖는다('Everyone' has the rights to liberty; 'All persons' are entitled to equal protection; 'No one' shall be subjected to torture; 'Everyone' has the right to an adequate standard of living).

즉, 이것들이 표현하고 있는 인권은 지역, 인종, 종교, 정치적·문화적 배경과 관계없이 보편적으로 적용될 것을 전제로 하고 있는 것이다. 물론 이들 규약의 경우는 공중의 건강이나 질서(public health or order) 혹은 국가의 안보(national security)라는 근거하에 권리가 제한될 수 있고 그에 대한 해석은 각 나라에 따라 달라질 수 있지만, 이들 조약 어디에도 문화적 차이에 의한 차별적 적용이 가능하다는 표현은 없다.

상대주의자들 중에는 위와 같은 인권장전이 소위 정치적 이데올로기로서 자유주의(liberalism), 종교적으로는 기독교로 대표되는 서구의 문화적 제국주의(cultural imperialism)의 표현에 다름 아니라고 비판하기도 한다. 이들 중에는 인권을 보편성이라는 이름으로 요구하는 것은 문화의 다양성을 파괴하고 나아가 현대세계를 또 다른 형태의 획일화로 나아가게 할 것이라고 경고한다.[28]

27) Ibid. p. 193.

이러한 보편주의와 상대주의 논쟁은 지난 냉전 기간 동안 주로 동서진영 간에 치열하게 전개되었다. 서구의 민주진영은 공산진영을 향하여 그들 국가가 많은 기본적 권리(특히 시민적·정치적 속성의 권리)들을 침해하고 있다고 비판했고, 이에 대해 공산진영은 공산진영에서의 정치적·사상적 구조는 권리에 대한 이해를 달리 한다고 지적하면서 서구 자본주의가 인간생활에 더 중요한 경제적·사회적 권리를 침해하고 있다고 비판했다. 이러한 논쟁은 냉전이 종식된 오늘날에도 진영과 구조를 달리하여 여전히 유효하게 진행 중이다. 즉, 남북(North-South)의 개발-저개발 구조나 서구-이슬람(West-Islam)의 기독교-회교 구조로 탈바꿈되어 인권문제가 국제사회에서 부각될 때마다 위의 대립적 사고는 중요한 이론적 근거로 사용된다.

이러한 것들을 고려할 때 인권의 보편성에 관한 논의는 앞으로도 인권법학의 기초로서 대단히 중요한 의미가 있다고 본다. 그러나 이제까지의 논의는 모두가 현상학의 수준을 넘지 못했다. 동서고금을 통해 인권의 주요 내용은 각 문화권에서 공히 발견된다는 것을 기초로 보편성의 증거를 삼는 수준이다. 이것은 세계인권선언을 만드는 과정에서도 사용되었는데, 당시 유엔인권위원회는 유네스코를 통해 인권의 보편성에 관해서 각 문화권을 대표하는 나라의 전문가들에게 문의했다. 그 결과 세계 문화를 대표하는 대부분의 문화권(기독교, 불교, 이슬람, 유대교, 힌두교, 유교 문화권 등)에서는 고래로부터 인권의 원형이라고 볼 수 있는 사상 등이 존재했다는 것이다.[29] 물론 이러한 연구는 인권의 보편성에 관한 결정적 근거라고 할 수 있지만 현상학의 수준은 결코 넘지 못하는 것이라 할 수 있다. 여전히 근원적인 의문은 남기 때문이다. 도대체 어떻게 해서 지구상의 대표적 문화권에서 유사한 인권 개념이 시작되었을까, 그것이 문화의 교류에 의한 타 문화의 영향인가, 아니면 그 이전에 인류는 보편적 인권에 관한 눈에 보이지 않는 생래적 합의가 있었다고 볼 것인가? 바로 이런 문제에 관해서는 이제까지의 인권법학 어디에도 제대로 된 설명이 없다.

---

28) Ibid.

29) 이에 대해서는 미셸린 이샤이, 『세계인권사상사』, 조효제 옮김(도서출판 길, 2005), p. 56 참고.

2. 인권의 보편성 원인과 사회생물학

인권의 보편성에 관한 원인을 규명하기 이전에 몇 가지 현상적인 것을 정리할 필요가 있다. 아무리 인권의 보편성을 강조한다고 해도 다음의 역사적 사실을 부인할 수 없다. 첫째, 인권이란 역사적 산물이라는 것이다. 인권은 역사적 발달에 따라 많은 변화를 가져왔다. 수천 년의 역사를 돌아보면 지금은 생각할 수 없는 인간에 대한 대우가 발견된다. 1,000년 전 혹은 2,000년 전의 인권과 지금의 인권을 비교하면 대부분의 인권 항목은 연결이 되지 않는다. 그만큼 현재의 인권은 그 이전 시대의 인권과 비교되지 않는 차이를 보여준다. 인권의 보편성이 있다면 이러한 현상을 어떻게 설명할 수 있을까? 둘째, 인권은 공간적 산물이라는 것이다. 인권은 그 인권이 처한 장소에 따라 다른 것도 사실이었다. 동시대라 할지라도 문화권이 달라지면 인권의 내용은 다를 수밖에 없었다. 2,000년 전 로마시대에는 같은 로마제국 내에서도 상이한 문화가 있었지만 로마제국과 주변 국가, 아니 지리적으로 지구의 정반대에 위치한 문명권과는 그 이상의 다른 문화가 존재했고, 그것은 인권적 문화에도 그대로 적용될 수 있었다. 다소간의 차이는 있지만 이런 현상은 지금도 완전히 불식되었다고 볼 수 없다. 아무리 인권의 보편성을 강조한다고 해도 지역을 달리하고, 문화권을 달리하면 인권의 내용은 상당히 다르다. 대표적으로 기독교 문화권과 이슬람 문화권을 비교해 보면, 여성과 관련된 인권은 이들 두 문화권이 아무리 21세기에 공존한다고 해도 상당한 부분에서 차이가 있다. 인권의 보편성을 옹호한다면 이러한 현상에 대하여 어떤 답을 줄 수 있을 것인가?

인권의 보편성에 대한 사회생물학의 설명은 앞서 본 인권 기원에 대한 사회생물학의 설명과 크게 다르지 않다. 인권 기원에 관한 사회생물학의 설명은 어떤 특정의 인종(race)에게만 국한되는 것이 아니라 인류 전체에 해당한다. 따라서 인류는 그 인종이 어디에서 살았다 해도 유사한 유전적 이타성이 있었으며, 그것은 후성규칙으로 연결되어 일정한 이타적 문화를 성장시켜 왔다고 할 수 있다. 이 후성규칙에 의한 문화는 긴밀히 연결되어 있는데 다만 이 연결은 유동적이다. 이것은 문화가 유전적 영향권 내에 있다고 해도 그것이 완전히 사전 프로그램에 의해 결정되지 않는다는 것을 의미한다. 다만 이 연결은 일정한 방향성과 편향성을 가지고 있기 때문에 유동적이라고 해도 일정한 한계가 있을 수밖에 없다. 윌슨은 이 과정을 이렇게 설명한다.

> 유전자는 인지발달의 신경회로와 규칙적인 후성규칙을 만들어 내고, 개별 마음은 그 규칙을 통해 자기 자신을 조직한다. 개별 마음은 태어나서 무덤에 들어갈 때까지 주변의 문화를 흡수하면서 성장하는데, 이 성장은 개체의 두뇌를 통해 유전된 후성규칙의 안내를 받아 이루어진다. …… 문화는 유전자-문화 공진화(共進化)의 부분으로서 각 세대 구성원 개인의 마음속에서 재구성된다. 구전 전통이 글쓰기와 예술을 통해 증보되면 문화는 무한히 성장할 수 있고 세대를 건너뛸 수도 있다. 그러나 후성규칙이 주는 영향의 방향을 근본적으로 결정하는 것은 유전적인 것이며 제거될 수 없기 때문에 일정하게 유지된다.30)

결국 인류가 인권이라는 이타적 사고에 일정한 보편적 사고를 갖게 되었다면 그것은 일차적으로 유전자의 영향에 의한 이타적 후성규칙에 연유한다. 이것의 가장 원형적 모습은 인류 문화가 교류하지 않은 상태에서도 인간의 본성에 기인하여 나타난다고 할 수 있다. 앞서 본 근친상간의 회피는 대부분의 문화권에서 인간에 대한 공통의 교육과 학습이 없이도 일어나는 현상이다. 이러한 현상의 연장으로서 인권의 가장 원형적인 모습은 일단 유전자에 의한 인지발달의 결과로서 나타난다고 할 수 있고 이것은 완전히 보편적인 것이다. 이것은 인류가 진화의 한 시점에서 어디에 존재하든지 나타나는 인간본성의 모습이라고 할 수 있다. 그런데 인권의 다음 모습은 후성규칙이 인도하는 문화적 산물이다. 인간의 이타성은 후성규칙의 안내를 받아가며 꾸준히 진화를 거듭하면서, 종전의 문화와 다른 문화를 진화·생산해 낸다. 이것이 바로 유전자-문화 공진화(共進化, coevolution)이다. 이 공진화 현상은 시공간 개념으로 이루어진다고 할 수 있다. 즉, 공진화는 모든 지역과 모든 시간대에서 동일할 수가 없다. 유전자에서 비롯된 인류 최초의 행동양식은 공간 개념을 무시할 정도로 유사할 수 있었을 것이다. 그러나 이러한 최초의 원형은

---

30) 에드워드 윌슨, 『통섭』, p. 232.

시공간 개념이 들어감으로써 다른 행동양식을 만들어 냈고, 이것은 급기야 상이한 문화를 생산해 내기 시작했다. 즉, 이것이 바로 인권이 역사적으로 상이하고, 공간적으로 상이한 이유가 된다. 이것은 어떤 특정 문화권 내의 인권문화(가장 선진적인 인권문화라 하자)를 기준으로 할 때, 공간적으로 멀거나 시간적으로 차이가 있는 경우 그 문화는 그 특정 인권문화와 크게 다를 수밖에 없다는 이야기다. 예를 들면 중심문화권을 현재 서구의 인권문화라 하고, 비교대상을 1,000년 전의 중국 인권문화로 한다면 그 차이는 상당할 수밖에 없다. 그런데 여기에서 주의할 점은 시공간 개념 중에서 문화적 상이도(相異度)를 가중시키는 것은 공간보다는 시간이라는 점이다. 이것은 문화의 전파와 관련이 있는데, 어떤 문화도 시간이 흐르면서 타 문화와 교류할 수밖에 없고 그것에 의해 문화는 서로 유사성을 확보한다. 그런데 공간적인 장벽을 극복하는 것은 그리 많은 시간을 요구하지 않는다. 아주 고립된 문화권이 아니라면 그 문화 간의 교류는 생각보다 빨리 이루어지는 법이기 때문이다. 따라서 문화의 상이도에서 공간이 주는 원인은 시간의 그것보다는 크지 않다고 봐야 한다.

이러한 설명은 현재 인권의 보편성 주장과 문화적 상대주의 모두에 일정한 논거를 주는 것이라 할 수 있다. 인권문화가 인류의 유전자에서 비롯된 후성규칙의 산물이라는 점은 인권의 보편성의 이론적 기초를 제공하지만, 시공간적 차이에 따라 인권문화는 상이성을 띨 수밖에 없다는 점은 문화적 상대주의의 기초를 제공하기 때문이다. 하지만 여기에서 중요한 것은 보편적 인권에 대한 인류적 합의가 이루어질 수 있는 생물학적 근거를 만들었다는 점이며, 시공간의 개념은 인류의 과학 발전에 따라 점점 좁혀져 간다는 사실이다. 이것은 20세기 이후 국제사회가 인권문제와 관련하여 인권의 보편성을 강조하게 된 근원적 배경이라고 볼 수 있다. 지난 반세기 동안 국제사회가 만든 각종 인권규범은 모두가 인권의 보편성을 표방하고 있는데, 이것은 그만큼 세계가 시공간의 차이를 인정하지 않게 되었기 때문이다. 지난 한 세기 동안 이루어진 정보기술과 교통기술의 발달은 인류가 다른 인권문화를 갖고 살면서 그것을 당연시했던 시공간 개념을 대폭 약화시켰다. 이제는 인터넷 세상에 살면서 세계문화의 변화를 실시간으로 알 수 있다. 이러한 상황에서는 시공간의 차이로 인한 인권문화의 상이함을 문화적 상대주의로 주장하기가 대단히 어렵게 되었다는 것이다.

V. 인권 이슈와 사회생물학

1. 동성애의 인권과 사회생물학

가. 동성애를 바라보는 새로운 관점의 필요성

사회적 소수자의 인권 중에서 중요한 이슈 중 하나가 동성애자(homosexual)의 인권이다. 얼마 전까지 우리 사회에서 이 문제는 공론화하는 것 자체가 금기사항이었다. 동성애자들은 심각한 차별의 대상이었으며 그것은 지금도 크게 바뀌지 않은 상황이다. 여기에는 지독한 종교적 편견과 사회적 혐오감이 그 배경을 이룬다고 할 수 있다. 그럼에도 최근에는 법률적으로도 동성애자의 차별을 금지하고 있으며,[31] 동성애 당사자들이 당당하게 사회에 커밍아웃하며 자신들의 권리를 스스로 옹호하는 상황으로 가고 있다.

그러나 이제까지의 동성애에 대한 인권문제는 단지 현상학적으로 접근하는 것이었다. 동성애자도 인간으로서 그 존엄성이 인정되어야 하고, 그들의 성적 지향은 단지 프라이버시에 해당하는 문제이므로 이에 대하여 국가가 개입할 수 없으며 그런 문제를 이유로 차별을 해서는 안 된다는 것이다. 그러나 이러한 논리만으로는 지독한 종교적 편견과 사회적 혐오감을 해소할 수 없다. 무엇인가 근본적인 차별금지의 이유가 설명될 필요성이 있다. 그 방법은 동성애를 생물학적 관점에서 설명해 보는 것이다. 만일 동성애가 생물학적 관점에서 인간의 자연스러운 행동양식으로 이해될 수 있다면, 동성애를 둘러싼 사회적 편견은 상당히 해소될 것이고 여기에서 동성애의 인권문제는 본질적인 해결의 가능성이 있을 것이다. 이것이 바로 동성애를 사회생물학적으로 관찰하고자 하는 이유이다.[32]

---

31) 국가인권위원회법 제2조 제4항에서는 차별금지를 규정하면서 차별행위를 열거하고 있는데 그 중에서 '성적 지향'을 규정하고 있다. 동성애는 바로 대표적 성적 지향이라고 할 수 있다.

나. 동성애와 기독교

오늘날 동성애에 대한 부정적 시각을 갖게 된 가장 큰 이유는 기독교에서 비롯되었다. 동성애가 고대 그리스나 로마에서 광범위하게 허용된 것과는 반대로 고대 이스라엘은 동성애를 철저히 죄악시했다. 기독교는 신의 피조물로서 창조된 인간에 대하여 창조자의 품위를 지키기 위하여 인류의 종을 보존하기 위한 성행위만을 허용하는 교리를 정립했으며, 그 밖의 비생산적인 성행위인 동성애를 비롯한 자위행위, 피임행위, 심지어는 불임인 배우자와의 성행위까지 죄악으로 간주했다.[33] 이런 교리의 근거는 성경에서 비롯되는데 성경은 구약과 신약 곳곳에서 동성애를 비롯한 비생산적인 성행위를 금기시하고 있다. 구약에서 동성애를 금지하는 기본원리를 찾는다면 그것은 동성애가 하느님의 창조원리에 반한다는 것이다. 즉, 기독교의 전통적 해석에 따르면 하느님은 남자와 여자를 하느님 자신의 형상대로 창조하셨다(창세기 1장 27절). 이어서 하나님은 남자와 여자에게 "생육하고 번성하라"는 복을 주셨다. 따라서 남성과 여성 사이의 이성애는 하느님의 형상을 닮은 것이고, 모든 종류의 동성애 관계는 하느님의 형상을 훼손하는 결과를 낳는다는 것이다.[34] 이런 훼손의 결과는 하느님의 벌을 받아야만 했다. 레위기(20장 13절)에는 동성애자에 대하여 사형에 처해야 한다는 구절까지 존재한다. 남자끼리 성행위를 뜻하는 남색, 즉 소도미가 구약의 가장 사악한 도시로 묘사된 소돔에서 유래했다는 사실(창세기 19장)은 동성애에 대한 금기와 관련하여 매우 상징적이다. 신약에도

32) 물론 이와 같은 접근방법은 동성애의 원인이 생물학적 요인에 의해 결정된다는 것이 전제되어야 할 것이다. 그러나 동성애 연구자들에 의하면 동성애의 원인은 아직껏 선명하게 밝혀진 것이 아니다. 대체로 3가지 원인론이 있는데, 첫째는 동성애는 선천적이고 생물학적 요인에 의해 결정된다는 것이고, 둘째는 동성애는 후천적이고 사회문화적으로 학습된 현상이라는 것이며, 셋째는 이 둘의 복합적 상호작용의 결과라는 것이다. 필자는 이 글을 통해 동성애의 원인을 밝히고자 하는 것이 아니고 단지 생물학적 근거에 의해 동성애 인권문제를 접근할 수 있다는 가능성만을 보여주고자 한다. 동성애의 원인에 대한 자세한 서술은 다음 자료를 참고할 것. 윤가현, 『동성애의 심리학』(학지사, 1997), p. 123 이하.

33) 강남욱, 「동성애의 사회생물학」, (사)부산민주항쟁기념사업회 부설 민주주의사회연구소 편, 『사회생물학, 인간의 본성을 말하다』(산지니, 2007), p. 233.

34) 이경직, 『기독교와 동성애』(기독교 연합 신문사, 2005), p. 19.

동성애를 부정하고 직접적으로 비판하는 구절들은 많이 나타난다. 로마서(1장 26~27절), 고린도서(6장 9절), 디모데서(1장 10절) 그리고 요한계시록(21장 8절, 22장 15절) 등에 모두 동성애를 뜻하는 성행위를 묘사하면서 이들 행위가 모두 하느님의 뜻에 반하는 것이라고 규정한다.[35] 이렇듯 유대적 기독교는 동성애에 대한 부정적 시각이 가득하다. 한마디로 기독교의 성에 대한 기본 교리는 남성이 여성을 수태시키는 것에 한정하고 이에 반하는 어떤 성적 행위도 하느님이 인간에 준 본성에 거스른다는 것이다.

그러나 이러한 기독교의 태도는 인간본성에 대한 생물학적 지식에 반하는 오류라고 하는 것이 사회생물학의 비판이다. 기독교의 성에 대한 교리는 구약이 탄생할 무렵의 사회 상황을 반영한 윤리에 불과하다는 것이다. 당시는 인구의 증가가 국력에 부합하는 것이었으므로 성의 목적도 당연히 인구 증가와 직접적으로 관련된 것이어야만 했다. 이런 상황에서 자연스럽게 종교적 교리로 동성애는 금기시되었는데, 이것은 인간의 생물학적 본성과는 전혀 관련이 없다는 것이다.

다. 동성애에 대한 사회생물학적 시각

에드워드 윌슨은 사회생물학적으로 동성애를 보면 정상일 뿐만 아니라 동성애는 초기 인류사회 조직의 중요한 요소로서 진화해 온 독특한 자선행위일 가능성이 높다고 주장한다. 이 말을 이해하기 위해서 윌슨의 이야기를 정리하면 다음과 같다.[36]

첫째, 동성애자들은 세상 어디에도 일정 비율로 존재한다. 이것은 동서고금을 통하여 항상 그랬다는 것이다. 이미 미국에서는 알프레드 킨제이(Alfred C. Kinsey)에 의해 1950년대에 미국 여성의 2% 및 남성의 4%는 완전한 동성애자이고, 남성의 13%는 최소한 일생 동안 3년은 동성애에 빠진다고 조사된 바 있다. 미국 사회에서 동성애자는 대략 500만 명이 넘는데, 드러나지 않은 동성애자까지 포함하면 2,000만 명에 이른다고 한다. 또한 대다수의 문화에서도 다양한 형태의 동성애가 허용되

---

35) 윤가현, 『동성애의 심리학』, pp. 81~83 참고.

36) 에드워드 윌슨, 『인간본성에 대하여』, pp. 200~207.

거나 승인되어 왔다고 한다. 고대 아테네, 페르시아, 이슬람 사회, 로마제국이 그 예이며, 도시로는 중동의 헬레니즘 문화권, 터키제국, 봉건 및 근대 일본 등이 그렇다.

둘째, 동성애의 행동은 곤충에서 포유류에 이르기까지 인간을 포함한 다른 여러 생명체에 흔하게 나타나는 행동의 한 양상이고, 그 애정은 진정하다는 점이다. 그중에서도 이성애의 대안으로서 동성애적 성향이 완전히 발현되는 것으로는 붉은털 원숭이, 비비, 침팬지 등 가장 지적인 영장류에 국한되어 나타난다고 한다. 이 동물들에게 동성애의 행동은 뇌 속에 잠재된 진정한 양성성의 표출로 추정된다. 수컷은 완전한 암컷의 자태를 하고 다른 수컷들의 짝이 되며, 암컷도 이따금 다른 암컷과 짝을 맺는다. 인간의 뇌에도 이들 동물과 마찬가지로 양성성의 가능성이 있고 그것은 때때로 성적인 선호 양상을 전환할 수 있는 사람들을 통해 완전하게 발현된다. 그런데 인간은 한 가지 중요한 측면에서 다른 영장류와 다르다고 한다. 그것은 완전한 이성애와 마찬가지로 완전한 동성애가 되면 동물적인 패턴의 선택 및 대칭성은 상실된다(즉, 양성애는 불가능하다는 말임). 동성애의 선호는 진정한 것으로 남성 동성애자는 오로지 남성 짝만을 선호하고, 여성 동성애자는 여성 짝만을 선호하게 된다.

셋째, 동성애는 이성애와 마찬가지로 성적 결합의 한 유형이고 유전적 근거를 가진다는 점이다.[37] 이것은 동성애도 이성애와 같이 자연선택과 성 선택을 통해 유전적 진화를 해왔다고 할 수 있다. 동성애의 유전자도 진화과정에서 나름대로의 경쟁력을 가질 수 있었기 때문에 오늘날까지 생존해 올 수 있었다는 말이다. 그렇다면 동성애 유전자의 경쟁력은 무엇일까? 동성애에 대해 유전적 진화의 측면에서 가질 수 있는 가장 큰 의문은 동성애 자체가 종족번식이 불가능하다는 점이다. 그럼에도 유전적 진화가 가능했다는 것은 무엇을 말하는 것인가? 이 점에 대하여 윌슨은 다음과 같이 추정한다. 그것은 원시사회부터 그들의 존재는 가까운 친족들

37) 동성애의 유전성 성향은 일란성 쌍둥이가 이란성 쌍둥이에 비해 동일한 성적 행태를 나타낸다고 하는 연구에 의해 뒷받침된다. 헤스톤(Leonard. L. Heston)과 쉴즈(James Shilelds)의 연구에 의하면 일부 일란성 쌍둥이들 사이에서는 똑같이 동성애를 할 뿐만 아니라 각 동성애 쌍끼리도 서로 놀랄 만큼 유사한 성적 행동양식을 보였다고 한다. Ibid. p. 204.

에게 매우 이로운 역할을 하는 사람들로 인정받았다는 것이다. 그들은 원시사회에서 이성애자들이 갖는 부모라는 위치에서 해방되어 같은 성별의 사회 구성원들을 도울 수 있었고,[38] 가까운 친족들을 보조하는 데 영향력 있는 위치에 서게 되었을 것이다. 그들은 선지자, 무당, 예술가, 부족의 지식 보유자 역할을 맡을 수 있었고, 이런 역할은 그들과 유전적 형질에서 많은 부분 유사한 형제, 자매, 조카 등 친척들의 생존율을 높이는 계기가 되었다. 이 덕분에 동성애자들의 유전자는 상대적으로 자신들의 유전적 가치보다 뒤떨어지는 이성애자들에게 있는 유전자들을 희생시키면서 증가할 수 있었다는 것이다. 비록 자신이 직접 종족번식은 하지 못했지만 이들 친척을 통해 그들의 유전자는 진화를 거듭할 수 있었다는 점이다.[39] 즉, 이것은 동성애자가 존재함으로써 그들의 가까운 친족들이 종족번식에 유전적 이점을 받았다는 가설이다.

38) 이와 관련하여 다음과 같은 가정이 가능하다는 것이다. 원시 수렵사회에서는 남성은 경제적 주체로서 한동안 공동체를 떠나 수렵을 해야 했고, 여성은 남아서 채집의 역할을 했다. 그런 경우 새로운 문제가 발생했는데 남성이 부재하는 가운데 여성이 다른 부족에 의해 약탈될 수 있다는 점이었다. 이 문제를 해결함에 있어 동성애 유전자(특히 남성 동성애자)가 필요했다고 하는 것이 윌슨의 가설이다. 타 집단의 남성들로부터 여성을 지키기 위해 육체적으로는 남성의 힘을 지녔으나 성 선택에 있어서는 남성이 아닌 동성애자들이 필요하게 되었다는 것이다. 이런 동성애자들의 조력이 있었기 때문에 원시부족사회는 유지될 수 있었고, 남성과 여성은 각각의 성역할을 할 수 있었다.

39) 여기에서 도입되는 개념이 성 선택에서의 혈연선택가설이다. 이것은 진화과정이 개체별로 이루어지는 것이 아니라 집단선택과정을 통해 가능하다는 것을 전제로 보존해야 할 유전자는 자신의 혈연을 통해서 자연선택될 수 있다는 것을 의미한다. 예를 들면 같은 자매인 영희와 순희가 살아가면서 영희는 동생 순희를 위해 자신의 삶을 희생하면서 산다. 그 결과 자신에게는 자식이 없지만 그 도움의 결과로 동생 순희는 많은 자식을 갖게 되었다면 순희 유전자의 절반이 관대한 영희 유전자와 동일하기 때문에 영희의 유전적 손실은 만회된다. 이런 혈연선택가설을 통해 동성애는 친족을 단위로 그 단위가 공유하는 동성애 유전자를 다음 세대로 넘길 수 있다는 것이다(에드워드 윌슨, 『통섭』, p. 298). 혈연선택을 포함한 동성애의 진화법칙에 대해서는 다음 글에 자세히 설명되어 있다. 강남욱, 「동성애의 사회생물학」, pp. 244~254.

라. 동성애 인권문제의 새로운 시각

이제 동성애 문제에 관한 사회생물학적 논의의 결과를 토대로 이를 인권문제로 연결해 보자. 동성애자에 대한 차별금지는 이제 당연한 것으로 받아들여지고 있지만 그것은 당위일 뿐 현실이 아니다. 현실은 여전히 차별적 사회적 관행과 법제도를 가지고 있다. 우리나라의 경우 2006년 국가인권위원회가 정부에 국가인권정책기본계획을 권고함에 있어 인권보호의 대상자인 사회적 소수자·약자로 동성애자를 포함한 성적소수자를 명시하고 적절한 보호대책을 권고한 바 있다.[40]

그러나 이에 대한 비판은 상상을 뛰어넘는 것이었다. 한마디로 어떻게 성적 소수자를 인권문제로 다룰 수 있느냐 하는 식의 반론이 대두되었다. 그만큼 동성애자를 중심으로 하는 성적소수자의 인권문제를 우리 사회에서 거론하는 것은 아직 쉽지 않은 상태이다.

이런 상황에서 많은 선진국에서 진행되고 있는 성적소수자에 대한 인권보장정책은 국내에서 당분간 쉽지 않을 것 같다. 동성애자의 인권문제가 우선 제도적으로 해결되기 위해서는 법제도가 직접 차별을 금지하거나, 차별하는 각종 제도가 정비되어야 한다. 동성결혼이 적극적으로 고려되어야 하고, 그 전 단계로 이성애 결혼을 전제한 각종 사회보장제도가 동성애자들 사이에서도 적용될 수 있도록 해야 한다.[41] 그러나 급선무는 무엇보다 법집행자들을 비롯한 사회 구성원들의 동성애에 대한 기본적인 인식이 변하지 않으면 안 된다는 사실이다. 인식의 변화 없이는 제도의 변화도 바랄 수 없고, 제도가 변한다고 해도 그것을 현실적으로 시행하기도 어렵다.

동성애에 대한 사회생물학적 해석은 비록 그것이 아직은 가설적 수준이라고 해도 우리 사회가 가지고 있는 동성애에 대한 편견을 교정할 수 있는 귀중한 과학적 지식이다. 위에서 살펴본 대로 동성애가 인류사회에서 생물학적 근거가

40) 국가인권위원회, 『국가인권정책기본계획 권고안』(2007~2011), p. 92 이하.

41) 과거에는 형법상 강간죄는 부녀에 대한 폭력적 간음행위만 처벌대상으로 하였기 때문에 동성애자 상호 간 혹은 동성애자에 대한 강간행위는 동 범죄로 처벌하기 힘들었다. 그러나 2012년 법 개정으로 강간죄의 대상이 '부녀'에서 '사람'으로 변경되어 이런 문제는 해소되었다.

충분하다면 그것은 비난의 대상이 될 수 없으며, 도덕이나 법에 의해 그들을 차별해서는 안 된다. 우리가 어떤 사람을 비난하거나 사회적으로 응징하기 위해서는 충분한 이유가 있어야 한다. 그 이유는 진화론적 관점에서 말하면 인류라는 종의 번식에 전혀 도움을 주지 않을 뿐만 아니라 오히려 방해를 가할 가능성을 의미한다. 예컨대, 근친상간과 같은 행위는 도덕적으로나 법률적으로나 비난하고 규제할 수 있다. 이것은 차별이라고 볼 수 없다. 왜냐하면 인간에게는 생물학적으로 근친상간 회피를 자연적 본능으로 볼 수 있는 충분한 근거가 있기 때문이다.[42] 형제자매나 부모자식 간의 번식행위는 유전적 결함을 가진 자손을 생산할 개연성이 많기 때문에 인류는 무의식적으로 진화과정에서 그러한 행위를 피하는 후성규칙을 낳았고, 그것은 관습과 법으로 금지하는 문화적 금기로 발전했다.[43] 이에 반해 동성애는 근친상간이라는 행위와는 비교될 수 없는 인간의 자연스러운 행위이다. 이런 행위를 도덕적으로나 법적으로 차별하는 것은 인간의 생물학적 본성에 비추어 잘못이다. 이런 과학적 지식의 토대 위에서 동성애자의 인권문제가 근본적으로 재검토될 때 이들에 대한 인권침해는 줄어들 것이다.

2. 부계혈통주의와 사회생물학

가. 호주제 폐지와 사회생물학의 만남

호주제는 2005년 민법 개정으로 폐지되었다. 따라서 이제 호주제를 논하며 그 문제가 야기했던 양성평등 문제를 다루는 것은 시기적으로 적절치 못하다는 이야기가 있을 수 있다. 그러나 비록 극단적인 형태이긴 했지만 호주제가 부계혈통주의(혹은 남계혈통주의)에서 비롯된 것이라면[44] 부계혈통주의는 아직 끝난 것이 아니다.

---

42) 핀란드의 인류학자 에드워드 웨스터마크(Edward A. Westermarck)는 어렸을 때 가깝게 지냈던 개체들이 성적으로 접근해 오면 거부하는 현상을 발견했다. 가령 어머니와 아들이 짝짓기를 하는 일은 거의 없으며 형제자매 간의 짝짓기는 비친족 개체와의 짝짓기보다 훨씬 덜 일어난다는 현상이다. 이를 웨스터마크 효과라 한다. 에드워드 윌슨, 『통섭』, p. 307.

43) 우리나라 민법 제809조는 8촌 이내의 혈족 사이에서는 혼인을 금하고 있는데, 이것은 바로 근친상간 회피라고 하는 생물학적 근거를 기초로 한 문화적 금기제도라고 할 수 있다.

우리 민법은 비록 호주제를 폐지하고 성(姓)과 본(本)에 관한 규정을 개정했지만, 여전히 자(子)는 부(父)의 성과 본을 원칙적으로 따르게 함으로써 부계혈통주의를 고수하고 있기 때문이다.[45] 따라서 부계혈통주의 자체가 양성평등에 반하는 인권 문제가 될 수 있는지의 문제는 여전히 남아 있다고 할 수 있다.

호주제 폐지가 한참 세인의 관심을 끌었던 2003년 헌법재판소는 이례적으로 당시 서울대 최재천 교수를 참고인으로 불러 사회생물학적 입장에서 호주제가 과연 생물학적 근거가 있는지에 관한 전문가 의견을 들었다. 이것은 우리 사법사상 사회생물학이 처음으로 법규범과 만나는 역사적인 순간이었다. 최 교수는 호주제의 전제인 부계혈통주의의 과학적 근거의 유무 및 호주제의 존폐에 관한 전문가 의견서[46]를 제출했는데, 그는 이 의견서에서 호주제는 생물학적 근거가 전혀 없는 제도라고 단언했다. 이하에서는 최 교수의 주장을 알아봄과 동시에 최 교수의 부계혈통주의에 관한 사회생물학적 주장을 비판적으로 점검해 보고자 한다.

나. 최재천 교수의 호주제 비판

최재천 교수는 호주제가 부계혈통주의의 한 표현이라고 규정하고 생물계에서 과연 부계혈통이라는 것이 생물학적으로 근거가 있는가를 살폈다. 그의 주장을 간단히 정리하면 다음과 같다.

---

44) 헌법재판소는 호주제 폐지와 관련된 사건[헌법재판소, 2005.2.3, 2001헌가9·10·11·12·13·14·15, 2004헌가5(병합)]에서 호주제의 본질을 논하면서 "호주제란 '호주를 정점으로 가(家)라는 관념적 집합체를 구성·유지하고, 이러한 가를 원칙적으로 직계비속남자에게 승계시키는 제도'라고 집약하여 정리할 수 있고, 이를 달리 말하여 보면 남계혈통을 중심으로 가족집단을 구성하고 이를 대대로 영속시키는 데 필요한 여러 법적 장치"라고 함으로서 호주제의 부계혈통주의의 속성을 인정했다.

45) 개정 민법 제781조 제1항은 "자는 부의 성과 본을 따른다. 다만, 부모가 혼인신고 시 모의 성과 본을 따르기로 협의한 경우에는 모의 성과 본을 따른다"라고 규정함으로써 모의 성과 본을 따를 수 있는 여지를 두고 있지만 자는 원칙적으로 부의 성과 본을 따르게 함으로써 종래의 부계혈통주의를 근본적으로 바꾸지 않았다.

46) 최재천 교수의 의견서 내용은 최 교수의 다음 저서에서도 볼 수 있다. 최재천, 『여성시대에는 남자도 화장을 한다』(궁리, 2003), p. 29 이하.

① 인간처럼 유성생식을 하는 생물들은 모두 난자와 정자가 결합하는 수정이라는 과정을 거쳐 태어난다.
② 새로운 생명체는 암컷과 수컷이 각각 자신의 유전자 절반을 넣어 만든 난자와 정자가 만나 하나의 수정란이 되는 것에 의해 탄생한다.
③ 흔히 유전자라고 부르는 것은 세포핵 속에 들어 있는 DNA이다.
④ 그러나 세포 속에는 핵뿐만이 아니라 세포소기관이 있는데 그중의 하나가 세포가 사용하는 에너지를 생산하는 미토콘드리아이며, 이것은 별도의 DNA를 가지고 있다.
⑤ 세포핵 융합과정은 암수의 유전자가 공평하게 절반씩 결합하지만 세포질은 오로지 암컷이 제공하기 때문에 세포의 미토콘드리아는 암컷에서 온다. 수정과정에서 암수의 역할은 비대칭적이며 유전물질만 보면 암컷의 기여도가 크다.
⑥ 생물학적으로 말한다면 생물학적 족보는 오히려 암컷의 혈통이지 부계혈통은 아니다. 따라서 생물학적으로 본다면 부계혈통주의는 생물계에서 존재할 수 없다.

물론 위의 주장에 대해서는 과학계에서 모두 동의하는 것은 아닌 것 같다. 위 사건에서 호주제를 옹호하는 측의 참고인으로 나온 한국과학기술연구원의 신희섭 박사는 인간의 경우 세포핵의 유전정보는 정자로부터 제공되는 것(1벌)만도 30억 단위이지만 미토콘드리아에 있는 유전정보는 모두 합해도 100만 단위가량밖에 되지 않는다고 하여, 진핵(眞核)세포 생물인 인간의 유전에서는 세포핵이 세포질보다 결정적으로 중요하고, 미토콘드리아에 있는 유전물질은 핵 유전물질에 비해 매우 불안정하여 10배 이상의 돌연변이를 일으키며, 극소수의 예외가 있기는 하나 정자의 미토콘드리아가 전해지는 경우도 있다고 하여 핵염색체에 비해 미토콘드리아를 통한 모계혈통의 검색은 상당히 불분명할 수 있다고 했다. 그러나 신 박사도 정자 속에 미토콘드리아는 존재하지만 이 미토콘드리아는 예외가 있기는 하나 수정 후 소멸되는 경향이어서 후손에게 전달되지 않고, 주로 난자에 포함된 모계의 미토콘드리아만 후손에게 전달된다고 함으로써 대체로 미토콘드리아에 대한 유전 문제는 최재천 교수와 크게 다르지 않음을 인정했다.

다. 미토콘드리아 유전설에 의한 부계혈통주의 비판의 문제점

최재천 교수가 제기한 미토콘드리아 유전 문제는 생물학적 지식에 의한 부계혈통주의 비판이란 점에서 매우 흥미로운 것이었지만, 과연 그것이 인류사에서 여러 문화권이 보여준 문화적 제도로서의 부계혈통주의를 깰 수 있는 강력한 이론이 될는지는 의문이다. 최 교수의 주장은 한마디로 세포핵의 DNA는 남녀가 공히 절반씩 만드는 것이지만 세포질 속의 미토콘드리아는 오로지 여성으로부터 받으므로 유전인자의 (양적) 기여도에서 여성 쪽이 크다는 것이다. 그러므로 유전인자의 양적 기여도가 작은 남성이 남성과 여성으로 이루어진 인간의 혈통을 대표할 수 없고, 이에 반하는 부계혈통주의는 생물학적 근거가 없다는 것이다.

그러나 인류사에서 볼 수 있는 부계혈통주의는 하나의 문화로서 그 속성은 남녀의 권력관계를 나타낸다.[47] 즉, 이것은 남녀의 힘의 관계에서 그 우위에 있는 남성이 자신의 혈통을 인위적으로 보장받기 위한 제도일 뿐이다. 따라서 이 제도의 생물학적 근거 유무를 굳이 따진다면 단지 유전인자의 양적 기여도에서만 찾을 것이 아니라, 그것보다 남성이 과연 여성에 비하여 우월한 권력관계를 유지할 수 있는 생물학적 근거가 있느냐에 달려 있다고 봐야 할 것이다. 즉, 유전인자의 양이 아니라 유전인자의 질적 판단을 해야 한다는 말이다. 이런 점에 비추어 보면 기존의 사회생물학은 오히려 여성에 대한 남성지배의 생물학적 근거를 증명하고 있는 것이 아닌가 하는 의문이다.

에드워드 윌슨에 따르면 남성의 힘의 우위에 대한 생물학적 근거는 명백하다고 한다.[48] 우선 남성은 여성보다 평균 20~30% 체중이 더 나가고, 스포츠에서 더 강하고 더 빠르게 움직인다. 남성의 신체 비례, 골격 형태, 근육 밀도는 원시수렵시대 남성들의 전문 분야인 달리기와 던지기에 적합하다.[49] 나아가 남녀의 기질

47) 원래 부계혈통주의든 모계혈통주의든 그것이 만들어진 배경은 생물학적 혈통의 정확도에서 부계 혹은 모계가 더 우수하기 때문에 채택된 것이 아니다.

48) 에드워드 윌슨, 『인간본성에 대하여』, pp. 179~185.

49) 세계육상기록은 남녀의 차이를 반영한다. 남성 우승자들은 여성 우승자들에 비해 늘 5~20% 더 빠르다. 그 차이는 1974년 100미터에서 8%, 400미터에서 11%, 1마일에서 15%, 1만 미터에서 10%였는데, 다른 모든 경주에서도 비슷한 수준이다. 체격과 야수 같은 강인함이 가장 덜 요구되

차이도 포유동물 생물학 일반 원칙과 부합한다. 집단으로서의 여성은 덜 단호하고 신체적으로도 공격성이 덜하다. 이것은 물론 문화권마다 다르기는 하지만 중요한 것은 남녀의 기질 차이가 질적으로 다르다는 사실 그 자체이다. 이런 생물학적 차이(육체적 및 기질적 차이)로 인해 문화는 남성지배체제로 경도되었다고 한다. 윌슨은 단언하길, 역사는 여성이 남성의 정치적 및 경제적 삶을 지배했던 사회를 단 하나도 기록하지 않았다고 한다. 여왕이나 황후가 통치했을 때조차도 그들의 중개자는 남성이었기 때문에 남성의 지배는 실질적으로 변하지 않았다. 이런 이유로 인간은 성적 상대의 교체가 대부분 수컷 주도로 이루어지는 온건한 일부다처제 형을 이루어 왔고, 인류사회는 약 4분의 3이 아내를 여럿 취하는 것을 허용했다고 한다.

이러한 윌슨의 주장은 나름대로 과학적 조사와 근거에 기초한 것이다. 우리가 가지고 있는 부계혈통주의는 인류사 도처에서 발견되는 남성지배문화의 흔적이며, 호주제는 그 극단적인 표현이었다. 이러한 제도는 논자의 찬반과 관계없이 남과 여의 육체적 및 기질적 차이라는 생물학적 근거가 문화적 제도로 고착화된 것이다. 따라서 부계혈통주의를 생물학적으로 비판한다면 사실은 미토콘드리아의 유전 정도에서 그칠 것이 아니라 위의 남성지배문화에 대한 생물학적 기초를 분석·비판하고 그것을 뛰어넘는 새로운 이론을 제시하는 것이 필요하다.

부계혈통주의가 남성지배문화의 한 표현이고 남성지배가 남과 여의 생물학적 차이에서 비롯된 것이라면, 그것은 원칙적으로 사회생물학적 이유가 있다고 평가해야 한다. 그러나 그러한 결론은 양성평등을 우리가 지향해야 하는 이 시대의 중요한 가치로 인정하지 않을 수 없는 시점에서 결코 타당하다고 할 수 없다. 만일 사회생물학이 부계혈통주의의 생물학적 근거를 밝히는 것만으로 임무를 다했다고 한다면, 사회생물학은 양성불평등을 고착화시키는 도구이론이 될 수 있다.

그래서 윌슨은 이런 딜레마를 해소하기 위한 방법으로 인류가 선택할 수 있는 세 가지 대안을 제시한다. 첫째는 행동의 성적 차이가 더욱 확대되도록 사회 구성원

는 마라톤에서도 그 차이는 13%였다. 이러한 차이는 남녀의 운동에 대한 동기나 훈련의 차이에서 비롯된 것이 아니라 본질적인 것이다.

을 개량하는 방법이다. 이것은 남녀의 생물학적 본성 차이에 따른 성적 차이를 인정하고 그에 따른 성적 분업을 극대화하는 것인데(그렇다고 불평등을 지향하는 것은 아님), 결과적으로는 남성이 여성을 지배하고 여성이 많은 전문직종과 활동 분야에서 배제되는 결과를 낳는다. 둘째는 행동의 모든 성적 차이가 제거되도록 사회 구성원을 교육시키는 방법이다. 이것은 인원 할당(예컨대 여성할당제)과 성 편향적 교육을 통해 집단으로서의 남성과 여성이 전문직과 문화활동, 심지어는 운동경기까지 평등하게 공유하는 사회를 창조하는 것이다. 생물학적 성차는 그 과업을 불가능하게 만들 정도로 크지 않다는 전제가 깔려 있는 것인데, 이러한 교육의 결과는 사회가 훨씬 조화롭고 생산적인 사회가 될 수 있을 것이다. 다만 요구되는 규제 수준이 일부 개인적 자유를 위태롭게 할 정도로 높을 수 있고, 소수의 개인에게는 어떤 경우라도 완전히 실현될 가능성이 없다. 셋째는 평등한 기회와 참여권만을 제공하고 더 이상 어떤 행동도 취하지 않는 방법이다. 이것은 남녀를 똑같이 교육시키고 모든 전문직에 평등하게 참여하는 것을 보장한다. 다만 이를 강제하지 않고 다만 장려할 뿐인데 이렇게 놓아두면 결과는 상대적으로 남성이 정치, 경제, 과학 분야를 이끌 가능성이 있고, 아이 양육과정에는 그다지 참여하지 못할 것이라고 한다.[50)]

남녀불평등의 한 표현인 부계혈통주의를 극복하는 방법은 이제까지 대체로 위의 세 가지 대안 중 두 번째나 혹은 세 번째에 관심을 가져왔다고 볼 수 있다. 그렇다면 이러한 윌슨의 대안은 이제까지 말한 사회생물학이 타당성을 인정하는 '생물학적 근거=문화로서 타당한 제도'의 도식에는 맞지 않는 것이 아닌가 하는 의문이 들 수 있다. 위의 대안은 역시 생물학적 근거에서 나오는 당연한 대안이라기보다는 생물학적 근거를 넘는 인간 이성의 산물(혹은 생물학적 관련성이 없는 순수한 문화발전

50) 이러한 모델은 이미 이스라엘의 키브츠에서 실험되었다. 1950년대부터 이스라엘의 지도자는 과거 남성의 전유물이었던 역할 부문에 여성의 참여를 장려함으로써 완전한 성적 평등정책을 추진했다. 그래서 처음 몇 년 동안은 이 정책이 순조롭게 진행되었다. 첫 여성세대들은 이념적으로 헌신적이었고 그들의 상당수는 정치, 경영, 노동 부분으로 진출했다. 그러나 그 이후에 태어난 후세대 여성들은 서서히 전통적인 역할 쪽으로 후퇴해 갔고 어머니 세대보다 더 멀리 사라져 갔다. 그리고 그 역할은 다시 남성의 몫이 되었다. 에드워드 윌슨, 『인간본성에 대하여』, p. 190.

의 결과)이라고 보아야 할 것인가?

필자는 윌슨의 대안이 두 가지 사회생물학적 근거를 토대로 설명될 수 있다고 생각한다. 하나는 앞에서 본 이타적 유전자에 관한 것이다. 양성평등은 기본적으로 이타적 개념이다. 남성이 힘으로 여성을 지배할 수 있음에도 그렇게 하지 않고 여성과의 사이에서 평화를 누리는 방법으로 양성평등을 선택했다면 그것은 분명 남성의 이타적 본능을 고려해야 한다. 이러한 본능은 인류의 종 보존에 이익이 되었고, 그 성향의 유전자는 자연선택되어 계속 진화해 왔을 가능성이 높다. 바로 윌슨의 대안은 이러한 인간의 이타성에 기한 대안이므로 사회생물학적으로 결코 근거가 없는 것이 아니다. 두 번째로는 사회생물학의 결정주의적 관점을 순화시키는 방법이다. 사실 사회생물학자 누구도 유전자가 모든 것을 결정한다고는 하지 않는다. 유전자와 환경과의 관계에서 공진화라는 상호작용에 의해 인간은 달라지게 되어 있다. 심지어 가장 적극적(극단적)인 사회생물학자라고도 평가되는 도킨스도 "인간의 뇌는 유전자의 독재에 반항할 수 있다"고 함으로써 사회생물학의 결정주의를 회피해 간다. 그는 유전자는 생존기계(인간)의 행동에 궁극적인 영향력을 주지만 그 행동에 영향을 준 다음에 무엇을 할 것인가를 순간순간 결정하는 것은 뇌와 신경계의 역할이라고 한다. 유전자는 일차적 방침 결정자이고 뇌는 집행자라는 것이다. 그리고 뇌가 진화과정을 통해 고도로 발달함에 따라 점점 더 많은 실제의 방침 결정을 그것이 담당한다고 한다.[51] 사실 이러한 주장은 종래 철학에서 주장해 온 인간 이성의 생물학적 변용이라고도 할 수 있다.

결론적으로 부계혈통주의를 미토콘드리아 유전설로 비판하는 것은 그 나름의 생물학적 근거가 있다고 해도 부계혈통주의가 가지고 있는 또 다른 측면의 생물학적 근거를 뛰어넘기에는 역부족이라고 생각한다. 오히려 그것보다 오랜 기간 동안 문화적 제도로서 존재해 온 부계혈통주의를 있는 그대로 보면서, 우리가 그것을 뛰어넘어야 하는 이유를 사회생물학적으로 접근하는 것[52]이 이 문제를 해결하는

51) 리처드 도킨스, 『이기적 유전자』, p. 130.

52) 이 말은 양성평등사회를 만들어 나가는 것이 진화론적으로 보아 종 번식(사회의 평화를 통한 인류의 번영)에 더 도움이 된다는 논리이다.

보다 바른 길이 아닌가 하는 생각이다.

VI. 결론

이상에서 필자는 인권의 기원과 보편성 그리고 몇 가지 인권 이슈에 관하여 사회생물학적 접근을 하여 보았다. 이는 사회생물학적 관점에서의 인간본성에 기초한 인권문제의 새로운 이해를 시도한 것이었다. 물론 인권이라는 것은 생물학과는 전혀 관련이 없는 순수한 문화적 산물이라고 이해하는 사람들 사이에서는 이러한 시도 자체가 무리한 견해라고 생각할 수 있다. 부케티츠같이 사회생물학의 공헌도를 충분히 인정하는 학자도 선악의 문제와 같이 규범과 가치를 다루는 영역(예컨대 윤리학)은 인간의 생물학적 가능성과 한계를 고려하는 것은 필요하지만 기본적으로 이 영역은 사회생물학적 영역이 아니라 문화의 영역이라고 주장한다. 규범과 가치는 생물학적으로 결정되는 것이 아니라 문화 영역에서 인간이 결단하는 문제라는 것이다.[53]

그뿐만 아니라 사회생물학 자체가 많은 학자들에 의해 심각한 비판을 받고 있다는 것도 간과할 수 없다. 그 가장 큰 비판은 사회생물학의 결정론적 단점 때문인데, 인류 역사를 탐구하면 할수록 인간은 유전자에 의해 설계된 기계적 존재라는 것을 도저히 받아들일 수 없다는 것이다.[54] 그때문에 사회생물학자들도 종종 유전자들이 행동을 직접적으로 지배하는 것이 아니라 문화의 매개가 필요하다

53) 프란츠 부케티츠, 『사회생물학 논쟁』, pp. 168~169.

54) 결국 비판의 핵심은 인간의 삶을 기본적으로 결정하는 것이 유전적 요인이냐 아니면 환경적 요인이냐의 문제로 귀착한다. 사회생물학은 이 중에서 전자에 치우친 것으로, 이러한 비판은 수많은 학자들에 의해 비판되고 있다(Ibid. p. 196 참고). 사회생물학에 대한 가장 강력한 반발은 사회주의자, 반인종주의자, 페미니스트들에 의해 일어났다. 이들은 사회생물학이 인종주의와 양성불평등을 조장한다고 믿었다. 이들은 사회생물학이 개인 및 사회를 형성하는 데 있어 양육보다 오히려 자연의 영향력에 비중을 두고 있다고 보고, 이렇게 되면 교육과 사회제도 그리고 정치적 변화를 통한 개인 및 사회의 향상 가능성은 낮아진다고 비판했다. 레슬리 스티븐슨·데이비드 L. 헤이버만, 『인간의 본성에 관한 10가지 이론』, pp. 394~395.

는 것을 인정한다. 여기에서 나온 이론이 유전자-문화 공진화 이론임은 자명하다. 인간의 정신과 문화가 강조될수록 사회생물학이 독자적으로 얻을 수 있는 내용은 점점 줄어들 수밖에 없다.[55)]

이러한 비판에도 불구하고 사회생물학이 인권의 뿌리를 탐구하는 사람들에게 새로운 식견을 준 것은 분명하다. 현상학적으로만 이해한 인권의 기원이나, 인권의 보편성을 강조하면서도 그 분명한 이유를 밝히지 못한 것에 대하여 사회생물학은 인간본성의 과학적 이해를 통해 한 차원 높은 이해를 가져다주었다. 그뿐만 아니라 동성애나 부계혈통주의와 같은 구체적인 인권문제의 논의에서도 사회생물학은 차별금지와 양성평등의 목표를 달성케 하는 데 하나의 논리를 부가해 주었다. 아직 그 기초가 튼튼한 것은 아니지만 인류가 과학을 탐구해 나가는 과정에서 좀 더 정치한 논리가 발견되리라 생각한다. 바로 이것이 사회생물학자들이 바라는 자연과학과 인문사회과학 간의 통섭적 이해라고 할 수 있다. 특히 법학 분야는 자연과학과는 전혀 관련 없는 것으로 인식하고 한 방향으로만 발전해 온 것이 과거의 폐단이었다. 그런데 이러한 논의로 인해 우리 법학도들에게도 자연과학이 더 이상 피안의 학문이 될 수 없음을 깨닫게 될 것이다.

---

55) 이런 관점에서 사회생물학을 광범위하게 비판한 것은 로저 트리그, 『사회생물학과 인간의 본성』, pp. 217~243 참고.

제2절 수형자의 변호사 접견교통권

> ■ 학습을 위한 질문
> 1. 변호사의 수형자 접견교통권과 미결수 접견교통권은 본질적으로 달라야 하는가?
> 2. 변호사의 수형자 접견교통권에 관한 종래 판례의 태도는 무엇이었는가?
> 3. 헌법상 재판청구권이 변호사의 수형자 접견교통권의 근거가 될 수 있는가?
> 4. 수형자의 변호사 접견교통권에 관한 국제인권법의 입장은 무엇인가?

I. 서언

다음 사례는 1990년대 초 필자가 변호사를 하던 시절 실제로 겪었던 일이다.

나는 당시 어느 사형수를 변호하고 있었다. 그 사형수는 전국을 떠들썩하게 만든 끔직한 살인사건의 공범 중 한 사람이었다. 그는 1심에서 사형선고를 받았고, 상소해 대법원까지 갔지만 결국 기각되어 확정되었다. 나는 이 사건의 항소심과 상고심의 변호를 맡았고, 형 확정 이후 재심까지 변호하게 되었다. 그는 서울구치소에 구금되어 있었는데, 나는 정기적으로 그를 접견하였고, 다른 사건으로 구치소를 갔을 때도 꼭 그를 만나고 왔다. 재심준비를 하기도 하고 심리적으로 불안에 떠는 그를 위로하기 위함이었다. 그런데 어느 날 예와 같이 그를 접견하기 위해 접견신청을 하였는데, 그날따라 구치소 측은 완전히 다른 태도를 보였다. 내 접견을 변호인 접견으로 볼 수 없다는 것이었다. 이유인즉, 그는 이미 형이 확정되었기 때문에 미결수와 같이 비밀접견이 보장되는 변호인 접견은 할 수 없다는 것이었다.[1] 그러면서 구치소 측은 내가 굳

---

* 제2절은 필자의 다음 논문을 수정·보완한 것이다: 박찬운, 「수형자의 변호사 접견교통권」, ≪법학논총≫(한양대 법학연구소, 2014.6), pp. 97~121.

1) 일반적으로 수형자는 형이 확정되어 수용 중인 사람을 의미하지만 사형수의 경우 형이 확정되었다고 해도 그를 수형자라고 말하지 않는다. 법률에서도 사형수는 수형자와 다른 개념으로 정의하

이 그를 접견하고자 한다면 일반면회 절차로밖에는 할 수 없다고 하였다. 나는 그날 구치소 당국과 엄청나게 싸웠다. 그 결과 간신히 종전과 같은 변호인 접견을 하긴 했지만 변호사로서는 굉장히 당혹스러운 경험이었다.

변호사가 교정시설에서 의뢰인을 만나는 것은 크게 형사사건의 변호인으로서 접견하는 경우와 기타 법률절차의 대리인으로서 만나는 경우가 있다.[2] 전자의 경우는 현재 완벽한 비밀접견이 보장된다. 즉 변호사가 미결수용자를 만나는 경우 형의 집행 및 수용자의 처우에 관한 법률(이하 '형집행법')은 국제적인 기준을 반영하여 충분한 접견이 이루어질 수 있도록 규정하고 있다.[3] 미결수용자와 변호인의 접견에는 일반접견과는 달리 교도관이 참여하지 못하며 그 내용을 청취 또는 녹취하지 못한다. 접견시간과 횟수도 제한하지 않으며, 서신교환에서도 변호인이라는 것을 확인할 수 있는 한 검열할 수 없도록 되어 있다.[4]

그런데 변호사의 접견이라도 위의 예에서 본 대로 수용자가 형이 확정된 이후의 상황(사형수 포함), 즉 수형자의 지위로 바뀌게 되면 더 이상 위의 미결수용자에 대한 접견 규정이 적용되지 않는다.

고 있다. 수형자는 "징역형·금고형 또는 구류형의 선고를 받아 그 형이 확정된 사람과 벌금 또는 과료를 완납하지 아니하여 노역장 유치명령을 받은 사람"인 반면, 사형수는 사형확정자란 명칭을 사용하면서 "사형선고를 받아 그 형이 확정된 사람"이라고 규정하고 있다. 형의 집행 및 수용자의 처우에 관한 법률 제2조 참고.

2) 물론 여기에는 변호인이나 대리인이 되기 전 그러한 신분을 취득하기 위해 만나는 것도 포함된다.

3) 형집행법 제84조.

4) 우리나라 법률에 이런 내용이 들어가게 된 것은 헌재 1992. 1. 28. 91헌마111 결정에서 비롯되었다. 이 결정 전 당시 행형법은 미결수용자에 대하여도 원칙적으로 수형자에 관한 규정을 준용한다고 규정함으로써 미결수용자의 변호인 접견에도 (구)행형법 제18조 제3항에 따라서 교도관이 참여할 수 있었다. 위 헌재결정은 이에 대하여 미결수용자에게 보장된 변호인의 조력을 받을 권리를 침해하는 것이어서 헌법에 위반된다는 결정을 하였다. 이 결정에서 채택된 원칙이 소위 가시불청(可視不聽)원칙이다. 곧, 미결수용자에 대한 변호인 접견은 교도관이 볼 수는 있지만 들을 수 없도록 해야 한다는 것이다. 이러한 원칙은 이후 행형법에 반영되었고, 현재의 형집행법 제84조에도 반영되었다. 위 헌재결정은 미결수용자의 인권개선에 중대한 영향을 끼친 것으로 한국 인권사에 길이 남을 의미 있는 결정이었다.

변호사가 수형자를 접견해야 하는 경우는 여러 가지 사유가 있을 수 있다. 수형자도 교정시설 내에 있으면서 민사사건이나 행정사건 혹은 가사사건의 당사자가 된 경우 변호사를 선임할 수 있다. 수형자가 교정시설 내에서 부당한 대우를 받아 이에 대해 헌법소원을 제기할 때도 변호사를 선임할 수 있다. 그뿐만 아니라 수형자가 교정시설 내에서 징계를 받게 될 경우 그 징계절차에서 변호사의 도움을 받을 수도 있다. 이들 경우에서 변호사는 의뢰인인 수형자를 접견함에 있어 형사절차의 변호인 접견과 다름없이 충분한 시간과 편의가 제공되는 가운데서 접견을 할 필요가 있다. 더욱이 비밀접견은 어떤 경우에도 보장되어야 한다. 수형자가 교정시설 내의 부당한 처우를 이유로 국가를 상대로 손해배상소송을 제기하는 경우를 생각해 보면 비밀접견의 필요성은 금방 이해할 수 있을 것이다. 이런 경우 교정시설이 사실상 피고임에도 교도관이 원고인 수형자와 그 소송대리인인 변호사의 접견에 참여하거나 녹음할 수 있다면 민사소송에서 요구되는 무기평등원칙은 사실상 지켜질 수 없게 될 것이다.

미결수용자의 변호인 접견교통은 무죄추정의 원칙상 유죄로 확정되기까지는 충분하게 보장되어야 한다는 것이 헌법상 기본권이라는 데에는 이론이 없다. 이에 반해 수형자는 이미 유죄로 확정되었기 때문에 무죄추정의 원칙이 적용되지 않고, 그에 따라 변호인의 조력을 받을 권리는 적용될 수 없다는 것이 오랜 기간 정설로 여겨졌다. 그러나 수형자가 교정시설 내에 있으면서 자신의 권리보호를 위해 별도의 사법절차를 밟고자 변호사의 조력이 필요로 할 때, 시간 및 장소 등 편의가 고려되지 않고 비밀 보장마저 되지 않는 상황은 아무리 보아도 납득하기 힘들다.

우리 사법부는 수형자의 변호사 접견이 어느 정도의 수준에서 법의 보호를 받아야 하는지에 관해서 오랫동안 침묵했다. 그러던 중 최근 헌법재판소가 이에 관해 중요한 사법적 판단을 하였다. 두 개의 사건에서 헌재는 변호사와 수형자의 접견이 접촉차단시설에서 이루어지는 것에 대하여 헌법불합치 판단을 했고, 녹음·녹화를 하는 것에 대해서는 위헌이라고 판단하였다.[5)]

이 두 개의 결정은 수형자의 인권과 관련하여 매우 진일보한 것으로 그 의미가

5) 헌재 2013. 8. 29. 2011헌마122; 헌재 2013. 9. 26. 96헌마398.

자못 크다. 다만 아쉬운 것은 이들 결정문에 국제인권법적 시각이 빠져 있다는 것이다. 수형자를 비롯하여 피구금자에 대한 인권문제는 전 세계 어느 나라에서나 발견되는 것으로 유엔을 중심으로 만들어진 인권협약 혹은 국제기준을 분석하면서 이 문제를 접근하는 것은 인권의 보편성 차원에서 필요하다.

이하의 글은 이러한 입장에서 두 개의 헌재 결정을 국제인권법적 입장에서 분석하고 이에 따라 재해석해 보는 것을 목적으로 한다. 이러한 분석을 통해 국제인권법에서는 수형자의 변호사 접견이 어느 정도 보호되어야 하는지가 밝혀질 것이고, 우리나라의 상황이 이에 어느 정도 부합하는지도 밝혀질 것이라 생각한다.

II. 헌재 결정 내용

1. 헌재 2013. 8. 29. 2011헌마122

가. 사실관계: 접촉차단시설에서 수형자와 변호사의 접견[6)]

청구인은 2010. 5. 12. 부산고등법원에서 성폭력범죄의 처벌 및 피해자보호 등에 관한 법률위반(강간 등 상해) 등으로 징역 13년을 선고받고 교도소에서 수용 중 교도소 측 신체검사의 위헌확인을 구하는 헌법소원을 제기하였다. 청구인은 2011. 2. 23. 위 헌법소원 사건의 국선대리인 변호사와 접견하기에 앞서 교도소의 담당교도관에게 녹음녹화접견실[구(舊)무인접견실]이 아닌 변호인접견실에서의 접견을 요청하였으나, 미결수용자가 아니라는 이유로 받아들여지지 않았고, 접촉차단시설이 설치된 녹음녹화접견실에서 변호사 접견이 이루어졌다. 이에 청구인은 2011. 3. 8. 접견 시 녹음, 녹화 등을 규정한 형집행법 제41조, 동법 시행령 제62조, 미결수용자의 변호인과 접견하는 경우를 제외하고는 원칙적으로 접촉차단시설이 설치된 장소에서 접견하도록 한 형집행법 시행령 제58조 및 이 사건 거부행위의 위헌확인을 구하는 헌법소원심판을 청구하였다.

---

6) 헌재 2013. 8. 29. 2011헌마122, 공보 제203호, p. 1179.

나. 헌재 판단

헌재는 청구인 주장 중 녹음·녹화 조항(형집행법 제41조 제2항, 제3항 및 제62조)의 위헌성에 대해서는 이들 조항이 청구인의 권리를 직접 침해하는 경우가 아니고 이들 조항에 근거하여 교도소장의 접견내용 청취 기록 녹음 또는 녹화라는 구체적인 집행행위를 통하여 비로소 청구인의 기본권 침해 문제가 발생하므로 이 부분 청구는 직접성 요건을 갖추지 못하여 부적법하다고 판단하였다.[7]

그러나 접촉차단시설에서의 변호사 접견과 관련된 조항(형집행법 시행령 제58조 제4항)에 대해서는 헌법불합치 판단을 내렸다.[8] 즉, 헌재는 이들 조항에 따르면 수용자는 효율적인 재판준비를 하는 것이 곤란하고, 특히 교정시설 내에서의 처우에 대하여 국가 등을 상대로 소송을 하는 경우에는 소송의 상대방에게 소송자료를 그대로 노출하게 되어 무기대등의 원칙이 훼손될 수 있다고 판단하였다. 또한 변호사 직무의 공공성, 윤리성 및 사회적 책임성은 변호사 접견권을 이용한 증거인멸, 도주 및 마약 등 금지물품 반입 시도 등의 우려를 최소화시킬 수 있으며, 변호사 접견이라 하더라도 교정시설의 질서 등을 해할 우려가 있는 특별한 사정이 있는 경우에는 예외를 두도록 한다면 악용될 가능성도 방지할 수 있다고 하였다. 결국 헌재는 이들 접견조항은 과잉금지원칙에 위배하여 청구인의 재판청구권을 지나치게 제한하고 있으므로, 헌법에 위반된다고 판단하였다.[9]

2. 헌재 2013. 9. 26. 2011헌마398

가. 사실관계: 변호사와의 접견 중 접견내용 녹음 및 기록[10]

청구인은 2003. 12. 31. 대구고등법원에서 성폭력범죄의 처벌 및 피해자보호 등에 관한 법률위반(특수 강도강간 등)죄 등으로 징역 8년을 선고받고 교도소에서

---

7) Ibid. p. 1181.

8) Ibid. p. 1183 이하.

9) 헌재는 교정시설이 일률적으로 접촉차단시설이 설치된 장소에서 수형자가 변호사와 접견토록 한 것은 피해최소성의 원칙에 위배된다고 하였다. Ibid. p. 1184.

10) 헌재 2013. 9. 26. 2011헌마398, 공보 제204호, p. 1380.

복역하던 중, 헌법재판소에 교도소 내 두발규제에 대한 위헌확인을 구하는 헌법소원심판을 청구하였다. 청구인은 위 사건에 대한 국선대리인선임신청을 하여 2011. 2. 1. 변호사가 국선대리인으로 선정되었다. 위 변호사는 위 헌법소원사건과 관련하여 청구인을 접견하기 위해 2011. 4. 20. 및 2011. 7. 19. 교도소에 접견신청을 하였으나, 피청구인은 변호인 접견실이 아닌 접촉차단시설이 설치된 일반접견실에서의 접견만을 허용하였고, 청구인과 변호사의 접견내용을 녹음·기록하였다. 이에 청구인은, 2011. 7. 19. 피청구인이 변호인 접견실에서의 변호사 접견을 불허하고 접촉차단시설이 설치된 일반접견실에서의 접견만을 허용한 행위 및 접견과정에서 변호사와의 접견내용을 녹음·기록한 행위에 대하여 위헌확인을 구하였다.

나. 헌재 판단

이 사건에서 헌재는 접촉차단시설에서의 접견제한행위에 대해서는 그 행위가 이미 종료하였고, 심판청구가 인용된다고 해도 권리구제에 도움이 안 될 뿐만 아니라 위 사건에서 이미 헌법불합치 판단을 하였기 때문에 예외적으로 심판의 이익을 인정할 사안(같은 유형의 침해행위가 앞으로도 반복될 위험이 있고, 헌법질서의 수호유지를 위하여 그에 대한 헌법적 해명이 긴요하여 심판청구의 이익이 있는 경우)도 아니라고 하여 심판청구가 부적법하다고 판단하였다.[11] 또한 형집행법 제88조 중 형사사건으로 수사 또는 재판을 받고 있는 수형자에 대하여 형집행법 제84조 제1항을 준용하는 부분에 대한 판단에서는 심판청구 기간 도과로 역시 청구가 부적법하다고 하였다.[12]

그러나 헌재는 수형자와 변호사와의 접견내용을 녹음·녹화하는 것에 대해서는 위헌판단을 하였다.[13] 즉, 헌재는 이와 같은 녹음·녹화를 하게 되면 그로 인해 제3자인 교도소 측에 접견내용이 그대로 노출되므로 수형자와 변호사는 상담과정에서 상당히 위축될 수밖에 없고, 특히 소송의 상대방이 국가나 교도소 등의 구금시

11) Ibid. p. 1382.

12) Ibid.

13) Ibid. p. 1382 이하.

설로서 그 내용이 구금시설 등의 부당처우를 다투는 내용일 경우에 접견내용에 대한 녹음·녹화는 실질적으로 당사자대등의 원칙에 따른 무기평등을 무력화시킬 수 있다고 하였다. 그뿐만 아니라 헌재는, 변호사는 다른 전문직에 비하여도 더욱 엄격한 직무의 공공성 등이 강조되고 있는 지위에 있으므로, 소송사건의 변호사가 접견을 통하여 수형자와 모의하는 등으로 법령에 저촉되는 행위를 하거나 이에 가담하는 등의 행위를 할 우려는 거의 없고, 또한 접견의 내용이 소송준비를 위한 상담내용일 수밖에 없는 변호사와의 접견에 있어서 수형자의 교화나 건전한 사회복귀를 위해 접견내용을 녹음·녹화할 필요성을 생각하는 것도 어렵다고 하였다.

결국 헌재는 이 사건에서 청구인과 헌법소원 사건의 국선대리인인 변호사의 접견내용에 대해서는 접견의 목적이나 접견의 상대방 등을 고려할 때 녹음·기록이 허용되어서는 아니 될 것임에도, 이를 녹음·기록한 행위는 청구인의 재판을 받을 권리를 침해한다고 판단하였다.

III. 종전 판례 검토

위 두 결정에서 헌재가 위헌이라고 판단한 것은 두 가지 사항에 관한 것이었다. 수형자가 형의 집행 과정에서 새롭게 생긴 사건(헌법소원 사건)과 관련하여 변호사를 접견하는 과정에서 일반접견에서와 같이 접촉차단시설하에서 접견을 하도록 하고, 접견 도중 교도관이 접견 내용을 녹음·기록한 행위는 수형자의 재판청구권을 침해하는 것으로 위헌이라는 것이다. 그런데 이런 결정이 나오기까지는 꽤나 긴 시간이 필요했다. 위 결정이 나오기 전 수형자와 변호사와의 접견(서신 수수를 포함)에 관한 대법원 판례 및 헌재의 결정 몇 개를 검토하면서 그 여정을 살펴보자.

먼저 대법원의 경우를 보면 변호사가 복역 중인 수형자에게 재심청구 의뢰의 의사가 있는지 여부를 타진하기 위해 접견을 신청하였다가 거부당하자 국가 및 교도소 담당자를 상대로 손해배상을 청구한 사건에서 변호사의 접견교통권을 인정하지 않았다.[14] 이 사건에서 대법원은 형사소송법 제34조가 규정하는 변호인의 접견교통권이 이 사안과 같이 '형이 확정되어 집행 중에 있는 수형자에 대한 재심개시의 여부를 결정하는 재심청구절차'에는 그대로 적용될 수 없다고 판시하였다. 즉, 수형자는 헌법상 보장되는 변호인의 조력을 받을 권리에 기한 변호인 접견교통권의 향유 주체가 될 수 없다는 것이었다.

헌재에서도 수형자와 변호사의 접견문제가 다루어진 적이 있었다. 한 사건에서 수형자인 청구인은 수형시설에서 부당한 처우를 받는다고 생각하고 법적 구제를 받고자 변호사에게 서신을 발송했다. 그런데 교도소장이 이 서신을 검열 후 발송을 거부하자 청구인은 그러한 조치의 근거가 된 (구)행형법 제18조 제3항 본문 규정이 헌법상 통신의 자유와 변호인의 조력을 받을 권리를 침해했다고 주장하면서 헌법소원을 제기했다. 이 사건에서 헌재는 수형자가 수발하는 서신에 대한 검열로 인하여 수형자의 통신의 비밀이 일부 제한되는 것은 국가안전보장, 질서유지 또는 공공복리라는 정당한 목적을 위하여 부득이할 뿐만 아니라 유효적절한 방법에 의한 최소한의 제한이며 통신의 자유의 본질적인 내용을 침해하는 것이 아니라고 하면서 신청을 기각하였다.[15] 또한 이 결정에서는 수형자의 변호인 조력을 받을 권리에 대해서도 판단하였는데, "원래 변호인의 조력을 받을 권리는 형사절차에서 피의자 또는 피고인이 검사 등 수사·공소기관과 대립되는 당사자의 지위에서 변호인 또는 변호인이 되려는 자와 사이에 충분한 접견교통에 의하여 피의사실이나 공소사실에 대하여 충분하게 방어할 수 있도록 함으로써 피고인이나 피의자의 인권을 보장하려는데 그 제도의 취지가 있는 점에 비추어 보면, 형사절차가 종료되어 교정시설에 수용 중인 수형자는 원칙적으로 변호인의 조력을 받을 권리의 주체가 될 수 없다"고 하였다.[16]

대법원과 헌재의 위 두 결정을 통해 판단할 수 있는 것은 우리 판례가 수형자에게는 헌법상 변호인의 조력을 받을 권리를 인정하지 않는다는 점이다.[17] 따라서

14) 대법원 1998. 4. 28. 96다48831.

15) 헌재 1998. 8. 27. 96헌마398.

16) 헌재 1998. 8. 27. 96헌마398, 이러한 헌재의 입장은 2004. 12. 16. 2002헌마478 결정에서도 유지되고 있다.

17) 이와 같은 우리 사법부의 입장은 학계에서도 받아들여지고 있고 있는 양상이다. 예컨대 정종섭, 『헌법학원론』(박영사, 2006), p. 401.

수형자가 수형생활 중 법률문제가 있어 변호사의 조력을 받을 필요가 있을 때 변호사와 미결구금자의 사이에서 인정되는 것과 같은 접견교통권은 바랄 수 없다. 이에 반해 이 글에서 다룬 두 개의 헌재 결정은 수형자의 변호사 접견을 종래의 변호인의 조력을 받을 권리 차원에서 접근한 것이 아니라 재판받을 권리(재판청구권) 차원에서 접근하여 새로운 판단을 하였다.

IV. 헌재 결정의 국제인권법적 검토

1. 헌법의 국제인권법 합치 해석의 필요성

가. 국제인권법의 국내법상 지위

우리 헌법이 취하는 기본원리 중 하나가 국제법 존중주의라는 데에는 이론이 없다. 헌법 제6조 제1항이 "헌법에 의하여 체결 공포된 조약과 일반적으로 승인된 국제법규는 국내법과 같은 효력을 가진다"고 정한 것은 그 명백한 근거이다.[18] 여기서 국제법을 국제인권법의 경우로 한정한다면 우리 정부가 체결하여 공포된 인권조약과 일반적으로 승인된 국제인권법규(국제인권관습법)는 국내법과 같은 효력을 갖게 된다.

그런데 여기서 '국내법과 같은 효력을 갖는다'는 의미가 무엇일까. 우선 이 의미 중 하나는 우리 헌법이 국내법과 국제법의 관계에 대하여 소위 일원론적 입장을 취한다는 데에는 특별히 이론이 없다.[19] 문제는 국제법과 국내법의 서열문제, 즉 이 두 규범이 충돌하였을 때 어떤 법리에 의해 해결할 것인가이다. 이에 대해 헌법학자 대부분은 국제법(국제조약)의 국내법에서의 지위를 헌법 통제라는 입장에서 헌법과의 관계에서는 헌법우위론을 주장한다.[20] 이런 견해에서는 국제조약은

18) Ibid. p. 200.

19) 김대순, 『국제법론』, 제11판(삼영사, 2006), p. 203.

20) 예컨대 허영, 『한국헌법론』(박영사, 2006), p. 176.

헌법의 사법심사 대상이 된다고 보고 있다.[21] 법률과의 관계에서는 등위론을 주장하는 학자가 많다. 등위론을 주장하게 되면 일반 법률의 충돌이론에 따라 특별법 우선의 원칙과 신법우선의 원칙에 따라 상호 간의 충돌은 해결된다. 우리 헌재의 태도도 등위론적 입장으로 보인다.[22]

이에 반해 국제법 학자들은 기본적으로는 위와 같은 논리에 찬성하지만 조약 중에서 입법적 다자조약은 법률에 우선하거나 국제인권조약 등과 같이 강행규범(jus cogens)의 연원을 갖는 조약은 국내 법률보다는 우위에 두어야 한다고 주장하는 하는 학자들이 있다.[23] 헌법 학자 중에서도 이와 궤를 같이하여 국제인권규약에 헌법률적 효력을 인정해야 한다는 학자가 있다.[24]

나는 국제인권조약은 형식적으로는 헌법에 비해 열위를 인정해야 하지만 국내 법률에 대해서는 우위에 있다고 본다. 그것은 인권조약이 보장하는 인권은 대부분 일반 국제법의 강행규범에서 출발한 것이므로 성질상 우리 헌법의 기본권 규정 이상의 보호의무가 우리 국가에 있고, 국제사회에서 인권보장을 위해 만들어 놓은 구속력 있는 규범에 우리가 가입해 놓고 후속 국내법에 의해 이를 배제하거나 국제법과 국내법을 일반법과 특별법 관계로 보아 배제하는 것은 그것 자체가 국제

---

21) Ibid. 허영 교수는 국제조약을 조약의 성질과 성립과정을 따져 법률과 같은 효력을 가지는 조약과 명령 규칙의 효력을 갖는 조약으로 나누어 전자는 헌법재판소가, 후자는 대법원이 규범통제를 할 수 있다고 한다.

22) 헌재 2001. 4. 26. 99헌가13, 『헌재판례집』 제13권 1집, p. 761 이하 참고. 이 사건에서 헌재는 "헌법 제6조 제1항의 국제법 존중주의는 우리나라가 가입한 조약과 일반적으로 승인된 국제법규가 국내법과 같은 효력을 가진다는 것으로서 조약이나 국제법규가 국내법에 우선한다는 것은 아니"라고 판시하였다.

23) 김대순, 『국제법론』, 제11판, p. 204; 국내의 학자들의 국제인권규범의 서열에 대한 자세한 논의는 다음 논문을 참고할 것: 박찬운, 「국제인권조약의 국내법적 효력과 그 적용을 둘러싼 몇 가지 고찰」, ≪법조≫, 통권609호(2007. 6), p. 141 이하; 정경수, 「국제인권법의 국내 적용에 관한 비판적 분석」, ≪민주법학≫(민주주의법학연구회, 2000), p. 170 이하.

24) 김철수, 『헌법학신론』, 제21전정신판(박영사, 2013), p. 291. 김 교수는 조약의 국내법적 효력은 일률적으로 말할 수 없고, 조약의 단계구조에 상응하여 국내의 헌법률, 법률, 명령 등에 각기 해당하는 효력을 가진다고 주장한다. ibid. p. 292.

법 위반이며[25] 우리 헌법의 국제법 존중원칙에도 도저히 부합하지 않는다고 보기 때문이다.[26]

나. 헌법의 국제인권법 합치 해석

우리가 가입한 국제인권조약의 국내법적 지위를 적어도 국내 법률에 대해 우월적 지위를 인정한다면 헌법을 해석함에 있어서 국제인권조약이 헌법과 충돌하지 않는 이상 인권조약의 내용을 충실히 반영하는 것이 필요하다. 그것이 바로 헌법의 기본이념인 국제법 존중주의에 입각한 해석이라 생각한다. 헌법해석에서 국제인권조약을 반영하는 해석은 소위 국제인권법의 간접적용이라는 방법으로 가능하다.[27] 이것은 헌법상의 기본권 규정을 해석함에 있어 국제인권법상의 기준에 합치하도록 해석함으로써 간접적으로 국제인권법의 국내법화를 시도하는 방식으로 '국제법 합치의 해석 원칙' 내지 '국제법 합치 추정의 원칙'이라고도 할 수 있다.[28] 사실

25) 이것은 우리가 가입한 조약법에관한 비엔나협약 제27조에 비추어 분명하다. 동 조항은 "어느 당사국도 조약의 불이행에 대한 정당화의 방법으로 그 국내법 규정을 원용해서는 아니 된다"고 규정하고 있다.

26) 헌법동위설을 취하지 않는 이유를 몇 가지 들면 다음과 같다. 첫째, 헌법에서 명문의 규정을 두고 있지 않음에도 헌법 외 규범에 헌법적(최고법) 지위를 부여하는 것은 무리한 헌법해석이다. 둘째, 헌법동위설의 근거 중 하나인 헌법 제37조 제1항(국민의 자유와 권리는 헌법에 열거되지 아니한 이유로 경시되지 아니한다)은 특정 권리에 헌법적 가치를 부여하는 논리는 될 수 있지만 그것을 포함하는 조약에 헌법적 지위를 주는 논리로 사용하긴 어렵다. 셋째, 경성헌법 체제에서 최고법은 성문헌법 그것일 수밖에 없다. 만일 인권조약에 일률적으로 헌법적 지위를 부여하는 경우 경성헌법 체제의 근본적 변화를 일으킬 수 있다. 이는 국민주권주의에 따라 국민이 경성헌법을 채택한 그 의도와도 부합하기 어렵다.

27) 재판에서 국제인권법의 적용방법에는 통상 직접적용과 간접적용이 있지만 헌재에서 직접적용의 방식을 적용하는 것은 쉽지 않다고 생각한다. 직접적용을 하게 되면 위헌법률심사의 경우 국제인권법에 위반되는 국내 법률은 바로 위헌으로 판단해야 한다. 그러나 헌재의 위헌 판단은 통상 헌법의 규정에 근거하기 때문에 이런 적용은 쉽게 예상할 수 없다. 헌재는 해당 헌법 규정의 해석을 하는 과정에서 국제인권법을 해석의 내용 혹은 수단으로 사용하는 방법, 즉 간접적용의 방법으로 헌법해석을 하는 것이 보다 편리하고 무난할 수밖에 없다. 재판 과정의 직접적용 및 간접적용에 대한 자세한 설명은 박찬운, 위 논문, p. 170 이하 참고.

28) 김태천, 「재판과정을 통한 국제인권협약의 국내적 이행」, ≪국제법평론≫ 제20호(2004), pp.

우리 헌법상의 기본권은 대부분 국제인권규약에서 보장하는 권리를 반영하고 있다고 볼 수 있다. 그리고 우리의 헌법이 국제평화주의와 국제법 존중주의를 기본원리로 채택하고 있으므로 국제인권법의 제 내용을 우리 헌법을 해석함에 있어 주요 잣대로 삼는 것은 전혀 이상할 것이 없다. 이렇게 되면 국제인권법은 '사실상' 국내법과의 관계에서 헌법상 지위를 얻는 것이나 마찬가지가 된다. 이런 이유로 헌재가 기본권을 해석함에 있어서는 관련 국제인권법을 예의 주시하는 것이 필요하다. 이것은 헌재의 기본적 임무이며 절차상으로는 직권심리사항이기도 하다.

2. 자유권규약의 '공정한 재판을 받을 권리'와 수형자

가. 자유권규약상의 '공정한 재판을 받을 권리'

우리 헌법 제27조가 보장하는 재판청구권은 수형자에게도 당연히 보장된다. 이와 궤를 같이하는 권리가 자유권규약[29] 제14조에 규정되어 있는 이른바 '공정한 재판을 받을 권리'이다. 자유권규약의 본 조문은 세계인권선언 제10조 및 제11조에서 연원한다. 이 규정 중 '공정한 재판을 받을 권리' 그 자체를 규정한 것은 제1항인데, 그 주요 부분을 옮기면 다음과 같다.

> 자유권규약 제14조 제1항
>
> 모든 사람은 재판에 있어서 평등하다. 모든 사람은 그에 대한 형사상의 죄의 결정 또는 민사상의 권리 및 의무의 다툼에 관한 결정을 위하여 법률에 의하여 설치된 권한 있는 독립적이고 공평한 법원에 의한 공정한 공개심리를 받을 권리를 가진다. ……(이하 생략)

위 조항은 수형자를 포함한 모든 사람이 공정한 공개 재판을 받을 권리를 갖는

25~75.

29) 시민적·정치적 권리에 관한 국제규약(International Covenant on Civil and Political Rights)을 말한다. 우리나라는 1990년 이 규약에 가입하였다.

다는 것을 보장하고 있다.[30] 이 규정은 영미법의 '법의 적정절차(due process of law)'를 보장하면서, 특별히 당사자대등주의를 강조하는 것으로 해석된다.[31] 이 조항은 성문화된 국제인권법의 보편 규정으로 유럽인권협약 제6조 및 미주인권협약 제8조에도 규정되어 있다.

이 조항이 수형자의 외부교통권, 그중에서도 변호사와의 접견과 관련하여 의의가 있는 것은 수형자가 소송의뢰 또는 소송준비를 위해 변호사와의 접견을 원하는 경우, 그것을 '공정한 재판을 받을 권리'의 일환으로 보장할 수 있다는 데 있다. 즉, 이 조항의 '공정한 재판을 받을 권리'는 수형자에게도 보장되며, 수형자가 구금시설 내에서 민사소송 등의 당사자가 된 경우, 적정절차 및 당사자대등주의 보장의 실질적 내용으로서 변호사와의 접견을 권리로서 보장한다는 데에 이론적 근거로 삼을 수 있다는 것이다.

이런 해석은 자유권규약 제14조 각 조항의 유기적 해석상 불가피하다. 규약 제14조 제2항은 무죄추정을 받을 권리를 정하고 있고, 제3항은 특히 '형사상의 죄를 결정함에 있어서' 변호인의 조력을 받을 권리 등을 규정하고 있지만 이들 권리만으로는 제1항에서 요구하는 심리의 공정성을 보장하는 데 항상 충분하다고 볼 수 없다.[32] 또한 제3항에서 열거된 권리가 형사사건과 관련된 절차에서 보장되는 권리라는 것은 문언해석으로 분명하지만 그 외의 절차와 상황에서도 그러한 권리가 보장되느냐는 해석의 여지가 있다. 즉, 수형자가 수용시설에 있으면서 민사소송 등의 당사자가 되어 소송을 하는 경우 변호사의 조력을 받는 것이 제한을

---

30) 위 내용과 같이 자유권규약 제14조 제1항의 재판받을 권리는 단순한 재판청구권이 아니다. 재판청구권을 규정하되, 그것은 '독립적이고 공평한 법원에 의한 공정한 공개심리를 받을 권리'로서 한마디로 말하면 '공정한 재판을 받을 권리'이다. 이에 반해 우리 헌법 제27조는 재판받을 권리를 규정하고 있지만 규정 어디에도 그것이 '공정한 재판'이어야 한다는 말은 없다. 그럼에도 우리 헌법상의 재판청구권에서 '공정한 재판'을 끌어내는 데에는 이론의 여지가 없다.

31) 이에 대해 자유권규약위원회의 일반논평 13은 '적절한 사법행정의 보장(proper administration of justice)'이라는 표현을 썼다. UN Human Rights Committee, General Comment 13, para. 1. U.N. Doc. HRI/GEN/1/Rev.1 at 14(1994).

32) Ibid. General Comment 13, para. 5.

받는다면 수형자에 대한 공정한 재판은 심각한 위험에 직면하게 될 것인데, 이 경우에는 공정한 재판을 받을 권리 그 자체에서 제3항의 변호인의 조력을 받을 권리와 유사한 권리로서 수형자의 변호사 접견권을 끌어내지 않으면 안 될 것이다.

나. '형사상의 죄의 결정 또는 민사상의 권리의무'의 의의

자유권규약 제14조 제1항의 규정이 수형자가 자신의 소송을 진행함에 있어 변호사와의 비밀접견을 보장한다는 근거규정이 될 수 있다는 해석을 하기 위해서는 우선 '형사상의 죄의 결정 또는 민사상의 권리의무'의 결정을 함에 있어 '공정한 재판을 받을 권리'를 보장한다고 규정된 본 규정의 의미를 규명할 필요가 있다.

'형사상의 죄의 결정 또는 민사상의 권리의무의 다툼'에 해당하는 원문은 'In the determination of any criminal charge against him, or of his rights and obligations in a suit at law'이다. 이 말은 단순히 형사 및 민사재판 절차를 의미하는 것이 아니라 '재판절차와 관련된 권리의무'라고 넓게 해석해야 한다. 특히 'his rights and obligations in a suit at law'라는 부분은 '민사상의 권리의무'라고 통상 번역되는 데, 이 말은 민사재판만을 의미하는 것이 아니라 '민사법적 성질의 권리의무'라고 새겨야 한다. 따라서 제14조 제1항에서 의미하는 '형사상의 죄의 결정 또는 민사상의 권리의무의 다툼'의 의미는 형사재판 및 민사재판을 비롯하여 행정재판 기타 어떤 형태의 재판이든 상관이 없다고 해석해야 한다. 재판절차를 통해 권리의무의 다툼을 해결하고자 하는 것이라면 여기에서 말하는 '형사상의 죄의 결정 또는 민사상의 권리의무'에 포함된다고 할 수 있다.[33] 이러한 판단은 자유권규약위원회가 개인통보사건 처리에서도 공식적으로 확인한 바 있다.[34] 또한 '형사상의 죄의 결정'과 관련해서도 이를 단순히 형사재판으로 국한할 필요가 없고, 실질적으로 판단해야 한다. 유럽인권재판소의 판례에서는 교정시설에서 수형자에 대한

33) 北村泰三,『國際人權と刑事拘禁』(日本評論社, 1996), pp. 205~207.

34) 이에 대해서는 자유권규약위원회의 개인통보사건에서도 다루어졌다. Y.L v. Canada 사건에서 규약위원회는 "'민사상'의(suit a law)라는 개념은 정부기관, 준국가기관 또는 자립적 단체 등의 당사자 지위…보다도 당해 권리의 성질에 의거하여 판단되어야 한다"라고 하였다. Y.L. v. Canada, Communication No. 112/81, Selected Decisions, vol. 2, p. 30.

징계절차에도 이 규정은 적용된다고 판시한 바 있다.[35)]

다. 공정한 재판과 변호사 접견

공정한 재판을 받을 권리는 단지 현재 계류 중인 재판의 공정성만을 보장하는 권리가 아니다. 이 권리는 그러한 재판을 받기 위해 필요한 절차적 권리이기도 하다. 즉, 이 권리는 법원에서 개인의 권리가 공정하게 판단받을 수 있도록 그 절차를 보장하는 것을 포함한다.[36)] 여기에서 수형자와 변호사와의 접견보장이 공정한 재판을 받을 권리의 구체적 내용이 될 수 있다는 것이다. 이와 관련하여 자유권규약위원회는 공정한 재판에서 가장 중요한 판단기준은 소송당사자의 무기평등원칙임을 확인하였다. 즉, 규약위원회는 한 개인통보사건에서 규약 제14조 제1항에서 말하는 공정한 재판의 핵심은 무기의 평등, 당사자대등의 소송원칙이라고 말하였다.[37)] 따라서 공정한 재판을 받을 권리가 충족되기 위해서는 소송상 무기평등의 원칙을 실현할 수 있는 제 여건이 보장되어야 한다. 이 여건 중 당사자가 자신의 소송사건에 대하여 변호사와 충분히 상의할 수 있는 충분한 시간과 편의를 제공받는 것은 필수적이다.[38)] 변호사와의 충분한 접견이 이루어지지 않는 상황에

35) 예컨대, Campbell and Fell v. United Kingdom, Application No. 7819/77, 7878/77, ECHRt, 28 June, 1984.

36) Case of Golder v United Kingdom, 2013.8.29. Application No. 4451/70, ECHRt, 21 February, 1975. 이 사건은 공정한 재판을 받을 권리가 단지 계류 중인 사건에서 재판의 공정성만을 보장하는 것이 아니라 공정한 재판을 받기 위한 절차적 보장 권리라고 그 의미를 명확히 했다는 점에서 중요하다. 수형자가 자신의 변호사와 접견을 요구했다가 거절된 사건으로 그 거부행위가 유럽인권협약 제6조의 공정한 재판을 권리를 위반하였는지를 다루었다.

37) Morael v. France, Communication No.207/1986, Views adopted on 28 July 1989, para.9.3. 관련 부분을 옮기면 다음과 같다. "위원회는 … 문제의 조항(제14조 제1항)은 형사상의 문제만이 아니라 민사적 성격의 권리 의무에 관한 다툼에도 적용된다는 점에 유의한다. 제14조는 소송사건에서 '공정한 재판'이라고 하는 것이 무엇을 의미하는지는 설명하지 않고 있지만 규약 제14조 제1항에서의 '정한 심리'의 개념은 무기의 평등, 당사자대등의 소송원칙, 즉결판결에서의 직권에 의한 가중 및 약식절차의 배제 등 많은 조건을 요구하는 것으로 해석되어야 한다."

38) 여기서 접견상 편의라 함은 수형자와 변호사의 접견이 교정당국의 간섭 없이 자유스럽게 보장되는 것을 의미한다. 통상 가시불청(可視不聽)의 원칙, 즉 교정당국이 접견상황을 볼 수는 있지

서는 무기평등의 원칙은 결코 실현되지 않기 때문이다.

유럽인권재판소도 이에 대해서 같은 입장을 취하고 있다. 재판소는 수형자가 교도소의 처우와 관련하여 이의를 제기하고자 변호사의 법적 조언을 듣는 과정에서 교정당국이 비밀접견을 허용하지 않은 사안에 대하여 이런 당국의 조치는 공정한 재판을 받을 권리를 보장하는 유럽인권협약 제6조 제1항을 위반한 것이라고 판시한 바 있다.[39)]

3. 유엔결의와 수형자의 변호사 접견권

가. 유엔피구금자보호원칙

국제법에서 소위 법적 구속력이 직접 발생하는 하드 로(hard law)는 아니지만 그 해석을 보충하는 소프트 로(soft law)는 사실상 국제인권법의 주요 법원(法源)이다. 이 중에서 피구금자의 권리보호를 위한 유엔원칙인 일명 '유엔피구금자보호원칙'[40)]은 매우 유의해 볼만한 소프트 로이다. 이 원칙 제18조는 형사절차상의 미결수용자만이 아니고 수형자(imprisoned person)에게도 보장된다.[41)] 동 조 제1항은 자기의 변호사와 연락하고 상담할 권리를 인정하고 있는데, 여기에서 변호사의 영어 원문은 legal counsel로 이것은 형사절차상의 변호인만이 아니고 민사소송에서의 소송대리인을 포함하는 의미이다.[42)] 제2항은 피구금자 및 수형자는 자기의 변

만 들을 수는 없는 접견시설에서의 접견을 의미한다.

39) Campbell and Fell v. United Kingdom, paras. 111~113, 139.

40) Body of Principles for the Protection of All Persons under Any Form of Detention or Imprisonment, A/RES/43/173, 76th plenary meeting, 9 December 1988. 이것은 '모든 형태의 억류·구금하에 있는 사람들을 보호하기 위한 원칙'으로 직역되지만 '유엔피구금자보호원칙'이라고도 약칭된다.

41) 제18조 제1항~제3항의 영문 주어는 detained person 및 imprisoned person이라고 되어 있다. 이들 의미에 대해서는 이 원칙의 용어설명(use of terms)에 나와 있는데, 이에 의하면 detained person이라 함은 유죄형벌의 결과와 관계없이 자유가 박탈된 사람을 의미하고, imprisoned person이라 함은 유죄형벌의 결과로서 자유가 박탈된 사람을 의미한다. 따라서 전자는 수형자 외의 미결수용자 및 기타 억류된 자를 의미하고, 후자는 수형자를 의미한다고 할 수 있다.

호사와 상담하기 위하여 충분한 시간 및 편의를 제공받아야 한다고 규정하고 있다. 더욱, 제3항은 변호인과의 접견은 지체 또는 검열 없이 그리고 완전한 비밀이 보장된 상태에서 자기 변호인의 방문을 받아 협의하고 연락할 수 있어야 하며 이는 제한할 수 없다고 규정하고 있다. 이 원칙이 예외로 인정하는 것은 법률에 의해 정해지고 안전과 질서유지를 위하여 사법기관이 결정하는 경우에 한한다. 이들 보장은 형사소송절차에서의 변호인과의 접견만이 아니고 민사소송에서 소송대리인과 법률사항을 상담하기 위한 면회도 포함된다고 해석된다.[43] 제4항은 피구금자 또는 수형자와 그 변호인의 접견은 법집행관의 감시 가능한 장소에서 접견은 인정되지만 청취를 해서는 안 된다고 규정하고 있다. 수형자와 변호인과의 회화 청취를 금지하는 것은 역시 공정한 재판을 받을 권리의 필수불가결한 내용인 무기평등의 원칙에서 나오는 당연한 요청이라고 할 수 있다.

나. 유엔 피구금자 처우에 관한 최저기준규칙

다음으로 유엔이 1955년 채택한 피구금자 처우에 관한 최저기준규칙[44]은 행형분야에서 최저한도의 기준으로서 국제적 기준을 확인한 것인바, 피구금자의 처우에 관한 기준으로서는 국제사회에서 가장 유명한 규칙이다. 이것은 말 그대로 최저기준이고, 그 대부분의 내용은 이미 국제사회에서 보편적으로 인정되고 있다. 즉, 이 규칙이 비록 국제법의 법원으로서는 소프트 로이지만 그 실질적 내용은 대부분 국제관습법으로서의 지위에 있다고도 말할 수 있다. 수형자와 변호사의 접견과 관련해서는 이 규칙 제61조 제1항과 관련이 있다. 동 조항을 옮기면 다음과 같다.

---

42) 田中英夫編, 『英米法辭典』(東京大學出判會, 1991), p. 205.

43) 北村泰三, 前掲書, p. 209.

44) United Nations, Standard Minimum Rules for the Treatment of Prisoners, 30 August 1955. 이 규칙은 1955년 제1회 유엔 범죄 방지 및 범죄자 처우에 관한 회의에서 채택되고 1977년 유엔 경제사회이사회에 의해 승인되었으며, 2015년 유엔 총회 결의를 통해 전면적으로 개정되었다. 개정 이후 이 규칙은 통상 넬슨 만델라 규칙(Nelson Mandela Rules)이라고 불린다.

규칙 61조 제1항

피구금자는 스스로 선임한 법률자문가 또는 법률구조제공자와 접견, 소통, 상담할 수 있는 적절한 기회와 시간, 장소가 제공되어야 하며, 이는 지체·감청·탈취·검열 없이 이루어져야 하며, 어떤 법적 사안에 대해서도 비밀이 유지되어야 하며, 적용되는 자국 법규와 조화를 이루어야 한다. 법률상담 진행 시 교정직원의 감시는 허용되나 교정직원이 대화를 청취하여서는 안 된다.

문제는 이 규정이 미결수용자가 아닌 수형자에게도 적용될 수 있는가이다. 즉, 위에서 본 피구금자보호원칙과 같이 다른 종류, 나아가 모든 종류의 구금자에도 적용될 수 있는가이다. 이에 대해서는 피구금자의 보호와 관련되어 국제사회에서 주요한 문서로 인정받고 있는 MSW(Making Standards Work, 국제피구금자처우준칙)[45]가 적절하게 설명하고 있다. MSW는 미결수용자의 방어를 위해 그와 변호인 간에 보장되는 최저기준규칙 제61조의 규정은 다른 종류의 피구금자들에게도 달라질 필요가 없다고 설명한다.[46] 이것에 의하면 피구금자보호원칙 제18조는 바로 이런 해석을 통해 만들어진 것이라는 것이다. 따라서 최저기준규칙에 따른다면 수형자의 변호사 접견은 교정당국으로부터 완전하게 비밀이 보장되어야 하며 그것은 접견 이외에도 편지나 전화 등에서도 마찬가지이다. 결코 교정시설의 직원이 변호사의 편지를 개봉하고 전화 통화를 들어서는 안 된다.[47]

45) Penal Reform International, Making Standards Work, 1995, in www.penalreform.org. 이 책은 피구금자와 관련되어 활동하는 국제적 NGO 국제형사개혁위원회(Penal Reform International)가 유엔 창설 이후 국제사회가 만들어 온 각종 피구금자처우에 관한 준칙을 모아 분야별로 체계화하고 설명한 것이다. 이것은 2006년 국가인권위원회에 의해 『국제피구금자처우준칙』이라는 이름으로 번역되었다.

46) Penal Reform International, 국가인권위원회 옮김, 『국제피구금자처우준칙』(2006), p. 99(제5장 피구금자의 외부교통, para. 20).

47) Ibid.

다. 유엔 변호사의 역할에 관한 기본원칙

나아가 유엔 변호사의 역할에 관한 기본원칙[48]도 변호사의 활동과 관련된 매우 중요한 국제기준이다. 이것은 1990년 유엔 범죄방지 및 범죄자 처우에 관한 유엔회의에서 채택된 원칙인데, 이 원칙도 위에서 본 유엔피구금자보호원칙과 거의 유사한 원칙을 규정하고 있다. 즉, 이 원칙에서도 구금의 형태와 관계없이 변호사는 체포·억류·구금된 모든 자에 대하여 당국의 방해나 검열 없이 완전한 비밀이 보장된 상태에서 방문·통신·접견할 수 있는 권리가 있음을 선언하고 있다.[49]

4. 소결

위의 자유권규약 및 그에 대한 국제인권기구의 해석 그리고 피구금자에 대한 변호사 접견에 관한 유엔의 제 원칙을 살펴볼 때 수형자의 변호사 접견교통의 성격과 그 내용에 대한 국제인권법적 입장은 다음과 같이 정리될 수 있을 것이다.

첫째, 국제인권법 중 가장 중요한 규범 중 하나인 자유권규약 제14조 공정한 재판을 받을 권리는 그 해석상 수형자의 변호사 접견교통권의 근거가 될 수 있다는 것이다. 공정한 재판이 이루어지기 위해서는 적정절차와 무기대등의 원칙이 지켜져야 하므로 변호사의 도움은 필수적이다. 따라서 수형자의 변호사 접견은 비밀이 보장된 상태에서 충분하게 보장되어야 한다. 이것은 형사사건에서 변호인의 조력을 받을 권리의 내용으로서 미결수용자의 변호인 접견교통권과는 그 성격에 있어 다르지만 실제에 있어서는 크게 다르지 않다는 것을 의미한다.

둘째, 국제인권법 중 소프트 로라고 할 수 있는 피구금자 처우에 관한 최저기준규

---

48) Basic Principles on the Role of Lawyers, Eighth United Nations Congress on the Prevention of Crime and the Treatment of Offenders, Havana, 27 August to 7 September 1990, U.N. Doc. A/CONF.144/28/Rev.1 at 118 (1990).

49) Ibid. Art. 8. 이것을 변역하면 다음과 같다: "8. 체포·억류·구금된 모든 자에게는 변호사가 지체 없이 방해나 검열이 없이 완전한 비밀이 보장되어 방문·통신·접견할 수 있는 적절한 기회 시간 및 시설이 제공되어야 한다. 변호사의 접견은 법집행공무원이 볼 수는 있으나 청취할 수는 없어야 한다."

칙(넬슨 만델라 규칙), 유엔피구금자보호원칙, 변호사의 역할에 관한 기본원칙 등에서는 수형자의 변호사 접견교통은 피구금자의 변호사 접견권의 하나로서 보호된다는 것이다. 여기서 '피구금자의 변호사 접견권'은 미결수용자와 수형자 등 구금의 형태와 관계없이 법적 조력을 받기 위해 변호사를 만날 수 있는 권리를 말한다. 형사절차에서 피의자·피고인의 변호인 접견교통권이 모든 형태의 피구금자로 확대한 것이라 할 수 있다.[50] 이것은 자유권규약에는 명문으로 규정된 바 없지만 각종 국제인권법의 소프트 로의 규정과 국제인권기구의 해석에 의해 확립되었다고 할 수 있다.

V. 도쿠시마 판결로 본 일본의 수형자 변호사 접견교통

우리와 법제가 유사한 일본에서 수형자의 변호사 접견의 접견교통은 어떻게 보장되고 있을까. 우리의 과거 행형제도는 일본이 식민지 시대에 그들의 감옥법을 통해 이식한 것이었기에 그 영향은 매우 깊고 광범위하였다. 수형자와 변호사의 접견에 대하여 일반접견의 원칙을 세운 것도 일본의 감옥법이었고 우리나라는 해방 이후 행형법에서 그것을 그대로 받아들였다. 따라서 일본의 수형자 변호사 접견교통은 우리나라의 그것을 이해하는 데 많은 시사점을 준다. 이 문제와 관련하여 일본에서 주목을 받았던 사건은 일명 도쿠시마 판결이라는 이름으로 알려진 것이다.[51] 이 판결은 크게 두 개의 쟁점이 있었는데, 하나는 국제인권조약인 자유권

50) 유엔자유권규약위원회는 2006년 대한민국의 국가보고서를 심의한 뒤 발표한 최종견해(Concluding Observations)에서 모든 형태의 구금에 대하여 변호인의 조력이 보장되어야 한다고 강조하였다. UN Human Rights Committee, Concluding Observations, CCPR/KOR/CO/3/ CRP.1. para. 14.

51) 도쿠시마 사건은 1심 도쿠시마 지방재판소 및 항소심 다카마츠 고등재판소 판결은 국제인권법에 기한 해석이 부분적으로 인정되어 원고가 일부 승소하였다. 그러나 이 사건은 최종적으로 2000. 9. 7. 최고재판소가 형무소장이 수형자와 변호사의 접견 때 30분으로 시간을 제한하고, 형무관을 입회하는 것이 사회통념상 현저하게 타당성을 잃은 게 아니라는 이유로 국가배상법상의 위법성을 인정하지 않는다고 판단함으로써 원고 패소판결로 확정되었다. 위 판결들에 대해서는 다음

규약의 국내적 효력과 동 규약 제14조의 공정한 재판을 받을 권리의 해석 문제였다. 이하에서는 이 글의 주제인 후자에 초점을 맞추어 이 판결의 내용을 소개하고자 한다.[52)]

1. 사건 개요

A수형자는 판결확정에 따라 그때까지 구금되었던 오사카 구치소에서 도쿠시마 형무소로 이감되었다. 동인은 무죄를 주장하여 재심을 준비 중이었다. 그런데 이감 후 도쿠시마 형무소의 교도관으로부터 폭행을 당하고 이유 없이 보호방(독방)에 감금되는 등의 징벌을 받았다. A의 대리인 변호사는 이러한 형무소의 처우를 간과할 수 없어 A를 원고로, 국가를 피고로 하는 손해배상소송을 제기했다. 그런데 형무소장은 이 손해배상사건을 논의하기 위하여 접견하러 온 변호사와 A의 접견에 교도관을 입회시켰을 뿐만 아니라 접견시간도 30분으로 제한했다. 형무소 측의 근거는 감옥법 제50조의 위임을 받은 감옥법 시행규칙 제121조가 "접견은 30분 이내로 한다. 단 변호사와의 접견은 그러하지 아니하다"로 되어 있고 여기서 말하는 변호사라 함은 형사변호인을 말하는 것이므로 형사변호인이 아닌 경우에는 변호사라 할지라도 접견시간을 이 규정에 따라 30분으로 제한한다는 것이었다. 이에 대해 A와 그의 대리인인 변호사 3인은 원고가 되어 1991년 8월 21일 도쿠시마 지방재판소에 접견방해를 원인으로 하는 손해배상청구소송을 제기했다.

2. 법원 판단

도쿠시마 지방재판소는 1996년 3월 15일 원고 측의 주장을 인정하고 일본국에 대하여 A에게 금 50만 엔, 변호사 3인에게 10만~35만 엔에 이르는 손해배상금을

자료를 참고할 것: 德島地判平 8(1996)·3·15 判例時報 1597号, p. 115; 高松高判平9(1997)·11·26 判例時報 1653号, p. 117; 最1小判平12(2000)·9·7 判例時報 1728号, p. 17.

52) 이 판결의 전체적인 내용을 알고자 하면 이 책 pp. 354~358 참고.

지불할 것을 명하는 원고승소판결을 내렸다.[53] 이 판결 중 자유권규약의 공정한 재판을 받을 권리를 판단한 부분을 살펴보자.

법원은 이 사건이 자유권규약 제14조 제1항(공정한 재판을 받을 권리)의 해당사항인지를 판단했다.[54] 즉, 민사사건의 대리인인 변호사와 수형자가 접견함에 있어서도 동 조항의 취지에 맞추어 편의가 최대한 보장되어야 하느냐의 문제이다. 이에 대해 법원은 "(동 조항은) 수형자가 민사사건의 소송대리인인 변호사와 접견하는 권리를 보장하고 있다고 해석하는 것이 상당하고 접견시간 및 교도관의 입회 허용에 대해서는 일의적으로 명확하지 않다 하더라도 당해 민사사건의 상담 및 타협에 지장을 초래할 만한 접견제한은 허용되어서는 안 된다. 따라서 감옥법 및 동 시행규칙의 접견에 관한 조항도 위의 규약 제14조 제1항의 취지에 따라 해석되지 않으면 안 되고 만일 법과 규칙이 동 규약에 위반되는 경우 당해 부분은 무효가 되지 않으면 안 된다"고 판시하였다.

법원은 이러한 원칙을 천명한 다음 자유권규약 제14조 제1항이 구체적으로 형무소장의 재량에 어떻게 적용되는가에 대하여 판시했다. 먼저 접견요건과 관련해서는 민사사건에 대한 수형자의 변호사 접견은 특단의 사정이 없는 한 원칙적으로 허가되어야 한다고 하였다. 접견태양(시간제한 및 교도관 입회 여부)에 관해서는 자유권규약 제14조 제1항의 취지에 비추어 수형자의 (민사사건의 소송대리인인) 변호사 접견에서는 당해 민사사건의 상담 및 사전준비에 지장을 초래하는 정도의 제한을 허용해서는 안 된다고 하였다. 이 같은 논리에 따라 법원은 이 사건에서 형무소장이 수형자의 변호사 접견시간을 30분 이내로 제한한 것은 처우상은 물론 형무소 내의 규율질서상 필요가 있다고 인정할 수 없어 재량권을 일탈한 것이라 판단하였다. 하지만 교도관 입회와 관련해서 법원은 형무소 측에 입회를 시킬

53) 德島地判平8(1996)·3·15 判例時報 1597号, p. 115.

54) 이에 앞서 이 사건 1심 판결에서는 자유권규약을 개인이 일본국 법정에서 직접 원용할 수 있는가에 대하여 판단하였다. 이에 대해 1심 법원(도쿠시마 지방재판소)과 항소심(다카마츠 고등재판소)은 "자유권 규정으로서의 성격과 규정 형식에 비추어 이 규정이 추상적, 일반적 원칙을 선언한 것에 그친 것이라 볼 수는 없으므로 국내법으로서의 직접적 효력, 더욱 국내 법률에 우월하는 효력을 갖는 효력을 갖는다"고 판단하였다.

만한 ‘특단의 사정’이 있다고 인정했다. 교도관의 입회를 가지고 민사재판의 공정이 침해된다고까지 말하기는 어렵다고 본 것이다.[55] 이 부분은 이 사건에서 가장 중요한 부분이었는데, 선고 이후 변호사단체는 법원이 수형자의 변호사 접견 실태에 대해 이해가 부족하다고 비판하였다.

3. 도쿠시마 판결의 의미

도쿠시마 판결의 중요성은 이 판결에서 수형자와 그의 민사사건을 대리하는 변호사의 접견이 자유권규약 제14조 제1항의 공정한 재판을 받을 권리에 의해 보장된다고 판단한 것이다. 판결은 원칙적으로 수형자와 그의 민사사건을 대리하는 변호사의 접견에 있어서는 그 사건의 상담 및 타협에 지장을 초래할 만한 접견제한은 허용되어서는 안 된다고 판단하였다. 이러한 판단에 따라 접견시간을 제한하는 것이 규약위반이라고 하였다. 다만 접견과정에서의 교도관 입회에 대해서는 특단의 사정을 인정하여 규약위반이 아니라고 하였다. 도쿠시마 판결은 수형자와 변호사의 접견에 대하여 그동안 완전한 일반접견으로 이해해 온 일본의 실정에서는 매우 이례적인 판결이었다. 하지만 이 판결은 수형자와 변호사의 접견교통에 관한 국제인권법적 조류를 제대로 반영하지는 못했다.[56] 국제인권법적 흐름은 변호사와의 접견에서는 수형자와 미결수용자의 구별이 사실상 없다는 것임에도 이 판결은 수형자의 변호사 접견에서 변호인의 조력을 받을 권리의 해당 가능성은 논의조차 되지 못했다. 더욱 공정한 재판을 받을 권리에서 변호사 접견교통권이 파생된다는 점을 판단하면서도 비밀접견을 보장하지 않고 교도관 입회를 허용했

---

55) 판결의 해당 부분을 보면 이렇게 설시되어 있다. “… 본건 각 접견에서 교도관의 입회에 의하여 심리적 압박 이상 현실로 민사사건의 사전준비가 방해되었다는 것을 인정할 만한 증거가 없고 교도관의 입회를 가지고 민사재판의 공정이 침해된다고까지는 말하기 어렵다는 것으로부터 보면 본건에서 도쿠시마 형무소장이 접견에 교도관을 입회시킨 조치는 전술한 계호 및 처우상의 목적을 달성하기 위한 합리적 범위 내라는 것이 인정되고 이것을 가지고 재량권의 일탈 혹은 남용이라고는 말하기 어렵다.”

56) 이에 대한 비판은 北村泰三·山口直也 編, 『國際人權法』(現代人文社, 2002), p. 180 참고.

다. 이러한 점은 국제인권법에 대한 일본 사법부의 소극적 태도를 알 수 있는 대목이다. 그럼에도 이 판결을 매우 긍정적으로 볼 수 있는 이유는 이 판결이 일본 국내 법정에서 국제인권법(자유권규약)의 국내적 적용을 본격적으로 시도했다는 점이다. 자유권규약의 직접적 효력을 인정하였고, 그에 기해 규약을 해석함으로써 사안을 해결코자 한 것은 높이 평가받을 만하다. 이에 비해 앞에서 본 우리나라 헌재의 결정 두 개는 도쿠시마 판결보다 공정한 재판을 받을 권리의 내용을 훨씬 앞으로 전진시켰다. 수형자의 변호사 접견교통의 새로운 장을 열었다고 할 수 있다. 다만 이들 결정에서 국제인권법적 해석을 통해 결론을 유도하고자 하는 노력이 엿보이지 않은 점은 매우 아쉽다 할 것이다.

VI. 헌재 결정 검토

1. 수형자의 변호사 접견교통권의 근거

앞에서 본 두 개의 헌재 결정은 수형자의 변호사 접견교통권이 변호인의 조력을 받을 권리에서 나오는 권리가 아니라는 종래의 입장을 견지했다. 이것은 '변호인의 조력을 받을 권리'는 '형사사건' 처리 과정에서 피의자나 피고인에게 보장되는 절차적 권리라는 것을 의미한다. 따라서 수형자가 형사사건이 아닌 민사사건, 행정사건, 헌법소원사건 등에서 변호사와 접견할 경우에는 원칙적으로 헌법상 변호인의 조력을 받을 권리의 주체가 될 수 없다고 하였다.[57] 그럼에도 헌재는 수형자의 변호사 접견교통이 헌법상 권리이며, 그것은 재판청구권의 한 내용 또는 그로부터 파생되는 권리로 보아야 한다고 하였다.[58]

57) 헌재 2013. 8. 29. 2011헌마122, 공보 제203호, p. 1181; 헌재 2013. 9. 26. 2011헌마398, 공보 제204호, p. 1382.

58) 헌재 2013. 8. 29. 2011헌마122, 공보 제203호, p. 1182; 헌재 2013. 9. 26. 2011헌마398, 공보 제204호, p. 1382.

이런 입장에 따라 교도소장이 접견과정에서 소송사건의 대리인인 변호사와의 접견내용을 녹취하게 되면 그 접견내용에 대한 비밀을 보장받기 어려우므로, 수형자 입장에서는 변호사와의 자유로운 접견을 방해받게 되고, 그로 인하여 민사소송, 행정소송, 헌법소송 등에서 충분하고도 효과적인 소송수행이 어렵다고 판단하였다.[59] 접촉차단시설이 있는 장소에서 수형자와 변호사와의 접견이 이루어지는 경우도 이러한 시설로 인해 수형자와 변호사는 복잡한 서류 등을 함께 확인하며 효율적인 재판준비를 하는 것이 지극히 곤란해진다고 판단하였다. 특히 교정시설을 상대로 소송을 하는 경우에는 변호사가 관련 자료를 가져와 수형자와 자유롭게 보지 못하고 문서 송부나 반입을 통해 검토케 하면 소송자료를 노출하는 것과 동일한 결과가 되어 재판청구권 중 무기대등의 원칙을 훼손할 수 있다고 하였다.[60]

수형자와 변호사의 접견교통권의 성격에 대하여 헌재가 변호인의 조력을 받을 권리가 아닌 재판청구권에서 그 근거를 찾은 것은 위에서 본 국제인권법적 검토에 비추어 특별히 문제는 없다. 하지만 헌재가 수형자의 변호인 접견교통권의 근거를 오로지 재판청구권(자유권규약상의 공정한 재판을 받을 권리)에서만 찾는 것은 국제인권법의 전반적인 조류에는 미치지 못한다고 할 수 있다. 앞에서 본 대로 현재 국제인권법은 수형자의 변호사 접견도 미결수용자의 변호인 접견과 다르지 않은 것으로 보고 있기 때문이다. 즉, 국제인권법의 조류는 수형자의 변호사 접견은 피구금자의 변호사 접견이라는 시각에서 수형자와 미결구금자의 차이를 인정하지 않는다는 것이다. 그럼에도 우리 헌재가 이런 점을 전혀 고려하지 않은 것은 국제인권법적 검토가 부족하다는 비판을 피하기는 어렵다.

2. 변호인의 조력을 받을 권리의 새로운 해석

수형자는 변호인의 조력을 받을 권리의 주체가 될 수 없다는 것은 우리 헌재와 대법원의 확고한 입장이다. 따라서 수형자의 변호사 접견교통은 미결수용자의

---

59) 헌재 2013. 9. 26. 2011헌마398, 공보 제204호, p. 1382.

60) 헌재 2013. 8. 29. 2011헌마122, 공보 제203호, p. 1183.

그것에 비해 제한이 가중될 수 있다는 논리가 자연스레 받아들여지고 있다. 하지만 우리 헌법이 보장하는 변호인의 조력을 받을 권리(제12조 제4항)가 미결수용자의 형사사건에서만 적용되는 권리라고 보는 견해는 재고되어야 한다. 헌법상 이 기본권이 규정하는 "체포 또는 구속을 당한 때에는"이라는 문언이 적어도 구속 피의자 및 피고인인 미결수용자에 한정하지 않고 단지 이러한 지위에 있는 사람들을 특별히 보호해야 한다는 의미로 해석할 수는 없을까. 그렇게 본다면 '체포 또는 구속된 자'를 오로지 수사기관에 의한 신체 구금을 당한 피의자나 재판을 받은 피고인으로 국한할 필요는 없을 것이다. 요컨대, 여기서 '체포 또는 구속'은 형사소송법상의 의미로 좁게 해석할 것이 아니라 '구금시설에 수용되는 모든 경우'로 넓게 해석할 수도 있다는 말이다.[61] 이렇게 해석하는 것이 앞에서 본 유엔피구금자보호원칙 등에서 구금 형태와 관계없이 구금되어 있는 피구금자의 변호사 접견교통을 보장하는 것과 동일한 내용으로 접견교통을 보장하는 방법이 될 것이다. 결국 수형자의 변호사 접견교통의 헌법적 근거는 헌재에서 결정한 재판청구권뿐만 아니라 변호인의 조력을 받을 권리에서도 찾을 수 있다고 본다. 그렇게 해석하는 것이 국제인권법에 부합하는 헌법해석이 될 것이다.

VII. 결론

이상에서 본 대로 우리 헌재의 결정은 수형자의 변호사 접견교통권을 획기적으로 인정한 매우 의미 있는 결정이라고 평가할 수 있다. 이런 결정으로 말미암아 우리나라 수형자의 인권이 진일보하는 계기가 되었다. 이와 같은 결정은 특별히 살펴본 일본의 수형자 변호사 접견교통권 논의보다 한참 앞서는 진보적 판결이라고 할 수 있다.

하지만 수형자의 변호사 접견교통권에 관한 국제인권법적 상황을 통해 우리 헌재 결정을 검토하면 이 권리의 근거에 대해 재고가 필요하다는 결론에 다다른다.

---

61) 조성용, 「수형자에 대한 형사변호」, ≪교정연구≫ 제55호(2012), p. 94.

헌재는 수형자가 자신의 소송사건 등 법률문제를 상의하기 위해 변호사를 접견하는 것은 무죄추정원칙이 적용되는 형사절차상의 피의자나 피고인이 변호인을 접견하는 것과는 본질적으로 다르다는 입장을 견지하고 있지만 이런 판단은 국제인권법적 해석으로는 적절치 않다.

수형자의 변호사 접견교통권의 헌법적 근거는 헌재 결정대로 우선 재판청구권이 근거가 될 수 있지만 그것에 한정해서는 안 된다. 헌법상 변호인의 조력을 받을 권리도 그것을 오로지 형사절차의 피의자나 피고인의 권리로 한정할 필요가 없다고 해석하는 한 충분히 수형자의 변호사 접견교통권의 헌법적 근거가 될 수 있기 때문이다. 유엔에서 제정한 많은 국제인권기준(국제법상의 소프트 로)은 수형자도 피의자나 피고인으로서의 수용자(미결수용자)와 달리 보지 않고 당연히 피구금자의 개념에 넣어 변호사와의 접견교통을 보장한다. 변호사가 의뢰인의 법적 문제를 상담함에 있어서는 자유로운 비밀접견이 충분히 보장되도록 해야 하는 것은 피구금자의 법적 지위와 관계없다는 것이 적어도 국제인권법이 요구하는 것이라 할 수 있다. 수형자의 변호사 접견교통권은 본질적으로 형사절차상에서 구금된 피의자 및 피고인의 변호인 접견교통과 달리 볼 이유가 없다는 것이다.

이렇게 보면 결국 수형자의 변호사 접견교통은 수형자와 미결수용자를 포함한 '피구금자의 변호사 접견교통' 문제로 보아야 한다는 것이다. 곧, 수형자이든 미결수용자이든 구금에서의 수용자의 지위와 관계없이 변호사 접견에 있어서는 같은 수준으로 보장해야 한다는 것이다. 결론적으로 수형자의 변호사 접견교통은 '피구금자의 변호사 접견교통권'이라는 이름으로 새롭게 접근하는 것이 국제인권법이 우리에게 요구하는 것이라 할 수 있다.

제3절 이중처벌금지원칙과 불이익재심의 가능성

■ 학습을 위한 질문

1. 형사재판에서 이익재심원칙은 이중처벌금지원칙하에서 당연히 요구되는 재심원칙인가?
2. 국제인권법상 이중처벌금지원칙은 보편적이면서도 절대적인 인권인가?
3. 불이익재심은 국제인권법과 조화를 이룰 수 있는가?
4. 대한민국에서 불이익재심을 채택하기 위한 조건은 무엇인가?

I. 서언

이 글을 시작하면서 우선 한 사례를 들어보고자 한다. 가공의 사례이지만 이 글의 취지를 단번에 알 수 있을 것이다.

A는 야간에 운전을 하다가 골목길에서 사고를 내 B를 치었다. 불행하게도 B는 그 자리에서 사망했다. 검찰은 위 사고가 통상의 교통사고가 아니라는 심증을 굳히고 수사하여 A를 살인죄로 기소했으나, A는 결국 증거불충분으로 무죄선고를 받고 확정되었다. 그런데 3년 후 새로운 사실이 발견되었다. 사건 당시 공범자였던 C는 이 사건이 오랫동안 계획되었던 범죄행위였다고 자백한 것이다. 당시 A는, C가 망을 보는 가운데, B를 그의 집 주변에서 기다리다가 그가 나타나자 그를 차량으로 치어 살해한 것이다. 최근 A도 그러한 사실을 시인했다.

만일 이런 일이 실제로 벌어졌다면 사람들은 정의의 원칙을 이야기하면서 단번에 A를 처벌해야 한다고 할 것이다. 그러나 법적 현실은 그렇지 않다. 위의 사례에서

---

* 제3절은 필자의 다음 논문을 수정·보완한 것이다: 박찬운, 「이중처벌금지원칙과 불이익재심의 가능성」, ≪법조≫(법조협회, 2015. 2), pp. 176~218.

C를 처벌할 수 있는 것은 별론으로 하고, A를 우리 법제에서 처벌할 수 있는 방법은 없다. (형사소송법상 재심사유가 없기 때문에) 국가(검찰)가 이미 확정된 살인사건에 대하여 재심을 청구하여 다시 재판을 청구할 수도 없고,[1] (전 판결의 기판력 때문에) 살인죄로 다시 기소할 수도 없기 때문이다.[2] 이것은 우리 헌법상의 이중처벌금지원칙을 상기하면 당연한 결과라고도 할 수 있다.

하지만 이 원칙을 당연하게 여기는 근거는 무엇인가? 혹시나 헌법상 이중처벌금지원칙을 절대적 인권원칙으로 받아들이기 때문은 아닐까? 재미있는 것은 위 사건이 독일이나 영국에서 벌어졌다면 A는 처벌될 수 있다는 것이다. 그들 나라는, 소위 재심사유로서 불이익재심이 허용되는 나라로, 이런 경우 국가에 의한 재심청구가 가능하기 때문이다. 이들 나라도 우리와 같은 이중처벌금지원칙(혹은 이중위험금지원칙)이 헌법적 기본권으로 인정되고 있음에도 말이다.

사실이 이렇다면 이중처벌금지원칙은 우리가 알고 있는 것처럼 절대적인 인권원칙이 아닐 가능성이 있다. 우리도 이들 나라처럼 이중처벌금지원칙을 유지하면서도 특별한 경우, 정의의 원칙과 구체적 타당성을 위해, 형사소송법에 불이익재심 규정을 둘 수도 있지는 않을까?

그동안 이 문제에 대해서는 국내에서 깊이 연구된 바가 없다. 일견하여, 헌법상 규정된 이중처벌금지원칙은 오로지 이익재심만을 염두에 둔 것이고 그것을 넘는 재심사유의 확대는 헌법위반이라는 견해가 별 이론 없이 받아들여지고 있는 것이 아닌가 하는 생각이 든다. 그러나 이 문제는 그렇게 쉽게 결론을 낼 수 있는 것이 아니다. 이중처벌금지원칙이 역사적으로 발전되어 온 양상이나 국제사회에서 만들어진 각종 인권문서에서 이 원칙을 정하는 내용과 형식, 나아가서는 비교법적 검토를 해보면 불이익재심을 반드시 헌법위반이라고 볼 필요가 없다고 생각되기 때문이다.

따라서 위 질문에 답하기 위해서는, 헌법상 규정된 이중처벌금지원칙의 의미(성격)를 다시 한 번 재점검할 필요가 있다. 이 글은 그 검토를 위해, 다음과 같은

---

1) 형사소송법 제420조.

2) 형사소송법 제326조 제1호.

몇 가지 검토를 하나하나 해볼 것이다. 우선, 이중처벌금지원칙의 역사적 연원을 살펴 이 원칙이 어떤 역사를 통해 현대의 법원칙이 되었는지를 따져볼 것이다. 둘째, 이 원칙과 관련한 비교법적 고찰을 통해 이 원칙이 주요국가에선 어떻게 운용되고 있는지를 살피는 일이다. 셋째는 국제인권법적 검토를 통해, 이 원칙을 규정하고 있는 다수의 국제인권규범을 살피면서 그 의미를 알아볼 것이다. 마지막으로 이 원칙과 관련하여 최근에 극적인 변화를 만든 영국의 최신 입법을 검토해 볼 것이다.

이런 일련의 검토를 통해 이중처벌금지원칙의 성격이 드러날 것이고 그에 따라 우리나라에서 위와 같은 사례가 발생했을 때 대응할 수 있는 방법도 제시될 수 있을 것이라 생각한다.

II. 우리나라의 이중처벌금지원칙 개관

우리 헌법 제13조 제1항 후단은 "(모든 국민은) … 동일한 범죄에 대하여 거듭 처벌되지 아니한다"고 규정하여 이중처벌금지원칙을 천명하고 있다. 이 규정은 제헌헌법 당시부터 들어간 것으로[3] 일반적으로 일사부재리 원칙을 헌법적으로 보장한 것이라는 데에는 학설[4]과 판례[5]가 일치한다. 여기서 일사부재리 원칙이란 재판

---

3) 제헌헌법 제23조 후단.

4) 김철수, 『헌법학개론』 제19정정신판(박영사, 2007), p. 639; 권영성, 『헌법학원론』 개정판(법문사, 2010), p. 423; 허영, 『한국헌법론』 전정8판(박영사, 2012), p. 369. 김승대 교수는 이중처벌금지원칙과 형사소송법상 일사부재리 원칙이 서로 유사하고 중복된 내용을 가지고 있음을 인정하면서도 양자를 완전히 동일하게 보는 데에는 반대한다. 김 교수의 입장은 이중처벌금지원칙에서 '처벌'의 의미를 '형벌'의 의미로만 볼 필요가 없다는 것으로서 이중처벌금지원칙을 헌법원칙으로 한 이상 그 범위에 대해서는 새로운 헌법적 시각에서, 기본권보장의 의미를 충실히 살려야 한다는 주장을 한다. 김승대, 「이중처벌금지원칙에 대한 헌법해석의 재검토」, ≪공법연구≫, 제35집 제4호(2007. 6) 참고.

5) 헌법재판소에서 이중처벌금지원칙이 문제가 된 사건들로는 다음과 같은 것들이 있다: 헌재 1994. 6. 30. 92헌바38, 판례집 6-1, pp. 619, 627; 2002. 7. 18. 2000헌바57, 판례집 14-2, pp. 1, 18;

의 효력으로서 기판력을 의미하는 것으로 이해한다. 즉, 형사재판에서 유무죄의 판결이 확정된 경우 그 판결의 효력으로서 동일사건에 대하여 다시 심리와 재판이 행하여지지 않는 기판력이 발생하는데, 바로 이것이 일사부재리 원칙이고, 이것을 형사절차에서의 헌법적 기본권으로 선언한 것이 이중처벌금지원칙이라는 것이다.[6] 이 원칙은 기본적으로 일단 형성된 법적 관계를 존중하는 것으로서 법의 이념으로 본다면 법적 안정성을 도모하는 법원칙이라고 이해할 수 있다.

한편, 우리 형사소송법은 확정된 판결이라 할지라도 일정한 사유가 존재하면 재심을 할 수 있는 경우를 정하고 있다.[7] 원래 재심은 기판력이 있는 확정판결에 대하여 다시 재판을 하는 것이므로 일사부재리 원칙의 예외를 인정하는 것이다. 확정판결에 일사부재리 효과를 인정하는 것은 모든 문명국가의 법의 일반원칙이므로 재심청구는 아주 예외적인 상황(기존 판결의 확정력이 추구하는 법적 안정성을 포기해서라도 사후적으로 실체적 정의를 꼭 실현할 필요가 있는 경우)에서만 허용해야 하는 비상절차이다.[8] 나아가 이중처벌금지원칙은 우리 헌법에서 국민의 기본권으로 인정하고 있으므로 재심사유는 기본권과 직결되는 문제이기도 하다. 만일 국가가 재심청구를 확정판결을 받은 자의 이익에 반해 아무 때나 청구할 수 있다면 헌법상

2003. 6. 26. 2002헌가14, 판례집 15-1, p. 624; 2003. 7. 24. 2001헌가25, 판례집 15-2상, pp. 1, 10~13; 2004. 10. 28. 2003헌가18, 판례집 16-2하, pp. 86~102. 이들 모든 사건에서 헌재는 헌법 제13조의 이중처벌금지원칙의 의미에 대하여 "'일사부재리의 원칙'이 국가형벌권의 기속원리로 헌법상 선언된 것"으로 이해하고 있다. 그러나 이중처벌금지원칙의 '거듭된 국가 형벌권의 금지'의 의미에 대해서 헌재는 형벌권 행사에 덧붙여 일체의 제재나 불이익처분을 부가할 수 없다는 것이 아님을 거듭 밝히고 있다. 즉, 보안처분의 경우 이것은 그 본질, 목적 및 기능에 있어 형벌과는 독자적 의의를 가진 사회보호적인 처분이므로 형벌과 보안처분은 서로 병과하여 선고하더라도 이중처벌금지원칙에 위반되지 않는다는 것이 헌재의 확립된 입장이다.

6) 형사소송법 학자들 사이에서는 일사부재리 원칙과 기판력을 동일한 개념으로 볼 것인가에 대하여 학설상 다툼이 있다. 둘 간의 관계를 동일하게 보는 견해와 구별하는 견해, 기판력에 일사부재리 효과가 포함되어 있다는 견해 등으로 나누어진다. 신동운, 『형사소송법』 제5판(법문사, 2014), pp. 1496~1497 참고.

7) 형사소송법 제420조.

8) 이용식, 「형사재심제도의 한계와 구조에 관한 재조명」, ≪형사법연구≫, 제19권 제3호(통권 제32호, 2007), p. 757.

규정된 이중처벌금지원칙은 인권보장책으로서는 큰 소용이 없을 것이다.

형사소송법적 견지에서 이중처벌금지원칙은 재심사유와 관계있다. 재심사유의 한계와 관련해서는 종래 전면적 재심론과 이익재심론의 설명이 있어 왔다. 전면적 재심은 확정판결을 받은 자의 이익·불이익을 묻지 않고 확정판결에 오류가 있음이 인정되는 경우에는 모두 재심을 허용하는 방식이고,[9] 이익재심은 유죄판결을 받은 자의 이익만을 위하여 재심을 인정하고 불이익한 경우에는 설사 확정판결에 사실오인의 흠이 있더라도 이를 문제 삼지 않는 방식을 말한다.[10] 하지만 우리나라 학자들 중에서 우리 법제가 불이익재심의 가능성도 배제하지 않는다고 주장하는 학자들은 발견되지 않는다. 현재 형소법상의 재심사유도 유죄의 확정판결에 대하여 그 '선고를 받은 자의 이익을 위하여',[11] 항소기각판결이나 상고기각판결에 대해서는 '그 선고를 받은 자의 이익을 위하여'[12] 재심청구를 할 수 있도록 함으로써 이익재심의 방식을 취하고 있다.

그렇다면 우리나라에서 재심사유를 이익재심만 규정하고 있는 이유는 무엇일까. 그 근거에 대하여 형사소송법 학자들은 그동안 입법정책설과 헌법적 근거설로 나누어 설명해 왔다. 이 중에서 입법정책설은 확정판결을 통한 법적 평화와 법적 안정성의 요청을 일면으로 하고 실체적 진실에 입각한 국가형벌권의 실현이라는 정의의 요청을 다른 한 면으로 하여, 양자가 충돌하는 경우 법적 안정성과 법적 평화를 위태롭게 하지 않는 범위 안에서 실질적 정의를 입법정책적 차원에서 실현하려는 제도가 재심이라고 설명한다. 따라서 이 견해에 의하면 이익재심은 입법자

---

9) 전면적 재심이란 용어는 그 뜻하는 바와 달리 자칫 재심의 사유가 제한 없이 광범위하다는 의미로 전달될 여지가 있어 부적절하다. 그 용어의 의미가 재심에서 확정판결을 받은 이에게 불이익한 경우에도 재심을 허용하자는 것이므로 '불이익재심'이라 쓰는 것이 타당할 것 같다.

10) 신동운, 『형사소송법』 제5판, p. 1673; 이용식 교수는 재심의 한계와 관련하여 형사재심을 실체적 정의와 안정성의 조화를 강조하는 견해와 헌법적 근거를 바탕으로 인권보장을 강조하는 견해로 나누어 설명하고 있다. 이 설명 중 입법적 정책설은 전자와 연결된다고 하겠다. 이용식, 「형사재심제도의 한계와 구조에 관한 재조명」, p. 759 이하 참고; 유사한 논의는 선종수, 「형사재심제도의 합리적 운영방안」, ≪동아법학≫, 제45호(2009. 11), p. 328 이하 참고.

11) 형사소송법제 제420조.

12) 형사소송법 제421조 제1항.

가 불이익재심은 포기하고 그것만을 형소법에 규정한 것에 불과하다. 이에 반해 헌법적 근거설은 헌법 제13조 제1항의 일사부재리 원칙과 제12조 제1항의 적법절차의 원칙에서 재심의 근거를 구하는 것으로 이 입장에 따르면 일사부재리의 효력을 깨는 재심제도는 헌법이 보장하는 인권이념과 모순되어서는 안 된다고 설명하면서 이익배심을 뛰어 넘는 불이익 배심은 헌법에 배치된다는 입장을 취한다.[13]

나아가 우리나라가 가입한 시민적·정치적 권리에 관한 국제규약(약칭: 자유권규약)은 이중처벌금지원칙을 동 규약이 열거한 권리의 하나로 규정하고 있다.[14] 따라서 우리나라에서 헌법상 문제가 없다고 해도 판결확정을 받은 자의 이익에 반하는 재심사유를 정해 형사소송법을 개정한다면 이 규약 위반 여부가 문제될 수 있다.

이런 점들을 염두에 두고 볼 때, 본 연구는 이중처벌금지원칙에 대하여 몇 개의 법 영역에 걸친 종합적 접근을 해본다는 의미가 있다. 우선 헌법적으로는 이중처벌금지원칙의 의미를 다시 한 번 생각해 보고 그것의 기본권으로서의 성격을 살펴보는 의미가 있다. 또한 이것은 형사소송법적으로 보면 이익재심을 포함하여 일정한 경우 판결 확정을 받은 자에게 불이익한 경우에도 재심이 가능하도록 재심사유를 확대할 수 있는지를 연구하는 의미가 있다.[15] 그뿐만 아니라 이것은 국제인권법적으로 이중처벌금지원칙의 성격을 살핌으로써 혹시나 불이익재심을 채택하는 경우 우리나라의 규약 위반 여부를 가늠하는 연구로서의 의미가 있다 할 것이다.[16]

---

13) 신동운, 『형사소송법』 제5판, pp. 1673~1674.

14) 시민적·정치적 권리에 관한 국제규약 제14조 제7항.

15) 이제까지 형사소송법에서 이 문제와 관련해 논의된 것도 그 중심에는 헌법 제13조 제1항의 해석이었다. 따라서 형소법적 문제도 결국 헌법 문제로 귀결되므로 두 법 영역은 별개로 연구될 필요는 없다.

16) 이것은 현실적으로 재심사유에 대한 형사소송법 규정을 개정하여 일정한 경우 이익재심이 아닌 불이익재심을 인정하는 것이 우리가 가입한 자유권규약의 해석상 가능하냐의 문제이다. 만일 규약의 해석상 어려움에도 불구하고 그런 개정을 한다면 국제법 위반의 문제가 생기는 것이다.

III. 이중처벌금지원칙의 역사

1. 대륙법에서의 이중처벌금지원칙의 기원

이중처벌금지원칙이 역사상 어디에서 기원했는지는 정확히 알 수 없지만 적어도 그 유사한 원칙이 고대 그리스법과 로마법에 있었다는 것은 확실하다. 그리스법에 관해서는 기원전 355년 철학자 데모스테네스가 이 원칙을 이야기했다고 전해진다. 즉, 그는 "법은 동일인이 동일 문제에 대하여 두 번 심판되는 것을 금지한다"고 말했다. 그러나 이 원칙이 그리스에서 어떤 형태로 운영되었는지, 어떤 경우에 실제로 두 번의 재판에 해당되어 금지되었는지에 대해서는 구체적으로 알려진 바가 없다.[17)]

고대 로마법에서 이중처벌금지원칙은 우선 일반적인 법원칙인 'Res judicata'과 관련이 있다. 이것은 확정판결의 재소금지효(기판력)에 해당하는 것으로 모든 소송절차에서 적용되는 법원칙이었다. 또한 형사처벌에 관해서는 유사한 취지의 "nemo debit bis puniri pro uno delicto"(한 범죄에 대해 거듭 처벌될 수 없다)[18)]라는 법원칙이 있었다. 이러한 법원칙은 유스티니아누스 황제 재위 시기(527~565년)에 집대성된 『로마법대전(학설휘찬, Digest of Justinian)』에 "통치자는 어떤 범죄에 대해서 무죄로 된 자가 그 죄에서 다시 소추되는 것을 허용해서는 아니 된다"라는 원칙으로 확인되었다.[19)]

그러나 로마법의 이중처벌금지원칙은 문자 그대로 무죄 후의 재소추 금지에 국한되었고, 유죄 후의 재소추나 상소의 경우에도 적용되는 것은 아니었다는 데 주의할 필요가 있다. 나아가 고대 로마법 학자 파울루스에 의하면 무죄판결이 내려진 후에도 선고 30일을 경과할 때까지는 고발자에 의한 소추의 여지가 있었다

17) 小島 淳, 「二重の危險の成立過程」, ≪早法≫, 76券 2号(2000), pp. 269~270.

18) 이와 다른 말의 유사한 로마법의 법 격언으로는 '*Ne bis in idem*'(not twice in the same things)이 있다.

19) Jay A Sigler, *Double Jeopardy: The Development of a Legal and Social Policy*(1969), p. 2(小島 淳, 前揭論文, pp. 269~270에서 재인용).

고 한다. 즉, 이 원칙에 따른 무죄판결 후 재소추의 금지 효과도 선고 30일이 지나서야 효과를 발생했다는 것이다.[20]

이중처벌금지원칙은 교회법(카논법)에서도 그 근원을 찾을 수 있다. 교회법 학자들은 그 근거를 구약성서 나훔서의 한 구절에서 찾는다. "비록 너를 괴롭혔으나 다시는 너를 괴롭히지 않겠다"고 한 말씀이다.[21] 이에 대해 서기 391년 성 제롬은 "신은 동일한 행위를 두 번 벌하지 않는다"라고 해석하였고, 이러한 해석은 후세에 "신조차 동일한 행위에 두 번 심판을 내리지 않는다"는 격언이 만들어지는 데 영향을 주었다. 나아가 이런 격언은 후일 교회법에서 "동일한 행위를 두 번 벌하지 않는다"는 원칙으로 계승되었다.[22]

이상과 같이 서구에서의 이중처벌금지원칙은 고대 로마법에서 이미 일반적인 법원칙으로 정착되었고, 그 유사 원칙은 기독교가 전 사회를 지배한 중세 시기에 교회법으로 발전되었다.

2. 영국의 이중위험금지원칙의 성립과정

이중처벌금지원칙은, 영미법계에서는 이중위험(double jeopardy)금지원칙이란 이름으로, 오랫동안 발전되어 왔다.[23] 세계 각국에 이중위험금지원칙을 전파하는 데 가장 큰 공헌을 한 나라는 영국이다. 영국 법제사에서 그 역사를 어느 정도 신빙성 있게 추적할 수 있는 시기는 1066년 노르만 정복 이후인데, 이중위험금지원칙이 어떻게 영국의 코먼 로(보통법)에 들어왔는지는 정확히 알 수 없다. 다만 그 기원에 대해 학자들이 추측하는 것이 몇 가지 있다.

우선 12~14세기 로마법 학자의 유입에 따라 직접 로마법을 접하는 형태로 확산되

---

20) Ibid.

21) 구약성경(표준새번역개정판·대한성서공회), 나훔서 1장 12절.

22) Pollock & Maitland, *The History of English Law* (1968), p. 448(小島 淳, 前掲論文, pp. 271~272에서 재인용).

23) 이중위험금지원칙을 한마디로 설명하면 '어느 누구도 한 범죄에 대하여 두 번 이상 (생명의) 위험에 노출되어서는 안 된다'는 것이다.

었다는 것이다.[24] 다음으로 12세기 헨리 2세와 성 베케트와의 대립 이후 교회법의 이중위험금지 사상이 코먼 로에 영향을 주었을 것이라고 보는 견해도 있다.[25] 그 외에도 단순히 앵글로색슨계의 형사절차 관습에서 비롯되었다는 견해가 있다.[26]

하지만 중요한 사실은 이중위험금지가 영국 최초의 인권문서라고 하는 대헌장(1215년)에는 전혀 언급된 바 없고 400년이 지난 뒤에도 영국 역사에서 헌법적 문서로 중요하게 취급되는 권리청원(1628년),[27] 인신보호법(1679년),[28] 권리장전

---

24) Sigler, supra note 15, p. 3(小島 淳, 前揭論文, 272頁에서 재인용). 일본에서 일사부재리 및 이중위험에 대해 오랜 연구를 해온 다미야 히로시 교수도 영국의 이중위험금지원칙은 12세기 경 로마법의 res judicata 원칙이 민·형사법 양 분야에 유입된 것이라고 보고 있다. 田宮裕, 「英米における二重の危險の原則」, ≪立教法学≫, 16号, p. 165.

25) 小島 淳, 前揭論文, p. 272. 여기서 말하는 헨리 2세와 토마스 베켓의 대립은 12세기 영국에서의 재판제도에 대한 다툼을 말한다. 당시 성직자들은 교회법에 의해 교회재판을 받은 다음 성직을 박탈당하면 다시 세속재판을 받을 수 있었다. 이에 대해 대주교인 베켓이 반대했던 것이다. 베켓은 이 일로 살해되지만 그의 사후 특정 대역범죄를 제외하고는 종교재판에서 판결받은 자가 다시 세속재판에서 재판받는 일은 없어졌다.

26) 小島 淳, 前揭書, p. 273.

27) 1625년에 즉위한 찰스 1세는 부왕인 제임스 1세의 절대군주제를 답습하여 과중한 과세와 강제공채(强制公債), 군대의 민가에의 강제숙박(强制宿泊), 군법의 일반인에의 적용 등을 통하여 계속적인 전제정치를 행하였다. 1628년 에스파냐 등과의 대외전쟁 비용에 궁색해진 찰스 1세가 의회를 소집하자, 의회는 강제공채와 불법투옥 문제를 둘러싸고 왕과 대립을 하게 되었고, 하원의원이었던 E.코크 등이 중심이 되어 국왕에게 청원이라는 형식으로 권리선언을 한 것이 곧 권리청원이다. 주요 내용은 의회의 동의 없이는 어떠한 과세나 공채도 강제되지 않는다는 것, 법에 의하지 않고는 누구도 체포·구금되지 않는다는 것, 육군 및 해군은 인민의 의사에 반하여 민가에 숙박할 수 없다는 것, 민간인의 군법에 의한 재판은 금지한다는 것, 각종의 자유권을 보장한다는 것 등이었다. 권리청원 원문은 다음 사이트에서 볼 수 있다: http://www.constitution.org/eng/petright.htm(2014.10.15. 방문).

28) 제임스 2세의 전제정치와 가톨릭 신앙에 반대하여 일어난 명예혁명은 1688년 12월 23일 국왕이 프랑스로 도망하고, 그 이듬해 2월 13일 국민협의회가 윌리엄 3세를 국왕으로 추대함으로써 무혈혁명으로 끝났다. 이때 의회는 새 왕을 추대하면서 왕관과 함께 권리선언(權利宣言)을 제출하여 그 승인을 받았고, 이 선언을 토대로 1689년 12월 16일 '신민(臣民)의 권리와 자유를 선언하고 왕위계승을 정하는 법률'이라는 이름의 의회제정법이 공포되었는데, 이것이 곧 권리장전이

(1689년)[29]의 어디에도 직접적으로 규정되지 않았다는 것이다.[30] 다만 16세기 이후 영국의 저명한 학자들, 예컨대 에드워드 코크, 매튜 헤일, 윌리엄 블랙스톤 등의 저술에 나타나는데, 이들은 이중위험금지가 어느 누구도 범죄에 대하여 두 번 이상 위험에 노출되어서는 안 된다는 보편적 법 격언에 기초한 것이라고 기술하고 있다.[31]

이와 같이 볼 때 영국의 이중위험금지는 12세기 이후 판례법으로 인식되기는 했지만 16세기 전반기까지 피고인의 권리로서 명확한 법 원리로 인식되었다고 보기는 어려울 것이다. 그 원인은 광범위한 사인소추제도와 세속 재판소와 종교재

다. 주요 내용은 제임스 2세의 불법행위를 12개조로 열거하였고 의회의 동의 없이 왕권에 의하여 이루어진 법률이나 그 집행 및 과세의 위법, 의회의 동의 없이 평화 시에 상비군의 징집 및 유지의 금지, 국민의 자유로운 청원권의 보장, 의원선거의 자유 보장, 의회에서의 언론 자유의 보장, 지나친 보석금이나 벌금 및 형벌(刑罰)의 금지 등이었다. 권리장전 원문은 다음 사이트에서 볼 수 있다: http://www.legislation.gov.uk/aep/WillandMarSess2/1/2/introduction (2014. 10. 15. 방문).

29) 영국에서는 일찍이 이유 없는 구금이나 장기간의 구류를 막기 위하여 피구금자의 신병(身柄)을 재판소에 출두시켜 신속하게 재판을 받게 하는 인신보호영장(人身保護令狀)이 있었다. 그런데 17세기에는 국왕의 특권재판소가 이 영장이 미치지 못하는 지역에 구금하는 등 인권을 침해하였으므로, 그와 같은 폐단을 없애기 위하여 제정되었다. 이에 따라 이유를 명시하지 않은 체포는 위법으로 간주하고, 반드시 인신보호영장을 받는 동시에 피구금자는 신속히 재판을 받게 되었으며, 부당한 체포나 구금이 금지되어 인권의 보장에 큰 진전을 보게 되었다. 인신보호법 원문은 다음 사이트에서 볼 수 있다: http://www.british-history.ac.uk/statutes-realm/vol5/pp935-938#h3-0005(2014. 10. 15. 방문).

30) 다만, 1679년의 인신보호법 제5조는 "동일한 범죄 혐의로 반복 수감되어 불공정한 고통이 가해지는 것을 방지하기 위해 인신보호영장에 의해 석방된 자는 동일한 범죄로 다시 재수감되지 않는다"라고 규정하고 있다. 이것은 이중위험금지를 직접적으로 규정한 것은 아니나 이 원칙에 위반하여 인신이 구속된 경우에도 인신보호영장을 발부할 수 있다고 보기 때문에 이 규정에서 이중위험금지를 유추해 낼 수 있을 것이다.

31) 블랙스톤은 이와 관련하여 이런 주장을 하고 있다. "어떤 공소 내지 기타 소추에 대한 것이라도, 재판권 있는 재판소에서 공정하게 무죄로 판단된 자는 동일한 범죄에 관해, 후의 어떤 소추에 대해서도, 그 무죄를 항변으로서 주장할 수 있다." 4 Blackstone, *Commentaries on the Laws of England*(1769), p. 335(小島 淳, 前掲論文, p. 284에서 재인용).

판소의 알력 등에서 찾을 수 있다. 그럼에도 불구하고 17~18세기가 되면 이 원칙은 하나의 인권제도로 인식되고 확고한 법원칙으로 자리 잡게 된다.[32)]

영국의 이중위험금지는 사실 대륙의 일사부재리 효과와 거의 유사한 측면이 있다. 왜냐하면 영국의 이 원칙은 유·무죄 판결에 의해 재판이 종결되었을 때 비로소 이중위험이 발생하기 때문이다.[33)] 따라서 배심이 평결에 이르지 않고 도중에 배심원이 해임되어 절차가 중지되었거나 공소기각에 의해 재판이 끝난 경우에는 이 원칙이 적용되지 않아, 재심리의 방해사유가 되지 않는다.[34)]

영국의 이중위험 법리는 뒤에서 보는 미국의 이중위험과 상당히 차이를 보이고 있다. 즉, 어느 단계의 위험부터 이중위험으로서 금지되는 위험이라고 볼 것인지가 가장 큰 문제인데, 이 점에 대하여 영국의 이중위험금지원칙은 미국에 비해 대륙의 일사부재리에 가까운 이중위험금지원칙이라고 말할 수 있다. 법제사적으로 보면 영국의 이중위험은 대륙의 이중처벌금지에 영향을 받았고, 미국의 이중위험은 영국의 영향을 받은 것이 분명한데, 양자는 지리적으로 멀어지면서 그 내용에 큰 차이를 보이게 되었다고 말할 수 있다.

IV. 각국의 이중처벌금지원칙과 형사재심사유

1. 미국

오늘날 여러 나라에서 인정하는 이중위험금지는 미국 헌법의 영향을 받은 바 크다. 미국에서 이 원칙이 논의된 것은 당연히 영국의 영향이었다. 하지만 미국

32) 小島 淳, 前揭論文, pp. 286~287.

33) 배심재판에서 유·무죄 판결은 배심원의 평결에 의한다. 이 경우 평결이 있게 되면 우리와는 달리 검사의 상소가 불가함으로 판결은 확정된다.

34) 田宮裕, 前揭論文, pp. 164~171. 이러한 내용은 18세기에 이미 코먼 로의 원칙으로 자리 잡았다. Blackstone, Commentaries on the Law of England iv. 330(1705~1709) 참고. 관련 판례로는 R. v. Drusy, 3 Cox C.C. 544(1849)가 있다.

건국 과정에서 이 원칙이 미국 전역에서 주 헌법 등에 광범위하게 받아들여진 것은 아니다. 일부 주, 예컨대 매사추세츠주에선 1641년에 주 법률에 이 원칙이 규정되었으나 뉴햄프셔주에서는 100년 이상 경과한 1783년에서야 주 헌법에 규정되었다.[35]

하지만 미국 연방헌법에선 수정헌법 제5조에 이중위험금지를 명문으로 규정하기에 이르렀다. 여기에선 "어떤 사람도 동일한 범죄에 대하여 거듭 생명의 위험에 빠트려져서는 아니 된다"고 규정하고 있다.[36] 미국의 이중위험은 영국으로부터 수입된 것이었기에 그 해석도 영국과 달리할 필요가 없고, 헌법 조문도 달리 해석할 근거가 되지 못한다. 그렇지만 미국의 이중위험은 지난 200년 동안 영국의 이중위험과는 사뭇 다르게 변모해 옴으로써 이중위험을 둘러싼 영미 간의 간극은 상당히 벌어졌다. 영국의 이중위험은 위에서 보았듯이 유무죄 판결 이후의 원칙인데, 미국에서는 이것이 판례에 의하여 그 이상의 의미로 넓혀졌다. 물론 미국도 영국과 같이 유무죄의 판결이 있은 후에는 이중위험이 발생하며, 이후의 재기소(피고인에게 불리한 검찰의 상소 포함)는 모두 이 원칙에 위반된다. 나아가 이 위험은 영국보다 훨씬 이른 시기의 재판절차에서도 발생한다. 배심사건의 경우 배심이 구성되어 배심원들이 선서를 하면 위험이 발생하고,[37] 비(非)배심사건의 경우에는 최초의 증인이 선서를 하게 되면 위험이 발생한다.[38] 이런 위험이 발생한 경우에는 어떤 경우에서든 재판이 중도에 중지되며 재소추는 불가능하다. 한마디로 말하면 미국은 이중처벌금지의 원칙의 영미법적 제도인 이중위험금지원칙을 주요 국가 중 가장 강력하게 시행하는 나라라고 할 수 있다.

---

35) 小島 淳, 前揭論文, pp. 288~289.

36) 이 부분 원문 규정은 이렇다: "nor shall any person be subject for the same offence to be twice put in jeopardy of life or limb."

37) Cornero v. United States, 48 F. 2d. 69(1931).

38) Rosser v. Commonwealth, 159 Va. 1028, 167 S.E. 257(1933).

2. 독일

독일에서는 우리와 유사한 이중처벌금지원칙이 독일 기본법 제103조에 규정되어 있다.[39] 하지만 독일에서는 기본법의 규정에도 불구하고 형사소송법에는 이익재심과 함께 불이익재심을 인정하고 있다.[40] 즉, 확정판결의 기초가 된 증서가 위조인 것이 판명되거나, 증인이나 감정인 등이 고의로 위증한 것이 밝혀지거나, 법관이 뇌물을 받고 판결한 것이 밝혀지거나, 무죄선고받은 자가 자신이 범죄를 저질렀다고 신빙성 있는 자백을 하였을 경우 예외적으로 선고받은 자에게 불이익한 경우라도 재심절차를 허용하고 있다.[41] 이것은 원칙적으로 재심은 이익재심을 중심으로 운영하지만 정의의 원칙에 반하는 예외적인 경우에는 불이익재심을 인정한다는 것이다. 독일에서 불이익재심이 형사소송법에 규정될 수 있는 것은 위와 같은 내용의 불이익재심이 헌법상 규정되어 있는 이중처벌금지원칙의 범위 내에 있다고 보기 때문이다.

---

39) 독일 기본법 제103조 제3항. 이 규정을 번역하면 다음과 같다: 누구든지 동일한 행위를 이유로 일반형법에 의하여 거듭 처벌되지 않는다.

40) 이익재심은 우리와 유사하며 형사소송법 제359조에 규정되어 있다.

41) 독일 형사소송법 제362조. 이 규정에 대한 영문본을 소개하면 다음과 같다:

Section 362 [Reopening to the Defendant's Detriment] Reopening of proceedings concluded by a final judgment shall be admissible to the defendant's detriment

1. if a document produced as genuine, for his benefit, at the main hearing was false or forged;
2. if a witness or expert, when giving testimony or an opinion for the defendant's benefit, was guilty of wilful or negligent violation of the duty imposed by the oath, or of wilfully making a false, unsworn statement;
3. if a judge or lay judge participated in drafting the judgment who was guilty of a criminal violation of his official duties in relation to the case;
4. if the person acquitted makes a credible confession, in or outside the court, that he committed the criminal offence.

3. 프랑스

프랑스는 대륙계 법제의 양대 산맥인바, 재심제도에 있어 독일과 함께 다른 많은 국가의 모델이 되고 있다. 프랑스 헌법의 특징은 헌법에 기본권 규정을 별도로 규정하고 있지 않다는 것이다. 이것은 제정 당시에 어떤 기본권을 헌법에 규정할지 합의하기가 어려웠던 역사적 이유에서 비롯된 것이다. 하지만 프랑스 헌법은 그 전문에서 "프랑스 국민은 1789년 인간과 시민의 권리선언에서 규정되고 1946년 헌법 전문에서 확인·보완된 인권과 국민주권의 원리, 그리고 2004년 환경헌장에 규정된 권리와 의무를 준수할 것을 엄숙히 선언한다"[42]고 함으로써 기본권 해석의 근거를 마련하고 있다. 여하튼 프랑스 헌법의 이런 구조로 인하여 이중처벌금지원칙 등의 헌법적 근거는 찾아볼 수 없고, 또한 뒤에서 보는 대로 동 원칙은 프랑스 인권선언이 선언한 인권항목에도 들어가 있지 않다.

한편 프랑스 형사소송법은 이익재심만을 인정하는 규정을 두고 있다. 살인범죄의 경우 피해자가 살아 있다는 의심을 일으킬 수 있는 증거가 제출되거나 형이 선고된 후 동일한 범죄에 대하여 다른 피고인이 다른 재판에서 모순되는 판결을 받은 경우, 유죄 확정판결 후 증인의 증언이 위증임이 재판에 의해 밝혀진 경우, 확정판결 후 원판결 당시 몰랐던 새로운 사실이 발견되고, 만약 그것이 원판결에 제출되었다면 유죄판결에 의심을 가져올 만한 사정이 있는 경우에는 확정판결을 받은 자의 이익을 위해 재심이 가능하다.[43]

---

42) 프랑스 헌법(1958. 10. 4. 제정, 2008. 7. 23. 개정) 전문.

43) 프랑스 형사소송법 제622조. 프랑스 형소법의 해당 재심규정의 영문본을 소개하면 다음과 같다: The retrial of a final criminal decision may be applied for in the interest of any person found guilty of a felony or misdemeanour where:

1° after a conviction for homicide, documents are presented which are liable to raise a suspicion that the alleged victim of the homicide is still alive;

2° after a sentence imposed for a felony or misdemeanour, a new first-instance or appeal judgment has sentenced for the same offence another accused or defendant and where, because the two sentences are irreconcilable, their contradiction is the proof of the innocence of one or the other convicted person;

4. 일본

일본의 과거 제국헌법은 신민의 권리 의무를 정하고 있지만 현대적 의미의 기본권을 거의 규정한 바가 없다. 따라서 여기에는 이중처벌금지는 물론 어떤 형사절차상의 기본권도 규정되어 있지 않았다. 반면 1946년 제정된 현재의 일본국 헌법은 제3장에 국민의 권리 및 의무라는 장을 만들어 세세한 기본권을 규정하고 있다. 여기를 보면 형사절차와 관련하여 우리 헌법과 유사한 규정을 두고 있다. 즉, 제39조는 형사법규의 불소급이라는 표제 아래 죄형법정주의와 이중처벌금지원칙을 함께 규정하고 있다.[44]

한편, 일본은 구(舊)형사소송법[45]에서 이익재심과 함께 불이익재심을 인정하고 있었다. 즉, 구(舊)형사소송법은 제485조에 이익재심을 정하고, 제486조에 불이익재심 규정을 두고 있었다. 그 내용은 '유죄의 선고를 해야 하는 사건에서 무죄 또는 면소의 선고를 한 확정판결', '형의 선고를 해야 하는 사건에서 형의 면소 선고를 한 확정판결', '상당한 죄보다 경한 죄로 유죄 선고를 한 확정판결' 또는 '불법하게 공소기각을 한 확정판결'에 대하여, '원심에서 사용한 증거가 위조, 변조되었다는 것이 확정판결에 의해 증명된 때' 또는 '원심재판과 관련된 판사, 검사가 직무상 범죄를 저지른 것이 확정판결로 증명된 때', '사형, 무기 또는 단기 1년 이상의 징역형 또는 금고에 해당하는 범죄로 재판받아 무죄 또는 원래 상당한 죄보다 경한 죄로 판결을 받거나 형의 면제 혹은 면소, 공소기각의 선고를 받은

3° since the conviction, one of the witnesses examined has been prosecuted and sentenced for perjury against the accused or defendant; the witness thus sentenced may not be heard in the course of the new trial;

4° after the conviction, a new fact occurs or is discovered which was unknown to the court on the day of the trial, which is liable to raise doubts about the guilt of the person convicted.

44) 일본국 헌법 제39조. 그 원문의 내용은 다음과 같다: 누구도 실행의 때에 적법이었던 행위 또는 이미 무죄로 된 행위에 대해서는 형사상 책임을 묻지 않는다. 또, 동일한 범죄에 대하여 거듭 형사상 책임을 묻지 않는다.

45) 이 법률은 1922년에 제정된 것으로 대정(大正) 형사소송법이라 한다.

후에 그 사실을 진술하였을 때' 확정판결을 받은 이의 이익과 관계없이 재심을 할 수 있다는 것이었다.[46] 전체적인 내용은 독일 형사소송법의 불이익재심과 유사한 규정이다.

그런데 일본은 전후 현재의 형사소송법을 제정하면서 불이익재심을 폐지하고, 우리와 같이 유죄의 확정판결에 대하여 그 선고를 받은 사람의 이익을 위해서만 재심을 청구할 수 있도록 규정하였다.[47]

5. 대한민국

우리 헌법 제13조 제1항은 이중처벌금지원칙을 천명하고 있는바, 이는 제헌헌법 이래 헌법에 규정된 중요한 형사원칙이다.[48] 한편, 우리나라는 해방 이후 1954년 형사소송법[49]이 제정되기까지 일본의 구(舊)형사소송법(大正 刑事訴訟法)을 사용했는바, 거기에선 앞서 본 대로 원칙적으로 이익재심을 인정하면서도 예외적으로 불이익재심도 인정하였다. 그런데 현행 형사소송법이 제정되면서 불이익재심은 폐지되고 이익재심만 남게 되었다.[50] 이와 같은 과정에 이르게 된 것은 일본 재심제도의 변경이 우리 형사소송법 제정 과정에 어떤 식으로든지 영향을 미친 결과라고 생각된다.[51]

---

46) 일본 구(舊)형사소송법 제486조.

47) 일본 형사소송법 제435조.

48) 제헌헌법에선 이중처벌금지원칙은 제23조 후단에 규정되어 있었다.

49) 현행 형사소송법은 1954. 9. 23. 법률 제341호로 제정되었다.

50) 형사정책연구원, 『刑事再審制度에 관한 硏究』(연구총서 95-20, 1995. 12), p. 17.

51) 신동운 교수는 우리 형사소송법의 제정과정에 관한 당시 법전편찬위원회의 자료를 분석한 뒤 우리 현행 형소법은 우리가 예상하는 것과 달리 일본의 신(新)형사소송법을 기초로 만들어진 것이 아니라 구(舊)형사소송법을 기초로 가감, 수정하는 방법으로 만들어졌다고 결론지었다. 한편, 형사소송법 제정 당시 이를 담당한 법전편찬위원회의에서는 형사소송법요강안이 심의되었는데, 이 중에는 '피고인에게 불리한 재심은 하지 않기로 할 것(원안 가결)'이 있다. 신동운, 「제정형사소송법의 성립경위」, ≪형사법연구≫, 제22호(2004 겨울), pp. 162~164. 이와 같은 사실을 그대로 받아들인다 해도 재심제도에서 불이익재심을 신(新)형사소송법에서 폐지한 이유가

그렇다면 여기에서 한 가지 의문이 생긴다. 한국과 일본이 형사소송법에서 불이익재심을 폐지한 것이 양 국가의 헌법에 규정된 이중처벌금지원칙 때문인가 여부이다. 일본과 한국에서 헌법이 각각 제정되고, 뒤이어 형사소송법이 제정된 과정과 결과만 보면 그런 해석도 가능할 것이다. 하지만 우리 제헌헌법 기초 과정에서 헌법기초자들 사이에선 이중처벌금지원칙이 판결 확정을 받은 자에게 불이익한 경우에는 어떤 경우라도 재심을 불허하는 것으로 이해하진 않은 것 같다. 이에 대해서는 우리 헌법의 기초자 중 한 사람인 현민 유진오가 그의 헌법 교과서에서 다음과 같이 명확하게 입장을 정리한 것이 있다.

> 일사부재리 원칙(이중처벌금지원칙을 말함)은 일단 무죄 또는 면소 등의 언도를 받은 행위에 대하여서는 다시 소추를 받지 않으며 유죄로서 처벌받은 사건에 대하여서는 이를 중벌하기 위하여 다시 소추를 하는 일이 없는 것을 말하는데(영미법상의 소위 double jeopardy의 금지), 그것은 범죄인이라도 일차 처벌을 받은 후에는 안심하고 생활할 수 있도록 하고자 하는 것이다. 그러나 면소의 결정이 있은 후, 신 사실 또는 신 증거를 하였을 때, 취조 판검사에 독직사실이 있어서 면소되었을 때, 또는 유죄판결을 받은 자에 관하여 전기한 바와 같은 사실이 발생하여 재심을 요구할 수 있을 때 등에 그를 재심하여 처벌 또는 중벌 하는 것은 본조에 위반되는 것이 아니다. 그것은 일사부재리의 원칙은 국민의 신체의 자유를 보장하기 위한 것으로서, 결코 범죄자가 당연히 받아야 할 형사책임을 면하게 하고자 하는 것은 아니며, 또 상기의 사실이 발생하였을 때, 재심하여 처벌 또는 면소함은 신 사실을 기초로 하는 것인 만큼 일사부재리의 원칙을 파괴하는 것이 아니기 때문이다.[52)]

유진오의 해설에 의할 때 제헌 당시 우리의 헌법 기초자들은 이중처벌금지원칙을

무엇이었는지에 대해서는 여전히 의문이 남는다. 우리 형소법 제정 과정에서 비록 그 원안을 구(舊)형사소송법에 기초했다 할지라도 제도적 차원에서 무엇을 수정, 가감할지를 결정할 때는 일본 형사소송법이 영향을 주었다는 주장은 얼마든지 가능하다고 생각한다.

52) 유진오, 『헌법해의』(1953), p. 92.

대륙법계의 일사부재리 원칙 혹은 영미법상의 이중위험금지원칙으로 이해했다는 것을 알 수 있다. 또한 재심사유와 관련해서는 우리 헌법상 독일식 불이익재심과 같은 재심도 허용될 수 있음을 명백히 하고 있다. 즉 제헌헌법에서 규정한 이중위험금지원칙이 현재의 헌법과 비교하여 동일함에도, 재심과 관련해서는 독일의 형사소송법상의 재심사유와 유사한 사유를 제시하면서, 그런 사유가 있는 경우 유죄선고를 받은 자에 대하여, 불이익재심도 가능하다고 설명한 것이다.

6. 소결

이상과 같이 주요 국가의 이중처벌금지원칙에 관한 헌법 규정과 형사소송법상의 재심사유를 검토해 볼 때 다음과 같은 결론을 내릴 수 있다.

첫째, 미국의 경우는 이중처벌금지원칙이 이중위험원칙으로 발전하여 범죄용의자에게 일정한 형사상 위험만 발생하면 그와 관련된 범죄사실에 대해서는 이중위험금지원칙이 적용되고, 그 예외를 인정하는 절차나 제도를 발견할 수 없다는 사실이다. 결국 미국은 가장 강력한 이중처벌금지원칙을 적용하는 나라라고 할 수 있다.

둘째, 독일과 일본은 헌법상 거의 유사한 이중처벌금지원칙이 규정되어 있는데, 독일에서는 일정한 경우 확정판결을 받은 자에 대한 불이익재심도 인정하는 데 반해, 일본은 오로지 이익재심만 인정한다. 이것은 이익재심 혹은 불이익재심의 문제는 헌법문제가 아니라 법률문제(혹은 입법정책)임을 뜻한다. 일정한 경우 불이익재심을 인정한다고 해도 그것이 바로 헌법위반의 문제를 일으키지는 않는다는 것이다.

셋째, 프랑스의 경우는 이중처벌금지원칙이 헌법에 규정되어 있지 않고, 기본권 해석에서 헌법적 지위를 인정받고 있는 프랑스 인권선언에도 그것이 규정되어 있지 않다. 그럼에도 프랑스는 형사소송법에 이익재심만 인정하고 있는데, 이것은 재심제도가 이중처벌금지를 보편적 인권의 차원에서 인정하면서도 재심제도의 내용은 한 국가의 입법정책에 결정된다는 것을 보여주는 것이라 할 수 있다.

넷째, 우리나라에서도 헌법 제정 시에 헌법 기초자들 사이에선 이 문제에 관해 독일과 같은 내용의 인식을 가지고 있었다는 사실이다. 즉, 헌법 기초자들은 헌법상 이중처벌금지원칙이 일정 경우 확정판결을 받은 자에 대하여 불이익한 재심이 개시된다고 해도 그것이 이 원칙의 해석범위 내에 있다고 생각했다는 것이다. 이것은 형사소송법 제정 당시 독일의 입법례나 헌법상의 이중처벌금지원칙의 의미가 보다 깊이 있게 논의되었더라면 재심사유는 지금과 같은 내용이 아니라 구 형사소송법의 재심규정이 계속 유지되었을 가능성도 있다는 것을 의미한다.

V. 주요 인권문서의 이중처벌금지원칙

1. 인간과 시민의 권리선언(1789)

프랑스 인권선언으로 알려진 '인간과 시민의 권리선언'은 18세기 계몽주의 시대의 인권사상의 결정체로 평가되는 주요한 인권문서이다. 여기에는 형사절차와 관련된 몇 가지 주요한 인권원칙이 선언되어 있다. 즉, 제7조는 법의 적정절차[53)]를, 제8조는 죄형법정주의[54)]를, 제9조는 무죄추정의 원칙[55)]을 선언하고 있다. 하지만 인권선언 어디에도 이중처벌금지원칙은 찾아볼 수 없다.

---

53) 인간과 시민의 권리선언 제7조는 다음과 같다: 사람은 법에 정한 경우에만, 그리고 법이 규정한 절차에 의해서만 고소, 체포 또는 구금될 수 있다. 자의적인 명령을 제청, 전달, 시행하거나 또는 남에게 시행토록 하는 사람은 처벌받아야 한다. 그러나 법에 의해 소환되거나 체포된 시민은 그것에 복종해야 한다. 이에 저항할 경우 스스로 유죄를 인정하는 것이다. 미셸린 이사이, 『세계인권사상사』, 조효제 옮김(도서출판 길, 2005), p. 155.

54) 인간과 시민의 권리선언 제8조는 다음과 같다: 엄격하고 명백하게 필요한 벌칙만이 법으로 정해질 수 있으며, 누구도 범죄행위 이전에 제정, 시행되고 또 합법적으로 적용된 법에 의하지 않으면 처벌될 수 없다. Ibid.

55) 인간과 시민의 권리선언 제9조는 다음과 같다: 모든 사람이 유죄 선고를 받을 때까지는 무죄로 추정되므로, 체포가 불가피한 경우라도 그 사람의 체포에 반드시 필요한 이상으로 강제력을 사용한다면 법으로 엄한 처벌을 받아야 한다. Ibid.

2. 세계인권선언(1948)

제2차 세계대전이 끝난 다음 국제사회는 유엔을 창설하고 인류의 평화와 안전 그리고 인권증진을 위해 1948년 전 인류가 존중해야 할 보편적 인권선언을 했다. 이것이 바로 세계인권선언이다. 이 선언에서는 당시 국제사회가 보편적 인권으로 인정한 인권 리스트가 망라적으로 열거되었다. 이 선언에서 형사절차와 관련된 가장 중요한 조문은 제11조인데 이 조문을 살펴보면 무죄추정의 원칙과 죄형법정주의를 선언하고 있을 뿐 이중위험금지원칙은 보이지 않는다.[56] 그 외 어느 조문에서도 그 흔적을 찾을 수가 없다.

3. 시민적 및 정치적 권리에 관한 국제규약(1966)

자유권규약에서 형사절차의 원칙을 선언한 규정이 제14조인데, 동 조문은 세계인권선언에서 선언한 무죄추정원칙과 죄형법정주의를 포함하여 보다 세세한 형사절차 규정을 두고 있다. 이 규정은 맨 마지막에 "어느 누구도 각국의 법률 및 형사절차에 따라 이미 확정적으로 유죄 또는 무죄선고를 받은 행위에 관하여서는 다시 재판 또는 처벌을 받지 아니한다"라는 규정을 둠으로써 이중처벌금지원칙을 선언하고 있다.[57] 다만, 자유권규약에서는 이중처벌금지원칙을 정하면서 불이익재심이 가능한 경우를 따로 정하지 않고 있다. 형식을 보면 우리 헌법과 크게 다르지 않다고 할 수 있다.

한편 자유권규약위원회(UN Human Rights Committee)는 개인진정사건에서 이중처벌금지원칙의 의미와 관련된 주요한 결정을 한 바 있다. 즉, 이중처벌금지원칙을

56) 세계인권선언 제11조는 다음과 같다: 모든 형사피의자는 자신의 변호에 필요한 모든 것이 보장된 공개재판에서 법률에 따라 유죄로 입증될 때까지 무죄로 추정받을 권리를 가진다. 어느 누구도 행위 시에 국내법 또는 국제법에 의하여 범죄를 구성하지 아니하는 작위 또는 부작위를 이유로 유죄로 되지 아니한다. 또한 범죄행위 시에 적용될 수 있었던 형벌보다 무거운 형벌이 부과되지 아니한다.

57) 자유권규약 제14조 제7항.

정하고 있는 이 규정의 적용범위에 관한 것이었는데, 위원회는 이 원칙이 어느 특정 국가 내에서만 적용되는 원칙이지 다른 나라에서 처벌된 재판에까지 그 효력이 인정되는 것은 아니라고 했다.[58] 이것은 이 원칙의 성격에서 매우 중요한 의미가 있는 결정이다. 만일 이 원칙이 보편적 인권의 하나이면서 절대적 권리라면 특정 국가 내에서만 적용된다고 판단하긴 어렵기 때문이다. 이 원칙이 보편적 인권으로서 절대적 권리라면 어떤 범죄와 관련하여 타국에서 이미 형사처벌을 받은 경우 동일한 범죄에 대해서는 그 어떤 나라도 처벌할 수 없다고 해석해야 할 것이다. 자유권규약위원회가 이 원칙에 대하여 그러한 해석을 하지 않았다는 것은 이 원칙의 성격이 규약상의 절대적 권리로 보지 않았기 때문이라고 해석할 수 있다.[59]

4. 유럽인권협약과 선택의정서

유럽인권협약[60]에는 이중처벌금지원칙이 규정되어 있지 않다. 대신 이 원칙은 유럽인권협약의 부속 조약이라고 할 수 있는 제11선택의정서[61]에 규정되어 있는바, 동 의정서는 우선 제4조에 "누구라도 특정 국가의 법과 형사절차에 따라 무죄

---

58) UN Human Rights Committee, A.P. v. Italy (204/86) 2/11/87. 따라서 동일한 사건에서 제3국에서 형사처벌을 받았다고 해도 그 사건에 대하여 관할권을 갖고 있는 다른 나라가 동일인에 대하여 다시 처벌할 수 있다.

59) 자유권규약은 규약의 내용상 절대적 권리라 할 수 있는 권리를 규정하고 있다. 이 권리는 국민의 생존을 위협하는 공공의 비상상태에서도 제한할 수 없는 권리를 말하는 것으로 생명권, 고문금지, 노예금지, 계약불이행에 따른 구금금지, 죄형법정주의, 법 앞에서 인간으로서 인정받을 권리, 사상·양심의 자유 등을 말한다. 자유권규약 제4조.

60) 유럽인권협약은 1953년 발효된 유럽 지역 인권조약으로 정식 명칭은 '인권 및 기본적 자유의 보호에 관한 유럽협약(Convention for the Protection of Human Rights and Fundamental Freedoms)'이다.

61) 제11선택의정서는 원래 제7선택의정서를 개정한 것이다. 정식 명칭은 '11선택의정서에 의해 개정된 인권 및 기본적 자유의 보호에 관한 유럽협약 제7선택의정서(Protocol No. 7 to the Convention for the Protection of Human Rights and Fundamental Freedoms as amended by Protocol No. 11)'이다.

가 되거나 유죄가 된 범죄행위에 대하여 그 동일 국가에서 다시 처벌되어서는 아니 된다"고 규정했다.[62] 그런데 여기에는 예외가 있다. 이 원칙은 새로운 사실에 관한 증거가 있거나, 종전 절차에 근본적인 결함이 있어 그 사건의 결과에 영향을 끼칠 수 있는 경우 재심을 여는 것을 방해하지 않는다.[63]

따라서 유럽인권협약과 제11선택의정서에 가입한 유럽 국가들은 위와 같은 규정 취지에 따라 국내적으로 이중처벌금지원칙을 정하면서도 그 예외를 둘 수 있다. 즉, 재심의 경우 이익재심이 아닌 불이익재심도 가능한 것이고, 그 선택은 각국의 재량사항이다.

5. 국제형사재판소에 관한 로마규정

국제사회가 국제공동체 전체의 이익과 관련된 중대한 범죄를 저지른 개인에 대해 직접 형사책임을 묻기 위하여 2002년 국제형사재판소(ICC)가 설립되었다.[64] 이 재판소의 근거법인 로마규정은 ICC에 의해 유죄 또는 무죄를 받은 범죄의 기초를 구성하는 동일 행위에 대하여 ICC 또는 다른 재판소에 의해 다시 재판받지 않는다고 규정하고 있다.[65] 그런데 로마규정은 이러한 이중처벌금지원칙에 대한 예외로서, 다른 재판소가 관할범죄에 대한 형사책임으로부터 그 책임자를 보호할 목적으로 재판한 경우나 그 밖에 국제법에 의하여 인정된 적법절차에 따라 독립적

62) Ibid. Art. 4 (1).

63) Ibid. Art. 4 (2). 원문을 그대로 옮기면 다음과 같다:
"The provisions of the preceding paragraph shall not prevent the reopening of the case in accordance with the law and penal procedure of the State concerned, if there is evidence of new or newly discovered facts, or if there has been a fundamental defect in the previous proceedings, which could affect the outcome of the case."

64) 국제형사재판소의 근거 규정인 로마규정(Rome Statute of the International Criminal Court)은 1998. 7. 17. 로마외교회의를 통해 채택되었고, 2002. 7. 1. 발효되었다. 우리나라는 가입절차를 거쳐 동 규정은 2003. 2. 1.부로 발효되고 있다.

65) 국제형사재판소에 관한 로마규정 제20조 제1항 및 제2항. 이 규정에 대한 설명으로는 김영석, 『국제형사재판소법강의』, 법문사(2003), p. 126 참고.

이거나 공정하게 재판이 이루어지지 않는 등의 사유가 있는 경우, ICC가 다시 재판할 수 있는 길을 열어놓고 있다.[66] 이러한 예외는 국제공동체의 이익을 해한 중대한 범죄인에 대해 관련국에서 이중처벌금지원칙이라는 법원칙을 악용하여 정의의 원칙을 중대하게 침해하였을 때 동 원칙을 더 이상 권리로 인정하지 않겠다는 것이다.

6. 소결

위에서 살핀 대로 프랑스 인권선언 이후 최근에 이르기까지 국제사회가 보편적 인권을 선언한 것으로 인정되는 주요 인권문서에서 이중처벌금지원칙을 규정하는 방식과 내용은 문서마다 상이한 태도를 취하고 있음을 알 수 있다. 이러한 태도를 종합하면 이 원칙이 현재의 문명국가에서 보편적 인권으로서 존중되고 있음에도 그 보편성의 강도나 절대성에 있어서는 의문을 갖지 않을 수 없다. 이에 대해 부연하면 다음과 같다.

첫째, 프랑스 인권선언과 세계인권선언은 아예 이중처벌금지원칙을 규정조차 하고 있지 않다는 사실에 주목할 필요가 있다. 이것은 이들 권리문서를 성안할 때 이중처벌금지원칙이 다른 인권 리스트의 권리만큼 보편성을 획득하지 못했거나 거기에 의문이 제기되었다는 것을 의미한다. 특히 세계인권선언은 성안 당시 국제사회가 모든 인간에게 보편적으로 보장할 인권(universal human rights)을 매우 치밀하고 의도적인 계획하에 열거한 것인데, 거기에 이 원칙이 포함되지 않았다는 것은 보편적 인권성의 강도 판단에서 매우 중요한 의미가 있다고 할 수 있다.[67]

둘째, 유럽 지역의 인권에 관한 기본조약이라고 할 수 있는 유럽인권협약이

---

66) 국제형사재판소에 관한 로마규정 제20조 제3항.

67) 세계인권선언을 성안하는 과정에서 당시 유엔인권위원회는 보편적 인권을 확인하기 위해 유네스코에 특별한 조사를 의뢰했다고 한다. 즉, 모든 인류가 공유할 수 있는 인권이 무엇이고, 그것이 세계 여러 나라에서 어떻게 존재하고 있는지를 조사했던 것이다. 유엔인권위원회는 이러한 조사를 기초로 온 인류가 공감할 수 있는 보편적 인권 목록을 만들었던 것이다. 이에 대한 자세한 내용은 미셸린 이사이, 『세계인권사상사』, p. 56 이하 참고.

이 원칙을 규정하지 않고, 대신 선택의정서에서 규정하고 있다는 사실은 적어도 유럽 국가들 사이에서는 이 원칙의 보편성 강도가 그리 크지 않음을 보여준다. 나아가 선택의정서에 가입한 경우라도 일정한 경우 각국에 불이익재심을 허용할 수 있다는 것을 명확히 하고 있는바, 이것은 이중처벌금지원칙을 채택한다고 해도 그것이 반드시 이익재심만을 허용하는 것이 아니라는 것을 의미한다. 이익재심 혹은 불이익재심은 각국이 선택할 수 있는 재량사항이라는 것이다. 이와 같은 유럽인권협약의 입장은 우리가 가입한 자유권규약상의 이중처벌금지원칙을 해석함에 있어서도 기준이 될 수 있을 것이다.

셋째, 최근 국제사회가 설립한 국제형사재판소의 근거규범을 살필 때 이중처벌금지원칙은 원칙적으로 지켜져야 하지만 절대적인 권리가 될 수 없음을 다시 한 번 천명했다. 중대한 범죄의 처벌과 관련하여 정의의 원칙이 중대하게 훼손될 때에는 이 원칙은 더 이상 주장되기 어렵다는 것이 현재 국제사회의 입장이라고 할 수 있다.

VI. 영국의 최신 동향

1. 영국의 변화

영국은 이중위험금지원칙을 만들어 낸 모국이다. 이 원칙은 앞에서 본 대로 대륙법계의 이중처벌금지원칙에 비해 한 단계 더 강력한 인권보장책으로서 17세기 이래 지켜져 온 영국 사법의 대원칙이다.[68] 그런데 영국이 최근 이 원칙에서 상당히 후퇴한 나라가 되었다는 것은 이중처벌금지원칙의 성격을 다룸에 있어 간과하기 어려운 사실이다.

원래 이중처벌금지원칙은 법적 안정성과 신뢰의 보호에 바탕을 두는 관점에서는 법치국가의 중요한 인권제도이지만 또 다른 중요한 가치인 정의실현이라는 관점에

68) 小島 淳, 前揭論文, pp. 286~287.

서는 문제점이 없지 않다.[69] 이런 이유로 나라에 따라서는 이 원칙을 헌법에서 선언하고 있더라도 정의의 원칙상 도저히 용납하기 어려운 사정하에서는 확정판결을 받은 자에게 불이익한 경우라도 재심이 가능하도록 하는 절차를 허용하고 있는 것이다.

하지만 영미법 국가의 원조인 영국과 미국은 오랫동안 이런 예외를 허용하지 않았다. 그래서 영미법 국가에서는 이중위험금지원칙이 훼손될 수 없는 절대적인 인권이라고 생각하는 경향이 강했다. 영국의 최근 상황은 이런 사고에 강력한 제동을 거는 것이라고 할 수 있다. 이하에서는 영국이 지난 2003년 새롭게 제정한 형사사법법[70]을 소개하고, 실제 사례를 소개하고자 한다.

2. 신법의 내용

이중위험금지원칙의 예외는 형사사법법 제10장(part 10)에 '중대범죄의 재심(Retrial for Serious Offences)'이라는 제목으로 규정되어 있다. 신법이 적용되는 범죄는 후술하는 모살(murder)을 포함한 29종의 범죄이고[71] 이들 범죄의 최고형은 모두 종신형이다.[72] 영국 내에서 이들 범죄에 대하여 정식기소가 되어 무죄판결이 내려진 경우 신법이 적용될 수 있다. [73] 이 신법은 무죄판결의 선고 시점이 신법 제정 전이든 후이든 관계없이 적용될 수 있다.[74]

검찰총장(Director of Public Prosecution)은 이들 중대범죄에 대하여 이미 무죄판결을 받은 자의 재심을 위한 수사와 기소절차에서 핵심적인 역할을 담당한다.[75]

---

69) 허영, 『한국헌법론』, p. 342.

70) Criminal Justice Act 2003.

71) Criminal Justice Act, c. 44, §75(8), shed.5.

72) 영국에선 1998년에 사형을 정한 몇 개의 범죄규정을 폐지했다. 반역죄와 해적죄가 그것이다. Crime and Disorder Act 1998, c. 37, § 36.

73) 여기에서 영국이라 함은 잉글랜드와 웨일스를 의미한다. Criminal Justice Act, §75(1).

74) Criminal Justice Act, c. 44, §75(1).

75) Criminal Justice Act, § 76(3), 82(5)(b), 85(2) 참고. 검찰총장은 영국 검찰청(Crown Prosecution

즉, 새로운 증거가 발견되었거나 새로운 증거가 발견되었다고 합리적으로 기대되는 단서가 있을 경우, 검찰총장은 그 증거가 재수사를 정당화함에 충분하고 재수사가 공익에 부합하다고 생각될 때에만 무죄판결을 받았던 자에 대한 재수사를 허가할 수 있다.[76] 나아가 재수사 결과 발견된 증거가 충분히 새롭고도 유력한(new and compelling) 증거라고 판단되어 검찰관이 고등법원에 재심신청을 하는 경우에도 검찰총장의 동의가 있어야 한다.[77] 이러한 검찰총장의 수사 및 기소 과정에서의 동의권은 모두 서면에 의하여 하지 않으면 안 된다.[78] 검찰총장의 동의를 못 받는 경우, 경우에 따라서는 검사는 다시 검찰총장에게 동의를 구할 수 있으나, 고등법원에 재심신청을 할 수는 없다.[79]

검찰총장의 서면에 의한 동의를 받아 고등법원에 재심신청이 되면 검찰관은 법원에 '새로운 유력한 증거'를 제출하여 법원으로 하여금 그 존재를 판단케 한 다음 종전 무죄판결을 파기하고 재심을 명하도록 하는 절차를 진행한다. 이때 법원이 종전 무죄재판을 파기하는 판단을 함에 있어서는 '새로운 유력한 증거'의 존재와 함께 '모든 상황에서 재심이 정의에 부합하는지 여부(in the interests of justice)'를 판단하여 재심개시를 결정한다.[80]

'새로운' 증거라 함은 피청구인이 무죄판결을 받은 재판에서 제출되지 않은 증거를 의미한다.[81] 즉, 전의 사실심리 후에 처음으로 발견된 증거뿐만 아니라 이전부터 존재하기는 했지만 무죄판결 후에 발견된 증거도 포함된다. 또한 '유력한' 증거라 함은 신뢰할 수 있고, 실질적이며, 종전 절차 사실심리의 쟁점과의 관계에서 무죄로 판결된 자에 대하여 불이익한 방향으로 판단될 수 있는 고도의 증명력(highly

---

Service)의 책임자이다. 이에 대해서는 다음 사이트를 참고할 것: http://www.cps.gov.uk/about/dpp.html.

76) Ibid. § 85(6).

77) Criminal Justice Act, § 76(3), (4).

78) Criminal Justice Act, c.44, § 85(2), § 76(3), (4).

79) Ibid. § 76(5).

80) Ibid. § 79(1), § 77(1)(a).

81) Ibid. § 78(2).

probative)이 있는 증거를 말한다.[82] 종전 검찰 측의 주장을 일견 강화시키는 정도의 증거는 '유력한' 증거로 보기는 어렵다.

재심신청을 심리하는 고등법원이 판단해야 하는 것 중 중요한 것은 앞에서 본 '정의에 부합하는지' 여부이다. 이 판단을 함에 있어서는 ① 현재 상황에 비추어 공평한 재심이 가능한지 여부, ② 신법에 해당하는 범죄가 행해졌다고 하는 일시로부터 경과한 시간, ③ 경찰관 또는 검찰관이 상당한 주의 또는 신속한 처리를 해태하지 않았다면 무죄로 판단받은 자에 대한 전의 사실심리에서 새로운 증거가 제출되었을 수 있었는지 여부, ④ 전의 사실심리 이후 경찰관 또는 검찰관이 상당한 주의 또는 신속한 처리를 해태하였는지 여부(새로운 증거를 발견하고 획득하는 과정에서 불법이 있었는지 여부) 등을 고려하지 않으면 안 된다.[83] 고등법원의 결정에 대해서는 무죄를 받았던 피신청인이나 신청인인 검찰관 모두 대법원(House of Lords)에 상소할 수 있다.[84]

3. 신법이 적용된 던롭 사건

가. 두 건의 재심신청 사건

전술한 것과 같이 신법은 2005년 4월 발효되었다. 그 이후 지금까지 2개의 모살사건에서 신법 적용이 문제되었다. 던롭(Dunlop) 사건과 산줄리아노(Sanjuliano) 사건이 그것인데, 두 사건 모두 피고인이었던 자의 무죄판결 후의 자백과 위증죄에 대한 유죄의 답변이 '새로운 유력한 증거'로 제출되었다. 던롭 사건에서는 재심이 결정되어 무죄판결이 파기되고 재심피고인(던롭)에 대해 종신형이 선고되었다. 이 사건의 쟁점은 증거 문제보다는 재심개시의 다른 요건인 '정의에 부합하는지 여부'였다. 산줄리아노 사건에서는 무죄판결을 파기하고 재심을 요구했던 검사의 신청이 받아들여지지 않았다.[85] 이 사건의 쟁점은 '새로운 유력한 증거'로 되어 있

82) Ibid. § 78(3), (4).

83) Ibid. § 79(2).

84) Ibid. § 68, 81(2).

었던 무죄판결 이후의 자백과 위증죄에 대한 유죄의 답변이 신뢰할 수 있는지 여부였으나 인정되지 않았다.[86] 아래에서는 재심이 인정되어 유죄판결이 내려진 던롭 사건에 대하여 알아본다.

나. 던롭 사건의 내용[87]

이 건에서는 2개의 사실심리 후에 모살에 대하여 무죄판결을 받은 피고인이 후에 피해자를 살해했다는 것을 자백하고 위증죄에 대하여 유죄의 답변을 했기 때문에 신법에 기하여 재심이 허용될 수 있는지 여부가 다투어졌다. 본건은 신법에 기한 무죄판결을 파기하고 재심이 진행된 최초의 사례다. 그 사건의 내용을 간단히 정리하면 다음과 같다.

1991년 5월 던롭은, 1989년 11얼 16일 쥴리 호그(Julie Hogg)라는 젊은 여성을 살해한 혐의로 뉴캐슬 형사법원(New Castle Crown Court)에서 재판을 받았지만, 배심은 일치된 평결에 이르지 못했다. 1991년 10월에 재심리가 진행되었지만 배심은 또 일치된 평결에 이르지 못하고 결국 던롭은 무죄를 선고받았다.

1999년 3월부터 5월 사이 던롭은 위 사건과 무관계한 사건으로 복역 중인 상태에서, 수회에 걸쳐 교도관에게 호그를 살해했다고 자백했다. 그리고 던롭은 이 기간 중 본건과는 무관계한 절차에서 증인으로서 증언하였는데, 그때도 호그의 죽음에 대하여 자신에게 책임이 있다는 것과 원재판의 사실심리에서 허위 증언을 하였다고 진술하였다.

1999년 10월 15일에 던롭은 위증죄로 체포되었는데, 그때의 조사에서도 호그를 살해했다는 것을 인정했다. 그는 1999년 11월 18일 두 건의 위증죄 공소사실(두 번의 사실심리에서 호그의 살해에 대한 유죄를 부인한 허위의 증언)로 기소되어 2000년 4월 14일 티사이드 형사법원(Teesside Crown Court)으로부터 각각에 대하여 유죄의

85) R. v. Richard Andrew Miell(now known as Ricky Sanjuliano), [2007] EWCA Crim. 3130.

86) 'Double jeopardy' case rejected, BBC News, Dec. 21, 2007 in http://news.bbc.co.uk/2/hi/uk_news/england/oxfordshire/7156606.stm(2014. 10. 15. 방문).

87) R. v. Dunlop, [2007] 1. Cr.App. R. 8.

답변을 하고, 6년 징역형을 선고받았다.

그 후 2005년 4월에 발효된 신법에 의해, 검사는 2005년 11월 10일부로 검찰총장으로부터 서면에 의한 동의를 받은 다음 '새로운 유력한 증거'를 입수했다는 이유로 던롭의 무죄판결의 파기와 재심을 고등법원에 신청했다.

2006년 5월 17일에 고등법원은 검사의 신청을 받아들여, 던롭의 무죄판결 파기와 재심을 결정했다. 이렇게 됨으로써 던롭은 동년 10월 6일 무죄판결을 받았던 사람으로서는 영국 역사상 최초로 재심에 들어가 유죄판결(종신형)을 받았다.[88)]

다. 이 사건의 의미

이 사건은 영국에서 형사재심 사유의 변화에 따른 신법이 적용된 최초의 사건이었으며 더욱 무죄판결을 받은 자가 재심에서 종신형을 선고받았기 때문에 언론의 큰 주목을 받았다. 영국 언론은 이 사건에 대해서 영국 코먼 로의 역사적 전환이라고 평가했다.[89)] 그러나 이 사건은 영국의 신법과 더불어 영국 사법사에서만 의미가 있는 것이 아니라 이중처벌금지원칙을 가지고 있는 모든 나라에게도 의미가 있는 것이라 생각한다. 영국의 신법과 이에 따른 재심은 이중처벌금지원칙이 절대로 제한될 수 없는 인권이 아니라 정의의 원칙과 조화를 이룰 수 있는 범위 내에서 제한될 수 있는 인권이라는 것을 말해준다. 그리고 그 조화의 방법과 제한은 각국이 논의를 통해 합리적인 사유를 형사절차법에 규정하는 것으로 가능하다는 것이다.

88) Press Release, Crown Prosecution Service, William Dunlop sentenced in first double jeopardy case in http://www.cps.gov.uk/news/latest_news/155_06/(2014. 10. 15. 방문).

89) Double jeopardy man is given life, BBC News, Oct. 6, 2006 in http://news.bbc.co.uk/2/hi/uk_news/england/tees/5412264.stm(2014 .10. 15. 방문).

VII. 결론

이제 이 글 모두의 사례로 돌아가 보자. 이런 사건이 우리나라에서 일어난다면 여론은 정의의 실현을 위해 법률을 바꾸어서라도—물론 형벌불소급의 원칙상 당해 사건을 처벌할 수는 없다—처벌이 가능하도록 해야 한다고 할 것이다. 하지만 대부분의 법률가들은 사정도 볼 것 없이 그것은 위헌적 발상이라고 말할 것이다. 하지만 앞의 연구를 통해서 우리는 모두의 사례에 대응하는 다른 결론을 낼 수 있다는 것을 알게 되었다. 이하에선 이 연구의 결론을 종합적으로 정리해 보고자 한다.

첫째, 이중처벌금지원칙이란 로마법 이후 대륙법계에서 발전되어 온 법의 일반원칙이고, 이것은 영미법계로 전파되어 이중위험금지원칙으로 전승되었다. 양 원칙은 법제사적 다른 궤적을 밟으면서 발전했지만 현대에 와서는 어떤 법계에서든 인권보장을 위한 매우 중요한 보편적 원칙이 되었음은 틀림없다.

둘째, 이중처벌금지원칙(이중위험금지원칙 포함)이 중요한 보편적 법원칙이긴 하지만 근대 인권 발전에서 중요한 의미를 갖는 주요 인권문서의 보편적 인권 리스트 속에서는 발견되지 않는다. 영국의 권리청원, 인신보호법, 권리장전, 프랑스 인권선언 등 그 어디에서도 그 원칙은 볼 수 없다. 그것은 이 원칙이 훼손되어서는 안 되는 절대적 인권이라기보다는 또 다른 가치인 정의의 원칙과의 타협 속에서 나라마다 정해지는 원칙이라는 것을 의미한다.

셋째, 현재 국제인권법적 틀 속에서 보아도 이 원칙의 보편적 인권성은 그리 강력하지 못하다. 먼저 21세기에 보편적 인권을 선언한 세계인권선언에서도 이 원칙을 볼 수 없다. 나아가 세계인권선언을 가장 먼저 조약화한 유럽인권협약에서도 이 원칙은 본 협약에 들어가 있지 못하고 선택의정서에 규정되어 있고, 의정서상에서도 일정한 경우 확정판결을 받은 이에게 불이익한 재심이 가능하다는 것을 분명하게 규정하고 있다. 그뿐만 아니라 최근 설립된 국제형사재판소의 근거규정도 이중처벌금지원칙을 절대적인 권리로 인정하고 있지 않다. 이런 것들을 고려한다면 우리가 가입한 자유권규약의 이중처벌금지원칙도 불이익재심을 금지한다고 해석할 필요는 없을 것이다.[90)]

넷째, 주요국가의 헌법 규정과 형사소송법 규정을 비교해 보아도 이중처벌금지원칙이 어떤 경우에도 이익재심만 허용한다고 볼 이유는 없다. 프랑스의 경우는 헌법상에 이중처벌금지원칙이 규정되지 않았음에도 이익재심만 인정하고, 우리와 유사한 헌법규정을 갖고 있는 독일에서는 우리와 달리 불이익재심을 허용하는 것은 그것이 헌법문제가 아님을 반증하는 것이라고 할 수 있다.

다섯째, 영미법계의 이중위험금지원칙은 대륙법계의 이중처벌금지원칙에 비하여 훨씬 강력한 인권보장책인데 최근 영국에선 일정한 경우 불이익재심을 허용하는 입법을 했다는 것에 주의를 기울일 필요가 있다. 이것은 영미법계에서마저도 이중위험금지(이중처벌금지)원칙을 경우(정의의 원칙상 반드시 필요하다고 인정되는 경우)에 따라서는 제한할 수 있다는 것을 보여준다.

이렇게 볼 때 이중처벌금지원칙은 어떤 경우라도 훼손될 수 없는 절대적인 기본권라고 말하기엔 무리다.[91] 그것은 기본적으로 준수되어야 하는 법의 일반원칙이긴 하나 중대한 범죄를 저지른 범죄인의 면죄부로 활용될 수는 없다. 또한 정의의 원칙이 본질적으로 훼손될 우려가 있는 경우 그것을 최소화하기 위한 제도적 장치를 만드는 것까지 이 원칙이 제한한다고 해석할 필요는 없다.[92]

결론적으로 우리나라의 형사소송법이 독일과 같이 일정한 경우 확정판결을 받은 자에게 불이익한 재심을 채택하도록 개정된다 해도 그것을 헌법상의 이중처벌금지

90) 불이익재심을 허용하는 독일의 경우 이중처벌금지원칙 조항을 유보하지 않고 자유권규약에 가입했음에도 규약위반 문제는 나오지 않고 있다. 이것은 불이익재심이 자유권규약의 이중처벌금지원칙에 위반되지 않음을 보여주는 것이라 할 수 있다. 독일의 자유권규약 가입 상황에 대해서는 다음 사이트를 참고할 것: https://treaties.un.org.

91) 필자가 이 글에서 분명하게 전달하고자 하는 것은 이중처벌금지원칙의 보편적 인권성을 부인하는 것이 아니다. 단지 이 원칙이 우리 헌법상 법률에 의하여 제한될 수 없는 절대적 기본권으로 해석될 수 없으며, 국제인권법적으로도 그 제한이 불가능한 절대적 권리가 아님을 강조하는 것이다.

92) 여기서 이중처벌금지원칙을 규정한 헌법규정이 갖는 최소한의 의미를 형사재심과 관련하여 생각할 필요가 있다. 이중처벌금지원칙은 법적 안정성을 추구하면서 국가로부터 인권을 보장하는 원칙이므로 재심은 원칙적으로 확정판결을 받은 자의 이익을 위해 인정되어야 한다. 그것과 관계없이 재심이 인정된다면 이중처벌금지원칙에서 추구하는 법적 안정성과 그에 따른 인권보장 기능은 훼손될 수밖에 없다. 따라서 형사재심은 이익재심이 원칙이어야 하고 불이익재심은 극히 예외적인 경우에만 허용되어야 한다.

원칙에 위반되거나 우리가 가입한 국제인권규약(자유권규약)에 위반된다는 결론을 내리기는 어렵다. 정의 실현을 위해 필요한 경우 충분한 논의를 거쳐 재심사유를 제한적 범위(독일의 예와 유사한 정도) 내에서 불이익재심이 가능토록 바꾸는 것은 얼마든지 가능하다고 본다.

제4절 양심적 병역거부와 국제인권법

■ 학습을 위한 질문

1. 양심적 병역거부의 정확한 의미는 무엇인가?
2. 양심적 병역거부에 대한 국제인권기구의 입장은 무엇인가?
3. 양심적 병역거부에 대한 유럽인권재판소는 어떤 판단을 해왔는가?
4. 양심적 병역거부와 관련된 국제인권법상 쟁점은 무엇인가?
5. 한국에서 양심적 병역거부 문제가 해결되는 과정에서 국제인권법은 어떤 역할을 했는가?

I. 양심적 병역거부와 우리의 현실

병역의무는 우리 헌법상 국민에 부과된 국방의 의무에서 나오는 공적 의무이다. 이를 위해 병역법이 만들어져 대한민국의 모든 남자는 법률상 예외로 인정되지 않는 한 일정 나이에 이르면 신체검사를 받고 그에 따른 병종을 부여받아 병역의무를 이행해야 한다. 그럼에도 불구하고 공공연히 병역을 거부하여 스스로 형벌을 감수하면서 감옥에 들어간 사람들이 있다. 이름하여 '양심적 병역거부자'들이다. 양심적 병역거부(conscientious objection to military service)는 논자에 따라 다양하게 정의되지만 간단히 말하면 '자신의 양심에 따라 병역 혹은 집총을 거부하는 행위'를 말한다.[1]

---

* 제4절은 필자의 다음 논문을 수정·보완한 것이다. 박찬운, 「양심적 병역거부」, ≪저스티스≫(한국법학원, 2014. 4), pp. 5~30.

1) 채형복, 「양심적 병역거부: 권리인가, 도피인가」, ≪법학논고≫, 제40집(경북대학교 법학연구원, 2012. 10), p. 4. 이 외에도 국내 논문에서 양심적 병역거부의 정의를 어떻게 정의했는가를 살펴보면 다음과 같다. "자기의 신앙, 도덕률, 철학적, 정치적 이유 등에 따른 양심상의 결정으로 무기를 휴대하는 병역을 거부하거나 전쟁에 직접, 간접으로 참가하는 것을 거부하는 행위"[나달숙, 「양심적 병역거부와 대체복무: 헌재 2004. 8. 26. 2002헌가1결정을 중심으로」, ≪인권과 정의≫, 제

한국 정부는 양심적 병역거부로 인한 병역법 위반자가 매년 평균 600여 명에 이른다고 국제사회에 보고한 바 있다.[2] 즉, 우리나라에서는 매년 600여 명의 젊은 이들이 자신의 신념을 지키기 위해 감옥에 들어간 것이다.[3] 이런 일은 지난 수십 년간 매년 연례행사처럼 쉼 없이 진행되었다.[4]

국제사회에서 양심적 병역거부자들은 모두 양심수로 분류되며, 소수자로서 그 보호가 요구되고 있는 것이 분명한 추세다. 따라서 양심적 병역거부는 대한민국이 시급히 해결하지 않으면 안 될 인권 문제이었다. 그런 이유로 오랜 기간 국제인권기구는 대한민국의 양심적 병역거부 문제를 주요 인권문제로 논의해 왔다. 특히 2007년 자유권규약위원회가 개인통보사건에서 대한민국의 양심적 병역거부 사건을 인용한 이래 국제사회는 한국의 입장이 어떻게 변화할지를 예의주시해 왔다.[5]

329호(2006. 7), p. 138]; "징병제를 채택하여 일반적인 병역의무가 인정되고 있는 국가에서 자기의 양심상의 판단을 근거로 병역수행을 거부하는 행위"[윤영철, 「양심적 병역거부에 대한 형사처벌의 형법적 문제점」, ≪형사정책≫, 제16권 제2호(2004. 12), p. 99]; "일반적으로 병역의무가 인정되고 있는 국가에서 종교적 윤리적 철학적 또는 이와 유사한 동기로부터 형성된 양심상의 결정으로 병역의무의 전부 또는 일부를 거절하는 행위"[헌재 2011. 8. 30, 2008헌가22, 2009헌가7·24, 2010헌가16·37, 2008헌바103, 2009헌바3, 2011헌바16(병합) 중 재판관 이강국, 재판관 송두환의 한정위헌의견]; "일반적으로 병역의무가 인정되고 있는 국가에서 자기의 신앙이나 도덕률 및 철학적 정치적 이유에 따른 양심상의 결정으로 전쟁에 참가하여 인명을 살상하는 병역의무의 일부 또는 전부를 거부하는 행위"[국가인권위원회, 양심적 병역거부 관련 결정문(2006. 2)].

2) 유엔 시민적 및 정치적 권리에 관한 국제규약 이행에 관한 제4차 국가보고서(2011. 8), para. 270. 연도별 양심적 병역거부자는 2005년 828명, 2006년 781명, 2007년 571명, 2008년 375명, 2009년 728명, 2010년 721명이다. 제2차 국가별 정례인권검토(UPR) 대한민국 국가보고서, 74항.

3) 양심적 병역거부자들의 인권실태에 대해서는 다음 글을 참고할 것: 안경환·장복희 편, 「양심적 병역거부」, 『사람생각』(2002) 중 「제1장 양심적 병역거부: 헌법적·형사법적 검토」(한인섭), pp. 17~18.

4) 2001년부터 2011년까지 양심적 병역거부자 총수는 7,108명으로 이 기간 연평균 수치는 650여 명에 달한다. 박찬걸, 「양심적 병역거부자에 대한 형사처벌의 타당성 여부」, ≪한양법학≫, 제23권 제2집(2012. 5), p. 67.

5) 자유권규약위원회가 양심적 병역거부 사건과 관련하여 규약위반으로 결정한 사건은 2007년 윤여범·최명진 사건이다. Communications nos. 1321/2004 and 1322/2004, CCPR/C/88/D/ 1321-1322/ 2004, 23 January 2007.

2000년대에 들와서는 양심적 병역거부 사건이 국내에서 유죄로 확정되면, 많은 당사자들이 자유권규약 위반을 주장하면서 자유권규약위원회로 개인통보하는 일이 잦아졌고, 규약위원회는 이들 사건에서 대한민국의 규약 위반을 선언했다. 그뿐만 아니라 2008년 이후에는 유엔인권이사회의 국가별정례인권상황검토(Universal Periodic Review: UPR)에서 우리나라는 양심적 병역거부와 관련하여 이사회로부터 양심적 병역거부권의 인정과 대체복무제도의 도입을 권고받았다.[6)]

그럼에도 대한민국에서 양심적 병역거부 문제가 짧은 시간 내에 해결될 것 같지는 않았다. 노무현 정부 시절 한때 이 문제가 정부적 차원에서 적극적으로 검토되어 대체복무제도가 가시화된 적도 있었지만 그 이후 보수 정권이 들어서자 모든 것이 원점으로 돌아갔다.[7)] 그러나 대한민국이 양심적 병역거부 문제에서 무한정 국제사회의 요구를 외면하기는 어려웠다.

결국 이 문제는 또 다른 정권 변동을 통해 해결의 실마리를 찾았다. 2017년 문재인 정부가 들어서 헌법재판소와 대법원 구성에 변화가 있자 철옹성 같았던 종래 판단이 바뀌었고 드디어 국회 입법을 통해 대체복무제가 도입되었다. 양심적 병역거부가 인권문제로 부각되어 국제사회를 달군 지 오랜 시간이 흐른 후의 일이었다.

---

6) 2008년 제1회 UPR에서는 슬로베니아가 이 문제를 적극적으로 거론했다. 슬로베니아는 자유권규약위원회가 한국 정부에 권고한 대로 양심적 병역거부권을 법률로 인정하고, 양심적 병역거부자들이 공공부문의 고용에서 차별받는 상황을 제거할 것을 요구했다. Human Rights Council 8th session Agenda item 6, Universal Periodic Review Report of the Working Group on the Universal Periodic Review Republic of Korea, 25 August 2008, A/HRC/8/40/Add.1. 2012년 제2회 UPR에서는 제1회보다 훨씬 많은 이사국들(프랑스, 독일, 폴란드, 슬로바키아, 스페인, 미국, 호주)이 한국의 양심적 병역거부 문제에 관하여 관심을 표명하고 조속한 시일 내에 양심적 병역거부권을 인정하고 대체복무제를 도입할 것을 촉구했다. Human Rights Council 22nd session Agenda item 6, Universal Periodic Review Report of the Working Group on the Universal Periodic Review Republic of Korea, 12 December 2012, A/HRC/22/10.

7) 노무현 정부 이후 대체복무제도를 도입하여 양심적 병역거부를 인정하는 것을 골자로 하는 병역법 개정안이 몇 차례 국회에서 발의되었다. 17대 및 18대 국회에서 발의된 병역법 개정안은 총 4건인데, 2004년 임종인 의원 외 22인의 발의안(의안번호:170521), 2004년 노회찬 의원 외 10인의 발의안(의안번호: 170932), 2011년 김부겸 의원 외 11인 발의안(의안번호: 1812534), 2011년 이정희 의원 외 11인 발의안(의안번호: 1813210) 등이 그것들이다.

이 문제가 해피 엔딩으로 결말지어진 데에는 법리적으로 보아 국제인권법의 역할이 컸다. 국제인권기구는 꾸준히 한국의 상황이 자유권규약에 위반됨을 상기시켰고 개인통보 절차는 구체적 사건에서 그것을 확인했다. 이것이 한국 정부와 사법부 그리고 입법부를 움직인 것이다. 따라서 양심적 병역거부는 국제인권법의 국내 적용의 귀중한 예로서 그 과정을 살펴보는 것은 인권법 공부에서 매우 의미 있는 작업이라고 할 수 있다.

II. 양심적 병역거부에 대한 유엔인권기구의 평가

1. 유엔인권위원회

유엔인권이사회가 설립되기 전 유엔인권 메커니즘의 중추적인 역할을 했던 유엔인권위원회(United Nations Commission on Human Rights)는 1980년대 후반 이래 몇 개의 결의를 통해 양심적 병역거부를 권리로 인정했다. 1987년 결의에서는 유엔 회원국이 양심적 병역거부권을 인정할 것과 양심적 병역거부에 따른 구금형을 자제할 것을 호소(appeal)했다.[8] 1989년 결의에서는 한발 더 나아가 양심적 병역거부는 세계인권선언 제18조 및 자유권규약 제18조의 사상·양심 및 종교의 자유에서 비롯된 권리임을 인정하였다.[9] 이 결의에서는 이외에도 징병제를 가진 국가에 대하여 양심적 병역거부자에게 다양한 형태의 대체복무제를 마련할 것과 그들을 구금하지 말 것을 권고하였다. 이러한 결의 내용은 그 뒤에도 몇 차례 계속되었고 1998년 최고조에 달해 양심적 병역거부의 마그나카르타라고 불린 1998년 77호 결의에서는 양심적 병역거부가 양심의 원칙과 이유, 종교적, 윤리적 또는 이와 유사한 동기에서 나오는 깊은 신념에서 비롯된 것이고 세계인권선언 제18조와 자유권규약 제18조에 규정된 사상·양심 및 종교의 자유의 합법적인 행사임을

8) UN Commission on Human Rights Resolution 1987/46.

9) UN Commission on Human Rights Resolution 1989/59.

확인하였다.[10)]

2. 유엔인권이사회

2006년 이후 유엔인권 메커니즘은 유엔인권이사회를 중심으로 돌아간다. 인권이사회는 유엔인권위원회를 대체하여 새롭게 구축된 유엔인권 메커니즘의 핵이다. 한국은 초기부터 인권이사회의 이사국으로서 중심적인 역할을 하고 있다. 양심적 병역거부는 유엔인권이사회에서도 뜨거운 쟁점 중의 하나이다. 2012년 20차 회기에서는 양심적 병역거부에 대한 종전 결의안이 양심적 병역거부가 세계인권선언 및 자유권규약에서 보장하는 사상·양심 및 종교의 자유에 터 잡은 권리라는 것을 인정했음을 상기시키고 이를 인정하지 않은 국가에 대하여 대체복무제도를 도입할 것을 촉구하였다.[11)] 그리고 이런 내용의 결의안은 그 이후의 회기에서도 그대로 반복되었다.[12)]

3. 자유권규약위원회

자유권규약위원회(UN Human Rights Committee)는 자유권규약(International Covenant on Civil and Political Rights: ICCPR)의 실행을 위해 두 가지 방법으로 역할을 수행한다. 하나는 일반논평(General Comments)을 통해 규약의 유권해석을 도모하고, 둘째는 개인통보사건(Individual Communication)의 결정(view)을 통해 규약위반 여부를 심사한다.

1980년대 규약위원회의 양심적 병역거부에 관한 입장은 매우 소극적이었다.

---

10) UN Commission on Human Rights Resolution 1998/77.

11) UN Human Rights Council Resolution, 20th Session, Conscientious objection to military service, Agenda item 1, 5 July 2012, A/HRC/20/2.

12) UN Human Rights Council Resolution, 24th Session, Promotion and protection of all human rights, civil, political, economic, social and cultural rights, including the right of development, Agenda item 3, 23 September 2013, A/HRC/24/L.23.

개인통보사건 심의에서도 규약위원회는 자유권규약이 양심적 병역거부를 권리로 보장하지 않는다고 견해를 밝힌 바 있다.[13] 규약위원회가 이런 입장을 취한 가장 중요한 논거는 자유권규약 제8조 제3항 (c) (ii)의 존재였다.[14] 하지만 규약위원회의 입장은 1990년대에 들어와 달라지기 시작하는데, 그 단초는 1993년의 일반논평 22였다. 이 논평에서 규약위원회는 "자유권규약은 양심적 병역거부를 명백히 언급하고는 있지 않지만 살상을 동반하는 의무는 양심의 자유와 종교 혹은 신념의 권리와 심각한 충돌을 일으킬 수 있으므로 그러한 권리가 제18조에서 파생될 수 있다"고 하였다.[15]

규약위원회의 이런 입장은 드디어 2007년 양심적 병역거부에 관한 개인통보사건(윤여범·최명진 사건)으로 연결되었다. 바로 대한민국의 여호와 증인에 대한 양심적 병역거부 사건이었는데 여기에서 규약위원회는 자유권규약 제8조 제3항이 양심적 병역거부권을 인정하지도 않았지만 그렇다고 부인한 것도 아니라고 하면서 양심적 병역거부권은 오로지 규약 제18조의 해석에 따라 달려 있는 것이라는 것을 명백히 했다. 그러면서 양심적 병역거부를 제한하는 것은 규약 제18조 제3항에 따라 법률에 규정되고 공공의 안전, 질서, 공중보건, 도덕, 타인의 기본적 권리 및 자유를 보호하기 위하여 필요한 경우에만 제한받을 수 있는데, 한국의 경우는 거기에 해당하지 않는다고 판단함으로써 한국의 양심적 병역거부 사건이 규약 제18조 위반임을 확인하였다.[16] 한국의 양심적 병역거부에 관한 개인통보사건은 앞의

---

13) L.T.K. v. Finland, Communication no. 185/1984, 9 July 1985, CCPR/C/25/D/185/1984.

14) 자유권규약 제8조 제3항 (c) (ii)은 강제노동을 금지하면서 "군사적 성격의 역무 및 양심적 병역거부가 인정되고 있는 국가에 있어서는 양심적 병역거부자에게 법률에 의하여 요구되는 국민적 역무"를 강제노동에서 제외하고 있다. 따라서 이 조항은 양심적 병역거부를 인정하지 않고 병역을 강제할 수 있다는 것을 전제로 한 것이라고 해석한 것이다. 이러한 취지로 자유권규약위원회가 결정한 개인통보사건으로는 C.B.D. v. The Netherlands, Communication No.394/ 1990, 22 July 1992, CCPR/C/45/D/394/1990.

15) UN Human Rights Committee, General Comment no. 22: Article 18(Freedom of thought, conscience or religion), CCPR/C/21Rev.1/Add.4, para. 11, 1993.

16) Communications nos. 1321/2004 and 1322/2004, CCPR/C/88/D/1321-1322 /2004, 23 January 2007.

사건 이후 계속 늘어나고 있는데 규약위원회 심의 결과는 다름이 없다.[17] 다른 것이 있다면 그 결정의 법리 강도가 점점 세어지고 있다는 것이다. 김종남 등 사건에서 규약위원회는 "양심적 거부권은 근본적으로 사상·양심 및 종교의 자유(규약 제18조)에서 유래하는 것이며 병역의무가 개인의 종교적 신념과 양립할 수 없다면 강제징집으로부터 면제받을 권리가 있다"고 하면서 양심적 병역거부권을 명확히 인정하였다.[18] 나아가 규약위원회는 "양심적 병역거부권은 강제로 침해되어서는 안 된다. 국가는 원한다면 양심적 병역거부자에게 군 영역 밖의, 군의 지휘를 받지 않는 대체복무를 수행하도록 강제할 수 있을 것"이라고 함으로써 양심적 병역거부를 인정하면서 타 국민과의 형평성을 기할 수 있는 방법은 대체복무제도임을 분명히 하였다.[19] 이와 같이 규약위원회는 양심적 병역거부에 관하여 설립 초기인 1980년대에는 매우 소극적 자세를 취하다가 한국의 개인통보사건을 통해 양심적 병역거부는 규약 제18조의 사상·양심 및 종교의 자유에 '내재되어 있는 권리(inherent right)'로 인정하고 대체복무를 인정하지 않고 형벌을 가하는 경우에는 동 조항에 명백히 위반되었음을 인정한 것이다.[20] 또한 김영관 사건에서는 양심적 병역거부에 대해 병역법 위반으로 징역형을 가하는 것은 사상 양심 및 종교의 자유(규약 제18조 제1항)에 위반될 뿐만 아니라 자의적 구금(규약 제9조)에 해당한다

17) 윤여범·최범진 사건 이후 규약위원회에서 결정된 사건으로는 정의민, 오태양 등 11인 사건, 정민규 등 100인 사건, 김종남 등 388인 사건이 있다.

18) Communication no. 1786/2008, CCPR/C/106/D/1786/2008, para.7.4. 참고로 원문을 옮기면 다음과 같다. "The Committee therefore reiterates that the right to conscientious objection to military service is inherent to the right to freedom of thought, conscience and religion. It entitles any individual to exemption from compulsory military service if the latter cannot be reconciled with the individual's religion or beliefs."

19) Ibid. para. 7.4. 이곳에서 규약위원회는 대체복무제도에 대해서도 명확히 그 한계를 설정했다. 즉, 대체복무는 징벌적인 성격이 되어서는 안 되며, 공동체에 대한 진정한 봉사가 되어야 하고 인권 존중에 적합해야 한다는 것이다.

20) 다만 2007년 이후 규약위원회가 내린 몇 건의 양심적 병역거부 관련 개인통보결정을 자세히 분석하면 그 판단방법에 상당한 차이가 있음에 주목해야 한다. 자세한 내용은 후술하는 IV의 '2. 양심적 병역거부의 제한과 비례원칙'에서 다룸.

는 결정을 하였다.[21] 이와 같은 결정은 아래에서 보는 자의적 구금 워킹 그룹의 입장과도 궤를 같이하는 것이다.

4. 자의적 구금 워킹 그룹

유엔 자의적 구금 워킹 그룹(Working Group on Arbitrary Detention)은 유엔인권 메커니즘의 하나인 특별절차로서 1991년 당시 인권위원회(UN Commission on Human Rights)의 결의에 의해 설치된 기관이다.[22] 워킹 그룹은 자의적 구금을 당한 개인이나 가족 혹은 대리인 나아가 NGO로부터 자의적 구금에 관한 정보를 접수하고 필요한 경우 관련국에 긴급구제 요구(urgent appeal)를 하거나 피구금자의 상태를 알아보기 위한 적절한 대화에 나선다. 워킹 그룹은 해당 사건이 자의적 구금에 해당하는 경우 관련국에 일정한 의견을 내거나 그 내용을 담은 보고서를 작성하여 유엔인권이사회에 보고한다.

워킹 그룹은 양심적 거부자에 대한 처벌과 관련하여 설치 이후 지난 30여 년간 여러 차례 의견을 제시한 바 있다. 그중에서도 눈여겨볼 것은 양심적 거부자의 병역의무 불이행에 대하여 거듭된 형사처벌을 하는 경우 이는 자의적 구금에 해당한다는 것이다.[23] 이러한 견해는 2007년 자유권규약위원회가 윤여범 및 최명진 사건에 대하여 견해를 발표한 이래 더욱 강화되었다. 워킹 그룹은 2007년 터키의 사브다(Savda) 사건에 직접 개입하여 양심적 병역 거부자에 대하여 수회에 걸쳐 병역의무를 이행하라고 하면서 처벌하는 행위는 세계인권선언 및 자유권규약의 사상·양심 및 종교의 자유를 침해할 뿐만 아니라 이중처벌금지의 원칙(자유권규약 14조)에도 위반됨을 선언하였다.[24]

---

21) Communication No. 2179/2012, CCPR/C/112/D/2179/2012.

22) UN Commission on Human Rights Resolution 1991/42, 5 March 1991, E/CN.4 /RES/1991/42.

23) 자의적 구금 워킹 그룹에서 이와 같은 의견을 낸 것은 여러 개가 있다. 몇 가지를 뽑아보면 다음과 같다: Opinion No. 36/1999(TURKEY): UN Working Group on Arbitrary Detention(E/CN.4/2001/14/Add.1); Working Group on Arbitrary Detention Recommendation No. 2(E/CN.4/2001/14); Opinion No. 24/2003 (ISRAEL) E/CN.4/2005/6/Add.1.

Ⅲ. 양심적 병역거부에 대한 유럽인권기구의 평가

1. 양심적 병역거부에 관한 유럽인권위원회의 입장

1990년대 말까지 유럽인권 메커니즘에서 큰 역할을 했던 유럽인권위원회(European Commission of Human Rights)의 양심적 병역거부에 관한 입장은 1970년대 이후 30여 년간에 걸쳐 몇 개의 개인통보사건에서 확인할 수 있다. 이들 사건을 분석하면 1960년대 유럽인권위원회는 양심적 병역거부가 유럽인권협약이 보호하는 인권인지를 본안단계에서 판단하면서 이를 체약국이 인정하지 않는다고 해서 협약 위반은 아니라는 입장을 취했다. 1970년대 이후에는 양심적 병역거부의 불인정이 협약 위반이 아님은 협약의 해석상 너무나 분명한 것이므로 이를 이유로 유럽인권위원회에 개인통보를 하는 것은 개인통보의 형식적 요건마저 갖추지 못한 것이라고 하면서 본안을 판단하기도 전에 사건을 각하하였다.

1960년대 유럽인권위원회에서 다룬 양심적 병역거부 사건 중 대표적인 것이 Grandrath v. Germany 사건인데, 이 사건에서 여호와의 증인 목사인 신청인은 병역 및 대체복무 모두를 거부하였다. 그는 대체복무까지 거부하면서 이런 복무까지도 면제받는 가톨릭 신부나 개신교 목사에 비하여 자신이 차별받고 있다고 주장하였다. 인권위원회는 이 사건에 대하여 유럽인권협약 제4조(강제노동 금지)와 관련된 제9조(사상·양심 및 종교의 자유) 및 제14조(차별금지) 위반 여부를 심의하였다. 인권위원회는 이 사건에 대한 결론으로서 양심적 병역거부자는 병역면제권이 없고 각각의 체약국은 그러한 권리를 부여하는지 여부에 관한 권한이 있기 때문에 협약 위반이 아니라고 하였다. 또한 인권위원회는 양심적 병역거부가 인정되어 병역 면제권이 주어지는 경우 거부자에겐 대체복무를 하도록 요구될 수 있고 거기에서 면제될 권리는 없다고 하였다.[25)]

1970년대에 들어오면 유럽인권위원회는 거의 모든 양심적 병역거부 사건에서

---

24) UN Working Group on Arbitrary Detention, Opinion No. 16/2008(Turkey), 9 May 2008.

25) Grandrath v. Germany, application no. 2299/64. 12 December 1966.

동일한 이유를 들어 신청자체의 적격성(admissibility)을 인정하지 않았다. 즉, 양심적 병역거부 사건에 대해서는 더 이상 본안 판단을 할 필요가 없다는 결론에 이른다. 인권위원회가 이 당시 이런 입장을 취한 근거는 양심적 병역거부 사건이 권리로서 명백히 근거가 없기 때문에 개인통보 절차를 이용하는 것 자체가 그 절차의 남용에 해당하여 원래의 협약상 권리 취지와 양립할 수 없다는 것이었다.[26] 이 시기 대표적 사건 중 하나가 G.V. v. Austria 사건인데, 이 사건에서 신청인은 가톨릭의 종교적 교리를 이유로 병역의무를 거부한 혐의로 오스트리아 법원에서 유죄 선고를 받았다. 인권위원회는 이 사건에서 강제노동금지를 규정한 유럽인권협약 제4조가 제3항 (b)[27]에서 "군사적 성격의 어떤 역무나 양심적 병역거부를 인정하는 나라에서 병역을 대체하는 역무"를 강제노동에서 제외한 것은 조문의 문언상 명백히 체약국의 양심적 병역거부 인정 여부의 선택권과 이를 인정하는 경우 대체복무를 선택할 수 있는 권한을 부여한 것이라고 판단하였다.[28] 즉, 유럽인권협약 제4조 제3항 (b)에 의해 제한된 협약 제9조(사상·양심 및 종교의 자유)는 그것이 병역의무와 관련될 때 체약국에 양심적 병역거부를 인정하고 이에 기해 사상·양심 및 종교의 자유를 실현하기 위해 특별한 조치를 취할 의무를 부과하는 것이 아니라는 것이다.[29] 유럽인권위원회의 이와 같은 태도는 그 후 X. v. Germany 사건에서도 견지되었다.[30]

---

26) 이러한 논리는 당시 유럽인권협약(ECHR) Art. 27(2)의 규정이 근거였다. 그 규정은 다음과 같다: "(2) The Commission shall consider inadmissible any petition submitted under Article 25 which it considers incompatible with the provisions of the present Convention, manifestly ill-founded, or an abuse of the right of petition."

27) 이 조항은 강제노역을 금지하면서(제4조 제2항) 사용한 "forced or compulsory labour"의 개념에 포함되지 않는 경우로 병역의무와 대체복무를 규정한 것이다. 원문은 다음과 같다. "any service of a military character or, in case of conscientious objectors in countries where they are recognised, service exacted instead of compulsory military service." 이 조항은 자유권규약(ICCPR) 제8조 제3항 (c)(ii)에 상응하는 규정이다.

28) G.V. v. Austria, application no. 5591/72. 2 April 1973.

29) Ibid.

30) X. v. Germany, application no. 7705/76, 5 July 1977.

2. 유럽인권재판소의 양심적 병역거부

유럽인권협약의 이행과 관련된 메커니즘은 1998년 이전까지는 유럽인권위원회와 유럽인권재판소(European Court of Human Rights)라는 두 개의 인권기구로 이루어졌다. 하지만 1998년 제11의정서가 채택됨으로써 유럽인권재판소를 중심으로 하는 단일한 인권보장체제가 새로이 정립되었다. 이 개혁의 초점은 협약상의 권리를 침해받은 개인이 해당 체약국의 의사와 관계없이 유럽인권재판소에 직접 제소할 수 있게 된 것이다.[31] 유럽인권협약의 이행과 관련된 이런 변화는 양심적 병역거부에 관한 유럽인권재판소의 판단에도 많은 영향을 끼쳤다. 인권재판소는 지난 10여년간 몇 건의 사건을 통해 양심적 병역거부가 협약에서 보호되는 권리임을 명확히 하였다. 이하에서는 그 변화를 정리해 본다.

가. 차별금지 규정 위반

유럽인권협약은 차별금지를 명문으로 규정하고 있다. 즉 협약에서 보장하는 권리를 향유함에 있어서는 성, 인종, 피부색, 언어, 종교, 정치적 의견, 출신국가, 사회적 약자계층, 재산, 출생 혹은 기타 지위 등 어떤 근거에 의해서도 차별해서는 안 된다.[32] 유럽인권재판소는 2000년 4월 양심적 병역거부자인 신청인에 대한 그리스의 조치에 대하여 협약상의 차별금지규정을 적용하였다. 이 사건이 바로 Thilmmenos v. Greece 사건인데,[33] 신청인은 그리스에 대체복무제도가 없었을 때 병역을 거부하여 유죄를 선고받은 전력이 있었다. 수년 뒤에 신청인은 공인회계사 시험에서 우수한 성적을 얻었음에도 과거 양심적 병역거부 사건으로 유죄 선고를 받은 전력 때문에 회계사에 임명되지 못했다. 이 사건을 심리한 유럽인권재판소는 과거 양심적 병역거부로 징역처벌을 받은 것을 상기하며 국가에 대한 서비스 업무를 거부하였다고 하여 신청인에 대하여 공익회계사 임명을 거부하는 것은

31) 제4장 제1절 유럽인권보장 메커니즘 참고.

32) 유럽인권협약 제14조.

33) Thlimmenos v. Greece [GC], no. 34369/97, 6 April 2000.

비례 원칙을 위반한 것으로 보고 차별금지 규정(협약 제14조)을 적용, 협약 위반을 결정하였다.[34] 하지만 이 사건은 사안에서 보듯이 양심적 병역거부 관련 사건이기는 했지만 그것을 직접적으로 다룬 사건은 아니었다.

나. 비인도적 처우 금지 규정 위반

유럽인권협약은 비인도적 처우를 명문으로 금지하고 있다. 즉, 어떤 사람도 고문이나 비인도적 처우나 형벌을 받아서는 안 된다는 것이다.[35] 유럽인권재판소는 2006년 1월 양심적 병역거부 사건에서 이 규정을 적용하여 수회에 걸쳐 양심적 병역거부를 한 신청인에 대하여 형사처벌을 한 터키에 대하여 협약 위반을 결정하였다. 이 사건이 바로 Ülke v. Turkey 사건인데,[36] 이 사건에서 신청인은 평화적 신념에 따라 기자회견을 연 가운데 징집영장을 태워버리고 병역을 거부하였다. 이에 따라 신청인은 병역거부를 선동했다는 혐의로 유죄 선고를 받았지만 그 후 다시 군대에 보내졌다. 이 상황에서 신청인은 군복을 착용하는 것을 거부하여 다시 유죄를 선고받고 2년 가까이 복역하였다. 이 사건을 심리한 유럽인권재판소는 터키의 법체제가 양심적 병역거부자에 대해 적절한 처우를 하지 못한다는 것을 지적하고 그러한 법체제로 인해 한 번 양심적 병역거부를 한 사람이 거듭 처벌될 수 있음을 문제 삼았다. 인권재판소는 이런 처벌 방법은 병역을 확보하고자 하는 국가의 목적에 비추어 보아도 과도한 조치라고 하면서 신청인에 대한 터키의 거듭된 처벌이 협약상의 비인도적 처벌(협약 제3조)에 해당한다고 하였다.[37] 하지만 이 사건도 유럽인권재판소가 양심적 병역거부를 명확히 인정했다고는 볼 수 없다. 단지 양심적 병역거부자에 대한 처벌이 과도할 경우 그것에 대하여 유럽인권협약상의 비인도적 처벌 금지 규정을 적용한 것이다.

---

34) Ibid. para. 49.

35) 유럽인권협약 제3조.

36) Ülke v. Turkey, no. 39437/98, 24 January 2006.

37) Ibid. para. 63.

다. 사상·양심 및 종교의 자유 위반

(1) Bayatyan v. Armenia 판결

앞에서 보았듯이 유럽인권재판소는 양심적 병역거부 사건을 판단함에 있어 조금씩 변화를 거듭해 왔다. 하지만 양심적 병역거부를 사상·양심 및 종교의 자유라는 차원에서 본격적으로 인정한 것은 2010년 이전에는 발견되지 않는다. 2011년 드디어 유럽인권재판소가 그 태도를 전면적으로 바꾼 사건이 선고되었다. 바로 Bayatyan v. Armenia 사건이다.[38] 이 사건으로 양심적 병역거부에 관한 유럽인권협약의 해석은 전면적으로 새로운 국면으로 접어든다. 이 사건에서 유럽인권재판소는 양심적 병역거부가 유럽인권협약 제9조가 규정하는 사상·양심 및 종교의 자유에 의해 보호된다고 판시하고 아르메니아 정부가 양심적 병역거부를 이유로 원고에게 유죄를 인정하고 징역형을 선고한 것은 협약 제9조에 위반하는 것이라고 판단하였다.

이 사건에서 아르메니아 출신인 원고는 여호와의 증인 신자로서 2001년 종교적 이유를 들어 병역 소집을 거부하였다. 그렇지만 자신은 대체복무에는 응하겠다는 입장을 밝혔다. 하지만 아르메니아 정부는 대체복무에 관한 제도가 없다고 하면서 원고가 병역의무에 따라야 함을 주장하였다. 원고는 결국 징병에 응하지 않았고 이로 인해 징역형을 선고받았다. 이에 원고는 이 소송에서 유럽인권협약 제9조의 사상·양심 및 종교의 자유에 따른 자신의 권리가 침해되었다고 하면서 동 조항은 대부분 유럽평의회 국가에 대체복무제도가 있다는 것을 전제로 해석되어야 한다고 주장하였다.

유럽인권재판소는 이 사건 판결문에서 재판소의 종전 어떤 판결에서도 양심적 병역거부 사건을 유럽인권협약 제9조에 따라 판단한 바가 없고, 이는 유럽인권위원회의 종전 판단과도 사뭇 다른 것이었다는 점을 지적했다. 인권재판소는 이런 소극적인 태도가 당시 유럽인권협약 회원국가의 전반적 상황을 반영한 결과였다는 것을 인정했다. 하지만 인권재판소의 태도는 그 후 국제적 환경 및 회원국가의

38) Bayatyan v. Armenia, no. 23459/03, 7 July 2011.

국내적 상황의 변화에 따라 변경되지 않으면 안 되는 상황에 이르렀다고 판시하였다. 인권재판소는 이런 상황 변화를 인정하면서 더 이상 재판소가 협약 제9조를 해석함에 있어 강제노동금지 규정인 협약 제4조 제3항 (b)에 근거해서 해석할 수 없다고 하였다. 인권재판소는 협약 제9조가 비록 양심적 병역거부에 관해서 명확히 규정하고 있지는 않지만 병역거부가 병역의무와 개인의 양심 혹은 절실한 종교적 신념 사이에서 심각하고도 도저히 극복할 수 없는 충돌에서 연유한 것이라면 협약 제9조가 보호해야 하는 충분하고도 설득력 있는 타당한 믿음이 될 수 있다고 판단하였다. 이 사건이 바로 그런 사건에 해당된다는 것이다.

이 사건의 중요한 의미 중 하나는 양심적 병역거부를 사상·양심 및 종교의 자유의 한 내용(협약 제9조 제1항)으로 판단하면서 그 제한의 가능성과 기준을 명확히 판단했다는 점이다. 유럽인권협약 제9조는 제2항에서 제1항이 보장하는 '자신의 종교 또는 신념을 표명하는 자유'는 엄격한 조건에서 제한될 수 있음을 규정하고 있다. 여기에서 엄격한 조건이란 '공공질서, 보건 또는 도덕이나 타인의 권리 및 자유를 보호하기 위한 목적' 아래에서 공공의 안전에 필요한 경우 법률에 의해 해야 한다는 것이다. 이것은 달리 말하면 양심적 병역거부가 사상·양심 및 종교의 자유 범위 내에 있다는 것을 인정하고, 그 제한은 비례 원칙에 따라야 한다는 것이다. 이 판결에서 유럽인권재판소는 아르메니아의 양심적 병역거부의 불인정이 바로 이 비례 원칙에 따르지 않은 것에 해당한다고 판단한 것이다.[39)]

(2) Erçep v. Turkey 판결

Bayatyan 판결 직후 터키의 양심적 병역거부 사건이 판결되었다. 바로 Erçep v. Turkey 사건이다.[40)] 이 사건은 징집명령을 받은 원고가 관계기관에 소집신고를 하지 않은 것에서 비롯되었다. 이런 경우 터키 법은 탈영자로 간주하여 처벌하는

---

39) 다만 재판소가 이런 판단을 함에 있어서는 양심적 병역거부를 인정하면서 대체복무를 인정하는 유럽 대부분 국가의 상황과 아르메니아 정부가 이미 대체복무제도를 도입할 것이라고 약속했다는 점을 고려했다.

40) Erçep v. Turkey, no. 43965/04, 22 November 2011.

데, 원고는 징집명령에 소집신고를 하지 않았고 그때마다 법률위반으로 기소됨에 따라, 1998년 이후 무려 25차례에 걸쳐 형사절차가 진행되었다. 이 때문에 원고는 수차례에 걸쳐 징역형을 선고받았다. 2004년 원고는 다시 7개월 15일의 징역형을 선고받고 복역하다가 5개월 뒤 가석방되었다. 원고는 병역거부로 인한 거듭된 처벌에 대하여 이의를 제기하고 유럽인권재판소에 제소하였다.

이 사건에서 유럽인권재판소는 터키 정부가 원고에 대하여 유럽인권협약 제9조를 정면으로 위반했다고 판결했다. 재판소는 원고가 여호와의 증인 신도로서 집총을 거부하면서 병역을 거부하는 것은 진정한 종교적 신념에서 비롯된 것으로 병역의무와의 관계에서 심각하고도 극복하기 어려운 의무의 충돌에 해당하는 것이라고 하였다. 재판소는 양심적 병역거부자가 병역거부를 하는 경우 어떤 선택도 주어지지 않을 뿐만 아니라 병역거부 그 자체에 따른 처벌을 넘어 후속조치로서 거부자에 대하여 끊임없이 재차 처벌하여 누적적 형사처벌을 가하는 터키의 상황을 지적하였다. 이것은 원고와 같은 양심적 병역거부자의 인생 전체를 형사처벌의 위험에 노출시키는 것으로 한마디로 사회적 죽음을 초래하는 것이라고 하였다. 따라서 원고에게 거듭되는 처벌을 하는 터키의 상황은 사회가 갖는 이익과 양심적 병역거부자의 이익 사이에서 균형을 깨는 부당한 것이어서 민주사회의 필요한 조치로 볼 수 없다고 하였다. 재판소는 이에 더해 이 사건 판결에서 향후 유사한 사건을 방지하기 위하여 터키 정부에 대체복무를 도입할 것을 권고하였다.

(3) Savda v. Turkey 판결

이 사안은 2012년 판결로서 양심적 병역거부와 관련된 유럽인권재판소의 입장을 가장 잘 알 수 있는 판결 중 하나라고 생각되는데,[41] 사안 자체는 위의 Erçep v. Turkey 판결과 크게 다르지 않다. 다만 이 사건에서 재판소는 양심적 병역거부에 따른 대체복무제도가 없는 터키의 상황에 대해 집중적으로 검토하였다.

이 사건에서 원고는 양심적 병역거부 불인정과 관련된 터키 정부의 특정행위뿐만

---

41) Savda v. Turkey, no. 42730/05, 12 June 2012. 이 사건은 같은 시기에 판결된 Tarhan v. Turkey 사건(2012. 7. 17)과 그 판시 내용이 거의 유사하다.

아니라 양심적 병역거부권을 법률로 인정하려는 어떤 시도도 하지 않는 터키 정부의 태도를 문제 삼았다. 터키는 양심적 병역거부를 인정하라는 원고의 요구에 대하여 아무런 고려도 하지 않고 오로지 그에 대하여 형사처벌로만 대응하였다. 인권재판소는 이러한 상황에서 병역의무와 한 개인의 진정한 신념 사이에서 심각하고도 극복할 수 없는 충돌을 가져왔다고 인정하였다. 더군다나 터키는 대체복무제도를 마련하지 않았을 뿐만 아니라 양심적 병역거부와 관련된 문제를 검토해 볼 수 있는 어떤 효과적인 절차도 마련하지 안했음을 인정하고, 이러한 상황은 병역의무로 인한 사회적 이익과 양심적 병역거부로 인한 개인의 이익 사이에서 적절한 균형을 잃은 것이라 판단하였다. 결론적으로 유럽인권재판소는 터키가 사상·양심 및 종교의 자유를 규정한 유럽인권협약 제9조, 비인도적 처우 금지를 정한 제3조 및 공정한 재판을 받을 권리[42]를 규정한 제6조 제1항을 각각 위반하였음을 인정하였다.

IV. 양심적 병역거부와 관련된 국제인권법상 쟁점

1. 양심적 병역거부와 강제노동과의 관련성

앞에서 본 대로 양심적 병역거부는 지난 30년간 긴 터널을 지나 현재 유엔 인권기구와 유럽 인권기구에서 모두 사상·양심 및 종교의 자유에서 비롯되는 권리로 인정받고 있음은 이론의 여지가 없다. 그렇다면 이러한 흐름이 오기까지 양심적 병역거부가 사상·양심 및 종교의 자유로 인정받는 데 있어 큰 장애물이 되어온 해석문제 하나를 살펴보자. 그것은 자유권규약과 유럽인권협약상의 강제노동금지 규정에서 '병역의무 및 (양심적 병역의무가 인정되고 있는 국가에서 거부자에게 요구되

42) 이 사건에서 원고는 양심적 병역거부를 이유로 군사재판을 받았다. 원고는 이에 대하여 독립적이고 공정한 재판이라고 볼 수 없다면서 공정한 재판을 권리를 규정한 유럽인권협약 제6조 제1항 위반을 주장하였다.

는) 대체복무'가 강제노동에 해당하지 않는다고 한 규정과 사상·양심 및 종교의 자유 규정의 해석문제이다. 강제노동 예외 규정은 이들 인권조약이 애당초 양심적 병역거부의 인정 여부를 각 체약국이 선택할 수 있도록 허용한 것이 아닌가 하는 의문을 갖게 한다. 이러한 해석문제로 인해 한때 자유권규약위원회나 유럽인권위원회 모두 양심적 병역거부 문제는 사상·양심 및 종교의 자유에서 보장하는 권리가 아니라는 태도를 취한 바 있다. 그리고 이러한 입장은 우리나라에서 양심적 병역거부 사건을 심의하면서 정확히 우리 대법원이 취한 태도이기도 했다.[43] 따라서 양심적 병역거부의 규약 위반 여부를 따짐에 있어서는 이들 규정의 해석이 항상 문제가 되어왔다.

이 문제를 점검함에 앞서 관련 조문을 다시 한 번 살펴보자. 자유권규약이나 유럽인권협약의 조문 내용이 유사하니 자유권규약의 해당 조문만을 살핀다.

〈자유권규약 제8조〉

3항 (a) 어느 누구도 강제노동을 하도록 요구되지 아니한다.

3항 (b) 이항의 적용상 강제노동이라는 용어는 다음 사항을 포함하지 않는다.

3항 (c) (iii) 군사적 성격의 역무 및 양심적 병역거부가 인정되고 있는 국가에 있어서는 양심적 병역거부자에게 법률에 의하여 요구되는 국민적 역무

위 조항 제3항 (c) 및 제3항 (c) (iii)가 의미하는 것은 병역의무(군사적 성격의 역무)와 (양심적 병역거부를 인정하는 나라에서 취하는) 대체복무를 강제노동의 개념에서 제외한다는 것이다. 문제는 이 조문이 사상·양심 및 종교의 자유를 규정한 제18조까지도 염두에 두고 만들어졌는가이다. 즉, 강제노동에 해당하지 않는 병역의무나 대체복무를 국가가 강제하는 경우 제18조가 보장하는 사상·양심 및 종교의 자유 문제는 애당초 발생하지 않는가의 문제이다. 다른 말로 바꾸면 위 제3항 (c) (iii) 전단의 취지가 제18조의 적용까지도 배제하는가이다.

이에 대해 양심적 병역거부를 부정하는 견해는 제8조 제3항 (c) (iii)에서 '양심적

---

43) 대판 2007. 12. 27, 2007도7941.

병역거부가 인정되고 있는 국가'라고 표현한 것은 양심적 병역거부를 인정하지 않는 나라를 전제한 것이고, 규약은 그 인정 여부를 각 국가의 선택에 맡긴 것이라고 해석한다. 즉, 규약 제정과정에서 양심적 병역거부의 규약 위반 가능성 문제는 원천적으로 배제되었고, 그 인정 여부는 오로지 체약국의 국내문제일 뿐이라는 것이다.[44]

그러나 이러한 입장은 양심적 병역거부의 인정문제를 오로지 강제노동금지 규정에서 찾으려는 태도로, 받아들이기 힘들다. 강제노동이 아니라고 해서 모든 행위가 다 적법하거나 허용되는 것은 아니기 때문이다. 강제노동에 해당하지 않는 역무의 제공이라고 해서 언제나 기본권 위반이 안 되는 것은 아니다. 예를 들면 노동자의 권리보호를 위해 대부분 나라에서 법률상 근로시간을 정하고 있는데, 그 경우 제한시간을 초과하여 노동이 제공된다고 하여 그 노동을 강제노동이라고 할 수는 없다. 하지만 그 역무제공은 노동자의 다른 기본권을 침해하는 것이라는 판단은 얼마든지 할 수 있다. 그런 이유로 병역의무가 강제노동이 아니라고 해도, 그 역무제공이 어떤 경우에는 다른 기본권, 예컨대 사상·양심 및 종교의 자유를 침해하

44) 우리 대법원은 양심적 병역거부와 관련된 병역법 위반 사건 상고심에서 자유권규약의 강제노동금지 규정상에 병역의무와 양심적 병역거부에 따른 대체복무를 그 예외로 한 규정을 거시하면서 규약은 양심적 병역거부를 인정할 것인가 여부는 체약국의 선택에 맡겼다는 점을 분명히 했다. 관련 판결의 해당 부분을 보면 다음과 같다.

"한편, 규약이 양심적 병역거부권이나 대체복무제도 자체를 전혀 인식치 못하고 있는 것도 아니다. 강제노역금지에 관한 규약 제8조 제3항 (C) 제(ii)호에서 "군사적 성격의 역무 및 양심적 병역거부가 인정되고 있는 국가에 있어서는 양심적 병역거부자에게 법률에 의하여 요구되는 국민적 역무(any service of a military character and, in countries where conscientious objection is recognized, any national service required by law of conscientious objectors)"를 규약상 금지되는 강제노역의 범주에서 제외되는 것 중 하나로 규정하고 있다. 여기서 "양심적 병역거부가 인정되고 있는 국가에 있어서는(where conscientious objection is recognized.)"이라는 표현은, 개개의 가입국이 양심적 병역거부권 및 대체복무제도를 인정할 것인지 여부를 결정할 수 있다는 것을 전제로 한 것이라 할 수 있다. 즉, 제8조의 문언에 비추어 볼 때, "규약은 가입국으로 하여금 양심적 병역거부를 반드시 인정할 것을 요구하고 있지 않다"(대판 2007. 12. 27, 2007도7941). 한편, 이러한 입장이 종래 자유권규약위원회가 양심적 병역거부 개인통보사건에서 소극적인 태도를 취한 이유이기도 했다.

는 경우가 있을 수 있다고 보아야 한다.

한편, 규약의 제정과정에서 입법자들이 강제노동의 예외로서 병역의무와 대체복무를 넣은 것이 곧 사상·양심 및 종교의 자유의 예외까지를 의도한 것이라고 해석할 수 있을까. 이에 대해서는 Bayatyan 사건에서 재판부가 판단한 것을 상기할 필요가 있다. 동 사건에서 재판부는 규약의 입법자들은 전혀 그런 것을 의도하지 않았다고 판단하였다. 입법자들은 단지 강제노동의 의미를 해석함에 있어 많은 나라가 취하고 있는 병역의무나 양심적 병역거부를 인정하는 나라가 갖고 있는 대체복무를 제외한 것일 뿐 그것이 사상·양심 및 종교의 자유의 예외까지를 의도한 것이 아니라는 것이다.[45)]

따라서 강제노동의 예외를 인정하는 자유권규약 제3조 (c) (iii)은 양심적 병역거부의 인정 여부를 결정하는 데 있어 아무런 장애물이 될 수 없다. 병역의무에서 비롯된 역무는 비록 강제노동에 해당하지는 않지만, 경우에 따라서는, 사상·양심 및 종교의 자유를 제한할 수 있고, 나아가 그들 자유를 침해하는 경우도 발생할 수 있다. 침해 여부는 사상·양심 및 종교의 자유를 규정한 규약 제18조의 법리에 따라 규정되어야 하며, 그것은 "법률에 규정되고 공공의 안전, 질서, 공중보건, 도덕 또는 타인의 기본적 권리 및 자유를 보호하기 위하여 필요한 경우에만 제한"받을 수 있을 것이다.[46)]

2. 양심적 병역거부의 제한과 비례원칙

현재 국제인권기구의 양심적 병역거부에 관한 가장 권위 있는 해석은 유엔 차원에서는 자유권규약위원회가, 지역 인권기구 차원에서는 유럽인권재판소가 하고 있다. 앞에서 본 대로 이 양 기관은 양심적 병역거부를 사상·양심 및 종교의 자유에서 직접 발생하는 권리라고 해석한다. 다만 이 권리는 절대적 권리가 아니고 자유권규약 제18조 및 유럽인권협약 제9조에 따라 일정한 경우 제한할 수 있다.

45) Bayatyan v. Armenia Judgment, para. 100.

46) 자유권규약 제18조 제3항.

즉, 비례원칙하에서 제한될 수 있는데, 대체복무제를 인정하지 않는 양심적 병역거부 불인정은 이 원칙에 위반하여 사상·양심 및 종교의 자유에 위반된다는 것이다.

다만 2007년 이후 자유권규약위원회가 내린 몇 건의 양심적 병역거부 관련 개인통보결정을 자세히 분석하면 그 판단방법에 상당한 차이가 있음에 주목해야 한다. 규약위원회는 윤여범·최범진 사건에서는 양심적 병역거부가 규약 제18조에 의해 보호되는 권리라고 하면서 구체적으로는 사상·양심 및 종교의 표명의 자유의 하나로 보면서 규약 제18조 제3항에 따라야 한다고 하였다. 규약 제18조 제3항은 우리 법제로 설명하면 비례원칙과 관련이 있으므로 양심적 병역거부는 이 원칙으로 규율되어야 한다는 것이다. 위 사건에서 규약위원회는 한국의 경우 대체복무제도를 허용하지 않으므로 이 비례원칙에 위반된다고 판단했다. 그런데 이러한 견해가 김종남 사건과 그 직전의 Atasoy, Sarkut v. Turkey 사건[47]에서 상당한 정도 바뀌었다. 이들 사건의 다수견해는 이제는 양심적 병역거부 사건에서 규약 제18조 제3항에 의한 비례원칙을 심사할 필요가 없다는 것이다. 왜냐하면 양심적 병역거부는 제18조 제1항의 사상·양심 및 종교의 자유에 내재하는 절대적 권리라는 논리에서 이다. 하지만 이와 같은 다수견해의 논리에 대해 몇몇 규약위원회 위원들은 이의를 제기한다. 결론에는 동의하지만 양심적 병역거부가 과연 제18조 제3항에서 말하는 사상·양심 및 종교의 표명과 다른가에 대해 의문을 제기한 것이다. 특히 위원 중에는 다수 의견이 대체복무제도를 허용하면서 양심적 병역거부가 제18조 제3항과 관계없이 그 표명을 강제당하지 않는다고 하는 것에 강한 의문을 표시한다. 왜냐하면 대체복무제도도 양심적 병역거부자의 의무이기 때문에 양심적 병역거부가 사상·양심 및 종교의 자유로서 절대적 권리라면 대체복무도 허용해선 안 되기 때문이다.[48]

Bayatyan 사건의 역사적 의미는 유럽재판소가 양심적 병역거부를 인정함에 있어 그 판단기준이 비례원칙이라는 입장을 명확히 했다는 점이다. 즉, 이 사건은 그동안 논란이 되어왔던 강제노동 금지의 예외규정[유럽인권협약 제4조 제3항 (b)]과

---

47) Communication nos. 1853/2008 and 1584/2008, CCPR/C/104/D/1853-1854/2008.

48) 김종남 사건(Communication no. 1786/2008, CCPR/C/106/D/1786/2008) 별개의견 참고.

양심적 병역거부의 관계를 무관한 것이라고 정리한 다음, 신념에 반하는 병역의무가 어떤 경우 사상·양심 및 종교의 자유(협약 제9조)에 위반하는지를 검토하였다. 동 사건은 종교 또는 신념을 표명하는 자유가 제한되기 위해서는 ① 법률의 규정에 의할 것(법률유보), ② 정당한 목적이 있을 것, ③ 민주사회에서 그러한 제한이 필요할 것 등의 조건이 충족되어야 하고 이러한 요건에 위반된 병역의무는 사상·양심 및 종교의 자유를 침해하는 것이라고 판시하였다.[49] 이러한 법리는 앞에서 본 자유권규약위원회의 윤여범 및 최명진 개인통보사건에서 규약위원회가 양심적 병역거부에 대한 규약 해석과도 일치한다.

우리 헌법재판소가 과거 양심적 병역거부를 합헌이라고 결정한 사건에서도 법리만큼은 사실상 위의 논리가 그대로 적용되었다고 할 수 있다. 헌재는 일단 양심적 병역거부가 양심의 자유의 한 내용이 될 수 있음을 인정했다. 즉, 헌재는 양심적 병역거부를 인정하지 않는 병역법의 법률조항에 대하여 "형사처벌을 통하여 양심적 병역거부자에게 양심에 반하는 행동을 강요하고 있으므로 '양심에 반하는 행동을 강요당하지 아니할 자유', 즉 '부작위에 의한 양심실현의 자유'를 제한하는 규정이다"라고 보고 있는 것이다.[50] 다만 헌재는 이러한 제한이 우리 헌법상의 기본권 제한의 일반원칙인 비례원칙에 위반되지 않으므로 결국 우리 헌법상의 양심의 자유를 침해하는 것은 아니라는 논리로 양심적 병역거부의 불인정의 합헌성을 인정하였다. 이렇게 양심적 병역거부의 인정·불인정에 관한 법리적 논증방법은 국제인권기구와 우리 헌재의 입장에서 차이를 발견할 수 없다. 다만 국제인권기구는 대체복무제 없는 양심적 병역거부 불인정을 비례원칙에 위반되는 것으로 보는 반면, 우리 헌재는 위반되지 않는다고 보았을 뿐이다.

그럼에도 과거 헌재 결정이 해당 국제인권규약을 해석하는 방식은 이해하기 힘들다. 헌재는 우리가 가입한 자유권규약의 사상·양심 및 종교의 자유 규정(제18조)과 양심적 병역거부의 관계를 설명하면서 이 규정에 양심적 병역거부권이 명시

49) Bayatyan v. Armenia Judgment, para. 113~128.

50) 헌재 2011. 8. 30, 2008헌가22, 2009헌가7·24, 2010헌가16·37, 2008헌바103, 2009헌바3, 2011헌바16(병합).

적으로 규정되지 않았다는 등의 이유로 이 조문에서 바로 양심적 병역거부를 인정할 수 없다는 논리를 폈다.51) 그러나 이와 같은 입장은 앞서 본 헌재의 양심적 병역거부의 헌법 내 판단과도 논리적으로 양립하기 힘들다. 헌재가 이미 양심적 병역거부를 양심표현의 자유의 하나로 해석했다면 자유권규약 제18조 제1항의 사상·양심 및 종교의 자유 규정에서 이를 일단 인정하는 것이 맞다. 다만 사상·양심 및 종교의 자유는 제18조 제3항에 따라 제한할 수 있으므로, 양심적 병역거부도 제한 가능한 것으로 해석하여 한국의 병역법 관련 조항이 거기에 해당하는 것이라고 하는 것이 보다 논리적인 규약해석이라고 할 수 있다. 우리 헌재가 이렇게 해석한 것은 양심적 병역거부가 자유권규약 18조 제1항에 위반되지 않는다는 결론을 내놓고 무리하게 규약을 해석했기 때문이라 생각한다.

V. 한국의 선택

1. 헌법재판소와 대법원의 입장 변화

수십 년에 걸친 양심적 병역거부자에 대한 형사처벌 문제는 2018년 헌재와 대법원의 입장 변화로 사실상 종지부를 찍는다. 이어서 2021년 대체복무제를 도입하는 법률이 제정·공포됨으로써 양심적 병역거부 문제는 제도적 차원에서 해결되

---

51) Ibid. 위 헌재 결정의 관련 부분을 옮기면 다음과 같다: "규약 제18조는 물론, 규약의 다른 어느 조문에서도 양심적 병역거부권(right of conscientious objection)을 기본적인 인권의 하나로 명시하고 있지 않고, 규약의 제정과정에서 규약 제18조에 양심적 병역거부권을 포함시키자는 논의가 있었던 것은 사실이나, 제정에 관여한 국가들의 의사는 부정적이었으며, 위 국제인권기구의 해석은 각국에 권고적 효력만 있을 뿐 법적인 구속력을 갖는 것은 아니고, 양심적 병역거부권의 인정 문제와 대체복무제의 도입 문제는 어디까지나 규약 가입국의 역사와 안보환경, 사회적 계층 구조, 정치적, 문화적, 종교적 또는 철학적 가치 등 국가별로 상이하고도 다양한 여러 요소에 기반한 정책적인 선택이 존중되어야 할 분야로 가입국의 입법자에게 형성권이 인정되는 분야인 점 등을 고려하면, 규약에 따라 바로 양심적 병역거부권이 인정되거나, 양심적 병역거부에 관한 법적인 구속력이 발생한다고 보기 곤란하다. ……"(밑줄은 필자)

었다.

우선 헌법재판소의 변화된 입장을 보자. 헌재는 양심적 병역거부가 헌법상 보장된 양심의 자유를 제한한다는 입장을 기초로 병역의 종류를 정하는 병역법 규정에서 대체복무제를 규정하지 않은 것은 과잉금지원칙에 위반된다고 판시하였다.

> 양심적 병역거부자의 수는 병역자원의 감소를 논할 정도가 아니고, 이들을 처벌한다고 하더라도 교도소에 수감할 수 있을 뿐 병역자원으로 활용할 수는 없으므로, 대체복무제를 도입하더라도 우리나라의 국방력에 의미 있는 수준의 영향을 미친다고 보기는 어렵다. 국가가 관리하는 객관적이고 공정한 사전심사절차와 엄격한 사후관리절차를 갖추고, 현역복무와 대체복무 사이에 복무의 난이도나 기간과 관련하여 형평성을 확보해 현역복무를 회피할 요인을 제거한다면, 심사의 곤란성과 양심을 빙자한 병역기피자의 증가 문제를 해결할 수 있으므로, 대체복무제를 도입하면서도 병역의무의 형평을 유지하는 것은 충분히 가능하다. 따라서 대체복무제라는 대안이 있음에도 불구하고 군사훈련을 수반하는 병역의무만을 규정한 병역종류조항은, 침해의 최소성 원칙에 어긋난다.
>
> 병역종류조항이 추구하는 '국가안보' 및 '병역의무의 공평한 부담'이라는 공익은 대단히 중요하나, 앞서 보았듯이 병역종류조항에 대체복무제를 도입한다고 하더라도 위와 같은 공익은 충분히 달성할 수 있다고 판단된다. 반면, 병역종류조항이 대체복무제를 규정하지 아니함으로 인하여 양심적 병역거부자들은 최소 1년 6월 이상의 징역형과 그에 따른 막대한 유·무형의 불이익을 감수하여야 한다. 양심적 병역거부자들에게 공익 관련 업무에 종사하도록 한다면, 이들을 처벌하여 교도소에 수용하고 있는 것보다는 넓은 의미의 안보와 공익실현에 더 유익한 효과를 거둘 수 있을 것이다. 따라서 병역종류조항은 법익의 균형성 요건을 충족하지 못하였다.
>
> 그렇다면 양심적 병역거부자에 대한 대체복무제를 규정하지 아니한 병역종류조항은 과잉금지원칙에 위배하여 양심적 병역거부자의 양심의 자유를 침해한다.[52]

52) 헌법재판소 2018. 6. 28. 선고 2011헌바379·383 등 결정.

국제인권법적 측면에서 볼 때 헌재는 위와 같은 결정을 함에 있어 자유권규약위원회가 한국 정부에 권고한 결정 등에 대해 개괄적 서술을 하였으나 그 효력 등에 대해선 깊이 있는 판단을 하지 않았다. 오히려 그 효력에 대해선 반대의견에서 다음과 같은 판단을 찾을 수 있으나 이마저 과거의 헌재 입장을 반복한 것이다.

> 규약 제18조는 물론, 규약의 다른 어느 조문에서도 양심적 병역거부권(right of conscientious objection)을 기본적인 인권의 하나로 명시하고 있지 않은 점, 위와 같은 국제인권기구의 해석은 각국에 권고적 효력만 있을 뿐 법적 구속력을 갖는 것은 아닌 점, 양심적 병역거부권의 인정 문제와 대체복무제의 도입 문제는 어디까지나 규약 가입국의 역사와 안보환경, 사회적 계층 구조, 정치적·문화적·종교적 또는 철학적 가치 등 국가별로 상이하고도 다양한 여러 요소에 기반한 정책적인 선택이 존중되어야 할 분야로 가입국의 입법자에게 형성권이 인정되는 분야인 점 등을 고려하면, 규약에 따라 바로 양심적 병역거부권이 인정되거나, 양심적 병역거부에 관한 법적인 구속력이 발생한다고 볼 수 없다.53)

헌재가 양심적 병역거부를 양심의 자유의 문제로 보면서 병역법상의 병역종류에 대체복무제가 포함되어 있지 않은 것을 위헌으로 판단한 것은 현재의 병역제도를 크게 흔들지 않고 이 문제를 해결하겠다는 고육책으로 보인다. 하지만 양심적 병역거부는 말 그대로 행위자가 양심의 이유로 '병역'을 거부하는 것이고, 거부자들이 말하는 대체복무제는 '병역 이외의 복무'로 병역을 대체하겠다는 것인데, 헌재가 대체복무제를 병역의 일종으로 보고 병역종류조항에 그것이 포함되어야 한다고 한 것은 양심적 병역거부의 원래 취지와는 거리가 멀다는 비판을 받을 수밖에 없다.

이런 차원에서 대법원의 입장 변화는 헌재의 입장보다 더 본질적인 것이었다고 할 수 있다. 대법원은 양심적 병역거부 문제를 병역법 제88조 제1항의 '정당한

---

53) 이 부분은 재판관 안창호의 병역종류조항 반대의견인바, 이 내용은 헌재 2011. 8. 30. 2008헌가22 등에서 헌재가 이미 판시한 것이다.

사유'에 양심적 병역거부가 포함될 것인지를 중심으로 살폈다. 이것은 법률의 위헌 판단 권한이 없는 대법원이 취할 수밖에 없는 접근방식이나 이러한 접근으로 인해 양심적 병역거부 문제를 우리 헌법이나 국제인권법이 권리로서 인정하는지를 정면에서 살필 수 있는 계기가 되었다.

> 자신의 내면에 형성된 양심을 이유로 집총과 군사훈련을 수반하는 병역의무를 이행하지 않는 사람에게 형사처벌 등 제재를 해서는 안 된다. 양심적 병역거부자에게 병역의무의 이행을 일률적으로 강제하고 그 불이행에 대하여 형사처벌 등 제재를 하는 것은 양심의 자유를 비롯한 헌법상 기본권 보장체계와 전체 법질서에 비추어 타당하지 않을 뿐만 아니라 소수자에 대한 관용과 포용이라는 자유민주주의 정신에도 위배된다. 따라서 진정한 양심에 따른 병역거부라면, 이는 병역법 제88조 제1항의 '정당한 사유'에 해당한다.[54]

대법원은 이 판결을 하면서 양심적 병역거부에 관한 국제인권법적 검토를 매우 자세하게 검토하였는바, 그중 다수의견의 보충의견은 그동안 우리 사법부가 국제인권조약에 대해 판시해 온 입장을 전면적으로 수정하는 획기적 입장을 개진했다.[55]

이와 같은 헌재와 대법원의 입장 변화는 양심적 병역거부자들에 대해 대체복무제를 도입하는 것으로 입법적 해결을 하기에 이르렀다. 2021년 '대체역의 편입 및 복무 등에 관한 법률'이 제정되어 헌법이 보장하는 양심의 자유를 이유로 병역(현역, 예비역 및 보충역)을 거부하는 사람들에게 병무청장 소속의 대체역 심사위원회의 심사를 통해 대체역을 부과할 수 있게 된 것이다.

---

54) 대법원 2018. 11. 1. 선고 2016도10912 전원합의체 판결.

55) 이에 대해선 이 책 제5장의 〈표 5-6〉 한국 법원에서의 국제인권법 적용 사례에서 이 판례를 소개한 부분을 참고할 것.

제5절 국가인권기구 조사구제 기능 재검토

▪ 학습을 위한 질문

1. 파리원칙에서 말하는 국가인권기구의 조사구제 기능은 무엇인가?
2. 국가인권위원회법상 인권침해의 개념과 사용상의 문제는 무엇인가?
3. 국가인권위원회법상 진정요건은 국가인권기구의 성격에 비추어 적절한가?
4. 국가인권위원회의 조사구제 기능을 적절하게 재조정한다면 인권위법은 어떻게 개정되어야 하는가?

I. 국가인권위원회 조사구제 기능 재검토의 필요성

국가인권위원회(이하 '인권위'라고 함)가 설립된 지 20년이 넘었다.[1] 이 기간 동안 인권위는 우리 사회의 인권증진을 위해 많은 일을 했고 상당한 성과를 이루어 냈다. 조사구제 분야만 국한해서 보면 인권위는 2001년 설립된 이후 2021년 말까지 인권 피해자들로부터 총 15만 건 이상의 진정을 받아 처리했다.[2] 그중에서 약 20%의 사건에서 권리구제(인용, 조사 중 해결 포함)를 하였으며, 구제 권고 사건 중 수용률은 90% 이상을 기록하고 있다.[3] 이런 인권위의 활동은 국가공권력 감시와 견제 그리고 인권사각지대에 놓인 사회적 약자의 인권향상으로 이어졌고, 오랫

---

* 제5절은 필자의 다음 논문을 수정·보완한 것이다: 박찬운, 「국가인권위원회의 조사구제 분야 개선방안에 관한 소고」, ≪법학논총≫ 제40집 제2호(한양대법학연구소, 2023. 6), pp. 43~78.

1) 인권위는 2001. 5. 24. 법률 제6481호로 공포된 국가인권위원회법에 의해 탄생되었다. 당시 부칙 조항에 따라 동법은 공포 후 6개월이 경과한 뒤 시행되었기 때문에 인권위의 설립일은 2001.11.25.이다.

2) 국가인권위원회, 『국가인권위원회 20년사』(2022), p. 244 이하(이하 『국가인권위원회 20년사』라 부름). 인권위는 2001년 말부터 2021년 말까지 20년 동안 총 155,654건의 진정사건을 접수하여 처리하였고, 지난 10년간 매년 1만 건 내외의 진정사건을 처리하고 있다.

3) 『국가인권위원회 20년사』, p, 250 이하.

동안 관행이나 상식으로 여겨지던 행위들이 차별행위로 판단되고 그것을 가능케 했던 법과 제도들을 시정하는 성과를 만들어 냈다. 그럼에도 불구하고 인권위의 조사구제 분야가 인권기구의 설립 취지에 맞는 괄목할 수준에 이르렀다고 후한 평가를 줄 수 있을까? 물론 작은 조직이고 한정된 예산으로 운영되는 인권위가 지금까지 해온 사건 처리만도 대단하다는 평가를 받을 수 있지만, 이 분야에 대한 날 선 비판은 설립 이래 오늘에 이르기까지 강하다. 인권위에 애정을 갖고 오랜 기간 이 분야를 관찰해 온 사람들이라면 더 많은 불만과 비판을 쏟아낼 것이다. 수많은 사람들이 인권침해를 당했다고 호소하면서 인권위를 노크하지만 인권위가 조사에 착수하는 사건은 그 일부에 불과하다. 절대다수의 사건은 인권위 조사의 문턱조차 넘지 못하는 것이 현실이다. 이것은 인권위 설립 이후 20년 동안 인권위에 접수된 사건 중에서 3분의 2에 가까운 사건이 각하되었다는 사실이 증명한다.[4] 설립 20년을 넘어 새로운 10년을 향해 나아가는 인권위가 이 점을 냉철하게 바라보면서 그 이유와 대책을 살피지 않으면 안 되는 이유이다. 도대체 인권위의 조사구제 기능은 사법기관과의 관계에서 어떤 의미(조사구제 기능의 본질)가 있을까? 국가인권위원회법(이하 '인권위법'이라 함) 자체에 조사구제 업무를 혼란스럽게 하는 개념적 요인은 없는가? 인권위가 조사하도록 되어 있는 조사대상(인권위법 제30조 제1항)의 문제는 없는가? 제한된 역량으로 일하기 위해서 선택과 집중의 원칙에 따라 조사할 수 없거나 조사할 필요가 없는 사건을 사전에 가려내는 절차(인권위법 제32조)가 작동 중이지만, 이 절차에 중대한 문제가 있는 것은 아닌가? 이런 점들을 본격적으로 검토해 개선하지 않으면 안 되는 상황이다.

사실 이러한 문제 제기는 인권위 설립 초기부터 전문가들이나 인권활동가들 사이에서 제기된 것들이기에 특별히 새로운 것은 아니다. 다만 과거의 문제 제기는 다분히 경험하지 않은 상태에서 우려를 표시한 선험적이고 당위적인 것들이 많았다. 하지만 20년이 지난 현시점에서 이 문제를 들여다보는 것은 그간의 경험과 반성이 전제되는 것이므로 인권위의 조사구제 분야를 개선하는 실천적 동기가

---

4) 2001년 말부터 2021년 말까지 15만여 건 중 각하된 사건 수는 9만 6천여 건에 달한다. 『국가인권위원회 20년사』, p. 256.

될 것이다. 20년이 넘었다고 하지만 인권위라는 집은 아직 완성되지 못했다. 앞으로도 상당 기간 고치고 또 고치지 않으면 안 되는 미완의 집이다. 이런 관점에서 여기에선 그동안 조사구제 분야의 업무를 수행하는 과정에서 간과해 왔던 인권위 조사구제 기능의 본질과 인권침해 개념을 다시 점검해 보고 이를 바탕으로 조사대상과 각하사유의 문제점과 개선방안을 살펴보고자 한다.

II. 인권위 조사구제 기능의 본질

1. '보충적' 기능과 '보완적' 기능의 차이

우리나라에서 인권침해가 일어난 경우 구제절차는 원칙적으로 사법기관에 의해 이루어진다. 여기에서 사법기관이란 법원 혹은 헌법재판소 등을 의미하는바, 이들 기관의 판결이나 결정은 당사자에게 법적 구속력을 부과한다. 인권침해가 형사상 범죄에 해당한다면 수사기관은 수사를 해 가해자를 처벌해 달라고 법원에 기소한다. 법원은 재판절차를 통해 유무죄를 판단하고 유죄의 경우 적절한 형을 선고한다. 만일 인권침해가 정신적 혹은 재산상의 손해를 가져왔거나 부당한 권리관계의 형성을 가져왔다면 이의 배상이나 취소를 요구하는 민사소송 혹은 행정소송 등을 제기해 법원의 판단을 받을 수 있다. 나아가 헌법재판소는 헌법소원 등의 절차를 통해 국가기관 등의 행위가 국민의 기본권을 침해했는지 여부를 판단한다. 그렇다면 비사법적 기구인 인권위의 조사구제 기능은 어떤 의미를 갖는가? 왜 법률은 인권위에 조사구제 기능을 부여해 사법절차와 별도로 인권침해 여부를 조사해 구제책을 권고하도록 하였을까? 여기에는 통상 두 가지 설명이 있는바, 하나는 인권위의 '보충'적 기능, 또 하나는 인권위의 '보완'적 기능이다.

인권위의 보충적(supplementary) 기능이란 사법절차의 부족한 부분을 인권위의 조사구제 기능으로 채워 국민의 인권보장 수준을 한층 강화시킨다는 의미이다. 반면, 인권위의 보완적(complementary) 기능이란 사법절차의 부족한 부분을 인권위의 조사구제 기능이 보충하여 인권보장 수준을 완전하게 한다는 의미이다. 언뜻

들으면 보충이나 보완이나 큰 차이가 없다고 할 수 있지만 사전적 의미에서는 보완이 보충보다는 더 구체적이고 강한 의미가 있다. '보충'은 단지 '보태어 채우는 것'이지만 '보완'은 '보태어 채워 완전하게 한다는 것'까지를 포함하기 때문이다.[5) 따라서 인권위의 조사구제 기능이 사법절차에 대해 '보충적'이라고 하면, 그것은 사법절차 외에 인권보장에 도움이 되는 추가적 절차로서의 의미가 강하다. 그러나 인권위의 조사구제 기능이 사법절차에 대해 '보완적'이라고 하면, 그것은 사법절차 외의 추가적인 절차 이상의 의미로 그것이 없으면 인권보장 절차가 완전해지기 어렵다. 이것을 달리 설명하면 인권위의 조사구제 기능을 '보충적'이라고 이해하면, 인권보장 절차는 사법절차가 원칙적으로 다 하는 것(100 중 100)이지만 거기에 인권위의 조사구제 절차가 있으면 질적으로 좋아진다. 이런 이해하에서는 비록 인권위의 조사구제 기능이 약화되더라도 입법 정책 변화에 불과한 것이므로 특별한 문제가 없다. 하지만 인권위의 조사구제 기능을 사법절차에 대해 '보완적'이라고 이해하면, 그것은 사법절차만으로는 인권보장을 다 할 수 없고 인권위의 조사구제 기능이 사법절차에 추가되어야만 인권보장이 완전해질 수 있다고 해석한다. 즉, 인권보장의 현실에선 사법절차는 70~80%만 담당하는 것이고 그 나머지는 비사법 기구인 인권기구가 담당한다. 인권보장에서 인권위의 역할은 필수적이며, 그것 없이는 결코 인권보장은 완전해질 수 없다는 것이다.

위의 논의는 인권위 조사구제 기능의 정체성에 관한 단순한 담론이 아니다. 그것의 실질적 의미는 인권위 조사절차의 한계와 폭을 결정한다는 데 있다. 특히 이 논의는 인권위법 제32조 제1항의 각하사유를 해석하고 향후 개선방안을 내놓을 때도 주요하게 사용될 수 있다. 만일 인권위의 조사구제 기능을 사법절차에 대해 보충적이라고 이해하면 인권위의 조사구제 절차는 추가적인 것에 불과하므로 각하사유도 입법자가 필요하다고 생각하면 얼마든지 확장하거나 강화할 수 있다. 그러나 인권위 기능을 보완적으로 이해하면 각하사유를 확장하거나 강화하는 것은

---

5) 표준국어대사전에 의하면 '보완'은 "모자라거나 부족한 것을 보충하여 완전하게 함"으로, '보충'은 "부족한 것을 보태어 채우는 것"으로 설명되어 있다. Merriam-Webster Dictionary에서는 complementary(보완적)를 "serving to fill out or complete", supplementary(보충적)를 "available to supply something extra when needed" 혹은 "additional"이라고 설명한다.

인권위를 통한 인권보장의 가능성을 줄임으로써 전체적인 인권보장에 불완전성을 가져올 수밖에 없다. 따라서 각하사유는 가급적 줄여야 하고 현재의 각하사유도 인권위의 조사구제 가능성을 해치지 않도록 해석하지 않으면 안 된다.

2. 보완적 기능의 인권위

위와 같은 논의에서 인권위 조사구제 기능은 사법절차의 보완적 성격을 갖는다는 입장이 보다 적절하다고 본다. 그것은 종래의 국가기관과 다른 독립기구인 인권위를 설립한 이유에서 찾아보면 논리 필연적이다. 왜 입법자는 법률상 어떤 기관에도 소속하지 않으면서 업무를 독립적으로 수행하는 인권위를 만들었을까?[6] 그것은 사법적 권리구제의 한계를 보완하기 위하여 비사법적 권리구제의 방법이 필요했고, 이것이 국제사회가 각국에 국가인권기구를 설립하도록 권고한 주요 이유이기 때문이다.[7] 인권위의 조사구제 절차는 기존의 사법기관에 의한 권리구제의 한계를 보완하는 일종의 대안적 분쟁해결기구이다. 이것은 인권 피해자가 사법기구에 의한 일반적인 구제절차를 원칙적으로 이용하되, 사법절차에 비해 더 빠르고, 편리하며 저렴한 또 다른 구제절차도 이용할 수 있다는 것을 의미한다. 나아가 기존의 국내법에 의하면 사법적 권리구제가 곤란한 문제, 즉 실정법상 합법과 불법 여부가 불분명한 이른바 회색지대의 인권침해에 있어서는 인권위의 비사법적 절차가 더 유용할 수 있다는 점도 간과할 수 없다.[8]

다시 말해 인권위는 전통적 사법기관(예컨대, 법원, 수사기관 등)만으로는 인권보장이 어렵다는 것을 인식하고 그 보완적 수단으로 만들어진 것이다. 사법기관을 중심으로 하는 전통적 국가기관은 헌법이라는 실정법을 그 활동의 유일한 기초로

6) 국가인권위원회법 제3조.

7) 홍성수, 「국가인권위원회 조사·구제기능의 대한 평가와 과제: 출범 이후 10년간의 통계를 중심으로」, ≪법학연구≫, 통권 제34집(전북대학교, 2011. 12.), p. 81.

8) 조용환, 「국가인권기구의 발전과 한국의 대안」, 서울대학교 대학원 석사학위 논문(1991), p.42 이하 및 조백기, 「국가인권위원회법 개정안: 민주적 운영과 진정절차 개선을 중심으로」, ≪인권법평론≫, 제6호(전남대 공익인권센터, 2010), p. 166.

두고 있지만 인권위는 헌법뿐만 아니라 국제인권규범을 활동의 기초로 삼고 있다.[9] 따라서 인권위는 전통적인 국가기관의 헌법해석과 다른 견해를 제시할 수 있고, 다른 결론을 제시해야만 하는 경우가 있다.[10] 이렇게 함으로써 인권위는 헌법해석의 범위를 확장해 국가의 인권보장 의무를 완성한다. 인권위를 설립한 입법자의 의도는 바로 이런 인권기구를 설치함으로써 사법기구를 중심으로 하는 인권보장기구의 한계를 극복해 국가의 인권보장기능을 '보완'하고자 한 것이다.[11] 인권위는 있으면 좋고 없어도 그만인 국가기관이 아니라는 말이다.

여기서 한 가지 짚고 넘어가야 할 것은 '국가인권기구의 지위에 관한 원칙'(일명 파리원칙)에서는 조사구제 기능(권한)을 필수적인 것이 아니라 '보충적' 혹은 '부가적(additional)' 기능으로 보고 있다는 점이다.[12] 파리원칙의 이러한 내용을 가지고 우리나라 인권위의 조사구제 기능의 성격을 '보충적'이라고 보아야 한다는 주장이 있을 수 있으나 그리 볼 것은 아니다. 파리원칙은 인권기구에 대한 국제적 가이드라

9) 국가인권위원회법 제2조는 인권위가 보호해야 하는 인권의 개념을 정의하고 있는데, "대한민국 헌법 및 법률에서 보장하거나 대한민국이 가입 비준한 국제인권조약 및 국제관습법에서 인정하는 인간으로서의 존엄과 가치 및 자유와 권리"라고 함으로써 인권위의 설립 이유가 단순히 실정법인 헌법에 규정되어 있는 기본권을 보호하는 것 이상이라는 점을 분명하게 보여주고 있다.

10) 김선기, 「인권보장기구로서 국가인권위원회의 성격과 독립성 확보방안」, ≪법학연구≫, 제25권 제4호(경상대학교 법학연구소, 2017. 10.), p. 52.

11) 인권기구의 국제원칙인 파리원칙을 설명하는 유엔의 가이드북도 인권위가 보완적 성격의 기구라고 설명한다. 즉, 동 가이드북은 인권기구가 모든 시민의 인권이 완전하게 보호되도록 고안된 '보완적 장치'라는 것을 강조하고 있다: "National human rights institutions are complementary mechanisms designed to ensure that the rights of all citizens are fully protected." Office of the United Nations High Commissioner for Human Rights, "National Human Rights Institutions", Professional Training Series No.4(Rev.1), at 77.

12) 파리원칙은 제정 당시 각 국가의 상황을 고려해 조사구제 업무를 부가적 기능으로 위치시켰다. 파리원칙(Paris Principles)은 D. Additional principles concerning the status of commissions with quasi-jurisdictional competence라는 항목에서 인권기구의 조사구제 기능을 말하고 있는데, 이곳을 보면 "국가인권기구는 개인 진정사건을 조사할 권한이 부여될 수 있다(A national institution may be authorized to hear and consider complaints and petitions concerning individual situations)"고 되어 있다. 이에 대한 설명은 윤영미, 「국가인권위원회의 진정제도의 현황과 개선방안」, ≪안암법학≫, 제52권(안암법학회, 2017), p. 34 참고.

인으로서 최소한의 원칙을 정한 것으로, 인권기구에 조사구제 기능을 줄 것인지, 준다면 그 성격은 무엇이며 어느 범위에서 그 기능을 담당할지에 대해선 각 국가가 정할 문제이다. 따라서 특정 국가에서의 인권기구의 조사구제 기능과 사법기구의 인권침해 구제기능 사이의 관계는 각 국가마다 다를 수밖에 없다.[13] 즉, 파리원칙에선 인권기구의 조사구제 기능을 '보충적'인 것으로 보았지만 특정 국가는 이를 그 이상의 '보완적' 성격으로 격상·조정할 수 있다. 또한 특정 국가가 인권기구의 조사구제 기능을 보완적 성격으로 만들었다면, 그 인권기구는 인권침해를 주장하는 피해자의 적절한 구제를 위해 사법기관이 하지 못하는 신속하고 효율적인 운영을 통해 적절한 권한을 행사하지 않으면 안 된다.[14] 이렇게 볼 때 우리나라가 인권위를 만들면서 조사구제 기능을 인권위의 핵심적 기능으로 배치시켰다는 것은, 입법자가 종래의 사법기구에 의한 인권구제만으로는 부족하다는 것을 인정하고 두 기관의 상호 보완을 통해 인권구제 기능의 완전성을 도모한 것이라고 이해해야 할 것이다.

다시 말하건대, 인권위의 조사구제 기능은 사법기구를 보완해 국민에 대한 인권보장기능을 완성하는 의미가 있다. 우리나라는 국제인권법의 국내적 이행이 인권보호에 절대적으로 필요하다는 것을 인정하고 그 실현을 도모하기 위해 인권위에 인권침해 사건에 대한 조사구제 권한을 주어 사법기관의 인권구제 기능을 보완토록 한 것이다. 따라서 인권위의 조사구제 기능은 단순히 사법기관의 구제 절차에

---

13) 예컨대, 호주 인권위원회(Australian Human Rights Commission)는 조사구제 기능, 즉 개인진정 절차(individual complaints)를 위원회가 담당하되 차별 분야에 국한하고 있다. Australian Human Rights Commission Act 1986, 46P Lodging a complaint. 반면에 남아공 인권위원회(South African Human Rights Commission)는 개인진정 절차를 담당하며, 그 대상 인권은 헌법상 보장되는 어떤 인권이라도 상관이 없다. Act No. 40 of 2013: South African Human Rights Commission Act, 2013, section 13.

14) 국가인권기구연합(GANHRI)의 등급심사기준도 진정사건을 처리하는 인권기구의 기능은 파리원칙이 반드시 요구하는 것은 아니지만 일단 인권기구가 근거법에 의해 그 기능을 부여받았다면 인권 피해자의 구제를 위해 적절한 권한을 적절한 방법으로 행사되어야 한다는 점을 강조하고 있다. GLOBAL ALLIANCE OF NATIONAL HUMAN RIGHTS INSTITUTIONS(GANHRI), "General Observations of the Sub-Committee on Accreditation," 2.9. The quasi-judicial competency of NHRIs(complaints- handling).

부가되거나 보충되는 정도의 의미를 넘는 것이므로, 두 기관의 기능이 상호 보완의 관계로 정립될 수 있도록 법령을 운용하지 않으면 안 된다. 인권위가 만들어진 이상 그 기능은 인권보장을 위한 필수적인 것으로 입법자라도 자의적으로 후퇴시킬 수 없다. 만일 인권위 기능을 후퇴시킨다면 국가의 인권보장 기능은 불완전해지고 인권위 설립 이전의 상태로 돌아갈 수 있다. 이것은 국가의 기본권보장 의무에 반하는 사실상 위헌적 행태로서 결코 허용되어서는 안 된다.

Ⅲ. 조사구제 분야와 관련된 인권위법의 개별적 문제

1. '인권침해' 정의 규정의 필요성

가. 문제의 제기

인권위의 주된 활동은 피해자로부터 인권침해 진정(경우에 따라서는 직권조사)을 받아 그 침해 여부를 판단해 관련기관에 적절한 권고를 하고, 인권증진과 인권침해 예방을 위해 각종 법령 및 제도의 개선을 권고하며, 인권교육 및 홍보 등을 통해 인권 문화를 바꾸어 나가는 것이다. 따라서 '인권침해'라는 것은 이들 활동을 하기 위한 전제로서의 개념인데, 애석하게도 인권위법 어디에도 그것을 정의하는 규정이 없다. 현재의 인권위법 제2조는 인권위법 전체를 해석하기 위해 가장 중요한 개념 몇 가지를 정의하고 있는데, 여기에 '인권침해'는 규정되어 있지 않다. 대신 제2조에는 '인권' 개념 및 '평등권 침해의 차별행위'가 규정되어 있을 뿐이다.

인권침해에 대한 정의가 없음으로 인해 인권위법 여기저기에서 사용하는 '인권침해'가 구체적으로 무엇을 의미하는지 혼란스러울 때가 많다. 무엇보다 큰 문제는 인권위법을 전체적으로 조망할 때 현재의 인권위법은 '차별행위'를 '인권침해'의 한 내용으로 보지 않고 각각 구별되는 개념으로 사용하고 있다는 점이다. 즉, 인권위의 업무를 규정하는 제19조에서는 제2호에 인권침해행위에 대한 조사와 구제를, 제3호에 차별행위에 대한 조사와 구제를 각각 규정하고 있고, 법 제30조에서는 인권위의 조사대상을 '인권침해'와 '차별행위'로 정하고 있는 것으로 보아,

두 개념은 같은 것이 아님을 분명히 하고 있다.

그러나 일반적으로 '인권침해'라 함은 '인권을 침해하는 행위'를 말하기 때문에 인권위법상의 인권침해란 인권위법 제2조에서 정하고 있는 '인권'(대한민국 헌법 및 법률에서 보장하거나 대한민국이 가입 비준한 국제인권조약 및 국제관습법에서 인정하는 인간으로서의 존엄과 가치 및 자유와 권리)을 누군가가 침해하는 행위로 이해될 수밖에 없다. 이런 관점에서 보면 인권위법이 인권침해와 차별행위를 구별해 조사 대상을 달리 취급하고 있는 것은 인권침해의 일반적 이해와 사뭇 거리가 있어 개념의 혼란이 있을 수밖에 없다.

개념의 혼란은 인권위법 규정 속에서도 발견된다. 인권위법 제19조의 인권위의 업무를 보면 제6호에 '인권침해의 유형, 판단기준 및 그 예방 조치 등에 관한 지침의 제시 및 권고'를 정하고 있는데, 여기서 말하는 '인권침해'는 그 앞 제2호의 '인권침해'를 말하는 것일까? 그렇게 볼 수는 없을 것이다. 여기서 말하는 인권침해에는 제2호의 인권침해와 제3호의 차별행위를 포함하는 것으로 보아야 한다. 그렇지 않으면 차별행위 지침을 제시하거나 권고하는 것은 인권위 업무로 해석할 수 없다는 것이 되므로, 그것은 이제까지 인권위 업무를 보건대 있을 수 없는 해석이다.

이 혼란은 현재의 인권위법이 차별행위에 대한 업무의 중요성을 강조하다 보니 그 입법적 근거를 만드는 과정에서 제19조에서 차별행위를 인권침해에서 분리시켰고, 그것이 제30조 제1항에서 규정하는 '국가기관 등에 의한 인권침해'(제1호)와 '사인 간의 차별행위'(제2호)를 포괄하는 '인권침해' 개념을 만들지 못한 근본적 원인이 아닐까 추측한다. 특히 이 개념상의 혼란을 부추긴 데에는 2005년 인권위법 개정에 큰 책임이 있다. 물론 인권위법이 제정된 2001년부터 인권침해 개념을 정의 규정에 넣지 않았고 제19조 인권위 업무에서 조사구제 업무를 인권침해와 차별행위로 구별해 사용하기는 했지만, 2005년 인권위법 개정으로 그 개념 혼란이 더욱 가중되었다. 즉 인권위법 제정 당시 제30조 제1항은 인권위의 조사구제 대상을 정함에 있어 "다음 각 호의 1의 경우에 인권을 침해당한 사람(이하 "피해자"라 한다) 또는 그 사실을 알고 있는 사람이나 단체는 위원회에 그 내용을 진정할 수 있다"라고 규정함으로써 사실상 인권침해를 국가기관 등의 공권력에 의한 인권침해와 사인 간의 차별행위를 포괄하는 개념으로 보았다. 그런데 이것이 2005년 개정을 통해 "다음 각 호의 어느 하나에 해당하는 경우에 인권침해나 차별행위를 당한 사람(이하 "피해자"라 한다) 또는 그 사실을 알고 있는 사람이나 단체는 위원회에 그 내용을 진정할 수 있다"라고 개정함으로써 인권침해와 차별행위는 서로 구별되고, 차별행위가 인권침해의 한 유형이 아니라는 것을 분명히 했다.

인권침해와 차별행위의 개념상 분리는 인권위법 해석상의 문제만 야기한 것이 아니다. 인권위의 업무에도 상당한 영향을 미치고 있다. 인권위 사무처 조직 중 조사구제 분야를 담당하는 두 개의 국이 침해조사국과 차별시정국인데, 전자는 공권력에 의한 인권침해만을, 후자는 사인 간의 차별행위만을 각각 전담하면서 서로 배타적 업무환경을 만들어 내고 있다. 이것은 공권력에 의한 인권침해와 사인 간의 차별행위를 포괄하는 인권침해를 조사하여 구제한다는 시각에서 보면 이해하기 힘들다. 사실 인권 피해자의 입장에선 자신이 당한 어떤 부당한 행위가 국가기관 등의 공권력에 의한 인권침해인지 사인 간에서 일어난 차별행위인지 알기 힘든 때가 많다. 피해자로선 어떤 사유이든지 인권위에 인권을 침해당했다고 진정만 하면 인권위가 알아서 처리해 줄 것을 기대한다. 그렇게 하기 위해선 공권력에 의한 인권침해와 사인 간의 차별행위를 포괄하는 인권침해라는 개념을 염두에 두고 어떤 원인으로 진정을 하든 인권침해 여부를 판단할 수 있도록 처리절차를 만드는 것이 중요하다. 그럼에도 불구하고 이 두 개념을 엄격히 구별하고 이에 따른 조사대상별 담당 조직을 만들어 조사절차를 진행하는 것은 자칫 인권침해 구제 업무의 종합적·포괄적 해결을 막는 장애요인이 될 수 있다. 차별행위 조사를 하다가도 공권력에 의한 인권침해로 볼 여지가 많은 사안에서는 바로 그 조사에 들어가면 될 텐데, 인권위 실무에선 조사대상에 따른 담당 조직의 분리로 인해 그런 유연성을 발휘하기 어려운 게 현실이다.

나. 인권위법 개정의 연혁과 인권침해 개념의 변화

앞에서 본 대로 인권위법은 제정 당시 인권침해의 개념을 정의하지 않았지만 적어도 조사구제 대상으로서의 인권침해는 국가기관 등의 공권력에 의한 인권침해와 사인 간의 차별행위를 포괄하는 개념으로 이해되었다.[15] 그런데 이러한 포괄개념이 없어지고 지금과 같이 조사대상을 인권침해와 차별행위로 구별한 것은 2005년 개정을 통해서인데, 이를 구체적으로 보면 다음과 같다. 우선 개정법은 제30조 제1항 본문에서 '다음 각호의 1의 경우에 인권을 침해당한 사람' 대신에 '다음 각호의 어느 하나에 해당하는 경우에 인권침해나 차별행위를 당한 사람'으로 바꾸어 조사대상을 인권침해와 차별행위로 나누었다.

다음으로 개정법은 제30조 제1호의 말미를 '인권을 침해당한 경우'에서 '인권을 침해당하거나 차별행위를 당한 경우'로 바꾸었다. 인권위법 제정 당시 제1호는 국가기관 등의 공권력에 의한 인권침해를, 제2호는 사인 간의 차별행위를 조사대상으로 한다는 것이었는데, 제1호에 차별행위가 들어간 것은 어떤 연유에서일까? 그것은 헌법 제11조 평등권 침해를 차별행위라는 개념으로 볼 수 있다는 것이다. 이렇게 되면 제1호는 국가기관 등이 헌법 제10조 내지 제22조에 보장된 인권을 침해하는 경우를 원칙적으로 조사대상으로 하지만 평등권을 침해하는 경우는 제2조의 차별행위의 개념에 따라 조사대상 여부가 결정될 수 있다. 다시 말해 국가기관 등이 헌법 제11조의 평등권을 침해한 경우에는 다른 기본권 침해와 달리 차별사유와 차별영역에 의해 제한받는 차별행위로 판단해야 할 경우가 생긴다는 것이다.[16)]

그렇다면 국가기관 등에 의한 평등권 침해 중에 차별사유와 차별영역의 제한을 받는 차별행위로 보아야 하는 때는 어떤 경우를 의미할까. 인권위 조사 실무는 이 문제를 명료하게 정리하지 못했다. 이에 따라 국가기관 등에 의한 평등권 침해를 이유로 진정이 들어온 경우 인권위법 제2조 제3호의 차별행위 개념에 따라 차별사

---

15) 인권위법 제정 당시의 인권위의 조사대상을 정하고 있는 제30조 제1항은 다음과 같다.
제30조(위원회의 조사대상) ① 다음 각호의 1의 경우에 인권을 침해당한 사람(이하 "피해자"라 한다) 또는 그 사실을 알고 있는 사람이나 단체는 위원회에 그 내용을 진정할 수 있다.
1. 국가기관, 지방자치단체 또는 구금·보호시설의 업무수행(국회의 입법 및 법원·헌법재판소의 재판을 제외한다)과 관련하여 헌법 제10조 내지 제22조에 보장된 인권을 침해당한 경우
2. 법인, 단체 또는 사인(私人)에 의하여 평등권 침해의 차별행위를 당한 경우

16) 이렇게 보게 된 데에는 인권위법 제2조(정의) 제3호에서 차별행위를 정의하면서 "평등권 침해의 차별행위"라는 용어를 사용한 것도 한 원인이라고 생각한다. 차별행위는 그 개념 속에 평등권 침해라는 것이 포함되어 있음에도 그 앞에 '평등권 침해'라는 말을 사용함으로써 국가기관 등의 헌법 제11조(평등권) 침해는 당연히 '평등권 침해의 차별행위'라는 개념과 같은 뜻이라는 생각을 가질 수 있다.

유와 차별영역의 제한에 따라 판단해야 하는지를 놓고 혼란이 있었다. 이런 혼란을 막기 위해 인권위 전원위원회는 2019년 3월 국가기관 등에 의한 평등권 침해 진정이 인권위법 제2조 제3호의 차별사유와 차별영역의 제한을 받는지 여부를 심의한 바 있다. 그 결과 인권위법 제30조 제1항 제1호의 피진정기관 중 국가기관, 지방자치단체, 구금시설에 의한 평등권 침해의 경우에는 차별사유와 차별영역의 제한을 받지 않으나, 각급학교, 공직유관단체, 보호시설에 의한 평등권 침해의 경우에는 차별사유와 차별영역의 제한을 받는 것으로 보아야 한다고 의결하였다. 그러나 이와 같은 구별적 취급이 어떤 이론적 근거에 의한 것인지 확실하지 않을 뿐만 아니라 인권침해 주체가 확대된 입법 취지에 맞는지도 의문이다.

원래 인권위법이 제정될 때 제30조 제1항 제1호와 2호의 입법 취지는 제1호에선 공권력에 의한 인권침해를, 제2호에선 사인 간의 차별행위에 따른 인권침해를 각각 인권위 조사대상으로 하자는 것이었고, 그 후 인권위법이 몇 차례 개정되었다고 해도 그 입법 취지는 변한 게 없다. 이러한 입법 취지는 헌법학 이론에 비추어 보면 주관적 공권으로서의 기본권의 효력은 개인이 국가로부터 기본권을 침해받을 때 생기는 것이고 사인 간에서는 예외적 상황에서만 효력이 생긴다는 이론에서 비롯된 것이라고 본다. 즉 인권위법은 개인에 대한 국가 공권력의 기본권 침해를 원칙적 조사대상(제30조 제1항 제1호)으로 하되, 사인 간에 일어난 인권침해에 대해서는 예외적 상황에서 기본권의 대사인적 효력을 인정해 조사대상으로 삼겠다는 것이다. 여기서 예외적 상황이란 사인이 특정 영역(차별영역)에서 특정 사유(차별사유)로 타인을 차별(평등권 침해)했을 때이다. 한편 인권위법은 국가 공권력에 의한 인권침해에서 침해 주체('국가기관 등')를 확대함으로써 조사대상을 넓혀왔다. 즉, 제정 당시 공권력의 주체인 '국가기관 등'의 범위가 '국가기관, 지방자치단체, 구금·보호시설'에 불과했지만 2012년 인권위법 개정을 통해 '학교, 공직유관단체'가 추가되었다.[17] 여기엔 각급학교나 공직유관단체의 설립이나 운영이 국가 혹은 지방자

17) 인권위법 제정 당시에는 공권력에 의한 인권침해의 주체를 국가기관, 지방자치단체 또는 구금·보호시설로 국한했으나 2012년 개정을 통해 「초·중등교육법」 제2조, 「고등교육법」 제2조와 그 밖의 다른 법률에 따라 설치된 각급학교, 「공직자윤리법」 제3조의2 제1항에 따른 공직유관단체가 들어갔다.

치단체의 지원과 감독하에서 이루어지기 때문에 그들의 업무수행은 국가 행위의 연장이라는 시각이 깔려 있다.[18] 따라서 31조 제1항 제1호의 인권침해 주체의 업무수행은 모두 국가행위로 본다는 것이 입법 취지인데, 이것을 국가, 지방자치단체, 구금시설과 그 외의 주체로 나누어 평등권 침해 판단을 달리하는 것은 입법 취지로나 이론적으로나 그 근거가 부족해 보인다. 그럼에도 인권위 전원위가 이런 해석 지침을 만든 것은 제30조 제1항 제1호가 "… 인권침해를 당하거나 차별행위를 당한 경우"라고 규정하고 있고, 또 제2조에서 차별행위를 차별사유와 차별영역으로 제한받는 개념으로 정의하고 있기 때문이다.

다. 개선방안

인권위의 조사구제 기능을 활용할 일반 시민의 입장에서 보더라도 현재 인권위법의 인권침해 개념은 적절하지 않다. 가장 큰 문제는 차별행위를 인권침해 개념으로 보지 않는 것인데, 이는 일반 법 상식에 반하는 것으로서 일반 시민이 인권위법을 이해하는 데에 장애요인으로 작용한다. 또한 인권침해 개념은 조사구제 분야에만 문제가 되는 것이 아니라 인권위의 업무로 되어 있는 법령 제도 등의 정책권고, 인권침해 판단기준의 제시, 인권교육 및 홍보 등에서도 사용되기 때문에 그 개념은

18) 이것은 미국 헌법 이론인 국가행위 의제론이 많이 반영된 것으로 보인다. 미국에선 기본권의 효력은 원칙적으로 개인에 대한 국가의 행위에서만 발생하는 것이고 사인의 행위에서는 (기본권의) 효력을 인정하지 않지만 판례를 통해 사인의 행위에서도 기본권 적용이 점점 확대되어 왔다. 거기에 사용된 중요 이론이 특정의 사인행위를 국가행위로 의제하는 것이다. 미국 판례상 국가행위로 의제되는 경우는 다음 몇 가지로 나눌 수 있다. 첫째, 사적 재산이라도 공공의 목적을 위해 사용되는 경우 사인이 그것을 이용하여 타인의 기본권을 침해하는 경우, 둘째, 국가로부터 재정적인 지원 등 공적 지원을 받고 있는 사인이 타인의 기본권을 침해하는 경우, 셋째, 실질적으로 국가 내지 정부의 기능을 수행하는 정당이나 사립대학이 기본권을 침해하는 경우, 넷째, 사인에 의한 기본권 침해가 쟁송의 대상이 되어 법원이 개입하고 그것이 사법적으로 집행될 경우 그 집행행위를 기본권 침해의 국가행위로 보는 것, 다섯째, 국가로부터 특별한 권한을 부여받고 그 한도 내에서 국가의 광범한 규제를 받는 등 국가와 밀접한 관계가 있는 사인이 타인의 기본권을 침해하는 경우. 이상의 내용에 대해서는 김선택, 「사법질서에 있어서 기본권의 효력」, ≪고려법학≫, 제39권(고려대학교 법학연구원, 2002), p. 165 이하 참고.

이들 모든 영역에서 포괄적으로 이해되도록 정립할 필요가 있다. 따라서 인권침해 개념은 인권위법에서 말하는 '인권' 개념에 맞추되, 거기엔 공권력에 의한 인권침해와 사인 간의 차별행위를 모두 포괄하도록 해야 한다. 그렇다고 해서 인권위의 조사구제의 대상이 포괄적으로 정의되는 '인권침해' 개념 전체가 될 필요는 없다. 인권위의 조사구제는 현실적 필요와 역량이라는 한계 속에서 입법자의 형성적 행위에 의해 이루어지는 것이므로 조사대상은 인권침해로 정의되는 개념 전체의 일부로 조정될 수 있다.

이렇게 볼 때, 인권침해 개념을 제2조 정의 규정에 넣되 그 내용은 "누구든지 「대한민국헌법」 및 법률에서 보장하거나 대한민국이 가입·비준한 국제인권조약 및 국제관습법에서 인정하는 인간으로서의 존엄과 가치 및 자유와 권리를 침해하는 행위"라고 정의하는 것이 바람직하다.[19] 다음으로 제19조의 인권위 업무에서 조사·구제 업무를 '인권침해행위에 대한 조사와 구제'(제2호)와 '차별행위에 대한 조사와 구제'(제3호)로 구별한 것도 재고할 필요가 있다. 현재의 규정은 인권침해와 차별행위가 구별된다는 것을 전제한 것이고 이것이 제30조 제1항의 본문과 각 호로 연결되므로 새로운 인권침해 개념에 맞추어 재정리해야 한다. 그런 경우 제19조에 인권위 조사·구제 업무를 규정하는 방식은 '인권침해행위에 대한 조사와 구제' 하나만 남겨두면 족할 것이다.

나아가 제30조 제1항의 조사구제의 대상으로서의 인권침해는 앞의 인권침해 개념 중 일정 분야로 제한하되, 그 내용은 인권위법 제정 당시와 유사하게 '국가기관 등의 업무수행과 관련하여 인권을 침해당한 경우'[20]와 '사인 등에 의해 차별행위를

---

19) 인권침해의 행위 주체를 '누구든지'라고 하면, 진정사건에서 조사대상이 되는 인권침해의 행위 주체는 주로 국가기관 등이 되고 예외적으로 사인이 되지만, 인권위의 정책권고나 인권교육 기능에서는 인권침해의 행위 주체를 보다 폭넓게 보는 것이 가능할 것이다. 예를 들면 인권위가 기업에서 일어나는 인권침해 문제를 개선하기 위해 일정한 예방지침을 만들어 권고할 수 있는데(인권위법 제19조 제6호), 종래 사적영역에 이런 예방지침을 만들어 권고할 수 있을지 다툼이 있었다. 만일 인권침해 개념을 이렇게 규정한다면 그런 다툼도 사라질 수 있으리라 생각한다.

20) 다만 국가기관 등의 인권침해를 헌법 제10조 내지 제22조까지의 인권으로 제한하는 것은 인권침해 구제기관으로서의 인권위의 역할을 과도하게 축소하는 것이므로 후술하듯 넓혀야 한다.

당한 경우'의 형식으로 규정하는 것이 적절하다. 이렇게 규정하면 인권위의 조사대상이 국가기관 등의 공권력에 의한 인권침해와 사인 간의 평등권 침해로서의 인권침해라는 것이 분명해질 것이다. 단, 이 경우에도 국가기관 등에 의한 평등권 침해의 경우에는 인권위법 제2조 제3호의 차별사유와 차별영역이 적용되느냐에 대해 해석상 다툼이 있을 수 있으므로 이를 명확히 배제하거나 일부의 영역에서 적용할 필요가 있는 경우에는 그에 관한 규정을 명확히 해둘 필요가 있다.[21]

2. 조사대상 인권의 확대 필요성

가. 문제의 제기

현행 인권위법은 인권침해 개념을 정확히 정립하지 않음으로써 인권위 기능과 관련하여 전체적으로 혼란을 주고 있을 뿐만 아니라 조사구제의 대상인 인권침해(여기에선 현행의 제30조 제1항 1호를 말함)의 범위가 지극히 협소한 점이 문제로 지적되어 왔다. 인권위법은 제정 당시부터 조사대상을 정한 제30조 제1항 제1호의 인권의 범위를 인권위법 제2조의 '인권' 전체가 아닌 그 일부만으로 축소하는 구조를 취했다. 문제는 조사대상을 헌법 제10조 내지 제22조에서 정하는 인권을 침해한 경우로만 제한하고 있어 인권위 조사범위가 너무 좁다는 것이다. 이 같은 인권위의 조사대상에 대해서는 인권위법 제정 당시부터 시민사회와 정부 및 정당 간에 첨예한 대립이 있었다. 시민사회는 조사대상을 인권위법 제2조의 '인권'을 침해하는 모든 사항에 대해 진정이 가능하다고 주장한 반면, 정부 등은 그 제한을 요구했고, 논란 끝에 헌법 제10조 내지 제22조로 낙착되었다.[22] 이와 같은 논쟁의 결론으로

---

21) 국가기관 등의 평등권 침해 여부는 제2조 제3호의 차별행위와 같이 차별사유와 차별영역에 따라 정해질 필요는 없다고 본다. 따라서 어떤 사유, 어떤 영역을 따질 필요 없이 국가기관 등이 특정 개인에 대해 동일 집단과 비교하여 합리적 사유 없이 구별하거나 배제 혹은 불이익을 주었다면 평등권 침해라고 판단할 수 있을 것이다. 다만 평등권 침해 여부를 판단할 때는 판단의 논리구조상 비교집단과의 차이를 판단하기 위해 차별사유와 차별영역을 고려하지 않을 수 없기 때문에 제2조 제3호를 사실상 참고하지 않을 수 없을 것이다.

22) 시민단체, 법무부 및 정당의 주장에 대해서는 백운조, 「대한민국 국가인권위원회법의 입법과정

탄생한 인권위법의 입법 취지는 인권위 조사대상을 헌법상 기본권 중 소위 자유권(자유권적 기본권)에 국한시키겠다는 것이지만, 문제는 국제인권법상 자유권으로 간주되는 '시민적 및 정치적 권리에 관한 국제규약'(자유권규약)이 보장하는 인권마저 구제대상이 되지 못하도록 축소시켰다는 점이다. 이것은 인권위의 설립 취지가 기본적으로 국제인권규범의 국내 이행에 있다는 것을 전제할 때 매우 중대한 문제이다. 예컨대, 자유권규약에서 재판받을 권리와 형사피고인의 무죄추정의 원칙(규약 제14조)은 핵심적인 인권인데도, 우리 헌법은 이에 대한 보장이 제22조 밖인 제27조에서 규정하고 있어, 인권위의 조사대상이 되지 못한다. 또한 노동자의 단결권 또한 자유권규약은 보장하지만(규약 제22조), 우리 헌법은 이를 제33조에 규정하고 있어 모두 인권위 조사대상에서 비켜나 있다. 이렇다 보니 현재 인권위는 무죄추정 관련 진정이나 노동 3권 관련 진정이 들어오면 모두 조사대상이 아니라고 각하하는 경우가 있어 인권보장기구로서 인권위가 제 역할을 하지 못한다는 비판을 받을 때가 있다. 그런 이유로 이러한 진정이 들어오면 가급적 각하를 하지 않기 위해 헌법 제10조의 인간의 존엄성이나 행복추구권의 해석을 통해 조사대상을 확장하는 경우가 많으나, 특별한 기준이 없기 때문에 담당 위원회(소위원회 혹은 전원위원회)에 따라 결론이 달라지는 경향이 있다.[23] 더욱 사회권 분야의 진정도 많아져 가고 있지만 인권위법의 조사대상에 비추어 보면 이들 기본권에 관한 진정은 모두 인권위가 조사할 수 없어 진정과 동시에 각하될 운명에 처해 있다. 인권위는 기회가 있을 때마다 사회권규약의 개인진정을 허용하는 선택의정서를 가입하라고 정부에 권고하고 있지만, 그 전제는 사회권 침해에 대한 국내 구제절차의 완료인바, 인권위가 사회권 침해에 관한 진정절차도 갖지 못하면서 선택의정서에 가입하라고

에 관한 연구」, 인하대학교 박사학위 논문(2002. 8), p. 166 이하 및 홍성필, 「한국형 국가인권기구 설립을 위한 연구」, ≪법학논집≫, 제4권 2호(이화여자대학교, 1999), p. 181 참고.

23) 사안 중에는 헌법 제10조의 해석을 통해 제22조 이후의 기본권 침해를 사실상 인정하는 경우도 있고, 유사한 사안이라고 해도 주장되는 기본권이 헌법 제10조 내지 제22조 사이의 기본권이 아니라는 이유로 각하한 사례도 있다. 이런 판단을 하면서도 인권위는 아직 그 분명한 기준을 제시하지 못하고 있다. 인권위원들의 인권관에 따라 구체적인 사건에서 판단이 달라지는 상황이라고 말할 수 있다.

하는 것이 적절한지 의문이다. 이와 같이 볼 때 현재 인권위가 조사대상으로 삼는 헌법 제10조 내지 제22조의 기본권은 근본적으로 다시 점검될 필요가 있다. 조사대상으로서의 인권침해는 현실적으로 인권위가 조사하는 대상이므로 인권위의 역량이란 현실적인 제한을 받을 수밖에 없다. 때문에 조사대상으로서의 인권의 범위는 앞에서 본 '인권침해'의 개념보다 축소되는 것은 어쩔 수 없지만 지금과 같이 그 범위가 좁다면 사법구제에 대한 보완적 성격으로 설립된 인권위의 인권침해 조사구제 기능으로서는 부적절하다는 비판을 면할 수 없다. 국가의 인권보장 의무가 보다 더 완결적 방향으로 가기 위해 사법절차의 보완적 성격으로 탄생한 인권위의 조사대상이 어느 정도 확대·강화되어야 할지 고민하지 않으면 안 된다.

나. 개선방안

(1) 해석론의 한계

종래 이 문제를 해결하기 위해 비록 형식적으론 헌법 제10조 내지 제22조 이외의 인권(기본권) 침해라도 인권위의 조사대상이 될 수 있다는 해석론적 입장이 있었다. 현재 인권위 실무에서 왕왕 시도하고 있는데, 이것은 헌법 제10조의 행복추구권과 제11조의 평등권은 일종의 포괄적 혹은 일반적 기본권이므로 이를 활용하면 헌법 제22조 이후의 기본권도 조사대상으로 삼을 수 있다는 것이다. 조사대상을 헌법 제10조 내지 제22조라고 규정한 것을 일종의 예시로 해석하자는 주장이다. 그러나 이렇게 해석하면 인권위법이 '제10조 내지 제22조'라고 열거적 의미의 표현을 사용한 것은 전혀 무용한 것이 되어버릴 수 있다.[24] 나아가 이 규정을 엄격하게 열거적으로 해석하지 않는다고 해도 입법자의 의도가 우리 헌법상의 기본권 모두를 조사대상으로 했다고 보기는 무리다. 입법자의 의도는 인권위의 조사대상을 여러 현실적 사정을 고려해, 가장 시급히 사법기관의 구제절차를 보완해야 하는 분야로, 국가기관 등의 공권력이 개인의 특정 인권을 침해하는 행위와 사인 간의 차별행위

---

24) 국가인권위원회, 「국가인권위원회법 해설집」(2020), p. 355~356(이하 「국가인권위원회법 해설집」).

로 한정했다고 보는 게 맞다. 즉, 인권위가 보호해야 하는 인권위법 제2조 '인권'의 범주보다는 좁은 범위로 조사대상을 정해 사법기구에 의한 인권보장을 보완하고자 했다는 것이다. 그렇다면 인권위의 주요 조사대상으로서 국가기관 등에 의한 인권침해에서의 '인권'은 헌법 제10조 내지 제22조 사이의 자유권이며, 설사 이것을 넘는 인권(기본권) 침해에 대해서 조사를 한다고 해도, 위의 기본권 보장에 실질적으로 관련되는 한도 내에서 부수적으로 보장되는 것으로 이해하는 것이 타당하다.[25] 이 때문에 헌법 제22조 이후의 기본권 중에서 인권위가 꼭 조사해야 할 필요성이 있다고 주장되는 경우 이를 수용하는 데에는 현재의 인권위법으로는 한계가 있을 수밖에 없다.

(2) 개선방안

조사대상에 대한 개선방안으로 제시할 수 있는 것으로는 다음과 같은 두 가지 방안이 있다. 하나는 조사대상 인권을 인권위법 제2조의 '인권' 개념과 같도록 하는 방안이다.[26] 또 하나의 방안은 적어도 현재의 제한된 인권 범위를 필요 최소한의 범위에서 확장하는 것이다. 전자의 방안은 우리 헌법과 법률 그리고 우리나라가 가입·비준한 국제인권조약 및 국제관습법에서 보장하는 인권을 침해하는 경우 모두 인권위의 조사대상으로 삼는 방법이다. 물론 이렇게 되면 자유권을 비롯 사회권까지 조사대상이 되어 진정 건수나 내용이 인권위가 감당하기 힘든 수준이 될 거라는 우려가 있다. 이런 경우엔 각하 제도로 조정하는 수밖에 없을 텐데, 그렇게 되면 인권위의 조사가 재량에 맡겨지는 상황이 되어 바람직하지 못하다는 비판을 받을 수가 있다. 후자의 방안은 일단 자유권규약에서 보장하는 인권 정도는 인권위가 조사구제의 대상으로 확대해야 한다는 방안이다. 이는 우리 인권위가 우리가 가입 비준한 국제인권조약의 국내이행상황을 점검하는 기능을 가지고 있다는 것을 생각할 때, 적어도 국가에 의해 직접적으로 인권이 침해되는 상황을 상정한 자유권규약을 위반했을 때는 인권위가 조사할 수 있도록 해야 한다는 것이다.

25) 한상희, 「국가인권위원회법 제30조의 해석론」, ≪헌법학연구≫, 제8권 제4호(2002), p. 103.

26) 조백기, 전게 논문, p. 167.

이렇게 하기 위해서는 자유권규약에서 보장하는 인권을 우리 헌법에서 구현할 수 있는 헌법상의 기본권 규정을 면밀히 살펴 헌법 제10조 내지 제22조 외의 기본권을 추가할 수 있도록 해야 한다.[27] 현재 인권위가 조사하지 못하는 자유권규약상의 인권 중 가장 두드러지는 것은 재판청구권과 피고인의 무죄추정의 원칙(규약 제14조), 노동자의 단결권(규약 제22조) 그리고 참정권 관련 인권(규약 제25조) 등이다. 현재의 인권위의 조사역량을 고려하면 위 두 가지 안 중 후자의 안이 보다 현실적이라고 생각한다.

여기서 한 가지 더 생각해야 하는 것은 향후 우리나라가 사회권규약 의정서에 가입하는 경우이다. 사회권규약 선택의정서는 사회권규약위원회에 개인진정을 할 수 있는 절차를 규정하는 사회권규약의 부속 조약이다. 이것은 국내구제 절차를 완료한 이후에 제기할 수 있는 것이므로 인권위의 진정절차에도 일정한 영향을 줄 수밖에 없다.[28] 사회권에 대한 사법구제가 어려운 현실 속에서 이 권리가 인권위의 조사대상에도 포함되지 않는다면 우리나라에 적절한 국내구제 절차가 완비되어 있다고 하기 어렵다. 우리나라가 사회권 선택의정서에 가입하는 경우 인권위가 사회권 분야의 인권침해를 조사해 구제할 수 있는 절차를 만드는 게 바람직하다고 생각한다.[29] 그런 경우에는 불가피하게 제31조 제1항 제1호가 정하는 헌법상 기본권의 범위를 사회권 영역으로 확대하지 않으면 안 될 것이다.

---

27) 이에 대해서는 국내 학자들 사이에서도 이미 여러 차례 주장된 바 있다. 자유권뿐만 아니라 사회권까지 조사대상을 확대해야 한다는 주장에 대해서는 다음 논문을 참고할 것. 조재현, 「인권보장제도로서의 국가인권위원회제도의 의의와 한계」, ≪헌법학연구≫, 제14권 제2호(2008. 6.), p. 85.

28) 유엔의 국가인권기구 가이드북은 인권기구의 보호기능(protection)을 설명하면서, 주로 자유권 분야와 사회적 약자(장애인, 이주노동자, 성소수자 등)에 대한 조사구제 필요성을 말한다. 이에 반해 사회권 분야는 자유권 분야와 달리 조사구제보다는 정책개선 중심의 보호기능을 소개하고 있다. 이것만 보아도 인권기구가 어떤 인권을 특별히 조사구제의 대상으로 할 것인가는 각 국가가 인권기구의 권한을 부여하는 법률에 의해 정해진다고 할 것이다. UN Human Rights Institutions, p. 25~26 참고.

29) 박찬운, 「사회권규약선택의정서의 내용과 의미에 관한 소고」, ≪인권과 정의≫, 통권 392호(대한변호사협회, 2009), p. 137 참고.

3. 각하사유 개선의 필요성

가. 문제의 제기

인권침해를 어떻게 정의하든 그 모든 침해를 인권위가 조사대상으로 받아들여 조사에 들어가긴 어렵다. 인권위의 한정된 조직과 재원으로 그 모든 것을 조사하기는 현실적으로 어렵기 때문이다. 따라서 인권위에 들어오는 진정사건 중 상당수는 어떤 방법으로든지 조기에 종결시킬 수밖에 없다. 이런 이유로 인권위법 제32조는 각하 제도를 두고 10가지 각하사유 중 어느 하나에 해당하면 각하결정으로 사건을 종결한다. 지난 20여 년간 인권위에 들어온 진정사건을 각하로 종결한 것을 통해 보면 가장 많이 차지하는 각하사유는 제1호(조사대상이 아닌 경우), 제4호(진정원인사실이 발생한 후 1년이 도과하여 진정한 경우), 제5호(진정원인사실과 동일한 사실이 진정 전에 이미 수사기관이나 법원에서 수사 또는 재판이 진행되고 있거나 종결된 경우), 제7호(진정사건을 인권위가 조사하는 것이 적절하지 않은 경우) 정도라고 보인다. 이하에서는 이들 각하사유를 개별적으로 보면서, 그간 문제된 것을 중심으로 앞에서 본 인권위 조사구제 기능의 보완적 성격에 비추어, 향후 인권위법을 개정한다면 어떤 방향으로 개정해야 할지 검토해 본다.

나. 개별적 각하사유의 문제점과 개선방안

(1) 1호 각하

인권위법 제32조 제1항 제1호는 “진정의 내용이 위원회의 조사대상에 해당하지 아니하는 경우” 인권위는 진정을 각하한다. 이 각하사유에 따른 인권위의 결정은 인권위에 재량을 주지 않는 이른바 필요적 각하다. 여기서 말하는 조사대상이란 인권위법 제30조 제1항에서 정하고 있는 조사대상을 의미한다. 제1호는 국가기관 등의 공권력에 의한 인권침해, 제2호는 사인 간의 차별행위이므로 이 규정의 해석에 따라 조사대상 여부는 판단된다. 그러나 지난 20여 년간 이 조항의 해석에서 많은 쟁점들이 있었고 그 해결이 쉽지 않음이 드러났다.

먼저 국가기관 등의 공권력에 의한 인권침해를 보면, 규정상 이에 해당하기 위해선 3가지 요건에 해당해야 한다. 첫 번째 인권침해가 국가기관, 지방자치단체, 각급 학교, 공직자윤리법에 따른 공직유관단체, 구금·보호시설에 의해 일어나야 한다(인권침해 주체의 요건), 두 번째, 인권침해가 이들 기관의 업무수행과 관련하여 일어나야 한다(업무 관련성의 요건), 세 번째, 인권침해가 헌법 제10조 내지 제22조에서 보장하는 인권이어야 한다(보호대상 인권의 요건). 이 중 세 번째 요건의 문제는 조사대상 인권이 협소하다는 것으로 이미 앞에서 상술한 바 있으므로 여기에선 첫 번째와 두 번째 요건에 초점을 맞추고자 한다. 이제까지 이 두 가지 요건의 적용과정을 보면 그 적용이 쉽지 않음을 알 수 있다.

가장 큰 어려움은 인권침해의 주체 요건을 법률에 열거한 기관과 시설로만 형식적으로 판단할 것인지(형식설), 아니면 이 외에도 업무수행과 결합해 국가기관 등의 행위로 의제할 수 있는 경우까지 주체 요건을 실질적으로 충족한 것으로 볼 것인지(실질설)가 문제 된다. 예컨대, 구청에서 시설과 운영에 필요한 재원을 모두 제공하지만 운영 자체는 민간인에게 위탁하는 어린이집의 경우(실무상 이런 시설을 민간수탁기관이라고 부르고, 운영과정에 지자체의 감독을 받고 있음), 거기에서 교사가 아동의 신체의 자유를 침해했다면 이 조항에 따른 인권침해라고 볼 수 있을까? 위의 형식설에 따르면 민간수탁기관은 법률에서 열거하는 인권침해의 주체에 해당하지 않기 때문에 주체 요건을 충족하지 못했다고 할 것이므로 각하사유에 해당할 것이다. 그러나 실질설에 따르면 어린이집이 지방자치단체인 구에서 사실상 운영하는 것이나 마찬가지이므로 지방자치단체로 의제할 수 있어 여기에서 일어난 인권침해는 인권위의 조사대상이 될 수 있다.[30] 필자가 인권위에 있으면서 관련 소위를 담당해 보니 조사관들은 주로 형식설적 입장에서 사건을 처리하는 경향이 강했다. 필자는 이에 대해 가급적 실질설적 입장에서 주체 요건을 봐야 한다고 강조하고 그에 따른 결정을 하곤 했다. 즉, 국가기관 등이 재원을 대고 인사 등 운영에 상당한 영향력을 행사하며 정기적인 감사를 하는 경우라면 이

30) 실질설은 앞에서 본(각주 18) 미국의 국가행위 의제론에 기초한 주장이다. 따라서 이 주장은 의제론의 논의에 따라 국가나 지방자치단체의 재정보조나 운영감독을 받은 것 외의 상황에서도 사인(민간단체)이 국가나 지방자치단체의 행위로 볼 수 있는 여지가 있다.

조항에서 열거한 주체 중 어느 하나로 볼 수 있다고 한 것이다.[31)]

이 문제는 헌법재판소의 헌법소원 사건의 피청구인 적격과 관련해 생각해 보는 것도 필요하다고 본다. 헌재는 헌법재판소법 제68조 제1항의 헌법소원에서 '공권력의 행사 또는 불행사'를 판단함에 있어 국가(지방자치단체 포함)기관 외에도 원래 국가의 공행정의 일부임에도 행정상의 필요에 의해 공법인에 이관 혹은 위임한 경우, 그 공법인의 업무상 행위를 헌법소원의 대상인 '공권력'으로 보는 결정례를 구축해 왔다. 예컨대 대한변호사협회가 변호사등록에 관한 사무는 공법인으로서 공권력의 행사라고 보았고,[32)] 변호사의 광고규제와 관련된 사무도 공법인으로서의 공권력의 행사라고 보았다.[33)] 이처럼 헌재는 공권력에 의한 기본권 침해 여부에 관해 국가기관 등의 공권력 행사를 판단함에 있어 기관의 형식에 의존하지 않고 그 실질이 공권력의 속성을 가지고 있느냐로 판단하고 있다. 이러한 판단방법은 인권위의 조사구제의 우선적 대상으로 정한 제30조 제1항 제1호의 '공권력에 의한 인권침해'의 해석에서도 유사하게 적용되어야 하지 않을까 생각한다.[34)]

그러나 이 문제는 인권위의 자체적인 해석에 맡기기에는 적절하지 않다고 본다. 인권위는 헌재와 같이 사법기관이 아니기 때문에 결정례 관리가 어렵다.[35)] 따라서

---

31) 이에 해당하는 시설로는 어린이집 이외에 아동보호전문기관이나 정신보건센터 등 지방자치단체가 민간에 위탁해 운영하는 시설인바, 인권위는 이들 시설에서 일어난 인권침해가 조사대상이 된다고 판단한 바 있다.

32) 헌재 2019. 11. 28. 2017헌마759.

33) 헌재 2022. 5. 26. 2021헌마619.

34) 이는 향후 대한변호사협회가 그 업무를 수행하는 과정에서 회원의 인권을 침해하였다고 인권위에 진정이 될 때 문제가 될 수 있다. 예컨대, 변협이 광고와 관련해 회원을 규제할 때 그것이 표현의 자유를 침해한다고 어떤 변호사가 인권위에 진정하면 인권위는 어떻게 판단을 할까? 이런 진정이 들어오는 경우 변협은 인권위법 제30조 제1항 제1호의 공직유관단체에도 해당하지 않기 때문에 조사대상이 안 된다고 보고 바로 각하를 해야 할까? 헌재는 헌법소원 사건에서 변협의 처분은 공법인에 의한 공권력의 행사에 해당한다고 보고 본안 판단을 한 바 있는데(헌재 2022. 5. 26. 2021헌마619), 인권위는 조사대상이 되지 않는다고 판단하는 것은 어느 모로 보나 이상하다고 생각한다.

35) 인권위는 특정 결정을 함에 있어 선례가 있더라도 그것에 기속되지 않으며, 그것을 변경하는 특별한 절차(예를 들면 전원위의 의결)가 마련되어 있지 않다.

소위원회나 전원위원회의 위원 구성에 변경이 있으면 과거 결정과 무관하게 결정하는 것도 비일비재하다. 이것은 비사법적 기관으로서의 인권위의 조직적 특성이나 결정의 특성을 고려하면 불가피한 것이다. 따라서 이 문제는 인권위의 해석에 맡기기보다는 입법적으로 해결하는 것이 필요하다. 즉, 법 제30조 제1항에 "제1호의 국가기관 또는 지방자치단체가 자신의 업무를 수행하기 위해 민간기관에 재원을 제공하거나 그 운영에 있어 감독권 등을 행사하는 경우에는 그 민간기관의 업무상 행위는 국가기관 또는 지방자치단체의 업무로 본다"라는 규정을 두는 것이 바람직하다고 본다.

또 다른 요건인 업무 관련성도 실무상 쉽지 않은 경우가 많다. 주체 요건은 충족했다고 해도 특정 행위가 그 국가기관 등의 고유업무 혹은 관련 업무에 해당할 것인지가 문제가 되는 경우가 있다. 예컨대, 군대 병영 내에서 고참 병사가 신참 병사를 괴롭혔을 때 그것은 동급자들끼리의 다툼에 불과하지 국가기관 등의 업무와 관련한 인권침해가 아니라고 볼 것인가 아니면 국가기관 등의 업무로 볼 여지가 있을 것인가? 이 문제도 실무상 두 개의 확연한 입장 차이가 있다. 하나는 여기에서의 업무는 국가기관 등의 고유업무와 이를 수행하기 위한 관리, 감독 등 고유업무와 직접적으로 관련 있는 업무에 한정한다는 주장[36]과 또 하나는 국가기관 등에 소속된 종사자가 행하는 행위는 폭넓게 업무수행으로 볼 수 있다는 주장이다. 전자의 입장은 국가기관 등에 의한 인권침해는 본질적으로 수직적 관계에서 일어나는 것이지 수평적 관계에선 일어나는 것이 아니라는 사고에서 비롯한다. 생각건대, 조사대상의 내용으로서 '업무'의 범위는 원칙적으로 국가기관 등에 소속된 종사자가 행하는 공적 행위(고유업무 및 그것을 수행하기 위한 부수업무)로 보되, 사적 행위라도 국가기관 등이 감독책임을 져야 하는 상황이라면 업무수행 과정에서의 인권침해라고 보아야 할 것이다. 이와 같이 볼 때 위의 병영 내에서 고참 병사가 신참

36) 실무례를 보면 부하직원에 의한 인격권 침해(13진정0817300), 동료교수에 의한 욕설(13진정0419100), 동료직원 간의 폭언 모욕행위(21진정0014100) 등의 진정사건에서 인권위는 조사대상이 안 된다고 각하하였다. 이에 반해 교장의 교사에 대한 폭언(16진정0561700)이나 공무직 직원의 파견계약원에 대한 비인격적 대우(19진정0034200) 등 사건에서는 업무적으로 우월적 지위에 있다고 하여 조사대상으로 보았다.

병사를 괴롭힌 행위는 비록 계급상으로는 수직적 관계가 아니라고 하더라도 국가기관인 부대의 감독권 범위 내에서 이루어진 것이라면 의당 업무수행 과정의 인권침해로 볼 여지가 있다.[37)]

(2) 4호 각하

인권위법 제32조 제1항 제4호는 진정의 원인이 된 사실이 발생한 날로부터 1년 이상 지나서 진정한 경우 진정을 각하한다고 규정하고 있다. 다만 진정의 원인이 된 사실에 관하여 공소시효 또는 민사상 시효가 완성되지 아니한 사건으로서 위원회가 조사하기로 결정한 경우에는 각하하지 않을 수 있다. 실무적으론 진정이 진정원인사실이 발생한 날로부터 1년 이상 지나서 제기된 경우가 분명하면 원칙적으로 각하하고[38)] 특별히 단서 규정의 공소시효나 민사 시효가 완성되지 않은 경우 중에서, 인권침해의 정도가 중하고 관련 증거 확보가 용이한 때, 소위원회에 조사개시 결정을 받아 조사를 진행한다. 일반적으로 단서 규정을 적용시키는 경우는 인권위의 재량영역으로 이해되고 있기 때문에 일단 진정원인사실이 발생한 날로부터 1년이 경과하여 진정한 경우는 각하 처리된다고 보면 된다. 여기에서 1년이란 기한이 국민의 진정권 보장이란 측면에서 너무 짧다는 비판이 인권위 설립 이래 계속되었다. 그래서 이를 2년으로 연장하는 안이 제기되고 있다.

생각건대, 진정원인사실이 발생한 날로부터 상당한 시간이 지난 사건까지 인권위가 조사하는 것은 여러 가지 어려움에 봉착한다. 가장 큰 문제는 강제 조사권이 없는 인권위로서는 관련 증거를 확보하기 어려워 조사를 한다고 해서 큰 성과를 거두기 어렵다는 것이다. 그래서 현재의 법률은 진정원인사실이 발생한 지 상당한 기간이 지난 경우는 사법절차의 영역이지 인권위의 조사영역이 아니라는 취지에서 원칙적으로 각하하는 규정을 두고, 상당한 기간을 1년으로 정했던 것이다. 그러나

37) 유사한 사례로는 교정기관 내에서 재소자들끼리 다툼이 있을 때다. 거실에서 고참이 신참 재소자를 상대로 폭행을 가했을 경우 이것도 동료 간의 수평적 관계에서 빚어진 일로 국가기관의 업무와는 관련 없다고 볼 것인가. 이 경우도 국가기관이 보호책임을 못했다면 인권침해로 인정할 가능성은 있다.

38) 이 경우는 소위원장의 결재로 사건은 종료된다. 국가인권위원회 조사구제규칙 제19조 제1항.

1년이란 기간은 사법절차와의 관계에서 보완적 관계에 있는 인권위 진정 기한으로는 짧다.[39] 1년에서 단 며칠만 경과해도 진정을 각하하는 것은 인권위의 조사기능을 사법절차에 부수하는 기능 정도로 이해하기 쉽고 피해자에 대한 구제로서도 적절치 못하다. 또한 진정 기한을 1년에서 2년으로 조정한다고 해도 실무적으로 사건 수에서 큰 변화가 예상된다고 볼 수도 없다.[40] 이제 이 부분 법률 개정이 필요한 때다.

(3) 5호 각하

인권위법 제32조 제1항 제5호는 진정이 제기될 당시 진정의 원인이 된 사실에 관하여 법원 또는 헌법재판소의 재판, 수사 또는 그 밖의 법률에 따른 권리구제절차가 진행 중이거나 종결된 경우에는 진정은 각하하도록 규정하고 있다. 여기에는 예외가 있는 바, 그것은 형법 제123조부터 제125조까지의 죄에 해당하는 사건과 같은 사안에 대하여 수사기관이 인지해 수사 중인 경우에는 각하하지 않는다는 것이다. 이른바 5호 각하도 필요적 각하라 여기에 해당하는 경우 인권위는 진정 초기 국면에서 사건을 종결한다. 5호 각하는 사법절차와의 관계에서 인권위 조사구제 기능의 성격이란 입장에서 볼 때 보완성의 원칙보다 보충성의 원칙에서 설명하기 쉽다. 즉 인권침해에 대한 조사구제는 사법절차가 원칙이기 때문에 그것이 이미 진행 중이라면 인권위의 조사구제 절차는 진행되어서는 안 된다는 것이다.[41] 인권위법은 여기에 한발 더 나아가 만일 사법절차가 인권위에 진정을 제기한 후에 진행되는 경우라도 인권위의 진정 절차는 진행되지 않는 게 바람직하다는 취지의 규정을 두고 있다. 그것이 인권위법 제32조 제3항 규정인바,[42] 이 규정에 따라

39) 홍성수, 전게 논문, 106쪽.

40) 2020년부터 2022년까지 2년간 인권위가 처리한 각하 진정사건을 분석한 결과, 각하 총 17,050건 중 4호 각하를 한 건수는 429건으로 약 2.5%에 불과한 것으로 나타났다.

41) 보통 사법절차와 인권위 절차가 중복되는 경우 기술적인 충돌로 인해 양 절차 모두 효과성을 저해받기 때문에 이 같은 충돌과 중복 문제를 해결하기 위해 5호와 같은 명백한 규정을 두었다고 설명한다. 「국가인권위원회법 해설서」, p. 360.

42) 제3항 규정은 "위원회가 진정에 대한 조사를 시작한 후에도 그 진정이 제1항 각 호의 어느 하나

인권위는 진정 제기 후 동일한 사안이 수사기관이나 재판기관에서 수사나 재판이 진행되는 경우 각하할 수 있다. 다만 이 경우는 필요적으로 각하해야 하는 것이 아니고 소위 재량적 각하이니 사안에 따라서는 이 규정을 적용하지 않고 조사를 계속해 본안 판단을 하는 경우도 있다.

앞서 본 대로 인권위의 조사구제 기능을 사법절차에 대한 보완성의 원칙으로 이해할 때 현재의 5호 각하는 이해하기 어렵다. 특별히 예외적인 경우를 제외하곤 재판이나 수사가 진행되고 있으면 원칙적으로 인권위에 진정을 제기하지 못하게 한 것은 피해자에게 인권침해의 구제와 관련하여 사법기관과 인권위 중 양자택일을 강요하는 것이나 마찬가지다. 이것은 비사법적 절차인 인권위의 조사구제 기능을 통해 인권침해에 대한 사법구제를 보완한다는 인권위 설립 취지와 어울리지 않는다. 인권위와 사법기관은 그 기능과 역할이 다르기 때문에 동일한 사건이라도 인권위 판단과 사법기관의 판단은 다를 수 있다. 그리고 그 다른 판단이 인권보호에 서로 방해가 된다고 볼 수도 없으며 경우에 따라서는 상호 판단에 도움이 될 수도 있다. 인권침해에 대해 사법절차가 진행된다고 해도, 인권위가 조사구제 절차를 진행해 어떤 결론에 도달한다면, 그것은 사법절차의 결과에도 일정한 영향을 끼칠 수 있다. 하나는 명확한 증거를 토대로 사실인정을 해야 하는 사법절차이고 다른 하나는 일정한 소명만 있으면 자유롭게 사실인정을 할 수 있는 비사법절차라면, 국민의 인권보호적 차원에서 굳이 이 둘의 관계를 배타적으로 만들 필요가 없다. 얼마든지 사법절차가 진행 중이라도 인권위의 조사구제 기능은 작동할 수 있을 것이다.[43] 물론 절차적으로 그 반대의 경우도 마찬가지다. 다만 사법절차가

에 해당하게 된 경우에는 그 진정을 각하할 수 있다"라고 되어 있는데, 실무상 가장 많이 이 규정에 따라 각하를 하는 경우는 5호 각하의 경우이다.

43) 이 문제에 대해 홍성수 교수는 이렇게 말하고 있다. "이러한 법 규정(5호 각하)은 인권위의 기능과 역할에 대한 이해 부족에서 기인하는 것이다. 동일한 사건이라고 해도, 인권위의 판단과 수사기관의 판단은 다를 수 있다. 인권위가 수사기관이 찾아내지 못한 사실관계를 찾아낼 수도 있고, 동일한 사실관계를 놓고도 전혀 다른 결론을 내릴 수도 있는 것이다. 따라서 인권위가 어떤 사건을 수사기관이 수사하고 있다거나 종결되었다는 이유로 각하하거나 사건을 이송하도록 되어 있는 것은 적절치 못하다." 홍성수, 전게 논문, p. 104. 이와 같은 태도는 국제사면위원회가 발행한 국가인권기구에 대한 안내서에도 볼 수 있다. 사면위원회는 사법절차가 진행된다고 해

정상적으로 작동해 인권위의 진정 절차가 필요가 없는 경우가 현실적으론 얼마든지 있을 수 있다. 그런 경우까지 인권위가 모두 조사구제 절차를 진행하는 것은 사법기관에 비해 작은 조직에 불과한 인권위에 너무 큰 업무 부담을 준다고 볼 수 있다. 이런 경우에는 제7호에 의한 각하사유(진정이 위원회가 조사하는 것이 적절하지 아니하다고 인정하는 경우)에 해당한다고 보아 사건을 종료할 수 있으므로 사건 처리에 큰 어려움이 없을 것이다. 국민의 진정권 보장을 위해서나, 인권위의 조사구제 기능이 사법구제의 보완적 성격이 있다는 것에 비추어, 5호 각하사유는 폐지하는 것이 바람직하다.

그러나 5호 각하가 당분간 존속한다고 해도 인권위 조사구제 절차의 보완적 성격을 살린다면 현 규정의 적용을 가급적 좁게 해석하는 것이 필요하다. 예컨대 이 규정에서 말하는 수사의 의미는 적절하게 수사기관에 의해 수사가 진행되는 것을 전제해야 하지 그렇지 않은 경우까지 모두 포괄하는 개념으로 이해해서는 안 된다. 그런 의미에서 정식 수사 전의 내사 단계라든가 고소장이 제출되자마자 고소 요건에 맞지 않는다고 해 고소 각하를 한 경우에는 이 규정에서 말하는 '수사'가 진행되었다고 볼 수 없다.[44] 나아가 제3항이 적용될 수 있는 경우(진정 제기 후 수사기관 등에 고소를 하거나 소송을 제기한 경우)라도 인권침해라고 볼 여지가 있다면 이 규정을 가급적 적용시키지 않는 관행이 필요하다. 이런 규정에 해당한다고 바로 각하하는 실무 관행은 자칫 인권위 조사구제 절차가 사건을 적정하게

서 인권기구의 조사구제 절차가 배제된다면 경우에 따라서는 피해자는 구제받을 수 있는 수단을 잃게 된다고 경고하고 있다. Amnesty International, "National Human Rights Institutions: Amnesty International's Recommendations for Effective Protection and Promotion of Human Rights, London: Amnesty International"(2001), p. 30.

44) 인권위 실무에서는 5호 각하에서 말하는 '수사'의 의미와 관련하여 상당한 혼란이 있다. 필자의 경험으로 보면 어떤 소위에서는 내사로 종결한 사건(검찰사건사무규칙 제141조에 따라 입건조차 하지 않고 내사 사건으로 처리하여 공람종결)을 '수사기관의 수사'로 보아 5호 각하를 하기도 하고 또 다른 소위에서는 '수사기관의 수사'로 보지 않고 본안 조사를 하는 경우가 있었다. 과거에는 이 문제를 가지고 전원위원회에서 논의를 한 사례도 있는데(2003. 5. 26. 전원위), 거기에선 내사로 종결된 사건에 대해서 5호 각하하는 것으로 결론을 내린 바도 있다. 「국가인권위원회법 해설서」, p. 361 참고.

처리하기보다 사건을 종결하는 것에 급급하다는 비난을 면치 못할 것이다.

(4) 7호 각하

인권위법 제32조 제1항 제7호는 진정이 위원회가 조사하는 것이 적절하지 아니하다고 인정되는 경우 각하할 수 있다. 이 경우는 법률의 형식상 인권위가 진정절차의 계속 여부를 결정할 수 있도록 재량을 준 것이라고 해석된다. 인권위는 이 규정에 따라 무익한 진정을 상당 부분 통제할 수 있다. 문제는 이 규정을 인권위가 전가의 보도처럼 사용해서는 안 된다는 사실이다. 이제까지 실무를 염두에 두면서 몇 가지 이 각하사유의 적용 조건을 검토하면 다음과 같다.

우선 '인권위 진정 절차보다 유효한 절차가 있는 경우'를 생각해 볼 수 있다. 예컨대 피해자인 공무원이 인사상 불이익을 받은 것이 인권침해라고 주장하면서 진정을 하는 경우, 소청심사나 행정소송 등의 절차가 가능하다면, 인권위의 조사구제 절차는 실익이 적다. 위법 부당한 인사처분은 행정심판이나 행정소송을 통해 구제받는 것이 보다 직접적이고 유효하기 때문이다. 인권위에서 인권침해를 인정받는다고 해도 그 결정은 권고적 효력밖에 없지만 행정심판이나 행정소송의 결과는 행정처분의 효력을 취소시킬 수 있다. 이런 효력을 갖는 절차를 앞에 두고 진정을 하는 것은 피해자를 위해서도 빨리 진정을 각하하고 그 절차를 이용토록 하는 것이 바람직하다. 다만 이런 유효한 절차가 있는 경우라도 제소기간의 도과 등으로 이미 그 절차를 이용할 수 없는 상황이라면 이를 이유로 각하해서는 안 된다. 또한 7호 각하는 일종의 재량 각하이기 때문에 당해 진정내용을 구제할 수 있는 사법절차 등이 있다고 해서 반드시 각하해야 하는 것은 아니다. 경우에 따라서는 그런 사법절차를 적절히 사용하기 어렵거나 종래의 예에 비추어 구제받을 가능성이 없어 피해자에겐 인권위의 진정이 거의 유일한 구제절차일 수도 있다. 이런 경우까지 7호 각하를 적용하는 것은 인권위 조사구제 절차의 보완적 성격에 비추어 맞지 않다.

다음으로 7호 각하사유가 인권위 조사구제 절차의 사실상 한계에도 적용될 수 있느냐가 문제가 된다. 인권위는 수사기관의 강제수사권과 같은 강제조사권을 갖고 있지 않기 때문에 이해당사자가 관련 자료나 증거를 제출하지 않거나 진술에 협조하지 않는 경우 이를 강제하기는 사실상 대단히 어렵다. 이런 경우 인권위는 더 이상 조사를 하지 못하고 진정사실을 인정할 만한 증거가 없다고 하면서 진정을 기각할 수밖에 없다. 따라서 이런 상황, 곧 인권위 조사의 명백한 한계가 있다고 인정될 때, 아예 처음부터 조사를 하지 않을 수 있는 방법으로 7호 각하는 가능할까? 이와 관련하여 최근 법원의 주목할 만한 판례가 나왔다. 서울행정법원은 2019년 11월 북한 어선에서 선장을 포함한 16명을 살해하고 남측으로 넘어온 어민 2명을 정부가 판문점을 통해 북송한 사건(일명 탈북어민 강제송환 사건)에서 인권위가 사실조사의 한계 등을 이유로 7호 각하 하자, 이 각하사유는 인권위법의 다른 각하사유에 준하여 '보다 직접적·효과적인 다른 구제수단이 법령상 보장되어 있는 경우' 등의 객관적 사유로 제한하여 해석하여야 하고, 단순한 사실조사의 어려움이나 진정 사건의 정치적 성격으로 인한 판단의 곤란함 등을 이유로 진정을 각하하는 것은 특별한 사정이 없는 한 허용될 수 없다고 하면서, 인권위 각하 결정을 취소하였다.[45)]

이와 같이 볼 때 인권위가 7호 각하를 하는 것은 일종의 기속재량으로서 매우 한정적인 경우에 제한적으로 적용해야 한다. 만일 이 규정을 이용해 인권위가 임의적으로 진정조사를 취사선택할 수 있다면 인권위의 존재 이유를 스스로 몰각시키는 것이나 마찬가지다. 인권위 조사구제 기능은 사법구제에 대한 보완적 성격을

---

45) 서울행정법원 2022. 3. 10 선고, 2021구합29. 이 판결 중 관련 부분을 보면 다음과 같다: "이 사건 조항을 제외한 다른 진정 각하사유가 상당히 구체적으로 규정되어 있는 점을 고려하면, 피고에게 위 조항을 들어 특정 진정사건을 각하하고 본안 판단의 여지를 차단함으로써 적법하게 신청된 진정사건을 임의로 가려서 처리하는 것과 다름없는 재량이 부여되어 있다고 볼 수는 없고, 이 사건 조항은 국가인권위원회법 제32조 제1항 나머지 각 호의 사유에 준하여 '보다 직접적·효과적인 다른 구제수단이 법령상 보장되어 있는 경우' 등의 객관적 사유로 제한하여 해석하여야 한다고 봄이 타당하다. 따라서 단순한 사실조사의 어려움이나 진정사건의 정치적 성격으로 인한 판단의 곤란함(피고는 소위 고도의 통치행위로 분류되는 이라크 전쟁 참전이나 최근 우크라이나 사태 등에 대하여도 의견을 표명한 바 있다) 등을 이유로 진정을 각하하는 것은 특별한 사정이 없는 한 허용될 수 없다." 이 판결은 그 후 항소심에서 유지되고(서울고등법원 2022. 10. 21. 선고, 22누39941) 인권위의 상고 포기로 확정되었다.

갖고 있기 때문에 조사대상이 되는 진정은 원칙적으로 조사해야 하고 재량으로 각하하는 것은 엄격한 조건 속에서 운용되지 않으면 안 된다.

(5) 10호 각하

제10호는 '진정의 취지가 그 진정의 원인이 된 사실'에 관한 법원의 확정판결이나 헌법재판소 결정이 있을 때를 각하사유로 하고 있는데, 진정의 원인된 사실과 동일한 사안에서 확정판결이나 결정이 있는 경우라면, "진정이 제기될 당시 진정의 원인이 된 사실에 관하여 법원 또는 헌법재판소의 재판 등이 종결된 경우"(제5호)에 해당하여 각하하면 되는 것이므로 특별한 의미가 없다고 볼 수 있다.[46] 그러나 제10호 각하사유가 실질적 의미를 갖는 경우가 있다. 진정이 제5호 단서의 경우에 해당하여 인권위가 조사에 들어간 때이다. 형법 제123조에서 제125조에 해당하는 진정사건에서 수사기관이 인지하여 수사하는 경우, 인권위는 제5호 본문에도 불구하고 조사할 수 있지만, 그 후 수사 사건에 대해 법원의 확정판결 혹은 헌법재판소의 결정이 나왔다면 어떻게 해야 할까? 바로 이때가 제10호에 해당하므로 그 진정을 각하해야 한다는 것이다.

2011년 인권위법 개정 전 제10호는 "진정의 취지가 당해 진정의 원인이 된 사실에 관한 법원의 확정판결이나 헌법재판소의 결정에 반하는 경우"라고 규정되어 있어 확정판결이나 헌법재판소의 결정이 진정사건과 동일한 원인사실에 관한 판결 혹은 결정임이 분명했고, 이 경우에 해당하면[47] 각하하라는 취지로 새기는 데에는 특별한 이론이 없었다. 그런데 2011년 개정으로 '당해 사건'이 '그'라고 바뀌어 약간의 혼란이 초래되었다. 즉 이 변경 취지가 비록 당사자가 다르더라도 그 원인이 된 사실과 유사한 다른 사안에 대하여 내려진 법원의 확정판결이나 헌법재판소의 결정에 반한다면 그 경우에도 각하해야 하지 않느냐 하는 것이다.

---

46) 그래서 10호 각하사유는 불필요하므로 삭제해야 한다는 주장이 있다. 조백기, 전게 논문, p. 176.

47) 좀 더 정확히 말하면 '앞에서 본 대로 5호 단서에 해당하여 조사에 들어간 다음 당해 진정의 원인이 된 사실에 관한 법원의 확정판결이나 헌법재판소의 결정이 난 경우'를 말한다.

그러나 이러한 해석은 개정 취지에 비추어 아무런 근거 없는 것이다. 당시 개정 취지는 각하사유를 넓히려는 의도가 아니고 단순히 법 문장을 국민들이 보다 쉽게 이해할 수 있도록 어문 규범에 따라 '당해'를 '그'로 바꾼 것에 불과했기 때문이다.[48] 따라서 개정 전후를 막론하고 제10호 각하사유의 해석이 달라질 순 없다. 만일 이와 같이 해석한다면 이름 모를 하급심 판결이 확정되는 경우에도 유사한 내용을 가진 진정을 인권위에 할 수 없다는 해석이 가능해져 인권위 조사구제 기능이 무력화될 가능성이 있다.

이 10호 각하사유가 적용되는 경우는 앞에서 본 대로 제5호 단서에 해당해 조사가 들어간 후 당해 진정과 관련된 법원의 판결이나 헌법재판소의 결정이 나왔을 때이다. 따라서 향후 제5호를 삭제한다면 이 10호는 유지될 필요가 없다. 당연히 삭제되어야 한다.

48) 이러한 내용은 2011년 국회가 통과시킨 '국가인권위원회법 일부개정법률안'(의안번호 3299)의 제안 이유에 분명하게 나타나 있다. 이 당시 개정의 취지는 인권위법의 내용을 바꾸고자 한 것이 아니고 어문 규범에 맞도록 어려운 용어를 쉬운 우리말로 풀어쓰고 복잡한 문장은 체계를 정리하여 간결하게 다듬음으로써 쉽게 읽고 잘 이해할 수 있도록 하기 위한 것이었다.

제6절 동물보호와 동물복지론

■ 학습을 위한 질문

1. 동물은 인간이 마음대로 처분할 수 있는 물건에 불과한가?
2. 동물에게도 최소한의 인도적 대우를 해야 한다면 그 근거는 무엇일까?
3. 동물도 인간과 유사한 권리의 주체성을 인정할 수 있을까?
4. 인간과 동물이 어떻게 하면 자연세계에서 공존할 수 있을까?
5. 반려동물에게는 보다 특별한 처우를 할 필요가 있을까? 그렇다면 그 방법은 무엇일까?
6. 우리나라 동물보호 법제는 세계적 추세에 부합하는가? 부족하다면 어떤 부분을 개선해야 하는가?

I. 서언: 왜 동물의 복지인가?

마하트마 간디는 "한 국가의 위대함과 도덕성은 그 나라의 동물들이 어떻게 대우받고 있는지를 보면 알 수 있다"고 했다. 한평생을 성현의 반열에 맞추어 산 그다운 말이다. 그러나 이런 말이 어느 사회나 통용되는 것은 아닐 것이다. 우리 사회에서 아무리 인권을 강조하는 사람이라 할지라도 그것은 오로지 사람에 대한 문제이지 동물에 대해서까지 말하는 것은 아니었다. 우리 사회에서 동물은 법률적으로 철저히 '물건'으로 취급된다. 물건은 인권의 대상이 아니라 사람의 '물권'의 대상이 된다. 그것은 소유와 점유의 객체가 되고, 그 권리자인 인간에게 처분권이 있다. 그것은 다른 물건과 마찬가지로 사용되고 처분되고 심지어는 필요가 없으면 폐기된다. 이것이 인간이 아닌 동물의 운명이다. 우리 사회는 이러한 동물의 운명에 대하여 거의 아무런 문제를 제기하지 않았다. 물론 우리 사회는 오랜 기간 불교의 영향을 받아왔다. 따라서 남다른 생명사상을 가진 사람들도

---

* 제6절은 필자의 다음 논문을 수정·보완한 것이다: 박찬운, 「동물보호와 동물복지론: 유럽상황을 중심으로」, ≪법조≫(법조협회, 2010. 1), pp. 300~335.

많다. 이들에게는 살아 있는 생명체는 모두 소중한 것이며 그에 대한 살생은 절대적으로 금기시된다. 하지만 이러한 사상이 현대를 살아가는 대부분의 사람들에게는 큰 영향을 끼치지 못하는 것이 현실이다. 동물은 그저 '물건'일 뿐이다.

그런데 불교의 영향도 받지 않은 서구에서는 오래전부터 동물에 대한 철학적 논쟁이 있었다. 그 핵심은 동물이 과연 단순한 물건인가의 논쟁이었다. 이 논쟁은 인간 중심의 기독교적 신학과도 관계가 깊다. 중세를 살아오는 동안 유럽인들의 머릿속은 성경에서 하나님이 부여한 지상에서의 절대적 존재에 대한 자만심으로 가득 차 있었다. 그러나 이러한 사고도 르네상스 이후 과학의 발달과 함께 점점 회의하지 않을 수 없는 상황이 되었다. 더욱이 진화론적 입장이 과학의 중심에 서면서 오로지 인간만이 '사랑하고 즐기며 고통을 느낄 수 있는 존재'인가에 의문을 갖게 되었다. 수억 년의 진화 속에서 어떻게 갑자기 인류만이 그런 것의 주체가 될 수 있는가에 대한 근본적인 질문이었다.

이러한 회의는 동물을 다른 시각으로 보게 하는 상황을 만들었다. 무엇인가 다른 패러다임 속에서 인간과 동물의 관계를 만들어 가야 한다는 사상이 싹트기 시작한 것이다. 그리고 이런 사상은 동물보호와 복지로 이어졌고, 20세기 후반 유럽 사회는 동물보호와 복지에 관한 각종 규범을 만들어 시행하게 되었다. 이제 유럽 국가들은 과학실험에 사용되는 동물들과 식용으로 길러지는 동물들 그리고 야생동물들에게 훨씬 인도적인 환경을 만들어 주기 위한 프로그램을 실시하고 있다. 한마디로 보편적 인권사상이 동물에게 확장되어 가는 상황이라고 진단할 수 있다.[1)]

이에 반해 우리 사회의 동물에 관한 논의는 매우 부족하다. 아직 인간에 대한 인권도 불충분한데 동물까지 신경을 쓸 여유가 없다는 식이다. 그러나 상황은 그렇지 못하다. 우리에게도 알든 모르든 서구 사회와 유사한 동물보호 관련 법령들이 만들어지고 있다. 그 내용을 들여다보면 유럽 사회가 몇 백 년에 걸쳐 만들어 온 그것과 대동소이하다. 문제는 이러한 규범을 만들면서도 우리 사회의 대부분 사람, 심지어는 전문가들조차 관심이 없다는 사실이다. 이렇다 보니 이들 규범은

---

1) 제러미 리프킨, 『유로피언 드림』, 이원기 옮김(민음사, 2005), p. 446.

그저 장식적 규범이 되어가고 있다.

이 글은 이러한 상황에 대한 반성에서 나온 글이다. 이 글은 동물에게 인권과 유사한 권리를 보장하자고 제안하지 않는다. 다만 동물과 관련된 기존의 우리의 자세에 문제를 제기할 수 있도록 다른 사회의 흐름을 설명하고자 한다. 그래서 우리가 앞으로 새롭게 만들어 가야 할 인간과 동물의 새로운 관계를 고민해 보고자 하는 것이다. 이러한 목적으로 필자는 먼저 서구 사회의 동물관을 철학적으로 짚어보고, 현대의 주된 흐름인 동물복지론의 내용을 소개할 것이다. 그리고 현재 유럽에서 진행 중인 동물보호와 복지에 관한 정책적 흐름을 관찰해 봄으로써 우리의 동물보호 및 복지에 관한 논의를 어떻게 해나갈 것인가를 생각해 보고자 한다.

II. 동물관에 관한 철학적 이해

1. 서구의 동물관에 관한 철학적 이해

서구의 전통에서 인간과 동물의 관계를 보면, 동물은 인간에게 공급되는 자원이었고 인간은 이를 이용하는 이용자였다. 이러한 관계를 가능케 한 것은 인간중심주의의 결과이었다. 서구에서 이러한 사상이 뿌리내리게 된 것에 대해 많은 이들은 기독교의 영향으로 받아들인다.[2] 기독교에서 인간중심주의를 나타내는 대표적인 구절은 성경의 창세기 1장 27절과 28절이다.

> 하나님이 자기 형상 곧 하나님의 형상대로 사람을 창조하시되 남자와 여자를 창조하시고(27절) 하나님이 그들에게 복을 주시며 그들에게 이르시되 생육하고 번성하며 땅에 충만하라, 땅을 정복하라, 바다의 고기와 공중의 새와 땅에 움직이는 모든 생물을 다스리라 하시니라(28절).[3]

---

2) Lisa Yount, *Animal Rights* (New York: Facts on File, 2004), p. 4; 川上惠江, 「ヨーロパ思想史における動物觀の變遷」, ≪文學部論叢≫, 第89号(熊本大學文學部, 2006.3), p. 30.

성경의 이들 구절은 동물에 대한 기독교의 사상을 압축하고 있는데, 이것은 동물은 하나님의 창조물로서 존중은 되지만 그것들은 인간의 사용을 위해 창조되었다는 것이다. 나아가 이러한 사상은 동물은 이성과 언어를 갖지 못했기 때문에 인간에 비해 열등하며 동물은 개체 단위로 도덕적 정체성이 없다는 사상과도 연결된다. 13세기 교부철학자 토마스 아퀴나스는 주저 『신학대전』에서 전 우주는 피조물로 이루어졌고 전체와 그 모든 부분은 각각 목적을 위해 존재한다고 했다. 고귀하지 못한 피조물은 보다 고귀한 피조물을 위하여 존재하는 것이기 때문에 인간의 하위에 있는 모든 피조물은 인간을 위해 존재한다고 했다.[4] 이 같은 태도는 동물이란 인간을 위해 존재하는 것 이상이 될 수 없다는 사상이다.

서구의 이러한 신학적 동물관은 17세기 과학의 시대에 들어오면서 데카르트 등 철학자에 의해 다시 한 번 확인된다. 데카르트는 『방법서설』에서 동물에게도 인간과 같은 영혼이 있다고 하는 가설만큼이나 인간을 가엾게 하는 것은 없다고 하면서, 동물의 행동은 반사적인 것이기 때문에 의식, 지능, 자각 혹은 영혼과는 관계가 없다고 했다. 이 같은 그의 생각은 정신과 육체는 완전히 별개라는 이원론과 관련이 있다. 인간은 적어도 살아 있는 동안은 정신(이성)과 육체가 함께하고 있지만 동물은 정신(이성) 없이 오로지 육체만을 가진 존재라는 것이다. 즉, 동물은 살아 있는 기계에 불과하다는 것이 그의 동물관이다.[5]

그러나 서구의 사상이 동물에 대하여 항상 인간 중심의 기계적 사고만 갖고 있었던 것은 아니다. 몽테뉴는 이미 16세기 후반에 가톨릭적 인간중심적 동물관에 전면적인 비판을 가했다. 그는 가톨릭 인간관의 중심인 초월적 절대이성을 비판하고 감각을 중시했다. 그는 짐승이라도 감각과 상상력을 갖는다는 데에는 인간과

---

3) NIV 한영해설성경. 창세기에는 이 구절 외에도 인간과 동물의 관계를 알려주는 대목이 다수 존재한다. 창세기 제9장 2절과 3절은 동물은 인간의 손에 있으며 이것은 인간의 먹이가 된다는 구절도 있다. "땅의 모든 짐승과 공중의 모든 새와 땅에 기는 모든 고기가 너희를 두려워하며 너희를 무서워하리니 이들은 너희 손에 붙이웠음이라(2절). 무릇 산 동물은 너희의 식물이 될지라 채소 같이 내가 이것을 다 너희에게 주노라(3절)."

4) 川上惠江, 「ヨーロパ思想史における動物観の變遷」, p. 32.

5) Ibid. p. 36.

유사하며 더욱이 언어능력도 있다고 하면서 인간과 동물의 본질적 차이를 부정했다.[6)]

로크는 데카르트와 동 시대를 살면서도 동물에 대해서는 다른 사고를 가지고 있었다. 즉, 그는 동물도 감정을 가지고 있으므로 인간이 필요 이상으로 잔인하게 대우하는 것은 도덕적으로 옳지 않음을 지적했다. 하지만 그의 동물에 대한 관대함은 동물 그 자체를 위한 것이 아니고 그 주인인 인간이나 학대로 말미암아 가슴 아파하는 인간을 위한 것이었다. 그는 아이들이 동물을 학대하면 인간으로서의 품성이 완악해진다고 했다.[7)] 로크의 동물관은 루소에 오면 더욱 진보적 사고를 띠게 된다. 루소는 동물도 자연법의 일부를 형성하는 것이라고 하면서 동물보호를 강조했다. 이는 동물이 이성이 있어서가 아니라 지각적 존재(sentient beings)[8)]이기 때문이라는 것이다. 즉, 그는 동물도 지각적 존재이기 때문에 최소한 쾌락과 고통을 느낄 수 있는 존재이므로 인간에 의해 무분별하게 학대되지 않을 특권이 있다고 주장하였다.[9)]

칸트의 동물관은 토마스 아퀴나스나 로크의 뒤를 따른다는 평가를 받는다. 그는 인간에게 비인간에 대한 의무가 있다는 주장에 대해서는 반대한다. 그는 동물에

---

6) Ibid. p. 35.

7) John Locke, *Some Thoughts Concerning Education*(1693), in Ruth Weissbourd Grant and Nathan Tarcov(eds.)(Hackett Publishing, 1996), p. 91.

8) 철학에서는 'sentient beings'이라는 용어를 통상 '쾌고(快苦)감수능력을 지닌 존재'로 번역한다. 그러나 이 글에서는 그 용어의 원래 의미가 감각기관에 의한 '지각(conscious 혹은 aware)'에서 온 것이므로 '지각적 존재'라는 용어를 사용하였다. 이 용어는 서구 사회에서 동물의 보호 및 복지를 위한 사고를 갖게 하는 데 매우 중요한 개념이다. 원래 sentient의 명사인 sentience라는 개념은 주관적으로 인식하거나 느낄 수 있는 능력을 말한다. 따라서 동물이 sentient beings이라면 그것은 동물도 인간과 마찬가지로 아픔과 고통 그리고 감정을 느낄 수 있는 존재라는 것을 말한다. 과거의 데카르트적 철학으로 생각하면 동물과 인간은 완전히 구별되는 것이며, 동물은 단지 살아 있는 기계(living machine)일 뿐이다. 그러나 과학의 발달은 동물에게도 인간 유사의 지각능력이 있음을 알려주었다. 따라서 동물이 이렇게 인간과 유사하게 지각할 수 있는 존재라면 단순히 물건으로 취급할 수 없다. 이것이 바로 서구에서 동물의 복지 혹은 권리 논쟁이 불붙게 된 원인이다.

9) Jean-Jacques Rousseau, *Discourse on Inequality*(1754), preface.

대한 잔인한 대우는 잘못된 것이지만 그것은 오로지 인간 자신에게 해가 되기 때문이다. 동물을 잔인하게 대하면 결국 인간 도덕심에서 없어서는 안 될 동정심에 손상을 줄 수 있다는 것이다. 그에게 있어 인간의 의무(도덕)는 오로지 이성을 가진 다른 인간에 대해서 있을 뿐이다. 이성이 없는 존재라면 그것은 다만 수단으로서의 상대적인 가치만을 지니는 것이고 그것은 한낱 물건에 지나지 않는다는 것이다.[10)]

이상과 같이 볼 때 서구의 동물관은 르네상스 전후로 상당한 변화가 있음을 발견할 수 있다. 르네상스 이전에는 기독교 성경에 근거한 철저한 인간중심주의에서 동물을 바라본 것이 주류이었으나, 르네상스 이후에는 점점 인도주의적 사고가 인간을 넘어 동물에게까지 영향을 미쳐 동물보호의 사상이 대두되었다고 할 수 있다.

2. 동물관에 관한 현대 철학의 이해

현대에 들어와 유럽을 중심으로 하는 서구 사회에서 동물보호는 하나의 사조로 굳건히 자리를 잡았다. 그렇다면 동물보호와 관련된 철학적 논의를 어떻게 정리하면 좋을까? 1970년대 이후 이 문제와 관련된 흐름은 크게 두 가지로 나누어진다. 하나는 공리주의적 관점의 동물보호론이고 다른 하나는 권리주의에 입각한 동물보호론이다.[11)]

가. 공리주의적 입장

동물보호와 관련된 공리주의(utilitarianism) 입장을 대표하는 사람은 오스트리아 출신 철학자 피터 싱어(Peter Singer)이다. 그의 대표작 『동물 해방(Animal Liberation)』[12)]은 동물의 권리(animal rights) 분야의 바이블로 통한다. 하지만 싱어는 어

---

10) 임마누엘 칸트, 『도덕 형이상학을 위한 기초 놓기(Grundlegung zur Metaphisik der Sitten)』(1785), 이원봉 옮김(책세상, 2005), p. 83.

11) Julian H. Franklin, *Animal Rights and moral philosophy*(Columbia University Press, 2005), p. 1.

디에서도 '동물의 권리'라는 표현은 사용하지 않는다. 그는 동물권을 주장하는 사람들과는 달리 동물에 대한 인간의 사용 전부를 폐지해야 한다고 주장하지 않는다. 그는 사람들에게 인간의 도덕적 관심에 동물을 포함해야 한다고 주장한다. 그는 동물이 단지 인간의 종(species)에 해당하지 않는다는 이유로 차별해서는 안 된다고 한다. 싱어는 공리주의자로 알려져 있다. 그는 쾌락과 고통을 느낄 수 있는 모든 지각적 존재(sentient beings)의 목표는 쾌락을 극대화하고 고통을 최소화하는 것으로 보았다. 동물이 지각적이라면 이러한 공리주의가 적용되지 못할 바가 없다는 것이다. 공리적 사고는 인간만의 전유물이 아니라고 한다. 설령 인간이 인간 아닌 종에 비하여 좀 더 나은 지적 능력을 소유하고 있다고 해도 그로 인해서 인간에게 인간 아닌 존재를 착취할 권한이 부여된 것은 아니라고 주장한다.[13)]

싱어는 한 행동으로부터 기인하는 쾌락과 고통의 총량이라는 차원에서 가치를 계산한다. 이 방법은 소수에게 고통을 줄지라도 다수에게 쾌락이나 고통의 감소를 가져다준다면 이를 허용한다. 따라서 싱어에게 있어서는 동물을 의학적 연구 용도로 사용하는 것은 그것 외에는 다른 방법이 없고 많은 사람을 구하기 위한 것이라면 허용된다. 왜냐하면 이러한 행동에서 비롯되는 '선(good)'이 이것으로 인해 발생하는 동물에 대한 고통을 훨씬 능가하기 때문이다. 하지만 동물을 식이용으로 사용하거나 화장품 시험용으로 사용하는 것은 비도덕적이다. 왜냐하면 그러한 행동에서 비롯되는 '선'은 비교적 경미하고 그것 아닌 다른 방법으로도 목적을 달성할 수 있기 때문이다.[14)]

싱어에게 있어서 중요한 것은 동물에게 본질적인 가치를 부여해야 한다는 점이다. 동물은 결코 인간의 목적을 위해 사용되는 수단이 아니라는 것이다. 그렇다고 해서 싱어가 동물이 인간과 동일한 권리를 누릴 수 있다고 보는 것은 아니다. 그는 분명히 종차별주의의 반대가 모든 생명에 동등한 가치가 있다는 것을 의미하

12) Peter Singer, *Animal Liberation*, Second edition(New York Review/Routledge, 1995); 피터 싱어, 『동물해방』, 김성한 옮김(인간사랑, 1999).

13) Ibid. pp. 41~42.

14) Lisa Yount, *Animal Rights,* p. 6.

지는 않는다고 말한다.[15] 동물의 본질적 가치는 그 지각의 정도(sentience level)에 따라 달라져야 하는데, 인간의 경우는 동물이 갖지 못하는 방법(예: 미래에 대한 고통의 예측)으로도 고통을 느낄 수 있으므로 다른 동물보다 높은 가치를 지닌다고 할 수 있다.[16] 싱어에게 있어 동물은 뇌손상을 갖고 있는 사람이나 어린아이 정도의 대우는 받아야 한다고 한다. 따라서 이런 사람들에 대한 인간실험이 허용될 수 없는 것처럼 동물에 대한 실험도 허용될 수 없다고 한다.[17]

결론적으로 싱어는 인간이라는 이유만으로 인간이 다른 피조물보다 더 높은 가치가 있다고 생각하는 것은 종차별로서 허용될 수 없다고 한다.[18] 이러한 종차별주의는 인종주의나 성차별주의와 다를 바가 없다. 싱어에게 있어 오늘날의 동물해방운동은 19세기 노예해방운동과 같은 선상에서 볼 수 있다.[19] 즉, 이것은 마치 인종차별주의나 여성차별주의를 극복하여 인간해방 혹은 남녀평등으로 나아간 것이나 마찬가지이다. 종차별주의를 극복한다는 것은 인간중심주의에서 비롯된 동물에 대한 차별을 부정하여 모든 동물들이 기본적으로 평등하다는 것을 말한다.[20] 이러한 싱어의 사고는 동물보호 이론에 강력한 철학적 배경을 제공해 주고 있다.

나. 권리주의적 입장

동물보호의 또 다른 강력한 흐름은 미국의 톰 리건(Tom Regan)에 의해 주창된 권리주의(rights-based approach)이다. 리건은 그의 주저 『동물권의 사례(The Case for Animal Rights, 1983)』[21]에서 급진적 동물권 운동을 주창했다. 그는 싱어와는

---

15) 피터 싱어, 『동물해방』, p. 62.

16) Ibid. pp. 61~62.

17) Lisa Yount, *Animal Rights*, p. 6.

18) 피터 싱어, 『동물해방』, p. 41.

19) Lisa Yount, *Animal Rights*, p. 6.

20) 이런 이유로 싱어는 그의 책 『동물해방』의 제1장을 "모든 동물은 평등하다"라는 말로 시작한다. 피터 싱어, 『동물해방』, p. 33.

21) Tom Regan, *The Case for Animal Rights*(University of California Press, 1983, 1985, 2004).

달리 동물에 대하여 분명하게 권리(rights)라는 개념을 사용한다. 그는 싱어의 공리적 접근방법을 반대하면서 고통을 수반하는 인간의 동물사용은 도덕적으로 잘못이며 아무리 그것이 인간에게 이익을 준다고 해도 폐지되어야 한다고 한다. 그는 정의가 요구하는 것은 좀 더 크고 깨끗한 새장이 아니라 빈 새장이며, 전통적 동물 축산업이 아니며 죽은 동물의 고기를 판매하는 모든 상업의 종식이라고 선언한다.[22]

리건은 동물에 대하여 이성이 존재하지 않는 살아 있는 기계라는 데카르트적 사고를 부정한다. 그에게 있어 동물, 특히 1년 이상 된 포유동물은 자신의 정체성을 인식하고 무엇인가를 추구하는 삶의 주체성(subjectivity of life)을 갖는다고 한다.[23] 동물도 인간과 마찬가지로 본질적인 가치를 갖는 존재라는 것이다. 따라서 그는 동물이라 할지라도 인간과 같은 기본적 권리, 즉 생명권, 신체적으로 손상되지 않을 권리 및 존중받을 권리를 갖는다고 한다.

리건의 동물권리론은 의무라는 관점에서 볼 때 동물에 대한 인간의 직접적 의무(direct duty)를 인정한 것이다. 이것은 종래의 동물에 대한 간접적 의무(indirect duty)와는 다르다. 칸트가 말했듯이 인간은 동물에게 자비로워야 할 필요가 있다고 할 수 있다. 그러나 이것은 동물 자체에 대한 직접적 의무가 아니며 다른 인간이나 신에 대한 의무 때문에 발생하는 간접적 의무라 할 수 있다. 리건의 동물권리론은 이같이 의무론이라는 관점에서 비추어 종래의 도덕이론의 한계 속에 있는 동물보호론과는 명확한 차이를 보이는 주장이라 할 수 있다.[24]

그러나 동물권리를 주장한다고 해서 그것이 인간이 누리는 권리를 똑같이 동물에게도 보장해 주자는 주장으로 이해할 필요는 없다. 리건을 포함하여 어느 누구도 그렇게 주장하는 사람은 없다. 단지 인간이 동물을 마음대로 취급할 수 없는 지위를 확보해 주어야 한다는 견해 중 가장 강력한 주장이라 할 수 있다.[25] 이러한 주장이

---

22) Lisa Yount, *Animal Rights*, p. 6.

23) Julian H. Franklin, *Animal Rights and moral philosophy*, pp. 13~14.

24) 一ノ懶正樹, 「動物たちの叫び」, 『應用倫理·哲學論集』(東京大學大學院人文社會系硏究科哲學硏究室, 2007.3), pp. 8~9; 남유철, 『개를 위한 변명』(유미디어, 2005), p. 173.

25) 김진석, 『동물의 권리와 복지』(건국대학교 출판부, 2005), p. 203. 김진석 교수는 동물보호단체

작금의 동물보호론에서 하나의 철학적 배경으로 작용하는 것은 자연스러운 현상이라 할 수 있다.

III. 동물복지론의 내용

1. 동물권의 현실

일반적으로 권리가 인정된다고 하는 것은 법률적으로 보면 권리능력 및 당사자능력과 관련이 있다. 동물권의 내용이 인간의 권리와는 본질적으로 차이가 있을 수밖에 없다는 사실을 인정하면서도 동물권이라는 용어를 사용하기 위해서는 최소한의 내용이 담보되어야 한다. 그것이 바로 법리상으로는 권리능력과 당사자능력의 문제이다. 권리능력은 권리의 주체가 될 수 있느냐의 문제이고, 당사자능력은 소송상 당사자가 될 수 있느냐의 문제이다. 따라서 동물에게 권리가 인정된다면 동물에게도 과연 권리의 주체성을 인정하는 한편, 필요한 경우 소송상 권리주체로 인정할 것인가의 문제에 대하여 일정한 답을 해야 한다. 만일 이에 대한 답을 할 수 없다면 동물권리론은 단지 동물보호의 철학적 담론 수준을 넘지 못한다는 비판을 받을 수 있다.

먼저 동물에게 권리능력을 부여할 수 있는가이다. 아직껏 어떤 법제에서도 동물에게 권리능력을 부여한 바는 없다. 그러나 이러한 사실이 동물에게 당연히 권리능력이 없다는 논리는 될 수 없다. 이 문제에 관한 진보적 사고를 하는 학자들은 적어도 영장류 동물(침팬지나 오랑우탄 등)들에게 법적 권리(일종의 권리능력)를 인정해도 충분하다고 한다. 이들 동물은 심신상실된 인간이나 의사능력이 없는 유아와 비교하여 달리 볼 이유가 없기 때문이다. 권리능력은 인간만이 향유한다고 하는

들이 동물의 고통을 감소시킬 것으로 생각되는 단순한 규제나 동물복지수단에 대하여도 무분별하게 동물권리라는 표현을 함으로써 동물의 도덕적 지위에 관한 대중적 혼란을 초래한다고 지적한다.

주장에 대해서는 이미 자연인이 아닌 법인 등에게 법률에 의하여 인격을 부여하는 것을 볼 때 적절한 논거가 아니라고 반론한다.[26)]

당사자능력의 문제는 권리능력의 연장선상에 있는 것이므로 동물에게 이를 쉽게 인정할 수는 없다. 아마도 우리나라에서 동물에게 당사자능력을 부여할 것인가를 말한다면 한마디로 난센스(nonsense)라고 할지 모른다. 하지만 우리나라에서도 이미 이 문제는 논의된 바 있다. 동물의 권리적 차원에서 본격적인 논의라고 볼 수는 없었지만 우리나라에서 처음으로 이 문제가 논의된 것은 2004년 천성산 도롱뇽 사건에서이다. 이 사건은 한국철도시설공단이 경부고속철도 천성산 구간 터널 공사를 함에 있어 천성산 안의 사찰인 내원사, 미타암과 천성산에 사는 동식물을 대표한 도롱뇽, 지율스님 등 '도롱뇽의 친구들'이 위 철도공단을 상대로 공사금지 가처분신청을 한 것이다. 당시 원심법원과 대법원은 도롱뇽은 천성산 일원에 서식하고 있는 도롱뇽목 도롱뇽과에 속하는 양서류로서 자연물인 도롱뇽 및 또는 그를 포함한 자연 그 자체로서는 소송을 수행할 당사자능력을 인정할 수 없다고 했다.[27)][28)] 대법원이 이 문제에 대해서 별 이유도 달지 않고 도롱뇽에게 당사자능력

---

26) Lisa Yount, *Animal Rights*, pp. 10~11.

27) 대법원, 2006. 6. 2 선고, 2004마1148, 1149.

28) 대법원은 이 사건에서 도롱뇽의 당사자능력을 부인하면서 특별한 이유를 붙이지 않았다. 그러나 원심인 부산고등법원은 결정문에 주석을 붙여 이에 대하여 판단했다. 그 주석을 보면 다음과 같다: "신청인들은 외국의 사례와 환경보호를 위한 현실적 필요를 주된 근거로 하여 신청인 도롱뇽의 당사자능력을 주장하고 있다. 실제로 미국 판결례상 그러한 사례가 몇 건 발견되기도 한다. 그러나 신청인들의 주장과는 달리 미국에서도 자연물의 당사자적격(standing; A party's right to make a legal claim or seek judicial enforcement of a duty or right)이 재판의 쟁점으로 되어 정면으로 인정된 사례는 없는 것으로 보이며, 보통법으로 상징되는 불문법주의, 판례법주의를 채택하고 있는 미국의 사례는 법체계와 그 구체적 내용, 법문화의 역사가 근본적으로 우리나라의 그것과는 상이하여 바로 원용하기에 적절하지 않다. 우리나라와 법률제도와 체계가 가장 유사한 일본의 경우에도 자연의 권리소송으로 여러 건의 소가 제기되었으나 그 당사자능력이 인정된 사례가 없다[특히 1995년 2월 가고시마 지방재판소에 제기된 골프장 건설을 위한 산지개발허가를 다툰 아마미노쿠로우사기(아마미 야생토끼) 소송이 유명한데 그 소송 역시 2001. 1. 22 위 법원에서 소가 각하되었다]. 신청인들의 주장과 같이 자연의 권리보호를 위한 소송이 현실적으로 필요성이 있다면, 미국과 같이 객관소송에 가까운 시민소송제도를 입법적으로 도입하는 것

이 없다고 한 것은 아직은 따져볼 가치도 없는 법리논쟁이라는 의식이 담겨 있다고 보인다. 아직 이런 논의가 시기상조라는 것이다. 따라서 우리나라에서는 동물의 권리와 관련한 당사자능력 문제는 당분간 논의하기 어려운 상황이라고 볼 수 있다.

미국에서도 동물에게 아직 법원이 당사자능력을 인정하고는 있지 않다. 그래서 동물보호와 관련된 법률을 위반한 경우라도 일반 시민이 바로 해당 동물을 대리하여 소송을 제기할 수는 없다. 다만 미국에서는 오랜 기간 환경권 보호라는 차원에서 시민단체가 대표소송을 제기한 사건의 판례를 통해 시민단체의 당사자적격을 인정해 왔다. 하지만 이 경우에도 법원의 당사자능력 인정은 관대하지 않다. 당사자능력이 인정되기 위해서는 원고 측 당사자나 그 구성원의 피해가 임박하고 구체적일 것, 피고의 행위에 의한 피해가 확실할 것, 법원의 결정이 피해를 방지하거나 예방하는 데 효과적일 것 등의 요건을 충족해야 한다.[29)]

이 바람직하다고 할 것이며, 그 필요성만으로는 성문법률도 없고, 관습법으로 통용되고 있지도 않은 이상 성문법주의하의 우리나라에서 입법부가 아닌 법원이 당사자능력에 관한 새로운 법을 창설할 수는 없다고 할 것이다. 또한 신청인 도롱뇽에게 당사자능력을 인정하려고 해도 천성산에는 수많은 늪지와 계곡, 동·식물이 존재하고 있고, 서식하고 있는 도롱뇽의 개체수도 많은데, 천성산 자체가 아닌 도롱뇽은 도롱뇽 자신의 이익을 대변할 수 있을 뿐 그 자연 자체를 대표할 수 있다는 근거도 없거니와 이 소송을 제기하고 있는 도롱뇽이 천성산 도롱뇽 전부를 대표할 수 있다고 볼 근거도 없고(도롱뇽 아닌 다른 동·식물이나 늪지나 강 등이 자신의 이익을 주장하며 도롱뇽의 대표성을 부인하거나 다른 도롱뇽이 이 사건 도롱뇽의 대표성을 부인한다면 피신청인으로서는 끝없는 소송사태에 직면하게 될 것이다), 그렇다고 신청인 단체가 도롱뇽을 대표할 수 있다는 법적 근거 또한 전혀 없다. 따라서 신청인들의 주장은 입법론으로는 몰라도 현행법상 타당한 주장이 될 수 없다." 부산고등법원, 2004. 11. 29 선고, 2004라41, 2004라42(병합) 결정.

29) Sierra Club v. Morton(1972) 사건은 환경단체가 제기한 이 분야 최초의 사건으로 평가된다. 이 사건에서 환경단체인 시에라 클럽은 당시 캘리포니아의 한 야생지대의 개발과 관련하여 연방 내무장관과 자연보호공단(U.S. Forest Service) 대표를 상대로 개발중지를 요구하는 소송을 제기했다. 이 사건에서 지방법원은 가처분신청을 인용했으나 항소심인 제9연방항소법원은 이를 기각하면서 시에라 클럽은 위 개발계획이 시에라 클럽 회원의 법적 이익을 침해했다는 것을 보여주지 못했다고 했다. 이러한 항소법원의 판단은 그 후 연방 대법원에서도 유지되었다. 이 사건은 비록 시민단체의 당사자능력이 부정되었지만 그 가능성도 보여준 사건이었다. 1992년 연방 대법원의 lujan v. Defenders of Wildlife 사건에서는 다수의견을 통해 당사자능력이 인정되

이상과 같이 볼 때 동물권이 인정된다고 해도 인간과 같은 권리능력이나 당사자 능력은 당분간 인정되기 어려울 것 같다. 그렇다면 동물에 권리를 인정한다는 논의는 단지 동물보호의 철학적 담론에 불과할 것인가? 그렇지는 않다고 보는데, 동물에게 일정한 권리를 부여한다는 사고는 결국 동물의 물건성을 부인하면서 일종의 인격성을 인정한다는 것이다. 적어도 동물권의 논의가 동물의 물건성을 부인하는 것으로 결론을 내릴 수 있다면 동물 하나하나가 개체로서 존중되는 개체 중심성과 다른 무엇보다도 먼저 고려되어야 하는 우선성을 갖게 된다. 이렇게 되면 동물에 대한 인간의 처분·사용·수익 권능은 제한될 수밖에 없다.[30] 그렇게 되는 경우 동물에 대한 보호는 새로운 경지에서 재검토되어야 할 것이다. 이미 이러한 입장에서 유럽의 몇몇 나라는 동물의 법적 지위를 물건과 다르게 정하기 시작했다. 독일의 경우 민법 개정을 통해 동물을 물건이라고 보지 않고 사람의 동류(mitgeschopfe)라고 규정함으로써 물건과 사람의 중간적 위치를 인정했다.[31]

결론적으로 동물에게 권리를 부여하여야 한다는 동물권은 아직 대세는 아니다. 다만 향후 이 논의는 동물에 대한 우리의 과학적 인식이 달라질수록 지금보다 훨씬 증폭될 것이라 본다. 사실 어떤 실체에게 권리를 부여한다는 것은 법정책의 문제이지 자연적 법칙은 아니기 때문이다. 의사능력이 없는 인간에게 혹은 관념적 인격체인 법인에게 권리를 부여하는 것은 법정책의 소산이지 자연필연적인 것은 아니지 않았던가! 침팬지나 오랑우탄에게 제한적인 의미에서나마 권리능력을 부여한다고 해서 그것이 법리적으로 무리가 있는 것은 아니라 본다.

이와 관련하여 동물보호의 권리적 접근방법 중 최근에 주장되는 파생적 권리론은 주목할 만하다.[32] 파생적 권리론은 인권의 연장으로서의 권리, 혹은 인권에서

기 위한 구체적 요건이 열거되었다. 즉, 원고 측 당사자나 그 구성원의 피해가 임박하고 구체적일 것, 피고의 행위에 의한 피해가 확실할 것, 법원의 결정이 피해를 방지하거나 예방하는 데 효과적일 것 등이다. Lisa Yount, *Animal Rights*, pp. 9~11.

30) 양재모, 「인(人), 물(物)의 이원적 권리체계의 변화: 동물의 물건성과 인격성」, ≪한양법학≫, 통권 제26집(2009. 5), p. 296.

31) Ibid. p. 290.

32) 一ノ瀬正樹, 「動物たちの叫び」, pp. 16~18 참고.

파생하는 권리로서의 동물권을 주장한다. 인간은 동물에 대하여 공감, 애정, 연민의 정을 가질 수 있고 때로는 이러한 감정에 기하여 자신의 소망을 실현하기 위해 주장하거나 호소할 수도 있다. 동물의 권리는 바로 이러한 상황에서 파생되는 개념이라는 것이다. 이러한 개념을 인정하면 동물의 권리를 인정하면서도 그 행사는 인간이 하는 것으로 정리될 수 있어 동물권에 관한 거부강도를 어느 정도 완화시킬 수 있으리라 본다.

2. 동물복지론의 대두

앞에서 본 대로 동물권리론은 아직 시기상조라고 보는 것이 타당하다. 동물에게 권리를 부여한다는 입장은 인간의 동물에 대한 사용을 본질적으로 부정한다. 즉, 동물은 물건이 아니므로 인간이 마음대로 동물을 처분하거나 사용할 수 없다. 그러나 이러한 견해는 인간과 동물의 현실적 관계를 도외시했다는 비판을 받는다. 그래서 동물권리론(animal rights) 대신 동물복지론(animal welfare)이 주장된다. 이것은 인간에게 동물의 이용을 허용한다. 즉, 인간은 동물을 식용으로 할 수 있고 필요한 경우 실험의 대상으로 삼을 수 있다. 물론 인간의 의류에 사용하기 위해 동물의 털이나 가죽을 사용할 수도 있다. 단, 이러한 인간의 동물 이용에는 수단적 한계가 있다. 그것은 이용과정에서 동물에게 불필요한 고통을 주어서는 안 된다는 것이다.[33] 동물복지론은 동물보호에 관한 서구 사회의 일반적 경향이라고 할 수 있다. 다음 소절에서 보듯이 EU를 중심으로 유럽의 여러 나라들은 바로 이러한 흐름 속에서 동물보호에 관한 각종 정책을 추진하고 있다.

3. 동물복지론의 내용

복지(welfare)는 통상 '기본적인 욕구가 충족되고 고통이 최소화되는 행복한 상태'라고 정의된다.[34] 따라서 동물복지란 동물에게 이러한 상태를 제공할 인간의 책무

33) Gary Francione, *Animals, Property, and the Law* (Temple University Press, 2007), p. 6.

를 말한다고 할 수 있다. 유럽에서 동물복지론이 본격적으로 논의되어 제도화된 것은 1960년대 영국의 브람벨(Brambell) 보고서가 나오고 나서부터이다. 영국 정부는 1965년 브람벨 교수에게 농장동물(farm animal) 복지에 관한 전반적 조사를 의뢰했다. 그 후 영국 정부는 브람벨 보고서에 기초하여 농장동물복지자문위원회(Farm Animal Welfare Advisory Committee, 1967)를 설립했고 이것은 1979년 농장동물복지위원회(Farm Animal Welfare Council)로 발전했다. 이 위원회의 활동 결과 유럽의 여러 나라의 동물(그중에서도 농장동물) 복지의 표준이 된 동물의 5대 자유(five freedoms) 개념이 탄생했다. 농장동물에게 제공해야 하는 5대 자유는 다음과 같다.[35]

① 배고픔과 갈증으로부터의 자유(Freedom from Hunger and Thirst)
농장동물이 건강을 유지하기 위하여 신선한 물과 음식에 접근할 수 있어야 한다.

② 불쾌감으로부터의 자유(Freedom from Discomfort)
농장동물에게 편안한 축사 등 적절한 환경을 제공해야 한다.

③ 고통, 부상 및 질병으로부터의 자유(Freedom from Pain, Injury or Disease)
농장동물에게 고통과 질병에서 벗어날 수 있도록 적절한 처방 및 치료가 주어져야 한다.

④ 통상의 행위를 표현할 수 있는 자유(Freedom to Express Normal Behaviour)
농장동물에게 적절한 공간과 시설에서 살게 하고 같은 종의 농장동물이 어울려 살 수 있도록 해야 한다.

⑤ 공포와 고통으로부터의 자유(Freedom from Fear and Distress)
농장동물에게는 정신적 고통을 피하도록 적절한 환경과 처우를 해야 한다.

34) 김진석, 『동물의 권리와 복지』, p. 301.

35) "Five Freedoms," from http://www.fawc.org.uk(검색일: 2009. 7. 7). 5대 자유는 브람벨 보고서가 농장동물에게 제공해야 할 "서고, 눕고, 돌아다니고, 날개 칠 자유(freedoms to stand up, lie down, turn around, groom themselves and stretch their limbs)"에서 나온 것이다.

위의 개념은 동물복지의 필요적 기준을 정한 것이 아니라 동물복지의 이상적 상황(best possible standards)을 설정한 것이다. 인간이 동물을 사용하지 않을 수 없지만 그렇다고 해도 사육과정이나 이동과정 혹은 판매과정에서 동물들에게 불필요한 고통을 주지 않도록 위와 같은 이상적 상황을 지향해 나가자는 것이다. 즉, 동물보호에서 하나의 이념과 이상을 구체화한 것이라 할 수 있다.[36]

IV. 유럽의 동물복지 규범의 실제

1. 동물복지 규범의 역사

유럽에서 동물보호 및 복지에 관한 법령은 꽤나 긴 역사를 가지고 있다. 19세기에 이미 유럽에는 동물 학대를 반대하는 단체들이 설립되기 시작했다. 주로 이들 단체의 관심사는 농장동물, 그중에서도 말과 개에 대한 부적절한 처우에 모아졌다. 19세기 중반에는 유럽 몇몇 나라에 동물복지법 등이 나타나 동물을 학대하는 사람들에 대하여 이를 규제할 수 있는 근거를 마련했다. 19세기 후반 및 20세기 초에는 이들의 관심사는 동물실험으로 확대되었다. 무분별한 동물실험에 대하여 이의를 제기할 수 있는 상황이 된 것이다. 뒤이어 유럽에서의 민주주의 발전과 함께 기존의 동물에 대한 윤리가 적합한지에 대하여 의문이 제기되었다. 이 과정에서 두 사람의 저작물이 큰 역할을 했다. 바로 레이첼 카슨(Rachel Carson)의 『침묵의 봄(Silent Spring)』과 루스 해리슨(Ruth Harrison)의 『동물 기계(Animal Machine)』가 그것이다. 이 중에서도 후자의 영향력이 컸는데, 이것이 바로 영국에서 1960년대 브람벨 보고서가 나오게 된 배경이 되었다.[37]

---

36) Press Statement(5 Dec. 1979), "Farm Animal Welfare Council," from http://www.fawc.org.uk(검색일: 2009. 7. 7).

37) Ingvar Ekesbo, "Evolution of animal welfare in Europe and its role for safeguarding animal health," Congresso de Ciencias Veterinarias(Proceedings of the Veterinary Congress, 2002), SpCV, Oerias, 10-12, Out., pp. 191~202.

이러한 배경 속에서 유럽 각국에서는 1960년대 이후에는 농장동물(farm animal)을 중심으로 동물복지적 관점의 많은 법령이 만들어졌다. 유럽에서 이러한 변화를 일으키는 데에는 두 개의 초국가적 기구인 유럽평의회(Council of Europe) 및 유럽연합(European Union)의 역할이 컸다. 이들 초국가적 기구는 농장동물복지를 위한 최소한의 규범을 만들었고, 회원국가에 대하여 그 도입을 촉구해 왔다.

1990년대에 들어와 EU가 창설된 뒤부터 동물보호 및 복지에 관한 EU의 정책은 보다 분명해졌다. 이것은 EU가 그 기본문서에 관련 조항을 명기한 것에서 알 수 있다. EU는 1999년 발효된 암스테르담 조약을 통해 동물복지에 관한 역사적인 조항을 넣는 데 성공했다. 동 조약에서 부속문건으로 채택된 '동물보호와 복지에 관한 의정서'[38]에서 EU는 지각적 존재(sentient beings)로서의 동물을 인정하고[39] 각 회원국들이 그에 걸맞은 관심을 기울일 것을 요구하고 있다. EU의 동물복지에 관한 노력은 2004년 체결된 EU헌법 창설을 위한 조약[40]에서 그 본문에 동물복지에 관한 하나의 조항을 넣음으로써 더욱 관심을 받고 있다. 이 조약 제121조에서는 동물이 지각적 존재임을 인식하고 공동체와 회원국은 농업, 어업, 운송, 국내시장, 기술적 실험 분야 등에서 동물복지적 차원의 최선의 고려를 해야 한다고 규정하고 있다. 이러한 내용은 2007년 EU의 개혁을 지향하면서 체결된 리스본 조약에서도 확인되었다. 이러한 동물복지에 관한 EU의 노력은 보편적 인권 개념을 동물에게 확장한 것이라는 평가를 받고 있다.[41]

---

38) Treaty of Amsterdam amending the Treaty on European Union, the Treaties establishing the European Communities and certain related acts - Protocol annexed to the Treaty of the European Community - Protocol on protection and welfare of animals, from http://eur-lex.europa.eu.

39) 따라서 동물은 더 이상 물건이나 상품으로 취급되어서는 안 된다. EU가 이런 용어를 쓰기 전까지는 어떤 나라도 동물을 느낌과 의식을 가진 지각적 존재로 인정한 적이 없다. 이러한 표현은 동물관에 일대 혁신적인 변화가 왔음을 의미한다. 제러미 리프킨, 『유로피언 드림』, p. 446.

40) Treaty establishing a Constitution for Europe, from http://eur-lex.europa.eu.

41) 제러미 리프킨, 『유로피언 드림』, p. 446. 리프킨 교수는 산업선진국들이 오래전부터 동물에게 복지와 인간적 대우를 하기 위한 법령을 가지고 있었지만 이것들은 불행하게도 피상적일 뿐 거의 실행되지 않았다고 비판하면서 EU의 동물관에 대한 변화를 하나의 패러다임 변화로 본다.

2. 유럽평의회의 협약 및 권고

제2차 세계대전 이후인 1949년 창설된 유럽평의회는 동물복지에 관한 다양한 조치를 내놓았다. 평의회는 구속력 있는 협약(convention)을 만들 수 있는데, 동물복지와 관련하여 1960년대 이후 40년간 5개의 주요한 협약을 만들었다. 5개 협약은 동물수송에 관한 협약(1968), 농장동물복지협약(1976), 농장동물 도살에 관한 협약(1979), 동물실험에 관한 협약(1986) 및 애완동물에 관한 협약(1987) 등이다.[42) 이 중에서 가장 중요한 비중을 차지하고 있는 3개의 협약[43)]에 대해 설명하면 다음과 같다.

가. 동물수송에 관한 협약(1968)

이 협약은 국가와 국가 간의 수송에 관한 협약으로 그 대상은 포유동물과 조류 그리고 파충류 등이다. 협약은 도로, 철도, 선박 및 항공기에 의한 수송을 포괄하고 있다. 이 협약에서는 동물의 적절한 수송과 관리를 위한 일반적 요구사항을 규정하고 있다. 하지만 몇 가지 점에 있어서는 특별한 조치를 규정하고 있는데, 예컨대 24시간 이상 물과 먹이를 주지 않고 수송하는 것을 금지하거나 조류를 제외한 농장동물에 대해서는 수송 전에 수의사가 검역을 하고 이를 문서로 증명하는 것 등이다. 이 협약이 만들어진 뒤 각료위원회는 추가적인 권고를 했다. 말(1987), 돼지(1988), 소(1990), 양 및 염소(1990) 및 가금류(1990) 등의 수송 시 준수해야 할 권고가 그것들이다. 협약이 일반적인 원칙을 정한 것이라면 이들 권고에서는 과학적이고도 기술적인 지식을 바탕으로 만들어진 실무적 사항을 정하고 있다.

---

42) 이하의 내용은 다음 두 글 중에서 관련 부분을 요약한 것임. Isabelle Veissier et al., "European approach to ensure good animal welfare," *Applied Animal Behaviour Science*, 113(2008), pp. 280~282, available at www.sciencedirect.com; Ingvar Ekesbo, "Evolution of animal welfare in Europe and its role for safeguarding animal health," pp. 191~202.

43) 유럽 국가 중 이들 3개의 협약에 가입한 나라는 24개국이다. 오스트리아 등 5개국은 이들 협약 중 농장동물복지협약에만 가입되어 있다.

나. 농장동물복지협약(1976)

이 협약은 농장동물의 종과 관계없이 농장동물의 주거환경 및 관리보호에 관한 일반적 규칙을 담고 있다. 협약은 동물보호국제연맹(World Federation for the Protection of Animals)이 제안한 초안에 기초한 것인데 주로 자동화 장치에 의해 집중적으로 관리되는 현대적 사육 시스템의 관리에 관한 일반원칙을 담고 있다. 농장동물의 건강을 담보하기 위해 최소한의 자유(이동 및 축사 그리고 먹이 시설)와 농장동물 및 시설에 대한 일일검사 규정이 설정되었다. 이 협약은 특히 체약국 대표 및 비체약국 옵서버, 그리고 수의사 및 농부로 이루어진 NGO 대표로 구성된 상설위원회를 두었는데, 이 위원회에서는 과학적·기술적 지식을 토대로 농장동물 종에 따른 권고를 만들어 내고 있다. 이제까지 이 위원회가 농장동물 종에 따라 발한 권고는 소(1988, 1993), 양 및 염소(1992), 가금류(1986, 1995), 주조류(1997), 오리 및 거위 등 모피동물(1999), 칠면조(2001), 돼지(1986, 2005) 및 물고기(2006) 등에 관한 것이 있다. 이들 권고는 대체로 농장동물의 생물학적 특성에 맞추어 그들 농장동물과 관련된 영양공급, 건강, 이동의 자유, 물리적 적합성, 사회적 접촉, 평상의 행태 및 육체적·정신적 스트레스의 예방 등과 관련된 최소한의 필요사항을 정하고 있다. 특히 이들 농장동물을 관리하는 사람들에 대한 적절한 훈련에 관심을 두고 있다.

다. 농장동물 도살에 관한 협약(1979)

이 협약은 위의 상설위원회가 초안을 만든 것으로 농장동물 도살과 관련된 적정한 관리를 목적으로 한다. 농장동물을 도살한다고 해도 농장동물에게 불필요한 고통을 주어서는 안 된다는 원칙 아래 농장동물을 거칠게 다룬다거나 농장동물의 몸 부위 중 지극히 민감한 부분을 가격해서는 안 된다는 원칙을 정하고 있다. 그뿐만 아니라 도살을 할 때는 피가 흐르기 전에 기계적 방법에 의해 실신시키는 것이 요구되었다.

3. 동물복지 관련 EU 지침

EU(그 전신인 EC)는 1970년대 이래 동물보호를 위한 여러 가지 조치를 취해왔다. EU가 이 문제에 관심을 갖게 된 것은 동물보호에 관한 각국의 차이가 공동체 내의 공정경쟁을 손상시킬 수 있다는 인식 때문이었다. 이러한 인식하에서 EU 집행위원회는 많은 지침(directive)을 만들어 시행했다. 이 지침은 앞서 본 유럽평의회가 만든 협약과 권고에 기초한 것이다. 집행위원회는 통상 동물복지에 관한 사항에 관해 입법이 필요하다고 판단되면 관련 과학위원회와 협의하고 이어 이 위원회는 임시 실무팀을 만들어 관련 작업을 진행한다. 실무팀은 기존의 규정을 검토하고 이를 과학적 근거에 기초하여 보고서를 만든 다음 집행위원회에 넘긴다. 집행위원회는 이 보고서를 근거로 지침 초안을 만들어 최종적으로는 각료위원회에 넘겨 지침을 완성한다. 1990년대 이후 많은 지침이 쏟아져 나왔는데, 농장동물의 수송, 도살, 송아지 사육, 양계, 돼지, 오리 및 거위 모피동물 등에 관한 지침으로 수를 헤아리기 어려울 정도이다. 이들 지침의 이념적 배경은 앞에서 언급한 농장동물복지위원회의 '5대 자유'이다. 이 자유를 기초로 EU 지침은 농장동물을 사육하는 데 있어 각국이 준수해야 할 기준을 정하고 있다. 그 일반적인 흐름은 다음과 같다.

- 농장동물의 개체당 점유공간을 확대시킨다.
- 가축 상호 간 관계를 중요시한다. 따라서 가급적이면 농장동물을 한 공간에 집단적으로 생활케 한다.
- 이동의 자유를 더욱 보장한다.
- 농장동물에게 좀 더 좋은 환경을 제공한다.
- 농장동물에게 정신적 및 행태적 필요에 따라 먹이를 공급한다.
- 농장동물에게 가급적 고통을 줄여줘야 한다.

4. EU 동물복지 행동계획

EU의 동물복지에 관한 정책은 일시적인 것이 아니다. EU는 동물복지에 관한 유럽인의 이념을 장기적인 계획을 세워 실천해 가는 것이 중요하다고 생각한다. 이를 위해 EU는 최근 정기적으로 행동계획(Action Plan)을 세워 동물복지의 밑그림을 그리고 이에 따라 정책을 집행하기로 했다. 그 최초의 행동계획이 2006년 발표된 '2006~2010년 행동계획'[44)]이다. EU는 이 행동계획을 통해 5년간 EU가 동물복지를 위해 주력할 목표와 행동영역 그리고 향후 계획을 정하고 있다. 이하에서는 그 내용 중 목표와 행동영역을 간단히 보도록 한다.

가. 행동계획의 목표

- 수년 내에 동물보호와 동물복지에 대한 공동체의 방향을 좀 더 분명히 정한다.
- EU와 국제적 수준에서 동물복지에 관한 보다 높은 수준의 기준을 지속적으로 정해나간다.
- 향후 필요를 점검하면서 기존 자원들의 보다 높은 수준의 협력을 이끌어 낸다.
- 동물실험을 복지적 차원에서 재점검해 나간다. 특히 동물실험에서는 3R 원칙[45)]을 지속적으로 지지한다.
- 동물보호와 복지를 위해 보다 일관되고 조화된 정책을 추진하고 새로운 정책의 사회경제적 효과를 고려한다.

---

44) Communication from the Commission to the European Parliament and the Council on a Community Action Plan on the Protection and Welfare of Animals 2006-2010, from http://eur-lex.europa.eu/LexUriServ/site/en/com/2006/com2006_0013 en01.pdf.

45) 3R은 replacement, reduction 및 refinement의 약자이다. 따라서 동물실험은 그것을 대체할 수 있는 수단을 강구하고, 가급적 실험을 줄여나가며 실험방법을 좀 더 동물복지적 차원에서 진보시켜 나간다는 의미이다.

나. 행동영역

행동계획은 다음 다섯 분야에 집중된다.

(1) 동물보호 및 동물복지에 관한 기준 향상

이것은 EU가 새로운 과학적 기준에 의거하여 기존의 EU 기준을 지속적으로 업그레이드해 나간다는 것이다. EU는 여기에서 이러한 새 기준이 국제무역에서 하나의 규범이 될 수 있음을 분명히 하고 있다.

(2) 동물실험 분야의 개선

이것은 EU가 동물실험 분야에서 위의 3R 원칙을 적극적으로 적용하는 등 지속적으로 실험방법을 동물보호와 복지적 차원에서 개선해 나가겠다는 것이다.

(3) 동물복지 지표 개발

이것은 EU가 동물의 보호와 복지 증진의 수준을 지표 개발을 통해 과학적 방법론을 개발하겠다는 것이다. 이러한 지표가 개발되면 동물복지적 생산품의 발전에 도움이 될 것이다. 이것과 관련하여 EU의 농축산품에 대한 라벨링 정책은 강화될 것이다.

(4) 동물복지정책에 관한 이해관계자에 대한 홍보

이것은 EU가 동물의 보호와 복지 증진을 위해 관련 정책 및 정보를 이해관계자들에게 적극적으로 홍보하겠다는 것이다.

(5) 동물복지의 국제적 확산 노력

이것은 EU가 동물복지의 초국가적 확산 노력을 해나가겠다는 것이다. 애완동물이나 농장동물 그리고 야생동물과 관련된 동물복지 영역에서 국제적 노력을 해나가며, 특히 개발도상국과의 무역거래를 통해서는 동물복지 친화적 생산제도가 정착되도록 노력한다는 것이다.

5. 세계동물복지선언과 세계동물권리선언

세계동물복지선언(Universal Declaration of Animal Welfare)[46]은 세계인권선언(Universal Declaration of Human Rights)을 연상시키는 동물복지에 관한 보편적 선언이다. 이것은 국제적인 동물보호 NGO들[47]이 유엔에 그 채택을 제안하고 있는 비구속적 선언이다. 이 선언문에서는 동물복지가 모든 국가의 공통의 목적이 되어야 함을 선언하면서 동물이 당하는 고통을 줄이고 잔인한 처우를 방지하기 위한 적절한 수단을 요구한다. 나아가 동물에 따른 적절한 복지기준이 개발될 것을 요청하고 있다. 이들 단체가 이러한 선언을 유엔을 통해 이끌어 내고자 하는 것은 동물보호에 관한 국제적 관심사를 높여 각국이 동물보호 법령이나 정책을 만드는 데 분위기를 만들기 위함이다. 이 문서에서는 동물의 지각성(sentience)을 인식하고 동물에 대한 보호가 인간의 의무임을 선언하고 있다. 이 선언은 2003년 유럽평의회와 미국 등 19개국이 참석한 동물복지에 관한 마닐라 회의에서 동의를 받았고 이어 국가 간 운영위원회가 조직되어 필리핀, 인도 등이 선도적 역할을 하고 있다. 2007년 이후에는 동물건강국제기구(OIE) 등 국제기구도 이 선언을 지지하기로 결정하는 등 국제적 관심을 점점 넓혀가고 있다.

한편 동물복지론은 드디어 동물권 운동으로 발전하고 있다. 이것을 주도하는 국제기구가 유엔의 전문기구인 유네스코(UNESCO)인바, 유네스코는 동물권을 동물의 보편적인 권리로 받아들여 세계동물권리선언(Universal Declaration of Animal Rights)을 선포하였다. 1978년 선언된 이 권리선언은 인간의 동물에 대한 종차별주의를 극복하고 인간과 동물의 조화로운 공존을 목표로 동물의 생명권과 고통으로부터의 자유 등을 정하고 있다. 특히 이 선언은 인간의 동물에 대한 무자비한 살상을 '생명에 반하는 죄(Crime against Life)' 등으로 규정하고 있어 동물보호의 강력한

46) 이 선언의 원문은 다음 사이트에서 볼 수 있음: http://www.animalsmatter.org.

47) 예컨대 World Society for the Protection of Animals(WSPA), American Society for the Prevention of Cruelty to Animals(ASPCA), Compassion in World Farming, Royal Society for the Prevention of Cruelty to Animals(RSPCA), Humane Society of the United States(HSUS) 등이다. 이 중에서 WSPA가 이 선언의 채택을 위해 사무국 역할을 하고 있다.

의지를 보여주고 있다. 이 선언 이후 각국의 동물보호 관련 법률이 이에 맞춰지고 있으며 우리나라도 예외가 아니라고 할 수 있다.

세계동물권리선언

제1조
모든 동물은 태어나면서부터 평등한 생명권과 동등한 존재의 권리를 가진다.

제2조
1. 모든 동물은 존중받아야 한다.
2. 인간은 동물의 한 종으로서 다른 동물을 멸종시키거나 비인도적으로 착취할 권리를 갖는다는 생각을 버려야 한다. 인간은 동물복지를 위해 그 지식을 사용하는 것이 의무이다.
3. 모든 동물은 인간의 관심과 돌봄 그리고 보호를 받을 권리를 가진다.

제3조
1. 어떤 동물도 부당하거나 잔인하게 처우되어서는 아니 된다.
2. 동물을 죽여야 하는 경우 즉각적으로 고통 없이 이루어져야 한다.

제4조
1. 모든 야생동물은 땅이건, 하늘이건 물이건 그 본연의 자연환경에서 자유롭게 살아가고 생육할 권리를 가진다.
2. 교육적 목적을 위해서조차 자유를 박탈하는 것은 이러한 권리의 침해이다.

제5조
1. 전통적으로 인간의 환경에서 사는 동물 종들은 그들 종 고유의 삶과 자유의 조건과 리듬으로 살아가고 성장할 권리를 가진다.
2. 인간이 자신의 이익을 위해 이러한 리듬이나 조건에 간섭하는 것은 이 권리를 침해하는 것이다.

제6조
1. 모든 반려동물은 자연 수명을 누릴 권리를 가진다.
2. 동물을 유기하는 것은 잔인하고 굴욕적 행위이다.

제7조
모든 사역동물은 합리적인 시간과 강도로 일하고 필수적인 영양을 공급받으며 휴식할 권리를 갖는다.

제8조
1. 신체적이거나 심리적 고통을 수반하는 동물실험은 그 목적이 과학적이건, 의학적이건, 상업적이건 어떤 연구의 목적이든지 동물의 권리에 위반되는 것이다.
2. 동물실험의 대체방법이 사용되고 개발되어야 한다.

제9조
동물이 식품산업에 사용되는 경우 고통 없이 사육, 운송, 대기, 도살되어야 한다.

제10조
1. 어떤 동물도 인간의 오락 목적으로 착취되어서는 아니 된다.
2. 동물을 전시하거나 구경거리로 만드는 일은 동물의 존엄성에 반하는 것이다.

제11조
무자비한 동물살해는 생명 살상 곧 '생명에 반하는 죄'이다.

제12조
1. 야생동물의 대량살해는 집단학살 곧 '종(種)에 반하는 죄'이다.
2. 자연환경의 오염이나 파괴는 집단학살을 불러올 수 있다.

제13조
1. 사망한 동물이라도 존중하여 다루어야 한다.
2. 동물과 관련이 있는 폭력적인 장면은 인도적 교육목적이 아니라면 영화 및 텔레비전에서 금지되어야 한다.

제14조
1. 동물권 증진 운동의 대표들은 정부의 모든 단위에서 효과적인 목소리를 내야 한다.
2. 동물권은 인권과 마찬가지로 법의 보호를 받아야 한다.

V. 우리나라의 동물보호 법령

우리나라에서 동물보호나 복지에 관하여 본격적인 논쟁은 비교적 드물었다. 서구에서처럼 오랫동안 동물관에 관한 철학적 논쟁이 있었던 것도 아니었다. 그렇다 보니 동물의 복지나 나아가 동물의 권리에 관한 논쟁은 아주 희귀한 관심사가 되었다. 그럼에도 불구하고 국내에 1991년 이후 동물보호법이 시행되고 있는 것은 주목할 만하다.[48] 동물보호법은 제정 이후 몇 차례에 걸쳐 개정된 바 있지만 그 내용이 다분히 선언적이고 윤리적인 수준의 동물보호 관련 규정이었다. 그러나 2008년과 2011년 전면 개정을 통해 동물보호의 수준을 비약적으로 강화하였다. 이 법률이 만들어진 계기는 그 목적(제1조)에서 밝히는 바대로 동물에 대한 학대방지를 통해 동물의 생명보호, 안전보장 및 복지 증진을 꾀함으로써, 동물의 생명존중 등 국민의 정서 함양에 있다. 이 법률의 기본적 내용은 유럽에서 확립되어 온 동물보호와 복지에 관한 원칙을 대부분 도입하는 데 노력했다. 동물학대에 대해 처벌을 하는 이유도 그 행위로 인하여 인간의 소유권을 침해했다거나 평안함을 해쳤기 때문이 아니라 동물 자체의 생명존중이라는 입장에서 찾는다. 이러한 인식은 앞에서 본 동물의 5대 자유를 동물 사육·관리 또는 보호를 할 때의 기본원칙(제3조)으로 받아들인 것에서 잘 알 수 있다.[49] 이 법은 이러한 기본원칙하에서 국가·지방자치단체 및 국민의 책무(제4조), 동물복지종합계획의 수립(제6조 이하), 적정한

---

48) 동물 관련 법제는 동물보호법 이외에도 야생동식물보호법, 자연환경보전법, 가축전염병예방법, 축산법, 한국진도개보호육성법, 전통소싸움경기에관한법률 및 수의사법 등이 있다. 이 중에서 오로지 동물보호와 복지를 위해 만들어진 법률은 동물보호법이다.

49) 동물보호법 제3조(동물보호의 기본원칙)
누구든지 동물을 사육·관리 또는 보호할 때에는 다음 각 호의 원칙이 준수되도록 노력하여야 한다.
1. 동물이 본래의 습성과 신체의 원형을 유지하면서 정상적으로 살 수 있도록 할 것
2. 동물이 갈증 및 굶주림을 겪거나 영양이 결핍되지 아니하도록 할 것
3. 동물이 정상적인 행동을 표현할 수 있고 불편함을 겪지 아니하도록 할 것
4. 동물이 고통·상해 및 질병으로부터 자유롭도록 할 것
5. 동물이 공포와 스트레스를 받지 아니하도록 할 것

사육관리(제9조), 동물학대의 금지(제10조), 동물운송에서의 준수사항(제11조), 도살방법의 제한(제13조), 동물수술(제14조), 등록대상동물의 등록과 관리(제15조, 제16조), 유기동물 등의 구조와 보호를 위한 자치단체 장의 책무 및 동물보호센터의 설치(제34조, 제35조 등), 동물실험의 원칙(제47조) 등을 정하고 있다. 또한 산업적으로 동물복지 증진을 위해 동물복지축산농장 인증제도도 마련하였다(제59조 이하).

이러한 내용은 위에서 살펴본 유럽에서 발전시킨 각종 동물보호와 복지에 관한 내용과 대체로 유사하다. 이러한 규정을 살펴볼 때 우리 동물보호법의 수준도 동물에 대한 인간의 인식 변화, 즉 동물을 지각적 존재라고 인식하면서 다양한 동물보호 법제를 구축하고 있는 유럽 등지의 상황을 따라가는 추세라고 할 수 있다. 더욱 고무적인 것은 법 개정을 통해 보호되어야 할 동물의 개념을 크게 확대시켰다는 점이다. 유럽의 지각적 존재라는 개념을 받아들여 동물보호법상의 동물 개념을 "고통을 느낄 수 있는 신경체계가 발달한 척추동물"이라고 정한 것이다.[50] 또한 동물학대금지의 경우도 과거의 추상적인 수준에서 최근 개정으로 상당 부분 구체화되었다.

그러나 앞에서 살펴본 대로 EU가 이미 농장동물을 중심으로 종별 보호를 위한 각종의 과학적 보호대책을 수립해 가고 있는 것에 비하면, 우리는 아직 거기에 미치지 못한다. EU의 관련 과학위원회에서는 하루가 멀다 하고 종별 보호대책을 만들면서 회원국을 독려한다. 그럼으로써 이제 유럽 국가들은 격리된 돼지축사를 야외축사로 교체해야 하는 의무를 갖게 되었고, 달걀 생산 목적으로 좁은 닭장(일렬식 닭장)에서 닭을 키우는 것을 금지하는 데 합의했다. 이런 변화는 경제적 파장을 가져다주면서 소비자들에게 그들이 먹는 각종 축산품이 인도적 처우를 통해 만들어진 것인지를 알 수 있도록 표식화(라벨링)하도록 하고 있다. 이러한 상황이 바로

50) 동물보호법 제2조 제1호는 '동물'을 정의하고 있는데, 종래 '동물'을 "소·말·돼지·개·고양이·토끼·닭·오리·산양·면양·사슴·여우·밍크 등 척추동물로서 대통령령이 정하는 동물"이라고 정하고 있었는데, 2013년 개정을 통해 다음과 같이 바뀌었다: "동물"이란 고통을 느낄 수 있는 신경체계가 발달한 척추동물로서 다음 각 목의 어느 하나에 해당하는 동물을 말한다. 가. 포유류, 나. 조류, 다. 파충류·양서류·어류 중 농림축산식품부장관이 관계 중앙행정기관의 장과의 협의를 거쳐 대통령령으로 정하는 동물.

EU와 회원국들의 동물보호와 복지정책의 결과라는 것을 볼 때 우리나라 동물보호의 향후 과제가 무엇인지를 알 수 있다.

이런 상황을 고려할 때 우리의 동물보호법도 보호의 범위를 확장하고 농장동물의 보호에 관한 규정을 강화해 사육시설 등의 복지적 측면을 강화해야 한다. 나아가 우리나라는 동물보호법을 비롯한 동물보호 법령이 있다고 해도 그 집행이 제대로 된다는 보장이 없다. 이들 법률은 대단히 문화적인 법률이기 때문에 동물보호나 복지 나아가 동물의 권리에 대한 국민적 관심이 없다면 그저 종이 위의 규범이 되기 쉽다. 우리나라가 동물보호와 복지에 관한 시대의 대세를 좇아 법률을 만들었지만 그 필요성에 관한 진지한 국민적 논의가 부족했기 때문에 법률의 시행의지는 약할 수밖에 없다. 따라서 이들 법률이 제대로 시행되기 위해서는 국민적 관심사 제고를 위한 교육 등 다양한 방법이 추진되어야 할 것이다.

VI. 결론

이 장을 마치면서 유럽에서 불어닥치고 있는 새로운 동물관에 따라 우리의 동물보호와 동물복지에 대한 미래 지향적 입장을 정리하고자 한다.

첫째, 인간과 동물의 바른 관계에 대하여 고민해야 한다. 인간이 만물의 영장임을 부인하지 않지만 그것이 이 자연의 생명체에 대한 자의적 처분권을 합리화시키지는 않는다. 우리와 우리의 자손만대가 이 자연 속에서 평화롭게 살기 위해서는 종은 다르지만 그 사이에서 평화를 누릴 수 있는 방안에 대해 이제 진지하게 생각해야 한다. 그런 면에서 동물은 오로지 인간의 편의를 위해 존재하는 하나의 자원이란 인식은 재고되어야 한다.

둘째, 적어도 지각적 동물에 대해서는 단순히 물건으로 대하는 태도는 달라져야 한다. 이런 점에서 유럽인들이 이런 동물을 지각적 존재(sentient beings)라고 인정하고 관련 규범을 정비해 나가는 것이 우리에게도 하나의 모델이 될 수 있다고 생각한다. 동물을 지각적 존재로 인정한다고 하는 것이 모든 사람이 채식주의자가 되어야 한다는 것을 의미하지 않는다. 종교적 교의에 따라서는 모든 살아 있는 동물을 살생하지 말 것을 주문할 수 있지만 여기서는 그것을 말하는 것이 아니다. 그 동물들이 생태계의 법칙상 우리 인간의 먹이가 될 수 있을지라도 자연 생태계를 파괴하지 않기 위해서는 생명체에 대한 처우에 특별히 신경을 써야 한다는 것이다.

셋째, 동물에 대한 새로운 패러다임은 결국 인권의 문제이다. 생명권을 존중한다고 하면서 인간의 유전자와 99% 동일한 침팬지를 무제한적으로 동물실험의 대상으로 할 수는 없다. 만일 이러한 일이 가능하다고 하면 인간 중 완전 무능력한 유아나 심신상실자를 실험대상으로 하는 것을 무엇으로 막을 수 있을까? 또한 생물종에 대한 인간의 무자비한 공격은 우리 모두가 누려야 할 인권인 환경권을 스스로 파괴하는 것이다. 따라서 동물에 대한 복지는 인간이 인간답게 살아가는 방법을 제시한다는 관점에서 앞으로 지속적으로 연구되어야 한다. 동물에 대한 보호는 이제 인권의 연장선상에서 살필 상황이 되었다는 것이다. 인류의 인권 역사는 제한된 인간의 범주에서 모든 사람의 범주로 확장되었고, 마침내 동물에게로 확장되는 과정에 있다고 할 수 있다.

넷째, 동물에 대한 복지관은 산업에 영향을 미치면서 우리나라를 포함한 국제적 교역의 조건으로 기능한다는 점이다. EU는 동물의 보호와 복지라는 목표를 설정하고 이를 산업에 연결시키는 작업을 진행시켜 왔다. 향후 이 문제를 제대로 짚지 않으면 유럽과 축산물 교역을 할 수가 없을 것이다. 따라서 동물복지에 관한 논쟁은 단순히 동물 그 자체의 복지 문제가 아니라 한 나라의 경제 산업구조와 밀접히 관련 있다는 사실에 주목해야 한다.

마지막으로, 동물의 보호와 복지는 철학과 이념 그리고 실천이 담보되지 않으면 허구에 지나지 않는다. 이것은 동물복지론이 단순히 규범의 문제가 아니라 문화의 문제이기 때문이다. 따라서 동물복지론을 발전시키기 위해서는 꾸준히 이에 대한 연구가 진행되고 이를 대중적으로 알리는 작업이 필요하다. 동물복지가 오로지 동물학자나 수의사들의 몫일 수만은 없으며 철학자, 법률가, 인권운동가 등이 참여하지 않으면 인권문제로서의 동물보호와 복지는 요원할 수밖에 없다.

부 록

부록 차례

[이하 자료는 학습목표에 맞추어 발췌 수록하였음]

The Charter of the United Nations

WE THE PEOPLES OF THE UNITED NATIONS DETERMINED

to save succeeding generations from the scourge of war, which twice in our lifetime has brought untold sorrow to mankind, and to reaffirm faith in fundamental human rights, in the dignity and worth of the human person, in the equal rights of men and women and of nations large and small, and to establish conditions under which justice and respect for the obligations arising from treaties and other sources of international law can be maintained, and to promote social progress and better standards of life in larger freedom,

AND FOR THESE ENDS

to practice tolerance and live together in peace with one another as good neighbours, and to unite our strength to maintain international peace and security, and to ensure, by the acceptance of principles and the institution of methods, that armed force shall not be used, save in the common interest, and to employ international machinery for the promotion of the economic and social advancement of all peoples,

HAVE RESOLED TO COMBINE OUR EFFORTS TO ACCOMPLISH THESE AIMS

. . .

CHAPTER I
PURPOSES AND PRINCIPLES

Article 1

The Purposes of the United Nations are:

1. To maintain international peace and security, and

국제연합헌장

발효 1945. 10. 24/ 대한민국 적용 1991. 9. 18

우리 연합국 국민들은

우리 일생 중에 두 번이나 말할 수 없는 슬픔을 인류에 가져온 전쟁의 불행에서 다음 세대를 구하고, 기본적 인권, 인간의 존엄 및 가치, 남녀 및 대소 각국의 평등권에 대한 신념을 재확인하며, 정의와 조약 및 기타 국제법의 연원으로부터 발생하는 의무에 대한 존중이 계속 유지될 수 있는 조건을 확립하며, 더 많은 자유 속에서 사회적 진보와 생활수준의 향상을 촉진할 것을 결의하였다.

그리고 이러한 목적을 위하여

관용을 실천하고 선량한 이웃으로서 상호 간 평화롭게 같이 생활하며, 국제평화와 안전을 유지하기 위하여 우리들의 힘을 합하며, 공동이익을 위한 경우 이외에는 무력을 사용하지 아니한다는 것을, 원칙의 수락과 방법의 설정에 의하여, 보장하고, 모든 국민의 경제적 및 사회적 발전을 촉진하기 위하여 국제기관을 이용한다는 것을 결의하면서,

이러한 목적을 달성하기 위하여 우리의 노력을 결집할 것을 결정하였다.

. . .

제1장
목적과 원칙

제1조

국제연합의 목적은 다음과 같다.

1. 국제평화와 안전을 유지하고, 이를 위하여 평화

to that end: to take effective collective measures for the prevention and removal of threats to the peace, and for the suppression of acts of aggression or other breaches of the peace, and to bring about by peaceful means, and in conformity with the principles of justice and international law, adjustment or settlement of international disputes or situations which might lead to a breach of the peace;

2. To develop friendly relations among nations based on respect for the principle of equal rights and self-determination of peoples, and to take other appropriate measures to strengthen universal peace;

3. To achieve international co-operation in solving international problems of an economic, social, cultural, or humanitarian character, and in promoting and encouraging respect for human rights and for fundamental freedoms for all without distinction as to race, sex, language, or religion; and

4. To be a centre for harmonizing the actions of nations in the attainment of these common ends.

Article 2

The Organization and its Members, in pursuit of the Purposes stated in Article 1, shall act in accordance with the following Principles.

1. The Organization is based on the principle of the sovereign equality of all its Members.

2. All Members, in order to ensure to a of them the rights and benefits resulting from membership, shall fulfil in good faith the obligations assumed by them in accordance with the present Charter.

3. All Members shall settle their international disputes by peaceful means in such a manner that international peace and security, and. justice, are not endangered.

4. All Members shall refrain in their international relations from the threat or use of force against the territorial integrity or political independence of any state, or in any other manner inconsistent with the

에 대한 위협의 방지, 제거 그리고 침략행위 또는 기타 평화의 파괴를 진압하기 위한 유효한 집단적 조치를 취하고 평화의 파괴로 이를 우려가 있는 국제적 분쟁이나 사태의 조정 · 해결을 평화적 수단에 의하여 또한 정의와 국제법의 원칙에 따라 실현한다.

2. 사람들의 평등권 및 자결의 원칙의 존중에 기초하여 국가 간의 우호관계를 발전시키며, 세계 평화를 강화하기 위한 기타 적절한 조치를 취한다.

3. 경제적·사회적·문화적 또는 인도적 성격의 국제문제를 해결하고 또한 인종·성별·언어 또는 종교에 따른 차별 없이 모든 사람의 인권 및 기본적 자유에 대한 존중을 촉진하고 장려함에 있어 국제적 협력을 달성한다.

4. 이러한 공동의 목적을 달성함에 있어서 각국의 활동을 조화시키는 중심이 된다.

제2조

이 기구 및 그 회원국은 제1조에 명시한 목적을 추구함에 있어서 다음의 원칙에 따라 행동한다.

1. 기구는 모든 회원국의 주권평등 원칙에 기초한다.

2. 모든 회원국은 회원국의 지위에서 발생하는 권리와 이익을 그들 모두에 보장하기 위하여, 이 헌장에 따라 부과되는 의무를 성실히 이행한다.

3. 모든 회원국은 그들의 국제분쟁을 국제평화와 안전 그리고 정의를 위태롭게 하지 아니하는 방식으로 평화적 수단에 의하여 해결한다.

4. 모든 회원국은 그 국제관계에 있어서 다른 국가의 영토보전이나 정치적 독립에 대하여 또는 국제연합의 목적과 양립하지 아니하는 어떠한 기타 방식으로도 무력의 위협이나 무력행사를 삼간다.

Purposes of the United Nations.

5. All Members shall give the United Nations every assistance in any action it takes in accordance with the present Charter, and shall refrain from giving assistance to any state against which the United Nations is taking preventive or enforcement action.

6. The Organization shall ensure that states which are not Members of the United Nations act in accordance with these Principles so far as may be necessary for the maintenance of international peace and security.

7. Nothing contained in the present Charter shall authorize the United Nations to intervene in matters which are essentially within the domestic jurisdiction of any state or shall require the Members to submit such matters to settlement under the present Charter; but this principle shall not prejudice the application of enforcement measures under Chapter VII.

CHAPTER II
MEMBERSHIP

. . .

Article 4

1. Membership in the United Nations is open to a other peace-loving states which accept the obligations contained in the present Charter and, in the judgment of the Organization, are able and willing to carry out these obligations.

. . .

Article 6

A Member of the United Nations which has persistently violated the Principles contained in the present Charter may be' expelled from the Organization by the General Assembly upon the recommendation of the Security Council.

5. 모든 회원국은 국제연합이 이 헌장에 따라 취하는 어떠한 조치에 있어서도 모든 원조를 다하며, 국제연합이 방지조치 또는 강제조치를 취하는 대상이 되는 어떠한 국가에 대하여도 원조를 삼간다.

6. 기구는 국제연합의 회원국이 아닌 국가가, 국제평화와 안전을 유지하는 데 필요한 한, 이러한 원칙에 따라 행동하도록 확보한다.

7. 이 헌장의 어떠한 규정도 본질상 어떤 국가의 국내 관할권 안에 있는 사항에 간섭할 권한을 국제연합에 부여하지 아니하며, 또는 그러한 사항을 이 헌장에 의한 해결에 맡기도록 회원국에 요구하지 아니한다. 다만, 이 원칙은 제7장에 의한 강제조치의 적용을 해하지 아니한다.

제2장
회원국의 지위

. . .

제4조

1. 국제연합의 회원국 지위는 이 헌장에 규정된 의무를 수락하고, 이러한 의무를 이행할 능력과 의사가 있다고 기구가 판단하는 그 밖의 평화애호국 모두에 개방된다.

. . .

제6조

이 헌장에 규정된 원칙을 끈질기게 위반하는 국제연합회원국은 총회가 안전보장이사회의 권고에 따라 기구로부터 제명할 수 있다.

CHAPTER III
ORGANS

Article 7
1. There are established as the principal organs of the United Nations: a General Assembly, a Security Council, an Economic and Social Council, a Trusteeship Council, an International Court of Justice, and a Secretariat.
2. Such subsidiary organs as may be found necessary may be established in accordance with the present Charter.

Article 8
The United Nations shall place no restrictions on the eligibility of men and women to participate in any capacity and under conditions of equality in its principal and subsidiary organs.

CHAPTER IV
THE GENERAL ASSEMBLY

Composition
Article 9
1. The General Assembly shall consist of all the Members of the United Nations.
. . .

Functions and Powers
Article 10
The General Assembly may discuss any questions or any matters within the scope of the present Charter or relating to the powers and functions of any organs provided for in the present Charter, and, except as provided in Article 12, may make recommendations to the Members of the United Nations or to the Security Council or to both on any such questions or matters.

제3장
기관

제7조
1. 국제연합의 주요기관으로서 총회·안전보장이사회·경제사회 이사회·신탁통치이사회·국제사법재판소 및 사무국을 설치한다.

2. 필요하다고 인정되는 보조기관은 이 헌장에 따라 설치될 수 있다.

제8조
국제연합은 남녀가 어떠한 능력으로서든 그리고 평등의 조건으로 그 주요 기관 및 보조기관에 참가할 자격이 있음에 대하여 어떠한 제한도 두어서는 아니 된다.

제4장
총회

구성
제9조
1. 총회는 모든 국제연합회원국으로 구성된다.

. . .

임무 및 권한
제10조
총회는 이 헌장의 범위 안에 있거나 또는 이 헌장에 규정된 어떠한 기관의 권한 및 임무에 관한 어떠한 문제 또는 어떠한 사항도 토의할 수 있으며, 그리고 제12조에 규정된 경우를 제외하고는, 그러한 문제 또는 사항에 관하여 국제연합회원국 또는 안전보장이사회 또는 이 양자에 대하여 권고할 수 있다.

. . .

Article 13

1. The General Assembly shall initiate studies and make recommendations for the purpose of:

a. promoting international co-operation in the political field and encouraging the progressive development of international law and its codification;

b. promoting international co-operation in the economic, social, cultural, educational, and health fields, an assisting in the realization of human rights and fundamental freedoms for all without distinction as to race, sex, language, or religion.

. . .

Voting

Article 18

1. Each member of the General Assembly shall have one vote.

2. Decisions of the General Assembly on important questions shall be made by a two-thirds majority of the members present and voting. These questions shall include: recommendations with respect to the maintenance of international peace and security

. . .

3. Decisions on other questions, including the determination of additional categories of questions to be decided by a two-thirds majority, shall be made by a majority of the members present and voting.

. . .

CHAPTER V

THE SECURITY COUNCIL

Composition

Article 23

1. The Security Council shall consist of fifteen Members of the United Nations. The Republic of

. . .

제13조

1. 총회는 다음의 목적을 위하여 연구를 발의하고 권고한다.

가. 정치적 분야에 있어서 국제협력을 촉진하고, 국제법의 점진적 발달 및 그 법전화를 장려하는 것.

나. 경제, 사회, 문화, 교육 및 보건 분야에 있어서 국제협력을 촉진하며 그리고 인종, 성별, 언어 또는 종교에 관한 차별 없이 모든 사람을 위하여 인권 및 기본적 자유를 실현하는 데 있어 원조하는 것.

. . .

표결

제18조

1. 총회의 각 구성국은 1개의 투표권을 가진다.

2. 중요 문제에 관한 총회의 결정은 출석하여 투표하는 구성국의 3분의 2의 다수로 한다. 이러한 문제는 국제평화와 안전의 유지에 관한 권고를 포함한다.

. . .

3. 기타 문제에 관한 결정은 3분의 2의 다수로 결정될 문제의 추가적 부문의 결정을 포함하여 출석하여 투표하는 구성국의 과반수로 한다.

. . .

제5장

안전보장이사회

구성

제23조

1. 안전보장이사회는 15개 국제연합회원국으로 구성된다. 중화민국, 불란서, 소비에트사회주의공화

China, France, the Union of Soviet Socialist, the United Kingdom of Great Britain and Northern Ireland, and the United States of America shall be permanent members of the Security Council. The General Assembly shall elect ten other Members of the United Nations to be non-permanent members of the Security Council, due regard being specially paid, in the first instance to the contribution of Members of the United Nations to the maintenance of international peace and security and to the other purposes of the Organization, and also to equitable geographical distribution.

국연방, 영국 및 미합중국은 안전보장 이사회의 상임이사국이다. 총회는 먼저 국제평화와 안전의 유지 및 기구의 기타 목적에 대한 국제연합회원국의 공헌과 또한 공평한 지리적 배분을 특별히 고려하여 그 외 10개의 국제연합회원국을 안전보장이사회의 비상임이사국으로 선출한다.

2. The non-permanent members of the Security Council shall be elected for a term of two years … A retiring member shall not be eligible for immediate re-election.

2. 안전보장이사회의 비상임이사국은 2년의 임기로 선출된다. … 퇴임이사국은 연이어 재선될 자격을 가지지 아니한다.

. . .

Functions and Powers

Article 24

임무와 권한

제24조

1. In order to ensure prompt and effective action by the United Nations, its Members confer on the Security Council primary responsibility for the maintenance of international peace and security, and agree that in carrying out its duties under this responsibility the Security Council acts on their behalf.

1. 국제연합의 신속하고 효과적인 조치를 확보하기 위하여, 국제연합회원국은 국제평화와 안전의 유지를 위한 일차적 책임을 안전보장이사회에 부여하며, 또한 안전보장이사회가 그 책임하에 의무를 이행함에 있어 회원국을 대신하여 활동하는 것에 동의한다.

2. In discharging these duties the Security Council shall act in accordance with the Purposes and Principles of the United Nations. The specific powers granted to the Security Council for the discharge of these duties are laid down in Chapters VI, VII, VIII, and XII.

2. 이러한 의무를 이행함에 있어 안전보장이사회는 국제연합의 목적과 원칙에 따라 활동한다. 이러한 의무를 이행하기 위하여 안전보장이사회에 부여된 특정한 권한은 제6장, 제7장, 제8장 및 제12장에 규정된다.

. . .

Article 25

The Members of the United Nations agree to accept and carry out the decisions of the Security Council in accordance with the present Charter.

제25조

국제연합회원국은 안전보장이사회의 결정을 이 헌장에 따라 수락하고 이행할 것을 동의한다.

. . .

Voting
Article 27

1. Each member of the Security Council shall have one vote.

2. Decisions of the Security Council on procedural matters shall be made by an affirmative vote of nine members.

3. Decisions of the Security Council on all other matters shall be made by an affirmative vote of nine members including the concurring votes of the permanent members; provided that, in decisions under Chapter VI, and under paragraph 3 of Article 52, a party to a dispute shall abstain from voting.

. . .

Article 29

The Security Council may establish such subsidiary organs as it deems necessary for the performance of its functions.

. . .

CHAPTER VI
PACIFIC SETTLEMENT OF DISPUTES

Article 33

1. The parties to any dispute, the continuance of which is likely to endanger the maintenance of international peace and security, shall, first of a, seek a solution by negotiation, enquiry, mediation, conciliation, arbitration, judicial settlement, resort to regional agencies or arrangements, or other peaceful means of their own choice.

2. The Security Council shall, when it deems necessary, call upon the parties to settle their dispute by such means.

. . .

표결
제27조

1. 안전보장이사회의 각 이사국은 1개의 투표권을 가진다.

2. 절차사항에 관한 안전보장이사회의 결정은 9개 이사국의 찬성투표로써 한다.

3. 그 외 모든 사항에 관한 안전보장이사회의 결정은 상임이사국의 동의 투표를 포함한 9개 이사국의 찬성투표로써 한다. 다만, 제6장 및 제52조 제3항에 의한 결정에 있어서는 분쟁당사국은 투표를 기권한다.

. . .

제29조

안전보장이사회는 그 임무의 수행에 필요하다고 인정되는 보조기관을 설치할 수 있다.

. . .

제6장
분쟁의 평화적 해결

제33조

1. 어떠한 분쟁도 그의 계속이 국제평화와 안전의 유지를 위태롭게 할 우려가 있는 것일 경우, 그 분쟁의 당사자는 우선 교섭, 심사, 중개, 조정, 중재재판, 사법적 해결, 지역적 기관 또는 지역적 약정의 이용 또는 당사자가 선택하는 다른 평화적 수단에 의한 해결을 구한다.

2. 안전보장이사회는 필요하다고 인정하는 경우 당사자에 대하여 그 분쟁을 그러한 수단에 의하여 해결하도록 요청한다.

Article 34
The Security Council may investigate any dispute, or any situation which might lead to international friction or give rise to a dispute, in order to determine whether the continuance of the dispute or situation is likely to endanger the maintenance of international peace and security.
. . .

제34조
안전보장이사회는 어떠한 분쟁에 관하여도, 또는 국제적 마찰이 되거나 분쟁을 발생하게 할 우려가 있는 어떠한 사태에 관하여도, 그 분쟁 또는 사태의 계속이 국제평화와 안전의 유지를 위태롭게 할 우려가 있는지 여부를 결정하기 위하여 조사할 수 있다.
. . .

Article 36
1. The Security Council may, at any stage of a dispute of the nature referred to in Article 33 or of a situation of like nature, recommend appropriate procedures or methods of adjustment.
2. The Security Council should take into consideration any procedures for the settlement of the dispute which have already been adopted by the parties.
3. In making recommendations under this Article the Security Council should also take into consideration that legal disputes should as a general rule be referred by the parties to the International Court of Justice in accordance with the provisions of the Statute of the Court.
. . .

제36조
1. 안전보장이사회는 제33조에 규정된 성격의 분쟁 또는 유사한 성격의 사태의 어떠한 단계에 있어서도 적절한 조정절차 또는 조정방법을 권고할 수 있다.
2. 안전보장이사회는 당사자가 이미 채택한 분쟁해결절차를 고려하여야 한다.
3. 안전보장이사회는, 이 조에 의하여 권고를 함에 있어서, 일반적으로 법률적 분쟁이 국제사법재판소규정의 규정에 따라 당사자에 의하여 동 재판소에 회부되어야 한다는 점도 또한 고려하여야 한다.
. . .

CHAPTER VII
ACTION WITH RESPECT TO THREATS TO THE PEACE, BREACHES OF THE PEACE, AND ACTS OF AGGRESSION

제7장
평화에 대한 위협, 평화의 파괴 및 침략행위에 관한 조치

Article 39
The Security Council shall determine the existence of any threat to the peace, breach of the peace, or act of aggression and shall make recommendations, or decide what measures shall be taken in accordance with Articles 4 and 42, to maintain or restore international peace and security.
. . .

제39조
안전보장이사회는 평화에 대한 위협, 평화의 파괴 또는 침략행위의 존재를 결정하고, 국제평화와 안전을 유지하거나 이를 회복하기 위하여 권고하거나, 또는 제41조 및 제42조에 따라 어떠한 조치를 취할 것인지를 결정한다.
. . .

Article 41
The Security Council may decide what measures not involving the use of armed force are to be employed to give effect to its decisions, and it may call upon the Members of the United Nations to apply such measures. These may include complete or partial interruption of economic relations and of rail, sea, air, postal, telegraphic, radio, and other means of communication, and the severance of diplomatic relations.

제41조
안전보장이사회는 그의 결정을 집행하기 위하여 병력의 사용을 수반하지 아니하는 어떠한 조치를 취하여야 할 것인지를 결정할 수 있으며, 또한 국제연합회원국에 대하여 그러한 조치를 적용하도록 요청할 수 있다. 이 조치는 경제관계 및 철도, 항해, 항공, 우편, 전신, 무선통신 및 다른 교통통신수단의 전부 또는 일부의 중단과 외교관계의 단절을 포함할 수 있다.

Article 42
Should the Security Council consider that measures provided for in Article 41 would be inadequate or have proved to be inadequate, it may take such action by air, sea, or land forces as may be necessary to maintain or restore international peace and security. Such action may include demonstrations, blockade, and other operations by air, sea, or land forces of Members of the United Nations.

제42조
안전보장이사회는 제41조에 규정된 조치가 불충분할 것으로 인정하거나 또는 불충분한 것으로 판명되었다고 인정하는 경우에는, 국제평화와 안전의 유지 또는 회복에 필요한 공군, 해군 또는 육군에 의한 조치를 취할 수 있다. 그러한 조치는 국제연합회원국의 공군, 해군 또는 육군에 의한 시위, 봉쇄 및 다른 작전을 포함할 수 있다.

Article 43
1. All Members of the United Nations, in order to contribute to the maintenance of international peace and security, undertake to make available to the Security Council, on its and in accordance with a special agreement or agreements, armed forces, assistance, and facilities, including rights of passage, necessary for the purpose of maintaining international peace and security.
2. Such agreement or agreements shall govern the numbers and types of forces, their degree of readiness and general location, and the nature of the facilities and assistance to be provided.
3. The agreement or agreements shall be negotiated as soon as possible on the initiative of the Security Council. They shall be concluded between the Security Council and Members or between the Security Council and groups of Members and shall

제43조
1. 국제평화와 안전의 유지에 공헌하기 위하여 모든 국제연합회원국은 안전보장이사회의 요청에 의하여 그리고 1 또는 그 이상의 특별협정에 따라, 국제평화와 안전의 유지 목적상 필요한 병력, 원조 및 통과권을 포함한 편의를 안전보장이사회에 이용하게 할 것을 약속한다.

2. 그러한 협정은 병력의 수 및 종류, 그 준비정도 및 일반적 배치와 제공될 편의 및 원조의 성격을 규율한다.

3. 그 협정은 안전보장이사회의 발의에 의하여 가능한 한 신속히 교섭되어야 한다. 이 협정은 안전보장이사회와 회원국 간에 또는 안전보장이사회와 회원국 집단 간에 체결되며, 서명국 각자의 헌법상의 절차에 따라 동 서명국에 의하여 비준되어야 한

be subject to ratification by the signatory states in accordance with their respective constitutional processes.

다.

Article 44

When Security Council has decided to use force it shall, before calling upon a Member not represented on it to provide armed forces in fulfilment of the obligations assumed under Article 43, invite that Member, if the Member so desires, to participate in the decisions of the Security Council concerning the employment of contingents of that Member's armed forces.

제44조

안전보장이사회는 무력을 사용하기로 결정한 경우 이사회에서 대표되지 아니하는 회원국에게 제43조에 따라 부과된 의무의 이행으로서 병력의 제공을 요청하기 전에 그 회원국이 희망한다면 그 회원국 병력 중 파견부대의 사용에 관한 안전보장이사회의 결정에 참여하도록 그 회원국을 초청한다.

Article 45

In order to enable the Nations to take urgent military measures, Members shall hold immediately available national air-force contingents for combined international enforcement action …

. . .

제45조

국제연합이 긴급한 군사조치를 취할 수 있도록 하기 위하여, 회원국은 합동의 국제적 강제조치를 위하여 자국의 공군파견부대를 즉시 이용할 수 있도록 유지한다 …

. . .

Article 48

1. The action required to carry out the decisions of the Security Council for the maintenance of international peace and security shall be taken by all the Members of the United Nations or by some of them, as the Security Council may determine.

2. Such decisions shall be carried out by the Members of the United Nations directly and through their action in the appropriate international agencies of which they are members.

. . .

제48조

1. 국제평화와 안전의 유지를 위한 안전보장이사회의 결정을 이행하는 데 필요한 조치는 안전보장이사회가 정하는 바에 따라 국제연합 회원국의 전부 또는 일부에 의하여 취하여진다.

2. 그러한 결정은 국제연합회원국에 의하여 직접적으로 또한 국제연합 회원국이 그 구성국인 적절한 국제기관에 있어서의 이들 회원국의 조치를 통하여 이행된다.

. . .

Article 51

Nothing in the present Charter shall impair the inherent right of individual or collective self-defence if an armed attack occurs against a Member of the United Nations, until the Security Council has taken

제51조

이 헌장의 어떠한 규정도 국제연합회원국에 대하여 무력공격이 발생한 경우, 안전보장이사회가 국제평화와 안전을 유지하기 위하여 필요한 조치를 취할 때까지 개별적 또는 집단적 지위의 고유한 권

measures necessary to maintain international peace and security. Measures taken by Members in the exercise of this right of self-defence shall be immediately reported to the Security Council and shall not in any way affect the authority and responsibility of the Security Council under the present Charter to take at any time such action as it deems necessary in order to maintain or restore international peace and security.

리를 침해하지 아니한다. 자위권을 행사함에 있어 회원국이 취한 조치는 즉시 안전보장이사회에 보고된다. 또한 이 조치는, 안전보장이사회가 국제평화와 안전의 유지 또는 회복을 위하여 필요하다고 인정하는 조치를 언제든지 취한다는, 이 헌장에 의한 안전보장이사회의 권한과 책임에 어떠한 영향도 미치지 아니한다.

Chapter VIII
REGIONAL ARRANGEMENTS

제8장
지역적 약정

Article 52

1. Nothing in the present Charter the existence of regional arrangements or agencies for dealing with such matters relating to the maintenance of international peace and security as are appropriate fur regional action, provided that such arrangements or agencies and their activities are consistent with the Purposes and Principles of the United Nations.

. . .

3. The Security Council shall encourage the development of pacific settlement of local disputes through such regional arrangements or by such regional agencies either on the initiative of the states concerned or by reference from the Security Council.

제52조

1. 이 헌장의 어떠한 규정도, 국제평화와 안전의 유지에 관한 사항으로서 지역적 조치에 적합한 사항을 처리하기 위하여 지역적 약정 또는 지역적 기관이 존재하는 것을 배제하지 아니한다. 다만, 이 약정 또는 기관 및 그 활동이 국제연합의 목적과 원칙에 일치하는 것을 조건으로 한다.

. . .

3. 안전보장이사회는 관계국의 발의에 의하거나 안전보장이사회의 회부에 의하여 그러한 지역적 약정 또는 지역적 기관에 의한 지역적 분쟁의 평화적 해결의 발달을 장려한다.

Article 53

1. The Security Council shall, where appropriate, utilize such regional arrangements or agencies for enforcement action under its authority. But no enforcement action shall be taken under regional arrangements or by regional agencies without the authorization of the Security Council, with the exception of measures against any enemy state, as defined in paragraph 2 of this Article, provided for pursuant to Article 107 or in regional arrangements directed against renewal of aggressive policy on the

제53조

1. 안전보장이사회는 그 권위하에 취하여지는 강제조치를 위하여 적절한 경우에는 그러한 지역적 약정 또는 지역적 기관을 이용한다. 다만, 안전보장이사회의 허가 없이는 어떠한 강제조치도 지역적 약정 또는 지역적 기관에 의하여 취하여져서는 아니된다. 그러나 이 조 제2항에 규정된 어떠한 적국에 대한 조치이든지 제107조에 따라 규정된 것 또는 적국에 의한 침략 정책의 재현에 대비한 지역적 약정에 규정된 것은, 관계정부의 요청에 따라 기구가 그 적국에 의한 새로운 침략을 방지할 책임을 질 때

part of any such state, until such time as the Organization may, on request of the Governments concerned, be charged with the responsibility for preventing further aggression by such a state.

까지는 예외로 한다.

Article 54

The Security Council shall at all times be kept fully informed of activities undertaken or in contemplation under regional arrangements or by regional agencies for the maintenance of international peace and security.

제54조

안전보장이사회는 국제평화와 안전의 유지를 위하여 지역적 약정 또는 지역적 기관에 의하여 착수되었거나 또는 계획되고 있는 활동에 대하여 항상 충분히 통보받는다.

CHAPTER IX
INTERNATIONAL ECONOMIC AND SOCIAL CO-OPERATION

제9장
경제적 및 사회적 국제협력

Article 55

With a view to the creation of conditions of stability and well-being which are necessary for peaceful and friendly relations among nations based on respect for the principle of equal rights and self-determination of peoples, the United Nations shall promote:

a. higher standards of living, fu employment, and conditions of economic and social progress and development;

b. solutions of international economic, social, health, and related problems; and international cultural and educational co-operation; and

c. universal respect for, and observance of, human rights and fundamental freedoms for all without distinction as to race, sex, language, or religion.

제55조

사람의 평등권 및 자결원칙의 존중에 기초한 국가간의 평화롭고 우호적인 관계에 필요한 안정과 복지의 조건을 창조하기 위하여, 국제연합은 다음을 촉진한다.

가. 보다 높은 생활수준, 완전고용 그리고 경제적 및 사회적 진보와 발전의 조건

나. 경제, 사회, 보건 및 관련 국제문제의 해결 그리고 문화 및 교육상의 국제협력

다. 인종, 성별, 언어 또는 종교에 관한 차별이 없는 모든 사람을 위한 인권 및 기본적 자유의 보편적 존중과 준수

Article 56

All Members pledge themselves to take joint and separate action in co-operation with the Organization for the achievement of the purposes set forth in Article 55.

. . .

제56조

모든 회원국은 제55조에 규정된 목적의 달성을 위하여 기구와 협력하여 공동의 조치 및 개별적 조치를 취할 것을 약속한다.

. . .

CHAPTER X
THE ECONOMIC AND SOCIAL COUNCIL

Composition

Article 61

1. The Economic and Social Council shall consist of fifty-four Members of the United Nations elected by the General Assembly.

. . .

Functions and Powers

Article 62

1. The Economic and Social Council may make or initiate studies and reports with respect to international economic, social, cultural, educational, health, and related matters and may make recommendations with respect to any such matters to the General Assembly, to the Members of the United Nations, and to the specialized agencies concerned.

2. It may make recommendations for the purpose of promoting respect for, and observance of, human rights and fundamental freedoms for all.

3. It may prepare draft conventions for submission to the General Assembly, with respect to matters falling within its competence.

4. It may call, in accordance with the rules prescribed by the United Nations, international conferences on matters falling within its competence.

. . .

Procedure

Article 68

The Economic and Social Council shall set up commissions in economic and social fields and for the promotion of human rights, and such other commissions as may for the performance of its functions.

. . .

제10장
경제사회이사회

구성

제61조

1. 경제사회이사회는 총회에 의하여 선출된 54개 국제연합회원국으로 구성된다.

. . .

임무와 권한

제62조

1. 경제사회이사회는 경제, 사회, 문화, 교육, 보건 및 관련 국제사항에 관한 연구 및 보고를 하거나 또는 발의할 수 있으며, 아울러 그러한 사항에 관하여 총회, 국제연합회원국 및 관계전문기구에 권고할 수 있다.

2. 이사회는 모든 사람을 위한 인권 및 기본적 자유의 존중과 준수를 촉진하기 위하여 권고할 수 있다.

3. 이사회는 그 권한에 속하는 사항에 관하여 총회에 제출하기 위한 협약안을 작성할 수 있다.

4. 이사회는 국제연합이 정한 규칙에 따라 그 권한에 속하는 사항에 관하여 국제회의를 소집할 수 있다.

. . .

절차

제68조

경제사회이사회는 경제적 및 사회적 분야의 위원회, 인권의 신장을 위한 위원회 및 이사회의 임무수행에 필요한 다른 위원회를 설치한다.

. . .

CHAPTER XI
DECLARATION REGARDING
NON-SELF-GOVERNING TERRITORIES

제11장
비자치지역에 관한 선언

Article 73

Members of the United Nations which have or assume responsibilities for the administration of territories whose peoples have not yet attained a full measure of self-government recognize the principle that the interests of the inhabitants of these territories are paramount, and accept as a sacred trust the obligation to promote to the utmost, within the system of international peace and security established by the present Charter, the well-being of the inhabitants of these territories, and, to this end:

a. to ensure, with due respect for the culture of the peoples concerned, their political, economic, social, and educational advancement, their just treatment, and their protection against abuses;

b. to develop self-government, to take due account of the political aspirations of the peoples, and to assist them in the progressive development of their free political institutions, according to the particular circumstances of each territory and its peoples and their varying stages of advancement;

c. to further international peace and security;

d. to promote constructive measures of development …

. . .

제73조

주민이 아직 완전한 자치를 행할 수 있는 상태에 이르지 못한 지역의 시정(施政)의 책임을 지거나 또는 그 책임을 맡는 국제연합회원국은, 그 지역 주민의 이익이 가장 중요하다는 원칙을 승인하고, 그 지역주민의 복지를 이 헌장에 의하여 확립된 국제평화와 안전의 체제 안에서 최고도로 증진시킬 의무와 이를 위하여 다음을 행할 의무를 신성한 신탁으로서 수락한다.

가. 관계주민의 문화를 적절히 존중함과 아울러 그들의 정치적, 경제적, 사회적 및 교육적 발전, 공정한 대우, 그리고 학대로부터의 보호를 확보한다.

나. 각 지역 및 그 주민의 특수사정과 그들의 서로 다른 발전단계에 따라 자치를 발달시키고, 주민의 정치적 소망을 적절히 고려하며, 또한 주민의 자유로운 정치제도의 점진적 발달을 위하여 지원한다.

다. 국제평화와 안전을 증진한다.

라. 건설적인 발전조치를 촉진하고 …

. . .

CHAPTER XIV
THE INTERNATIONAL COURT OF JUSTICE

제14장
국제사법재판소

Article 92

The International Court of Justice shall be the principal judicial organ of the United Nations. It shall function in accordance with the annexed Statute, which is based upon the Statute of the Permanent Court of International Justice and forms

제92조

국제사법재판소는 국제연합의 주요한 사법기관이다. 재판소는 부속된 규정에 따라 임무를 수행한다. 이 규정은 상설국제사법재판소 규정에 기초하며, 이 헌장의 불가분의 일부를 이룬다.

an integral part of the present Charter.

. . .

. . .

Article 94

1. Each Member of the United Nations undertakes to comply with the decision of the International Court of Justice in any case to which it is a party.

2. If any party to a case fails to perform the obligations incumbent upon it under a judgment rendered by the Court, the other party may have recourse to the Security Council, which may, if it deems necessary, make recommendations or decide upon measures to be taken to give to the judgment.

. . .

제94조

1. 국제연합의 각 회원국은 자국이 당사자가 되는 어떤 사건에 있어서도 국제사법재판소의 결정에 따를 것을 약속한다.

2. 사건의 당사자가 재판소가 내린 판결에 따라 자국이 부담하는 의무를 이행하지 아니하는 경우에는 타방의 당사자는 안전보장이사회에 제소할 수 있다. 안전보장이사회는 필요하다고 인정하는 경우 판결을 집행하기 위하여 권고하거나 취하여야 할 조치를 결정할 수 있다.

. . .

Article 96

1. The General Assembly or the Security Council may request the International Court of Justice to give an advisory opinion on any legal question.

제96조

1. 총회 또는 안전보장이사회는 어떠한 법적 문제에 관하여도 권고적 의견을 줄 것을 국제사법재판소에 요청할 수 있다.

CHAPTER XV
THE SECRETARIAT

제15장
사무국

Article 97

The Secretariat shall comprise a Secretary-General and such staff as the Organization may require. The Secretary-General shall be appointed by the General Assembly upon the recommendation of the Security Council. He shall be the chief administrative officer of the Organization.

. . .

제97조

사무국은 1인의 사무총장과 기구가 필요로 하는 직원으로 구성한다. 사무총장은 안전보장이사회의 권고로 총회가 임명한다. 사무총장은 기구의 수석 행정직원이다.

. . .

Article 99

The Secretary-General may bring to the attention of the Security Council any matter which in his opinion may threaten the maintenance of international peace and security.

제99조

사무총장은 국제평화와 안전의 유지를 위협한다고 그 자신이 인정하는 어떠한 사항에도 안전보장이사회의 주의를 환기할 수 있다.

Article 100

1. In the performance of their duties the Secretary-General and the staff shall not seek or receive instructions from any government or from any other authority externa to the Organization. They shall refrain from any action which might on their position as international officials responsible only to the Organization.

2. Each Member of the United Nations undertakes to respect the exclusively international character of the responsibilities of the Secretary-General and the staff and not to seek to influence them in the discharge of their responsibilities.

. . .

제100조

1. 사무총장과 직원은 그들의 임무수행에 있어서 어떠한 정부 또는 기구 외의 어떠한 다른 당국으로부터도 지시를 구하거나 받지 아니한다. 사무총장과 직원은 기구에 대하여만 책임을 지는 국제공무원으로서의 지위를 손상할 우려가 있는 어떠한 행동도 삼간다.

2. 각 국제연합회원국은 사무총장 및 직원의 책임의 전적으로 국제적인 성격을 존중할 것과 그들의 책임수행에 있어서 그들에게 영향을 행사하려 하지 아니할 것을 약속한다.

. . .

Universal Declaration of Human Rights

Preamble

Whereas recognition of the inherent dignity and of the equal and inalienable rights of all members of the human family is the foundation of freedom, justice and peace in the world,

Whereas disregard and contempt for human rights have resulted in barbarous acts which have outraged the conscience of mankind, and the advent of a world in which human beings shall enjoy freedom of speech and belief and freedom from fear and want has been proclaimed as the highest aspiration of the common people,

Whereas it is essential, if man is not to be compelled to have recourse, as a last resort, to rebellion against tyranny and oppression, that human rights should be protected by the rule of law,

Whereas it is essential to promote the development of friendly relations between nations,

Whereas the peoples of the United Nations have in the Charter reaffirmed their faith in fundamental human rights, in the dignity and worth of the human person and in the equal rights of men and women and have determined to promote social progress and better standards of life in larger freedom,

Whereas Member States have pledged themselves to achieve, in cooperation with the United Nations, the promotion of universal respect for and observance of human rights and fundamental freedoms,

Whereas a common understanding of these rights and freedoms is of the greatest importance for the full realization of this pledge,

Now, therefore, The General Assembly, Proclaims this Universal Declaration of Human Rights as a common standard of achievement for all peoples and all nations, to the end that every individual and

세계인권선언

채택 1948. 12. 10

전문

인류 가족 모든 구성원의 고유한 존엄성과 평등하고 양도할 수 없는 권리를 인정하는 것이 세계의 자유, 정의, 평화의 기초가 됨을 인정하며,

인권에 대한 무시와 경멸이 인류의 양심을 격분시키는 만행을 초래하였으며, 인간이 언론과 신앙의 자유, 그리고 공포와 결핍으로부터의 자유를 누릴 수 있는 세계의 도래가 모든 사람들의 지고한 열망으로서 천명되어왔으며,

인간이 폭정과 억압에 대항하는 마지막 수단으로서 반란을 일으키도록 강요받지 않으려면, 법에 의한 통치에 의하여 인권이 보호되어야 하는 것이 필수적이며,

국가 간에 우호관계의 발전을 증진하는 것이 필수적이며,

국제연합의 모든 사람들은 그 헌장에서 기본적 인권, 인간의 존엄과 가치, 그리고 남녀의 동등한 권리에 대한 신념을 재확인하였으며, 보다 폭넓은 자유 속에서 사회적 진보와 보다 나은 생활수준을 증진하기로 다짐하였고,

회원국들은 국제연합과 협력하여 인권과 기본적 자유의 보편적 존중과 준수를 증진할 것을 스스로 서약하였으며,

이러한 권리와 자유에 대한 공통의 이해가 이 서약의 완전한 이행을 위하여 가장 중요하므로,

이에, 국제연합총회는, 모든 개인과 사회 각 기관이 이 선언을 항상 유념하면서 학습 및 교육을 통하여 이러한 권리와 자유에 대한 존중을 증진하기 위하여 노력하며, 국내적 그리고 국제적인 점진적 조치

every organ of society, keeping this Declaration constantly in mind, shall strive by teaching and education to promote respect for these rights and freedoms and by progressive measures, national and international, to secure their universal and effective recognition and observance, both among the peoples of Member States themselves and among the peoples of territories under their jurisdiction.

를 통하여 회원국 국민들 자신과 그 관할 영토의 국민들 사이에서 이러한 권리와 자유가 보편적이고 효과적으로 인식되고 준수되도록 노력하도록 하기 위하여, 모든 사람과 국가가 성취하여야 할 공통의 기준으로서 이 세계인권선언을 선포한다.

Article 1
All human beings are born free and equal in dignity and rights. They are endowed with reason and conscience and should act towards one another in a spirit of brotherhood.

제1조
모든 인간은 태어날 때부터 자유로우며 그 존엄과 권리에 있어 동등하다. 인간은 천부적으로 이성과 양심을 부여받았으며 서로 형제애의 정신으로 행동하여야 한다.

Article 2
Everyone is entitled to all the rights and freedoms set forth in this Declaration, without distinction of any kind, such as race, colour, sex, language, religion, political or other opinion, national or social origin, property, birth or other status. Furthermore, no distinction shall be made on the basis of the political, jurisdictional or international status of the country or territory to which a person belongs, whether it be independent, trust, non-self-governing or under any other limitation of sovereignty.

제2조
모든 사람은 인종, 피부색, 성, 언어, 종교, 정치적 또는 기타의 견해, 민족적 또는 사회적 출신, 재산, 출생 또는 기타의 신분과 같은 어떠한 종류의 차별이 없이, 이 선언에 규정된 모든 권리와 자유를 향유할 자격이 있다. 더 나아가 개인이 속한 국가 또는 영토가 독립국, 신탁통치지역, 비자치지역이거나 또는 주권에 대한 여타의 제약을 받느냐에 관계없이, 그 국가 또는 영토의 정치적, 법적 또는 국제적 지위에 근거하여 차별이 있어서는 아니 된다.

Article 3
Everyone has the right to life, liberty and security of person.

제3조
모든 사람은 생명과 신체의 자유와 안전에 대한 권리를 가진다.

Article 4
No one shall be held in slavery or servitude; slavery and the slave trade shall be prohibited in all their forms.

제4조
어느 누구도 노예상태 또는 예속상태에 놓여지지 아니한다. 모든 형태의 노예제도와 노예매매는 금지된다.

Article 5
No one shall be subjected to torture or to cruel,

제5조
어느 누구도 고문, 또는 잔혹하거나 비인도적이거

inhuman or degrading treatment or punishment.

Article 6
Everyone has the right to recognition everywhere as a person before the law.

Article 7
All are equal before the law and are entitled without any discrimination to equal protection of the law. All are entitled to equal protection against any discrimination in violation of this Declaration and against any incitement to such discrimination.

Article 8
Everyone has the right to an effective remedy by the competent national tribunals for acts violating the fundamental rights granted him by the constitution or by law.

Article 9
No one shall be subjected to arbitrary arrest, detention or exile.

Article 10
Everyone is entitled in full equality to a fair and public hearing by an independent and impartial tribunal, in the determination of his rights and obligations and of any criminal charge against him.

Article 11
Everyone charged with a penal offence has the right to be presumed innocent until proved guilty according to law in a public trial at which he has had all the guarantees necessary for his defence. No one shall be held guilty of any penal offence on account of any act or omission which did not constitute a penal offence, under national or international law, at the time when it was committed. Nor shall a heavier penalty be imposed than the one that was

나 굴욕적인 처우 또는 형벌을 받지 아니한다.

제6조
모든 사람은 어디에서나 법 앞에 인간으로서 인정받을 권리를 가진다.

제7조
모든 사람은 법 앞에 평등하며 어떠한 차별도 없이 법의 동등한 보호를 받을 권리를 가진다. 모든 사람은 이 선언에 위반되는 어떠한 차별과 그러한 차별의 선동으로부터 동등한 보호를 받을 권리를 가진다.

제8조
모든 사람은 헌법 또는 법률이 부여한 기본적 권리를 침해하는 행위에 대하여 권한 있는 국내법정에서 실효성 있는 구제를 받을 권리를 가진다.

제9조
어느 누구도 자의적으로 체포, 구금 또는 추방되지 아니한다.

제10조
모든 사람은 자신의 권리, 의무 그리고 자신에 대한 형사상 혐의에 대한 결정에 있어 독립적이며 공평한 법정에서 완전히 평등하게 공정하고 공개된 재판을 받을 권리를 가진다.

제11조
모든 형사피의자는 자신의 변호에 필요한 모든 것이 보장된 공개 재판에서 법률에 따라 유죄로 입증될 때까지 무죄로 추정 받을 권리를 가진다. 어느 누구도 행위 시에 국내법 또는 국제법에 의하여 범죄를 구성하지 아니하는 작위 또는 부작위를 이유로 유죄로 되지 아니한다. 또한 범죄 행위 시에 적용될 수 있었던 형벌보다 무거운 형벌이 부과되지 아니한다.

applicable at the time the penal offence was committed.

Article 12
No one shall be subjected to arbitrary interference with his privacy, family, home or correspondence, nor to attacks upon his honour and reputation. Everyone has the right to the protection of the law against such interference or attacks.

제12조
어느 누구도 그의 사생활, 가정, 주거 또는 통신에 대하여 자의적인 간섭을 받거나 또는 그의 명예와 명성에 대한 비난을 받지 아니한다. 모든 사람은 이러한 간섭이나 비난에 대하여 법의 보호를 받을 권리를 가진다.

Article 13
1. Everyone has the right to freedom of movement and residence within the borders of each State.
2. Everyone has the right to leave any country, including his own, and to return to his country.

제13조
1. 모든 사람은 자국 내에서 이동 및 거주의 자유에 대한 권리를 가진다.
2. 모든 사람은 자국을 포함하여 어떠한 나라를 떠날 권리와 또한 자국으로 돌아올 권리를 가진다.

Article 14
Everyone has the right to seek and to enjoy in other countries asylum from persecution.
This right may not be invoked in the case of prosecutions genuinely arising from non-political crimes or from acts contrary to the purposes and principles of the United Nations.

제14조
모든 사람은 박해를 피하여 다른 나라에서 비호를 구하거나 비호를 받을 권리를 가진다.
이러한 권리는 진실로 비정치적 범죄 또는 국제연합의 목적과 원칙에 위배되는 행위로 인하여 기소된 경우에는 주장될 수 없다.

Article 15
Everyone has the right to a nationality.
No one shall be arbitrarily deprived of his nationality nor denied the right to change his nationality.

제15조
모든 사람은 국적을 가질 권리를 가진다.
어느 누구도 자의적으로 자신의 국적을 박탈당하지 아니하며 자신의 국적을 변경할 권리가 부인되지 아니한다.

Article 16
Men and women of full age, without any limitation due to race, nationality or religion, have the right to marry and to found a family. They are entitled to equal rights as to marriage, during marriage and at its dissolution.
Marriage shall be entered into only with the free and full consent of the intending spouses.
The family is the natural and fundamental group

제16조
성인 남녀는 인종, 국적 또는 종교에 따른 어떠한 제한도 없이 혼인하고 가정을 이룰 권리를 가진다. 그들은 혼인에 대하여, 혼인기간 중 그리고 혼인해소 시에 동등한 권리를 향유할 자격이 있다.

혼인은 장래 배우자들의 자유롭고 완전한 동의하에서만 성립된다.
가정은 사회의 자연적이고 기초적인 단위이며, 사

unit of society and is entitled to protection by society and the State.

회와 국가의 보호를 받을 권리가 있다.

Article 17

1. Everyone has the right to own property alone as well as in association with others.
2. No one shall be arbitrarily deprived of his property.

제17조

1. 모든 사람은 단독으로뿐만 아니라 다른 사람과 공동으로 재산을 소유할 권리를 가진다.
2. 어느 누구도 자의적으로 자신의 재산을 박탈당하지 아니한다.

Article 18

Everyone has the right to freedom of thought, conscience and religion; this right includes freedom to change his religion or belief, and freedom, either alone or in community with others and in public or private, to manifest his religion or belief in teaching, practice, worship and observance.

제18조

모든 사람은 사상, 양심 및 종교의 자유에 대한 권리를 가진다. 이러한 권리는 종교 또는 신념을 변경할 자유와, 단독으로 또는 다른 사람과 공동으로 그리고 공적으로 또는 사적으로 선교, 행사, 예배 및 의식에 의하여 자신의 종교나 신념을 표명하는 자유를 포함한다.

Article 19

Everyone has the right to freedom of opinion and expression; this right includes freedom to hold opinions without interference and to seek, receive and impart information and ideas through any media and regardless of frontiers.

제19조

모든 사람은 의견의 자유와 표현의 자유에 대한 권리를 가진다. 이러한 권리는 간섭 없이 의견을 가질 자유와 국경에 관계없이 어떠한 매체를 통해서도 정보와 사상을 추구하고, 얻으며, 전달하는 자유를 포함한다.

Article 20

1. Everyone has the right to freedom of peaceful assembly and association.
2. No one may be compelled to belong to an association.

제20조

1. 모든 사람은 평화적인 집회 및 결사의 자유에 대한 권리를 가진다.
2. 어느 누구도 어떤 결사에 참여하도록 강요받지 아니한다.

Article 21

1. Everyone has the right to take part in the government of his country, directly or through freely chosen representatives.
2. Everyone has the right to equal access to public service in his country.
3. The will of the people shall be the basis of the authority of government; this will shall be expressed in periodic and genuine elections which shall be by

제21조

1. 모든 사람은 직접 또는 자유로이 선출된 대표를 통하여 자국의 정부에 참여할 권리를 가진다.
2. 모든 사람은 자국에서 동등한 공무담임권을 가진다.
3. 국민의 의사가 정부 권능의 기반이다. 이러한 의사는 보통·평등 선거권에 따라 비밀 또는 그에 상당한 자유 투표절차에 의한 정기적이고 진정한 선

universal and equal suffrage and shall be held by secret vote or by equivalent free voting procedures.

거에 의하여 표현된다.

Article 22

Everyone, as a member of society, has the right to social security and is entitled to realization, through national effort and international co- operation and in accordance with the organization and resources of each State, of the economic, social and cultural rights indispensable for his dignity and the free development of his personality.

제22조

모든 사람은 사회의 일원으로서 사회보장을 받을 권리를 가지며, 국가적 노력과 국제적 협력을 통하여, 그리고 각 국가의 조직과 자원에 따라서 자신의 존엄과 인격의 자유로운 발전에 불가결한 경제적, 사회적 및 문화적 권리들을 실현할 권리를 가진다.

Article 23

1. Everyone has the right to work, to free choice of employment, to just and favourable conditions of work and to protection against unemployment.
2. Everyone, without any discrimination, has the right to equal pay for equal work.
3. Everyone who works has the right to just and favourableremuneration ensuring for himself and his family an existence worthy of human dignity, and supplemented, if necessary, by other means of social protection.
4. Everyone has the right to form and to join trade unions for the protection of his interests.

제23조

1. 모든 사람은 일, 직업의 자유로운 선택, 정당하고 유리한 노동 조건, 그리고 실업에 대한 보호의 권리를 가진다.
2.모든 사람은 아무런 차별 없이 동일한 노동에 대하여 동등한 보수를 받을 권리를 가진다.
3. 노동을 하는 모든 사람은 자신과 가족에게 인간의 존엄에 부합하는 생존을 보장하며, 필요한 경우에 다른 사회보장방법으로 보충되는 정당하고 유리한 보수에 대한 권리를 가진다.

4. 모든 사람은 자신의 이익을 보호하기 위하여 노동조합을 결성하고, 가입할 권리를 가진다.

Article 24

Everyone has the right to rest and leisure, including reasonable limitation of working hours and periodic holidays with pay.

제24조

모든 사람은 노동시간의 합리적 제한과 정기적인 유급휴가를 포함하여 휴식과 여가의 권리를 가진다.

Article 25

1. Everyone has the right to a standard of living adequate for the health and well-being of himself and of his family, including food, clothing, housing and medical care and necessary social services, and the right to security in the event of unemployment, sickness, disability, widowhood, old age or other lack of livelihood in circumstances beyond his

제25조

1. 모든 사람은 의식주, 의료 및 필요한 사회복지를 포함하여 자신과 가족의 건강과 안녕에 적합한 생활수준을 누릴 권리와 실업, 질병, 장애, 배우자 사망, 노령 또는 기타 불가항력의 상황으로 인한 생계결핍의 경우에 보장을 받을 권리를 가진다.

control.

2. Motherhood and childhood are entitled to special care and assistance. All children, whether born in or out of wedlock, shall enjoy the same social protection.

2. 어머니와 아동은 특별한 보호와 지원을 받을 권리를 가진다. 모든 아동은 적서에 관계없이 동일한 사회적 보호를 누린다.

Article 26

1. Everyone has the right to education. Education shall be free, at least in the elementary and fundamental stages. Elementary education shall be compulsory. Technical and professional education shall be made generally available and higher education shall be equally accessible to all on the basis of merit.

2. Education shall be directed to the full development of the human personality and to the strengthening of respect for human rights and fundamental freedoms. It shall promote understanding, tolerance and friendship among all nations, racial or religious groups, and shall further the activities of the United Nations for the maintenance of peace.

3. Parents have a prior right to choose the kind of education that shall be given to their children.

제26조

1. 모든 사람은 교육을 받을 권리를 가진다. 교육은 최소한 초등 및 기초단계에서는 무상이어야 한다. 초등교육은 의무적이어야 한다. 기술 및 직업교육은 일반적으로 접근이 가능하여야 하며, 고등교육은 모든 사람에게 실력에 근거하여 동등하게 접근 가능하여야 한다.

2. 교육은 인격의 완전한 발전과 인권과 기본적 자유에 대한 존중의 강화를 목표로 한다. 교육은 모든 국가, 인종 또는 종교 집단 간에 이해, 관용 및 우의를 증진하며, 평화의 유지를 위한 국제연합의 활동을 촉진하여야 한다.

3. 부모는 자녀에게 제공되는 교육의 종류를 선택할 우선권을 가진다.

Article 27

Everyone has the right freely to participate in the cultural life of the community, to enjoy the arts and to share in scientific advancement and its benefits. Everyone has the right to the protection of the moral and material interests resulting from any scientific, literary or artistic production of which he is the author.

제27조

모든 사람은 공동체의 문화생활에 자유롭게 참여하며 예술을 향유하고 과학의 발전과 그 혜택을 공유할 권리를 가진다.

모든 사람은 자신이 창작한 과학적, 문학적 또는 예술적 산물로부터 발생하는 정신적, 물질적 이익을 보호받을 권리를 가진다.

Article 28

Everyone is entitled to a social and international order in which the rights and freedoms set forth in this Declaration can be fully realized.

제28조

모든 사람은 이 선언에 규정된 권리와 자유가 완전히 실현될 수 있도록 사회적, 국제적 질서에 대한 권리를 가진다.

Article 29

1. Everyone has duties to the community in which

제29조

1. 모든 사람은 그 안에서만 자신의 인격이 자유롭

alone the free and full development of his personality is possible.

2. In the exercise of his rights and freedoms, everyone shall be subject only to such limitations as are determined by law solely for the purpose of securing due recognition and respect for the rights and freedoms of others and of meeting the just requirements of morality, public order and the general welfare in a democratic society.

3. These rights and freedoms may in no case be exercised contrary to the purposes and principles of the United Nations.

Article 30

Nothing in this Declaration may be interpreted as implying for any State, group or person any right to engage in any activity or to perform any act aimed at the destruction of any of the rights and freedoms set forth herein.

고 완전하게 발전할 수 있는 공동체에 대하여 의무를 가진다.

2. 모든 사람은 자신의 권리와 자유를 행사함에 있어, 다른 사람의 권리와 자유를 당연히 인정하고 존중하도록 하기 위한 목적과, 민주사회의 도덕, 공공질서 및 일반적 복리에 대한 정당한 필요에 부응하기 위한 목적을 위해서만 법에 따라 정하여진 제한을 받는다.

3. 이러한 권리와 자유는 어떠한 경우에도 국제연합의 목적과 원칙에 위배되어 행사되어서는 아니 된다.

제30조

이 선언의 어떠한 규정도 어떤 국가, 집단 또는 개인에게 이 선언에 규정된 어떠한 권리와 자유를 파괴하기 위한 활동에 가담하거나 또는 행위를 할 수 있는 권리가 있는 것으로 해석되어서는 아니 된다.

대한민국 헌법(발췌)

……

제6조 ① 헌법에 의하여 체결 공포된 조약과 일반적으로 승인된 국제법규는 국내법과 같은 효력을 가진다.
② 외국인은 국제법과 조약이 정하는 바에 의하여 그 지위가 보장된다.

……

제2장 국민의 권리와 의무

제10조 모든 국민은 인간으로서의 존엄과 가치를 가지며, 행복을 추구할 권리를 가진다. 국가는 개인이 가지는 불가침의 기본적 인권을 확인하고 이를 보장할 의무를 진다.

제11조 ① 모든 국민은 법 앞에 평등하다. 누구든지 성별·종교 또는 사회적 신분에 의하여 정치적·경제적·사회적·문화적 생활의 모든 영역에 있어서 차별을 받지 아니한다.
② 사회적 특수계급의 제도는 인정되지 아니하며, 어떠한 형태로도 이를 창설할 수 없다.
③ 훈장 등의 영전은 이를 받은 자에게만 효력이 있고, 어떠한 특권도 이에 따르지 아니한다.

제12조 ① 모든 국민은 신체의 자유를 가진다. 누구든지 법률에 의하지 아니하고는 체포·구속·압수·수색 또는 심문을 받지 아니하며, 법률과 적법한 절차에 의하지 아니하고는 처벌·보안처분 또는 강제노역을 받지 아니한다.
② 모든 국민은 고문을 받지 아니하며, 형사상 자기에게 불리한 진술을 강요당하지 아니한다.
③ 체포·구속·압수 또는 수색을 할 때에는 적법한 절차에 따라 검사의 신청에 의하여 법관이 발부한 영장을 제시하여야 한다. 다만, 현행범인인 경우와 장기 3년 이상의 형에 해당하는 죄를 범하고 도피 또는 증거인멸의 염려가 있을 때에는 사후에 영장을 청구할 수 있다.
④ 누구든지 체포 또는 구속을 당한 때에는 즉시 변호인의 조력을 받을 권리를 가진다. 다만, 형사피고인이 스스로 변호인을 구할 수 없을 때에는 법률이 정하는 바에 의하여 국가가 변호인을 붙인다.
⑤ 누구든지 체포 또는 구속의 이유와 변호인의 조력을 받을 권리가 있음을 고지 받지 아니하고는 체포 또는 구속을 당하지 아니한다. 체포 또는 구속을 당한 자의 가족 등 법률이 정하는 자에게는 그 이유와 일시·장소가 지체 없이 통지되어야 한다.
⑥ 누구든지 체포 또는 구속을 당한 때에는 적부의 심사를 법원에 청구할 권리를 가진다.
⑦ 피고인의 자백이 고문·폭행·협박·구속의 부당한 장기화 또는 기망 기타의 방법에 의하여 자의로 진술된 것이 아니라고 인정될 때 또는 정식재판에 있어서 피고인의 자백이 그에게 불리한 유일한 증거일 때에는 이를 유죄의 증거로 삼거나 이를 이유로 처벌할 수 없다.

제13조 ① 모든 국민은 행위 시의 법률에 의하여 범죄를 구성하지 아니하는 행위로 소추되지 아니하며, 동일한 범죄에 대하여 거듭 처벌받지 아니한다.
② 모든 국민은 소급입법에 의하여 참정권의 제한을 받거나 재산권을 박탈당하지 아니한다.
③ 모든 국민은 자기의 행위가 아닌 친족의 행위로 인하여 불이익한 처우를 받지 아니한다.

제14조 모든 국민은 거주·이전의 자유를 가진다.

제15조 모든 국민은 직업선택의 자유를 가진다.

제16조 모든 국민은 주거의 자유를 침해받지 아니한다. 주거에 대한 압수나 수색을 할 때에는 검사의 신청에 의하여 법관이 발부한 영장을 제시하여야 한다.

제17조 모든 국민은 사생활의 비밀과 자유를 침해받지 아니한다.

제18조 모든 국민은 통신의 비밀을 침해받지 아니한다.

제19조 모든 국민은 양심의 자유를 가진다.

제20조 ① 모든 국민은 종교의 자유를 가진다.
② 국교는 인정되지 아니하며, 종교와 정치는 분리된다.

제21조 ① 모든 국민은 언론·출판의 자유와 집회·결사의 자유를 가진다.
② 언론·출판에 대한 허가나 검열과 집회·결사에 대한 허가는 인정되지 아니한다.
③ 통신·방송의 시설기준과 신문의 기능을 보장하기 위하여 필요한 사항은 법률로 정한다.
④ 언론·출판은 타인의 명예나 권리 또는 공중도덕이나 사회윤리를 침해하여서는 아니 된다. 언론·출판이 타인의 명예나 권리를 침해한 때에는 피해자는 이에 대한 피해의 배상을 청구할 수 있다.

제22조 ① 모든 국민은 학문과 예술의 자유를 가진다.
② 저작자·발명가·과학기술자와 예술가의 권리는 법률로써 보호한다.

제23조 ① 모든 국민의 재산권은 보장된다. 그 내용과 한계는 법률로 정한다.
② 재산권의 행사는 공공복리에 적합하도록 하여야 한다.
③ 공공필요에 의한 재산권의 수용·사용 또는 제한 및 그에 대한 보상은 법률로써 하되, 정당한 보상을 지급하여야 한다.

제24조 모든 국민은 법률이 정하는 바에 의하여 선거권을 가진다.

제25조 모든 국민은 법률이 정하는 바에 의하여 공무담임권을 가진다.

제26조 ① 모든 국민은 법률이 정하는 바에 의하여 국가기관에 문서로 청원할 권리를 가진다.
② 국가는 청원에 대하여 심사할 의무를 진다.

제27조 ① 모든 국민은 헌법과 법률이 정한 법관에 의하여 법률에 의한 재판을 받을 권리를 가진다.
② 군인 또는 군무원이 아닌 국민은 대한민국의 영역 안에서는 중대한 군사상 기밀·초병·초소·유독음식물공

급·포로·군용물에 관한 죄 중 법률이 정한 경우와 비상계엄이 선포된 경우를 제외하고는 군사법원의 재판을 받지 아니한다.
③ 모든 국민은 신속한 재판을 받을 권리를 가진다. 형사피고인은 상당한 이유가 없는 한 지체없이 공개재판을 받을 권리를 가진다.
④ 형사피고인은 유죄의 판결이 확정될 때까지는 무죄로 추정된다.
⑤ 형사피해자는 법률이 정하는 바에 의하여 당해 사건의 재판절차에서 진술할 수 있다.

第28조 형사피의자 또는 형사피고인으로서 구금되었던 자가 법률이 정하는 불기소처분을 받거나 무죄판결을 받은 때에는 법률이 정하는 바에 의하여 국가에 정당한 보상을 청구할 수 있다.

第29조 ① 공무원의 직무상 불법행위로 손해를 받은 국민은 법률이 정하는 바에 의하여 국가 또는 공공단체에 정당한 배상을 청구할 수 있다. 이 경우 공무원 자신의 책임은 면제되지 아니한다.
② 군인·군무원·경찰공무원 기타 법률이 정하는 자가 전투·훈련 등 직무집행과 관련하여 받은 손해에 대하여는 법률이 정하는 보상 외에 국가 또는 공공단체에 공무원의 직무상 불법행위로 인한 배상은 청구할 수 없다.

第30조 타인의 범죄행위로 인하여 생명·신체에 대한 피해를 받은 국민은 법률이 정하는 바에 의하여 국가로부터 구조를 받을 수 있다.

第31조 ① 모든 국민은 능력에 따라 균등하게 교육을 받을 권리를 가진다.
② 모든 국민은 그 보호하는 자녀에게 적어도 초등교육과 법률이 정하는 교육을 받게 할 의무를 진다.
③ 의무교육은 무상으로 한다.
④ 교육의 자주성·전문성·정치적 중립성 및 대학의 자율성은 법률이 정하는 바에 의하여 보장된다.
⑤ 국가는 평생교육을 진흥하여야 한다.
⑥ 학교교육 및 평생교육을 포함한 교육제도와 그 운영, 교육재정 및 교원의 지위에 관한 기본적인 사항은 법률로 정한다.

第32조 ① 모든 국민은 근로의 권리를 가진다. 국가는 사회적·경제적 방법으로 근로자의 고용의 증진과 적정임금의 보장에 노력하여야 하며, 법률이 정하는 바에 의하여 최저임금제를 시행하여야 한다.
② 모든 국민은 근로의 의무를 진다. 국가는 근로의 의무의 내용과 조건을 민주주의원칙에 따라 법률로 정한다.
③ 근로조건의 기준은 인간의 존엄성을 보장하도록 법률로 정한다.
④ 여자의 근로는 특별한 보호를 받으며, 고용·임금 및 근로조건에 있어서 부당한 차별을 받지 아니한다.
⑤ 연소자의 근로는 특별한 보호를 받는다.
⑥ 국가유공자·상이군경 및 전몰군경의 유가족은 법률이 정하는 바에 의하여 우선적으로 근로의 기회를 부여받는다.

第33조 ① 근로자는 근로조건의 향상을 위하여 자주적인 단결권·단체교섭권 및 단체행동권을 가진다.
② 공무원인 근로자는 법률이 정하는 자에 한하여 단결권·단체교섭권 및 단체행동권을 가진다.

③ 법률이 정하는 주요방위산업체에 종사하는 근로자의 단체행동권은 법률이 정하는 바에 의하여 이를 제한하거나 인정하지 아니할 수 있다.

제34조 ① 모든 국민은 인간다운 생활을 할 권리를 가진다.
② 국가는 사회보장·사회복지의 증진에 노력할 의무를 진다.
③ 국가는 여자의 복지와 권익의 향상을 위하여 노력하여야 한다.
④ 국가는 노인과 청소년의 복지향상을 위한 정책을 실시할 의무를 진다.
⑤ 신체장애자 및 질병·노령 기타의 사유로 생활능력이 없는 국민은 법률이 정하는 바에 의하여 국가의 보호를 받는다.
⑥ 국가는 재해를 예방하고 그 위험으로부터 국민을 보호하기 위하여 노력하여야 한다.

제35조 ① 모든 국민은 건강하고 쾌적한 환경에서 생활할 권리를 가지며, 국가와 국민은 환경보전을 위하여 노력하여야 한다.
② 환경권의 내용과 행사에 관하여는 법률로 정한다.
③ 국가는 주택개발정책 등을 통하여 모든 국민이 쾌적한 주거생활을 할 수 있도록 노력하여야 한다.

제36조 ① 혼인과 가족생활은 개인의 존엄과 양성의 평등을 기초로 성립되고 유지되어야 하며, 국가는 이를 보장한다.
② 국가는 모성의 보호를 위하여 노력하여야 한다.
③ 모든 국민은 보건에 관하여 국가의 보호를 받는다.

제37조 ① 국민의 자유와 권리는 헌법에 열거되지 아니한 이유로 경시되지 아니한다.
② 국민의 모든 자유와 권리는 국가안전보장·질서유지 또는 공공복리를 위하여 필요한 경우에 한하여 법률로써 제한할 수 있으며, 제한하는 경우에도 자유와 권리의 본질적인 내용을 침해할 수 없다.

제38조 모든 국민은 법률이 정하는 바에 의하여 납세의 의무를 진다.

제39조 ① 모든 국민은 법률이 정하는 바에 의하여 국방의 의무를 진다.
② 누구든지 병역의무의 이행으로 인하여 불이익한 처우를 받지 아니한다.

……

International Covenant on Economic, Social and Cultural Rights

Adopted and opened for signature, ratification and accession by General Assembly resolution 2200A (XXI) of 16 December 1966, entry into force 3 January 1976, in accordance with article 27

Preamble

The States Parties to the present Covenant,

Considering that, in accordance with the principles proclaimed in the Charter of the United Nations, recognition of the inherent dignity and of the equal and inalienable rights of all members of the human family is the foundation of freedom, justice and peace in the world,

Recognizing that these rights derive from the inherent dignity of the human person,

Recognizing that, in accordance with the Universal Declaration of Human Rights, the ideal of free human beings enjoying freedom from fear and want can only be achieved if conditions are created whereby everyone may enjoy his economic, social and cultural rights, as well as his civil and political rights,

Considering the obligation of States under the Charter of the United Nations to promote universal respect for, and observance of, human rights and freedoms,

Realizing that the individual, having duties to other individuals and to the community to which he belongs, is under a responsibility to strive for the promotion and observance of the rights recognized in the present Covenant,

Agree upon the following articles:

경제적, 사회적 및 문화적 권리에 관한 국제규약

채택 1966. 12. 16 / 발효 1976. 1. 3 / 대한민국 적용 1990. 7. 10

전문

이 규약의 당사국은,

국제연합 헌장에 선언된 원칙에 따라 인류사회의 모든 구성원의 고유의 존엄성 및 평등하고 양도할 수 없는 권리를 인정하는 것이 세계의 자유, 정의 및 평화의 기초가 됨을 고려하고,

이러한 권리는 인간의 고유한 존엄성으로부터 유래함을 인정하며,

세계인권선언에 따라 공포와 결핍으로부터의 자유를 향유하는 자유 인간의 이상은 모든 사람이 자신의 시민적, 정치적 권리뿐만 아니라 경제적, 사회적 및 문화적 권리를 향유할 수 있는 여건이 조성되는 경우에만 성취될 수 있음을 인정하며,

인권과 자유에 대한 보편적 존중과 준수를 촉진시킬 국제연합 헌장상의 국가의 의무를 고려하며,

타 개인과 자기가 속한 사회에 대한 의무를 지고 있는 개인은, 이 규약에서 인정된 권리의 증진과 준수를 위하여 노력하여야 할 책임이 있음을 인식하여,

다음 조문들에 합의한다.

PART I

Article 1

1. All peoples have the right of self-determination. By virtue of that right they freely determine their political status and freely pursue their economic, social and cultural development.

2. All peoples may, for their own ends, freely dispose of their natural wealth and resources without prejudice to any obligations arising out of international economic co-operation, based upon the principle of mutual benefit, and international law. In no case may a people be deprived of its own means of subsistence.

3. The States Parties to the present Covenant, including those having responsibility for the administration of Non-Self-Governing and Trust Territories, shall promote the realization of the right of self-determination, and shall respect that right, in conformity with the provisions of the Charter of the United Nations.

제1부

제1조

1. 모든 인민은 자결권을 가진다. 이 권리에 기초하여 모든 인민은 그들의 정치적 지위를 자유로이 결정하고, 또한 그들의 경제적, 사회적 및 문화적 발전을 자유로이 추구한다.

2. 모든 인민은, 호혜의 원칙에 입각한 국제경제협력으로부터 발생하는 의무 및 국제법상의 의무에 위반하지 아니하는 한, 그들 자신의 목적을 위하여 그들의 천연의 부와 자원을 자유로이 처분할 수 있다. 어떠한 경우에도 인민은 그들의 생존수단을 박탈당하지 아니한다.

3. 비자치지역 및 신탁통치지역의 행정책임을 맡고 있는 국가들을 포함하여 이 규약의 당사국은 국제연합 헌장의 규정에 따라 자결권의 실현을 촉진하고 동 권리를 존중하여야 한다.

PART II

Article 2

1. Each State Party to the present Covenant undertakes to take steps, individually and through international assistance and co-operation, especially economic and technical, to the maximum of its available resources, with a view to achieving progressively the full realization of the rights recognized in the present Covenant by all appropriate means, including particularly the adoption of legislative measures.

2. The States Parties to the present Covenant undertake to guarantee that the rights enunciated in the present Covenant will be exercised without discrimination of any kind as to race, colour, sex, language, religion, political or other opinion,

제2부

제2조

1. 이 규약의 각 당사국은 특히 입법조치의 채택을 포함한 모든 적절한 수단에 의하여 이 규약에서 인정된 권리의 완전한 실현을 점진적으로 달성하기 위하여, 개별적으로 또한 특히 경제적, 기술적인 국제지원과 국제협력을 통하여, 자국의 가용자원이 허용하는 최대한도까지 조치를 취할 것을 약속한다.

2. 이 규약의 당사국은 이 규약에서 선언된 권리들이 인종, 피부색, 성, 언어, 종교, 정치적 또는 기타의 의견, 민족적 또는 사회적 출신, 재산, 출생 또는 기타의 신분 등에 의한 어떠한 종류의 차별도 없이 행사되도록 보장할 것을 약속한다.

national or social origin, property, birth or other status.

3. Developing countries, with due regard to human rights and their national economy, may determine to what extent they would guarantee the economic rights recognized in the present Covenant to non-nationals.

3. 개발도상국은, 인권과 국가 경제를 충분히 고려하여 이 규약에서 인정된 경제적 권리를 어느 정도까지 자국의 국민이 아닌 자에게 보장할 것인가를 결정할 수 있다.

Article 3

The States Parties to the present Covenant undertake to ensure the equal right of men and women to the enjoyment of all economic, social and cultural rights set forth in the present Covenant.

제3조

이 규약의 당사국은 이 규약에 규정된 모든 경제적, 사회적 및 문화적 권리를 향유함에 있어서 남녀에게 동등한 권리를 확보할 것을 약속한다.

Article 4

The States Parties to the present Covenant recognize that, in the enjoyment of those rights provided by the State in conformity with the present Covenant, the State may subject such rights only to such limitations as are determined by law only in so far as this may be compatible with the nature of these rights and solely for the purpose of promoting the general welfare in a democratic society.

제4조

이 규약의 당사국은, 국가가 이 규약에 따라 부여하는 권리를 향유함에 있어서, 그러한 권리의 본질과 양립할 수 있는 한도 내에서, 또한 오직 민주 사회에서의 공공복리 증진의 목적으로 반드시 법률에 의하여 정하여지는 제한에 의해서만, 그러한 권리를 제한할 수 있음을 인정한다.

Article 5

1. Nothing in the present Covenant may be interpreted as implying for any State, group or person any right to engage in any activity or to perform any act aimed at the destruction of any of the rights or freedoms recognized herein, or at their limitation to a greater extent than is provided for in the present Covenant.

2. No restriction upon or derogation from any of the fundamental human rights recognized or existing in any country in virtue of law, conventions, regulations or custom shall be admitted on the pretext that the present Covenant does not recognize such rights or that it recognizes them to a lesser extent.

제5조

1. 이 규약의 어떠한 규정도 국가, 집단 또는 개인이 이 규약에서 인정되는 권리 및 자유를 파괴하거나, 또는 이 규약에서 규정된 제한의 범위를 넘어 제한하는 것을 목적으로 하는 활동에 종사하거나 또는 그와 같은 것을 목적으로 하는 행위를 행할 권리를 가지는 것으로 해석되지 아니한다.

2. 이 규약의 어떠한 당사국에서 법률, 협정, 규칙 또는 관습에 의하여 인정되거나 또는 현존하고 있는 기본적 인권에 대하여는, 이 규약이 그러한 권리를 인정하지 아니하거나 또는 그 인정의 범위가 보다 협소하다는 것을 구실로 동 권리를 제한하거나 또는 훼손하는 것이 허용되지 아니한다.

PART III

제3부

Article 6

1. The States Parties to the present Covenant recognize the right to work, which includes the right of everyone to the opportunity to gain his living by work which he freely chooses or accepts, and will take appropriate steps to safeguard this right.

2. The steps to be taken by a State Party to the present Covenant to achieve the full realization of this right shall include technical and vocational guidance and training programmes, policies and techniques to achieve steady economic, social and cultural development and full and productive employment under conditions safeguarding fundamental political and economic freedoms to the individual.

제6조

1. 이 규약의 당사국은, 모든 사람이 자유로이 선택하거나 수락하는 노동에 의하여 생계를 영위할 권리를 포함하는 근로의 권리를 인정하며, 동 권리를 보호하기 위하여 적절한 조치를 취한다.

2. 이 규약의 당사국이 근로권의 완전한 실현을 달성하기 위하여 취하는 제반조치에는 개인에게 기본적인 정치적, 경제적 자유를 보장하는 조건하에서 착실한 경제적, 사회적, 문화적 발전과 생산적인 완전고용을 달성하기 위한 기술 및 직업의 지도, 훈련계획, 정책 및 기술이 포함되어야 한다.

Article 7

The States Parties to the present Covenant recognize the right of everyone to the enjoyment of just and favourable conditions of work which ensure, in particular:

(a) Remuneration which provides all workers, as a minimum, with:

(i) Fair wages and equal remuneration for work of equal value without distinction of any kind, in particular women being guaranteed conditions of work not inferior to those enjoyed by men, with equal pay for equal work;

(ii) A decent living for themselves and their families in accordance with the provisions of the present Covenant;

(b) Safe and healthy working conditions;

(c) Equal opportunity for everyone to be promoted in his employment to an appropriate higher level, subject to no considerations other than those of seniority and competence;

(d) Rest, leisure and reasonable limitation of working hours and periodic holidays with pay, as

제7조

이 규약의 당사국은 특히 다음 사항이 확보되는 공정하고 유리한 근로조건을 모든 사람이 향유할 권리를 가지는 것을 인정한다.

(a) 모든 근로자에게 최소한 다음의 것을 제공하는 보수

(i) 공정한 임금과 어떠한 종류의 차별도 없는 동등한 가치의 노동에 대한 동등한 보수, 특히 여성에게 대하여는 동등한 노동에 대한 동등한 보수와 함께 남성이 향유하는 것보다 열등하지 아니한 근로조건의 보장

(ii) 이 규약의 규정에 따른 근로자 자신과 그 가족의 품위 있는 생활

(b) 안전하고 건강한 근로조건

(c) 연공서열 및 능력 이외의 다른 고려에 의하지 아니하고, 모든 사람이 자기의 직장에서 적절한 상위직으로 승진할 수 있는 동등한 기회

(d) 휴식, 여가 및 근로시간의 합리적 제한, 공휴일에 대한 보수와 정기적인 유급휴일

well as remuneration for public holidays

Article 8

1. The States Parties to the present Covenant undertake to ensure:

(a) The right of everyone to form trade unions and join the trade union of his choice, subject only to the rules of the organization concerned, for the promotion and protection of his economic and social interests. No restrictions may be placed on the exercise of this right other than those prescribed by law and which are necessary in a democratic society in the interests of national security or public order or for the protection of the rights and freedoms of others;

(b) The right of trade unions to establish national federations or confederations and the right of the latter to form or join international trade-union organizations;

(c) The right of trade unions to function freely subject to no limitations other than those prescribed by law and which are necessary in a democratic society in the interests of national security or public order or for the protection of the rights and freedoms of others;

(d) The right to strike, provided that it is exercised in conformity with the laws of the particular country.

2. This article shall not prevent the imposition of lawful restrictions on the exercise of these rights by members of the armed forces or of the police or of the administration of the State.

3. Nothing in this article shall authorize States Parties to the International Labour Organization Convention of 1948 concerning Freedom of Association and Protection of the Right to Organize to take legislative measures which would prejudice, or apply the law in such a manner as would prejudice, the guarantees provided for in that Convention.

제8조

1. 이 규약의 당사국은 다음의 권리를 확보할 것을 약속한다.

(a) 모든 사람은 그의 경제적, 사회적 이익을 증진하고 보호하기 위하여 관계단체의 규칙에만 따를 것을 조건으로 노동조합을 결성하고, 그가 선택한 노동조합에 가입하는 권리. 그러한 권리의 행사에 대하여는 법률로 정하여진 것 이외의 또한 국가안보 또는 공공질서를 위하여 또는 타인의 권리와 자유를 보호하기 위하여 민주 사회에서 필요한 것 이외의 어떠한 제한도 과할 수 없다.

(b) 노동조합이 전국적인 연합 또는 총연합을 설립하는 권리 및 총연합이 국제노동조합조직을 결성하거나 또는 가입하는 권리

(c) 노동조합은 법률로 정하여진 것 이외의 또한 국가안보, 공공질서를 위하거나 또는 타인의 권리와 자유를 보호하기 위하여 민주사회에서 필요한 제한 이외의 어떠한 제한도 받지 아니하고 자유로이 활동할 권리

(d) 특정국가의 법률에 따라 행사될 것을 조건으로 파업을 할 수 있는 권리

2. 이 조는 군인, 경찰 구성원 또는 행정관리가 전기한 권리들을 행사하는 것에 대하여 합법적인 제한을 부과하는 것을 방해하지 아니한다.

3. 이 조의 어떠한 규정도 결사의 자유 및 단결권의 보호에 관한 1948년의 국제노동기구협약의 당사국이 동 협약에 규정된 보장을 저해하려는 입법조치를 취하도록 하거나, 또는 이를 저해하려는 방법으로 법률을 적용할 것을 허용하지 아니한다.

Article 9

The States Parties to the present Covenant recognize the right of everyone to social security, including social insurance.

제9조

이 규약의 당사국은 모든 사람이 사회보험을 포함한 사회보장에 대한 권리를 가지는 것을 인정한다.

Article 10

The States Parties to the present Covenant recognize that:

1. The widest possible protection and assistance should be accorded to the family, which is the natural and fundamental group unit of society, particularly for its establishment and while it is responsible for the care and education of dependent children. Marriage must be entered into with the free consent of the intending spouses.

2. Special protection should be accorded to mothers during a reasonable period before and after childbirth. During such period working mothers should be accorded paid leave or leave with adequate social security benefits.

3. Special measures of protection and assistance should be taken on behalf of all children and young persons without any discrimination for reasons of parentage or other conditions. Children and young persons should be protected from economic and social exploitation. Their employment in work harmful to their morals or health or dangerous to life or likely to hamper their normal development should be punishable by law. States should also set age limits below which the paid employment of child labour should be prohibited and punishable by law.

제10조

이 규약의 당사국은 다음 사항을 인정한다.

1. 사회의 자연적이고 기초적인 단위인 가정에 대하여는, 특히 가정의 성립을 위하여 그리고 가정이 부양 어린이의 양육과 교육에 책임을 맡고 있는 동안에는 가능한 한 광범위한 보호와 지원이 부여된다. 혼인은 혼인 의사를 가진 양 당사자의 자유로운 동의하에 성립된다.

2. 임산부에게는 분만 전후의 적당한 기간 동안 특별한 보호가 부여된다. 동 기간 중의 근로 임산부에게는 유급휴가 또는 적당한 사회보장의 혜택이 있는 휴가가 부여된다.

3. 가문 또는 기타 조건에 의한 어떠한 차별도 없이, 모든 어린이와 연소자를 위하여 특별한 보호와 원조의 조치가 취하여진다. 어린이와 연소자는 경제적, 사회적 착취로부터 보호된다. 어린이와 연소자를 도덕 또는 건강에 유해하거나 또는 생명에 위험하거나 또는 정상적 발육을 저해할 우려가 있는 노동에 고용하는 것은 법률에 의하여 처벌할 수 있다. 당사국은 또한 연령제한을 정하여 그 연령에 달하지 않은 어린이에 대한 유급노동에의 고용이 법률로 금지되고 처벌될 수 있도록 한다.

Article 11

1. The States Parties to the present Covenant recognize the right of everyone to an adequate standard of living for himself and his family, including adequate food, clothing and housing, and to the continuous improvement of living conditions. The States Parties will take appropriate steps to

제11조

1. 이 규약의 당사국은 모든 사람이 적당한 식량, 의복 및 주택을 포함하여 자기 자신과 가정을 위한 적당한 생활수준을 누릴 권리와 생활조건을 지속적으로 개선할 권리를 가지는 것을 인정한다. 당사국은 그러한 취지에서 자유로운 동의에 입각한 국제적 협력의 본질적인 중요성을 인정하고, 그 권리

ensure the realization of this right, recognizing to this effect the essential importance of international co-operation based on free consent.

의 실현을 확보하기 위한 적당한 조치를 취한다.

2. The States Parties to the present Covenant, recognizing the fundamental right of everyone to be free from hunger, shall take, individually and through international co-operation, the measures, including specific programmes, which are needed:

2. 이 규약의 당사국은 기아로부터의 해방이라는 모든 사람의 기본적인 권리를 인정하고, 개별적으로 또는 국제협력을 통하여 아래 사항을 위하여 구체적 계획을 포함하는 필요한 조치를 취한다.

(a) To improve methods of production, conservation and distribution of food by making full use of technical and scientific knowledge, by disseminating knowledge of the principles of nutrition and by developing or reforming agrarian systems in such a way as to achieve the most efficient development and utilization of natural resources;

(a) 과학 · 기술 지식을 충분히 활용하고, 영양에 관한 원칙에 대한 지식을 보급하고, 천연자원을 가장 효율적으로 개발하고 이용할 수 있도록 농지제도를 발전시키거나 개혁함으로써 식량의 생산, 보존 및 분배의 방법을 개선할 것.

(b) Taking into account the problems of both food-importing and food-exporting countries, to ensure an equitable distribution of world food supplies in relation to need.

(b) 식량수입국 및 식량수출국 쌍방의 문제를 고려하여 필요에 따라 세계 식량 공급의 공평한 분배를 확보할 것.

Article 12

제12조

1. The States Parties to the present Covenant recognize the right of everyone to the enjoyment of the highest attainable standard of physical and mental health.

1. 이 규약의 당사국은 모든 사람이 도달 가능한 최고 수준의 신체적·정신적 건강을 향유할 권리를 가지는 것을 인정한다.

2. The steps to be taken by the States Parties to the present Covenant to achieve the full realization of this right shall include those necessary for:

2. 이 규약당사국이 동 권리의 완전한 실현을 달성하기 위하여 취할 조치에는 다음 사항을 위하여 필요한 조치가 포함된다.

(a) The provision for the reduction of the stillbirth-rate and of infant mortality and for the healthy development of the child;

(a) 사산율과 유아사망률의 감소 및 어린이의 건강한 발육

(b) The improvement of all aspects of environmental and industrial hygiene;

(b) 환경 및 산업위생의 모든 부문의 개선

(c) The prevention, treatment and control of epidemic, endemic, occupational and other diseases;

(c) 전염병, 풍토병, 직업병 및 기타 질병의 예방, 치료 및 통

(d) The creation of conditions which would assure to all medical service and medical attention in the event of sickness.

(d) 질병 발생 시 모든 사람에게 의료와 간호를 확보할 여건의 조성

Article 13

1. The States Parties to the present Covenant recognize the right of everyone to education. They agree that education shall be directed to the full development of the human personality and the sense of its dignity, and shall strengthen the respect for human rights and fundamental freedoms. They further agree that education shall enable all persons to participate effectively in a free society, promote understanding, tolerance and friendship among all nations and all racial, ethnic or religious groups, and further the activities of the United Nations for the maintenance of peace.

2. The States Parties to the present Covenant recognize that, with a view to achieving the full realization of this right:

(a) Primary education shall be compulsory and available free to all;

(b) Secondary education in its different forms, including technical and vocational secondary education, shall be made generally available and accessible to all by every appropriate means, and in particular by the progressive introduction of free education;

(c) Higher education shall be made equally accessible to all, on the basis of capacity, by every appropriate means, and in particular by the progressive introduction of free education;

(d) Fundamental education shall be encouraged or intensified as far as possible for those persons who have not received or completed the whole period of their primary education;

(e) The development of a system of schools at all levels shall be actively pursued, an adequate fellowship system shall be established, and the material conditions of teaching staff shall be continuously improved.

3. The States Parties to the present Covenant undertake to have respect for the liberty of parents

제13조

1. 이 규약의 당사국은 모든 사람이 교육에 대한 권리를 가지는 것을 인정한다. 당사국은 교육이 인격과 인격의 존엄성에 대한 의식이 완전히 발전되는 방향으로 나아가야 하며, 교육이 인권과 기본적 자유를 더욱 존중하여야 한다는 것에 동의한다. 당사국은 나아가서 교육에 의하여 모든 사람이 자유사회에 효율적으로 참여하며, 민족 간에 있어서나 모든 인종적, 종족적 또는 종교적 집단 간에 있어서 이해, 관용 및 친선을 증진시키고, 평화유지를 위한 국제연합의 활동을 증진시킬 수 있도록 하는 것에 동의한다.

2. 이 규약의 당사국은 동 권리의 완전한 실현을 달성하기 위하여 다음 사항을 인정한다.

(a) 초등교육은 모든 사람에게 무상 의무교육으로 실시된다.

(b) 기술 및 직업 중등교육을 포함하여 여러 가지 형태의 중등교육은, 모든 적당한 수단에 의하여, 특히 무상교육의 점진적 도입에 의하여 모든 사람이 일반적으로 이용할 수 있도록 하고, 또한 모든 사람에게 개방된다.

(c) 고등교육은, 모든 적당한 수단에 의하여, 특히 무상교육의 점진적 도입에 의하여, 능력에 기초하여 모든 사람에게 동등하게 개방된다.

(d) 기본교육은 초등교육을 받지 못하였거나 또는 초등교육의 전 기간을 이수하지 못한 사람들을 위하여 가능한 한 장려되고 강화된다.

(e) 모든 단계에 있어서 학교제도의 발전이 적극적으로 추구되고, 적당한 연구·장학제도가 수립되며, 교직원의 물질적 처우는 계속적으로 개선된다.

3. 이 규약의 당사국은 부모 또는 경우에 따라서 법정후견인이 그들 자녀를 위하여 공공기관에 의하

and, when applicable, legal guardians to choose for their children schools, other than those established by the public authorities, which conform to such minimum educational standards as may be laid down or approved by the State and to ensure the religious and moral education of their children in conformity with their own convictions.

여 설립된 학교 이외의 학교로서 국가가 정하거나 승인하는 최소한도의 교육수준에 부합하는 학교를 선택하는 자유 및 그들의 신념에 따라 자녀의 종교적, 도덕적 교육을 확보할 수 있는 자유를 존중할 것을 약속한다.

4. No part of this article shall be construed so as to interfere with the liberty of individuals and bodies to establish and direct educational institutions, subject always to the observance of the principles set forth in paragraph I of this article and to the requirement that the education given in such institutions shall conform to such minimum standards as may be laid down by the State.

4. 이 조의 어떠한 부분도 항상 이 조 제1항에 규정된 원칙을 준수하고, 그 교육기관에서의 교육이 국가가 결정하는 최소한의 기준에 일치한다는 요건하에서, 개인과 단체가 교육기관을 설립, 운영할 수 있는 자유를 간섭하는 것으로 해석되지 아니한다.

Article 14

Each State Party to the present Covenant which, at the time of becoming a Party, has not been able to secure in its metropolitan territory or other territories under its jurisdiction compulsory primary education, free of charge, undertakes, within two years, to work out and adopt a detailed plan of action for the progressive implementation, within a reasonable number of years, to be fixed in the plan, of the principle of compulsory education free of charge for all.

제14조

이 규약의 당사국이 되는 때 그 본토나 자국 관할내에 있는 기타 영토에서 무상으로 초등의무교육을 확보할 수 없는 각 당사국은 계획상에 정해질 합리적인 연한 이내에 모든 사람에 대한 무상의무교육 원칙을 점진적으로 시행하기 위한 세부실천계획을 2년 이내에 입안, 채택할 것을 약속한다.

Article 15

1. The States Parties to the present Covenant recognize the right of everyone:

(a) To take part in cultural life;

(b) To enjoy the benefits of scientific progress and its applications;

(c) To benefit from the protection of the moral and material interests resulting from any scientific, literary or artistic production of which he is the author.

제15조

1. 이 규약의 당사국은 모든 사람의 다음 권리를 인정한다.

(a) 문화생활에 참여할 권리

(b) 과학의 진보 및 응용으로부터 이익을 향유할 권리

(c) 자기가 저작한 모든 과학적, 문학적 또는 예술적 창작품으로부터 생기는 정신적, 물질적 이익의 보호로부터 이익을 받을 권리

2. The steps to be taken by the States Parties to the

2. 이 규약의 당사국이 그러한 권리의 완전한 실현

present Covenant to achieve the full realization of this right shall include those necessary for the conservation, the development and the diffusion of science and culture.

3. The States Parties to the present Covenant undertake to respect the freedom indispensable for scientific research and creative activity.

4. The States Parties to the present Covenant recognize the benefits to be derived from the encouragement and development of international contacts and co-operation in the scientific and cultural fields.

PART IV

Article 16

1. The States Parties to the present Covenant undertake to submit in conformity with this part of the Covenant reports on the measures which they have adopted and the progress made in achieving the observance of the rights recognized herein.

2.

(a) All reports shall be submitted to the Secretary-General of the United Nations, who shall transmit copies to the Economic and Social Council for consideration in accordance with the provisions of the present Covenant;

(b) The Secretary-General of the United Nations shall also transmit to the specialized agencies copies of the reports, or any relevant parts therefrom, from States Parties to the present Covenant which are also members of these specialized agencies in so far as these reports, or parts therefrom, relate to any matters which fall within the responsibilities of the said agencies in accordance with their constitutional instruments.

Article 17

1. The States Parties to the present Covenant shall

을 달성하기 위하여 취하는 조치에는 과학과 문화의 보존, 발전 및 보급에 필요한 제반조치가 포함된다.

3. 이 규약의 당사국은 과학적 연구와 창조적 활동에 필수 불가결한 자유를 존중할 것을 약속한다.

4. 이 규약의 당사국은 국제적 접촉의 장려와 발전 및 과학과 문화 분야에서의 협력으로부터 이익이 초래됨을 인정한다.

제4부

제16조

1. 이 규약의 당사국은 규약에서 인정된 권리의 준수를 실현하기 위하여 취한 조치와 성취된 진전사항에 관한 보고서를 이 부의 규정에 따라 제출할 것을 약속한다.

2.

(a) 모든 보고서는 국제연합 사무총장에게 제출된다. 사무총장은 이 규약의 규정에 따라, 경제사회이사회가 심의할 수 있도록 보고서 사본을 동 이사회에 송부한다.

(b) 국제연합 사무총장은 이 규약의 당사국으로서 국제연합 전문기구의 회원국인 국가가 제출한 보고서 또는 보고서 내용의 일부가 전문기구의 창설 규정에 따라 동 전문기구의 책임에 속하는 문제와 관계가 있는 경우, 동 보고서 사본 또는 그 내용 중의 관련 부분의 사본을 동 전문기구에 송부한다.

제17조

1. 이 규약의 당사국은 경제사회이사회가 규약당사

furnish their reports in stages, in accordance with a programme to be established by the Economic and Social Council within one year of the entry into force of the present Covenant after consultation with the States Parties and the specialized agencies concerned.

국 및 관련 전문기구와 협의한 후, 이 규약의 발효 후 1년 이내에 수립하는 계획에 따라, 자국의 보고서를 각 단계별로 제출한다.

2. Reports may indicate factors and difficulties affecting the degree of fulfilment of obligations under the present Covenant.

2. 동 보고서는 이 규약상의 의무의 이행 정도에 영향을 미치는 요소 및 장애를 지적할 수 있다.

3. Where relevant information has previously been furnished to the United Nations or to any specialized agency by any State Party to the present Covenant, it will not be necessary to reproduce that information, but a precise reference to the information so furnished will suffice.

3. 이 규약의 당사국이 이미 국제연합 또는 전문기구에 관련 정보를 제출한 경우에는, 동일한 정보를 다시 작성하지 않고 동 정보에 대한 정확한 언급으로서 족하다.

Article 18

Pursuant to its responsibilities under the Charter of the United Nations in the field of human rights and fundamental freedoms, the Economic and Social Council may make arrangements with the specialized agencies in respect of their reporting to it on the progress made in achieving the observance of the provisions of the present Covenant falling within the scope of their activities. These reports may include particulars of decisions and recommendations on such implementation adopted by their competent organs.

제18조

경제사회이사회는 인권과 기본적 자유의 분야에서의 국제연합 헌장상의 책임에 따라, 전문기구가 동 기구의 활동영역에 속하는 이 규약 규정의 준수를 달성하기 위하여 성취된 진전사항을 이사회에 보고하는 것과 관련하여, 당해 전문기구와 협정을 체결할 수 있다. 그러한 보고서에는 전문기구의 권한있는 기관이 채택한 규정의 이행에 관한 결정 및 권고의 상세를 포함할 수 있다.

Article 19

The Economic and Social Council may transmit to the Commission on Human Rights for study and general recommendation or, as appropriate, for information the reports concerning human rights submitted by States in accordance with articles 16 and 17, and those concerning human rights submitted by the specialized agencies in accordance with article 18.

제19조

경제사회이사회는 제16조 및 제17조에 따라 각국이 제출하는 인권에 관한 보고서 및 제18조에 따라 전문기구가 제출하는 인권에 관한 보고서 중 국제연합 인권위원회의 검토, 일반적 권고, 또는 정보를 위하여 적당한 보고서를 인권위원회에 송부할 수 있다.

Article 20

The States Parties to the present Covenant and the specialized agencies concerned may submit comments to the Economic and Social Council on any general recommendation under article 19 or reference to such general recommendation in any report of the Commission on Human Rights or any documentation referred to therein.

제20조

이 규약의 당사국과 관련 전문기구는 제19조에 의한 일반적 권고에 대한 의견 또는 국제연합인권위원회의 보고서 또는 보고서에서 언급된 어떠한 문서에서도 그와 같은 일반적 권고에 대하여 언급하고 있는 부분에 관한 의견을 경제사회이사회에 제출할 수 있다.

Article 21

The Economic and Social Council may submit from time to time to the General Assembly reports with recommendations of a general nature and a summary of the information received from the States Parties to the present Covenant and the specialized agencies on the measures taken and the progress made in achieving general observance of the rights recognized in the present Covenant.

제21조

경제사회이사회는 일반적 성격의 권고를 포함하는 보고서와 이 규약에서 인정된 권리의 일반적 준수를 달성하기 위하여 취한 조치 및 성취된 진전사항에 관하여 이 규약의 당사국 및 전문기구로부터 입수한 정보의 개요를 수시로 총회에 제출할 수 있다.

Article 22

The Economic and Social Council may bring to the attention of other organs of the United Nations, their subsidiary organsand specialized agencies concerned with furnishing technical assistance any matters arising out of the reports referred to in this part of the present Covenant which may assist such bodies in deciding, each within its field of competence, on the advisability of international measures likely to contribute to the effective progressive implementation of the present Covenant.

제22조

경제사회이사회는 이 규약의 제4부에서 언급된 보고서에서 생기는 문제로서, 국제연합의 타 기관, 그 보조기관 및 기술원조의 제공에 관여하는 전문기구가 각기 그 권한 내에서 이 규약의 효과적, 점진적 실시에 기여할 수 있는 국제적 조치의 타당성을 결정하는 데 도움이 될 수 있는 문제에 대하여 그들의 주의를 환기시킬 수 있다.

Article 23

The States Parties to the present Covenant agree that international action for the achievement of the rights recognized in the present Covenant includes such methods as the conclusion of conventions, the adoption of recommendations, the furnishing of technical assistance and the holding of regional meetings and technical meetings for the purpose of

제23조

이 규약의 당사국은 이 규약에서 인정된 권리의 실현을 위한 국제적 조치에는 협약의 체결, 권고의 채택, 기술원조의 제공 및 관계정부와 협력하여 조직된 협의와 연구를 목적으로 하는 지역별 회의 및 기술적 회의의 개최와 같은 방안이 포함된다는 것에 동의한다.

consultation and study organized in conjunction with the Governments concerned.

Article 24

Nothing in the present Covenant shall be interpreted as impairing the provisions of the Charter of the United Nations and of the constitutions of the specialized agencies which define the respective responsibilities of the various organs of the United Nations and of the specialized agencies in regard to the matters dealt with in the present Covenant.

제24조

이 규약의 어떠한 규정도 이 규약에서 취급되는 문제에 관하여 국제연합의 여러 기관과 전문기구의 책임을 각각 명시하고 있는 국제연합 헌장 및 전문기구헌장의 규정을 침해하는 것으로 해석되지 아니한다.

Article 25

Nothing in the present Covenant shall be interpreted as impairing the inherent right of all peoples to enjoy and utilize fully and freely their natural wealth and resources.

제25조

이 규약의 어떠한 규정도 모든 사람이 그들의 천연적 부와 자원을 충분히, 자유로이 향유하고, 이용할 수 있는 고유의 권리를 침해하는 것으로 해석되지 아니한다.

. . .

. . .

International Covenant on Civil and Political Rights

Adopted and opened for signature, ratification and accession by General Assembly resolution 2200A (XXI)of 16 December 1966, entry into force 23 March 1976, in accordance with Article 49

Preamble

The States Parties to the present Covenant,

Considering that, in accordance with the principles proclaimed in the Charter of the United Nations, recognition of the inherent dignity and of the equal and inalienable rights of all members of the human family is the foundation of freedom, justice and peace in the world,

Recognizing that these rights derive from the inherent dignity of the human person,

Recognizing that, in accordance with the Universal Declaration of Human Rights, the ideal of free human beings enjoying civil and political freedom and freedom from fear and want can only be achieved if conditions are created whereby everyone may enjoy his civil and political rights, as well as his economic, social and cultural rights,

Considering the obligation of States under the Charter of the United Nations to promote universal respect for, and observance of, human rights and freedoms,

Realizing that the individual, having duties to other individuals and to the community to which he belongs, is under a responsibility to strive for the promotion and observance of the rights recognized in the present Covenant,

Agree upon the following articles:

시민적 및 정치적 권리에 관한 국제규약

채택 1966. 12. 16/ 발효 1976. 3. 23 단, 제41조는 1979. 3. 28에 발효/ 대한민국 적용 1990. 7. 10

전문

이 규약의 당사국은,

국제연합 헌장에 선언된 원칙에 따라 인류사회의 모든 구성원의 고유의 존엄성 및 평등하고 양도할 수 없는 권리를 인정하는 것이 세계의 자유, 정의 및 평화의 기초가 됨을 고려하고,

이러한 권리는 인간의 고유한 존엄성으로부터 유래함을 인정하며,

세계인권선언에 따라 시민적, 정치적 자유 및 공포와 결핍으로부터의 자유를 향유하는 자유인간의 이상은 모든 사람이 자신의 경제적, 사회적 및 문화적 권리뿐만 아니라 시민적 및 정치적 권리를 향유할 수 있는 여건이 조성되는 경우에만 성취될 수 있음을 인정하며,

인권과 자유에 대한 보편적 존중과 준수를 촉진시킬 국제연합 헌장상의 국가의 의무를 고려하며,

타 개인과 자기가 속한 사회에 대한 의무를 지고 있는 개인은, 이 규약에서 인정된 권리의 증진과 준수를 위하여 노력하여야 할 책임이 있음을 인식하여,

다음의 조문들에 합의한다.

PART I

Article 1

1. All peoples have the right of self-determination. By virtue of that right they freely determine their political status and freely pursue their economic, social and cultural development.

2. All peoples may, for their own ends, freely dispose of their natural wealth and resources without prejudice to any obligations arising out of international economic co-operation, based upon the principle of mutual benefit, and international law. In no case may a people be deprived of its own means of subsistence.

3. The States Parties to the present Covenant, including those having responsibility for the administration of Non-Self-Governing and Trust Territories, shall promote the realization of the right of self-determination, and shall respect that right, in conformity with the provisions of the Charter of the United Nations.

제1부

제1조

1. 모든 사람은 자결권을 가진다. 이 권리에 기초하여 모든 사람은 그들의 정치적 지위를 자유로이 결정하고, 또한 그들의 경제적, 사회적 및 문화적 발전을 자유로이 추구한다.

2. 모든 사람은, 호혜의 원칙에 입각한 국제적 경제협력으로부터 발생하는 의무 및 국제법상의 의무에 위반하지 아니하는 한, 그들 자신의 목적을 위하여 그들의 천연의 부와 자원을 자유로이 처분할 수 있다. 어떠한 경우에도 사람은 그들의 생존수단을 박탈당하지 아니한다.

3. 비자치지역 및 신탁통치지역의 행정책임을 맡고 있는 국가들을 포함하여 이 규약의 당사국은 국제연합 헌장의 규정에 따라 자결권의 실현을 촉진하고 동 권리를 존중하여야 한다.

PART II

Article 2

1. Each State Party to the present Covenant undertakes to respect and to ensure to all individuals within its territory and subject to its jurisdiction the rights recognized in the present Covenant, without distinction of any kind, such as race, colour, sex, language, religion, political or other opinion, national or social origin, property, birth or other status.

2. Where not already provided for by existing legislative or other measures, each State Party to the present Covenant undertakes to take the necessary steps, in accordance with its constitutional processes and with the provisions of the present Covenant, to adopt such laws or other measures as

제2부

제2조

1. 이 규약의 각 당사국은 자국의 영토 내에 있으며, 그 관할권하에 있는 모든 개인에 대하여 인종, 피부색, 성, 언어, 종교, 정치적 또는 기타의 의견, 민족적 또는 사회적 출신, 재산, 출생 또는 기타의 신분 등에 의한 어떠한 종류의 차별도 없이 이 규약에서 인정되는 권리들을 존중하고 확보할 것을 약속한다.

2. 이 규약의 각 당사국은 현행의 입법조치 또는 기타 조치에 의하여 아직 규정되어 있지 아니한 경우, 이 규약에서 인정되는 권리들을 실현하기 위하여 필요한 입법조치 또는 기타 조치를 취하기 위하여 자국의 헌법상의 절차 및 이 규약의 규정에 따라 필요한 조치를 취할 것을 약속한다.

may be necessary to give effect to the rights recognized in the present Covenant.

3. Each State Party to the present Covenant undertakes:

(a) To ensure that any person whose rights or freedoms as herein recognized are violated shall have an effective remedy, notwithstanding that the violation has been committed by persons acting in an official capacity;

(b) To ensure that any person claiming such a remedy shall have his right thereto determined by competent judicial, administrative or legislative authorities, or by any other competent authority provided for by the legal system of the State, and to develop the possibilities of judicial remedy;

(c) To ensure that the competent authorities shall enforce such remedies when granted.

3. 이 규약의 각 당사국은 다음의 조치를 취할 것을 약속한다.

(a) 이 규약에서 인정되는 권리 또는 자유를 침해당한 사람에 대하여, 그러한 침해가 공무집행 중인 자에 의하여 자행된 것이라 할지라도 효과적인 구제조치를 받도록 확보할 것.

(b) 그러한 구제조치를 청구하는 개인에 대하여, 권한 있는 사법, 행정 또는 입법 당국 또는 당해 국가의 법률제도가 정하는 기타 권한 있는 당국에 의하여 그 권리가 결정될 것을 확보하고, 또한 사법적 구제조치의 가능성을 발전시킬 것.

(c) 그러한 구제조치가 허용되는 경우, 권한 있는 당국이 이를 집행할 것을 확보할 것.

Article 3

The States Parties to the present Covenant undertake to ensure the equal right of men and women to the enjoyment of all civil and political rights set forth in the present Covenant.

제3조

이 규약의 당사국은 이 규약에서 규정된 모든 시민적 및 정치적 권리를 향유함에 있어서 남녀에게 동등한 권리를 확보할 것을 약속한다.

Article 4

1 . In time of public emergency which threatens the life of the nation and the existence of which is officially proclaimed, the States Parties to the present Covenant may take measures derogating from their obligations under the present Covenant to the extent strictly required by the exigencies of the situation, provided that such measures are not inconsistent with their other obligations under international law and do not involve discrimination solely on the ground of race, colour, sex, language, religion or social origin.

2. No derogation from articles 6, 7, 8 (paragraphs I and 2), 11, 15, 16 and 18 may be made under this provision.

제4조

1. 국민의 생존을 위협하는 공공의 비상사태의 경우에 있어서 그러한 비상사태의 존재가 공식으로 선포되어 있을 때에는 이 규약의 당사국은 당해 사태의 긴급성에 의하여 엄격히 요구되는 한도 내에서 이 규약상의 의무를 위반하는 조치를 취할 수 있다. 다만, 그러한 조치는 당해국의 국제법상의 여타 의무에 저촉되어서는 아니 되며, 또한 인종, 피부색, 성, 언어, 종교 또는 사회적 출신만을 이유로 하는 차별을 포함하여서는 아니 된다.

2. 전항의 규정은 제6조, 제7조, 제8조(제1항 및 제2항), 제11조, 제15조, 제16조 및 제18조에 대한 위반을 허용하지 아니한다.

3. Any State Party to the present Covenant availing itself of the right of derogation shall immediately inform the other States Parties to the present Covenant, through the intermediary of the Secretary-General of the United Nations, of the provisions from which it has derogated and of the reasons by which it was actuated. A further communication shall be made, through the same intermediary, on the date on which it terminates such derogation.

3. 의무를 위반하는 조치를 취할 권리를 행사하는 이 규약의 당사국은, 위반하는 규정 및 위반하게 된 이유를, 국제연합 사무총장을 통하여 이 규약의 타 당사국들에게 즉시 통지한다. 또한 당사국은 그러한 위반이 종료되는 날에 동일한 경로를 통하여 그 내용을 통지한다.

Article 5

1. Nothing in the present Covenant may be interpreted as implying for any State, group or person any right to engage in any activity or perform any act aimed at the destruction of any of the rights and freedoms recognized herein or at their limitation to a greater extent than is provided for in the present Covenant.

2. There shall be no restriction upon or derogation from any of the fundamental human rights recognized or existing in any State Party to the present Covenant pursuant to law, conventions, regulations or custom on the pretext that the present Covenant does not recognize such rights or that it recognizes them to a lesser extent.

제5조

1. 이 규약의 어떠한 규정도 국가, 집단 또는 개인이 이 규약에서 인정되는 권리 및 자유를 파괴하거나, 또는 이 규약에서 규정된 제한의 범위를 넘어 제한하는 것을 목적으로 하는 활동에 종사하거나 또는 그와 같은 것을 목적으로 하는 행위를 행할 권리를 가지는 것으로 해석되지 아니한다.

2. 이 규약의 어떠한 당사국에서 법률, 협정, 규칙 또는 관습에 의하여 인정되거나 또는 현존하고 있는 기본적 인권에 대하여는, 이 규약이 그러한 권리를 인정하지 아니하거나 또는 그 인정의 범위가 보다 협소하다는 것을 구실로 동 권리를 제한하거나 또는 훼손하여서는 아니 된다.

PART III

제3부

Article 6

1. Every human being has the inherent right to life. This right shall be protected by law. No one shall be arbitrarily deprived of his life.

2. In countries which have not abolished the death penalty, sentence of death may be imposed only for the most serious crimes in accordance with the law in force at the time of the commission of the crime and not contrary to the provisions of the present Covenant and to the Convention on the Prevention

제6조

1. 모든 인간은 고유한 생명권을 가진다. 이 권리는 법률에 의하여 보호된다. 어느 누구도 자의적으로 자신의 생명을 박탈당하지 아니한다.

2. 사형을 폐지하지 아니하고 있는 국가에 있어서 사형은 범죄 당시의 현행법에 따라서 또한 이 규약의 규정과 집단살해죄의 방지 및 처벌에 관한 협약에 저촉되지 아니하는 법률에 의하여 가장 중한 범죄에 대해서만 선고될 수 있다. 이 형벌은 권한 있는 법원이 내린 최종판결에 의하여서만 집행될 수

and Punishment of the Crime of Genocide. This penalty can only be carried out pursuant to a final judgement rendered by a competent court.

있다.

3. When deprivation of life constitutes the crime of genocide, it is understood that nothing in this article shall authorize any State Party to the present Covenant to derogate in any way from any obligation assumed under the provisions of the Convention on the Prevention and Punishment of the Crime of Genocide.

3. 생명의 박탈이 집단살해죄를 구성하는 경우에는 이 조의 어떠한 규정도 이 규약의 당사국이 집단살해죄의 방지 및 처벌에 관한 협약의 규정에 따라 지고 있는 의무를 어떠한 방법으로도 위반하는 것을 허용하는 것은 아니라고 이해한다.

4. Anyone sentenced to death shall have the right to seek pardon or commutation of the sentence. Amnesty, pardon or commutation of the sentence of death may be granted in all cases.

4. 사형을 선고받은 사람은 누구나 사면 또는 감형을 청구할 권리를 가진다. 사형선고에 대한 일반사면, 특별사면 또는 감형은 모든 경우에 부여될 수 있다.

5. Sentence of death shall not be imposed for crimes committed by persons below eighteen years of age and shall not be carried out on pregnant women.

5. 사형선고는 18세 미만의 자가 범한 범죄에 대하여 과하여져서는 아니 되며, 또한 임산부에 대하여 집행되어서는 아니 된다.

6. Nothing in this article shall be invoked to delay or to prevent the abolition of capital punishment by any State Party to the present Covenant.

6. 이 규약의 어떠한 규정도 이 규약의 당사국에 의하여 사형의 폐지를 지연시키거나 또는 방해하기 위하여 원용되어서는 아니 된다.

Article 7

No one shall be subjected to torture or to cruel, inhuman or degrading treatment or punishment. In particular, no one shall be subjected without his free consent to medical or scientific experimentation.

제7조

어느 누구도 고문 또는 잔혹한, 비인도적인 또는 굴욕적인 취급 또는 형벌을 받지 아니한다. 특히 누구든지 자신의 자유로운 동의 없이 의학적 또는 과학적 실험을 받지 아니한다.

Article 8

1. No one shall be held in slavery; slavery and the slave-trade in all their forms shall be prohibited.

2. No one shall be held in servitude.

3.

(a) No one shall be required to perform forced or compulsory labour;

(b) Paragraph 3 (a) shall not be held to preclude, in countries where imprisonment with hard labour may be imposed as a punishment for a crime, the performance of hard labour in pursuance of a sentence to such punishment by a competent court;

제8조

1. 어느 누구도 노예상태에 놓여지지 아니한다. 모든 형태의 노예제도 및 노예매매는 금지된다.

2. 어느 누구도 예속상태에 놓여지지 아니한다.

3.

(a) 어느 누구도 강제노동을 하도록 요구되지 아니한다.

(b) 제3항 "(a)"의 규정은 범죄에 대한 형벌로 중노동을 수반한 구금형을 부과할 수 있는 국가에서, 권한 있는 법원에 의하여 그러한 형의 선고에 따른 중노동을 시키는 것을 금지하는 것으로 해석되지 아니한다.

(c) For the purpose of this paragraph the term "forced or compulsory labour" shall not include:
(i) Any work or service, not referred to in subparagraph (b), normally required of a person who is under detention in consequence of a lawful order of a court, or of a person during conditional release from such detention;
(ii) Any service of a military character and, in countries where conscientious objection is recognized, any national service required by law of conscientious objectors;
(iii) Any service exacted in cases of emergency or calamity threatening the life or well-being of the community;
(iv) Any work or service which forms part of normal civil obligations.

(c) 이 항의 적용상 "강제노동"이라는 용어는 다음 사항을 포함하지 아니한다.
(i) "(b)"에서 언급되지 아니한 작업 또는 역무로서 법원의 합법적 명령에 의하여 억류되어 있는 자 또는 그러한 억류로부터 조건부 석방 중에 있는 자에게 통상적으로 요구되는 것

(ii) 군사적 성격의 역무 및 양심적 병역거부가 인정되고 있는 국가에 있어서는 양심적 병역거부자에게 법률에 의하여 요구되는 국민적 역무

(iii) 공동사회의 존립 또는 복지를 위협하는 긴급사태 또는 재난 시에 요구되는 역무

(iv) 시민으로서 통상적인 의무를 구성하는 작업 또는 역무

Article 9

1. Everyone has the right to liberty and security of person. No one shall be subjected to arbitrary arrest or detention. No one shall be deprived of his liberty except on such grounds and in accordance with such procedure as are established by law.
2. Anyone who is arrested shall be informed, at the time of arrest, of the reasons for his arrest and shall be promptly informed of any charges against him.
3. Anyone arrested or detained on a criminal charge shall be brought promptly before a judge or other officer authorized by law to exercise judicial power and shall be entitled to trial within a reasonable time or to release. It shall not be the general rule that persons awaiting trial shall be detained in custody, but release may be subject to guarantees to appear for trial, at any other stage of the judicial proceedings, and, should occasion arise, for execution of the judgement.
4. Anyone who is deprived of his liberty by arrest or detention shall be entitled to take proceedings before a court, in order that court may decide

제9조

1. 모든 사람은 신체의 자유와 안전에 대한 권리를 가진다. 누구든지 자의적으로 체포되거나 또는 억류되지 아니한다. 어느 누구도 법률로 정한 이유 및 절차에 따르지 아니하고는 그 자유를 박탈당하지 아니한다.
2. 체포된 사람은 누구든지 체포 시에 체포이유를 통고받으며, 또한 그에 대한 피의 사실을 신속히 통고받는다.
3. 형사상의 죄의 혐의로 체포되거나 또는 억류된 사람은 법관 또는 법률에 의하여 사법권을 행사할 권한을 부여받은 기타 관헌에게 신속히 회부되어야 하며, 또한 그는 합리적인 기간 내에 재판을 받거나 또는 석방될 권리를 가진다. 재판에 회부되는 사람을 억류하는 것이 일반적인 원칙이 되어서는 아니 되며, 석방은 재판 기타 사법적 절차의 모든 단계에서 출두 및 필요한 경우 판결의 집행을 위하여 출두할 것이라는 보증을 조건으로 이루어질 수 있다.
4. 체포 또는 억류에 의하여 자유를 박탈당한 사람은 누구든지, 법원이 그의 억류의 합법성을 지체 없이 결정하고, 그의 억류가 합법적이 아닌 경우에는

without delay on the lawfulness of his detention and order his release if the detention is not lawful.

5. Anyone who has been the victim of unlawful arrest or detention shall have an enforceable right to compensation.

Article 10

1. All persons deprived of their liberty shall be treated with humanity and with respect for the inherent dignity of the human person.

2.

(a) Accused persons shall, save in exceptional circumstances, be segregated from convicted persons and shall be subject to separate treatment appropriate to their status as unconvicted persons;

(b) Accused juvenile persons shall be separated from adults and brought as speedily as possible for adjudication.

3. The penitentiary system shall comprise treatment of prisoners the essential aim of which shall be their reformation and social rehabilitation. Juvenile offenders shall be segregated from adults and be accorded treatment appropriate to their age and legal status.

Article 11

No one shall be imprisoned merely on the ground of inability to fulfil a contractual obligation.

Article 12

1. Everyone lawfully within the territory of a State shall, within that territory, have the right to liberty of movement and freedom to choose his residence.

2. Everyone shall be free to leave any country, including his own.

3. The above-mentioned rights shall not be subject to any restrictions except those which are provided by law, are necessary to protect national security, public order (ordre public), public health or morals

그의 석방을 명령할 수 있도록 하기 위하여, 법원에 절차를 취할 권리를 가진다.

5. 불법적인 체포 또는 억류의 희생이 된 사람은 누구든지 보상을 받을 권리를 가진다.

제10조

1. 자유를 박탈당한 모든 사람은 인도적으로 또한 인간의 고유한 존엄성을 존중하여 취급된다.

2.

(a) 피고인은 예외적인 사정이 있는 경우를 제외하고는 기결수와 격리되며, 또한 유죄의 판결을 받고 있지 아니한 자로서의 지위에 상응하는 별도의 취급을 받는다.

(b) 미성년 피고인은 성인과 격리되며 또한 가능한 한 신속히 재판에 회부된다.

3. 교도소 수감제도는 재소자들의 교정과 사회복귀를 기본적인 목적으로 하는 처우를 포함한다. 미성년 범죄자는 성인과 격리되며 또한 그들의 연령 및 법적 지위에 상응하는 대우가 부여된다.

제11조

어느 누구도 계약상 의무의 이행불능만을 이유로 구금되지 아니한다.

제12조

1. 합법적으로 어느 국가의 영역 내에 있는 모든 사람은, 그 영역 내에서 이동의 자유 및 거주의 자유에 관한 권리를 가진다.

2. 모든 사람은 자국을 포함하여 어떠한 나라로부터도 자유로이 퇴거할 수 있다.

3. 상기 권리는 법률에 의하여 규정되고, 국가안보, 공공질서, 공중보건 또는 도덕 또는 타인의 권리와 자유를 보호하기 위하여 필요하고, 또한 이 규약에서 인정되는 기타 권리와 양립되는 것을 제외하고

or the rights and freedoms of others, and are consistent with the other rights recognized in the present Covenant.

는 어떠한 제한도 받지 아니한다.

4. No one shall be arbitrarily deprived of the right to enter his own country.

4. 어느 누구도 자국에 돌아올 권리를 자의적으로 박탈당하지 아니한다.

Article 13

An alien lawfully in the territory of a State Party to the present Covenant may be expelled therefrom only in pursuance of a decision reached in accordance with law and shall, except where compelling reasons of national security otherwise require, be allowed to submit the reasons against his expulsion and to have his case reviewed by, and be represented for the purpose before, the competent authority or a person or persons especially designated by the competent authority.

제13조

합법적으로 이 규약의 당사국의 영역 내에 있는 외국인은, 법률에 따라 이루어진 결정에 의하여서만 그 영역으로부터 추방될 수 있으며, 또한 국가안보상 불가피하게 달리 요구되는 경우를 제외하고는 자기의 추방에 반대하는 이유를 제시할 수 있고 또한 권한 있는 당국 또는 동 당국에 의하여 특별히 지명된 자에 의하여 자기의 사안이 심사되는 것이 인정되며, 또한 이를 위하여 그 당국 또는 사람 앞에서 다른 사람이 그를 대리하는 것이 인정된다.

Article 14

1. All persons shall be equal before the courts and tribunals. In the determination of any criminal charge against him, or of his rights and obligations in a suit at law, everyone shall be entitled to a fair and public hearing by a competent, independent and impartial tribunal established by law. The press and the public may be excluded from all or part of a trial for reasons of morals, public order (ordre public) or national security in a democratic society, or when the interest of the private lives of the parties so requires, or to the extent strictly necessary in the opinion of the court in special circumstances where publicity would prejudice the interests of justice; but any judgement rendered in a criminal case or in a suit at law shall be made public except where the interest of juvenile persons otherwise requires or the proceedings concern matrimonial disputes or the guardianship of children.

제14조

1. 모든 사람은 재판에 있어서 평등하다. 모든 사람은 그에 대한 형사상의 죄의 결정 또는 민사상의 권리 및 의무의 다툼에 관한 결정을 위하여 법률에 의하여 설치된 권한 있는 독립적이고 공평한 법원에 의한 공정한 공개심리를 받을 권리를 가진다. 보도기관 및 공중에 대하여서는, 민주 사회에 있어서 도덕, 공공질서 또는 국가안보를 이유로 하거나 또는 당사자들의 사생활의 이익을 위하여 필요한 경우, 또는 공개가 사법상 이익을 해할 특별한 사정이 있는 경우 법원의 견해로 엄격히 필요하다고 판단되는 한도에서 재판의 전부 또는 일부를 공개하지 않을 수 있다. 다만, 형사소송 기타 소송에서 선고되는 판결은 미성년자의 이익을 위하여 필요한 경우 또는 당해 절차가 혼인관계의 분쟁이나 아동의 후견문제에 관한 경우를 제외하고는 공개된다.

2. Everyone charged with a criminal offence shall have the right to be presumed innocent until proved

2. 모든 형사피의자는 법률에 따라 유죄가 입증될 때까지 무죄로 추정받을 권리를 가진다.

guilty according to law.

3. In the determination of any criminal charge against him, everyone shall be entitled to the following minimum guarantees, in full equality:

(a) To be informed promptly and in detail in a language which he understands of the nature and cause of the charge against him;

(b) To have adequate time and facilities for the preparation of his defence and to communicate with counsel of his own choosing;

(c) To be tried without undue delay;

(d) To be tried in his presence, and to defend himself in person or through legal assistance of his own choosing; to be informed, if he does not have legal assistance, of this right; and to have legal assistance assigned to him, in any case where the interests of justice so require, and without payment by him in any such case if he does not have sufficient means to pay for it;

(e) To examine, or have examined, the witnesses against him and to obtain the attendance and examination of witnesses on his behalf under the same conditions as witnesses against him;

(f) To have the free assistance of an interpreter if he cannot understand or speak the language used in court;

(g) Not to be compelled to testify against himself or to confess guilt.

4. In the case of juvenile persons, the procedure shall be such as will take account of their age and the desirability of promoting their rehabilitation.

5. Everyone convicted of a crime shall have the right to his conviction and sentence being reviewed by a higher tribunal according to law.

6. When a person has by a final decision been convicted of a criminal offence and when subsequently his conviction has been reversed or he has been pardoned on the ground that a new or newly discovered fact shows conclusively that there has

3. 모든 사람은 그에 대한 형사상의 죄를 결정함에 있어서 적어도 다음과 같은 보장을 완전 평등하게 받을 권리를 가진다.

(a) 그에 대한 죄의 성질 및 이유에 관하여 그가 이해하는 언어로 신속하고 상세하게 통고받을 것

(b) 변호의 준비를 위하여 충분한 시간과 편의를 가질 것과 본인이 선임한 변호인과 연락을 취할 것

(c) 부당하게 지체됨이 없이 재판을 받을 것

(d) 본인의 출석하에 재판을 받으며, 또한 직접 또는 본인이 선임하는 자의 법적 조력을 통하여 변호할 것. 만약 법적 조력을 받지 못하는 경우 변호인의 조력을 받을 권리에 대하여 통지를 받을 것. 사법상의 이익을 위하여 필요한 경우 및 충분한 지불수단을 가지고 있지 못하는 경우 본인이 그 비용을 부담하지 아니하고 법적 조력이 그에게 주어지도록 할 것

(e) 자기에게 불리한 증인을 신문하거나 또는 신문받도록 할 것과 자기에게 불리한 증인과 동일한 조건으로 자기를 위한 증인을 출석시키도록 하고 또한 신문받도록 할 것

(f) 법정에서 사용되는 언어를 이해하지 못하거나 또는 말할 수 없는 경우에는 무료로 통역의 조력을 받을 것

(g) 자기에게 불리한 진술 또는 유죄의 자백을 강요당하지 아니할 것

4. 미성년자의 경우에는 그 절차가 그들의 연령을 고려하고 또한 그들의 갱생을 촉진하고자 하는 요망을 고려한 것이어야 한다.

5. 유죄판결을 받은 모든 사람은 법률에 따라 그 판결 및 형벌에 대하여 상급 법원에서 재심을 받을 권리를 가진다.

6. 어떤 사람이 확정판결에 의하여 유죄판결을 받았으나, 그 후 새로운 사실 또는 새로 발견된 사실에 의하여 오심이 있었음을 결정적으로 입증함으로써 그에 대한 유죄판결이 파기되었거나 또는 사면을 받았을 경우에는 유죄판결의 결과 형벌을 반

been a miscarriage of justice, the person who has suffered punishment as a result of such conviction shall be compensated according to law, unless it is proved that the non-disclosure of the unknown fact in time is wholly or partly attributable to him.

7. No one shall be liable to be tried or punished again for an offence for which he has already been finally convicted or acquitted in accordance with the law and penal procedure of each country.

은 자는 법률에 따라 보상을 받는다. 다만, 그 알지 못한 사실이 적시에 밝혀지지 않은 것이 전체적으로 또는 부분적으로 그에게 책임이 있었다는 것이 증명된 경우에는 그러하지 아니한다.

7. 어느 누구도 각국의 법률 및 형사절차에 따라 이미 확정적으로 유죄 또는 무죄선고를 받은 행위에 관하여서는 다시 재판 또는 처벌을 받지 아니한다.

Article 15

1 . No one shall be held guilty of any criminal offence on account of any act or omission which did not constitute a criminal offence, under national or international law, at the time when it was committed. Nor shall a heavier penalty be imposed than the one that was applicable at the time when the criminal offence was committed. If, subsequent to the commission of the offence, provision is made by law for the imposition of the lighter penalty, the offender shall benefit thereby.

2. Nothing in this article shall prejudice the trial and punishment of any person for any act or omission which, at the time when it was committed, was criminal according to the general principles of law recognized by the community of nations.

제15조

1. 어느 누구도 행위 시의 국내법 또는 국제법에 의하여 범죄를 구성하지 아니하는 작위 또는 부작위를 이유로 유죄로 되지 아니한다. 또한 어느 누구도 범죄가 행하여진 때에 적용될 수 있는 형벌보다도 중한 형벌을 받지 아니한다. 범죄인은 범죄가 행하여진 후에 보다 가벼운 형을 부과하도록 하는 규정이 법률에 정해진 경우에는 그 혜택을 받는다.

2. 이 조의 어떠한 규정도 국제사회에 의하여 인정된 법의 일반원칙에 따라 그 행위 시에 범죄를 구성하는 작위 또는 부작위를 이유로 당해인을 재판하고 처벌하는 것을 방해하지 아니한다.

Article 16

Everyone shall have the right to recognition everywhere as a person before the law.

제16조

모든 사람은 어디에서나 법 앞에 인간으로서 인정받을 권리를 가진다.

Article 17

1. No one shall be subjected to arbitrary or unlawful interference with his privacy, family, home or correspondence, nor to unlawful attacks on his honour and reputation.

2. Everyone has the right to the protection of the law against such interference or attacks.

제17조

1. 어느 누구도 그의 사생활, 가정, 주거 또는 통신에 대하여 자의적이거나 불법적인 간섭을 받거나 또는 그의 명예와 신용에 대한 불법적인 비난을 받지 아니한다.

2. 모든 사람은 그러한 간섭 또는 비난에 대하여 법의 보호를 받을 권리를 가진다.

Article 18

1. Everyone shall have the right to freedom of thought, conscience and religion. This right shall include freedom to have or to adopt a religion or belief of his choice, and freedom, either individually or in community with others and in public or private, to manifest his religion or belief in worship, observance, practice and teaching.

2. No one shall be subject to coercion which would impair his freedom to have or to adopt a religion or belief of his choice.

3. Freedom to manifest one's religion or beliefs may be subject only to such limitations as are prescribed by law and are necessary to protect public safety, order, health, or morals or the fundamental rights and freedoms of others.

4. The States Parties to the present Covenant undertake to have respect for the liberty of parents and, when applicable, legal guardians to ensure the religious and moral education of their children in conformity with their own convictions.

제18조

1. 모든 사람은 사상, 양심 및 종교의 자유에 대한 권리를 가진다. 이러한 권리는 스스로 선택하는 종교나 신념을 가지거나 받아들일 자유와 단독으로 또는 다른 사람과 공동으로, 공적 또는 사적으로 예배, 의식, 행사 및 선교에 의하여 그의 종교나 신념을 표명하는 자유를 포함한다.

2. 어느 누구도 스스로 선택하는 종교나 신념을 가지거나 받아들일 자유를 침해하게 될 강제를 받지 아니한다.

3. 자신의 종교나 신념을 표명하는 자유는, 법률에 규정되고 공공의 안전, 질서, 공중보건, 도덕 또는 타인의 기본적 권리 및 자유를 보호하기 위하여 필요한 경우에만 제한받을 수 있다.

4. 이 규약의 당사국은 부모 또는 경우에 따라 법정 후견인이 그들의 신념에 따라 자녀의 종교적, 도덕적 교육을 확보할 자유를 존중할 것을 약속한다.

Article 19

1. Everyone shall have the right to hold opinions without interference.

2. Everyone shall have the right to freedom of expression; this right shall include freedom to seek, receive and impart information and ideas of all kinds, regardless of frontiers, either orally, in writing or in print, in the form of art, or through any other media of his choice.

3. The exercise of the rights provided for in paragraph 2 of this article carries with it special duties and responsibilities. It may therefore be subject to certain restrictions, but these shall only be such as are provided by law and are necessary:

(a) For respect of the rights or reputations of others;

(b) For the protection of national security or of public order (ordre public), or of public health or morals.

제19조

1. 모든 사람은 간섭받지 아니하고 의견을 가질 권리를 가진다.

2. 모든 사람은 표현의 자유에 대한 권리를 가진다. 이 권리는 구두, 서면 또는 인쇄, 예술의 형태 또는 스스로 선택하는 기타의 방법을 통하여 국경에 관계없이 모든 종류의 정보와 사상을 추구하고 접수하며 전달하는 자유를 포함한다.

3. 이 조 제2항에 규정된 권리의 행사에는 특별한 의무와 책임이 따른다. 따라서 그러한 권리의 행사는 일정한 제한을 받을 수 있다. 다만, 그 제한은 법률에 의하여 규정되고 또한 다음 사항을 위하여 필요한 경우에만 한정된다.

(a) 타인의 권리 또는 신용의 존중

(b) 국가안보 또는 공공질서 또는 공중보건 또는 도덕의 보호

Article 20

1. Any propaganda for war shall be prohibited by law.

2. Any advocacy of national, racial or religious hatred that constitutes incitement to discrimination, hostility or violence shall be prohibited by law.

제20조

1. 전쟁을 위한 어떠한 선전도 법률에 의하여 금지된다.

2. 차별, 적의 또는 폭력의 선동이 될 민족적, 인종적 또는 종교적 증오의 고취는 법률에 의하여 금지된다.

Article 21

The right of peaceful assembly shall be recognized. No restrictions may be placed on the exercise of this right other than those imposed in conformity with the law and which are necessary in a democratic society in the interests of national security or public safety, public order (ordre public), the protection of public health or morals or the protection of the rights and freedoms of others.

제21조

평화적인 집회의 권리가 인정된다. 이 권리의 행사에 대하여는 법률에 따라 부과되고, 또한 국가안보 또는 공공의 안전, 공공질서, 공중보건 또는 도덕의 보호 또는 타인의 권리 및 자유의 보호를 위하여 민주사회에서 필요한 것 이외의 어떠한 제한도 과하여져서는 아니 된다.

Article 22

1. Everyone shall have the right to freedom of association with others, including the right to form and join trade unions for the protection of his interests.

2. No restrictions may be placed on the exercise of this right other than those which are prescribed by law and which are necessary in a democratic society in the interests of national security or public safety, public order (ordre public), the protection of public health or morals or the protection of the rights and freedoms of others. This article shall not prevent the imposition of lawful restrictions on members of the armed forces and of the police in their exercise of this right.

3. Nothing in this article shall authorize States Parties to the International Labour Organization Convention of 1948 concerning Freedom of Association and Protection of the Right to Organize to take legislative measures which would prejudice, or to apply the law in such a manner as to prejudice, the guarantees provided for in that Convention.

제22조

1. 모든 사람은 자기의 이익을 보호하기 위하여 노동조합을 결성하고 이에 가입하는 권리를 포함하여 다른 사람과의 결사의 자유에 대한 권리를 갖는다.

2. 이 권리의 행사에 대하여는 법률에 의하여 규정되고, 국가안보 또는 공공의 안전, 공공질서, 공중보건 또는 도덕의 보호 또는 타인의 권리 및 자유의 보호를 위하여 민주사회에서 필요한 것 이외의 어떠한 제한도 과하여져서는 아니 된다. 이 조는 군대와 경찰의 구성원이 이 권리를 행사하는 데 대하여 합법적인 제한을 부과하는 것을 방해하지 아니한다.

3. 이 조의 어떠한 규정도 결사의 자유 및 단결권의 보호에 관한 1948년의 국제노동기구협약의 당사국이 동 협약에 규정하는 보장을 저해하려는 입법조치를 취하도록 하거나 또는 이를 저해하려는 방법으로 법률을 적용할 것을 허용하는 것은 아니다.

Article 23

1. The family is the natural and fundamental group unit of society and is entitled to protection by society and the State.

2. The right of men and women of marriageable age to marry and to found a family shall be recognized.

3. No marriage shall be entered into without the free and full consent of the intending spouses.

4. States Parties to the present Covenant shall take appropriate steps to ensure equality of rights and responsibilities of spouses as to marriage, during marriage and at its dissolution. In the case of dissolution, provision shall be made for the necessary protection of any children.

제23조

1. 가정은 사회의 자연적이며 기초적인 단위이고, 사회와 국가의 보호를 받을 권리를 가진다.

2. 혼인적령의 남녀가 혼인을 하고, 가정을 구성할 권리가 인정된다.

3. 혼인은 양 당사자의 자유롭고 완전한 합의 없이는 성립되지 아니한다.

4. 이 규약의 당사국은 혼인 기간 중 및 혼인 해소 시에 혼인에 대한 배우자의 권리 및 책임의 평등을 확보하기 위하여 적절한 조치를 취한다. 혼인 해소의 경우에는 자녀에 대한 필요한 보호를 위한 조치를 취한다.

Article 24

1. Every child shall have, without any discrimination as to race, colour, sex, language, religion, national or social origin, property or birth, the right to such measures of protection as are required by his status as a minor, on the part of his family, society and the State.

2. Every child shall be registered immediately after birth and shall have a name.

3. Every child has the right to acquire a nationality.

제24조

1. 모든 어린이는 인종, 피부색, 성, 언어, 종교, 민족적 또는 사회적 출신, 재산 또는 출생에 관하여 어떠한 차별도 받지 아니하고 자신의 가족, 사회 및 국가에 대하여 미성년자로서의 지위로 인하여 요구되는 보호조치를 받을 권리를 가진다.

2. 모든 어린이는 출생 후 즉시 등록되고, 성명을 가진다.

3. 모든 어린이는 국적을 취득할 권리를 가진다.

Article 25

Every citizen shall have the right and the opportunity, without any of the distinctions mentioned in article 2 and without unreasonable restrictions:

(a) To take part in the conduct of public affairs, directly or through freely chosen representatives;

(b) To vote and to be elected at genuine periodic elections which shall be by universal and equal suffrage and shall be held by secret ballot, guaranteeing the free expression of the will of the electors;

(c) To have access, on general terms of equality, to public service in his country.

제25조

모든 시민은 제2조에 규정하는 어떠한 차별이나 또는 불합리한 제한도 받지 아니하고 다음의 권리 및 기회를 가진다.

(a) 직접 또는 자유로이 선출한 대표자를 통하여 정치에 참여하는 것

(b) 보통, 평등 선거권에 따라 비밀투표에 의하여 행하여지고, 선거인의 의사의 자유로운 표명을 보장하는 진정한 정기적 선거에서 투표하거나 피선되는 것

(c) 일반적인 평등 조건하에 자국의 공무에 취임하는 것

Article 26

All persons are equal before the law and are entitled without any discrimination to the equal protection of the law. In this respect, the law shall prohibit any discrimination and guarantee to all persons equal and effective protection against discrimination on any ground such as race, colour, sex, language, religion, political or other opinion, national or social origin, property, birth or other status.

제26조

모든 사람은 법 앞에 평등하고 어떠한 차별도 없이 법의 평등한 보호를 받을 권리를 가진다. 이를 위하여 법률은 모든 차별을 금지하고, 인종, 피부색, 성, 언어, 종교, 정치적, 또는 기타의 의견, 민족적 또는 사회적 출신, 재산, 출생 또는 기타의 신분 등의 어떠한 이유에 의한 차별에 대하여도 평등하고 효과적인 보호를 모든 사람에게 보장한다.

Article 27

In those States in which ethnic, religious or linguistic minorities exist, persons belonging to such minorities shall not be denied the right, in community with the other members of their group, to enjoy their own culture, to profess and practise their own religion, or to use their own language.

제27조

종족적, 종교적 또는 언어적 소수민족이 존재하는 국가에 있어서는 그러한 소수민족에 속하는 사람들에게 그 집단의 다른 구성원들과 함께 그들 자신의 문화를 향유하고, 그들 자신의 종교를 표명하고 실행하거나 또는 그들 자신의 언어를 사용할 권리가 부인되지 아니한다.

PART IV

제4부

Article 28

1. There shall be established a Human Rights Committee (hereafter referred to in the present Covenant as the Committee). It shall consist of eighteen members and shall carry out the functions hereinafter provided.
2. The Committee shall be composed of nationalsof the States Parties to the present Covenant who shall be persons of high moral character and recognized competence in the field of human rights, consideration being given to the usefulness of the participation of some persons having legal experience.
3. The members of the Committee shall be elected and shall serve in their personal capacity.

제28조

1. 규약위원회(이하 이 규약에서 위원회라 한다)를 설치한다. 위원회는 18인의 위원으로 구성되며 이하에 규정된 임무를 행한다.

2. 위원회는 고매한 인격을 가지고 인권 분야에서 능력이 인정된 이 규약의 당사국의 국민들로 구성하고, 법률적 경험을 가진 약간명의 인사의 참여가 유익할 것이라는 점을 고려한다.

3. 위원회의 위원은 개인적 자격으로 선출되고, 직무를 수행한다.

Article 29

1. The members of the Committee shall be elected by secret ballot from a list of persons possessing the qualifications prescribed in article 28 and nomin-

제29조

1. 위원회의 위원은 제28조에 규정된 자격을 가지고 이 규약의 당사국에 의하여 선거를 위하여 지명된 자의 명단 중에서 비밀투표에 의하여 선출된다.

ated for the purpose by the States Parties to the present Covenant.

2. Each State Party to the present Covenant may nominate not more than two persons. These persons shall be nationals of the nominating State.

3. A person shall be eligible for renomination.

2. 이 규약의 각 당사국은 2인 이하의 자를 지명할 수 있다. 이러한 자는 지명하는 국가의 국민이어야 한다.

3. 동일인이 재지명 받을 수 있다.

Article 30

1. The initial election shall be held no later than six months after the date of the entry into force of the present Covenant.

2. At least four months before the date of each election to the Committee, other than an election to fill a vacancy declared in accordance with article 34, the Secretary-General of the United Nations shall address a written invitation to the States Parties to the present Covenant to submit their nominations for membership of the Committee within three months.

3.The Secretary-General of the United Nations shall prepare a list in alphabetical order of all the persons thus nominated, with an indication of the States Parties which have nominated them, and shall submit it to the States Parties to the present Covenant no later than one month before the date of each election.

4. Elections of the members of the Committee shall be held at a meeting of the States Parties to the present Covenant convened by the Secretary General of the United Nations at the Headquarters of the United Nations. At that meeting, for which two thirds of the States Parties to the present Covenant shall constitute a quorum, the persons elected to the Committee shall be those nominees who obtain the largest number of votes and an absolute majority of the votes of the representatives of States Parties present and voting.

제30조

1. 최초의 선거는 이 규약의 발효일로부터 6개월 이내에 실시된다.

2. 국제연합 사무총장은, 제34조에 따라 선언된 결원의 보충선거를 제외하고는, 위원회의 구성을 위한 각 선거일의 최소 4개월 전에, 이 규약당사국이 3개월 이내에 위원회의 위원후보 지명을 제출하도록 하기 위하여 당사국에 서면 초청장을 발송한다.

3. 국제연합 사무총장은, 이와 같이 지명된 후보들을 지명국 이름의 명시와 함께 알파벳순으로 명단을 작성하여 늦어도 선거일 1개월 전에 동 명단을 이 규약당사국에게 송부한다.

4. 위원회 위원의 선거는 국제연합 사무총장이 국제연합 본부에서 소집한 이 규약당사국 회합에서 실시된다. 이 회합은 이 규약당사국의 3분의 2를 정족수로 하고, 출석하여 투표하는 당사국 대표의 최대다수표 및 절대다수표를 획득하는 후보가 위원으로 선출된다.

Article 31

1. The Committee may not include more than one national of the same State.

2. In the election of the Committee, consideration shall be given to equitable geographical distribution of membership and to the representation of the different forms of civilization and of the principal legal systems.

제31조

1. 위원회는 동일국가의 국민을 2인 이상 포함할 수 없다.

2. 위원회의 선거에 있어서는 위원의 공평한 지리적 안배와 상이한 문명 형태 및 주요한 법률체계가 대표되도록 고려한다.

Article 32

1. The members of the Committee shall be elected for a term of four years. They shall be eligible for re-election if renominated. However, the terms of nine of the members elected at the first election shall expire at the end of two years; immediately after the first election, the names of these nine members shall be chosen by lot by the Chairman of the meeting referred to in article 30, paragraph 4.

2. Elections at the expiry of office shall be held in accordance with the preceding articles of this part of the present Covenant.

제32조

1. 위원회의 위원은 4년 임기로 선출된다. 모든 위원은 재지명된 경우에 재선될 수 있다. 다만, 최초의 선거에서 선출된 위원 중 9인의 임기는 2년 후에 종료된다. 이들 9인 위원의 명단은 최초 선거 후 즉시 제30조 제4항에 언급된 회합의 의장에 의하여 추첨으로 선정된다.

2. 임기 만료시의 선거는 이 규약 제4부의 전기 조문들의 규정에 따라 실시된다.

Article 33

1. If, in the unanimous opinion of the other members, a member of the Committee has ceased to carry out his functions for any cause other than absence of a temporary character, the Chairman of the Committee shall notify the Secretary-General of the United Nations, who shall then declare the seat of that member to be vacant.

2. In the event of the death or the resignation of a member of the Committee, the Chairman shall immediately notify the Secretary-General of the United Nations, who shall declare the seat vacant from the date of death or the date on which the resignation takes effect.

제33조

1. 위원회의 어느 한 위원이 그의 임무를 수행할 수 없는 것이 일시적 성격의 결석이 아닌 다른 이유로 인한 것이라고 다른 위원 전원이 생각할 경우, 위원회의 의장은 국제연합 사무총장에게 이를 통보하며, 사무총장은 이때 동 위원의 궐석을 선언한다.

2. 위원회의 위원이 사망 또는 사임한 경우, 의장은 국제연합 사무총장에게 이를 즉시 통보하여야 하며, 사무총장은 사망일 또는 사임의 효력발생일로부터 그 좌석의 궐석을 선언한다.

Article 34

1. When a vacancy is declared in accordance with

제34조

1. 제33조에 의해 궐석이 선언되고, 교체될 궐석위

article 33 and if the term of office of the member to be replaced does not expire within six months of the declaration of the vacancy, the Secretary- General of the United Nations shall notify each of the States Parties to the present Covenant, which may within two months submit nominations in accordance with article 29 for the purpose of filling the vacancy.

원의 잔여임기가 궐석 선언일로부터 6개월 이내에 종료되지 아니할 때에는, 국제연합 사무총장은 이 규약의 각 당사국에게 이를 통보하며, 각 당사국은 궐석을 충원하기 위하여 제29조에 따라서 2개월 이내에 후보자의 지명서를 제출할 수 있다.

2. The Secretary-General of the United Nations shall prepare a list in alphabetical order of the persons thus nominated and shall submit it to the States Parties to the present Covenant. The election to fill the vacancy shall then take place in accordance with the relevant provisions of this part of the present Covenant.

2. 국제연합 사무총장은 이와 같이 지명된 후보들의 명단을 알파벳순으로 작성, 이를 이 규약의 당사국에게 송부한다. 보궐선거는 이 규약 제4부의 관계규정에 따라 실시된다.

3. A member of the Committee elected to fill a vacancy declared in accordance with article 33 shall hold office for the remainder of the term of the member who vacated the seat on the Committee under the provisions of that article.

3. 제33조에 따라 선언되는 궐석을 충원하기 위하여 선출되는 위원은 동조의 규정에 따라 궐석위원의 잔여임기 동안 재직한다.

Article 35

The members of the Committee shall, with the approval of the General Assembly of the United Nations, receive emoluments from United Nations resources on such terms and conditions as the General Assembly may decide, having regard to the importance of the Committee's responsibilities.

제35조

위원회의 위원들은 국제연합 총회가 위원회의 책임의 중요성을 고려하여 결정하게 될 조건에 따라, 국제연합의 재원에서 동 총회의 승인을 얻어 보수를 받는다.

Article 36

The Secretary-General of the United Nations shall provide the necessary staff and facilities for the effective performance of the functions of the Committee under the present Covenant.

제36조

국제연합 사무총장은 이 규정상 위원회의 효과적인 기능수행을 위하여 필요한 직원과 편의를 제공한다.

Article 37

1. The Secretary-General of the United Nations shall convene the initial meeting of the Committee at the Headquarters of the United Nations.

2. After its initial meeting, the Committee shall meet

제37조

1. 국제연합 사무총장은 위원회의 최초 회의를 국제연합본부에서 소집한다.

2. 최초 회의 이후에는, 위원회는 위원회의 절차규

at such times as shall be provided in its rules of procedure.

3. The Committee shall normally meet at the Headquarters of the United Nations or at the United Nations Office at Geneva.

칙이 정하는 시기에 회합한다.

3. 위원회는 통상 국제연합본부나 제네바 소재 국제연합사무소에서 회합을 가진다.

Article 38

Every member of the Committee shall, before taking up his duties, make a solemn declaration in open committee that he will perform his functions impartially and conscientiously.

제38조

위원회의 각 위원은 취임에 앞서 위원회의 공개석상에서 자기의 직무를 공평하고 양심적으로 수행할 것을 엄숙히 선언한다.

Article 39

1. The Committee shall elect its officers for a term of two years. They may be re-elected.

2. The Committee shall establish its own rules of procedure, but these rules shall provide, inter alia, that:

(a) Twelve members shall constitute a quorum;

(b) Decisions of the Committee shall be made by a majority vote of the members present.

제39조

1. 위원회는 임기 2년의 임원을 선출한다. 임원은 재선될 수 있다.

2. 위원회는 자체의 절차규칙을 제정하며 이 규칙은 특히 다음 사항을 규정한다.

(a) 의사정족수는 위원 12인으로 한다.

(b) 위원회의 의결은 출석위원 과반수의 투표로 한다.

Article 40

1. The States Parties to the present Covenant undertake to submit reports on the measures they have adopted which give effect to the rights recognized herein and on the progress made in the enjoyment of those rights:

(a) Within one year of the entry into force of the present Covenant for the States Parties concerned;

(b) Thereafter whenever the Committee so requests.

2. All reports shall be submitted to the Secretary-General of the United Nations, who shall transmit them to the Committee for consideration. Reports shall indicate the factors and difficulties, if any, affecting the implementation of the present Covenant.

3. The Secretary-General of the United Nations may, after consultation with the Committee,

제40조

1. 이 규약의 당사국은 규약에서 인정된 권리를 실현하기 위하여 취한 조치와 그러한 권리를 향유함에 있어서 성취된 진전사항에 관한 보고서를 다음과 같이 제출할 것을 약속한다.

(a) 관계당사국에 대하여는 이 규약의 발효 후 1년 이내

(b) 그 이후에는 위원회가 요청하는 때

2. 모든 보고서는 국제연합 사무총장에게 제출되며 사무총장은 이를 위원회가 심의할 수 있도록 위원회에 송부한다. 동 보고서에는 이 규약의 이행에 영향을 미치는 요소와 장애가 있을 경우, 이를 기재한다.

3. 국제연합 사무총장은 위원회와의 협의 후 해당 전문기구에 그 전문기구의 권한의 분야에 속하는

transmit to the specialized agencies concerned copies of such parts of the reports as may fall within their field of competence.

보고서 관련 부분의 사본을 송부한다.

4. The Committee shall study the reports submitted by the States Parties to the present Covenant. It shall transmit its reports, and such general comments as it may consider appropriate, to the States Parties. The Committee may also transmit to the Economic and Social Council these comments along with the copies of the reports it has received from States Parties to the present Covenant.

4. 위원회는 이 규약의 당사국에 의하여 제출된 보고서를 검토한다. 위원회는 위원회 자체의 보고서와 위원회가 적당하다고 간주하는 일반적 의견을 당사국에게 송부한다. 위원회는 또한 이 규약의 당사국으로부터 접수한 보고서 사본과 함께 동 일반적 의견을 경제사회위원회에 제출할 수 있다.

5. The States Parties to the present Covenant may submit to the Committee observations on any comments that may be made in accordance with paragraph 4 of this article.

5. 이 규약의 당사국은 본 조 제4항에 따라 표명된 의견에 대한 견해를 위원회에 제출할 수 있다.

Article 41

제41조

1. A State Party to the present Covenant may at any time declare under this article that it recognizes the competence of the Committee to receive and consider communications to the effect that a State Party claims that another State Party is not fulfilling its obligations under the present Covenant. Communications under this article may be received and considered only if submitted by a State Party which has made a declaration recognizing in regard to itself the competence of the Committee. No communication shall be received by the Committee if it concerns a State Party which has not made such a declaration. Communications received under this article shall be dealt with in accordance with the following procedure:

1. 이 규약의 당사국은 타 당사국이 이 규약상의 의무를 이행하지 아니하고 있다고 주장하는 일 당사국의 통보를 접수, 심리하는 위원회의 권한을 인정한다는 것을 이 조에 의하여 언제든지 선언할 수 있다. 이 조의 통보는 이 규약의 당사국 중 자국에 대한 위원회의 그러한 권한의 인정을 선언한 당사국에 의하여 제출될 경우에만 접수, 심리될 수 있다. 위원회는 그러한 선언을 행하지 아니한 당사국에 관한 통보는 접수하지 아니한다. 이 조에 따라 접수된 통보는 다음의 절차에 따라 처리된다.

(a) If a State Party to the present Covenant considers that another State Party is not giving effect to the provisions of the present Covenant, it may, by written communication, bring the matter to the attention of that State Party. Within three months after the receipt of the communication the receiving State shall afford the State which sent the commu-

(a) 이 규약의 당사국은 타 당사국이 이 규약의 규정을 이행하고 있지 아니하다고 생각할 경우에는, 서면통보에 의하여 이 문제에 관하여 그 당사국의 주의를 환기시킬 수 있다. 통보를 접수한 국가는 통보를 접수한 후 3개월 이내에 당해 문제를 해명하는 설명서 또는 기타 진술을 서면으로 통보한 국가에 송부한다. 그러한 해명서에는 가능하고 적절한

nication an explanation, or any other statement in writing clarifying the matter which should include, to the extent possible and pertinent, reference to domestic procedures and remedies taken, pending, or available in the matter;

범위 내에서, 동 국가가 당해 문제와 관련하여 이미 취하였든가, 현재 취하고 있든가 또는 취할 국내절차와 구제수단에 관한 언급이 포함된다.

(b) If the matter is not adjusted to the satisfaction of both States Parties concerned within six months after the receipt by the receiving State of the initial communication, either State shall have the right to refer the matter to the Committee, by notice given to the Committee and to the other State;

(b) 통보를 접수한 국가가 최초의 통보를 접수한 후 6개월 이내에 당해 문제가 관련당사국 쌍방에게 만족스럽게 조정되지 아니할 경우에는, 양당사국 중 일방에 의한 위원회와 타 당사국에 대한 통고로 당해 문제를 위원회에 회부할 권리를 가진다.

(c) The Committee shall deal with a matter referred to it only after it has ascertained that all available domestic remedies have been invoked and exhausted in the matter, in conformity with the generally recognized principles of international law. This shall not be the rule where the application of the remedies is unreasonably prolonged;

(c) 위원회는, 위원회에 회부된 문제의 처리에 있어서, 일반적으로 승인된 국제법의 원칙에 따라 모든 가능한 국내적 구제절차가 원용되고 완료되었음을 확인한 다음에만 그 문제를 처리한다. 다만, 구제수단의 적용이 부당하게 지연되고 있을 경우에는 그러하지 아니한다.

(d) The Committee shall hold closed meetings when examining communications under this article;

(d) 위원회가 이 조에 의한 통보를 심사할 경우에는 비공개 토의를 가진다.

(e) Subject to the provisions of subparagraph (c), the Committee shall make available its good offices to the States Parties concerned with a view to a friendly solution of the matter on the basis of respect for human rights and fundamental freedoms as recognized in the present Covenant;

(e) "(c)"의 규정에 따를 것을 조건으로, 위원회는 이 규약에서 인정된 인권과 기본적 자유에 대한 존중의 기초 위에서 문제를 우호적으로 해결하기 위하여 관계당사국에게 주선을 제공한다.

(f) In any matter referred to it, the Committee may call upon the States Parties concerned, referred to in subparagraph (b), to supply any relevant information;

(f) 위원회는 회부받은 어떠한 문제에 관하여도 "(b)"에 언급된 관계당사국들에게 모든 관련정보를 제출할 것을 요청할 수 있다.

(g) The States Parties concerned, referred to in subparagraph (b), shall have the right to be represented when the matter is being considered in the Committee and to make submissions orally and/or in writing;

(g) "(b)"에서 언급된 관계당사국은 당해 문제가 위원회에서 심의되고 있는 동안 자국의 대표를 참석시키고 구두 또는 서면으로 의견을 제출할 권리를 가진다.

(h) The Committee shall, within twelve months after the date of receipt of notice under subparagraph (b), submit a report:

(h) 위원회는 "(b)"에 의한 통보의 접수일로부터 12개월 이내에 보고서를 제출한다.

(i) If a solution within the terms of subparagraph (e) is reached, the Committee shall confine its report to

(i) "(e)"의 규정에 따라 해결에 도달한 경우에는 위원회는 보고서를 사실과 도달된 해결에 관한 간략

a brief statement of the facts and of the solution reached;

(ii) If a solution within the terms of subparagraph (e) is not reached, the Committee shall confine its report to a brief statement of the facts; the written submissions and record of the oral submissions made by the States Parties concerned shall be attached to the report. In every matter, the report shall be communicated to the States Parties concerned.

2. The provisions of this article shall come into force when ten States Parties to the present Covenant have made declarations under paragraph I of this article. Such declarations shall be deposited by the States Parties with the Secretary-General of the United Nations, who shall transmit copies thereof to the other States Parties. A declaration may be withdrawn at any time by notification to the Secretary-General. Such a withdrawal shall not prejudice the consideration of any matter which is the subject of a communication already transmitted under this article; no further communication by any State Party shall be received after the notification of withdrawal of the declaration has been received by the Secretary-General, unless the State Party concerned has made a new declaration.

한 설명에만 국한시킨다.

(ii) "(e)"의 규정에 따라 해결에 도달하지 못한 경우에는 위원회는 보고서를 사실에 관한 간략한 설명에만 국한시키고 관계당사국이 제출한 서면 의견과 구두 의견의 기록을 동 보고서에 첨부시킨다. 모든 경우에 보고서는 관계당사국에 통보된다.

2. 이 조의 제 규정은 이 규약의 10개 당사국이 이 조 제1항에 따른 선언을 하였을 때 발효된다. 당사국은 동 선언문을 국제연합 사무총장에게 기탁하며, 사무총장은 선언문의 사본을 타 당사국에 송부한다. 이와 같은 선언은 사무총장에 대한 통고에 의하여 언제든지 철회될 수 있다. 이 철회는 이 조에 의하여 이미 송부된 통보에 따른 어떠한 문제의 심의도 방해하지 아니한다. 어떠한 당사국에 의한 추후의 통보는 사무총장이 선언 철회의 통고를 접수한 후에는 관계당사국이 새로운 선언을 하지 아니하는 한 접수되지 아니한다.

Article 42

1.

(a) If a matter referred to the Committee in accordance with article 41 is not resolved to the satisfaction of the States Parties concerned, the Committee may, with the prior consent of the States Parties concerned, appoint an ad hoc Conciliation Commission (hereinafter referred to as the Commission). The good offices of the Commission shall be made available to the States Parties concerned with a view to an amicable solution of the matter on the basis of respect for the present Covenant;

(b) The Commission shall consist of five persons

제42조

1.

(a) 제41조에 따라 위원회에 회부된 문제가 관계당사국들에 만족스럽게 타결되지 못하는 경우에는 위원회는 관계당사국의 사전 동의를 얻어 특별조정위원회(이하 조정위원회라 한다)를 임명할 수 있다. 조정위원회는 이 규약의 존중에 기초하여 당해 문제를 우호적으로 해결하기 위하여 관계당사국에게 주선을 제공한다.

(b) 조정위원회는 관계당사국에게 모두 수락될 수

acceptable to the States Parties concerned. If the States Parties concerned fail to reach agreement within three months on all or part of the composition of the Commission, the members of the Commission concerning whom no agreement has been reached shall be elected by secret ballot by a two-thirds majority vote of the Committee from among its members.

2. The members of the Commission shall serve in their personal capacity. They shall not be nationals of the States Parties concerned, or of a State not Party to the present Covenant, or of a State Party which has not made a declaration under article 41.

3. The Commission shall elect its own Chairman and adopt its own rules of procedure.

4. The meetings of the Commission shall normally be held at the Headquarters of the United Nations or at the United Nations Office at Geneva. However, they may be held at such other convenient places as the Commission may determine in consultation with the Secretary-General of the United Nations and the States Parties concerned.

5. The secretariat provided in accordance with article 36 shall also service the commissions appointed under this article.

6.The information received and collated by the Committee shall be made available to the Commission and the Commission may call upon the States Parties concerned to supply any other relevant information.

7. When the Commission has fully considered the matter, but in any event not later than twelve months after having been seized of the matter, it shall submit to the Chairman of the Committee a report for communication to the States Parties concerned:

(a) If the Commission is unable to complete its consideration of the matter within twelve months, it shall confine its report to a brief statement of the

있는 5인의 위원으로 구성된다. 관계당사국이 3개월 이내에 조정위원회의 전부 또는 일부의 구성에 관하여 합의에 이르지 못하는 경우에는, 합의를 보지 못하는 조정위원회의 위원은 비밀투표에 의하여 규약위원회 위원 중에서 규약위원회 위원 3분의 2의 다수결 투표로 선출된다.

2. 조정위원회의 위원은 개인자격으로 직무를 수행한다. 동 위원은 관계당사국, 이 규약의 비당사국 또는 제41조에 의한 선언을 행하지 아니한 당사국의 국민이어서는 아니 된다.

3. 조정위원회는 자체의 의장을 선출하고 또한 자체의 절차규칙을 채택한다.

4. 조정위원회의 회의는 통상 국제연합본부 또는 제네바 소재 국제연합사무소에서 개최된다. 그러나 동 회의는 조정위원회가 국제연합 사무총장 및 관계당사국과 협의하여 결정하는 기타 편리한 장소에서도 개최될 수 있다.

5. 제36조에 따라 설치된 사무국은 이 조에서 임명된 조정위원회에 대하여도 역무를 제공한다.

6. 위원회가 접수하여 정리한 정보는 조정위원회가 이용할 수 있으며, 조정위원회는 관계당사국에게 기타 관련 자료의 제출을 요구할 수 있다.

7. 조정위원회는 문제를 충분히 검토한 후, 또는 당해 문제를 접수한 후, 어떠한 경우에도 12개월 이내에, 관계당사국에 통보하기 위하여 규약위원회의 위원장에게 보고서를 제출한다.

(a) 조정위원회가 12개월 이내에 당해 문제에 대한 심의를 종료할 수 없을 경우, 조정위원회는 보고서를 당해 문제의 심의현황에 관한 간략한 설명에 국

status of its consideration of the matter;
(b) If an amicable solution to the matter on tie basis of respect for human rights as recognized in the present Covenant is reached, the Commission shall confine its report to a brief statement of the facts and of the solution reached;
(c) If a solution within the terms of subparagraph (b) is not reached, the Commission's report shall embody its findings on all questions of fact relevant to the issues between the States Parties concerned, and its views on the possibilities of an amicable solution of the matter. This report shall also contain the written submissions and a record of the oral submissions made by the States Parties concerned;
(d) If the Commission's report is submitted under subparagraph (c), the States Parties concerned shall, within three months of the receipt of the report, notify the Chairman of the Committee whether or not they accept the contents of the report of the Commission.
8. The provisions of this article are without prejudice to the responsibilities of the Committee under article 41.
9. The States Parties concerned shall share equally all the expenses of the members of the Commission in accordance with estimates to be provided by the Secretary-General of the United Nations.
10. The Secretary-General of the United Nations shall be empowered to pay the expenses of the members of the Commission, if necessary, before reimbursement by the States Parties concerned, in accordance with paragraph 9 of this article.

Article 43
The members of the Committee, and of the ad hoc conciliation commissions which may be appointed under article 42, shall be entitled to the facilities, privileges and immunities of experts on mission for the United Nations as laid down in the relevant

한시킨다.
(b) 조정위원회가 이 규약에서 인정된 인권의 존중에 기초하여 당해 문제에 대한 우호적인 해결에 도달한 경우, 조정위원회는 보고서를 사실과 도달한 해결에 관한 간략한 설명에 국한시킨다.

(c) 조정위원회가 "(b)"의 규정에 의한 해결에 도달하지 못한 경우, 조정위원회의 보고서는 관계 당국간의 쟁점에 관계되는 모든 사실문제에 대한 자체의 조사결과 및 문제의 우호적인 해결 가능성에 관한 견해를 기술한다. 동 보고서는 또한 관계당사국이 제출한 서면 의견 및 구두 의견의 기록을 포함한다.

(d) "(c)"에 의하여 조정위원회의 보고서가 제출되는 경우, 관계당사국은 동 보고서의 접수로부터 3개월 이내에 위원회의 위원장에게 조정위원회의 보고서 내용의 수락 여부를 통고한다.

8. 이 조의 규정은 제41조에 의한 위원회의 책임을 침해하지 아니한다.

9. 관계당사국은 국제연합 사무총장이 제출하는 견적에 따라 조정위원회의 모든 경비를 균등히 분담한다.

10. 국제연합 사무총장은 필요한 경우, 이 조 제9항에 의하여 관계당사국이 분담금을 납입하기 전에 조정위원회의 위원의 경비를 지급할 수 있는 권한을 가진다.

제43조
위원회의 위원과 제42조에 의하여 임명되는 특별조정위원회의 위원은 국제연합의 특권 및 면제에 관한 협약의 관계 조항에 규정된 바에 따라 국제연합을 위한 직무를 행하는 전문가로서의 편의, 특권 및 면제를 향유한다.

sections of the Convention on the Privileges and Immunities of the United Nations.

Article 44

The provisions for the implementation of the present Covenant shall apply without prejudice to the procedures prescribed in the field of human rights by or under the constituent instruments and the conventions of the United Nations and of the specialized agencies and shall not prevent the States Parties to the present Covenant from having recourse to other procedures for settling a dispute in accordance with general or special international agreements in force between them.

제44조

이 규약의 이행에 관한 규정은 국제연합과 그 전문기구의 설립헌장 및 협약에 의하여 또는 헌장 및 협약하에서의 인권 분야에 규정된 절차의 적용을 방해하지 아니하고, 이 규약당사국이 당사국 간에 발효 중인 일반적인 또는 특별한 국제협정에 따라 분쟁의 해결을 위하여 다른 절차를 이용하는 것을 방해하지 아니한다.

Article 45

The Committee shall submit to the General Assembly of the United Nations, through the Economic and Social Council, an annual report on its activities.

제45조

위원회는 그 활동에 관한 연례보고서를 경제사회이사회를 통하여 국제연합 총회에 제출한다.

PART V

제5부

Article 46

Nothing in the present Covenant shall be interpreted as impairing the provisions of the Charter of the United Nations and of the constitutions of the specialized agencies which define the respective responsibilities of the various organs of the United Nations and of the specialized agencies in regard to the matters dealt with in the present Covenant.

제46조

이 규약의 어떠한 규정도 이 규약에서 취급되는 문제에 관하여 국제연합의 여러 기관과 전문기구의 책임을 각각 명시하고 있는 국제연합 헌장 및 전문기구 헌장의 규정을 침해하는 것으로 해석되지 아니한다.

Article 47

Nothing in the present Covenant shall be interpreted as impairing the inherent right of all peoples to enjoy and utilize fully and freely their natural wealth and resources.

. . .

제47조

이 규약의 어떠한 규정도 모든 사람이 그들의 천연적 부와 자원을 충분히 자유로이 향유하고, 이용할 수 있는 고유의 권리를 침해하는 것으로 해석되지 아니한다.

. . .

Optional Protocol to the International Covenant on Civil and Political Rights

Adopted and opened for signature, ratification and accession by General Assembly resolution 2200A (XXI)of 16 December 1966, entry into force 23 March 1976, in accordance with Article 9

The States Parties to the present Protocol,
Considering that in order further to achieve the purposes of the International Covenant on Civil and Political Rights (hereinafter referred to as the Covenant) and the implementation of its provisions it would be appropriate to enable the Human Rights Committee set up in part IV of the Covenant (hereinafter referred to as the Committee) to receive and consider, as provided in the present Protocol, communications from individuals claiming to be victims of violations of any of the rights set forth in the Covenant.
Have agreed as follows:

Article 1
A State Party to the Covenant that becomes a Party to the present Protocol recognizes the competence of the Committee to receive and consider communications from individuals subject to its jurisdiction who claim to be victims of a violation by that State Party of any of the rights set forth in the Covenant. No communication shall be received by the Committee if it concerns a State Party to the Covenant which is not a Party to the present Protocol.

Article 2
Subject to the provisions of article 1, individuals who claim that any of their rights enumerated in the Covenant have been violated and who have exhausted all available domestic remedies may

시민적 및 정치적 권리에 관한 국제규약 선택의정서

채택 1966. 12. 16 / 발효 1976. 3. 23 /
대한민국 적용 1990. 7. 10

이 의정서의 당사국은,
시민적 및 정치적 권리에 관한 규약(이하 "규약"이라 칭한다)의 목적 및 그 제 규정의 이행을 더욱 잘 달성하기 위하여 규약 제4부에서 설치된 규약위원회(이하 "위원회"라 칭한다)가 규약에 규정된 권리에 대한 침해의 희생자임을 주장하는 개인으로부터의 통보를 이 의정서의 규정에 따라 접수하고 심리하도록 하는 것이 적절함을 고려하여

다음과 같이 합의하였다.

제1조
이 의정서의 당사국이 된 규약당사국은 그 관할권에 속하는 자로서 동국에 의한 규약에 규정된 권리에 대한 침해의 희생자임을 주장하는 개인으로부터의 통보를 접수하고 심리하는 위원회의 권한을 인정한다. 위원회는 이 의정서의 당사국이 아닌 규약당사국에 관한 어떠한 통보도 접수하지 않는다.

제2조
제1조에 따를 것을 조건으로, 규약에 열거된 어떤 권리가 침해되었다고 주장하는 개인들은 모든 이용가능한 국내적 구제조치를 완료하였을 경우, 위원회에 심리를 위한 서면통보를 제출할 수 있다.

submit a written communication to the Committee for consideration.

Article 3

The Committee shall consider inadmissible any communication under the present Protocol which is anonymous, or which it considers to be an abuse of the right of submission of such communications or to be incompatible with the provisions of the Covenant.

제3조

위원회는 이 의정서에 따른 통보가 익명이거나, 통보제출권의 남용 또는 규약규정과 양립할 수 없는 것으로 간주될 경우에는 그러한 통보를 허용할 수 없는 것으로 간주한다.

Article 4

1. Subject to the provisions of article 3, the Committee shall bring any communications submitted to it under the present Protocol to the attention of the State Party to the present Protocol alleged to be violating any provision of the Covenant.

2. Within six months, the receiving State shall submit to the Committee written explanations or statements clarifying the matter and the remedy, if any, that may have been taken by that State.

제4조

1. 제3조에 따를 것을 조건으로, 위원회는 이 의정서에 따라 제출된 통보에 대하여 규약 규정을 위반하고 있는 것으로 주장되는 당사국의 주의를 환기한다.

2. 이 당사국은 6개월 이내에 그 문제 및 취하여진 구제조치가 있는 경우 이를 설명하는 서면 설명서 또는 진술서를 위원회에 제출한다.

Article 5

1. The Committee shall consider communications received under the present Protocol in the light of all written information made available to it by the individual and by the State Party concerned.

2. The Committee shall not consider any communication from an individual unless it has ascertained that:

(a) The same matter is not being examined under another procedure of international investigation or settlement;

(b) The individual has exhausted all available domestic remedies. This shall not be the rule where the application of the remedies is unreasonably prolonged.

3. The Committee shall hold closed meetings when examining communications under the present

제5조

1. 위원회는 개인 및 관련당사국으로부터 입수된 모든 서면정보를 참고하여, 이 의정서에 따라 접수된 통보를 심리한다.

2. 위원회는 다음 사항을 확인한 경우가 아니면 개인으로부터의 어떠한 통보도 심리하지 않는다.

(a) 동일 문제가 다른 국제적 조사 또는 해결절차에 따라 심사되고 있지 않을 것.

(b) 개인이 모든 이용 가능한 국내적 구제조치를 완료하였을 것. 다만, 이 규칙은 구제조치의 적용이 불합리하게 지연되는 경우에는 적용되지 않는다.

3. 위원회는 이 의정서에 따라 통보를 심사할 때에는 비공개 회의를 갖는다.

Protocol.

4. The Committee shall forward its views to the State Party concerned and to the individual.

Article 6

The Committee shall include in its annual report under article 45 of the Covenant a summary of its activities under the present Protocol.

Article 7

Pending the achievement of the objectives of resolution 1514(XV) adopted by the General Assembly of the United Nations on 14 December 1960 concerning the Declaration on the Granting of Independence to Colonial Countries and Peoples, the provisions of the present Protocol shall in no way limit the right of petition granted to these peoples by the Charter of the United Nations and other international conventions and instruments under the United Nations and its specialized agencies.

Article 8

1. The present Protocol is open for signature by any State which has signed the Covenant.
2. The present Protocol is subject to ratification by any State which has ratified or acceded to the Covenant. Instruments of ratification shall be deposited with the Secretary-General of the United Nations.
3. The present Protocol shall be open to accession by any State which has ratified or acceded to the Covenant.
4. Accession shall be effected by the deposit of an instrument of accession with the Secretary-General of the United Nations.
5. The Secretary-General of the United Nations shall inform all States which have signed the present Protocol or acceded to it of the deposit of each

4. 위원회는 관련당사국과 개인에게 위원회의 견해를 송부한다.

제6조

위원회는 규약 제45조에 의한 연례보고서에 이 의정서에 따른 활동의 개요를 포함한다.

제7조

이 의정서의 규정은 1960년 12월 14일 국제연합 총회에 의하여 채택된 식민지와 그 인민에 대한 독립부여 선언에 관한 결의 1514(XV)의 목적이 달성될 때까지 국제연합 헌장과 국제연합 및 그 전문기관하에서 체결된 여타 국제협약과 문서에 의하여 이들에게 부여된 청원권을 어떤 경우에도 제한하지 않는다.

제8조

1. 이 의정서는 규약에 서명한 모든 국가들의 서명을 위하여 개방된다.
2. 이 의정서는 규약을 비준하였거나 이에 가입한 국가들에 의하여 비준되어야 한다. 비준서는 국제연합 사무총장에게 기탁된다.
3. 이 의정서는 규약을 비준하였거나 이에 가입한 모든 국가들의 가입을 위하여 개방된다.
4. 가입은 가입서를 국제연합 사무총장에게 기탁함으로써 발효한다.
5. 국제연합 사무총장은 이 의정서에 서명 또는 가입한 모든 국가들에게 각 비준서 또는 가입서의 기탁을 통보한다.

instrument of ratification or accession.

Article 9

1. Subject to the entry into force of the Covenant, the present Protocol shall enter into force three months after the date of the deposit with the Secretary-General of the United Nations of the tenth instrument of ratification or instrument of accession.

2. For each State ratifying the present Protocol or acceding to it after the deposit of the tenth instrument of ratification or instrument of accession, the present Protocol shall enter into force three months after the date of the deposit of its own instrument of ratification or instrument of accession.

Article 10

The provisions of the present Protocol shall extend to all parts of federal States without any limitations or exceptions.

. . .

제9조

1. 규약의 효력발생을 조건으로, 이 의정서는 10번째 비준서 또는 가입서가 국제연합 사무총장에게 기탁된 날로부터 3개월 후에 발효한다.

2. 10번째 비준서 또는 가입서 기탁 후에 이 의정서를 비준하거나 또는 이에 가입하는 국가에 대하여, 이 의정서는 그 국가의 비준서 또는 가입서가 기탁된 날로부터 3개월 후에 발효한다.

제10조

이 의정서의 규정은 어떠한 제한이나 예외 없이 연방국가의 모든 지역에 적용된다.

. . .

Second Optional Protocol to the International Covenant on Civil and Political Rights, aiming at the abolition of the death penalty

Adopted and proclaimed by General Assembly resolution 44/128 of 15 December 1989

The States Parties to the present Protocol,

Believing that abolition of the death penalty contributes to enhancement of human dignity and progressive development of human rights,

Recalling article 3 of the Universal Declaration of Human Rights, adopted on 10 December 1948, and article 6 of the International Covenant on Civil and Political Rights, adopted on 16 December 1966,

Noting that article 6 of the International Covenant on Civil and Political Rights refers to abolition of the death penalty in terms that strongly suggest that abolition is desirable,

Convinced that all measures of abolition of the death penalty should be considered as progress in the enjoyment of the right to life,

Desirous to undertake hereby an international commitment to abolish the death penalty,

Have agreed as follows:

Article 1

1. No one within the jurisdiction of a State Party to the present Protocol shall be executed.
2. Each State Party shall take all necessary measures to abolish the death penalty within its jurisdiction.

Article 2

1. No reservation is admissible to the present Protocol, except for a reservation made at the time of ratification or accession that provides for the application of the death penalty in time of war pursuant to a conviction for a most serious crime of

사형폐지를 위한 시민적 및 정치적 권리에 관한 국제규약 제2선택의정서

채택 1989. 12. 15 / 발효 1991. 7. 11 /
대한민국 미가입

이 의정서의 당사국은,

사형의 폐지가 인간의 존엄의 향상과 인권의 전진적 발전에 기여한다고 믿으며,

1948년 12월 10일에 채택된 세계인권선언 제3조 및 1966년 12월 16일에 채택된 시민적 및 정치적 권리에 관한 국제규약 제6조를 상기하며,

시민적 및 정치적 권리에 관한 국제규약 제6조는 폐지가 바람직스러움을 강력히 시사하는 문언으로 사형의 폐지를 언급하고 있음에 유의하며,

사형폐지를 위한 모든 조치가 생명권의 향유에 있어서의 전진으로 간주되어야 함을 확신하며,

이에 사형폐지를 위한 국제적 약속이 바람직스러우므로,

다음과 같이 합의하였다.

제1조

1. 이 선택의정서의 당사국의 관할 내에서는 누구도 사형을 집행당하지 아니한다.
2. 각 당사국은 자국의 관할 내에서 사형폐지를 위한 모든 필요한 조치를 취한다.

제2조

1. 전쟁 중 범행된 군사적 성격의 극히 중대한 범죄에 대한 유죄판결에 의하여 전쟁 시에는 사형을 적용할 수 있다는 유보를 비준 또는 가입 시에 하지 않았다면, 이 선택의정서에 대한 어떤 유보도 허용되지 않는다.

a military nature committed during wartime.
2. The State Party making such a reservation shall at the time of ratification or accession communicate to the Secretary-General of the United Nations the relevant provisions of its national legislation applicable during wartime.
3. The State Party having made such a reservation shall notify the Secretary-General of the United Nations of any beginning or ending of a state of war applicable to its territory.

Article 3
The States Parties to the present Protocol shall include in the reports they submit to the Human Rights Committee, in accordance with article 40 of the Covenant, information on the measures that they have adopted to give effect to the present Protocol.

Article 4
With respect to the States Parties to the Covenant that have made a declaration under article 41, the competence of the Human Rights Committee to receive and consider communications when a State Party claims that another State Party is not fulfilling its obligations shall extend to the provisions of the present Protocol, unless the State Party concerned has made a statement to the contrary at the moment of ratification or accession.

Article 5
With respect to the States Parties to the first Optional Protocol to the International Covenant on Civil and Political Rights adopted on 16 December 1966, the competence of the Human Rights Committee to receive and consider communications from individuals subject to its jurisdiction shall extend to the provisions of the present Protocol, unless the State Party concerned has made a

2. 위의 유보를 한 당사국은 비준 또는 가입 시 국제연합 사무총장에게 전시에 적용되는 국내법의 관련규정을 통보하여야 한다.

3. 위의 유보를 한 당사국은 국제연합 사무총장에게 자국 영역에 적용되는 전쟁상태의 개시 또는 종료를 통고하여야 한다.

제3조
이 의정서의 당사국은 규약 제40조 규정에 따라 규약위원회에 제출하는 보고서에 이 의정서를 실시하기 위하여 취한 조치에 관한 정보를 포함시켜야 한다.

제4조
규약 제41조 규정에 의한 선언을 한 당사국과 관련하여 그 당사국이 비준 또는 가입 시에 반대의 입장을 표명하지 아니하는 한, 다른 당사국이 의무를 이행하지 않는다는 것을 주장하는 당사국의 통보를 규약위원회가 수리하고 심의하는 권한은 이 의정서의 규정에도 미친다.

제5조
1966년 12월 16일에 채택된 시민적 및 정치적 권리에 관한 국제규약에 관한 제1선택의정서의 당사국과 관련하여, 그 당사국이 비준 또는 가입 시에 반대의 입장을 표명하지 아니하는 한, 그 관할권하에 있는 개인으로부터의 통보를 규약위원회가 수리하고 심의하는 권한은 이 의정서의 규정에도 미친다.

statement to the contrary at the moment of ratification or accession.

Article 6

1. The provisions of the present Protocol shall apply as additional provisions to the Covenant.

2. Without prejudice to the possibility of a reservation under article 2 of the present Protocol, the right guaranteed in article 1, paragraph 1, of the present Protocol shall not be subject to any derogation under article 4 of the Covenant.

제6조

1. 이 의정서의 규정은 규약의 추가규정으로 적용된다.

2. 이 의정서 제2조에 규정된 유보의 가능성을 해하는 것이 아닌 한, 이 의정서 제1조 1항에 보장된 권리는 규약 제4조 규정에 의한 어떠한 위반조치의 대상도 되지 아니한다.

Article 7

1. The present Protocol is open for signature by any State that has signed the Covenant.

2. The present Protocol is subject to ratification by any State that has ratified the Covenant oracceded to it. Instruments of ratification shall be deposited with the Secretary-General of the United Nations.

3. The present Protocol shall be open to accession by any State that has ratified the Covenant or acceded to it.

4. Accession shall be effected by the deposit of an instrument of accession with the Secretary-General of the United Nations.

5. The Secretary-General of the United Nations shall inform all States that have signed the present Protocol or acceded to it of the deposit of each instrument of ratification or accession.

제7조

1. 이 의정서는 규약에 서명한 모든 국가의 서명을 위하여 개방된다.

2. 이 의정서는 규약을 비준하거나 이에 가입한 국가에 의하여 비준되어야 한다. 비준서는 국제연합 사무총장에게 기탁된다.

3. 이 의정서는 규약을 비준하거나 이에 가입한 국가의 가입을 위하여 개방된다.

4. 가입은 국제연합 사무총장에게 가입서를 기탁함으로써 시행된다.

5. 국제연합 사무총장은 이 의정서에 서명하거나 가입한 모든 국가에게 각 비준서 또는 가입서의 기탁을 통지한다.

Article 8

1. The present Protocol shall enter into force three months after the date of the deposit with the Secretary-General of the United Nations of the tenth instrument of ratification or accession.

2. For each State ratifying the present Protocol or acceding to it after the deposit of the tenth instrument of ratification or accession, the present Protocol shall enter into force three months after the

제8조

1. 이 의정서는 열 번째의 비준서 또는 가입서가 국제연합 사무총장에게 기탁된 날로부터 3개월 후부터 발효한다.

2. 열 번째의 비준서나 가입서가 기탁된 이후에 이 의정서를 비준하거나 가입한 국가에 대해서는 그 국가의 비준서나 가입서가 기탁된 날로부터 3개월 이후부터 발효한다.

date of the deposit of its own instrument of ratification or accession.

Article 9

The provisions of the present Protocol shall extend to all parts of federal States without any limitations or exceptions.

. . .

제9조

이 의정서의 규정은 어떤 제한이나 예외도 없이 연방국가의 모든 지역에 적용된다.

. . .

International Convention on the Elimination of All Forms of Racial Discrimination

Adopted and opened for signature and ratification by General Assembly resolution 2106 (XX)of 21 December 1965, entry into force 4 January 1969, in accordance with Article 19

The States Parties to this Convention,

Considering that the Charter of the United Nations is based on the principles of the dignity and equality inherent in all human beings, and that all Member States have pledged themselves to take joint and separate action, in co-operation with the Organization, for the achievement of one of the purposes of the United Nations which is to promote and encourage universal respect for and observance of human rights and fundamental freedoms for all, without distinction as to race, sex, language or religion,

Considering that the Universal Declaration of Human Rights proclaims that all human beings are born free and equal in dignity and rights and that everyone is entitled to all the rights and freedoms set out therein, without distinction of any kind, in particular as to race, colour or national origin,

Considering that all human beings are equal before the law and are entitled to equal protection of the law against any discrimination and against any incitement to discrimination,

Considering that the United Nations has condemned colonialism and all practices of segregation and discrimination associated therewith, in whatever form and wherever they exist, and that the Declaration on the Granting of Independence to Colonial Countries and Peoples of 14 December 1960 (General Assembly resolution 1514 (XV)) has affirmed and solemnly proclaimed the necessity of

모든 형태의 인종차별철폐에 관한 국제협약

채택 1966. 3. 7 / 발효 1969. 1. 4 /
대한민국 적용 1979. 1. 4 단, 제14조 선언은 1997. 3. 5

본 협약의 체약국은,

국제연합 헌장이 모든 인간에게 고유한 존엄과 평등의 원칙에 기본을 두고 있으며 모든 회원국이 인종, 성별, 언어 또는 종교의 구별 없이 만인을 위한 인권과 기본적 자유에 대한 보편적 존중과 준수를 증진시키고 촉진하는 국제연합의 목적 중의 하나를 성취하는 데 있어서 국제연합과의 협조 아래 공동적 및 개별적 조치를 취하기로 서약하였음을 고려하고,

세계인권선언이 만인은 존엄과 권리에 있어 태어날 때부터 자유롭고 평등함을 선언하고 또한 특히 인종, 피부색 또는 출생지에 대하여 어떠한 종류의 구별도 하지 않고 동 선언에 언급된 모든 권리와 자유를 누구나 향유할 수 있음을 선언하고 있음을 고려하고,

만인은 법 앞에 평등하며 어떠한 차별에 대해서도 그리고 어떠한 차별의 고무에 대해서도 법의 균등한 보호를 받을 자격이 있음을 고려하고,

국제연합이 어떠한 형태로든 또한 어디에 그들이 존재하든 식민주의와 그리고 그와 결탁한 차등과 차별의 모든 관행을 규탄하고 1960년 12월 14일 자 식민지 및 그 인민에 대한 독립 부여 선언(총회결의 1514(XV))이 그들을 신속히 무조건 종식시켜야 할 필요성을 확인하고 또한 엄숙히 선언하였음을 고려하고,

bringing them to a speedy and unconditional end,

Considering that the United Nations Declaration on the Elimination of All Forms of Racial Discrimination of 20 November 1963 (General Assembly resolution 1904 (XVIII)) solemnly affirms the necessity of speedily eliminating racial discrimination throughout the world in all its forms and manifestations and of securing understanding of and respect for the dignity of the human person,

1963년 11월 20일 자 모든 형태의 인종차별철폐에 관한 국제연합 선언(총회결의 1904(XVIII))이 전 세계에서 모든 형태와 양상의 인종차별을 신속히 철폐하고 인간의 존엄성에 대한 이해와 존중을 확보할 필요성을 엄숙히 확인하고 있음을 고려하고,

Convinced that any doctrine of superiority based on racial differentiation is scientifically false, morally condemnable, socially unjust and dangerous, and that there is no justification for racial discrimination, in theory or in practice, anywhere,

인종차별에 근거한 어떠한 우수 인종 학설도 과학적으로 허위이며 도덕적으로 규탄받아야 하며 사회적으로 부당하고 위험하며 또한 어느 곳에서든 이론상으로나 실제상으로 인종차별에 대한 정당화가 있을 수 없다는 것을 확신하고,

Reaffirming that discrimination between human beings on the grounds of race, colour or ethnic origin is an obstacle to friendly and peaceful relations among nations and is capable of disturbing peace and security among peoples and the harmony of persons living side by side even within one and the same State,

인종, 피부색 또는 종족의 기원을 근거로 한 인간의 차별은 국가 간의 우호적이고 평화적인 관계에 대한 장애물이며 국민간의 평화와 안전을 그리고 심지어 동일한 단일 국가 내에서 나란히 살고 있는 인간들의 조화마저 저해할 수 있다는 것을 재확인하고,

Convinced that the existence of racial barriers is repugnant to the ideals of any human society,

인종적 장벽의 존재가 어떠한 인류사회의 이상과도 배치됨을 확신하고,

Alarmed by manifestations of racial discrimination still in evidence in some areas of the world and by governmental policies based on racial superiority or hatred, such as policies of apartheid, segregation or separation,

세계 일부 지역에서 아직도 실증적인 인종차별의 시현과 또한 인종적 우월성 또는 증오감에 근거를 둔 "남아프리카의 인종차별정책", 인종분리 또는 격리와 같은 정부 정책에 경악을 금치 못하고,

Resolved to adopt all necessary measures for speedily eliminating racial discrimination in all its forms and manifestations, and to prevent and combat racist doctrines and practices in order to promote understanding between races and to build an international community free from all forms of racial segregation and racial discrimination,

모든 형태와 양상에 있어 인종차별을 신속히 철폐시키기 위한 모든 필요 조치를 채택하고, 인종 간의 이해를 증진시키기 위하여 인종주의자의 이론과 실제를 방지하고 격퇴시키며 모든 형태의 인종분리 및 인종차별이 없는 국제공동사회를 건설할 것을 결의하고,

Bearing in mind the Convention concerning Discrimination in respect of Employment and Occupation adopted by the International Labour Organization in 1958, and the Convention against

1958년 국제노동기구가 채택한 고용 및 직업에 있어서의 차별에 관한 협약과 1960년 국제연합교육과학문화기구가 채택한 교육에 있어서의 차별금지 협약에 유의하고,

Discrimination in Education adopted by the United Nations Educational, Scientific and Cultural Organization in 1960,

Desiring to implement the principles embodied in the United Nations Declaration on the Elimination of Al l Forms of Racial Discrimination and to secure the earliest adoption of practical measures to that end,

Have agreed as follows:

PART I

Article 1

1. In this Convention, the term "racial discrimination" shall mean any distinction, exclusion, restriction or preference based on race, colour, descent, or national or ethnic origin which has the purpose or effect of nullifying or impairing the recognition, enjoyment or exercise, on an equal footing, of human rights and fundamental freedoms in the political, economic, social, cultural or any other field of public life.

2. This Convention shall not apply to distinctions, exclusions, restrictions or preferences made by a State Party to this Convention between citizens and non-citizens.

3. Nothing in this Convention may be interpreted as affecting in any way the legal provisions of States Parties concerning nationality, citizenship or naturalization, provided that such provisions do not discriminate against any particular nationality.

4. Special measures taken for the sole purpose of securing adequate advancement of certain racial or ethnic groups or individuals requiring such protection as may be necessary in order to ensure such groups or individuals equal enjoyment or exercise of human rights and fundamental freedoms shall not be deemed racial discrimination, provided, however, that such measures do not, as a con-

모든 형태의 인종차별철폐에 관한 국제연합 선언에 포용된 제반 원칙을 실행할 것과 이 목적을 위한 실제적 조치의 최단시일 내 채택을 확보할 것을 열망하여,

다음과 같이 합의하였다.

제1부

제1조

1. 이 협약에서 "인종차별"이라 함은 인종, 피부색, 가문 또는 민족이나 종족의 기원에 근거를 둔 어떠한 구별, 배척, 제한 또는 우선권을 말하며 이는 정치, 경제, 사회, 문화 또는 기타 어떠한 공공생활의 분야에 있어서든 평등하게 인권과 기본적 자유의 인정, 향유 또는 행사를 무효화시키거나 침해하는 목적 또는 효과를 가지고 있는 경우이다.

2. 이 협약은 체약국이 자국의 시민과 비시민을 구별하여 어느 한쪽에의 배척, 제한 또는 우선권을 부여하는 행위에는 적용되지 아니한다.

3. 이 협약의 어느 규정도 국적, 시민권 또는 귀화에 관한 체약국의 법규정에 어떠한 영향도 주는 것으로 해석될 수 없다. 단, 이러한 규정은 어느 특정 국적에 대하여 차별을 하지 아니한다.

4. 어느 특정 인종 또는 종족의 집단이나 개인의 적절한 진보를 확보하기 위한 유일한 목적으로 취해진 특별한 조치는 그러한 집단이나 개인이 인권과 기본적 자유의 동등한 향유와 행사를 확보하는 데 필요한 보호를 요청할 때에는 인종차별로 간주되지 않는다. 단, 그러한 조치가 결과적으로 상이한 인종집단에게 별개의 권리를 존속시키는 결과를 초래하여서는 아니 되며 또한 이러한 조치는 소기

sequence, lead to the maintenance of separate rights for different racial groups and that they shall not be continued after the objectives for which they were taken have been achieved.

의 목적이 달성된 후에는 계속되어서는 아니 된다.

Article 2

1. States Parties condemn racial discrimination and undertake to pursue by all appropriate means and without delay a policy of eliminating racial discrimination in all its forms and promoting understanding among all races, and, to this end:

(a) Each State Party undertakes to engage in no act or practice of racial discrimination against persons, groups of persons or institutions and to en sure that all public authorities and public institutions, national and local, shall act in conformity with this obligation;

(b) Each State Party undertakes not to sponsor, defend or support racial discrimination by any persons or organizations;

(c) Each State Party shall take effective measures to review governmental, national and local policies, and to amend, rescind or nullify any laws and regulations which have the effect of creating or perpetuating racial discrimination wherever it exists;

(d) Each State Party shall prohibit and bring to an end, by all appropriate means, including legislation as required by circumstances, racial discrimination by any persons, group or organization;

(e) Each State Party undertakes to encourage, where appropriate, integrationist multiracial organizations and movements and other means of eliminating barriers between races, and to discourage anything which tends to strengthen racial division.

2. States Parties shall, when the circumstances so warrant, take, in the social, economic, cultural and other fields, special and concrete measures to ensure the adequate development and protection of certain

제2조

1. 체약국은 인종차별을 규탄하며 모든 형태의 인종차별철폐와 인종 간의 이해증진 정책을 적절한 방법으로 지체 없이 추구할 책임을 지며 이 목적을 위하여

(a) 각 체약국은 인간이나 인간의 집단 또는 단체에 대한 인종차별 행위를 하지 않을 의무 또는 인종차별을 실시하지 않을 의무를 지며 또한 모든 국가 및 지방공공기관과 공공단체가 그러한 의무에 따라 행동하도록 보증할 의무를 지고

(b) 각 체약국은 인간이나 또는 조직에 의한 인종차별을 후원, 옹호 또는 지지하지 않을 의무를 지며

(c) 각 체약국은 어디에 존재하든 간에 인종차별을 야기시키거나 또는 영구화시키는 효과를 가진 정부, 국가 및 지방정책을 면밀히 조사하고 또한 상기 효과를 가진 법규를 개정, 폐기 또는 무효화시키는 효율적 조치를 취하며

(d) 각 체약국은 어느 인간, 집단 또는 조직에 의한 인종차별을 해당 사정에 따라 입법을 포함한 모든 적절한 수단으로써 금지하고 종결시키며

(e) 각 체약국은 적절한 경우 다종족 통합주의자단체와 인종간의 장벽을 폐지하는 운동 및 기타 방법을 장려하고 또한 인종분열을 강화할 성향이 있는 어떠한 것도 막아야 한다.

2. 체약국은 상황이 적절한 경우 사회적, 경제적, 문화적 그리고 기타 분야에 있어서 특정 인종집단 또는 개인의 적절한 발전과 보호를 보증하는 특수하고 구체적인 조치를 취하여 이들에게 완전하고

racial groups or individuals belonging to them, for the purpose of guaranteeing them the full and equal enjoyment of human rights and fundamental freedoms. These measures shall in no case en tail as a con sequence the maintenance of unequal or separate rights for different racial groups after the objectives for which they were taken have been achieved.

평등한 인권과 기본적 자유의 향유를 보장토록 한다. 이와 같은 조치는 어떠한 경우에도 소기의 목적이 달성된 후 별개의 상이한 인종집단에 대한 불평등 또는 별개의 권리를 존속시키는 일을 초래하여서는 아니 된다.

Article 3

States Parties particularly condemn racial segregation and apartheid and undertake to prevent, prohibit and eradicate all practices of this nature in territories under their jurisdiction.

제3조

체약국은 특히 인종분리와 "남아프리카의 인종차별정책"을 규탄하고 그들 관할권 내의 영역에서 이런 부류의 관행을 방지, 금지 및 근절시킬 의무를 진다.

Article 4

States Parties condemn all propaganda and all organizations which are based on ideas or theories of superiority of one race or group of persons of one colour or ethnic origin, or which attempt to justify or promote racial hatred and discrimination in any form, and undertake to adopt immediate and positive measures designed to eradicate all incitement to, or acts of, such discrimination and, to this end, with due regard to the principles embodied in the Universal Declaration of Human Rights and the rights expressly set forth in article 5 of this Convention, inter alia:

(a) Shall declare an offence punishable by law all dissemination of ideas based on racial superiority or hatred, incitement to racial discrimination, as well as all acts of violence or incitement to such acts against any race or group of persons of another colour or ethnic origin, and also the provision of any assistance to racist activities, including the financing thereof;

(b) Shall declare illegal and prohibit organizations, and also organized and all other propaganda activities, which promote and incite racial discrim-

제4조

체약국은 어떤 인종이나 특정 피부색 또는 특정 종족의 기원을 가진 인간의 집단이 우수하다는 관념이나 이론에 근거를 두고 있거나 또는 어떠한 형태로든 인종적 증오와 차별을 정당화하거나 증진시키려고 시도하는 모든 선전과 모든 조직을 규탄하며 또한 체약국은 이 같은 차별을 위한 모든 고무 또는 행위를 근절시키기 위한 즉각적이고 적극적인 조치를 취할 의무를 지며 이 목적을 위하여 세계인권선언에 구현된 제 원칙 및 이 협약 제5조에 명시적으로 언급된 제 권리와 관련하여 특히 체약국은,

(a) 인종적 우월성이나 증오, 인종차별에 대한 고무에 근거를 둔 모든 관념의 보급 그리고 피부색이나 또는 종족의 기원이 상이한 인종이나 또는 인간의 집단에 대한 폭력행위나 폭력행위에 대한 고무를 의법처벌해야 하는 범죄로 선언하고 또한 재정적 지원을 포함하여 인종주의자의 활동에 대한 어떠한 원조의 제공도 의법처벌해야 하는 범죄로 선언한다.

(b) 인종차별을 촉진하고 고무하는 조직과 조직적 및 기타 모든 선전활동을 불법으로 선언하고 금지시킨다. 그리고 이러한 조직이나 활동에의 참여를

ination, and shall recognize participation in such organizations or activities as an offence punishable by law;

(c) Shall not permit public authorities or public institutions, national or local, to promote or incite racial discrimination.

Article 5

In compliance with the fundamental obligations laid down in article 2 of this Convention, States Parties undertake to prohibit and to eliminate racial discrimination in all its forms and to guarantee the right of everyone, without distinction as to race, colour, or national or ethnic origin, to equality before the law, notably in the enjoyment of the following rights:

(a) The right to equal treatment before the tribunals and all other organs administering justice;

(b) The right to security of person and protection by the State against violence or bodily harm, whether inflicted by government officials or by any individual group or institution;

(c) Political rights, in particular the right to participate in elections-to vote and to stand for election-on the basis of universal and equal suffrage, to take part in the Government as well as in the conduct of public affairs at any level and to have equal access to public service;

(d) Other civil rights, in particular:

(i) The right to freedom of movement and residence within the border of the State;

(ii) The right to leave any country, including one's own, and to return to one's country;

(iii) The right to nationality;

(iv) The right to marriage and choice of spouse;

(v) The right to own property alone as well as in association with others;

(vi) The right to inherit;

(vii) The right to freedom of thought, conscience and

의법처벌하는 범죄로 인정한다.

(c) 국가 또는 지방의 공공기관이나 또는 공공단체가 인종차별을 촉진시키거나 또는 고무하는 것을 허용하지 아니한다.

제5조

제2조에 규정된 기본적 의무에 따라 체약국은 특히 아래의 제 권리를 향유함에 있어서 인종, 피부색 또는 민족이나 종족의 기원에 구별 없이 만인의 권리를 법 앞에 평등하게 보장하고 모든 형태의 인종차별을 금지하고 폐지할 의무를 진다.

(a) 법원 및 기타 모든 사법기관 앞에서 평등한 대우를 받을 권리

(b) 정부 관리에 의해 자행되거나 또는 개인, 집단 또는 단체에 의해 자행되거나 간에 폭행 또는 신체적 피해에 대하여 국가가 부여하는 인간의 안전 및 보호를 받을 권리

(c) 정치적 권리 특히 선거에 참가하는 권리, 보통·평등 선거의 기초 위에서 투표하고 입후보하는 권리, 각급 공공업무의 행사는 물론 정부에 참여하는 권리 그리고 공공업무에의 평등한 접근을 할 권리

(d) 기타의 민권 특히,

(i) 당해 체약국 국경 이내에서의 거주이전의 자유에 대한 권리

(ii) 자국을 포함 모든 국가로부터 출국하고 자국으로 귀국하는 권리

(iii) 국적 취득권

(iv) 혼인 및 배우자 선택권

(v) 단독 및 공공재산 소유권

(vi) 상속권

(vii) 사상, 양심 및 종교의 자유에 대한 권리

religion;
(viii) The right to freedom of opinion and expression
(ix) The right to freedom of peaceful assembly and association;
(e) Economic, social and cultural rights, in particular:
(i) The rights to work, to free choice of employment, to just and favourable conditions of work, to protection against unemployment, to equal pay for equal work, to just and favourable remuneration;
(ii) The right to form and join trade unions;
(iii) The right to housing;
(iv) The right to public health, medical care, social security and social services;
(v) The right to education and training;
(vi) The right to equal participation in cultural activities;
(f) The right of access to any place or service intended for use by the general public, such as transport hotels, restaurants, cafes, theatres and parks.

(viii) 의견과 표현의 자유에 대한 권리
(ix) 평화적인 집회와 결사의 자유에 대한 권리

(e) 경제적, 사회적 및 문화적 권리 특히,
(i) 근로, 직업 선택의 자유, 공정하고 알맞은 근로조건, 실업에 대한 보호, 동일노동, 동일임금, 정당하고 알맞은 보수 등에 대한 권리
(ii) 노동조합 결성 및 가입권
(iii) 주거에 대한 권리
(iv) 공중보건, 의료, 사회보장 및 사회봉사에 대한 권리
(v) 교육과 훈련에 대한 권리
(vi) 문화적 활동에의 균등 참여에 대한 권리

(f) 운송, 호텔, 음식점, 카페, 극장 및 공원과 같은 공중이 사용하는 모든 장소 또는 시설에 접근하는 권리

Article 6

States Parties shall assure to everyone within their jurisdiction effective protection and remedies, through the competent national tribunals and other State institutions, against any acts of racial discrimination which violate his human rights and fundamental freedoms contrary to this Convention, as well as the right to seek from such tribunals just and adequate reparation or satisfaction for any damage suffered as a result of such discrimination.

제6조

체약국은 권한 있는 국가법원 및 기타 기관을 통하여 본 협약에 반하여 인권 및 기본적 자유를 침해하는 인종차별행위로부터 만인을 효과적으로 보호하고 구제하며 또한 그러한 차별의 결과로 입은 피해에 대하여 법원으로부터 공정하고 적절한 보상 또는 변제를 구하는 권리를 만인에게 보증한다.

Article 7

States Parties undertake to adopt immediate and effective measures, particularly in the fields of teaching, education, culture and information, with a view to combating prejudices which lead to racial discrimination and to promoting understanding, tolerance and friendship among nations and racial

제7조

체약국은 특히 수업, 교육, 문화 및 공보 분야에 있어서 인종차별을 초래하는 편견에 대항하기 위하여 민족과 인종 또는 종족 집단 간의 이해, 관용과 우호를 증진시키기 위하여 그리고 국제연합 헌장, 세계인권선언, 모든 형태의 인종차별철폐에 관한 국제연합 선언 및 이 협약의 제 목적과 원칙을 전파

or ethnical groups, as well as to propagating the purposes and principles of the Charter of the United Nations, the Universal Declaration of Human Rights, the United Nations Declaration on the Elimination of All Forms of Racial Discrimination, and this Convention.

시키기 위하여 즉각적이고 효과적인 조치를 취할 의무를 진다.

PART II

제2부

Article 8

1. There shall be established a Committee on the Elimination of Racial Discrimination (hereinafter referred to as the Committee) consisting of eighteen experts of high moral standing and acknowledged impartiality elected by States Parties from among their nationals, who shall serve in their personal capacity, consideration being given to equitable geographical distribution and to the representation of the different forms of civilization as well as of the principal legal systems.

2. The members of the Committee shall be elected by secret ballot from a list of persons nominated by the States Parties. Each State Party may nominate one person from among its own nationals.

3. The initial election shall be held six months after the date of the entry into force of this Convention. At least three months before the date of each election the Secretary-General of the United Nations shall address a letter to the States Parties inviting them to submit their nominations within two months. The Secretary-General shall prepare a list in alphabetical order of all persons thus nominated, indicating the States Parties which have nominated them, and shall submit it to the States Parties.

4. Elections of the members of the Committee shall be held at a meeting of States Parties convened by the Secretary-General at United Nations Headquarters. At that meeting, for which two thirds of the

제8조

1. 인종차별철폐에 관한 위원회(이후 "위원회"라 함)를 설치한다. 이 위원회는 체약국이 자국 국민 중에서 선정한 덕망이 높고 공평성이 인정된 18명의 전문가로 구성된다. 상기 전문가는 개인자격으로 집무하며, 이들의 선정에는 공정한 지역적 배분이 이루어지고 주요 법체계 및 상이한 문명 형태를 대표하도록 고려한다.

2. 위원회의 위원은 체약국이 지명한 후보자 명단에서 비밀투표로 선출된다. 각 체약국은 자국 국민 중에서 후보자 1명을 지명할 수 있다.

3. 제1차 선출은 이 협약 발효일로부터 6개월 후에 실시된다. 최소한 선출일 3개월 전에 국제연합 사무총장은 체약국에 서한을 송부, 체약국들로 하여금 2개월 이내에 후보자명단을 제출하도록 요청한다. 국제연합 사무총장은 후보자를 지명한 체약국명을 명기, 피지명된 전후보자 명부를 알파벳순으로 작성하여 동 명부를 체약국에게 제시한다.

4. 동 위원회 위원의 선출은 국제연합 본부에서 사무총장이 소집한 체약국회의에서 실시된다. 체약국의 2/3가 정족수를 이루는 이 회의에서 출석하고 투표한 체약국 대표의 최대다수표 및 절대다수표

States Parties shall constitute a quorum, the persons elected to the Committee shall be nominees who obtain the largest number of votes and an absolute majority of the votes of the representatives of States Parties present and voting.

를 얻는 후보자가 위원회 위원으로 선출된다.

5.

(a) The members of the Committee shall be elected for a term of four years. However, the terms of nine of the members elected at the first election shall expire at the end of two years; immediately after the first election the names of these nine members shall be chosen by lot by the Chairman of the Committee;

(b) For the filling of casual vacancies, the State Party whose expert has ceased to functionas a member of the Committee shall appoint another expert from among its nationals, subject to the approval of the Committee.

5.

(a) 이 위원회의 위원은 4년 임기로 선출된다. 그러나 제1차 선출에서 선출된 위원 중 9명의 임기는 2년 만에 만료된다. 이 위원 9명의 성명은 제1차 위원 선출 직후 위원회 위원장이 추첨으로 선택한다.

(b) 부정기적인 공석의 충원에 있어서 자국 전문가가 위원회 위원직을 상실한 당해 체약국은 위원회의 승인을 받아 자국 국민 중에서 다른 전문가를 지명한다.

6. States Parties shall be responsible for the expenses of the members of the Committee while they are in performance of Committee duties.

6. 체약국은 위원회 위원들이 위원회의 제반 임무를 수행하는 동안 이들의 비용을 책임진다.

Article 9

1. States Parties undertake to submit to the Secretary-General of the United Nations, for consideration by the Committee, a report on the legislative, judicial, administrative or other measures which they have adopted and which give effect to the provisions of this Convention:

(a) within one year after the entry into force of the Convention for the State concerned; and

(b) thereafter every two years and whenever the Committee so requests. The Committee may request further information from the States Parties.

2. The Committee shall report annually, through the Secretary General, to the General Assembly of the United Nations on its activities and may make suggestions and general recommendations based on the examination of the reports and information received from the States Parties. Such suggestions

제9조

1. 체약국은 이 협정의 제 규정을 시행하도록 채택한 입법적, 사법적, 행정적 또는 기타 제반 조치에 관한 보고서를 아래와 같이 국제연합 사무총장에게 제출하여 위원회의 심의에 회부되도록 한다.

(a) 당해 체약국에 대하여 협약의 발효 후 1년 이내

(b) 그 후 매 2년마다 그리고 위원회가 요청할 때 위원회는 체약국으로부터 더 이상의 정보를 요청할 수 있다.

2. 위원회는 사무총장을 통하여 자신의 활동에 관하여 매년 국제연합 총회에 보고하며, 체약국으로부터 접수된 보고와 정보를 검토하고, 이를 근거로 제의와 일반적인 권고를 행할 수 있다. 이러한 제의와 일반적인 권고는 체약국의 논평이 있을 경우 이 논평과 함께 총회에 보고된다.

and general recommendations shall be reported to the General Assembly together with comments, if any, from States Parties.

Article 10

1. The Committee shall adopt its own rules of procedure.

2. The Committee shall elect its officers for a term of two years.

3. The secretariat of the Committee shall be provided by the Secretary General of the United Nations.

4. The meetings of the Committee shall normally be held at United Nations Headquarters.

Article 11

1. If a State Party considers that another State Party is not giving effect to the provisions of this Convention, it may bring the matter to the attention of the Committee. The Committee shall then transmit the communication to the State Party concerned. Within three months, the receiving State shall submit to the Committee written explanations or statements clarifying the matter and the remedy, if any, that may have been taken by that State.

2. If the matter is not adjusted to the satisfaction of both parties, either by bilateral negotiations or by any other procedure open to them, within six months after the receipt by the receiving State of the initial communication, either State shall have the right to refer the matter again to the Committee by notifying the Committee and also the other State.

3. The Committee shall deal with a matter referred to it in accordance with paragraph 2 of this article after it has ascertained that all available domestic remedies have been invoked and exhausted in the case, in conformity with the generally recognized principles of international law. This shall not be the rule where the application of the remedies is

제10조

1. 위원회는 자체의 절차 규칙을 채택한다.

2. 위원회는 자체의 임원을 2년 임기로 선출한다.

3. 위원회의 사무국은 국제연합 사무총장에 의하여 마련된다.

4. 위원회의 회합은 통상 국제연합 본부에서 개최된다.

제11조

1. 체약국이 이 협약의 규정을 시행하지 않는 기타 체약국이 있다고 간주할 때는 이 문제를 위원회에 회부할 수 있다. 위원회는 이 사실을 당해 체약국에 전달한다. 3개월 이내에 당해 체약국은 이 문제를 명확히 하는 문서로 된 해명서 또는 성명서와 더불어 동 국이 구제조치를 취한 것이 있으면 그 구제조치를 위원회에 제출한다.

2. 만약 이 문제를 당해 국가에서 1차 통보를 받은 후 6개월 이내에 쌍무 교섭이나 또는 양자에게 가능한 다른 절차 중 어느 한 수단에 의하여 양측에 동등히 납득되도록 해결되지 않을 경우 양측 중 어느 일방은 위원회와 상대방 국가에 통고함으로써 위원회에 재차 이 문제를 회부할 권리를 보유하고 있다.

3. 위원회는 어느 문제에 있어서 모든 가능한 국내적 구제조치가 취하여져 완료되었음을 확인한 후 본조 2항에 따라 위원회에 회부된 그 문제를 일반적으로 승인된 국제법 원칙에 따라 처리한다. 이것은 구제조치의 적용이 부당하게 지연되는 데 대한 규칙이 될 수 없다.

unreasonably prolonged.

4. In any matter referred to it, the Committee may call upon the States Parties concerned to supply any other relevant information.

5. When any matter arising out of this article is being considered by the Committee, the States Parties concerned shall be entitled to send a representative to take part in the proceedings of the Committee, without voting rights, while the matter is under consideration.

4. 위원회는 자신에게 회부된 어떠한 문제에 있어서도 당해 체약국에게 관련 정보의 제공을 요청할 수 있다.

5. 본조에서 언급된 문제가 위원회에 의하여 심의되고 있을 때에는 당해 체약국은 동 문제가 심의되는 동안 대표를 파견하여 투표권 없이 위원회의 의사 절차에 참여하도록 할 수 있다.

Article 12

1. (a) After the Committee has obtained and collated all the information it deems necessary, the Chairman shall appoint an ad hoc Conciliation Commission (hereinafter referred to as the Commission) comprising five persons who may or may not be members of the Committee. The members of the Commission shall be appointed with the unanimous consent of the parties to the dispute, and its good offices shall be made available to the States concerned with a view to an amicable solution of the matter on the basis of respect for this Convention;

(b) If the States parties to the dispute fail to reach agreement within three months on all or part of the composition of the Commission, the members of the Commission not agreed upon by the States parties to the dispute shall be elected by secret ballot by a two-thirds majority vote of the Committee from among its own members.

2. The members of the Commission shall serve in their personal capacity. They shall not be nationals of the States parties to the dispute or of a State not Party to this Convention.

3. The Commission shall elect its own Chairman and adopt its own rules of procedure.

4. The meetings of the Commission shall normally be held at United Nations Headquarters or at any

제12조

1. (a) 위원회가 자신이 생각하기에 필요하다고 보는 모든 정보를 획득하여 비교 대조한 후에 위원장은 5명으로 구성되는 임시 조정위원단(이후 "위원단"이라 함)을 임명한다. 이 위원단의 구성원은 위원회의 위원일 수도 있으며 또 위원이 아닐 수도 있다. 이 위원단의 구성원은 분쟁당사국 전원의 동의를 얻어 임명되며 위원단의 주선은 이 협약에 대한 존중을 기초로 하여 문제를 호의적으로 해결하기 위하여 당해 체약국에서 이용 가능하여야 한다.

(b) 분쟁에 관련된 체약국이 3개월 이내에 위원단 구성의 전부 또는 일부에 대하여 합의에 도달하지 못할 경우, 분쟁에 관련된 체약국에 의하여 합의되지 못한 위원단의 구성원은 위원회의 비밀투표에 의해 3분의 2 다수표로 위원회 위원 중에서 선출된다.

2. 위원단의 구성원은 개인자격으로 집무한다. 이들은 분쟁당사국의 국민이 되어서는 안 되며 이 협약의 비체약국 국민이 되어서도 안 된다.

3. 위원단은 의장을 선출하며 자체의 의사규칙을 채택한다.

4. 위원단의 회합은 통상 국제연합 본부 또는 위원단이 정하는 기타 편리한 장소에서 개최된다.

other convenient place as determined by the Commission.

5. The secretariat provided in accordance with article 10, paragraph 3, of this Convention shall also service the Commission whenever a dispute among States Parties brings the Commission into being.

5. 이 협약 제10조 3항에 따라 마련된 사무국은 체약국 간 분쟁으로 인하여 위원단이 구성될 때 동 위원단의 사무국으로 이용된다.

6. The States parties to the dispute shall share equally all the expenses of the members of the Commission in accordance with estimates to be provided by the Secretary-General of the United Nations.

6. 분쟁에 관련된 체약국은 국제연합 사무총장에 의해 제공되는 추계에 따라 위원단 구성원의 모든 경비를 균등하게 부담한다.

7. The Secretary-General shall be empowered to pay the expenses of the members of the Commission, if necessary, before reimbursement by the States parties to the dispute in accordance with paragraph 6 of this article.

7. 사무총장은 위원단 구성원의 경비를 본조 6항에 따라 필요하다면 분쟁에 대한 체약국이 지급하기 전에 지급할 수 있는 권한이 있다.

8. The information obtained and collated by the Committee shall be made available to the Commission, and the Commission may call upon the States concerned to supply any other relevant information.

8. 위원회가 획득하여 비교 대조한 정보는 위원단에서 이용 가능하며 위원단은 당해 체약국에게 기타 관련정보를 공급해줄 것을 요구할 수 있다.

Article 13

제13조

1. When the Commission has fully considered the matter, it shall prepare and submit to the Chairman of the Committee a report embodying its findings on all questions of fact relevant to the issue between the parties and containing such recommendations as it may think proper for the amicable solution of the dispute.

1. 위원단은 문제를 충분히 심의하였을 때 위원회의 위원장에게 보고서를 작성 제출한다. 이 보고서는 당사국 간 쟁점에 관련된 사실의 모든 문제에 관한 조사 결과와 분쟁의 호의적 해결을 위해서 적절하다고 생각하는 권고를 내포하고 있다.

2. The Chairman of the Committee shall communicate the report of the Commission to each of the States parties to the dispute. These States shall, within three months, inform the Chairman of the Committee whether or not they accept the recommendations contained in the report of the Commission.

2. 위원회의 위원장은 위원단의 보고서는 분쟁에 관련된 각 체약국에게 전달한다. 이 당사국은 3개월 이내에 위원회 위원장에게 위원단의 보고서에 내포된 권고의 수락 여부를 통고한다.

3. After the period provided for in paragraph 2 of this article, the Chairman of the Committee shall

3. 본조 2항에 규정된 기간이 경과한 후 위원단의 의장은 위원회의 보고서와 당해 체약국의 선언을

communicate the report of the Commission and the declarations of the States Parties concerned to the other States Parties to this Convention.

Article 14

1. A State Party may at any time declare that it recognizes the competence of the Committee to receive and consider communications from individuals or groups of individuals within its jurisdiction claiming to be victims of a violation by that State Party of any of the rights set forth in this Convention. No communication shall be received by the Committee if it concerns a State Party which has not made such a declaration.

2. Any State Party which makes a declaration as provided for in paragraph I of this article may establish or indicate a body within its national legal order which shall be competent to receive and consider petitions from individuals and groups of individuals within its jurisdiction who claim to be victims of a violation of any of the rights set forth in this Convention and who have exhausted other available local remedies.

3. A declaration made in accordance with paragraph 1 of this article and the name of any body established or indicated in accordance with paragraph 2 of this article shall be deposited by the State Party concerned with the Secretary-General of the United Nations, who shall transmit copies thereof to the other States Parties. A declaration may be withdrawn at any time by notification to the Secretary-General, but such a withdrawal shall not affect communications pending before the Committee.

4. A register of petitions shall be kept by the body established or indicated in accordance with paragraph 2 of this article, and certified copies of the register shall be filed annually through appropriate channels with the Secretary-General on the

이 협약 타 체약국에게 전달한다.

제14조

1. 체약국은 어느 때라도 동 체약국에 의한 이 협약에 규정된 권리 위반의 피해자임을 주장하고 있는 개인이나 또는 개인의 집단으로부터 그 관할권 내에서 통보를 접수하여 심사할 권능을 위원회가 보유하고 있다는 것을 승인한다고 선언할 수 있다. 이러한 선언을 하지 않은 체약국에 관련되는 통보는 위원회가 접수하지 아니한다.

2. 본조 1항에 규정된 것과 같은 선언을 한 체약국은 자국 법질서 범위 내에서 어느 기관을 설치하거나 또는 지정하여 이 기관이 이 협약에 규정된 권리 위반의 피해자임을 주장하고 가능한 국내 구제조치를 완료한 개인과 개인의 집단으로부터 그 관할권 내에서 청원을 접수하여 심사할 권능을 가지도록 한다.

3. 본조 1항에 따라 취해진 선언과 본조 2항에 따라 설치되거나 또는 지정된 기관의 명칭은 당해 체약국에 의하여 국제연합 사무총장에게 기탁되고 국제연합 사무총장은 이들의 사본을 타 체약국에게 전달한다. 선언은 어느 때라도 사무총장에 대한 통고로써 철회될 수 있으나 이러한 철회가 위원회 앞으로 계류되어 있는 전달에는 영향을 주지 않는다.

4. 청원의 등록은 본조 2항에 따라 설치되거나 또는 지정된 기관에 의해 보관되며 이 등록의 인증등본은 내용이 공표되지 않는다는 양해 아래 적절한 경로를 통하여 매년 사무총장에게 보관된다.

understanding that the contents shall not be publicly disclosed.

5. In the event of failure to obtain satisfaction from the body established or indicated in accordance with paragraph 2 of this article, the petitioner shall have the right to communicate the matter to the Committee within six months.

6.

(a) The Committee shall confidentially bring any communication referred to it to the attention of the State Party alleged to be violating any provision of this Convention, but the identity of the individual or groups of individuals concerned shall not be revealed without his or their express consent. The Committee shall not receive anonymous communications;

(b) Within three months, the receiving State shall submit to the Committee written explanations or statements clarifying the matter and the remedy, if any, that may have been taken by that State.

7.

(a) The Committee shall consider communications in the light of all information made available to it by the State Party concerned and by the petitioner. The Committee shall not consider any communication from a petitioner unless it has ascertained that the petitioner has exhausted all available domestic remedies. However, this shall not be the rule where the application of the remedies is unreasonably prolonged;

(b) The Committee shall forward its suggestions and recommendations, if any, to the State Party concerned and to the petitioner.

8. The Committee shall include in its annual report a summary of such communications and, where appropriate, a summary of the explanations and statements of the States Parties concerned and of its own suggestions and recommendations.

9. The Committee shall be competent to exercise the

5. 본조 2항에 따라 설치되었거나 또는 지정된 기관으로부터 만족스러운 구제조치를 받지 못하는 경우 청원자는 6개월 이내에 이 문제를 위원회에 전달할 권리를 보유한다.

6.

(a) 위원회는 자신이 받은 통보사항에 대하여 본 협정의 규정을 위반하고 있다는 혐의를 받고 있는 체약국의 주의를 은밀히 환기시킨다. 그러나 해당개인이나 또는 개인집단의 신원이 자신들의 명시적인 동의 없이 밝혀져서는 아니 된다. 위원회는 익명으로 된 통보를 접수하지 아니한다.

(b) 3개월 이내에 접수국은 동 문제를 해명하는 설명이나 혹은 성명을 서면으로 위원회에 제출하며 또한 자국이 취한 구제조치가 있으면 그 구제조치를 위원회에 제출한다.

7.

(a) 위원회는 당해 체약국과 청원자에 의해 제공된 모든 정보를 감안하여 통보를 받은 사항을 심의한다. 위원회는 청원자가 모든 가능한 국내 구제조치를 완료하였음을 확인하지 않는 한 청원자로부터 어떠한 통보도 심의하지 않는다. 그러나 이것은 구제조치의 적용이 부당하게 지연되는 데 대한 규칙이 될 수는 없다.

(b) 위원회는 당해 체약국과 청원자에게 제의와 권고를 할 사항이 있을 경우 이러한 제의와 권고를 한다.

8. 위원회는 그 연차보고서 속에 이러한 통보의 개요와 적절한 경우 당해 체약 당사국의 설명 및 성명과 위원회 자신의 제의와 권고의 개요를 포함시켜야 한다.

9. 위원회는 이 협약 체약국 중 최소한 10개국이 본

functions provided for in this article only when at least ten States Parties to this Convention are bound by declarations in accordance with paragraph I of this article.

조 1항에 따른 선언을 하였을 때에만 본조에 규정된 기능을 행사할 권능을 가진다.

Article 15

1 . Pending the achievement of the objectives of the Declaration on the Granting of Independence to Colonial Countries and Peoples, contained in General Assembly resolution 1514 (XV) of 14 December 1960, the provisions of this Convention shall in no way limit the right of petition granted to these peoples by other international instruments or by the United Nations and its specialized agencies.

2.

(a) The Committee established under article 8, paragraph 1, of this Convention shall receive copies of the petitions from, and submit expressions of opinion and recommendations on these petitions to, the bodies of the United Nations which deal with matters directly related to the principles and objectives of this Convention in their consideration of petitions from the inhabitants of Trust and Non-Self-Governing Territories and all other territories to which General Assembly resolution 1514 (XV) applies, relating to matters covered by this Convention which are before these bodies;

(b) The Committee shall receive from the competent bodies of the United Nations copies of the reports concerning the legislative, judicial, administrative or other measures directly related to the principles and objectives of this Convention applied by the administering Powers within the Territories mentioned in subparagraph (a) of this paragraph, and shall express opinions and make recommendations to these bodies.

3. The Committee shall include in its report to the General Assembly a summary of the petitions and reports it has received from United Nations bodies,

제15조

1. 1960년 12월 14일 자 총회결의 1514(XV)에 포함된 식민지 및 그 인민에 대한 독립 부여 선언의 제 목적을 달성할 때까지 이 협약의 규정은 타 국제기관이나 또는 국제연합 및 그 전문기구에 의하여 이 민족들에게 허용된 청원권을 결코 제한하지 아니한다.

2.

(a) 이 협약 제8조 1항에 의거 설치된 위원회는 다음 국제연합 소속기관으로부터의 청원의 사본을 접수하고 또한 동 기관에 이러한 청원에 대한 명시적인 의견과 권한을 제출한다. 여기의 국제연합 소속기관은 자신 앞에 회부되어 있고 이 협약에 포괄된 문제와 관련하여 총회결의 1514(XV)가 적용되는 신탁통치 및 비자치영역과 모든 기타 영역의 주민들로부터의 청원을 심사함에 있어서 이 협약의 제 원칙과 목적에 관한 사항을 직접 취급한다.

(b) 위원회는 본항(a)에 언급된 영역 내에서 행정권에 의해 적용되는 이 협약의 제 원칙과 목적에 직접 관련된 입법적, 사법적, 행정적 또는 기타 조치에 관한 보고서의 사본을 국제연합의 권한 있는 기관으로부터 접수하여 명시적인 의견을 표명하고 이러한 기관에 대하여 권고를 한다.

3. 위원회는 총회에 대한 보고서 속에 국제연합 기관으로부터 접수한 청원과 보고서의 개요를 포함시키고 또한 동 청원과 보고서에 관한 위원회의 명

and the expressions of opinion and recommendations of the Committee relating to the said petitions and reports.

4. The Committee shall request from the Secretary-General of the United Nations all information relevant to the objectives of this Convention and available to him regarding the Territories mentioned in paragraph 2 (a) of this article.

Article 16

The provisions of this Convention concerning the settlement of disputes or complaints shall be applied without prejudice to other procedures for settling disputes or complaints in the field of discrimination laid down in the constituent instruments of, or conventions adopted by, the United Nations and its specialized agencies, and shall not prevent the States Parties from having recourse to other procedures for settling a dispute in accordance with general or special international agreements in force between them.

. . .

시적인 의견과 권고를 포함시킨다.

4. 위원회는 국제연합 사무총장으로부터 이 협약의 제 목적과 관련된 모든 정보와 본조 2항(a)에 언급된 영역에 관하여 사무총장이 이용 가능한 모든 정보를 요청한다.

제16조

분쟁이나 이의의 해결에 관한 이 협약의 제 규정은 국제연합과 그 전문기구의 조직 법규 속이나 또는 국제연합과 그 전문기구에 의해 채택된 협약 속에 규정된 차별에 관련된 분쟁이나 또는 이의를 해결하는 다른 절차를 침해함이 없이 적용되며 또한 체약국이 자기들 사이에 유효한 일반 또는 특별 국제협정에 따라 분쟁을 해결하는 다른 절차를 채택함을 막지 아니한다.

. . .

Convention on the Elimination of All Forms of Discrimination against Women

The States Parties to the present Convention,

Noting that the Charter of the United Nations reaffirms faith in fundamental human rights, in the dignity and worth of the human person and in the equal rights of men and women,

Noting that the Universal Declaration of Human Rights affirms the principle of the inadmissibility of discrimination and proclaims that all human beings are born free and equal in dignity and rights and that everyone is entitled to all the rights and freedoms set forth therein, without distinction of any kind, including distinction based on sex,

Noting that the States Parties to the International Covenants on Human Rights have the obligation to ensure the equal rights of men and women to enjoy all economic, social, cultural, civil and political rights,

Considering the international conventions concluded under the auspices of the United Nations and the specialized agencies promoting equality of rights of men and women,

Noting also the resolutions, declarations and recommendations adopted by the United Nations and the specialized agencies promoting equality of rights of men and women,

Concerned, however, that despite these various instruments extensive discrimination against women continues to exist,

Recalling that discrimination against women violates the principles of equality of rights and respect for human dignity, is an obstacle to the participation of women, on equal terms with men,

여성에 대한 모든 형태의 차별철폐에 관한 협약

채택 1979. 12. 18 / 발효 1981. 9. 3 /
대한민국 적용 1985. 1. 26

본 협약 당사국은,

국제연합 헌장이 기본적 인권, 인간의 존엄과 가치 및 남녀평등권에 대한 신뢰를 재확인하고 있음에 유의하고,

세계인권선언은 차별이 허용될 수 없다는 원칙을 확인하고 있으며 모든 인간은 자유롭게 그리고 존엄과 제반 권리에 있어 평등하게 출생하며 성에 기인한 차별을 포함한 어떠한 종류의 차별도 받지 아니하고 동 선언에 규정된 모든 권리와 자유를 누릴 권리가 있다고 선언하고 있음에 유의하고,

국제인권규약 당사국은 모든 경제적, 사회적, 문화적, 시민적 및 정치적 권리를 향유할 남녀의 평등권을 보장할 의무를 지고 있음에 유의하고,

국제연합 및 전문기구의 후원하에 체결된 남녀권리의 평등을 촉진하는 제 국제협약을 고려하고,

국제연합 및 전문기구에 의해 채택된 남녀권리의 평등을 촉진하는 결의, 선언 및 권고에도 유의하고,

그러나 이러한 제도에도 불구하고 여성에 대한 광범위한 차별이 계속 존재하고 있음을 우려하고,

여성에 대한 차별은 권리평등 및 인간의 존엄성의 존중원칙에 위배되며, 여성이 남성과 동등한 조건하에 국가의 정치적, 사회적, 경제적 및 문화적 생활에 참여하는 데 장애가 되며, 사회와 가정의 번영

in the political, social, economic and cultural life of their countries, hampers the growth of the prosperity of society and the family and makes more difficult the full development of the potentialities of women in the service of their countries and of humanity,

의 증진을 어렵게 하며, 그들 국가와 인류에 대한 봉사에 있어 여성의 잠재력의 완전한 개발을 더욱 어렵게 함을 상기하고,

Concerned that in situations of poverty women have the least access to food, health, education, training and opportunities for employment and other needs,

궁핍한 상황하에서는 식량, 건강, 교육, 훈련 및 취업 기회와 기타의 필요에 있어 여성이 가장 혜택받기 어려운 점을 우려하고,

Convinced that the establishment of the new international economic order based on equity and justice will contribute significantly towards the promotion of equality between men and women,

형평과 정의에 기초를 둔 신국제경제질서의 수립이 남녀평등을 도모하는 데 크게 기여할 것임을 확신하고,

Emphasizing that the eradication of apartheid, all forms of racism, racial discrimination, colonialism, neo-colonialism, aggression, foreign occupation and domination and interference in the internal affairs of States is essential to the full enjoyment of the rights of men and women,

인종격리정책, 모든 형태의 인종주의, 인종차별, 식민주의, 신식민주의, 침략, 외국의 점령 및 지배와 국내문제에 대한 간섭 등의 제거가 남성과 여성의 권리의 완전한 향유에 필수적임을 강조하고,

Affirming that the strengthening of international peace and security, the relaxation of international tension, mutual co-operation among all States irrespective of their social and economic systems, general and complete disarmament, in particular nuclear disarmament under strict and effective international control, the affirmation of the principles of justice, equality and mutual benefit in relations among countries and the realization of the right of peoples under alien and colonial domination and foreign occupation to self- determination and independence, as well as respect for national sovereignty and territorial integrity, will promote social progress and development and as a consequence will contribute to the attainment of full equality between men and women,

국제평화와 안전의 강화, 국제긴장의 완화, 국가의 사회적, 경제적 체제에 관계없이 국가 간의 상호 협력, 전반적이고 완전한 군비축소, 특히 엄격하고 효과적인 국제적 통제하의 핵군축, 국제관계에 있어서의 정의 평등 및 호혜의 원칙의 확인, 외국의 식민 지배와 외국의 점령하에 있는 인민의 자결권 및 독립권의 실현 그리고 국가주권 및 영토보전에 대한 존중 등이 사회 진보와 발전을 촉진하며 결과적으로 남성과 여성 사이의 완전한 평등의 성취에 기여할 것임을 확인하고,

Convinced that the full and complete development of a country, the welfare of the world and the cause of peace require the maximum participation of

국가의 완전한 발전과 인류의 복지 및 평화를 위해서는 여성이 모든 분야에 남성과 평등한 조건으로 최대한 참여하는 것이 필요함을 확신하고,

women on equal terms with men in all fields,

Bearing in mind the great contribution of women to the welfare of the family and to the development of society, so far not fully recognized, the social significance of maternity and the role of both parents in the family and in the upbringing of children, and aware that the role of women in procreation should not be a basis for discrimination but that the upbringing of children requires a sharing of responsibility between men and women and society as a whole,

현재까지 충분히 인식되지 못하고 있는 가정의 복지와 사회의 발전에 대한 여성의 지대한 공헌, 모성의 사회적 중요성 및 가정과 자녀양육에 있어서의 부모의 역할을 명심하며 또한 출산에 있어서의 여성의 역할이 차별의 근거가 될 수 없으며, 아동의 양육에는 남성, 여성 및 사회전체가 책임을 분담해야 함을 인식하고,

Aware that a change in the traditional role of men as well as the role of women in society and in the family is needed to achieve full equality between men and women,

남성과 여성 사이에 완전한 평등을 달성하기 위하여 사회와 가정에서의 여성의 역할뿐만 아니라 남성의 전통적 역할에도 변화가 필요함을 인식하고,

Determined to implement the principles set forth in the Declaration on the Elimination of Discrimination against Women and, for that purpose, to adopt the measures required for the elimination of such discrimination in all its forms and manifestations,

여성에 대한 차별의 철폐에 관한 선언에 명시된 제 원칙을 이행하며, 이러한 목적으로 모든 형태 및 양태에 있어서의 차별을 철폐하는 데 필요한 조치를 취할 것을 결의하면서,

Have agreed on the following:

다음과 같이 합의하였다.

PART I

제1부

Article 1

For the purposes of the present Convention, the term "discrimination against women" shall mean any distinction, exclusion or restriction made on the basis of sex which has the effect or purpose of impairing or nullifying the recognition, enjoyment or exercise by women, irrespective of their marital status, on a basis of equality of men and women, of human rights and fundamental freedoms in the political, economic, social, cultural, civil or any other field.

제1조

본 협약의 목적을 위하여 "여성에 대한 차별"이라 함은 정치적, 경제적, 사회적, 문화적, 시민적 또는 기타 분야에 있어서 결혼 여부에 관계없이 남녀 동등의 기초 위에서 인권과 기본적 자유를 인식, 향유 또는 행사하는 것을 저해하거나 무효화하는 효과 또는 목적을 가지는 성에 근거한 모든 구별, 배제 또는 제한을 의미한다.

Article 2

States Parties condemn discrimination against women in all its forms, agree to pursue by all

제2조

당사국은 여성에 대한 모든 형태의 차별을 규탄하고 여성에 대한 차별을 철폐하기 위한 정책을 모든

appropriate means and without delay a policy of eliminating discrimination against women and, to this end, undertake:

(a) To embody the principle of the equality of men and women in their national constitutions or other appropriate legislation if not yet incorporated therein and to ensure, through law and other appropriate means, the practical realization of this principle;

(b) To adopt appropriate legislative and other measures, including sanctions where appropriate, prohibiting all discrimination against women;

(c) To establish legal protection of the rights of women on an equal basis with men and to ensure through competent national tribunals and other public institutions the effective protection of women against any act of discrimination;

(d) To refrain from engaging in any act or practice of discrimination against women and to ensure that public authorities and institutions shall act in conformity with this obligation;

(e) To take all appropriate measures to eliminate discrimination against women by any person, organization or enterprise;

(f) To take all appropriate measures, including legislation, to modify or abolish existing laws, regulations, customs and practices which constitute discrimination against women;

(g) To repeal all national penal provisions which constitute discrimination against women.

Article 3

States Parties shall take in all fields, in particular in the political, social, economic and cultural fields, all appropriate measures, including legislation, to en sure the full development and advancement of women, for the purpose of guaranteeing them the exercise and enjoyment of human rights and fundamental freedoms on a basis of equality with men.

적절한 수단을 통해 지체 없이 추진하기로 합의하며 이러한 목적으로 다음을 약속한다.

(a) 남녀평등의 원칙이 헌법 또는 기타 적절한 입법에 아직 규정되지 않았다면 이를 구현하며 법 또는 기타 적절한 수단을 통해 동 원칙의 실제적 실현을 확보할 것

(b) 여성에 대한 모든 차별을 금지하는 적절한 입법 및 기타 조치를 채택하고 필요한 경우 제재를 포함시킬 것

(c) 남성과 동등한 기초 위에서 여성의 권리에 대한 법적 보호를 확립하며 권한 있는 국내 법정과 기타 공공기관을 통하여 여성을 여하한 차별행위로부터 효과적으로 보호하도록 확보할 것

(d) 여성에 대한 여하한 차별행위 또는 관행에 따르는 것을 삼가며 공공 당국과 기관이 동 의무와 부합되게 행동하도록 확보할 것

(e) 여하한 개인, 조직 또는 기업에 의한 여성 차별도 철폐되도록 모든 적절한 조치를 취할 것

(f) 여성에 대한 차별을 구성하는 현행 법률, 규칙, 관습 및 관행을 수정 또는 폐지하도록 입법을 포함한 모든 적절한 조치를 취할 것

(g) 여성에 대한 차별을 구성하는 모든 국내형사법 규정을 폐지할 것

제3조

당사국은 여성이 남성과 동등하게 인권과 기본적 자유를 행사하고 향유하는 것을 보장하기 위한 목적으로 모든 분야, 특히 정치적, 사회적, 경제적 및 문화적 분야에서 여성의 완전한 발전 및 진보를 확보해줄 수 있는 입법을 포함한 모든 적절한 조치를 취하여야 한다.

Article 4

1. Adoption by States Parties of temporary special measures aimed at accelerating de facto equality between men and women shall not be considered discrimination as defined in the present Convention, but shall in no way entail as a consequence the maintenance of unequal or separate standards; these measures shall be discontinued when the objectives of equality of opportunity and treatment have been achieved.

2. Adoption by States Parties of special measures, including those measures contained in the present Convention, aimed at protecting maternity shall not be considered discriminatory.

제4조

1. 남성과 여성 사이의 사실상의 평등을 촉진할 목적으로 당사국이 채택한 잠정적 특별조치는 본 협약에서 정의한 차별로 보지 아니하나, 그 결과 불평등한 또는 별도의 기준이 유지되어서는 결코 아니된다. 기회와 대우의 평등이라는 목적이 달성되었을 때 이러한 조치는 중지되어야 한다.

2. 당사국이 모성을 보호할 목적으로 본 협약에 수록된 제 조치를 포함한 특별조치를 채택하는 것은 차별적인 것으로 보아서는 아니 된다.

Article 5

States Parties shall take all appropriate measures:

(a) To modify the social and cultural patterns of conduct of men and women, with a view to achieving the elimination of prejudices and customary and all other practices which are based on the idea of the inferiority or the superiority of either of the sexes or on stereotyped roles for men and women;

(b) To ensure that family education includes a proper understanding of maternity as a social function and the recognition of the common responsibility of men and women in the upbringing and development of their children, it being understood that the interest of the children is the primordial consideration in all cases.

제5조

당사국은 다음을 위하여 모든 적절한 조치를 취하여야 한다.

(a) 일방의 성이 열등 또는 우수하다는 관념 또는 남성과 여성의 고정적 역할에 근거한 편견, 관습 및 기타 모든 관행을 없앨 목적으로, 남성과 여성의 사회적 및 문화적 행동양식을 수정할 것

(b) 사회적 기능의 하나로서의 모성에 대한 적절한 이해와 자녀의 양육과 발전에 있어서 남녀의 공동책임에 대한 인식이 가정교육에 포함되도록 확보하되, 모든 경우에 있어서 자녀의 이익이 최우선적으로 고려되도록 할 것

Article 6

States Parties shall take all appropriate measures, including legislation, to suppress all forms of traffic in women and exploitation of prostitution of women.

제6조

당사국은 여성에 대한 모든 형태의 인신매매 및 매춘에 의한 착취를 금지하기 위하여 입법을 포함한 모든 적절한 조치를 취하여야 한다.

PART II

Article 7
States Parties shall take all appropriate measures to eliminate discrimination against women in the political and public life of the country and, in particular, shall ensure to women, on equal terms with men, the right:
(a) To vote in all elections and public referenda and to be eligible for election to all publicly elected bodies;
(b) To participate in the formulation of government policy and the implementation thereof and to hold public office and perform all public functions at all levels of government;
(c) To participate in non-governmental organizations and associations concerned with the public and political life of the country.

Article 8
States Parties shall take all appropriate measures to ensure to women, on equal terms with men and without any discrimination, the opportunity to represent their Governments at the international level and to participate in the work of international organizations.

Article 9
1. States Parties shall grant women equal rights with men to acquire, change or retain their nationality. They shall ensure in particular that neither marriage to an alien nor change of nationality by the husband during marriage shall automatically change the nationality of the wife, render her stateless or force upon her the nationality of the husband.
2. States Parties shall grant women equal rights with men with respect to the nationality of their children.

제2부

제7조
당사국은 국가의 정치적 및 공적 생활에서 여성에 대한 차별을 철폐하기 위하여 모든 적절한 조치를 취하여야 하며 특히 남성과 동등한 조건으로 다음의 권리를 여성에게 확보하여야 한다.

(a) 모든 선거 및 국민투표에서의 투표권 및 선거에 의해 선출되는 모든 공공기구에의 피선거권

(b) 정부정책의 입안 및 동 정책의 시행에 참여하며 공직에 봉직하여 정부의 모든 직급에서 공공직능을 수행할 권리

(c) 국가의 공적, 정치적 생활과 관련된 비정부기구 및 단체에 참여할 권리

제8조
당사국은 여성이 남성과 동등한 조건으로 또한 아무런 차별 없이 국제적 수준에서 그들 정부를 대표하며 국제기구의 업무에 참여할 기회를 확보하기 위한 모든 적절한 조치를 취하여야 한다.

제9조
1. 당사국은 여성이 국적을 취득, 변경 또는 보유함에 있어 남성과 동등한 권리를 부여하여야 한다. 당사국은 특히 외국인과의 결혼 또는 혼인 중 부에 의한 국적의 변경으로 처의 국적이 자동적으로 변경되거나, 처가 무국적으로 되거나 또는 부의 국적이 처에게 강제되지 아니하도록 확보하여야 한다.

2. 당사국은 자녀의 국적에 관하여 남성과 동등한 권리를 여성에게 부여하여야 한다.

PART III

Article 10

States Parties shall take all appropriate measures to eliminate discrimination against women in order to ensure to them equal rights with men in the field of education and in particular to ensure, on a basis of equality of men and women:

(a) The same conditions for career and vocational guidance, for access to studies and for the achievement of diplomas in educational establishments of all categories in rural as well as in urban areas; this equality shall be ensured in pre-school, general, technical, professional and higher technical education, as well as in all types of vocational training;

(b) Access to the same curricula, the same examinations, teaching staff with qualifications of the same standard and school premises and equipment of the same quality;

(c) The elimination of any stereotyped concept of the roles of men and women at all levels and in all forms of education by encouraging coeducation and other types of education which will help to achieve this aim and, in particular, by the revision of textbooks and school programmes and the adaptation of teaching methods;

(d) The same opportunities to benefit from scholarships and other study grants;

(e) The same opportunities for access to programmes of continuing education, including adult and functional literacy programmes, particularly those aimed at reducing, at the earliest possible time, any gap in education existing between men and women;

(f) The reduction of female student drop-out rates and the organization of programmes for girls and women who have left school prematurely;

(g) The same Opportunities to participate actively in sports and physical education;

(h) Access to specific educational information to

제3부

제10조

당사국은 교육 분야에서 여성에게 남성과 동등한 권리를 확보하기 위하여 특히 남녀평등의 기초 위에 다음을 확보할 목적으로 여성에 대한 차별을 철폐하기 위한 모든 적절한 조치를 취하여야 한다.

(a) 도시 및 시골의 각종 교육기관에서 취업과 직업보도, 학문의 혜택 및 학위취득에 있어서의 동등한 조건 이러한 평등은 취학전 교육, 일반교육, 기술교육, 전문교육 및 고등기술 교육에서뿐만 아니라 모든 형태의 직업훈련에서 확보되어야 함

(b) 동일한 교과과정, 동일한 시험, 동일 수준의 자격요건을 가진 교수진, 동질의 학교건물 및 장비의 수혜

(c) 모든 수준 및 모든 형태의 교육에 있어서 남성과 여성의 역할에 관한 고정관념을 제거하기 위해 본 목적을 달성하는 데 기여할 수 있는 남녀공학 및 기타 형태의 교육을 장려하며 특히 교과서와 교과과정의 개편 및 교수방법의 개선을 기함

(d) 장학금 기타 연구장려금의 혜택을 받을 수 있는 동일한 기회

(e) 성인용 및 문맹자용 교과과정을 포함한 계속교육과정 특히 교육에 있어서의 남녀 간의 격차를 가능한 한 조속히 감소시키기 위한 교과과정의 혜택을 받을 수 있는 동일한 기회

(f) 여학생 중퇴율의 감소 및 일찍이 학업을 포기한 소녀 및 여성을 위한 교과과정의 마련

(g) 스포츠와 체육교육에 적극적으로 참여할 수 있는 동일한 기회

(h) 가족계획에 관한 정보 및 조언을 포함하여 가

help to ensure the health and well-being of families, including information and advice on family planning.

족의 건강과 복지를 확보하는 데 도움을 주는 구체적인 교육정보의 수혜

Article 11

1. States Parties shall take all appropriate measures to eliminate discrimination against women in the field of employment in order to ensure, on a basis of equality of men and women, the same rights, in particular:

(a) The right to work as an inalienable right of all human beings;

(b) The right to the same employment opportunities, including the application of the same criteria for selection in matters of employment;

(c) The right to free choice of profession and employment, the right to promotion, job security and all benefits and conditions of service and the right to receive vocational training and retraining, including apprenticeships, advanced vocational training and recurrent training;

(d) The right to equal remuneration, including benefits, and to equal treatment in respect of work of equal value, as well as equality of treatment in the evaluation of the quality of work;

(e) The right to social security, particularly in cases of retirement, unemployment, sickness, invalidity and old age and other incapacity to work, as well as the right to paid leave;

(f) The right to protection of health and to safety in working conditions, including the safeguarding of the function of reproduction.

2. In order to prevent discrimination against women on the grounds of marriage or maternity and to ensure their effective right to work, States Parties shall take appropriate measures:

(a) To prohibit, subject to the imposition of sanctions, dismissal on the grounds of pregnancy or of maternity leave and discrimination in dismissals

제11조

1. 당사국은 고용 분야에서 남녀평등의 기초 위에 동일한 권리 특히 다음의 권리를 확보할 목적으로 여성에 대한 차별을 철폐하기 위한 모든 적절한 조치를 취하여야 한다.

(a) 모든 인간의 불가침의 권리로서의 근로의 권리

(b) 동일한 채용기준의 적용을 포함한 동일한 고용기회를 보장받을 권리

(c) 직업과 고용의 자유로운 선택권, 승진, 직장안정 및 역무에 관련된 모든 혜택과 조건을 누릴 권리, 그리고 견습, 고등직업훈련 및 반복훈련을 포함한 직업훈련 및 재훈련을 받을 권리

(d) 수당을 포함하여 동등한 보수를 받을 권리 및 노동의 질의 평가에 있어 동등한 처우와 동등한 가치의 노동에 대한 동등한 처우를 받을 권리

(e) 유급휴가를 받을 권리 및 사회보장, 특히 퇴직, 실업, 질병, 병약, 노령 및 기타 노동 무능력의 경우에 사회보장에 대한 권리

(f) 건강보호에 대한 권리 및 생식기능의 보호조치를 포함한 노동조건의 안전에 대한 권리

2. 당사국은 결혼 또는 모성을 이유로 한 여성에 대한 차별을 방지하며 여성의 근로에 대한 유효한 권리를 확보하기 위하여 다음을 위한 적절한 조치를 취하여야 한다.

(a) 임신 또는 출산휴가를 이유로 한 해고 및 혼인 여부를 근거로 한 해고에 있어서의 차별을 금지하고 위반 시 제재를 가하도록 하는 것

on the basis of marital status;
(b) To introduce maternity leave with pay or with comparable social benefits without loss of former employment, seniority or social allowances;
(c) To encourage the provision of the necessary supporting social services to enable parents to combine family obligations with work responsibilities and participation in public life, in particular through promoting the establishment and development of a network of child-care facilities;
(d) To provide special protection to women during pregnancy in types of work proved to be harmful to them.
3. Protective legislation relating to matters covered in this article shall be reviewed periodically in the light of scientific and technological knowledge and shall be revised, repealed or extended as necessary.

(b) 종전의 직업, 선임순위 또는 사회보장 수당을 상실함이 없이 유급 또는 이에 상당하는 사회보장 급부를 포함하는 출산휴가제를 도입하는 것
(c) 특히 아동 보육시설망의 확립과 발전의 촉진을 통하여 부모가 직장에서의 책임 및 사회생활에의 참여를 가사의 의무와 병행시키는 데 도움이 될 필요한 사회보장 혜택의 제공을 장려하는 것
(d) 임신 중의 여성에게 유해한 것이 증명된 유형의 작업에는 동 여성에 대한 특별한 보호를 제공하는 것
3. 본조에 취급된 문제와 관련한 보호적 입법은 과학적 및 기술적 지식에 비추어 정기적으로 검토되어야 하며, 필요하다면 개정, 폐기 또는 연장되어야 한다.

Article 12
1. States Parties shall take all appropriate measures to eliminate discrimination against women in the field of health care in order to ensure, on a basis of equality of men and women, access to health care services, including those related to family planning.
2. Notwithstanding the provisions of paragraph I of this article, States Parties shall ensure to women appropriate services in connection with pregnancy, confinement and the post-natal period, granting free services where necessary, as well as adequate nutrition during pregnancy and lactation.

제12조
1. 당사국은 남녀평등의 기초 위에 가족계획에 관련된 것을 포함한 보건 사업의 혜택을 확보하기 위하여 보건 분야에서의 여성에 대한 차별을 철폐하기 위한 모든 적절한 조치를 취하여야 한다.
2. 본조 제1항의 규정에도 불구하고 당사국은 여성에 대해 임신 및 수유기 동안의 적절한 영양 섭취를 확보하고 임신, 해산 및 산후조리 기간과 관련하여 적절한 역무제공을 확보하여야 하며, 필요한 경우에는 무상으로 이를 제공하여야 한다.

Article 13
States Parties shall take all appropriate measures to eliminate discrimination against women in other areas of economic and social life in order to ensure, on a basis of equality of men and women, the same rights, in particular:
(a) The right to family benefits;
(b) The right to bank loans, mortgages and other

제13조
당사국은 경제적, 사회적 생활의 다른 영역에 있어 남녀평등의 기초 위에 동일한 권리, 특히 다음의 권리를 확보할 목적으로 여성에 대한 차별을 철폐하기 위한 모든 적절한 조치를 취하여야 한다.
(a) 가족급부금에 대한 권리
(b) 은행대부, 저당 및 기타 형태의 금융대부에 대

forms of financial credit;
(c) The right to participate in recreational activities, sports and all aspects of cultural life.

Article 14
1. States Parties shall take into account the particular problems faced by rural women and the significant roles which rural women play in the economic survival of their families, including their work in the non-monetized sectors of the economy, and shall take all appropriate measures to ensure the application of the provisions of the present Convention to women in rural areas.
2. States Parties shall take all appropriate measures to eliminate discrimination against women in rural areas in order to ensure, on a basis of equality of men and women, that they participate in and benefit from rural development and, in particular, shall ensure to such women the right:
(a) To participate in the elaboration and implementation of development planning at all levels;
(b) To have access to adequate health care facilities, including information, counselling and services in family planning;
(c) To benefit directly from social security programmes;
(d) To obtain all types of training and education, formal and non-formal, including that relating to functional literacy, as well as, inter alia, the benefit of all community and extension services, in order to increase their technical proficiency;
(e) To organize self-help groups and co-operatives in order to obtain equal access to economic opportunities through employment or self employment;
(f) To participate in all community activities;
(g) To have access to agricultural credit and loans, marketing facilities, appropriate technology and equal treatment in land and agrarian reform as well as in land resettlement schemes;

한 권리
(c) 레크리에이션 활동, 체육과 각종 문화생활에 참여할 권리

제14조
1. 당사국은 시골여성이 직면하고 있는 특수한 문제와 화폐로 표시되지 않는 경제 부문에서의 노동을 포함하여 시골여성이 가족의 경제적 생존을 위하여 수행하는 중요한 역할을 고려하여야 하며, 시골여성에게 본 협약의 제 조항의 적용을 확보하도록 모든 적절한 조치를 취하여야 한다.

2. 당사국은 남녀평등의 기초 위에 시골여성이 지역개발에 참여하며 그 개발에 따른 이익을 향유할 수 있도록 보장하기 위하여 시골여성에 대한 차별을 철폐하기 위한 모든 적절한 조치를 취하여야 하며, 특히 시골여성에 대하여 다음의 권리를 확보하여야 한다.
(a) 모든 수준에서 개발계획의 작성 및 실시에 참여하는 것
(b) 가족계획에 대한 정보, 상담 및 서비스를 포함한 적절한 보건시설의 혜택을 받는 것

(c) 사회보장 계획으로부터 직접적인 혜택을 받는 것
(d) 기술적 능력을 향상시키기 위하여 기능적 문자해독능력에 관한 것을 포함한 모든 형태의 공식, 비공식 훈련 및 교육과, 특히 지역사회교육 및 특별교육의 혜택을 받는 것

(e) 취업 또는 자가경영을 통한 경제적 기회에 있어 평등한 혜택을 받을 수 있도록 자조집단 및 협동조합을 결성하는 것
(f) 모든 지역사회활동에 참여하는 것
(g) 농업신용 및 대부, 매매시설, 적절한 공업기술의 혜택을 받으며, 토지 및 농지개혁과 재정착 계획에 있어 동등한 대우를 받는 것

(h) To enjoy adequate living conditions, particularly in relation to housing, sanitation, electricity and water supply, transport and communications.

(h) 적절한 생활조건, 특히 주거, 위생시설, 전력 및 용수공급, 운송 및 통신 등과 관련한 생활조건을 향유하는 것

PART IV

제4부

Article 15

1. States Parties shall accord to women equality with men before the law.

2. States Parties shall accord to women, in civil matters, a legal capacity identical to that of men and the same opportunities to exercise that capacity. In particular, they shall give women equal rights to conclude contracts and to administer property and shall treat them equally in all stages of procedure in courts and tribunals.

3. States Parties agree that all contracts and all other private instruments of any kind with a legal effect which is directed at restricting the legal capacity of women shall be deemed null and void.

4. States Parties shall accord to men and women the same rights with regard to the law relating to the movement of persons and the freedom to choose their residence and domicile.

제15조

1. 당사국은 여성에 대하여 법 앞에서의 남성과의 평등을 부여하여야 한다.

2. 당사국은 민사문제에 있어서, 여성에게 남성과 동등한 법적 능력 및 동 능력을 행사할 동일한 기회를 부여하여야 한다. 특히, 당사국은 계약을 체결하고 재산을 관리할 동등권을 여성에게 부여하여야 하며 법원과 법정의 절차상 모든 단계에서 여성을 동등하게 취급하여야 한다.

3. 당사국은 여성의 법적 능력을 제한하는 법적 효과를 가지는 모든 계약과 기타 모든 종류의 사적 문서를 무효로 간주하는 데 동의한다.

4. 당사국은 사람의 이전에 관한 법과 그들의 주거 및 주소 선택의 자유와 관련하여 남성과 여성에게 동일한 권리를 부여하여야 한다.

Article 16

1. States Parties shall take all appropriate measures to eliminate discrimination against women in all matters relating to marriage and family relations and in particular shall ensure, on a basis of equality of men and women:

(a) The same right to enter into marriage;

(b) The same right freely to choose a spouse and to enter into marriage only with their free and full consent;

(c) The same rights and responsibilities during marriage and at its dissolution;

(d) The same rights and responsibilities as parents, irrespective of their marital status, in matters

제16조

1. 당사국은 혼인과 가족관계에 관한 모든 문제에 있어 여성에 대한 차별을 철폐하기 위한 모든 적절한 조치를 취하여야 하며, 특히 남녀평등의 기초 위에 다음을 보장하여야 한다.

(a) 혼인을 할 동일한 권리

(b) 자유로이 배우자를 선택하고 상호 간의 자유롭고 완전한 동의에 의해서만 혼인을 할 동일한 권리

(c) 혼인 중 및 혼인을 해소할 때의 동일한 권리와 책임

(d) 부모의 혼인상태를 불문하고 자녀에 관한 문제에 있어 부모로서의 동일한 권리와 책임: 모든 경우

relating to their children; in all cases the interests of the children shall be paramount;

(e) The same rights to decide freely and responsibly on the number and spacing of their children and to have access to the information, education and means to enable them to exercise these rights;

(f) The same rights and responsibilities with regard to guardianship, wardship, trusteeship and adoption of children, or similar institutions where these concepts exist in national legislation; in all cases the interests of the children shall be paramount;

(g) The same personal rights as husband and wife, including the right to choose a family name, a profession and an occupation;

(h) The same rights for both spouses in respect of the ownership, acquisition, management, administration, enjoyment and disposition of property, whether free of charge or for a valuable consideration.

2. The betrothal and the marriage of a child shall have no legal effect, and all necessary action, including legislation, shall be taken to specify a minimum age for marriage and to make the registration of marriages in an official registry compulsory.

PART V

Article 17

1. For the purpose of considering the progress made in the implementation of the present Convention, there shall be established a Committee on the Elimination of Discrimination against Women (hereinafter referred to as the Committee) consisting, at the time of entry into force of the Convention, of eighteen and, after ratification of or accession to the Convention by the thirty-fifth State Party, of twenty-three experts of high moral standing and competence in the field covered by the Convention. The experts shall be elected by States

에 있어서 자녀의 이익이 최우선적으로 고려되어야 함

(e) 자녀의 수 및 출산 간격을 자유롭고 책임감 있게 결정할 동일한 권리와 이 권리를 행사할 수 있게 하는 정보, 교육 및 제 수단의 혜택을 받을 동일한 권리

(f) 아동에 대한 보호, 후견, 재산관리 및 자녀입양 또는 국내법제상 존재하는 개념 중에 유사한 제도와 관련하여 동일한 권리와 책임: 모든 경우에 있어서 아동의 이익이 최우선적으로 고려되어야 함

(g) 가족성(姓) 및 직업을 선택할 권리를 포함하여 부부로서의 동일한 개인적 권리

(h) 무상이든 혹은 유상이든 간에 재산의 소유, 취득, 운영, 관리, 향유 및 처분에 관한 양 배우자의 동일한 권리

2. 아동의 약혼과 혼인은 아무런 법적 효과가 없으며 혼인을 위한 최저 연령을 정하고 공공등기소에 혼인등록을 의무화하기 위하여 입법을 포함한 모든 필요한 조치를 취하여야 한다.

제5부

제17조

1. 본 협약의 이행상 행하여진 진전을 심의할 목적으로 여성에 대한 차별철폐위원회(이하 "위원회"라 함)를 설치하며, 위원회는 협약의 발효 시에는 18인, 그리고 35번째 당사국이 비준 또는 가입한 후에는 23인의 본 협약의 규율 분야에서 높은 도덕적 명성과 능력을 갖춘 전문가로서 구성한다. 동 전문가는 당사국에 의해 그들의 국민 중에서 선출되어 개인 자격으로 봉사하여야 하며, 선출에 있어서는 공평한 지리적 배분과 주요 법체계 및 상이한 문명형태가 대표될 수 있도록 고려되어야 한다.

Parties from among their nationals and shall serve in their personal capacity, consideration being given to equitable geographical distribution and to the representation of the different forms of civilization as well as the principal legal systems.

2. The members of the Committee shall be elected by secret ballot from a list of persons nominated by States Parties. Each State Party may nominate one person from among its own nationals.

3. The initial election shall be held six months after the date of the entry into force of the present Convention. At least three months before the date of each election the Secretary-General of the United Nations shall address a letter to the States Parties inviting them to submit their nominations within two months. The Secretary-General shall prepare a list in alphabetical order of all persons thus nominated, indicating the States Parties which have nominated them, and shall submit it to the States Parties.

4. Elections of the members of the Committee shall be held at a meeting of States Parties convened by the Secretary-General at United Nations Headquarters. At that meeting, for which two thirds of the States Parties shall constitute a quorum, the persons elected to the Committee shall be those nominees who obtain the largest number of votes and an absolute majority of the votes of the representatives of States Parties present and voting.

5. The members of the Committee shall be elected for a term of four years. However, the terms of nine of the members elected at the first election shall expire at the end of two years; immediately after the first election the names of these nine members shall be chosen by lot by the Chairman of the Committee.

6. The election of the five additional members of the Committee shall be held in accordance with the provisions of paragraphs 2, 3 and 4 of this article, following the thirty-fifth ratification or accession.

2. 위원회의 구성원은 당사국에 의해 지명된 자의 명부 중에서 비밀투표로 선출한다. 각 당사국은 그 국민 중에서 1인을 지명할 수 있다.

3. 최초 선거는 본 협약의 발효일로부터 6개월 후에 행한다. 국제연합 사무총장은 최소한 각 선거 3개월 이전에 당사국에 서한을 발송하여 2개월 이내에 그들의 지명자를 제출해줄 것을 요청하여야 한다. 사무총장은 이렇게 지명된 전원의 명단을 알파벳순으로, 그들을 지명한 당사국을 명시하여, 작성하여 당사국에 송부하여야 한다.

4. 위원회 구성원의 선거는 사무총장에 의해 소집되어 국제연합본부에서 열리는 당사국회의에서 행한다. 당사국의 3분의 2가 정족수를 구성하는 동 회의에서 참석 및 투표한 당사국 대표의 최다수표 및 절대다수표를 획득한 피지명자가 위원회 구성원으로 선출된다.

5. 위원회의 구성원은 4년 임기로 선출된다. 그러나 최초선거에서 선출된 구성원 중 9인의 임기는 2년으로 만료되며 최초 선거 후 즉시 동 9인 구성원의 명단을 위원회 의장이 추첨으로 선정한다.

6. 위원회는 추가 구성원 5인의 선거는 35번째 비준 또는 가입 후 본조 제2항, 제3항 및 제4항의 규정에 따라 행한다. 동 기회에 선출된 추가 구성원 중 위원회 의장이 추첨으로 선정한 2인의 임기는 2

The terms of two of the additional members elected on this occasion shall expire at the end of two years, the names of these two members having been chosen by lot by the Chairman of the Committee.

년으로 만료된다.

7. For the filling of casual vacancies, the State Party whose expert has ceased to function as a member of the Committee shall appoint another expert from among its nationals, subject to the approval of the Committee.

7. 불시의 공석을 보충하기 위하여 자국의 전문가가 위원회 구성원으로서의 기능을 종료한 당사국은 위원회의 승인을 조건으로 그 국민 중에서 다른 전문가를 임명하여야 한다.

8. The members of the Committee shall, with the approval of the General Assembly, receive emoluments from United Nations resources on such terms and conditions as the Assembly may decide, having regard to the importance of the Committee's responsibilities.

8. 위원회 구성원은 위원회 책무의 중요성을 고려하여 총회가 승인하고 결정하는 조건에 따라 국제연합 재원으로부터 보수를 받는다.

9. The Secretary-General of the United Nations shall provide the necessary staff and facilities for the effective performance of the functions of the Committee under the present Convention.

9. 국제연합 사무총장은 본 협약에 따른 위원회 임무의 효율적 수행을 위하여 필요한 직원 및 시설을 제공한다.

Article 18

제18조

1. States Parties undertake to submit to the Secretary-General of the United Nations, for consideration by the Committee, a report on the legislative, judicial, administrative or other measures which they have adopted to give effect to the provisions of the present Convention and on the progress made in this respect:

1. 당사국은 그들이 본 협약의 규정을 실시하기 위하여 채택한 입법, 사법, 행정 또는 기타 조치와 이와 관련하여 이루어진 진전에 대한 보고서를 위원회가 심의하도록 국제연합 사무총장에게 제출할 의무를 진다. 즉,

(a) Within one year after the entry into force for the State concerned;

(a) 관계국에 대하여 발효한 후 1년 이내에 제출하며

(b) Thereafter at least every four years and further whenever the Committee so requests.

(b) 그 이후에는 최소한 매 4년마다 제출하며 위원회가 요구하는 때는 언제든지 제출한다.

2. Reports may indicate factors and difficulties affecting the degree of fulfilment of obligations under the present Convention.

2. 보고서에는 본 협약상 의무의 이행 정도에 영향을 주는 요인 및 애로점을 지적할 수 있다.

Article 19

제19조

1. The Committee shall adopt its own rules of procedure.

1. 위원회는 자체의 의사규칙을 채택하여야 한다.

2. The Committee shall elect its officers for a term of two years.

2. 위원회는 2년 임기의 자체직원을 선출하여야 한다.

Article 20

제20조

1. The Committee shall normally meet for a period of not more than two weeks annually in order to consider the reports submitted in accordance with article 18 of the present Convention.

1. 위원회는 본 협약 제18조에 따라 제출되는 보고서를 심의하기 위하여 매년 2주를 넘지 않는 기간 동안 정규로 회합한다.

2. The meetings of the Committee shall normally be held at United Nations Headquarters or at any other convenient place as determined by the Committee.

2. 위원회 회의는 국제연합 본부 또는 위원회가 정하는 다른 편리한 장소에서 정규로 개최된다.

Article 21

제21조

1. The Committee shall, through the Economic and Social Council, report annually to the General Assembly of the United Nations on its activities and may make suggestions and general recommendations based on the examination of reports and information received from the States Parties. Such suggestions and general recommendations shall be included in the report of the Committee together with comments, if any, from States Parties.

1. 위원회는 경제사회이사회를 통하여 그 활동에 관한 보고서를 매년 국제연합 총회에 제출하며, 당사국으로부터 접수한 보고서 및 정보에 대한 심사를 기초로 하여 제안 및 일반적 권고를 할 수 있다. 동 제안 및 일반적 권고는 당사국으로부터의 논평이 있는 경우 이와 함께 위원회의 보고서에 수록하여야 한다.

2. The Secretary-General of the United Nations shall transmit the reports of the Committee to the Commission on the Status of Women for its information.

2. 사무총장은 위원회의 보고서를 참고용으로 여성지위위원회에 송부하여야 한다.

Article 22

제22조

The specialized agencies shall be entitled to be represented at the consideration of the implementation of such provisions of the present Convention as fall within the scope of their activities. The Committee may invite the specialized agencies to submit reports on the implementation of the Convention in areas falling within the scope of their activities.

전문기구는 본 협약 규정 중 그 활동 범위에 속하는 규정의 시행에 대한 심의에 참가할 권한이 있다. 위원회는 전문기구에 그 활동 범위에 속하는 분야에서의 협약의 시행에 관한 보고서를 제출하도록 권유할 수 있다.

. . .

. . .

Optional Protocol to the Convention on the Elimination of Discrimination against Women

The States Parties to the present Protocol,

Noting that the Charter of the United Nations reaffirms faith in fundamental human rights, in the dignity and worth of the human person and in the equal rights of men and women,

Also noting that the Universal Declaration of Human Rights proclaims that all human beings are born free and equal in dignity and rights and that everyone is entitled to all the rights and freedoms set forth therein, without distinction of any kind, including distinction based on sex,

Recalling that the International Covenants on Human Rights Resolution 2200 A (XXI), annex. and other international human rights instruments prohibit discrimination on the basis of sex,

Also recalling the Convention on the Elimination of All Forms of Discrimination against Women4 ("the Convention"), in which the States Parties thereto condemn discrimination against women in all its forms and agree to pursue by all appropriate means and without delay a policy of eliminating discrimination against women,

Reaffirming their determination to ensure the full and equal enjoyment by women of all human rights and fundamental freedoms and to take effective action to prevent violations of these rights and freedoms,

Have agreed as follows:

Article 1

A State Party to the present Protocol ("State Party") recognizes the competence of the Committee on the

여성에 대한 차별철폐에 관한 협약 선택의정서

채택 1999. 10. 6 / 발효 2000. 12. 22 / 대한민국 적용 2007. 1. 18

이 의정서의 당사국은,

국제연합헌장이 기본적 인권, 인간의 존엄과 가치 및 남녀의 평등한 권리에 대한 신념을 재확인하고 있음에 유의하고,

또한, 세계인권선언이 모든 인간은 자유롭게 그리고 존엄과 권리에 있어 평등하게 테어나며 성에 기인한 구별을 포함한 어떠한 종류의 구별도 없이 동 선언에 규정된 모든 권리와 자유를 누릴 자격이 있다고 선언하고 있음에 유의하며,

국제인권규약들과 다른 국제인권규범들이 성에 기인한 차별을 금지하고 있음을 상기하고,

또한, 여성에 대한 모든 형태의 차별철폐에 관한 협약(이하 "협약"이라 한다)에서 동 협약 당사국들이 여성에 대한 모든 형태의 차별을 규탄하고 여성에 대한 차별철폐정책을 모든 적절한 수단으로 지체 없이 추구하기로 동의한 점을 상기하며,

여성이 모든 인권과 기본적 자유를 완전하고 평등하게 향유하도록 보장하고, 이러한 권리와 자유에 대한 침해를 방지하기 위하여 효과적인 조치를 취하겠다는 협약당사국의 결의를 재확인하고,

다음과 같이 합의하였다.

제1조

이 의정서의 당사국(이하 "당사국"이라 한다)은 제2조의 규정에 따라 제출되는 통보를 접수하고 심리

Elimination of Discrimination against Women ("the Committee") to receive and consider communications submitted in accordance with article 2.

하는 여성차별철폐위원회(이하 "위원회"라 한다)의 권한을 인정한다.

Article 2

Communications may be submitted by or on behalf of individuals or groups of individuals, under the jurisdiction of a State Party, claiming to be victims of a violation of any of the rights set forth in the Convention by that State Party. Where a communication is submitted on behalf of individuals or groups of individuals, this shall be with their consent unless the author can justify acting on their behalf without such consent.

제2조

통보는 당사국에 의한 협약상 권리의 침해로 피해를 입었다고 주장하는 그 당사국 관할하의 개인 또는 개인의 집단에 의하거나 그들을 대리하여 제출될 수 있다. 통보가 개인 또는 집단을 대리하여 제출된 경우에는 그들의 동의 없이 대리행위를 하는 것을 정당화할 수 있지 아니하는 한, 그러한 동의를 수반한다.

Article 3

Communications shall be in writing and shall not be anonymous. No communication shall be received by the Committee if it concerns a State Party to the Convention that is not a party to the present Protocol.

제3조

통보는 서면으로 제출되며 익명이어서는 아니 된다. 통보가 이 의정서의 당사국이 아닌 협약당사국에 관한 것인 경우에는 어떠한 통보도 위원회에 접수되지 아니한다.

Article 4

1. The Committee shall not consider a communication unless it has ascertained that all available domestic remedies have been exhausted unless the application of such remedies is unreasonably prolonged or unlikely to bring effective relief.
2. The Committee shall declare a communication inadmissible where:
(a) The same matter has already been examined by the Committee or has been or is being examined under another procedure of international investigation or settlement;
(b) It is incompatible with the provisions of the Convention;
(c) It is manifestly ill-founded or not sufficiently substantiated;
(d) It is an abuse of the right to submit a communi-

제4조

1. 위원회는 국내구제절차의 이용이 불합리하게 지연되거나 효과적인 구제수단이 되지 못하는 경우가 아닌 한, 이용가능한 모든 국내 구제절차가 완료되었음을 확인할 때까지는 통보를 심리하지 아니한다.
2. 위원회는 다음의 경우에는 통보를 심리할 수 없다고 선언한다.
가. 동일한 사안이 이미 위원회에서 검토되었거나, 또는 다른 국제적 조사절차나 해결절차에서 심사되었거나 심사 중인 경우
나. 그것이 협약의 규정과 양립할 수 없는 경우
다. 그것이 명백하게 근거가 박약하거나 그 사안의 실체적 존재가 충분하게 소명되지 못하는 경우
라. 그것이 통보 제출권의 남용인 경우

cation;

(e) The facts that are the subject of the communication occurred prior to the entry into force of the present Protocol for the State Party concerned unless those facts continued after that date.

마. 통보의 대상이 되는 사실이 이 의정서가 관련 당사국에게 발효된 후까지 지속되는 경우를 제외하고 동 발효 이전에 발생한 경우

Article 5

1. At any time after the receipt of a communication and before a determination on the merits has been reached, the Committee may transmit to the State Party concerned for its urgent consideration a request that the State Party take such interim measures as may be necessary to avoid possible irreparable damage to the victim or victims of the alleged violation.

2. Where the Committee exercises its discretion under paragraph 1 of the present article, this does not imply a determination on admissibility or on the merits of the communication.

제5조

1. 위원회는 통보를 접수한 후에 본안을 결정하기 전까지는 언제든지 주장된 권리침해의 피해자 또는 피해자들에게 발생할 수 있는 회복이 불가능한 손해를 방지하기 위하여 필요한 잠정조치를 취하라는 요청을 긴급한 고려사항으로 관련 당사국에게 송부할 수 있다.

2. 위원회가 이 조 제1항의 권한을 행사하더라도 이것은 통보의 심리가능성이나 본안에 대한 결정을 함의하는 것은 아니다.

Article 6

1. Unless the Committee considers a communication inadmissible without reference to the State Party concerned, and provided that the individual or individuals consent to the disclosure of their identity to that State Party, the Committee shall bring any communication submitted to it under the present Protocol confidentially to the attention of the State Party concerned.

2. Within six months, the receiving State Party shall submit to the Committee written explanations or statements clarifying the matter and the remedy, if any, that may have been provided by that State Party.

제6조

1. 위원회가 관련 당사국을 거명하지 아니한 채 통보를 심리가 불가능하다고 판단하지 아니하는 한, 그리고 해당 개인이나 개인들이 그들의 신원을 관련 당사국에게 밝히는 것에 대하여 동의한다면, 위원회는 이 의정서에 따라 제출된 모든 통보에 대하여 비공개적으로 관련 당사국의 주의를 환기한다.

2. 접수 당사국은 이러한 사안과 자국이 제공한 구제조치가 있는 경우, 동 구제조치를 소명하는 서면 설명서 또는 진술서를 6월 이내에 위원회에 제출한다.

Article 7

1. The Committee shall consider communications received under the present Protocol in the light of all information made available to it by or on behalf of

제7조

1. 위원회는 개인이나 개인의 집단에 의하여 또는 그들을 대리하여, 그리고 관련 당사국에 의하여 제출되어 위원회에 이용가능한 모든 정보가 관련 당

individuals or groups of individuals and by the State Party concerned, provided that this information is transmitted to the parties concerned.

2. The Committee shall hold closed meetings when examining communications under the present Protocol.

3. After examining a communication, the Committee shall transmit its views on the communication, together with its recommendations, if any, to the parties concerned.

4. The State Party shall give due consideration to the views of the Committee, together with its recommendations, if any, and shall submit to the Committee, within six months, a written response, including information on any action taken in the light of the views and recommendations of the Committee.

5. The Committee may invite the State Party to submit further information about any measures the State Party has taken in response to its views or recommendations, if any, including as deemed appropriate by the Committee, in the State Party's subsequent reports under article 18 of the Convention.

Article 8

1. If the Committee receives reliable information indicating grave or systematic violations by a State Party of rights set forth in the Convention, the Committee shall invite that State Party to cooperate in the examination of the information and to this end to submit observations with regard to the information concerned.

2. Taking into account any observations that may have been submitted by the State Party concerned as well as any other reliable information available to it, the Committee may designate one or more of its members to conduct an inquiry and to report urgently to the Committee. Where warranted and

사자들에게 전달되는 조건하에서 이 정보를 고려하여 이 의정서에 따라 접수된 통보를 심리한다.

2. 위원회는 이 의정서에 따라 통보를 심사할 때에는 비공개회의를 갖는다.

3. 위원회는 통보를 심사한 후, 권고사항이 있는 경우에는 권고사항과 함께 동 통보에 대한 위원회의 견해를 관련 당사자들에게 전달한다.

4. 당사국은 위원회의 권고사항이 있는 경우에는 그 권고사항을 포함하여 위원회의 견해를 적정하게 고려하며, 위원회의 견해와 권고사항을 고려하여 취한 모든 조치에 관한 정보를 포함한 서면답변을 6월 이내에 위원회에 제출한다.

5. 위원회는 위원회의 견해에 따라 또는 권고사항이 있는 경우에는 그 권고사항에 따라 위원회가 적절하다고 판단하는 것을 포함하여 당사국이 취한 조치에 관한 추가 정보를 협약 제18조의 규정에 따라 당사국이 제출하는 후속 보고서를 통하여 제출하도록 당사국에게 요청할 수 있다.

제8조

1. 당사국이 협약에 규정된 권리를 중대하게 또는 체계적으로 침해하였음을 보여주는 신빙성 있는 정보를 입수한 경우, 위원회는 해당 당사국에게 동 정보의 심사에 협조하고 이를 위하여 관련 정보에 관한 의견을 제출하도록 요청한다.

2. 위원회는 관련 당사국이 제출한 의견과 위원회가 이용할 수 있는 다른 신빙성 있는 정보를 고려하여 조사를 수행하고 긴급히 위원회에 보고하는 위원회 위원 중 한 명 또는 수 명을 지명할 수 있다. 정당한 사유가 있는 경우에 당사국의 동의하에 이러한 조사는 당사국의 영역에 대한 방문을 포함할

with the consent of the State Party, the inquiry may include a visit to its territory.

수 있다.

3. After examining the findings of such an inquiry, the Committee shall transmit these findings to the State Party concerned together with any comments and recommendations.

3. 위원회는 조사결과를 심사한 후, 동 결과를 논평 및 권고사항과 함께 관련 당사국에게 전달한다.

4. The State Party concerned shall, within six months of receiving the findings, comments and recommendations transmitted by the Committee, submit its observations to the Committee.

4. 관련 당사국은 위원회로부터 조사결과 · 논평 및 권고사항을 전달받은 후 6개월 이내에 자국의 견해를 위원회에 제출한다.

5. Such an inquiry shall be conducted confidentially and the cooperation of the State Party shall be sought at all stages of the proceedings.

5. 이러한 조사는 비공개로 진행되며, 절차의 모든 단계에서 당사국의 협력이 요청된다.

Article 9

제9조

1. The Committee may invite the State Party concerned to include in its report under article 18 of the Convention details of any measures taken in response to an inquiry conducted under article 8 of the present Protocol.

1. 위원회는 관련 당사국에게 이 의정서 제8조의 규정에 따라 행하여진 조사에 대응하여 취한 모든 조치에 대한 상세한 내용을 협약 제18조의 규정에 따른 보고서에 포함하도록 요청할 수 있다.

2. The Committee may, if necessary, afterthe end of the period of six months referred to in article 8.4, invite the State Party concerned to inform it of the measures taken in response to such an inquiry.

2. 위원회는 필요한 경우 제8조 제4항에 언급된 6월의 기간이 종료된 후에 관련 당사국에게 동 조사에 대응하여 취한 조치를 위원회에 알려주도록 요청할 수 있다.

Article 10

제10조

1. Each State Party may, at the time of signature or ratification of the present Protocol or accession thereto, declare that it does not recognize the competence of the Committee provided for in articles 8 and 9.

1. 각 당사국은 제8조 및 제9조에 규정된 위원회의 권한을 인정하지 아니한다고 이 의정서의 서명·비준 또는 가입 시 선언할 수 있다.

2. Any State Party having made a declaration in accordance with paragraph 1 of the present article may, at any time, withdraw this declaration by notification to the Secretary-General.

2. 제1항의 규정에 따라 선언을 한 당사국은 언제든지 사무총장에 대한 통고로써 동 선언을 철회할 수 있다.

Article 11

제11조

A State Party shall take all appropriate steps to ensure that individuals under its jurisdiction are not

당사국은 그 관할하의 개인이 이 의정서에 따라 위원회에 통보를 제출하였다는 이유로 부당한 대우

subjected to ill treatment or intimidation as a consequence of communicating with the Committee pursuant to the present Protocol.

또는 협박을 받지 아니하도록 보장하기 위하여 모든 적절한 조치를 취한다.

Article 12

The Committee shall include in its annual report under article 21 of the Convention a summary of its activities under the present Protocol.

제12조

위원회는 협약 제21조의 규정에 따른 위원회의 연례보고서에 이 의정서에 따른 자신의 활동을 요약하여 포함한다.

Article 13

Each State Party undertakes to make widely known and to give publicity to the Convention and the present Protocol and to facilitate access to information about the views and recommendations of the Committee, in particular, on matters involving that State Party.

제13조

각 당사국은 협약 및 이 의정서를 널리 알리고 홍보하며, 특히 그 당사국과 관련된 문제에 관한 위원회의 견해 및 권고에 관한 정보에 대한 접근을 용이하게 한다.

Article 14

The Committee shall develop its own rules of procedure to be followed when exercising the functions conferred on it by the present Protocol.

제14조

위원회는 이 의정서에 따라 부여된 직무를 수행할 때 따르는 의사규칙을 마련한다.

Article 15

1. The present Protocol shall be open for signature by any State that has signed, ratified or acceded to the Convention.
2. The present Protocol shall be subject to ratification by any State that has ratified or acceded to the Convention. Instruments of ratification shall be deposited with the Secretary-General of the United Nations.
3. The present Protocol shall be open to accession by any State that has ratified or acceded to the Convention.
4. Accession shall be effected by the deposit of an instrument of accession with the Secretary-General of the United Nations.

제15조

1. 이 의정서는 협약에 서명·비준 또는 가입한 모든 국가들의 서명을 위하여 개방된다.

2. 이 의정서는 협약을 비준하였거나 이에 가입한 국가의 비준을 받아야 한다. 비준서는 국제연합사무총장에게 기탁된다.

3. 이 의정서는 협약을 비준하였거나 이에 가입한 국가들의 가입을 위하여 개방된다.

4. 가입은 국제연합사무총장에게 가입서를 기탁함으로써 발효한다.

Article 16

1. The present Protocol shall enter into force three months after the date of the deposit with the Secretary-General of the United Nations of the tenth instrument of ratification or accession.

2. For each State ratifying the present Protocol or acceding to it after its entry into force, the present Protocol shall enter into force three months after the date of the deposit of its own instrument of ratification or accession.

Article 17

No reservations to the present Protocol shall be permitted.

. . .

제16조

1. 이 의정서는 열 번째 비준서 또는 가입서가 국제연합사무총장에게 기탁된 날부터 3월 후에 발효한다.

2. 이 의정서는 이 의정서가 발효된 후에 이 의정서를 비준하거나 또는 이에 가입하는 국가에 대하여는 그 국가의 비준서 또는 가입서가 기탁된 날부터 3월 후에 발효한다.

제17조

이 의정서에 대한 어떠한 유보도 허용되지 아니한다.

. . .

Convention against Torture and Other Cruel, Inhuman or Degrading Treatment or Punishment

The States Parties to this Convention,

Considering that, in accordance with the principles proclaimed in the Charter of the United Nations, recognition of the equal and inalienable rights of all members of the human family is the foundation of freedom, justice and peace in the world,

Recognizing that those rights derive from the inherent dignity of the human person,

Considering the obligation of States under the Charter, in particular Article 55, to promote universal respect for, and observance of, human rights and fundamental freedoms,

Having regard to article 5 of the Universal Declaration of Human Rights and article 7 of the International Covenant on Civil and Political Rights, both of which provide that no one shall be subjected to torture or to cruel, inhuman or degrading treatment or punishment,

Having regard also to the Declaration on the Protection of All Persons from Being Subjected to Torture and Other Cruel, Inhuman or Degrading Treatment or Punishment, adopted by the General Assembly on 9 December 1975,

Desiring to make more effective the struggle against torture and other cruel, inhuman or degrading treatment or punishment throughout the world,

Have agreed as follows:

PART I

Article 1

1. For the purposes of this Convention, the term

고문 및 그 밖의 잔혹한, 비인도적인 또는 굴욕적인 대우나 처벌의 방지에 관한 협약

채택 1984. 12. 10 / 발효 1987. 6. 26 /
대한민국 적용 1995. 2. 8

이 협약의 당사국은,

국제연합 헌장에 천명된 원칙에 따라, 인류사회의 모든 구성원이 향유하는 평등하며 불가양한 권리를 인정하는 데서 세계의 자유 정의 및 평화의 기초가 이룩됨을 고려하고,

이러한 권리는 인간의 고유한 존엄성으로부터 유래함을 인정하며,

국제연합 헌장 특히 제55조에 따라 인권 및 기본적 자유를 보편적으로 존중하고 이의 준수를 촉진하여야 하는 국가의 의무를 고려하고,

어느 누구도 고문 및 잔혹한, 비인도적인 또는 굴욕적인 대우나 처벌의 대상이 되어서는 아니 된다고 규정한 세계인권선언 제5조와 시민적 및 정치적 권리에 관한 국제규약 제7조에 유의하며,

1975년 12월 9일 국제연합 총회에서 채택된 고문 및 그 밖의 잔혹한, 비인도적인 또는 굴욕적인 대우나 처벌로부터 만인의 보호에 관한 선언에 유의하고,

세계적으로 고문 및 그 밖의 잔혹한, 비인도적인 또는 굴욕적인 대우나 처벌을 방지하기 위한 투쟁이 더욱 실효적이기를 희망하여,

다음과 같이 합의하였다.

제1장

제1조

1. 이 협약의 목적상 "고문"이라 함은 공무원이나

"torture" means any act by which severe pain or suffering, whether physical or mental, is intentionally inflicted on a person for such purposes as obtaining from him or a third person information or a confession, punishing him for an act he or a third person has committed or is suspected of having committed, or intimidating or coercing him or a third person, or for any reason based on discrimination of any kind, when such pain or suffering is inflicted by or at the instigation of or with the consent or acquiescence of a public official or other person acting in an official capacity. It does not include pain or suffering arising only from, inherent in or incidental to lawful sanctions.

2. This article is without prejudice to any international instrument or national legislation which does or may contain provisions of wider application.

Article 2

1. Each State Party shall take effective legislative, administrative, judicial or other measures to prevent acts of torture in any territory under its jurisdiction.

2. No exceptional circumstances whatsoever, whether a state of war or a threat of war, internal political in stability or any other public emergency, may be invoked as a justification of torture.

3. An order from a superior officer or a public authority may not be invoked as a justification of torture.

Article 3

1. No State Party shall expel, return ("refouler") or extradite a person to another State where there are substantial grounds for believing that he would be in danger of being subjected to torture.

2. For the purpose of determining whether there are such grounds, the competent authorities shall take into account all relevant considerations including, where applicable, the existence in the State con-

그 밖의 공무 수행자가 직접 또는 이러한 자의 교사 등의 묵인 아래, 어떤 개인이나 제3자로부터 정보나 자백을 얻어내기 위한 목적으로, 개인이나 제3자가 실행하였거나 실행한 혐의가 있는 행위에 대하여 처벌을 하기 위한 목적으로, 개인이나 제3자를 협박 · 강요할 목적으로, 또는 모든 종류의 차별에 기초한 이유로, 개인에게 고의로 극심한 신체적·정신적 고통을 가하는 행위를 말한다. 다만, 합법적 제재조치로부터 초래되거나, 이에 내재하거나 이에 부수되는 고통은 고문에 포함되지 아니한다.

2. 이 조는 더 광범위하게 적용되는 규정을 포함하고 있거나 포함하게 될 국제문서나 국내입법을 해하지 아니한다.

제2조

1. 당사국은 자기 나라 관할하의 영토 내에서 고문행위를 방지하기 위하여 실효적인 입법 행정 사법 또는 그 밖의 조치를 취한다.

2. 전쟁상태, 전쟁의 위협, 국내의 정치 불안정 또는 그 밖의 사회적 긴급상황 등 어떠한 예외적인 상황도 고문을 정당화하기 위하여 원용될 수 없다.

3. 상관 또는 당국의 명령은 고문을 정당화하기 위하여 원용될 수 없다.

제3조

1. 어떠한 당사국도 고문 받을 위험이 있다고 믿을 만한 상당한 근거가 있는 다른 나라로 개인을 추방 송환 또는 인도하여서는 아니 된다.

2. 위와 같이 믿을 만한 근거가 있는지 여부를 결정하기 위하여, 권한 있는 당국은 가능한 경우 관련국가에서 현저하며 극악한 또는 대규모 인권침해 사례가 꾸준하게 존재하여 왔는지 여부를 포함하여

cerned of a consistent pattern of gross, flagrant or mass violations of human rights.

모든 관련사항을 고려한다.

Article 4

1. Each State Party shall ensure that all acts of torture are offences under its criminal law. The same shall apply to an attempt to commit torture and to an act by any person which constitutes complicity or participation in torture.

2. Each State Party shall make these offences punishable by appropriate penalties which take into account their grave nature.

제4조

1. 당사국은 모든 고문행위가 자기 나라의 형법에 따라 범죄가 되도록 보장하며, 고문 미수, 고문 공모 또는 가담에 해당하는 행위도 마찬가지로 다룬다.

2. 당사국은 이러한 범죄가 그 심각성이 고려된 적절한 형벌로 처벌될 수 있도록 한다.

Article 5

1. Each State Party shall take such measures as may be necessary to establish its jurisdiction over the offences referred to in article 4 in the following cases:

(a) When the offences are committed in any territory under its jurisdiction or on board a ship or aircraft registered in that State;

(b) When the alleged offender is a national of that State;

(c) When the victim is a national of that State if that State considers it appropriate.

2. Each State Party shall likewise take such measures as may be necessary to establish its jurisdiction over such offences in cases where the alleged offender is present in any territory under its jurisdiction and it does not extradite him pursuant to article 8 to any of the States mentioned in paragraph I of this article.

3. This Convention does not exclude any criminal jurisdiction exercised in accordance with internal law.

제5조

1. 당사국은 다음의 경우에 제4조에 규정된 범죄에 대한 관할권을 확립하기 위하여 필요한 조치를 취한다.

가. 범죄가 자기 나라 관할하의 영토 내에서 또는 자기 나라에 등록된 선박이나 항공기에서 실행된 경우

나. 범죄혐의자가 자기 나라의 국민인 경우

다. 피해자가 자기 나라의 국민이며 자기 나라의 관할권 행사가 적절하다고 인정하는 경우

2. 당사국은 범죄혐의자가 자기 나라 관할하의 영토 내에 소재하나 이러한 범죄혐의자를 제1항에 규정된 어느 국가에도 제8조에 따라 인도하지 아니하는 경우에는 위와 마찬가지로 이러한 범죄에 대한 관할권을 확립하기 위하여 필요한 조치를 취한다.

3. 이 협약은 국내법에 따라 행사되는 어떠한 형사관할권도 배제하지 아니한다.

Article 6

1. Upon being satisfied, after an examination of information available to it, that the circumstances so warrant, any State Party in whose territory a

제6조

1. 당사국은 제4조에 규정된 범죄를 실행한 것으로 추정되는 혐의자가 자기 나라 영토 안에 소재하는 경우에, 입수된 정보를 검토한 후 상황에 비추어 정

person alleged to have committed any offence referred to in article 4 is present shall take him into custody or take other legal measures to ensure his presence. The custody and other legal measures shall be as provided in the law of that State but may be continued only for such time as is necessary to enable any criminal or extradition proceedings to be instituted.

2. Such State shall immediately make a preliminary inquiry into the facts.

3. Any person in custody pursuant to paragraph I of this article shall be assisted in communicating immediately with the nearest appropriate representative of the State of which he is a national, or, if he is a stateless person, with the representative of the State where he usually resides.

4. When a State, pursuant to this article, has taken a person into custody, it shall immediately notify the States referred to in article 5, paragraph 1, of the fact that such person is in custody and of the circumstances which warrant his detention. The State which makes the preliminary inquiry contemplated in paragraph 2 of this article shall promptly report its findings to the said States and shall indicate whether it intends to exercise jurisdiction.

당하다고 판단하게 되면, 즉시 범죄혐의자를 구금하거나 또는 그의 신병을 확보하기 위한 그 밖의 법적 조치를 취한다. 구금 또는 그 밖의 법적 조치는 당사국의 법에 따르나, 형사절차나 범죄인 인도 절차를 개시하는 데 필요한 기간만 지속될 수 있다.

2. 위의 조치를 취한 국가는 즉시 예비 사실조사를 실시한다.

3. 제1항에 따라 구금된 개인은 가장 인근에 소재하는 국적국의 적절한 대표, 무국적자인 경우에는 자신이 상주하고 있는 국가의 대표와 즉각적으로 연락을 취할 수 있도록 지원을 받는다.

4. 어느 국가가 이 조에 따라 개인을 구금하는 경우, 제5조 제1항에 규정된 국가에 그 개인의 구금사실 및 구금을 정당화하는 상황을 즉시 통고한다. 제2항에 규정된 예비조사를 실시하는 국가는 조사결과를 제5조 제1항에 규정된 국가에 신속히 통보하며, 관할권을 행사할 의도가 있는지 여부를 알린다.

Article 7

1. The State Party in the territory under whose jurisdiction a person alleged to have committed any offence referred to in article 4 is found shall in the cases contemplated in article 5, if it does not extradite him, submit the case to its competent authorities for the purpose of prosecution.

2. These authorities shall take their decision in the same manner as in the case of any ordinary offence of a serious nature under the law of that State. In the cases referred to in article 5, paragraph 2, the standards of evidence required for prosecution and conviction shall in no way be less stringent than

제7조

1. 당사국은 제4조에 규정된 범죄를 실행한 것으로 추정되는 혐의자가 자기 나라 영토 안에 소재하나, 제5조에 규정된 사건과 관련 이러한 범죄혐의자를 인도하지 아니하는 경우에는, 기소를 위하여 사건을 권한 있는 당국에 회부한다.

2. 이러한 당국은 자기나라 법에 따라 통상적인 중범죄의 경우와 같은 방식으로 결정을 내린다. 제5조 제2항에 해당하는 경우, 기소 및 유죄판결에 필요한 증거의 수준은 제5조 제1항에 해당되는 경우에 적용되는 증거의 수준만큼 엄격하여야 된다.

those which apply in the cases referred to in article 5, paragraph 1.

3. Any person regarding whom proceedings are brought in connection with any of the offences referred to in article 4 shall be guaranteed fair treatment at all stages of the proceedings.

3. 제4조에 규정된 범죄와 관련하여 제기된 소송에 관련된 자는 소송의 모든 단계에서 공정한 대우를 보장받는다.

Article 8

제8조

1. The offences referred to in article 4 shall be deemed to be included as extraditable offences in any extradition treaty existing between States Parties. States Parties undertake to include such offences as extraditable offences in every extradition treaty to be concluded between them.

1. 제4조에 규정된 범죄는 당사국 사이의 현행 범죄인 인도조약상 인도 대상 범죄에 포함된 것으로 본다. 당사국은 향후 그들 사이에 체결될 모든 범죄인 인도조약에 이러한 범죄를 인도 대상 범죄로 포함시킨다.

2. If a State Party which makes extradition conditional on the existence of a treaty receives a request for extradition from another State Party with which it has no extradition treaty, it may consider this Convention as the legal basis for extradition in respect of such offences. Extradition shall be subject to the other conditions provided by the law of the requested State.

2. 조약의 존재를 범죄인 인도의 조건으로 하고 있는 당사국이 범죄인 인도조약을 체결하고 있지 아니한 다른 당사국으로부터 범죄인 인도 요청을 받는 경우, 당사국은 이 협약을 이러한 범죄에 대한 범죄인 인도의 법적 근거로 인정할 수 있다. 범죄인 인도는 피요청국의 법에 규정된 그 밖의 조건에 따른다.

3. States Parties which do not make extradition conditional on the existence of a treaty shall recognize such offences as extraditable offences between themselves subject to the conditions provided by the law of the requested State.

3. 조약의 존재를 범죄인 인도의 조건으로 하지 아니하는 당사국은 피요청국의 법이 규정한 조건에 따라 위의 범죄를 그들 사이의 인도 대상 범죄로 인정한다.

4. Such offences shall be treated, for the purpose of extradition between States Parties, as if they had been committed not only in the place in which they occurred but also in the territories of the States required to establish their jurisdiction in accordance with article 5, paragraph 1.

4. 당사국 사이의 범죄인 인도 목적상 위의 범죄는 범죄 발생지에서는 물론 제5조 제1항에 따라 관할권을 확립하여야 하는 국가의 영토에서도 실행된 것으로 취급된다.

Article 9

제9조

1. States Parties shall afford one another the greatest measure of assistance in connection with criminal proceedings brought in respect of any of the offences referred to in article 4, including the supply

1. 제4조에 규정된 범죄에 대하여 제기된 형사절차와 관련하여, 당사국은 서로 최대한의 지원을 제공하며, 이러한 지원에는 당사국이 보유한 형사절차상 필요한 모든 증거의 제공이 포함된다.

of all evidence at their disposal necessary for the proceedings.

2. States Parties shall carry out their obligations under paragraph I of this article in conformity with any treaties on mutual judicial assistance that may exist between them.

2. 당사국은 당사국 사이에 체결된 사법공조 조약이 있을 경우 이에 따라 제1항에 따른 의무를 수행한다.

Article 10

1. Each State Party shall ensure that education and information regarding the prohibition against torture are fully included in the training of law enforcement personnel, civil or military, medical personnel, public officials and other persons who may be involved in the custody, interrogation or treatment of any individual subjected to any form of arrest, detention or imprisonment.

2. Each State Party shall include this prohibition in the rules or instructions issued in regard to the duties and functions of any such person.

제10조

1. 당사국은 여하한 형태의 체포·구금 또는 징역의 대상이 된 개인의 구금·심문 또는 처리에 관여할 수 있는 민간이나 군의 법집행 요원·의료인·공무원 및 그 밖의 요원들의 훈련과정에 고문방지에 관한 교육 및 정보가 충실하게 포함되도록 보장한다.

2. 당사국은 위 요원들의 임무 및 기능에 관한 규칙이나 지침에 고문금지 내용을 포함시킨다.

Article 11

Each State Party shall keep under systematic review interrogation rules, instructions, methods and practices as well as arrangements for the custody and treatment of persons subjected to any form of arrest, detention or imprisonment in any territory under its jurisdiction, with a view to preventing any cases of torture.

제11조

고문사례를 방지하기 위하여 당사국은 자기 나라 관할하의 영토 내에서 여하한 형태의 체포 구금 또는 징역의 대상이 된 개인을 구금 처리하는 각종 제도는 물론 심문 규칙 지침 방법 및 관행을 체계적으로 검토한다.

Article 12

Each State Party shall ensure that its competent authorities proceed to a prompt and impartial investigation, wherever there is reasonable ground to believe that an act of torture has been committed in any territory under its jurisdiction.

제12조

당사국은 자기 나라 관할하의 영토 내에서 고문이 자행되었다고 믿을 만한 타당한 근거가 있는 경우에는 권한 있는 당국이 신속하고 공평한 조사를 진행하도록 보장한다.

Article 13

Each State Party shall ensure that any individual who alleges he has been subjected to torture in any

제13조

당사국은 자기 나라 관할하의 영토 내에서 고문을 받았다고 주장하는 개인이 권한 있는 당국에 고소

territory under its jurisdiction has the right to complain to, and to have his case promptly and impartially examined by, its competent authorities. Steps shall be taken to ensure that the complainant and witnesses are protected against all ill-treatment or intimidation as a consequence of his complaint or any evidence given.

하여 신속하고 공평하게 조사를 받을 수 있는 권리를 보장하며, 고소인과 증인이 고소 또는 증거제공으로 인하여 부당한 취급이나 협박을 받지 아니하도록 보장조치를 취한다.

Article 14

1. Each State Party shall ensure in its legal system that the victim of an act of torture obtains redress and has an enforceable right to fair and adequate compensation, including the means for as full rehabilitation as possible. In the event of the death of the victim as a result of an act of torture, his dependants shall be entitled to compensation.

2. Nothing in this article shall affect any right of the victim or other persons to compensation which may exist under national law.

제14조

1. 당사국은 자기 나라의 법체계 안에서 고문행위의 피해자가 구제를 받고, 또한 가능한 한 완전한 재활수단을 포함하여 공정하고 적절한 배상을 받을 수 있는 실효적인 권리를 보장한다. 고문행위의 결과로 피해자가 사망한 경우, 피해자의 부양가족이 배상받을 권리를 가진다.

2. 이 조의 어떠한 규정도 피해자나 그 밖의 개인들이 국내법에 따라 배상을 받을 수 있는 권리에 영향을 미치지 아니한다.

Article 15

Each State Party shall ensure that any statement which is established to have been made as a result of torture shall not be invoked as evidence in any proceedings, except against a person accused of torture as evidence that the statement was made.

제15조

당사국은 고문의 결과 행해진 것으로 입증된 진술이 모든 소송에서 증거로 원용되지 아니하도록 보장한다. 다만, 위의 진술사실이 고문 혐의자에 대한 소송에서 그 진술이 행하여졌다는 증거로 원용되는 경우에는 제외한다.

Article 16

1. Each State Party shall undertake to prevent in any territory under its jurisdiction other acts of cruel, inhuman or degrading treatment or punishment which do not amount to torture as defined in article I, when such acts are committed by or at the instigation of or with the consent or acquiescence of a public official or other person acting in an official capacity. In particular, the obligations contained in articles 10, 11, 12 and 13 shall apply with the substitution for references to torture of references to other forms of cruel, inhuman or degrading treat-

제16조

1. 당사국은 자기 나라 관할하의 영토 내에서 제1조에 규정된 고문에 미치지 아니하는 그 밖의 잔혹한, 비인도적인 또는 굴욕적인 대우나 처벌이 공무원이나 그 밖의 공무수행자에 의하여 직접 또는 이들의 교사 동의 묵인 아래 이루어지는 것을 방지한다. 특히 제10조 제11조 제12조 및 제13조에 규정된 의무는 "고문"이라는 표현 대신에 그 밖의 형태의 잔혹한, 비인도적인 또는 굴욕적인 대우나 처벌이라는 표현으로 대체하여 그대로 적용한다.

ment or punishment.

2. The provisions of this Convention are without prejudice to the provisions of any other international instrument or national law which prohibits cruel, inhuman or degrading treatment or punishment or which relates to extradition or expulsion.

2. 이 협약의 규정은 잔혹한, 비인도적인 또는 굴욕적인 대우나 처벌을 금지하거나 범죄인 인도 추방과 관련된 그 밖의 국제문서나 국내법의 규정을 해하지 아니한다.

PART II

제2장

Article 17

1. There shall be established a Committee against Torture (hereinafter referred to as the Committee) which shall carry out the functions hereinafter provided. The Committee shall consist of ten experts of high moral standing and recognized competence in the field of human rights, who shall serve in their personal capacity. The experts shall be elected by the States Parties, consideration being given to equitable geographical distribution and to the usefulness of the participation of some persons having legal experience.

2. The members of the Committee shall be elected by secret ballot from a list of persons nominated by States Parties. Each State Party may nominate one person from among its own nationals. States Parties shall bear in mind the usefulness of nominating persons who are also members of the Human Rights Committee established under the International Covenant on Civil and Political Rights and who are willing to serve on the Committee against Torture.

3. Elections of the members of the Committee shall be held at biennial meetings of States Parties convened by the Secretary-General of the United Nations. At those meetings, for which two thirds of the States Parties shall constitute a quorum, the persons elected to the Committee shall be those who obtain the largest number of votes and an absolute majority of the votes of the representatives of States Parties present and voting.

제17조

1. 다음에 규정된 기능을 수행하는 고문방지위원회(이하 "위원회"라 한다)를 설치한다. 위원회는 고매한 인격을 지니고 인권 분야에서 능력이 인정된 10명의 전문가로 구성하며, 이들은 개인 자격으로 직무를 수행한다. 이들 전문가는 당사국이 선출하며, 선출 시에는 공평한 지역적 안배 및 법률적 경험을 가진 인사가 일부 포함되는 것이 유익하다는 점을 함께 고려한다.

2. 위원회의 위원은 당사국이 지명한 후보자 명부에서 비밀투표로 선출한다. 각 당사국은 자기 나라 국민 중에서 후보자 1명을 지명할 수 있다. 당사국은 후보자 지명 시 시민적 및 정치적 권리에 관한 국제규약에 따라 설치된 규약위원회의 위원 중 고문방지위원회에 재임하고자 하는 인사를 지명하는 것이 유익하다는 점을 유념한다.

3. 위원회의 위원은 국제연합 사무총장이 2년마다 소집하는 당사국회의에서 선출된다. 당사국의 3분의 2가 의사정족수를 구성하는 이 회의에서 위원회 위원은 출석하여 투표한 당사국 대표로부터 절대다수표를 획득한 자 중 최다득표자 순으로 선출된다.

4. The initial election shall be held no later than six months after the date of the entry into force of this Convention. At least four months before the date of each election, the Secretary-General of the United Nations shall address a letter to the States Parties inviting them to submit their nominations within three months. The Secretary-General shall prepare a list in alphabetical order of all persons thus nominated, indicating the States Parties which have nominated them, and shall submit it to the States Parties.

4. 최초 선거는 이 협약 발효일로부터 6월 안에 실시한다. 국제연합 사무총장은 최소한 각 선거일 4월 전에 모든 당사국에 서한을 발송하여, 3월 안에 후보자 명단을 제출해주도록 요청한다. 국제연합 사무총장은 이와 같이 지명된 모든 후보자의 명부를 지명국을 표시하여 알파벳순으로 작성하며, 이 명부를 모든 당사국에 송부한다.

5. The members of the Committee shall be elected for a term of four years. They shall be eligible for re-election if renominated. However, the term of five of the members elected at the first election shall expire at the end of two years; immediately after the first election the names of these five members shall be chosen by lot by the chairman of the meeting referred to in paragraph 3 of this article.

5. 위원회의 위원은 4년 임기로 선출된다. 위원은 후보로 재지명되는 경우 재선될 수 있다. 다만, 최초 선거에서 선출된 위원 중 5명의 임기는 2년 만에 종료한다. 이들 위원 5명은 최초 선거 직후 제3항에 규정된 회의의 의장이 추첨으로 선정한다.

6. If a member of the Committee dies or resigns or for any other cause can no longer perform his Committee duties, the State Party which nominated him shall appoint another expert from among its nationals to serve for the remainder of his term, subject to the approval of the majority of the States Parties. The approval shall be considered given unless half or more of the States Parties respond negatively within six weeks after having been informed by the Secretary-General of the United Nations of the proposed appointment.

6. 위원회의 위원이 사망 사임하거나 또는 그 밖의 사유로 위원회의 임무를 더 이상 수행할 수 없는 경우, 이 위원을 지명한 당사국은 전체 당사국 과반수의 승인을 조건으로 이 위원의 잔여 임기 동안 재임할 다른 전문가를 자기 나라 국민 중에서 지명한다. 국제연합 사무총장이 지명안을 당사국에 통지한 후 6주 안에 전체 당사국의 반 또는 그 이상이 반대를 표명하지 아니하는 한 이 지명안은 승인된 것으로 간주된다.

7. States Parties shall be responsible for the expenses of the members of the Committee while they are in performance of Committee duties.

7. 당사국은 위원회 위원들의 임무수행 중 발생하는 위원들의 경비를 부담한다.

Article 18

1. The Committee shall elect its officers for a term of two years. They may be re-elected.

2. The Committee shall establish its own rules of procedure, but these rules shall provide, inter alia,

제18조

1. 위원회는 2년 임기의 임원을 선출한다. 임원은 재선될 수 있다.

2. 위원회는 자체 의사규칙을 제정한다. 다만, 이 규칙은 특히 다음 사항을 규정한다.

that:

(a) Six members shall constitute a quorum;

(b) Decisions of the Committee shall be made by a majority vote of the members present.

3. The Secretary-General of the United Nations shall provide the necessary staff and facilities for the effective performance of the functions of the Committee under this Convention.

4. The Secretary-General of the United Nations shall convene the initial meeting of the Committee. After its initial meeting, the Committee shall meet at such times as shall be provided in its rules of procedure.

5. The States Parties shall be responsible for expenses incurred in connection with the holding of meetings of the States Parties and of the Committee, including reimbursement to the United Nations for any expenses, such as the cost of staff and facilities, incurred by the United Nations pursuant to paragraph 3 of this article.

가. 의사정족수는 위원 6인으로 한다.

나. 위원회의 결정은 출석위원 과반수의 찬성으로 한다.

3. 국제연합 사무총장은 위원회가 이 협약에 따른 기능을 효과적으로 수행하는 데 필요한 직원과 시설을 제공한다.

4. 국제연합 사무총장은 위원회의 제1차 회의를 소집한다. 제1차 회의 이후 위원회는 의사규칙에 규정되는 시기에 회합한다.

5. 당사국은 당사국회의 및 위원회회의 개최와 관련하여 발생하는 경비를 부담하며, 이러한 경비에는 제3항에 따라 국제연합이 부담한 인건비 · 시설비 등과 같은 제반경비로서 국제연합에 상환되는 비용이 포함된다.

Article 19

1. The States Parties shall submit to the Committee, through the Secretary-General of the United Nations, reports on the measures they have taken to give effect to their undertakings under this Convention, within one year after the entry into force of the Convention for the State Party concerned. Thereafter the States Parties shall submit supplementary reports every four years on any new measures taken and such other reports as the Committee may request.

2. The Secretary-General of the United Nations shall transmit the reports to all States Parties.

3. Each report shall be considered by the Committee which may make such general comments on the report as it may consider appropriate and shall forward these to the State Party concerned. That State Party may respond with any observations it

제19조

1. 당사국은 이 협약에 따른 의무를 이행하기 위하여 취한 조치에 관하여 이 협약이 자기 나라에 대하여 발효한 후 1년 안에 보고서를 작성하여 국제연합 사무총장을 통하여 위원회에 제출한다. 그 이후에 당사국은 새로이 취한 조치에 관하여 매 4년마다 추가보고서를 제출하며, 위원회가 요청하는 그 밖의 보고서를 제출한다.

2. 국제연합 사무총장은 보고서를 모든 당사국에 송부한다.

3. 위원회는 각 보고서를 검토하고, 보고서에 관하여 적절하다고 판단되는 일반적인 의견제시를 할 수 있으며, 이러한 의견제시를 관련당사국에 송부한다. 관련당사국은 이에 대한 견해를 위원회에 제시할 수 있다.

chooses to the Committee.

4. The Committee may, at its discretion, decide to include any comments made by it in accordance with paragraph 3 of this article, together with the observations thereon received from the State Party concerned, in its annual report made in accordance with article 24. If so requested by the State Party concerned, the Committee may also include a copy of the report submitted under paragraph I of this article.

4. 위원회는 제3항에 따라 행한 의견제시를 관련당사국으로부터 접수한 견해와 함께 제24조에 따라 작성되는 위원회의 연례보고서에 포함시키도록 재량으로 결정할 수 있다. 관련당사국이 요청하는 경우, 위원회는 또한 제1항에 따라 제출된 보고서의 사본을 포함시킬 수 있다.

Article 20

제20조

1. If the Committee receives reliable information which appears to it to contain well-founded indications that torture is being systematically practised in the territory of a State Party, the Committee shall invite that State Party to co-operate in the examination of the information and to this end to submit observations with regard to the information concerned.

1. 위원회가 어떤 당사국의 영토 내에서 고문이 조직적으로 자행되고 있다는 근거 있는 내용을 포함하고 있는 것으로 추정되는 신뢰할 만한 정보를 접수하는 경우, 위원회는 그 당사국에 대하여 그러한 정보를 조사하는 데 협조할 것과, 또한 이를 위하여 관련 정보에 대한 의견을 제출하도록 요청한다.

2. Taking into account any observations which may have been submitted by the State Party concerned, as well as any other relevant information available to it, the Committee may, if it decides that this is warranted, designate one or more of its members to make a confidential inquiry and to report to the Committee urgently.

2. 위원회는 관련당사국이 제출한 의견 및 그 밖에 입수 가능한 모든 관련 정보를 고려하여 정당하다고 결정하는 경우, 위원 중 1명 또는 그 이상을 지명하여 비공개 조사를 실시하고 이를 위원회에 긴급히 보고하게 할 수 있다.

3. If an inquiry is made in accordance with paragraph 2 of this article, the Committee shall seek the co-operation of the State Party concerned. In agreement with that State Party, such an inquiry may include a visit to its territory.

3. 제2항에 따라 조사가 실시되는 경우, 위원회는 관련당사국에 협력을 요청한다. 관련당사국과 합의하는 경우 이러한 조사에는 관련당사국의 영토 방문이 포함될 수 있다.

4. After examining the findings of its member or members submitted in accordance with paragraph 2 of this article, the Commission shall transmit these findings to the State Party concerned together with any comments or suggestions which seem appropriate in view of the situation.

4. 제2항에 따라 제출된 위원의 조사결과를 검토한 후, 위원회는 이러한 조사결과를 상황에 비추어 적절하다고 판단되는 의견제시 및 제안과 함께 관련당사국에 송부한다.

5. All the proceedings of the Committee referred to

5. 제1항에서 제4항까지 규정된 위원회의 절차는

in paragraphs I to 4 of th is article s hall be con fidential, and at all stages of the proceedings the co-operation of the State Party shall be sought. After such proceedings have been completed with regard to an inquiry made in accordance with paragraph 2, the Committee may, after consultations with the State Party concerned, decide to include a summary account of the results of the proceedings in its annual report made in accordance with article 24.

비공개로 진행되며, 절차의 모든 단계에서 당사국의 협력을 요청한다. 제2항에 따라 실시된 조사절차가 완료된 후, 위원회는 관련 당사국과의 협의를 거쳐 조사결과 요지를 제24조에 따라 작성되는 연례보고서에 포함시키도록 결정할 수 있다.

Article 21

1. A State Party to this Convention may at any time declare under this article that it recognizes the competence of the Committee to receive and consider communications to the effect that a State Party claims that another State Party is not fulfilling its obligations under this Convention. Such communications may be received and considered according to theprocedures laid down in this article only if submitted by a State Party which has made a declaration recognizing in regard to itself the competence of the Committee. No communication shall be dealt with by the Committee under this article if it concerns a State Party which has not made such a declaration. Communications received under this article shall be dealt with in accordance with the following procedure;

제21조

1. 이 협약의 당사국은, 어떤 당사국이 이 협약에 따른 의무를 다른 당사국이 이행하지 아니하고 있다고 통보하는 경우에 위원회가 이러한 통보를 수리하여 심리할 권능을 가지고 있음을 인정한다는 선언을 이 조에 따라 언제든지 할 수 있다. 이러한 통보는, 위원회의 권능을 자기 나라에 대하여 인정한다는 선언을 한 당사국이 제출한 경우에 한하여, 이 조에 규정된 절차에 따라 수리되어 심리될 수 있다. 위원회는 이러한 선언을 하지 아니한 당사국과 관련된 통보를 이 조에 따라 처리할 수 없다. 이 조에 따라 수리된 통보는 다음의 절차에 따라 처리된다.

(a) If a State Party considers that another State Party is not giving effect to the provisions of this Convention, it may, by written communication, bring the matter to the attention of that State Party. Within three months after the receipt of the communication the receiving State shall afford the State which sent the communication an explanation or any other statement in writing clarifying the matter, which should include, to the extent possible and pertinent, reference to domestic procedures and remedies taken, pending or available in the matter;

가. 당사국은 다른 당사국이 이 협약의 규정을 이행하지 아니한다고 판단하는 경우에, 서면통보로 이 문제에 관하여 그 당사국의 주의를 환기시킬 수 있다. 통보접수국은 통보접수 3월 안에 통보국에 대하여 관련 문제를 설명하는 설명서나 그 밖의 해명서를 제공한다. 이 설명서나 해명서는 가능하고 적절한 범위 안에서 국내절차 및 이미 취해졌거나 계류 중이거나 이용 가능한 구제수단에 관한 설명을 포함하여야 한다.

(b) If the matter is not adjusted to the satisfaction of

나. 접수국이 최초 통보를 접수한 후 6월 안에 두

both States Parties concerned within six months after the receipt by the receiving State of the initial communication, either State shall have the right to refer the matter to the Committee, by notice given to the Committee and to the other State;

(c) The Committee shall deal with a matter referred to it under this article only after it has ascertained that all domestic remedies have been invoked and exhausted in the matter, in conformity with the generally recognized principles of international law. This shall not be the rule where the application of the remedies is unreasonably prolonged or is unlikely to bring effective relief to the person who is the victim of the violation of this Convention;

(d) The Committee shall hold closed meetings when examining communications under this article;

(e) Subject to the provisions of subparagraph (c), the Committee shall make available its good offices to the States Parties concerned with a view to a friendly solution of the matter on the basis of respect for the obligations provided for in this Convention. For this purpose, the Committee may, when appropriate, set up an ad hoc conciliation commission;

(f) In any matter referred to it under this article, the Committee may call upon the States Parties concerned, referred to in subparagraph (b), to supply any relevant information;

(g) The States Parties concerned, referred to in subparagraph (b), shall have the right to be represented when the matter is being considered by the Committee and to make submissions orally and/or in writing;

(h) The Committee shall, within twelve months after the date of receipt of notice under subparagraph (b), submit a report:

(i) If a solution within the terms of subparagraph (e) is reached, the Committee shall confine its report to a brief statement of the facts and of the solution reached;

관련당사국 사이에 문제가 만족스럽게 조정되지 아니하는 경우, 일방 당사국은 위원회와 타방 당사국에 대한 통고를 통해, 위원회에 문제를 회부할 권리를 가진다.

다. 위원회는 모든 국내적 구제조치가 일반적으로 승인된 국제법의 원칙에 따라 시도되어 완료되었음을 확인한 후에 이 조에 따라 회부된 문제를 처리한다. 다만, 구제수단의 적용이 부당하게 지연되거나, 이 협약 위반으로 피해를 받은 자에게 효과적인 구제를 기대할 수 없는 경우에 이 규정은 적용되지 아니한다.

라. 위원회는 이 조에 따른 통보를 비공개 회의를 개최하여 검토한다.

마. 다호의 규정에 따를 것을 조건으로, 위원회는 이 협약에 규정된 의무에 대한 존중에 기초하여 문제를 우호적으로 해결토록 하기 위하여 관련당사국에 주선을 제공한다. 이를 위하여 위원회는 적절한 경우 임시조정위원회를 설치할 수 있다.

바. 이 조에 따라 위원회에 회부된 모든 문제와 관련하여, 위원회는 나호에 규정된 관련당사국에게 모든 관련 정보를 제공하도록 요청할 수 있다.

사. 나호에 규정된 관련당사국은 위원회에서 문제가 심리되는 동안 대표를 참석시킬 권리와 구두 및 서면진술권을 가진다.

아. 위원회는 나호에 따른 통고 접수일부터 12월 안에 다음과 같은 보고서를 제출한다.

(1) 마호의 규정에 따라 해결에 도달하는 경우, 위원회의 보고내용은 사실관계 및 해결내용에 관한 약술로 한정된다.

(ii) If a solution within the terms of subparagraph (e) is not reached, the Committee shall confine its report to a brief statement of the facts; the written submissions and record of the oral submissions made by the States Parties concerned shall be attached to the report. In every matter, the report shall be communicated to the States Parties concerned.

(2) 마호의 규정에 따라 해결에 도달하지 못한 경우, 위원회의 보고내용은 사실관계에 관한 약술로 한정되며, 관련당사국이 제출한 서면진술 및 구두진술 기록이 보고서에 첨부된다. 어떤 문제와 관련된 것이든 보고서는 관련당사국에게 통보된다.

2. The provisions of this article shall come into force when five States Parties to this Convention have made declarations under paragraph 1 of this article. Such declarations shall be deposited by the States Parties with the Secretary-General of the United Nations, who shall transmit copies thereof to the other States Parties. A declaration maybe withdrawn at any time by notification to the Secretary-General. Such a withdrawal shall not prejudice the consideration of any matter which is the subject of a communication already transmitted under this article; no further communication by any State Party shall be received under this article after the notification of withdrawal of the declaration has been received by the Secretary-General, unless the State Party concerned has made a new declaration.

2. 이 조의 규정은 이 협약의 5개 당사국이 제1항에 따라 선언을 하는 때에 발효한다. 당사국은 이러한 선언을 국제연합 사무총장에게 기탁하며, 국제연합 사무총장은 선언의 사본을 그 밖의 당사국에게 송부한다. 선언은 언제든지 국제연합 사무총장에 대한 통고로 철회될 수 있다. 철회는 이 조에 따라 이미 송부되어 통보의 대상이 된 문제의 심리를 해하지 아니한다. 국제연합 사무총장이 선언철회에 관한 통고를 접수한 후에는, 관련당사국이 새로이 선언을 하지 아니하는 한, 이러한 당사국의 통보는 더 이상 이 조에 따라 수리되지 아니한다.

Article 22

1. A State Party to this Convention may at any time declare under this article that it recognizes the competence of the Committee to receive and consider communications from or on behalf of individuals subject to its jurisdiction who claim to be victims of a violation by a State Party of the provisions of the Convention. No communication shall be received by the Committee if it concerns a State Party which has not made such a declaration.

2. The Committee shall consider inadmissible any communication under this article which is anonymous or which it considers to be an abuse of the right of submission of such communications or to be incompatible with the provisions of this

제22조

1. 이 협약의 당사국은, 자기 나라의 관할권 내에 소재하는 개인이 당사국의 협약 규정 위반 때문에 피해를 받았다고 주장하는 경우에 위원회가 그 개인으로부터 직접 또는 그의 대리인으로부터 통보를 수리하고 심리할 권능을 가지고 있음을 인정한다는 선언을 이 조에 따라 언제든지 할 수 있다. 위원회는 이러한 선언을 하지 아니한 당사국과 관련된 통보는 수리하지 아니한다.

2. 위원회는 익명의 통보, 통보제출권의 남용 또는 이 협약의 규정과 양립되지 아니하는 것으로 판단되는 통보에 대하여는 이를 이 조에 따라 수리될 수 없는 통보로 간주한다.

Convention.

3. Subject to the provisions of paragraph 2, the Committee shall bring any communications submitted to it under this article to the attention of the State Party to this Convention which has made a declaration under paragraph I and is alleged to be violating any provisions of the Convention. Within six months, the receiving State shall submit to the Committee written explanations or statements clarifying the matter and the remedy, if any, that may have been taken by that State.

3. 제2항의 규정에 따를 것을 조건으로, 위원회는 이 조에 따라 위원회에 제출된 통보에 대하여 제1항에 따라 선언을 하였으며 협약 규정을 위반한 혐의당사국에게 주의를 환기시킨다. 6월 안에 접수국은 사건의 내용과 스스로 취한 구제조치를 설명하는 설명서나 해명서를 위원회에 제출한다.

4. The Committee shall consider communications received under this article in the light of all information made available to it by or on behalf of the individual and by the State Party concerned.

4. 위원회는 개인이 직접 또는 그의 대리인 및 관련당사국이 제공한 모든 정보를 고려하여, 이 조에 따라 수리된 통보를 심리한다.

5. The Committee shall not consider any communications from an individual under this article unless it has ascertained that:

(a) The same matter has not been, and is not being, examined under another procedure of international investigation or settlement;

(b) The individual has exhausted all available domestic remedies; this shall not be the rule where the application of the remedies is unreasonably prolonged or is unlikely to bring effective relief to the person who is the victim of the violation of this Convention.

5. 위원회는 다음 사항을 확인하기 전에는 이 조에 따른 개인의 통보를 심리하지 아니한다.

가. 동일한 문제가 다른 국제적인 조사 또는 해결절차에 따라 심리되었거나 현재 심리되고 있지 아니할 것

나. 개인이 이용할 수 있는 모든 국내적 구제조치를 완료하였을 것. 다만, 구제수단의 적용이 부당하게 지연되거나 또는 이 협약 위반으로 피해를 받은 자에게 효과적인 구제를 기대할 수 없는 경우에는 이 규정이 적용되지 아니함

6. The Committee shall hold closed meetings when examining communications under this article.

6. 위원회는 이 조에 따른 통보를 비공개 회의를 개최하여 검토한다.

7. The Committee shall forward its views to the State Party concerned and to the individual.

7. 위원회는 위원회의 의견을 관련당사국과 개인에게 송부한다.

8. The provisions of this article shall come into force when five States Parties to this Convention have made declarations under paragraph 1 of this article. Such declarations shall be deposited by the States Parties with the Secretary-General of the United Nations, who shall transmit copies thereof to the other States Parties. A declaration may be withdrawn at any time by notification to the

8. 이 조의 규정은 이 협약의 5개 당사국이 제1항에 따라 선언을 하는 때에 발효한다. 당사국은 이러한 선언을 국제연합 사무총장에게 기탁하며, 국제연합 사무총장은 선언의 사본을 그 밖의 당사국에게 송부한다. 선언은 언제든지 국제연합 사무총장에 대한 통고로 철회될 수 있다. 철회는 이 조에 따라 이미 송부되어 통보의 대상이 된 문제의 심리를 해하지 아니한다. 국제연합 사무총장이 선언철회에

Secretary-General. Such a withdrawal shall not prejudice the consideration of any matter which is the subject of a communication already transmitted under this article; no further communication by or on behalf of an individual shall be received under this article after the notification of withdrawal of the declaration has been received by the Secretary General, unless the State Party has made a new declaration.

관한 통고를 접수한 후에는, 당사국이 새로이 선언을 하지 아니하는 한, 개인 또는 그의 대리인의 통보는 더 이상 이 조에 따라 수리되지 아니한다.

Article 23
The members of the Committee and of the ad hoc conciliation commissions which may be appointed under article 21, paragraph I (e), shall be entitled to the facilities, privileges and immunities of experts on mission for the United Nations as laid down in the relevant sections of the Convention on the Privileges and Immunities of the United Nations.

제23조
위원회의 위원 및 제21조 제1항 마호에 따라 임명되는 임시조정위원회의 위원은, 국제연합의 특권면제에 관한 협약의 관련 부분에 규정된 바에 따라, 국제연합을 위하여 임무를 수행 중인 전문가의 편의와 특권·면제를 향유한다.

Article 24
The Committee shall submit an annual report on its activities under this Convention to the States Parties and to the General Assembly of the United Nations.

제24조
위원회는 이 협약에 따른 활동에 관한 연례보고서를 모든 당사국과 국제연합 총회에 제출한다.

. . .

Optional Protocol to the Convention against Torture and other Cruel, Inhuman or Degrading Treatment or Punishment

PREAMBLE

The States Parties to the present Protocol,

Reaffirming that torture and other cruel, inhuman or degrading treatment or punishment are prohibited and constitute serious violations of human rights,

Convinced that further measures are necessary to achieve the purposes of the Convention against Torture and Other Cruel, Inhuman or Degrading Treatment or Punishment (hereinafter referred to as the Convention) and to strengthen the protection of persons deprived of their liberty against torture and other cruel, inhuman or degrading treatment or punishment,

Recalling that articles 2 and 16 of the Convention oblige each State Party to take effective measures to prevent acts of torture and other cruel, inhuman or degrading treatment or punishment in any territory under its jurisdiction,

Recognizing that States have the primary responsibility for implementing those articles, that strengthening the protection of people deprived of their liberty and the full respect for their human rights is a common responsibility shared by all and that international implementing bodies complement and strengthen national measures,

Recalling that the effective prevention of torture and other cruel, inhuman or degrading treatment or punishment requires education and a combination of various legislative, administrative, judicial and other measures,

Recalling also that the World Conference on Human Rights firmly declared that efforts to

고문 및 그 밖의 잔혹한, 비인도적인 또는 굴욕적인 대우나 처벌의 방지에 관한 협약 선택의정서

채택 2002. 12. 18 / 발효 2006. 6. 22 / 대한민국 미가입

전문

이 협약의 당사국은,

고문 및 그 밖의 잔혹한, 비인도적인 또는 굴욕적인 대우나 처벌이 금지되어 있고 심각한 인권 침해를 구성함을 재확인하고,

고문 및 그 밖의 잔혹한, 비인도적인 또는 굴욕적인 대우나 처벌의 방지에 관한 협약(이하 "협약")의 목적을 달성하고, 고문 및 그 밖의 잔혹한, 비인도적인 또는 굴욕적인 대우나 처벌로부터의 자유를 박탈당한 개인들에 대한 보호를 강화하기 위해서는 추가적인 조치가 필요함을 확신하고,

각 당사국은 협정 제2조 및 제16조에 따라 자국 관할하의 영토 내에서 고문 및 그 밖의 잔혹한, 비인도적인 또는 굴욕적인 대우나 처벌을 방지하기 위해 효과적인 조치를 취할 의무를 가짐을 상기하고,

이러한 조항들을 이행하는 데에 당사국들이 1차적 책임을 가짐과 자유를 박탈당한 사람들에 대한 보호와 그들의 인권에 대한 완전한 존중을 강화하는 것이 모두가 공유하는 공동의 책임임을 인정하고 국제 이행 기구가 국가적 조치를 보충하고 강화한다는 것을 인정하고,

고문 및 그 밖의 잔혹한, 비인도적인 또는 굴욕적인 대우나 처벌의 효과적인 방지를 위해서는 교육과 다양한 입법 · 행정 · 사법 또는 그 밖의 조치들의 결합이 요구됨을 상기하고,

세계인권회의가 고문을 철폐하기 위한 노력은 무엇보다 먼저 그 방지에 집중되어야 한다고 선언하

eradicate torture should first and foremost be concentrated on prevention and called for the adoption of an optional protocol to the Convention, intended to establish a preventive system of regular visits to places of detention,

고, 구금 장소로의 정기 방문을 통한 예방 제도를 확립하는 것을 목적으로 하는 의정서의 채택을 요청하였음을 또한 상기하고,

Convinced that the protection of persons deprived of their liberty against torture and other cruel, inhuman or degrading treatment or punishment can be strengthened by non-judicial means of a preventive nature, based on regular visits to places of detention,

고문 및 그 밖의 잔혹한, 비인도적인 또는 굴욕적인 대우나 처벌로부터의 자유를 박탈당한 개인들에 대한 보호는 구금 장소에 대한 정기적인 방문에 기반을 둔 비사법적인 예방책을 통해서 강화될 수 있음을 확신하여,

Have agreed as follows:

다음과 같이 합의하였다.

PART I
General principles

제1장
총칙

Article 1

The objective of the present Protocol is to establish a system of regular visits undertaken by independent international and national bodies to places where people are deprived of their liberty, in order to prevent torture and other cruel, inhuman or degrading treatment or punishment.

제1조

이 의정서의 목적은 고문 및 그 밖의 잔혹한 비인간적인 또는 굴욕적인 대우나 처벌을 방지하기 위하여 독립적인 국제 및 국내 기구에 의해 수행되는 구금 장소로의 정기적인 방문 제도를 확립함에 있다.

Article 2

1. A Subcommittee on Prevention of Torture and Other Cruel, Inhuman or Degrading Treatment or Punishment of the Committee against Torture (hereinafter referred to as the Subcommittee on Prevention) shall be established and shall carry out the functions laid down in the present Protocol.
2. The Subcommittee on Prevention shall carry out its work within the framework of the Charter of the United Nations and shall be guided by the purposes and principles thereof, as well as the norms of the United Nations concerning the treatment of people deprived of their liberty.
3. Equally, the Subcommittee on Prevention shall be guided by the principles of confidentiality, imparti-

제2조

1. 이 의정서에 규정된 기능을 수행하는 고문 및 그 밖의 잔혹한, 비인도적인 또는 굴욕적인 대우나 처벌 방지 소위원회(이하 "방지 소위원회")를 설치한다.
2. 방지 소위원회는 국제연합 헌장의 틀 안에서 기능을 수행하고, 그 목적과 원칙, 자유를 박탈당한 이들의 처우에 관한 국제연합의 기준을 따른다.
3. 동시에 방지 소위원회는 기밀성, 공정성, 비선택성, 보편성, 객관성의 원칙을 따른다.

ality, non-selectivity, universality and objectivity.

4. The Subcommittee on Prevention and the States Parties shall cooperate in the implementation of the present Protocol.

4. 방지 소위원회와 당사국은 협정서의 이행을 위해 협력한다.

Article 3

Each State Party shall set up, designate or maintain at the domestic level one or several visiting bodies for the prevention of torture and other cruel, inhuman or degrading treatment or punishment (hereinafter referred to as the national preventive mechanism).

제3조

각 당사국은 고문 및 그 밖의 잔혹한, 비인도적인 또는 굴욕적인 대우나 처벌의 방지를 위한 국내차원의 방문 기구(이하 "국가예방기구")를 하나 이상 설립·지정 혹은 유지해야 한다.

Article 4

1. Each State Party shall allow visits, in accordance with the present Protocol, by the mechanisms referred to in articles 2 and 3 to any place under its jurisdiction and control where persons are or may be deprived of their liberty, either by virtue of an order given by a public authority or at its instigation or with its consent or acquiescence (hereinafter referred to as places of detention). These visits shall be undertaken with a view to strengthening, if necessary, the protection of these persons against torture and other cruel, inhuman or degrading treatment or punishment.

2. For the purposes of the present Protocol, deprivation of liberty means any form of detention or imprisonment or the placement of a person in a public or private custodial setting which that person is not permitted to leave at will by order of any judicial, administrative or other authority.

제4조

1. 각 당사국은 이 의정서에 따라 제2조와 제3조에 규정된 기구들이 자국의 사법권 내에 있는 모든 장소를 방문할 수 있도록 허가하며, 공권력에 의한 명령 혹은 교사·묵인·동의하에 개인들이 자유를 박탈당하거나 박탈당할 수 있는 장소를 규제한다. 이러한 방문은 필요 시 이러한 개인들에 대한 고문 및 그 밖의 잔혹한, 비인도적인 또는 굴욕적인 대우나 처벌로부터의 보호를 강화하기 위한 목적으로 수행된다.

2. 이 의정서의 목적상, "자유의 박탈"이라 함은 개인에 대한 모든 형태의 구금·감금 혹은 사법·행정 혹은 여타 권력의 명령으로 인하여 개인의 의사에 따라 떠날 수 없는 공공·사설의 감호환경하에 두는 것을 의미한다.

PART II

Subcommittee on Prevention

제2장

방지 소위원회

Article 5

1. The Subcommittee on Prevention shall consist of ten members. After the fiftieth ratification of or

제5조

1. 방지 소위원회는 10인으로 구성된다. 의정서의 15번째 비준 혹은 가입 후에는 방지 소위원회의 구

accession to the present Protocol, the number of the members of the Subcommittee on Prevention shall increase to twenty-five.

성원을 25인으로 증원한다.

2. The members of the Subcommittee on Prevention shall be chosen from among persons of high moral character, having proven professional experience in the field of the administration of justice, in particular criminal law, prison or police administration, or in the various fields relevant to the treatment of persons deprived of their liberty.

2. 방지 소위원회의 위원은 고매한 인격을 지니고, 법무행정 분야, 특히 형법, 교도 · 경찰행정, 혹은 자유를 박탈당한 자들의 처우에 관련된 다양한 분야에서 전문적 경력이 인정된 인사들 중에서 선출한다.

3. In the composition of the Subcommittee on Prevention due consideration shall be given to equitable geographic distribution and to the representation of different forms of civilization and legal systems of the States Parties.

3. 방지 소위원회의 구성에 있어서 공평한 지역적 안배, 당사국의 다양한 형태의 문명 및 법 제도의 대표성을 고려한다.

4. In this composition consideration shall also be given to balanced gender representation on the basis of the principles of equality and non-discrimination.

4. 공평성과 비차별의 원칙에 의거하여 성별의 균형 또한 고려한다.

5. No two members of the Subcommittee on Prevention may be nationals of the same State.

5. 동일한 국가 출신의 2인이 방지 소위원회의 위원으로 될 수 없다.

6. The members of the Subcommittee on Prevention shall serve in their individual capacity, shall be independent and impartial and shall be available to serve the Subcommittee on Prevention efficiently.

6. 방지 소위원회의 위원은 개인 자격으로 직무를 수행하고, 독립적이고 공명정대하며, 방지 소위원회를 위해 효과적으로 일하기 위하여 노력해야한다.

Article 6

제6조

1. Each State Party may nominate, in accordance with paragraph 2 of the present article, up to two candidates possessing the qualifications and meeting the requirements set out in article 5, and in doing so shall provide detailed information on the qualifications of the nominees.

1. 제2항에 따라 각 당사국은 제5조에 제시된 자격을 갖추고 요건에 걸맞은 2인의 후보자를 지명할 수 있으며, 그와 함께 후보자에 대한 상세한 정보 및 자격요건을 제공한다.

2.

(a) The nominees shall have the nationality of a State Party to the present Protocol;

(b) At least one of the two candidates shall have the nationality of the nominating State Party;

(c) No more than two nationals of a State Party shall

2.

(a) 후보자는 이 의정서의 당사국 국적을 소유하여야 한다.

(b) 후보자 2인 중 최소한 1인은 지명국의 국적을 소유하여야 한다.

(c) 동일한 당사국 국적의 2인 이상이 지명될 수 없

be nominated;
(d) Before a State Party nominates a national of another State Party, it shall seek and obtain the consent of that State Party.
3. At least five months before the date of the meeting of the States Parties during which the elections will be held, the Secretary-General of the United Nations shall address a letter to the States Parties inviting them to submit their nominations within three months. The Secretary-General shall submit a list, in alphabetical order, of all persons thus nominated, indicating the States Parties that have nominated them.

다.
(d) 당사국이 여타 당사국의 국민을 지명하기 전에 해당국의 동의를 구해야 한다.

3. 국제연합 사무총장은 선거가 실시될 회의일 최소한 5월 전에 모든 당사국에 서한을 발송하여, 3월 안에 후보자 명단을 제출해주도록 요청한다. 국제연합 사무총장은 이와 같이 지명된 모든 후보자의 명부를 지명국을 표시하여 알파벳순으로 작성하여 제출한다.

Article 7
1. The members of the Subcommittee on Prevention shall be elected in the following manner:
(a) Primary consideration shall be given to the fulfilment of the requirements and criteria of article 5 of the present Protocol;
(b) The initial election shall be held no later than six months after the entry into force of the present Protocol;
(c) The States Parties shall elect the members of the Subcommittee on Prevention by secret ballot;
(d) Elections of the members of the Subcommittee on Prevention shall be held at biennial meetings of the States Parties convened by the Secretary-General of the United Nations. At those meetings, for which two thirds of the States Parties shall constitute a quorum, the persons elected to the Subcommittee on Prevention shall be those who obtain the largest number of votes and an absolute majority of the votes of the representatives of the States Parties present and voting.
2. If during the election process two nationals of a State Party have become eligible to serve as members of the Subcommittee on Prevention, the candidate receiving the higher number of votes shall

제7조
1 방지 소위원회의 위원은 다음의 방식으로 선출한다.
(a) 이 의정서 제5조의 자격과 기준의 충족을 1차적으로 고려한다.

(b) 최초 선거는 이 의정서 발효일로부터 6월 안에 실시한다.

(c) 당사국은 방지 소위원회의 위원을 비밀투표로 선출한다.
(d) 방지 소위원회의 위원은 국제연합의 사무총장이 2년마다 소집하는 당사국회의에서 선출된다. 당사국의 3분의 2가 의사정족수를 구성하는 이 회의에서 방지 소위원회 위원은 출석하여 투표한 당사국 대표로부터 절대 다수표를 획득한 자중 최다득표자 순으로 선출된다.

2. 선거 과정 중 동일 당사국의 국적을 가진 2인이 방지 소위원회 위원으로 자격이 주어진 경우, 다수표를 받은 후보자가 위원으로 선출된다. 2인이 동일한 수의 표를 받은 경우에는 다음의 절차를 적용

serve as the member of the Subcommittee on Prevention. Where nationals have received the same number of votes, the following procedure applies:

(a) Where only one has been nominated by the State Party of which he or she is a national, that national shall serve as the member of the Subcommittee on Prevention;

(b) Where both candidates have been nominated by the State Party of which they are nationals, a separate vote by secret ballot shall be held to determine which national shall become the member;

(c) Where neither candidate has been nominated by the State Party of which he or she is a national, a separate vote by secret ballot shall be held to determine which candidate shall be the member.

한다.

(a) 2인 중 1인만이 자국에 의하여 지명 받은 경우, 그 후보자가 방지 소위원회 위원으로 선출된다.

(b) 2인 모두 자국에 의하여 지명 받은 경우, 어느 후보자가 위원으로 선출될지 결정하기 위한 개별적인 비밀투표를 실시한다.

(c) 2인 중 누구도 자국에 의하여 지명 받지 않은 경우, 어느 후보자가 위원으로 선출될지 결정하기 위한 개별적인 비밀투표를 실시한다.

Article 8

If a member of the Subcommittee on Prevention dies or resigns, or for any cause can no longer perform his or her duties, the State Party that nominated the member shall nominate another eligible person possessing the qualifications and meeting the requirements set out in article 5, taking into account the need for a proper balance among the various fields of competence, to serve until the next meeting of the States Parties, subject to the approval of the majority of the States Parties. The approval shall be considered given unless half or more of the States Parties respond negatively within six weeks after having been informed by the Secretary-General of the United Nations of the proposed appointment.

제8조

방지 소위원회의 위원이 사망·사임하거나 또는 그 밖의 사유로 더 이상 임무를 수행할 수 없는 경우, 이 위원을 지명한 당사국은 전체 당사국의 과반수 승인을 조건으로, 자격을 갖추고 제5조의 요건들을 충족하는 다른 적합한 사람을 다양한 분야의 적절한 균형을 고려하여 이 위원의 잔여 임기동안 재임하도록 지명한다. 승인은 국제연합 사무총장이 회의를 제시한 지 6주 이내에 과반수 이상의 회원국들이 반대의사를 표시하지 않는 한 이루어진다.

Article 9

The members of the Subcommittee on Prevention shall be elected for a term of four years. They shall be eligible for re-election once if renominated. The term of half the members elected at the first election shall expire at the end of two years; immediately

제9조

방지 소위원회의 위원은 4년 임기로 선출된다. 위원은 후보로 재지명 되는 경우 재선될 수 있다. 최초 선거에서 선출된 위원 중 절반의 임기는 2년 만에 종료한다. 이들 위원은 최초 선거 직후 제7조 1항 (d)에 규정된 회의의 의장이 추첨으로 선정한

after the first election the names of those members shall be chosen by lot by the Chairman of the meeting referred to in article 7, paragraph 1 (d).

다.

Article 10

1. The Subcommittee on Prevention shall elect its officers for a term of two years. They may be re-elected.

2. The Subcommittee on Prevention shall establish its own rules of procedure. These rules shall provide, inter alia, that:

(a) Half the members plus one shall constitute a quorum;

(b) Decisions of the Subcommittee on Prevention shall be made by a majority vote of the members present;

(c) The Subcommittee on Prevention shall meet in camera.

3. The Secretary-General of the United Nations shall convene the initial meeting of the Subcommittee on Prevention. After its initial meeting, the Subcommittee on Prevention shall meet at such times as shall be provided by its rules of procedure. The Subcommittee on Prevention and the Committee against Torture shall hold their sessions simultaneously at least once a year.

제10조

1. 방지 소위원회는 2년 임기의 임원을 선출한다. 임원은 재선될 수 있다.

2. 방지 소위원회는 자체 의사규칙을 제정한다. 이 규칙은 특히 다음 사항을 규정한다.

(a) 의사정족수는 과반수 초과(half the members plus one)로 한다.

(b) 방지 소위원회의 결정은 출석위원 과반수의 찬성으로 한다.

(c) 방지 소위원회는 비공개로 한다.

3. 국제연합 사무총장은 방지 소위원회의 제1차 회의를 소집한다. 제1차 회의 이후 빙자 소위원회는 의사규칙에 규정되는 시기에 회합한다. 방지 소위원회와 고문방지 위원회는 연 1회 이상 동시에 회의를 갖는다.

PART III

Mandate of the Subcommittee on Prevention

Article 11

1. The Subcommittee on Prevention shall:

(a) Visit the places referred to in article 4 and make recommendations to States Parties concerning the protection of persons deprived of their liberty against torture and other cruel, inhuman or degrading treatment or punishment;

(b) In regard to the national preventive mechanisms:

제3장

방지 소위원회의 권한

제11조

1. 방지 소위원회는:

(a) 제4조에 규정된 장소들을 방문하고 고문 및 그 밖의 잔혹한, 비인도적인 또는 굴욕적인 대우나 처벌로부터의 자유를 박탈당한 개인의 보호에 관해 당사국들에게 권고를 내린다.

(b) 국가예방기구에 대해서는:

(i) Advise and assist States Parties, when necessary, in their establishment;

(ii) Maintain direct, and if necessary confidential, contact with the national preventive mechanisms and offer them training and technical assistance with a view to strengthening their capacities;

(iii) Advise and assist them in the evaluation of the needs and the means necessary to strengthen the protection of persons deprived of their liberty against torture and other cruel, inhuman or degrading treatment or punishment;

(iv) Make recommendations and observations to the States Parties with a view to strengthening the capacity and the mandate of the national preventive mechanisms for the prevention of torture andother cruel, inhuman or degrading treatment or punishment;

(c) Cooperate, for the prevention of torture in general, with the relevant United Nations organs and mechanisms as well as with the international, regional and national institutions or organizations working towards the strengthening of the protection of all persons against torture and other cruel, inhuman or degrading treatment or punishment.

Article 12

1. In order to enable the Subcommittee on Prevention to comply with its mandate as laid down in article 11, the States Parties undertake:

(a) To receive the Subcommittee on Prevention in their territory and grant it access to the places of detention as defined in article 4 of the present Protocol;

(b) To provide all relevant information the Subcommittee on Prevention may request to evaluate the needs and measures that should be adopted to strengthen the protection of persons deprived of their liberty against torture and other cruel, inhuman or degrading treatment or punish-

(i) 필요 시, 이들 기구의 설립에 관하여 당사국에 조언하고 조력한다.

(ii) 이들 기구와 직접적이고 필요 시 긴밀한 연락을 유지하며, 역량 강화를 위하여 교육과 기술적 원조를 제공한다.

(iii) 고문 및 그 밖의 잔혹한, 비인도적인 또는 굴욕적인 대우나 처벌로부터의 자유를 박탈당한 개인에 대한 보호를 강화하기 위하여 필수적인 필요사항과 수단을 평가함에 있어서 조언하고 조력한다.

(iv) 고문 및 그 밖의 잔혹한, 비인도적인 또는 굴욕적인 대우나 처벌의 방지를 위한 국가예방기구의 역량과 권한을 강화하기 위하여, 당사국들에게 권고를 내리고 조사를 행한다.

(c) 모든 형태의 고문을 방지하기 위하여, 국제적 · 지역적 그리고 국내 기관뿐만 아니라 국제연합의 유관 기관 및 운용형태와 함께 고문 및 그 밖의 잔혹한 비인간적인 또는 굴욕적인 대우나 처벌로부터의 보호를 강화하는 방향으로 협력한다.

제12조

1. 방지 소위원회가 11조에 규정된 임무에 따를 수 있도록 하기 위하여, 당사국들은 다음을 수행한다.

(a) 방지 소위원회를 자국의 영토에 받아들이고, 이 의정서 제4조에 규정된 구금 장소로의 접근을 허가한다.

(b) 방지 소위원회가 고문 및 그 밖의 잔혹한, 비인도적인 또는 굴욕적인 대우나 처벌로부터의 자유를 박탈당한 개인에 대한 보호를 강화하기 위하여 도입이 필요한 사항과 조치를 평가하기 위하여 요구하는 관련 정보를 제공한다.

ment;

(c) To encourage and facilitate contacts between the Subcommittee on Prevention and the national preventive mechanisms;

(d) To examine the recommendations of the Subcommittee on Prevention and enter into dialogue with it on possible implementation measures.

(c) 방지 소위원회와 국가예방기구 간의 연락을 장려하고 용이하게 한다.

(d) 방지 소위원회의 권고를 검토하고, 가능한 이행 조치에 대한 의견을 교환한다.

Article 13

1. The Subcommittee on Prevention shall establish, at first by lot, a programme of regular visits to the States Parties in order to fulfil its mandate as established in article 11.

2. After consultations, the Subcommittee on Prevention shall notify the States Parties of its programme in order that they may, without delay, make the necessary practical arrangements for the visits to be conducted.

3. The visits shall be conducted by at least two members of the Subcommittee on Prevention. These members may be accompanied, if needed, by experts of demonstrated professional experience and knowledge in the fields covered by the present Protocol who shall be selected from a roster of experts prepared on the basis of proposals made by the States Parties, the Office of the United Nations High Commissioner for Human Rights and the United Nations Centre for International Crime Prevention. In preparing the roster, the States Parties concerned shall propose no more than five national experts. The State Party concerned may oppose the inclusion of a specific expert in the visit, whereupon the Subcommittee on Prevention shall propose another expert.

4. If the Subcommittee on Prevention considers it appropriate, it may propose a short follow-up visit after a regular visit.

제13조

1. 방지 소위원회는 제11조에 규정된 임무를 이행하기 위하여, 최초에는 추첨을 통하여, 당사국들에 대한 정기 방문 프로그램을 제정한다.

2. 협의 후, 방지 소위원회는 당사국이 수행될 방문을 위해 필요한 실질적인 준비를 어떠한 지연도 없이 실행할 수 있도록 프로그램에 대하여 통지한다.

3. 방문은 최소한 2인의 위원에 의해 이루어진다. 위원들은 필요 시 이 의정서에 관련된 분야의 검증된 전문적인 경험과 지식을 가진 전문가를 동행할 수 있다. 전문가는 당사국, 유엔인권최고대표 사무소, 유엔국제범죄방지센터의 제안에 기초하여 준비된 명부에서 선발한다. 명부를 준비함에 있어, 해당 당사국은 자국 전문가를 5인 이상 추천하지 않는다. 해당 당사국은 방문 시 특정 전문가의 포함을 반대할 수 있고, 이 경우 방지 소위원회는 다른 전문가를 제안한다.

4. 방지 소위원회가 적절하다고 고려하는 경우, 정기 방문 이후 짧은 후속 방문을 제안할 수 있다.

Article 14

1. In order to enable the Subcommittee on Prevention to fulfil its mandate, the States Parties to the present Protocol undertake to grant it:

(a) Unrestricted access to all information concerning the number of persons deprived of their liberty in places of detention as defined in article 4, as well as the number of places and their location;

(b) Unrestricted access to all information referring to the treatment of those persons as well as their conditions of detention;

(c) Subject to paragraph 2 below, unrestricted access to all places of detention and their installations and facilities;

(d) The opportunity to have private interviews with the persons deprived of their liberty without witnesses, either personally or with a translator if deemed necessary, as well as with any other person who the Subcommittee on Prevention believes may supply relevant information;

(e) The liberty to choose the places it wants to visit and the persons it wants to interview.

2. Objection to a visit to a particular place of detention may be made only on urgent and compelling grounds of national defence, public safety, natural disaster or serious disorder in the place to be visited that temporarily prevent the carrying out of such a visit. The existence of a declared state of emergency as such shall not be invoked by a State Party as a reason to object to a visit.

제14조

1. 방지 소위원회가 그 임무를 완수할 수 있도록 하기 위하여, 이 의정서의 당사국은 방지 소위원회에게 다음을 허가한다.

(a) 제4조에 규정된 구금 장소에서 자유를 박탈당한 사람들의 수, 구금 장소의 숫자 및 위치에 대한 정보에 대한 제한 없는 접근

(b) 구금자에 대한 처우, 그들의 구금 상태에 대한 정보에 대한 제한 없는 접근

(c) 아래 2항의 규정에 따를 것을 조건으로, 모든 구금 장소와 시설 및 설비에 대한 제한 없는 접근

(d) 자유를 박탈당한 사람들 및 기타 관련 정보를 제공할 수 있는 모든 사람들과 개인적으로, 혹은 필요 시 통역사와 함께, 입회인 없이 면담할 기회

(e) 원하는 방문 장소와 면담자를 선택할 자유

2. 구금 장소 방문에 대한 반대는 국가 방위나 공공의 안전 문제, 자연 재해 또는 방문 장소의 극심한 무질서 등 긴급하고 어쩔 수 없는 상황에서만 성립될 수 있다. 당사국은 방문을 막기 위해 비상사태 등의 선포를 발동할 수 없다.

Article 15

No authority or official shall order, apply, permit or tolerate any sanction against any person or organization for having communicated to the Subcommittee on Prevention or to its delegates any information, whether true or false, and no such person or organization shall be otherwise prejudiced in any way.

제15조

어떠한 권위체나 공무원(authority or official)도 방지 소위원회 혹은 그 대리인에게 그 진위 여부를 막론하여 정보를 전했다는 이유로 개인이나 조직에 대한 제재조치를 명령 · 적용 · 허가 혹은 용인하지 않으며, 이러한 개인이나 조직은 어떠한 방법으로도 여타 불이익을 받지 않는다.

Article 16

1. The Subcommittee on Prevention shall communicate its recommendations and observations confidentially to the State Party and, if relevant, to the national preventive mechanism.

2. The Subcommittee on Prevention shall publish its report, together with any comments of the State Party concerned, whenever requested to do so by that State Party. If the State Party makes part of the report public, the Subcommittee on Prevention may publish the report in whole or in part. However, no personal data shall be published without the express consent of the person concerned.

3. The Subcommittee on Prevention shall present a public annual report on its activities to the Committee against Torture.

4. If the State Party refuses to cooperate with the Subcommittee on Prevention according to articles 12 and 14, or to take steps to improve the situation in the light of the recommendations of the Subcommittee on Prevention, the Committee against Torture may, at the request of the Subcommittee on Prevention, decide, by a majority of its members, after the State Party has had an opportunity to make its views known, to make a public statement on the matter or to publish the report of the Subcommittee on Prevention.

제16조

1. 적절하다 여겨질 시, 방지 소위원회는 권고 및 조사결과를 당사국과 국가예방기구에 기밀로 통보한다.

2. 방지 소위원회는 당사국의 요청이 있을 시, 해당 당사국의 의견과 함께 보고서를 발표해야 한다. 당사국이 보고서의 일부를 대중에 공개하는 경우, 방지 소위원회는 보고서의 전체 혹은 일부를 발표할 수 있다. 개인 정보는 해당인의 동의 없이 발표될 수 없다.

3. 방지 소위원회는 고문방지위원회에 그 활동에 관한 공식 연례 보고서를 제출한다.

4. 당사국이 제12조, 제14조에 따라 방지 소위원회와의 협조 혹은 방지 소위원회의 권고와 관련하여 상황을 진전시키기를 거부한다면, 고문방지 위원회는 방지 소위원회의 요청이 있을 시 위원 과반수의 결정에 따라, 당사국이 소견을 밝힐 기회를 가진 후, 공식적인 성명을 내거나 방지 소위원회의 보고서를 발표할 수 있다.

PART IV

National preventive mechanisms

제4장

국가예방기구

Article 17

Each State Party shall maintain, designate or establish, at the latest one year after the entry into force of the present Protocol or of its ratification or accession, one or several independent national preventive mechanisms for the prevention of torture at the domestic level. Mechanisms established by decentralized units may be designated as national

제17조

각 당사국은 이 의정서가 발효된 지 혹은 비준·가입한 지 늦어도 1년 이내에 하나 이상의 국내 차원에서의 고문 예방을 위하여 독립적인 국가 예방 기구를 유지·지명 혹은 설립한다. Decentralized units에 의해 설립된 기구들은 이 의정서의 규정에 적합한 경우, 그 목적에 따른 국가예방기구로 지명될 수 있다.

preventive mechanisms for the purposes of the present Protocol if they are in conformity with its provisions.

Article 18

1. The States Parties shall guarantee the functional independence of the national preventive mechanisms as well as the independence of their personnel.
2. The States Parties shall take the necessary measures to ensure that the experts of the national preventive mechanism have the required capabilities and professional knowledge. They shall strive for a gender balance and the adequate representation of ethnic and minority groups in the country.
3. The States Parties undertake to make available the necessary resources for the functioning of the national preventive mechanisms.
4. When establishing national preventive mechanisms, States Parties shall give due consideration to the Principles relating to the status of national institutions for the promotion and protection of human rights.

제18조

1. 당사국은 국가예방기구의 기능적 독립성과 그 직원의 독립성을 보장한다.

2. 당사국은 국가예방기구의 전문가들이 필요한 능력과 전문적 지식을 가지도록 보장하기 위해 적절한 조치를 취한다. 적절한 성별비율 균형과 국가 내 인종집단 및 소수집단을 적절히 대표할 수 있도록 노력한다.

3. 당사국은 국가예방기구의 기능에 필요한 재원을 확보할 책임을 진다.

4. 국가예방기구를 설립함에 있어서, 당사국은 인권 증진과 보호를 위한 국가기관의 지위와 관련된 원칙을 충분히 고려한다.

Article 19

The national preventive mechanisms shall be granted at a minimum the power:
(a) To regularly examine the treatment of the persons deprived of their liberty in places of detention as defined in article 4, with a view to strengthening, if necessary, their protection against torture and other cruel, inhuman or degrading treatment or punishment;
(b) To make recommendations to there relevant authorities with the aim of improving the treatment and the conditions of the persons deprived of their liberty and to prevent torture and other cruel, inhuman or degrading treatment or punishment, taking into consideration the relevant norms of the United Nations;

제19조

국가예방기구는 최소한 다음의 권한을 가진다.

(a) 제4조에 규정된 구금 장소에서 고문 및 그 밖의 잔혹한, 비인도적인 또는 굴욕적인 대우나 처벌로부터의 보호를 강화하기 위한 목적으로 자유를 박탈당한 사람들에 대한 처우를 정기적으로 조사할 권한

(b) 자유를 박탈당한 사람들의 처우 및 환경을 개선하고 고문 및 그 밖의 잔혹한, 비인도적인 또는 굴욕적인 대우나 처벌을 방지하기 위한 목적으로 관련 당국에 권고를 할 권한

(c) To submit proposals and observations concerning existing or draft legislation.

Article 20

In order to enable the national preventive mechanisms to fulfil their mandate, the States Parties to the present Protocol undertake to grant them:

(a) Access to all information concerning the number of persons deprived of their liberty in places of detention as defined in article 4, as well as the number of places and their location;

(b) Access to all information referring to the treatment of those persons as well as their conditions of detention;

(c) Access to all places of detention and their installations and facilities;

(d) The opportunity to have private interviews with the persons deprived of their liberty without witnesses, either personally or with a translator if deemed necessary, as well as with any other person who the national preventive mechanism believes may supply relevant information;

(e) The liberty to choose the places they want to visit and the persons they want to interview;

(f) The right to have contacts with the Subcommittee on Prevention, to send it information and to meet with it.

Article 21

1. No authority or official shall order, apply, permit or tolerate any sanction against any person or organization for having communicated to the national preventive mechanism any information, whether true or false, and no such person or organization shall be otherwise prejudiced in any way.

2. Confidential information collected by the national preventive mechanism shall be privileged. No personal data shall be published without the

(c) 현행법 혹은 입법 초안에 대하여 제안이나 조사 결과를 제출할 권한

제20조

국가예방기구가 그 임무를 완수할 수 있도록 하기 위하여, 이 의정서의 당사국은 다음을 허가할 의무를 진다:

(a) 제4조에 규정된 구금 장소에서 자유를 박탈당한 사람들의 수, 구금 장소의 숫자 및 위치에 대한 정보에 대한 제한 없는 접근

(b) 구금자에 대한 처우, 구금 상태에 대한 정보에 대한 제한 없는 접근

(c) 모든 구금 장소와 설비 및 시설에 대한 접근

(d) 자유를 박탈당한 사람들 및 기타 관련 정보를 제공할 수 있는 모든 사람들과 개인적으로, 혹은 필요 시 통역사와 함께, 입회인 없이 면담할 기회

(e) 원하는 방문 장소와 면담인을 선택할 자유

(f) 방지 소위원회와 연락을 취하고, 정보를 보내고, 회합할 권리

제21조

1. 어떠한 권위체나 공무원도 국가예방기구에게 그 진위 여부를 막론하여 정보를 전했다는 이유로 개인이나 조직에 대한 제재조치를 명령·적용·허가 혹은 용인하지 않으며, 이러한 개인이나 조직은 어떠한 방법으로도 여타 불이익을 받지 않는다.

2. 국가예방기구에 의해 수집된 기밀 정보들은 법적 보호를 받는다. 개인정보는 해당인의 동의 없이 발표될 수 없다

express consent of the person concerned.

Article 22

The competent authorities of the State Party concerned shall examine the recommendations of the national preventive mechanism and enter into a dialogue with it on possible implementation measures.

제22조

해당 당사국의 담당기관은 국가예방기구의 권고사항을 검토하고 가능한 이행 조치에 관하여 논의한다.

Article 23

The States Parties to the present Protocol undertake to publish and disseminate the annual reports of the national preventive mechanisms.

제23조

이 의정서의 당사국들은 국가예방기구의 연례보고서 발행과 보급을 책임진다.

Part V

제5장

Article 24

1. Upon ratification, States Parties may make a declaration postponing the implementation of their obligations under either part III or part IV of the present Protocol.

2. This postponement shall be valid for a maximum of three years. After due representations made by the State Party and after consultation with the Subcommittee on Pre vention, the Committee against Torture may extend that period for an additional two years.

제24조

1. 비준과 동시에 당사국은 이 협정서의 제3장 혹은 제4장에 규정된 의무의 이행을 연기하는 선언을 할 수 있다.

2. 이 연기는 최장 3년간 유효하다. 당사국의 충분한 의견반영과 방지 소위원회와의 협의가 있은 후, 고문방지위원회는 그 기간을 추가로 2년 연장할 수 있다.

PART VI

Financial provisions

제6장

재정규정

Article 25

1. The expenditure incurred by the Subcommittee on Prevention in the implementation of the present Protocol shall be borne by the United Nations.

2. The Secretary-General of the United Nations shall provide the necessary staff and facilities for the effective performance of the functions of the Subcommittee on Prevention under the present

제25조

1. 이 의정서의 이행에 관해 방지 소위원회에 의해 발생한 비용은 국제연합이 부담한다.

2. 국제연합 사무총장은 본 의정서에 따른 방지 소위원회 임무의 효율적 수행을 위하여 필요한 직원 및 시설을 제공한다.

Protocol.

Article 26

1. A Special Fund shall be set up in accordance with the relevant procedures of the General Assembly, to be administered in accordance with the financial regulations and rules of the United Nations, to help finance the implementation of the recommendations made by the Subcommittee on Prevention after a visit to a State Party, as well as education programmes of the national preventive mechanisms.

2. The Special Fund may be financed through voluntary contributions made by Governments, intergovernmental and non-governmental organizations and other private or public entities.

. . .

제26조

1. 방지 소위원회가 당사국 방문 후 한 권고의 이행과 국가예방기구의 교육 프로그램을 위한 재정을 돕기 위하여 국제연합 총회의 관련 절차에 따라 특별기금을 창설하고, 이는 국제연합의 재정 규정 및 규칙에 따라 운용된다.

2. 특별기금은 정부, 정부 간 기구, 비정부기구 및 여타 사적·공적 기관의 자발적인 기여로 조달된다.

. . .

Convention on the Rights of the Child

Adopted and opened for signature, ratification and accession by General Assembly resolution 44/25 of 20 November 1989, entry into force 2 September 1990, in accordance with article 49

Preamble

The States Parties to the present Convention,

Considering that, in accordance with the principles proclaimed in the Charter of the United Nations, recognition of the inherent dignity and of the equal and inalienable rights of all members of the human family is the foundation of freedom, justice and peace in the world,

Bearing in mind that the peoples of the United Nations have, in the Charter, reaffirmed their faith in fundamental human rights and in the dignity and worth of the human person, and have determined to promote social progress and better standards of life in larger freedom,

Recognizing that the United Nations has, in the Universal Declaration of Human Rights and in the International Covenants on Human Rights, proclaimed and agreed that everyone is entitled to all the rights and freedoms set forth therein, without distinction of any kind, such as race, colour, sex, language, religion, political or other opinion, national or social origin, property, birth or other status,

Recalling that, in the Universal Declaration of Human Rights, the United Nations has proclaimed that childhood is entitled to special care and assistance,

Convinced that the family, as the fundamental group of society and the natural environment for the growth and well-being of all its members and particularly children, should be afforded the neces-

아동의 권리에 관한 협약

채택 1989. 11. 20 / 발효 1990. 9. 2 / 대한민국 적용 1991. 12. 20

전문

이 협약의 당사국은,

국제연합 헌장에 선언된 원칙에 따라, 인류사회의 모든 구성원의 고유의 존엄성 및 평등하고 양도할 수 없는 권리를 인정하는 것이 세계의 자유·정의 및 평화의 기초가 됨을 고려하고,

국제연합체제하의 모든 국민들은 기본적인 인권과 인간의 존엄성 및 가치에 대한 신념을 헌장에서 재확인하였고, 확대된 자유 속에서 사회진보와 생활수준의 향상을 촉진하기로 결의하였음에 유념하며,

국제연합이 세계인권선언과 국제인권규약에서 모든 사람은 인종, 피부색, 성별, 언어, 종교, 정치적 또는 기타의 의견, 민족적 또는 사회적 출신, 재산, 출생 또는 기타의 신분 등 어떠한 종류 구분에 의한 차별 없이 동 선언 및 규약에 규정된 모든 권리와 자유를 누릴 자격이 있음을 선언하고 동의하였음을 인정하고,

국제연합이 세계인권선언에서 아동기에는 특별한 보호와 원조를 받을 권리가 있다고 선언하였음을 상기하며,

사회의 기초집단이며 모든 구성원 특히 아동의 성장과 복지를 위한 자연적 환경으로서 가족에게는 공동체 안에서 그 책임을 충분히 감당할 수 있도록 필요한 보호와 원조가 부여되어야 함을 확신하며,

sary protection and assistance so that it can fully assume its responsibilities within the community,

Recognizing that the child, for the full and harmonious development of his or her personality, should grow up in a family environment, in an atmosphere of happiness, love and understanding,

아동은 완전하고 조화로운 인격 발달을 위하여 가족적 환경과 행복, 사랑 및 이해의 분위기 속에서 성장하여야 함을 인정하고,

Considering that the child should be fully prepared to live an individual life in society, and brought up in the spirit of the ideals proclaimed in the Charter of the United Nations, and in particular in the spirit of peace, dignity, tolerance, freedom, equality and solidarity,

아동은 사회에서 한 개인으로서의 삶을 영위할 수 있도록 충분히 준비되어져야 하며, 국제연합 헌장에 선언된 이상의 정신과 특히 평화·존엄·관용·자유·평등·연대의 정신 속에서 양육되어야 함을 고려하고,

Bearing in mind that the need to extend particular care to the child has been stated in the Geneva Declaration of the Rights of the Child of 1924and in the Declaration of the Rights of the Child adopted by the General Assembly on 20 November 1959 and recognized in the Universal Declaration of Human Rights, in the International Covenant on Civil and Political Rights (in particular in articles 23 and 24), in the International Covenant on Economic, Social and Cultural Rights (in particular in article 10) and in the statutes and relevant instruments of specialized agencies and international organizations concerned with the welfare of children,

아동에게 특별한 보호를 제공하여야 할 필요성은 1924년 아동권리에 관한 제네바선언과 1959년 11월 20일 총회에 의하여 채택된 아동권리선언에 명시되어 있으며, 세계인권선언, 시민적 및 정치적 권리에 관한 국제규약(특히 제23조 및 제24조), 경제적 · 사회적 및 문화적 권리에 관한 국제규약(특히 제10조) 및 아동의 복지와 관련된 전문기구와 국제기구의 규정 및 관련문서에서 인정되었음을 유념하고,

Bearing in mind that, as indicated in the Declaration of the Rights of the Child, "the child, by reason of his physical and mental immaturity, needs special safeguards and care, including appropriate legal protection, before as well as after birth",

아동권리선언에 나타나 있는 바와 같이, "아동은 신체적·정신적 미성숙으로 인하여 출생 전후를 막론하고 적절한 법적 보호를 포함한 특별한 보호와 배려를 필요로 한다"는 점에 유념하고,

Recalling the provisions of the Declaration on Social and Legal Principles relating to the Protection and Welfare of Children, with Special Reference to Foster Placement and Adoption Nationally and Internationally; the United Nations Standard Minimum Rules for the Administration of Juvenile Justice (The Beijing Rules); and the Declaration on the Protection of Women and Children in Emergency and Armed Conflict,

"국내적 또는 국제적 양육위탁과 입양을 별도로 규정하는 아동의 보호와 복지에 관한 사회적 및 법적 원칙에 관한 선언"의 제 규정, "소년법 운영을 위한 국제연합 최소 표준규칙"(베이징 규칙) 및 "비상 시 및 무력충돌 시 부녀자와 아동의 보호에 관한 선언"을 상기하고,

Recognizing that, in all countries in the world, there are children living in exceptionally difficult conditions, and that such children need special consideration,

Taking due account of the importance of the traditions and cultural values of each people for the protection and harmonious development of the child,

Recognizing the importance of international co-operation for improving the living conditions of children in every country, in particular in the developing countries,

Have agreed as follows:

세계 모든 국가에 예외적으로 어려운 여건하에 생활하고 있는 아동들이 있으며, 이 아동들은 특별한 배려를 필요로 함을 인정하고,

아동의 보호와 조화로운 발전을 위하여 각 민족의 전통과 문화적 가치의 중요성을 충분히 고려하고,

모든 국가, 특히 개발도상국가 아동의 생활여건을 향상시키기 위한 국제 협력의 중요성을 인정하면서,

다음과 같이 합의하였다.

PART I

제1부

Article 1

For the purposes of the present Convention, a child means every human being below the age of eighteen years unless under the law applicable to the child, majority is attained earlier.

제1조

이 협약의 목적상, "아동"이라 함은 아동에게 적용되는 법에 의하여 보다 조기에 성인 연령에 달하지 아니하는 한 18세 미만의 모든 사람을 말한다.

Article 2

1. States Parties shall respect and ensure the rights set forth in the present Convention to each child within their jurisdiction without discrimination of any kind, irrespective of the child's or his or her parent's or legal guardian's race, colour, sex, language, religion, political or other opinion, national, ethnic or social origin, property, disability, birth or other status.

2. States Parties shall take all appropriate measures to ensure that the child is protected against all forms of discrimination or punishment on the basis of the status, activities, expressed opinions, or beliefs of the child's parents, legal guardians, or family members.

제2조

1. 당사국은 자국의 관할권 안에서 아동 또는 그의 부모나 후견인의 인종, 피부색, 성별, 언어, 종교, 정치적 또는 기타의 의견, 민족적, 인종적 또는 사회적 출신, 재산, 무능력, 출생 또는 기타의 신분에 관계없이 그리고 어떠한 종류의 차별을 함이 없이 이 협약에 규정된 권리를 존중하고, 각 아동에게 보장하여야 한다.

2. 당사국은 아동이 그의 부모나 후견인 또는 가족 구성원의 신분, 활동, 표명된 의견 또는 신념을 이유로 하는 모든 형태의 차별이나 처벌로부터 보호되도록 보장하는 모든 적절한 조치를 취하여야 한다.

Article 3

1. In all actions concerning children, whether undertaken by public or private social welfare institutions, courts of law, administrative authorities or legislative bodies, the best interests of the child shall be a primary consideration.

2. States Parties undertake to ensure the child such protection and care as is necessary for his or her well-being, taking into account the rights and duties of his or her parents, legal guardians, or other individuals legally responsible for him or her, and, to this end, shall take all appropriate legislative and administrative measures.

3. States Parties shall ensure that the institutions, services and facilities responsible for the care or protection of children shall conform with the standards established by competent authorities, particularly in the areas of safety, health, in the number and suitability of their staff, as well as competent supervision.

제3조

1. 공공 또는 민간 사회복지기관, 법원, 행정당국, 또는 입법기관 등에 의하여 실시되는 아동에 관한 모든 활동에 있어서 아동의 최선의 이익이 최우선적으로 고려되어야 한다.

2. 당사국은 아동의 부모, 후견인, 기타 아동에 대하여 법적 책임이 있는 자의 권리와 의무를 고려하여, 아동복지에 필요한 보호와 배려를 아동에게 보장하고, 이를 위하여 모든 적절한 입법적·행정적 조치를 취하여야 한다.

3. 당사국은 아동에 대한 배려와 보호에 책임 있는 기관, 편의 및 시설이 관계당국이 설정한 기준, 특히 안전과 위생 분야 그리고 직원의 수 및 적격성은 물론 충분한 감독 면에서 기준에 따를 것을 보장하여야 한다.

Article 4

States Parties shall undertake all appropriate legislative, administrative, and other measures for the implementation of the rights recognized in the present Convention. With regard to economic, social and cultural rights, States Parties shall undertake such measures to the maximum extent of their available resources and, where needed, within the framework of international co-operation.

제4조

당사국은 이 협약에서 인정된 권리를 실현하기 위하여 모든 적절한 입법적·행정적 및 여타의 조치를 취하여야 한다. 경제적·사회적 및 문화적 권리에 관하여 당사국은 가용자원의 최대한도까지 그리고 필요한 경우에는 국제협력의 테두리 안에서 이러한 조치를 취하여야 한다.

Article 5

States Parties shall respect the responsibilities, rights and duties of parents or, where applicable, the members of the extended family or community as provided for by local custom, legal guardians or other persons legally responsible for the child, to provide, in a manner consistent with the evolving capacities of the child, appropriate direction and

제5조

아동이 이 협약에서 인정된 권리를 행사함에 있어서 당사국은 부모 또는 적용가능한 경우 현지 관습에 의하여 인정되는 확대가족이나 공동체의 구성원, 후견인 기타 아동에 대한 법적 책임자들이 아동의 능력발달에 상응하는 방법으로 적절한 감독과 지도를 행할 책임과 권리 및 의무를 가지고 있음을 존중하여야 한다.

guidance in the exercise by the child of the rights recognized in the present Convention.

Article 6

1. States Parties recognize that every child has the inherent right to life.

2. States Parties shall ensure to the maximum extent possible the survival and development of the child.

제6조

1. 당사국은 모든 아동이 생명에 관한 고유의 권리를 가지고 있음을 인정한다.

2. 당사국은 가능한 한 최대한도로 아동의 생존과 발전을 보장하여야 한다.

Article 7

1. The child shall be registered immediately after birth and shall have the right from birth to a name, the right to acquire a nationality and. as far as possible, the right to know and be cared for by his or her parents.

2. States Parties shall ensure the implementation of these rights in accordance with their national law and their obligations under the relevant international instruments in this field, in particular where the child would otherwise be stateless.

제7조

1. 아동은 출생 후 즉시 등록되어야 하며, 출생 시부터 성명권과 국적취득권을 가지며, 가능한 한 자신의 부모를 알고 부모에 의하여 양육받을 권리를 가진다.

2. 당사국은 이 분야의 국내법 및 관련 국제문서상의 의무에 따라 이러한 권리가 실행되도록 보장하여야 하며, 권리가 실행되지 아니하여 아동이 무국적으로 되는 경우에는 특히 그러하다.

Article 8

1. States Parties undertake to respect the right of the child to preserve his or her identity, including nationality, name and family relations as recognized by law without unlawful interference.

2. Where a child is illegally deprived of some or all of the elements of his or her identity, States Parties shall provide appropriate assistance and protection, with a view to re-establishing speedily his or her identity.

제8조

1. 당사국은 위법한 간섭을 받지 아니하고, 국적, 성명 및 가족관계를 포함하여 법률에 의하여 인정된 신분을 보존할 수 있는 아동의 권리를 존중한다.

2. 아동이 그의 신분요소 중 일부 또는 전부를 불법적으로 박탈당한 경우, 당사국은 그의 신분을 신속하게 회복하기 위하여 적절한 원조와 보호를 제공하여야 한다.

Article 9

1. States Parties shall ensure that a child shall not be separated from his or her parents against their will, except when competent authorities subject to judicial review determine, in accordance with applicable law and procedures, that such separation is necessary for the best interests of the child. Such

제9조

1. 당사국은 사법적 심사의 구속을 받는 관계당국이 적용가능한 법률 및 절차에 따라서 분리가 아동의 최상의 이익을 위하여 필요하다고 결정하는 경우 외에는, 아동이 그의 의사에 반하여 부모로부터 분리되지 아니하도록 보장하여야 한다. 위의 결정은 부모에 의한 아동 학대 또는 유기의 경우나 부모

determination may be necessary in a particular case such as one involving abuse or neglect of the child by the parents, or one where the parents are living separately and a decision must be made as to the child's place of residence.

의 별거로 인하여 아동의 거소에 관한 결정이 내려져야 하는 등 특별한 경우에 필요할 수 있다.

2. In any proceedings pursuant to paragraph 1 of the present article, all interested parties shall be given an opportunity to participate in the proceedings and make their views known.

2. 제1항의 규정에 의한 어떠한 절차에서도 모든 이해당사자는 그 절차에 참가하여 자신의 견해를 표시할 기회가 부여되어야 한다.

3. States Parties shall respect the right of the child who is separated from one or both parents to maintain personal relations and direct contact with both parents on a regular basis, except if it is contrary to the child's best interests.

3. 당사국은 아동의 최선의 이익에 반하는 경우 외에는, 부모의 일방 또는 쌍방으로부터 분리된 아동이 정기적으로 부모와 개인적 관계 및 직접적인 면접교섭을 유지할 권리를 가짐을 존중하여야 한다.

4. Where such separation results from any action initiated by a State Party, such as the detention, imprisonment, exile, deportation or death (including death arising from any cause while the person is in the custody of the State) of one or both parents or of the child, that State Party shall, upon request, provide the parents, the child or, if appropriate, another member of the family with the essential information concerning the whereabouts of the absent member(s) of the family unless the provision of the information would be detrimental to the well-being of the child. States Parties shall further ensure that the submission of such a request shall of itself entail no adverse consequences for the person(s) concerned.

4. 그러한 분리가 부모의 일방이나 쌍방 또는 아동의 감금, 투옥, 망명, 강제퇴거 또는 사망(국가가 억류하고 있는 동안 어떠한 원인에 기인한 사망을 포함한다) 등과 같이 당사국에 의하여 취하여진 어떠한 조치의 결과인 경우에는, 당사국은 그 정보의 제공이 아동의 복지에 해롭지 아니하는 한, 요청이 있는 경우, 부모, 아동 또는 적절한 경우 다른 가족구성원에게 부재 중인 가족구성원의 소재에 관한 필수적인 정보를 제공하여야 한다. 또한 당사국은 그러한 요청의 제출이 그 자체로 관계인에게 불리한 결과를 초래하지 아니하도록 보장하여야 한다.

Article 10

1. In accordance with the obligation of States Parties under article 9, paragraph 1, applications by a child or his or her parents to enter or leave a State Party for the purpose of family reunification shall be dealt with by States Parties in a positive, humane and expeditious manner. States Parties shall further ensure that the submission of such a request shall entail no adverse consequences for the applicants

제10조

1. 제9조 제1항에 규정된 당사국의 의무에 따라서, 가족의 재결합을 위하여 아동 또는 그 부모가 당사국에 입국하거나 출국하기 위한 신청은 당사국에 의하여 긍정적이며 인도적인 방법으로 그리고 신속하게 취급되어야 한다. 또한 당사국은 이러한 요청의 제출이 신청자와 그의 가족 구성원들에게 불리한 결과를 수반하지 아니하도록 보장하여야 한다.

and for the members of their family.

2. A child whose parents reside in different States shall have the right to maintain on a regular basis, save in exceptional circumstances personal relations and direct contacts with both parents. Towards that end and in accordance with the obligation of States Parties under article 9, paragraph 1, States Parties shall respect the right of the child and his or her parents to leave any country, including their own, and to enter their own country. The right to leave any country shall be subject only to such restrictions as are prescribed by law and which are necessary to protect the national security, public order (ordre public), public health or morals or the rights and freedoms of others and are consistent with the other rights recognized in the present Convention.

2. 부모가 타국에 거주하는 아동은 예외적 상황 외에는 정기적으로 부모와 개인적 관계 및 직접적인 면접교섭을 유지할 권리를 가진다. 이러한 목적에 비추어 그리고 제9조 제2항에 규정된 당사국의 의무에 따라서, 당사국은 아동과 그의 부모가 본국을 포함하여 어떠한 국가로부터 출국할 수 있고 또한 본국으로 입국할 수 있는 권리를 존중하여야 한다. 어떠한 국가로부터 출국할 수 있는 권리는 법률에 의하여 규정되고, 국가안보, 공공질서, 공중보건이나 도덕 또는 타인의 권리와 자유를 보호하기 위하여 필요하며 이 협약에서 인정된 그 밖의 권리에 부합되는 제한에 의하여만 구속된다.

Article 11

1. States Parties shall take measures to combat the illicit transfer and non-return of children abroad.

2. To this end, States Parties shall promote the conclusion of bilateral or multilateral agreements or accession to existing agreements.

제11조

1. 당사국은 아동의 불법 해외이송 및 미귀환을 퇴치하기 위한 조치를 취하여야 한다.

2. 이 목적을 위하여 당사국은 양자 또는 다자협정의 체결이나 기존 협정에의 가입을 촉진하여야 한다.

Article 12

1. States Parties shall assure to the child who is capable of forming his or her own views the right to express those views freely in all matters affecting the child, the views of the child being given due weight in accordance with the age and maturity of the child.

2. For this purpose, the child shall in particular be provided the opportunity to be heard in any judicial and administrative proceedings affecting the child, either directly, or through a representative or an appropriate body, in a manner consistent with the procedural rules of national law.

제12조

1. 당사국은 자신의 견해를 형성할 능력이 있는 아동에 대하여 본인에게 영향을 미치는 모든 문제에 있어서 자신의 견해를 자유스럽게 표시할 권리를 보장하며, 아동의 견해에 대하여는 아동의 연령과 성숙도에 따라 정당한 비중이 부여되어야 한다.

2. 이러한 목적을 위하여, 아동에게는 특히 아동에게 영향을 미치는 어떠한 사법적·행정적 절차에 있어서도 직접 또는 대표자나 적절한 기관을 통하여 진술할 기회가 국내법적 절차에 합치되는 방법으로 주어져야 한다.

Article 13

1. The child shall have the right to freedom of expression; this right shall include freedom to seek, receive and impart information and ideas of all kinds, regardless of frontiers, either orally, in writing or in print, in the form of art, or through any other media of the child's choice.

2. The exercise of this right may be subject to certain restrictions, but these shall only be such as are provided by law and are necessary:

(a) For respect of the rights or reputations of others; or

(b) For the protection of national security or of public order (ordre public), or of public health or morals.

제13조

1. 아동은 표현에 대한 자유권을 가진다. 이 권리는 구두, 필기 또는 인쇄, 예술의 형태 또는 아동이 선택하는 기타의 매체를 통하여 모든 종류의 정보와 사상을 국경에 관계없이 추구하고 접수하며 전달하는 자유를 포함한다.

2. 이 권리의 행사는 일정한 제한을 받을 수 있다. 다만 이 제한은 오직 법률에 의하여 규정되고 또한 다음 사항을 위하여 필요한 것이어야 한다.

(a) 타인의 권리 또는 신망의 존중

(b) 국가안보, 공공질서, 공중보건 또는 도덕의 보호

Article 14

1. States Parties shall respect the right of the child to freedom of thought, conscience and religion.

2. States Parties shall respect the rights and duties of the parents and, when applicable, legal guardians, to provide direction to the child in the exercise of his or her right in a manner consistent with the evolving capacities of the child.

3. Freedom to manifest one's religion or beliefs may be subject only to such limitations as are prescribed by law and are necessary to protect public safety, order, health or morals, or the fundamental rights and freedoms of others.

제14조

1. 당사국은 아동의 사상·양심 및 종교의 자유에 대한 권리를 존중하여야 한다.

2. 당사국은 아동이 권리를 행사함에 있어 부모 및 경우에 따라서는, 후견인이 아동의 능력발달에 부합하는 방식으로 그를 감독할 수 있는 권리와 의무를 존중하여야 한다.

3. 종교와 신념을 표현하는 자유는 오직 법률에 의하여 규정되고 공공의 안전, 질서, 보건이나 도덕 또는 타인의 기본권적 권리와 자유를 보호하기 위하여 필요한 경우에만 제한될 수 있다.

Article 15

1. States Parties recognize the rights of the child to freedom of association and to freedom of peaceful assembly.

2. No restrictions may be placed on the exercise of these rights other than those imposed in conformity with the law and which are necessary in a democratic society in the interests of national security or public safety, public order (ordre public),

제15조

1. 당사국은 아동의 결사의 자유와 평화적 집회의 자유에 대한 권리를 인정한다.

2. 이 권리의 행사에 대하여는 법률에 따라 부과되고 국가안보 또는 공공의 안전, 공공질서, 공중보건이나 도덕의 보호 또는 타인의 권리와 자유의 보호를 위하여 민주사회에서 필요한 것 외의 어떠한 제한도 과하여져서는 아니 된다.

the protection of public health or morals or the protection of the rights and freedoms of others.

Article 16

1. No child shall be subjected to arbitrary or unlawful interference with his or her privacy, family, home or correspondence, nor to unlawful attacks on his or her honour and reputation.

2. The child has the right to the protection of the law against such interference or attacks.

제16조

1. 어떠한 아동도 사생활, 가족, 가정 또는 통신에 대하여 자의적이거나 위법적인 간섭을 받지 아니하며 또한 명예나 신망에 대한 위법적인 공격을 받지 아니한다.

2. 아동은 이러한 간섭 또는 비난으로부터 법의 보호를 받을 권리를 가진다.

Article 17

States Parties recognize the important function performed by the mass media and shall ensure that the child has access to information and material from a diversity of national and international sources, especially those aimed at the promotion of his or her social, spiritual and moral well-being and physical and mental health.

To this end, States Parties shall:

(a) Encourage the mass media to disseminate information and material of social and cultural benefit to the child and in accordance with the spirit of article 29;

(b) Encourage international co-operation in the production, exchange and dissemination of such information and material from a diversity of cultural, national and international sources;

(c) Encourage the production and dissemination of children's books;

(d) Encourage the mass media to have particular regard to the linguistic needs of the child who belongs to a minority group or who is indigenous;

(e) Encourage the development of appropriate guidelines for the protection of the child from information and material injurious to his or herwell-being, bearing in mind the provisions of articles 13 and 18.

제17조

당사국은 대중매체가 수행하는 중요한 기능을 인정하며, 아동이 다양한 국내적 및 국제적 정보원으로부터의 정보와 자료, 특히 아동의 사회적 · 정신적·도덕적 복지와 신체적·정신적 건강의 향상을 목적으로 하는 정보와 자료에 대한 접근권을 가짐을 보장하여야 한다.

이 목적을 위하여 당사국은,

(a) 대중매체가 아동에게 사회적·문화적으로 유익하고 제29조의 정신에 부합되는 정보와 자료를 보급하도록 장려하여야 한다.

(b) 다양한 문화적·국내적 및 국제적 정보원으로부터의 정보와 자료를 제작·교환 및 보급하는 데 있어서의 국제협력을 장려하여야 한다.

(c) 아동도서의 제작과 보급을 장려하여야 한다.

(d) 대중매체로 하여금 소수집단에 속하거나 원주민인 아동의 언어상의 곤란에 특별한 관심을 기울이도록 장려하여야 한다.

(e) 제13조와 제18조의 규정을 유념하며 아동 복지에 해로운 정보와 자료로부터 아동을 보호하기 위한 적절한 지침의 개발을 장려하여야 한다.

Article 18

1. States Parties shall use their best efforts to ensure recognition of the principle that both parents have common responsibilities for the upbringing and development of the child. Parents or, as the case may be, legal guardians, have the primary responsibility for the upbringing and development of the child. The best interests of the child will be their basic concern.

2. For the purpose of guaranteeing and promoting the rights set forth in the present Convention, States Parties shall render appropriate assistance to parents and legal guardians in the performance of their child-rearing responsibilities and shall ensure the development of institutions, facilities and services for the care of children.

3. States Parties shall take all appropriate measures to ensure that children of working parents have the right to benefit from child-care services and facilities for which they are eligible.

제18조

1. 당사국은 부모 쌍방이 아동의 양육과 발전에 공동책임을 진다는 원칙이 인정받을 수 있도록 최선의 노력을 기울여야 한다. 부모 또는 경우에 따라서 후견인은 아동의 양육과 발달에 일차적 책임을 진다. 아동의 최선의 이익이 그들의 기본적 관심이 된다.

2. 이 협약에 규정된 권리를 보장하고 촉진시키기 위하여, 당사국은 아동의 양육책임 이행에 있어서 부모와 후견인에게 적절한 지원을 제공하여야 하며, 아동 보호를 위한 기관 · 시설 및 편의의 개발을 보장하여야 한다.

3. 당사국은 취업부모의 아동들이 이용할 자격이 있는 아동보호를 위한 편의 및 시설로부터 이익을 향유할 수 있는 권리가 있음을 보장하기 위하여 모든 적절한 조치를 취하여야 한다.

Article 19

1. States Parties shall take all appropriate legislative, administrative, social and educational measures to protect the child from all forms of physical or mental violence, injury or abuse, neglect or negligent treatment, maltreatment or exploitation, including sexual abuse, while in the care of parent(s), legal guardian(s) or any other person who has the care of the child.

2. Such protective measures should, as appropriate, include effective procedures for the establishment of social programmes to provide necessary support for the child and for those who have the care of the child, as well as for other forms of prevention and for identification, reporting, referral, investigation, treatment and follow-up of instances of child maltreatment described heretofore, and, as appropriate, for judicial involvement.

제19조

1. 당사국은 아동이 부모·후견인 기타 아동양육자의 양육을 받고 있는 동안 모든 형태의 신체적 · 정신적 폭력, 상해나 학대, 유기나 유기적 대우, 성적 학대를 포함한 혹사나 착취로부터 아동을 보호하기 위하여 모든 적절한 입법적·행정적·사회적 및 교육적 조치를 취하여야 한다.

2. 이러한 보호조치는 아동 및 아동양육자에게 필요한 지원을 제공하기 위한 사회계획의 수립은 물론, 제1항에 규정된 바와 같은 아동학대 사례를 다른 형태로 방지하거나 확인·보고·조회·조사·처리 및 추적하고 또한 적절한 경우에는 사법적 개입을 가능하게 하는 효과적 절차를 적절히 포함하여야 한다.

Article 20

1. A child temporarily or permanently deprived of his or her family environment, or in whose own best interests cannot be allowed to remain in that environment, shall be entitled to special protection and assistance provided by the State.

2. States Parties shall in accordance with their national laws ensure alternative care for such a child.

3. Such care could include, inter alia, foster placement, kafalah of Islamic law, adoption or if necessary placement in suitable institutions for the care of children. When considering solutions, due regard shall be paid to the desirability of continuity in a child's upbringing and to the child's ethnic, religious, cultural and linguistic background.

제20조

1. 일시적 또는 항구적으로 가정환경을 박탈당하거나 가정환경에 있는 것이 스스로의 최선의 이익을 위하여 허용될 수 없는 아동은 국가로부터 특별한 보호와 원조를 부여받을 권리가 있다.

2. 당사국은 자국의 국내법에 따라 이러한 아동을 위한 보호의 대안을 확보하여야 한다.

3. 이러한 보호는 특히 양육위탁, 회교법의 카팔라, 입양, 또는 필요한 경우 적절한 아동 양육기관에 두는 것을 포함한다. 해결책을 모색하는 경우에는 아동 양육에 있어 계속성의 보장이 바람직하다는 점과 아동의 인종적·종교적·문화적 및 언어적 배경에 대하여 정당한 고려가 베풀어져야 한다.

Article 21

States Parties that recognize and/or permit the system of adoption shall ensure that the best interests of the child shall be the paramount consideration and they shall:

(a) Ensure that the adoption of a child is authorized only by competent authorities who determine, in accordance with applicable law and procedures and on the basis of all pertinent and reliable information, that the adoption is permissible in view of the child's status concerning parents, relatives and legal guardians and that, if required, the persons concerned have given their informed consent to the adoption on the basis of such counselling as may be necessary;

(b) Recognize that inter-country adoption may be considered as an alternative means of child's care, if the child cannot be placed in a foster or an adoptive family or cannot in any suitable manner be cared for in the child's country of origin;

(c) Ensure that the child concerned by inter-country adoption enjoys safeguards and standards equiva-

제21조

입양제도를 인정하거나 허용하는 당사국은 아동의 최선의 이익이 최우선적으로 고려되도록 보장하여야 하며, 또한 당사국은,

(a) 아동의 입양은, 적용가능한 법률과 절차에 따라서 그리고 적절하고 신빙성 있는 모든 정보에 기초하여, 입양이 부모·친척 및 후견인에 대한 아동의 신분에 비추어 허용될 수 있음을, 그리고 요구되는 경우 관계자들이 필요한 협의에 의하여 입양에 대한 분별 있는 승낙을 하였음을 결정하는 관계당국에 의하여만 허가되도록 보장하여야 한다.

(b) 국제입양은, 아동이 위탁양육자나 입양가족에 두어질 수 없거나 또는 어떠한 적절한 방법으로도 출신국에서 양육되어질 수 없는 경우, 아동 양육의 대체수단으로서 고려될 수 있음을 인정하여야 한다.

(c) 국제입양에 관계되는 아동이 국내입양의 경우와 대등한 보호와 기준을 향유하도록 보장하여야

lent to those existing in the case of national adoption;

(d) Take all appropriate measures to ensure that, in inter-country adoption, the placement does not result in improper financial gain for those involved in it;

(e) Promote, where appropriate, the objectives of the present article by concluding bilateral or multilateral arrangements or agreements, and endeavour, within this framework, to ensure that the placement of the child in another country is carried out by competent authorities or organs.

한다.

(d) 국제입양에 있어서 양육지정이 관계자들에게 부당한 재정적 이익을 주는 결과가 되지 아니하도록 모든 적절한 조치를 취하여야 한다.

(e) 적절한 경우에는 양자 또는 다자약정이나 협정을 체결함으로써 이 조의 목적을 촉진시키며, 이러한 테두리 안에서 아동의 타국 내 양육지정이 관계당국이나 기관에 의하여 실시되는 것을 확보하기 위하여 노력하여야 한다.

Article 22

1. States Parties shall take appropriate measures to ensure that a child who is seeking refugee status or who is considered a refugee in accordance with applicable international or domestic law and procedures shall, whether unaccompanied or accompanied by his or her parents or by any other person, receive appropriate protection and humanitarian assistance in the enjoyment of applicable rights set forth in the present Convention and in other international human rights or humanitarian instruments to which the said States are Parties.

2. For this purpose, States Parties shall provide, as they consider appropriate, co-operation in any efforts by the United Nations and other competent intergovernmental organizations or non-governmental organizations co-operating with the United Nations to protect and assist such a child and to trace the parents or other members of the family of any refugee child in order to obtain information necessary for reunification with his or her family. In cases where no parents or other members of the family can be found, the child shall be accorded the same protection as any other child permanently or temporarily deprived of his or her family environment for any reason, as set forth in the present

제22조

1. 당사국은 난민으로서의 지위를 구하거나 또는 적용가능한 국제법 및 국내법과 절차에 따라 난민으로 취급되는 아동이, 부모나 기타 다른 사람과의 동반 여부에 관계없이, 이 협약 및 당해 국가가 당사국인 다른 국제인권 또는 인도주의 관련 문서에 규정된 적용가능한 권리를 향유함에 있어서 적절한 보호와 인도적 지원을 받을 수 있도록 하기 위하여 적절한 조치를 취하여야 한다.

2. 이 목적을 위하여, 당사국은 국제연합 및 국제연합과 협력하는 그 밖의 권한 있는 정부 간 또는 비정부 간 기구들이 그러한 아동을 보호, 원조하고 가족재결합에 필요한 정보를 얻기 위하여 난민 아동의 부모나 다른 가족 구성원을 추적하는 데 기울이는 모든 노력에 대하여도 적절하다고 판단되는 협조를 제공하여야 한다. 부모나 다른 가족구성원을 발견할 수 없는 경우, 그 아동은 어떠한 이유로 인하여 영구적 또는 일시적으로 가정환경을 박탈당한 다른 아동과 마찬가지로 이 협약에 규정된 바와 같은 보호를 부여받아야 한다.

Convention.

Article 23

1. States Parties recognize that a mentally or physically disabled child should enjoy a full and decent life, in conditions which ensure dignity, promote self-reliance and facilitate the child's active participation in the community.

2. States Parties recognize the right of the disabled child to special care and shall encourage and ensure the extension, subject to available resources, to the eligible child and those responsible for his or her care, of assistance for which application is made and which is appropriate to the child's condition and to the circumstances of the parents or others caring for the child.

3. Recognizing the special needs of a disabled child, assistance extended in accordance with paragraph 2 of the present article shall be provided free of charge, whenever possible, taking into account the financial resources of the parents or others caring for the child, and shall be designed to ensure that the disabled child has effective access to and receives education, training, health care services, rehabilitation services, preparation for employment and recreation opportunities in a manner conducive to the child's achieving the fullest possible social integration and individual development, including his or her cultural and spiritual development

4. States Parties shall promote, in the spirit of international cooperation, the exchange of appropriate information in the field of preventive health care and of medical, psychological and functional treatment of disabled children, including dissemination of and access to information concerning methods of rehabilitation, education and vocational services, with the aim of enabling States Parties to improve their capabilities and skills and to widen their experience in these areas. In this regard,

제23조

1. 당사국은 정신적 또는 신체적 장애아동이 존엄성이 보장되고 자립이 촉진되며 적극적 사회참여가 조장되는 여건 속에서 충분히 품위 있는 생활을 누려야 함을 인정한다.

2. 당사국은 장애아동의 특별한 보호를 받을 권리를 인정하며, 신청에 의하여 그리고 아동의 여건과 부모나 다른 아동양육자의 사정에 적합한 지원이, 활용 가능한 재원의 범위 안에서, 이를 받을 만한 아동과 그의 양육 책임자에게 제공될 것을 장려하고 보장하여야 한다.

3. 장애아동의 특별한 어려움을 인식하며, 제2항에 따라 제공된 지원은 부모나 다른 아동양육자의 재산을 고려하여 가능한 한 무상으로 제공되어야 하며, 장애아동의 가능한 한 전면적인 사회참여와 문화적 · 정신적 발전을 포함한 개인적 발전의 달성에 이바지하는 방법으로 그 아동이 교육, 훈련, 건강관리지원, 재활지원, 취업준비 및 오락기회를 효과적으로 이용하고 제공받을 수 있도록 계획되어야 한다.

4. 당사국은 국제협력의 정신에 입각하여, 그리고 당해 분야에서의 능력과 기술을 향상시키고 경험을 확대하기 위하여 재활, 교육 및 직업보도 방법에 관한 정보의 보급 및 이용을 포함하여, 예방의학 분야 및 장애아동에 대한 의학적·심리적·기능적 처치 분야에 있어서의 적절한 정보의 교환을 촉진하여야 한다. 이 문제에 있어서 개발도상국의 필요에 대하여 특별한 고려가 베풀어져야 한다.

particular account shall be taken of the needs of developing countries.

Article 24

1. States Parties recognize the right of the child to the enjoyment of the highest attainable standard of health and to facilities for the treatment of illness and rehabilitation of health. States Parties shall strive to ensure that no child is deprived of his or her right of access to such health care services.

2. States Parties shall pursue full implementation of this right and, in particular, shall take appropriate measures:

(a) To diminish infant and child mortality;

(b) To ensure the provision of necessary medical assistance and health care to all children with emphasis on the development of primary health care;

(c) To combat disease and malnutrition, including within the framework of primary health care, through, inter alia, the application of readily available technology and through the provision of adequate nutritious foods and clean drinking-water, taking into consideration the dangers and risks of environmental pollution;

(d) To ensure appropriate pre-natal and post-natal health care for mothers;

(e) To ensure that all segments of society, in particular parents and children, are informed, have access to education and are supported in the use of basic knowledge of child health and nutrition, the advantages of breast feeding, hygiene and environmental sanitation and the prevention of accidents;

(f) To develop preventive health care, guidance for parents and family planning education and services.

3. States Parties shall take all effective and appropriate measures with a view to abolishing traditional practices prejudicial to the health of children.

제24조

1. 당사국은 도달 가능한 최상의 건강수준을 향유하고, 질병의 치료와 건강의 회복을 위한 시설을 사용할 수 있는 아동의 권리를 인정한다. 당사국은 건강관리지원의 이용에 관한 아동의 권리가 박탈되지 아니하도록 노력하여야 한다.

2. 당사국은 이 권리의 완전한 이행을 추구하여야 하며, 특히 다음과 같은 적절한 조치를 취하여야 한다.

(a) 유아와 아동의 사망률을 감소시키기 위한 조치

(b) 기초건강관리의 발전에 중점을 두면서 모든 아동에게 필요한 의료지원과 건강관리의 제공을 보장하는 조치

(c) 환경오염의 위험과 손해를 감안하면서, 기초건강관리 체계 안에서 무엇보다도 쉽게 이용 가능한 기술의 적용과 충분한 영양식 및 깨끗한 음료수의 제공 등을 통하여 질병과 영양실조를 퇴치하기 위한 조치

(d) 산모를 위하여 출산 전후의 적절한 건강관리를 보장하는 조치

(e) 모든 사회구성원 특히 부모와 아동은 아동의 건강과 영양, 모유·수유의 이익, 위생 및 환경정화 그리고 사고예방에 관한 기초 지식의 활용에 있어서 정보를 제공받고 교육을 받으며 지원을 받을 것을 확보하는 조치

(f) 예방적 건강관리, 부모를 위한 지도 및 가족계획에 관한 교육과 편의를 발전시키는 조치

3. 당사국은 아동의 건강을 해치는 전통관습을 폐지하기 위하여 모든 효과적이고 적절한 조치를 취하여야 한다.

4. States Parties undertake to promote and encourage international co-operation with a view to achieving progressively the full realization of the right recognized in the present article. In this regard, particular account shall be taken of the needs of developing countries.

4. 당사국은 이 조에서 인정된 권리의 완전한 실현을 점진적으로 달성하기 위하여 국제협력을 촉진하고 장려하여야 한다. 이 문제에 있어서 개발도상국의 필요에 대하여 특별한 고려가 베풀어져야 한다.

Article 25

States Parties recognize the right of a child who has been placed by the competent authorities for the purposes of care, protection or treatment of his or her physical or mental health, to a periodic review of the treatment provided to the child and all other circumstances relevant to his or her placement.

제25조

당사국은 신체적·정신적 건강의 관리, 보호 또는 치료의 목적으로 관계당국에 의하여 양육지정 조치된 아동이, 제공되는 치료 및 양육지정과 관련된 그 밖의 모든 사정을 정기적으로 심사받을 권리를 가짐을 인정한다.

Article 26

1. States Parties shall recognize for every child the right to benefit from social security, including social insurance, and shall take the necessary measures to achieve the full realization of this right in accordance with their national law.
2. The benefits should, where appropriate, be granted, taking into account the resources and the circumstances of the child and persons having responsibility for the maintenance of the child, as well as any other consideration relevant to an application for benefits made by or on behalf of the child.

제26조

1. 당사국은 모든 아동이 사회보험을 포함한 사회보장제도의 혜택을 받을 권리를 가짐을 인정하며, 자국의 국내법에 따라 이 권리의 완전한 실현을 달성하기 위하여 필요한 조치를 취하여야 한다.

2. 이러한 혜택은 아동 및 아동에 대한 부양책임자의 자력과 주변 사정은 물론 아동에 의하여 직접 행하여지거나 또는 아동을 대신하여 행하여지는 혜택의 신청과 관련된 그 밖의 사정을 참작하여 적절한 경우에 부여되어야 한다.

Article 27

1. States Parties recognize the right of every child to a standard of living adequate for the child's physical, mental, spiritual, moral and social development.
2. The parent(s) or others responsible for the child have the primary responsibility to secure, within their abilities and financial capacities, the conditions of living necessary for the child's development.
3. States Parties, in accordance with national conditions and within their means, shall take appropriate measures to assist parents and others

제27조

1. 당사국은 모든 아동이 신체적·지적·정신적·도덕적 및 사회적 발달에 적합한 생활수준을 누릴 권리를 가짐을 인정한다.
2. 부모 또는 기타 아동에 대하여 책임이 있는 자는 능력과 재산의 범위 안에서 아동 발달에 필요한 생활여건을 확보할 일차적 책임을 진다.

3. 당사국은 국내 여건과 재정의 범위 안에서 부모 또는 기타 아동에 대하여 책임 있는 자가 이 권리를 실현하는 것을 지원하기 위한 적절한 조치를 취하

responsible for the child to implement this right and shall in case of need provide material assistance and support programmes, particularly with regard to nutrition, clothing and housing.

4. States Parties shall take all appropriate measures to secure the recovery of maintenance for the child from the parents or other persons having financial responsibility for the child, both within the State Party and from abroad. In particular, where the person having financial responsibility for the child lives in a State different from that of the child, States Parties shall promote the accession to international agreements or the conclusion of such agreements, as well as the making of other appropriate arrangements.

여야 하며, 필요한 경우에는 특히 영양, 의복 및 주거에 대하여 물질적 보조 및 지원계획을 제공하여야 한다.

4. 당사국은 국내외에 거주하는 부모 또는 기타 아동에 대하여 재정적으로 책임 있는 자로부터 아동양육비의 회부를 확보하기 위한 모든 적절한 조치를 취하여야 한다. 특히 아동에 대하여 재정적으로 책임 있는 자가 아동이 거주하는 국가와 다른 국가에 거주하는 경우, 당사국은 국제협약의 가입이나 그러한 협약의 체결은 물론 다른 적절한 조치의 강구를 촉진하여야 한다.

Article 28

1. States Parties recognize the right of the child to education, and with a view to achieving this right progressively and on the basis of equal opportunity, they shall, in particular:

(a) Make primary education compulsory and available free to all;

(b) Encourage the development of different forms of secondary education, including general and vocational education, make them available and accessible to every child, and take appropriate measures such as the introduction of free education and offering financial assistance in case of need;

(c) Make higher education accessible to all on the basis of capacity by every appropriate means;

(d) Make educational and vocational information and guidance available and accessible to all children;

(e) Take measures to encourage regular attendance at schools and the reduction of drop-out rates.

2. States Parties shall take all appropriate measures to ensure that school discipline is administered in a manner consistent with the child's human dignity

제28조

1. 당사국은 아동의 교육에 대한 권리를 인정하며, 점진적으로 그리고 기회 균등의 기초 위에서 이 권리를 달성하기 위하여 특히 다음의 조치를 취하여야 한다.

(a) 초등교육은 의무적이며, 모든 사람에게 무료로 제공되어야 한다.

(b) 일반교육 및 직업교육을 포함한 여러 형태의 중등교육의 발전을 장려하고, 이에 대한 모든 아동의 이용 및 접근이 가능하도록 하며, 무료교육의 도입 및 필요한 경우 재정적 지원을 제공하는 등의 적절한 조치를 취하여야 한다.

(c) 고등교육의 기회가 모든 사람에게 능력에 입각하여 개방될 수 있도록 모든 적절한 조치를 취하여야 한다.

(d) 교육 및 직업에 관한 정보와 지도를 모든 아동이 이용하고 접근할 수 있도록 조치하여야 한다.

(e) 학교에의 정기적 출석과 탈락률 감소를 장려하기 위한 조치를 취하여야 한다.

2. 당사국은 학교 규율이 아동의 인간적 존엄성과 합치하고 이 협약에 부합하도록 운영되는 것을 보장하기 위한 모든 적절한 조치를 취하여야 한다.

and in conformity with the present Convention.

3. States Parties shall promote and encourage international cooperation in matters relating to education, in particular with a view to contributing to the elimination of ignorance and illiteracy throughout the world and facilitating access to scientific and technical knowledge and modern teaching methods. In this regard, particular account shall be taken of the needs of developing countries.

3. 당사국은, 특히 전 세계의 무지와 문맹의 퇴치에 이바지하고, 과학적·기술적 지식과 현대적 교육방법에의 접근을 쉽게 하기 위하여, 교육에 관련되는 사항에 있어서 국제협력을 촉진하고 장려하여야 한다. 이 문제에 있어서 개발도상국의 필요에 대하여 특별한 고려가 베풀어져야 한다.

Article 29

1. States Parties agree that the education of the child shall be directed to:

(a) The development of the child's personality, talents and mental and physical abilities to their fullest potential;

(b) The development of respect for human rights and fundamental freedoms, and for the principles enshrined in the Charter of the United Nations;

(c) The development of respect for the child's parents, his or her own cultural identity, language and values, for the national values of the country in which the child is living, the country from which he or she may originate, and for civilizations different from his or her own;

(d) The preparation of the child for responsible life in a free society, in the spirit of understanding, peace, tolerance, equality of sexes, and friendship among all peoples, ethnic, national and religious groups and persons of indigenous origin;

(e) The development of respect for the natural environment.

2. No part of the present article or article 28 shall be construed so as to interfere with the liberty of individuals and bodies to establish and direct educational institutions, subject always to the observance of the principle set forth in paragraph 1 of the present article and to the requirements that the education given in such institutions shall

제29조

1. 당사국은 아동교육이 다음의 목표를 지향하여야 한다는 데 동의한다.

(a) 아동의 인격, 재능 및 정신적·신체적 능력의 최대한의 계발

(b) 인권과 기본적 자유 및 국제연합 헌장에 규정된 원칙에 대한 존중의 진전

(c) 자신의 부모, 문화적 주체성, 언어 및 가치 그리고 현거주국과 출신국의 국가적 가치 및 이질문명에 대한 존중의 진전

(d) 아동이 인종적·민족적·종교적 집단 및 원주민 등 모든 사람과의 관계에 있어서 이해, 평화, 관용, 성(性)의 평등 및 우정의 정신에 입각하여 자유사회에서 책임 있는 삶을 영위하도록 하는 준비

(e) 자연환경에 대한 존중의 진전

2. 이 조 또는 제28조의 어떠한 부분도 개인 및 단체가, 언제나 제1항에 규정된 원칙들을 준수하고 당해 교육기관에서 실시되는 교육이 국가에 의하여 설정된 최소한의 기준에 부합하여야 한다는 조건하에, 교육기관을 설립하여 운영할 수 있는 자유를 침해하는 것으로 해석되어서는 아니 된다.

conform to such minimum standards as may be laid down by the State.

Article 30

In those States in which ethnic, religious or linguistic minorities or persons of indigenous origin exist, a child belonging to such a minority or who is indigenous shall not be denied the right, in community with other members of his or her group, to enjoy his or her own culture, to profess and practise his or her own religion, or to use his or her own language.

제30조

인종적·종교적 또는 언어적 소수자나 원주민이 존재하는 국가에서 이러한 소수자에 속하거나 원주민인 아동은 자기 집단의 다른 구성원과 함께 고유문화를 향유하고, 고유의 종교를 신앙하고 실천하며, 고유의 언어를 사용할 권리를 부인당하지 아니한다.

Article 31

1. States Parties recognize the right of the child to rest and leisure, to engage in play and recreational activities appropriate to the age of the child and to participate freely in cultural life and the arts.
2. States Parties shall respect and promote the right of the child to participate fully in cultural and artistic life and shall encourage the provision of appropriate and equal opportunities for cultural, artistic, recreational and leisure activity.

제31조

1. 당사국은 휴식과 여가를 즐기고, 자신의 연령에 적합한 놀이와 오락활동에 참여하며, 문화생활과 예술에 자유롭게 참여할 수 있는 아동의 권리를 인정한다.
2. 당사국은 문화적·예술적 생활에 완전하게 참여할 수 있는 아동의 권리를 존중하고 촉진하며, 문화, 예술, 오락 및 여가활동을 위한 적절하고 균등한 기회의 제공을 장려하여야 한다.

Article 32

1. States Parties recognize the right of the child to be protected from economic exploitation and from performing any work that is likely to be hazardous or to interfere with the child's education, or to be harmful to the child's health or physical, mental, spiritual, moral or social development.
2. States Parties shall take legislative, administrative, social and educational measures to ensure the implementation of the present article. To this end, and having regard to the relevant provisions of other international instruments, States Parties shall in particular:

(a) Provide for a minimum age or minimum ages for admission to employment;

제32조

1. 당사국은 경제적 착취 및 위험하거나, 아동의 교육에 방해되거나, 아동의 건강이나 신체적·지적·정신적·도덕적 또는 사회적 발전에 유해한 여하한 노동의 수행으로부터 보호받을 아동의 권리를 인정한다.

2. 당사국은 이 조의 이행을 보장하기 위한 입법적·행정적·사회적 및 교육적 조치를 강구하여야 한다. 이 목적을 위하여 그리고 그 밖의 국제 문서의 관련 규정을 고려하여 당사국은 특히 다음의 조치를 취하여야 한다.

(a) 단일 또는 복수의 최저 고용연령의 규정

(b) Provide for appropriate regulation of the hours and conditions of employment;
(c) Provide for appropriate penalties or other sanctions to ensure the effective enforcement of the present article.

(b) 고용시간 및 조건에 관한 적절한 규정의 마련

(c) 이 조의 효과적인 실시를 확보하기 위한 적절한 처벌 또는 기타 제재수단의 규정

Article 33
States Parties shall take all appropriate measures, including legislative, administrative, social and educational measures, to protect children from the illicit use of narcotic drugs and psychotropic substances as defined in the relevant international treaties, and to prevent the use of children in the illicit production and trafficking of such substances.

제33조
당사국은 관련 국제조약에서 규정하고 있는 마약과 향정신성 물질의 불법적 사용으로부터 아동을 보호하고 이러한 물질의 불법적 생산과 거래에 아동이 이용되는 것을 방지하기 위하여 입법적·행정적·사회적·교육적 조치를 포함한 모든 적절한 조치를 취하여야 한다.

Article 34
States Parties undertake to protect the child from all forms of sexual exploitation and sexual abuse. For these purposes, States Parties shall in particular take all appropriate national, bilateral and multilateral measures to prevent:
(a) The inducement or coercion of a child to engage in any unlawful sexual activity;
(b) The exploitative use of children in prostitution or other unlawful sexual practices;
(c) The exploitative use of children in pornographic performances and materials.

제34조
당사국은 모든 형태의 성적 착취와 성적 학대로부터 아동을 보호할 의무를 진다. 이 목적을 달성하기 위하여 당사국은 특히 다음의 사항을 방지하기 위한 모든 적절한 국내적·양국 간·다국 간 조치를 취하여야 한다.
(a) 아동을 모든 위법한 성적 활동에 종사하도록 유인하거나 강제하는 행위
(b) 아동을 매음이나 기타 위법한 성적 활동에 착취적으로 이용하는 행위
(c) 아동을 외설스러운 공연 및 자료에 착취적으로 이용하는 행위

Article 35
States Parties shall take all appropriate national, bilateral and multilateral measures to prevent the abduction of, the sale of or traffic in children for any purpose or in any form.

제35조
당사국은 모든 목적과 형태의 아동의 약취유인이나 매매 또는 거래를 방지하기 위한 모든 적절한 국내적, 양국 간, 다국 간 조치를 취하여야 한다.

Article 36
States Parties shall protect the child against all other forms of exploitation prejudicial to any aspects of the child's welfare.

제36조
당사국은 아동복지의 어떠한 측면에 대하더라도 해로운 기타 모든 형태의 착취로부터 아동을 보호하여야 한다.

Article 37

States Parties shall ensure that:

(a) No child shall be subjected to torture or other cruel, inhuman or degrading treatment or punishment. Neither capital punishment nor life imprisonment without possibility of release shall be imposed for offences committed by persons below eighteen years of age;

(b) No child shall be deprived of his or her liberty unlawfully or arbitrarily. The arrest, detention or imprisonment of a child shall be in conformity with the law and shall be used only as a measure of last resort and for the shortest appropriate period of time;

(c) Every child deprived of liberty shall be treated with humanity and respect for the inherent dignity of the human person, and in a manner which takes into account the needs of persons of his or her age. In particular, every child deprived of liberty shall be separated from adults unless it is considered in the child's best interest not to do so and shall have the right to maintain contact with his or her family through correspondence and visits, save in exceptional circumstances;

(d) Every child deprived of his or her liberty shall have the right to prompt access to legal and other appropriate assistance, as well as the right to challenge the legality of the deprivation of his or her liberty before a court or other competent, independent and impartial authority, and to a prompt decision on any such action.

Article 38

1. States Parties undertake to respect and to ensure respect for rules of international humanitarian law applicable to them in armed conflicts which are relevant to the child.

2. States Parties shall take all feasible measures to ensure that persons who have not attained the age

제37조

당사국은 다음의 사항을 보장하여야 한다.

(a) 어떠한 아동도 고문 또는 기타 잔혹하거나 비인간적이거나 굴욕적인 대우나 처벌을 받지 아니한다. 사형 또는 석방의 가능성이 없는 종신형은 18세 미만의 사람이 범한 범죄에 대하여 과하여져서는 아니 된다.

(b) 어떠한 아동도 위법적 또는 자의적으로 자유를 박탈당하지 아니한다. 아동의 체포, 억류 또는 구금은 법률에 따라 행하여져야 하며, 오직 최후의 수단으로서 또한 적절한 최단기간 동안만 사용되어야 한다.

(c) 자유를 박탈당한 모든 아동은 인도주의와 인간 고유의 존엄성에 대한 존중에 입각하여 그리고 그들의 연령상의 필요를 고려하여 처우되어야 한다. 특히 자유를 박탈당한 모든 아동은, 성인으로부터 격리되지 아니하는 것이 아동의 최선의 이익에 합치된다고 생각되는 경우를 제외하고는 성인으로부터 격리되어야 하며, 예외적인 경우를 제외하고는 서신과 방문을 통하여 자기 가족과의 접촉을 유지할 권리를 가진다.

(d) 자유를 박탈당한 모든 아동은 법률적 및 기타 적절한 구조에 신속하게 접근할 권리를 가짐은 물론 법원이나 기타 권한 있고 독립적이며 공정한 당국 앞에서 자신에 대한 자유박탈의 합법성에 이의를 제기하고 이러한 소송에 대하여 신속한 결정을 받을 권리를 가진다.

제38조

1. 당사국은 아동과 관련이 있는 무력분쟁에 있어서, 당사국에 적용가능한 국제인도법의 규칙을 존중하고 동 존중을 보장할 의무를 진다.

2. 당사국은 15세에 달하지 아니한 자가 적대행위에 직접 참여하지 아니할 것을 보장하기 위하여 실

of fifteen years do not take a direct part in hostilities.

3. States Parties shall refrain from recruiting any person who has not attained the age of fifteen years into their armed forces. In recruiting among those persons who have attained the age of fifteen years but who have not attained the age of eighteen years, States Parties shall endeavour to give priority to those who are oldest.

4. In accordance with their obligations under international humanitarian law to protect the civilian population in armed conflicts, States Parties shall take all feasible measures to ensure protection and care of children who are affected by an armed conflict.

행 가능한 모든 조치를 취하여야 한다.

3. 당사국은 15세에 달하지 아니한 자의 징병을 삼가야 한다. 15세에 달하였으나 18세에 달하지 아니한 자 중에서 징병하는 경우, 당사국은 최연장자에게 우선순위를 두도록 노력하여야 한다.

4. 무력분쟁에 있어서 민간인 보호를 위한 국제인도법상의 의무에 따라서, 당사국은 무력분쟁의 영향을 받는 아동의 보호 및 배려를 확보하기 위하여 실행 가능한 모든 조치를 취하여야 한다.

Article 39

States Parties shall take all appropriate measures to promote physical and psychological recovery and social reintegration of a child victim of: any form of neglect, exploitation, or abuse; torture or any other form of cruel, inhuman or degrading treatment or punishment; or armed conflicts. Such recovery and reintegration shall take place in an environment which fosters the health, self-respect and dignity of the child.

제39조

당사국은 모든 형태의 유기, 착취, 학대, 또는 고문이나 기타 모든 형태의 잔혹하거나 비인간적이거나 굴욕적인 대우나 처벌, 또는 무력분쟁으로 인하여 희생이 된 아동의 신체적·심리적 회복 및 사회복귀를 촉진시키기 위한 모든 적절한 조치를 취하여야 한다.

Article 40

1. States Parties recognize the right of every child alleged as, accused of, or recognized as having infringed the penal law to be treated in a manner consistent with the promotion of the child's sense of dignity and worth, which reinforces the child's respect for the human rights and fundamental freedoms of others and which takes into account the child's age and the desirability of promoting the child's reintegration and the child's assuming a constructive role in society.

2. To this end, and having regard to the relevant provisions of international instruments, States

제40조

1. 당사국은 형사피의자나 형사피고인 또는 유죄로 인정받은 모든 아동에 대하여, 아동의 연령 그리고 아동의 사회복귀 및 사회에서의 건설적 역할 담당을 촉진하는 것이 바람직스럽다는 점을 고려하고, 인권과 타인의 기본적 자유에 대한 아동의 존중심을 강화시키며, 존엄과 가치에 대한 아동의 지각을 촉진시키는 데 부합하도록 처우받을 권리를 가짐을 인정한다.

2. 이 목적을 위하여 그리고 국제문서의 관련 규정을 고려하며, 당사국은 특히 다음 사항을 보장하여

Parties shall, in particular, ensure that:

(a) No child shall be alleged as, be accused of, or recognized as having infringed the penal law by reason of acts or omissions that were not prohibited by national or international law at the time they were committed;

(b) Every child alleged as or accused of having infringed the penal law has at least the following guarantees:

(i) To be presumed innocent until proven guilty according to law;

(ii) To be informed promptly and directly of the charges against him or her, and, if appropriate, through his or her parents or legal guardians, and to have legal or other appropriate assistance in the preparation and presentation of his or her defence;

(iii) To have the matter determined without delay by a competent, independent and impartial authority or judicial body in a fair hearing according to law, in the presence of legal or other appropriate assistance and, unless it is considered not to be in the best interest of the child, in particular, taking into account his or her age or situation, his or her parents or legal guardians;

(iv) Not to be compelled to give testimony or to confess guilt; to examine or have examined adverse witnesses and to obtain the participation and examination of witnesses on his or her behalf under conditions of equality;

(v) If considered to have infringed the penal law, to have this decision and any measures imposed in consequence thereof reviewed by a higher competent, independent and impartial authority or judicial body according to law;

(vi) To have the free assistance of an interpreter if the child cannot understand or speak the language used;

(vii) To have his or her privacy fully respected at all stages of the proceedings.

야 한다.

(a) 모든 아동은 행위 시의 국내법 또는 국제법에 의하여 금지되지 아니한 작위 또는 부작위를 이유로 하여 형사피의자가 되거나 형사기소되거나 유죄로 인정받지 아니한다.

(b) 형사피의자 또는 형사피고인인 모든 아동은 최소한 다음 사항을 보장받는다.

(i) 법률에 따라 유죄가 입증될 때까지는 무죄로 추정받는다.

(ii) 피의사실을 신속하게 그리고 직접 또는 적절한 경우, 부모나 후견인을 통하여 통지받으며, 변론의 준비 및 제출 시 법률적 또는 기타 적절한 지원을 받는다.

(iii) 권한 있고 독립적이며 공평한 기관 또는 사법기관에 의하여 법률적 또는 기타 적당한 지원하에 법률에 따른 공정한 심리를 받아 지체 없이 사건이 판결되어야 하며, 아동의 최선의 이익에 반한다고 판단되지 아니하는 경우, 특히 그의 연령이나 주변 환경, 부모 또는 후견인 등을 고려하여야 한다.

(iv) 증언이나 유죄의 자백을 강요당하지 아니하며, 자신에게 불리한 증인을 신문하거나 또는 신문받도록 하며, 대등한 조건하에 자신을 위한 증인의 출석과 신문을 확보한다.

(v) 형법위반으로 간주되는 경우, 그 판결 및 그에 따라 부과된 여하한 조치는 법률에 따라 권한 있고 독립적이며 공정한 상급당국이나 사법기관에 의하여 심사되어야 한다.

(vi) 아동이 사용되는 언어를 이해하지 못하거나 말하지 못하는 경우, 무료로 통역원의 지원을 받는다.

(vii) 사법절차의 모든 단계에서 아동의 사생활은 충분히 존중되어야 한다.

3. States Parties shall seek to promote the establishment of laws, procedures, authorities and institutions specifically applicable to children alleged as, accused of, or recognized as having infringed the penal law, and, in particular:
(a) The establishment of a minimum age below which children shall be presumed not to have the capacity to infringe the penal law;
(b) Whenever appropriate and desirable, measures for dealing with such children without resorting to judicial proceedings, providing that human rights and legal safeguards are fully respected.
4. A variety of dispositions, such as care, guidance and supervision orders; counselling; probation; foster care; education and vocational training programmes and other alternatives to institutional care shall be available to ensure that children are dealt with in a manner appropriate to their well-being and proportionate both to their circumstances and the offence.

3. 당사국은 형사피의자, 형사피고인 또는 유죄로 인정받은 아동에게 특별히 적용될 수 있는 법률, 절차, 기관 및 기구의 설립을 촉진하도록 노력하며, 특히 다음 사항에 노력하여야 한다.

(a) 형법위반능력이 없다고 추정되는 최저 연령의 설정

(b) 적절하고 바람직스러운 경우, 인권과 법적 보장이 완전히 존중된다는 조건하에 이러한 아동을 사법절차에 의하지 아니하고 다루기 위한 조치

4. 아동이 그들의 복지에 적절하고 그들의 여건 및 범행에 비례하여 취급될 것을 보장하기 위하여 보호, 지도 및 감독명령, 상담, 보호관찰, 보호양육, 교육과 직업훈련계획 및 제도적 보호에 대한 그 밖의 대체방안 등 여러 가지 처분이 이용 가능하여야 한다.

Article 41
Nothing in the present Convention shall affect any provisions which are more conducive to the realization of the rights of the child and which may be contained in:
(a) The law of a State party; or
(b) International law in force for that State.

제41조
이 협약의 규정은 다음 사항에 포함되어 있는 아동권리의 실현에 보다 공헌할 수 있는 어떠한 규정에도 영향을 미치지 아니한다.

(a) 당사국의 법
(b) 당사국에 대하여 효력을 가지는 국제법

PART II

제2부

Article 42
States Parties undertake to make the principles and provisions of the Convention widely known, by appropriate and active means, to adults and children alike.

제42조
당사국은 이 협약의 원칙과 규정을 적절하고 적극적인 수단을 통하여 성인과 아동 모두에게 널리 알릴 의무를 진다.

Article 43
1. For the purpose of examining the progress made by States Parties in achieving the realization of the

제43조
1. 이 협약상의 의무이행을 달성함에 있어서 당사국이 이룩한 진전 상황을 심사하기 위하여 이하에

obligations undertaken in the present Convention, there shall be established a Committee on the Rights of the Child, which shall carry out the functions hereinafter provided.

규정된 기능을 수행하는 아동권리위원회를 설립한다.

2. The Committee shall consist of ten experts of high moral standing and recognized competence in the field covered by this Convention. The members of the Committee shall be elected by States Parties from among their nationals and shall serve in their personal capacity, consideration being given to equitable geographical distribution, as well as to the principal legal systems.

2. 위원회는 고매한 인격을 가지고 이 협약이 대상으로 하는 분야에서 능력이 인정된 10명의 전문가로 구성된다. 위원회의 위원은 형평한 지리적 배분과 주요 법체계를 고려하여 당사국의 국민 중에서 선출되며, 개인적 자격으로 임무를 수행한다.

3. The members of the Committee shall be elected by secret ballot from a list of persons nominated by States Parties. Each State Party may nominate one person from among its own nationals.

3. 위원회의 위원은 당사국에 의하여 지명된 자의 명단 중에서 비밀투표에 의하여 선출된다. 각 당사국은 자국민 중에서 1인을 지명할 수 있다.

4. The initial election to the Committee shall be held no later than six months after the date of the entry into force of the present Convention and thereafter every second year. At least four months before the date of each election, the Secretary- General of the United Nations shall address a letter to States Parties inviting them to submit their nominations within two months. The Secretary-General shall subsequently prepare a list in alphabetical order of all persons thus nominated, indicating States Parties which have nominated them, and shall submit it to the States Parties to the present Convention.

4. 위원회의 최초의 선거는 이 협약의 발효일부터 6월 이내에 실시되며, 그 이후는 매 2년마다 실시된다. 각 선거일의 최소 4월 이전에 국제연합 사무총장은 당사국에 대하여 2월 이내에 후보자 지명을 제출하라는 서한을 발송하여야 한다. 사무총장은 지명한 당사국의 표시와 함께 알파벳순으로 지명된 후보들의 명단을 작성하여, 이를 이 협약의 당사국에게 제시하여야 한다.

5. The elections shall be held at meetings of States Parties convened by the Secretary-General at United Nations Headquarters. At those meetings, for which two thirds of States Parties shall constitute a quorum, the persons elected to the Committee shall be those who obtain the largest number of votes and an absolute majority of the votes of the representatives of States Parties present and voting.

5. 선거는 국제연합 본부에서 사무총장에 의하여 소집된 당사국회의에서 실시된다. 이 회의는 당사국의 3분의 2를 의사정족수로 하고, 출석하고 투표한 당사국 대표의 최대다수표 및 절대다수표를 얻는 자가 위원으로 선출된다.

6. The members of the Committee shall be elected for a term of four years. They shall be eligible for re-election if renominated. The term of five of the

6. 위원회의 위원은 4년 임기로 선출된다. 위원은 재지명된 경우에는 재선될 수 있다. 최초의 선거에서 선출된 위원 중 5인의 임기는 2년 후에 종료된

members elected at the first election shall expire at the end of two years; immediately after the first election, the names of these five members shall be chosen by lot by the Chairman of the meeting.

다. 이들 5인 위원의 명단은 최초선거 후 즉시 동 회의의 의장에 의하여 추첨으로 선정된다.

7. If a member of the Committee dies or resigns or declares that for any other cause he or she can no longer perform the duties of the Committee, the State Party which nominated the member shall appoint another expert from among its nationals to serve for the remainder of the term, subject to the approval of the Committee.

7. 위원회 위원이 사망, 사퇴 또는 본인이 어떠한 이유로 인하여 위원회의 임무를 더 이상 수행할 수 없다고 선언하는 경우, 그 위원을 지명한 당사국은 위원회의 승인을 조건으로 자국민 중에서 잔여 임기를 수행할 다른 전문가를 임명한다.

8. The Committee shall establish its own rules of procedure.

8. 위원회는 자체의 절차규정을 제정한다.

9. The Committee shall elect its officers for a period of two years.

9. 위원회는 2년 임기의 임원을 선출한다.

10. The meetings of the Committee shall normally be held at United Nations Headquarters or at any other convenient place as determined by the Committee. The Committee shall normally meet annually. The duration of the meetings of the Committee shall be determined, and reviewed, if necessary, by a meeting of the States Parties to the present Convention, subject to the approval of the General Assembly.

10. 위원회의 회의는 통상 국제연합 본부나 위원회가 결정하는 그 밖의 편리한 장소에서 개최된다. 위원회는 통상 매년 회의를 한다. 위원회의 회의 기간은 필요한 경우 총회의 승인을 조건으로 이 협약 당사국회의에 의하여 결정되고 재검토된다.

11. The Secretary-General of the United Nations shall provide the necessary staff and facilities for the effective performance of the functions of the Committee under the present Convention.

11. 국제연합 사무총장은 이 협약에 의하여 설립된 위원회의 효과적인 기능수행을 위하여 필요한 직원과 편의를 제공한다.

12. With the approval of the General Assembly, the members of the Committee established under the present Convention shall receive emoluments from United Nations resources on such terms and conditions as the Assembly may decide.

12. 이 협약에 의하여 설립된 위원회의 위원은 총회의 승인을 얻고 총회가 결정하는 기간과 조건에 따라 국제연합의 재원으로부터 보수를 받는다.

Article 44

1. States Parties undertake to submit to the Committee, through the Secretary-General of the United Nations, reports on the measures they have adopted which give effect to the rights recognized

제44조

1. 당사국은 이 협약에서 인정된 권리를 실행하기 위하여 그들이 채택한 조치와 동 권리의 향유와 관련하여 이룩한 진전 상황에 관한 보고서를 다음과 같이 국제연합 사무총장을 통하여 위원회에 제출

herein and on theprogress made on the enjoyment of those rights

(a) Within two years of the entry into force of the Convention for the State Party concerned;

(b) Thereafter every five years.

2. Reports made under the present article shall indicate factors and difficulties, if any, affecting the degree of fulfilment of the obligations under the present Convention. Reports shall also contain sufficient information to provide the Committee with a comprehensive understanding of the implementation of the Convention in the country concerned.

3. A State Party which has submitted a comprehensive initial report to the Committee need not, in its subsequent reports submitted in accordance with paragraph 1 (b) of the present article, repeat basic information previously provided.

4. The Committee may request from States Parties further information relevant to the implementation of the Convention.

5. The Committee shall submit to the General Assembly, through the Economic and Social Council, every two years, reports on its activities.

6. States Parties shall make their reports widely available to the public in their own countries.

Article 45

In order to foster the effective implementation of the Convention and to encourage international co-operation in the field covered by the Convention:

(a) The specialized agencies, the United Nations Children's Fund, and other United Nations organs shall be entitled to be represented at the consideration of the implementation of such provisions of the present Convention as fall within the scope of their mandate. The Committee may invite the specialized agencies, the United Nations Children's Fund and other competent bodies as it may consider appropriate to provide expert advice on the

한다.

(a) 관계 당사국에 대하여 이 협약이 발효한 후 2년 이내

(b) 그 후 5년마다

2. 이 조에 따라 제출되는 보고서는 이 협약상 의무의 이행 정도에 영향을 미치는 요소와 장애가 있을 경우 이를 적시하여야 한다. 보고서는 또한 관계국에서의 협약이행에 관한 포괄적인 이해를 위원회에 제공하기 위한 충분한 정보를 포함하여야 한다.

3. 위원회에 포괄적인 최초의 보고서를 제출한 당사국은, 제1항 (b)호에 의하여 제출하는 후속보고서에 이미 제출된 기초적 정보를 반복할 필요는 없다.

4. 위원회는 당사국으로부터 이 협약의 이행과 관련이 있는 추가정보를 요청할 수 있다.

5. 위원회는 위원회의 활동에 관한 보고서를 2년마다 경제사회이사회를 통하여 총회에 제출한다.

6. 당사국은 자국의 활동에 관한 보고서를 자국 내 일반에게 널리 활용 가능하도록 하여야 한다.

제45조

이 협약의 효과적인 이행을 촉진하고 이 협약이 대상으로 하는 분야에서의 국제협력을 장려하기 위하여,

(a) 전문기구, 국제연합아동기금 및 국제연합의 그 밖의 기관은 이 협약 중 그들의 권한 범위 안에 속하는 규정의 이행에 관한 논의에 대표를 파견할 권리를 가진다. 위원회는 전문기구, 국제연합 아동기금 및 위원회가 적절하다고 판단하는 그 밖의 권한 있는 기구에 대하여 각 기구의 권한 범위에 속하는 분야에 있어서 이 협약의 이행에 관한 전문적인 자문을 제공하여 줄 것을 요청할 수 있다. 위원회는 전문기구, 국제연합 아동기금 및 국제연합의 그 밖

implementation of the Convention in areas falling within the scope of their respective mandates. The Committee may invite the specialized agencies, the United Nations Children's Fund, and other United Nations organs to submit reports on the implementation of the Convention in areas falling within the scope of their activities;

(b) The Committee shall transmit, as it may consider appropriate, to the specialized agencies, the United Nations Children's Fund and other competent bodies, any reports from States Parties that contain a request, or indicate a need, for technical advice or assistance, along with the Committee's observations and suggestions, if any, on these requests or indications;

(c) The Committee may recommend to the General Assembly to request the Secretary-General to undertake on its behalf studies on specific issues relating to the rights of the child;

(d) The Committee may make suggestions and general recommendations based on information received pursuant to articles 44 and 45 of the present Convention. Such suggestions and general recommendations shall be transmitted to any State Party concerned and reported to the General Assembly, together with comments, if any, from States Parties.

. . .

의 기관에게 그들의 활동 범위에 속하는 분야에서의 이 협약의 이행에 관한 보고서를 제출할 것을 요청할 수 있다.

(b) 위원회는 적절하다고 판단되는 경우 기술적 자문이나 지원을 요청하거나 그 필요성을 지적하고 있는 당사국의 모든 보고서를 그러한 요청이나 지적에 대한 위원회의 의견이나 제안이 있으면 동 의견이나 제안과 함께 전문기구, 국제연합아동기금 및 그 밖의 권한 있는 기구에 전달하여야 한다.

(c) 위원회는 사무총장이 위원회를 대신하여 아동권리와 관련이 있는 특정 문제를 조사하도록 요청할 것을 총회에 대하여 권고할 수 있다.

(d) 위원회는 이 협약 제44조 및 제45조에 의하여 접수한 정보에 기초하여 제안과 일반적 권고를 할 수 있다. 이러한 제안과 일반적 권고는 당사국의 논평이 있으면 그 논평과 함께 모든 관계 당사국에 전달되고 총회에 보고되어야한다.

. . .

Convention on the Rights of Persons with Disabilities

Preamble

(a) Recalling the principles proclaimed in the Charter of the United Nations which recognize the inherent dignity and worth and the equal and inalienable rights of all members of the human family as the foundation of freedom, justice and peace in the world,

(b) Recognizing that the United Nations, in the Universal Declaration of Human Rights and in the International Covenants on Human Rights, has proclaimed and agreed that everyone is entitled to all the rights and freedoms set forth therein, without distinction of any kind,

(c) Reaffirming the universality, indivisibility, interdependence and interrelatedness of all human rights and fundamental freedoms and the need for persons with disabilities to be guaranteed their full enjoyment without discrimination,

(d) Recalling the International Covenant on Economic, Social and Cultural Rights, the International Covenant on Civil and Political Rights, the International Convention on the Elimination of All Forms of Racial Discrimination, the Convention on the Elimination of All Forms of Discrimination against Women, the Convention against Torture and Other Cruel, Inhuman or Degrading Treatment or Punishment, the Convention on the Rights of the Child, and the International Convention on the Protection of the Rights of All Migrant Workers and Members of Their Families,

장애인의 권리에 관한 협약

채택 2006. 12. 13 / 발효 2008. 5. 3 /
대한민국 적용 2009. 1. 9

이 협약의 당사국은,

가. 인류 모든 구성원의 천부적 존엄성과 가치 및 동등하고 양도 불가능한 권리를 자유, 정의 및 세계 평화의 기초로서 인정하고 있는 국제연합헌장에 천명된 원칙들을 상기하고,

나. 국제연합은 세계인권선언과 국제인권규약에서 모든 인간은 어떠한 종류의 차별도 받지 않고 그 안에 규정된 모든 권리와 자유를 누릴 자격이 있다는 것을 천명하고 동의하여 왔음을 인정하며,

다. 모든 인권과 기본적 자유의 보편성, 불가분성, 상호의존성 및 상호관련성과, 장애인이 그러한 인권과 자유를 차별 없이 완전히 향유할 수 있도록 보장 받아야 하는 필요성을 재확인하고,

라. 경제적, 사회적 및 문화적 권리에 관한 국제규약, 시민적 및 정치적 권리에 관한 국제규약, 모든 형태의 인종차별 철폐에 관한 국제협약, 여성에 대한 모든 형태의 차별 철폐에 관한 협약, 고문 및 그 밖의 잔혹한, 비인도적인 또는 굴욕적인 대우나 처벌의 방지에 관한 협약, 아동의 권리에 관한 협약, 모든 이주근로자와 그 가족의 권리 보호에 관한 국제협약을 상기하며,

(e) Recognizing that disability is an evolving concept and that disability results from the interaction between persons with impairments and attitudinal and environmental barriers that hinders their full and effective participation in society on an equal basis with others,

마. 장애는 점진적으로 변화하는 개념이며, 손상을 지닌 사람과 그들이 다른 사람과 동등하게 사회에 완전하고 효과적으로 참여하는 것을 저해하는 태도 및 환경적인 장벽 간의 상호작용으로부터 기인된다는 것을 인정하고,

(f) Recognizing the importance of the principles and policy guidelines contained in the World Programme of Action concerning Disabled Persons and in the Standard Rules on the Equalization of Opportunities for Persons with Disabilities in influencing the promotion, formulation and evaluation of the policies, plans, programmes and actions at the national, regional and international levels to further equalize opportunities for persons with disabilities,

바. 장애인에게 보다 평등한 기회를 제공하기 위한 국가적·지역적·국제적 수준에서의 정책, 계획, 프로그램 및 활동의 증진, 수립 및 평가에 영향을 미치는 데 있어 장애인에 대한 세계행동계획과 장애인의 기회 평등에 관한 표준규칙에 포함되어 있는 원칙 및 정책지침의 중요성을 인정하며,

(g) Emphasizing the importance of mainstreaming disability issues as an integral part of relevant strategies of sustainable development,

사. 지속가능한 발전과 관련된 전략의 핵심적인 부분으로서 장애문제 주류화의 중요성을 강조하고,

(h) Recognizing also that discrimination against any person on the basis of disability is a violation of the inherent dignity and worth of the human person,

아. 장애를 이유로 한 차별은 인간 개인의 천부적 존엄성 및 가치에 대한 침해라는 것을 또한 인정하며,

(i) Recognizing further the diversity of persons with disabilities,

자. 장애인의 다양성을 보다 더 인정하고,

(j) Recognizing the need to promote and protect the human rights of all persons with disabilities, including those who require more intensive support,

차. 보다 집중적인 지원이 필요한 장애인을 비롯하여 모든 장애인의 인권을 증진하고 보호할 필요성이 있음을 인정하며,

(k) Concerned that, despite these various instruments and undertakings, persons with disabilities continue to face barriers in their participation as equal members of society and violations of their human rights in all parts of the world,

카. 이러한 다양한 문서와 약속에도 불구하고, 세계 각지에서 장애인이 동등한 사회 구성원으로서의 참여에 대한 장벽과 인권 침해에 지속적으로 직면하고 있음을 우려하고,

(l) Recognizing the importance of international

타. 모든 국가, 특히 개발도상국에서 장애인의 생

cooperation for improving the living conditions of persons with disabilities in every country, particularly in developing countries,

활조건을 개선하기 위한 국제적 협력의 중요성을 인정하며,

(m) Recognizing the valued existing and potential contributions made by persons with disabilities to the overall well-being and diversity of their communities, and that the promotion of the full enjoyment by persons with disabilities of their human rights and fundamental freedoms and of full participation by persons with disabilities will result in their enhanced sense of belonging and in significant advances in the human, social and economic development of society and the eradication of poverty,

파. 지역사회의 전반적인 안녕과 다양성에 대한 장애인의 가치 있는 현재의 기여 및 잠재적 기여를 인정하고, 장애인의 인권과 기본적 자유의 완전한 향유 그리고 장애인의 완전한 참여의 증진이 장애인의 소속감을 강화시키고, 사회의 인적, 사회적 및 경제적 발전과 빈곤퇴치에 있어서 상당한 진보를 가져올 것임을 인정하고,

(n) Recognizing the importance for persons with disabilities of their individual autonomy and independence, including the freedom to make their own choices,

하. 장애인이 스스로 선택할 자유를 포함하여 장애인 개인의 자율 및 자립의 중요성을 인정하며,

(o) Considering that persons with disabilities should have the opportunity to be actively involved in decision-making processes about policies and programmes, including those directly concerning them,

거. 장애인은 자신과 직접적으로 관련이 있는 정책 및 프로그램을 포함한 정책 및 프로그램의 의사결정과정에 적극적으로 참여할 수 있는 기회를 가져야 함을 고려하고,

(p) Concerned about the difficult conditions faced by persons with disabilities who are subject to multiple or aggravated forms of discrimination on the basis of race, colour, sex, language, religion, political or other opinion, national, ethnic, indigenous or social origin, property, birth, age or other status,

너. 인종, 피부색, 성별, 언어, 종교, 정치적 또는 기타 견해, 출신 국가·민족·토착지역·사회, 재산, 출생, 연령 또는 그 밖의 신분에 따라 복합적이거나 가중된 형태의 차별의 대상이 되는 장애인이 직면한 어려운 상황에 대하여 우려하며,

(q) Recognizing that women and girls with disabilities are often at greater risk, both within and outside the home, of violence, injury or abuse, neglect or negligent treatment, maltreatment or exploitation,

더. 장애여성과 장애소녀가 가정 내외에서 폭력, 상해 또는 학대, 유기 또는 유기적 대우, 혹사 또는 착취를 당할 더 큰 위험에 직면해 있는 경우가 많음을 인정하고,

(r) Recognizing that children with disabilities

러. 장애아동은 다른 아동과 동등하게 모든 인권과

should have full enjoyment of all human rights and fundamental freedoms on an equal basis with other children, and recalling obligations to that end undertaken by States Parties to the Convention on the Rights of the Child,

기본적인 자유를 완전히 향유하여야 함을 인정하고, 이를 위하여 아동의 권리에 관한 협약의 당사국이 약속한 책무를 상기하며,

(s) Emphasizing the need to incorporate a gender perspective in all efforts to promote the full enjoyment of human rights and fundamental freedoms by persons with disabilities,

머. 장애인의 인권과 기본적인 자유의 완전한 향유를 증진하기 위한 모든 노력에 성인지적 관점이 포함되어야 할 필요성을 강조하고,

(t) Highlighting the fact that the majority of persons with disabilities live in conditions of poverty, and in this regard recognizing the critical need to address the negative impact of poverty on persons with disabilities,

버. 상당수의 장애인이 빈곤한 상태에서 살고 있다는 사실을 강조하고, 이러한 관점에서 빈곤이 장애인에 미치는 부정적인 영향의 문제를 다뤄야 할 중대한 필요성을 인정하며,

(u) Bearing in mind that conditions of peace and security based on full respect for the purposes and principles contained in the Charter of the United Nations and observance of applicable human rights instruments are indispensable for the full protection of persons with disabilities, in particular during armed conflicts and foreign occupation,

서. 국제연합헌장에 포함된 목적과 원칙의 완전한 존중과 적용 가능한 인권문서의 준수에 기초한 평화 및 안전의 조건은, 특히 무력충돌 시와 외국의 점령기간 동안 장애인의 완전한 보호를 위하여 필수 불가결하다는 것을 유념하고,

(v) Recognizing the importance of accessibility to the physical, social, economic and cultural environment, to health and education and to information and communication, in enabling persons with disabilities to fully enjoy all human rights and fundamental freedoms,

어. 장애인이 모든 인권과 기본적인 자유를 완전히 향유할 수 있도록 하는데 있어 물리적, 사회적, 경제적, 문화적 환경 및 보건과 교육, 그리고 정보와 통신에 대한 접근성의 중요성을 인정하며,

(w) Realizing that the individual, having duties to other individuals and to the community to which he or she belongs, is under a responsibility to strive for the promotion and observance of the rights recognized in the International Bill of Human Rights,

저. 다른 사람과 자신이 속한 지역사회에 대한 의무를 가진 개인은 국제인권장전에서 인정한 권리의 증진 및 준수를 위하여 노력할 책임이 있음을 인식하고,

(x) Convinced that the family is the natural and

처. 가족은 자연적이고 근본적인 사회의 구성단위

fundamental group unit of society and is entitled to protection by society and the State, and that persons with disabilities and their family members should receive the necessary protection and assistance to enable families to contribute towards the full and equal enjoyment of the rights of persons with disabilities,

이며, 사회와 국가의 보호를 받을 자격이 있고, 장애인과 그 가족들은 장애인의 완전하고 동등한 권리 향유를 위해 가족들이 기여할 수 있도록 필요한 보호와 지원을 받아야 한다는 것을 확신하며,

(y) Convinced that a comprehensive and integral international convention to promote and protect the rights and dignity of persons with disabilities will make a significant contribution to redressing the profound social disadvantage of persons with disabilities and promote their participation in the civil, political, economic, social and cultural spheres with equal opportunities, in both developing and developed countries,

커. 장애인의 권리와 존엄성을 증진하고 보호하기 위한 포괄적이고 통합적인 국제협약은 개발도상국과 선진국 모두에서 장애인에 대한 뿌리 깊은 사회적 불이익을 시정하는 데 중대한 기여를 할 것이며, 시민적, 정치적, 경제적, 사회적 및 문화적 영역에서 장애인이 동등한 기회를 가지고 참여하는 것을 촉진할 것임을 확신하면서,

Have agreed as follows :

다음과 같이 합의하였다.

Article 1 - Purpose

The purpose of the present Convention is to promote, protect and ensure the full and equal enjoyment of all human rights and fundamental freedoms by all persons with disabilities, and to promote respect for their inherent dignity.

제1조 목적

이 협약의 목적은 장애인이 모든 인권과 기본적인 자유를 완전하고 동등하게 향유하도록 증진, 보호 및 보장하고, 장애인의 천부적 존엄성에 대한 존중을 증진하는 것이다.

Persons with disabilities include those who have long-term physical, mental, intellectual or sensory impairments which in interaction with various barriers may hinder their full and effective participation in society on an equal basis with others.

장애인은 다양한 장벽과의 상호 작용으로 인하여 다른 사람과 동등한 완전하고 효과적인 사회 참여를 저해하는 장기간의 신체적, 정신적, 지적, 또는 감각적인 손상을 가진 사람을 포함한다.

Article 2 - Definitions

For the purposes of the present Convention:

제2조 정의

이 협약의 목적상,

"Communication" includes languages, display of text, Braille, tactile communication, large print, accessible multimedia as well as written, audio,

"의사소통"이란 문어·음성언어·단순언어, 낭독자 및 접근 가능한 정보통신 기술을 포함한 보완 대체적인 의사소통의 방식, 수단 및 형식뿐만 아니라 언

plain-language, human-reader and augmentative and alternative modes, means and formats of communication, including accessible information and communication technology;

어, 글자표시, 점자, 촉각을 통한 의사소통, 확대 인쇄물, 접근 가능한 멀티미디어를 포함한다.

"Language" includes spoken and signed languages and other forms of non-spoken languages;

"언어"란 음성언어와 기호화된 언어 및 다른 형태의 비음성 언어를 포함한다.

"Discrimination on the basis of disability" means any distinction, exclusion or restriction on the basis of disability which has the purpose or effect of impairing or nullifying the recognition, enjoyment or exercise, on an equal basis with others, of all human rights and fundamental freedoms in the political, economic, social, cultural, civil or any other field. It includes all forms of discrimination, including denial of reasonable accommodation;

"장애로 인한 차별"이란 정치적, 경제적, 사회적, 문화적, 민간 또는 다른 분야에서 다른 사람과 동등하게 모든 인권과 기본적인 자유를 인정받거나 향유 또는 행사하는 것을 저해하거나 무효화하는 목적 또는 효과를 갖는, 장애를 이유로 한 모든 구별, 배제 또는 제한을 의미한다. 이는 합리적인 편의제공에 대한 거부를 포함한 모든 형태의 차별을 포함한다.

"Reasonable accommodation" means necessary and appropriate modification and adjustments not imposing a disproportionate or undue burden, where needed in a particular case, to ensure to persons with disabilities the enjoyment or exercise on an equal basis with others of all human rights and fundamental freedoms;

"합리적인 편의제공"이라 함은, 다른 사람과 동등하게 장애인에게 모든 인권과 기본적인 자유의 향유 또는 행사를 보장하기 위하여, 그것이 요구되는 특별한 경우, 과도하거나 부당한 부담을 지우지 아니하는 필요하고 적절한 변경과 조정을 의미한다.

"Universal design" means the design of products, environments, programmes and services to be usable by all people, to the greatest extent possible, without the need for adaptation or specialized design. "Universal design" shall not exclude assistive devices for particular groups of persons with disabilities where this is needed.

"보편적인 디자인"이란 개조 또는 특별한 디자인을 할 필요 없이 최대한 가능한 범위 내에서, 모든 사람이 사용할 수 있는 제품, 환경, 프로그램 및 서비스를 디자인하는 것을 의미한다. 필요한 경우, "보편적인 디자인"은 특정 장애인 집단을 위한 보조기구를 배제하지 아니한다.

Article 3 - General principles
The principles of the present Convention shall be:

제3조 일반 원칙
이 협약의 원칙은 다음과 같다.

1. Respect for inherent dignity, individual autonomy including the freedom to make one's own

가. 천부적인 존엄성, 선택의 자유를 포함한 개인의 자율성 및 자립에 대한 존중

choices, and independence of persons;
2. Non-discrimination;
3. Full and effective participation and inclusion in society;
4. Respect for difference and acceptance of persons with disabilities as part of human diversity and humanity;
5. Equality of opportunity;
6. Accessibility;
7. Equality between men and women;
8. Respect for the evolving capacities of children with disabilities and respect for the right of children with disabilities to preserve their identities.

나. 비차별
다. 완전하고 효과적인 사회 참여 및 통합

라. 장애가 갖는 차이에 대한 존중과 인간의 다양성 및 인류의 한 부분으로서의 장애인의 인정

마. 기회의 균등
바. 접근성
사. 남녀의 평등
아. 장애아동의 점진적 발달능력 및 정체성 유지 권리에 대한 존중

Article 4 - General obligations

1. States Parties undertake to ensure and promote the full realization of all human rights and fundamental freedoms for all persons with disabilities without discrimination of any kind on the basis of disability. To this end, States Parties undertake:

a) To adopt all appropriate legislative, administrative and other measures for the implementation of the rights recognized in the present Convention;

b) To take all appropriate measures, including legislation, to modify or abolish existing laws, regulations, customs and practices that constitute discrimination against persons with disabilities;

c) To take into account the protection and promotion of the human rights of persons with disabilities in all policies and programmes;

d) To refrain from engaging in any act or practice that is inconsistent with the present Convention and to ensure that public authorities and institutions act in conformity with the present Convention;

제4조 일반 의무

1. 당사국은 장애를 이유로 한 어떠한 형태의 차별 없이 장애인의 모든 인권과 기본적인 자유의 완전한 실현을 보장하고 촉진하기 위한 의무를 부담한다. 이를 위하여 당사국은 다음의 사항을 약속한다.

가. 이 협약에서 인정된 권리의 이행을 위하여 모든 적절한 입법적, 행정적 및 기타 조치를 채택할 것

나. 장애인에 대한 차별을 구성하는 기존의 법률, 규칙, 관습 및 관행을 개정 또는 폐지하기 위하여 입법을 포함한 모든 적절한 조치를 취할 것

다. 모든 정책과 프로그램에서 장애인의 인권 보호와 증진을 고려할 것

라. 이 협약과 일치하지 아니하는 일체의 행위나 관행을 행하는 것을 삼가고, 정부당국과 공공기관이 이 협약과 일치되도록 업무를 수행할 것을 보장할 것

e) To take all appropriate measures to eliminate discrimination on the basis of disability by any person, organization or private enterprise;

마. 모든 개인, 기관 또는 사기업에 의해 행해지는 장애를 이유로 한 차별을 철폐하기 위하여 모든 적절한 조치를 취할 것

f) To undertake or promote research and development of universally designed goods, services, equipment and facilities, as defined in article 2 of the present Convention, which should require the minimum possible adaptation and the least cost to meet the specific needs of a person with disabilities, to promote their availability and use, and to promote universal design in the development of standards and guidelines;

바. 이 협약 제2조가 규정하는 바와 같이, 장애인의 특별한 욕구를 충족시키는데 가능한 최소한의 개조 및 비용만을 요하도록 보편적인 디자인의 제품, 서비스, 장비와 시설에 대한 연구 및 개발을 착수 또는 촉진하며, 이들의 이용가능성과 사용을 촉진하고, 표준 및 지침의 개발 시 보편적인 디자인을 촉진할 것

g) To undertake or promote research and development of, and to promote the availability and use of new technologies, including information and communications technologies, mobility aids, devices and assistive technologies, suitable for persons with disabilities, giving priority to technologies at an affordable cost;

사. 적정한 비용의 기술에 우선순위를 두어, 장애인에게 적합한 정보 통신기술, 이동 보조기, 장치 및 보조기술을 포함한 신기술의 연구와 개발을 착수 또는 촉진하고, 그 이용가능성과 사용을 촉진할 것

h) To provide accessible information to persons with disabilities about mobility aids, devices and assistive technologies, including new technologies, as well as other forms of assistance, support services and facilities;

아. 신기술을 포함한 이동 보조기, 장치 및 보조기술과 그 밖의 다른 형태의 보조, 지원 서비스 및 시설에 관하여 접근 가능한 정보를 장애인에게 제공할 것

i) To promote the training of professionals and staff working with persons with disabilities in the rights recognized in the present Convention so as to better provide the assistance and services guaranteed by those rights.

자. 이 협약에서 인정하는 권리에 의해 보장되는 지원과 서비스를 보다 잘 제공하기 위하여, 장애인과 함께 일하는 전문가와 직원의 훈련을 촉진할 것

2. With regard to economic, social and cultural rights, each State Party undertakes to take measures to the maximum of its available resources and, where needed, within the framework of international cooperation, with a view to achieving progressively

2. 각 당사국은 경제적, 사회적 및 문화적 권리와 관련하여, 국제법에 따라 즉시 적용가능한 이 협약에 규정된 의무를 손상하지 아니하면서 이러한 권리의 완전한 실현을 점진적으로 달성하기 위하여, 필요한 경우 국제적 협력의 틀 내에서, 가용자원이

the full realization of these rights, without prejudice to those obligations contained in the present Convention that are immediately applicable according to international law.

허용하는 최대한도까지 조치를 취할 것을 약속한다.

3. In the development and implementation of legislation and policies to implement the present Convention, and in other decision-making processes concerning issues relating to persons with disabilities, States Parties shall closely consult with and actively involve persons with disabilities, including children with disabilities, through their representative organizations.

3. 당사국은 이 협약을 이행하기 위한 법률과 정책의 개발 및 이행, 그리고 장애인과 관련된 문제에 관한 그 밖의 의사결정절차에서 장애인을 대표하는 단체를 통하여 장애아동을 포함한 장애인과 긴밀히 협의하고 이들을 적극적으로 참가시킨다.

4. Nothing in the present Convention shall affect any provisions which are more conducive to the realization of the rights of persons with disabilities and which may be contained in the law of a State Party or international law in force for that State. There shall be no restriction upon or derogation from any of the human rights and fundamental freedoms recognized or existing in any State Party to the present Convention pursuant to law, conventions, regulation or custom on the pretext that the present Convention does not recognize such rights or freedoms or that it recognizes them to a lesser extent.

4. 이 협약의 어떠한 조항도 당사국의 법률 또는 그 당사국에서 시행되고 있는 국제법에 포함되어 있는 장애인 권리 실현에 보다 기여하는 규정에 영향을 미치지 아니한다. 이 협약이 그러한 권리 또는 자유를 인정하지 아니하거나 보다 협소한 범위에서 인정하고 있음을 이유로 하여 법률, 협약, 규정 또는 관습에 따라 당사국에서 인정되고 있거나 당사국에 존재하는 일체의 인권과 기본적인 자유에 대하여 제약이나 침해가 있어서는 아니 된다.

5. The provisions of the present Convention shall extend to all parts of federal States without any limitations or exceptions.

5. 이 협약의 규정은 일체의 제한이나 예외 없이 연방국가의 모든 지역에 적용된다.

Article 5 - Equality and non-discrimination

1. States Parties recognize that all persons are equal before and under the law and are entitled without any discrimination to the equal protection and equal benefit of the law.

2. States Parties shall prohibit all discrimination on the basis of disability

제5조 평등 및 비차별

1. 당사국은 모든 인간은 법 앞에서 그리고 법 아래 평등하며, 법이 인정한 동등한 보호 및 동등한 혜택을 차별 없이 받을 자격이 있음을 인정한다.

2. 당사국은 장애를 이유로 한 모든 차별을 금지하고, 모든 이유에 근거한 차별에 대하여 장애인에게

and guarantee to persons with disabilities equal and effective legal protection against discrimination on all grounds.

3. In order to promote equality and eliminate discrimination, States Parties shall take all appropriate steps to ensure that reasonable accommodation is provided.

4. Specific measures which are necessary to accelerate or achieve de facto equality of persons with disabilities shall not be considered discrimination under the terms of the present Convention.

Article 6 - Women with disabilities

1. States Parties recognize that women and girls with disabilities are subject to multiple discrimination, and in this regard shall take measures to ensure the full and equal enjoyment by them of all human rights and fundamental freedoms.

2. States Parties shall take all appropriate measures to ensure the full development, advancement and empowerment of women, for the purpose of guaranteeing them the exercise and enjoyment of the human rights and fundamental freedoms set out in the present Convention.

Article 7 - Children with disabilities

1. States Parties shall take all necessary measures to ensure the full enjoyment by children with disabilities of all human rights and fundamental freedoms on an equal basis with other children.

2. In all actions concerning children with disabilities, the best interests of the child shall be a primary consideration.

3. States Parties shall ensure that children with disabilities have the right to express their views freely on all matters affecting them, their views being

평등하고 효과적인 법적 보호를 보장한다.

3. 당사국은 평등을 증진하고 차별을 철폐하기 위하여, 합리적인 편의 제공을 보장하기 위한 모든 적절한 절차를 취한다.

4. 장애인의 사실상 평등을 촉진하고 달성하기 위하여 필요한 구체적인 조치는 이 협약의 조건 하에서 차별로 간주되지 아니한다.

제6조 장애여성

1. 당사국은 장애여성과 장애소녀가 다중적 차별의 대상이 되고 있음을 인정하고, 이러한 측면에서 장애여성과 장애소녀가 모든 인권과 기본적인 자유를 완전하고 동등하게 향유하도록 보장하기 위한 조치를 취한다.

2. 당사국은 여성이 이 협약에서 정한 인권과 기본적인 자유를 행사하고 향유하는 것을 보장하기 위한 목적으로, 여성의 완전한 발전, 진보 및 권한강화를 보장하는 모든 적절한 조치를 취한다.

제7조 장애아동

1. 당사국은 장애아동이 다른 아동과 동등하게 모든 인권과 기본적인 자유를 완전히 향유하도록 보장하기 위하여 필요한 모든 조치를 취한다.

2. 장애아동과 관련된 모든 조치에 있어서는 장애아동의 최대 이익을 최우선적으로 고려한다.

3. 당사국은 장애아동이 자신에게 영향을 미치는 모든 문제에 대하여 다른 아동과 동등하게 자신의 견해(이 견해에 대하여는 연령과 성숙도에 따라 정

given due weight in accordance with their age and maturity, on an equal basis with other children, and to be provided with disability and age-appropriate assistance to realize that right.

당한 비중이 부여된다)를 자유로이 표현할 권리를 갖고, 이 권리를 실현하기 위하여 장애 및 연령에 따라 적절한 지원을 받을 권리가 있음을 보장한다.

Article 8 - Awareness-raising

1. States Parties undertake to adopt immediate, effective and appropriate measures:

a. To raise awareness throughout society, including at the family level, regarding persons with disabilities, and to foster respect for the rights and dignity of persons with disabilities;

b. To combat stereotypes, prejudices and harmful practices relating to persons with disabilities, including those based on sex and age, in all areas of life;

c. To promote awareness of the capabilities and contributions of persons with disabilities.

2. Measures to this end include:

a. Initiating and maintaining effective public awareness campaigns designed:

i. To nurture receptiveness to the rights of persons with disabilities;

ii. To promote positive perceptions and greater social awareness towards persons with disabilities;

iii. To promote recognition of the skills, merits and abilities of persons with disabilities, and of their contributions to the workplace and the labour market;

b. Fostering at all levels of the education system, including in all children from an early age, an attitude of respect for the rights of persons with disabilities;

c. Encouraging all organs of the media to portray persons with disabilities in a manner consistent with the purpose of the present Convention;

d. Promoting awareness-training programmes

제8조 인식 제고

1. 당사국은 다음의 목적을 위하여 즉각적이고, 효과적이며, 적절한 조치를 채택할 것을 약속한다.

가. 가족 단위를 포함하여 사회 전반에서 장애인에 관한 인식을 제고하고, 장애인의 권리와 존엄성에 대한 존중심을 고취할 것

나. 성별과 연령을 이유로 하는 것을 포함하여 삶의 모든 영역에서 장애인에 대한 고정관념, 편견 및 유해한 관행을 근절할 것

다. 장애인의 능력과 이들의 기여에 대한 인식을 증진할 것

2. 이러한 목적을 달성하기 위한 조치는 다음을 포함한다.

가. 다음의 목적을 위하여 기획된 효과적인 대중인식 캠페인을 추진하고 지속할 것

1) 장애인의 권리에 대한 수용성을 함양할 것

2) 장애인에 대한 긍정적인 인식과 사회적 인식의 증대를 촉진할 것

3) 장애인의 기술, 장점 및 능력과 직장 및 고용시장에의 기여에 대한 인식을 증진할 것

나. 유아기부터의 모든 아동을 포함하여 교육제도의 모든 단계에서 장애인의 권리를 존중하는 태도를 양성할 것

다. 이 협약의 목적에 합치하는 방식으로 장애인을 묘사하도록 모든 언론 기관에 대해 권장할 것

라. 장애인과 장애인의 권리에 관한 인식 훈련 프

regarding persons with disabilities and the rights of persons with disabilities.

로그램을 장려할 것

Article 9 - Accessibility

1. To enable persons with disabilities to live independently and participate fully in all aspects of life, States Parties shall take appropriate measures to ensure to persons with disabilities access, on an equal basis with others, to the physical environment, to transportation, to information and communications, including information and communications technologies and systems, and to other facilities and services open or provided to the public, both in urban and in rural areas. These measures, which shall include the identification and elimination of obstacles and barriers to accessibility, shall apply to, inter alia:

a. Buildings, roads, transportation and other indoor and outdoor facilities, including schools, housing, medical facilities and workplaces;

b. Information, communications and other services, including electronic services and emergency services.

2. States Parties shall also take appropriate measures to:

a. Develop, promulgate and monitor the implementation of minimum standards and guidelines for the accessibility of facilities and services open or provided to the public;

b. Ensure that private entities that offer facilities and services which are open or provided to the public take into account all aspects of accessibility for persons with disabilities;

c. Provide training for stakeholders on accessibility issues facing persons with disabilities;

d. Provide in buildings and other facilities open to the public signage in Braille and in easy to read and understand forms;

e. Provide forms of live assistance and intermediaries, including guides, readers and profes-

제9조 접근성

1. 당사국은 장애인이 자립적으로 생활하고 삶의 모든 영역에 완전히 참여할 수 있도록 하기 위하여, 장애인이 다른 사람과 동등하게 도시 및 농촌지역 모두에서 물리적 환경, 교통, 정보통신 기술 및 체계를 포함한 정보통신, 그리고 대중에게 개방 또는 제공된 기타 시설 및 서비스에 대한 접근을 보장하는 적절한 조치를 취한다. 접근성에 대한 장애와 장벽을 식별하고 철폐하는 것을 포함하는 이러한 조치는 특히 다음의 사항에 적용된다.

가. 건물, 도로, 교통 및 학교, 주택, 의료시설 및 직장을 포함한 기타 실내·외 시설

나. 정보, 통신 및 전자서비스와 응급서비스를 포함한 기타 서비스

2. 당사국은 또한 다음을 위하여 적절한 조치를 취한다.

가. 대중에게 개방되거나 제공되는 시설과 서비스에 대한 접근성과 관련된 최소한의 기준과 지침을 개발, 공표하고 그 이행을 감시할 것

나. 대중에게 개방되거나 제공되는 시설과 서비스를 제공하는 민간주체가 장애인의 접근성의 모든 측면을 고려하도록 보장할 것

다. 장애인이 직면한 접근성 문제에 대하여 이해관계자에게 훈련을 제공할 것

라. 대중에게 개방된 건물과 기타 시설에 점자 및 읽고 이해하기 쉬운 형태의 공공표지판을 설치할 것

마. 대중에게 개방된 건물과 기타 시설에 대한 접근성을 촉진하기 위하여 안내인, 낭독자, 전문수화

sional sign language interpreters, to facilitate accessibility to buildings and other facilities open to the public;

f. Promote other appropriate forms of assistance and support to persons with disabilities to ensure their access to information;

g. Promote access for persons with disabilities to new information and communications technologies and systems, including the Internet;

h. Promote the design, development, production and distribution of accessible information and communications technologies and systems at an early stage, so that these technologies and systems become accessible at minimum cost.

통역사를 포함한 사람과 동물에 의한 보조 및 매개자를 제공할 것

바. 장애인의 정보에 대한 접근성을 보장하기 위하여 기타 적절한 형태의 지원과 보조를 촉진할 것

사. 인터넷을 포함한 새로운 정보 통신 기술 및 체계에 대한 장애인의 접근을 촉진할 것

아. 최소한의 비용으로 접근이 가능하도록 접근 가능한 정보통신 기술 및 체계의 고안, 개발, 생산 및 보급을 초기 단계에서 촉진할 것

Article 10 - Right to life

States Parties reaffirm that every human being has the inherent right to life and shall take all necessary measures to ensure its effective enjoyment by persons with disabilities on an equal basis with others.

제10조 생명권

당사국은 모든 인간이 천부적인 생명권을 부여받았음을 재확인하고, 장애인이 다른 사람과 동등하게 이러한 권리를 효과적으로 향유할 수 있도록 보장하기 위하여 모든 필요한 조치를 취한다.

Article 11 - Situations of risk and humanitarian emergencies

States Parties shall take, in accordance with their obligations under international law, including international humanitarian law and international human rights law, all necessary measures to ensure the protection and safety of persons with disabilities in situations of risk, including situations of armed conflict, humanitarian emergencies and the occurrence of natural disasters.

제11조 위험상황과 인도적 차원의 긴급사태

당사국은 국제인도법과 국제인권법을 포함한 국제법적 의무에 따라 무력충돌, 인도적 차원의 긴급사태 및 자연재해의 발생을 포함하는 위험상황의 발생 시 장애인을 보호하고 안전을 보장하기 위하여 모든 필요한 조치를 취한다.

Article 12 - Equal recognition before the law

1. States Parties reaffirm that persons with disabilities have the right to recognition everywhere as persons before the law.

2. States Parties shall recognize that persons with disabilities enjoy legal capacity on an equal basis

제12조 법 앞의 동등한 인정

1. 당사국은 장애인이 모든 영역에서 법 앞에 인간으로서 인정받을 권리가 있음을 재확인한다.

2. 당사국은 장애인이 모든 생활 영역에서 다른 사람과 동등하게 법적 능력을 향유함을 인정한다.

with others in all aspects of life.

3. States Parties shall take appropriate measures to provide access by persons with disabilities to the support they may require in exercising their legal capacity.

4. States Parties shall ensure that all measures that relate to the exercise of legal capacity provide for appropriate and effective safeguards to prevent abuse in accordance with international human rights law. Such safeguards shall ensure that measures relating to the exercise of legal capacity respect the rights, will and preferences of the person, are free of conflict of interest and undue influence, are proportional and tailored to the person's circumstances, apply for the shortest time possible and are subject to regular review by a competent, independent and impartial authority or judicial body. The safeguards shall be proportional to the degree to which such measures affect the person's rights and interests.

5. Subject to the provisions of this article, States Parties shall take all appropriate and effective measures to ensure the equal right of persons with disabilities to own or inherit property, to control their own financial affairs and to have equal access to bank loans, mortgages and other forms of financial credit, and shall ensure that persons with disabilities are not arbitrarily deprived of their property.

Article 13 - Access to justice

1. States Parties shall ensure effective access to justice for persons with disabilities on an equal basis with others, including through the provision of procedural and age-appropriate accommodations, in order to facilitate their effective role as direct and indirect participants, including as witnesses, in all legal proceedings, including at investigative and other preliminary stages.

3. 당사국은 장애인이 법적 능력을 행사하기 위하여 필요한 지원에 접근할 수 있도록 적절한 조치를 취한다.

4. 당사국은 법적 능력의 행사와 관련된 조치를 취할 때 이것이 남용되지 아니하도록 국제인권법에 따라 적절하고 효과적인 안전장치를 제공하도록 보장한다. 그러한 안전장치는 법적 능력 행사와 관련된 조치가 개인의 권리, 의지 및 선호도를 존중하고, 이익의 충돌 및 부당한 영향이 없고, 개인이 처한 환경에 비례하고 적합하며, 가능한 빠른 시일 내에 적용되고, 권한 있고 독립적이며 공정한 당국 또는 사법기관의 정기적인 검토를 받도록 보장한다. 안전장치는 그러한 조치들이 개인의 권리와 이익에 영향을 미치는 정도에 비례한다.

5. 이 조항 규정에 따라, 당사국은 장애인이 재산을 소유 또는 상속할 수 있는 동등한 권리를 보장하고, 자신의 재정 상황을 관리하고, 은행대출, 담보 및 다른 형태의 재무신용에 대하여 동등하게 접근할 수 있도록 모든 적절하고 효과적인 조치를 취하며, 장애인의 재산이 임의적으로 박탈당하지 아니하도록 보장한다.

제13조 사법에 대한 접근

1. 당사국은 장애인이 조사와 기타 예비적 단계를 포함한 모든 법적 절차에서 증인을 포함한 직·간접적 참여자로서의 효과적인 역할을 촉진하기 위하여, 절차적 편의 및 연령에 적합한 편의의 제공을 포함하여 다른 사람과 동등하게 사법에 효과적으로 접근할 수 있도록 보장한다.

2. In order to help to ensure effective access to justice for persons with disabilities, States Parties shall promote appropriate training for those working in the field of administration of justice, including police and prison staff.

2. 장애인이 효과적으로 사법에 접근할 수 있도록 보장하기 위하여, 당사국은 경찰과 교도관을 포함하여 사법 행정 분야에서 근무하는 직원을 위한 적절한 훈련을 장려한다.

Article 14 - Liberty and security of the person

1. States Parties shall ensure that persons with disabilities, on an equal basis with others:

a. Enjoy the right to liberty and security of person;

b. Are not deprived of their liberty unlawfully or arbitrarily, and that any deprivation of liberty is in conformity with the law, and that the existence of a disability shall in no case justify a deprivation of liberty.

제14조 신체의 자유 및 안전

1. 당사국은 다른 사람과 동등하게 장애인에 대해 다음의 사항을 보장한다.

가. 신체의 자유 및 안전에 관한 권리를 향유한다.

나. 장애인의 자유는 불법적 또는 임의적으로 박탈당하지 아니하고, 자유에 대한 일체의 제한은 법에 합치하여야 하며, 어떠한 경우에도 장애의 존재가 자유의 박탈을 정당화하지 아니한다.

2. States Parties shall ensure that if persons with disabilities are deprived of their liberty through any process, they are, on an equal basis with others, entitled to guarantees in accordance with international human rights law and shall be treated in compliance with the objectives and principles of this Convention, including by provision of reasonable accommodation.

2. 당사국은, 장애인이 어떠한 절차를 통하여 자유를 박탈당하는 경우, 모든 사람과 동등하게 국제인권법에 따라 보장받을 자격이 있고, 합리적인 편의제공을 비롯하여 이 협약의 목적과 원칙에 따라 대우받도록 보장한다.

Article 15 - Freedom from torture or cruel, inhuman or degrading treatment or punishment

1. No one shall be subjected to torture or to cruel, inhuman or degrading treatment or punishment. In particular, no one shall be subjected without his or her free consent to medical or scientific experimentation.

제15조 고문 또는 잔혹한, 비인도적이거나 굴욕적인 대우나 처벌로부터의 자유

1. 그 누구도 고문 또는 잔혹한, 비인도적이거나 굴욕적인 대우나 처벌의 대상이 되지 아니한다. 특히, 그 누구도 자발적인 동의 없이 의학적 또는 과학적 실험의 대상이 되지 아니한다.

2. States Parties shall take all effective legislative, administrative, judicial or other measures to prevent persons with disabilities, on an equal basis with others, from being subjected to torture or cruel, inhuman or degrading treatment or punishment.

2. 당사국은 다른 사람과 동등하게 장애인이 고문 또는 잔혹한, 비인도적 또는 굴욕적인 대우를 받거나 처벌당하지 않도록 하기 위하여 모든 효과적인 입법적, 행정적, 사법적 또는 그 밖의 조치를 취한다.

Article 16 - Freedom from exploitation, violence and abuse

1. States Parties shall take all appropriate legislative, administrative, social, educational and other measures to protect persons with disabilities, both within and outside the home, from all forms of exploitation, violence and abuse, including their gender-based aspects.

2. States Parties shall also take all appropriate measures to prevent all forms of exploitation, violence and abuse by ensuring, inter alia, appropriate forms of gender- and age-sensitive assistance and support for persons with disabilities and their families and caregivers, including through the provision of information and education on how to avoid, recognize and report instances of exploitation, violence and abuse. States Parties shall ensure that protection services are age-, gender- and disability-sensitive.

3. In order to prevent the occurrence of all forms of exploitation, violence and abuse, States Parties shall ensure that all facilities and programmes designed to serve persons with disabilities are effectively monitored by independent authorities.

4. States Parties shall take all appropriate measures to promote the physical, cognitive and psychological recovery, rehabilitation and social reintegration of persons with disabilities who become victims of any form of exploitation, violence or abuse, including through the provision of protection services. Such recovery and reintegration shall take place in an environment that fosters the health, welfare, self-respect, dignity and autonomy of the person and takes into account gender- and age-specific needs.

제16조 착취, 폭력 및 학대로부터의 자유

1. 당사국은 가정 내외에서 성별을 이유로 한 유형을 포함하여 모든 형태의 착취, 폭력 및 학대로부터 장애인을 보호하기 위하여 모든 적절한 입법적, 행정적, 사회적, 교육적 및 그 밖의 조치를 취한다.

2. 당사국은 특히 장애인과 그 가족 및 보호자를 위하여 착취, 폭력 및 학대를 방지하고 인지하며 신고하는 방법에 대한 정보 및 교육의 제공을 포함하여 성별과 연령을 고려한 적절한 형태의 지원 및 보조를 보장함으로써 모든 형태의 착취, 폭력 및 학대를 방지하기 위한 모든 적절한 조치를 취한다. 당사국은 연령, 성별 및 장애를 고려하여 이러한 보호서비스를 제공한다.

3. 당사국은 모든 형태의 착취, 폭력 및 학대의 발생을 방지하기 위하여 독립적인 기관이 장애인에게 제공되도록 고안된 모든 시설과 프로그램을 효과적으로 감시할 것을 보장한다.

4. 당사국은 보호서비스의 제공을 포함하여 모든 형태의 착취, 폭력 및 학대의 피해자가 된 장애인의 신체적, 인지적 및 심리적 회복, 재활 및 사회적 재통합을 촉진하기 위한 모든 적절한 조치를 취한다. 그러한 회복 및 재통합은 피해자의 건강, 복지, 자아존중, 존엄성 및 자율성을 증진하는 환경에서 이루어지며, 성별과 연령에 따른 특수한 욕구를 반영한다.

5. States Parties shall put in place effective legislation and policies, including women- and child-focused legislation and policies, to ensure that instances of exploitation, violence and abuse against persons with disabilities are identified, investigated and, where appropriate, prosecuted.

5. 당사국은 장애인에 대한 착취, 폭력 및 학대 사례를 확인하고 조사하며 적절한 경우에는 기소하기 위하여, 여성과 아동에 중점을 둔 법률과 정책을 포함하여 효율적인 법률과 정책을 마련한다.

Article 17 - Protecting the integrity of the person
Every person with disabilities has a right to respect for his or her physical and mental integrity on an equal basis with others.

제17조 개인의 완전함 보호
모든 장애인은 다른 사람과 동등하게 신체적 및 정신적 완전함을 존중받을 권리를 가진다.

Article 18 - Liberty of movement and nationality
1. States Parties shall recognize the rights of persons with disabilities to liberty of movement, to freedom to choose their residence and to a nationality, on an equal basis with others, including by ensuring that persons with disabilities:

a. Have the right to acquire and change a nationality and are not deprived of their nationality arbitrarily or on the basis of disability;

b. Are not deprived, on the basis of disability, of their ability to obtain, possess and utilize documentation of their nationality or other documentation of identification, or to utilize relevant processes such as immigration proceedings, that may be needed to facilitate exercise of the right to liberty of movement;

c. Are free to leave any country, including their own;

d. Are not deprived, arbitrarily or on the basis of disability, of the right to enter their own country.

2. Children with disabilities shall be registered immediately after birth and shall have the right from birth to a name, the right to acquire a nationality and, as far as possible, the right to know and be cared for by their parents.

제18조 이주 및 국적의 자유
1.당사국은 다른 사람과 동등하게 장애인의 이주의 자유, 거주지 선택 및 국적의 자유에 대한 권리를 인정한다. 여기에는 다음의 사항을 보장하는 것이 포함된다.

가. 국적을 취득 및 변경할 권리를 가지며, 임의로 또는 장애를 이유로 국적을 박탈당하지 아니한다.

나. 장애를 이유로 국적 관련 서류 또는 기타 신분증명서류를 취득, 소유 및 사용하거나 또는 이주의 자유와 관련된 권리의 행사를 용이하게 하는 데 필요할 수 있는 이민절차와 같은 관련 절차를 이용할 능력을 박탈당하지 아니한다.

다. 모국을 포함하여 모든 국가로부터 출국할 자유가 있다.

라. 임의적으로 또는 장애를 이유로 모국에 입국할 권리를 박탈당하지 아니한다.

2. 장애아동은 출생 즉시 등록되며, 출생 시부터 이름을 가질 권리, 국적을 취득할 권리 및 가능한 한 자신의 부모가 누구인지 알고 그 부모에 의하여 양육될 권리를 갖는다.

Article 19 - Living independently and being included in the community

States Parties to this Convention recognize the equal right of all persons with disabilities to live in the community, with choices equal to others, and shall take effective and appropriate measures to facilitate full enjoyment by persons with disabilities of this right and their full inclusion and participation in the community, including by ensuring that:

a. Persons with disabilities have the opportunity to choose their place of residence and where and with whom they live on an equal basis with others and are not obliged to live in a particular living arrangement;

b. Persons with disabilities have access to a range of in-home, residential and other community support services, including personal assistance necessary to support living and inclusion in the community, and to prevent isolation or segregation from the community;

c. Community services and facilities for the general population are available on an equal basis to persons with disabilities and are responsive to their needs.

제19조 자립적 생활 및 지역사회에의 동참

이 협약의 당사국은 모든 장애인이 다른 사람과 동등한 선택을 통하여 지역 사회에서 살 수 있는 동등한 권리를 가짐을 인정하며, 장애인이 이러한 권리를 완전히 향유하고 지역사회로의 완전한 통합과 참여를 촉진하기 위하여, 효과적이고 적절한 조치를 취한다. 여기에는 다음의 사항을 보장하는 것이 포함된다.

가. 장애인은 다른 사람과 동등하게 자신의 거주지 및 동거인을 선택할 기회를 가지며, 특정한 주거 형태를 취할 것을 강요받지 아니한다.

나. 장애인의 지역사회에서의 생활과 통합을 지원하고 지역사회로부터 소외되거나 분리되는 것을 방지하기 위하여 필요한 활동 보조를 포함하여, 장애인은 가정 내 지원서비스, 주거 지원서비스 및 그 밖의 지역사회 지원 서비스에 접근할 수 있다.

다. 일반인을 위한 지역사회 서비스와 시설은 동등하게 장애인에게 제공되고, 그들의 욕구를 수용한다.

Article 20 Personal mobility

States Parties shall take effective measures to ensure personal mobility with the greatest possible independence for persons with disabilities, including by:

a. Facilitating the personal mobility of persons with disabilities in the manner and at the time of their choice, and at affordable cost;

b. Facilitating access by persons with disabilities to quality mobility aids, devices, assistive technologies and forms of live assistance and intermediaries, including by making them available at affordable cost;

제20조 개인의 이동성

당사국은 장애인에 대하여 가능한 최대한의 독립적인 개인적 이동성을 보장하기 위하여 효과적인 조치를 취한다. 여기에는 다음의 사항이 포함된다.

가. 장애인이 선택한 방식과 시기에, 그리고 감당할 수 있는 비용으로 장애인이 개인적으로 이동하는 것을 촉진할 것

나. 장애인이 감당할 수 있는 비용으로 이용하게 하는 것을 포함하여 양질의 이동 보조기, 장치 및 보조기술 그리고 사람 및 동물에 의한 보조 및 매개자에 대한 장애인의 접근을 촉진할 것

c. Providing training in mobility skills to persons with disabilities and to specialist staff working with persons with disabilities;

d. Encouraging entities that produce mobility aids, devices and assistive technologies to take into account all aspects of mobility for persons with disabilities.

다. 장애인 및 장애인과 함께 근무하는 전문직원에게 이동기술에 관한 훈련을 제공할 것

라. 이동 보조기구, 장비 및 보조기술을 생산하는 주체가 장애인 이동의 모든 측면을 고려하도록 장려할 것

Article 21 - Freedom of expression and opinion, and access to information

States Parties shall take all appropriate measures to ensure that persons with disabilities can exercise the right to freedom of expression and opinion, including the freedom to seek, receive and impart information and ideas on an equal basis with others and through all forms of communication of their choice, as defined in article 2 of the present Convention, including by:

제21조 의사 및 표현의 자유와 정보 접근권

당사국은 이 협약 제2조에 따라, 장애인이 선택한 모든 의사소통 수단을 통하여 장애인이 다른 사람과 동등하게 정보와 사상을 구하고, 얻고 전파하는 자유를 포함한 의사 및 표현의 자유를 행사할 수 있도록 보장하기 위하여 모든 적절한 조치를 취한다. 여기에는 다음의 사항이 포함된다.

a. Providing information intended for the general public to persons with disabilities in accessible formats and technologies appropriate to different kinds of disabilities in a timely manner and without additional cost;

b. Accepting and facilitating the use of sign languages, Braille, augmentative and alternative communication, and all other accessible means, modes and formats of communication of their choice by persons with disabilities in official interactions;

c. Urging private entities that provide services to the general public, including through the Internet, to provide information and services in accessible and usable formats for persons with disabilities;

d. Encouraging the mass media, including providers of information through the Internet, to make their services accessible to persons with disabilities;

e. Recognizing and promoting the use of sign languages.

가. 일반 대중을 위한 정보를 다양한 장애유형에 적합하고 접근 가능한 형식과 기술로 장애인에게 시의적절하고 추가 비용 없이 제공할 것

나. 장애인의 공식적인 교류에 있어 수화, 점자, 보완대체 의사소통, 그리고 장애인의 선택의 따른 의사소통의 기타 모든 접근 가능한 수단, 방식 및 형식의 사용을 수용하고 촉진할 것

다. 인터넷 경로를 포함하여 일반 대중에게 서비스를 제공하는 민간 주체가 장애인에게 접근 및 이용 가능한 형식으로 정보와 서비스를 제공하도록 촉구할 것

라. 언론 매체의 서비스가 장애인에게 접근 가능하도록 인터넷을 통한 정보제공자를 포함한 언론 매체를 장려할 것

마. 수화의 사용을 인정하고 증진할 것

Article 22 - Respect for privacy

1. No person with disabilities, regardless of place of residence or living arrangements, shall be subjected to arbitrary or unlawful interference with his or her privacy, family, or correspondence or other types of communication or to unlawful attacks on his or her honour and reputation. Persons with disabilities have the right to the protection of the law against such interference or attacks.

2. States Parties shall protect the privacy of personal, health and rehabilitation information of persons with disabilities on an equal basis with others.

제22조 사생활의 존중

1. 장애인은 거주지 또는 거주형태와 무관하게 자신의 사생활, 가족, 가정, 통신 및 다른 형태의 의사소통에 관하여 임의적 또는 불법적인 간섭을 받거나 자신의 명예와 명성에 대하여 불법적인 침해를 받지 아니한다. 장애인은 그러한 간섭 또는 침해에 대하여 법의 보호를 받을 권리를 갖는다.

2. 당사국은 장애인의 개인정보 및 건강과 재활에 관한 사적 정보를 다른 사람과 동등하게 보호한다.

Article 23 - Respect for home and the family

1. States Parties shall take effective and appropriate measures to eliminate discrimination against persons with disabilities in all matters relating to marriage, family, parenthood and relationships, on an equal basis with others, so as to ensure that:

a. The right of all persons with disabilities who are of marriageable age to marry and to found a family on the basis of free and full consent of the intending spouses is recognized;

b. The rights of persons with disabilities to decide freely and responsibly on the number and spacing of their children and to have access to age-appropriate information, reproductive and family planning education are recognized, and the means necessary to enable them to exercise these rights are provided;

c. Persons with disabilities, including children, retain their fertility on an equal basis with others.

2. States Parties shall ensure the rights and responsibilities of persons with disabilities, with regard to guardianship, wardship, trusteeship, adoption of children or similar institutions, where these concepts exist in national legislation; in all cases the best interests of the child shall be

제23조 가정과 가족에 대한 존중

1. 당사국은 다음의 사항을 보장하기 위하여, 다른 사람과 동등하게 혼인, 가족, 부모자식 관계 및 친척관계와 관련한 모든 문제에 있어 장애인에 대한 차별을 근절하기 위한 효과적이고 적절한 조치를 취한다.

가. 결혼적령기에 있는 모든 장애인이 장래 배우자의 자유롭고 완전한 동의 아래 결혼을 하고 가정을 이룰 수 있는 권리가 인정된다.

나. 장애인이 자녀의 수와 터울을 자유롭고 책임있게 선택할 권리와 연령에 적합한 정보 및 출산과 가족계획 교육에 대해 접근할 권리를 인정하고, 장애인이 이러한 권리를 행사하는데 필요한 수단을 제공한다.

다. 장애아동을 포함한 장애인은 다른 사람과 동등하게 생식능력을 유지한다.

2. 당사국은 그러한 개념이 국내법에 존재하는 경우, 후견, 피후견, 위탁, 입양 또는 유사한 제도와 관련한 장애인의 권리와 책임을 보장한다. 모든 경우에 아동의 최선의 이익이 가장 중요시된다. 당사국은 장애인이 자녀에 대한 양육 책임을 수행하는데 있어 적절한 지원을 제공한다.

paramount. States Parties shall render appropriate assistance to persons with disabilities in the performance of their child-rearing responsibilities.

3. States Parties shall ensure that children with disabilities have equal rights with respect to family life. With a view to realizing these rights, and to prevent concealment, abandonment, neglect and segregation of children with disabilities, States Parties shall undertake to provide early and comprehensive information, services and support to children with disabilities and their families.

3. 당사국은 장애아동이 가정생활에 있어서 동등한 권리를 가질 것을 보장한다. 이러한 권리를 실현하고 장애아동의 은닉, 유기, 방임 및 격리를 방지하기 위하여 당사국은 장애아동과 그 가족에 대해 조기에 종합적인 정보, 서비스 및 지원의 제공을 약속한다.

4. States Parties shall ensure that a child shall not be separated from his or her parents against their will, except when competent authorities subject to judicial review determine, in accordance with applicable law and procedures, that such separation is necessary for the best interests of the child. In no case shall a child be separated from parents on the basis of a disability of either the child or one or both of the parents.

4. 당사국은 관계당국이 사법적 검토를 조건으로 적용 가능한 법률과 절차에 따라 부모와의 격리가 아동의 최선의 이익을 위하여 필요하다고 결정하는 경우를 제외하고, 부모의 의사에 반하여 아동이 부모로부터 격리되지 아니하도록 보장한다. 어떠한 경우에도 아동은 아동 자신 또는 부모의 장애를 이유로 부모로부터 분리되지 아니한다.

5. States Parties shall, where the immediate family is unable to care for a child with disabilities, undertake every effort to provide alternative care within the wider family, and failing that, within the community in a family setting.

5. 당사국은 직계 가족이 장애아동을 돌볼 수 없는 경우에 확대가족 내에서 대체 보살핌을 제공하고, 이것마저 불가능한 경우에는 지역사회에서 가족의 형태로 이를 제공하기 위한 노력을 다할 것을 약속한다.

Article 24 - Education

1. States Parties recognize the right of persons with disabilities to education. With a view to realizing this right without discrimination and on the basis of equal opportunity, States Parties shall ensure an inclusive education system at all levels and life long learning directed to:

a. The full development of human potential and sense of dignity and self-worth, and the strengthening of respect for human rights, fundamental

제24조 교육

1. 당사국은 장애인의 교육을 받을 권리를 인정한다. 당사국은 이러한 권리를 균등한 기회에 기초하여 차별 없이 실현하기 위하여, 모든 수준에서의 통합적인 교육제도와 평생교육을 보장한다. 이는 다음과 같은 목적을 지향한다.

가. 인간의 잠재력, 존엄성 및 자기 존중감의 완전한 계발과, 인권, 기본적인 자유 및 인간의 다양성에 대한 존중의 강화

freedoms and human diversity;

b. The development by persons with disabilities of their personality, talents and creativity, as well as their mental and physical abilities, to their fullest potential;

c. Enabling persons with disabilities to participate effectively in a free society.

2. In realizing this right, States Parties shall ensure that:

a. Persons with disabilities are not excluded from the general education system on the basis of disability, and that children with disabilities are not excluded from free and compulsory primary education, or from secondary education, on the basis of disability;

b. Persons with disabilities can access an inclusive, quality and free primary education and secondary education on an equal basis with others in the communities in which they live;

c. Reasonable accommodation of the individual's requirements is provided;

d. Persons with disabilities receive the support required, within the general education system, to facilitate their effective education;

e. Effective individualized support measures are provided in environments that maximize academic and social development, consistent with the goal of full inclusion.

3. States Parties shall enable persons with disabilities to learn life and social development skills to facilitate their full and equal participation in education and as members of the community. To this end, States Parties shall take appropriate measures, including:

a. Facilitating the learning of Braille, alternative script, augmentative and alternative modes, means and formats of communication and orientation and

나. 장애인의 정신적, 신체적 능력뿐만 아니라 인성, 재능 및 창의성의 계발 극대화

다. 장애인의 자유사회에 대한 효과적인 참여의 증진

2. 당사국은 이러한 권리를 실현함에 있어 다음의 사항을 보장한다.

가. 장애인은 장애를 이유로 일반 교육제도에서 배제되지 아니하며, 장애아동은 장애를 이유로 무상 의무초등교육이나 중등교육으로부터 배제되지 아니한다.

나. 장애인은 자신이 속한 지역사회에서 다른 사람과 동등하게 통합적인 양질의 무상 초등교육 및 중등교육에 접근할 수 있다.

다. 개인의 요구에 의한 합리적인 편의가 제공된다.

라. 장애인은 일반 교육제도 내에서 효과적인 교육을 촉진하기 위하여 필요한 지원을 제공받는다.

마. 학업과 사회성 발달을 극대화하는 환경 내에서 완전한 통합이라는 목표에 합치하는 효과적이고 개별화된 지원 조치가 제공된다.

3. 당사국은 장애인의 교육에 대한 참여 그리고 지역사회의 구성원으로서 완전하고 평등한 참여를 촉진하기 위하여 생활 및 사회성 발달 능력을 학습할 수 있도록 한다. 이를 위하여, 당사국은 다음의 사항을 포함한 적절한 조치를 취한다.

가. 점자, 대체문자, 보완대체 의사소통의 방식, 수단 및 형식, 방향정위 및 이동기술의 학습을 촉진하고, 동료집단의 지원과 조언 및 조력을 촉진할 것

mobility skills, and facilitating peer support and mentoring;

b. Facilitating the learning of sign language and the promotion of the linguistic identity of the deaf community;

c. Ensuring that the education of persons, and in particular children, who are blind, deaf or deafblind, is delivered in the most appropriate languages and modes and means of communication for the individual, and in environments which maximize academic and social development.

4. In order to help ensure the realization of this right, States Parties shall take appropriate measures to employ teachers, including teachers with disabilities, who are qualified in sign language and/or Braille, and to train professionals and staff who work at all levels of education. Such training shall incorporate disability awareness and the use of appropriate augmentative and alternative modes, means and formats of communication, educational techniques and materials to support persons with disabilities.

5. States Parties shall ensure that persons with disabilities are able to access general tertiary education, vocational training, adult education and lifelong learning without discrimination and on an equal basis with others. To this end, States Parties shall ensure that reasonable accommodation is provided to persons with disabilities.

Article 25 - Health

States Parties recognize that persons with disabilities have the right to the enjoyment of the highest attainable standard of health without discrimination on the basis of disability. States Parties shall take all appropriate measures to ensure access for persons with disabilities to health services that are gender-sensitive, including health-related

나. 수화 학습 및 청각 장애인 집단의 언어 정체성 증진을 촉진할 것

다. 특히 시각, 청각 또는 시청각 장애를 가진 아동을 포함하여 이러한 장애를 가진 장애인의 교육이 개인의 의사소통에 있어 가장 적절한 언어, 의사소통 방식 및 수단으로 학업과 사회성 발달을 극대화하는 환경에서 이루어지도록 보장할 것

4. 이러한 권리 실현의 보장을 돕기 위하여, 당사국은 장애인 교사를 포함하여 수화 그리고/또는 점자 언어 활용이 가능한 교사를 채용하고 각 교육 단계별 전문가와 담당자를 훈련하기 위한 적절한 조치를 취한다. 그러한 훈련은 장애에 대한 인식과 더불어, 장애인을 지원하기 위하여 적절한 보완대체 의사소통의 방식, 수단 및 형태, 교육기법 및 교재의 사용을 통합한다.

5. 당사국은 장애인이 차별 없고 다른 사람과 동등하게 일반적인 고등교육, 직업훈련, 성인교육 및 평생교육에 접근할 수 있도록 보장한다. 이를 위하여 당사국은 장애인에 대하여 합리적인 편의 제공을 보장한다.

제25조 건강

당사국은 장애인이 장애를 이유로 한 차별 없이 달성할 수 있는 최고 수준의 건강을 향유할 권리가 있음을 인정한다. 당사국은 보건 관련 재활을 포함하여 성별을 고려한 보건서비스에 대한 장애인의 접근을 보장하는 모든 적절한 조치를 취한다. 특히, 당사국은 다음의 사항을 이행한다.

rehabilitation. In particular, States Parties shall:

a. Provide persons with disabilities with the same range, quality and standard of free or affordable health care and programmes as provided to other persons, including in the area of sexual and reproductive health and population-based public health programmes;

b. Provide those health services needed by persons with disabilities specifically because of their disabilities, including early identification and intervention as appropriate, and services designed to minimize and prevent further disabilities, including among children and older persons;

c. Provide these health services as close as possible to people's own communities, including in rural areas;

d. Require health professionals to provide care of the same quality to persons with disabilities as to others, including on the basis of free and informed consent by, inter alia, raising awareness of the human rights, dignity, autonomy and needs of persons with disabilities through training and the promulgation of ethical standards for public and private health care;

e. Prohibit discrimination against persons with disabilities in the provision of health insurance, and life insurance where such insurance is permitted by national law, which shall be provided in a fair and reasonable manner;

f. Prevent discriminatory denial of health care or health services or food and fluids on the basis of disability.

Article 26 - Habilitation and rehabilitation

1. States Parties shall take effective and appropriate measures, including through peer support, to enable persons with disabilities to attain and maintain maximum independence, full physical, mental,

가. 성적, 생식적 보건 및 인구에 기초한 공공 보건 프로그램을 포함하여 다른 사람에게 제공되는 것과 동일한 범위, 수준 및 기준의 무상 또는 감당할 수 있는 비용의 건강관리 및 프로그램을 장애인에게 제공한다.

나. 적절한 조기 발견과 개입을 포함하여, 장애인이 특히 장애에 기인하여 필요로 하는 보건서비스와 아동 및 노인에게 발생하는 장애를 포함하여 추가적인 장애를 최소화하고 예방하기 위하여 고안된 서비스를 제공한다.

다. 농촌지역을 포함하여, 장애인이 속한 지역사회와 가능한 한 인접한 곳에서 이러한 건강서비스를 제공한다.

라. 특히 공공 및 민간 보건 관리의 윤리적 기준에 대한 훈련과 홍보를 통하여, 장애인의 인권, 존엄성, 자율성 및 필요에 대한 인식 증진에 따른 자유롭고 사전고지에 근거한 동의에 기초할 것을 포함하여 보건전문가로 하여금 장애인에게 다른 사람과 동등한 질의 서비스를 제공하도록 요구한다.

마. 건강보험 및 국내법에 따라 허용되는 생명보험의 제공 시 장애인에 대한 차별을 금지하며, 이러한 보험은 공평하고 합리적인 방식으로 제공된다.

바. 장애를 이유로 한 보건 관리, 보건 서비스 또는 식량과 음료의 차별적 거부를 금지한다.

제26조 가활 및 재활

1. 당사국은 장애인이 최대한의 독립성, 완전한 신체적·정신적·사회적 및 직업적 능력 그리고 삶의 전 분야에서 완전한 통합과 참여를 달성하고 유지할 수 있도록 동료집단의 지원을 포함하여 효과적

social and vocational ability, and full inclusion and participation in all aspects of life. To that end, States Parties shall organize, strengthen and extend comprehensive habilitation and rehabilitation services and programmes, particularly in the areas of health, employment, education and social services, in such a way that these services and programmes:

a. Begin at the earliest possible stage, and are based on the multidisciplinary assessment of individual needs and strengths;

b. Support participation and inclusion in the community and all aspects of society, are voluntary, and are available to persons with disabilities as close as possible to their own communities, including in rural areas.

2. States Parties shall promote the development of initial and continuing training for professionals and staff working in habilitation and rehabilitation services.

3. States Parties shall promote the availability, knowledge and use of assistive devices and technologies, designed for persons with disabilities, as they relate to habilitation and rehabilitation.

Article 27 - Work and employment

1. States Parties recognize the right of persons with disabilities to work, on an equal basis with others; this includes the right to the opportunity to gain a living by work freely chosen or accepted in a labour market and work environment that is open, inclusive and accessible to persons with disabilities. States Parties shall safeguard and promote the realization of the right to work, including for those who acquire a disability during the course of employment, by taking appropriate steps, including through legislation, to, inter alia:

이고 적절한 조치를 취한다. 이를 위하여, 당사국은 특히 보건, 고용, 교육 및 사회 서비스 분야에서 다음의 방법으로 종합적인 가활·재활 서비스 및 프로그램을 구성·강화 및 확대한다.

가. 재활 서비스와 프로그램은 가능한 초기 단계에서 개시하고, 개인의 욕구와 강점에 대한 다양한 분야별 평가에 기초한다.

나. 재활 서비스와 프로그램은 지역사회 및 사회 모든 분야로의 참여와 통합을 지원하고, 자발적이며, 농촌지역을 포함한 장애인 자신의 지역사회에서 가능한 근접한 곳에서 이용이 가능하도록 제공된다.

2. 당사국은 가활과 재활 서비스를 담당하는 전문가와 실무담당자를 위한 초기 및 지속적인 교육의 개발을 증진한다.

3. 당사국은 가활과 재활에 관련되고 장애인을 위하여 고안된 보조기구와 기술의 이용가능성, 숙지 및 그 사용을 촉진한다.

제27조 근로 및 고용

1.당사국은 다른 사람과 동등하게 장애인의 노동권을 인정한다. 이는 장애인이 장애인에게 개방적이고 통합적이며 접근 가능한 노동시장과 근로환경 내에서 자유로이 선택하거나 수용한 직업을 통하여 삶을 영위할 기회를 가질 권리를 포함한다. 당사국은 고용기간동안 장애를 입은 사람을 포함하여, 특히 다음의 사항을 위하여 입법을 포함한 적절한 조치를 취하여 노동권의 실현을 보호하고 증진한다.

a. Prohibit discrimination on the basis of disability with regard to all matters concerning all forms of employment, including conditions of recruitment, hiring and employment, continuance of employment, career advancement and safe and healthy working conditions;

가. 모집, 채용 및 고용, 고용연장, 승진, 안전하고 위생적인 근무환경의 조건을 포함하여 고용관련 제반 사항에 관하여 장애를 이유로 한 차별을 금지한다.

b. Protect the rights of persons with disabilities, on an equal basis with others, to just and favourable conditions of work, including equal opportunities and equal remuneration for work of equal value, safe and healthy working conditions, including protection from harassment, and the redress of grievances;

나. 동등한 가치를 갖는 업무에 대한 동등한 기회와 보수를 포함한 공정하고 우호적인 근무 환경, 괴롭힘으로부터의 보호를 포함한 안전하고 위생적인 근무요건, 그리고 고충처리에 대한 장애인의 권리를 다른 사람과 동등하게 보호한다.

c. Ensure that persons with disabilities are able to exercise their labour and trade union rights on an equal basis with others;

다. 다른 사람과 동등하게 장애인이 노동조합권을 행사할 수 있도록 보장한다.

d. Enable persons with disabilities to have effective access to general technical and vocational guidance programmes, placement services and vocational and continuing training;

라. 일반적인 기술 및 직업 지도 프로그램, 직업소개 서비스, 직업훈련 및 지속적인 훈련에 대하여 장애인이 효과적으로 접근할 수 있도록 한다.

e. Promote employment opportunities and career advancement for persons with disabilities in the labour market, as well as assistance in finding, obtaining, maintaining and returning to employment;

마. 구직, 취업, 직업유지 및 복직에 대하여 지원할 뿐만 아니라, 노동시장에서 장애인의 고용기회와 승진을 촉진한다.

f. Promote opportunities for self-employment, entrepreneurship, the development of cooperatives and starting one's own business;

바. 자영업, 기업경영, 협동조합의 개발 및 창업의 기회를 촉진한다.

g. Employ persons with disabilities in the public sector;

사. 공공부문에 장애인을 고용한다.

h. Promote the employment of persons with disabilities in the private sector through appropriate policies and measures, which may include affirmative action programmes, incentives and other measures;

아. 적극적 고용개선조치 프로그램, 장려금 및 그 밖의 조치를 포함한 적절한 정책과 조치를 통하여 민간부문에서 장애인의 고용을 촉진한다.

i. Ensure that reasonable accommodation is provided to persons with disabilities in the workplace;

자. 작업장에서 장애인에게 합리적인 편의가 제공되도록 보장한다.

j. Promote the acquisition by persons with

차. 공개 노동시장에서 장애인이 근로경력을 습득

disabilities of work experience in the open labour market;

k. Promote vocational and professional rehabilitation, job retention and return-to-work programmes for persons with disabilities.

하도록 촉진한다.

카. 장애인을 위한 직업적 재활 및 전문적 재활, 직업유지 및 복직 프로그램을 촉진한다.

2. States Parties shall ensure that persons with disabilities are not held in slavery or in servitude, and are protected, on an equal basis with others, from forced or compulsory labour.

2. 당사국은 장애인이 노예상태 또는 강제노역에 처하지 아니하고, 강요되거나 강제된 노동으로부터 다른 사람과 동등하게 보호되도록 보장한다.

Article 28 - Adequate standard of living and social protection

제28조 적절한 생활수준과 사회적 보호

1. States Parties recognize the right of persons with disabilities to an adequate standard of living for themselves and their families, including adequate food, clothing and housing, and to the continuous improvement of living conditions, and shall take appropriate steps to safeguard and promote the realization of this right without discrimination on the basis of disability.

1. 당사국은 적정한 수준의 의식주를 포함하여 장애인 자신과 그 가족이 적정한 생활수준을 유지하고 생활조건을 지속적으로 개선시킬 장애인의 권리를 인정하며, 장애를 이유로 한 차별 없이 이러한 권리의 실현을 보호하고 증진하는 적절한 조치를 취한다.

2. States Parties recognize the right of persons with disabilities to social protection and to the enjoyment of that right without discrimination on the basis of disability, and shall take appropriate steps to safeguard and promote the realization of this right, including measures:

2. 당사국은 장애를 이유로 한 차별 없이 장애인이 사회적 보호에 대한 권리를 가진다는 점과 이러한 권리의 향유를 인정하며, 다음의 조치를 포함하여 이러한 권리의 실현을 보호하고 증진하는 적절한 조치를 취한다.

a. To ensure equal access by persons with disabilities to clean water services, and to ensure access to appropriate and affordable services, devices and other assistance for disability-related needs;

가. 정수(淨水) 서비스에 대하여 장애인에게 동등한 접근을 보장하고, 장애와 관련된 욕구를 위한 적절하고 감당할 수 있는 비용의 서비스, 장치 및 그 밖의 지원에 대한 접근을 보장할 것

b. To ensure access by persons with disabilities, in particular women and girls with disabilities and older persons with disabilities, to social protection programmes and poverty reduction programmes;

나. 장애인, 특히 장애여성, 장애소녀 및 장애노인에 대하여 사회보호 프로그램과 빈곤감소 프로그램에 대한 접근을 보장할 것

c. To ensure access by persons with disabilities and their families living in situations of poverty to

다. 빈곤상태에 있는 장애인과 그 가족에게 적절한 훈련, 상담, 재정지원 및 일시적인 보살핌을 포

assistance from the State with disability-related expenses, including adequate training, counselling, financial assistance and respite care;

d. To ensure access by persons with disabilities to public housing programmes;

e. To ensure equal access by persons with disabilities to retirement benefits and programmes.

Article 29 - Participation in political and public life

States Parties shall guarantee to persons with disabilities political rights and the opportunity to enjoy them on an equal basis with others, and shall undertake to:

a. Ensure that persons with disabilities can effectively and fully participate in political and public life on an equal basis with others, directly or through freely chosen representatives, including the right and opportunity for persons with disabilities to vote and be elected, inter alia, by:

i. Ensuring that voting procedures, facilities and materials are appropriate, accessible and easy to understand and use;

ii. Protecting the right of persons with disabilities to vote by secret ballot in elections and public referendums without intimidation, and to stand for elections, to effectively hold office and perform all public functions at all levels of government, facilitating the use of assistive and new technologies where appropriate;

iii. Guaranteeing the free expression of the will of persons with disabilities as electors and to this end, where necessary, at their request, allowing assistance in voting by a person of their own choice;

b. Promote actively an environment in which persons with disabilities can effectively and fully participate in the conduct of public affairs, without discrimination and on an equal basis with others, and encourage their participation in public affairs, including:

함하여 장애 관련 비용이 수반되는 국가 지원에 대한 접근을 보장할 것

라. 공공주택 프로그램에 대한 장애인의 접근을 보장할 것

마. 퇴직연금과 프로그램에 대한 장애인의 동등한 접근을 보장할 것

제29조 정치 및 공적 생활에 대한 참여

당사국은 장애인이 다른 사람과 동등하게 정치적 권리와 기회를 향유할 수 있도록 보장하며, 다음의 사항을 약속한다.

가. 장애인이 투표하고 선출될 수 있는 권리와 기회를 포함하여, 다른 사람과 동등하게, 직접 또는 자유롭게 선택한 대표를 통한 정치 및 공적생활에 효과적이고 완전하게 참여할 수 있도록 특히 다음의 사항을 통하여 보장할 것

1) 투표절차, 시설 및 용구가 적절하고, 접근가능하며, 그 이해와 사용이 용이하도록 보장할 것

2) 적절한 경우 보조기술 및 새로운 기술의 사용을 촉진하여, 장애인이 위협당하지 아니하고 선거 및 국민투표에서 비밀투표를 할 권리와, 선거에 출마하고 효과적으로 취임하여 정부의 모든 단계에서 모든 공적 기능을 수행할 장애인의 권리를 보호할 것

3) 유권자로서 장애인의 자유로운 의사 표현을 보장하고, 이를 위하여 필요한 경우, 투표에 있어 장애인의 요청에 따라 그가 선택한 사람에 의하여 도움을 받도록 인정할 것

나. 장애인이 차별 없이 다른 사람과 동등하게 공적 활동 수행에 효과적이고 완전하게 참여할 수 있는 환경을 적극적으로 조성하고, 다음을 포함한 장애인의 공적 활동에의 참여를 장려할 것

i. Participation in non-governmental organizations and associations concerned with the public and political life of the country, and in the activities and administration of political parties;

ii. Forming and joining organizations of persons with disabilities to represent persons with disabilities at international, national, regional and local levels.

1) 국가의 공적·정치적 활동과 관련된 비정부기구 및 비정부단체와 정당 활동 및 운영에의 참여

2) 국제적, 국내적, 지역적 및 지방적 차원에서 장애인을 대표하는 장애인 단체의 결성과 가입

Article 30 - Participation in cultural life, recreation, leisure and sport

1. States Parties recognize the right of persons with disabilities to take part on an equal basis with others in cultural life, and shall take all appropriate measures to ensure that persons with disabilities:

a. Enjoy access to cultural materials in accessible formats;

b. Enjoy access to television programmes, films, theatre and other cultural activities, in accessible formats;

c. Enjoy access to places for cultural performances or services, such as theatres, museums, cinemas, libraries and tourism services, and, as far as possible, enjoy access to monuments and sites of national cultural importance.

제30조 문화생활, 레크리에이션, 여가생활 및 체육활동에 대한 참여

1. 당사국은 다른 사람과 동등하게 문화생활에 참여할 수 있는 장애인의 권리를 인정하며, 장애인에게 다음의 사항을 보장하기 위하여 모든 적절한 조치를 취한다.

가. 접근 가능한 형태로 된 문화자료에 대한 접근을 향유한다.

나. 텔레비전 프로그램, 영화, 연극 및 다른 문화활동에 대한 접근을, 접근 가능한 형태로 향유한다.

다. 공연장, 박물관, 영화관, 도서관, 관광서비스와 같은 문화 활동 또는 서비스를 위한 장소에 대한 접근과, 국가적으로 문화적 중요성을 가진 기념물과 명소에 대한 접근을 가능한 한 향유한다.

2. States Parties shall take appropriate measures to enable persons with disabilities to have the opportunity to develop and utilize their creative, artistic and intellectual potential, not only for their own benefit, but also for the enrichment of society.

2. 당사국은 장애인 자신의 이익뿐만 아니라 풍요로운 사회를 위하여 장애인의 창조적, 예술적, 지적 잠재력을 계발하고 활용할 수 있는 기회를 보장하기 위하여 적절한 조치를 취한다.

3. States Parties shall take all appropriate steps, in accordance with international law, to ensure that laws protecting intellectual property rights do not constitute an unreasonable or discriminatory barrier to access by persons with disabilities to cultural materials.

3. 당사국은 지적재산권을 보호하는 법이 문화자료에 대한 장애인의 접근에 불합리하거나 차별적인 장벽을 구성하지 아니하도록 국제법에 따라 모든 적절한 조치를 취한다.

4. Persons with disabilities shall be entitled, on an

4. 장애인은 수화와 청각장애인의 문화를 포함하

equal basis with others, to recognition and support of their specific cultural and linguistic identity, including sign languages and deaf culture.

여 그들의 특정한 문화적·언어적 정체성을 다른 사람과 동등하게 인정받고 지원받을 자격이 있다.

5. With a view to enabling persons with disabilities to participate on an equal basis with others in recreational, leisure and sporting activities, States Parties shall take appropriate measures:

a. To encourage and promote the participation, to the fullest extent possible, of persons with disabilities in mainstream sporting activities at all levels;

b. To ensure that persons with disabilities have an opportunity to organize, develop and participate in disability-specific sporting and recreational activities and, to this end, encourage the provision, on an equal basis with others, of appropriate instruction, training and resources;

c. To ensure that persons with disabilities have access to sporting, recreational and tourism venues;

d. To ensure that children with disabilities have equal access with other children to participation in play, recreation and leisure and sporting activities, including those activities in the school system;

e. To ensure that persons with disabilities have access to services from those involved in the organization of recreational, tourism, leisure and sporting activities.

5. 당사국은 장애인이 다른 사람과 동등하게 레크리에이션, 여가생활 및 체육활동에 참여할 수 있도록 하기 위하여 다음의 적절한 조치를 취한다.

가. 주류 체육활동의 모든 단계에서 장애인이 가능한 최대한 참여할 수 있도록 장려하고 증진할 것

나. 장애인이 장애특화 체육과 레크리에이션 활동을 조직, 개발하고 이에 참여할 수 있는 기회를 보장하고, 이를 위하여 다른 사람과 동등하게 적절한 교육, 훈련 및 자원의 제공을 장려할 것

다. 체육활동, 레크리에이션 및 관광지에 대한 장애인의 접근을 보장할 것

라. 장애아동이 교내에서의 그러한 활동을 포함하여 놀이, 레크리에이션, 여가활동 및 체육활동의 참여에 대하여 다른 아동과 동등하게 접근할 수 있도록 보장할 것

마. 장애인이 레크리에이션, 관광, 여가활동 및 체육활동 종사자들로부터 서비스를 받을 수 있도록 보장할 것

Article 31 - Statistics and data collection

1. States Parties undertake to collect appropriate information, including statistical and research data, to enable them to formulate and implement policies to give effect to the present Convention. The process of collecting and maintaining this information shall:

a. Comply with legally established safeguards, including legislation on data protection, to ensure confidentiality and respect for the privacy of

제31조 통계와 자료 수집

1. 당사국은 이 협약의 이행을 위한 정책을 수립하고 시행하기 위하여 통계 자료와 연구 자료를 포함한 적절한 정보를 수집할 것을 약속한다. 이러한 정보의 수집 및 유지 절차는 다음에 따른다.

가. 장애인의 사생활에 대한 비밀과 존중을 보장하기 위하여 자료 보호와 관련된 입법을 포함하여 법적으로 확립된 보호조치를 준수한다.

persons with disabilities;

b. Comply with internationally accepted norms to protect human rights and fundamental freedoms and ethical principles in the collection and use of statistics.

2. The information collected in accordance with this article shall be disaggregated, as appropriate, and used to help assess the implementation of States Parties' obligations under the present Convention and to identify and address the barriers faced by persons with disabilities in exercising their rights.

3. States Parties shall assume responsibility for the dissemination of these statistics and ensure their accessibility to persons with disabilities and others.

Article 32 - International cooperation

1. States Parties recognize the importance of international cooperation and its promotion, in support of national efforts for the realization of the purpose and objectives of the present Convention, and will undertake appropriate and effective measures in this regard, between and among States and, as appropriate, in partnership with relevant international and regional organizations and civil society, in particular organizations of persons with disabilities. Such measures could include, inter alia:

a. Ensuring that international cooperation, including international development programmes, is inclusive of and accessible to persons with disabilities;

b. Facilitating and supporting capacity-building, including through the exchange and sharing of information, experiences, training programmes and best practices;

c. Facilitating cooperation in research and access to scientific and technical knowledge;

d. Providing, as appropriate, technical and economic assistance, including by facilitating access to and

나. 인권과 기본적인 자유를 보호하는 국제적으로 승인된 규범과 통계의 수집과 사용에 관한 윤리원칙을 준수한다.

2. 이 조항에 따라 수집된 정보는 적절한 경우 구성요소별로 분류되어, 이 협약에 따른 당사국의 의무이행을 평가하고 장애인이 권리를 행사함에 있어 직면하는 장벽을 규명하고 해결하는 데에 사용된다.

3. 당사국은 이러한 통계의 보급에 책임을 지고, 이에 대한 장애인과 비장애인의 접근가능성을 보장한다.

제32조 국제협력

1.당사국은 이 협약의 목적과 목표의 실현을 위한 국가차원의 노력을 지원함에 있어 국제협력과 그에 대한 증진의 중요성을 인정하고, 이러한 관점에서 당사국 간 그리고 적절한 경우에는 관련 국제기구 및 지역기구와 시민단체, 특히 장애인 단체와의 협력을 통하여 적절하고 효과적인 조치를 취할 것이다. 이러한 조치는 특히 다음의 사항을 포함할 수 있다.

가. 국제개발 프로그램을 포함하여, 국제협력이 장애인을 포함시키고 장애인에게 접근 가능하도록 보장할 것

나. 정보, 경험, 훈련 프로그램 및 모범사례의 교류 및 공유 등을 통하여 역량구축을 촉진하고 지원할 것

다. 연구 협력과 과학적 및 기술적 지식에 대한 접근을 촉진할 것

라. 적절한 경우, 접근가능하고 보조적인 기술에 대한 접근과 공유를 촉진하는 것과, 기술이전을 포

sharing of accessible and assistive technologies, and through the transfer of technologies.

함하여 기술적 및 경제적 지원을 제공할 것

2. The provisions of this article are without prejudice to the obligations of each State Party to fulfil its obligations under the present Convention.

2. 이 조항의 규정은 이 협약 하에서 각 당사국이 이행하여야 하는 의무를 저해하지 아니한다.

Article 33 - National implementation and monitoring

1. States Parties, in accordance with their system of organization, shall designate one or more focal points within government for matters relating to the implementation of the present Convention, and shall give due consideration to the establishment or designation of a coordination mechanism within government to facilitate related action in different sectors and at different levels.

2. States Parties shall, in accordance with their legal and administrative systems, maintain, strengthen, designate or establish within the State Party, a framework, including one or more independent mechanisms, as appropriate, to promote, protect and monitor implementation of the present Convention. When designating or establishing such a mechanism, States Parties shall take into account the principles relating to the status and functioning of national institutions for protection and promotion of human rights.

3. Civil society, in particular persons with disabilities and their representative organizations, shall be involved and participate fully in the monitoring process.

제33조 국내적 이행 및 감독

1. 당사국은 이 협약의 이행과 관련된 사항을 위하여 국내조직의 체계에 맞춰 정부 내에 하나 또는 그 이상의 전담부서를 지정하고, 다양한 부문과 다양한 수준에서 관련 활동을 용이하게 하기 위하여 정부 내에 조정기구를 설치하거나 지정하는 것을 충분히 고려한다.

2. 당사국은 자국의 입법과 행정 체계에 따라 이 협약의 이행을 증진, 보호 및 감독하기 위하여 적절한 경우 당사국 내에 하나 또는 그 이상의 독립적 기구를 포함한 체제를 유지, 강화, 지정 또는 설치한다. 이러한 체제를 지정 또는 설치할 경우, 당사국은 인권보장과 증진을 위한 국가기구의 지위 및 역할과 관련된 원칙을 고려한다.

3. 시민단체, 특히 장애인과 이들을 대표하는 단체들은 감독 절차에 충분히 개입하고 참여한다.

Article 34 - Committee on the Rights of Persons with Disabilities

1. There shall be established a Committee on the Rights of Persons with Disabilities (hereafter referred to as "the Committee"), which shall carry

제34조 장애인권리위원회

1. 이하에서 규정하는 기능을 수행하는 장애인권리위원회(이하 "위원회"라 한다)를 설치한다.

out the functions hereinafter provided.

2. The Committee shall consist, at the time of entry into force of the present Convention, of twelve experts. After an additional sixty ratifications or accessions to the Convention, the membership of the Committee shall increase by six members, attaining a maximum number of eighteen members.

2. 위원회는 이 협약 발효 시 12명의 전문가로 구성한다. 추가로 60개국이 비준 또는 가입한 이후에 위원회의 위원은 6명까지 추가되어 최대 18명이 된다.

3. The members of the Committee shall serve in their personal capacity and shall be of high moral standing and recognized competence and experience in the field covered by the present Convention. When nominating their candidates, States Parties are invited to give due consideration to the provision set out in article 4.3 of the present Convention.

3. 위원회의 위원은 개인 자격으로 직무를 수행하고 높은 도덕성을 가지며, 이 협약이 다루는 분야에서 능력과 경험을 인정받아야 한다. 당사국은 후보자 지명 시, 이 협약 제4조제3항의 규정을 충분히 고려하도록 요청된다.

4. The members of the Committee shall be elected by States Parties, consideration being given to equitable geographical distribution, representation of the different forms of civilization and of the principal legal systems, balanced gender representation and participation of experts with disabilities.

4. 당사국은 공평한 지리적 배분, 다양한 문명형태와 주요 법체계의 대표성, 균형 있는 성별 대표성 및 장애인 당사자인 전문가의 참여를 고려하여 위원회의 위원을 선출한다.

5. The members of the Committee shall be elected by secret ballot from a list of persons nominated by the States Parties from among their nationals at meetings of the Conference of States Parties. At those meetings, for which two thirds of States Parties shall constitute a quorum, the persons elected to the Committee shall be those who obtain the largest number of votes and an absolute majority of the votes of the representatives of States Parties present and voting.

5. 위원회의 위원은 당사국회의에서 각 당사국이 자국민 중에서 지명한 후보자 명부에서 비밀투표로 선출한다. 당사국의 3분의 2가 의사정족수를 구성하는 이 회의에서 출석하여 투표한 당사국 대표로부터 절대 다수표를 획득한 자 중 최다득표자 순으로 선출된다.

6. The initial election shall be held no later than six months after the date of entry into force of the present Convention. At least four months before the date of each election, the Secretary-General of the

6. 최초의 선거는 이 협약의 발효일로부터 6월 안에 실시된다. 국제연합 사무총장은 최소한 각 선거일 4월 전에 모든 당사국에게 서한을 발송하여 2월 안에 후보자 명단을 제출해 주도록 요청한다. 국제

United Nations shall address a letter to the States Parties inviting them to submit the nominations within two months. The Secretary-General shall subsequently prepare a list in alphabetical order of all persons thus nominated, indicating the State Parties which have nominated them, and shall submit it to the States Parties to the present Convention.

연합 사무총장은 이와 같이 지명된 후보자의 명부를 지명한 당사국을 명시하여 알파벳순으로 작성하며, 이 명부를 모든 당사국에게 송부한다.

7. The members of the Committee shall be elected for a term of four years. They shall be eligible for re-election once. However, the term of six of the members elected at the first election shall expire at the end of two years; immediately after the first election, the names of these six members shall be chosen by lot by the chairperson of the meeting referred to in paragraph 5 of this article.

7. 위원회의 위원은 4년 임기로 선출된다. 위원은 1회 재임 가능하다. 그러나 최초의 선거에서 선출된 위원 중 6명의 임기는 2년 후에 종료되며, 이 6명은 최초 선거 후 즉시 이 조 제5항에 규정된 회의의 의장이 추첨으로 선정한다.

8. The election of the six additional members of the Committee shall be held on the occasion of regular elections, in accordance with the relevant provisions of this article.

8. 6명의 추가 위원회 위원의 선출은 이 조의 관련 규정에 따라 정규 선거시에 이루어진다.

9. If a member of the Committee dies or resigns or declares that for any other cause she or he can no longer perform her or his duties, the State Party which nominated the member shall appoint another expert possessing the qualifications and meeting the requirements set out in the relevant provisions of this article, to serve for the remainder of the term.

9. 위원회의 위원이 사망, 사임하거나 또는 그 밖의 사유로 인하여 임무를 더 이상 수행할 수 없다고 선언한 경우, 이 위원을 지명한 당사국은 이 조항의 관련 규정에 명시된 자격을 갖추고 요건에 부합하는 다른 전문가를 임명하여 잔여임기를 수행하도록 한다.

10. The Committee shall establish its own rules of procedure.

10. 위원회는 자체의 의사규칙을 제정한다.

11. The Secretary-General of the United Nations shall provide the necessary staff and facilities for the effective performance of the functions of the Committee under the present Convention, and shall convene its initial meeting.

11. 국제연합 사무총장은 이 협약에 의하여 설립된 위원회가 효과적으로 기능을 수행하는데 필요한 직원과 시설을 제공하고, 제1차 회의를 소집한다.

12. With the approval of the General Assembly, the members of the Committee established under the present Convention shall receive emoluments from United Nations resources on such terms and conditions as the Assembly may decide, having regard to the importance of the Committee's responsibilities.

12. 이 협약에 의하여 설립된 위원회의 위원은 위원회 책무의 중요성을 고려하여 국제연합 총회의 승인을 얻고 총회가 결정하는 조건에 따라 국제연합 재원으로부터 보수를 받는다.

13. The members of the Committee shall be entitled to the facilities, privileges and immunities of experts on mission for the United Nations as laid down in the relevant sections of the Convention on the Privileges and Immunities of the United Nations.

13. 위원회의 위원은 국제연합의 특권과 면제에 관한 협약의 관련 부분에 규정된 바에 따라, 국제연합을 위하여 임무를 수행 중인 전문가를 위한 편의, 특권 및 면제를 향유한다.

Article 35 - Reports by States Parties

1. Each State Party shall submit to the Committee, through the Secretary-General of the United Nations, a comprehensive report on measures taken to give effect to its obligations under the present Convention and on the progress made in that regard, within two years after the entry into force of the present Convention for the State Party concerned.

제35조 당사국 보고서

1.각 당사국은 이 협약에 따른 의무를 이행하기 위하여 취한 조치 및 진전사항에 관하여 이 협약이 자국에 대하여 발효한 후 2년 안에 종합적인 보고서를 국제연합 사무총장을 통하여 위원회에 제출한다.

2. Thereafter, States Parties shall submit subsequent reports at least every four years and further whenever the Committee so requests.

2. 그 이후 당사국은 최소한 4년마다 후속 보고서를 제출하며 위원회가 요구하는 경우에는 언제든지 제출한다.

3. The Committee shall decide any guidelines applicable to the content of the reports.

3. 위원회는 이 보고서의 내용에 적용 가능한 지침을 결정한다.

4. A State Party which has submitted a comprehensive initial report to the Committee need not, in its subsequent reports, repeat information previously provided. When preparing reports to the Committee, States Parties are invited to consider doing so in an open and transparent process and to give due consideration to the provision set out in article 4.3 of the present Convention.

4. 위원회에 제1차 종합보고서를 제출한 당사국은 후속보고서에 이전에 제출한 정보를 반복할 필요는 없다. 당사국은 위원회에 제출할 보고서를 준비하는 경우, 공개적이고 투명한 과정에 따라 이를 준비하고 이 협약의 제4조 제3항의 규정을 적절히 고려하도록 요청된다.

5. Reports may indicate factors and difficulties affecting the degree of fulfilment of obligations under the present Convention.

5. 보고서는 이 협약상 의무 이행정도에 영향을 미치는 요인과 애로점을 명시할 수 있다.

Article 36 - Consideration of reports

1. Each report shall be considered by the Committee, which shall make such suggestions and general recommendations on the report as it may consider appropriate and shall forward these to the State Party concerned. The State Party may respond with any information it chooses to the Committee. The Committee may request further information from States Parties relevant to the implementation of the present Convention.

2. If a State Party is significantly overdue in the submission of a report, the Committee may notify the State Party concerned of the need to examine the implementation of the present Convention in that State Party, on the basis of reliable information available to the Committee, if the relevant report is not submitted within three months following the notification. The Committee shall invite the State Party concerned to participate in such examination. Should the State Party respond by submitting the relevant report, the provisions of paragraph 1 of this article will apply.

3. The Secretary-General of the United Nations shall make available the reports to all States Parties.

4. States Parties shall make their reports widely available to the public in their own countries and facilitate access to the suggestions and general recommendations relating to these reports.

5. The Committee shall transmit, as it may consider appropriate, to the specialized agencies, funds and programmes of the United Nations, and other

제36조 보고서의 검토

1. 위원회는 각 보고서를 검토하고 보고서에 관하여 적절하다고 판단되는 제안과 일반적인 권고를 하며, 이를 관련 당사국에 송부한다. 당사국은 당사국이 선택한 정보와 함께 위원회에 답변할 수 있다. 위원회는 이 협약의 이행과 관련된 추가 정보를 당사국에 요청할 수 있다.

2. 당사국의 보고서 제출이 상당히 지체될 경우, 위원회는 통지 이후 3개월 이내에 관련 보고서가 제출되지 아니하면 위원회가 이용가능한 신뢰할 만한 정보를 기초로 협약 이행을 심사할 필요성이 있음을 관련 당사국에 통지할 수 있다. 위원회는 관련 당사국에게 이러한 심사에 참여하도록 요청한다. 당사국이 관련 보고서를 제출함으로써 이에 응한다면, 이 조 제1항의 규정이 적용된다.

3. 국제연합 사무총장은 보고서를 모든 당사국에게 이용 가능하도록 한다.

4. 당사국은 보고서가 자국 국민에게 널리 활용 가능하도록 하여야 하며, 이 보고서에 관한 제안 및 일반 권고에 대한 접근을 증진한다.

5. 위원회는 적절하다고 판단되는 경우, 기술적 자문 또는 지원을 요청하거나 그 필요성을 지적하고 있는 당사국의 보고서를 그러한 요청 또는 지적에

competent bodies, reports from States Parties in order to address a request or indication of a need for technical advice or assistance contained therein, along with the Committee's observations and recommendations, if any, on these requests or indications.

대한 위원회의 소견과 권고가 있다면 그 소견 및 권고와 함께 국제연합의 전문기구, 기금 및 프로그램과 기타 관련기구에게 전달한다.

Article 37 - Cooperation between States Parties and the Committee

제37조 당사국과 위원회 간의 협력

1. Each State Party shall cooperate with the Committee and assist its members in the fulfilment of their mandate.

1. 각 당사국은 위원회와 협력하고, 위원회 위원들이 임무를 수행할 수 있도록 지원한다.

2. In its relationship with States Parties, the Committee shall give due consideration to ways and means of enhancing national capacities for the implementation of the present Convention, including through international cooperation.

2. 위원회는 당사국과의 관계에 있어서 국제협력을 포함하여 이 협약의 이행을 위한 국가역량을 증진시킬 수 있는 수단과 방법을 적절히 고려한다.

Article 38 - Relationship of the Committee with other bodies

제38조 위원회와 기타 기구와의 관계

In order to foster the effective implementation of the present Convention and to encourage international cooperation in the field covered by the present Convention:

이 협약의 효과적인 이행을 촉진하고, 이 협약이 대상으로 하는 분야에서의 국제협력을 장려하기 위하여,

a. The specialized agencies and other United Nations organs shall be entitled to be represented at the consideration of the implementation of such provisions of the present Convention as fall within the scope of their mandate. The Committee may invite the specialized agencies and other competent bodies as it may consider appropriate to provide expert advice on the implementation of the Convention in areas falling within the scope of their respective mandates. The Committee may invite specialized agencies and other United Nations organs to submit reports on the implementation of the Convention in areas falling within the scope of

가. 전문기구와 국제연합의 기타 기관은 이 협약 중 그 권한 범위에 속하는 규정의 이행에 관한 논의에 대표를 파견할 자격이 있다. 위원회는 전문기구와 기타 권한 있는 기구에 대하여 적절하다고 판단될 경우 각 기구의 권한 범위에 속하는 분야에 있어서 이 협약의 이행에 관한 전문적인 자문을 제공하여 줄 것을 요청할 수 있다. 위원회는 전문기구와 기타 국제연합의 기관에 대하여 그 활동범위에 속하는 분야에서 이 협약의 이행에 관한 보고서를 제출할 것을 요청할 수 있다.

their activities;

b. The Committee, as it discharges its mandate, shall consult, as appropriate, other relevant bodies instituted by international human rights treaties, with a view to ensuring the consistency of their respective reporting guidelines, suggestions and general recommendations, and avoiding duplication and overlap in the performance of their functions.

나. 위원회는 직무 수행 시 각 기구들의 보고서 지침, 제안 및 일반 권고의 일관성을 보장하고 기능 수행에 있어 중복을 피하기 위한 목적으로, 적절한 경우, 국제인권조약에 따라 설립된 기타 관련 기구와 협의한다.

Article 39 - Report of the Committee

The Committee shall report every two years to the General Assembly and to the Economic and Social Council on its activities, and may make suggestions and general recommendations based on the examination of reports and information received from the States Parties. Such suggestions and general recommendations shall be included in the report of the Committee together with comments, if any, from States Parties.

. . .

제39조 위원회 보고서

위원회는 위원회의 활동에 대한 보고서를 2년마다 총회와 경제사회이사회에 제출하며, 당사국으로부터 접수한 보고서와 정보에 대한 심사를 기초로 하여 제안 및 일반적 권고를 할 수 있다. 이러한 제안 및 일반적 권고는 당사국으로부터의 논평이 있는 경우에는 이와 함께 위원회의 보고서에 수록되어야 한다.

. . .

International Convention for the Protection of All Persons from Enforced Disappearance

강제실종으로부터 모든 사람을 보호하기 위한 국제협약

채택 2006. 12. 20 / 발효 2010. 12. 23 / 대한민국 적용 2023. 2. 3

PREAMBLE

서문

The States Parties to this Convention,

이 협약의 당사국은,

Considering the obligation of States under the Charter of the United Nations to promote universal respect for, and observance of, human rights and fundamental freedoms,

인권 및 기본적 자유에 대한 보편적 존중과 준수를 증진하기 위한 국제연합헌장에 따른 국가의 의무를 고려하고,

Having regard to the Universal Declaration of Human Rights,

세계인권선언에 유의하며,

Recalling the International Covenant on Economic, Social and Cultural Rights, the International Covenant on Civil and Political Rights and the other relevant international instruments in the fields of human rights, humanitarian law and international criminal law,

「경제적·사회적 및 문화적 권리에 관한 국제규약」, 「시민적 및 정치적 권리에 관한 국제규약」, 그리고 인권, 인도법 및 국제형사법 분야의 그 밖의 관련 국제문서를 상기하고,

Also recalling the Declaration on the Protection of All Persons from Enforced Disappearance adopted by the General Assembly of the United Nations in its resolution 47/133 of 18 December 1992,

국제연합 총회에서 1992년 12월 18일 자 결의 제47/133호로 채택된 강제실종으로부터 모든 사람을 보호하기 위한 선언을 또한 상기하며,

Aware of the extreme seriousness of enforced disappearance, which constitutes a crime and, in certain circumstances defined in international law, a crime against humanity,

범죄를 구성하고, 국제법상 정의된 특정 상황에서는 인도에 반한 죄를 구성하는, 강제실종의 극도의 심각성을 인식하고,

Determined to prevent enforced disappearances and to combat impunity for the crime of enforced disappearance,

강제실종을 방지하고 강제실종 범죄에 대한 불처벌에 대항하기로 다짐하며,

Considering the right of any person not to be subjected to enforced disappearance, the right of victims to justice and to reparation,

모든 사람의 강제실종을 당하지 않을 권리와 피해자의 사법상 권리 및 배상에 관한 권리를 고려하고,

Affirming the right of any victim to know the truth about the circumstances of an enforced disappearance and the fate of the disappeared person, and the right to freedom to seek, receive and impart information to this end,

모든 피해자의 강제실종 상황 및 실종자의 생사에 관한 진실을 알 권리와 이를 위한 정보를 구하고 접수하며 전달할 자유에 대한 권리를 확인하며,

Have agreed on the following articles:

다음과 같이 합의하였다.

PART 1

제1부

ARTICLE 1

1. No one shall be subjected to enforced disappearance.

2. No exceptional circumstances whatsoever, whether a state of war or a threat of war, internal political instability or any other public emergency, may be invoked as a justification for enforced disappearance.

제1조

1. 어떠한 사람도 강제실종을 당해서는 안 된다.

2. 전쟁 상황 또는 전쟁의 위협, 국내 정치 불안정 또는 그 밖의 사회적 긴급상황 등 어떠한 예외적인 상황도 강제실종을 정당화하는 사유로 원용될 수 없다.

ARTICLE 2

For the purposes of this Convention, "enforced disappearance" is considered to be the arrest, detention, abduction or any other form of deprivation of liberty by agents of the State or by persons or groups of persons acting with the authorization, support or acquiescence of the State, followed by a refusal to acknowledge the deprivation of liberty or by concealment of the fate or whereabouts of the disappeared person, which place such a person outside the protection of the law.

제2조

이 협약의 목적상, "강제실종"이란 국가 기관 또는 국가의 허가, 지원 또는 묵인하에 행동하는 개인이나 개인들로 구성된 집단이 사람을 체포, 감금, 납치나 그 밖의 형태로 자유를 박탈한 후 이러한 자유의 박탈을 부인하거나 실종자의 생사 또는 소재지를 은폐하여 실종자를 법의 보호 밖에 놓이게 하는 것을 말한다.

ARTICLE 3

Each State Party shall take appropriate measures to

제3조

각 당사국은 국가의 허가, 지원 또는 묵인 없이 행

investigate acts defined in article 2 committed by persons or groups of persons acting without the authorization, support or acquiescence of the State and to bring those responsible to justice.

동하는 개인이나 개인들로 구성된 집단이 범한 제2조에서 정의된 행위를 수사하고 책임자를 재판에 회부하기 위하여 적절한 조치를 취한다.

ARTICLE 4

Each State Party shall take the necessary measures to ensure that enforced disappearance constitutes an offence under its criminal law.

제4조

각 당사국은 강제실종이 자국의 형법상 범죄를 구성하도록 보장하기 위하여 필요한 조치를 취한다.

ARTICLE 5

The widespread or systematic practice of enforced disappearance constitutes a crime against humanity as defined in applicable international law and shall attract the consequences provided for under such applicable international law.

제5조

광범위하거나 조직적인 강제실종 범행은 적용 가능한 국제법에 정의된 인도에 반한 죄를 구성하고, 그 적용 가능한 국제법에 규정된 결과를 초래한다.

ARTICLE 6

1. Each State Party shall take the necessary measures to hold criminally responsible at least:

(a) Any person who commits, orders, solicits or induces the commission of, attempts to commit, is an accomplice to or participates in an enforced disappearance;

(b) A superior who:

(i) Knew, or consciously disregarded information which clearly indicated, that subordinates under his or her effective authority and control were committing or about to commit a crime of enforced disappearance;

(ii) Exercised effective responsibility for and control over activities which were concerned with the crime of enforced disappearance; and

(iii) Failed to take all necessary and reasonable measures within his or her power to prevent or repress the commission of an enforced disappearance or to submit the matter to the competent authorities for investigation and prosecution;

(c) Subparagraph (b) above is without prejudice to

제6조

1. 각 당사국은 최소한 다음에 해당하는 사람에게 형사 책임을 부과하기 위하여 필요한 조치를 취한다.

가. 강제실종을 범하거나, 강제실종 범행을 명령, 권유, 유인 또는 시도하거나, 강제실종의 공범이거나 강제실종에 가담한 사람

나. 상급자로서 다음에 해당하는 경우

(1) 자신의 실효적인 권한과 통제하에 있는 하급자가 강제실종 범죄를 범하고 있거나 범할 것임을 알았거나 이를 명백하게 보여주는 정보를 의식적으로 무시하고,

(2) 강제실종 범죄와 관련된 활동에 대하여 실효적인 책임과 통제를 행사하며, 그리고

(3) 강제실종 범행을 방지하거나 억제하기 위하여 또는 그 문제를 수사 및 기소의 목적으로 권한 있는 당국에 회부하기 위하여 자신의 권한 내의 모든 필요하고 합리적인 조치를 취하지 않은 경우

다. 나호는 군 지휘관이나 실질적으로 군 지휘관으

the higher standards of responsibility applicable under relevant international law to a military commander or to a person effectively acting as a military commander.

로 활동하는 사람에 대한 관련 국제법상 적용 가능한, 보다 높은 수준의 책임에 영향을 미치지 않는다.

2. No order or instruction from any public authority, civilian, military or other, may be invoked to justify an offence of enforced disappearance.

2. 민간, 군 또는 그 밖의 공공당국으로부터의 어떠한 명령이나 지시도 강제실종 범죄를 정당화하는 사유로 원용될 수 없다.

ARTICLE 7

1. Each State Party shall make the offence of enforced disappearance punishable by appropriate penalties which take into account its extreme seriousness.

2. Each State Party may establish:

(a) Mitigating circumstances, in particular for persons who, having been implicated in the commission of an enforced disappearance, effectively contribute to bringing the disappeared person forward alive or make it possible to clarify cases of enforced disappearance or to identify the perpetrators of an enforced disappearance;

(b) Without prejudice to other criminal procedures, aggravating circumstances, in particular in the event of the death of the disappeared person or the commission of an enforced disappearance in respect of pregnant women, minors, persons with disabilities or other particularly vulnerable persons.

제7조

1. 각 당사국은 강제실종 범죄가 갖는 극도의 심각성을 고려한 적절한 형벌로 강제실종 범죄를 처벌할 수 있도록 한다.

2. 각 당사국은 다음을 정할 수 있다.

가. 감경 사유, 특히 강제실종 범행에 연루된 후 실종자가 살아서 돌아오는 데 실질적으로 기여하거나 강제실종 사건 규명 또는 강제실종 가해자의 신원 확인을 가능하도록 한 사람에 대한 경우

나. 다른 형사절차에 영향을 주지 않는 가중 사유, 특히 실종자가 사망한 경우 또는 임산부, 미성년자, 장애인이나 그 밖에 특히 취약한 사람을 대상으로 한 강제실종 범행인 경우

ARTICLE 8

Without prejudice to article 5,

1. A State Party which applies a statute of limitations in respect of enforced disappearance shall take the necessary measures to ensure that the term of limitation for criminal proceedings:

(a) Is of long duration and is proportionate to the extreme seriousness of this offence;

제8조

제5조에 영향을 미치지 않으면서,

1. 강제실종에 대하여 공소시효를 적용하는 당사국은 형사절차상 시효기간과 관련하여 다음의 사항을 보장하기 위하여 필요한 조치를 취한다.

가. 시효기간이 길고, 강제실종 범죄가 갖는 극도의 심각성에 비례할 것

(b) Commences from the moment when the offence of enforced disappearance ceases, taking into account its continuous nature.

나. 강제실종 범죄의 계속성을 고려하여, 강제실종 범죄가 종료된 시점부터 기산할 것

2. Each State Party shall guarantee the right of victims of enforced disappearance to an effective remedy during the term of limitation.

2. 각 당사국은 시효기간 동안 강제실종 피해자의 효과적인 구제를 받을 권리를 보장한다.

ARTICLE 9

제9조

1. Each State Party shall take the necessary measures to establish its competence to exercise jurisdiction over the offence of enforced disappearance:

(a) When the offence is committed in any territory under its jurisdiction or on board a ship or aircraft registered in that State;

(b) When the alleged offender is one of its nationals;

(c) When the disappeared person is one of its nationals and the State Party considers it appropriate.

1. 각 당사국은 다음의 경우에 강제실종 범죄에 대한 관할권 행사 권한을 확립하기 위하여 필요한 조치를 취한다.

가. 범죄가 자국 관할 영역이나 자국에 등록된 선박이나 항공기에서 실행된 경우

나. 범죄혐의자가 자국민인 경우

다. 실종자가 자국민이고 자국의 관할권 행사가 적절하다고 판단되는 경우

2. Each State Party shall likewise take such measures as may be necessary to establish its competence to exercise jurisdiction over the offence of enforced disappearance when the alleged offender is present in any territory under its jurisdiction, unless it extradites or surrenders him or her to another State in accordance with its international obligations or surrenders him or her to an international criminal tribunal whose jurisdiction it has recognized.

2. 각 당사국은 범죄혐의자가 자국 관할 영역에 소재하는 경우, 그 사람을 국제적 의무에 따라 다른 국가에 인도 또는 인계하거나 그 당사국이 관할권을 인정한 국제적 형사 재판소에 인계하지 않는 한, 강제실종 범죄에 대한 관할권을 행사할 권한을 확립하기 위하여 필요한 조치를 마찬가지로 취한다.

3. This Convention does not exclude any additional criminal jurisdiction exercised in accordance with national law.

3. 이 협약은 국내법에 따라 행사되는 어떠한 추가적인 형사 관할권도 배제하지 않는다.

ARTICLE 10

제10조

1. Upon being satisfied, after an examination of the information available to it, that the circumstances so warrant, any State Party in whose territory a person suspected of having committed an offence of enforced disappearance is present shall take him or

1. 당사국은 강제실종 범죄를 범한 것으로 의심되는 사람이 자국 영역에 소재하는 경우, 이용 가능한 정보를 검토한 후 정황이 타당한 것으로 판단되면, 그 사람을 구금하거나 그 사람의 신병을 확보하기 위하여 그 밖의 필요한 법적 조치를 취한다. 구금

her into custody or take such other legal measures as are necessary to ensure his or her presence. The custody and other legal measures shall be as provided for in the law of that State Party but may be maintained only for such time as is necessary to ensure the person's presence at criminal, surrender or extradition proceedings.

과 그 밖의 법적 조치는 그 당사국의 법률에 규정된 바에 따르나, 형사, 인계 또는 인도 절차에 그 사람의 출석을 보장하기 위하여 필요한 기간에 한정해서만 유지될 수 있다.

2. A State Party which has taken the measures referred to in paragraph 1 of this article shall immediately carry out a preliminary inquiry or investigations to establish the facts. It shall notify the States Parties referred to in article 9, paragraph 1, of the measures it has taken in pursuance of paragraph 1 of this article, including detention and the circumstances warranting detention, and of the findings of its preliminary inquiry or its investigations, indicating whether it intends to exercise its jurisdiction.

2. 이 조 제1항에 언급된 조치를 한 당사국은 사실 규명을 위한 예비 조사 또는 수사를 즉시 실시한다. 그 당사국은 관할권 행사 의도가 있는지를 밝히면서, 구금 사실과 구금을 정당화하는 정황을 포함하여 이 조 제1항에 따라 취한 조치와 예비 조사 또는 수사의 결과를 제9조제1항에 언급된 당사국에 통지한다.

3. Any person in custody pursuant to paragraph 1 of this article may communicate immediately with the nearest appropriate representative of the State of which he or she is a national, or, if he or she is a stateless person, with the representative of the State where he or she usually resides.

3. 이 조 제1항에 따라 구금된 사람은 가장 가까이 소재하는 자신의 국적국의 적절한 대표, 또는 무국적자인 경우 자신이 통상 거주하고 있는 국가의 대표와 즉시 통신할 수 있다.

ARTICLE 11

1. The State Party in the territory under whose jurisdiction a person alleged to have committed an offence of enforced disappearance is found shall, if it does not extradite that person or surrender him or her to another State in accordance with its international obligations or surrender him or her to an international criminal tribunal whose jurisdiction it has recognized, submit the case to its competent authorities for the purpose of prosecution.

제11조

1. 강제실종 범죄를 범하였다는 혐의를 받는 사람이 발견된 영역의 관할 당사국은, 국제적 의무에 따라 그 사람을 다른 국가로 인도 또는 인계하지 않거나 그 당사국이 관할권을 인정한 국제적 형사 재판소로 인계하지 않는 경우, 기소를 목적으로 자국의 권한 있는 당국에 사건을 회부한다.

2. These authorities shall take their decision in the

2. 이러한 당국은 자국 법에서의 통상적인 중범죄

same manner as in the case of any ordinary offence of a serious nature under the law of that State Party. In the cases referred to in article 9, paragraph 2, the standards of evidence required for prosecution and conviction shall in no way be less stringent than those which apply in the cases referred to in article 9, paragraph 1.

의 경우와 같은 방식으로 결정을 내린다. 제9조제2항에 해당하는 사건에서 기소 및 유죄판결에 요구되는 입증 정도는 제9조제1항에 해당되는 사건에 적용되는 입증 정도보다 덜 엄격해서는 안 된다.

3. Any person against whom proceedings are brought in connection with an offence of enforced disappearance shall be guaranteed fair treatment at all stages of the proceedings. Any person tried for an offence of enforced disappearance shall benefit from a fair trial before a competent, independent and impartial court or tribunal established by law.

3. 강제실종 범죄에 관하여 제기된 사법절차의 피고인은 그 절차의 모든 단계에서 공정한 대우를 보장받는다. 강제실종 범죄로 재판을 받는 모든 사람은 법에 따라 설립된 권한 있고 독립적이며 공정한 법원 또는 재판소에서 공정한 재판을 받는다.

ARTICLE 12

1. Each State Party shall ensure that any individual who alleges that a person has been subjected to enforced disappearance has the right to report the facts to the competent authorities, which shall examine the allegation promptly and impartially and, where necessary, undertake without delay a thorough and impartial investigation. Appropriate steps shall be taken, where necessary, to ensure that the complainant, witnesses, relatives of the disappeared person and their defence counsel, as well as persons participating in the investigation, are protected against all ill-treatment or intimidation as a consequence of the complaint or any evidence given.

제12조

1. 각 당사국은 어떠한 사람이 강제실종을 당하였다고 주장하는 모든 개인에게 그 사실을 권한 있는 당국에 신고할 권리가 있음을 보장하며, 그 당국은 그 주장을 즉시 공정하게 검토하고, 필요한 경우 지체 없이 철저하고 공정한 수사에 착수한다. 필요한 경우 고발인, 증인, 실종자의 친인척 및 그들의 변호인뿐만 아니라 수사에 참여한 사람이 고발 또는 제출된 증거를 이유로 한 모든 부당한 대우나 협박으로부터 보호받을 수 있도록 적절한 조치를 취한다.

2. Where there are reasonable grounds for believing that a person has been subjected to enforced disappearance, the authorities referred to in paragraph 1 of this article shall undertake an investigation, even if there has been no formal complaint.

2. 어떠한 사람이 강제실종을 당하였다고 믿을 수 있는 합리적인 근거가 있는 경우, 이 조 제1항에 언급된 당국은 정식 고발이 없더라도 수사에 착수한다.

3. Each State Party shall ensure that the authorities

3. 각 당사국은 이 조 제1항에 언급된 당국에게 다

referred to in paragraph 1 of this article:

(a) Have the necessary powers and resources to conduct the investigation effectively, including access to the documentation and other information relevant to their investigation;

(b) Have access, if necessary with the prior authorization of a judicial authority, which shall rule promptly on the matter, to any place of detention or any other place where there are reasonable grounds to believe that the disappeared person may be present.

4. Each State Party shall take the necessary measures to prevent and sanction acts that hinder the conduct of an investigation. It shall ensure in particular that persons suspected of having committed an offence of enforced disappearance are not in a position to influence the progress of an investigation by means of pressure or acts of intimidation or reprisal aimed at the complainant, witnesses, relatives of the disappeared person or their defence counsel, or at persons participating in the investigation.

ARTICLE 13

1. For the purposes of extradition between States Parties, the offence of enforced disappearance shall not be regarded as a political offence or as an offence connected with a political offence or as an offence inspired by political motives. Accordingly, a request for extradition based on such an offence may not be refused on these grounds alone.

2. The offence of enforced disappearance shall be deemed to be included as an extraditable offence in any extradition treaty existing between States Parties before the entry into force of this

음의 사항을 보장한다.

가. 수사와 관련된 서류 및 그 밖의 정보에 대한 접근을 포함하여, 수사를 효과적으로 수행하기 위하여 필요한 권한 및 자원 보유

나. 실종자가 소재할 수 있다고 믿을만한 합리적 근거가 있는 모든 감금 장소 또는 그 밖의 장소에 대한 접근권 보유. 필요한 경우 사법당국의 사전 승인을 받아야 하며, 사법당국은 그 사안을 신속하게 결정한다.

4. 각 당사국은 수사 방해 행위를 방지하고 이를 제재하기 위하여 필요한 조치를 취한다. 각 당사국은 특히 강제실종 범죄를 범하였다고 의심되는 사람이 고발인, 증인, 실종자의 친인척 또는 그들의 변호인이나 수사에 참여한 사람에 대한 압박이나 협박 또는 보복 행동을 통하여 수사 진행에 영향을 주는 위치에 있지 않도록 보장한다.

제13조

1. 당사국 간 범죄인 인도의 목적상, 강제실종 범죄는 정치적 범죄, 정치적 범죄와 관련된 범죄 또는 정치적 동기로 유발된 범죄로 보지 않는다. 이에 따라, 그러한 범죄에 근거한 범죄인 인도 요청은 이러한 사유만으로는 거절될 수 없다.

2. 강제실종 범죄는 이 협약 발효 전 당사국 간 존재하는 모든 범죄인 인도 조약상 인도대상범죄에 포함되는 것으로 간주한다.

Convention.

3. States Parties undertake to include the offence of enforced disappearance as an extraditable offence in any extradition treaty subsequently to be concluded between them.

3. 당사국은 강제실종 범죄를 당사국간 추후 체결되는 모든 범죄인 인도 조약에 인도대상범죄로 포함하도록 한다.

4. If a State Party which makes extradition conditional on the existence of a treaty receives a request for extradition from another State Party with which it has no extradition treaty, it may consider this Convention as the necessary legal basis for extradition in respect of the offence of enforced disappearance.

4. 조약의 존재를 범죄인 인도의 조건으로 하는 당사국이 자국과 범죄인 인도 조약을 체결하지 않은 다른 당사국으로부터 범죄인 인도 요청을 받은 경우, 이 협약을 강제실종 범죄에 관한 범죄인 인도에 필요한 법적 근거로 볼 수 있다.

5. States Parties which do not make extradition conditional on the existence of a treaty shall recognize the offence of enforced disappearance as an extraditable offence between themselves.

5. 조약의 존재를 범죄인 인도의 조건으로 하지 않는 당사국들은 강제실종 범죄를 그들 간의 인도대상 범죄로 인정한다.

6. Extradition shall, in all cases, be subject to the conditions provided for by the law of the requested State Party or by applicable extradition treaties, including, in particular, conditions relating to the minimum penalty requirement for extradition and the grounds upon which the requested State Party may refuse extradition or make it subject to certain conditions.

6. 모든 사건에서의 범죄인 인도는, 특히 범죄인 인도를 위한 최소형량요건과 피요청당사국이 범죄인 인도를 거절하거나 특정한 조건에 따라 인도할 수 있는 사유를 포함하여, 피요청당사국의 법 또는 적용 가능한 범죄인 인도 조약에 규정된 조건을 따른다.

7. Nothing in this Convention shall be interpreted as imposing an obligation to extradite if the requested State Party has substantial grounds for believing that the request has been made for the purpose of prosecuting or punishing a person on account of that person's sex, race, religion, nationality, ethnic origin, political opinions or membership of a particular social group, or that compliance with the request would cause harm to that person for any one of these reasons.

7. 피요청당사국이 대상자의 성별, 인종, 종교, 국적, 출신민족, 정치적 견해 또는 특정한 사회집단의 구성원인 신분을 이유로 기소 또는 처벌할 목적으로 인도 요청이 이루어졌거나, 요청에 따른 이행이 이러한 이유 중 어느 하나로 그 사람에게 위해가 될 것이라고 믿을 만한 상당한 근거가 있는 경우, 이 협약상의 어떠한 내용도 범죄인 인도 의무를 부과하는 것으로 해석되지 않는다.

ARTICLE 14

1. States Parties shall afford one another the greatest measure of mutual legal assistance in connection with criminal proceedings brought in respect of an offence of enforced disappearance, including the supply of all evidence at their disposal that is necessary for the proceedings.

2. Such mutual legal assistance shall be subject to the conditions provided for by the domestic law of the requested State Party or by applicable treaties on mutual legal assistance, including, in particular, the conditions in relation to the grounds upon which the requested State Party may refuse to grant mutual legal assistance or may make it subject to conditions.

제14조

1. 당사국은 강제실종 범죄에 관하여 제기된 형사 절차와 관련하여 그 절차에 필요한 각국이 보유한 모든 증거의 제공을 포함하여 최대한의 사법 공조를 상호 제공한다.

2. 이러한 사법 공조는, 특히 피요청당사국이 사법 공조 제공을 거절하거나 조건에 따라 공조할 수 있다는 근거와 관련한 조건을 포함하여, 피요청당사국의 국내법 또는 적용 가능한 사법 공조에 관한 조약에 규정된 조건을 따른다.

ARTICLE 15

States Parties shall cooperate with each other and shall afford one another the greatest measure of mutual assistance with a view to assisting victims of enforced disappearance, and in searching for, locating and releasing disappeared persons and, in the event of death, in exhuming and identifying them and returning their remains.

제15조

당사국은 강제실종 피해자 지원, 실종자 수색·소재 파악·석방 및 실종자 사망 시 유해 발굴·신원 확인·송환을 위하여 서로 협력하며 상호 최대한의 지원을 제공한다.

ARTICLE 16

1. No State Party shall expel, return ("refouler"), surrender or extradite a person to another State where there are substantial grounds for believing that he or she would be in danger of being subjected to enforced disappearance.

2. For the purpose of determining whether there are such grounds, the competent authorities shall take into account all relevant considerations, including, where applicable, the existence in the State concerned of a consistent pattern of gross, flagrant or mass violations of human rights or of serious vio-

제16조

1. 어떠한 당사국도 강제실종을 당할 위험이 있다고 믿을 만한 상당한 근거가 있는 다른 국가로 사람을 추방, 송환, 인계 또는 인도해서는 안 된다.

2. 그러한 근거가 있는지 결정하기 위하여, 권한 있는 당국은, 적용 가능한 경우 관련국에서 중대한, 극악한 또는 대규모의 인권 침해 또는 심각한 국제인도법 위반의 지속적인 양상의 존재 여부를 포함하여, 모든 관련 사항을 고려한다.

lations of international humanitarian law.

ARTICLE 17

1. No one shall be held in secret detention.

2. Without prejudice to other international obligations of the State Party with regard to the deprivation of liberty, each State Party shall, in its legislation:

(a) Establish the conditions under which orders of deprivation of liberty may be given;

(b) Indicate those authorities authorized to order the deprivation of liberty;

(c) Guarantee that any person deprived of liberty shall be held solely in officially recognized and supervised places of deprivation of liberty;

(d) Guarantee that any person deprived of liberty shall be authorized to communicate with and be visited by his or her family, counsel or any other person of his or her choice, subject only to the conditions established by law, or, if he or she is a foreigner, to communicate with his or her consular authorities, in accordance with applicable international law;

(e) Guarantee access by the competent and legally authorized authorities and institutions to the places where persons are deprived of liberty, if necessary with prior authorization from a judicial authority;

(f) Guarantee that any person deprived of liberty or, in the case of a suspected enforced disappearance, since the person deprived of liberty is not able to exercise this right, any persons with a legitimate interest, such as relatives of the person deprived of liberty, their representatives or their counsel, shall, in all circumstances, be entitled to take proceedings before a court, in order that the court may decide without delay on the lawfulness of the deprivation of liberty and order the person's release if such deprivation of liberty is not lawful.

제17조

1. 어느 누구도 비밀리에 구금되어서는 안 된다.

2. 당사국의 자유 박탈에 관한 다른 국제적 의무에 영향을 미치지 않으면서, 각 당사국은 자국 법령에서,

가. 자유 박탈을 명할 수 있는 조건을 정한다.

나. 자유 박탈을 명할 권한이 부여된 당국을 명시한다.

다. 자유가 박탈된 사람은 공식적으로 인정되고 감독되는 장소에만 수용됨을 보장한다.

라. 자유가 박탈된 사람이 법률상의 제약에만 따르면서 그 사람의 가족, 변호인 또는 그 밖에 그 사람이 선택한 사람과 통신 및 접견하거나, 외국인의 경우 적용 가능한 국제법에 따라 그 사람의 영사 당국과 통신하는 것이 허용됨을 보장한다.

마. 권한 있고 법적으로 인정된 당국 및 기관이, 필요한 경우 사법당국의 사전 승인을 받아, 자유가 박탈된 사람이 있는 장소에 접근하는 것을 보장한다.

바. 법원이 지체 없이 자유 박탈의 적법성을 판단하여 그러한 자유 박탈이 적법하지 않은 경우 석방을 명할 수 있도록 하기 위하여, 자유가 박탈된 사람, 또는 강제실종이 의심되는 경우 자유가 박탈된 사람은 이러한 권리를 행사할 수 없으므로, 그 사람의 친인척, 그들의 대리인 또는 변호인과 같은 정당한 이해관계가 있는 어느 누구도, 모든 상황에서 법원에 소를 제기할 자격이 있음을 보장한다.

3. Each State Party shall assure the compilation and maintenance of one or more up-to-date official registers and/or records of persons deprived of liberty, which shall be made promptly available, upon request, to any judicial or other competent authority or institution authorized for that purpose by the law of the State Party concerned or any relevant international legal instrument to which the State concerned is a party. The information contained therein shall include, as a minimum:
(a) The identity of the person deprived of liberty;
(b) The date, time and place where the person was deprived of liberty and the identity of the authority that deprived the person of liberty;
(c) The authority that ordered the deprivation of liberty and the grounds for the deprivation of liberty;
(d) The authority responsible for supervising the deprivation of liberty;
(e) The place of deprivation of liberty, the date and time of admission to the place of deprivation of liberty and the authority responsible for the place of deprivation of liberty;
(f) Elements relating to the state of health of the person deprived of liberty;
(g) In the event of death during the deprivation of liberty, the circumstances and cause of death and the destination of the remains;
(h) The date and time of release or transfer to another place of detention, the destination and the authority responsible for the transfer.

3. 각 당사국은 자유가 박탈된 사람에 대한 하나 또는 그 이상의 최신 공식 등록부 및/또는 기록이 축적되고 관리되도록 보장하고, 요청이 있는 경우 관련 당사국의 법 또는 그 관련국이 당사자인 관련 국제 법률문서에 따라 권한을 부여받은 사법 또는 그 밖의 권한 있는 당국이나 기관이 이를 신속하게 이용할 수 있도록 해야 한다. 그 공식 등록부 및/또는 기록이 담고 있는 정보는 최소한 다음의 사항을 포함한다.

가. 자유가 박탈된 사람의 신원
나. 자유가 박탈된 일시 및 장소, 그리고 자유를 박탈한 당국의 정체
다. 자유 박탈을 명한 당국 및 자유 박탈 근거
라. 자유 박탈을 감독할 책임이 있는 당국
마. 자유 박탈 장소, 자유 박탈 장소에 수용된 일시 및 자유 박탈 장소를 관할하는 당국
바. 자유가 박탈된 사람의 건강 상태에 관한 사항
사. 자유 박탈 중 사망한 경우, 사망 정황 및 사인과 유해의 위치
아. 석방 또는 다른 구금 장소로의 이송 일시, 이송 위치 및 이송을 관할하는 당국

ARTICLE 18

1. Subject to articles 19 and 20, each State Party shall guarantee to any person with a legitimate interest in this information, such as relatives of the person deprived of liberty, their representatives or their counsel, access to at least the following information:
(a) The authority that ordered the deprivation of

제18조

1. 제19조 및 제20조에 따라, 각 당사국은 자유가 박탈된 사람의 친인척, 그들의 대리인 또는 변호인과 같이 그 정보에 정당한 이해관계가 있는 사람에게 최소한 다음의 정보에 대한 접근을 보장한다.

가. 자유 박탈을 명한 당국

liberty;

(b) The date, time and place where the person was deprived of liberty and admitted to the place of deprivation of liberty;

(c) The authority responsible for supervising the deprivation of liberty;

(d) The whereabouts of the person deprived of liberty, including, in the event of a transfer to another place of deprivation of liberty, the destination and the authority responsible for the transfer;

(e) The date, time and place of release;

(f) Elements relating to the state of health of the person deprived of liberty;

(g) In the event of death during the deprivation of liberty, the circumstances and cause of death and the destination of the remains.

2. Appropriate measures shall be taken, where necessary, to protect the persons referred to in paragraph 1 of this article, as well as persons participating in the investigation, from any ill-treatment, intimidation or sanction as a result of the search for information concerning a person deprived of liberty.

ARTICLE 19

1. Personal information, including medical and genetic data, which is collected and/or transmitted within the framework of the search for a disappeared person shall not be used or made available for purposes other than the search for the disappeared person. This is without prejudice to the use of such information in criminal proceedings relating to an offence of enforced disappearance or the exercise of the right to obtain reparation.

2. The collection, processing, use and storage of personal information, including medical and genetic data, shall not infringe or have the effect of

나. 자유가 박탈되어 자유 박탈 장소에 수용된 일시 및 장소

다. 자유 박탈을 감독할 책임이 있는 당국

라. 자유가 박탈된 사람의 소재. 다른 자유 박탈 장소로 이송된 경우, 이송 위치 및 이송을 관할하는 당국을 포함한다.

마. 석방 일시 및 장소

바. 자유가 박탈된 사람의 건강 상태에 관한 사항

사. 자유 박탈 중 사망한 경우, 사망 정황 및 사인과 유해의 위치

2. 조사에 참여한 사람뿐만 아니라 이 조 제1항에 언급된 사람을 자유가 박탈된 사람에 관한 정보 검색으로 인한 부당한 대우, 협박 또는 제재로부터 보호하기 위하여 필요한 경우 적절한 조치를 취한다.

제19조

1. 의료 및 유전 정보를 포함하여 실종자 수색 차원에서 수집 및/또는 전달되는 개인 정보는 실종자 수색 이외의 목적으로 사용되거나 이용 가능해서는 안 된다. 이는 강제실종 범죄와 관련된 형사절차 또는 배상받을 권리를 행사할 때 이러한 정보를 사용하는 것에 영향을 미치지 않는다.

2. 의료 및 유전 정보를 포함한 개인 정보의 수집, 처리, 사용 및 보관은 개인의 인권, 기본적 자유 또는 인간의 존엄성을 침해하거나 침해하는 효과를

infringing the human rights, fundamental freedoms or human dignity of an individual.

야기해서는 안 된다.

ARTICLE 20

1. Only where a person is under the protection of the law and the deprivation of liberty is subject to judicial control may the right to information referred to in article 18 be restricted, on an exceptional basis, where strictly necessary and where provided for by law, and if the transmission of the information would adversely affect the privacy or safety of the person, hinder a criminal investigation, or for other equivalent reasons in accordance with the law, and in conformity with applicable international law and with the objectives of this Convention. In no case shall there be restrictions on the right to information referred to in article 18 that could constitute conduct defined in article 2 or be in violation of article 17, paragraph 1.

2. Without prejudice to consideration of the lawfulness of the deprivation of a person's liberty, States Parties shall guarantee to the persons referred to in article 18, paragraph 1, the right to a prompt and effective judicial remedy as a means of obtaining without delay the information referred to in article 18, paragraph 1. This right to a remedy may not be suspended or restricted in any circumstances.

제20조

1. 제18조에서 언급된 정보에 관한 권리는, 대상자가 법의 보호하에 있고 자유의 박탈이 사법적 통제하에 있는 경우로 한정하여, 예외적으로 제한될 수 있다. 그러한 제한은 절대적으로 필요하고 법률에 규정되어 있으며 그 정보의 전달이 대상자의 사생활 또는 안전에 부정적인 영향을 미치거나 범죄수사를 방해하거나 법률에 따른 다른 상응하는 사유가 있는 경우로 한정하며, 적용 가능한 국제법 및 이 협약의 목적에 부합하는 방식으로 이루어진다. 어떠한 경우에도 제2조에서 정의된 행위를 구성하거나 제17조제1항에 위배될 수 있는, 제18조에서 언급된 정보에 관한 권리에 제한이 있어서는 안 된다.

2. 어떠한 사람의 자유 박탈에 대한 적법성 검토에 영향을 주지 않으면서, 당사국은 제18조제1항에서 언급된 사람에게 제18조제1항에서 언급된 정보를 지체 없이 취득하기 위한 수단으로서 신속하고 효과적인 사법 구제에 관한 권리를 보장한다. 이러한 구제에 관한 권리는 어떠한 상황에서도 정지되거나 제한될 수 없다.

ARTICLE 21

Each State Party shall take the necessary measures to ensure that persons deprived of liberty are released in a manner permitting reliable verification that they have actually been released. Each State Party shall also take the necessary measures to assure the physical integrity of such persons and their ability to exercise fully their rights at the time of release, without prejudice to any obligations to

제21조

각 당사국은 자유가 박탈된 사람이 실제로 석방되었다는 신뢰할 만한 검증이 허용되는 방식으로 석방되도록 보장하기 위한 필요한 조치를 취한다. 각 당사국은 또한, 국내법상 그러한 사람에게 부여된 의무에 영향을 미치지 않으면서, 석방 시점에 그러한 사람의 신체적 완전성과 자신의 권리를 완전하게 행사할 수 있는 능력을 보장하기 위하여 필요한 조치를 취한다.

which such persons may be subject under national law.

ARTICLE 22

Without prejudice to article 6, each State Party shall take the necessary measures to prevent and impose sanctions for the following conduct:

(a) Delaying or obstructing the remedies referred to in article 17, paragraph 2 (f), and article 20, paragraph 2;

(b) Failure to record the deprivation of liberty of any person, or the recording of any information which the official responsible for the official register knew or should have known to be inaccurate;

(c) Refusal to provide information on the deprivation of liberty of a person, or the provision of inaccurate information, even though the legal requirements for providing such information have been met.

제22조

제6조에 영향을 미치지 않으면서, 각 당사국은 다음의 행위를 예방하고 제재하기 위하여 필요한 조치를 취한다.

가. 제17조제2항바호 및 제20조제2항에서 언급된 구제를 지연시키거나 방해하는 행위

나. 어떠한 사람의 자유 박탈을 기록하지 않거나, 공식 등록부를 담당하는 공무원이 부정확하다는 것을 알았거나 알았어야 하는 정보에 대해 기록하는 행위

다. 어떠한 사람의 자유 박탈에 대한 정보 제공을 위한 법적 요건을 갖추었음에도 불구하고 그러한 정보 제공을 거부하거나 부정확한 정보를 제공하는 행위

ARTICLE 23

1. Each State Party shall ensure that the training of law enforcement personnel, civil or military, medical personnel, public officials and other persons who may be involved in the custody or treatment of any person deprived of liberty includes the necessary education and information regarding the relevant provisions of this Convention, in order to:

(a) Prevent the involvement of such officials in enforced disappearances;

(b) Emphasize the importance of prevention and investigations in relation to enforced disappearances;

(c) Ensure that the urgent need to resolve cases of enforced disappearance is recognized.

2. Each State Party shall ensure that orders or instructions prescribing, authorizing or encouraging enforced disappearance are prohibited. Each State

제23조

1. 각 당사국은 다음의 목적을 위하여 자유가 박탈된 사람에 대한 구금 또는 대우에 관여할 수 있는 민간이나 군의 법집행요원, 의료인, 공무원 및 그 밖의 사람에 대한 훈련에 이 협약의 관련 규정에 관하여 필요한 교육 및 정보가 포함되도록 보장한다.

가. 그러한 사람들이 강제실종에 연루되는 것을 방지

나. 강제실종에 관한 예방 및 수사의 중요성 강조

다. 강제실종 사건 해결의 긴급한 필요성에 대한 인식 확보

2. 각 당사국은 강제실종을 지시, 허가 또는 조장하는 명령이나 지침이 금지되도록 보장한다. 각 당사국은 그러한 명령에 복종하는 것을 거부하는 사람

Party shall guarantee that a person who refuses to obey such an order will not be punished.

이 처벌받지 않도록 보장한다.

3. Each State Party shall take the necessary measures to ensure that the persons referred to in paragraph 1 of this article who have reason to believe that an enforced disappearance has occurred or is planned report the matter to their superiors and, where necessary, to the appropriate authorities or bodies vested with powers of review or remedy.

3. 각 당사국은 강제실종이 발생하였거나 계획되고 있다고 믿을 만한 이유를 가지고 있는 이 조 제1항에서 언급된 사람이 그 사안을 자신의 상급자에게, 그리고 필요한 경우 검토 또는 구제 권한을 보유한 적절한 당국 또는 기구에 보고하는 것을 보장하기 위하여 필요한 조치를 취한다.

ARTICLE 24

1. For the purposes of this Convention, "victim" means the disappeared person and any individual who has suffered harm as the direct result of an enforced disappearance.

제24조

1. 이 협약의 목적상, "피해자"는 실종자 및 강제실종의 직접적 결과로 피해를 입은 모든 개인을 말한다.

2. Each victim has the right to know the truth regarding the circumstances of the enforced disappearance, the progress and results of the investigation and the fate of the disappeared person. Each State Party shall take appropriate measures in this regard.

2. 각 피해자는 강제실종의 정황, 수사 경과 및 결과, 그리고 실종자의 생사에 관한 진실을 알 권리를 가진다. 각 당사국은 이와 관련하여 적절한 조치를 취한다.

3. Each State Party shall take all appropriate measures to search for, locate and release disappeared persons and, in the event of death, to locate, respect and return their remains.

3. 각 당사국은 실종자 수색, 소재 파악 및 석방을 위하여, 그리고 실종자 사망 시 그 유해에 대한 소재 파악, 경의 표시 및 송환을 위하여, 모든 적절한 조치를 취한다.

4. Each State Party shall ensure in its legal system that the victims of enforced disappearance have the right to obtain reparation and prompt, fair and adequate compensation.

4. 각 당사국은 자국의 법 제도상 강제실종의 피해자들이 배상과 신속하고 공정하며 적절한 보상을 받을 권리를 갖도록 보장한다.

5. The right to obtain reparation referred to in paragraph 4 of this article covers material and moral damages and, where appropriate, other forms of reparation such as:

(a) Restitution;

5. 이 조 제4항에 언급된 배상받을 권리는 물질적 및 정신적 손해배상과 적절한 경우 다음과 같은 그 밖의 형태의 배상을 포함한다.

가. 원상회복

(b) Rehabilitation;
(c) Satisfaction, including restoration of dignity and reputation;
(d) Guarantees of non-repetition.

6. Without prejudice to the obligation to continue the investigation until the fate of the disappeared person has been clarified, each State Party shall take the appropriate steps with regard to the legal situation of disappeared persons whose fate has not been clarified and that of their relatives, in fields such as social welfare, financial matters, family law and property rights.

7. Each State Party shall guarantee the right to form and participate freely in organizations and associations concerned with attempting to establish the circumstances of enforced disappearances and the fate of disappeared persons, and to assist victims of enforced disappearance.

ARTICLE 25

1. Each State Party shall take the necessary measures to prevent and punish under its criminal law:

(a) The wrongful removal of children who are subjected to enforced disappearance, children whose father, mother or legal guardian is subjected to enforced disappearance or children born during the captivity of a mother subjected to enforced disappearance;

(b) The falsification, concealment or destruction of documents attesting to the true identity of the children referred to in subparagraph (a) above.

2. Each State Party shall take the necessary measures to search for and identify the children referred to in paragraph 1 (a) of this article and to return them to their families of origin, in accordance

나. 사회복귀
다. 존엄성과 명예의 회복을 포함한 만족
라. 재발방지 보장

6. 실종자의 생사가 확인될 때까지 수사를 계속할 의무에 영향을 미치지 않으면서, 각 당사국은 사회복지, 재정문제, 가족법 및 재산권과 같은 분야에서 생사가 확인되지 않은 실종자와 그 친인척의 법적 상황에 관하여 적절한 조치를 취한다.

7. 각 당사국은 강제실종의 상황과 실종자의 생사를 규명하고 강제실종의 피해자들을 지원하려는 관련 기구 및 단체를 결성하고 이에 자유롭게 참여할 권리를 보장한다.

제25조

1. 각 당사국은 다음의 행위를 예방하고 형법상 처벌하기 위하여 필요한 조치를 취한다.

가. 강제실종을 당한 아동, 강제실종을 당한 부모나 법적 보호자의 아동 또는 강제실종을 당한 모(母)가 감금 도중에 출산한 아동을 불법적으로 분리시키는 행위

나. 가호에서 언급된 아동의 진정한 신원을 증명하는 서류를 위조, 은닉 또는 파기하는 행위

2. 각 당사국은 법적 절차 및 적용 가능한 국제협정에 따라, 이 조 제1항가호에서 언급된 아동에 대해 수색 및 신원 확인을 하고, 그 아동을 원래의 가족에게 돌려보내기 위하여 필요한 조치를 취한다.

with legal procedures and applicable international agreements.

3. States Parties shall assist one another in searching for, identifying and locating the children referred to in paragraph 1 (a) of this article.

3. 당사국은 이 조 제1항가호에서 언급된 아동의 수색, 신원 확인 및 소재 파악을 위하여 상호 협력한다.

4. Given the need to protect the best interests of the children referred to in paragraph 1 (a) of this article and their right to preserve, or to have reestablished, their identity, including their nationality, name and family relations as recognized by law, States Parties which recognize a system of adoption or other form of placement of children shall have legal procedures in place to review the adoption or placement procedure, and, where appropriate, to annul any adoption or placement of children that originated in an enforced disappearance.

4. 이 조 제1항가호에서 언급된 아동의 최선의 이익을 보호하고 그들의 국적, 성명 및 법에 따라 인정된 가족관계를 포함한 신원을 유지하거나 회복할 권리를 보호할 필요성을 고려하여, 입양 또는 다른 형태의 위탁양육 제도를 인정하는 당사국은 입양 또는 위탁양육 절차를 검토하고, 적절한 경우 강제실종에서 비롯된 입양 또는 위탁양육을 무효화하는 법적 절차를 갖춘다.

5. In all cases, and in particular in all matters relating to this article, the best interests of the child shall be a primary consideration, and a child who is capable of forming his or her own views shall have the right to express those views freely, the views of the child being given due weight in accordance with the age and maturity of the child.

5. 모든 사건에서, 특히 이 조와 관련된 모든 사안에 있어서, 아동의 최선의 이익을 주요 고려사항으로 하며, 자신의 견해를 형성할 수 있는 아동은 견해를 자유롭게 표현할 권리를 가진다. 아동의 견해는 그 아동의 나이 및 성숙도에 따라 적절한 비중이 부여된다.

PART 2

제2부

ARTICLE 26

1. A Committee on Enforced Disappearances (hereinafter referred to as “the Committee”) shall be established to carry out the functions provided for under this Convention. The Committee shall consist of ten experts of high moral character and recognized competence in the field of human rights, who shall serve in their personal capacity and be independent and impartial. The members of the Committee shall be elected by the States Parties

제26조

1. 이 협약에 규정된 기능을 수행하기 위하여 강제실종위원회(이하 “위원회”라고 한다)를 설립한다. 위원회는 높은 도덕성을 갖추고 인권 분야에서 능력을 인정받은 10명의 전문가로 구성하며, 이들은 개인자격으로 임무를 수행하고, 독립적이며 공정해야 한다. 위원회의 위원은 공평한 지역적 안배에 따라 당사국들이 선출한다. 관련 법적 경험을 가진 인사의 위원회 업무 참여의 유용성 및 균형 있는 성별 대표성을 적절하게 고려한다.

according to equitable geographical distribution. Due account shall be taken of the usefulness of the participation in the work of the Committee of persons having relevant legal experience and of balanced gender representation.

2. The members of the Committee shall be elected by secret ballot from a list of persons nominated by States Parties from among their nationals, at biennial meetings of the States Parties convened by the Secretary-General of the United Nations for this purpose. At those meetings, for which two thirds of the States Parties shall constitute a quorum, the persons elected to the Committee shall be those who obtain the largest number of votes and an absolute majority of the votes of the representatives of States Parties present and voting.

2. 위원회의 위원은 국제연합 사무총장이 위원 선출을 위하여 2년마다 소집하는 당사국 회의에서, 당사국들이 자국민 중에서 지명한 후보자 명부로부터 비밀투표로 선출한다. 당사국의 3분의 2를 의사정족수로 하는 회의에서, 출석하여 투표한 당사국 대표로부터 절대 다수표를 획득한 자 중 다수득표자들이 위원회의 위원으로 선출된다.

3. The initial election shall be held no later than six months after the date of entry into force of this Convention. Four months before the date of each election, the Secretary-General of the United Nations shall address a letter to the States Parties inviting them to submit nominations within three months. The Secretary-General shall prepare a list in alphabetical order of all persons thus nominated, indicating the State Party which nominated each candidate, and shall submit this list to all States Parties.

3. 최초 선거는 이 협약 발효일 후 늦어도 6개월 내에 실시한다. 국제연합 사무총장은 각 선거일 4개월 전에 당사국에 3개월 내에 후보자 명단을 제출할 것을 요청하는 서한을 발송한다. 사무총장은 각 후보자를 지명한 당사국을 표시하여 알파벳순으로 모든 지명된 후보자의 명부를 준비하고, 이를 모든 당사국에 송부한다.

4. The members of the Committee shall be elected for a term of four years. They shall be eligible for re-election once. However, the term of five of the members elected at the first election shall expire at the end of two years; immediately after the first election, the names of these five members shall be chosen by lot by the chairman of the meeting referred to in paragraph 2 of this article.

4. 위원회의 위원은 4년 임기로 선출된다. 위원은 한 번 재선될 수 있다. 다만, 최초 선거에서 선출된 위원 중 5명의 임기는 2년으로 종료된다. 이 5명의 위원은 최초 선거 직후 이 조 제2항에서 언급된 회의의 의장이 추첨으로 선정한다.

5. If a member of the Committee dies or resigns or for any other reason can no longer perform his or her Committee duties, the State Party which nominated him or her shall, in accordance with the criteria set out in paragraph 1 of this article, appoint another candidate from among its nationals to serve out his or her term, subject to the approval of the majority of the States Parties. Such approval shall be considered to have been obtained unless half or more of the States Parties respond negatively within six weeks of having been informed by the Secretary-General of the United Nations of the proposed appointment.

5. 위원회의 위원이 사망, 사임 또는 그 밖의 사유로 더 이상 위원회의 임무를 수행할 수 없는 경우, 그 위원을 지명한 당사국은 당사국 과반수의 승인을 조건으로 이 조 제1항에서 규정된 기준에 따라 잔여임기를 맡을 다른 후보자를 자국민 중에서 지명한다. 국제연합 사무총장이 임명안을 통보한 지 6주 이내에 당사국의 절반 또는 그 이상이 부정으로 응답하지 않는 한, 그러한 승인을 받은 것으로 본다.

6. The Committee shall establish its own rules of procedure.

6. 위원회는 자체 절차규칙을 제정한다.

7. The Secretary-General of the United Nations shall provide the Committee with the necessary means, staff and facilities for the effective performance of its functions. The Secretary-General of the United Nations shall convene the initial meeting of the Committee.

7. 국제연합 사무총장은 위원회에 효과적인 기능수행을 위하여 필요한 재원, 인력 및 시설을 제공한다. 국제연합 사무총장은 위원회의 제1차 회의를 소집한다.

8. The members of the Committee shall be entitled to the facilities, privileges and immunities of experts on mission for the United Nations, as laid down in the relevant sections of the Convention on the Privileges and Immunities of the United Nations.

8. 위원회의 위원은 국제연합의 특권과 면제에 관한 협약의 관련 절에 규정된 바에 따라, 국제연합을 위하여 임무를 수행 중인 전문가에 대한 편의, 특권 및 면제를 누릴 권리가 있다.

9. Each State Party shall cooperate with the Committee and assist its members in the fulfilment of their mandate, to the extent of the Committee's functions that the State Party has accepted.

9. 각 당사국은 그 당사국이 수락한 위원회의 기능범위에서 위원회와 협력하고 자신의 임무를 수행 중인 위원들을 지원한다.

ARTICLE 27

A Conference of the States Parties will take place at the earliest four years and at the latest six years following the entry into force of this Convention to evaluate the functioning of the Committee and to

제27조

위원회의 기능을 평가하고, 제44조제2항에서 명시된 절차에 따라 제28조부터 제36조까지에 정의된 기능에 따른 이 협약에 대한 감독을 다른 기구로 양도하는 것이 적절한지를 어떠한 가능성도 배제하

decide, in accordance with the procedure described in article 44, paragraph 2, whether it is appropriate to transfer to another body - without excluding any possibility - the monitoring of this Convention, in accordance with the functions defined in articles 28 to 36.

지 않고 결정하기 위하여, 이 협약의 발효 후 빠르면 4년, 늦어도 6년 내에 당사국 회의를 개최한다.

ARTICLE 28

1. In the framework of the competencies granted by this Convention, the Committee shall cooperate with all relevant organs, offices and specialized agencies and funds of the United Nations, with the treaty bodies instituted by international instruments, with the special procedures of the United Nations and with the relevant regional intergovernmental organizations or bodies, as well as with all relevant State institutions, agencies or offices working towards the protection of all persons against enforced disappearances.

2. As it discharges its mandate, the Committee shall consult other treaty bodies instituted by relevant international human rights instruments, in particular the Human Rights Committee instituted by the International Covenant on Civil and Political Rights, with a view to ensuring the consistency of their respective observations and recommendations.

제28조

1. 이 협약이 부여한 권한의 틀에서, 위원회는 국제연합의 모든 관련 기관, 사무소, 전문기구, 기금, 국제문서에 따라 설립된 조약기구, 국제연합의 특별절차, 관련 정부 간 지역 조직 또는 기구와 모든 사람을 강제실종으로부터 보호하기 위하여 활동하는 모든 관련 국가 기관, 기구 또는 사무소와 협력한다.

2. 위원회는 자신의 임무를 수행할 때에 관련 국제인권문서에 따라 설립된 다른 조약기구, 특히 시민적 및 정치적 권리에 관한 국제규약에 따라 설립된 인권위원회와, 그들의 의견 및 권고와의 일관성을 보장하기 위하여 협의한다.

ARTICLE 29

1. Each State Party shall submit to the Committee, through the Secretary-General of the United Nations, a report on the measures taken to give effect to its obligations under this Convention, within two years after the entry into force of this Convention for the State Party concerned.

2. The Secretary-General of the United Nations shall make this report available to all States Parties.

제29조

1. 각 당사국은 자국에 대하여 이 협약이 발효한 후 2년 내에 이 협약상 의무의 이행을 위하여 취한 조치에 관한 보고서를 국제연합 사무총장을 통하여 위원회에 제출한다.

2. 국제연합 사무총장은 모든 당사국들이 이 보고서를 입수할 수 있도록 한다.

3. Each report shall be considered by the Committee, which shall issue such comments, observations or recommendations as it may deem appropriate. The comments, observations or recommendations shall be communicated to the State Party concerned, which may respond to them, on its own initiative or at the request of the Committee.

3. 위원회는 각 보고서를 검토하고, 적절한 것으로 간주하는 논평, 의견 또는 권고를 발표한다. 그 논평, 의견 또는 권고는 관련 당사국에 전달되며, 관련 당사국은 자발적으로 또는 위원회의 요청에 따라 이에 답변할 수 있다.

4. The Committee may also request States Parties to provide additional information on the implementation of this Convention.

4. 위원회는 또한 당사국에 이 협약의 이행에 관한 추가적인 정보를 제공해 줄 것을 요청할 수 있다.

ARTICLE 30

1. A request that a disappeared person should be sought and found may be submitted to the Committee, as a matter of urgency, by relatives of the disappeared person or their legal representatives, their counsel or any person authorized by them, as well as by any other person having a legitimate interest.

2. If the Committee considers that a request for urgent action submitted in pursuance of paragraph 1 of this article:

(a) Is not manifestly unfounded;

(b) Does not constitute an abuse of the right of submission of such requests;

(c) Has already been duly presented to the competent bodies of the State Party concerned, such as those authorized to undertake investigations, where such a possibility exists;

(d) Is not incompatible with the provisions of this Convention; and

(e) The same matter is not being examined under another procedure of international investigation or settlement of the same nature; it shall request the State Party concerned to provide it with information

제30조

1. 실종자의 친인척, 그들의 법적 대리인, 변호인 또는 그들로부터 권한을 부여받은 사람, 그리고 그 밖의 정당한 이해관계가 있는 사람은 누구든지 실종자를 수색하고 발견해달라는 요청을 긴급 사안으로 위원회에 제출할 수 있다.

2. 위원회가 이 조 제1항에 따라 제출된 긴급조치 요청이 다음에 해당한다고 판단하는 경우, 위원회는 관련 당사국에 위원회가 정한 기간 내에 수색 요청된 사람의 상황에 관한 정보를 제공할 것을 요청한다.

가. 명백하게 근거가 없는 것이 아니고,

나. 그러한 요청을 제출하는 권리의 남용을 구성하지 않으며,

다. 수사 권한이 부여된 기관과 같은, 관련 당사국의 권한 있는 기관에 요청을 제출할 수 있는 경우, 이러한 요청이 이미 적절히 제출되었으며,

라. 이 협약의 규정과 양립할 수 없는 것이 아니고,

마. 동일한 사안이 동일한 성격의 다른 국제적 수사 또는 해결 절차에서 검토되고 있지 않음.

on the situation of the persons sought, within a time limit set by the Committee.

3. In the light of the information provided by the State Party concerned in accordance with paragraph 2 of this article, the Committee may transmit recommendations to the State Party, including a request that the State Party should take all the necessary measures, including interim measures, to locate and protect the person concerned in accordance with this Convention and to inform the Committee, within a specified period of time, of measures taken, taking into account the urgency of the situation. The Committee shall inform the person submitting the urgent action request of its recommendations and of the information provided to it by the State as it becomes available.

3. 이 조 제2항에 따라 관련 당사국이 제공한 정보에 비추어, 위원회는 상황의 긴급성을 고려하여, 당사국이 이 협약에 따라 관련자의 소재를 파악하여 보호하고 조치한 사항을 특정 기간 내에 위원회에 통보하기 위하여, 잠정조치를 포함하여 모든 필요한 조치를 취할 것을 요청하는 것을 포함한 권고를 당사국에 전달할 수 있다. 위원회는 긴급조치 요청을 제출한 사람에게 위원회의 권고와 그 국가가 제공한 정보가 입수된 경우 이를 알려준다.

4. The Committee shall continue its efforts to work with the State Party concerned for as long as the fate of the person sought remains unresolved. The person presenting the request shall be kept informed.

4. 위원회는 수색 요청된 사람의 생사가 확인되지 않는 동안 관련 당사국과 협력하기 위하여 지속적으로 노력한다. 요청서를 제출한 사람은 지속적으로 정보를 제공받는다.

ARTICLE 31

1. A State Party may at the time of ratification of this Convention or at any time afterwards declare that it recognizes the competence of the Committee to receive and consider communications from or on behalf of individuals subject to its jurisdiction claiming to be victims of a violation by this State Party of provisions of this Convention. The Committee shall not admit any communication concerning a State Party which has not made such a declaration.

2. The Committee shall consider a communication inadmissible where:

제31조

1. 당사국은 이 협약 비준 시 또는 그 이후 언제라도 그 당사국의 이 협약상 규정 위반으로 피해를 입었다고 주장하는 자국의 관할 내에 있는 개인으로부터의 통보 또는 그들을 대리하여 제출된 통보를 접수하고 심리하는 위원회의 권한을 인정한다고 선언할 수 있다. 위원회는 그러한 선언을 하지 않은 당사국에 관한 어떠한 통보도 접수하지 않는다.

2. 위원회는 다음의 경우에는 통보를 심리할 수 없다고 판단한다.

(a) The communication is anonymous;
(b) The communication constitutes an abuse of the right of submission of such communications or is incompatible with the provisions of this Convention;
(c) The same matter is being examined under another procedure of international investigation or settlement of the same nature; or where
(d) All effective available domestic remedies have not been exhausted. This rule shall not apply where the application of the remedies is unreasonably prolonged.

가. 통보가 익명인 경우
나. 통보가 통보제출권의 남용을 구성하거나 이 협약의 규정과 양립하지 않는 경우
다. 동일한 사안이 동일한 성격의 다른 국제적 수사 또는 해결 절차에서 검토되고 있는 경우, 또는
라. 모든 실효성 있고 이용 가능한 국내 구제절차가 완료되지 않은 경우. 다만, 이 규정은 구제절차의 이용이 비합리적으로 지연되는 경우에는 적용되지 않는다.

3. If the Committee considers that the communication meets the requirements set out in paragraph 2 of this article, it shall transmit the communication to the State Party concerned, requesting it to provide observations and comments within a time limit set by the Committee.

3. 위원회는 통보가 이 조 제2항에서 규정된 요건을 충족한다고 판단되는 경우 관련 당사국에 그 통보를 전달하면서, 위원회가 정한 기간 내에 의견 및 논평을 제출할 것을 요청한다.

4. At any time after the receipt of a communication and before a determination on the merits has been reached, the Committee may transmit to the State Party concerned for its urgent consideration a request that the State Party will take such interim measures as may be necessary to avoid possible irreparable damage to the victims of the alleged violation. Where the Committee exercises its discretion, this does not imply a determination on admissibility or on the merits of the communication.

4. 위원회는 통보를 접수한 후 본안에 대한 결정을 내리기 전까지 언제든지, 제기된 규정 위반의 피해자에게 발생할 수 있는 회복 불가능한 손해를 방지하기 위하여 필요한 잠정조치를 취해달라는 요청을 긴급한 고려사항으로 관련 당사국에 전달할 수 있다. 위원회가 재량을 행사하는 경우, 이는 그 통보의 심리적격이나 본안에 대한 결정을 의미하지 않는다.

5. The Committee shall hold closed meetings when examining communications under the present article. It shall inform the author of a communication of the responses provided by the State Party concerned. When the Committee decides to finalize the procedure, it shall communicate its views to the State Party and to the author of the communication.

5. 위원회는 이 조에 따라 통보를 검토할 때에는 비공개 회의를 개최한다. 위원회는 관련 당사국이 제출한 답변을 통보 작성자에게 알려준다. 위원회는 절차 종료를 결정한 경우 당사국과 통보 작성자에게 위원회의 의견을 전달한다.

ARTICLE 32

A State Party to this Convention may at any time declare that it recognizes the competence of the Committee to receive and consider communications in which a State Party claims that another State Party is not fulfilling its obligations under this Convention. The Committee shall not receive communications concerning a State Party which has not made such a declaration, nor communications from a State Party which has not made such a declaration.

제32조

이 협약의 당사국은 언제든지 다른 당사국이 이 협약에 따른 의무를 이행하지 않고 있다고 주장하는 당사국의 통보를 접수하고 심리할 수 있는 위원회의 권한을 인정한다는 선언을 할 수 있다. 위원회는 그러한 선언을 하지 않은 당사국에 관한 통보 및 그러한 선언을 하지 않은 당사국으로부터의 통보를 접수하지 않는다.

ARTICLE 33

1. If the Committee receives reliable information indicating that a State Party is seriously violating the provisions of this Convention, it may, after consultation with the State Party concerned, request one or more of its members to undertake a visit and report back to it without delay.

2. The Committee shall notify the State Party concerned, in writing, of its intention to organize a visit, indicating the composition of the delegation and the purpose of the visit. The State Party shall answer the Committee within a reasonable time.

3. Upon a substantiated request by the State Party, the Committee may decide to postpone or cancel its visit.

4. If the State Party agrees to the visit, the Committee and the State Party concerned shall work together to define the modalities of the visit and the State Party shall provide the Committee with all the facilities needed for the successful completion of the visit.

5. Following its visit, the Committee shall communicate to the State Party concerned its observations and recommendations.

제33조

1. 위원회는 당사국이 이 협약의 규정을 심각하게 위반하고 있음을 보여주는 신뢰할 만한 정보를 입수한 경우, 관련 당사국과 협의한 후 한 명 또는 그 이상의 위원에게 지체 없이 방문하고 위원회에 보고할 것을 요청할 수 있다.

2. 위원회는 대표단 구성 및 방문 목적을 명시하여 방문하려는 의사를 관련 당사국에 서면으로 통지한다. 그 당사국은 합리적인 기간 내에 위원회에 답변한다.

3. 위원회는 그 당사국의 근거에 입각한 요청이 있는 경우 방문 연기 또는 취소를 결정할 수 있다.

4. 그 당사국이 방문에 동의한 경우, 위원회와 그 관련 당사국은 방문 방식을 정하기 위하여 협력하고, 그 당사국은 위원회에 방문의 성공적인 완수를 위하여 필요한 모든 편의를 제공한다.

5. 위원회는 방문 이후 위원회의 의견 및 권고를 그 관련 당사국에 전달한다.

ARTICLE 34
If the Committee receives information which appears to it to contain well-founded indications that enforced disappearance is being practised on a widespread or systematic basis in the territory under the jurisdiction of a State Party, it may, after seeking from the State Party concerned all relevant information on the situation, urgently bring the matter to the attention of the General Assembly of the United Nations, through the Secretary-General of the United Nations.

제34조
위원회는 어떠한 당사국의 관할 영역에서 강제실종이 광범위하거나 조직적으로 자행되고 있다는 근거가 상당한 징표를 포함하고 있는 것으로 보이는 정보를 입수한 경우, 그 관련 당사국으로부터 그 상황에 관한 모든 관련 정보를 구한 후 국제연합 사무총장을 통하여 이 사안에 대한 국제연합 총회의 주의를 긴급히 환기시킬 수 있다.

ARTICLE 35
1. The Committee shall have competence solely in respect of enforced disappearances which commenced after the entry into force of this Convention.

2. If a State becomes a party to this Convention after its entry into force, the obligations of that State vis-?-vis the Committee shall relate only to enforced disappearances which commenced after the entry into force of this Convention for the State concerned.

제35조
1. 위원회는 이 협약의 발효 후에 개시된 강제실종에 관해서만 권한을 가진다.

2. 어떠한 국가가 이 협약 발효 후에 당사국이 되는 경우, 그 국가의 위원회에 대한 의무는 이 협약이 그 관련 국가에 대하여 발효된 후에 개시된 강제실종에만 적용된다.

ARTICLE 36
1. The Committee shall submit an annual report on its activities under this Convention to the States Parties and to the General Assembly of the United Nations.

2. Before an observation on a State Party is published in the annual report, the State Party concerned shall be informed in advance and shall be given reasonable time to answer. This State Party may request the publication of its comments or observations in the report.

제36조
1. 위원회는 모든 당사국과 국제연합 총회에 이 협약에 따른 활동에 관한 연례보고서를 제출한다.

2. 어떠한 당사국에 관한 의견이 연례보고서에 발표되기 전, 그 관련 당사국은 사전에 통보를 받고 답변을 위한 합리적인 시간을 부여받는다. 그 당사국은 그 보고서에 자국의 논평이나 의견이 발표되도록 요청할 수 있다.

PART 3

ARTICLE 37
Nothing in this Convention shall affect any provisions which are more conducive to the protection of all persons from enforced disappearance and which may be contained in:
(a) The law of a State Party;
(b) International law in force for that State.

ARTICLE 38
1. This Convention is open for signature by all Member States of the United Nations.

2. This Convention is subject to ratification by all Member States of the United Nations. Instruments of ratification shall be deposited with the Secretary-General of the United Nations.

3. This Convention is open to accession by all Member States of the United Nations. Accession shall be effected by the deposit of an instrument of accession with the Secretary-General.

ARTICLE 39
1. This Convention shall enter into force on the thirtieth day after the date of deposit with the Secretary-General of the United Nations of the twentieth instrument of ratification or accession.

2. For each State ratifying or acceding to this Convention after the deposit of the twentieth instrument of ratification or accession, this Convention shall enter into force on the thirtieth day after the date of the deposit of that State's instrument of ratification or accession.

ARTICLE 40
The Secretary-General of the United Nations shall

제3부

제37조
이 협약은 모든 사람을 강제실종으로부터 보호하는 데 보다 도움이 되는 어떠한 규정에도 영향을 미치지 않으며, 이러한 규정에는 다음이 포함될 수 있다.
가. 당사국의 법
나. 그 국가에 구속력을 갖는 국제법

제38조
1. 이 협약은 모든 국제연합 회원국의 서명을 위하여 개방된다.

2. 이 협약은 모든 국제연합 회원국의 비준 대상이다. 비준서는 국제연합 사무총장에게 기탁된다.

3. 이 협약은 모든 국제연합 회원국의 가입을 위하여 개방된다. 가입은 사무총장에게 가입서를 기탁함으로써 이루어진다.

제39조
1. 이 협약은 20번째 비준서 또는 가입서가 국제연합 사무총장에게 기탁된 날 후 30일째 되는 날에 발효한다.

2. 20번째 비준서 또는 가입서가 기탁된 후에 이 협약을 비준 또는 가입하는 국가에 대하여, 이 협약은 그 국가의 비준서 또는 가입서가 기탁된 날 후 30일째 되는 날에 발효한다.

제40조
국제연합 사무총장은 모든 국제연합 회원국과 이

notify all States Members of the United Nations and all States which have signed or acceded to this Convention of the following:

(a) Signatures, ratifications and accessions under article 38;

(b) The date of entry into force of this Convention under article 39.

협약에 서명 또는 가입한 모든 국가에 다음 사항을 통지한다.

가. 제38조에 따른 서명, 비준 및 가입

나. 제39조에 따른 이 협약 발효일

ARTICLE 41

The provisions of this Convention shall apply to all parts of federal States without any limitations or exceptions.

제41조

이 협약의 규정은 어떠한 제한이나 예외 없이 연방국가의 모든 지역에 적용된다.

ARTICLE 42

1. Any dispute between two or more States Parties concerning the interpretation or application of this Convention which cannot be settled through negotiation or by the procedures expressly provided for in this Convention shall, at the request of one of them, be submitted to arbitration. If within six months from the date of the request for arbitration the Parties are unable to agree on the organization of the arbitration, any one of those Parties may refer the dispute to the International Court of Justice by request in conformity with the Statute of the Court.

2. A State may, at the time of signature or ratification of this Convention or accession thereto, declare that it does not consider itself bound by paragraph 1 of this article. The other States Parties shall not be bound by paragraph 1 of this article with respect to any State Party having made such a declaration.

3. Any State Party having made a declaration in accordance with the provisions of paragraph 2 of this article may at any time withdraw this declaration by notification to the Secretary-General of the United Nations.

제42조

1. 이 협약의 해석이나 적용에 관하여 둘 이상의 당사국 사이의 분쟁이 교섭 또는 이 협약에 명시적으로 규정된 절차에 따라 해결될 수 없는 경우, 이러한 분쟁은 그들 중 한 국가의 요청에 따라 중재에 회부된다. 당사자들이 중재 요청일부터 6개월 내에 중재재판부 구성에 합의하지 못한 경우, 한쪽 당사자는 국제사법재판소의 규정에 따른 요청으로 그 분쟁을 국제사법재판소에 회부할 수 있다.

2. 국가는 이 협약에 서명 또는 비준하거나 가입할 때 이 조 제1항에 구속받을 것으로 간주하지 않는다고 선언할 수 있다. 다른 당사국은 이러한 선언을 한 당사국과의 관계에서 이 조 제1항에 구속받지 않는다.

3. 이 조 제2항의 규정에 따라 선언을 한 모든 당사국은 언제든지 국제연합 사무총장에 대한 통지로 그 선언을 철회할 수 있다.

ARTICLE 43

This Convention is without prejudice to the provisions of international humanitarian law, including the obligations of the High Contracting Parties to the four Geneva Conventions of 12 August 1949 and the two Additional Protocols thereto of 8 June 1977, or to the opportunity available to any State Party to authorize the International Committee of the Red Cross to visit places of detention in situations not covered by international humanitarian law.

제43조

이 협약은 1949년 8월 12일자 4개 제네바협약 및 그에 대한 1977년 6월 8일자 2개 추가의정서 상의 당사국의 의무를 포함한 국제인도법 규정 또는 국제인도법이 적용되지 않는 상황에서 국제적십자위원회가 구금 장소를 방문하는 것을 허가할 수 있는 모든 당사국의 기회에 영향을 미치지 않는다.

ARTICLE 44

1. Any State Party to this Convention may propose an amendment and file it with the Secretary-General of the United Nations. The Secretary-General shall thereupon communicate the proposed amendment to the States Parties to this Convention with a request that they indicate whether they favour a conference of States Parties for the purpose of considering and voting upon the proposal. In the event that within four months from the date of such communication at least one third of the States Parties favour such a conference, the Secretary-General shall convene the conference under the auspices of the United Nations.

2. Any amendment adopted by a majority of two thirds of the States Parties present and voting at the conference shall be submitted by the Secretary-General of the United Nations to all the States Parties for acceptance.

3. An amendment adopted in accordance with paragraph 1 of this article shall enter into force when two thirds of the States Parties to this Convention have accepted it in accordance with their respective constitutional processes.

4. When amendments enter into force, they shall be

제44조

1. 이 협약의 모든 당사국은 개정안을 제안하고, 이를 국제연합 사무총장에게 제출할 수 있다. 이에 대하여 사무총장은 제안된 개정안과 함께 개정안을 검토하고 투표하기 위한 당사국 회의 개최에 찬성하는지를 표시해달라는 요청을 이 협약 당사국에 송부한다. 송부일부터 4개월 이내에 당사국의 최소 3분의 1이 회의 개최에 찬성하는 경우, 사무총장은 국제연합의 주관으로 회의를 소집한다.

2. 이 회의에 출석하여 투표한 당사국의 3분의 2 이상의 찬성으로 채택된 모든 개정안은 국제연합 사무총장이 모든 당사국에 수락을 받기 위하여 제출한다.

3. 이 조 제1항에 따라 채택된 개정안은 이 협약 당사국의 3분의 2가 각자의 헌법 절차에 따라 수락한 때에 발효한다.

4. 개정안이 발효한 경우, 개정안은 이를 수락한 당

binding on those States Parties which have accepted them, other States Parties still being bound by the provisions of this Convention and any earlier amendment which they have accepted.

사국을 구속하며, 그 밖의 당사국은 이 협약의 규정과 그들이 수락한 이전의 개정안에 계속 구속된다.

ARTICLE 45

1. This Convention, of which the Arabic, Chinese, English, French, Russian and Spanish texts are equally authentic, shall be deposited with the Secretary-General of the United Nations.

2. The Secretary-General of the United Nations shall transmit certified copies of this Convention to all States referred to in article 38.

제45조

1. 아랍어·중국어·영어·프랑스어·러시아어 및 스페인어본이 동등하게 정본인 이 협약은 국제연합 사무총장에게 기탁된다.

2. 국제연합 사무총장은 이 협약의 인증등본을 제38조에서 언급된 모든 국가에 전달한다.

Convention relating to the Status of Refugees

Adopted on 28 July 1951 by the United Nations Conference of Plenipotentiaries on the Status of Refugees and Stateless Persons convened under General Assembly resolution 429 (V) of 14 December 1950, Entry into force: 22 April 1954, in accordance with article 43

Preamble

The High Contracting Parties,

Considering that the Charter of the United Nations and the Universal Declaration of Human Rights approved on 10 December 1948 by the General Assembly have affirmed the principle that human beings shall enjoy fundamental rights and freedoms without discrimination,

Considering that the United Nations has, on various occasions, manifested its profound concern for refugees and endeavoured to assure refugees the widest possible exercise of these fundamental rights and freedoms,

Considering that it is desirable to revise and consolidate previous international agreements relating to the status of refugees and to extend the scope of and the protection accorded by such instruments by means of a new agreement,

Considering that the grant of asylum may place unduly heavy burdens on certain countries, and that a satisfactory solution of a problem of which the United Nations has recognized the international scope and nature cannot therefore be achieved without international co-operation,

Expressing the wish that all States, recognizing the social and humanitarian nature of the problem of refugees, will do everything within their power to prevent this problem from becoming a cause of tension between States,

난민의 지위에 관한 협약

채택 1951. 7. 28 / 발효 1954. 4. 22 / 대한민국 적용 1993. 3. 3

전문

체약국은,

국제연합 헌장과 1948년 12월10일 국제연합 총회에 의하여 승인된 세계인권선언이, 인간은 차별 없이 기본적인 권리와 자유를 향유한다는 원칙을 확인하였음을 고려하고,

국제연합이 수차에 걸쳐 난민에 대한 깊은 관심을 표명하였고, 또한 난민에게 이러한 기본적인 권리와 자유의 가능한 한 광범위한 행사를 보장하려고 노력하였음을 고려하며,

난민의 지위에 관한 종전의 국제협정들을 개정하고 통합하고, 또한 그러한 문서의 적용 범위와 그러한 문서에서 정하여진 보호를 새로운 협정에서 확대하는 것이 바람직함을 고려하며,

난민에 대한 비호의 부여가 특정 국가에 부당하게 과중한 부담이 될 가능성이 있고, 또한 국제적 범위와 성격을 가진다고 국제연합이 인정하는 문제에 관한 만족할 만한 해결은 국제협력이 없이는 성취될 수 없다는 것을 고려하며,

모든 국가가 난민문제의 사회적, 인도적 성격을 인식하고, 이 문제가 국가 간의 긴장의 원인이 되는 것을 방지하기 위하여 가능한 모든 조치를 취할 것을 희망하며,

Noting that the United Nations High Commissioner for Refugees is charged with the task of supervising international conventions providing for the protection of refugees, and recognizing that the effective co-ordination of measures taken to deal with this problem will depend upon the co-operation of States with the High Commissioner,

Have agreed as follows:

국제연합 난민고등판무관이 난민의 보호에 관하여 정하는 국제협약의 적용을 감독하는 임무를 가지고 있다는 것을 유의하고, 또한 각국과 국제연합 난민고등판무관과의 협력에 의하여 난민문제를 다루기 위하여 취하여진 조치의 효과적인 조정이 가능하게 될 것임을 인정하며,

다음과 같이 합의하였다.

Chapter I
GENERAL PROVISIONS

제1장
일반 규정

Article 1. - Definition of the term "refugee"

A. For the purposes of the present Convention, the term "refugee" shall apply to any person who:

(1) Has been considered a refugee under the Arrangements of 12 May 1926 and 30 June 1928 or under the Conventions of 28 October 1933 and 10 February 1938, the Protocol of 14 September 1939 or the Constitution of the International Refugee Organization; Decisions of non-eligibility taken by the International Refugee Organization during the period of its activities shall not prevent the status of refugee being accorded to persons who fulfil the conditions of paragraph 2 of this section;

(2) As a result of events occurring before 1 January 1951 and owing to well-founded fear of being persecuted for reasons of race, religion, nationality, membership of a particular social group or political opinion, is outside the country of his nationality and is unable or, owing to such fear, is unwilling to avail himself of the protection of that country; or who, not having a nationality and being outside the country of his former habitual residence as a result of such events, is unable or, owing to such fear, is unwilling to return to it. In the case of a person who has more than one nationality, the term "the country of his nationality" shall mean each of the countries of which he is a national, and a person shall not be

제1조("난민"이라는 용어의 정의)

A. 이 협약의 적용상, "난민"이라는 용어는 다음과 같은 자에게 적용된다.

(1) 1926년 5월 12일 및 1928년 6월 30일의 약정 또는 1933년 10월 28일 및 2월 10일의 협약, 1939년 9월 14일의 의정서 또는 국제난민기구 헌장에 의하여 난민으로 인정되고 있는 자. 국제난민기구가 그 활동기간 중에 행한 부적격 결정은 당해 자가 (2)의 조건을 충족시키는 경우 당해자가 난민의 지위를 부여하는 것을 방해하지 아니한다.

(2) 1951년 1월 1일 이전에 발생한 사건의 결과로서, 또한 인종, 종교, 국적 또는 특정 사회 집단의 구성원 신분 또는 정치적 의견을 이유로 박해를 받을 우려가 있다는 충분한 이유가 있는 공포로 인하여 국적국 밖에 있는 자로서 그 국적국의 보호를 받을 수 없거나 또는 그러한 공포로 인하여 그 국적국의 보호를 받는 것을 원하지 아니하는 자 및 이들 사건의 결과로서 상주국가 밖에 있는 무국적자로서 종전의 상주국가로 돌아갈 수 없거나 또는 그러한 공포로 인하여 종전의 상주국가로 돌아가는 것을 원하지 아니하는 자. 둘 이상의 국적을 가진 자의 경우에, "국적국"이라 함은 그가 국적을 가지고 있는 국가 각각을 말하며, 충분한 이유가 있는 공포에 기초한 정당한 이유 없이 어느 하나의 국적국의

deemed to be lacking the protection of the country of his nationality if, without any valid reason based on well-founded fear, he has not availed himself of the protection of one of the countries of which he is a national.

B. (1) the purposes of this Convention, the words "events occurring before 1 January 1951" in article 1, section A, shall be understood to mean either

(a) "events occurring in Europe before 1 January 1951"; or

(b) "events occurring in Europe or elsewhere before 1 January 1951"; and each Contracting State shall make a declaration at the time of signature, ratification or accession, specifying which of these meanings it applies for the purpose of its obligations under this Convention.

(2) Any Contracting State which has adopted alternative (a) may at any time extend its obligations by adopting alternative (b) by means of a notification addressed to the Secretary-General of the United Nations.

C. This Convention shall cease to apply to any person falling under the terms of section A if:

(1) He has voluntarily re-availed himself of the protection of the country of his nationality; or

(2) Having lost his nationality, he has voluntarily reacquired it; or

(3) He has acquired a new nationality, and enjoys the protection of the country of his new nationality; or

(4) He has voluntarily re-established himself in the country which he left or outside which he remained owing to fear of persecution; or

(5) He can no longer, because the circumstances in connection with which he has been recognized as a refugee have ceased to exist, continue to refuse to avail himself of the protection of the country of his nationality; Provided that this paragraph shall not

보호를 받지 않았다면 당해자에게 국적국의 보호가 없는 것으로 인정되지 아니한다.

B. (1) 이 협약의 적용상 제1조 A의 "1951년 1월 1일 이전에 발생한 사건"이라는 용어는 다음 중 어느 하나를 의미하는 것으로 이해된다.

(a) "1951년 1월 1일 이전에 유럽에서 발생한 사건" 또는

(b) "1951년 1월 1일 이전에 유럽 또는 기타 지역에서 발생한 사건" 각 체약국은 서명, 비준 또는 가입 시에 이 협약상의 의무를 이행함에 있어서 상기 중 어느 규정을 적용할 것인가를 선택하는 선언을 행한다.

(2) (a) 규정을 적용할 것을 선택한 체약국은 언제든지 (b) 규정을 적용할 것을 선택한다는 것을 국제연합 사무총장에게 통고함으로써 그 의무를 확대할 수 있다.

C. 이 협약은 A의 요건에 해당하는 자에게 다음의 어느 것에 해당하는 경우 적용이 종지된다.

(1) 임의로 국적국의 보호를 다시 받고 있는 경우, 또는

(2) 국적을 상실한 후 임의로 국적을 회복한 경우, 또는

(3) 새로운 국적을 취득하고, 또한 새로운 국적국의 보호를 받고 있는 경우, 또는

(4) 박해를 받을 우려가 있다고 하는 공포 때문에 정주하고 있는 국가를 떠나거나 또는 그 국가 밖에 체류하고 있었으나 그 국가에서 임의로 다시 정주하게 된 경우, 또는

(5) 난민으로 인정되어 온 근거사유가 소멸되었기 때문에 국적국의 보호를 받는 것을 거부할 수 없게 된 경우. 다만, 이 조항은 이 조 A(1)에 해당하는 난민으로서 국적국의 보호를 받는 것을 거부한 이유로서 과거의 박해에 기인하는 어쩔 수 없는 사정을

apply to a refugee falling under section(1) of this article who is able to invoke compelling reasons arising out of previous persecution for refusing to avail himself of the protection of the country of nationality;

원용할 수 있는 자에게는 적용하지 아니한다.

(6) Being a person who has no nationality he is, because the circumstances in connection with which he has been recognized as a refugee have ceased to exist, able to return to the country of his former habitual residence; Provided that this paragraph shall not apply to a refugee falling under section A (1) of this article who is able to invoke compelling reasons arising out of previous persecution for refusing to return to the country of his former habitual residence.

(6) 국적이 없는 자로서, 난민으로 인정되어 온 근거사유가 소멸되었기 때문에 종전의 상주국가에 되돌아올 수 있을 경우. 다만 이 조항은 이 조 A(1)에 해당하는 난민으로서 종전의 상주국가에 돌아오기를 거부한 이유로서 과거의 박해에 기인하는 어쩔 수 없는 사정을 원용할 수 있는 자에게는 적용하지 아니한다.

D. This Convention shall not apply to persons who are at present receiving from organs or agencies of the United Nations other than the United Nations High Commissioner for Refugees protection or assistance. When such protection or assistance has ceased for any reason, without the position of such persons being definitively settled in accordance with the relevant resolutions adopted by the General Assembly of the United Nations, these persons shall ipso facto be entitled to the benefits of this Convention.

D. 이 협약은 국제연합 난민고등판무관 외에 국제연합의 기관이나 또는 기구로부터 보호 또는 원조를 현재 받고 있는 자에게는 적용하지 아니한다. 그러한 보호 또는 원조를 현재 받고 있는 자의 지위에 관한 문제가 국제연합 총회에 의하여 채택된 관련 결의에 따라 최종적으로 해결됨이 없이 그러한 보호 또는 원조의 부여가 종지되는 경우 그 자는 그 사실에 의하여 이 협약에 의하여 부여되는 이익을 받을 자격이 있다.

E. This Convention shall not apply to a person who is recognized by the competent authorities of the country in which he has taken residence as having the rights and obligations which are attached to the possession of the nationality of that country.

E. 이 협약은 거주국의 권한 있는 기관에 의하여 그 국가의 국적을 보유하는 데에 따른 권리 및 의무를 가진 것으로 인정되는 자에게는 적용하지 아니한다.

F. The provisions of this Convention shall not apply to any person with respect to whom there are serious reasons for considering that:

F. 이 협약의 규정은 다음의 어느 것에 해당한다고 간주될 상당한 이유가 있는 자에게는 적용하지 아니한다.

(a) He has committed a crime against peace, a war crime, or a crime against humanity, as defined in the international instruments drawn up to make provision in respect of such crimes;

(a) 평화에 대한 범죄, 전쟁범죄 또는 인도에 대한 범죄에 관하여 규정하는 국제문서에 정하여진 그러한 범죄를 범한 자.

(b) He has committed a serious non-political crime

(b) 난민으로서 피난국에 입국하는 것이 허가되기

outside the country of refuge prior to his admission to that country as a refugee;
(c) He has been guilty of acts contrary to the purposes and principles of the United Nations.

전에 그 국가 밖에서 중대한 비정치적 범죄를 범한 자.
(c) 국제연합의 목적과 원칙에 반하는 행위를 행한 자.

Article 2. - General obligations
Every refugee has duties to the country in which he finds himself, which require in particular that he conform to its laws and regulations as well as to measures taken for the maintenance of public order.

제2조(일반적 의무)
모든 난민은 자신이 체재하는 국가에 대하여 특히 그 국가의 법령을 준수할 의무 및 공공질서를 유지하기 위한 조치에 따를 의무를 진다.

Article 3. - Non-discrimination
The Contracting States shall apply the provisions of this Convention to refugees without discrimination as to race, religion or country of origin.

제3조(무차별)
체약국은 난민에게 인종, 종교 또는 출신국에 의한 차별 없이 이 협약의 규정을 적용한다.

Article 4. - Religion
The Contracting States shall accord to refugees within their territories treatment at least as favourable as that accorded to their nationals with respect to freedom to practise their religion and freedom as regards the religious education of their children.

제4조(종교)
체약국은 그 영역내의 난민에게 종교를 실천하는 자유 및 자녀의 종교적 교육에 관한 자유에 대하여 적어도 자국민에게 부여하는 대우와 동등한 호의적 대우를 부여한다.

Article 5. - Rights granted apart from this Convention
Nothing in this Convention shall be deemed to impair any rights and benefits granted by a Contracting State to refugees apart from this Convention.

제5조(이 협약과는 관계없이 부여되는 권리)

이 협약의 어떠한 규정도 체약국이 이 협약과는 관계없이 난민에게 부여하는 권리와 이익을 저해하는 것으로 해석되지 아니한다.

Article 6. - The term "in the same circumstances"
For the purposes of this Convention, the term "in the same circumstances" implies that any requirements (including requirements as to length and conditions of sojourn or residence) which the particular individual would have to fulfil for the enjoyment of the right in question, if he were not a refugee, must be fulfilled by him, with the exception of require-

제6조("동일한 사정하에서"라는 용어)
이 협약의 적용상, "동일한 사정하에서"라는 용어는, 그 성격상 난민이 충족시킬 수 없는 요건을 제외하고, 특정 개인이 그가 난민이 아니라고 할 경우에 특정 권리를 향유하기 위하여 충족시켜야 하는 요건(체재 또는 거주의 기간과 조건에 관한 요건을 포함한다)이 충족되어야 한다는 것을 의미한다.

ments which by their nature a refugee is incapable of fulfilling.

Article 7. - Exemption from reciprocity

1. Except where this Convention contains more favourable provisions, a Contracting State shall accord to refugees the same treatment as is accorded to aliens generally.

2. a period of three years' residence, all refugees shall enjoy exemption from legislative reciprocity in the territory of the Contracting States.

3. Contracting State shall continue to accord to refugees the rights and benefits to which they were already entitled, in the absence of reciprocity, at the date of entry into force of this Convention for that State.

4. The Contracting States shall consider favourably the possibility of according to refugees, in the absence of reciprocity, rights and benefits beyond those to which they are entitled according to paragraphs 2 and 3, and to extending exemption from reciprocity to refugees who do not fulfil the conditions provided for in paragraphs 2 and 3.

5. provisions of paragraphs 2 and 3 apply both to the rights and benefits referred to in articles 13, 18, 19, 21 and 22 of this Convention and to rights and benefits for which this Convention does not provide.

Article 8. - Exemption from exceptional measures

With regard to exceptional measures which may be taken against the person, property or interests of nationals of a foreign State, the Contracting States shall not apply such measures to a refugee who is formally a national of the said State solely on account of such nationality. Contracting States which, under their legislation, are prevented from applying the general principle expressed in this article, shall, in appropriate cases, grant exemptions in favour of such refugees.

제7조(상호주의로부터의 면제)

1. 체약국은 난민에게 이 협약이 더 유리한 규정을 두고 있는 경우를 제외하고, 일반적으로 외국인에게 부여하는 대우와 동등한 대우를 부여한다.

2. 모든 난민은 어떠한 체약국의 영역 내에서 3년간 거주한 후 그 체약국의 영역 내에서 입법상의 상호주의로부터의 면제를 받는다.

3. 각 체약국은 자국에 관하여 이 협약이 발효하는 날에 상호주의의 적용 없이 난민에게 이미 인정되고 있는 권리와 이익이 존재하는 경우 그 권리와 이익을 계속 부여한다.

4. 체약국은 제2항 및 제3항에 따라 인정되고 있는 권리와 이익 이외의 권리와 이익을 상호주의의 적용 없이 난민에게 부여할 가능성과 제2항에 규정하는 거주의 조건을 충족시키지 못하고 있는 난민과 제3항에 규정하는 권리와 이익이 인정되고 있지 아니한 난민에게도 상호주의로부터의 면제를 적용할 가능성을 호의적으로 고려한다.

5. 제2항 및 제3항의 규정은 이 협약의 제13조, 제18조, 제19조, 제21조 및 제22조에 규정하는 권리와 이익 및 이 협약에서 규정하고 있지 아니하는 권리와 이익에 관하여서도 적용한다.

제8조(예외적 조치의 면제)

체약국은 특정한 외국 국민의 신체, 재산 또는 이익에 대하여 취하여지는 예외적 조치에 관하여, 형식상 당해 외국의 국민인 난민에 대하여 단순히 그의 국적만을 이유로 그 조치를 적용하여서는 아니 된다. 법제상 이 조에 명시된 일반원칙을 적용할 수 없는 체약국은 적당한 경우 그러한 난민을 위하여 그 예외적 조치를 한다.

Article 9. - Provisional measures
Nothing in this Convention shall prevent a Contracting State, in time of war or other grave and exceptional circumstances, from taking provisionally measures which it considers to be essential to the national security in the case of a particular person, pending a determination by the Contracting State that person is in fact a refugee and that the continuance of such measures is necessary in his case in the interests of national security.

제9조(잠정조치)
이 협약의 어떠한 규정도 체약국이 전시 또는 기타 중대하고 예외적인 상황에 처하여, 특정 개인에 관하여 국가안보를 위하여 불가결하다고 인정되는 조치를 잠정적으로 취하는 것을 방해하는 것은 아니다. 다만, 그 조치는 특정 개인이 사실상 난민인가의 여부, 또한 그 특정 개인에 관하여 불가결하다고 인정되는 조치를 계속 적용하는 것이 국가안보를 위하여 필요한 것인가의 여부를 체약국이 결정할 때까지에 한한다.

Article 10. - Continuity of residence
1. Where a refugee has been forcibly displaced during the Second World War and removed to the territory of a Contracting State, and is resident there, the period of such enforced sojourn shall be considered to have been lawful residence within that territory.
2. a refugee has been forcibly displaced during the Second World War from the territory of a Contracting State and has, prior to the date of entry into force of this Convention, returned there for the purpose of taking up residence, the period of residence before and after such enforced displacement shall be regarded as one uninterrupted period for any purposes for which uninterrupted residence is required.

제10조(거주의 계속)
1. 제2차 세계대전 중에 강제로 퇴거되어 어느 체약국의 영역으로 이동되어서 그 영역 내에 거주하고 있는 난민은 그러한 강제체류기간은 합법적으로 그 영역 내에서 거주한 것으로 본다.

2. 난민이 제2차 세계대전 중에 어느 체약국의 영역으로부터 강제로 퇴거되었다가 이 협약의 발효일 이전에 거주를 위하여 그 영역 내로 귀환한 경우 그러한 강제퇴거 전후의 거주기간은 계속적인 거주가 요건이 되는 어떠한 경우에 있어서도 계속된 하나의 기간으로 본다.

Article 11. - Refugee seamen
In the case of refugees regularly serving as crew members on board a ship flying the flag of a Contracting State, that State shall give sympathetic consideration to their establishment on its territory and the issue of travel documents to them or their temporary admission to its territory particularly with a view to facilitating their establishment in another country.

제11조(난민선원)
체약국은 자국을 기국으로 하는 선박에 승선하고 있는 선원으로서 정규적으로 근무 중인 난민에 관하여서는 자국의 영역에서 정주하는 것에 관하여 호의적으로 고려하고, 특히 타국에서의 정주를 용이하게 하기 위한 여행증명서를 발급하거나 또는 자국의 영역에 일시적으로 입국하는 것을 허락하는 것에 관하여 호의적으로 고려한다.

Chapter II
JURIDICAL STATUS

Article 12. - Personal status
1. The personal status of a refugee shall be governed by the law of the country of his domicile or, if he has no domicile, by the law of the country of his residence.
2. Rights previously acquired by a refugee and dependent on personal status, more particularly rights attaching to marriage, shall be respected by a Contracting State, subject to compliance, if this be necessary, with the formalities required by the law of that State, provided that the right in question is one which would have been recognized by the law of that State had he not become a refugee.

Article 13. - Movable and immovable property
The Contracting States shall accord to a refugee treatment as favourable as possible and, in any event, not less favourable than that accorded to aliens generally in the same circumstances, as regards the acquisition of movable and immovable property and other rights pertaining thereto, and to leases and other contracts relating to movable and immovable property.

Article 14. - Artistic rights and industrial property
In respect of the protection of industrial property, such as inventions, designs or models, trade marks, trade names, and of rights in literary, artistic and scientific works, a refugee shall be accorded in the country in which he has his habitual residence the same protection as is accorded to nationals of that country. In the territory of any other Contracting States, he shall be accorded the same protection as is accorded in that territory to nationals of the country in which he has his habitual residence.

제2장
법적 지위

제12조(개인적 지위)
1. 난민의 개인적 지위는 주소지 국가의 법률에 의하거나 또는 주소가 없는 경우에는 거소지 국가의 법률에 의하여 규율된다.

2. 난민이 이미 취득한 권리로서 개인적 지위에 따르는 것, 특히 혼인에 따르는 권리는 난민이 체약국의 법률에 정하여진 절차에 따르는 것이 필요한 경우 이들에 따를 것을 조건으로 하여 그 체약국에 의하여 존중된다. 다만, 문제의 권리는 난민이 되지 않았을 경우일지라도 그 체약국의 법률에 의하여 인정된 것이어야 한다.

제13조(동산 및 부동산)
체약국은 난민에게 동산 및 부동산의 소유권과 이에 관한 기타 권리의 취득 및 동산과 부동산에 관한 임대차 및 기타의 계약에 관하여 가능한 한 유리한 대우를 부여하고, 어떠한 경우에 있어서도, 동일한 사정하에서 일반적으로 외국인에게 부여되는 대우보다 불리하지 아니한 대우를 부여한다.

제14조(저작권 및 공업소유권)
난민은 발명, 의장, 상표, 상호 등의 공업소유권의 보호 및 문학적 예술적 및 학술적 저작물에 대한 권리의 보호에 관하여, 상거소를 가지는 국가에서 그 국가의 국민에게 부여되는 보호와 동일한 보호를 부여받는다. 기타 체약국의 영역에 있어서도 그 난민이 상거소를 가지는 국가의 국민에게 그 체약국의 영역에서 부여되는 보호와 동일한 보호를 부여받는다.

Article 15. - Right of association
As regards non-political and non-profit-making associations and trade unions the Contracting States shall accord to refugees lawfully staying in their territory the most favourable treatment accorded to nationals of a foreign country, in the same circumstances.

제15조(결사의 권리)
체약국은 합법적으로 그 영역 내에 체재하는 난민에게 비정치적이고 비영리적인 단체와 노동조합에 관한 사항에 관하여 동일한 사정하에서 외국 국민에게 부여하는 대우 중 가장 유리한 대우를 부여한다.

Article 16. - Access to courts
1. A refugee shall have free access to the courts of law on the territory of all Contracting States.
2. A refugee shall enjoy in the Contracting State in which he has his habitual residence the same treatment as a national in matters pertaining to access to the courts, including legal assistance and exemption from cautio judicatum solvi.
3. A refugee shall be accorded in the matters referred to in paragraph 2 in countries other than that in which he has his habitual residence the treatment granted to a national of the country of his habitual residence.

제16조(재판을 받을 권리)
1. 난민은 모든 체약국의 영역에서 자유로이 재판을 받을 권리를 가진다.
2. 난민은 상거소를 가지는 체약국에서 법률구조와 소송비용의 담보 면제를 포함하여 재판을 받을 권리에 관한 사항에 있어서 그 체약국의 국민에게 부여되는 대우와 동일한 대우를 부여받는다.

3. 난민은 상거소를 가지는 체약국 이외의 체약국에서 제2항에 규정하는 사항에 관하여 그 상거소를 가지는 체약국의 국민에게 부여되는 대우와 동일한 대우를 부여받는다.

Chapter III
GAINFUL EMPLOYMENT

제3장
유급직업

Article 17. - Wage-earning employment
1. Contracting States shall accord to refugees lawfully staying in their territory the most favourable treatment accorded to nationals of a foreign country in the same circumstances, as regards the right to engage in wage-earning employment.
2. any case, restrictive measures imposed on aliens or the employment of aliens for the protection of the national labour market shall not be applied to a refugee who was already exempt from them at the date of entry into force of this Convention for the Contracting State concerned, or who fulfils one of the following conditions:
(a) has completed three years' residence in the

제17조(임금이 지급되는 직업)
1. 체약국은 합법적으로 그 영역 내에 체재하는 난민에게, 임금이 지급되는 직업에 종사할 권리에 관하여, 동일한 사정하에서 외국 국민에게 부여되는 대우 중 가장 유리한 대우를 부여한다.

2. 어떠한 경우에 있어서도, 체약국이 국내 노동시장의 보호를 위하여 외국인 또는 외국인의 고용에 관하여 취하는 제한적 조치는 그 체약국에 대하여 이 협약이 발효하는 날에 이미 그 조치로부터 면제된 난민이나, 또는 다음의 조건 중 어느 하나를 충족시키는 난민에게는 적용되지 아니한다.

(a) 그 체약국에서 3년 이상 거주하고 있는 자.

country;
(b) has a spouse possessing the nationality of the country of residence. A refugee may not invoke the benefit of this provision if he has abandoned his spouse;
(c) has one or more children possessing the nationality of the country of residence.
3. Contracting States shall give sympathetic consideration to assimilating the rights of all refugees with regard to wage-earning employment to those of nationals, and in particular of those refugees who have entered their territory pursuant to programmes of labour recruitment or under immigration schemes.

(b) 그 난민이 거주하고 있는 체약국의 국적을 가진 배우자가 있는 자. 난민이 그 배우자를 유기한 경우에는 이 조항에 의한 이익을 원용하지 못한다.

(c) 그 난민이 거주하고 있는 체약국의 국적을 가진 1명 또는 그 이상의 자녀를 가진 자.
3. 체약국은 임금이 지급되는 직업에 관하여 모든 난민, 특히 노동자 모집계획 또는 이주민계획에 따라 그 영역 내에 입국한 난민의 권리를 자국민의 권리와 동일하게 할 것을 호의적으로 고려한다.

Article 18. - Self-employment
The Contracting States shall accord to a refugee lawfully in their territory treatment as favourable as possible and, in any event, not less favourable than that accorded to aliens generally in the same circumstances, as regards the right to engage on his own account in agriculture, industry, handicrafts and commerce and to establish commercial and industrial companies.

제18조(자영업)
체약국은 합법적으로 그 영역 내에 있는 난민에게 독립하여 농업, 공업, 수공업 및 상업에 종사하는 권리 및 상업상, 산업상 회사를 설립할 권리에 관하여 가능한 한 유리한 대우를 부여하고, 어떠한 경우에 있어서도 동일한 사정하에서 일반적으로 외국인에게 부여하는 대우보다 불리하지 아니한 대우를 부여한다.

Article 19. - Liberal professions
1. Each Contracting State shall accord to refugees lawfully staying in their territory who hold diplomas recognized by the competent authorities of that State, and who are desirous of practising a liberal profession, treatment as favourable as possible and, in any event, not less favourable than that accorded to aliens generally in the same circumstances.
2. Contracting States shall use their best endeavours consistently with their laws and constitutions to secure the settlement of such refugees in the territories, other than the metropolitan territory, for whose international relations they are responsible.

제19조(자유업)
1. 각 체약국은 합법적으로 그 영역 내에 체재하는 난민으로서 그 체약국의 권한 있는 기관이 승인한 자격증서를 가지고 자유업에 종사할 것을 희망하는 자에게 가능한 한 유리한 대우를 부여하고, 어떠한 경우에 있어서도 동일한 사정하에서 일반적으로 외국인에게 부여하는 대우보다 불리하지 아니한 대우를 부여한다.

2. 체약국은 본토 지역이외에 자국이 국제관계에서 책임을 가지는 영역 내에서 상기한 난민이 정주하는 것을 확보하기 위하여 자국의 헌법과 법률에 따라 최선의 노력을 한다.

Chapter IV
WELFARE

Article 20. - Rationing
Where a rationing system exists, which applies to the population at large and regulates the general distribution of products in short supply, refugees shall be accorded the same treatment as nationals.

Article 21. - Housing
As regards housing, the Contracting States, in so far as the matter is regulated by laws or regulations or is subject to the control of public authorities, shall accord to refugees lawfully staying in their territory treatment as favourable as possible and, in any event, not less favourable than that accorded to aliens generally in the same circumstances.

Article 22. - Public education
1. The Contracting States shall accord to refugees the same treatment as is accorded to nationals with respect to elementary education.
2. Contracting States shall accord to refugees treatment as favourable as possible, and, in any event, not less favourable than that accorded to aliens generally in the same circumstances, with respect to education other than elementary education and, in particular, as regards access to studies, the recognition of foreign school certificates, diplomas and degrees, the remission of fees and charges and the award of scholarships.

Article 23. - Public relief
The Contracting States shall accord to refugees lawfully staying in their territory the same treatment with respect to public relief and assistance as is accorded to their nationals.

제4장
복지

제20조(배급)
공급이 부족한 물자의 분배를 규제하는 것으로서 주민 전체에 적용되는 배급제도가 존재하는 경우, 난민은 그 배급제도의 적용에 있어서 내국민에게 부여되는 대우와 동일한 대우를 부여받는다.

제21조(주거)
체약국은 주거에 관한 사항이 법령의 규제를 받거나 또는 공공기관의 관리하에 있는 경우 합법적으로 그 영역 내에 체재하는 난민에게 주거에 관하여 가능한 한 유리한 대우를 부여하고, 어떠한 경우에 있어서도 동일한 사정하에서 일반적으로 외국인에게 부여하는 대우보다 불리하지 아니한 대우를 부여한다.

제22조(공공교육)
1. 체약국은 난민에게 초등교육에 대하여 자국민에게 부여하는 대우와 동일한 대우를 부여한다.

2. 체약국은 난민에게 초등교육 이외의 교육, 특히 수학의 기회, 학업에 관한 증명서, 자격증서 및 학위로서 외국에서 수여된 것의 승인, 수업료 기타 납부금의 감면 및 장학금의 급여에 관하여 가능한 한 유리한 대우를 부여하고, 어떠한 경우에 있어서도 동일한 사정하에서 일반적으로 외국인에게 부여하는 대우보다 불리하지 아니한 대우를 부여한다.

제23조(공공구제)
체약국은 합법적으로 그 영역 내에 체재하는 난민에게, 공공구제와 공적 원조에 관하여 자국민에게 부여하는 대우와 동일한 대우를 부여한다.

Article 24. - Labour legislation and social security

1. The Contracting States shall accord to refugees lawfully staying in their territory the same treatment as is accorded to nationals in respect of the following matters;

(a) so far as such matters are governed by laws or regulations or are subject to the control of administrative authorities: remuneration, including family allowances where these form part of remuneration, hours of work, overtime arrangements, holidays with pay, restrictions on home work, minimum age of employment, apprenticeship and training, women's work and the work of young persons, and the enjoyment of the benefits of collective bargaining;

(b) Social security (legal provisions in respect of employment injury, occupational diseases, maternity, sickness, disability, old age, death, unemployment, family responsibilities and any other contingency which, accordingto national laws or regulations, is covered by a social security scheme), subject to the following limitations:

(i) There may be appropriate arrangements for the maintenance of acquired rights and rights in course of acquisition;

(ii) National laws or regulations of the country of residence may prescribe special arrangements concerning benefits or portions of benefits which are payable wholly out of public funds, and concerning allowances paid to persons who do not fulfil the contribution conditions prescribed for the award of a normal pension.

2. The right to compensation for the death of a refugee resulting from employment injury or from occupational disease shall not be affected by the fact that the residence of the beneficiary is outside the territory of the Contracting State.

3. The Contracting States shall extend to refugees the benefits of agreements concluded between them, or which may be concluded between them in

제24조(노동법제와 사회보장)

1. 체약국은 합법적으로 그 영역 내에 체재하는 난민에게, 다음 사항에 관하여 자국민에게 부여하는 대우와 동일한 대우를 부여한다.

(a) 보수의 일부를 구성하는 가족수당을 포함한 보수, 노동시간, 시간외 노동, 유급휴가, 가내노동에 관한 제한, 최저고용연령, 견습과 훈련, 여성과 연소자의 노동 및 단체교섭의 이익향유에 관한 사항으로서 법령의 규율을 받거나 또는 행정기관의 관리하에 있는 것.

(b) 사회보장(산업재해, 직업병, 출산, 질병, 폐질, 노령, 사망, 실업, 가족부양 기타 국내법령에 따라 사회보장제도의 대상이 되는 급부사유에 관한 법규). 다만, 다음의 조치를 취하는 것을 방해하지 아니한다.

(i) 취득한 권리와 취득과정 중에 있는 권리의 유지를 위하여 적절한 조치를 취하는 것.

(ii) 거주하고 있는 체약국의 국내법령이 공공자금에서 전액 지급되는 급부의 전부 또는 일부에 관하여, 또한 통상의 연금의 수급을 위하여 필요한 기여조건을 충족시키지 못하는 자에게 지급되는 수당에 관하여 특별한 조치를 정하는 것.

2. 산업재해 또는 직업병에서 기인하는 난민의 사망에 대한 보상을 받을 권리는 그의 권리를 취득하는 자가 체약국의 영역 밖에 거주하고 있다는 사실로 인하여 영향을 받지 아니한다.

3. 체약국은 취득되거나 또는 취득의 과정 중에 있는 사회보장에 관한 권리의 유지에 관하여 다른 체약국 간에 이미 체결한 협정 또는 장차 체결할 문제

the future, concerning the maintenance of acquired rights and rights in the process of acquisition in regard to social security, subject only to the conditions which apply to nationals of the States signatory to the agreements in question.

의 협정의 서명국의 국민에게 적용될 조건을 난민이 충족시키고 있는 한 그 협정에 의한 이익과 동일한 이익을 그 난민에게 부여한다.

4. Contracting States will give sympathetic consideration to extending to refugees so far as possible the benefits of similar agreements which may at any time be in force between such Contracting States and non-contracting States.

4. 체약국은 상기한 체약국과 비체약국 간에 현재 유효하거나 장래 유효하게 될 유사한 협정에 의한 이익과 동일한 이익을 가능한 한 난민에게 부여하는 것을 호의적으로 고려한다.

Chapter V
ADMINISTRATIVE MEASURES

제5장
행정적 조치

Article 25. - Administrative assistance

1. When the exercise of a right by a refugee would normally require the assistance of authorities of a foreign country to whom he cannot have recourse, the Contracting States in whose territory he is residing shall arrange that such assistance be afforded to him by their own authorities or by an international authority.

2. The authority or authorities mentioned in paragraph 1 shall deliver or cause to be delivered under their supervision to refugees such documents or certifications as would normally be delivered to aliens by or through their national authorities.

3. Documents or certifications so delivered shall stand in the stead of the official instruments delivered to aliens by or through their national authorities, and shall be given credence in the absence of proof to the contrary.

4. Subject to such exceptional treatment as may be granted to indigent persons, fees may be charged for the services mentioned herein, but such fees shall be moderate and commensurate with those charged to nationals for similar services.

5. The provisions of this article shall be without

제25조(행정적 원조)

1. 난민이 그의 권리를 행사함에 있어서 통상적으로 외국기관의 원조를 필요로 하는 경우 그 기관의 원조를 구할 수 없을 때에는 그 난민이 거주하고 있는 체약국은 자국의 기관 또는 국제기관에 의하여 그러한 원조가 난민에게 부여되도록 조치한다.

2. 제1항에서 말하는 자국의 기관 또는 국제기관은 난민에게 외국인이 통상적으로 본국의 기관으로부터 또는 이를 통하여 발급받은 문서 또는 증명서를 발급하거나 또는 그 감독하에 이들 문서 또는 증명서를 발급받도록 한다.

3. 상기와 같이 발급된 문서 또는 증명서는 외국인이 본국의 기관으로부터 또는 이를 통하여 발급받은 공문서에 대신하는 것으로 하고, 반증이 없는 한 신빙성을 가진다.

4. 궁핍한 자에 대한 예외적인 대우를 하는 경우 이에 따를 것을 조건으로 하여, 이 조에 규정하는 사무에 대하여 수수료를 징수할 수 있다. 그러나 그러한 수수료는 타당하고 또한 동종의 사무에 대하여 자국민에게 징수하는 수수료에 상응하는 것이어야 한다.

5. 이 조의 규정은 제27조 및 제28조의 적용을 방해

prejudice to articles 27 and

하지 아니한다.

Article 26. - Freedom of movement
Each Contracting State shall accord to refugees lawfully in its territory the right to choose their place of residence and to move freely within its territory subject to any regulations applicable to aliens generally in the same circumstances.

제26조(이동의 자유)
각 체약국은 합법적으로 그 영역 내에 있는 난민에게 그 난민이 동일한 사정하에서 일반적으로 외국인에게 적용되는 규제에 따를 것을 조건으로 하여 거주지를 선택할 권리 및 그 체약국의 영역 내에서 자유로이 이동할 권리를 부여한다.

Article 27. - Identity papers
The Contracting States shall issue identity papers to any refugee in their territory who does not possess a valid travel document.

제27조(신분증명서)
체약국은 그 영역 내에 있는 난민으로서 유효한 여행증명서를 소지하고 있지 아니한 자에게 신분증명서를 발급한다.

Article 28. - Travel documents
1. The Contracting States shall issue to refugees lawfully staying in their territory travel documents for the purpose of travel outside their territory, unless compelling reasons of national security or public order otherwise require, and the provisions of the Schedule to this Convention shall apply with respect to such documents. The Contracting States may issue such a travel document to any other refugee in their territory; they shall in particular give sympathetic consideration to the issue of such a travel document to refugees in their territory who are unable to obtain a travel document from the country of their lawful residence.
2. Travel documents issued to refugees under previous international agreements by Parties thereto shall be recognized and treated by the Contracting States in the same way as if they had been issued pursuant to this article.

제28조(여행증명서)
1. 체약국은 합법적으로 그 영역 내에 체재하는 난민에게 국가안보 또는 공공질서를 위하여 어쩔 수 없는 이유가 있는 경우를 제외하고는, 그 영역 외로의 여행을 위한 여행증명서를 발급하고, 이 여행증명서에 관하여서는 이 협정 부속서의 규정을 적용한다. 체약국은 그 영역 내에 있는 다른 난민에게도 이러한 여행증명서를 발급할 수 있으며, 또한 체약국은 특히 그 영역 내에 있는 난민으로서 합법적으로 거주하고 있는 국가로부터 여행증명서를 받을 수 없는 자에게 이러한 여행증명서의 발급에 관하여 호의적으로 고려한다.
2. 종전의 국제협정의 체약국이 국제협정이 정한 바에 따라 난민에게 발급한 여행증명서는 이 협약의 체약국에 의하여 유효한 것으로 인정되고 또한 이 조에 따라 발급된 것으로 취급된다.

Article 29. - Fiscal charges
1. The Contracting States shall not impose upon refugees duties, charges or taxes, of any description whatsoever, other or higher than those which are or may be levied on their nationals in similar

제29조(재정상의 부과금)
1. 체약국은 난민에게 유사한 상태에 있는 자국민에게 과하고 있거나 또는 과해질 조세 기타 공과금(명칭 여하를 불문한다) 이외의 공과금을 과하지 아니한다. 또한 조세 기타 공과금에 대하여 유사한

situations.

상태에 있는 자국민에게 과하는 금액보다도 고액의 것을 과하지 아니한다.

2. in the above paragraph shall prevent the application to refugees of the laws and regulations concerning charges in respect of the issue to aliens of administrative documents including identity papers.

2. 전항의 규정은 행정기관이 외국인에게 발급하는 신분증명서를 포함한 문서의 발급에 대한 수수료에 관한 법령을 난민에게 적용하는 것을 방해하지 아니한다.

Article 30. - Transfer of assets

1. A Contracting State shall, in conformity with its laws and regulations, permit refugees to transfer assets which they have brought into its territory, to another country where they have been admitted for the purposes of resettlement.

2. Contracting State shall give sympathetic consideration to the application of refugees for permission to transfer assets wherever they may be and which are necessary for their resettlement in another country to which they have been admitted.

제30조(자산의 이전)

1. 체약국은 자국의 법령에 따라 난민이 그 영역 내로 반입한 자산을 정주하기 위하여 입국허가를 받은 다른 국가로 이전하는 것을 허가한다.

2. 체약국은 난민이 입국 허가된 타국에서 정주하기 위하여 필요한 자산에 대하여 그 소재지를 불문하고 그 난민으로부터 그 자산의 이전허가 신청이 있는 경우 그 신청을 호의적으로 고려한다.

Article 31. - Refugees unlawfully in the country of refuge

1. The Contracting States shall not impose penalties, on account of their illegal entry or presence, on refugees who, coming directly from a territory where their life or freedom was threatened in the sense of article 1, enter or are present in their territory without authorization, provided they present themselves without delay to the authorities and show good cause for their illegal entry or presence.

2. The Contracting States shall not apply to the movements of such refugees restrictions other than those which are necessary and such restrictions shall only be applied until their status in the country is regularized or they obtain admission into another country. The Contracting States shall allow such

제31조(피난국에 불법으로 있는 난민)

1. 체약국은 그 생명 또는 자유가 제1조의 의미에 있어서 위협되고 있는 영역으로부터 직접 온 난민으로서 허가 없이 그 영역에 입국하거나 또는 그 영역 내에 있는 자에 대하여 불법으로 입국하거나 또는 불법으로 있는 것을 이유로 형벌을 과하여서는 아니 된다. 다만, 그 난민이 지체 없이 당국에 출두하고 또한 불법으로 입국하거나 또는 불법으로 있는 것에 대한 상당한 이유를 제시할 것을 조건으로 한다.

2. 체약국은 상기한 난민의 이동에 대하여 필요한 제한 이외의 제한을 과하지 아니하며 또한 그러한 제한은 그 난민의 체약국에 있어서의 체재가 합법적인 것이 될 때까지 또는 그 난민이 타국에의 입국허가를 획득할 때까지만 적용된다. 체약국은 그러한 난민에게 타국에의 입국허가를 획득하기 위하

refugees a reasonable period and all the necessary facilities to obtain admission into another country.

Article 32. - Expulsion

1. The Contracting States shall not expel a refugee lawfully in their territory save on grounds of national security or public order.

2. expulsion of such a refugee shall be only in pursuance of a decision reached in accordance with due process of law. Except where compelling reasons of national security otherwise require, the refugee shall be allowed to submit evidence to clear himself, and to appeal to and be represented for the purpose before competent authority or a person or persons specially designated by the competent authority.

3. Contracting States shall allow such a refugee a reasonable period within which to seek legal admission into another country. The Contracting States reserve the right to apply during that period such internal measures as they may deem necessary.

Article 33. - Prohibition of expulsion or return ("refoulement")

1. No Contracting State shall expel or return ("refouler") a refugee in any manner whatsoever to the frontiers of territories where his life or freedom would be threatened on account of his race, religion, nationality, membership of a particular social group or political opinion.

2. benefit of the present provision may not, however, be claimed by a refugee whom there are reasonable grounds for regarding as a danger to the security of the country in which he is, or who, having been convicted by a final judgement of a particularly serious crime, constitutes a danger to the community of that country.

여 타당하다고 인정되는 기간과 이를 위하여 필요한 모든 편의를 부여한다.

제32조(추방)

1. 체약국은 국가안보 또는 공공질서를 이유로 하는 경우를 제외하고 합법적으로 그 영역에 있는 난민을 추방하여서는 아니 된다.

2. 이러한 난민의 추방은 법률에 정하여진 절차에 따라 이루어진 결정에 의하여서만 행하여진다. 국가안보를 위하여 불가피한 이유가 있는 경우를 제외하고 그 난민은 추방될 이유가 없다는 것을 밝히는 증거를 제출하고, 또한 권한 있는 기관 또는 그 기관이 특별히 지명하는 자에게 이의를 신청하고 이 목적을 위한 대리인을 세우는 것이 인정된다.

3. 체약국은 상기 난민에게 타 국가에의 합법적인 입국허가를 구하기 위하여 타당하다고 인정되는 기간을 부여한다. 체약국은 그 기간 동안 동국이 필요하다고 인정하는 국내 조치를 취할 권리를 유보한다.

제33조(추방 또는 송환의 금지)

1. 체약국은 난민을 어떠한 방법으로도 인종, 종교, 국적, 특정 사회집단의 구성원 신분 또는 정치적 의견을 이유로 그 생명이나 자유가 위협받을 우려가 있는 영역의 국경으로 추방하거나 송환하여서는 아니 된다.

2. 체약국에 있는 난민으로서 그 국가의 안보에 위험하다고 인정되기에 충분한 상당한 이유가 있는 자 또는 특히 중대한 범죄에 관하여 유죄의 판결이 확정되고 그 국가공동체에 대하여 위험한 존재가 된 자는 이 규정의 이익을 요구하지 못한다.

Article 34. - Naturalization
The Contracting States shall as far as possible facilitate the assimilation and naturalization of refugees. They shall in particular make every effort to expedite naturalization proceedings and to reduce as far as possible the charges and costs of such proceedings.

제34조(귀화)
체약국은 난민의 동화 및 귀화를 가능한 한 장려한다. 체약국은 특히 귀화 절차를 신속히 행하기 위하여 또한 이러한 절차에 따른 수수료 및 비용을 가능한 한 경감시키기 위하여 모든 노력을 다한다.

Chapter VI
EXECUTORY AND TRANSITORY PROVISIONS

제6장
실시 및 경과 규정

Article 35. - Co-operation of the national authorities with the United Nations
1. The Contracting States undertake to co-operate with the Office of the United Nations High Commissioner for Refugees, or any other agency of the United Nations which may succeed it, in the exercise of its functions, and shall in particular facilitate its duty of supervising the application of the provisions of this Convention.
2. order to enable the Office of the High Commissioner or any other agency of the United Nations which may succeed it, to make reports to the competent organs of the United Nations, the Contracting States undertake to provide them in the appropriate form with information and statistical data requested concerning:
(a) condition of refugees,
(b) implementation of this Convention, and
(c) regulations and decrees which are, or may hereafter be, in force relating to refugees.

제35조(국내 당국과 국제연합과의 협력)

1. 체약국은 국제연합 난민고등판무관 사무국 또는 그를 승계하는 국제연합의 다른 기관의 임무의 수행에 있어서 이들 기관과 협력할 것을 약속하고, 특히 이들 기관이 이 협약의 규정을 적용하는 것을 감독하는 책무의 수행에 있어서 이들 기관에게 편의를 제공한다.

2. 체약국은 국제연합 난민고등판무관 사무국 또는 그를 승계하는 국제연합의 다른 기관이 국제연합의 관할기관에 보고하는 것을 용이하게 하기 위하여 요청에 따라 다음 사항에 관한 정보와 통계를 적당한 양식으로 제공할 것을 약속한다.

(a) 난민의 상태
(b) 이 협약의 실시상황
(c) 난민에 관한 현행법령 및 장차 시행될 법령

Article 36. - Information on national legislation
The Contracting States shall communicate to the Secretary-General of the United Nations the laws and regulations which they may adopt to ensure the application of this Convention.

제36조(국내법령에 관한 정보)
체약국은 국제연합 사무총장에게 이 협약의 적용을 확보하기 위하여 제정하는 법령을 송부한다.

Article 37. - Relation to previous conventions
Without prejudice to article 28, paragraph 2, of this Convention, this Convention replaces, as between Parties to it, the Arrangements of 5 July 1922, 31 May 1924, 12 May 1926, 30 June 1928 and 30 July 1935, the Conventions of 28 October 1933 and 10 February 1938, the Protocol of 14 September 1939 and the Agreement of 15 October 1946.

제37조(종전의 협약과의 관계)
이 협약의 제28조 제2항을 침해함이 없이, 이 협약은 체약국 사이에서 1922년 7월 5일, 1924년 5월 31일, 1926년 5월 12일, 1928년 6월 30일 및 1935년 7월 30일의 협약, 1933년 10월 28일 및 1938년 2월 10일의 협약, 1939년 9월 14일의 의정서 및 1946년 10월 15일의 협약을 대신한다.

Chapter VII
FINAL CLAUSES

제7장
최종 조항

Article 38. - Settlement of disputes
Any dispute between Parties to this Convention relating to its interpretation or application, which cannot be settled by other means, shall be referred to the International Court of Justice at the request of any one of the parties to the dispute.

제38조(분쟁의 해결)
이 협약의 해석 또는 적용에 관한 협약 당사국 간의 분쟁으로서 다른 방법에 의하여 해결될 수 없는 것은 분쟁당사국 중 어느 일당사국의 요청에 의하여 국제사법재판소에 부탁된다.

Article 39. - Signature, ratification and accession
1. This Convention shall be opened for signature at Geneva on 28 July 1951 and shall thereafter be deposited with the Secretary-General of the United Nations. It shall be open for signature at the European Office of the United Nations from 28 July to 31 August 1951 and shall be re-opened for signature at the Headquarters of the United Nations from 17 September 1951 to 31 December 1952.
2. Convention shall be open for signature on behalf of all States Members of the United Nations, and also on behalf of any other State invited to attend the Conference of Plenipotentiaries on the Status of Refugees and Stateless Persons or to which an invitation to sign will have been addressed by the General Assembly. It shall be ratified and the instruments of ratification shall be deposited with the Secretary-General of the United Nations.
3. Convention shall be open from 28 July 1951 for accession by the States referred to in paragraph 2 of

제39조(서명, 비준 및 가입)
1. 이 협약은 1951년 7월 28일에 제네바에서 서명을 위하여 개방되고, 그 후 국제연합 사무총장에게 기탁된다. 이 협약은 1951년 7월 28일부터 동년 8월 31일까지 국제연합 구주사무국에서, 동년 9월 17일부터 1952년 12월 31일까지 국제연합 본부에서 서명을 위하여 다시 개방된다.

2. 이 협약은 국제연합의 모든 회원국과 난민 및 무국적자의 지위에 관한 전권회의에 참석하도록 초청된 국가 또는 총회에 의하여 서명하도록 초청받은 국가의 서명을 위하여 개방된다. 이 협약은 비준되어야 하고, 비준서는 국제연합 사무총장에게 기탁된다.

3. 이 협약은 본조 제2항에 언급된 국가들의 가입을 위해 1951년 7월 28일부터 개방된다. 가입은 국

this article. Accession shall be effected by the deposit of an instrument of accession with the Secretary-General of the United Nations.

제연합 사무총장에게 가입서를 기탁함으로써 효력을 발생한다.

Article 40. - Territorial application clause

1. Any State may, at the time of signature, ratification or accession, declare that this Convention shall extend to all or any of the territories for the international relations of which it is responsible. Such a declaration shall take effect when the Convention enters into force for the State concerned.

2. At any time thereafter any such extension shall be made by notification addressed to the Secretary-General of the United Nations and shall take effect as from the ninetieth day after the day of receipt by the Secretary-General of the United Nations of this notification, or as from the date of entry into force of the Convention for the State concerned, whichever is the later.

3. respect to those territories to which this Convention is not extended at the time of signature, ratification or accession, each State concerned shall consider the possibility of taking the necessary steps in order to extend the application of this Convention to such territories, subject, where necessary for constitutional reasons, to the consent of the Governments of such territories.

제40조(적용지역 조항)

1. 어떠한 국가도 서명, 비준 또는 가입 시에 자국이 국제관계에 책임을 지는 영역의 전부 또는 일부에 관하여 이 협약을 적용한다는 것을 선언할 수 있다. 이러한 선언은 이 협약이 그 국가에 대하여 발효할 때 효력을 발생한다.

2. 그 후에는 국제연합 사무총장에게 언제든지 통고함으로써 그러한 적용을 행하고 또한 그 적용은 국제연합 사무총장이 통고를 수령한 날로부터 90일 후 또는 그 국가에 대하여 이 협약이 발효하는 날의 양자 중 늦은 날로부터 효력을 발생한다.

3. 관계국가는 서명, 비준 또는 가입 시에 이 협약이 적용되지 아니하는 영역에 관하여 이 협약을 적용시키기 위하여 헌법상의 이유로 필요한 경우 그러한 영역의 정부의 동의를 조건으로 하여 필요한 조치를 취할 가능성을 검토한다.

Article 41. - Federal clause

In the case of a Federal or non-unitary State, the following provisions shall apply:

(a) respect to those articles of this Convention that come within the legislative jurisdiction of the federal legislative authority, the obligations of the Federal Government shall to this extent be the same as those of parties which are not Federal States;

(b) respect to those articles of this Convention that come within the legislative jurisdiction of constituent States, provinces or cantons which are not,

제41조(연방 조항)

체약국이 연방제 또는 비단일제 국가인 경우에는 다음 규정을 적용한다.

(a) 이 협약의 규정으로서 그 실시가 연방의 입법기관의 입법권의 범위 내에 속하는 것에 관하여서는, 연방정부의 의무는 연방제 국가가 아닌 체약국의 의무와 동일한 것으로 한다.

(b) 이 협약의 규정으로서 그 실시가 연방구성국, 주 또는 현의 입법권의 범위 내에 속하고 또한 연방의 헌법제도상 구성국, 주 또는 현이 입법조치를 취

under the constitutional system of the Federation, bound to take legislative action, the Federal Government shall bring such articles with a favourable recommendation to the notice of the appropriate authorities of States, provinces or cantons at the earliest possible moment;

(c) A Federal State Party to this Convention shall, at the request of any other Contracting State transmitted through the Secretary-General of the United Nations, supply a statement of the law and practice of the Federation and its constituent units in regard to any particular provision of the Convention showing the extent to which effect has been given to that provision by legislative or other action.

할 의무가 없는 것에 관하여서는 연방정부는 구성국, 주 또는 현의 적당한 기관에 대하여 가능한 한 빨리 호의적인 권고와 함께 그 규정을 통보한다.

(c) 이 협약의 체약국인 연방제 국가는 국제연합 사무총장을 통하여 이 협약의 다른 체약국으로부터 요청이 있는 경우, 이 협약의 규정의 실시에 관한 연방과 그 구성단위의 법령 및 관행에 관한 설명을 제시하고, 또한 입법 기타의 조치에 의하여 이 협약의 규정이 실시되고 있는 정도를 보여준다.

Article 42. - Reservations

1. the time of signature, ratification or accession, any State may make reservations to articles of the Convention other than to articles 1, 3, 4, 16 (1), 33, 36-46 inclusive.

2. State making a reservation in accordance with paragraph 1 of this article may at any time withdraw the reservation by a communication to that effect addressed to the Secretary-General of the United Nations.

제42조(유보)

1. 어떠한 국가도 서명, 비준 또는 가입 시에 이 협약의 제1조, 제3조, 제16조(1), 제33조, 제36조 내지 제46조 규정 외에는 협약규정의 적용에 관하여 유보할 수 있다.

2. 이 조 제1항에 따라 유보를 행한 국가는 국제연합 사무총장에 대한 통고로써 당해 유보를 언제든지 철회할 수 있다.

Article 43. - Entry into force

1. This Convention shall come into force on the ninetieth day following the day of deposit of the sixth instrument of ratification or accession.

2. For each State ratifying or acceding to the Convention after the deposit of the sixth instrument of ratification or accession, the Convention shall enter into force on the ninetieth day following the date of deposit by such State of its instrument of ratification or accession.

제43조(발효)

1. 이 협약은 여섯 번째의 비준서 또는 가입서가 기탁된 날로부터 90일 후에 발효한다.

2. 이 협약은 여섯 번째의 비준서 또는 가입서가 기탁된 후 비준 또는 가입하는 국가에 대하여는 그 비준서 또는 가입서가 기탁된 날로부터 90일 후에 발효한다.

Article 44. - Denunciation

1. Any Contracting State may denounce this

제44조(폐기)

1. 어떠한 체약국도 국제연합 사무총장에 대한 통

Convention at any time by a notification addressed to the Secretary-General of the United Nations.

2. Such denunciation shall take effect for the Contracting State concerned one year from the date upon which it is received by the Secretary-General of the United Nations.

3. State which has made a declaration or notification under article 40 may, at any time thereafter, by a notification to the Secretary-General of the United Nations, declare that the Convention shall cease to extend to such territory one year after the date of receipt of the notification by the Secretary- General.

Article 45. - Revision

1. Any Contracting State may request revision of this Convention at any time by a notification addressed to the Secretary-General of the United Nations.

2. General Assembly of the United Nations shall recommend the steps, if any, to be taken in respect of such request.

. . .

고로써 이 협약을 언제든지 폐기할 수 있다.

2. 폐기는 국제연합 사무총장이 통고를 접수한 날로부터 1년 후에 당해 체약국에 대하여 효력을 발생한다.

3. 제40조에 따라 선언 또는 통고를 행한 국가는 그 후 언제든지 국제연합 사무총장에 대한 통고로써 상기한 영역에 이 협약의 적용을 종지한다는 선언을 할 수 있다. 그 선언은 국제연합 사무총장이 통고를 접수한 날로부터 1년 후에 효력을 발생한다.

제45조(개정)

1. 어떠한 체약국도 국제연합 사무총장에 대한 통고로써 언제든지 이 협약의 개정을 요청할 수 있다.

2. 국제연합 총회는 상기 요청에 관하여 조치가 필요한 경우 이를 권고한다.

. . .

Protocol relating to the Status of Refugees

The Protocol was taken note of with approval by the Economic and Social Council in resolution 1186 (XLI) of 18 November 1966 and was taken note of by the General Assembly in resolution 2198 (XXI) of 16 December 1966. In the same resolution the General Assembly requested the Secretary- General to transmit the text of the Protocol to the States mentioned in article V thereof, with a view to enabling them to accede to the Protocol, entry into force 4 October 1967, in accordance with article VIII

The States Parties to the present Protocol,

Considering that the Convention relating to the Status of Refugees done at Geneva on 28 July 1951(hereinafter referred to as the Convention) covers only those persons who have become refugees as a result of events occurring before I January 1951,

Considering that new refugee situations have arisen since the Convention was adopted and that the refugees concerned may therefore not fall within the scope of the Convention,

Considering that it is desirable that equal status should be enjoyed by all refugees covered by the definition in the Convention irrespective of the dateline I January 1951,

Have agreed as follows:

Article 1. General provision

1. The States Parties to the present Protocol undertake to apply articles 2 to 34 inclusive of the Convention to refugees as hereinafter defined.

2. For the purpose of the present Protocol, the term "refugee" shall, except as regards the application of paragraph 3 of this article, mean any person within the definition of article I of the Convention as if the

난민의 지위에 관한 의정서

채택 1967. 1. 31 / 발효 1967. 10. 4 /
대한민국 적용 1992. 12. 3

이 의정서의 당사국은,

1951년 7월 28일 제네바에서 작성된 난민의 지위에 관한 협약(이하 "협약"이라 한다)이 1951년 1월 1일 전에 발생한 사건의 결과로서 난민이 된 자에게만 적용된다는 것을 고려하고,

협약이 채택된 후 새로운 사태에 의하여 난민이 발생하였으며, 따라서 이들 난민은 협약의 적용을 받을 수 없음을 고려하며,

1951년 1월 1일 이전이라는 제한에 관계없이 협약의 정의에 해당되는 모든 난민이 동등한 지위를 향유함이 바람직하다고 고려하여,

다음과 같이 합의하였다.

제1조(총칙)

1. 이 의정서의 당사국은 이하에서 정의된 난민에 대하여 협약의 제2조에서 제34조까지를 적용할 것을 약속한다.

2. 이 의정서의 적용상, "난민"이라는 용어는, 이 조 제3항의 적용에 관한 것을 제외하고, 협약 제1조 A(2)에서 "1951년 1월 1일 전에 발생한 사건의 결과로서 또한…"이라는 표현과 "…그러한 사건의 결

words "As a result of events occurring before 1 January 1951 and..." and the words "...as a result of such events", in article 1 A (2) were omitted.

3. The present Protocol shall be applied by the States Parties hereto without any geographic limitation, save that existing declarations made by States already Parties to the Convention in accordance with article I B (I) (a) of the Convention, shall, unless extended under article I B (2) thereof, apply also under the present Protocol.

과로서"라는 표현이 생략되어 있는 것으로 볼 경우 협약 제1조의 정의에 해당하는 모든 자를 말한다.

3. 이 의정서는 이 의정서의 당사국에 의하여 어떠한 지리적 제한도 없이 적용된다. 다만, 이미 협약의 당사국이 된 국가로서 협약 제1조 B (1) (a)를 적용한다는 선언을 행하고 있는 경우에 그 선언은 동조 B (2)에 따라 그 국가의 의무가 확대되지 아니하는 한, 이 의정서하에서도 적용된다.

Article 2. Co-operation of the national authorities with the United Nations

1. The States Parties to the present Protocol undertake to co-operate with the Office of the United Nations High Commissioner for Refugees, or any other agency of the United Nations which may succeed it, in the exercise of its functions, and shall in particular facilitate its duty of supervising the application of the provisions of the present Protocol.

2. In order to enable the Office of the High Commissioner or any other agency of the United Nations which may succeed it, to make reports to the competent organs of the United Nations, the States Parties to the present Protocol undertake to provide them with the information and statistical data requested, in the appropriate form, concerning:

(a) The condition of refugees;

(b) The implementation of the present Protocol;

(c) Laws, regulations and decrees which are, or may hereafter be, in force relating to refugees.

제2조(국내 당국과 국제연합과의 협력)

1. 이 의정서의 당사국은 국제연합 난민고등판무관 사무국 또는 이를 승계하는 국제연합의 다른 기관의 임무 수행에 있어서 이들 기관과 협력할 것을 약속하고, 특히 이들 기관이 이 의정서 규정의 적용을 감독하는 책무의 수행에 있어서 이들 기관에 편의를 제공한다.

2. 이 의정서의 당사국은 국제연합 난민고등판무관 사무국 또는 이를 승계하는 국제연합의 다른 기관이 국제연합의 관할기관에 보고하는 것을 용이하게 하기 위하여 요청에 따라 다음 사항에 관한 정보와 통계자료를 적당한 양식으로 제공할 것을 약속한다.

(a) 난민의 상태

(b) 이 의정서의 실시상황

(c) 난민에 관한 현행법령 및 장래 시행될 법령

Article 3. Information on national legislation

The States Parties to the present Protocol shall communicate to the Secretary-General of the United Nations the laws and regulations which they may adopt to ensure the application of the present Protocol.

제3조(국내 법령에 관한 정보)

이 의정서의 당사국은 국제연합 사무총장에게 이 의정서의 적용을 확보하기 위하여 제정하는 법령을 송부한다.

Article 4. Settlement of disputes

Any dispute between States Parties to the present Protocol which relates to its interpretation or application and which cannot be settled by other means shall be referred to the International Court of Justice at the request of any one of the parties to the dispute.

제4조(분쟁의 해결)

이 의정서의 해석 또는 적용에 관한 이 의정서 당사국 간의 분쟁으로서 다른 방법에 의하여 해결될 수 없는 것은 분쟁당사국 중 어느 일 당사국의 요청에 의하여 국제사법재판소에 부탁된다.

Article 5. Accession

The present Protocol shall be open for accession on behalf of all States Parties to the Convention and of any other State Member of the United Nations or member of any of the specialized agencies or to which an invitation to accede may have been addressed by the General Assembly of the United Nations. Accession shall be effected by the deposit of an instrument of accession with the Secretary-General of the United Nations.

제5조(가입)

이 의정서는 협약의 모든 당사국과 이들 당사국 이외의 국가로서 국제연합 또는 국제연합 전문기구의 회원국 또는 국제연합 총회에 의하여 이 의정서에 가입하도록 초청받은 국가에 의한 가입을 위하여 개방된다. 가입은 가입서를 국제연합 사무총장에게 기탁함으로써 이루어진다.

Article 6. Federal clause

In the case of a Federal or non-unitary State, the following provisions shall apply:

(a) With respect to those articles of the Convention to be applied in accordance with article I, paragraph 1, of the present Protocol that come within the legislative jurisdiction of the federal legislative authority, the obligations of the Federal Government shall to this extent be the same as those of States Parties which are not Federal States;

(b) With respect to those articles of the Convention to be applied in accordance with article I, paragraph 1, of the present Protocol that come within the legislative jurisdiction of constituent States, provinces or cantons which are not, under the constitutional system of the Federation, bound to take legislative action, the Federal Government shall bring such articles with a favourable recommendation to the notice of the appropriate authorities of States, provinces or cantons at the earliest possible

제6조(연방조항)

연방제 또는 비단일제 국가인 경우에는 다음 규정을 적용한다.

(a) 이 의정서의 제1조 제1항에 따라 적용되는 협약의 규정으로서 이들 규정의 실시가 연방의 입법기관의 입법권의 범위 내에 속하는 것에 관하여서는, 연방 정부의 의무는 연방제를 취하고 있지 아니하고 있는 이 의정서의 당사국의 의무와 동일한 것으로 한다.

(b) 이 의정서의 제1조 제1항에 따라 적용되는 협약의 규정으로서 이들 규정의 실시가 구성국, 주 또는 현의 입법권의 범위 내에 속하고 또한 연방의 헌법제도상 구성국, 주 또는 현이 입법조치를 취할 의무가 없는 것에 관하여, 연방정부는 구성국, 주 또는 현의 적당한 기관에 대하여 가능한 한 빠른 시기에 호의적인 권고와 함께 그 규정을 통보한다.

moment;

(c) A Federal State Party to the present Protocol shall, at the request of any other State Party hereto transmitted through the Secretary-General of the United Nations, supply a statement of the law and practice of the Federation and its constituent units in regard to any particular provision of the Convention to be applied in accordance with article I, paragraph 1, of the present Protocol, showing the extent to which effect has been given to that provision by legislative or other action.

(c) 이 의정서의 당사국인 연방제 국가는, 이 의정서의 기타 당사국으로부터 국제연합 사무총장을 통한 요청이 있는 경우, 제1조 제1항에 따라 적용되는 협약 규정의 실시에 관한 연방과 그 구성단위의 법령 및 관행에 관한 설명을 제공하고, 입법 기타의 조치에 의하여 이들 규정이 실시되고 있는 정도를 제시한다.

Article 7. Reservations and declarations

1. At the time of accession, any State may make reservations in respect of article IV of the present Protocol and in respect of the application in accordance with article I of the present Protocol of any provisions of the Convention other than those contained in articles 1, 3, 4, 16(1) and 33 thereof, provided that in the case of a State Party to the Convention reservations made under this article shall not extend to refugees in respect of whom the Convention applies.

2. Reservations made by States Parties to the Convention in accordance with article 42 thereof shall, unless withdrawn, be applicable in relation to their obligations under the present Protocol.

3. Any State making a reservation in accordance with paragraph I of this article may at any time withdraw such reservation by a communication to that effect addressed to the Secretary-General of the United Nations.

4. Declarations made under article 40, paragraphs I and 2, of the Convention by a State Party thereto which accedes to the present Protocol shall be deemed to apply in respect of the present Protocol, unless upon accession a notification to the contrary is addressed by the State Party concerned to the Secretary-General of the United Nations. The

제7조(유보와 선언)

1. 어떠한 국가도 이 의정서에 가입 시 이 의정서 제4조에 관하여, 또한 협약의 제1조, 제3조, 제4조, 제16조 제1항 및 제33조 규정을 제외하고 이 의정서의 제1조에 따른 협약 규정의 적용에 관하여 유보할 수 있다. 다만, 협약의 당사국이 이 조에 따라 행한 유보는 협약의 적용을 받는 난민에게는 미치지 아니한다.

2. 협약 제42조에 따라 협약의 당사국이 협약에 대하여 행한 유보는 철회되지 아니하는 한 이 의정서에 따른 의무에 관하여서도 적용된다.

3. 이 조 제1항에 따라 유보를 행한 국가는 국제연합 사무총장에 대한 통고로써 당해 유보를 언제든지 철회할 수 있다.

4. 협약의 당사국으로서 이 의정서에 가입한 국가가 협약 제40조 제1항 또는 제2항에 따라 행한 선언은, 가입 시 당해 당사국이 국제연합 사무총장에게 반대의 통고를 하지 아니하는 한, 이 의정서에 관하여도 적용되는 것으로 간주된다. 협약 제40조 제2항과 제3항 및 제44조 제3항의 규정은 이 의정서에 준용된다.

provisions of article 40, paragraphs 2 and 3, and of article 44, paragraph 3, of the Convention shall be deemed to apply muratis mutandis to the present Protocol.

Article 8. Entry into Protocol

1. The present Protocol shall come into force on the day of deposit of the sixth instrument of accession.
2. For each State acceding to the Protocol after the deposit of the sixth instrument of accession, the Protocol shall come into force on the date of deposit by such State of its instrument of accession.

제8조(발효)

1. 이 의정서는 여섯 번째의 가입서가 기탁된 날에 발효한다.
2. 이 의정서는 여섯 번째의 가입서가 기탁된 후 가입하는 국가에 대하여는 그 가입서가 기탁된 날에 발효한다.

Article 9. Denunciation

1. Any State Party hereto may denounce this Protocol at any time by a notification addressed to the Secretary-General of the United Nations.
2. Such denunciation shall take effect for the State Party concerned one year from the date on which it is received by the Secretary-General of the United Nations.

제9조(폐기)

1. 이 의정서의 어떠한 당사국도 국제연합 사무총장에 대한 통고로써 이 의정서를 언제든지 폐기할 수 있다.
2. 폐기는 국제연합 사무총장이 통고를 접수한 날로부터 1년 후에 관계당사국에 대하여 효력을 발생한다.

Article 10. Notifications by the Secretary-General of the United Nations

The Secretary-General of the United Nations shall inform the States referred to in article V above of the date of entry into force, accessions, reservations and withdrawals of reservations to and denunciations of the present Protocol, and of declarations and notifications relating hereto.

. . .

제10조(국제연합 사무총장에 의한 통보)

국제연합 사무총장은 상기 제5조에 규정하는 국가에 대하여 이 의정서의 발효일자, 가입, 유보, 유보의 철회, 폐기 및 이에 관계된 선언 및 통고를 통보한다.

. . .

Rome Statute of the International Criminal Court

Adopted by the United Nations Diplomatic Conference of Plenipotentiaries on the Establishment of an International Criminal Court on 17 July 1998, entry into force: 1 July 2002, in accordance with article 126

Preamble

The States Parties to this Statute,

Conscious that all peoples are united by common bonds, their cultures pieced together in a shared heritage, and concerned that this delicate mosaic may be shattered at any time,

Mindful that during this century millions of children, women and men have been victims of unimaginable atrocities that deeply shock the conscience of humanity,

Recognizing that such grave crimes threaten the peace, security and well-being of the world,

Affirming that the most serious crimes of concern to the international community as a whole must not go unpunished and that their effective prosecution must be ensured by taking measures at the national level and by enhancing international cooperation,

Determined to put an end to impunity for the perpetrators of these crimes and thus to contribute to the prevention of such crimes,

Recalling that it is the duty of every State to exercise its criminal jurisdiction over those responsible for international crimes,

Reaffirming the Purposes and Principles of the Charter of the United Nations, and in particular that all States shall refrain from the threat or use of force against the territorial integrity or political independence of any State, or in any other manner inconsistent with the Purposes of the United Nations,

Emphasizing in this connection that nothing in this Statute shall be taken as authorizing any State Party

국제형사재판소에 관한 로마규정

체택 1998. 7. 17 / 발효 2002. 7. 1 / 대한민국 적용 2003. 2. 1

전문

이 규정의 당사국들은,

모든 국민들은 공동의 유대로 결속되어 있으며, 그들의 문화는 공유의 유산으로 서로 결합되어 있다는 점을 의식하고, 이러한 섬세한 모자이크는 어느 때라도 깨질 수 있음을 우려하며,

금세기 동안 수백만의 아동 · 여성 및 남성이 인류의 양심에 깊은 충격을 주는 상상하기 어려운 잔학 행위의 희생자가 되어왔음에 유념하며,

그러한 중대한 범죄가 세계의 평화·안전과 복지를 위협하고 있음을 인식하며,

국제공동체 전체의 관심사인 가장 중대한 범죄는 처벌되지 않아서는 안 되며, 그러한 범죄에 대한 실효적 기소는 국내적 수준에서 조치를 취하고 국제 협력을 제고함으로써 확보되어야 함을 확인하며,

이러한 범죄를 범한 자들이 처벌받지 않는 상태를 종식시키고, 이를 통하여 그러한 범죄의 예방에 기여하기로 결정하며,

국제범죄에 책임이 있는 자들에 대하여 형사관할권을 행사함이 모든 국가의 의무임을 상기하며,

국제연합헌장의 목적과 원칙, 특히 모든 국가는 다른 국가의 영토보전이나 정치적 독립을 저해하거나 또는 국제연합의 목적과 양립하지 아니하는 다른 어떠한 방식으로도 무력의 위협이나 무력의 사용을 삼가야 한다는 것을 재확인하며,

이와 관련하여 이 규정의 어떠한 조항도 어느 국가의 국내문제 또는 무력충돌에 간섭할 권한을 당사

to intervene in an armed conflict or in the internal affairs of any State,

Determined to these ends and for the sake of present and future generations, to establish an independent permanent International Criminal Court in relationship with the United Nations system, with jurisdiction over the most serious crimes of concern to the international community as a whole,

Emphasizing that the International Criminal Court established under this Statute shall be complementary to national criminal jurisdictions,

Resolved to guarantee lasting respect for and the enforcement of international justice,

Have agreed as follows:

Part 1. Establishment of the Court

Article 1

The Court

An International Criminal Court ("the Court") is hereby established. It shall be a permanent institution and shall have the power to exercise its jurisdiction over persons for the most serious crimes of international concern, as referred to in this Statute, and shall be complementary to national criminal jurisdictions. The jurisdiction and functioning of the Court shall be governed by the provisions of this Statute.

Article 2

Relationship of the Court with the United Nations

The Court shall be brought into relationship with the United Nations through an agreement to be approved by the Assembly of States Parties to this Statute and thereafter concluded by the President of the Court on its behalf.

국에게 부여하는 것으로 해석되어서는 안 된다는 점을 강조하며,

이러한 목적과 그리고 현재와 미래의 세대를 위하여, 국제연합 체제와의 관계 속에서 국제공동체 전체의 관심사인 가장 중대한 범죄에 대하여 관할권을 갖는 독립적인 상설 국제형사재판소를 설립하기로 결정하며,

이 규정에 따라 설립되는 국제형사재판소는 국가의 형사관할권을 보충하는 것임을 강조하며,

국제정의에 대한 지속적인 존중과 그 집행을 보장할 것을 결의하며,

다음과 같이 합의하였다.

제1부 재판소의 설립

제1조

재판소

국제형사재판소(이하 "재판소"라 한다)를 이에 설립한다. 재판소는 상설적 기구이며, 이 규정에 정한 바와 같이 국제적 관심사인 가장 중대한 범죄를 범한 자에 대하여 관할권을 행사하는 권한을 가지며, 국가의 형사관할권을 보충한다. 재판소의 관할권과 기능은 이 규정에 정한 바에 의하여 규율된다.

제2조

재판소와 국제연합과의 관계

재판소는 이 규정의 당사국총회가 승인하고 그 후 재판소를 대표하여 재판소장이 체결하는 협정을 통하여 국제연합과 관계를 맺는다.

Article 3
Seat of the Court
1. seat of the Court shall be established at The Hague in the Netherlands ("the host State").
2. Court shall enter into a headquarters agreement with the host State, to be approved by the Assembly of States Parties and thereafter concluded by the President of the Court on its behalf.
3. Court may sit elsewhere, whenever it considers it desirable, as provided in this Statute.

제3조
재판소의 소재지
1. 재판소의 소재지는 네덜란드(이하 "소재지국"이라 한다)의 헤이그로 한다.
2. 재판소는 당사국총회가 승인하고 그 후 재판소를 대표하여 재판소장이 체결하는 본부 협정을 소재지국과 맺는다.
3. 재판소는 이 규정에 정한 바에 따라 재판소가 바람직하다고 인정하는 때에는 다른 장소에서 개정할 수 있다.

Article 4
Legal status and powers of the Court
1. Court shall have international legal personality. It shall also have such legal capacity as may be necessary for the exercise of its functions and the fulfillment of its purposes.
2. Court may exercise its functions and powers, as provided in this Statute, on the territory of any State Party and, by special agreement, on the territory of any other State.

제4조
재판소의 법적 지위와 권한
1. 재판소는 국제적 법인격을 가진다. 또한 재판소는 그 기능의 행사와 목적 달성에 필요한 법적 능력을 가진다.
2. 재판소는 모든 당사국의 영역에서는 이 규정에 정한 바와 같이, 그리고 다른 여하한 국가의 영역에서는 특별협정에 의하여 자신의 기능과 권한을 행사할 수 있다.

Part 2. admissibility and applicable law

제2부 관할권, 재판적격성 및 적용법규

Article 5
Crimes within the jurisdiction of the Court
1. jurisdiction of the Court shall be limited to the most serious crimes of concern to the international community as a whole. The Court has jurisdiction in accordance with this Statute with respect to the following crimes:
(a) crime of genocide;
(b) against humanity;
(c) crimes;
(d) crime of aggression.
2. The Court shall exercise jurisdiction over the crime of aggression once a provision is adopted in accordance with articles 121 and 123 defining the

제5조
재판소의 관할범죄
1. 재판소의 관할권은 국제공동체 전체의 관심사인 가장 중대한 범죄에 한정된다. 재판소는 이 규정에 따라 다음의 범죄에 대하여 관할권을 가진다.
가. 집단살해죄
나. 인도에 반한 죄
다. 전쟁범죄
라. 침략범죄
2. 제121조 및 제123조에 따라 침략범죄를 정의하고 재판소의 관할권 행사 조건을 정하는 조항이 채택된 후, 재판소는 침략범죄에 대한 관할권을 행사

crime and setting out the conditions under which the Court shall exercise jurisdiction with respect to this crime. Such a provision shall be consistent with the relevant provisions of the Charter of the United Nations.

한다. 그러한 조항은 국제연합헌장의 관련 규정과 부합되어야 한다.

Article 6
Genocide

For the purpose of this Statute, "genocide" means any of the following acts committed with intent to destroy, in whole or in part, a national, ethnical, racial or religious group, as such:

(a) members of the group;

(b) serious bodily or mental harm to members of the group;

(c) inflicting on the group conditions of life calculated to bring about its physical destruction in whole or in part;

(d) measures intended to prevent births within the group;

(e) transferring children of the group to another group.

제6조
집단살해죄

이 규정의 목적상 "집단살해죄"라 함은 국민적, 민족적, 인종적 또는 종교적 집단의 전부 또는 일부를 그 자체로서 파괴할 의도를 가지고 범하여진 다음의 행위를 말한다.

가. 집단 구성원의 살해

나. 집단 구성원에 대한 중대한 신체적 또는 정신적 위해의 야기

다. 전부 또는 부분적인 육체적 파괴를 초래할 목적으로 계산된 생활조건을 집단에게 고의적으로 부과

라. 집단내의 출생을 방지하기 위하여 의도된 조치의 부과

마. 집단의 아동을 타 집단으로 강제 이주

Article 7
Crimes against humanity

1. the purpose of this Statute, "crime against humanity" means any of the following acts when committed as part of a widespread or systematic attack directed against any civilian population, with knowledge of the attack:

(a) Murder;

(b) Extermination;

(c) Enslavement;

(d) Deportation or forcible transfer of population;

(e) Imprisonment or other severe deprivation of physical liberty in violation of fundamental rules of international law;

(f) Torture

(g) Rape, sexual slavery, enforced prostitution,

제7조
인도에 반한 죄

1. 이 규정의 목적상 "인도에 반한 죄"라 함은 민간인 주민에 대한 광범위하거나 체계적인 공격의 일부로서 그 공격에 대한 인식을 가지고 범하여진 다음의 행위를 말한다.

가. 살해

나. 절멸

다. 노예화

라. 주민의 추방 또는 강제이주

마. 국제법의 근본원칙을 위반한 구금 또는 신체적 자유의 다른 심각한 박탈

바. 고문

사. 강간, 성적 노예화, 강제매춘, 강제임신, 강제불

forced pregnancy, enforced sterilization, or any other form of sexual violence of comparable gravity;
(h) Persecution against any identifiable group or collectivity on political, racial, national, ethnic, cultural, religious, gender as defined in paragraph 3, or other grounds that are universally recognized as impermissible under international law, in connection with any act referred to in this paragraph or any crime within the jurisdiction of the Court;
(i) Enforced disappearance of persons;
(j) The crime of apartheid;
(k) Other inhumane acts of a similar character intentionally causing great suffering, or serious injury to body or to mental or physical health.
2. the purpose of paragraph 1:
(a) "Attack directed against any civilian population" means a course of conduct involving the multiple commission of acts referred to in paragraph 1 against any civilian population, pursuant to or in furtherance of a State or organizational policy to commit such attack;
(b) "Extermination" includes the intentional infliction of conditions of life, inter alia the deprivation of access to food and medicine, calculated to bring about the destruction of part of a population;
(c) "Enslavement" means the exercise of any or all of the powers attaching to the right of ownership over a person and includes the exercise of such power in the course of trafficking in persons, in particular women and children;
(d) "Deportation or forcible transfer of population" means forced displacement of the persons concerned by expulsion or other coercive acts from the area in which they are lawfully present, without grounds permitted under international law;
(e) "Torture" means the intentional infliction of severe pain or suffering, whether physical or mental, upon a person in the custody or under the control of the accused; except that torture shall not

임, 또는 이에 상당하는 기타 중대한 성폭력

아. 이 항에 규정된 어떠한 행위나 재판소 관할범죄와 관련하여, 정치적·인종적·국민적·민족적·문화적 및 종교적 사유, 제3항에 정의된 성별 또는 국제법상 허용되지 않는 것으로 보편적으로 인정되는 다른 사유에 근거하여 어떠한 동일시될 수 있는 집단이나 집합체에 대한 박해

자. 사람들의 강제실종
차. 인종차별범죄
카. 신체 또는 정신적·육체적 건강에 대하여 중대한 고통이나 심각한 피해를 고의적으로 야기하는 유사한 성격의 다른 비인도적 행위
2. 제1항의 목적상,
가. "민간인 주민에 대한 공격"이라 함은 그러한 공격을 행하려는 국가나 조직의 정책에 따르거나 이를 조장하기 위하여 민간인 주민에 대하여 제1항에 규정된 행위를 다수 범하는 것에 관련된 일련의 행위를 말한다.

나. "절멸"이라 함은 주민의 일부를 말살하기 위하여 계산된, 식량과 의약품에 대한 접근 박탈과 같이 생활조건에 대한 고의적 타격을 말한다.

다. "노예화"라 함은 사람에 대한 소유권에 부속된 어떠한 또는 모든 권한의 행사를 말하며, 사람 특히 여성과 아동을 거래하는 과정에서 그러한 권한을 행사하는 것을 포함한다.

라. "주민의 추방 또는 강제이주"라 함은 국제법상 허용되는 근거 없이 주민을 추방하거나 또는 다른 강요적 행위에 의하여 그들이 합법적으로 거주하는 지역으로부터 강제적으로 퇴거시키는 것을 말한다.
마. "고문"이라 함은 자신의 구금하에 있거나 통제하에 있는 자에게 고의적으로 신체적 또는 정신적으로 고통이나 괴로움을 가하는 것을 말한다. 다만, 오로지 합법적 제재로부터 발생하거나, 이에 내

include pain or suffering arising only from, inherent in or incidental to, lawful sanctions;

(f) "Forced pregnancy" means the unlawful confinement of a woman forcibly made pregnant, with the intent of affecting the ethnic composition of any population or carrying out other grave violations of international law. This definition shall not in any way be interpreted as affecting national laws relating to pregnancy;

(g) "Persecution" means the intentional and severe deprivation of fundamental rights contrary to international law by reason of the identity of the group or collectivity;

(h) "The crime of apartheid" means inhumane acts of a character similar to those referred to in paragraph 1, committed in the context of an institutionalized regime of systematic oppression and domination by one racial group over any other racial group or groups and committed with the intention of maintaining that regime;

(i) "Enforced disappearance of persons" means the arrest, detention or abduction of persons by, or with the authorization, support or acquiescence of, a State or a political organization, followed by a refusal to acknowledge that deprivation of freedom or to give information on the fate or whereabouts of those persons, with the intention of removing them from the protection of the law for a prolonged period of time.

3. the purpose of this Statute, it is understood that the term "gender" refers to the two sexes, male and female, within the context of society. The term "gender" does not indicate any meaning different from the above.

Article 8

War crimes

1. Court shall have jurisdiction in respect of war crimes in particular when committed as part of a

재되어 있거나 또는 이에 부수하는 고통이나 괴로움은 포함되지 아니한다.

바. "강제임신"이라 함은 주민의 민족적 구성에 영향을 미치거나 또는 국제법의 다른 중대한 위반을 실행할 의도로 강제적으로 임신시킨 여성의 불법적 감금을 말한다. 이러한 정의는 임신과 관련된 각 국의 국내법에 어떠한 영향을 미치는 것으로 해석되지 아니한다.

사. "박해"라 함은 집단 또는 집합체와의 동일성을 이유로 국제법에 반하는 기본권의 의도적이고 심각한 박탈을 말한다.

아. "인종차별범죄"라 함은 한 인종집단의 다른 인종집단에 대한 조직적 억압과 지배의 제도화된 체제의 맥락에서 그러한 체제를 유지시킬 의도로 범하여진, 제1항에서 언급된 행위들과 유사한 성격의 비인도적인 행위를 말한다.

자. "사람들의 강제실종"이라 함은 국가 또는 정치조직에 의하여 또는 이들의 허가 · 지원 또는 묵인을 받아 사람들을 체포 · 구금 또는 유괴한 후, 그들을 법의 보호로부터 장기간 배제시키려는 의도하에 그러한 자유의 박탈을 인정하기를 거절하거나 또는 그들의 운명이나 행방에 대한 정보의 제공을 거절하는 것을 말한다.

3. 이 규정의 목적상, "성별"이라는 용어는 사회적 상황에서 남성과 여성의 양성을 지칭하는 것으로 이해된다. "성별"이라는 용어는 위와 다른 어떠한 의미도 표시하지 아니한다.

제8조

전쟁범죄

1. 재판소는 특히 계획이나 정책의 일부로서 또는 그러한 범죄의 대규모 실행의 일부로서 범하여진

plan or policy or as part of a large-scale commission of such crimes.

2. the purpose of this Statute, “war crimes” means:

(a) breaches of the Geneva Conventions of 12 August 1949, namely, any of the following acts against persons or property protected under the provisions of the relevant Geneva Convention:

(i) Wilful killing;

(ii) Torture or inhuman treatment, including biological experiments;

(iii) Wilfully causing great suffering, or serious injury to body or health;

(iv) Extensive destruction and appropriation of property, not justified by military necessity and carried out unlawfully and wantonly;

(v) Compelling a prisoner of war or other protected person to serve in the forces of a hostile Power;

(vi) Wilfully depriving a prisoner of war or other protected person of the rights of fair and regular trial;

(vii) Unlawful deportation or transfer or unlawful confinement;

(viii) Taking of hostages.

(b) serious violations of the laws and customs applicable in international armed conflict, within the established framework of international law, namely, any of the following acts:

(i) Intentionally directing attacks against the civilian population as such or against individual civilians not taking direct part in hostilities;

(ii) Intentionally directing attacks against civilian objects, that is, objects which are not military objectives;

(iii) Intentionally directing attacks against personnel, installations, material, units or vehicles involved in a humanitarian assistance or peacekeeping mission in accordance with the Charter of the United Nations, as long as they are entitled to the

전쟁범죄에 대하여 관할권을 가진다.

2. 이 규정의 목적상 “전쟁범죄”라 함은 다음을 말한다.

가. 1949년 8월 12일 자 제네바협약의 중대한 위반, 즉 관련 제네바협약의 규정하에서 보호되는 사람 또는 재산에 대한 다음의 행위 중 어느 하나

(1) 고의적 살해

(2) 고문 또는 생물학적 실험을 포함한 비인도적인 대우

(3) 고의로 신체 또는 건강에 커다란 괴로움이나 심각한 위해의 야기

(4) 군사적 필요에 의하여 정당화되지 아니하며 불법적이고 무분별하게 수행된 재산의 광범위한 파괴 또는 징수

(5) 포로 또는 다른 보호인물을 적국의 군대에 복무하도록 강요하는 행위

(6) 포로 또는 다른 보호인물로부터 공정한 정식 재판을 받을 권리를 고의적으로 박탈

(7) 불법적인 추방이나 이송 또는 불법적인 감금

(8) 인질행위

나. 확립된 국제법 체제 내에서 국제적 무력충돌에 적용되는 법과 관습에 대한 기타 중대한 위반, 즉 다음 행위 중 어느 하나

(1) 민간인 주민 자체 또는 적대행위에 직접 참여하지 아니하는 민간인 개인에 대한 고의적 공격

(2) 민간 대상물, 즉 군사 목표물이 아닌 대상물에 대한 고의적 공격

(3) 국제연합헌장에 따른 인도적 원조나 평화유지 임무와 관련된 요원, 시설, 자재, 부대 또는 차량이 무력충돌에 관한 국제법에 따라 민간인 또는 민간 대상물에게 부여되는 보호를 받을 자격이 있는 한도에서 그들에 대한 고의적 공격

protection given to civilians or civilian objects under the international law of armed conflict;

(iv) Intentionally launching an attack in the knowledge that such attack will cause incidental loss of life or injury to civilians or damage to civilian objects or widespread, long-term and severe damage to the natural environment which would be clearly excessive in relation to the concrete and direct overall military advantage anticipated;

(v) Attacking or bombarding, by whatever means, towns, villages, dwellings or buildings which are undefended and which are not military objectives;

(vi) Killing or wounding a combatant who, having laid down his arms or having no longer means of defence, has surrendered at discretion;

(vii) Making improper use of a flag of truce, of the flag or of the military insignia and uniform of the enemy or of the United Nations, as well as of the distinctive emblems of the Geneva Conventions, resulting in death or serious personal injury;

(viii) The transfer, directly or indirectly, by the Occupying Power of parts of its own civilian population into the territory it occupies, or the deportation or transfer of all or parts of the population of the occupied territory within or outside this territory;

(ix) Intentionally directing attacks against buildings dedicated to religion, education, art, science or charitable purposes, historic monuments, hospitals and places where the sick and wounded are collected, provided they are not military objectives;

(x) Subjecting persons who are in the power of an adverse party to physical mutilation or to medical or scientific experiments of any kind which are neither justified by the medical, dental or hospital treatment of the person concerned nor carried out in his or her interest, and which cause death to or seriously endanger the health of such person or persons;

(xi) Killing or wounding treacherously individuals

(4) 예상되는 구체적이고 직접적인 제반 군사적 이익과의 관계에 있어서 명백히 과도하게 민간인에 대하여 부수적으로 인명의 살상이나 상해를, 민간 대상물에 대하여 손해를, 또는 자연환경에 대하여 광범위하고 장기간의 중대한 피해를 야기한다는 것을 인식하고서도 의도적인 공격의 개시

(5) 어떤 수단에 의하든, 방어되지 않고 군사 목표물이 아닌 마을·촌락·거주지 또는 건물에 대한 공격이나 폭격

(6) 무기를 내려놓았거나 더 이상 방어수단이 없이 항복한 전투원을 살해하거나 부상시키는 행위

(7) 사망 또는 심각한 신체적 상해를 가져오는, 제네바협약상의 식별표장뿐만 아니라 휴전 깃발, 적이나 국제연합의 깃발 또는 군사표식 및 제복의 부적절한 사용

(8) 점령국이 자국의 민간인 주민의 일부를 직접적 또는 간접적으로 점령지역으로 이주시키거나, 피점령지 주민의 전부 또는 일부를 피점령지 내 또는 밖으로 추방시키거나 이주시키는 행위

(9) 군사 목표물이 아닌 것을 조건으로, 종교·교육·예술·과학 또는 자선 목적의 건물, 역사적 기념물, 병원, 병자와 부상자를 수용하는 장소에 대한 고의적 공격

(10) 적대 당사자의 지배하에 있는 자를 당해인의 의학적·치과적 또는 병원적 치료로서 정당화되지 아니하며 그의 이익을 위하여 수행되지 않는 것으로서, 당해인의 사망을 초래하거나 건강을 심각하게 위태롭게 하는 신체의 절단 또는 여하한 종류의 의학적 또는 과학적 실험을 받게 하는 행위

(11) 적대국 국가나 군대에 속한 개인을 배신적으

belonging to the hostile nation or army;

(xii) Declaring that no quarter will be given;

(xiii) Destroying or seizing the enemy's property unless such destruction or seizure be imperatively demanded by the necessities of war;

(xiv) Declaring abolished, suspended or inadmissible in a court of law the rights and actions of the nationals of the hostile party;

(xv) Compelling the nationals of the hostile party to take part in the operations of war directed against their own country, even if they were in the belligerent's service before the commencement of the war;

(xvi) Pillaging a town or place, even when taken by assault;

(xvii) Employing poison or poisoned weapons;

(xviii) Employing asphyxiating, poisonous or other gases, and all analogous liquids, materials or devices;

(xix) Employing bullets which expand or flatten easily in the human body, such as bullets with a hard envelope which does not entirely cover the core or is pierced with incisions;

(xx) Employing weapons, projectiles and material and methods of warfare which are of a nature to cause superfluous injury or unnecessary suffering or which are inherently indiscriminate in violation of the international law of armed conflict, provided that such weapons, projectiles and material and methods of warfare are the subject of a comprehensive prohibition and are included in an annex to this Statute, by an amendment in accordance with the relevant provisions set forth in articles 121 and 123;

(xxi) Committing outrages upon personal dignity, in particular humiliating and degrading treatment;

(xxii) Committing rape, sexual slavery, enforced

로 살해하거나 부상시키는 행위

(12) 항복한 적에 대하여 구명을 허락하지 않겠다는 선언

(13) 전쟁의 필요에 의하여 반드시 요구되지 아니하는 적의 재산의 파괴 또는 몰수

(14) 적대 당사국 국민의 권리나 소송행위가 법정에서 폐지, 정지 또는 불허된다는 선언

(15) 비록 적대 당사국 국민이 전쟁개시 전 교전국에서 복무하였을지라도, 그를 자신의 국가에 대한 전쟁 수행에 참여하도록 강요하는 행위

(16) 습격에 의하여 점령되었을 때라도, 도시 또는 지역의 약탈

(17) 독이나 독성 무기의 사용

(18) 질식가스, 유독가스 또는 기타 가스와 이와 유사한 모든 액체·물질 또는 장치의 사용

(19) 총탄의 핵심부를 완전히 감싸지 않았거나 또는 절개되어 구멍이 뚫린 단단한 외피를 가진 총탄과 같이, 인체 내에서 쉽게 확장되거나 펼쳐지는 총탄의 사용

(20) 과도한 상해나 불필요한 괴로움을 야기하는 성질을 가지거나 또는 무력충돌에 관한 국제법에 위반되는 무차별적 성질의 무기, 발사체, 장비 및 전투방식의 사용. 다만, 그러한 무기, 발사체, 장비 및 전투방식은 포괄적 금지의 대상이어야 하며, 제121조와 제123조에 규정된 관련 조항에 따른 개정에 의하여 이 규정의 부속서에 포함되어야 한다.

(21) 인간의 존엄성에 대한 유린행위, 특히 모욕적이고 품위를 손상시키는 대우

(22) 강간, 성적 노예화, 강제매춘, 제7조 제2항 바

prostitution, forced pregnancy, as defined in article 7, paragraph 2 (f), enforced sterilization, or any other form of sexual violence also constituting a grave breach of the Geneva Conventions;

호에 정의된 강제임신, 강제불임 또는 제네바협약의 중대한 위반에 해당하는 여하한 다른 형태의 성폭력

(xxiii) Utilizing the presence of a civilian or other protected person to render certain points, areas or military forces immune from military operations;

(23) 특정한 지점, 지역 또는 군대를 군사작전으로부터 면하도록 하기 위하여 민간인 또는 기타 보호인물의 존재를 이용하는 행위

(xxiv) Intentionally directing attacks against buildings, material, medical units and transport, and personnel using the distinctive emblems of the Geneva Conventions in conformity with international law;

(24) 국제법에 따라 제네바협약의 식별표장을 사용하는 건물, 장비, 의무부대와 그 수송수단 및 요원에 대한 고의적 공격

(xxv) Intentionally using starvation of civilians as a method of warfare by depriving them of objects indispensable to their survival, including wilfully impeding relief supplies as provided for under the Geneva Conventions;

(25) 제네바협약에 규정된 구호품 공급의 고의적 방해를 포함하여, 민간인들의 생존에 불가결한 물건을 박탈함으로써 기아를 전투수단으로 이용하는 행위

(xxvi) Conscripting or enlisting children under the age of fifteen years into the national armed forces or using them to participate actively in hostilities.

(26) 15세 미만의 아동을 군대에 징집 또는 모병하거나 그들을 적대행위에 적극적으로 참여하도록 이용하는 행위다. 비국제적 성격의 무력충돌의 경우 1949년 8월 12일 자 제네바 4개 협약 공통 제3조의 중대한 위반, 즉 무기를 버린 군대 구성원과 질병·부상·억류 또는 기타 사유로 전투능력을 상실한 자를 포함하여 적대행위에 적극적으로 가담하지 않은 자에 대하여 범하여진 다음의 행위 중 어느 하나

(c) the case of an armed conflict not of an international character, serious violations of article 3 common to the four Geneva Conventions of 12 August 1949, namely, any of the following acts committed against persons taking no active part in the hostilities, including members of armed forces who have laid down their arms and those placed hors de combat by sickness, wounds, detention or any other cause:

(i) Violence to life and person, in particular murder of all kinds, mutilation, cruel treatment and torture;

(1) 생명 및 신체에 대한 폭행, 특히 모든 종류의 살인, 신체절단, 잔혹한 대우 및 고문

(ii) Committing outrages upon personal dignity, in particular humiliating and degrading treatment;

(2) 인간의 존엄성에 대한 유린행위, 특히 모욕적이고 품위를 손상키는 대우

(iii) Taking of hostages;

(3) 인질행위

(iv) The passing of sentences and the carrying out of executions without previous judgement pronounced by a regularly constituted court, affording all judicial guarantees which are generally recognized as indispensable.

(4) 일반적으로 불가결하다고 인정되는 모든 사법적 보장을 부여하는 정규로 구성된 법원의 판결 없는 형의 선고 및 형의집행

(d) Paragraph 2 (c) applies to armed conflicts not of an international character and thus does not apply to situations of internal disturbances and tensions, such as riots, isolated and sporadic acts of violence or other acts of a similar nature.

(e) Other serious violations of the laws and customs applicable in armed conflicts not of an international character, within the established framework of international law, namely, any of the following acts:

(i) Intentionally directing attacks against the civilian population as such or against individual civilians not taking direct part in hostilities;

(ii) Intentionally directing attacks against buildings, material, medical units and transport, and personnel using the distinctive emblems of the Geneva Conventions in conformity with international law;

(iii) Intentionally directing attacks against personnel, installations, material, units or vehicles involved in a humanitarian assistance or peacekeeping mission in accordance with the Charter of the United Nations, as long as they are entitled to the protection given to civilians or civilian objects under the international law of armed conflict;

(iv) Intentionally directing attacks against buildings dedicated to religion, education, art, science or charitable purposes, historic monuments, hospitals and places where the sick and wounded are collected, provided they are not military objectives;

(v) Pillaging a town or place, even when taken by assault;

(vi) Committing rape, sexual slavery, enforced prostitution, forced pregnancy, as defined in article 7, paragraph 2 (f), enforced sterilization, and any other form of sexual violence also constituting a serious violation of article 3 common to the four Geneva Conventions;

(vii) Conscripting or enlisting children under the age of fifteen years into armed forces or groups or

라. 제2항 다호는 비국제적 성격의 무력충돌에 적용되며, 따라서 폭동이나 국지적이고 산발적인 폭력행위 또는 이와 유사한 성격의 다른 행위와 같은 국내적 소요나 긴장사태에는 적용되지 아니한다.

마. 확립된 국제법 체제 내에서 비국제적 성격의 무력충돌에 적용되는 법과 관습에 대한 여타의 중대한 위반으로 다음의 행위 중 어느 하나

(1) 민간인 주민 자체 또는 적대행위에 직접 참여하지 않는 민간인 개인에 대한 고의적 공격

(2) 국제법에 따라 제네바협약의 식별표장을 사용하는 건물, 장비, 의무부대와 그 수송수단 및 요원에 대한 고의적 공격

(3) 국제연합헌장에 따른 인도적 원조나 평화유지임무와 관련된 요원, 시설, 자재, 부대 또는 차량이 무력충돌에 관한 국제법에 따라 민간인 또는 민간 대상물에 대하여 부여되는 보호를 받을 자격이 있는 한도에서 그들에 대한 고의적 공격

(4) 군사 목표물이 아닌 것을 조건으로 종교·교육·예술·과학 또는 자선 목적의 건물, 역사적 기념물, 병원, 병자와 부상자를 수용하는 장소에 대한 고의적 공격

(5) 습격에 의하여 점령되었을 때라도, 도시 또는 지역의 약탈

(6) 강간, 성적 노예화, 강제매춘, 제7조 제2항 바호에서 정의된 강제임신, 강제불임 또는 제네바 4개 협약 공통 제3조의 중대한 위반에 해당하는 여하한 다른 형태의 성폭력

(7) 15세 미만의 아동을 군대 또는 무장집단에 징집 또는 모병하거나 그들을 적대행위에 적극적으로

using them to participate actively in hostilities;
(viii) Ordering the displacement of the civilian population for reasons related to the conflict, unless the security of the civilians involved or imperative military reasons so demand;
(ix) Killing or wounding treacherously a combatant adversary;
(x) Declaring that no quarter will be given;

(xi) Subjecting persons who are in the power of another party to the conflict to physical mutilation or to medical or scientific experiments of any kind which are neither justified by the medical, dental or hospital treatment of the person concerned nor carried out in his or her interest, and which cause death to or seriously endanger the health of such person or persons;
(xii) Destroying or seizing the property of an adversary unless such destruction or seizure be imperatively demanded by the necessities of the conflict;
(f) Paragraph 2 (e) applies to armed conflicts not of an international character and thus does not apply to situations of internal disturbances and tensions, such as riots, isolated and sporadic acts of violence or other acts of a similar nature. It applies to armed conflicts that take place in the territory of a State when there is protracted armed conflict between governmental authorities and organized armed groups or between such groups.
3. in paragraph 2 (c) and (e) shall affect the responsibility of a Government to maintain or re-establish law and order in the State or to defend the unity and territorial integrity of the State, by all legitimate means.

Article 9
Elements of Crimes
1. of Crimes shall assist the Court in the inter-

참여하도록 이용하는 행위
(8) 관련 민간인의 안전이나 긴요한 군사적 이유상 요구되지 않음에도 불구하고, 충돌과 관련된 이유로 민간인 주민의 퇴거를 명령하는 행위

(9) 상대방 전투원을 배신적으로 살해하거나 부상시키는 행위
(10) 항복한 적에 대하여 구명을 허락하지 않겠다는 선언
(11) 충돌의 타방 당사자의 지배하에 있는 자를 당해인의 의학적·치과적 또는 병원적 치료로서 정당화되지 아니하며 그의 이익을 위하여 수행되지도 않는 것으로서, 당해인의 사망을 초래하거나 건강을 심각하게 위태롭게 하는 신체의 절단이나 또는 여하한 종류의 의학적 또는 과학적 실험을 받게 하는 행위

(12) 충돌의 필요에 의하여 반드시 요구되지 않는 적의 재산의 파괴 또는 몰수

바. 제2항 마호는 비국제적 성격의 무력충돌에 적용되며, 따라서 폭동이나 국지적이고 산발적인 폭력행위 또는 이와 유사한 성격의 다른 행위와 같은 국내적 소요나 긴장사태에는 적용되지 아니한다. 제2항 마호는 정부당국과 조직화된 무장집단 간 또는 무장집단들 간에 장기적인 무력충돌이 존재할 때, 그 국가의 영역에서 발생하는 무력충돌에 적용된다.

3. 제2항 다호와 마호의 어떠한 조항도 모든 합법적 수단에 의하여 그 국가 내에서 법과 질서를 유지 또는 재확립하거나 또는 그 국가의 통일과 영토적 일체성을 보호하려는 정부의 책임에 영향을 미치지 아니한다.

제9조
범죄구성요건
1. 범죄구성요건은 재판소가 제6조, 제7조 및 제8

pretation and application of articles 6, 7 and 8. They shall be adopted by a two-thirds majority of the members of the Assembly of States Parties.
2. to the Elements of Crimes may be proposed by:

(a) State Party;
(b) judges acting by an absolute majority;
(c) Prosecutor.
Such amendments shall be adopted by a two-thirds majority of the members of the Assembly of States Parties.
3. Elements of Crimes and amendments thereto shall be consistent with this Statute.

Article 10
Nothing in this Part shall be interpreted as limiting or prejudicing in any way existing or developing rules of international law for purposes other than this Statute.

Article 11
Jurisdiction ratione temporis
1. Court has jurisdiction only with respect to crimes committed after the entry into force of this Statute.
2. If a State becomes a Party to this Statute after its entry into force, the Court may exercise its jurisdiction only with respect to crimes committed after the entry into force of this Statute for that State, unless that State has made a declaration under article 12, paragraph 3.

Article 12
Preconditions to the exercise of jurisdiction
1. State which becomes a Party to this Statute thereby accepts the jurisdiction of the Court with respect to the crimes referred to in article 5.
2. In the case of article 13, paragraph (a) or (c), the Court may exercise its jurisdiction if one or more of the following States are Parties to this Statute or

조를 해석하고 적용하는 것을 보조한다. 이는 당사국총회 회원국의 3분의 2의 다수결에 의하여 채택된다.
2. 범죄구성요건에 대한 개정은 다음에 의하여 제안될 수 있다.
가. 당사국
나. 절대과반수의 재판관
다. 소추관
그러한 개정은 당사국총회 회원국의 3분의 2의 다수결에 의하여 채택된다.

3. 범죄구성요건과 그 개정은 이 규정에 부합되어야 한다.

제10조
이 부의 어느 조항도 이 규정과 다른 목적을 위한 기존의 또는 발전중인 국제법 원칙을 결코 제한하거나 침해하는 것으로 해석되지 아니한다.

제11조
시간적 관할권
1. 재판소는 이 규정의 발효 후에 범하여진 범죄에 대하여만 관할권을 가진다.
2. 어느 국가가 이 규정의 발효 후에 규정의 당사국이 되는 경우, 그 국가가 제12조 제3항에 따른 선언을 하지 않는 한, 재판소는 이 규정이 당해 국가에 대하여 발효된 이후에 범하여진 범죄에 대하여만 관할권을 행사할 수 있다.

제12조
관할권 행사의 전제조건
1. 이 규정의 당사국이 된 국가는 이에 의하여 제5조에 규정된 범죄에 대하여 재판소의 관할권을 수락한다.
2. 제13조 가호 또는 다호의 경우, 다음 중 1개국 또는 그 이상의 국가가 이 규정의 당사국이거나 또는 제3항에 따라 재판소의 관할권을 수락하였다면 재

have accepted the jurisdiction of the Court in accordance with paragraph 3:
(a) The State on the territory of which the conduct in question occurred or, if the crime was committed on board a vessel or aircraft, the State of registration of that vessel or aircraft;
(b) State of which the person accused of the crime is a national.
3. If the acceptance of a State which is not a Party to this Statute is required under paragraph 2, that State may, by declaration lodged with the Registrar, accept the exercise of jurisdiction by the Court with respect to the crime in question. The accepting State shall cooperate with the Court without any delay or exception in accordance with Part 9.

판소는 관할권을 행사할 수 있다.

가. 당해 행위가 발생한 영역국, 또는 범죄가 선박이나 항공기에서 범하여진 경우에는 그 선박이나 항공기의 등록국

나. 그 범죄혐의자의 국적국

3. 제2항에 따라 이 규정의 당사국이 아닌 국가의 수락이 요구되는 경우, 그 국가는 사무국장에게 제출되는 선언에 의하여 당해 범죄에 대한 재판소의 관할권 행사를 수락할 수 있다. 그 수락국은 제9부에 따라 어떠한 지체나 예외도 없이 재판소와 협력한다.

Article 13
Exercise of jurisdiction
The Court may exercise its jurisdiction with respect to a crime referred to in article 5 in accordance with the provisions of this Statute if:
(a) situation in which one or more of such crimes appears to have been committed is referred to the Prosecutor by a State Party in accordance with article
(b) situation in which one or more of such crimes appears to have been committed is referred to the Prosecutor by the Security Council acting under Chapter VII of the Charter of the United Nations; or
(c) Prosecutor has initiated an investigation in respect of such a crime in accordance with article 15.

제13조
관할권의 행사
재판소는 다음의 경우 이 규정이 정한 바에 따라 제5조에 규정된 범죄에 대하여 관할권을 행사할 수 있다.
가. 1개 또는 그 이상의 범죄가 범하여진 것으로 보이는 사태가 제14조에 따라 당사국에 의하여 소추관에게 회부된 경우

나. 1개 또는 그 이상의 범죄가 범하여진 것으로 보이는 사태가 국제연합헌장 제7장에 따라 행동하는 안전보장이사회에 의하여 소추관에게 회부된 경우

다. 소추관이 제15조에 따라 그러한 범죄에 대하여 수사를 개시한 경우

Article 14
Referral of a situation by a State Party
1. State Party may refer to the Prosecutor a situation in which one or more crimes within the jurisdiction of the Court appear to have been committed requesting the Prosecutor to investigate the situation for the purpose of determining whether

제14조
당사국에 의한 사태의 회부
1. 당사국은 재판소 관할권에 속하는 하나 또는 그 이상의 범죄의 범행에 대하여 1인 또는 그 이상의 특정인이 책임이 있는지 여부를 결정하기 위하여 그러한 범죄가 범하여진 것으로 보이는 사태를 수사하도록 소추관에게 요청하여, 재판소 관할권에

one or more specific persons should be charged with the commission of such crimes.
2. far as possible, a referral shall specify the relevant circumstances and be accompanied by such supporting documentation as is available to the State referring the situation.

속하는 하나 또는 그 이상의 범죄가 범하여진 것으로 보이는 사태를 소추관에게 회부할 수 있다.
2. 회부 시에는 가능한 한 관련 정황을 명시하고 그 사태를 회부한 국가가 입수할 수 있는 증빙문서를 첨부한다.

Article 15
Prosecutor

1. Prosecutor may initiate investigations proprio motu on the basis of information on crimes within the jurisdiction of the Court.
2. The Prosecutor shall analyse the seriousness of the information received. For this purpose, he or she may seek additional information from States, organs of the United Nations, intergovernmental or non-governmental organizations, or other reliable sources that he or she deems appropriate, and may receive written or oral testimony at the seat of the Court.
3. the Prosecutor concludes that there is a reasonable basis to proceed with an investigation, he or she shall submit to the Pre-Trial Chamber a request for authorization of an investigation, together with any supporting material collected. Victims may make representations to the Pre-Trial Chamber, in accordance with the Rules of Procedure and Evidence.
4. the Pre-Trial Chamber, upon examination of the request and the supporting material, considers that there is a reasonable basis to proceed with an investigation, and that the case appears to fall within the jurisdiction of the Court, it shall authorize the commencement of the investigation, without prejudice to subsequent determinations by the Court with regard to the jurisdiction and admissibility of a case.
5. refusal of the Pre-Trial Chamber to authorize the investigation shall not preclude the presentation of

제15조
소추관

1. 소추관은 재판소 관할범죄에 관한 정보에 근거하여 독자적으로 수사를 개시할 수 있다.
2. 소추관은 접수된 정보의 중대성을 분석한다. 이러한 목적을 위하여 소추관은 국가, 국제연합의 기관, 정부 간 또는 비정부 간 기구, 또는 소추관이 적절하다고 여기는 다른 믿을 만한 출처로부터 추가 정보를 구할 수 있으며, 재판소의 소재지에서 서면 또는 구두의 증언을 접수할 수 있다.
3. 소추관이 수사를 진행시킬 만한 합리적인 근거가 있다고 판단하는 경우, 수집된 증빙자료와 함께 수사허가요청서를 전심재판부에 제출한다. 피해자는 절차 및 증거규칙에 따라 전심재판부에서 진술할 수 있다.
4. 전심재판부가 수사허가요청서와 증빙자료를 검토한 후, 수사를 진행시킬 만한 합리적인 근거가 있고 당해 사건이 재판소의 관할권에 속한다고 판단하는 경우, 동 재판부는 수사의 개시를 허가한다. 다만, 이 허가는 사건의 관할권과 재판적격성에 관한 재판소의 추후 결정에 영향을 미치지 아니한다.
5. 전심재판부의 수사허가 거부는 소추관이 동일한 사태에 관한 새로운 사실이나 증거에 근거하여

a subsequent request by the Prosecutor based on new facts or evidence regarding the same situation.

6. If, after the preliminary examination referred to in paragraphs 1 and 2, the Prosecutor concludes that the information provided does not constitute a reasonable basis for an investigation, he or she shall inform those who provided the information. This shall not preclude the Prosecutor from considering further information submitted to him or her regarding the same situation in the light of new facts or evidence.

추후 요청서를 제출하는 것을 배제하지 아니한다.

6. 제1항과 제2항에 규정된 예비조사 후 제공된 정보가 수사를 위한 합리적인 근거를 구성하지 않는다고 결론짓는 경우, 소추관은 정보를 제공한 자에게 이를 통지한다. 이는 소추관이 동일한 사태에 관하여 자신에게 제출된 추가 정보를 새로운 사실이나 증거로 검토하는 것을 배제하지 아니한다.

Article 16

Deferral of investigation or prosecution

No investigation or prosecution may be commenced or proceeded with under this Statute for a period of 12 months after the Security Council, in a resolution adopted under Chapter VII of the Charter of the United Nations, has requested the Court to that effect; that request may be renewed by the Council under the same conditions.

제16조

수사 또는 기소의 연기

안전보장이사회가 국제연합헌장 제7장에 따라 채택하는 결의로 재판소에 수사 또는 기소의 연기를 요청하는 경우 12개월의 기간 동안은 이 규정에 따른 어떠한 수사나 기소도 개시되거나 진행되지 아니한다. 그러한 요청은 동일한 조건하에서 안전보장이사회에 의하여 갱신될 수 있다.

Article 17

Issues of admissibility

1. regard to paragraph 10 of the Preamble and article 1, the Court shall determine that a case is inadmissible where:

(a) The case is being investigated or prosecuted by a State which has jurisdiction over it, unless the State is unwilling or unable genuinely to carry out the investigation or prosecution;

(b) case has been investigated by a State which has jurisdiction over it and the State has decided not to prosecute the person concerned, unless the decision resulted from the unwillingness or inability of the State genuinely to prosecute;

(c) person concerned has already been tried for conduct which is the subject of the complaint, and

제17조

재판적격성의 문제

1. 전문 제10항과 제1조를 고려하여 재판소는 다음의 경우 사건의 재판적격성이 없다고 결정한다.

가. 사건이 그 사건에 대하여 관할권을 가지는 국가에 의하여 수사되고 있거나 또는 기소된 경우. 단, 그 국가가 진정으로 수사 또는 기소를 할 의사가 없거나 능력이 없는 경우에는 그러하지 아니하다.

나. 사건이 그 사건에 대하여 관할권을 가지는 국가에 의하여 수사되었고, 그 국가가 당해인을 기소하지 아니하기로 결정한 경우. 단, 그 결정이 진정으로 기소하려는 의사 또는 능력의 부재에 따른 결과인 경우에는 그러하지 아니하다.

다. 당해인이 제소의 대상인 행위에 대하여 이미 재판을 받았고, 제20조 제3항에 따라 재판소의 재

a trial by the Court is not permitted under article 20, paragraph 3;
(d) case is not of sufficient gravity to justify further action by the Court.
2. order to determine unwillingness in a particular case, the Court shall consider, having regard to the principles of due process recognized by international law, whether one or more of the following exist, as applicable:
(a) proceedings were or are being undertaken or the national decision was made for the purpose of shielding the person concerned from criminal responsibility for crimes within the jurisdiction of the Court referred to in article 5;
(b) has been an unjustified delay in the proceedings which in the circumstances is inconsistent with an intent to bring the person concerned to justice;
(c) The proceedings were not or are not being conducted independently or impartially, and they were or are being conducted in a manner which, in the circumstances, is inconsistent with an intent to bring the person concerned to justice.
3. In order to determine inability in a particular case, the Court shall consider whether, due to a total or substantial collapse or unavailability of its national judicial system, the State is unable to obtain the accused or the necessary evidence and testimony or otherwise unable to carry out its proceedings.

판이 허용되지 않는 경우

라. 사건이 재판소의 추가적 조치를 정당화하기에 충분한 중대성이 없는 경우
2. 특정 사건에서의 의사부재를 결정하기 위하여, 재판소는 국제법에 의하여 인정되는 적법절차의 원칙에 비추어 적용가능한 다음 중 어느 하나 또는 그 이상의 경우가 존재하는지 여부를 고려한다.

가. 제5조에 규정된 재판소 관할범죄에 대한 형사책임으로부터 당해인을 보호할 목적으로 절차가 취해졌거나, 진행 중이거나 또는 국내적 결정이 내려진 경우

나. 상황에 비추어, 당해인을 처벌하려는 의도와 부합되지 않게 절차의 부당한 지연이 있었던 경우

다. 절차가 독립적이거나 공정하게 수행되지 않았거나 수행되지 않고 있으며, 상황에 비추어 당해인을 처벌하려는 의도와 부합되지 않는 방식으로 절차가 진행되었거나 또는 진행 중인 경우

3. 특정 사건에서의 능력부재를 결정하기 위하여, 재판소는 당해 국가가 그 국가의 사법제도의 전반적 또는 실질적 붕괴나 이용불능으로 인하여 피의자나 필요한 증거 및 증언을 확보할 수 없는지 여부 또는 달리 절차를 진행할 수 없는지 여부를 고려한다.

Article 18
Preliminary rulings regarding admissibility
1. a situation has been referred to the Court pursuant to article 13 (a) and the Prosecutor has determined that there would be a reasonable basis to commence an investigation, or the Prosecutor initiates an investigation pursuant to articles 13 (c) and 15, the Prosecutor shall notify all States Parties and those States which, taking into account the information available, would normally exercise jurisdiction over

제18조
재판적격성에 관한 예비결정
1. 사태가 제13조 가호에 따라 재판소에 회부되어 소추관이 수사를 개시할 합리적인 근거가 있다고 결정하였거나 소추관이 제13조 다호와 제15조에 따라 수사를 개시한 경우, 소추관은 모든 당사국과 이용 가능한 정보에 비추어 당해 범죄에 대하여 통상적으로 관할권을 행사할 국가에게 이를 통지한다. 소추관은 그러한 국가에게 비밀리에 통지할 수 있으며 또한 소추관이 어느 자를 보호하거나 증거

the crimes concerned. The Prosecutor may notify such States on a confidential basis and, where the Prosecutor believes it necessary to protect persons, prevent destruction of evidence or prevent the absconding of persons, may limit the scope of the information provided to States.

의 인멸을 방지하거나 또는 어느 자의 도주를 방지하기 위하여 필요하다고 믿는 경우, 국가에게 제공되는 정보의 범위를 제한할 수 있다.

2. one month of receipt of that notification, a State may inform the Court that it is investigating or has investigated its nationals or others within its jurisdiction with respect to criminal acts which may constitute crimes referred to in article 5 and which relate to the information provided in the notification to States. At the request of that State, the Prosecutor shall defer to the State's investigation of those persons unless the Pre-Trial Chamber, on the application of the Prosecutor, decides to authorize the investigation.

2. 그러한 통지를 접수한 후 1개월 내에, 국가는 제5조에 규정된 범죄를 구성하며 자국에 대한 통지에서 제공된 정보와 관련된 범죄행위에 대하여, 자국의 관할권 내에 있는 자국민 또는 기타의 자를 수사하고 있다거나 수사하였음을 재판소에 통지할 수 있다. 전심재판부가 소추관의 신청에 따라 수사를 허가하기로 결정하지 아니하는 한, 소추관은 당해 국가의 요청이 있으면 당해인에 대한 그 국가의 수사를 존중한다.

3. Prosecutor's deferral to a State's investigation shall be open to review by the Prosecutor six months after the date of deferral or at any time when there has been a significant change of circumstances based on the State's unwillingness or inability genuinely to carry out the investigation.

3. 국가의 수사 존중에 따른 소추관의 보류는 보류일로부터 6개월 후 또는 그 국가의 수사를 수행할 의사 또는 능력의 부재에 근거한 중대한 사정변경이 있는 때에는 언제든지 소추관에 의하여 재검토된다.

4. State concerned or the Prosecutor may appeal to the Appeals Chamber against a ruling of the Pre-Trial Chamber, in accordance with article 82. The appeal may be heard on an expedited basis.

4. 당해 국가 또는 소추관은 전심재판부의 결정에 대하여 제82조에 따라 상소심재판부에 상소할 수 있다. 상소는 신속하게 심리될 수 있다.

5. the Prosecutor has deferred an investigation in accordance with paragraph 2, the Prosecutor may request that the State concerned periodically inform the Prosecutor of the progress of its investigations and any subsequent prosecutions. States Parties shall respond to such requests without undue delay.

5. 소추관이 제2항에 따라 수사를 보류한 경우, 소추관은 당해 국가가 정기적으로 수사 및 후속 기소의 진전상황에 대하여 통지하여줄 것을 요청할 수 있다. 당사국은 부당한 지체 없이 그 요청에 응하여야 한다.

6. a ruling by the Pre-Trial Chamber, or at any time when the Prosecutor has deferred an investigation under this article, the Prosecutor may, on an exceptional basis, seek authority from the Pre-Trial Chamber to pursue necessary investigative steps for the purpose of preserving evidence where there is a

6. 전심재판부의 결정이 계류 중이거나 또는 소추관이 이 조에 따라 수사를 보류한 때에는 언제든지, 소추관은 중요한 증거를 확보할 유일한 기회가 있는 경우 또는 그러한 증거를 이후에는 입수할 수 없게 될 중대한 위험이 있는 경우에는 예외적으로 증거를 보전하기 위하여 필요한 수사상의 조치를 취

unique opportunity to obtain important evidence or there is a significant risk that such evidence may not be subsequently available.

하기 위한 허가를 전심재판부에 요청할 수 있다.

7. State which has challenged a ruling of the Pre-Trial Chamber under this article may challenge the admissibility of a case under article 19 on the grounds of additional significant facts or significant change of circumstances.

7. 이 조에 따른 전심재판부의 결정에 이의를 제기한 국가는 추가적인 중대한 사실 또는 중대한 사정 변경을 근거로 제19조에 따라 사건의 재판적격성에 대한 이의를 제기할 수 있다.

Article 19

Challenges to the jurisdiction of the Court or the admissibility of a case

제19조

재판소의 관할권 또는 사건의 재판적격성에 대한 이의제기

1. Court shall satisfy itself that it has jurisdiction in any case brought before it. The Court may, on its own motion, determine the admissibility of a case in accordance with article 17.

1. 재판소는 자신에게 회부된 모든 사건에 대하여 재판소가 관할권을 가지고 있음을 확인하여야 한다. 재판소는 직권으로 제17조에 따라 사건의 재판적격성을 결정할 수 있다.

2. to the admissibility of a case on the grounds referred to in article 17 or challenges to the jurisdiction of the Court may be made by:

(a) accused or a person for whom a warrant of arrest or a summons to appear has been issued under article 58;

(b) State which has jurisdiction over a case, on the ground that it is investigating or prosecuting the case or has investigated or prosecuted; or

(c) State from which acceptance of jurisdiction is required under article 12.

2. 제17조의 규정에 근거한 사건의 재판적격성에 대한 이의제기 또는 재판소의 관할권에 대한 이의제기는 다음에 의하여 이루어질 수 있다.

가. 피의자 또는 제58조에 따라 체포영장이나 소환장이 발부된 자

나. 사건을 수사 또는 기소하고 있거나 또는 수사 또는 기소하였음을 근거로 그 사건에 대하여 관할권을 갖는 국가

다. 제12조에 따라 관할권의 수락이 요구되는 국가

3. Prosecutor may seek a ruling from the Court regarding a question of jurisdiction or admissibility. In proceedings with respect to jurisdiction or admissibility, those who have referred the situation under article 13, as well as victims, may also submit observations to the Court.

3. 소추관은 관할권 또는 재판적격성의 문제에 관하여 재판소의 결정을 구할 수 있다. 관할권 또는 재판적격성에 관한 절차에 있어서는 피해자뿐만 아니라 제13조에 따라 사태를 회부한 자도 재판소에 의견을 제출할 수 있다.

4. admissibility of a case or the jurisdiction of the Court may be challenged only once by any person or State referred to in paragraph 2. The challenge shall take place prior to or at the commencement of the trial. In exceptional circumstances, the Court may grant leave for a challenge to be brought more

4. 사건의 재판적격성 또는 재판소의 관할권에 대한 이의는 제2항에 규정된 자 또는 국가에 의하여 1회에 한하여 제기될 수 있다. 이의제기는 재판이 시작되기 전 또는 시작되는 시점에 이루어져야 한다. 예외적인 상황에서 재판소는 1회 이상 또는 재판시작 이후의 이의제기를 허가할 수 있다. 재판이

than once or at a time later than the commencement of the trial. Challenges to the admissibility of a case, at the commencement of a trial, or subsequently with the leave of the Court, may be based only on article 17, paragraph 1 (c).

시작되는 시점에서 또는 재판소의 허가를 받아 그 후에 행하는 사건의 재판적격성에 대한 이의제기는 오직 제17조 제1항 다호에 근거하여 할 수 있다.

5. State referred to in paragraph 2 (b) and (c) shall make a challenge at the earliest opportunity.

5. 제2항 나호와 다호에 규정된 국가는 가능한 한 신속하게 이의제기를 한다.

6. Prior to the confirmation of the charges, challenges to the admissibility of a case or challenges to the jurisdiction of the Court shall be referred to the Pre-Trial Chamber. After confirmation of the charges, they shall be referred to the Trial Chamber. Decisions with respect to jurisdiction or admissibility may be appealed to the Appeals Chamber in accordance with article 82.

6. 공소사실의 확인 이전에는 사건의 재판적격성 또는 재판소의 관할권에 대한 이의제기는 전심재판부에 회부된다. 공소사실의 확인 이후에는 이의제기가 1심재판부에 회부된다. 관할권 또는 재판적격성에 관한 결정에 대하여 제82조에 따라 상소심재판부에 상소할 수 있다.

7. a challenge is made by a State referred to in paragraph 2 (b) or (c), the Prosecutor shall suspend the investigation until such time as the Court makes a determination in accordance with article 17.

7. 제2항 나호 또는 다호에 규정된 국가가 이의제기를 한 경우, 소추관은 재판소가 제17조에 따라 결정을 내릴 때까지 수사를 정지한다.

8. a ruling by the Court, the Prosecutor may seek authority from the Court:

(a) pursue necessary investigative steps of the kind referred to in article 18, paragraph 6;

(b) take a statement or testimony from a witness or complete the collection and examination of evidence which had begun prior to the making of the challenge; and

(c) cooperation with the relevant States, to prevent the absconding of persons in respect of whom the Prosecutor has already requested a warrant of arrest under article 58.

8. 재판소의 결정이 계류 중인 동안, 소추관은 재판소로부터 다음의 허가를 구할 수 있다.

가. 제18조 제6항에 규정된 종류의 필요한 수사 조치의 수행

나. 증인으로부터의 진술이나 증언의 취득 또는 이의제기를 하기 전에 시작된 증거의 수집 또는 조사의 완료

다. 관련 국가들과 협력하여, 소추관이 제58조에 따라 이미 체포영장을 신청한 자의 도주 방지 조치

9. making of a challenge shall not affect the validity of any act performed by the Prosecutor or any order or warrant issued by the Court prior to the making of the challenge.

9. 이의제기는 이의제기 이전에 소추관이 수행한 여하한 행위 또는 재판소가 발부한 여하한 명령이나 영장의 효력에 영향을 미치지 아니한다.

10. If the Court has decided that a case is inadmissible under article 17, the Prosecutor may submit a request for a review of the decision when he or she is fully satisfied that new facts have arisen which

10. 재판소가 제17조에 따라 사건의 재판적격성이 없다고 결정하였더라도, 소추관은 그 사건이 제17조에 따라 재판적격성이 없다고 판단되었던 근거를 부정하는 새로운 사실이 발생하였음을 충분히

negate the basis on which the case had previously been found inadmissible under article 17.

11. the Prosecutor, having regard to the matters referred to in article 17, defers an investigation, the Prosecutor may request that the relevant State make available to the Prosecutor information on the proceedings. That information shall, at the request of the State concerned, be confidential. If the Prosecutor thereafter decides to proceed with an investigation, he or she shall notify the State to which deferral of the proceedings has taken place.

확인한 때에는 그 결정에 대한 재검토 요청서를 제출할 수 있다.

11. 소추관이 제17조에 규정된 사항을 고려하여 수사를 보류하는 경우, 소추관은 관련국이 절차 진행에 관한 정보를 제공하여줄 것을 요청할 수 있다. 그 정보는 관련 국가의 요청이 있으면 비밀로 한다. 소추관이 그 후 수사를 진행하기로 결정하는 경우, 소추관은 자신이 보류하였던 절차에 관하여 해당 국가에게 통지한다.

Article 20

Ne bis in idem

1. Except as provided in this Statute, no person shall be tried before the Court with respect to conduct which formed the basis of crimes for which the person has been convicted or acquitted by the Court.

2. person shall be tried by another court for a crime referred to in article 5 for which that person has already been convicted or acquitted by the Court.

3. person who has been tried by another court for conduct also proscribed under article 6, 7 or 8 shall be tried by the Court with respect to the same conduct unless the proceedings in the other court:

(a) for the purpose of shielding the person concerned from criminal responsibility for crimes within the jurisdiction of the Court; or

(b) Otherwise were not conducted independently or impartially in accordance with the norms of due process recognized by international law and were conducted in a manner which, in the circumstances, was inconsistent with an intent to bring the person concerned to justice.

제20조

일사부재리

1. 이 규정에 정한 바를 제외하고, 누구도 재판소에 의하여 유죄 또는 무죄판결을 받은 범죄의 기초를 구성하는 행위에 대하여 재판소에서 재판받지 아니한다.

2. 누구도 재판소에 의하여 이미 유죄 또는 무죄판결을 받은 제5조에 규정된 범죄에 대하여 다른 재판소에서 재판받지 아니한다.

3. 제6조, 제7조 또는 제8조상의 금지된 행위에 대하여 다른 재판소에 의하여 재판을 받은 자는 누구도, 그 다른 재판소에서의 절차가 다음에 해당하지 않는다면 동일한 행위에 대하여 재판소에 의하여 재판받지 아니한다.

가. 재판소 관할범죄에 대한 형사책임으로부터 당해인을 보호할 목적이었던 경우

나. 그 밖에 국제법에 의하여 인정된 적법절차의 규범에 따라 독립적이거나 공정하게 수행되지 않았으며, 상황에 비추어 당해인을 처벌하려는 의도와 부합하지 않는 방식으로 수행된 경우

Article 21

Applicable law

1. Court shall apply:

제21조

적용법규

1. 재판소는 다음을 적용한다.

(a) the first place, this Statute, Elements of Crimes and its Rules of Procedure and Evidence;
(b) the second place, where appropriate, applicable treaties and the principles and rules of international law, including the established principles of the international law of armed conflict;
(c) that, general principles of law derived by the Court from national laws of legal systems of the world including, as appropriate, the national laws of States that would normally exercise jurisdiction over the crime, provided that those principles are not inconsistent with this Statute and with international law and internationally recognized norms and standards.
2. Court may apply principles and rules of law as interpreted in its previous decisions.
3. application and interpretation of law pursuant to this article must be consistent with internationally recognized human rights, and be without any adverse distinction founded on grounds such as gender as defined in article 7, paragraph 3, age, race, colour, language, religion or belief, political or other opinion, national, ethnic or social origin, wealth, birth or other status.

가. 첫째, 이 규정, 범죄구성요건 및 절차 및 증거규칙
나. 둘째, 적절한 경우 무력충돌에 관한 확립된 국제법 원칙을 포함하여 적용가능한 조약과 국제법상의 원칙 및 규칙

다. 이상이 없는 경우 적절하다면 범죄에 대하여 통상적으로 관할권을 행사하는 국가의 국내법을 포함하여 세계의 법체제의 국내법들로부터 재판소가 도출한 법의 일반원칙. 다만, 그러한 원칙은 이 규정, 국제법 및 국제적으로 승인된 규범 및 기준과 저촉되어서는 아니 된다.

2. 재판소는 재판소의 기존 결정 속에서 해석된 법의 원칙과 규칙을 적용할 수 있다.
3. 이 조에 따른 법의 적용과 해석은 국제적으로 승인된 인권과 부합되어야 하며, 제7조 제3항에서 정의된 성별, 연령, 인종, 피부색, 언어, 종교 또는 신념, 정치적 또는 기타 견해, 국민적 · 민족적 또는 사회적 출신, 부, 출생 또는 기타 지위와 같은 사유에 근거한 어떠한 불리한 차별도 없어야 한다.

Part 3. principles of criminal law

제3부 형법의 일반원칙

Article 22
Nullum crimen sine lege
1. A person shall not be criminally responsible under this Statute unless the conduct in question constitutes, at the time it takes place, a crime within the jurisdiction of the Court.
2. definition of a crime shall be strictly construed and shall not be extended by analogy. In case of ambiguity, the definition shall be interpreted in favour of the person being investigated, prosecuted or convicted.
3. article shall not affect the characterization of any

제22조
범죄법정주의
1. 누구도 문제된 행위가 그것이 발생한 시점에 재판소 관할범죄를 구성하지 않는 경우에는 이 규정에 따른 형사책임을 지지 아니한다.

2. 범죄의 정의는 엄격히 해석되어야 하며 유추에 의하여 확장되어서는 아니 된다. 범죄의 정의가 분명하지 않은 경우, 정의는 수사 · 기소 또는 유죄판결을 받는 자에게 유리하게 해석되어야 한다.

3. 이 조는 이 규정과는 별도로 어떠한 행위를 국제

conduct as criminal under international law independently of this Statute.

법상 범죄로 성격지우는 데 영향을 미치지 아니한다.

Article 23
Nulla poena sine lege
A person convicted by the Court may be punished only in accordance with this Statute.

제23조
형벌법정주의
재판소에 의하여 유죄판결을 받은 자는 이 규정에 따라서만 처벌될 수 있다.

Article 24
Non-retroactivity ratione personae
1. person shall be criminally responsible under this Statute for conduct prior to the entry into force of the Statute.
2. the event of a change in the law applicable to a given case prior to a final judgement, the law more favourable to the person being investigated, prosecuted or convicted shall apply.

제24조
소급효 금지
1. 누구도 이 규정이 발효하기 전의 행위에 대하여 이 규정에 따른 형사책임을 지지 아니한다.

2. 확정판결 전에 당해 사건에 적용되는 법에 변경이 있는 경우, 수사 중이거나 기소 중인 자 또는 유죄판결을 받은 자에게 보다 유리한 법이 적용된다.

Article 25
Individual criminal responsibility
1. Court shall have jurisdiction over natural persons pursuant to this Statute.
2. person who commits a crime within the jurisdiction of the Court shall be individually responsible and liable for punishment in accordance with this Statute.
3. accordance with this Statute, a person shall be criminally responsible and liable for punishment for a crime within the jurisdiction of the Court if that person:
(a) such a crime, whether as an individual, jointly with another or through another person, regardless of whether that other person is criminally responsible;
(b) solicits or induces the commission of such a crime which in fact occurs or is attempted;
(c) For the purpose of facilitating the commission of such a crime, aids, abets or otherwise assists in its commission or its attempted commission, including

제25조
개인의 형사책임
1. 재판소는 이 규정에 따라 자연인에 대하여 관할권을 갖는다.
2. 재판소의 관할범죄를 범한 자는 이 규정에 따라 개인적으로 책임을 지며 처벌을 받는다.

3. 다음의 경우에 해당하는 자는 재판소의 관할범죄에 대하여 이 규정에 따른 형사책임을 지며 처벌을 받는다.

가. 개인적으로, 또는 다른 사람이 형사책임이 있는지 여부와는 관계없이 다른 사람과 공동으로 또는 다른 사람을 통하여 범죄를 범한 경우

나. 실제로 일어났거나 착수된 범죄의 실행을 명령·권유 또는 유인한 경우
다. 범죄의 실행을 용이하게 할 목적으로 범행수단의 제공을 포함하여 범죄의 실행이나 실행의 착수를 방조, 교사 또는 달리 조력한 경우

providing the means for its commission;
(d) any other way contributes to the commission or attempted commission of such a crime by a group of persons acting with a common purpose. Such contribution shall be intentional and shall either:
(i) Be made with the aim of furthering the criminal activity or criminal purpose of the group, where such activity or purpose involves the commission of a crime within the jurisdiction of the Court; or
(ii) Be made in the knowledge of the intention of the group to commit the crime;
(e) respect of the crime of genocide, directly and publicly incites others to commit genocide;

(f) Attempts to commit such a crime by taking action that commences its execution by means of a substantial step, but the crime does not occur because of circumstances independent of the person's intentions. However, a person who abandons the effort to commit the crime or otherwise prevents the completion of the crime shall not be liable for punishment under this Statute for the attempt to commit that crime if that person completely and voluntarily gave up the criminal purpose.
4. provision in this Statute relating to individual criminal responsibility shall affect the responsibility of States under international law.

Article 26
Exclusion of jurisdiction over persons under eighteen
The Court shall have no jurisdiction over any person who was under the age of 18 at the time of the alleged commission of a crime.

Article 27
Irrelevance of official capacity
1. Statute shall apply equally to all persons without any distinction based on official capacity. In

라. 공동의 목적을 가지고 활동하는 집단에 의한 범죄의 실행 또는 실행의 착수에 기타 여하한 방식으로 기여한 경우. 그러한 기여는 고의적이어야 하며, 다음 중 어느 하나에 해당하여야 한다.
(1) 집단의 범죄활동 또는 범죄목적이 재판소 관할 범죄의 실행과 관련되는 경우, 그러한 활동 또는 목적을 촉진시키기 위하여 이루어진 것

(2) 집단이 그 범죄를 범하려는 의도를 인식하고서 이루어진 것
마. 집단살해죄와 관련하여 집단살해죄를 범하도록 직접적으로 그리고 공공연하게 타인을 선동한 경우
바. 실질적인 조치에 의하여 범죄의 실행에 착수하는 행위를 함으로써 범죄의 실행을 기도하였으나 본인의 의도와는 무관한 사정으로 범죄가 발생하지 아니한 경우. 그러나 범행의 실시를 포기하거나 또는 달리 범죄의 완성을 방지한 자는 자신이 범죄목적을 완전히 그리고 자발적으로 포기하였다면 범죄미수에 대하여 이 규정에 따른 처벌을 받지 아니한다.

4. 개인의 형사책임과 관련된 이 규정의 어떠한 조항도 국제법상의 국가책임에 영향을 미치지 아니한다.

제26조
18세 미만자에 대한 관할권 배제

재판소는 범행 당시 18세 미만자에 대하여 관할권을 가지지 아니한다.

제27조
공적 지위의 무관련성
1. 이 규정은 공적 지위에 근거한 어떠한 차별 없이 모든 자에게 평등하게 적용되어야 한다. 특히 국가

particular, official capacity as a Head of State or Government, a member of a Government or parliament, an elected representative or a government official shall in no case exempt a person from criminal responsibility under this Statute, nor shall it, in and of itself, constitute a ground for reduction of sentence.

원수 또는 정부 수반, 정부 또는 의회의 구성원, 선출된 대표자 또는 정부 공무원으로서의 공적 지위는 어떠한 경우에도 그 개인을 이 규정에 따른 형사책임으로부터 면제시켜주지 아니하며, 또한 그 자체로서 자동적인 감형사유를 구성하지 아니한다.

2. Immunities or special procedural rules which may attach to the official capacity of a person, whether under national or international law, shall not bar the Court from exercising its jurisdiction over such a person.

2. 국내법 또는 국제법상으로 개인의 공적 지위에 따르는 면제나 특별한 절차규칙은 그 자에 대한 재판소의 관할권 행사를 방해하지 아니한다.

Article 28

Responsibility of commanders and other superiors

In addition to other grounds of criminal responsibility under this Statute for crimes within the jurisdiction of the Court:

제28조

지휘관 및 기타 상급자의 책임

재판소의 관할범죄에 대하여 이 규정에 따른 형사책임의 다른 근거에 추가하여,

(a) military commander or person effectively acting as a military commander shall be criminally responsible for crimes within the jurisdiction of the Court committed by forces under his or her effective command and control, or effective authority and control as the case may be, as a result of his or her failure to exercise control properly over such forces, where:

가. 다음과 같은 경우, 군지휘관 또는 사실상 군지휘관으로서 행동하는 자는 자신의 실효적인 지휘와 통제하에 있거나 또는 경우에 따라서는 실효적인 권위와 통제하에 있는 군대가 범한 재판소 관할범죄에 대하여 그 군대를 적절하게 통제하지 못한 결과로서의 형사책임을 진다.

(i) That military commander or person either knew or, owing to the circumstances at the time, should have known that the forces were committing or about to commit such crimes; and

(1) 군지휘관 또는 사실상 군지휘관으로서 행동하는 자가 군대가 그러한 범죄를 범하고 있거나 또는 범하려 한다는 사실을 알았거나 또는 당시 정황상 알았어야 하고,

(ii) That military commander or person failed to take all necessary and reasonable measures within his or her power to prevent or repress their commission or to submit the matter to the competent authorities for investigation and prosecution.

(2) 군지휘관 또는 사실상 군지휘관으로서 역할을 하는 자가 그들의 범행을 방지하거나 억제하기 위하여 또는 그 사항을 수사 및 기소의 목적으로 권한 있는 당국에 회부하기 위하여 자신의 권한 내의 모든 필요하고 합리적인 조치를 취하지 아니한 경우

(b) With respect to superior and subordinate relationships not described in paragraph (a), a superior shall be criminally responsible for crimes within the jurisdiction of the Court committed by

나. 가호에 기술되지 않은 상급자와 하급자의 관계와 관련하여 다음의 경우 상급자는 자신의 실효적인 권위와 통제하에 있는 하급자가 범한 재판소 관할범죄에 대하여 하급자를 적절하게 통제하지 못

subordinates under his or her effective authority and control, as a result of his or her failure to exercise control properly over such subordinates, where:

(i) The superior either knew, or consciously disregarded information which clearly indicated, that the subordinates were committing or about to commit such crimes;

(ii) The crimes concerned activities that were within the effective responsibility and control of the superior; and

(iii) The superior failed to take all necessary and reasonable measures within his or her power to prevent or repress their commission or to submit the matter to the competent authorities for investigation and prosecution.

한 결과로서의 형사책임을 진다.

(1) 하급자가 그러한 범죄를 범하고 있거나 또는 범하려 한다는 사실을 상급자가 알았거나 또는 이를 명백히 보여주는 정보를 의식적으로 무시하였고,

(2) 범죄가 상급자의 실효적인 책임과 통제 범위 내의 활동과 관련된 것이었으며,

(3) 상급자가 하급자의 범행을 방지하거나 억제하기 위하여 또는 그 문제를 수사 및 기소의 목적으로 권한 있는 당국에 회부하기 위하여 자신의 권한 내의 모든 필요하고 합리적인 조치를 취하지 아니한 경우

Article 29

Non-applicability of statute of limitations

The crimes within the jurisdiction of the Court shall not be subject to any statute of limitations.

제29조

시효의 부적용

재판소의 관할범죄에 대하여는 어떠한 시효도 적용되지 아니한다.

Article 30

Mental element

1. Unless otherwise provided, a person shall be criminally responsible and liable for punishment for a crime within the jurisdiction of the Court only if the material elements are committed with intent and knowledge.

2. the purposes of this article, a person has intent where:

(a) relation to conduct, that person means to engage in the conduct;

(b) relation to a consequence, that person means to cause that consequence or is aware that it will occur in the ordinary course of events.

3. For the purposes of this article, "knowledge" means awareness that a circumstance exists or a consequence will occur in the ordinary course of events. "Know" and "knowingly" shall be construed

제30조

주관적 요소

1. 달리 규정되지 않는 한, 사람은 고의와 인식을 가지고 범죄의 객관적 요소를 범한 경우에만 재판소 관할범죄에 대하여 형사책임을 지며 처벌을 받는다.

2. 이 조의 목적상 다음의 경우 고의를 가진 것이다.

가. 행위와 관련하여, 사람이 그 행위에 관여하려고 의도한 경우

나. 결과와 관련하여, 사람이 그 결과를 야기하려고 의도하였거나 또는 사건의 통상적인 경과에 따라 그러한 결과가 발생할 것을 알고 있는 경우

3. 이 조의 목적상 "인식"이라 함은 어떠한 상황이 존재한다는 것 또는 사건의 통상적인 경과에 따라 어떠한 결과가 발생할 것이라는 것을 알고 있음을 말한다. "인식하다" 및 "인식하고서"는 이에 따라

accordingly.

Article 31

Grounds for excluding criminal responsibility

1. In addition to other grounds for excluding criminal responsibility provided for in this Statute, a person shall not be criminally responsible if, at the time of that person's conduct:

(a) person suffers from a mental disease or defect that destroys that person's capacity to appreciate the unlawfulness or nature of his or her conduct, or capacity to control his or her conduct to conform to the requirements of law;

(b) person is in a state of intoxication that destroys that person's capacity to appreciate the unlawfulness or nature of his or her conduct, or capacity to control his or her conduct to conform to the requirements of law, unless the person has become voluntarily intoxicated under such circumstances that the person knew, or disregarded the risk, that, as a result of the intoxication, he or she was likely to engage in conduct constituting a crime within the jurisdiction of the Court;

(c) person acts reasonably to defend himself or herself or another person or, in the case of war crimes, property which is essential for the survival of the person or another person or property which is essential for accomplishing a military mission, against an imminent and unlawful use of force in a manner proportionate to the degree of danger to the person or the other person or property protected. The fact that the person was involved in a defensive operation conducted by forces shall not in itself constitute a ground for excluding criminal responsibility under this subparagraph;

(d) The conduct which is alleged to constitute a crime within the jurisdiction of the Court has been caused by duress resulting from a threat of imminent death or of continuing or imminent

해석된다.

제31조

형사책임 조각사유

1. 이 규정에서 정한 여타의 형사책임 조각사유에 더하여, 행위 시 다음의 경우에 해당되면 형사책임을 지지 아니한다.

가. 사람이 자신의 행위의 불법성이나 성격을 평가할 수 있는 능력이나 자신의 행위를 법의 요건에 따르도록 통제할 수 있는 능력을 훼손시키는 정신적 질환 또는 결함을 겪고 있는 경우

나. 사람이 자신의 행위의 불법성이나 성격을 평가할 수 있는 능력이나 자신의 행위를 법의 요건에 따르도록 통제할 수 있는 능력을 훼손시키는 중독 상태에 있는 경우. 다만, 중독의 결과로서 자신이 재판소 관할범죄를 구성하는 행위에 관여하게 될 것임을 인식하였거나 또는 그 위험을 무시하고 자발적으로 중독된 경우는 그러하지 아니하다.

다. 사람이 급박하고 불법적인 무력사용으로부터 자신이나 다른 사람을 방어하기 위하여 또는 전쟁범죄의 경우 자신이나 다른 사람의 생존을 위하여 필수적인 재산이나 군사적 임무를 달성하는 데 필수적인 재산을 방어하기 위하여 자신이나 다른 사람 또는 보호되는 재산에 대한 위험의 정도에 비례하는 방식으로 합리적으로 행동한 경우. 군대가 수행하는 방어작전에 그 자가 관여되었다는 사실 자체만으로는 이 호에 따른 형사책임 조각사유를 구성하지 아니한다.

라. 재판소의 관할범죄를 구성하는 것으로 주장된 행위가 자신 또는 다른 사람에 대한 급박한 사망 또는 계속적이거나 급박한 중대한 신체적 위해의 위협으로부터 비롯된 강박에 의하여 야기되었고, 그

serious bodily harm against that person or another person, and the person acts necessarily and reasonably to avoid this threat, provided that the person does not intend to cause a greater harm than the one sought to be avoided. Such a threat may either be:
(i) Made by other persons; or
(ii) Constituted by other circumstances beyond that person's control.
2. Court shall determine the applicability of the grounds for excluding criminal responsibility provided for in this Statute to the case before it.
3. trial, the Court may consider a ground for excluding criminal responsibility other than those referred to in paragraph 1 where such a ground is derived from applicable law as set forth in article 21. The procedures relating to the consideration of such a ground shall be provided for in the Rules of Procedure and Evidence.

러한 위협을 피하기 위하여 합리적으로 행동한 경우. 다만, 그 자가 피하고자 하는 것보다 더 큰 위해를 초래하려고 의도하지 않아야 한다. 그러한 위협은,
(1) 다른 사람에 의한 것이거나, 또는
(2) 그 사람의 통제범위를 넘어서는 기타 상황에 의하여 형성된 것일 수도 있다.
2. 재판소는 이 규정에 정한 형사책임 조각사유가 재판소에 제기된 사건에 적용되는지 여부를 결정한다.
3. 재판소는 제1항에 규정된 것 이외의 형사책임 조각사유라도 그 사유가 제21조에 규정된 적용가능한 법에 의하여 도출된 경우, 재판에서 이를 고려할 수 있다. 그러한 사유의 고려에 관한 절차는 절차 및 증거규칙에 규정된다.

Article 32
Mistake of fact or mistake of law
1. mistake of fact shall be a ground for excluding criminal responsibility only if it negates the mental element required by the crime.
2. mistake of law as to whether a particular type of conduct is a crime within the jurisdiction of the Court shall not be a ground for excluding criminal responsibility. A mistake of law may, however, be a ground for excluding criminal responsibility if it negates the mental element required by such a crime, or as provided for in article 33.

제32조
사실의 착오 또는 법률의 착오
1. 사실의 착오는 그것이 범죄성립에 요구되는 주관적 요소를 흠결시키는 경우에만 형사책임 조각사유가 된다.
2. 특정 유형의 행위가 재판소의 관할범죄인지 여부에 관한 법률의 착오는 형사책임 조각사유가 되지 아니한다. 그러나 법률의 착오가 범죄성립에 요구되는 주관적 요소를 흠결시키는 경우나 제33조에 규정된 바와 같은 경우에는 형사책임 조각사유가 될 수 있다.

Article 33
Superior orders and prescription of law
1. fact that a crime within the jurisdiction of the Court has been committed by a person pursuant to an order of a Government or of a superior, whether military or civilian, shall not relieve that person of

제33조
상급자의 명령과 법률의 규정
1. 어떠한 자가 정부의 명령이나 군대 또는 민간인 상급자의 명령에 따라 재판소 관할범죄를 범하였다는 사실은, 다음의 경우를 제외하고는 그 자의 형사책임을 면제시켜주지 아니한다.

criminal responsibility unless:

(a) person was under a legal obligation to obey orders of the Government or the superior in question;

(b) person did not know that the order was unlawful; and

(c) order was not manifestly unlawful.

2. the purposes of this article, orders to commit genocide or crimes against humanity are manifestly unlawful.

가. 그 자가 정부 또는 관련 상급자의 명령에 따라야 할 법적 의무하에 있었고,

나. 그 자가 명령이 불법임을 알지 못하였으며,

다. 명령이 명백하게 불법적이지는 않았던 경우

2. 이 조의 목적상, 집단살해죄 또는 인도에 반한 죄를 범하도록 하는 명령은 명백하게 불법이다.

Convention on the Non-Applicability of Statutory Limitations to War Crimes and Crimes Against Humanity

Adopted and opened for signature, ratification and accession by General Assembly resolution 2391 (XXIII)of 26 November 1968, Entry into force: 11 November 1970, in accordance with article VIII

Preamble

The States Parties to the present Convention,

Recalling resolutions of the General Assembly of the United Nations 3 (I) of 13 February 1946 and 170 (II) of 31 October 1947 on the extradition and punishment of war criminals, resolution 95 (I) of 11 December 1946 affirming the principles of international law recognized by the Charter of the International Military Tribunal, Nürnberg, and the judgement of the Tribunal, and resolutions 2184 (XXI) of 12 December 1966 and 2202 (XXI) of 16 December 1966 which expressly condemned as crimes against humanity the violation of the economic and political rights of the indigenous population on the one hand and the policies of apartheid on the other,

Recalling resolutions of the Economic and Social Council of the United Nations 1074 D (XXXIX) of 28 July 1965 and 1158 (XLI) of 5 August 1966 on the punishment of war criminals and of persons who have committed crimes against humanity,

Noting that none of the solemn declarations, instruments or conventions relating to the prosecution and punishment of war crimes and crimes against humanity made provision for a period of limitation,

Considering that war crimes and crimes against humanity are among the gravest crimes in international law,

Convinced that the effective punishment of war crimes and crimes against humanity is an important

전쟁범죄 및 인도에 반하는 죄에 대한 공소시효 부적용에 관한 협약

채택 1968. 11. 26 / 발효 1970. 11. 11 / 대한민국 미가입

전문

이 협약의 당사국들은,

국제연합 총회의 전쟁범죄자의 인도 및 처벌에 관한 1946년 2월 13일 자 결의 3(I) 및 1947년 10월 31일 자 결의 170(II), 뉘른베르크 국제군사재판소 설립헌장과 동 재판소의 판결에서 승인한 국제법상의 원칙을 확인한 1946년 12월 11일 자 결의 95(I), 원주민의 경제적 및 정치적 권리의 침해와 인종차별정책을 인도에 반하는 죄로 명백히 규탄한 1966년 12월 12일 자 결의 2184(XXI)와 1966년 12월 16일자 결의 2202(XXI)를 상기하고,

전쟁범죄자 및 인도에 반하는 범죄를 저지른 자의 처벌에 관한 1965년 7월 28일 자 국제연합 경제사회이사회 결의 1074D(XXXIX) 및 1966년 8월 5일 자 결의 1158(XLI)을 상기하고,

전쟁범죄 및 인도에 반하는 죄의 소추 및 처벌과 관련된 중요 선언, 문서 또는 협약의 어디에도 시효 기간에 관한 규정이 없었다는 점을 주목하고,

전쟁범죄 및 인도에 반하는 죄가 국제법상 가장 중대한 범죄의 하나라는 점을 고려하고,

전쟁범죄 및 인도에 반하는 죄의 효과적인 처벌은 그러한 범죄의 방지와 인권 및 기본적 자유의 보호, 신뢰의 고

element in the prevention of such crimes, the protection of human rights and fundamental freedoms, the encouragement of confidence, the furtherance of co-operation among peoples and the promotion of international peace and security,

취, 국민 간 협력 촉진 및 국제 평화와 안전의 증진에 있어서 중요한 요소임을 확신하고,

Noting that the application to war crimes and crimes against humanity of the rules of municipal law relating to the period of limitation for ordinary crimes is a matter of serious concern to world public opinion, since it prevents the prosecution and punishment of persons responsible for those crimes,

전쟁범죄 및 인도에 반하는 죄에 대하여 일반 범죄의 시효기간에 관한 국내법 규칙을 적용하는 것은 이러한 범죄에 책임 있는 사람에 대한 기소 및 처벌을 저지시키므로, 이것이 세계 여론의 지대한 관심사라는 점에 유의하고,

Recognizing that it is necessary and timely to affirm in international law, through this Convention, the principle that there is no period of limitation for war crimes and crimes against humanity, and to secure its universal application,

이 협약을 통하여 전쟁범죄 및 인도에 반하는 죄에 대하여는 공소시효의 기한이 없다는 국제법상의 원칙을 확인하고, 이의 보편적 적용을 보장하는 것이 필요하며 시의 적절하다는 점을 인식하여,

Have agreed as follows:

다음과 같이 합의하였다.

Article I

No statutory limitation shall apply to the following crimes, irrespective of the date of their commission:

(a) War crimes as they are defined in the Charter of the International Military Tribunal, Nürnberg, of 8 August 1945 and confirmed by resolutions 3 (I) of 13 February 1946 and 95 (I) of 11 December 1946 of the General Assembly of the United Nations, particularly the "grave breaches" enumerated in the Geneva Conventions of 12 August 1949 for the protection of war victims;

(b) against humanity whether committed in time of war or in time of peace as they are defined in the Charter of the International Military Tribunal, Nürnberg, of 8 August 1945 and confirmed by resolutions 3 (I) of 13 February 1946 and 95 (I) of 11 December 1946 of the General Assembly of the United Nations, eviction by armed attack or occupation and inhuman acts resulting from the policy of apartheid, and the crime of genocide as defined in the 1948 Convention on the Prevention

제1조

다음과 같은 범죄에 대하여는 범행 시기와 상관없이 공소시효의 제한이 적용되지 아니한다.

(a) 1945년 8월 8일 자 뉘른베르크 국제군사재판소 설립헌장에 규정되고, 1946년 2월 13일 자 국제연합 총회 결의 3(I) 및 1946년 12월 11일 자 결의 95(I)에서 확인된 전쟁범죄, 특히 1949년 8월 12일 전쟁 희생자 보호를 위한 제네바 협약에 열거된 "중대한 위반."

(b) 다음과 같은 행위가 범행지국의 국내법 위반을 구성하지 아니한다 할지라도, 1945년 8월 8일 자 뉘른베르크 국제군사재판소 헌장에 규정되고 1946년 2월 13일 자 국제연합 총회 결의 3(I) 및 1946년 12월 11일 자 결의 95(I)에서 확인된 전시 또는 평시를 불문하고 저질러진 인도에 반하는 죄, 군사적 공격이나 점령 그리고 인종차별정책에 따른 비인도적 행위에 의한 추방, 1948년 집단살해죄의 방지와 처벌에 관한 협약에 규정된 집단살해죄.

and Punishment of the Crime of Genocide, even if such acts do not constitute a violation of the domestic law of the country in which they were committed.

Article II

If any of the crimes mentioned in article I is committed, the provisions of this Convention shall apply to representatives of the State authority and private individuals who, as principals or accomplices, participate in or who directly incite others to the commission of any of those crimes, or who conspire to commit them, irrespective of the degree of completion, and to representatives of the State authority who tolerate their commission.

제2조

제1조에 언급된 범죄가 행하여진 경우, 이 협약 규정은 범행의 완성단계와 관계없이 정범 또는 공범으로 가담하였거나, 그러한 범죄행위를 하도록 타인을 직접 교사하였거나, 그러한 범행을 공모한 국가기관의 대표와 사인 그리고 이들의 행위를 묵인한 국가기관의 대표에게 적용된다.

Article III

The States Parties to the present Convention undertake to adopt all necessary domestic measures, legislative or otherwise, with a view to making possible the extradition, in accordance with international law, of the persons referred to in article II of this Convention.

제3조

이 협약의 당사국은 협약 제2조에 규정된 자의 인도가 국제법에 따라 가능하도록 입법 또는 기타의 조치 등 필요한 모든 국내조치를 채택할 것을 약속한다.

Article IV

The States Parties to the present Convention undertake to adopt, in accordance with their respective constitutional processes, any legislative or other measures necessary to ensure that statutory or other limitations shall not apply to the prosecution and punishment of the crimes referred to in articles I and II of this Convention and that, where they exist, such limitations shall be abolished.

제4조

이 협약의 당사국은 각국의 헌법적 절차에 따라 시효제한 또는 다른 제한들이 협약 제1조 및 제2조상의 범죄의 기소 및 처벌에 적용되지 않도록 보장하기 위하여 필요한 입법 또는 기타의 조치를 채택할 것과 그러한 제한이 있을 경우 제한을 폐지할 것을 약속한다.

Article V

This Convention shall, until 31 December 1969, be open for signature by any State Member of the United Nations or member of any of its specialized agencies or of the International Atomic Energy

제5조

이 협약은 국제연합 회원국들과, 국제연합 전문기구 및 국제원자력기구의 회원국, 국제사법재판소 규정당사국, 국제연합 총회로부터 이 협약의 당사국이 되도록 초청된 국가의 서명을 위하여 1969년 12월 31일까지 개방

Agency, by any State Party to the Statute of the International Court of Justice, and by any other State which has been invited by the General Assembly of the United Nations to become a Party to this Convention.

. . .

된다.

. . .

Convention on the Prevention and Punishment of the Crime of Genocide

집단살해죄의 방지와 처벌에 관한 협약

Approved and proposed for signature and ratification or accession by General Assembly resolution 260 A (III) of December 1948, Entry into force: 12 January 1951, in accordance with article XIII

채택 1948. 12. 9 / 발효 1951. 1. 12 /
대한민국 적용 1951. 12. 12

The Contracting Parties,

Having considered the declaration made by the General Assembly of the United Nations in its resolution 96 (I) dated 11 December 1946 that genocide is a crime under international law, contrary to the spirit and aims of the United Nations and condemned by the civilized world,

Recognizing that at all periods of history genocide has inflicted great losses on humanity, and

Being convinced that, in order to liberate mankind from such an odious scourge, international co-operation is required,

Hereby agree as hereinafter provided :

체약국은,

집단살해는 국제연합의 정신과 목적에 반하며 또한 문명세계에서 죄악으로 단정한 국제법상의 범죄라고 국제연합 총회가 1947년 12월 11일부 결의 96(1)에서 행한 선언을 고려하고,

역사상의 모든 시기에서 집단살해가 인류에게 막대한 손실을 끼쳤음을 인지하고,

인류를 이와 같은 고뇌로부터 해방시키기 위하여는 국제협력이 필요함을 확신하고,

이에 하기에 규정된 바와 같이 동의한다.

Article I

The Contracting Parties confirm that genocide, whether committed in time of peace or in time of war, is a crime under international law which they undertake to prevent and to punish.

제1조

체약국은 집단살해가 평시에 행하여졌든가 전시에 행하여졌든가를 불문하고 이것을 방지하고 처벌할 것을 약속하는 국제법상의 범죄임을 확인한다.

Article II

In the present Convention, genocide means any of the following acts committed with intent to destroy, in whole or in part, a national, ethnical, racial or religious group, as such:

(a) Killing members of the group;

(b) Causing serious bodily or mental harm to members of the group;

(c) Deliberately inflicting on the group conditions of life calculated to bring about its physical destruction in whole or in part;

제2조

본 협약에서 집단살해라 함은 국민적, 인종적, 민족적 또는 종교적 집단을 전부 또는 일부 파괴할 의도로서 행하여진 아래의 행위를 말한다.

(a) 집단구성원을 살해하는 것

(b) 집단구성원에 대하여 중대한 육체적 또는 정신적인 위해를 가하는 것

(c) 전부 또는 부분적으로 육체적 파괴를 초래할 목적으로 의도된 생활조건을 집단에게 고의로 과하는 것

(d) Imposing measures intended to prevent births within the group;
(e) Forcibly transferring children of the group to another group.

Article III
The following acts shall be punishable:
(a) Genocide;
(b) Conspiracy to commit genocide;
(c) Direct and public incitement to commit genocide;
(d) Attempt to commit genocide;
(e) Complicity in genocide.

Article IV
Persons committing genocide or any of the other acts enumerated in article III shall be punished, whether they are constitutionally responsible rulers, public officials or private individuals.

Article V
The Contracting Parties undertake to enact, in accordance with their respective Constitutions, the necessary legislation to give effect to the provisions of the present Convention, and, in particular, to provide effective penalties for persons guilty of genocide or any of the other acts enumerated in article III.

Article VI
Persons charged with genocide or any of the other acts enumerated in article III shall be tried by a competent tribunal of the State in the territory of which the act was committed, or by such international penal tribunal as may have jurisdiction with respect to those Contracting Parties which shall have accepted its jurisdiction.

(d) 집단 내에 있어서의 출생을 방지하기 위하여 의도된 조치를 과하는 것
(e) 집단의 아동을 강제적으로 타 집단에 이동시키는 것

제3조
다음의 제 행위는 이를 처벌한다.
(a) 집단살해
(b) 집단살해를 범하기 위한 공모
(c) 집단살해를 범하기 위한 직접 또는 공연한 교사
(d) 집단살해의 미수
(e) 집단살해의 공범

제4조
집단살해 또는 제3조에 열거된 기타 행위의 어떤 것이라도 이를 범하는 자는 헌법상으로 책임 있는 통치자이거나 공무원 또는 사인이거나를 불문하고 처벌한다.

제5조
체약국은 각자의 헌법에 따라서 본 협약의 규정을 실시하기 위하여 특히 집단살해 또는 제3조에 열거된 기타의 행위의 어떤 것에 대하여도 죄가 있는 자에 대한 유효한 형벌을 규정하기 위하여 필요한 입법을 제정할 것을 약속한다.

제6조
집단살해 또는 제3조에 열거된 기타 행위의 어떤 것이라도 이로 인하여 고소된 자는 행위가 그 영토 내에서 범행된 국가의 당해재판소에 의하여 또는 국제형사재판소의 관할권을 수락하는 체약국에 관하여 관할권을 가지는 동 재판소에 의하여 심리된다.

Article VII
Genocide and the other acts enumerated in article III shall not be considered as political crimes for the purpose of extradition. The Contracting Parties pledge themselves in such cases to grant extradition in accordance with their laws and treaties in force.

제7조
집단살해 또는 제3조에 열거된 기타 행위는 범죄인 인도의 목적으로 정치적 범죄로 인정치 않는다. 체약국은 이러한 경우에 실시 중인 법률 또는 조약에 따라서 범죄인 인도를 허가할 것을 서약한다.

Article VIII
Any Contracting Party may call upon the competent organs of the United Nations to take such action under the Charter of the United Nations as they consider appropriate for the prevention and suppression of acts of genocide or any of the other acts enumerated in article III.

제8조
체약국은 국제연합의 당해 기관이 집단살해 또는 제3조에 열거한 기타 행위의 어떤 것이라도 이를 방지 또는 억압하기 위하여 적당하다고 인정하는 국제연합 헌장에 기한 조치를 취하도록 요구할 수 있다.

Article IX
Disputes between the Contracting Parties relating to the interpretation, application or fulfilment of the present Convention, including those relating to the responsibility of a State for genocide or for any of the other acts enumerated in article III, shall be submitted to the International Court of Justice at the request of any of the parties to the dispute.

제9조
본 협약의 해석 적용 또는 이행에 관한 체약국 간의 분쟁은 집단살해 또는 제3조에 열거된 기타 행위의 어떤 것이라도 이에 대한 국가책임에 관한 분쟁을 포함하여 분쟁 당사국 요구에 의하여 국제사법재판소에 부탁한다.

Article X
The present Convention, of which the Chinese, English, French, Russian and Spanish texts are equally authentic, shall bear the date of 9 December 1948.

제10조
본 협약은 중국어, 영어, 불어, 노어, 서반아어의 원문을 동등하게 정문으로 하며 1948년 12월 9일 자로 한다.

Article XI
The present Convention shall be open until 31 December 1949 for signature on behalf of any Member of the United Nations and of any non-member State to which an invitation to sign has been addressed by the General Assembly. The present Convention shall be ratified, and the instruments of ratification shall be deposited with the Secretary-General of the United Nations. After

제11조
본 협약은 국제연합의 가맹국과 총회로부터 서명 초청을 받은 비가맹국을 위하여 1949년 12월 31일까지 개방된다. 본 협약은 비준을 받아야 한다. 비준서는 국제연합 사무총장에게 기탁한다. 1950년 1월 1일 이후 본 협약은 국제연합의 가맹국과 전기한 초청을 받은 비가맹국을 위하여 가입되어질 수 있다. 가입서는 국제연합 사무총장에게 기탁한다.

1 January 1950, the present Convention may be acceded to on behalf of any Member of the United Nations and of any non-member State which has received an invitation as aforesaid. Instruments of accession shall be deposited with the Secretary-General of the United Nations.

Article XII

Any Contracting Party may at any time, by notification addressed to the Secretary-General of the United Nations, extend the application of the present Convention to all or any of the territories for the conduct of whose foreign relations that Contracting Party is responsible.

제12조

체약국은 국제연합 사무총장 앞으로의 통고로써 자국이 외교관계의 수행에 책임을 지고 있는 지역의 전부 또는 일부에 대하여 하시라도 본 협약의 적용을 확장할 수 있다.

Article XIII

On the day when the first twenty instruments of ratification or accession have been deposited, the Secretary-General shall draw up a procès-verbal and transmit a copy thereof to each Member of the United Nations and to each of the non-member States contemplated in article XI. The present Convention shall come into force on the ninetieth day following the date of deposit of the twentieth instrument of ratification or accession. Any ratification or accession effected subsequent to the latter date shall become effective on the ninetieth day following the deposit of the instrument of ratification or accession.

제13조

최초의 20통의 비준서 또는 가입서가 기탁된 일자에 사무총장은 경위서를 작성하여 그 사본을 국제연합의 각 가맹국과 제11조에 규정된 비가맹 각국에 송부한다. 본 협약은 20통째의 비준서 또는 가입서가 기탁된 90일 후에 발효한다. 전기일 이후에 행하여진 비준이나 가입은 비준서 또는 가입서 기탁 90일 후에 효력을 발생한다.

Article XIV

The present Convention shall remain in effect for a period of ten years as from the date of its coming into force. It shall thereafter remain in force for successive periods of five years for such Contracting Parties as have not denounced it at least six months before the expiration of the current period. Denunciation shall be effected by a written notification addressed to the Secretary-General of the

제14조

본 협약은 발효일로부터 10년간 계속하여 효력을 갖는다. 전기 기간의 적어도 만료 6개월 전에 본 조약을 폐기하지 아니한 체약국에 대하여는 본 협약은 그 후 5년간씩 계속하여 효력을 가진다. 폐기는 국제연합 사무총장 앞으로의 통고서에 의하여 행한다.

United Nations.

Article XV

If, as a result of denunciations, the number of Parties to the present Convention should become less than sixteen, the Convention shall cease to be in force as from the date on which the last of these denunciations shall become effective.

. . .

제15조

폐기의 결과 본 협약에의 가맹국수가 16 이하일 때에는 본 협약은 폐기의 최후의 것이 효력이 발생하는 날로부터 효력이 종지된다.

. . .

Convention for the Protection of Human Rights and Fundamental Freedoms

as amended by Protocol No. 11 and Protocol No. 14

The governments signatory hereto, being members of the Council of Europe,

Considering the Universal Declaration of Human Rights proclaimed by the General Assembly of the United Nations on 10th December 1948;

Considering that this Declaration aims at securing the universal and effective recognition and observance of the Rights therein declared;

Considering that the aim of the Council of Europe is the achievement of greater unity between its members and that one of the methods by which that aim is to be pursued is the maintenance and further realisation of human rights and fundamental freedoms;

Reaffirming their profound belief in those fundamental freedoms which are the foundation of justice and peace in the world and are best maintained on the one hand by an effective political democracy and on the other by a common understanding and observance of the human rights upon which they depend;

Being resolved, as the governments of European countries which are like and have a common heritage of political traditions, ideals, freedom and the rule of law, to take the first steps for the collective enforcement of certain of the rights stated in the Universal Declaration,

Have agreed as follows:

Article 1 Obligation to respect human rights

The High Contracting Parties shall secure to

인권 및 기본적 자유의 보호에 관한 유럽협약

서명 1950. 11. 4 / 발효 1953. 9. 3 /
제11의정서(1998년 11월 1일 발효) 및
제14의정서(2010년 6월 1일 발효)에 의해 개정

유럽평의회 가맹국인 서명정부는,

1948년 12월 10일 국제연합 총회가 선포한 세계인권선언을 고려하고,

그 선언이 그 속에 선포된 권리의 보편적이고 실효적인 승인과 준수를 확보함을 목적으로 하고 있음을 고려하고,

유럽평의회의 목적이 가맹국간의 보다 강한 결합을 달성하는 것이며, 그 목적이 추구되는 방법 중의 하나가 인권 및 기본적 자유의 유지와 보다 큰 실현이라는 점을 고려하고,

세계의 정의와 평화의 기초이며, 한편으로는 실효적인 정치적 민주주의에 의하여 다른 한편으로는 그 자체가 의존하고 있는 인권에 대한 공통의 이해와 준수에 의하여 가장 잘 유지될 수 있는 기본적 자유에 대한 깊은 신념을 재확인하고,

마음을 같이하며, 정치적 전통, 이상, 자유 및 법의 지배에 관한 공통의 유산을 갖고 있는 유럽 국가의 정부로서, 세계인권선언 속에 규정된 일정한 권리를 집단적으로 실행하기 위한 최초의 조치를 취할 것을 결의하여,

다음과 같이 합의하였다.

제1조(인권 존중의 의무)

체약국은 자신의 관할에 속하는 모든 자에 대하여

everyone within their jurisdiction the rights and freedoms defined in Section I of this Convention.

이 협약 제1절에 규정된 권리와 자유를 보장한다.

Section I Rights and freedoms

제1절 권리와 자유

Article 2 Right to life

1. Everyone's right to life shall be protected by law. No one shall be deprived of his life intentionally save in the execution of a sentence of a court following his conviction of a crime for which this penalty is provided by law.

2. Deprivation of life shall not be regarded as inflicted in contravention of this article when it results from the use of force which is no more than absolutely necessary:

a. in defence of any person from unlawful violence;

b. in order to effect a lawful arrest or to prevent the escape of a person lawfully detained;

c. in action lawfully taken for the purpose of quelling a riot or insurrection.

제2조(생명권)

1. 모든 사람의 생명권은 법에 의하여 보호된다. 어느 누구도 법에 규정된 형벌이 부과되는 범죄의 유죄확정에 따른 법원의 판결을 집행하는 경우를 제외하고는 고의로 생명을 박탈당하지 아니한다.

2. 생명의 박탈이 다음의 상황에서 절대적으로 필요한 힘의 행사의 결과인 때에는, 이 조에 위반하여 부과된 것으로 간주되지 아니한다.

a. 위법한 폭력으로부터 사람을 보호하기 위하여.

b. 합법적으로 체포를 하거나 또는 합법적으로 구금된 자의 도주를 방지하기 위하여.

c. 폭동 또는 반란을 진압하기 위하여 합법적으로 취하여지는 행동.

Article 3 Prohibition of torture

No one shall be subjected to torture or to inhuman or degrading treatment or punishment.

제3조(고문의 금지)

어느 누구도 고문, 비인도적인 또는 굴욕적인 취급이나 형벌을 받지 아니한다.

Article 4 Prohibition of slavery and forced labour

1. No one shall be held in slavery or servitude.

2. No one shall be required to perform forced or compulsory labour.

3. For the purpose of this article the term "forced or compulsory labour"shall not include:

a. any work required to be done in the ordinary course of detention imposed according to the provisions of Article 5 of this Convention or during conditional release from such detention;

b. any service of a military character or, in case of conscientious objectors in countries where they are recognised, service exacted instead of compulsory

제4조(노예 및 강제노동의 금지)

1. 어느 누구도 노예 또는 예속상태에 놓이지 아니한다.

2. 어느 누구도 강제적 또는 의무적 노동을 하도록 요구되지 아니한다.

3. 이 조의 적용상 "강제적 또는 의무적 노동"이라고 하는 용어는 다음 사항을 포함하지 아니한다.

a. 이 협약 제5조의 규정에 따라 부과된 구금 중 또는 그러한 구금으로부터 조건부 석방에서 통상적으로 요구되는 작업.

b. 군사적 성격의 역무, 또는 양심적 병역거부가 인정되고 있는 국가에서 병역의무 대신 실시되는 역무.

military service;
c. any service exacted in case of an emergency or calamity threatening the life or well-being of the community;
d. any work or service which forms part of normal civic obligations.

c. 공동사회의 존립 또는 복지를 위협하는 긴급사태 또는 재난 시에 요구되는 역무.

d. 시민의 통상적인 의무를 구성하는 작업 또는 역무.

Article 5 Right to liberty and security
1. Everyone has the right to liberty and security of person. No one shall be deprived of his liberty save in the following cases and in accordance with a procedure prescribed by law:
a. the lawful detention of a person after conviction by a competent court;
b. the lawful arrest or detention of a person for noncompliance with the lawful order of a court or in order to secure the fulfilment of any obligation prescribed by law
c. the lawful arrest or detention of a person effected for the purpose of bringing him before the competent legal authority on reasonable suspicion of having committed an offence or when it is reasonably considered necessary to prevent his committing an offence or fleeing after having done so;
d. the detention of a minor by lawful order for the purpose of educational supervision or his lawful detention for the purpose of bringing him before the competent legal authority;
e. the lawful detention of persons for the prevention of the spreading of infectious diseases, of persons of unsound mind, alcoholics or drug addicts or vagrants;
f. the lawful arrest or detention of a person to prevent his effecting an unauthorised entry into the country or of a person against whom action is being taken with a view to deportation or extradition.
2. Everyone who is arrested shall be informed promptly, in a language which he understands, of the reasons for his arrest and of any charge against

제5조(신체의 자유와 안전에 대한 권리)
1. 모든 사람은 신체의 자유와 안전에 대한 권리를 가진다. 어느 누구도 다음의 경우에 있어서 법률로 정한 절차를 따르지 아니하고는 자유를 박탈당하지 아니한다.
a. 권한 있는 법원의 유죄결정 후의 사람의 합법적 구금.
b. 법원의 합법적 명령에 따르지 않기 때문이거나, 또는 법률이 규정한 의무의 이행을 확보하기 위한 사람의 합법적 체포 또는 구금.

c. 범죄를 범했다고 의심할 만한 합리적인 이유가 있을 때, 또는 범죄의 수행이나 범죄수행 후의 도주를 방지하기 위하여 필요하다고 믿을 만한 합리적 이유가 있을 때, 그를 권한 있는 사법당국에게 회부하기 위한 목적에서 실시되는 합법적 체포 또는 구금.
d. 교육적인 감독의 목적으로 합법적 명령에 의한 미성년자의 구금, 또는 권한 있는 사법당국으로 회부하기 위한 목적에 따른 합법적인 미성년자의 구금.
e. 전염병의 전파를 방지하기 위하여, 또는 정신이상자, 알코올중독자, 마약중독자 및 부랑자의 합법적 구금.

f. 불법 입국을 방지하기 위하여, 또는 강제퇴거나 범죄인인도를 위한 절차가 행하여지고 있는 사람의 합법적 체포 또는 구금.

2. 체포된 모든 사람은 그가 이해하는 언어로 그의 체포 사유 및 피의 사실을 신속하게 통고받는다.

him.

3. Everyone arrested or detained in accordance with the provisions of paragraph 1.c of this article shall be brought promptly before a judge or other officer authorised by law to exercise judicial power and shall be entitled to trial within a reasonable time or to release pending trial. Release may be conditioned by guarantees to appear for trial.

4. Everyone who is deprived of his liberty by arrest or detention shall be entitled to take proceedings by which the lawfulness of his detention shall be decided speedily by a court and his release ordered if the detention is not lawful.

5. Everyone who has been the victim of arrest or detention in contravention of the provisions of this article shall have an enforceable right to compensation.

3. 이 조 제1항 c호 규정에 따라 체포 또는 구금된 모든 사람은 법관 또는 법률에 의하여 사법권을 행사할 권한을 부여받은 기타 관헌에게 신속히 회부되어야 하며, 또한 그는 합리적인 기간 내에 재판을 받거나 또는 재판 중에 석방될 권리를 가진다. 석방은 재판을 위하여 출두할 것이라는 보증을 조건으로 할 수 있다.

4. 체포 또는 구금에 의하여 자유를 박탈당한 사람은 누구든지 법원이 그의 구금의 합법성을 지체 없이 결정하고, 그의 구금이 합법적이 아닌 경우에는 석방이 명령되도록 법원에 절차를 취할 권리를 가진다.

5. 이 조의 규정에 위반된 체포 또는 구금의 피해자는 누구든지 집행 가능한 보상을 받을 권리를 가진다.

Article 6 Right to a fair trial

1. In the determination of his civil rights and obligations or of any criminal charge against him, everyone is entitled to a fair and public hearing within a reasonable time by an independent and impartial tribunal established by law. Judgment shall be pronounced publicly but the press and public may be excluded from all or part of the trial in the interests of morals, public order or national security in a democratic society, where the interests of juveniles or the protection of the private life of the parties so require, or to the extent strictly necessary in the opinion of the court in special circumstances where publicity would prejudice the interests of justice.

2. Everyone charged with a criminal offence shall be presumed innocent until proved guilty according to law.

3. Everyone charged with a criminal offence has the following minimum rights:

a. to be informed promptly, in a language which he

제6조(공정한 재판을 받을 권리)

1. 모든 사람은 민사상의 권리 및 의무, 또는 형사상의 죄의 결정을 위하여 법률에 의하여 설립된 독립적이고, 공평한 법원에 의하여 합리적인 기한 내에 공정한 공개심리를 받을 권리를 가진다. 판결은 공개적으로 선고되며, 다만 민주사회에 있어서의 도덕, 공공질서 또는 국가안보를 위한 경우, 미성년자의 이익이나 당사자들의 사생활보호를 위하여 필요한 경우, 또는 공개가 사법상 이익을 해할 특별한 사정이 있다고 법원이 판단하는 경우 엄격히 필요한 한도 내에서 보도기관 또는 공중에 대하여 재판의 전부 또는 일부가 공개되지 아니할 수 있다.

2. 모든 형사피의자는 법률에 따라 유죄가 입증될 때까지는 무죄로 추정된다.

3. 모든 형사피의자는 다음과 같은 최소한의 권리를 가진다.

a. 그에 대한 기소의 성격 내지 이유를 그가 이해하

understands and in detail, of the nature and cause of the accusation against him;

는 언어로 신속하고 상세하게 통보받을 것.

b. to have adequate time and facilities for the preparation of his defence;

b. 자신의 변호의 준비를 위하여 충분한 시간과 편의를 가질 것.

c. to defend himself in person or through legal assistance of his own choosing or, if he has not sufficient means to pay for legal assistance, to be given it free when the interests of justice so require;

c. 직접 또는 본인이 선택한 법적 조력을 통하여 자신을 변호할 것, 또는 법적 조력을 위한 충분한 지불수단을 가지고 있지 못하지만 사법상의 이익을 위하여 필요한 경우에는 무료로 법적 조력이 부여될 것.

d. to examine or have examined witnesses against him and to obtain the attendance and examination of witnesses on his behalf under the same conditions as witnesses against him;

d. 자기에게 불리한 증인을 심문하거나 심문받도록 할 것, 그리고 자기에게 불리한 증인과 동일한 조건으로 자신을 위한 증인을 출석시키도록 하고 또한 심문받도록 할 것.

e. to have the free assistance of an interpreter if he cannot understand or speak the language used in court.

e. 법정에서 사용되는 언어를 이해하지 못하거나 또는 말할 수 없는 경우에는 무료로 통역의 조력을 받을 것.

Article 7 No punishment without law

제7조(죄형법정주의)

1. No one shall be held guilty of any criminal offence on account of any act or omission which did not constitute a criminal offence under national or international law at the time when it was committed. Nor shall a heavier penalty be imposed than the one that was applicable at the time the criminal offence was committed.

1. 어떤 누구도 행위 시의 국내법 또는 국제법에 의하여 범죄를 구성하지 아니하는 작위 또는 부작위를 이유로 유죄로 되지 아니한다. 어느 누구도 범죄가 행하여진 때에 적용될 수 있는 형벌보다도 중한 형벌을 받지 아니한다.

2. This article shall not prejudice the trial and punishment of any person for any act or omission which, at the time when it was committed, was criminal according to the general principles of law recognised by civilised nations.

2. 이 조는 그 행위 시 문명국가에 의하여 승인된 법의 일반원칙에 따르면 범죄에 해당하는 작위 또는 부작위를 이유로 하여 당해인을 재판하고 처벌하는 것을 방해하지 아니한다.

Article 8 Right to respect for private and family life

제8조(사생활 및 가족생활을 존중받을 권리)

1. Everyone has the right to respect for his private and family life, his home and his correspondence.

1. 모든 사람은 그의 사생활, 가정생활, 주거 및 통신을 존중받을 권리를 가진다.

2. There shall be no interference by a public authority with the exercise of this right except such as is in accordance with the law and is necessary in a democratic society in the interests of national

2. 법률에 합치되고, 국가안보, 공공의 안전 또는 국가의 경제적 복리, 질서유지와 범죄의 방지, 보건 및 도덕의 보호, 또는 다른 사람의 권리 및 자유를 보호하기 위하여 민주사회에서 필요한 경우 이외

security, public safety or the economic well-being of the country, for the prevention of disorder or crime, for the protection of health or morals, or for the protection of the rights and freedoms of others.

에는, 이 권리의 행사에 대하여는 어떠한 공공당국의 개입도 있어서는 아니 된다.

Article 9 Freedom of thought, conscience and religion

1. Everyone has the right to freedom of thought, conscience and religion; this right includes freedom to change his religion or belief and freedom, either alone or in community with others and in public or private, to manifest his religion or belief, in worship, teaching, practice and observance.

2. Freedom to manifest one's religion or beliefs shall be subject only to such limitations as are prescribed by law and are necessary in a democratic society in the interests of public safety, for the protection of public order, health or morals, or for the protection of the rights and freedoms of others.

제9조(사상·양심·종교의 자유)

1. 모든 사람은 사상, 양심 및 종교의 자유에 대한 권리를 가진다. 이러한 권리는 자기의 종교 또는 신념을 변경하는 자유와 단독으로 또는 다른 사람과 공동으로, 공적 또는 사적으로 예배, 선교, 행사와 의식에 의하여 그의 종교 또는 신념을 표명하는 자유를 포함한다.

2. 자기의 종교 또는 신념을 표명하는 자유는 법률에 규정되고, 공공의 안전, 공공질서, 보건, 또는 도덕, 또는 다른 사람의 권리 및 자유의 보호를 위하여 민주사회에 있어서 필요한 경우에만 제한받을 수 있다.

Article 10 Freedom of expression

1. Everyone has the right to freedom of expression. This right shall include freedom to hold opinions and to receive and impart information and ideas without interference by public authority and regardless of frontiers. This article shall not prevent States from requiring the licensing of broadcasting, television or cinema enterprises.

2. The exercise of these freedoms, since it carries with it duties and responsibilities, may be subject to such formalities, conditions, restrictions or penalties as are prescribed by law and are necessary in a democratic society, in the interests of national security, territorial integrity or public safety, for the prevention of disorder or crime, for the protection of health or morals, for the protection of the reputation or rights of others, for preventing the disclosure of information received in confidence, or for maintaining the authority and impartiality of the

제10조(표현의 자유)

1. 모든 사람은 표현의 자유에 대한 권리를 가진다. 이 권리는 의견을 가질 자유와 공공당국의 간섭을 받지 않고 국경에 관계없이 정보 및 사상을 주고받는 자유를 포함한다. 이 조가 방송, 텔레비전 또는 영화 사업자에 대한 국가의 허가제도를 금지하는 것은 아니다.

2. 이러한 자유의 행사에는 의무와 책임이 따르므로, 법률에 의하여 규정되고, 국가안보, 영토의 일체성이나 공공의 안전, 무질서 및 범죄의 방지, 보건과 도덕의 보호, 타인의 명예나 권리의 보호, 비밀리에 얻은 정보의 공개 방지, 또는 사법부의 권위와 공정성의 유지를 위하여 민주사회에서 필요한 형식, 조건, 제약 또는 형벌에 따르게 할 수 있다.

judiciary.

Article 11 Freedom of assembly and association

1. Everyone has the right to freedom of peaceful assembly and to freedom of association with others, including the right to form and to join trade unions for the protection of his interests.

2. No restrictions shall be placed on the exercise of these rights other than such as are prescribed by law and are necessary in a democratic society in the interests of national security or public safety, for the prevention of disorder or crime, for the protection of health or morals or for the protection of the rights and freedoms of others. This article shall not prevent the imposition of lawful restrictions on the exercise of these rights by members of the armed forces, of the police or of the administration of the State.

제11조(집회 및 결사의 자유)

1. 모든 사람은 자신의 이익을 보호하기 위하여 노동조합을 조직하고, 이에 가입하는 권리를 포함하여 평화적인 집회 및 다른 사람과의 결사의 자유에 관한 권리를 가진다.

2. 이 권리의 행사에 대하여는 법률에 의하여 규정되고, 국가안보 또는 공공의 안전, 무질서 및 범죄의 방지, 보건 및 도덕의 보호, 또는 다른 사람의 권리 및 자유의 보호를 위하여 민주사회에서 필요한 것 이외의 어떠한 제한도 가하여져서는 아니 된다. 이 조는 국가의 군대, 경찰 또는 행정부의 구성원이 이러한 권리를 행사하는 데 대하여 합법적인 제한을 부과하는 것을 방해하지 아니한다.

Article 12 Right to marry

Men and women of marriageable age have the right to marry and to found a family, according to the national laws governing the exercise of this right.

제12조(혼인의 권리)

혼인적령의 남녀는 이 권리행사에 관한 국내법에 따라 혼인을 하고 가정을 구성할 권리를 가진다.

Article 13 Right to an effective remedy

Everyone whose rights and freedoms as set forth in this Convention are violated shall have an effective remedy before a national authority notwithstanding that the violation has been committed by persons acting in an official capacity.

제13조(실효적 구제를 받을 권리)

이 협약에 규정된 권리와 자유를 침해당한 모든 사람은 그 침해가 공무집행 중인 자에 의하여 자행된 것이라 할지라도 국가당국 앞에서의 실효적인 구제조치를 받아야 한다.

Article 14 Prohibition of discrimination

The enjoyment of the rights and freedoms set forth in this Convention shall be secured without discrimination on any ground such as sex, race, colour, language, religion, political or other opinion, national or social origin, association with a national minority, property, birth or other status.

제14조(차별의 금지)

성, 인종, 피부색, 언어, 종교, 정치적 또는 기타의 의견, 민족적 또는 사회적 출신, 소수민족에의 소속, 재산, 출생 또는 기타의 신분 등에 의한 어떠한 차별도 없이 이 협약에 규정된 권리와 자유의 향유가 확보되어야 한다.

Article 15 Derogation in time of emergency
1. In time of war or other public emergency threatening the life of the nation any High Contracting Party may take measures derogating from its obligations under this Convention to the extent strictly required by the exigencies of the situation, provided that such measures are not inconsistent with its other obligations under international law.
2. No derogation from Article 2, except in respect of deaths resulting from lawful acts of war, or from Articles 3, 4 (paragraph 1) and 7 shall be made under this provision.
3. Any High Contracting Party availing itself of this right of derogation shall keep the Secretary General of the Council of Europe fully informed of the measures which it has taken and the reasons therefor. It shall also inform the Secretary General of the Council of Europe when such measures have ceased to operate and the provisions of the Convention are again being fully executed.

제15조(비상시의 의무 예외)
1. 전쟁 또는 국가의 생존을 위협하는 기타 공공의 비상사태의 경우에는, 어떠한 체약국도 사태의 긴급성에 의하여 엄격히 요구되는 한도 내에서 이 협약상의 의무를 이탈하는 조치를 취할 수가 있다. 다만 이러한 조치는 국제법상의 다른 의무에 저촉되어서는 아니 된다.

2. 적법한 전쟁행위로 인한 사망의 경우를 제외하고 제2조, 제3조, 제4조 제1항 및 제7조에 대하여는 이 조를 근거로 한 어떠한 이탈도 허용되지 아니한다.
3. 의무를 이탈하는 조치를 취할 권리를 행사하는 어떠한 체약국도 자신이 취한 조치와 그 이유를 유럽평의회 사무총장에게 충분히 통보하여야 한다. 당해 국가는 그러한 조치의 적용이 언제 중지되어 협약 규정이 재차 완전히 실행될 것인지 역시 유럽평의회 사무총장에게 통보하여야 한다.

Article 16 Restrictions on political activity of aliens
Nothing in Articles 10, 11 and 14 shall be regarded as preventing the High Contracting Parties from imposing restrictions on the political activity of aliens.

제16조(외국인의 정치활동의 제한)
제10조, 제11조 및 제14조의 어떠한 규정도 체약국이 외국인의 정치활동에 대하여 제한을 부과하는 것을 금지하는 것으로 간주되지 아니한다.

Article 17 Prohibition of abuse of rights
Nothing in this Convention may be interpreted as implying for any State, group or person any right to engage in any activity or perform any act aimed at the destruction of any of the rights and freedoms set forth herein or at their limitation to a greater extent than is provided for in the Convention.

제17조(권리남용의 금지)
이 협약 중의 어떠한 규정도 국가, 집단 또는 개인이 이 협약에 규정된 권리 및 자유를 파괴하거나, 또는 이 협약에 규정된 범위 이상으로 제한하는 것을 목적으로 하는 활동에 종사하거나 수행할 권리를 가지는 것으로 해석되지 아니한다.

Article 18 Limitation on use of restrictions on rights
The restrictions permitted under this Convention to the said rights and freedoms shall not be applied for any purpose other than those for which they have

제18조(권리제한의 한계)
위의 권리 및 자유에 대하여 이 협약하에서 허용되는 제한은, 이를 규정한 목적 이외의 어떠한 목적을 위하여도 적용되지 아니한다.

been prescribed.

Section II European Court of Human Rights

제2절 유럽인권재판소

Article 19 Establishment of the Court

To ensure the observance of the engagements undertaken by the High Contracting Parties in the Convention and the Protocols thereto, there shall be set up a European Court of Human Rights, hereinafter referred to as "the Court". It shall function on a permanent basis.

제19조(재판소의 설립)

협약 및 의정서의 체약국이 행한 약속의 준수를 확보하기 위하여 유럽인권재판소(이하 "재판소"라 함)를 설립한다. 이 재판소는 상설적으로 활동한다.

Article 20 Number of judges

The Court shall consist of a number of judges equal to that of the High Contracting Parties.

제20조(판사의 수)

재판소는 체약국 수와 같은 수의 판사로 구성된다.

Article 21 Criteria for office

1. The judges shall be of high moral character and must either possess the qualifications required for appointment to high judicial office or be juris consults of recognised competence.
2. The judges shall sit on the Court in their individual capacity.
3. During their term of office the judges shall not engage in any activity which is incompatible with their independence, impartiality or with the demands of a full-time office; all questions arising from the application of this paragraph shall be decided by the Court.

제21조(판사의 자격)

1. 판사는 덕망이 높은 자로서 국내의 고위 판사직으로 임명되는 데 필요한 자격을 보유하거나 능력이 인정된 법률가이어야 한다.
2. 판사는 개인 자격으로 재판소에서 근무한다.
3. 판사는 임기 중 그의 독립성, 중립성 또는 상임직의 요구와 양립될 수 없는 활동에 종사하여서는 아니 된다. 이 항의 적용과정에서 발생하는 모든 문제는 재판소에 의하여 결정된다.

Article 22 Election of judges

1. The judges shall be elected by the Parliamentary Assembly with respect to each High Contracting Party by a majority of votes cast from a list of three candidates nominated by the High Contracting Party.
2. The same procedure shall be followed to complete the Court in the event of the accession of new High Contracting Parties and in filling casual vacancies.

제22조(판사의 선출)

1. 판사는 각 체약국별로 체약국이 지명한 3명의 후보 명부로부터 총회에서 다수결로 선출된다.
2. 새로운 체약국이 가입하는 경우와 임시적 공석을 채우는 경우에도 위와 동일한 절차가 적용된다.

Article 23 Terms of office and dismissal

1. The judges shall be elected for a period of nine years. They may not be re-elected.

2. The terms of office of judges shall expire when they reach the age of 70

3. The judges shall hold office until replaced. They shall, however, continue to deal with such cases as they already have under consideration.

4. No judge may be dismissed from office unless the other judges decide by a majority of two thirds that that judge has ceased to fulfil the required conditions.

제23조(임기 및 해임)

1. 재판관의 임기는 9년이다. 판사는 연임할 수 없다.

2. 재판관의 정년은 70세이다.

3. 재판관은 교체될 때까지 직을 보유한다. 그러나 이미 심리 중인 사건은 계속하여 관여한다.

4. 재판관은 다른 재판관들이 3분의 2의 다수결로 자격요건을 갖추지 못하였다고 결정하는 경우를 제외하고는 해임되지 아니한다.

Article 24 Registry and rapporteurs

1. The Court shall have a registry, the functions and organisation of which shall be laid down in the rules of the Court.

2. When sitting in a single-judge formation, the Court shall be assisted by rapporteurs who shall function under the authority of the President of the Court. They shall form part of the Court's registry.

제24조(서기국 및 보고관)

1. 재판소는 서기국을 두며, 그 기능과 조직은 재판소의 규칙으로 정한다. 재판소는 법률비서의 조력을 받는다.

2. 단독재판관이 재판하는 경우 재판소 소장의 감독을 받아 일하는 보고관의 도움을 받는다. 보고관은 서기국의 일부이다..

Article 25 Plenary Court

The plenary Court shall

a. elect its President and one or two Vice-Presidents for a period of three years; they may be re-elected;

b. set up Chambers, constituted for a fixed period of time;

c. elect the Presidents of the Chambers of the Court; they may be re-elected;

d. adopt the rules of the Court, and

e. elect the Registrar and one or more Deputy Registrars.

f. make any request under Article 26, paragraph 2.

제25조(전원법정)

재판소의 전원법정은,

a. 3년 임기의 재판소 소장과 한 명 또는 두 명의 재판소 부소장을 선출한다. 이들은 연임할 수 있다.

b. 지정된 임기로 구성되는 소재판부를 설치한다.

c. 재판소 소재판부의 재판장을 선출한다. 이들은 연임할 수 있다.

d. 재판소 규칙을 채택한다.

e. 재판소 서기와 한 명 또는 그 이상의 부서기를 선임한다.

f. 제26조 제2항에 따라 요구한다.

Article 26 Single-judge formation, committees, Chambers and Grand Chamber

1. To consider cases brought before it, the Court shall sit in a single-judge formation, in committees

제26조(단독재판관, 위원회, 소재판부 및 대재판부)

1. 제소된 사건을 심리하기 위하여 재판소는 단독재판관, 3명의 판사로 구성된 위원회, 7명의 판사

of three judges, in Chambers of seven judges and in a Grand Chamber of seventeen judges. The Court's Chambers shall set up committees for a fixed period of time.

로 구성된 소재판부 및 17명의 판사로 구성된 대재판부를 둔다. 각 소재판부는 지정된 임기의 위원회를 구성한다.

2. At the request of the plenary Court, the Committee of Ministers may, by a unanimous decision and for a fixed period, reduce to five the number of judges of the Chambers.

2. 전원법정의 요구에 의해, 각료위원회는 전원 일치 및 일정기간이라는 전제하에, 소재판부의 구성을 5인으로 줄일 수 있다.

3. When sitting as a single judge, a judge shall not examine any application against the High Contracting Party in respect of which that judge has been elected.

3. 단독재판관이 재판하는 경우, 재판관은 자신이 소속된 당사국을 상대로 하는 사건을 심리할 수 없다.

4. There shall sit as an ex officio member of the Chamber and the Grand Chamber the judge elected in respect of the State Party concerned or, if there is none or if he is unable to sit, a person of its choice who shall sit in the capacity of judge.

4. 소재판부와 대재판부에는 사건 당사국 출신 판사가 당연직으로 참여하며, 만약 해당 판사가 없거나 참여가 불가능하면 사건 당사국이 선택하는 자가 판사로 참여한다.

5. The Grand Chamber shall also include the President of the Court, the Vice-Presidents, the Presidents of the Chambers and other judges chosen in accordance with the rules of the Court. When a case is referred to the Grand Chamber under Article 43, no judge from the Chamber which rendered the judgment shall sit in the Grand Chamber, with the exception of the President of the Chamber and the judge who sat in respect of the State Party concerned.

5. 대재판부는 재판소 소장, 재판소 부소장, 소재판부 각 재판장 및 재판소 규칙에 따라 선정된 기타의 판사를 포함한다. 사건이 제43조에 따라 대재판부에 회부된 경우, 판결을 내리는 소재판부의 재판관은 대재판부에 참석할 수 없으나, 단 소재판부 재판장과 관련 당사국 측 재판관은 이에 해당하지 아니한다.

Article 27 Competence of single judges

1. A single judge may declare inadmissible or strike out of the Court's list of cases an application submitted under Article 34, where such a decision can be taken without further examination.

2. The decision shall be final.

3. If the single judge does not declare an application

제27조(단독재판관의 권한)

1. 단독재판관은 더 이상의 조사 없이 결정이 내려질 수 있는 경우 제34조에 따라 제출된 제소를 각하하거나, 사건목록에서의 삭제를 선언할 수 있다.

2. 위 결정은 최종적이다.

3. 단독재판관이 사건을 각하도 하지 않고 삭제선

inadmissible or strike it out, that judge shall forward it to a committee or to a Chamber for further examination.

언도 하지 않는 경우 추가적인 심리를 위해 그 사건을 위원회나 소재판부로 넘겨야 한다.

Article 28 Competence of committees

1. In respect of an application submitted under Article 34, a committee may, by a unanimous vote,

a. declare it inadmissible or strike it out of its list of cases, where such decision can be taken without further examination; or

b. declare it admissible and render at the same time a judgment on the merits, if the underlying question in the case, concerning the interpretation or the application of the Convention or the Protocols thereto, is already the subject of well-established case-law of the Court.

제28조(위원회의 권한)

1. 제34조에 의해 제출된 신청에 관하여 위원회는 다음과 같은 결정을 할 수 있다.

(a) 그 이상 심리하지 않고 결정할 수 있는 경우에 그것을 각하하거나 사건명부에서 삭제하는 것

(b) 협약 또는 그 의정서의 해석 또는 적용에 관하여, 사건의 기초가 되는 문제가 이미 충분히 확립된 재판소의 판례법의 주제인 경우에, 그 수리와 동시에 본안에 관한 판결을 내리는 것

2. Decisions and judgments under paragraph 1 shall be final.

2. 전항에 기한 결정 및 판결은 최종적이다.

3. If the judge elected in respect of the High Contracting Party concerned is not a member of the committee, the committee may at any stage of the proceedings invite that judge to take the place of one of the members of the committee, having regard to all relevant factors, including whether that Party has contested the application of the procedure under paragraph 1.b.

3. 소송당사국의 재판관이 위원회의 구성원이 아닌 경우, 위원회는 당사국이 본조 제1항 (b)에 기한 절차 적용을 다투는지 여부를 포함하는 모든 관련 요소를 고려하여, 절차의 어떤 단계에서도 당해 재판관을 위원회의 구성원 중 1인으로 대체하도록 초청할 수 있다.

Article 29 Decisions by Chambers on admissibility and merits

1. If no decision is taken under Article 27 or 28, or no judgment rendered under Article 28, a Chamber shall decide on the admissibility and merits of individual applications submitted under Article 34. The decision on admissibility may be taken separately.

제29조(심리적격 및 본안에 대한 소재판부의 결정)

1. 제27조 또는 제28에 의한 결정이 내려지지 않은 경우, 또는 제28조에 의한 판결이 내려지지 않은 경우, 소재판부는 제34조에 따라 제출된 개별 제소의 심리적격 및 본안에 대하여 결정한다. 심리적격에 관한 결정은 별개로 이루어질 수 있다.

2. A Chamber shall decide on the admissibility and merits of inter-State applications submitted under

2. 소재판부는 제33조에 따라 제출된 국가 간 제소의 심리적격 및 본안에 관하여 결정한다. 심리적격

Article 33. The decision on admissibility shall be taken separately unless the Court, in exceptional cases, decides otherwise.

에 관한 결정은 예외적인 경우 재판소가 달리 결정하지 않는 한 별도로 하는 것으로 한다.

Article 30 Relinquishment of jurisdiction to the Grand Chamber

Where a case pending before a Chamber raises a serious question affecting the interpretation of the Convention or the protocols thereto, or where the resolution of a question before the Chamber might have a result inconsistent with a judgment previously delivered by the Court, the Chamber may, at any time before it has rendered its judgment, relinquish jurisdiction in favour of the Grand Chamber, unless one of the parties to the case objects.

제30조(대재판부에 대한 관할권의 포기)

소재판부에 계류된 사건이 협약 또는 의정서의 해석에 영향을 미치는 중대한 문제를 제기하는 경우나 소재판부에 의한 사건해결이 재판소의 선례와 일치하지 않는 결과를 가져올지도 모르는 경우, 사건의 당사자 중의 일방이 이에 반대하지 않는 한 소재판부는 판결을 내리기 전 언제라도 대재판부로 관할권을 이양할 수 있다.

Article 31 Powers of the Grand Chamber

The Grand Chamber shall

a. determine applications submitted either under Article 33 or Article 34 when a Chamber has relinquished jurisdiction under Article 30 or when the case has been referred to it under Article 43;

b. decide on issues referred to the Court by the Committee of Ministers in accordance with Article 46, paragraph 4; and

c. consider requests for advisory opinions submitted under Article 47.

제31조(대재판부의 권한)

대재판부는,

a. 제33조 또는 제34조에 따라 제출된 사건으로 소재판부가 제30조에 따라 관할권을 이양한 사건이나 제43조에 따라 이에 상소된 사건을 판단한다.

b. 제46조 제4항에 따라 각료위원회에 의해 재판소에 요청된 문제에 대하여 결정한다.

c. 제47조에 따라 요청된 권고적 의견에 대해 심리한다.

Article 32 Jurisdiction of the Court

1. The jurisdiction of the Court shall extend to all matters concerning the interpretation and application of the Convention and the protocols thereto which are referred to it as provided in Articles 33, 34 and 47.

2. In the event of dispute as to whether the Court has jurisdiction, the Court shall decide.

제32조(재판소의 관할권)

1. 재판소는 제33조, 제34조 및 제47조에 규정된 바와 같이 제출된 협약 및 의정서의 해석과 적용에 관한 모든 문제에 대하여 관할권을 가진다.

2. 재판소가 관할권을 가지는지의 여부에 관하여 분쟁이 있을 경우에는 재판소가 결정한다.

Article 33 Inter-State cases

Any High Contracting Party may refer to the Court any alleged breach of the provisions of the Convention and the protocols thereto by another High Contracting Party.

제33조(국가 간 사건)

모든 체약국은 다른 체약국의 협약 및 의정서의 규정에 대한 어떠한 위반에 대하여도 재판소에 제소할 수 있다.

Article 34 Individual applications

The Court may receive applications from any person, non-governmental organisation or group of individuals claiming to be the victim of a violation by one of the High Contracting Parties of the rights set forth in the Convention or the protocols thereto. The High Contracting Parties undertake not to hinder in any way the effective exercise of this right.

제34조(개인 제소)

재판소는 협약 또는 의정서에 규정된 권리를 체약국의 위반에 의하여 침해당하였다고 주장하는 모든 사람, 비정부조직, 개인집단으로부터의 제소를 접수한다. 체약국은 어떠한 경우에도 이 권리의 실효적인 행사를 방해하지 아니할 것을 약속한다.

Article 35 Admissibility criteria

1. The Court may only deal with the matter after all domestic remedies have been exhausted, according to the generally recognised rules of international law, and within a period of six months from the date on which the final decision was taken.

2. The Court shall not deal with any application submitted under Article 34 that

a. is anonymous; or

b. is substantially the same as a matter that has already been examined by the Court or has already been submitted to another procedure of international investigation or settlement and contains no relevant new information.

3. The Court shall declare inadmissible any individual application submitted under Article 34 if it considers that :

a. the application is incompatible with the provisions of the Convention or the Protocols thereto, manifestly ill-founded, or an abuse of the right of individual application; or

b. the applicant has not suffered a significant

제35조(심리적격의 기준)

1. 재판소는 일반적으로 인정된 국제법 원칙에 따라 모든 국내적 구제절차가 종료된 이후, 그리고 최종 결정이 내려진 날로부터 6개월 이내의 사건만을 다룰 수 있다.

2. 재판소는 제34조에 따라 제출된 다음과 같은 제소는 다루지 아니한다.

a. 익명의 제소 또는,

b. 재판소에 의하여 이미 다루어진 사건과 실질적으로 동일한 사안이거나 다른 국제적 조사 또는 분쟁해결절차에 제기된 바 있었으나, 새로운 관련 정보를 포함하고 있지 못한 제소.

3. 재판소는 다음 각호의 어느 것에 해당하는 경우, 제34조에 의한 개인 제소에 대해 심리부적격을 선언해야 한다.

(a) 신청이 협약 또는 의정서의 규정과 양립할 수 없는 경우, 근거가 없는 것이 명백한 경우, 또는 제소권의 남용이라고 판단되는 경우

(b) 신청인이 상당한 불이익을 받지 않은 경우, 단

disadvantage, unless respect for human rights as defined in the Convention and the Protocols thereto requires an examination of the application on the merits and provided that no case may be rejected on this ground which has not been duly considered by a domestic tribunal.

협약 및 제(諸) 의정서에 명확히 규정된 인권의 존중을 위해 당해 신청의 본안심사가 구해진 경우는 그러하지 않고, 국내재판소에 의해 정당하게 심리되지 아니한 사건도 이를 이유로 각하되어서는 아니 된다.

4. The Court shall reject any application which it considers inadmissible under this Article. It may do so at any stage of the proceedings.

4. 재판소는 이 조에 따라 심리적격이 없다고 판단되는 어떠한 제소도 각하하여야 한다. 이는 소송의 어떠한 단계에서도 가능하다.

Article 36 Third party intervention

제36조(제3자 소송참가)

1. In all cases before a Chamber or the Grand Chamber, a High Contracting Party one of whose nationals is an applicant shall have the right to submit written comments and to take part in hearings.

1. 소재판부 또는 대재판부가 다루는 모든 사건에서 원고의 출신 체약국은 서면답변서를 제출하고 심리에 참여할 권리가 있다.

2. The President of the Court may, in the interest of the proper administration of justice, invite any High Contracting Party which is not a party to the proceedings or any person concerned who is not the applicant to submit written comments or take part in hearings.

2. 재판소 소장은 재판의 적절한 운용을 위하여 소송의 당사국이 아닌 체약국이나 원고가 아닌 개인에게 서면자료의 제출이나 심리참여를 요청할 수 있다.

3. In all cases before a Chamber or the Grand Chamber, the Council of Europe Commissioner for Human Rights may submit written comments and take part in hearings.

3. 소재판부 또는 대재판부의 모든 사건에 대해 유럽평의회 인권담당관은 서면으로 의견을 제출하고 구술심리에 참여할 수 있다.

Article 37 Striking out applications

제37조(신청 삭제)

1. The Court may at any stage of the proceedings decide to strike an application out of its list of cases where the circumstances lead to the conclusion that

a. the applicant does not intend to pursue his application; or

b. the matter has been resolved; or

c. for any other reason established by the Court, it is no longer justified to continue the examination of

1. 재판소는 소송의 어떠한 단계에서도 상황이 다음과 같은 결론에 이르는 경우 사건목록에서 신청을 삭제할 수 있다.

a. 원고가 그 신청을 계속하기 원하지 않는 경우 또는,

b. 그 사안이 해결된 경우 또는,

c. 어떠한 이유에서든 신청에 대한 조사를 계속하는 것이 더 이상 정당화될 수 없는 경우.

the application.
However, the Court shall continue the examination of the application if respect for human rights as defined in the Convention and the protocols thereto so requires.
2. The Court may decide to restore an application to its list of cases if it considers that the circumstances justify such a course.

그러나 재판소는 협약 및 의정서에 규정된 인권에 대한 존중을 위하여 필요한 경우 신청에 대한 조사를 계속하여야 한다.

2. 재판소는 상황에 의하여 정당화될 수 있다고 판단되는 경우 신청을 사건목록에 회복시킬 수 있다.

Article 38 Examination of the case
The Court shall examine the case together with the representatives of the parties and, if need be, undertake an investigation, for the effective conduct of which the High Contracting Parties concerned shall furnish all necessary facilities.

제38조(사건의 심리)
재판소는 당사자의 대리인과 함께 사건을 살피고 필요하면 사실조사를 한다. 이 조사를 실효적으로 행하기 위해 관계국은 모든 필요한 편의를 제공한다.

Article 39 Friendly settlement
1. At any stage of the proceedings, the Court may place itself at the disposal of the parties concerned with a view to securing a friendly settlement of the matter on the basis of respect for human rights as defined in the Convention and the Protocols thereto.
2. Proceedings conducted under paragraph 1 shall be confidential.
3. If a friendly settlement is effected, the Court shall strike the case out of its list by means of a decision which shall be confined to a brief statement of the facts and of the solution reached.
4. This decision shall be transmitted to the Committee of Ministers, which shall supervise the execution of the terms of the friendly settlement as set out in the decision.

제39조(우호적 해결)
1. 협약 및 제 의정서에서 정하는 인권의 존중을 기초로 하는 사안의 우호적 해결을 확보하기 위하여 재판소는 절차의 어떤 단계에서도 관계 당사자의 의사에 따라 이용될 수 있다.

2. 전항에 따라 행해지는 절차는 비공개로 한다.

3. 우호적 해결이 성립하는 경우에는 재판소는 결정에 의해 사건명부로부터 사건을 삭제한다. 이 결정은 사실 및 해결 경과에 대한 간략한 기술로 족하다.
4. 이 결정은 각료위원회에 송부되고 각료위원회는 이 결정에서 정한 우호적 해결의 조건의 집행을 감시한다.

Article 40 Public hearings and access to documents
1. Hearings shall be in public unless the Court in exceptional circumstances decides otherwise.
2. Documents deposited with the Registrar shall be accessible to the public unless the President of the Court decides otherwise.

제40조(심리의 공개 및 자료 접근)
1. 재판소가 예외적인 경우 달리 결정하지 아니하는 한 심리는 공개되어야 한다.
2. 재판소 소장이 달리 결정하지 아니하는 한 서기국에 보관된 문서에 대한 일반인의 접근이 보장되어야 한다.

Article 41 Just satisfaction

If the Court finds that there has been a violation of the Convention or the protocols thereto, and if the internal law of the High Contracting Party concerned allows only partial reparation to be made, the Court shall, if necessary, afford just satisfaction to the injured party.

제41조(정당한 만족 조치)

협약 또는 의정서의 위반이 있었으나 해당 체약국의 국내법이 부분적인 보상만을 허용하고 있는 경우, 재판소는 필요하다면 피해자에게 정당한 만족 조치를 제공하여야 한다.

Article 42 Judgments of Chambers

Judgments of Chambers shall become final in accordance with the provisions of Article 44, paragraph 2.

제42조(소재판부의 판결)

제44조 제2항의 규정에 따른 소재판부의 판결은 최종적이다.

Article 43 Referral to the Grand Chamber

1. Within a period of three months from the date of the judgment of the Chamber, any party to the case may, in exceptional cases, request that the case be referred to the Grand Chamber.
2. A panel of five judges of the Grand Chamber shall accept the request if the case raises a serious question affecting the interpretation or application of the Convention or the protocols thereto, or a serious issue of general importance.
3. If the panel accepts the request, the Grand Chamber shall decide the case by means of a judgment.

제43조(대재판부로의 상소)

1. 예외적인 경우 소재판부의 판결일로부터 3개월 이내에 사건의 당사자는 사건이 대재판부로 회부되도록 요청할 수 있다.

2. 대재판부의 5명의 재판관으로 구성된 패널은 그 사건이 협약 또는 의정서의 해석이나 적용에 심각한 영향을 미치는 문제나, 일반적인 중요성을 갖는 심각한 문제를 야기하는 경우 그 요청을 받아들여야 한다.
3. 패널이 그 요청을 받아들이는 경우, 대재판부는 판결로써 이 사건을 결정하여야 한다.

Article 44 Final judgments

1. The judgment of the Grand Chamber shall be final.
2. The judgment of a Chamber shall become final

a. when the parties declare that they will not request that the case be referred to the Grand Chamber; or
b. three months after the date of the judgment, if reference of the case to the Grand Chamber has not been requested; or
c. when the panel of the Grand Chamber rejects the request to refer under Article 43.

제44조(최종판결)

1. 대재판부의 판결은 최종적이다.

2. 소재판부의 판결은 다음과 같은 경우 최종적이다.
a. 당사자들이 그 사건을 대재판부에 회부하도록 요청하지 않겠다고 선언하는 경우 또는,
b. 대재판부로의 회부 요청이 없이, 판결일로부터 3개월이 지난 경우 또는,

c. 대재판부의 패널이 제43조에 따른 회부요청을 각하하는 경우.

3. The final judgment shall be published.

3. 최종판결은 공표되어야 한다.

Article 45 Reasons for judgments and decisions

1. Reasons shall be given for judgments as well as for decisions declaring applications admissible or inadmissible.

2. If a judgment does not represent, in whole or in part, the unanimous opinion of the judges, any judge shall be entitled to deliver a separate opinion.

제45조(판결 및 결정의 이유)

1. 제소적격 여부에 대한 판결 및 결정에 대하여는 그 이유가 제시되어야 한다.

2. 판결의 전부 또는 일부가 판사들의 전원일치의 의견을 나타내지 않는 경우 어떠한 판사도 개별의견을 밝힐 수 있다.

Article 46 Binding force and execution of judgments

1. The High Contracting Parties undertake to abide by the final judgment of the Court in any case to which they are parties.

2. The final judgment of the Court shall be transmitted to the Committee of Ministers, which shall supervise its execution.

3. If the Committee of Ministers considers that the supervision of the execution of a final judgment is hindered by a problem of interpretation of the judgment, it may refer the matter to the Court for a ruling on the question of interpretation. A referral decision shall require a majority vote of two thirds of the representatives entitled to sit on the Committee.

4. If the Committee of Ministers considers that a High Contracting Party refuses to abide by a final judgment in a case to which it is a party, it may, after serving formal notice on that Party and by decision adopted by a majority vote of two thirds of the representatives entitled to sit on the Committee, refer to the Court the question whether that Party has failed to fulfil its obligation under paragraph 1.

5. If the Court finds a violation of paragraph 1, it shall refer the case to the Committee of Ministers for consideration of the measures to be taken. If the Court finds no violation of paragraph 1, it shall refer the case to the Committee of Ministers, which shall close its examination of the case.

제46조(판결의 구속력 및 집행)

1. 체약국은 자신이 당사자인 모든 사건에서 재판소의 최종판결에 따를 것을 약속한다.

2. 재판소의 최종판결은 그 집행을 감독하는 각료위원회로 송부된다.

3. 확정판결의 집행 감시가 판결 해석의 문제에 의해 방해된다고 각료위원회가 고려하는 경우, 각료위원회는 해석문제의 판단을 구하기 위해, 사안을 재판소에 요청할 수 있다. 이 요청의 결정은 각료위원회에 출석하는 권리를 갖는 대표자의 3분의 2의 다수를 요한다.

4. 각료위원회는 체약국이 자국이 당사자가 되어 있는 사건의 확정판결에 따르는 것을 거부한다고 판단하는 경우, 당해 체약국에 정식의 통고를 한 하고, 각료위원회에 출석하는 권리를 갖는 대표자 3분의 2 다수결에 따른 결정으로, 당해 체약국이 본조 제1항에 기한 의무를 해태하는지 여부의 문제를 재판소에 회부할 수 있다.

5. 재판소는 본조 제1항의 위반을 인정한 경우, 취해야 하는 조치를 검토하기 위해 각료위원회에 사건을 회부한다. 재판소가 본조 제1항의 위반을 인정하지 않은 경우, 재판소는 각료위원회에 사건을 회부하고, 각료위원회는 스스로 사건 심리를 종료한다.

Article 47 Advisory opinions

1. The Court may, at the request of the Committee of Ministers, give advisory opinions on legal questions concerning the interpretation of the Convention and the protocols thereto.

2. Such opinions shall not deal with any question relating to the content or scope of the rights or freedoms defined in Section I of the Convention and the protocols thereto, or with any other question which the Court or the Committee of Ministers might have to consider in consequence of any such proceedings as could be instituted in accordance with the Convention.

3. Decisions of the Committee of Ministers to request an advisory opinion of the Court shall require a majority vote of the representatives entitled to sit on the Committee.

제47조(권고적 의견)

1. 재판소는 각료위원회의 요청에 따라 협약 및 의정서의 해석에 관한 법적 문제에 관하여 권고적 의견을 부여할 수 있다.

2. 권고적 의견은 협약 제1절 및 의정서에 규정된 자유권의 내용이나 범위에 관련된 문제, 또는 재판소나 각료위원회가 협약에 따라 개시될 수 있는 절차의 결과로 검토하여야 하는 문제를 다루어서는 아니 된다.

3. 재판소의 권고적 의견을 요구하기로 하는 결정은 각료위원회 재적 과반수의 표결을 요한다.

Article 48 Advisory jurisdiction of the Court

The Court shall decide whether a request for an advisory opinion submitted by the Committee of Ministers is within its competence as defined in

제48조(재판소의 권고적 관할권)

재판소는 각료위원회에 의하여 제출된 권고적 의견부여 요청이 제47조에서 규정된 권한 범위 내의 것인지 여부를 결정하여야 한다.

Article 49 Reasons for advisory opinions

1. Reasons shall be given for advisory opinions of the Court.

2. If the advisory opinion does not represent, in whole or in part, the unanimous opinion of the judges, any judge shall be entitled to deliver a separate opinion.

3. Advisory opinions of the Court shall be communicated to the Committee of Ministers.

제49조(권고적 의견의 이유)

1. 재판소의 권고적 의견에 대하여는 이유가 제시되어야 한다.

2. 권고적 의견의 전부 또는 일부가 판사의 전원일치의 의견이 아닌 경우에는 어떠한 판사도 개별의견을 제시할 수 있다.

3. 재판소의 권고적 의견은 각료위원회에 통보된다.

Article 50 Expenditure on the Court

The expenditure on the Court shall be borne by the Council of Europe.

제50조(재판소의 비용)

재판소의 경비는 유럽평의회가 부담한다.

Article 51 Privileges and immunities of judges

The judges shall be entitled, during the exercise of

제51조(판사의 특권 및 면제)

판사는 직무수행 도중에 유럽평의회 규정 제40조

their functions, to the privileges and immunities provided for in Article 40 of the Statute of the Council of Europe and in the agreements made thereunder.

. . .

및 그에 따른 협정에 규정된 특권 및 면제가 부여된다.

. . .

American Convention on Human Rights

미주인권협약

채택 1969. 11. 22 / 발효 1978. 7. 18

PREAMBLE

The American states signatory to the present Convention,

Reaffirming their intention to consolidate in this hemisphere, within the framework of democratic institutions, a system of personal liberty and social justice based on respect for the essential rights of man;

Recognizing that the essential rights of man are not derived from one's being a national of a certain state, but are based upon attributes of the human personality, and that they therefore justify international protection in the form of a convention reinforcing or complementing the protection provided by the domestic law of the American states;

Considering that these principles have been set forth in the Charter of the Organization of American States, in the American Declaration of the Rights and Duties of Man, and in the Universal Declaration of Human Rights, and that they have been reaffirmed and refined in other international instruments, worldwide as well as regional in scope;

Reiterating that, in accordance with the Universal Declaration of Human Rights, the ideal of free men enjoying freedom from fear and want can be achieved only if conditions are created whereby everyone may enjoy his economic, social, and cultural rights, as well as his civil and political rights; and

Considering that the Third Special Inter-American Conference (Buenos Aires, 1967) approved the incorporation into the Charter of the Organization itself of broader standards with respect to economic,

전문

이 협약에 서명한 미주국가는,

인간의 기본적 권리를 존중하는 바탕 위에 민주적 제도의 틀 안에서 개인적 자유와 사회정의의 체제를 이 지역에서 공고히 할 것을 재확인하며;

인간의 기본적 권리들은 특정국가의 국민이라는 사실로부터 나오는 것이 아니라 인간의 본성에 근거하는 것이며, 따라서 이 권리들은 미주국가들의 국내법에 규정된 보호를 강화하거나 보완하는 협약에 의한 국제적 보호를 정당화시킨다는 것을 인정하며;

이 원칙들은 미주기구 헌장, 인간의 권리의무에 관한 미주선언 및 세계인권선언에 규정되어 있으며, 범세계적 및 지역적인 여타의 국제문서에서 재확인되고 정비되었음을 고려하며;

세계인권선언에서와 같이 공포와 결핍으로부터의 자유를 향유하는 자유로운 인간이라는 이상은 모든 사람이 시민적 및 정치적 권리뿐만 아니라 경제적, 사회적 및 문화적 권리를 향유할 수 있는 조건이 이루어져야만 달성될 수 있음을 재차 강조하며; 그리고

제3차 미주 간 특별회의(1967년 부에노스아이레스)가 경제적, 사회적 및 교육적 권리에 관하여 보다 광범위한 기준을 미주기구 헌장에 포함시키는 것을 승인하였고, 미주 간 인권협약은 이들 문제에

social, and educational rights and resolved that an inter-American convention on human rights should determine the structure, competence, and procedure of the organs responsible for these matters,

대한 책임을 담당할 기구의 구성, 권한 및 절차를 결정하여야 한다고 결의한 점을 고려하며,

Have agreed upon the following:

다음과 같이 합의한다.

STATE I OBLIGATIONS AND RIGHTS PROTECTED

제1부 국가의 의무와 보호되는 권리

CHAPTER I GENERAL OBLIGATIONS

제1장 일반 의무

Article 1. Obligation to Respect Rights

1. The States Parties to this Convention undertake to respect the rights and freedoms recognized herein and to ensure to all persons subject to their jurisdiction the free and full exercise of those rights and freedoms, without any discrimination for reasons of race, color, sex, language, religion, political or other opinion, national or social origin, economic status, birth, or any other social condition.

2. For the purposes of this Convention, "person" means every human being.

제1조(권리를 존중할 의무)

1. 이 협약의 당사국은 협약에서 인정된 권리와 자유를 존중하고, 자국 관할권 내의 모든 사람에게 인종, 피부색, 성, 언어, 종교, 정치적 또는 다른 의견, 민족적 또는 사회적 출신, 경제적 지위, 출생 또는 다른 사회적 조건을 이유로 한 어떠한 차별도 없이 그러한 권리와 자유의 자유롭고 완전한 행사를 보장할 것을 약속한다.

2. 이 협약의 목적상 "사람"이란 모든 인간을 의미한다.

Article 2. Domestic Legal Effects

Where the exercise of any of the rights or freedoms referred to in Article 1 is not already ensured by legislative or other provisions, the States Parties undertake to adopt, in accordance with their constitutional processes and the provisions of this Convention, such legislative or other measures as may be necessary to give effect to those rights or freedoms.

제2조(국내법적 효과)

제1조에서 지적된 권리 또는 자유의 행사가 입법 또는 다른 규정에 의하여 아직 보장되지 않는 경우, 당사국은 자국의 헌법절차와 이 협약의 규정에 따라서 이들 권리 또는 자유를 이행하는 데 필요한 입법 또는 기타의 조치를 취할 것을 약속한다.

CHAPTER II CIVIL AND POLITICAL RIGHTS

제2장 시민적 및 정치적 권리

Article 3. Right to Juridical Personality

Every person has the right to recognition as a person before the law.

제3조(법인격에 관한 권리)

모든 사람은 법 앞에 인간으로서 인정받을 권리를 가진다.

Article 4. Right to Life

1. Every person has the right to have his life respected. This right shall be protected by law and, in general, from the moment of conception. No one shall be arbitrarily deprived of his life.

2. In countries that have not abolished the death penalty, it may be imposed only for the most serious crimes and pursuant to a final judgment rendered by a competent court and in accordance with a law establishing such punishment, enacted prior to the commission of the crime. The application of such punishment shall not be extended to crimes to which it does not presently apply.

3. The death penalty shall not be reestablished in states that have abolished it.

4. In no case shall capital punishment be inflicted for political offenses or related common crimes.

5. Capital punishment shall not be imposed upon persons who, at the time the crime was committed, were under 18 years of age or over 70 years of age; nor shall it be applied to pregnant women.

6. Every person condemned to death shall have the right to apply for amnesty, pardon, or commutation of sentence, which may be granted in all cases. Capital punishment shall not be imposed while such a petition is pending decision by the competent authority.

제4조(생명권)

1. 모든 사람은 자신의 생명을 존중받을 권리를 가진다. 이 권리는 법률에 의하여 보호되며, 일반적으로 임신의 순간부터 보호되어야 한다. 어느 누구도 자의적으로 자신의 생명을 박탈당하지 아니한다.

2. 사형을 폐지하지 않은 국가의 경우, 사형은 가장 중대한 범죄에 대하여만 범죄행위 이전에 제정되어 그러한 형벌을 규정한 법에 따라 권한 있는 법원이 내린 확정판결에 따라서만 부과될 수 있다. 그러한 형벌의 적용은 현재 그것이 적용되지 않는 범죄에 대하여는 확대되지 아니한다.

3. 사형은 이를 폐지한 국가에서는 다시 도입되지 아니한다.

4. 어떠한 경우에도 사형은 정치적 범죄 또는 이와 관련된 일반범죄에 대하여는 부과되지 아니한다.

5. 사형은 범행 시 18세 미만이나 70세 이상인 자에 대하여는 부과되지 아니하며, 임산부에게도 적용되지 아니한다.

6. 사형선고를 받은 모든 사람은 사면, 특사 또는 감형을 청구할 권리를 가지며, 이는 어떠한 경우에도 부여될 수 있다. 사형은 그러한 청원이 담당기관에 의하여 검토되는 동안에는 집행될 수 없다.

Article 5. Right to Humane Treatment

1. Every person has the right to have his physical, mental, and moral integrity respected.

2. No one shall be subjected to torture or to cruel, inhuman, or degrading punishment or treatment. All persons deprived of their liberty shall be treated with respect for the inherent dignity of the human person.

3. Punishment shall not be extended to any person other than the criminal.

제5조(인도적 처우를 받을 권리)

1. 모든 사람은 자신의 신체적, 정신적 및 도덕적 완전성을 존중받을 권리를 가진다.

2. 어느 누구도 고문이나 잔혹한, 비인도적인 또는 모욕적인 형벌 또는 처우를 받지 아니한다. 자유를 박탈당한 모든 사람은 인간 고유의 존엄성을 존중받으면서 처우되어야 한다.

3. 형벌은 범죄인 이외의 사람에게 확대 적용되어서는 아니 된다.

4. Accused persons shall, save in exceptional circumstances, be segregated from convicted persons, and shall be subject to separate treatment appropriate to their status as unconvicted persons.

4. 피고인은 예외적인 경우를 제외하고는 유죄선고를 받은 자와 분리되어야 하며, 유죄선고를 받지 않은 자로서 그의 지위에 적합한 별도의 처우를 받아야 한다.

5. Minors while subject to criminal proceedings shall be separated from adults and brought before specialized tribunals, as speedily as possible, so that they may be treated in accordance with their status as minors.

5. 형사소송에 계류 중인 미성년자는 성인과 분리되어야 하며, 가능한 한 신속하게 특별법원에 회부되어야 하며, 미성년자로서의 지위에 알맞는 처우를 받는다.

6. Punishments consisting of deprivation of liberty shall have as an essential aim the reform and social readaptation of the prisoners.

6. 자유를 박탈하는 형벌은 재소자의 교정과 사회재적응을 기본목표로 한다.

Article 6. Freedom from Slavery

제6조(노예상태로부터의 자유)

1. No one shall be subject to slavery or to involuntary servitude, which are prohibited in all their forms, as are the slave trade and traffic in women.

1. 어느 누구도 노예상태나 비자발적인 예속상태에 놓이지 아니하며, 이는 노예무역과 여성매매와 같이 어떠한 형태로도 금지된다.

2. No one shall be required to perform forced or compulsory labor. This provision shall not be interpreted to mean that, in those countries in which the penalty established for certain crimes is deprivation of liberty at forced labor, the carrying out of such a sentence imposed by a competent court is prohibited. Forced labor shall not adversely affect the dignity or the physical or intellectual capacity of the prisoner.

2. 어느 누구도 강제적 또는 의무적 노역을 요구받지 아니한다. 이 조항은 특정범죄에 대한 형벌이 강제노역으로서 자유를 박탈하는 것인 국가에서 권한 있는 법원에 의하여 부과된 형벌의 이행을 금지하는 의미로 해석되지 아니한다. 강제노역이 재소자의 존엄성이나 신체적 또는 지적 능력에 부정적 영향을 끼쳐서는 아니 된다.

3. For the purposes of this article, the following do not constitute forced or compulsory labor:

3. 이 조항의 목적상 다음의 경우는 강제적 또는 의무적 노역에 해당하지 아니한다.

(a) work or service normally required of a person imprisoned in execution of a sentence or formal decision passed by the competent judicial authority. Such work or service shall be carried out under the supervision and control of public authorities, and any persons performing such work or service shall not be placed at the disposal of any private party, company, or juridical person;

(a) 권한 있는 사법당국이 선고한 형벌 또는 공식적인 결정을 집행함에 있어서 재소자에게 통상적으로 요구되는 작업 또는 역무. 그러한 작업 또는 역무는 공공기관의 감독과 통제하에서 수행되어야 하며, 그러한 작업 또는 역무를 이행하는 자가 어떠한 개인, 회사 또는 법인의 처분에 맡겨져서는 아니 된다;

(b) military service and, in countries in which conscientious objectors are recognized, national service that the law may provide for in lieu of

(b) 군복무와 양심적 병역거부자가 인정되는 국가에서 군복무를 대신하여 법률이 규정한 국가적 역무;

military service;
(c) service exacted in time of danger or calamity that threatens the existence or the well-being of the community; or
(d) work or service that forms part of normal civic obligations.

Article 7. Right to Personal Liberty

1. Every person has the right to personal liberty and security.
2. No one shall be deprived of his physical liberty except for the reasons and under the conditions established beforehand by the constitution of the State Party concerned or by a law established pursuant thereto.
3. No one shall be subject to arbitrary arrest or imprisonment.
4. Anyone who is detained shall be informed of the reasons for his detention and shall be promptly notified of the charge or charges against him.
5. Any person detained shall be brought promptly before a judge or other officer authorized by law to exercise judicial power and shall be entitled to trial within a reasonable time or to be released without prejudice to the continuation of the proceedings. His release may be subject to guarantees to assure his appearance for trial.
6. Anyone who is deprived of his liberty shall be entitled to recourse to a competent court, in order that the court may decide without delay on the lawfulness of his arrest or detention and order his release if the arrest or detention is unlawful. In States Parties whose laws provide that anyone who believes himself to be threatened with deprivation of his liberty is entitled to recourse to a competent court in order that it may decide on the lawfulness of such threat, this remedy may not be restricted or abolished. The interested party or another person in his behalf is entitled to seek these remedies.

(c) 공동체의 존립 또는 복지를 위협하는 위험 또는 재난 시 요구되는 역무; 또는

(d) 통상적인 시민의 의무를 구성하는 작업 또는 역무.

제7조(개인적 자유에 대한 권리)

1. 모든 사람은 개인적 자유와 안전을 누릴 권리를 가진다.
2. 당사국의 헌법이나 그에 따라 제정된 법률에 미리 규정된 이유와 조건에 의하지 아니하고는 어느 누구도 자신의 신체적 자유를 박탈당하지 아니한다.
3. 어느 누구도 자의적인 체포 또는 구금을 당하지 아니한다.
4. 구금된 자는 자신의 구금사유를 통지받아야 하며, 자신에 대한 혐의를 신속하게 고지받아야 한다.
5. 구금된 자는 판사 또는 법률에 의하여 사법권을 행사할 수 있는 권한을 가진 기타 관헌 앞에 신속히 회부되어야 하며, 합리적인 기간 내에 재판을 받거나 또는 소송절차의 계속을 침해함이 없이 석방될 권리를 가진다. 석방은 그가 재판에 출석할 것을 보장하기 위한 보증을 조건으로 할 수 있다.
6. 자유를 박탈당한 자는 법원이 그의 체포나 구금의 적법성에 대하여 지체 없이 판단하고, 체포나 구금이 불법적인 경우 그의 석방을 명할 수 있도록, 권한 있는 법원에 절차를 취할 권리가 있다. 자신의 자유가 박탈당할 위협을 받고 있다고 믿는 자는 그러한 위협의 적법성을 판단할 수 있도록 권한 있는 법원에 절차를 취할 권리가 있다는 법률을 가진 당사국에서, 이러한 구제조치는 제한되거나 폐지될 수 없다. 이해관계자 또는 그의 대리인이 이러한 구제조치를 추구할 수 있다.

7. No one shall be detained for debt. This principle shall not limit the orders of a competent judicial authority issued for non fulfillment of duties of support.

7. 어느 누구도 채무로 인하여 구금되어서는 아니 된다. 이 원칙은 부양의무의 불이행에 대하여 권한 있는 사법기관이 내리는 명령을 제한하지 아니한다.

Article 8. Right to a Fair Trial

제8조(공정한 재판을 받을 권리)

1. Every person has the right to a hearing, with due guarantees and within a reasonable time, by a competent, independent, and impartial tribunal, previously established by law, in the substantiation of any accusation of a criminal nature made against him or for the determination of his rights and obligations of a civil, labor, fiscal, or any other nature.

1. 모든 사람은 자신에 대한 형사기소를 확정함에 있어서나 자신의 민사상, 노동, 재정상 또는 기타 성격의 권리와 의무를 결정하기 위하여, 법률에 의하여 사전에 설립된 권한 있고 독립적이며 공정한 법원에 의하여 정당한 보장을 받으며 합리적인 기한 내에 심리를 받을 권리를 가진다.

2. Every person accused of a criminal offense has the right to be presumed innocent so long as his guilt has not been proven according to law. During the proceedings, every person is entitled, with full equality, to the following minimum guarantees:

2. 형사범죄로 기소된 모든 사람은 법률에 따라 유죄로 입증될 때까지 무죄로 추정받을 권리를 가진다. 소송 계속 중 모든 사람은 적어도 다음과 같은 보장을 완전 평등하게 받을 권리를 가진다.

(a) the right of the accused to be assisted without charge by a translator or interpreter, if he does not understand or does not speak the language of the tribunal or court;

(a) 피고인이 법정에서의 언어를 이해하거나 말할 수 없는 경우, 무료로 번역인이나 통역인의 도움을 받을 권리;

(b) prior notification in detail to the accused of the charges against him;

(b) 피고인에 대한 기소내용의 상세한 통지;

(c) adequate time and means for the preparation of his defense;

(c) 자신의 변론준비를 위한 충분한 시간과 수단;

(d) the right of the accused to defend himself personally or to be assisted by legal counsel of his own choosing, and to communicate freely and privately with his counsel;

(d) 피고인이 자신을 직접 변호하거나 또는 자신이 선택한 변호인의 조력을 받으며, 자신의 변호인과 자유로이 그리고 비공개로 상의할 권리;

(e) the inalienable right to be assisted by counsel provided by the state, paid or not as the domestic law provides, if the accused does not defend himself personally or engage his own counsel within the time period established by law;

(e) 피고인이 자신을 직접 변호하지 못하거나 법률이 정한 기간 내에 변호인을 고용하지 못하는 경우, 국내법이 정하는 바에 따라 유상 또는 무상으로 국가가 제공하는 변호인의 조력을 받을 불가양의 권리;

(f) the right of the defense to examine witnesses present in the court and to obtain the appearance, as witnesses, of experts or other persons who may

(f) 법원에 출석한 증인을 심문하고, 사실관계를 밝힐 수 있는 감정인이나 기타 다른 사람들을 증인으로서 출석시킬 방어권;

throw light on the facts;
(g) the right not to be compelled to be a witness against himself or to plead guilty; and
(h) the right to appeal the judgment to a higher court.
3. A confession of guilt by the accused shall be valid only if it is made without coercion of any kind.
4. An accused person acquitted by a non appealable judgment shall not be subjected to a new trial for the same cause.
5. Criminal proceedings shall be public, except insofar as may be necessary to protect the interests of justice.

(g) 자신에게 불리한 증언이나 유죄인정을 강요받지 않을 권리; 그리고
(h) 상급법원에 상소할 권리
3. 피고인의 유죄자백은 그것이 어떠한 종류의 강압에 의하지 않고 이루어진 경우에만 유효하다.
4. 상소할 수 없는 판결에 의하여 무죄선고를 받은 자는 동일한 사유로 새로운 재판을 받지 아니한다.
5. 형사소송절차는 정의의 이익을 보호하는 데 필요한 경우 이외에는 공개되어야 한다.

Article 9. Freedom from Ex Post Facto Laws
No one shall be convicted of any act or omission that did not constitute a criminal offense, under the applicable law, at the time it was committed. A heavier penalty shall not be imposed than the one that was applicable at the time the criminal offense was committed. If subsequent to the commission of the offense the law provides for the imposition of a lighter punishment, the guilty person shall benefit therefrom.

제9조(소급입법으로부터의 자유)
어느 누구도 행위 시에 적용가능한 법률에 의하여 형사범죄를 구성하지 아니하던 작위 또는 부작위로 인하여 유죄로 되지 아니한다. 범죄가 행하여진 때에 적용될 수 있었던 형벌보다 중한 형벌은 부과될 수 없다. 범죄행위 이후의 법률이 보다 가벼운 형의 부과를 규정하는 경우, 유죄판결을 받은 자는 그 혜택을 받는다.

Article 10. Right to Compensation
Every person has the right to be compensated in accordance with the law in the event he has been sentenced by a final judgment through a miscarriage of justice.

제10조(보상을 받을 권리)
오심에 의한 확정판결로 형을 선고받은 경우, 모든 사람은 법률이 정하는 바에 따른 보상을 받을 권리가 있다.

Article 11. Right to Privacy
1. Everyone has the right to have his honor respected and his dignity recognized.
2. No one may be the object of arbitrary or abusive interference with his private life, his family, his home, or his correspondence, or of unlawful attacks on his honor or reputation.
3. Everyone has the right to the protection of the law against such interference or attacks.

제11조(사생활에 대한 권리)
1. 모든 사람은 자신의 명예를 존중받고 자신의 존엄성을 인정받을 권리를 가진다.
2. 어느 누구도 자신의 사생활, 가족, 가정, 또는 서신에 대하여 자의적이거나 남용적인 간섭을 받지 아니하며, 자신의 명예나 신용에 대한 불법적인 공격을 받지 아니한다.
3. 모든 사람은 그러한 간섭 또는 공격에 대하여 법률의 보호를 받을 권리를 가진다.

Article 12. Freedom of Conscience and Religion

1. Everyone has the right to freedom of conscience and of religion. This right includes freedom to maintain or to change one's religion or beliefs, and freedom to profess or disseminate one's religion or beliefs, either individually or together with others, in public or in private.

2. No one shall be subject to restrictions that might impair his freedom to maintain or to change his religion or beliefs.

3. Freedom to manifest one's religion and beliefs may be subject only to the limitations prescribed by law that are necessary to protect public safety, order, health, or morals, or the rights or freedoms of others.

4. Parents or guardians, as the case may be, have the right to provide for the religious and moral education of their children or wards that is in accord with their own convictions.

제12조(양심과 종교의 자유)

1. 모든 사람은 양심과 종교의 자유에 대한 권리를 가진다. 이 권리는 자신의 종교나 신념을 유지하거나 변경할 자유와, 자신의 종교나 신념을 단독으로 또는 다른 사람과 공동으로, 공적 또는 사적으로 고백하거나 전파할 자유를 포함한다.

2. 어느 누구도 자신의 종교나 신념을 유지하거나 변경할 자유를 침해하게 될 제한을 받지 아니한다.

3. 자신의 종교와 신념을 표명할 자유는 법률에 규정되고 공공의 안전, 질서, 보건, 도덕 또는 타인의 권리나 자유를 보호하는 데 필요한 경우에만 제한받을 수 있다.

4. 부모 또는 경우에 따라서 후견인은 그들의 신념에 따라 자녀나 피후견인에게 종교적, 도덕적 교육을 제공할 권리를 가진다.

Article 13. Freedom of Thought and Expression

1. Everyone has the right to freedom of thought and expression. This right includes freedom to seek, receive, and impart information and ideas of all kinds, regardless of frontiers, either orally, in writing, in print, in the form of art, or through any other medium of one's choice.

2. The exercise of the right provided for in the foregoing paragraph shall not be subject to prior censorship but shall be subject to subsequent imposition of liability, which shall be expressly established by law to the extent necessary to ensure:

(a) respect for the rights or reputations of others; or

(b) the protection of national security, public order, or public health or morals.

3. The right of expression may not be restricted by indirect methods or means, such as the abuse of government or private controls over newsprint, radio broadcasting frequencies, or equipment used

제13조(사상과 표현의 자유)

1. 모든 사람은 사상과 표현의 자유에 관한 권리를 가진다. 이 권리는 구두, 서면, 인쇄물, 예술의 형태로 또는 스스로 선택하는 기타의 매체를 통하여 국경에 관계없이 모든 종류의 정보와 사상을 추구하고, 접수하며, 전달하는 자유를 포함한다.

2. 위의 조항에 규정된 권리의 행사가 사전검열을 받지는 아니하나, 사후적 책임부과에는 복종하여야 한다. 이는 다음을 보장하는 데 필요한 범위 내에서 법률에 의하여 명시적으로 규정되어야 한다.

(a) 타인의 권리 또는 신용의 존중; 또는

(b) 국가안보, 공공질서 또는 공중보건이나 도덕의 보호.

3. 표현의 권리는 신문용지, 무선방송 주파수 또는 정보의 보급에 사용되는 장비에 대한 정부나 민간의 규제남용과 같은 간접적 수단이나 방법에 의하여, 또는 사상과 의견의 전달과 유포를 저해할 수

in the dissemination of information, or by any other means tending to impede the communication and circulation of ideas and opinions.

있는 다른 수단에 의하여 제한될 수 없다.

4. Notwithstanding the provisions of paragraph 2 above, public entertainments may be subject by law to prior censorship for the sole purpose of regulating access to them for the moral protection of childhood and adolescence.

4. 위 제2항에도 불구하고, 공공오락은 어린이와 청소년의 도덕적 보호를 위하여 그에 대한 접근을 규율할 목적에서만 법률에 의한 사전검열을 받게 할 수 있다.

5. Any propaganda for war and any advocacy of national, racial, or religious hatred that constitute incitements to lawless violence or to any other similar action against any person or group of persons on any grounds including those of race, color, religion, language, or national origin shall be considered as offenses punishable by law.

5. 전쟁의 선전과 인종, 피부색, 종교, 언어 또는 민족적 출신을 이유로 사람 또는 집단에 대하여 불법적인 폭력 또는 기타 유사한 행동을 선동하는 민족적, 인종적 또는 종교적인 증오의 주장은 법률에 의하여 처벌되는 범죄로 간주되어야 한다.

Article 14. Right of Reply

1. Anyone injured by inaccurate or offensive statements or ideas disseminated to the public in general by a legally regulated medium of communication has the right to reply or to make a correction using the same communications outlet, under such conditions as the law may establish.

2. The correction or reply shall not in any case remit other legal liabilities that may have been incurred.

3. For the effective protection of honor and reputation, every publisher, and every newspaper, motion picture, radio, and television company, shall have a person responsible who is not protected by immunities or special privileges.

제14조(반론권)

1. 법률로 규율되는 통신매체를 통하여 대중일반에게 유포된 부정확하거나 공격적인 발언 또는 생각에 의하여 피해를 입은 자는 법률이 정한 요건에 따라 동일한 통신매체를 이용하여 반론하거나 정정할 권리를 가진다.

2. 어떠한 경우에도 정정이나 반론은 이미 초래된 다른 법적 책임을 면제시켜주지 아니한다.

3. 명예와 신용을 효과적으로 보호하기 위하여, 모든 출판사, 신문, 영화, 라디오와 텔레비전 회사는 면제나 특권에 의하여 보호되지 않으면서 책임을 질 사람을 둔다.

Article 15. Right of Assembly

The right of peaceful assembly, without arms, is recognized. No restrictions may be placed on the exercise of this right other than those imposed in conformity with the law and necessary in a democratic society in the interest of national security, public safety or public order, or to protect public health or morals or the rights or freedom of others.

제15조(집회의 권리)

비무장의 평화로운 집회의 권리가 인정된다. 이 권리의 행사에 대하여는 법률에 따라서 부과되고, 국가안보, 공공의 안전이나 공공질서를 위하여 또는 공중보건이나 도덕, 타인의 권리나 자유를 보호하기 위하여 민주사회에서 필요한 것 이외의 어떠한 제한도 과하여져서는 아니 된다.

Article 16. Freedom of Association

1. Everyone has the right to associate freely for ideological, religious, political, economic, labor, social, cultural, sports, or other purposes.

2. The exercise of this right shall be subject only to such restrictions established by law as may be necessary in a democratic society, in the interest of national security, public safety or public order, or to protect public health or morals or the rights and freedoms of others.

3. The provisions of this article do not bar the imposition of legal restrictions, including even deprivation of the exercise of the right of association, on members of the armed forces and the police.

제16조(결사의 자유)

1. 모든 사람은 이념적, 종교적, 정치적, 경제적, 노동, 사회적, 문화적, 체육 또는 기타의 목적을 위하여 자유로운 결사의 권리를 가진다.

2. 이 권리의 행사는 법률에 의하여 규정되고 국가안보, 공공의 안전이나 공공질서를 위하여 또는 공중보건이나 도덕, 타인의 권리 및 자유를 보호하기 위하여 민주사회에서 필요한 제한에만 복종한다.

3. 이 조의 규정은 군대와 경찰의 구성원에 대한 결사의 권리의 행사금지를 포함하여 합법적 제한을 부과하는 것을 방해하지 아니한다.

Article 17. Rights of the Family

1. The family is the natural and fundamental group unit of society and is entitled to protection by society and the state.

2. The right of men and women of marriageable age to marry and to raise a family shall be recognized, if they meet the conditions required by domestic laws, insofar as such conditions do not affect the principle of nondiscrimination established in this Convention.

3. No marriage shall be entered into without the free and full consent of the intending spouses.

4. The States Parties shall take appropriate steps to ensure the equality of rights and the adequate balancing of responsibilities of the spouses as to marriage, during marriage, and in the event of its dissolution. In case of dissolution, provision shall be made for the necessary protection of any children solely on the basis of their own best interests.

5. The law shall recognize equal rights for children born out of wedlock and those born in wedlock.

제17조(가정에 대한 권리)

1. 가정은 사회의 자연적이고 기초적인 단위이고, 사회와 국가의 보호를 받을 권리를 가진다.

2. 국내법상의 요건을 충족하면 혼인 적령기의 남녀는 혼인을 하고 가정을 부양할 권리가 인정된다. 단 그 요건들은 이 협약에 규정된 비차별원칙에 영향을 주지 않아야 한다.

3. 혼인은 장래 배우자들의 자유롭고 완전한 합의 없이는 이루어지지 아니한다.

4. 당사국은 혼인기간 중 및 혼인의 해소 시에 혼인에 대한 배우자의 권리평등과 책임의 적정한 균형을 보장하기 위하여 적절한 조치를 취한다. 혼인해소의 경우 오직 아동의 최선 이익만을 기반으로 아동의 보호에 필요한 조치가 취하여져야 한다.

5. 법률은 서출자와 적출자에 대하여 동등한 권리를 인정한다.

Article 18. Right to a Name

Every person has the right to a given name and to

제18조(성명에 대한 권리)

모든 사람은 이름과 부모 쌍방 또는 일방의 성을 가

the surnames of his parents or that of one of them. The law shall regulate the manner in which this right shall be ensured for all, by the use of assumed names if necessary.

질 권리가 있다. 법률은 필요하다면 가명 사용에 의해서라도 이 권리가 모든 사람에게 보장되도록 하는 방법을 규율하여야 한다.

Article 19. Rights of the Child
Every minor child has the right to the measures of protection required by his condition as a minor on the part of his family, society, and the state.

제19조(아동의 권리) 모든 아동은 미성년이라는 조건에 의하여 자신의 가족, 사회 및 국가에게 요구되는 보호조치를 받을 권리를 가진다.

Article 20. Right to Nationality
1. Every person has the right to a nationality.
2. Every person has the right to the nationality of the state in whose territory he was born if he does not have the right to any other nationality.
3. No one shall be arbitrarily deprived of his nationality or of the right to change it.

제20조(국적에 대한 권리)
1. 모든 사람은 국적을 가질 권리를 가진다.
2. 다른 국적을 가질 권리가 없는 경우, 모든 사람은 자신이 출생한 국가의 국적을 가질 권리를 가진다.
3. 어느 누구도 자신의 국적 또는 국적을 바꿀 권리를 자의적으로 박탈당하지 아니한다.

Article 21. Right to Property
1. Everyone has the right to the use and enjoyment of his property. The law may subordinate such use and enjoyment to the interest of society.
2. No one shall be deprived of his property except upon payment of just compensation, for reasons of public utility or social interest, and in the cases and according to the forms established by law.
3. Usury and any other form of exploitation of man by man shall be prohibited by law.

제21조(재산에 대한 권리)
1. 모든 사람은 자신의 재산을 사용하고 향유할 권리를 가진다. 법률은 그러한 사용과 향유를 사회의 이익에 종속시킬 수 있다.
2. 공공의 이용이나 사회적 이익을 이유로 하여 법률에 규정되어 있고 법률로 정한 형식에 따라 정당한 보상이 지급되지 아니하면, 어느 누구도 자신의 재산을 박탈당하지 아니한다.
3. 고리대금 및 기타 형태의 사람에 대한 사람의 착취는 법률에 의하여 금지된다.

Article 22. Freedom of Movement and Residence
1. Every person lawfully in the territory of a State Party has the right to move about in it, and to reside in it subject to the provisions of the law.
2. Every person has the right lo leave any country freely, including his own.
3. The exercise of the foregoing rights may be restricted only pursuant to a law to the extent necessary in a democratic society to prevent crime or to protect national security, public safety, public

제22조(이전과 거주의 자유)
1. 합법적으로 당사국 영역 내에 있는 모든 사람은 법률에 따라 그 안에서 이전과 거주의 권리를 가진다.
2. 모든 사람은 자국을 포함하여 어떠한 국가로부터도 자유로이 퇴거할 권리를 가진다.
3. 위의 권리의 행사는 법률에 의하여 규정되고 범죄를 예방하거나 국가안보, 공공안전, 공공질서, 공중도덕, 공공보건 또는 타인의 권리 및 자유를 보호하기 위하여 민주사회에서 필요한 범위 내에서

order, public morals, public health, or the rights or freedoms of others.

4. The exercise of the rights recognized in paragraph 1 may also be restricted by law in designated zones for reasons of public interest.

5. No one can be expelled from the territory of the state of which he is a national or be deprived of the right to enter it.

6. An alien lawfully in the territory of a State Party to this Convention may be expelled from it only pursuant to a decision reached in accordance with law.

7. Every person has the right to seek and be granted asylum in a foreign territory, in accordance with the legislation of the state and international conventions, in the event he is being pursued for political offenses or related common crimes.

8. In no case may an alien be deported or returned to a country, regardless of whether or not it is his country of origin, if in that country his right to life or personal freedom is in danger of being violated because of his race, nationality, religion, social status, or political opinions.

9. The collective expulsion of aliens is prohibited.

Article 23. Right to Participate in Government

1. Every citizen shall enjoy the following rights and opportunities:

(a) to take part in the conduct of public affairs, directly or through freely chosen representatives;

(b) to vote and to be elected in genuine periodic elections, which shall be by universal and equal suffrage and by secret ballot that guarantees the free expression of the will of the voters; and

(c) to have access, under general conditions of equality, to the public service of his country.

2. The law may regulate the exercise of the rights and opportunities referred to in the preceding paragraph only on the basis of age, nationality,

만 제한될 수 있다.

4. 제1항에서 인정된 권리의 행사는 공익을 위하여 지정된 지역에서는 법률에 의하여 제한될 수 있다.

5. 어느 누구도 자신의 국적국으로부터 추방될 수 없으며, 국적국으로 입국할 권리를 박탈당하지 아니한다.

6. 합법적으로 이 협약당사국의 영역 내에 있는 외국인은 법률에 따라 내려진 결정에 의하여만 추방될 수 있다.

7. 정치적 범죄 또는 이와 관련된 일반범죄로 인하여 추적받고 있는 경우, 모든 사람은 외국에서 그 국가의 법률과 국제협약에 따라 비호를 구하고 부여받을 권리를 가진다.

8. 외국인이 특정 국가에서 인종, 국적, 종교, 사회적 지위 또는 정치적 견해를 이유로 그의 생명이나 신체적 자유에 대한 권리가 침해당할 위험에 처한 경우, 그 국가가 자신의 출신국인지 여부와 상관없이 어떠한 경우에도 당해 국가로 추방되거나 송환될 수 없다.

9. 외국인의 집단추방은 금지된다.

제23조(공무담임권)

1. 모든 시민은 다음과 같은 권리와 기회를 향유한다.

(a) 직접 또는 자유로이 선출된 대표를 통하여 공적 업무수행에 참여하는 것;

(b) 진정으로 정기적인 선거에서 투표하고 선출되는 것. 선거는 보통 및 평등선거에 의하여, 그리고 유권자의 의사의 자유로운 표현이 보장되는 비밀투표에 의하여야 한다;

(c) 일반적으로 평등한 조건하에서 자국의 공무에 취임하는 것.

2. 법률은 연령, 국적, 거주, 언어, 교육, 민사적 및 정신적 능력 또는 형사소송에서 권한 있는 법원에 의한 선고를 근거로 하여서만 위 조항에서 언급된

residence, language, education, civil and mental capacity, or sentencing by a competent court in criminal proceedings.

권리와 기회의 행사를 규제할 수 있다.

Article 24. Right to Equal Protection
All persons are equal before the law. Consequently, they are entitled, without discrimination, to equal protection of the law.

제24조(평등한 보호를 받을 권리)
모든 사람은 법 앞에서 평등하다. 따라서 그들은 차별 없이 법의 평등한 보호를 받을 권리를 가진다.

Article 25. Right to Judicial Protection
1. Everyone has the right to simple and prompt recourse, or any other effective recourse, to a competent court or tribunal for protection against acts that violate his fundamental rights recognized by the constitution or laws of the state concerned or by this Convention, even though such violation may have been committed by persons acting in the course of their official duties.

제25조(사법적 보호에 대한 권리)
1. 모든 사람은 관련국의 헌법이나 법률 또는 이 협약에 의하여 인정된 자신의 기본권을 침해하는 행위에 대한 보호를 받기 위하여, 권한 있는 법원이나 법정에 단순하고 신속하거나 여타의 효율적인 구제를 구할 권리가 있다. 그러한 침해가 공무수행 중인 자에 의하여 이루어진 경우에도 동일하다.

2. The States Parties undertake:
(a) to ensure that any person claiming such remedy shall have his rights determined by the competent authority provided for by the legal system of the state;

2. 당사국은 다음 사항을 약속한다.
(a) 그러한 구제를 청구하는 자에게 국가의 법제도에 의하여 규정된 담당기관에 의하여 자신의 권리가 결정되도록 보장한다;

(b) to develop the possibilities of judicial remedy; and

(b) 사법적 구제의 가능성을 확대시킨다; 그리고

(c) to ensure that the competent authorities shall enforce such remedies when granted.

(c) 구제가 부여되면 담당기관이 그러한 구제를 집행할 것을 보장한다.

CHAPTER III ECONOMIC, SOCIAL, AND CULTURAL RIGHTS

제3장 경제적, 사회적 및 문화적 권리

Article 26. Progressive Development
The States Parties undertake to adopt measures, both internally and through international cooperation, especially those of an economic and technical nature, with a view to achieving progressively, by legislation or other appropriate means, the full realization of the rights implicit in the economic, social, educational, scientific, and cultural standards

제26조(점진적 발전)
당사국은 부에노스아이레스 의정서에 의하여 개정된 미주기구 헌장에 규정된 경제적, 사회적, 교육적, 과학적 및 문화적 기준에 내재된 권리의 완전한 실현을 입법 또는 기타 적절한 수단을 통하여 점진적으로 달성하기 위하여, 국내적으로 그리고 국제협력을 통하여 특히 경제적 및 기술적 성격의 조치들을 채택할 것을 약속한다.

set forth in the Charter of the Organization of American States as amended by the Protocol of Buenos Aires.

CHAPTER IV SUSPENSION OF GUARANTEES, INTERPRETATION, AND APPLICATION

제4장 보장의 정지, 해석 및 적용

Article 27. Suspension of Guarantees

1. In time of war, public danger, or other emergency that threatens the independence or security of a State Party, it may take measures derogating from its obligations under the present Convention to the extent and for the period of time strictly required by the exigencies of the situation, provided that such measures are not inconsistent with its other obligations under international law and do not involve discrimination on the ground of race, color, sex, language, religion, or social origin.

2. The foregoing provision does not authorize any suspension of the following articles: Article 3 (Right to Juridical Personality), Article 4 (Right to Life), Article 5 (Right to Humane Treatment), Article 6 (Freedom from Slavery), Article 9 (Freedom from Ex Post Facto Laws), Article 12 (Freedom of Conscience and Religion), Article 17 (Rights of the Family), Article 18 (Right to a Name), Article 19 (Rights of the Child), Article 20 (Right to Nationality), and Article 23 (Right to Participate in Government), or of the judicial guarantees essential for the protection of such rights.

3. Any State Party availing itself of the right of suspension shall immediately inform the other States Parties, through the Secretary General of the Organization of American States, of the provisions the application of which it has suspended, the reasons that gave rise to the suspension, and the date set for the termination of such suspension.

제27조(보장의 정지)

1. 당사국은 자국의 독립이나 안보를 위협하는 전쟁, 공적인 위험 또는 기타의 비상사태의 경우에는 상황의 위급성에 의하여 엄격히 요구되는 범위와 기한 내에서 이 협약상의 의무로부터 이탈하는 조치를 취할 수 있다. 단, 그러한 조치가 국제법상 자국의 다른 의무와 충돌되지 아니하고, 인종, 피부색, 성, 언어, 종교 또는 사회적 출신을 이유로 한 차별을 포함하지 않아야 한다.

2. 위 규정은 다음 조항의 정지를 인정하지 아니한다. 제3조(법인격에 관한 권리), 제4조(생명권), 제5조(인도적 처우를 받을 권리), 제6조(노예상태로부터의 자유), 제9조(소급입법으로부터의 자유), 제12조(양심과 종교의 자유), 제17조(가정에 대한 권리), 제18조(성명에 대한 권리), 제19조(아동의 권리), 제20조(국적에 대한 권리), 제23조(공무담임권), 또는 이들 권리를 보호하는 데 필요한 사법적 보장.

3. 정지권을 행사하는 당사국은 적용이 정지된 조항, 정지하는 이유 및 정지의 종료 예정일을 미주기구의 사무총장을 통하여 다른 당사국들에게 즉시 통보하여야 한다.

Article 28. Federal Clause

1. Where a State Party is constituted as a federal state, the national government of such State Party shall implement all the provisions of the Convention over whose subject matter it exercises legislative and judicial jurisdiction.

2. With respect to the provisions over whose subject matter the constituent units of the federal state have jurisdiction, the national government shall immediately take suitable measures, in accordance with its constitution and its laws, to the end that the competent authorities of the constituent units may adopt appropriate provisions for the fulfillment of this Convention.

3. Whenever two or more States Parties agree to form a federation or other type of association, they shall take care that the resulting federal or other compact contains the provisions necessary for continuing and rendering effective the standards of this Convention in the new state that is organized.

Article 29. Restrictions Regarding Interpretation

No provision of this Convention shall be interpreted as:

(a) permitting any State Party, group, or person to suppress the enjoyment or exercise of the rights and freedoms recognized in this Convention or to restrict them to a greater extent than is provided for herein;

(b) restricting the enjoyment or exercise of any right or freedom recognized by virtue of the laws of any State Party or by virtue of another convention to which one of the said states is a party;

(c) precluding other rights or guarantees that are inherent in the human personality or derived from representative democracy as a form of government; or

(d) excluding or limiting the effect that the American Declaration of the Rights and Duties of

제28조(연방 조항)

1. 당사국이 연방국가인 경우, 그 당사국의 중앙정부는 자신이 입법 및 사법 관할권을 행사하는 주제에 관하여 협약의 모든 규정들을 이행하여야 한다.

2. 연방국가의 소속 주가 관할권을 갖는 규정들에 관하여는, 소속 주의 담당기관이 이 협약의 이행을 위한 적절한 규정을 채택할 수 있도록 중앙정부는 헌법과 법률에 따라서 즉시 적절한 조치를 취하여야 한다.

3. 2개 이상의 당사국들이 연방이나 다른 형태의 연합을 구성하기로 합의하는 경우, 이들 국가는 연방협정이나 다른 협정이 새로 조직된 국가 내에서 이 협약상의 기준을 지속시키고 유효하게 하는 데 필요한 규정을 포함하도록 유의하여야 한다.

제29조(해석에 관한 제한)

이 협약의 어떠한 규정도 다음과 같이 해석되어서는 아니 된다:

(a) 당사국, 단체 또는 개인이 이 협약에서 인정되는 권리와 자유의 향유나 행사를 억압하거나, 또는 이에 규정된 것 이상으로 권리와 자유를 제한함을 허용하는 것;

(b) 당사국의 법률 또는 그 국가가 당사국인 다른 협약에 의하여 인정된 권리나 자유의 향유 또는 행사를 제한하는 것;

(c) 인간성에 고유하거나 정부형태로서의 대의민주주의로부터 나오는 기타의 권리나 보장을 배제시키는 것; 또는

(d) 인간의 권리와 의무에 관한 미주선언과 기타 동일한 성격의 국제문서가 가지고 있는 효과를 배

Man and other international acts of the same nature may have.

제시키거나 제한하는 것.

Article 30. Scope of Restrictions
The restrictions that, pursuant to this Convention, may be placed on the enjoyment or exercise of the rights or freedoms recognized herein may not be applied except in accordance with laws enacted for reasons of general interest and in accordance with the purpose for which such restrictions have been established.

제30조(제한의 범위)
이 협약에 의하여 인정되는 권리나 자유의 향유 또는 행사에 대하여는 일반의 이익을 이유로 제정된 법률에 따라 그러한 제한이 설정된 목적에 알맞은 경우 이외에는 협약에 따른 어떠한 제한도 적용될 수 없다.

Article 31. Recognition of Other Rights
Other rights and freedoms recognized in accordance with the procedures established in Articles 76 and 77 may be included in the system of protection of this Convention.

제31조(기타 권리의 인정)
제76조와 제77조에 규정된 절차에 따라 승인된 기타의 권리와 자유는 이 협약의 보호체제 내에 포함될 수 있다.

CHAPTER V PERSONAL RESPONSIBILITIES

제5장 개인의 책임

Article 32. Relationship between Duties and Rights
1. Every person has responsibilities to his family, his community, and mankind.
2. The rights of each person are limited by the rights of others, by the security of all, and by the just demands of the general welfare, in a democratic society.

제32조(의무와 권리 간의 관계)
1. 모든 사람은 자신의 가족, 지역사회 및 인류에 대하여 책임을 부담한다.
2. 각 개인의 권리는 민주사회에서 다른 사람의 권리, 모든 사람의 안전 및 일반복지의 정당한 필요성에 의하여 제한된다.

PART II MEANS OF PROTECTION

제2부 보호수단

CHAPTER VI COMPETENT ORGANS
Article 33
The following organs shall have competence with respect to matters relating to the fulfillment of the commitments made by the States Parties to this Convention:
(a) the Inter-American Commission on Human Rights, referred to as "The Commission;" and

제6장 담당기관
제33조
다음의 기관들은 이 협약의 당사국들이 행한 약속의 이행과 관련된 문제에 대하여 권한을 가진다.

(a) 미주인권위원회는 이하 "위원회"; 그리고

(b) the Inter-American Court of Human Rights, referred to as "The Court."

(b) 미주인권재판소는 이하 "재판소"

CHAPTER VII INTER-AMERICAN COMMISSION ON HUMAN RIGHTS

제7장 미주인권위원회

Section 1. Organization

제1절 구성

Article 34
The Inter-American Commission on Human Rights shall be composed of seven members, who shall be persons of high moral character and recognized competence in the field of human rights.

제34조
미주인권위원회는 고매한 인격과 인권 분야에서의 능력을 인정받은 7인의 위원으로 구성된다.

Article 35
The Commission shall represent all the member countries of the Organization of American States.

제35조
위원회는 미주기구의 모든 회원국을 대표한다.

Article 36
1. The members of the Commission shall be elected in a personal capacity by the General Assembly of the Organization from a list of candidates proposed by the governments of the member states.
2. Each of those governments may propose up to three candidates, who may be nationals of the states proposing them or of any other member state of the Organization of American States. When a slate of three is proposed, at least one of the candidates shall be a national of a state other than the one proposing the slate.

제36조
1. 위원회의 위원은 회원국 정부가 추천한 후보명부로부터 미주기구 총회에 의하여 개인 자격으로 선출된다.

2. 각 회원국 정부는 후보를 3인까지 추천할 수 있으며, 이 후보들은 추천국이나 미주기구의 다른 회원국의 국민이어야 한다. 3인이 추천된 경우 적어도 1인의 후보는 추천국이 아닌 국가의 국민이어야 한다.

Article 37
1. The members of the Commission shall be elected for a term of four years and may be reelected only once, but the terms of three of the members chosen in the first election shall expire at the end of two years. Immediately following that election the General Assembly shall determine the names of those three members by lot.

제37조
1. 위원회의 위원은 4년 임기로 선출되며, 1회에 한하여 재선될 수 있다. 단 첫 번째 선거에서 선출된 위원 중 3인의 임기는 2년으로 한다. 첫 선거 직후 총회는 추첨에 의하여 그 3인의 위원을 결정하여야 한다.

2. No two nationals of the same state may be members of the Commission.

2. 동일한 국가 출신의 2인이 위원회의 위원으로 될 수 없다.

Article 38
Vacancies that may occur on the Commission for reasons other than the normal expiration of a term shall be filled by the Permanent Council of the Organization in accordance with the provisions of the Statute of the Commission.

제38조
정상적인 임기만료 이외의 사유로 발생한 위원회의 공석은 위원회의 규정에 따라 미주기구 상임이사회에 의하여 충원된다.

Article 39
The Commission shall prepare its Statute, which it shall submit to the General Assembly for approval. It shall establish its own Regulations.

제39조
위원회는 자체의 규정을 작성하고, 승인을 받기 위하여 이를 미주기구 총회에 제출한다. 위원회는 자체 규칙을 작성하여야 한다.

Article 40
Secretariat services for the Commission shall be furnished by the appropriate specialized unit of the General Secretariat of the Organization. This unit shall be provided with the resources required to accomplish the tasks assigned to it by the Commission.

제40조
위원회의 사무국 업무는 미주기구 사무국의 적절한 전문부서에서 제공한다. 이 부서는 위원회에 의하여 할당된 업무를 수행하는 데 필요한 자원을 제공받는다.

Section 2. Functions

제2절 기능

Article 41
The main function of the Commission shall be to promote respect for and defense of human rights. In the exercise of its mandate, it shall have the following functions and powers:
(a) to develop an awareness of human rights among the peoples of America;
(b) to make recommendations to the governments of the member states, when it considers such action advisable, for the adoption of progressive measures in favor of human rights within the framework of their domestic law and constitutional provisions as well as appropriate measures to further the observance of those rights;

제41조
위원회의 주된 기능은 인권의 존중과 보호를 증진하는 것이다. 이 임무를 수행함에 있어서 위원회는 다음의 기능과 권한을 가진다.

(a) 미주 인민들 사이에 인권의식을 발전시킨다;

(b) 바람직하다고 판단되는 경우, 회원국의 국내법과 헌법규정 체계 내에 인권을 위한 발전적인 조치는 물론 이들 권리의 준수를 촉진하는 적절한 조치가 채택되도록 회원국 정부에게 권고를 한다;

(c) to prepare such studies or reports as it considers advisable in the performance of its duties;
(d) to request the governments of the member states to supply it with information on the measures adopted by them in matters of human rights;
(e) to respond, through the General Secretariat of the Organization of American States, to inquiries made by the member states on matters related to human rights and, within the limits of its possibilities, to provide those states with the advisory services they request;
(f) to take action on petitions and other communications pursuant to its authority under the provisions of Articles 44 through 51 of this Convention; and
(g) to submit an annual report to the General Assembly of the Organization of American States.

(c) 위원회의 임무를 수행하는 데 바람직하다고 보는 연구나 보고서를 준비한다;
(d) 회원국 정부에게 인권 분야에서 그들이 채택한 조치에 관한 정보의 제출을 요청한다;
(e) 인권 관련 사안에 대한 회원국의 문의에 대하여 미주기구 사무국을 통하여 답변하고, 가능한 범위 내에서 이들 국가에게 그들이 요구하는 자문을 제공한다.
(f) 이 협약 제44조 내지 제51조의 규정에 의한 의원회의 권한에 기하여 청원과 기타 통보에 대한 조치를 취한다; 그리고
(g) 미주기구 총회에 연차보고서를 제출한다.

Article 42
The States Parties shall transmit to the Commission a copy of each of the reports and studies that they submit annually to the Executive Committees of the Inter-American Economic and Social Council and the Inter-American Council for Education, Science, and Culture, in their respective fields, so that the Commission may watch over the promotion of the rights implicit in the economic, social, educational, scientific, and cultural standards set forth in the Charter of the Organization of American States as amended by the Protocol of Buenos Aires.

제42조
부에노스아이레스 의정서에 의하여 개정된 미주기구 헌장에 규정된 경제적, 사회적, 교육적, 과학적 및 문화적 기준에 내재된 권리의 증진을 위원회가 감독할 수 있도록 당사국들은 그들이 미주 경제사회이사회와 미주 교육과학문화이사회의 집행위원회에 각각 매년 제출하는 보고서와 연구서 사본을 위원회에 송부하여야 한다.

Article 43
The States Parties undertake to provide the Commission with such information as it may request of them as to the manner in which their domestic law ensures the effective application of any provisions of this Convention.

제43조
당사국들은 그들의 국내법이 이 협약 규정의 실효적인 적용을 보장하는 방법에 관하여 위원회가 요청한 정보를 위원회에 제공할 것을 약속한다.

Section 3. Competence

Article 44
Any person or group of persons, or any nongovernmental entity legally recognized in one or more member states of the Organization, may lodge petitions with the Commission containing denunciations or complaints of violation of this Convention by a State Party.

Article 45
1. Any State Party may, when it deposits its instrument of ratification of or adherence to this Convention, or at any later time, declare that it recognizes the competence of the Commission to receive and examine communications in which a State Party alleges that another State Party has committed a violation of a human right set forth in this Convention.
2. Communications presented by virtue of this article may be admitted and examined only if they are presented by a State Party that has made a declaration recognizing the aforementioned competence of the Commission. The Commission shall not admit any communication against a State Party that has not made such a declaration.
3. A declaration concerning recognition of competence may be made to be valid for an indefinite time, for a specified period, or for a specific case.
4. Declarations shall be deposited with the General Secretariat of the Organization of American States, which shall transmit copies thereof to the member states of that Organization.

Article 46
1. Admission by the Commission of a petition or communication lodged in accordance with Articles 44 or 45 shall be subject to the following requirements:

제3절 권한

제44조
어느 개인 또는 단체, 또는 1개 이상의 미주기구 회원국에서 법인으로 인정된 비정부 기관은 당사국에 의한 이 협약의 위반을 고발하거나 통지하는 청원을 위원회에 제출할 수 있다.

제45조
1. 모든 당사국은 협약의 비준서나 가입서를 기탁할 때 또는 그 이후 언제라도, 일방 당사국이 다른 당사국에 의한 이 협약상의 인권침해를 주장하는 통보를 접수하고 조사할 위원회의 권한을 수락하는 선언을 할 수 있다.

2. 이 조에 의하여 제출된 통보는 위원회의 위의 권한을 인정하는 선언을 한 당사국에 의하여 제출되는 경우에만 수락되고 검토될 수 있다. 위원회는 그러한 선언을 하지 않은 당사국에 대한 통보는 수락하지 아니한다.

3. 권한인정에 관한 선언은 무기한, 일정 기간 동안 또는 특별한 경우에만 유효하도록 할 수 있다.

4. 선언서는 미주기구 사무국에 기탁되고, 사무국은 기구의 회원국에게 그 사본을 송부한다.

제46조
1. 위원회는 다음의 요건을 전제로 제44조 또는 제45조에 따라 제출된 청원이나 통보를 수락한다.

(a) that the remedies under domestic law have been pursued and exhausted in accordance with generally recognized principles of international law;
(b) that the petition or communication is lodged within a period of six months from the date on which the party alleging violation of his rights was notified of the final judgment;
(c) that the subject of the petition or communication is not pending in another international proceeding for settlement; and
(d) that, in the case of Article 44, the petition contains the name, nationality, profession, domicile, and signature of the person or persons or of the legal representative of the entity lodging the petition.
2. The provisions of paragraphs 1.a and 1.b of this article shall not be applicable when:
(a) the domestic legislation of the state concerned does not afford due process of law for the protection of the right or rights that have allegedly been violated;
(b) the party alleging violation of his rights has been denied access to the remedies under domestic law or has been prevented from exhausting them; or
(c) there has been unwarranted delay in rendering a final judgment under the aforementioned remedies.

(a) 일반적으로 승인된 국제법의 원칙에 따라 국내법상의 구제가 시도되어 완료되었을 것;

(b) 자신의 권리가 침해되었다고 주장하는 당사자가 확정판결을 통보받은 날로부터 6개월 이내에 청원이나 통보가 제출되었을 것;

(c) 청원이나 통보의 사안이 다른 국제적 분쟁해결절차에 계류 중이 아닐 것; 그리고

(d) 제44조의 경우, 청원서는 이를 제출하는 사람이나 기관의 법적 대표자의 성명, 국적, 직업, 주소 및 서명을 포함할 것.

2. 이 조의 제1항 (a)와 (b)의 규정은 다음의 경우에는 적용되지 아니한다.
(a) 침해받았다고 주장되는 권리의 보호를 위하여 해당 국가의 국내법이 적법절차를 제공하지 않는 경우;

(b) 권리침해를 주장하는 당사자가 국내법에 의한 구제를 거부당하였거나, 국내적 구제를 완료하는 것을 금지당한 경우; 또는
(c) 위의 구제절차에 따른 확정판결이 내려지는 데 있어서 부당한 지연이 있었던 경우.

Article 47
The Commission shall consider inadmissible any petition or communication submitted under Articles 44 or 45 if:
(a) any of the requirements indicated in Article 46 has not been met;
(b) the petition or communication does not state facts that tend to establish a violation of the rights guaranteed by this Convention;
(c) the statements of the petitioner or of the state indicate that the petition or communication is manifestly groundless or obviously out of order; or

제47조
위원회는 다음과 같은 경우에는 제44조 또는 제45조에 의하여 제출된 청원이나 통보를 수락할 수 없는 것으로 판단하여야 한다.
(a) 제46조에 제시된 요건을 충족하지 못한 경우;

(b) 청원이나 통보가 이 협약에 의하여 보장되는 권리의 침해 사실을 진술하지 아니한 경우; 또는

(c) 청원이나 통보가 명백히 근거가 없다거나 분명한 규칙위반이라는 점을 청원인 또는 국가의 진술서가 보여주고 있는 경우; 또는

(d) the petition or communication is substantially the same as one previously studied by the Commission or by another international organization.

(d) 청원이나 통보가 위원회 또는 다른 국제기구에 의하여 이전에 검토된 것과 실질적으로 동일한 것인 경우.

Section 4. Procedure

제4절 절차

Article 48

제48조

1. When the Commission receives a petition or communication alleging violation of any of the rights protected by this Convention, it shall proceed as follows:

1. 위원회가 이 협약에 의하여 보호되는 권리의 침해를 주장하는 청원이나 통보를 접수하는 경우, 다음과 같이 처리하여야 한다.

(a) If it considers the petition or communication admissible, it shall request information from the government of the state indicated as being responsible for the alleged violations and shall furnish that government a transcript of the pertinent portions of the petition or communication. This information shall be submitted within a reasonable period to be determined by the Commission in accordance with the circumstances of each case.

(a) 위원회가 청원이나 통보의 심리적격을 인정하는 경우, 위원회는 주장된 침해에 대하여 책임이 있는 것으로 지적된 국가로부터 정보제공을 요청하고, 또한 청원이나 통보의 관련 부분의 사본을 그 국가에게 제공하여야 한다. 이 정보는 각 사건의 상황에 알맞게 위원회가 결정한 합리적인 기한 내에 제출되어야 한다.

(b) After the information has been received, or after the period established has elapsed and the information has not been received, the Commission shall ascertain whether the grounds for the petition or communication still exist. If they do not, the Commission shall order the record to be closed.

(b) 정보가 접수된 다음 또는 정보가 접수되지 아니한 채로 정해진 기한이 지난 다음, 위원회는 청원이나 통보가 근거가 있는지 여부를 확인하여야 한다. 근거가 없는 경우, 위원회는 기록을 종료시키도록 명령하여야 한다.

(c) The Commission may also declare the petition or communication inadmissible or out of order on the basis of information or evidence subsequently received.

(c) 위원회는 한편 추후에 접수된 정보나 증거를 근거로 청원이나 통보가 심리부적격 또는 규칙위반이라고 선언할 수 있다.

(d) If the record has not been closed, the Commission shall, with the knowledge of the parties, examine the matter set forth in the petition or communication in order to verify the facts. If necessary and advisable, the Commission shall carry out an investigation, for the effective conduct of which it shall request, and the states concerned shall furnish to it, all necessary facilities.

(d) 기록이 종료되지 아니한 경우, 위원회는 사실관계를 확인하기 위하여 당사자들의 인지하에 청원이나 통보에 진술된 사건을 검토하여야 한다. 필요하고 바람직한 경우 위원회는 조사를 실시하여야 하고, 효과적인 조사를 위하여 필요한 모든 편의를 요청하여야 하며, 관련국은 이를 위원회에 제공하여야 한다.

(e) The Commission may request the states concerned to furnish any pertinent information and, if so requested, shall hear oral statements or receive written statements from the parties concerned.

(f) The Commission shall place itself at the disposal of the parties concerned with a view to reaching a friendly settlement of the matter on the basis of respect for the human rights recognized in this Convention.

2. However, in serious and urgent cases, only the presentation of a petition or communication that fulfills all the formal requirements of admissibility shall be necessary in order for the Commission to conduct an investigation with the prior consent of the state in whose territory a violation has allegedly been committed.

(e) 위원회는 관련국에게 해당 정보의 제공을 요청할 수 있으며, 요청을 받게 되면 관련 당사자들로부터 구두진술을 듣거나 서면진술을 받아야 한다.

(f) 위원회는 이 협약에서 인정된 인권에 대한 존중을 바탕으로 사건이 우호적으로 해결될 수 있도록 당사자들의 의사를 존중하여야 한다.

2. 그러나 심각하고 긴급한 사건의 경우 심리적격의 모든 형식요건을 갖춘 청원이나 통보만 제출되면 위원회는 그 영역 내에서 위반행위가 발생했다고 주장되는 국가의 사전동의를 얻어 조사를 실시하여야 한다.

Article 49

If a friendly settlement has been reached in accordance with paragraph 1.f of Article 48, the Commission shall draw up a report, which shall be transmitted to the petitioner and to the States Parties to this Convention, and shall then be communicated to the Secretary General of the Organization of American States for publication. This report shall contain a brief statement of the facts and of the solution reached. If any party in the case so requests, the fullest possible information shall be provided to it.

제49조

제48조 제1항 f)에 따라서 우호적 해결이 이루어진 경우, 위원회는 보고서를 작성하여 이를 청원인과 협약의 당사국들에게 통보하여야 하며, 또한 출간을 위하여 미주기구 사무총장에게 통보하여야 한다. 이 보고서는 사실과 달성된 해결에 대한 간단한 설명을 포함하여야 한다. 사건의 어느 당사자의 요청이 있으면, 가능한 한 모든 정보가 제공되어야 한다.

Article 50

1. If a settlement is not reached, the Commission shall, within the time limit established by its Statute, draw up a report setting forth the facts and stating its conclusions. If the report, in whole or in part, does not represent the unanimous agreement of the members of the Commission, any member may attach to it a separate opinion. The written and oral statements made by the parties in accordance with

제50조

1. 해결이 이루어지지 않은 경우, 위원회는 규정에 의하여 정하여진 기한 내에 사실을 설명하고 자신의 결론을 진술하는 보고서를 작성하여야 한다. 보고서가 전체적으로 또는 부분적으로 위원회의 위원들의 전원일치에 의한 것이 아닌 경우에는, 어떤 위원도 보고서에 개별의견을 첨부할 수 있다. 제48조 1항 (e)에 따라서 당사자들이 행한 서면 및 구두진술은 보고서에 첨부되어야 한다.

paragraph 1.e of Article 48 shall also be attached to the report.

2. The report shall be transmitted to the states concerned, which shall not be at liberty to publish it.

3. In transmitting the report, the Commission may make such proposals and recommendations as it sees fit.

2. 보고서는 관련국에게 전달되어야 하고, 그 국가는 이를 자유로이 출간하여서는 아니 된다.

3. 보고서를 전달할 때 위원회는 적절하다고 판단되는 제안과 권고를 할 수 있다.

Article 51

1. If, within a period of three months from the date of the transmittal of the report of the Commission to the states concerned, the matter has not either been settled or submitted by the Commission or by the state concerned to the Court and its jurisdiction accepted, the Commission may, by the vote of an absolute majority of its members, set forth its opinion and conclusions concerning the question submitted for its consideration.

2. Where appropriate, the Commission shall make pertinent recommendations and shall prescribe a period within which the state is to take the measures that are incumbent upon it to remedy the situation examined.

3. When the prescribed period has expired, the Commission shall decide by the vote of an absolute majority of its members whether the state has taken adequate measures and whether to publish its report.

제51조

1. 위원회의 보고서가 관련국에게 전달된 날로부터 3개월 이내에 사건이 해결되지 않거나 관할권이 수락된 재판소로 위원회나 관련국에 의하여 사건이 회부되지 아니한 경우, 위원회는 위원들의 재적과반수 투표를 통하여 검토를 위하여 제출된 쟁점에 관한 자신의 의견과 결론을 내릴 수 있다.

2. 적절한 경우 위원회는 적합한 권고를 하여야 하며, 검토된 상황을 구제하기 위하여 해당국에게 부과된 조치들을 취할 기한을 설정하여야 한다.

3. 설정된 기한이 종료되면, 위원회는 위원들의 재적과반수 투표를 통하여 해당 국가가 적절한 조치를 취하였는지, 그리고 보고서를 발간할 것인지 여부를 결정하여야 한다.

CHAPTER VIII INTER-AMERICAN COURT OF HUMAN RIGHTS

제8장 미주인권재판소

Section 1. Organization

제1절 구성

Article 52

1. The Court shall consist of seven judges, nationals of the member states of the Organization, elected in an individual capacity from among jurists of the highest moral authority and of recognized compe-

제52조

1. 재판소는 미주기구의 회원국 국민으로서 최고의 덕망을 갖추고 인권 분야에서 능력이 인정된 자로서 본국의 법률 또는 그를 후보로 추천한 국가의 법률에 따라 최고의 사법적 기능행사에 요구되는

tence in the field of human rights, who possess the qualifications required for the exercise of the highest judicial functions in conformity with the law of the state of which they are nationals or of the state that proposes them as candidates.

자격을 갖춘 법률가 중에서 개인자격으로 선출된 7인의 판사로 구성된다.

2. No two judges may be nationals of the same state.

2. 2인의 판사가 동일한 국가의 국민이 될 수 없다.

Article 53

제53조

1. The judges of the Court shall be elected by secret ballot by an absolute majority vote of the States Parties to the Convention, in the General Assembly of the Organization, from a panel of candidates proposed by those states.

1. 재판소의 판사는 미주기구 총회에서 당사국들이 추천한 후보단으로부터 협약 당사국들의 재적 과반수 찬성에 의한 비밀투표에 의하여 선출된다.

2. Each of the States Parties may propose up to three candidates, nationals of the state that proposes them or of any other member state of the Organization of American States. When a slate of three is proposed, at least one of the candidates shall be a national of a state other than the one proposing the slate.

2. 각 당사국은 추천국이나 미주기구의 다른 회원국의 국민으로 3인까지의 후보를 추천할 수 있다. 3인의 후보가 추천된 경우 그중 최소한 한 명은 추천국 이외의 국가의 국민이어야 한다.

Article 54

제54조

1. The judges of the Court shall be elected for a term of six years and may be reelected only once. The term of three of the judges chosen in the first election shall expire at the end of three years. Immediately after the election, the names of the three judges shall be determined by lot in the General Assembly.

1. 재판소의 판사는 6년 임기로 선출되며 1회에 한하여 재선될 수 있다. 첫 번째 선거에서 선출된 3인의 판사의 임기는 3년으로 종료된다. 선거 직후 그 3인의 판사는 총회에서의 추첨을 통하여 결정된다.

2. A judge elected to replace a judge whose term has not expired shall complete the term of the latter.

2. 임기가 만료되지 아니한 판사를 대체하기 위하여 선출된 판사는 전임자의 임기를 채운다.

3. The judges shall continue in office until the expiration of their term. However, they shall continue to serve with regard to cases that they have begun to hear and that are still pending, for which purposes they shall not be replaced by the newly elected judges.

3. 판사는 자신의 임기가 만료될 때까지 재임한다. 그러나 판사는 자신이 심리를 시작하여 아직 계류 중인 사건에 관하여는 임무를 계속 행하며, 이 목적에 있어서는 새로 선출된 판사에 의하여 대체되지 아니한다.

Article 55

제55조

1. If a judge is a national of any of the States Parties to a case submitted to the Court, he shall retain his

1. 판사가 재판소에 제출된 사건의 당사국 국민인 경우에도, 그는 당해 사건을 심리할 권한을 보유한

right to hear that case.
2. If one of the judges called upon to hear a case should be a national of one of the States Parties to the case, any other State Party in the case may appoint a person of its choice to serve on the Court as an ad hoc judge.
3. If among the judges called upon to hear a case none is a national of any of the States Parties to the case, each of the latter may appoint an ad hoc judge.
4. An ad hoc judge shall possess the qualifications indicated in Article 52.
5. If several States Parties to the Convention should have the same interest in a case, they shall be considered as a single party for purposes of the above provisions. In case of doubt, the Court shall decide.

다.
2. 사건의 심리를 맡은 판사 중 1인이 사건 당사국의 국민인 경우, 그 사건의 다른 당사국은 재판소에 근무할 자를 선임하여 특별판사로 임명할 수 있다.
3. 사건의 심리를 맡은 판사 중 사건 당사국들의 국민이 없는 경우, 각 당사국들은 특별판사를 임명할 수 있다.
4. 특별판사는 제52조에 규정된 자격을 갖추어야 한다.
5. 협약의 다수 당사국들이 한 사건에서 동일한 이해관계를 가지고 있는 경우, 이 국가들은 위 조항의 적용에 있어서는 하나의 당사자로 보아야 한다. 의심스러운 경우에는 재판소가 결정하여야 한다.

Article 56
Five judges shall constitute a quorum for the transaction of business by the Court.

제56조
5명의 판사가 재판소 업무활동의 의사정족수를 구성한다.

Article 57
The Commission shall appear in all cases before the Court.

제57조
위원회는 재판소에서의 모든 사건에서 출정하여야 한다.

Article 58
1. The Court shall have its seat at the place determined by the States Parties to the Convention in the General Assembly of the Organization; however, it may convene in the territory of any member state of the Organization of American States when a majority of the Court considers it desirable, and with the prior consent of the state concerned. The seat of the Court may be changed by the States Parties to the Convention in the General Assembly by a two-thirds vote.
2. The Court shall appoint its own Secretary.
3. The Secretary shall have his office at the place where the Court has its seat and shall attend the meetings that the Court may hold away from its seat.

제58조
1. 재판소는 미주기구 총회에서 협약당사국이 결정한 장소에 소재한다. 그러나 재판소의 과반수 판사가 바람직하다고 보면 관련국의 사전 동의를 얻어 재판소는 미주기구 어느 회원국의 영역에서도 소집될 수 있다. 재판소의 소재지는 협약 당사국 총회에서 3분의 2의 투표로 변경될 수 있다.
2. 재판소는 자체의 서기를 임명한다.
3. 서기는 재판소 소재지에 그의 사무소를 두며, 재판소 소재지 이외의 장소에서 열리는 회의에 참석하여야 한다.

Article 59
The Court shall establish its Secretariat, which shall function under the direction of the Secretary of the Court, in accordance with the administrative standards of the General Secretariat of the Organization in all respects not incompatible with the independence of the Court. The staff of the Court's Secretariat shall be appointed by the Secretary General of the Organization, in consultation with the Secretary of the Court.

제59조
재판소는 사무국을 두며, 사무국은 재판소 서기의 지시하에 재판소의 독립성과 충돌되지 않는 한 모든 점에서 미주기구 사무국의 행정적 기준에 따라서 활동한다. 재판소 사무국의 직원은 재판소 서기와의 협의하에 미주기구의 사무총장에 의하여 임명된다.

Article 60
The Court shall draw up its Statute which it shall submit to the General Assembly for approval. It shall adopt its own Rules of Procedure.

제60조
재판소는 자체 규정을 작성하고, 승인을 얻기 위하여 총회에 제출한다. 재판소는 자체 절차규칙을 채택한다.

Section 2. Jurisdiction and Functions

제2절 관할권과 기능

Article 61
1. Only the States Parties and the Commission shall have the right to submit a case to the Court.
2. In order for the Court to hear a case, it is necessary that the procedures set forth in Articles 48 and 50 shall have been completed.

제61조
1. 당사국과 위원회만이 재판소에 사건을 회부할 권리가 있다.
2. 재판소가 사건을 심리하기 위하여는 제48조와 제50조에 규정된 절차가 완료되어야 한다.

Article 62
1. A State Party may, upon depositing its instrument of ratification or adherence to this Convention, or at any subsequent time, declare that it recognizes as binding, ipso facto, and not requiring special agreement, the jurisdiction of the Court on all matters relating to the interpretation or application of this Convention.
2. Such declaration may be made unconditionally, on the condition of reciprocity, for a specified period, or for specific cases. It shall be presented to the Secretary General of the Organization, who shall transmit copies thereof to the other member states of the Organization and to the Secretary of the

제62조
1. 당사국은 이 협약의 비준서나 가입서를 기탁할 때 또는 그 이후 언제라도 이 협약의 해석이나 적용에 관한 모든 문제에 대하여 특별합의가 없어도 바로 재판소의 관할권의 구속력을 인정하는 선언을 할 수 있다.
2. 이 선언은 무조건적으로나 상호주의를 조건으로, 일정한 기간 동안 또는 특별한 사건에 대해서만 행할 수 있다. 이 선언은 미주기구 사무총장에게 제출되고, 그는 기구의 다른 회원국과 재판소 서기에게 그 사본을 전달한다.

Court.

3. The jurisdiction of the Court shall comprise all cases concerning the interpretation and application of the provisions of this Convention that are submitted to it, provided that the States Parties to the case recognize or have recognized such jurisdiction, whether by special declaration pursuant to the preceding paragraphs, or by a special agreement.

3. 재판소의 관할권은 재판소에 제기된 협약조항의 해석과 적용에 관한 모든 사건들을 포괄한다. 단, 사건의 당사국들이 위 조항에 의한 특별선언이나 특별합의에 의하여 그와 같은 관할권을 인정하거나 인정하였을 경우에 한한다.

Article 63

1. If the Court finds that there has been a violation of a right or freedom protected by this Convention, the Court shall rule that the injured party be ensured the enjoyment of his right or freedom that was violated. It shall also rule, if appropriate, that the consequences of the measure or situation that constituted the breach of such right or freedom be remedied and that fair compensation be paid to the injured party.

2. In cases of extreme gravity and urgency, and when necessary to avoid irreparable damage to persons, the Court shall adopt such provisional measures as it deems pertinent in matters it has under consideration. With respect to a case not yet submitted to the Court, it may act at the request of the Commission.

제63조

1. 재판소가 이 협약에 의하여 보호되는 권리나 자유의 침해가 있었다고 판단하는 경우, 재판소는 침해된 피해당사자의 권리나 자유의 향유가 보장되어야 한다고 판결한다. 그리고 재판소는 적절한 경우 그러한 권리나 자유를 침해하는 조치나 상황의 결과가 시정되어야 하며, 피해당사자에게 공정한 보상이 지불되어야 한다고 판결한다.

2. 극히 중대하고 긴급한 경우 및 사람에 대한 회복할 수 없는 피해를 회피하기 위하여 필요한 경우, 재판소는 심리 중인 사건에 적절하다고 보는 잠정조치를 채택한다. 재판소에 아직 제기되지 아니한 사건에 관하여는 재판소가 위원회의 요청에 따라서 행동할 수 있다.

Article 64

1. The member states of the Organization may consult the Court regarding the interpretation of this Convention or of other treaties concerning the protection of human rights in the American states. Within their spheres of competence, the organs listed in Chapter X of the Charter of the Organization of American States, as amended by the Protocol of Buenos Aires, may in like manner consult the Court.

2. The Court, at the request of a member state of the Organization, may provide that state with opinions

제64조

1. 미주기구의 회원국은 이 협약이나 미주국가에서의 인권보호에 관한 다른 조약들의 해석에 관하여 재판소의 의견을 구할 수 있다. 부에노스아이레스 의정서에 의하여 개정된 미주기구 헌장 제10장에 열거된 기구들도 마찬가지로 그들의 권한범위 내에서 재판소의 의견을 구할 수 있다.

2. 재판소는 미주기구 회원국의 요청이 있는 경우 그 국가의 국내법이 위에 언급된 국제문서들과 양

regarding the compatibility of any of its domestic laws with the aforesaid international instruments.

럽가능한지에 관한 의견을 당해국에 제시할 수 있다.

Article 65

To each regular session of the General Assembly of the Organization of American States the Court shall submit, for the Assembly's consideration, a report on its work during the previous year. It shall specify, in particular, the cases in which a state has not complied with its judgments, making any pertinent recommendations.

제65조

미주기구 총회에 의한 검토를 위하여 재판소는 지난해의 재판소 활동에 관한 보고서를 총회 각 정기회기에 제출하여야 한다. 특히 재판소는 국가가 판결을 준수하지 않고 있는 사건들을 적절한 권고와 함께 명기한다.

Section 3. Procedure

제3절 절차

Article 66

1. Reasons shall be given for the judgment of the Court.
2. If the judgment does not represent in whole or in part the unanimous opinion of the judges, any judge shall be entitled to have his dissenting or separate opinion attached to the judgment.

제66조

1. 재판소의 판결에는 판결이유가 기재된다.

2. 판결이 전체적으로 또는 부분적으로 판사들의 전원일치에 의한 것이 아닌 경우, 어떤 판사도 자신의 반대의견이나 개별의견을 판결문에 첨부할 권한이 있다.

Article 67

The judgment of the Court shall be final and not subject to appeal. In case of disagreement as to the meaning or scope of the judgment, the Court shall interpret it at the request of any of the parties, provided the request is made within ninety days from the date of notification of the judgment.

제67조

재판소의 판결은 최종적이며 상소할 수 없다. 판결의 의미나 범위에 대하여 분쟁이 있는 경우, 당사자가 요청하면 재판소는 이를 해석하여야 한다. 단 그러한 요청은 판결의 통고일로부터 90일 이내에 하여야 한다.

Article 68

1. The States Parties to the Convention undertake to comply with the judgment of the Court in any case to which they are parties.
2. That part of a judgment that stipulates compensatory damages may be executed in the country concerned in accordance with domestic procedure governing the execution of judgments against the state.

제68조

1. 협약의 당사국은 자신이 당사국인 사건에서 재판소가 내린 판결을 준수할 것을 약속한다.

2. 손해배상을 명시한 판결 부분은 국가를 상대로 한 판결의 집행을 규율하는 국내절차에 따라서 관련국에서 집행된다.

Article 69
The parties to the case shall be notified of the judgment of the Court and it shall be transmitted to the States Parties to the Convention.

제69조
사건 당사국은 재판소의 판결을 통고받으며, 판결은 협약 당사국에게도 통보되어야 한다.

CHAPTER IX COMMON PROVISIONS

제9장 공통 규정

Article 70
1. The judges of the Court and the members of the Commission shall enjoy, from the moment of their election and throughout their term of office, the immunities extended to diplomatic agents in accordance with international law. During the exercise of their official function they shall, in addition, enjoy the diplomatic privileges necessary for the performance of their duties.
2. At no time shall the judges of the Court or the members of the Commission be held liable for any decisions or opinions issued in the excercise of their functions.

제70조
1. 재판소의 판사와 위원회의 위원은 선출 시부터 임기 중 국제법에 따라서 외교관에게 적용되는 면제를 향유한다. 또한 이들의 공식 임무수행 중에는 이에 필요한 외교적 특권을 누린다.
2. 재판소의 판사나 위원회의 위원은 자신의 임무수행 중 제시한 결정이나 의견에 대하여 어떠한 책임도 지지 아니한다.

Article 71
The position of judge of the Court or member of the Commission is incompatible with any other activity that might affect the independence or impartiality of such judge or member, as determined in the respective statutes.

제71조
재판소의 판사나 위원회의 위원의 지위는 각각의 규정에 규정된 판사나 위원의 독립성 또는 공정성에 영향을 줄 수 있는 어떠한 행위와도 양립될 수 없다.

Article 72
The judges of the Court and the members of the Commission shall receive emoluments and travel allowances in the form and under the conditions set forth in their statutes, with due regard for the importance and independence of their office. Such emoluments and travel allowances shall be determined in the budget of the Organization of American States, which shall also include the expenses of the Court and its Secretariat. To this end, the Court shall draw up its own budget and

제72조
재판소의 판사와 위원회의 위원은 직무의 중요성과 독립성을 적절히 고려하여 각각의 규정에 정하여진 형식과 요건에 따라 보수와 여행경비를 지급받는다. 이러한 보수와 여행경비는 미주기구의 예산으로 책정되며, 또한 그 예산은 재판소와 사무국의 경비를 포함한다. 이러한 목적을 위하여 재판소는 자체 예산을 책정하고, 총회의 승인을 얻기 위하여 이를 미주기구 사무국을 통하여 제출한다. 총회는 예산에 어떠한 변경도 가할 수 없다.

submit it for approval to the General Assembly through the General Secretariat. The latter may not introduce any changes in it.

Article 73

The General Assembly may, only at the request of the Commission or the Court, as the case may be, determine sanctions to be applied against members of the Commission or judges of the Court when there are justifiable grounds for such action as set forth in the respective statutes. A vote of a two-thirds majority of the member states of the Organization shall be required for a decision in the case of members of the Commission and, in the case of judges of the Court, a two-thirds majority vote of the States Parties to the Convention shall also be required.

. . .

제73조

총회는 각각의 규정에 규정된 조치를 정당화시킬 근거가 있는 경우, 오직 위원회나 재판소의 요청에 기하여만 위원회의 위원이나 재판소의 판사에 대한 제재를 결정할 수 있다. 위원회의 위원의 경우에는 미주기구 회원국 3분의 2의 찬성이 요구되고, 재판소의 판사의 경우에는 이 협약 당사국 3분의 2의 찬성이 요구된다.

. . .

African [Banjul] Charter on Human and Peoples' Rights

인간과 인민의 권리에 관한 아프리카헌장

채택 1981. 6. 27 / 발효 1986. 10. 21

PREAMBLE

The African States members of the Organization of African Unity, parties to the present convention entitled "African Charter on Human and Peoples' Rights",

Recalling Decision 115 (XVI) of the Assembly of Heads of State and Government at its Sixteenth Ordinary Session held in Monrovia, Liberia, from 17 to 20 July 1979 on the preparation of a "preliminary draft on an African Charter on Human and Peoples' Rights providing inter alia for the establishment of bodies to promote and protect human and peoples' rights";

Considering the Charter of the Organization of African Unity, which stipulates that "freedom, equality, justice and dignity are essential objectives for the achievement of the legitimate aspirations of the African peoples";

Reaffirming the pledge they solemnly made in Article 2 of the said Charter to eradicate all forms of colonialism from Africa, to coordinate and intensify their cooperation and efforts to achieve a better life for the peoples of Africa and to promote international cooperation having due regard to the Charter of the United Nations, and the Universal Declaration of Human Rights;

Taking into consideration the virtues of their historical tradition and the values of African civilization which should inspire and characterize their reflection on the concept of human and peoples' rights;

Recognizing on the one hand, that fundamental

전문

"인간과 인민의 권리에 관한 아프리카헌장"으로 명명된 이 협약의 당사국인 아프리카단결기구의 아프리카 회원국들은,

무엇보다도 "인간과 인민의 권리의 증진 및 보호를 위한 기구의 설립을 규정하는 인간과 인민의 권리에 관한 아프리카헌장 예비초안"의 준비와 관련하여 1979년 7월 17일부터 20일 라이베리아의 먼로비아에서 개최된 제16차 정기회기에서 채택된 국가 및 정부수반회의의 결정 115(XVI)를 상기하며;

"자유, 평등, 정의와 인간의 존엄성은 아프리카 인민들의 정당한 열망을 달성하기 위한 본질적인 목표임"을 규정하고 있는 아프리카단결기구 헌장을 고려하며;

아프리카에서 모든 형태의 식민주의를 근절시키고, 아프리카 인민들의 보다 나은 삶을 달성하기 위한 협조와 노력을 조정 및 강화하고, 국제연합 헌장과 세계인권선언을 존중하는 가운데 국제협력을 증진시킨다는 아프리카단결기구 헌장 제2조의 엄숙한 서약을 재확인하며;

인간과 인민의 권리 개념에 대한 아프리카인들의 생각을 고취하고 성격지우는 이들의 역사적 전통상의 덕목과 아프리카 문명의 가치를 고려하며;

기본적 인권은 인간의 속성에서 나오는 것으로서,

human rights stem from the attributes of human beings which justifies their national and international protection and on the other hand that the reality and respect of peoples rights should necessarily guarantee human rights;

Considering that the enjoyment of rights and freedoms also implies the performance of duties on the part of everyone;

Convinced that it is henceforth essential to pay a particular attention to the right to development and that civil and political rights cannot be dissociated from economic, social and cultural rights in their conception as well as universality and that the satisfaction of economic, social and cultural rights is a guarantee for the enjoyment of civil and political rights;

Conscious of their duty to achieve the total liberation of Africa, the peoples of which are still struggling for their dignity and genuine independence, and undertaking to eliminate colonialism, neo-colonialism, apartheid, zionism and to dismantle aggressive foreign military bases and all forms of discrimination, particularly those based on race, ethnic group, color, sex. language, religion or political opinions;

Reaffirming their adherence to the principles of human and peoples' rights and freedoms contained in the declarations, conventions and other instrument adopted by the Organization of African Unity, the Movement of Non-Aligned Countries and the United Nations;

Firmly convinced of their duty to promote and protect human and people' rights and freedoms taking into account the importance traditionally attached to these rights and freedoms in Africa;

Have agreed as follows:

그 점이 인권의 국제적 보호를 정당화시킨다는 점을 인정하는 한편, 또한 인민의 권리의 현실과 존중이 필연적으로 인권을 보장하여야 함을 인정하고;

권리와 자유의 향유는 또한 모든 사람의 의무이행을 내포하고 있음을 고려하며;

앞으로는 개발에 대한 권리에 특별히 유의하는 것이 필수적이며, 시민적 및 정치적 권리는 보편성에서는 물론 개념에 있어서도 경제적, 사회적 및 문화적 권리로부터 분리될 수 없으며, 경제적, 사회적 및 문화적 권리의 충족이 시민적 및 정치적 권리의 향유를 보장한다는 것을 확신하며;

인민들이 아직도 자신의 존엄성과 진정한 독립을 위하여 투쟁하고 있으며, 식민주의, 신식민주의, 인종차별정책, 시온주의를 철폐시키고 침략적인 외국군사기지와 모든 형태의 차별, 특히 인종, 민족집단, 피부색, 성, 언어, 종교 또는 정치적 의견을 이유로 한 차별을 없애려고 노력하고 있는 아프리카인의 완전한 해방을 달성할 의무를 인식하며;

아프리카단결기구, 비동맹국가운동, 국제연합에서 채택된 선언, 협약 및 기타문서들에 포함된 인간과 인민의 권리 및 자유의 원칙에 대한 지지를 재확인하며;

아프리카에서 인간과 인민의 권리와 자유에 대하여 전통적으로 부여되었던 중요성을 고려하면서, 이러한 권리와 자유를 증진하고 보호할 의무를 굳게 확신하며,

다음과 같이 합의한다.

Part I Rights and Duties

Chapter I Human and Peoples' Rights

Article 1
The Member States of the Organization of African Unity parties to the present Charter shall recognize the rights, duties and freedoms enshrined in this Chapter and shall undertake to adopt legislative or other measures to give effect to them.

Article 2
Every individual shall be entitled to the enjoyment of the rights and freedoms recognized and guaranteed in the present Charter without distinction of any kind such as race, ethnic group, color, sex, language, religion, political or any other opinion, national and social origin, fortune, birth or other status.

Article 3
1. Every individual shall be equal before the law.
2. Every individual shall be entitled to equal protection of the law.

Article 4
Human beings are inviolable. Every human being shall be entitled to respect for his life and the integrity of his person. No one may be arbitrarily deprived of this right.

Article 5
Every individual shall have the right to the respect of the dignity inherent in a human being and to the recognition of his legal status. All forms of exploitation and degradation of man particularly slavery, slave trade, torture, cruel, inhuman or degrading punishment and treatment shall be prohibited.

제1부 권리와 의무

제1장 인간과 인민의 권리

제1조
이 헌장의 당사국인 아프리카단결기구 회원국들은 헌장에 규정된 권리, 의무와 자유를 승인하며, 이를 실행하기 위한 입법 또는 기타의 조치를 취할 것을 약속한다.

제2조
모든 개인은 인종, 민족집단, 피부색, 성, 언어, 종교, 정치적 또는 기타의 의견, 민족적 및 사회적 출신, 재산, 출생 또는 기타의 신분으로 인한 차별 없이 이 헌장에서 인정되고 보장되는 권리와 자유를 향유할 권리를 가진다.

제3조
1. 모든 개인은 법 앞에서 평등하다.
2. 모든 개인은 법의 평등한 보호를 받을 권리가 있다.

제4조
인간은 불가침이다. 모든 인간은 자신의 생명과 신체의 완전성을 존중받을 권리를 가진다. 어느 누구도 이 권리를 자의적으로 박탈당하지 아니한다.

제5조
모든 개인은 인간으로서의 고유한 존엄성을 존중받으며, 자신의 법적 지위를 인정받을 권리를 가진다. 인간에 대한 모든 형태의 착취와 모욕, 특히 노예제도, 노예무역, 고문, 잔혹한, 비인도적인 또는 굴욕적인 형벌과 처우는 금지된다.

Article 6

Every individual shall have the right to liberty and to the security of his person. No one may be deprived of his freedom except for reasons and conditions previously laid down by law. In particular, no one may be arbitrarily arrested or detained.

제6조

모든 개인은 신체의 자유와 안전에 대한 권리를 가진다. 어느 누구도 사전에 법률로 규정된 이유와 조건에 해당하지 않는다면 자신의 자유를 박탈당하지 아니한다. 특히 어느 누구도 자의적으로 체포되거나 구금당하지 아니한다.

Article 7

1. Every individual shall have the right to have his cause heard. This comprises:

(a) the right to an appeal to competent national organs against acts of violating his fundamental rights as recognized and guaranteed by conventions, laws, regulations and customs in force;

(b) the right to be presumed innocent until proved guilty by a competent court or tribunal;

(c) the right to defence, including the right to be defended by counsel of his choice;

(d) the right to be tried within a reasonable time by an impartial court or tribunal.

2. No one may be condemned for an act or omission which did not constitute a legally punishable offence at the time it was committed. No penalty may be inflicted for an offence for which no provision was made at the time it was committed. Punishment is personal and can be imposed only on the offender.

제7조

1. 모든 개인은 자신의 주장을 호소할 권리를 가진다. 이는 다음을 포함한다.

(a) 현행의 조약, 법률, 규정 및 관습에 의하여 인정되고 보장되는 자신의 기본권을 침해한 행위에 대하여 권한 있는 국가기관에 호소할 권리;

(b) 권한 있는 법원이나 법정에 의하여 유죄로 입증될 때까지 무죄로 추정받을 권리;

(c) 자신이 선임한 변호인에 의하여 변호받을 권리를 포함하는 방어의 권리;

(d) 공정한 법원이나 법정에 의하여 합리적인 기간 내에 재판을 받을 권리.

2. 어느 누구도 행위 시에 법적으로 처벌 가능한 범죄를 구성하지 않는 작위 또는 부작위로 인하여 유죄로 되지 아니한다. 행위 시에 규정이 없던 범죄에 대하여는 어떠한 형벌도 가해질 수 없다. 형벌은 개인적인 것이며, 범죄인에 대하여서만 부과될 수 있다.

Article 8

Freedom of conscience, the profession and free practice of religion shall be guaranteed. No one may, subject to law and order, be submitted to measures restricting the exercise of these freedoms.

제8조

양심의 자유와 종교를 표명하고 자유로이 실행할 자유가 보장된다. 법과 질서를 따르면 어느 누구도 이러한 자유의 행사를 제한하는 조치에 구속되지 아니한다.

Article 9

1. Every individual shall have the right to receive information.

2. Every individual shall have the right to express and disseminate his opinions within the law.

제9조

1. 모든 개인은 정보를 받을 권리를 가진다.

2. 모든 개인은 법률이 인정하는 범위 내에서 자신의 견해를 표명하고, 전파할 권리를 가진다.

Article 10
1. Every individual shall have the right to free association provided that he abides by the law.
2. Subject to the obligation of solidarity provided for in 29 no one may be compelled to join an association.

제10조
1. 모든 개인은 법률을 준수하는 한 자유로운 결사의 권리를 가진다.
2. 제29조에 규정된 연대의무를 전제로 하여 어느 누구도 특정결사에 가입할 것을 강요받지 아니한다.

Article 11
Every individual shall have the right to assemble freely with others. The exercise of this right shall be subject only to necessary restrictions provided for by law in particular those enacted in the interest of national security, the safety, health, ethics and rights and freedoms of others.

제11조
모든 개인은 다른 사람들과 자유롭게 집회할 권리를 가진다. 이 권리의 행사는 법률에 규정된 필요한 제한, 특히 국가안보, 안전, 보건, 윤리 및 타인의 권리와 자유를 위하여 규정된 제한에만 구속된다.

Article 12
1. Every individual shall have the right to freedom of movement and residence within the borders of a State provided he abides by the law.
2. Every individual shall have the right to leave any country including his own, and to return to his country. This right may only be subject to restrictions, provided for by law for the protection of national security, law and order, public health or morality.
3. Every individual shall have the right, when persecuted, to seek and obtain asylum in other countries in accordance with laws of those countries and international conventions.
4. A non-national legally admitted in a territory of a State Party to the present Charter, may only be expelled from it by virtue of a decision taken in accordance with the law.
5. The mass expulsion of non-nationals shall be prohibited. Mass expulsion shall be that which is aimed at national, racial, ethnic or religious groups.

제12조
1. 모든 개인은 법률을 준수하는 한 국가의 영역 내에서 이전과 거주의 자유에 대한 권리를 가진다.

2. 모든 개인은 자국을 포함한 어떠한 나라로부터도 출국하고, 자국으로 돌아올 권리를 가진다. 이 권리는 국가안보, 법과 질서, 공중보건 또는 도덕의 보호를 위하여 법률에 규정된 제한에만 구속된다.

3. 모든 개인은 박해를 받는 경우 타국의 법률과 국제협약에 따라 그 국가에서 비호를 요청하고 획득할 권리를 가진다.

4. 이 헌장의 당사국 영역으로 합법적으로 입국한 외국인은 법률에 따라 취하여진 결정에 의하여만 그로부터 추방될 수 있다.

5. 외국인의 대량추방은 금지된다. 대량추방이란 민족적, 인종적, 종족적 또는 종교적 집단을 대상으로 하는 경우이다.

Article 13
1. Every citizen shall have the right to participate freely in the government of his country, either

제13조
1. 모든 시민은 직접 또는 법률의 규정에 따라 자유롭게 선출된 대표자를 통하여 자국의 통치에 자유

directly or through freely chosen representatives in accordance with the provisions of the law.
2. Every citizen shall have the right of equal access to the public service of his country.
3. Every individual shall have the right of access to public property and services in strict equality of all persons before the law.

롭게 참여할 권리를 가진다.

2. 모든 시민은 자국의 공무에 평등하게 취임할 권리를 가진다.
3. 모든 개인은 법 앞에 만인의 엄격한 평등에 따라 공공재산과 역무를 이용할 권리를 가진다.

Article 14
The right to property shall be guaranteed. It may only be encroached upon in the interest of public need or in the general interest of the community and in accordance with the provisions of appropriate laws.

제14조
재산권은 보장된다. 이 권리는 공공의 필요성이나 공동체의 일반적 이익을 위하여 적절한 법률의 규정에 따라서만 제한될 수 있다.

Article 15
Every individual shall have the right to work under equitable and satisfactory conditions, and shall receive equal pay for equal work.

제15조
모든 개인은 공평하고 만족스러운 조건에서 일할 권리를 가지며, 동일한 노동에 대하여는 동일한 보수를 받을 권리를 가진다.

Article 16
1. Every individual shall have the right to enjoy the best attainable state of physical and mental health.
2. States parties to the present Charter shall take the necessary measures to protect the health of their people and to ensure that they receive medical attention when they are sick.

제16조
1. 모든 개인은 신체적 및 정신적으로 최상의 건강 상태를 누릴 권리를 가진다.
2. 이 헌장의 당사국들은 국민의 건강을 보호하고, 질병에 걸리면 진료받는 것을 보장하는 데 필요한 조치를 취하여야 한다.

Article 17
1. Every individual shall have the right to education.
2. Every individual may freely, take part in the cultural life of his community.
3. The promotion and protection of morals and traditional values recognized by the community shall be the duty of the State.

제17조
1. 모든 개인은 교육을 받을 권리를 가진다.
2. 모든 개인은 공동체의 문화생활에 자유롭게 참여할 수 있다.
3. 공동체에 의하여 인정된 도덕과 전통적 가치를 고양시키고 보호하는 것은 국가의 의무이다.

Article 18
1. The family shall be the natural unit and basis of society. It shall be protected by the State which shall

제18조
1. 가정은 사회의 자연적 단위이며 기초이다. 가정은 이의 신체적 건강과 도덕을 돌보는 국가에 의하

take care of its physical health and moral.

여 보호받는다.

2. The State shall have the duty to assist the family which is the custodian or morals and traditional values recognized by the community.

2. 국가는 공동체에 의하여 인정된 도덕과 전통적 가치의 수호자인 가정을 원조할 의무가 있다.

3. The State shall ensure the elimination of every discrimination against women and also ensure the protection of the rights of the woman and the child as stipulated in international declarations and conventions.

3. 국가는 여성에 대한 모든 차별의 철폐를 보장하고, 국제선언과 협약에 규정된 바와 같이 여성과 아동의 권리보호를 보장한다.

4. The aged and the disabled shall also have the right to special measures of protection in keeping with their physical or moral needs.

4. 노인과 장애인은 그들의 신체적 또는 정신적 필요에 부합하는 특별한 보호조치를 받을 권리를 가진다.

Article 19

All peoples shall be equal; they shall enjoy the same respect and shall have the same rights. Nothing shall justify the domination of a people by another.

제19조

모든 인민은 평등하다. 이들은 동등한 존중을 받으며, 동등한 권리를 가진다. 어떠한 경우에도 사람에 대한 다른 사람의 지배는 정당화될 수 없다.

Article 20

1. All peoples shall have the right to existence. They shall have the unquestionable and inalienable right to self-determination. They shall freely determine their political status and shall pursue their economic and social development according to the policy they have freely chosen.

제20조

1. 모든 인민은 생존의 권리를 가진다. 그들은 의심할 수 없는 불가양의 자결권을 가진다. 그들은 자유롭게 자신의 정치적 지위를 결정하고, 자유롭게 자신이 선택한 정책에 따라 자유롭게 경제적 및 사회적 발전을 추구한다.

2. Colonized or oppressed peoples shall have the right to free themselves from the bonds of domination by resorting to any means recognized by the international community.

2. 식민 상태에 있거나 억압받고 있는 인민은 국제사회에 의하여 인정된 어떠한 수단에 호소하여서라도 지배의 속박으로부터 스스로를 해방시킬 권리를 가진다.

3. All peoples shall have the right to the assistance of the States parties to the present Charter in their liberation struggle against foreign domination, be it political, economic or cultural.

3. 모든 인민은 외국의 정치적, 경제적 또는 문화적인 지배에 대항하는 해방투쟁에 있어서 이 헌장 당사국들의 지원을 받을 권리를 가진다.

Article 21

1. All peoples shall freely dispose of their wealth and natural resources. This right shall be exercised in the exclusive interest of the people. In no case shall a people be deprived of it.

제21조

1. 모든 인민은 자신들의 부와 천연자원을 자유로이 처분할 수 있다. 이 권리는 인민의 이익을 위하여만 행사되어야 한다. 어떠한 경우에도 인민은 이 권리를 박탈당하지 아니한다.

2. In case of spoliation the dispossessed people shall have the right to the lawful recovery of its property as well as to an adequate compensation.

2. 약탈을 당한 경우 빼앗긴 자는 자신의 재산을 합법적으로 회복하고, 보상을 받을 권리를 가진다.

3. The free disposal of wealth and natural resources shall be exercised without prejudice to the obligation of promoting international economic cooperation based on mutual respect, equitable exchange and the principles of international law.

3. 부와 천연자원의 자유로운 처분은 상호존중, 공평한 교환 및 국제법 원칙에 근거하여 국제적 경제협력을 증진시킬 의무를 침해함이 없이 실시되어야 한다.

4. States parties to the present Charter shall individually and collectively exercise the right to free disposal of their wealth and natural resources with a view to strengthening African unity and solidarity.

4. 이 헌장의 당사국들은 아프리카의 단결과 연대를 강화하기 위한 목적에서 자신들의 부와 천연자원의 자유처분권을 개별적으로 그리고 집단적으로 행사하여야 한다.

5. States parties to the present Charter shall undertake to eliminate all forms of foreign economic exploitation particularly that practiced by international monopolies so as to enable their peoples to fully benefit from the advantages derived from their national resources.

5. 이 헌장의 당사국들은 자국민이 그들의 천연자원으로부터 나오는 이익의 완전한 혜택을 받을 수 있도록, 특히 국제적 독점에 의하여 실시되는 모든 형태의 외국의 착취를 제거시킬 것을 약속한다.

Article 22

제22조

1. All peoples shall have the right to their economic, social and cultural development with due regard to their freedom and identity and in the equal enjoyment of the common heritage of mankind.

1. 모든 인민은 자신의 자유와 정체성을 존중하고, 인류 공동의 유산을 동등하게 향유하면서, 자신의 경제적, 사회적 및 문화적 발전에 대한 권리를 가진다.

2. States shall have the duty, individually or collectively, to ensure the exercise of the right to development.

2. 국가는 개발에 대한 권리의 행사를 개별적으로나 집단적으로 보장할 의무가 있다.

Article 23

제23조

1. All peoples shall have the right to national and international peace and security. The principles of solidarity and friendly relations implicitly affirmed by the Charter of the United Nations and reaffirmed by that of the Organization of African Unity shall govern relations between States.

1. 모든 인민은 국내적 및 국제적 평화와 안전에 대한 권리를 가진다. 국제연합 헌장에 의하여 묵시적으로 확인되고 아프리카단결기구 헌장에 의하여 재확인된 연대와 우호관계의 원칙이 국가 간의 관계를 규율한다.

2. For the purpose of strengthening peace, solidarity and friendly relations, States parties to the present Charter shall ensure that:

2. 평화, 연대 및 우호관계를 강화하기 위하여 이 헌장의 당사국들은 다음을 보장한다.

(a) any individual enjoying the right of asylum

(a) 이 헌장 제12조에 의하여 비호권을 향유하고 있

under 12 of the present Charter shall not engage in subversive activities against his country of origin or any other State party to the present Charter;
(b) their territories shall not be used as bases for subversive or terrorist activities against the people of any other State party to the present Charter.

는 개인은 출신국이나 헌장의 다른 당사국에 대한 파괴활동에 관여하지 아니한다.

(b) 자국의 영토가 이 헌장의 다른 당사국의 인민들에 대한 파괴나 테러활동의 기지로 사용되어서는 아니 된다.

Article 24
All peoples shall have the right to a general satisfactory environment favorable to their development.

제24조
모든 인민은 자신의 발전에 유리한 일반적으로 만족스러운 환경에 대한 권리를 가진다.

Article 25
States parties to the present Charter shall have the duty to promote and ensure through teaching, education and publication, the respect of the rights and freedoms contained in the present Charter and to see to it that these freedoms and rights as well as corresponding obligations and duties are understood.

제25조
이 헌장의 당사국들은 교수, 교육 및 출판을 통하여 헌장에 포함된 권리와 자유의 존중을 증진시키고 보장할 의무가 있으며, 이러한 자유와 권리는 물론 그에 따른 책임과 의무를 이해시키도록 할 의무가 있다.

Article 26
States parties to the present Charter shall have the duty to guarantee the independence of the Courts and shall allow the establishment and improvement of appropriate national institutions entrusted with the promotion and protection of the rights and freedoms guaranteed by the present Charter.

제26조
이 헌장의 당사국들은 법원의 독립성을 보장할 의무가 있으며, 헌장에서 보장된 권리와 자유를 증진하고 보호할 임무를 담당하는 적절한 국내기구를 설립하고 향상시켜야 한다.

Chapter II Duties

제2장 의무

Article 27
1. Every individual shall have duties towards his family and society, the State and other legally recognized communities and the international community.
2. The rights and freedoms of each individual shall be exercised with due regard to the rights of others, collective security, morality and common interest.

제27조
1. 모든 개인은 자신의 가정, 사회, 국가 및 기타 법적으로 인정된 공동체와 국제사회에 대하여 의무를 진다.

2. 개인의 권리와 자유는 타인의 권리, 집단의 안전, 도덕과 공통의 이익을 존중하면서 행사되어야 한다.

Article 28

Every individual shall have the duty to respect and consider his fellow beings without discrimination, and to maintain relations aimed at promoting, safeguarding and reinforcing mutual respect and tolerance.

제28조

모든 개인은 차별 없이 타인을 존중하고 고려할 의무가 있으며, 상호존중과 관용을 증진하고 보호하며 강화하기 위한 관계를 유지할 의무가 있다.

Article 29

The individual shall also have the duty:

1. to preserve the harmonious development of the family and to work for the cohesion and respect of the family; to respect his parents at all times, to maintain them in case of need;
2. To serve his national community by placing his physical and intellectual abilities at its service;
3. Not to compromise the security of the State whose national or resident he is;
4. To preserve and strengthen social and national solidarity, particularly when the latter is threatened;
5. To preserve and strengthen the national independence and the territorial integrity of his country and to contribute to its defence in accordance with the law;
6. To work to the best of his abilities and competence, and to pay taxes imposed by law in the interest of the society;
7. to preserve and strengthen positive African cultural values in his relations with other members of the society, in the spirit of tolerance, dialogue and consultation and, in general, to contribute to the promotion of the moral well being of society;
8. To contribute to the best of his abilities, at all times and at all levels, to the promotion and achievement of African unity.

제29조

모든 개인은 또한 다음과 같은 의무를 가진다.

1. 가정의 조화로운 발전을 보호하고 가정의 융화와 존중을 위하여 노력한다. 항상 자신의 부모를 공경하고, 필요한 경우 그들을 부양한다.
2. 자신의 신체적 및 정신적 능력을 제공함으로써 국가사회에 봉사한다.
3. 국적국 또는 거주국의 안보에 해를 끼치지 아니한다.
4. 사회적 및 국가적 연대, 특히 국가적 연대가 위협을 받는 경우 이를 보호하고 강화시킨다.
5. 자국의 독립과 영토보전을 보호하고 강화시키며, 법률에 따라 이를 방위하는 데 기여한다.
6. 자신의 능력과 권한을 최대한 발휘하여 일하고, 사회의 이익을 위하여 법률에 따라 부과된 세금을 납부한다.
7. 관용과 대화와 협의의 정신으로 사회의 다른 구성원과의 관계에서 아프리카의 긍정적인 문화적 가치를 보호하고 강화시키며, 일반적으로 사회의 도덕적 안녕을 증진시키는 데 기여한다.
8. 자신의 능력을 최대한 발휘하여 항상 어느 단계에서나 아프리카의 단결을 고취시키고 달성하는 데 기여한다.

Part II Measures of Safeguard

제2부 안전 조치

Chapter I Establishment and Organization of the

제1장 인간 및 인민의 권리에 관한 아프리카위원회

African Commission on Human and Peoples' Rights

의 설립과 조직

Article 30

An African Commission on Human and Peoples' Rights, hereinafter called "the Commission", shall be established within the Organization of African Unity to promote human and peoples' rights and ensure their protection in Africa.

제30조

아프리카에서 인간과 인민의 권리를 증진시키고 이의 보호를 보장하기 위하여 아프리카단결기구 내에 인간과 인민의 권리에 관한 아프리카위원회(이하 "위원회")를 설립한다.

Article 31

1. The Commission shall consist of eleven members chosen from amongst African personalities of the highest reputation, known for their high morality, integrity, impartiality and competence in matters of human and peoples' rights; particular consideration being given to persons having legal experience.
2. The members of the Commission shall serve in their personal capacity.

제31조

1. 위원회는 인간과 인민의 권리문제에 있어서 높은 도덕성, 고결성, 공정성 그리고 능력을 갖춘 가장 명망 있는 아프리카인 중에서 선출된 11명의 위원으로 구성된다. 법률적 경험을 가진 자를 특히 고려한다.

2. 위원회의 위원은 개인 자격으로 근무한다.

Article 32

The Commission shall not include more than one national of the same State.

제32조

위원회는 동일한 국가 출신을 1명까지만 포함할 수 있다.

Article 33

The members of the Commission shall be elected by secret ballot by the Assembly of Heads of State and Government from a list of persons nominated by the States parties to the present Charter.

제33조

위원회의 위원은 이 헌장 당사국들의 후보자 명부에서 국가 및 정부수반회의의 비밀투표로 선출된다.

Article 34

Each State party to the present Charter may not nominate more than two candidates. The candidates must have the nationality of one of the States Parties to the present Charter. When two candidates are nominated by a State, one of them may not be a national of that State.

제34조

이 헌장의 각 당사국은 2인까지의 후보를 추천할 수 있다. 후보는 헌장 당사국 중 어느 나라의 국민이어야 한다. 한 국가가 2인의 후보를 추천하는 경우, 그중 1인은 자국 국민이어서는 아니 된다.

Article 35

1. The Secretary General of the Organization of African Unity shall invite States parties to the present Charter at least four months before the elections to nominate candidates;
2. The Secretary General of the Organization of African Unity shall make an alphabetical list of the persons thus nominated and communicated it to the Heads of State and Government at least one month before the elections.

제35조

1. 아프리카단결기구 사무총장은 이 헌장의 당사국들에게 늦어도 선거 4개월 전에 후보를 추천하도록 요청한다.

2. 아프리카단결기구 사무총장은 추천받은 사람들의 명부를 알파벳순으로 작성하고, 이를 늦어도 선거 1개월 전에 국가 및 정부수반회의에 통보한다.

Article 36

The members of the Commission shall be elected for a six year period and shall be eligible for re- election. However, the term of office of four of the members elected at the first election shall terminate after two years and the term of office of three others, at the end of four years.

제36조

위원회의 위원은 6년 임기로 선출되며, 재선될 수 있다. 그러나 첫 번째 선거에서 선출된 위원들 중 4인의 임기는 2년으로 종료되며, 다른 3인의 임기는 4년으로 종료된다.

Article 37

Immediately after the first election, the Chairman of the Assembly of Heads of State and Government of the Organization of African Unity shall draw lots to decide the names of those members referred to in Article 36.

제37조

첫 번째 선거 직후 아프리카단결기구 국가 및 정부수반회의의 의장은 제36조에 지적된 위원들을 결정하기 위한 추첨을 한다.

Article 38

After their election, the members of the Commission shall make a solemn declaration to discharge their duties impartially and faithfully.

제38조

위원회의 위원들은 선거 후 그들의 임무를 공정하고 성실하게 수행할 것을 엄숙히 선언한다.

Article 39

1. In case of death or resignation of a member of the Commission the Chairman of the Commission shall immediately inform the Secretary General of the Organization of African Unity, who shall declare the seat vacant from the date of death or from the date on which the resignation takes effect.
2. If, in the unanimous opinion of other members of

제39조

1. 위원회의 위원이 사망하거나 사임한 경우 위원회 위원장은 즉시 아프리카단결기구 사무총장에게 통지하여야 하며, 사무총장은 사망일 또는 사임이 효력을 발한 날로부터 그 자리가 공석임을 선언하여야 한다.

2. 위원회의 한 위원이 일시적 부재 이외의 사유로

the Commission, a member has stopped discharging his duties for any reason other than a temporary absence, the Chairman of the Commission shall inform the Secretary General of the Organization of African Unity, who shall then declare the seat vacant.

그의 임무수행을 중지하였다는 것이 나머지 위원들의 일치된 견해인 경우, 위원회 위원장은 아프리카단결기구 사무총장에게 통지하여야 하며, 사무총장은 그 자리가 공석임을 선언하여야 한다.

3. In each of the cases anticipated above, the Assembly of Heads of State and Government shall replace the member whose seat became vacant for the remaining period of his term unless the period is less than six months.

3. 위에서 언급된 각각의 경우 국가 및 정부수반회의는 잔여임기가 6개월 미만이 아닌 경우에만 공석이 된 위원을 교체한다.

Article 40

Every member of the Commission shall be in office until the date his successor assumes office.

제40조

위원회의 모든 위원은 후임자가 취임할 때까지 재직하여야 한다.

Article 41

The Secretary General of the Organization of African Unity shall appoint the Secretary of the Commission. He shall also provide the staff and services necessary for the effective discharge of the duties of the Commission. The Organization of African Unity shall bear the costs of the staff and services.

제41조

아프리카단결기구의 사무총장은 위원회의 서기를 임명한다. 그는 또한 위원회의 임무를 효율적으로 이행하는 데 필요한 직원과 역무를 제공한다. 아프리카단결기구는 직원과 역무의 경비를 부담한다.

Article 42

1. The Commission shall elect its Chairman and Vice Chairman for a two-year period. They shall be eligible for re-election.
2. The Commission shall lay down its rules of procedure.
3. Seven members shall form the quorum.
4. In case of an equality of votes, the Chairman shall have a casting vote.
5. The Secretary General may attend the meetings of the Commission. He shall neither participate in deliberations nor shall he be entitled to vote. The Chairman of the Commission may, however, invite him to speak.

제42조

1. 위원회는 2년 임기의 위원장과 부위원장을 선출한다. 이들은 재선될 수 있다.
2. 위원회는 자체의 절차규칙을 만들어야 한다.
3. 위원회의 의사정족수는 7인이다.
4. 가부동수인 경우 위원장이 결정투표권을 가진다.
5. 사무총장은 위원회 회의에 참석할 수 있다. 그는 심리에 참여할 수 없으며, 표결권도 없다. 그러나 위원회 위원장은 사무총장에게 발언을 요청할 수 있다.

Article 43
In discharging their duties, members of the Commission shall enjoy diplomatic privileges and immunities provided for in the General Convention on the Privileges and Communities of the Organization of African Unity.

제43조
위원회의 위원들은 임무수행 시 아프리카단결기구의 특권과 면제에 관한 일반협정에 규정된 외교상의 특권 및 면제를 향유한다.

Article 44
Provision shall be made for the emoluments and allowances of the members of the Commission in the Regular Budget of the Organization of African Unity.

제44조
아프리카단결기구의 정규예산에 위원회 위원들의 보수와 수당에 관한 규정을 둔다.

Chapter II Mandate of the Commission

제2장 위원회의 임무

Article 45
The functions of the Commission shall be:
1. To promote Human and Peoples' Rights and in particular:
(a) to collect documents, undertake studies and researches on African problems in the field of human and peoples' rights, organize seminars, symposia and conferences, disseminate information, encourage national and local institutions concerned with human and peoples' rights, and should the case arise, give its views or make recommendations to Governments.
(b) to formulate and lay down, principles and rules aimed at solving legal problems relating to human and peoples' rights and fundamental freedoms upon which African Governments may base their legislations.
(c) co-operate with other African and international institutions concerned with the promotion and protection of human and peoples' rights.
2. Ensure the protection of human and peoples' rights under conditions laid down by the present Charter.
3. Interpret all the provisions of the present Charter

제45조
위원회의 기능은 다음과 같다.
1. 인간과 인민의 권리를 증진시키고, 특히:
(a) 인간과 인민의 권리 분야에서의 아프리카 문제에 관한 자료를 수집하고, 연구와 조사를 수행하며, 세미나와 심포지엄 및 회의를 조직하고, 정보를 보급하며, 인간과 인민의 권리와 관련된 국가 및 지방기구들을 장려하고, 필요한 경우 정부에 대하여 의견을 제시하거나 권고를 한다;
(b) 이 헌장에 규정된 조건에 따라 인간과 인민의 권리에 관련된 법률적 문제의 해결을 위한 원칙과 규칙들을 고안하고 작성한다;
(c) 인간과 인민의 권리를 증진시키고 보호하는 데 관련된 다른 아프리카 기구 및 국제기구와 협력한다.
2. 이 헌장에 규정된 조건에 따라 인간과 인민의 권리의 보호를 확보한다.
3. 당사국, 아프리카단결기구의 기관 또는 아프리

at the request of a State party, an institution of the OAU or an African Organization recognized by the OAU.

4. Perform any other tasks which may be entrusted to it by the Assembly of Heads of State and Government.

카단결기구의 승인을 받은 아프리카 기구의 요청 시 이 헌장의 모든 조항을 해석한다.

4. 국가 및 정부수반회의가 부여하는 기타 임무를 수행한다.

Chapter III Procedure of the Commission

제3장 위원회의 절차

Article 46

The Commission may resort to any appropriate method of investigation; it may hear from the Secretary General of the Organization of African Unity or any other person capable of enlightening it.

제46조

위원회는 적절한 조사방법을 이용할 수 있다. 위원회는 아프리카단결기구 사무총장 또는 도움을 줄 수 있는 어느 사람으로부터도 청취할 수 있다.

Communication From States

국가로부터의 통보

Article 47

If a State party to the present Charter has good reasons to believe that another State party to this Charter has violated the provisions of the Charter, it may draw, by written communication, the attention of that State to the matter. This communication shall also be addressed to the Secretary General of the OAU and to the Chairman of the Commission. Within three months of the receipt of the communication, the State to which the communication is addressed shall give the enquiring State, written explanation or statement elucidating the matter. This should include as much as possible relevant information relating to the laws and rules of procedure applied and applicable, and the redress already given or course of action available.

제47조

이 헌장의 당사국은 다른 당사국이 헌장 규정을 위반했다고 믿을 만한 상당한 이유가 있는 경우, 서면 통보로써 그 문제에 대한 해당국의 주의를 환기시킬 수 있다. 이 통보는 아프리카단결기구 사무총장과 위원회의 위원장에게도 전달되어야 한다. 통보를 받은 날로부터 3개월 이내에 피통보국은 통보국에게 사건을 해명하는 서면 설명서 또는 진술서를 보내야 한다. 이 서면은 적용되었거나 적용될 수 있는 법률 및 절차규칙과 이미 실시된 구제 또는 이용 가능한 구제방법에 관한 관련정보를 가능한 한 많이 포함하여야 한다.

Article 48

If within three months from the date on which the original communication is received by the State to which it is addressed, the issue is not settled to the

제48조

피통보국이 최초의 통보를 받은 날로부터 3개월 이내에 사건이 양자협상이나 다른 평화적 절차를 통하여 양 관련국 간에 만족스럽게 해결되지 않는 경

satisfaction of the two States involved through bilateral negotiation or by any other peaceful procedure, either State shall have the right to submit the matter to the Commission through the Chairman and shall notify the other States involved.

우, 양국 중 일방은 이 사건을 위원장을 통하여 위원회에 제기할 권리가 있으며, 다른 관련국에도 이 사실을 통지한다.

Article 49

Notwithstanding the provisions of 47, if a State party to the present Charter considers that another State party has violated the provisions of the Charter, it may refer the matter directly to the Commission by addressing a communication to the Chairman, to the Secretary General of the Organization of African Unity and the State concerned.

제49조

제47조의 규정에도 불구하고, 이 헌장의 당사국은 다른 당사국이 헌장 규정을 위반하였다고 생각하는 경우, 위원장, 아프리카단결기구 사무총장 및 관련국에 통보함으로써 그 사건을 위원회에 직접 제기할 수 있다.

Article 50

The Commission can only deal with a matter submitted to it after making sure that all local remedies, if they exist, have been exhausted, unless it is obvious to the Commission that the procedure of achieving these remedies would be unduly prolonged.

제50조

국내적 구제절차가 존재하는 경우 구제의 이행절차가 부당하게 지연되고 있다는 점이 위원회에 명백하지 않는 한, 위원회는 모든 국내적 구제가 완료되었다는 것을 명확히 한 이후에만 회부된 사건을 처리할 수 있다.

Article 51

1. The Commission may ask the States concerned to provide it with all relevant information.
2. When the Commission is considering the matter, States concerned may be represented before it and submit written or oral representation.

제51조

1. 위원회는 관련국들에게 모든 관련 정보를 제출하도록 요청할 수 있다.
2. 위원회가 사건을 검토하는 경우, 관련국들은 위원회에 출두하여 서면 또는 구두진술을 제출할 수 있다.

Article 52

After having obtained from the States concerned and from other sources all the information it deems necessary and after having tried all appropriate means to reach an amicable solution based on the respect of Human and Peoples' Rights, the Commission shall prepare, within a reasonable period of time from the notification referred to in 48,

제52조

관련국들과 기타 출처로부터 필요하다고 보는 모든 정보를 획득한 후, 그리고 인간과 인민의 권리에 대한 존중에 기초한 우호적 해결을 달성할 수 있는 모든 적절한 수단을 시도한 이후, 위원회는 제48조에 규정된 통지를 받은 날로부터 합리적인 기간 내에 사실관계와 그의 조사결과를 설명하는 보고서를 준비하여야 한다. 이 보고서는 관련국들에게 송

a report stating the facts and its findings. This report shall be sent to the States concerned and communicated to the Assembly of Heads of State and Government.

부되고, 국가 및 정부수반회의에도 통보된다.

Article 53
While transmitting its report, the Commission may make to the Assembly of Heads of State and Government such recommendations as it deems useful.

제53조
보고서를 송부할 때 위원회는 국가 및 정부수반회의에 유용하리라고 판단되는 권고를 할 수 있다.

Article 54
The Commission shall submit to each ordinary Session of the Assembly of Heads of State and Government a report on its activities.

제54조
위원회는 그의 활동에 관한 보고서를 국가 및 정부수반회의의 각 정기회기에 제출하여야 한다.

Other Communications

기타 통보

Article 55
1. Before each Session, the Secretary of the Commission shall make a list of the communications other than those of States parties to the present Charter and transmit them to the members of the Commission, who shall indicate which communications should be considered by the Commission.
2. A communication shall be considered by the Commission if a simple majority of its members so decide.

제55조
1. 위원회의 서기는 각 회기 전에 헌장 당사국들의 통보 이외의 통보목록을 작성하여, 이를 위원회의 위원들에게 송부하여야 한다. 위원회는 어느 통보가 위원회에 의하여 검토될 것인지를 표명하여야 한다.

2. 위원들이 단순다수결로 결정하면, 통보는 위원회에 의하여 검토된다.

Article 56
Communications relating to human and peoples' rights referred to in 55 received by the Commission, shall be considered if they:
1. Indicate their authors even if the latter request anonymity,
2. Are compatible with the Charter of the Organization of African Unity or with the present Charter,
3. Are not written in disparaging or insulting language directed against the State concerned and

제56조
위원회가 접수한 제55조에 규정된 인간과 인민의 권리에 관한 통보는 다음과 같은 경우 검토되어야 한다. 통보가:
1. 작성자는 익명을 요구하더라도, 통보가 작성자를 밝히고 있는 경우;
2. 아프리카단결기구 헌장 또는 이 헌장과 양립될 수 있는 경우;
3. 관련국가, 그의 기관 또는 아프리카단결기구에 대하여 비하적이거나 모욕적인 표현으로 작성되지

its institutions or to the Organization of African Unity,
4. Are not based exclusively on news discriminated through the mass media,
5. Are sent after exhausting local remedies, if any, unless it is obvious that this procedure is unduly prolonged,
6. Are submitted within a reasonable period from the time local remedies are exhausted or from the date the Commission is seized of the matter, and
7. Do not deal with cases which have been settled by these States involved in accordance with the principles of the Charter of the United Nations, or the Charter of the Organization of African Unity or the provisions of the present Charter.

Article 57
Prior to any substantive consideration, all communications shall be brought to the knowledge of the State concerned by the Chairman of the Commission.

Article 58
1. When it appears after deliberations of the Commission that one or more communications apparently relate to special cases which reveal the existence of a series of serious or massive violations of human and peoples' rights, the Commission shall draw the attention of the Assembly of Heads of State and Government to these special cases.
2. The Assembly of Heads of State and Government may then request the Commission to undertake an in-depth study of these cases and make a factual report, accompanied by its findings and recommendations.
3. A case of emergency duly noticed by the Commission shall be submitted by the latter to the Chairman of the Assembly of Heads of State and Government who may request an in-depth study.

않은 경우;

4. 대중매체를 통하여 알려진 정보에만 근거하지는 않은 경우;
5. 국내적 구제절차가 부당하게 지연된다는 것이 명백하지 않은 한, 국내적 구제를 완료한 후에 송부된 경우;
6. 국내적 구제가 완료된 이후 또는 위원회가 그 문제를 인지한 날로부터 합리적 기간 내에 제출된 경우; 그리고
7. 국제연합 헌장이나 아프리카단결기구 헌장의 원칙 또는 이 헌장의 규정에 따라 관련국들에 의하여 이미 해결된 사건을 취급하는 것이 아닌 경우.

제57조
실제적인 검토 이전에 위원회 위원장은 모든 통보를 관련국들에게 알려야 한다.

제58조
1. 위원회의 심의 결과 하나 또는 그 이상의 통보가 일련의 심각하거나 대규모적인 인간과 인민의 권리침해 사실을 보여주는 특정 사건들과 명백히 관련된다고 여겨지는 경우, 위원회는 그러한 특정 사건들에 대하여 국가 및 정부수반회의의 주의를 환기시켜야 한다.

2. 이 경우 국가 및 정부수반회의는 위원회에 대하여 사건들을 상세히 검토하고, 그 조사결과와 권고를 담은 사실보고서를 작성할 것을 요청할 수 있다.

3. 위원회가 적정하게 인지한 긴급사건은 위원회에 의하여 국가 및 정부수반회의 의장에게 제출되어야 하며, 그는 상세한 조사를 요청할 수 있다.

Article 59
1. All measures taken within the provisions of the present Chapter shall remain confidential until such a time as the Assembly of Heads of State and Government shall otherwise decide.
2. However, the report shall be published by the Chairman of the Commission upon the decision of the Assembly of Heads of State and Government.
3. The report on the activities of the Commission shall be published by its Chairman after it has been considered by the Assembly of Heads of State and Government.

제59조
1. 이 헌장 규정에 따라 취하여진 모든 조치는 국가 및 정부수반회의가 달리 결정하기 전까지는 공개되지 아니한다.

2. 그러나 국가 및 정부수반회의의 결정시 위원회 위원장은 보고서를 출간하여야 한다.

3. 위원회의 활동에 관한 보고서는 국가 및 정부수반회의에서 검토된 후 위원장에 의하여 출간된다.

Chapter IV Applicable Principles

제4장 적용 가능한 원칙

Article 60
The Commission shall draw inspiration from international law on human and peoples' rights, particularly from the provisions of various African instruments on human and peoples' rights, the Charter of the United Nations, the Charter of the Organization of African Unity, the Universal Declaration of Human Rights, other instruments adopted by the United Nations and by African countries in the field of human and peoples' rights as well as from the provisions of various instruments adopted within the Specialized Agencies of the United Nations of which the parties to the present Charter are members.

제60조
위원회는 인간과 인민의 권리에 관한 국제법, 특히 인간과 인민의 권리에 관한 다양한 아프리카 문서의 규정, 국제연합 헌장, 아프리카단결기구 헌장, 세계인권선언, 인간과 인민의 권리 분야에서 국제연합과 아프리카 국가들이 채택한 기타 문서는 물론, 이 헌장의 당사국이 회원국인 국제연합의 전문기구 내에서 채택된 다양한 문서들의 규정으로부터 착안을 얻는다.

Article 61
The Commission shall also take into consideration, as subsidiary measures to determine the principles of law, other general or special international conventions, laying down rules expressly recognized by member states of the Organization of African Unity, African practices consistent with international norms on human and people's rights, customs generally accepted as law, general principles of law

제61조
위원회는 아프리카단결기구 회원국들이 명백히 승인한 규칙을 규정하고 있는 다른 일반 또는 특별 국제협약, 인간과 인민의 권리에 관한 국제규범에 부합하는 아프리카의 관행, 일반적으로 법으로서 수락된 관습, 아프리카 국가들에 의하여 인정된 법의 일반원칙은 물론, 판례와 학설 등을 법원칙을 결정하기 위한 보조수단으로 고려한다.

recognized by African states as well as legal precedents and doctrine.

Article 62

Each state party shall undertake to submit every two years, from the date the present Charter comes into force, a report on the legislative or other measures taken with a view to giving effect to the rights and freedoms recognized and guaranteed by the present Charter.

. . .

제62조

각 당사국은 헌장에서 승인되고 보장되는 권리와 자유를 이행하기 위하여 취하여진 입법 또는 기타 조치에 관한 보고서를 이 헌장이 발효한 날로부터 매 2년마다 제출할 것을 약속한다.

. . .

Protocol to the African Charter on Human and Peoples` Rights on the Establishment of an African Court on Human and Peoples` Rights

The Member States of the Organization of African Unity hereinafter referred to as the OAU, States Parties to the African Charter on Human and Peoples` Rights.

Considering that the Charter of the Organization of African Unity recognizes that freedom, equality, justice, peace and dignity are essential objectives for the achievement of the legitimate aspirations of the African Peoples;

Noting that the African Charter on Human and Peoples` Rights reaffirms adherence to the principles of Human and Peoples` Rights, freedoms and duties contained in the declarations, conventions and other instruments adopted by the Organization of African Unity, and other international organizations;

Recognizing that the twofold objective of the African Commission on Human and Peoples` Rights is to ensure on the one hand promotion and on the other protection of Human and Peoples` Rights, freedom and duties;

Recognizing further, the efforts of the African Charter on Human and Peoples` Rights in the promotion and protection of Human and Peoples` Rights since its inception in 1987;

Recalling resolution AHG/Res.230 (XXX) adopted by the Assembly of Heads of State and Government in June 1994 in Tunis, Tunisia, requesting the Secretary-General to convene a Government experts` meeting to ponder, in conjunction with the African Commission, over the means to enhance the efficiency of the African commission and to consider in particular the establishment of an African Court on Human and Peoples` Rights;

아프리카인권재판소 설립을 위한 의정서

아프리카단결기구 회원국이며 인간과 인민의 권리에 관한 아프리카헌장의 당사국들은:

아프리카단결기구 헌장이 자유, 평등, 정의, 평화와 인간의 존엄성을 아프리카 인민의 정당한 열망을 달성하기 위한 본질적인 목표로 인정하고 있는 것을 고려하며;

인간과 인민의 권리에 관한 아프리카헌장이 아프리카단결기구와 여타 국제기구가 채택한 선언, 협약과 기타 문서들에 포함된 인간과 인민의 권리, 자유와 의무의 원칙에 대한 지지를 재확인하고 있음을 주목하고;

인간과 인민의 권리에 관한 아프리카헌장의 두 목표는 인간과 인민의 권리, 자유와 의무를 보호하며 증진하는 것임을 확인하며;

나아가 인간과 인민의 권리에 관한 아프리카위원회가 1987년 설립 이후 인간과 인민의 권리의 보호와 증진을 위해 노력한 것을 확인하고;

사무총장이 아프리카위원회와 함께 아프리카위원회의 효율성을 증대시키는 방법을 숙고하고 특별히 인간과 인민의 권리에 관한 아프리카 재판소의 설립에 대하여 숙고하는 정부 전문가 회의를 개최할 것을 요청한 1994년 6월 튀니지의 튀니스에서 개최된 국가 및 정부 수반회의에서 채택된 결의안 AHG/Res.230(XXX)을 상기하며;

Noting the first and second Government legal experts` meeting held respectively in Cape Town, South Africa (September, 1995) and Nouakchott, Mauritania (April 1997), and the third Government Legal Experts meeting held in Addis Ababa, Ethiopia (December, 1997), which was enlarged to include Diplomats;

Firmly convinced that the attainment of the objectives of the African Charter on Human and Peoples' Rights requires the establishment of an African Court on Human and Peoples' Rights to complement and reinforce the functions of the African Commission on Human and Peoples' Rights.

HAVE AGREED AS FOLLOWS:

Article 1 ESTABLISHMENT OF THE COURT

There shall be established within the Organization of African Unity an African Court Human and Peoples` Rights hereinafter referred to as "the Court", the organization, jurisdiction and functioning of which shall be governed by the present Protocol.

Article 2 RELATIONSHIP BETWEEN THE COURT AND THE COMMISSION

The Court shall, bearing in mind the provisions of this Protocol, complement the protective mandate of the African Commission on Human and Peoples` Rights hereinafter referred to as "the Commission", conferred upon it by the African Charter on Human and Peoples` Rights, hereinafter referred to as "the Charter".

Article 3 JURISDICTION

1. The jurisdiction of the Court shall extend to all cases and disputes submitted to it concerning the interpretation and application of the Charter, this Protocol and any other relevant Human Rights instrument ratified by the States concerned.

남아프리카 케이프타운(1995년 9월)과 모리타니아 누아코트(1997년 4월)에서 각기 개최된 정부 법률 전문가 제1차 회의 및 제2차 회의와 에티오피아 아디스아바바(1997년 12월)에서 개최된 외교관을 포함하는 확대 제3차 회의에 주목하고;

인간과 인민의 권리에 관한 아프리카헌장의 목표 달성을 위해서는 인간과 인민의 권리에 관한 아프리카 위원회의 기능을 보충하고 강화하는 인간과 인민의 권리에 관한 아프리카 재판소의 설립이 요구된다는 것을 굳게 확신하며,

다음과 같이 합의한다.

제1조 재판소의 설립

아프리카단결기구 내에 인간과 인민의 권리에 관한 아프리카 재판소(이하 "재판소")를 설립하고, 그 조직, 관할 및 기능은 이 의정서에 의해 규정된다.

제2조 재판소와 위원회의 관계

재판소는 이 의정서의 규정을 유념하여 인간과 인민의 권리에 관한 아프리카 헌장(이하 "헌장")이 인간과 인민의 권리에 관한 아프리카위원회(이하 "위원회")에 부여한 보호 임무를 보충한다.

제3조 관할권

1. 재판소의 관할권은 헌장, 이 의정서 및 당해 당사국이 비준한 여타 인권문서의 해석과 적용에 관하여 재판소에 제출된 모든 사건과 분쟁에 적용된다.

2. In the event of a dispute as to whether the Court has jurisdiction, the Court shall decide.

Article 4 ADVISORY OPINIONS

1. At the request of a Member State of the OAU, the OAU, any of its organs, or any African organization recognized by the OAU, the Court may provide an opinion on any legal matter relating to the Charter or any other relevant human rights instruments, provided that the subject matter of the opinion is not related to a matter being examined by the Commission.

2. The Court shall give reasons for its advisory opinions provided that every judge shall be entitled to deliver a separate of dissenting decision.

Article 5 ACCESS TO THE COURT

1. The following are entitled to submit cases to the Court:

a) The Commission

b) The State Party which had lodged a complaint to the Commission

c) The State Party against which the complaint has been lodged at the Commission

d) The State Party whose citizen is a victim of human rights violation

e) African Intergovernmental Organizations

2. When a State Party has an interest in a case, it may submit a request to the Court to be permitted to join.

3. The Court may entitle relevant Non Governmental organizations (NGOs) with observer status before the Commission, and individuals to institute cases directly before it, in accordance with article 34 (6) of this Protocol.

Article 6 ADMISSIBILITY OF CASES

1. The Court, when deciding on the admissibility of a case instituted under article 5 (3) of this Protocol, may request the opinion of the Commission which

2. 재판소가 관할권을 갖는지 여부에 대한 분쟁이 있을 경우, 재판소가 결정한다.

제4조 권고적 의견

1. 아프리카단결기구의 회원국, 아프리카단결기구, 아프리카단결기구의 기관, 또는 아프리카 단결기구가 인정한 여타 아프리카 기구의 요청에 따라 재판소는 헌장과 여타 인권문서에 관련된 법률적 사안에 대하여, 그 주요 사안이 위원회가 다루고 있는 사안과 관련되지 않을 경우, 의견을 제시할 수 있다.

2. 재판소는 권고적 의견에 대하여 이유를 밝혀야 하며, 모든 판사는 별도의견 혹은 반대의견을 개진할 자격이 있다.

제5조 재판소에 대한 접근

1. 아래는 재판소에 사건을 제출할 자격이 있다.

a. 위원회

b. 위원회에 통보를 제기한 당사국

c. 위원회에 통보가 제기된 당사국

d. 자국민이 인권침해의 피해자인 당사국

e. 아프리카 정부 간 기구

2. 당사국이 어느 사건에 대한 이해관계가 있을 때, 그 당사국은 사건에 참여할 수 있도록 하는 재판소의 허가를 구할 수 있다.

3. 재판소는 동 의정서 제34(6)조에 따라 위원회의 옵서버 자격을 갖고 있는 관련 비정부기구 및 개인이 직접 재판소에 제소하도록 할 수 있다.

제6조 사건의 심리적격성

1. 재판소는 동 의정서 제5(3)조에 따른 사건의 심리적격여부를 결정할 때, 위원회의 의견을 요청할 수 있으며 위원회는 가능한 빨리 의견을 제출한다.

shall give it as soon as possible.

2. The Court shall rule on the admissibility of cases taking into account the provisions of article 56 of the Charter.

2. 재판소는 헌장 제56조 규정을 고려하여 사건의 심리적격성을 판단한다.

3. The Court may consider cases or transfer them to the Commission.

3. 재판소는 사건을 심사하거나 위원회에 사건을 송부할 수 있다.

Article 7 SOURCES OF LAW

The Court shall apply the provision of the Charter and any other relevant human rights instruments ratified by the States concerned.

제7조 법원

재판소는 헌장과 당해 당사국이 비준한 여타 인권문서의 규정을 적용한다.

Article 8 CONSIDERATION OF CASES

The Rules of Procedure of the Court shall lay down the detailed conditions under which the Court shall consider cases brought before it, bearing in mind the complementarity between the Commission and the Court.

제8조 사건의 심사

재판소의 절차규칙은 위원회와 재판소의 보충성에 유념하여 재판소에 제기된 사건을 재판소가 심사하여야 하는 구체적 조건을 명기한다.

Article 9 AMICABLE SETTLEMENT

The Court may try to reach an amicable settlement in a case pending before it in accordance with the provisions of the Charter.

제9조 우호적 해결

재판소는 헌장의 규정에 따라 계류 중인 사건의 우호적 해결을 도모할 수 있다.

Article 10 HEARINGS AND REPRESENTATION

1. The Court shall conduct its proceedings in public. The Court may, however, conduct proceedings in camera as may be provided for in the Rules of Procedure.

2. Any party to a case shall be entitled to be represented by a legal representative of the party's choice. Free legal representation may be provided where the interests of justice so require.

3. Any person, witness or representative of the parties, who appears before the Court, shall enjoy protection and all facilities, in accordance with international law, necessary for the discharging of their functions, tasks and duties in relation to the Court.

제10조 심리 및 대리

1. 재판소는 그 심리를 공개한다. 그러나 재판소는 그 절차규칙이 규정하면 비공개로 절차를 진행할 수 있다.

2. 사건의 모든 당사자는 자신의 선택에 따라 법적 대리인에 의해 대리될 수 있다. 무료법률 대리는 사법적 이익을 위해 필요할 때 제공될 수 있다.

3. 어떠한 개인, 증인 또는 당사자의 대리인 등 재판소에 출두하는 모든 이는 국제법에 따라 재판소와 관련된 그들의 기능, 업무와 의무를 수행하는데 필요한 보호와 모든 편의를 향유한다.

Article 11 COMPOSITION

1. The Court shall consist of eleven judges, nationals of Member States of the OAU, elected in an individual capacity from among jurists of high moral character and of recognized practical, judicial or academic competence and experience in the field of human and peoples` rights.

2. No two judges shall be nationals of the same State.

제11조 구성

1. 재판소는 아프리카단결기구 회원국의 국민으로서, 높은 도덕성을 갖고 인간과 인민의 권리 분야에서 실무적, 법적 또는 학문적 역량과 경험을 인정받은 법률가 중 개인자격으로 선출된 11명의 재판관으로 구성된다.

2. 어떠한 두 명의 재판관도 같은 국가의 국민이어서는 안 된다.

Article 12 NOMINATIONS

1. States Parties to the Protocol may each propose up to three candidates, at least two of whom shall be nationals of that State.

2. Due consideration shall be given to adequate gender representation in nomination process.

제12조 지명

1. 이 의정서의 당사국은 각각 3인까지 후보를 제안할 수 있고, 그들 중 최소 2인은 자기 국민이어야 한다.

2. 지명과정에서 적합한 성별 대표성에 대한 적절한 고려가 이루어져야 한다.

Article 13 LIST OF CANDIDATES

1. Upon entry into force of this Protocol, the Secretary-general of the OAU shall request each State Party to the Protocol to present, within ninety (90) days of such a request, its nominees for the office of judge of the Court.

2. The Secretary-General of the OAU shall prepare a list in alphabetical order of the candidates nominated and transmit it to the Member States of the OAU at least thirty days prior to the next session of the Assembly of Heads of State and Government of the OAU hereinafter referred to as "the Assembly".

제13조 후보자 명부

1. 이 의정서의 발효에 기해, 아프리카단결기구의 사무총장은 의정서 당사국들에게 요청 후 90일 내에 재판소의 재판관을 지명할 것을 요청한다.

2. 아프리카단결기구의 사무총장은 지명된 후보자 명부를 알파벳순으로 작성하여 아프리카단결기구 정상총회(이하 "총회")의 차기 회기의 최소 30일 전까지 각 회원국에게 그 명부를 송부한다.

Article 14 ELECTIONS

1. The judges of the Court shall be elected by secret ballot by the Assembly from the list referred to in Article 13 (2) of the present Protocol.

2. The Assembly shall ensure that in the Court as a whole there is representation of the main regions of Africa and of their principal legal traditions.

3. In the election of the judges, the Assembly shall ensure that there is adequate gender representation.

제14조 선거

1. 재판소의 재판관은 총회에서 이 의정서 제13(2)조의 규정에 언급된 명부로부터 비밀투표에 의하여 선출된다.

2. 총회는 전체로서의 재판소가 아프리카의 주요 지역과 그들의 주된 법적 전통의 대표성을 확보하도록 한다.

3. 재판관 선거에서, 총회는 적합한 성별 대표성이 확보되도록 한다.

Article 15 TERM OF OFFICE

1. The judges of the Court shall be elected for a period of six years and may be re-elected only once. The terms of four judges elected at the first election shall expire at the end of two years, and the terms of four more judges shall expire at the end of four years.

2. The judges whose terms are to expire at the end of the initial periods of two and four years shall be chosen by lot to be drawn by the Secretary-General of the OAU immediately after the first election has been completed.

3. A judge elected to replace a judge whose term of office has not expired shall hold office for the remainder of the predecessor's term.

4. All judges except the President shall perform their functions on a part-time basis. However, the Assembly may change this arrangement as it deems appropriate.

Article 16 OATH OF OFFICE

After their election, the judges of the Court shall make a solemn declaration to discharge their duties impartially and faithfully.

Article 17 INDEPENDENCE

1. The independence of the judges shall be fully ensured in accordance with international law.

2. No judge may hear any case in which the same judge has previously taken part as agent, counsel or advocate for one of the parties or as a member of a national or international court or a commission of enquiry or in any other capacity. Any doubt on this point shall be settled by decision of the Court.

3. The judges of the Court shall enjoy, from the moment of their election and throughout their term of office, the immunities extended to diplomatic agents in accordance with international law.

4. At no time shall the judges of the Court be held

제15조 임기

1. 재판소의 재판관은 6년의 임기로 선출되며 1회에 한하여 재선될 수 있다. 최초 선거에서 4명의 재판관의 임기는 2년 후에 종료되며, 다른 4명의 임기는 4년 후에 종료된다.

2. 최초 2년과 4년 후 임기가 종료되는 재판관은 최초 선거가 완료된 직후 아프리카단결기구 사무총장의 추첨으로 결정된다.

3. 임기가 종료되지 않은 재판관을 대체하도록 선출된 재판관은 그 전임자의 잔여 임기 동안 재직한다.

4. 소장을 제외한 모든 재판관은 파트타임으로 그들의 임무를 수행한다. 그러나 총회는 적절하다고 판단하는 경우 이러한 제도를 변경할 수 있다.

제16조 직무 서약

재판소의 재판관은 선거 후 그들의 의무를 공정하고 성실하게 수행할 것을 엄숙히 선언한다.

제17조 독립성

1. 재판관들의 독립성은 국제법에 따라 완전히 보장된다.

2. 재판소의 재판관은 일방 당사자의 대리인, 법률고문 또는 변호인으로서, 국내법원 또는 국제법원의 법관으로서, 조사위원회의 위원으로서, 혹은 여타 어떠한 자격으로서도 이전에 그가 관여하였던 사건을 심리할 수 없다.

3. 재판소의 재판관은 그들이 선출된 직후부터 재직하는 기간 동안 국제법에 따라 외교사절에게 부여되는 면제를 향유한다.

4. 재판소 재판관은 그들의 임무를 수행하는 동안

liable for any decision or opinion issued in the exercise of their functions.

행한 모든 결정과 의견에 대해서는 면책된다.

Article 18 INCOMPATIBILITY

The position of judge of the court is incompatible with any activity that might interfere with the independence or impartiality of such a judge or the demands of the office as determined in the Rules of Procedure of the Court.

제18조 양립불가능성

재판관 지위는 재판소의 절차규칙에서 규정된 재판관의 독립성이나 공정성 또는 직무상 요구를 방해할 수 있는 어떠한 활동과도 양립할 수 없다.

Article 19 CESSATION OF OFFICE

1. A judge shall not be suspended or removed from office unless, by the unanimous decision of the other judges of the Court, the judge concerned has been found to be no longer fulfilling the required conditions to be a judge of the Court.

2. Such a decision of the Court shall become final unless it is set aside by the Assembly at its next session.

제19조 직무의 중지

1. 재판관은 그 재판관을 제외한 재판소 재판관 전원 일치로 그 재판관이 재판소 재판관으로서 요구되는 요건을 더 이상 충족하지 못한다고 결정한 경우가 아니면 정직되거나 면직될 수 없다.

2. 재판소의 그러한 결정은 차기 총회에서 무효로 하지 않는 한 종국결정이다.

Article 20 VACANCIES

1. In case of death or resignation of a judge of the Court, the President of the Court shall immediately inform the Secretary General of the Organization of African Unity, who shall declare the seat vacant from the date of death or from the date on which the resignation takes effect.

2. The Assembly shall replace the judge whose office became vacant unless the remaining period of the term is less than one hundred and eighty (180) days.

3. The same procedure and considerations as set out in Articles 12, 13 and 14 shall be followed for the filling of vacancies.

제20조 결원

1. 재판소 재판관이 사망하거나 사임한 경우 재판소의 의장은 즉시 아프리카단결기구 사무총장에게 통지하고, 사무총장은 사망일 혹은 사임의 효력이 발생한 날로부터 그 직위가 공석임을 선언한다.

2. 총회는 결원이 된 재판관의 잔여임기가 180일 이하인 경우가 아니면 재판관을 교체한다.

3. 결원을 충족할 때에는 제12조, 제13조, 제14조 상의 동일한 절차와 고려사항을 따른다.

Article 21 PRESIDENCY OF THE COURT

1. The Court shall elect its President and one Vice-President for a period of two years. They may be re-elected only once.

2. The President shall perform judicial functions on

제21조 재판소의 의장

1. 재판소는 2년 임기의 소장과 부소장을 선출한다. 이들은 단 한차례 재선될 수 있다.

2. 소장은 전임으로 법적 직무를 수행하고 재판소

a full-time basis and shall reside at the seat of the Court.

3. The functions of the President and the Vice-President shall be set out in the Rules of Procedure of the Court.

Article 22 EXCLUSION

If the judge is a national of any State which is a party to a case submitted to the Court, that judge shall not hear the case.

Article 23 QUORUM

The Court shall examine cases brought before it, if it has a quorum of at least seven judges.

Article 24 REGISTRY OF THE COURT

1. The Court shall appoint its own Registrar and other staff of the registry from among nationals of Member States of the OAU according to the Rules of Procedure.

2. The office and residence of the Registrar shall be at the place where the Court has its seat.

Article 25 SEAT OF THE COURT

1. The Court shall have its seat at the place determined by the Assembly from among States parties to this Protocol. However, it may convene in the territory of any Member State of the OAU when the majority of the Court considers it desirable, and with the prior consent of the State concerned.

2. The seat of the Court may be changed by the Assembly after due consultation with the Court.

Article 26 EVIDENCE

1. The Court shall hear submissions by all parties and if deemed necessary, hold an enquiry. The States concerned shall assist by providing relevant facilities for the efficient handling of the case.

2. The Court may receive written and oral evidence

소재지에 거주한다.

3. 소장과 부소장의 직무는 재판소 절차규칙에 규정된다.

제22조 제척

재판관이 재판소에 제기된 사건 당사국의 국민일 때, 그 재판관은 사건을 심리할 수 없다.

제23조 정족수

재판소는 최소 7인의 재판관 정족수가 충족되면, 사건을 심리한다.

제24조 재판소의 사무국

1. 재판소는 절차규칙에 따라 사무국장과 사무국 직원을 아프리카단결기구 회원국의 국민 중에 임명한다.

2. 사무국장의 사무실과 거소는 재판소가 소재하는 곳으로 한다.

제25조 재판소의 소재지

1. 재판소는 동 의정서의 당사국 중 회의에서 결정된 장소에 소재한다. 그러나 재판소의 다수가 바람직하다고 판단하고 당해 당사국의 사전 동의가 있을 경우, 아프리카단결기구의 모든 회원국 영토에서 재판소를 소집할 수 있다.

2. 재판소의 소재지는 재판소와 적절한 협의 후 총회에 의해 변경될 수 있다.

제26조 증거

1. 재판소는 모든 당사자가 제출한 증거를 심리하고 필요한 경우 조사를 수행할 수 있다. 관련 당사국은 사건의 효율적 처리를 위하여 적절한 편의 제공을 통해 조력한다.

2. 재판소는 전문가 증언을 포함한 서면 및 구두 증

including expert testimony and shall make its decision on the basis of such evidence.

Article 27 FINDINGS

1. If the Court finds that there has been violation of a human or peoples' rights, it shall make appropriate orders to remedy the violation, including the payment of fair compensation or reparation.

2. In cases of extreme gravity and urgency, and when necessary to avoid irreparable harm to persons, the Court shall adopt such provisional measures as it deems necessary.

Article 28 JUDGMENT

1. The Court shall render its judgment within ninety (90) days of having completed its deliberations.

2. The judgment of the Court decided by majority shall be final and not subject to appeal.

3. Without prejudice to sub-article 2 above, the Court may review its decision in the light of new evidence under conditions to be set out in the Rules of Procedure.

4. The Court may interpret its own decision.

5. The judgment of the Court shall be read in open court, due notice having been given to the parties.

6. Reasons shall be given for the judgment of the Court.

7. If the judgment of the court does not represent, in whole or in part, the unanimous decision of the judges, any judge shall be entitled to deliver a separate or dissenting opinion.

Article 29 NOTIFICATION OF JUDGMENT

1. The parties to the case shall be notified of the judgment of the Court and it shall be transmitted to the Member States of the OAU and the Commission.

2. The Council of Ministers shall also be notified of the judgment and shall monitor its execution on behalf of the Assembly.

거를 접수할 수 있고 그러한 증거에 근거하여 결정을 내린다.

제27조 사실인정

1. 재판소는 인간과 인민의 권리 침해가 있다고 판단하면 공정한 배상이나 보상의 지급을 포함한 적절한 침해구제조치를 명령한다.

2. 극히 중대하고 긴급하며, 개인에게 회복 불가능한 위해를 피하기 위해 필요한 경우에 재판소는 필요하다고 판단되는 잠정적 조치를 채택한다.

제28조 판결

1. 재판소는 심의를 종결한 후 90일 이내에 판결을 내린다.

2. 다수결로 결정되는 재판소의 판결은 최종적이며 상소할 수 없다.

3. 위 제2항에도 불구하고, 재판소는 절차규칙에 규정된 조건하에서 새로운 증거에 따라 그 결정을 재심리할 수 있다.

4. 재판관은 자신의 결정을 해석할 수 있다.

5. 재판소의 판결은 당사자들에 대해 정당한 통고를 한 후 공개법정에서 선고된다.

6. 재판소 판결에는 그 이유가 제시된다.

7. 재판소의 판결이 전체 또는 부분적으로 재판관 전원일치의 의견을 나타내지 않을 때에는 각 재판관은 별도의견 혹은 반대의견을 제시할 권리가 있다.

제29조 판결의 통보

1. 사건의 당사국은 재판소의 판결을 통보받을 것이며 그 판결은 아프리카단결기구 회원국과 위원회에 송부된다.

2. 각료위원회 또한 그 판결을 통보받으며 총회를 대신하여 판결의 집행을 감독한다.

Article 30 EXECUTION OF JUDGMENT
The States Parties to the present Protocol undertake to comply with the judgment in any case to which they are parties within the time stipulated by the Court and to guarantee its execution.

제30조 판결의 집행
이 의정서의 당사국은 재판관이 정한 기한 내에 그들이 당사자인 사건의 판결에 따르고 그 집행을 보장할 책임을 진다.

Article 31 REPORT
The Court shall submit to each regular session of the Assembly, a report on its work during the previous year. The report shall specify, in particular, the cases in which a State has not complied with the Court's judgment.

제31조 보고
재판소는 회의의 매 통상 회기에, 전년도 활동에 관한 보고서를 제출한다. 이 보고서는 특히 당사국이 재판소의 판결을 따르지 않은 사건을 상술한다.

Article 32 BUDGET
Expenses of the Court, emoluments and allowances for judges and the budget of its registry, shall be determined and borne by the OAU, in accordance with criteria laid down by the OAU in consultation with the Court.

제32조 예산
재판소의 지출, 재판관의 봉급과 수당, 사무국의 예산은 아프리카단결기구가 재판소와 협의하여 정한 범주에 따라 아프리카단결기구가 결정하고 부담한다.

Article 33 RULES OF PROCEDURE
The Court shall draw up its Rules and determine its own procedures. The Court shall consult the Commission as appropriate.

. . .

제33조 절차규칙
재판소는 규칙을 작성하고 자체 절차를 결정한다. 재판소는 적절하다면 위원회의 의견을 듣는다.

. . .

국가인권위원회법

법률 제18846호, 시행 2023. 4. 27.

제1장 총칙 〈개정 2011.5.19〉

제1조(목적)

이 법은 국가인권위원회를 설립하여 모든 개인이 가지는 불가침의 기본적 인권을 보호하고 그 수준을 향상시킴으로써 인간으로서의 존엄과 가치를 실현하고 민주적 기본질서의 확립에 이바지함을 목적으로 한다. [전문개정 2011.5.19]

제2조(정의)

이 법에서 사용하는 용어의 뜻은 다음과 같다. 〈개정 2016.2.3, 2020.2.4, 2022.1.4, 2022.4.26〉

1. "인권"이란 「대한민국헌법」 및 법률에서 보장하거나 대한민국이 가입·비준한 국제인권조약 및 국제관습법에서 인정하는 인간으로서의 존엄과 가치 및 자유와 권리를 말한다.
2. "구금·보호시설"이란 다음 각 목에 해당하는 시설을 말한다.
   가. 교도소·소년교도소·구치소 및 그 지소, 보호감호소, 치료감호시설, 소년원 및 소년분류심사원
   나. 경찰서 유치장 및 사법경찰관리가 직무 수행을 위하여 사람을 조사하고 유치(유치)하거나 수용하는 데에 사용하는 시설
   다. 군 교도소(지소·미결수용실을 포함한다)
   라. 외국인 보호소
   마. 다수인 보호시설(많은 사람을 보호하고 수용하는 시설로서 대통령령으로 정하는 시설을 말한다)
3. "평등권 침해의 차별행위"란 합리적인 이유 없이 성별, 종교, 장애, 나이, 사회적 신분, 출신 지역(출생지, 등록기준지, 성년이 되기 전의 주된 거주지 등을 말한다), 출신 국가, 출신 민족, 용모 등 신체 조건, 기혼·미혼·별거·이혼·사별·재혼·사실혼 등 혼인 여부, 임신 또는 출산, 가족 형태 또는 가족 상황, 인종, 피부색, 사상 또는 정치적 의견, 형의 효력이 실효된 전과(전과), 성적(성적) 지향, 학력, 병력(병력) 등을 이유로 한 다음 각 목의 어느 하나에 해당하는 행위를 말한다. 다만, 현존하는 차별을 없애기 위하여 특정한 사람(특정한 사람들의 집단을 포함한다. 이하 이 조에서 같다)을 잠정적으로 우대하는 행위와 이를 내용으로 하는 법령의 제정·개정 및 정책의 수립·집행은 평등권 침해의 차별행위(이하 "차별행위"라 한다)로 보지 아니한다.
   가. 고용(모집, 채용, 교육, 배치, 승진, 임금 및 임금 외의 금품 지급, 자금의 융자, 정년, 퇴직, 해고 등을 포함한다)과 관련하여 특정한 사람을 우대·배제·구별하거나 불리하게 대우하는 행위
   나. 재화·용역·교통수단·상업시설·토지·주거시설의 공급이나 이용과 관련하여 특정한 사람을 우대·배제·구별하거나 불리하게 대우하는 행위
   다. 교육시설이나 직업훈련기관에서의 교육·훈련이나 그 이용과 관련하여 특정한 사람을 우대·배제·구별하거나 불리하게 대우하는 행위
   라. 성희롱[업무, 고용, 그 밖의 관계에서 공공기관(국가기관, 지방자치단체, 「초·중등교육법」 제2조, 「고등교육법」 제2조와 그 밖의 다른 법률에 따라 설치된 각급 학교, 「공직자윤리법」 제3조의2제1항에 따른 공직유관단체를 말한다)의 종사자, 사용자 또는 근로자가 그 직위를 이용하여 또는 업무 등과 관련하여 성적 언동 등으로 성적 굴욕감 또는 혐오감을 느끼게 하거나 성적 언동 또는 그 밖의 요구 등에 따

르지 아니한다는 이유로 고용상의 불이익을 주는 것을 말한다] 행위

4. "장애"란 신체적·정신적·사회적 요인으로 장기간에 걸쳐 일상생활 또는 사회생활에 상당한 제약을 받는 상태를 말한다.
5. "시민사회단체"란 「비영리민간단체 지원법」 제4조에 따라 중앙행정기관의 장, 시·도지사나 특례시의 장에게 등록을 한 비영리민간단체, 「민법」 제32조에 따라 주무관청의 허가를 받은 비영리법인, 「공익법인의 설립·운영에 관한 법률」 제4조에 따라 주무관청의 설립허가를 받은 공익법인, 그 밖에 특별법에 따라 설립된 법인을 말한다.
6. "군인등"이란 다음 각 목의 어느 하나에 해당하는 사람을 말한다.

가. 「군인의 지위 및 복무에 관한 기본법」 제2조제1호에 따른 현역에 복무하는 장교·준사관·부사관 및 병(兵)

나. 「군인의 지위 및 복무에 관한 기본법」 제3조에 따른 사관생도·사관후보생·준사관후보생·부사관후보생, 소집되어 군에 복무하는 예비역·보충역, 군무원

7. "군인권침해"란 제30조제1항에 따른 인권침해나 차별행위에 해당하는 경우로서 군인등의 복무 중 업무 수행 과정 또는 병영생활(「군인의 지위 및 복무에 관한 기본법」 제2조제5호에 따른 병영생활을 말한다)에서 발생하는 인권침해나 차별행위를 말한다.
8. "군인권보호관"이란 「군인의 지위 및 복무에 관한 기본법」 제42조에 따른 군인권보호관을 말한다.

[전문개정 2011.5.19]

제3조(국가인권위원회의 설립과 독립성)

① 이 법에서 정하는 인권의 보호와 향상을 위한 업무를 수행하기 위하여 국가인권위원회(이하 "위원회"라 한다)를 둔다.

② 위원회는 그 권한에 속하는 업무를 독립하여 수행한다.

[전문개정 2011.5.19]

제4조(적용범위)연혁문헌

이 법은 대한민국 국민과 대한민국의 영역에 있는 외국인에 대하여 적용한다.

[전문개정 2011.5.19]

제2장 위원회의 구성과 운영

제5조(위원회의 구성)

① 위원회는 위원장 1명과 상임위원 3명을 포함한 11명의 인권위원(이하 "위원"이라 한다)으로 구성한다.

② 위원은 다음 각 호의 사람을 대통령이 임명한다. 〈개정 2016.2.3〉

1. 국회가 선출하는 4명(상임위원 2명을 포함한다)
2. 대통령이 지명하는 4명(상임위원 1명을 포함한다)
3. 대법원장이 지명하는 3명

③ 위원은 인권문제에 관하여 전문적인 지식과 경험이 있고 인권의 보장과 향상을 위한 업무를 공정하고 독립적으로 수행할 수 있다고 인정되는 사람으로서 다음 각 호의 어느 하나에 해당하는 자격을 갖추어야 한다. 〈신설 2016.2.3〉

1. 대학이나 공인된 연구기관에서 부교수 이상의 직이나 이에 상당하는 직에 10년 이상 있거나 있었던 사람
2. 판사·검사 또는 변호사의 직에 10년 이상 있거나 있었던 사람

3. 인권 분야 비영리 민간단체·법인·국제기구에서 근무하는 등 인권 관련 활동에 10년 이상 종사한 경력이 있는 사람
4. 그 밖에 사회적 신망이 높은 사람으로서 시민사회단체로부터 추천을 받은 사람

④ 국회, 대통령 또는 대법원장은 다양한 사회계층으로부터 후보를 추천받거나 의견을 들은 후 인권의 보호와 향상에 관련된 다양한 사회계층의 대표성이 반영될 수 있도록 위원을 선출·지명하여야 한다. 〈신설 2016.2.3〉

⑤ 위원장은 위원 중에서 대통령이 임명한다. 이 경우 위원장은 국회의 인사청문을 거쳐야 한다. 〈개정 2012.3.21, 2016.2.3〉

⑥ 위원장과 상임위원은 정무직공무원으로 임명한다. 〈개정 2016.2.3〉

⑦ 위원은 특정 성(성)이 10분의 6을 초과하지 아니하도록 하여야 한다. 〈개정 2016.2.3〉

⑧ 임기가 끝난 위원은 후임자가 임명될 때까지 그 직무를 수행한다. 〈개정 2016.2.3〉

[전문개정 2011.5.19]

제6조(위원장의 직무)

① 위원장은 위원회를 대표하며 위원회의 업무를 총괄한다.

② 위원장이 부득이한 사유로 직무를 수행할 수 없을 때에는 위원장이 미리 지명한 상임위원이 그 직무를 대행한다.

③ 위원장은 국회에 출석하여 위원회의 소관 사무에 관하여 의견을 진술할 수 있으며, 국회에서 요구하면 출석하여 보고하거나 답변하여야 한다.

④ 위원장은 국무회의에 출석하여 발언할 수 있으며, 소관 사무에 관하여 국무총리에게 의안(이 법의 시행에 관한 대통령령안을 포함한다) 제출을 건의할 수 있다.

⑤ 위원장은 위원회의 예산 관련 업무를 수행할 때 「국가재정법」 제6조제3항에 따른 중앙관서의 장으로 본다.

[전문개정 2011.5.19]

제7조(위원장 및 위원의 임기)

① 위원장과 위원의 임기는 3년으로 하고, 한 번만 연임할 수 있다.

② 위원 중 결원이 생기면 대통령은 결원된 날부터 30일 이내에 후임자를 임명하여야 한다.

③ 결원이 된 위원의 후임으로 임명된 위원의 임기는 새로 시작된다.

[전문개정 2011.5.19]

제8조(위원의 신분 보장)

위원은 금고 이상의 형의 선고에 의하지 아니하고는 본인의 의사에 반하여 면직되지 아니한다. 다만, 위원이 장기간의 심신쇠약으로 직무를 수행하기가 극히 곤란하게 되거나 불가능하게 된 경우에는 전체 위원 3분의 2 이상의 찬성에 의한 의결로 퇴직하게 할 수 있다. 〈개정 2016.2.3〉

[전문개정 2011.5.19]

제8조의2(위원의 책임 면제)

위원은 위원회나 제12조에 따른 상임위원회 또는 소위원회에서 직무상 행한 발언과 의결에 관하여 고의 또는

과실이 없으면 민사상 또는 형사상의 책임을 지지 아니한다.
[본조신설 2016.2.3]

제9조(위원의 결격사유)
① 다음 각 호의 어느 하나에 해당하는 사람은 위원이 될 수 없다.
 1. 대한민국 국민이 아닌 사람
 2. 「국가공무원법」 제33조 각 호의 어느 하나에 해당하는 사람
 3. 정당의 당원
 4. 「공직선거법」에 따라 실시하는 선거에 후보자로 등록한 사람
② 위원이 제1항 각 호의 어느 하나에 해당하게 되면 당연히 퇴직한다.
[전문개정 2011.5.19]

제10조(위원의 겸직금지)연혁판례문헌
① 위원은 재직 중 다음 각 호의 직을 겸하거나 업무를 할 수 없다.
 1. 국회 또는 지방의회의 의원의 직
 2. 다른 국가기관 또는 지방자치단체의 공무원(교육공무원은 제외한다)의 직
 3. 그 밖에 위원회 규칙으로 정하는 직 또는 업무
② 위원은 정당에 가입하거나 정치운동에 관여할 수 없다.
[전문개정 2011.5.19]

……

제12조(상임위원회 및 소위원회)
① 위원회는 그 업무 중 일부를 수행하게 하기 위하여 상임위원회와 침해구제위원회, 차별시정위원회 등의 소위원회(이하 "소위원회"라 한다)를 둘 수 있다.
② 상임위원회는 위원장과 상임위원으로 구성하고, 소위원회는 3명 이상 5명 이하의 위원으로 구성한다.
③ 상임위원회와 소위원회에는 심의 사항을 연구·검토하기 위하여 성·장애 등 분야별 전문위원회를 둘 수 있다.
④ 상임위원회, 소위원회 및 전문위원회의 구성·업무 및 운영과 전문위원의 자격·임기 및 위촉 등에 관하여 필요한 사항은 위원회 규칙으로 정한다.
[전문개정 2011.5.19]

제13조(회의 의사 및 의결정족수)
① 위원회의 회의는 위원장이 주재하며, 이 법에 특별한 규정이 없으면 재적위원 과반수의 찬성으로 의결한다.
② 상임위원회 및 소위원회의 회의는 구성위원 3명 이상의 출석과 3명 이상의 찬성으로 의결한다.
[전문개정 2011.5.19]

제14조(의사의 공개)
위원회의 의사는 공개한다. 다만, 위원회, 상임위원회 또는 소위원회가 필요하다고 인정하면 공개하지 아니할 수 있다.

[전문개정 2011.5.19]

제15조(자문기구)
① 위원회는 그 업무 수행에 필요한 사항을 자문하기 위하여 자문기구를 둘 수 있다.
② 자문기구의 조직과 운영에 필요한 사항은 위원회 규칙으로 정한다.

[전문개정 2011.5.19]

제16조(사무처)
① 위원회에 위원회의 사무를 처리할 사무처를 두고, 사무처에는 군인권보호관의 업무를 지원하기 위하여 지원조직을 둔다. 〈개정 2022.1.4〉
② 사무처에 사무총장 1명과 필요한 직원을 두되 사무총장은 위원회의 심의를 거쳐 위원장의 제청으로 대통령이 임명한다.
③ 소속 직원 중 5급 이상 공무원 또는 고위공무원단에 속하는 일반직공무원은 위원장의 제청으로 대통령이 임명하며, 6급 이하 공무원은 위원장이 임명한다.
④ 사무총장은 위원장의 지휘를 받아 사무처의 사무를 관장하고 소속 직원을 지휘·감독한다.
[전문개정 2011.5.19]

제17조(징계위원회의 설치)연혁문헌

① 위원회에 위원회 직원의 징계처분을 의결할 징계위원회를 둔다.
② 징계위원회의 구성, 권한, 심의 절차, 징계의 종류 및 효력, 그 밖에 징계에 필요한 사항은 위원회 규칙으로 정한다.

[전문개정 2011.5.19]

제18조(위원회의 조직과 운영)
① 이 법에 규정된 사항 외에 위원회의 조직에 관하여 필요한 사항은 위원회의 독립성을 보장하고 업무를 효과적으로 수행할 수 있도록 최대한 고려하여 대통령령으로 정한다. 〈개정 2016.2.3〉
② 이 법에 규정된 사항 외에 위원회의 운영에 필요한 사항은 위원회 규칙으로 정한다. 〈신설 2016.2.3〉
[전문개정 2011.5.19]

제3장 위원회의 업무와 권한
제19조(업무)
위원회는 다음 각 호의 업무를 수행한다.
1. 인권에 관한 법령(입법과정 중에 있는 법령안을 포함한다)·제도·정책·관행의 조사와 연구 및 그 개선이 필요한 사항에 관한 권고 또는 의견의 표명
2. 인권침해행위에 대한 조사와 구제
3. 차별행위에 대한 조사와 구제

4. 인권상황에 대한 실태 조사
5. 인권에 관한 교육 및 홍보
6. 인권침해의 유형, 판단 기준 및 그 예방 조치 등에 관한 지침의 제시 및 권고
7. 국제인권조약 가입 및 그 조약의 이행에 관한 연구와 권고 또는 의견의 표명
8. 인권의 옹호와 신장을 위하여 활동하는 단체 및 개인과의 협력
9. 인권과 관련된 국제기구 및 외국 인권기구와의 교류·협력
10. 그 밖에 인권의 보장과 향상을 위하여 필요하다고 인정하는 사항

[전문개정 2011.5.19]

제20조(관계기관등과의 협의)

① 관계 국가행정기관 또는 지방자치단체의 장은 인권의 보호와 향상에 영향을 미치는 내용을 포함하고 있는 법령을 제정하거나 개정하려는 경우 미리 위원회에 통지하여야 한다.

② 위원회는 그 업무를 수행하기 위하여 필요하다고 인정하면 국가기관, 지방자치단체, 그 밖의 공사(공사) 단체(이하 "관계기관등"이라 한다)에 협의를 요청할 수 있다.

③ 제2항에 따른 요청을 받은 관계기관등은 정당한 사유가 없으면 이에 성실히 협조하여야 한다.

[전문개정 2011.5.19]

제21조(정부보고서 작성 시 위원회 의견 청취)

국제인권규약에 따라 관계 국가행정기관이 정부보고서를 작성할 때에는 위원회의 의견을 들어야 한다.

[전문개정 2011.5.19]

제22조(자료제출 및 사실 조회)

① 위원회는 그 업무를 수행하기 위하여 필요하다고 인정하면 관계기관등에 필요한 자료 등의 제출이나 사실 조회를 요구할 수 있다.

② 위원회는 그 업무를 수행하기 위하여 필요한 사실을 알고 있거나 전문적 지식 또는 경험을 가지고 있다고 인정되는 사람에게 출석을 요구하여 그 진술을 들을 수 있다.

③ 제1항에 따른 요구를 받은 기관은 지체 없이 협조하여야 한다.

[전문개정 2011.5.19]

제23조(청문회)

① 위원회는 그 업무를 수행하기 위하여 필요하다고 인정하면 관계기관등의 대표자, 이해관계인 또는 학식과 경험이 있는 사람 등에게 출석을 요구하여 사실 또는 의견의 진술을 들을 수 있다.

② 제1항에 따라 위원회가 실시하는 청문회의 절차와 방법에 관하여는 위원회 규칙으로 정한다.

[전문개정 2011.5.19]

제24조(시설의 방문조사)

① 위원회(상임위원회와 소위원회를 포함한다. 이하 이 조에서 같다)는 필요하다고 인정하면 그 의결로써 구금·보호시설을 방문하여 조사할 수 있다.

② 제1항에 따른 방문조사를 하는 위원은 필요하다고 인정하면 소속 직원 및 전문가를 동반할 수 있으며, 구체적인 사항을 지정하여 소속 직원 및 전문가에게 조사를 위임할 수 있다. 이 경우 조사를 위임받은 전문가가 그 사항에 대하여 조사를 할 때에는 소속 직원을 동반하여야 한다.

③ 제2항에 따라 방문조사를 하는 위원, 소속 직원 또는 전문가(이하 이 조에서 "위원등"이라 한다)는 그 권한을 표시하는 증표를 지니고 이를 관계인에게 내보여야 하며, 방문 및 조사를 받는 구금·보호시설의 장 또는 관리인은 즉시 방문과 조사에 편의를 제공하여야 한다.

④ 제2항에 따라 방문조사를 하는 위원등은 구금·보호시설의 직원 및 구금·보호시설에 수용되어 있는 사람(이하 "시설수용자"라 한다)과 면담할 수 있고 구술 또는 서면으로 사실이나 의견을 진술하게 할 수 있다.

⑤ 구금·보호시설의 직원은 위원등이 시설수용자를 면담하는 장소에 참석할 수 있다. 다만, 대화 내용을 녹음하거나 녹취하지 못한다.

⑥ 구금·보호시설에 대한 방문조사의 절차와 방법 등에 관하여 필요한 사항은 대통령령으로 정한다.

[전문개정 2011.5.19]

제25조(정책과 관행의 개선 또는 시정 권고)

① 위원회는 인권의 보호와 향상을 위하여 필요하다고 인정하면 관계기관등에 정책과 관행의 개선 또는 시정을 권고하거나 의견을 표명할 수 있다.

② 제1항에 따라 권고를 받은 관계기관등의 장은 그 권고사항을 존중하고 이행하기 위하여 노력하여야 한다.

③ 제1항에 따라 권고를 받은 관계기관등의 장은 권고를 받은 날부터 90일 이내에 그 권고사항의 이행계획을 위원회에 통지하여야 한다. 〈개정 2012.3.21〉

④ 제1항에 따라 권고를 받은 관계기관등의 장은 그 권고의 내용을 이행하지 아니할 경우에는 그 이유를 위원회에 통지하여야 한다. 〈신설 2012.3.21〉

⑤ 위원회는 제1항에 따른 권고 또는 의견의 이행실태를 확인·점검할 수 있다. 〈신설 2022.1.4〉

⑥ 위원회는 필요하다고 인정하면 제1항에 따른 위원회의 권고와 의견 표명, 제4항에 따라 권고를 받은 관계기관등의 장이 통지한 내용 및 제5항에 따른 이행실태의 확인·점검 결과를 공표할 수 있다. 〈개정 2012.3.21, 2022.1.4〉

[전문개정 2011.5.19]

제26조(인권교육과 홍보)

① 위원회는 모든 사람의 인권 의식을 깨우치고 향상시키기 위하여 필요한 인권교육과 홍보를 하여야 한다.

② 위원회는 「초·중등교육법」 제23조에 따른 학교 교육과정에 인권에 관한 내용을 포함시키기 위하여 국가교육위원회와 협의할 수 있다. 〈개정 2013.3.23, 2021.7.20〉

③ 위원회는 인권교육과 인권에 관한 연구의 발전을 위하여 필요한 사항을 「고등교육법」 제2조에 따라 설립된 학교의 장과 협의할 수 있다.

④ 위원회는 공무원의 채용시험, 승진시험, 연수 및 교육훈련 과정에 인권에 관한 내용을 포함시키기 위하여 국가기관 및 지방자치단체의 장과 협의할 수 있다.

⑤ 위원회는 군인권침해를 개선·예방하기 위한 인권교육을 위하여 국방부장관과 협의할 수 있다. 〈신설 2022.1.4〉

⑥ 위원회는 「정부출연연구기관 등의 설립·운영 및 육성에 관한 법률」 제8조 및 제18조와 「과학기술분야 정부출연연구기관 등의 설립·운영 및 육성에 관한 법률」 제8조 및 제18조에 따라 설립된 연구기관 또는 연구

회의 장과 협의하여 인권에 관한 연구를 요청하거나 공동으로 연구할 수 있다. 〈개정 2022.1.4〉
⑦ 위원회는 「평생교육법」 제2조제2호에 따른 평생교육기관의 장에 대하여 그 교육내용에 인권 관련 사항을 포함하도록 권고할 수 있다. 〈개정 2022.1.4〉
[전문개정 2011.5.19]

제27조(인권도서관)
① 위원회는 인권도서관을 둘 수 있다. 〈개정 2012.3.21〉
② 인권도서관은 인권에 관한 국내외의 정보와 자료 등을 수집·정리·보존하여 일반인이 이용하도록 제공할 수 있다. 〈개정 2012.3.21〉
③ 삭제 〈2012.3.21〉
④ 인권도서관의 설치와 운영에 필요한 사항은 위원회 규칙으로 정한다. 〈개정 2012.3.21〉
[전문개정 2011.5.19]
[제목개정 2012.3.21]

제28조(법원 및 헌법재판소에 대한 의견 제출)
① 위원회는 인권의 보호와 향상에 중대한 영향을 미치는 재판이 계속(계속) 중인 경우 법원 또는 헌법재판소의 요청이 있거나 필요하다고 인정할 때에는 법원의 담당 재판부 또는 헌법재판소에 법률상의 사항에 관하여 의견을 제출할 수 있다.
② 제4장 및 제4장의2에 따라 위원회 또는 제50조의3제1항에 따른 군인권보호위원회가 조사하거나 처리한 내용에 관하여 재판이 계속 중인 경우 위원회는 법원 또는 헌법재판소의 요청이 있거나 필요하다고 인정할 때에는 법원의 담당 재판부 또는 헌법재판소에 사실상 및 법률상의 사항에 관하여 의견을 제출할 수 있다. 〈개정 2022.1.4〉
[전문개정 2011.5.19]

제29조(보고서 작성 등)
① 위원회는 해마다 전년도의 활동 내용과 인권 상황 및 개선 대책에 관한 보고서를 작성하여 대통령과 국회에 보고하여야 한다. 이 경우 보고서에는 군 인권 관련 사항을 포함하여야 한다. 〈개정 2022.1.4〉
② 위원회는 제1항에 따른 보고 외에도 필요하다고 인정하면 대통령과 국회에 특별보고를 할 수 있다.
③ 관계기관등은 제1항 및 제2항에 따른 보고에 관한 의견, 조치 결과 또는 조치 계획을 위원회에 제출할 수 있다.
④ 위원회는 제1항 및 제2항에 따른 보고서를 공개하여야 한다. 다만, 국가의 안전보장, 개인의 명예 또는 사생활의 보호를 위하여 필요하거나 다른 법률에 따라 공개가 제한된 사항은 공개하지 아니할 수 있다.
[전문개정 2011.5.19]

제4장 인권침해 및 차별행위의 조사와 구제 〈개정 2005.7.29〉
제30조(위원회의 조사대상)연혁판례문헌
① 다음 각 호의 어느 하나에 해당하는 경우에 인권침해나 차별행위를 당한 사람(이하 "피해자"라 한다) 또는 그 사실을 알고 있는 사람이나 단체는 위원회에 그 내용을 진정할 수 있다. 〈개정 2011.5.19, 2012.3.21〉
1. 국가기관, 지방자치단체, 「초·중등교육법」 제2조, 「고등교육법」 제2조와 그 밖의 다른 법률에 따라 설

치된 각급 학교, 「공직자윤리법」 제3조의2제1항에 따른 공직유관단체 또는 구금·보호시설의 업무 수행(국회의 입법 및 법원·헌법재판소의 재판은 제외한다)과 관련하여 「대한민국헌법」 제10조부터 제22조까지의 규정에서 보장된 인권을 침해당하거나 차별행위를 당한 경우

2. 법인, 단체 또는 사인(사인)으로부터 차별행위를 당한 경우

……

③ 위원회는 제1항의 진정이 없는 경우에도 인권침해나 차별행위가 있다고 믿을 만한 상당한 근거가 있고 그 내용이 중대하다고 인정할 때에는 직권으로 조사할 수 있다. 〈개정 2011.5.19〉

④ 제1항에 따른 진정의 절차와 방법에 관하여 필요한 사항은 위원회 규칙으로 정한다. 〈개정 2011.5.19〉

제31조(시설수용자의 진정권 보장)

① 시설수용자가 위원회에 진정하려고 하면 그 시설에 소속된 공무원 또는 직원(이하 "소속공무원등"이라 한다)은 그 사람에게 즉시 진정서 작성에 필요한 시간과 장소 및 편의를 제공하여야 한다.

② 시설수용자가 위원 또는 위원회 소속 직원 앞에서 진정하기를 원하는 경우 소속공무원등은 즉시 그 뜻을 위원회에 통지하여야 한다.

③ 소속공무원등은 제1항에 따라 시설수용자가 작성한 진정서를 즉시 위원회에 보내고 위원회로부터 접수증명원을 받아 이를 진정인에게 내주어야 한다. 제2항의 통지에 대한 위원회의 확인서 및 면담일정서는 발급받는 즉시 진정을 원하는 시설수용자에게 내주어야 한다.

④ 제2항에 따라 통지를 받은 경우 또는 시설수용자가 진정을 원한다고 믿을 만한 상당한 근거가 있는 경우 위원회는 위원 또는 소속 직원으로 하여금 구금·보호시설을 방문하게 하여 진정을 원하는 시설수용자로부터 구술 또는 서면으로 진정을 접수하게 하여야 한다. 이때 진정을 접수한 위원 또는 소속 직원은 즉시 접수증명원을 작성하여 진정인에게 내주어야 한다.

⑤ 제4항에 따른 위원 또는 소속 직원의 구금·보호시설의 방문 및 진정의 접수에 관하여는 제24조제3항 및 제4항을 준용한다.

⑥ 시설에 수용되어 있는 진정인(진정을 하려는 사람을 포함한다)과 위원 또는 위원회 소속 직원의 면담에는 구금·보호시설의 직원이 참여하거나 그 내용을 듣거나 녹취하지 못한다. 다만, 보이는 거리에서 시설수용자를 감시할 수 있다.

⑦ 소속공무원등은 시설수용자가 위원회에 제출할 목적으로 작성한 진정서 또는 서면을 열람할 수 없다.

⑧ 시설수용자의 자유로운 진정서 작성과 제출을 보장하기 위하여 구금·보호시설에서 이행하여야 할 조치와 그 밖에 필요한 절차와 방법은 대통령령으로 정한다.

[전문개정 2011.5.19]

제32조(진정의 각하 등)

① 위원회는 접수한 진정이 다음 각 호의 어느 하나에 해당하는 경우에는 그 진정을 각하(却下)한다.

1. 진정의 내용이 위원회의 조사대상에 해당하지 아니하는 경우
2. 진정의 내용이 명백히 거짓이거나 이유 없다고 인정되는 경우
3. 피해자가 아닌 사람이 한 진정에서 피해자가 조사를 원하지 아니하는 것이 명백한 경우
4. 진정의 원인이 된 사실이 발생한 날부터 1년 이상 지나서 진정한 경우. 다만, 진정의 원인이 된 사실에 관하여 공소시효 또는 민사상 시효가 완성되지 아니한 사건으로서 위원회가 조사하기로 결정한 경우에는 그러하지 아니하다.

5. 진정이 제기될 당시 진정의 원인이 된 사실에 관하여 법원 또는 헌법재판소의 재판, 수사기관의 수사 또는 그 밖의 법률에 따른 권리구제 절차가 진행 중이거나 종결된 경우. 다만, 수사기관이 인지하여 수사 중인 「형법」 제123조부터 제125조까지의 죄에 해당하는 사건과 같은 사안에 대하여 위원회에 진정이 접수된 경우에는 그러하지 아니하다.
6. 진정이 익명이나 가명으로 제출된 경우
7. 진정이 위원회가 조사하는 것이 적절하지 아니하다고 인정되는 경우
8. 진정인이 진정을 취하한 경우
9. 위원회가 기각한 진정과 같은 사실에 대하여 다시 진정한 경우
10. 진정의 취지가 그 진정의 원인이 된 사실에 관한 법원의 확정판결이나 헌법재판소의 결정에 반하는 경우

② 위원회는 제1항에 따라 진정을 각하하는 경우 필요하다고 인정하면 그 진정을 관계 기관에 이송할 수 있다. 이 경우 진정을 이송받은 기관은 위원회의 요청이 있으면 지체 없이 그 처리 결과를 위원회에 통지하여야 한다.
③ 위원회가 진정에 대한 조사를 시작한 후에도 그 진정이 제1항 각 호의 어느 하나에 해당하게 된 경우에는 그 진정을 각하할 수 있다.
④ 위원회는 진정을 각하하거나 이송한 경우 지체 없이 그 사유를 구체적으로 밝혀 진정인에게 통지하여야 한다.
⑤ 위원회는 제4항에 따라 진정인에게 통지하는 경우 필요하다고 인정하면 피해자 또는 진정인에게 권리를 구제받는 데에 필요한 절차와 조치에 관하여 조언할 수 있다.

[전문개정 2011.5.19]

제33조(다른 구제 절차와 이송)

① 진정의 내용이 다른 법률에서 정한 권리구제 절차에 따라 권한을 가진 국가기관에 제출하려는 것이 명백한 경우 위원회는 지체 없이 그 진정을 그 국가기관으로 이송하여야 한다.
② 위원회가 제30조제1항에 따라 진정에 대한 조사를 시작한 후에 진정의 원인이 된 사실과 같은 사안에 관한 수사가 피해자의 진정 또는 고소에 의하여 시작된 경우에는 그 진정을 관할 수사기관으로 이송하여야 한다.
③ 제1항과 제2항에 따라 위원회가 진정을 이송한 경우 지체 없이 그 내용을 진정인에게 통지하여야 하며, 이송받은 기관은 위원회가 요청하는 경우 그 진정에 대한 처리 결과를 위원회에 통지하여야 한다.

[전문개정 2011.5.19]

제34조(수사기관과 위원회의 협조)

① 진정의 원인이 된 사실이 범죄행위에 해당한다고 믿을 만한 상당한 이유가 있고 그 혐의자의 도주 또는 증거 인멸 등을 방지하거나 증거 확보를 위하여 필요하다고 인정할 경우에 위원회는 검찰총장 또는 관할 수사기관의 장에게 수사의 개시와 필요한 조치를 의뢰할 수 있다.
② 제1항에 따른 의뢰를 받은 검찰총장 또는 관할 수사기관의 장은 지체 없이 그 조치 결과를 위원회에 통지하여야 한다.

[전문개정 2011.5.19]

제35조(조사 목적의 한계)

① 위원회는 조사를 할 때에는 국가기관의 기능 수행에 지장을 주지 아니하도록 유의하여야 한다.
② 위원회는 개인의 사생활을 침해하거나 계속 중인 재판 또는 수사 중인 사건의 소추(訴追)에 부당하게 관여

할 목적으로 조사를 하여서는 아니 된다.
[전문개정 2011.5.19]

第36조(조사의 방법)
① 위원회는 다음 각 호에서 정한 방법으로 진정에 관하여 조사할 수 있다.
1. 진정인·피해자·피진정인(이하 "당사자"라 한다) 또는 관계인에 대한 출석 요구, 진술 청취 또는 진술서 제출 요구
2. 당사자, 관계인 또는 관계 기관 등에 대하여 조사 사항과 관련이 있다고 인정되는 자료 등의 제출 요구
3. 조사 사항과 관련이 있다고 인정되는 장소, 시설 또는 자료 등에 대한 현장조사 또는 감정(감정)
4. 당사자, 관계인 또는 관계 기관 등에 대하여 조사 사항과 관련이 있다고 인정되는 사실 또는 정보의 조회
② 위원회는 조사를 위하여 필요하다고 인정하면 위원 또는 소속 직원에게 일정한 장소 또는 시설을 방문하여 장소, 시설 또는 자료 등에 대하여 현장조사 또는 감정을 하게 할 수 있다. 이 경우 위원회는 그 장소 또는 시설에 당사자나 관계인의 출석을 요구하여 진술을 들을 수 있다.
③ 제1항제1호에 따라 진술서 제출을 요구받은 사람은 14일 이내에 진술서를 제출하여야 한다.
④ 제1항과 제2항에 따른 피진정인에 대한 출석 요구는 인권침해행위나 차별행위를 한 행위당사자의 진술서만으로는 사안을 판단하기 어렵고, 제30조제1항에 따른 인권침해행위나 차별행위가 있었다고 볼 만한 상당한 이유가 있는 경우에만 할 수 있다.
⑤ 제2항에 따라 조사를 하는 위원 또는 소속 직원은 그 장소 또는 시설을 관리하는 장 또는 직원에게 필요한 자료나 물건의 제출을 요구할 수 있다.
⑥ 제2항에 따라 조사를 하는 위원 또는 소속 직원은 그 권한을 표시하는 증표를 지니고 이를 그 장소 또는 시설을 관리하는 장 또는 직원에게 내보여야 한다.
⑦ 위원회가 자료나 물건의 제출을 요구하거나 그 자료, 물건 또는 시설에 대한 현장조사 또는 감정을 하려고 하는 경우 관계 국가기관의 장은 그 자료, 물건 또는 시설이 다음 각 호의 어느 하나에 해당한다는 사실을 위원회에 소명하고 그 자료나 물건의 제출 또는 그 자료, 물건, 시설에 대한 현장조사 또는 감정을 거부할 수 있다. 이 경우 위원회는 관계 국가기관의 장에게 필요한 사항의 확인을 요구할 수 있으며, 요구를 받은 관계 국가기관의 장은 이에 성실히 협조하여야 한다.
1. 국가의 안전보장 또는 외교관계에 중대한 영향을 미치는 국가기밀 사항인 경우
2. 범죄 수사나 계속 중인 재판에 중대한 지장을 줄 우려가 있는 경우
[전문개정 2011.5.19]

第37조(질문·검사권)
① 위원회는 제36조의 조사에 필요한 자료 등이 있는 곳 또는 관계인에 관하여 파악하려면 그 내용을 알고 있다고 믿을 만한 상당한 이유가 있는 사람에게 질문하거나 그 내용을 포함하고 있다고 믿을 만한 상당한 이유가 있는 서류와 그 밖의 물건을 검사할 수 있다.
② 제1항의 경우에는 제36조제5항부터 제7항까지를 준용한다.
[전문개정 2011.5.19]

第38조(위원의 제척 등)
① 위원(제41조에 따른 조정위원을 포함한다. 이하 이 조에서 같다)은 다음 각 호의 어느 하나에 해당하는 경

우에는 진정의 심의·의결에서 제척된다.

1. 위원이나 그 배우자 또는 그 배우자이었던 사람이 해당 진정의 당사자이거나 그 진정에 관하여 당사자와 공동권리자 또는 공동의무자인 경우
2. 위원이 해당 진정의 당사자와 친족이거나 친족이었던 경우
3. 위원이 해당 진정에 관하여 증언이나 감정을 한 경우
4. 위원이 해당 진정에 관하여 당사자의 대리인으로 관여하거나 관여하였던 경우
5. 위원이 해당 진정에 관하여 수사, 재판 또는 다른 법률에 따른 구제 절차에 관여하였던 경우

② 당사자는 위원에게 심의·의결의 공정을 기대하기 어려운 사정이 있는 경우에는 위원장에게 기피신청을 할 수 있으며 위원장은 당사자의 기피신청에 대하여 위원회의 의결을 거치지 아니하고 결정한다. 다만, 위원장이 결정하기에 타당하지 아니하는 경우에는 위원회의 의결로 결정한다.

③ 위원이 제1항 각 호의 어느 하나의 사유 또는 제2항의 사유에 해당하는 경우에는 스스로 그 진정의 심의·의결을 회피할 수 있다.

[전문개정 2011.5.19]

제39조(진정의 기각)

① 위원회는 진정을 조사한 결과 진정의 내용이 다음 각 호의 어느 하나에 해당하는 경우에는 그 진정을 기각한다.

1. 진정의 내용이 사실이 아님이 명백하거나 사실이라고 인정할 만한 객관적인 증거가 없는 경우
2. 조사 결과 제30조제1항에 따른 인권침해나 차별행위에 해당하지 아니하는 경우
3. 이미 피해 회복이 이루어지는 등 별도의 구제 조치가 필요하지 아니하다고 인정되는 경우

② 위원회는 진정을 기각하는 경우 진정의 당사자에게 그 결과와 이유를 통지하여야 한다.

[전문개정 2011.5.19]

제40조(합의의 권고)

위원회는 조사 중이거나 조사가 끝난 진정에 대하여 사건의 공정한 해결을 위하여 필요한 구제 조치를 당사자에게 제시하고 합의를 권고할 수 있다.

[전문개정 2011.5.19]

제41조(조정위원회의 설치와 구성)

① 조정의 신속하고 공정한 처리를 위하여 위원회에 성·장애 등의 분야별로 조정위원회를 둘 수 있다.

② 조정위원회의 위원(이하 "조정위원"이라 한다)은 위원회의 위원과 다음 각 호의 어느 하나에 해당하는 사람 중에서 성·장애 등의 분야별로 위원장이 위촉하는 사람이 된다.

1. 인권문제에 관하여 전문적인 지식과 경험을 가진 사람으로서 국가기관 또는 민간단체에서 인권과 관련된 분야에 10년 이상 종사한 사람
2. 판사·검사·군법무관·변호사로 10년 이상 종사한 사람
3. 대학 또는 공인된 연구기관에서 조교수 이상으로 10년 이상 재직한 사람

③ 조정위원회의 회의는 다음 각 호의 사람으로 구성한다.

1. 위원회의 위원인 조정위원 중 회의마다 위원장이 지명하는 1명
2. 제2항에 따른 분야별 조정위원 중 회의마다 위원장이 지명하는 2명

④ 조정위원의 위촉 및 임기, 조정위원회의 구성·운영, 조정의 절차 등에 관하여 필요한 사항은 위원회 규칙으로 정한다.

⑤ 조정위원회의 조정 절차에 관하여 이 법 및 위원회 규칙에 규정되지 아니한 사항은 「민사조정법」을 준용한다.

[전문개정 2011.5.19]

제42조(조정위원회의 조정)

① 조정위원회는 인권침해나 차별행위와 관련하여 당사자의 신청이나 위원회의 직권으로 조정위원회에 회부된 진정에 대하여 조정 절차를 시작할 수 있다.

② 조정은 조정 절차가 시작된 이후 당사자가 합의한 사항을 조정서에 적은 후 당사자가 기명날인하고 조정위원회가 이를 확인함으로써 성립한다.

③ 조정위원회는 조정 절차 중에 당사자 사이에 합의가 이루어지지 아니하는 경우 사건의 공정한 해결을 위하여 조정을 갈음하는 결정을 할 수 있다.

④ 조정을 갈음하는 결정에는 다음 각 호의 어느 하나의 사항을 포함시킬 수 있다.

1. 조사대상 인권침해나 차별행위의 중지
2. 원상회복, 손해배상, 그 밖에 필요한 구제조치
3. 동일하거나 유사한 인권침해 또는 차별행위의 재발을 방지하기 위하여 필요한 조치

⑤ 조정위원회는 조정을 갈음하는 결정을 한 경우에는 지체 없이 그 결정서를 당사자에게 송달하여야 한다.

⑥ 당사자가 제5항에 따라 결정서를 송달받은 날부터 14일 이내에 이의를 신청하지 아니하면 조정을 수락한 것으로 본다.

[전문개정 2011.5.19]

제43조(조정위원회의 조정의 효력)

제42조제2항에 따른 조정과 같은 조 제6항에 따라 이의를 신청하지 아니하는 경우의 조정을 갈음하는 결정은 재판상 화해와 같은 효력이 있다.

[전문개정 2011.5.19]

제44조(구제조치 등의 권고)

① 위원회가 진정을 조사한 결과 인권침해나 차별행위가 일어났다고 판단할 때에는 피진정인, 그 소속 기관·단체 또는 감독기관(이하 "소속기관등"이라 한다)의 장에게 다음 각 호의 사항을 권고할 수 있다. 〈개정 2016.2.3〉

1. 제42조제4항 각 호에서 정하는 구제조치의 이행
2. 법령·제도·정책·관행의 시정 또는 개선

② 제1항에 따라 권고를 받은 소속기관등의 장에 관하여는 제25조제2항부터 제6항까지를 준용한다. 〈개정 2012.3.21, 2022.1.4〉

[전문개정 2011.5.19]

제45조(고발 및 징계권고)

① 위원회는 진정을 조사한 결과 진정의 내용이 범죄행위에 해당하고 이에 대하여 형사 처벌이 필요하다고 인

정하면 검찰총장에게 그 내용을 고발할 수 있다. 다만, 피고발인이 군인등인 경우에는 소속 군 참모총장 또는 국방부장관에게 고발할 수 있다. 〈개정 2022.1.4〉

② 위원회가 진정을 조사한 결과 인권침해 및 차별행위가 있다고 인정하면 피진정인 또는 인권침해에 책임이 있는 사람을 징계할 것을 소속기관등의 장에게 권고할 수 있다.

③ 제1항에 따라 고발을 받은 검찰총장, 군 참모총장 또는 국방부장관은 고발을 받은 날부터 3개월 이내에 수사를 마치고 그 결과를 위원회에 통지하여야 한다. 다만, 3개월 이내에 수사를 마치지 못할 때에는 그 사유를 밝혀야 한다.

④ 제2항에 따라 위원회로부터 권고를 받은 소속기관등의 장은 권고를 존중하여야 하며 그 결과를 위원회에 통지하여야 한다.

[전문개정 2011.5.19]

제46조(의견진술의 기회 부여)

① 위원회는 제44조 또는 제45조에 따른 권고 또는 조치를 하기 전에 피진정인에게 의견을 진술할 기회를 주어야 한다.

② 제1항의 경우 당사자 또는 이해관계인은 구두 또는 서면으로 위원회에 의견을 진술하거나 필요한 자료를 제출할 수 있다.

[전문개정 2011.5.19]

제47조(피해자를 위한 법률구조 요청)

① 위원회는 진정에 관한 위원회의 조사, 증거의 확보 또는 피해자의 권리 구제를 위하여 필요하다고 인정하면 피해자를 위하여 대한법률구조공단 또는 그 밖의 기관에 법률구조를 요청할 수 있다.

② 제1항에 따른 법률구조 요청은 피해자의 명시한 의사에 반하여 할 수 없다.

③ 제1항에 따른 법률구조 요청의 절차·내용 및 방법에 관하여 필요한 사항은 위원회 규칙으로 정한다.

[전문개정 2011.5.19]

제48조(긴급구제 조치의 권고)

① 위원회는 진정을 접수한 후 조사대상 인권침해나 차별행위가 계속되고 있다는 상당한 개연성이 있고, 이를 방치할 경우 회복하기 어려운 피해가 발생할 우려가 있다고 인정하면 그 진정에 대한 결정 이전에 진정인이나 피해자의 신청에 의하여 또는 직권으로 피진정인, 그 소속기관등의 장에게 다음 각 호의 어느 하나의 조치를 하도록 권고할 수 있다.

1. 의료, 급식, 의복 등의 제공
2. 장소, 시설, 자료 등에 대한 현장조사 및 감정 또는 다른 기관이 하는 검증 및 감정에 대한 참여
3. 시설수용자의 구금 또는 수용 장소의 변경
4. 인권침해나 차별행위의 중지
5. 인권침해나 차별행위를 하고 있다고 판단되는 공무원 등을 그 직무에서 배제하는 조치
6. 그 밖에 피해자의 생명, 신체의 안전을 위하여 필요한 사항

② 위원회는 필요하다고 인정하면 당사자 또는 관계인 등의 생명과 신체의 안전, 명예의 보호, 증거의 확보 또는 증거 인멸의 방지를 위하여 필요한 조치를 하거나 관계인 및 그 소속기관등의 장에게 그 조치를 권고할 수 있다.

[전문개정 2011.5.19]

제49조(조사와 조정 등의 비공개)
위원회의 진정에 대한 조사·조정 및 심의는 비공개로 한다. 다만, 위원회의 의결이 있을 때에는 공개할 수 있다.
[전문개정 2011.5.19]

제50조(처리 결과 등의 공개)
위원회는 이 장에 따른 진정의 조사 및 조정의 내용과 처리 결과, 관계기관등에 대한 권고와 관계기관등이 한 조치 등을 공표할 수 있다. 다만, 다른 법률에 따라 공표가 제한되거나 사생활의 비밀이 침해될 우려가 있는 경우에는 그러하지 아니하다.
[전문개정 2011.5.19]

제4장의2 군인권보호관·군인권보호위원회 및 군인권침해의 조사·구제 〈신설 2022.1.4〉
제50조의2(군인권보호관)
군인권보호관은 제5조제2항제2호에 따라 대통령이 지명하는 상임위원이 겸직한다.
[본조신설 2022.1.4]

제50조의3(군인권보호위원회)
① 위원회는 군인권침해 예방 및 군인등의 인권 보호 관련 업무를 수행하게 하기 위하여 군인권보호위원회(이하 "군인권보호위원회"라 한다)를 둔다.
② 군인권보호위원회의 위원장은 군인권보호관으로 한다.
③ 군인권보호위원회는 제12조제1항에 따라 설치된 소위원회로 본다.
[본조신설 2022.1.4]

제50조의4(군부대 방문조사)
① 위원회 또는 군인권보호위원회(이하 이 장에서 "위원회등"이라 한다)는 필요하다고 인정하면 그 의결로써 군인권보호관, 위원 또는 소속 직원에게 군부대(「국군조직법」 제15조에 따라 설치된 부대와 기관을 말한다. 이하 이 조에서 같다)를 방문하여 조사하게 할 수 있다.
② 군인권보호관은 제1항에 따른 군부대 방문조사를 하려는 경우에는 해당 군부대의 장에게 그 취지, 일시, 장소 등을 미리 통지하여야 한다. 다만, 긴급을 요하거나 미리 통지를 하면 목적 달성이 어렵다고 인정되어 국방부장관에게 사전에 통지하고 군인권보호관 또는 위원이 직접 방문조사하는 경우에는 그러하지 아니하다.
③ 국방부장관은 군사·외교·대북관계의 국가기밀에 관한 사항으로서 국가안위에 중대한 영향을 주거나 국가비상사태 또는 작전임무수행에 지장을 주는 등 제1항에 따른 방문조사를 받기 어려운 특별한 사정이 있는 경우 그 이유를 소명하여 방문조사의 중단을 요구할 수 있다. 이 경우 위원회등은 그 이유가 소명된 때에는 즉시 방문조사를 중단하되, 그 사유가 해소되는 즉시 방문조사를 다시 시작할 수 있다.
④ 제1항에 따른 군부대 방문조사를 하는 군인권보호관, 위원 또는 소속 직원은 그 권한을 표시하는 증표를 지니고 이를 관계인에게 내보여야 하며, 방문조사를 받는 군부대의 장은 즉시 방문조사에 편의를 제공하여야 한다.

⑤ 제1항에 따른 군부대 방문조사를 하는 군인권보호관, 위원 또는 소속 직원은 군부대 소속의 직원 및 군인등과 면담할 수 있고 구술 또는 서면으로 사실이나 의견을 진술하게 할 수 있다.
⑥ 그 밖에 군부대 방문조사의 방법, 절차, 통지 시기 등에 관하여 필요한 사항은 대통령령으로 정한다.
[본조신설 2022.1.4]

제50조의5(군인등의 진정권 보장을 위한 수단 제공)
국방부장관은 군인등의 진정권을 보장하기 위하여 우편·전화·인터넷 등 위원회에 진정할 수 있는 효율적인 수단을 제공하고, 이를 널리 알려야 한다.
[본조신설 2022.1.4]

제50조의6(사망사건의 통보와 조사·수사의 입회)
① 국방부장관은 군인등이 복무 중 사망한 경우에는 즉시 위원회등에 사망 사실을 통보하여야 한다.
② 제1항에 따른 통보를 받은 위원회등은 필요하다고 인정하는 경우 해당 사건의 군 조사기관 또는 군 수사기관의 장(「군사법원법」 제2조제2항 각 호의 죄에 해당하는 사건을 수사하는 수사기관의 장은 제외한다)에게 진행 중인 해당 사건에 관한 조사 또는 수사에 군인권보호관 및 소속 직원의 입회를 요구할 수 있다. 이 경우 요구를 받은 군 조사기관 또는 군 수사기관의 장은 진행 중인 조사나 수사에 중대한 지장을 주지 아니하면 그 입회 요구에 따라야 한다.
[본조신설 2022.1.4]

제50조의7(진정의 각하에 대한 특례)
① 위원회등은 진정의 원인이 된 사실이 발생한 날부터 1년 이상 지난 군인권침해 사건 관련 진정으로서 진정을 제기하기 어려운 사정이 있었다고 인정되는 진정의 경우에는 제32조제1항제4호 본문에도 불구하고 이를 각하하지 아니하고 조사할 수 있다. 다만, 진정을 제기하기 어려운 사정이 없어진 날부터 1년 이상 지나서 진정한 경우에는 그 진정을 각하한다.
② 위원회등은 군인권침해 사건과 관련된 진정(법원이나 헌법재판소의 재판절차가 진행 중이거나 종결된 경우는 제외한다. 이하 이 조에서 같다)의 경우에는 제32조제1항제5호 본문에도 불구하고 위원회등의 의결을 거쳐 이를 각하하지 아니하고 조사할 수 있다. 다만, 「군사법원법」 제2조제2항 각 호의 죄와 관련된 진정으로서 그에 관한 수사가 진행 중이거나 종결된 경우에는 군인권침해가 있다고 믿을 만한 상당한 근거가 있고 그 내용이 중대하다고 인정할 때 위원회등의 의결을 거치고, 관계 기관의 장과 협의를 거쳐 이를 각하하지 아니하고 조사할 수 있다.
③ 제2항에 따른 조사는 진행 중인 수사나 그 밖의 법률에 따른 권리구제 절차의 진행에 지장을 주어서는 아니 된다.
[본조신설 2022.1.4]

제50조의8(조사의 방법에 대한 특례)
① 위원회등은 군인권침해가 있다고 믿을 만한 상당한 근거가 있고 그 내용이 중대하다고 인정할 때에는 제36조제7항제2호에도 불구하고 관계 국가기관(법원과 헌법재판소는 제외한다. 이하 이 조에서 같다)의 장과 협의를 거쳐 자료나 물건의 제출을 요구하거나 그 자료, 물건 또는 시설에 대한 현장조사 또는 감정을 할 수 있다. 이 경우 관계 국가기관의 장은 해당 사건 수사가 종결된 이후 자료제출 등을 할 수 있다.

② 관계 국가기관의 장은 제1항에 따른 위원회등의 자료 등의 제출 요구, 현장조사 또는 감정에 특별한 사정이 없으면 성실히 협조하여야 한다.

[본조신설 2022.1.4]

제50조의9(피해자 보호조치)

① 위원회등은 필요하다고 인정하는 경우 국방부장관에게 군인권침해 사건의 피해자 보호를 위하여 제48조에 따른 조치를 하도록 요구할 수 있다.

② 국방부장관은 제1항에 따른 피해자 보호조치의 요구를 받은 경우 이를 이행하기 어려운 특별한 사정이 없으면 즉시 피해자 보호를 위한 조치를 취하고 위원회등에 그 결과를 통보하여야 한다.

③ 국방부장관은 제1항에 따른 피해자 보호조치의 요구를 이행할 수 없는 경우에는 그 요구를 받은 날부터 3일 이내에 위원회등에 문서로 그 사유를 통보하여야 한다.

[본조신설 2022.1.4]

제5장 보칙 〈개정 2011.5.19〉

제51조(자격 사칭의 금지)연혁

누구든지 위원회의 위원 또는 직원의 자격을 사칭하여 위원회의 권한을 행사하여서는 아니 된다.

[전문개정 2011.5.19]

제52조(비밀누설의 금지)

위원, 조정위원, 자문위원 또는 직원이거나 그 직에 재직하였던 사람 및 위원회에 파견되거나 위원회의 위촉에 의하여 위원회의 업무를 수행하거나 수행하였던 사람은 업무상 알게 된 비밀을 누설하여서는 아니 된다.

[전문개정 2011.5.19]

……

제55조(불이익 금지와 지원)

① 누구든지 이 법에 따라 위원회에 진정, 진술, 증언, 자료 등의 제출 또는 답변을 하였다는 이유만으로 해고, 전보, 징계, 부당한 대우, 그 밖에 신분이나 처우와 관련하여 불이익을 받지 아니한다.

② 위원회는 인권침해나 차별행위의 진상을 밝히거나 증거 또는 자료 등을 발견하거나 제출한 사람에게 필요한 지원 또는 보상을 할 수 있다.

③ 제2항에 따른 지원 또는 보상의 내용, 절차, 그 밖에 필요한 사항은 위원회 규칙으로 정한다.

[전문개정 2011.5.19]

제6장 벌칙 〈개정 2011.5.19〉

제56조(인권옹호 업무방해)

① 다음 각 호의 어느 하나에 해당하는 사람은 5년 이하의 징역 또는 3천만원 이하의 벌금에 처한다. 〈개정 2022.1.4〉

1. 위원회의 업무를 수행하는 위원 또는 직원을 폭행하거나 협박한 사람
2. 위원 또는 직원에게 그 업무상의 행위를 강요 또는 저지하거나 그 직을 사퇴하게 할 목적으로 폭행하거

나 협박한 사람
3. 위계(위계)로써 위원 또는 직원의 업무 수행을 방해한 사람
4. 이 법 제4장 및 제4장의2에 따라 위원회 또는 군인권보호위원회의 조사 대상이 되는 다른 사람의 인권 침해나 차별행위 사건에 관한 증거를 인멸, 위조 또는 변조하거나 위조 또는 변조한 증거를 사용한 사람

② 친족이 본인을 위하여 제1항제4호의 죄를 범한 때에는 처벌하지 아니한다.
[전문개정 2011.5.19]

제57조(진정서 작성 등의 방해)
제31조를 위반하여 진정을 허가하지 아니하거나 방해한 사람은 3년 이하의 징역 또는 3천만원 이하의 벌금에 처한다. 〈개정 2014.3.18〉
[전문개정 2011.5.19]

……

제59조(비밀누설)
제52조를 위반하여 업무상 알게 된 비밀을 누설한 사람은 2년 이하의 징역, 5년 이하의 자격정지 또는 2천만원 이하의 벌금에 처한다. 〈개정 2014.3.18〉
[전문개정 2011.5.19]

제60조(긴급구제 조치 방해)연혁문헌
제48조제1항 또는 제2항에 따라 위원회가 하는 조치를 방해한 사람은 1년 이하의 징역 또는 500만원 이하의 벌금에 처한다.
[전문개정 2011.5.19]

제61조(비밀침해)
제31조제6항 또는 제7항을 위반하여 비밀을 침해한 사람은 1년 이하의 징역 또는 3천만원 이하의 벌금에 처한다. 〈개정 2014.3.18〉
[전문개정 2011.5.19]

제62조(벌칙 적용 시의 공무원 의제)
위원회의 위원 중 공무원이 아닌 사람은 「형법」과 그 밖의 법률에 따른 벌칙을 적용할 때에는 공무원으로 본다.
[전문개정 2011.5.19]

제63조(과태료)
① 다음 각호의 1에 해당하는 자는 1천만원 이하의 과태료에 처한다. 〈개정 2022.1.4〉
1. 정당한 이유없이 제24조제1항 또는 제50조의4제1항에 따른 방문조사 또는 제36조의 규정에 의한 실지조사를 거부, 방해 또는 기피한 자
2. 정당한 이유없이 제36조제1항제1호 또는 제2항의 규정에 의한 위원회의 진술서 제출요구 또는 출석요구에 응하지 아니한 자

3. 정당한 이유없이 제36조제1항제2호 및 제4호 또는 제5항의 규정에 의한 자료 등의 제출요구 및 사실조회에 응하지 아니하거나 거짓의 자료 등을 제출한 자

② 제53조의 규정에 위반한 자는 300만원 이하의 과태료에 처한다.

③ 제1항 및 제2항의 규정에 의한 과태료는 대통령령으로 정하는 바에 따라 위원장이 부과·징수한다. 〈개정 2020.3.24〉

……

Principles relating to the status of national institutions

(Adopted by General Assembly resolution 48/134 of 20 December 1993)

A. Competence and responsibilities

1. A national institution shall be vested with competence to promote and protect human rights.

2. A national institution shall be given as broad a mandate as possible, which shall be clearly set forth in a constitutional or legislative text, specifying its composition and its sphere of competence.

3. A national institution shall, inter alia, have the following responsibilities:

(a) To submit to the Government, Parliament and any other competent body, on an advisory basis either at the request of the authorities concerned or through the exercise of its power to hear a matter without higher referral, opinions, recommendations, proposals and reports on any matters concerning the promotion and protection of human rights; the national institution may decide to publicize them; these opinions, recommendations, proposals and reports, as well as any prerogative of the national institution, shall relate to the following areas:

(i) Any legislative or administrative provisions, as well as provisions relating to judicial organizations, intended to preserve and extend the protection of human rights; in that connection, the national institution shall examine the legislation and administrative provisions in force, as well as bills and proposals, and shall make such recommendations as it deems appropriate in order to ensure that these

국가인권기구의 지위에 관한 원칙

(1993년 12월 20일 유엔 총회 채택)

A. 권한과 책임

1. 국가인권기구는 인권을 보호하고 향상시킬 수 있는 권한을 가져야 한다.

2. 국가인권기구는 그 구성과 권한의 범위를 명확하게 규정하고 있는 헌법 또는 법률의 규정에 따라, 가능한 한 광범위한 역할을 부여받아야 한다.

3. 국가인권기구는 특히 다음과 같은 책임을 다하여야 한다.

(a) 정부, 의회, 그리고 그 밖의 권한 있는 당국에 대하여, 자문의 역할로서, 요청에 따라 또는 직권으로 인권의 보호 및 향상에 관련된 모든 문제에 관하여 의견, 권고, 제안 및 보고서를 제출해야 하며; 이를 공개할 수 있다. 국가인권기구의 특권뿐 아니라 의견, 권고, 제안 및 보고서는 다음과 같은 영역에 관련되어야 한다.

(i) 인권의 보호를 유지하고 확대하기 위하여 제정된, 사법과 관련된 조항은 물론 법률 및 행정입법의 조항들; 이와 관련하여 국가인권기구는 법안과 입법예고는 물론 현재 시행중인 법률과 행정법령들을 검토해야 하며, 이러한 법령들이 인권에 관한 근본적 원칙과 양립할 수 있게 하는 데 적당하다고 인정하는 권고를 해야 한다. 필요하다면 국가인권기구는 새로운 입법, 현행 법률의 개정, 행정조치의

provisions conform to the fundamental principles of human rights; it shall, if necessary, recommend the adoption of new legislation, the amendment of legislation in force and the adoption or amendment of administrative measures;

시행이나 시정을 권고해야 한다.

(ii) Any situation of violation of human rights which it decides to take up;

(ii) 국가인권기구가 다루기로 결정한 모든 인권침해상황;

(iii) The preparation of reports on the national situation with regard to human rights in general, and on more specific matters;

(iii) 전반적인 인권상황과 구체적인 국내 인권문제에 관한 보고서의 준비;

(iv) Drawing the attention of the Government to situations in any part of the country where human rights are violated and making proposals to it for initiatives to put an end to such situations and, where necessary, expressing an opinion on the positions and reactions of the Government;

(iv) 국내의 어떤 지역에서든 인권이 침해되는 상황에 대한 정부의 관심을 촉구하고 그러한 상황에 끝내는 데 필요한 조치를 권고하고 필요한 경우 정부의 입장과 행동에 대한 의견표명.

(b) To promote and ensure the harmonization of national legislation regulations and practices with the international human rights instruments to which the State is a party, and their effective implementation;

(b) 국내의 법률, 행정 입법, 관행과 그 나라가 당사국이 된 국제인권규범들 사이의 조화와 효과적인 이행을 촉진하고 보장하여야 한다.

(c) To encourage ratification of the above-mentioned instruments or accession to those instruments, and to ensure their implementation;

(c) 국제인권규범의 비준 또는 승인을 촉구하고, 그 이행을 보장하여야 한다.

(d) To contribute to the reports which States are required to submit to United Nations bodies and committees, and to regional institutions, pursuant to their treaty obligations and, where necessary, to express an opinion on the subject, with due respect for their independence;

(d) 조약에 정한 의무에 따라 유엔의 기구 및 위원회와 지역 인권기구에 국가가 제출해야 할 보고서 준비를 지원하고, 필요할 경우 정부보고서의 독자성을 존중하는 가운데 관련 주제에 관하여 의견을 표명해야 한다.

(e) To cooperate with the United Nations and any other organization in the United Nations system,

(e) 유엔 및 유엔 관련 기구, 지역기구 그리고 인권의 보호 및 향상에 관한 권한을 부여받은 다른 나라

the regional institutions and the national institutions of other countries that are competent in the areas of the promotion and protection of human rights;

의 국가기구와 협력해야 한다.

(f) To assist in the formulation of programmes for the teaching of, and research into, human rights and to take part in their execution in schools, universities and professional circles;

(f) 인권교육 및 연구 프로그램의 작성을 지원하고, 각급 학교와 대학 및 전문영역에서 그 프로그램을 시행하는 데 참여해야 한다.

(g) To publicize human rights and efforts to combat all forms of discrimination, in particular racial discrimination, by increasing public awareness, especially through information and education and by making use of all press organs.

(g) 특히 정보제공과 교육을 통해서 그리고 모든 언론기관을 이용해서 대중의 의식을 향상시킴으로써 인권문제 및 모든 형태의 차별 특히 인종차별(racial discrimination)에 반대하는 노력들을 널리 알려야 한다.

B. Composition and guarantees of independence and pluralism

B. 구성과 독립성 및 다원성의 보장

1. The composition of the national institution and the appointment of its members, whether by means of an election or otherwise, shall be established in accordance with a procedure which affords all necessary guarantees to ensure the pluralist representation of the social forces (of civilian society) involved in the promotion and protection of human rights, particularly by powers which will enable effective cooperation to be established with, or through the presence of, representatives of:

1. 국가인권기구의 구성과 그 구성원의 임명; 선거의 방법에 의하든 혹은 다른 방법에 의하든 인권의 보호와 향상에 관련된 (시민사회의) 다양한 사회계층들의 다원적 대표성이 반영될 수 있도록 보장하는 데 필요할 뿐 아니라, 특히 다음과 같은 대표자들과의 협력 및 참여를 가능하게 하는 확립된 절차에 따라 이루어져야 한다.

(a) Non-governmental organizations responsible for human rights and efforts to combat racial discrimination, trade unions, concerned social and professional organizations, for example, associations of lawyers, doctors, journalists and eminent scientists;

(a) 인권 및 인종차별과 싸울 책임을 맡은 민간단체(NGO), 노동조합, 예컨대, 변호사, 의사, 언론인 및 저명한 과학자들의 단체와 같은 관련 사회단체 및 전문가단체;

(b) Trends in philosophical or religious thought;

(b) 철학과 종교 사상의 다양한 경향들;

(c) Universities and qualified experts;

(c) 대학교 및 자격 있는 전문가들;

(d) Parliament;
(e) Government departments (if these are included, their representatives should participate in the deliberations only in an advisory capacity).

(d) 의회;
(e) 정부 부처 (정부대표들이 포함되는 경우에는 자문자격으로만 심의에 참여해야 한다).

2. The national institution shall have an infrastructure which is suited to the smooth conduct of its activities, in particular adequate funding. The purpose of this funding should be to enable it to have its own staff and premises, in order to be independent of the Government and not be subject to financial control which might affect its independence.

2. 국가인권기구는 그 원활한 운영에 필요한 하부구조, 특히 적절한 재정을 확보해야 한다. 적절한 재정을 확보하는 것은 국가인권기구가 자체적인 인력과 공간을 확보함으로서 정부로부터 독립하고, 그 독립성에 영향을 줄 수 있는 재정적 통제를 받지 않도록 하기 위한 것이다.

3. In order to ensure a stable mandate for the members of the national institution, without which there can be no real independence, their appointment shall be effected by an official act which shall establish the specific duration of the mandate. This mandate may be renewable, provided that the pluralism of the institution's membership is ensured.

3. 국가인권기구의 독립성을 확보하는 데 필수적인 구성원의 안정적인 역할을 담보하기 위해서, 구성원의 임명은 특정한 임기를 보장하는 공적인 행위에 의하여 이루어져야 한다. 그들의 임기는 구성원의 다양성이 보장된다는 조건아래 갱신될 수 있다.

C. Methods of operation

C. 활동방식

Within the framework of its operation, the national institution shall:

국가인권기구는 그 운영원칙에서,

(a) Freely consider any questions falling within its competence, whether they are submitted by the Government or taken up by it without referral to a higher authority, on the proposal of its members or of any petitioner;

(a) 정부에 의해 제기되었거나 혹은 그 구성원이나 진정인의 제안에 따라 직권으로 채택한 사안이거나 불문하고 그 권한에 속하는 모든 사안을 자유로이 심리해야 한다;

(b) Hear any person and obtain any information and any documents necessary for assessing situations falling within its competence;

(b) 권한에 속하는 상황을 평가하는 데 필요한 모든 사람의 진술을 듣고, 어떠한 정보나 문서도 확보할 수 있어야 한다;

(c) Address public opinion directly or through any

(c) 특히 자신의 의견과 권고를 널리 알리기 위하여

press organ, particularly in order to publicize its opinions and recommendations;

직접 또는 언론매체를 통하여 여론에 호소하여야 한다;

(d) Meet on a regular basis and whenever necessary in the presence of all its members after they have been duly convened;

(d) 정기적으로 그리고 필요할 때마다 모든 구성원이 참석하는 회의를 열어야 한다;

(e) Establish working groups from among its members as necessary, and set up local or regional sections to assist it in discharging its functions;

(e) 구성원들 가운데 필요한 실무위원회를 만들고 그 기능을 원활하게 수행하도록 지원하는 지역 및 지방조직을 구성해야 한다;

(f) Maintain consultation with the other bodies, whether jurisdictional or otherwise, responsible for the promotion and protection of human rights (in particular ombudsmen, mediators and similar institutions);

(f) 사법기관 및 (특히 옴부즈맨과 중재인 및 유사기관과 같이) 그 밖에 인권의 보호 및 향상에 책임있는 기관들과 지속적으로 협의해야 한다;

(g) In view of the fundamental role played by the non-governmental organizations in expanding the work of the national institutions, develop relations with the non-governmental organizations devoted to promoting and protecting human rights, to economic and social development, to combating racism, to protecting particularly vulnerable groups (especially children, migrant workers, refugees, physically and mentally disabled persons) or to specialized areas.

(g) 국가인권기구의 역할을 확대하는 데 기여하는 민간단체의 본질적인 역할에 비추어 인권의 보호와 향상, 경제 사회적 발전, 인종주의에 대한 투쟁, 특히 인권침해를 받기 쉬운 집단(어린이, 이주노동자, 난민, 신체 및 정신장애자) 또는 특정 지역을 위하여 헌신하는 민간단체와 사이의 관계를 발전시켜야 한다.

D. Additional principles concerning the status of commissions with quasi-jurisdictional competence

D. 준사법적 권한을 갖는 위원회의 지위에 관한 추가 원칙들

A national institution may be authorized to hear and consider complaints and petitions concerning individual situations. Cases may be brought before it by individuals, their representatives, third parties, non-governmental organizations, associations of trade unions or any other representative organizations. In such circumstances, and without prejudice to the principles stated above concerning

국가인권기구는 개별상황에 관한 고발과 진정을 조사, 심의할 수 있는 권한을 가질 수 있다. 사안은 개인, 그 대리인, 제3자, 민간단체, 노동조합 또는 그 밖의 대표성 있는 단체들이 제기할 수 있다. 이러한 상황에서는, 앞에서 본 국가인권위원회의 권한을 침해하지 않는 범위에서, 위원회는 다음의 원칙들에 따른 역할을 부여받을 수 있다.

the other powers of the commissions, the functions entrusted to them may be based on the following principles:

(a) Seeking an amicable settlement through conciliation or, within the limits prescribed by the law, through binding decisions or, where necessary, on the basis of confidentiality;

(a) 조정 또는 법률에 정한 범위 안에서 구속력 있는 결정을 통해서, 또는 필요한 경우에는 비공개의 방법으로 우호적인 해결을 모색한다;

(b) Informing the party who filed the petition of his rights, in particular the remedies available to him, and promoting his access to them;

(b) 자신의 권리에 관해 진정하는 당사자에게 특히 이용할 수 있는 구제수단을 알려주고 구제수단에 대한 접근을 향상시켜야 한다;

(c) Hearing any complaints or petitions or transmitting them to any other competent authority within the limits prescribed by the law;

(c) 법률의 범위 안에서 모든 고발과 진정을 직접 조사하거나 관련 기관에 이송해야 한다;

(d) Making recommendations to the competent authorities, especially by proposing amendments or reforms of the laws, regulations and administrative practices, especially if they have created the difficulties encountered by the persons filing the petitions in order to assert their rights.

(d) 진정인의 권리행사를 지원하기 위하여 진정인에게 곤란을 준 법률, 행정입법이나 관행의 개정 또는 개혁을 권한 있는 기관에 권고하여야 한다.

Standard Minimum Rules for the Treatment of Prisoners

유엔 피구금자 처우에 관한 최저기준규칙 (넬슨 만델라 규칙)

[1955년 8월 30일, 제1회 국제연합 범죄방지 및 범죄자처우회의에서 채택됨 :1957년 7월 31일 국제연합 경제사회이사회 결의 663 C(24)로서 승인됨 :1977년 5월 13일, 경제사회이사회 결의 2076(62)로서 수정되어 제95조가 새로 추가됨 :
2015년 12월 17일, 국제연합 총회 결의로 전면 개정됨]

Preliminary observation 1

The following rules are not intended to describe in detail a model system of penal institutions. They seek only, on the basis of the general consensus of contemporary thought and the essential elements of the most adequate systems of today, to set out what is generally accepted as being good principles and practice in the treatment of prisoners and prison management.

서칙 제1조

본 규칙이 의도하는 바는 행형시설의 모범적 체계를 세세한 점까지 기술하고자 하는 것이 아니다. 본 규칙은 오직 이 시대의 사조로서 일반적으로 합의된 바와 현재로서 가장 적합한 체계를 위한 필수적인 요소들을 기준으로 하여, 일반적으로 피구금자에 대한 처우와 교도소 운영에서 올바른 원칙과 실무로 여겨지는 것을 밝혀놓고자 하는 것일 뿐이다.

Preliminary observation 2

1. In view of the great variety of legal, social, economic and geographical conditions in the world, it is evident that not all of the rules are capable of application in all places and at all times. They should, however, serve to stimulate a constant endeavour to overcome practical difficulties in the way of their application, in the knowledge that they represent, as a whole, the minimum conditions which are accepted as suitable by the United Nations.

2. On the other hand, the rules cover a field in which thought is constantly developing. They are not intended to preclude experiment and practices, provided these are in harmony with the principles and seek to further the purposes which derive from the text of the rules as a whole. It will always be justifiable for the central prison administration to

서칙 제2조

① 세계의 법적, 사회적, 경제적 및 지리적 조건들이 매우 다양하다는 점에 비추어볼 때 본 규칙의 전부가 모든 곳에서 언제나 적용될 수 없음은 명백하다. 그러나 본 규칙은 전체로서 UN에 의하여 적절한 것으로 인정되는 최소한의 조건을 나타낸다는 것을 알게 함으로써 그 적용과정에서 발생하는 실제상의 어려움을 극복하려는 부단한 노력을 촉진할 것이다.

② 한편, 본 규칙이 다루는 영역에서 사조는 끊임없이 발전하고 있다. 본 규칙은 전체로서 그 본문에서 파생되는 원칙들과 조화를 이루면서 그 목적들을 촉진하고자 하는 것인 한 실험과 실습을 배제하지 않는다. 중앙교정당국이 이 정신에 따라 본 규칙에서 벗어나는 것을 허가하는 것은 항상 정당화될 것이다.

authorize departures from the rules in this spirit.

Preliminary observation 3

1. Part I of the rules covers the general management of prisons, and is applicable to all categories of prisoners, criminal or civil, untried or convicted, including prisoners subject to "security measures" or corrective measures ordered by the judge.

2. Part II contains rules applicable only to the special categories dealt with in each section. Nevertheless, the rules under section A, applicable to prisoners under sentence, shall be equally applicable to categories of prisoners dealt with in sections B, C and D, provided they do not conflict with the rules governing those categories and are for their benefit.

서칙 제3조

① 본 규칙 제1부는 교도소 운영 일반을 다루며 법관이 명한 '보안·개선처분'에 놓인 피구금자를 포함하여 형사범이나 민사범, 미결수용자나 수형자 등 모든 범주의 피구금자에게 적용될 수 있다.

② 제2부는 각 절에서 다루는 특정 범주에 대하여만 적용될 수 있다. 그러나 수형자에 대하여 적용되는 A절의 규칙들은 B, C, D절에서 다루어지는 피구금자들에게도 똑같이 적용될 수 있다. 다만 A절의 규칙이 B, C, D절의 규칙과 모순되지 않고 또한 그들의 이익에 해당하는 경우에 한한다.

Preliminary observation 4

1. The rules do not seek to regulate the management of institutions set aside for young persons such as juvenile detention facilities or correctional schools, but in general part I would be equally applicable in such institutions.

2. The category of young prisoners should include at least all young persons who come within the jurisdiction of juvenile courts. As a rule, such young persons should not be sentenced to imprisonment.

서칙 제4조

① 본 규칙은 소년구금시설 또는 교정학교 등 소년들을 위하여 따로 마련된 시설의 운영을 규율하려는 것이 아니다. 그러나 일반적으로 제1부는 이러한 시설에 동일하게 적용될 수 있다.

② 소년피구금자의 범주에는 적어도 소년법원의 관할에 속하는 모든 소년들이 포함되어야 한다. 원칙적으로 이들 소년들에게 구금형이 선고되어서는 안 된다.

I. Rules of general application

Basic principles

Rule 1

All prisoners shall be treated with the respect due to their inherent dignity and value as human beings. No prisoner shall be subjected to, and all prisoners shall be protected from, torture and other cruel, inhuman or degrading treatment or punishment, for which no circumstances whatsoever may be invoked as a justification. The safety and security of prisoners, staff, service providers and visitors shall be ensured at all times.

제1부 통칙

기본 원칙

제1조

모든 피구금자의 처우는 인간의 존엄성과 가치에 입각한 존중에 기반을 두어야 한다. 어떠한 피구금자도 고문, 기타 잔인하거나 비인간적이거나 모욕적인 처우 또는 처벌을 받지 않도록 보호되어야 하며, 어떠한 방식에 따르더라도 이러한 상황은 정당화될 수 없다. 피구금자, 직원, 용역 제공자 및 방문자의 안전과 보안은 항시 유지되어야 한다.

Rule 2

1. The present rules shall be applied impartially. There shall be no discrimination on the grounds of race, colour, sex, language, religion, political or other opinion, national or social origin, property, birth or any other status. The religious beliefs and moral precepts of prisoners shall be respected.

2. In order for the principle of non-discrimination to be put into practice, prison administrations shall take account of the individual needs of prisoners, in particular the most vulnerable categories in prison settings. Measures to protect and promote the rights of prisoners with special needs are required and shall not be regarded as discriminatory.

제2조

① 이 규칙은 공평하게 적용되어야 한다. 피구금자의 인종, 피부색, 성별, 언어, 종교, 정치적 견해 또는 그 밖의 견해, 국적, 사회적 신분, 재산, 출생 또는 그 밖의 지위에 의하여 차별도 있어서는 안 된다. 피구금자의 종교적 신념과 도덕률은 존중되어야 한다.

② 차별금지의 원칙을 적용하기 위하여 교정당국은 개별 피구금자의 필요, 특히 교도소 시설 환경 중 가장 취약한 부분에 대한 필요를 고려하여야 한다. 특수한 필요를 가진 피구금자의 권리를 보호하고 지원하기 위한 조치가 필요하며, 이는 차별로 간주되지 않는다.

Rule 3

Imprisonment and other measures that result in cutting off persons from the outside world are afflictive by the very fact of taking from these persons the right of self-determination by depriving them of their liberty. Therefore the prison system shall not, except as incidental to justifiable separation or the maintenance of discipline, aggravate the suffering inherent in such a situation.

제3조

구금행위 및 범죄자를 외부와 격리시키는 그 밖의 처분은 자유를 박탈하여 자기 결정의 권리를 빼앗는다는 사실 자체로서 고통을 주는 것이다. 따라서 형집행 제도는 정당한 격리나 규율유지에 수반되는 경우를 제외하고는 그 상황에서의 고유한 고통을 가중시켜서는 안 된다.

Rule 4

1. The purposes of a sentence of imprisonment or similar measures deprivative of a person's liberty are primarily to protect society against crime and to reduce recidivism. Those purposes can be achieved only if the period of imprisonment is used to ensure, so far as possible, the reintegration of such persons into society upon release so that they can lead a law-abiding and self-supporting life.

2. To this end, prison administrations and other competent authorities should offer education, vocational training and work, as well as other forms of assistance that are appropriate and available, including those of a remedial, moral, spiritual, social

제4조

① 구금형 또는 이와 유사하게 자유를 박탈하는 처분의 주된 목적은 사회를 범죄로부터 보호하고 재범을 줄이는 것이다. 이 목적은 가능한 한 피구금자가 사회 복귀 이후 반드시 재통합하게 되도록 하여 그들이 법을 준수하고 자활하는 삶을 영위할 수 있도록 구금기간이 이용됨으로써만 달성될 수 있다.

② 이 목적을 위하여 교정당국 및 기타 담당 관청은 교육, 직업훈련, 작업, 기타 다른 형태의 보조수단으로서 적합하고 가능한 수단을 피구금자들에게 제공해야 한다. 이에는 교화적·도덕적·정신적·사회적 활동 등과 보건 기반 활동 및 스포츠 기반 활

and health- and sports-based nature. All such programmes, activities and services should be delivered in line with the individual treatment needs of prisoners.

동들이 포함된다. 이러한 프로그램, 활동, 서비스는 피구금자의 개별적 처우상의 필요에 따라 제공되어야 한다.

Rule 5

1. The prison regime should seek to minimize any differences between prison life and life at liberty that tend to lessen the responsibility of the prisoners or the respect due to their dignity as human beings.

2. Prison administrations shall make all reasonable accommodation and adjustments to ensure that prisoners with physical, mental or other disabilities have full and effective access to prison life on an equitable basis.

제5조

① 구금제도는 구금시설 내에서의 생활과 자유로운 외부생활 간의 차이를 최소화하여, 이 격차로 인하여 피구금자의 책임감이 저하되고 인간으로서의 존엄성이 침해되지 않도록 하는 방향성을 지녀야 한다.

② 교정당국은 형평성에 입각하여 신체적·정신적·기타 장애가 있는 피구금자들이 구금시설 내에서 원만한 생활을 할 수 있도록 합당한 배려와 조치를 취해야 한다.

Prisoner file management

Rule 6

There shall be a standardized prisoner file management system in every place where persons are imprisoned. Such a system may be an electronic database of records or a registration book with numbered and signed pages. Procedures shall be in place to ensure a secure audit trail and to prevent unauthorized access to or modification of any information contained in the system.

피구금자 파일 관리

제6조

피구금자를 구금하는 모든 장소에서는 표준화된 피구금자 파일 관리 시스템이 존재하여야 한다. 이 시스템은 전자 데이터베이스 기록을 이용하거나 페이지 번호를 붙이고 서명한 등록부 형식을 이용할 수 있다. 이에 대한 감사 절차가 존재하여야 하며, 이 시스템에 담겨진 정보에 대한 권한없는 접속 및 수정을 방지하기 위한 절차가 마련되어야 한다.

Rule 7

No person shall be received in a prison without a valid commitment order. The following information shall be entered in the prisoner file management system upon admission of every prisoner:

(a) Precise information enabling determination of his or her unique identity, respecting his or her self-perceived gender;

(b) The reasons for his or her commitment and the responsible authority, in addition to the date, time and place of arrest;

제7조

유효한 구속영장에 의하지 아니하면 누구라도 교도소에 수용되어서는 안 된다. 모든 피구금자의 입소 시에는 다음과 같은 정보를 피구금자 파일 관리 시스템에 입력하여야 한다.

(a) 피구금자의 신분을 확인할 수 있는 정확한 정보. 이때 피구금자 자신이 인식하고 있는 성별을 존중하여야 한다.

(b) 구금 이유 및 책임기관, 체포 일시, 시간, 장소

(c) The day and hour of his or her admission and release as well as of any transfer;

(c) 입소 일시, 석방 일시, 이송 일시

(d) Any visible injuries and complaints about prior ill-treatment;

(d) 육안으로 확인 가능한 부상과 입소 이전 학대에 관한 내용

(e) An inventory of his or her personal property;

(e) 개인 소지품 내역

(f) The names of his or her family members, including, where applicable, his or her children, the children's ages, location and custody or guardianship status;

(f) 가족 성명, 해당하는 경우 자녀의 성명, 자녀의 나이, 거주지, 보호자 여부

(g) Emergency contact details and information on the prisoner's next of kin.

(g) 가까운 친척의 비상연락처

Rule 8

제8조

The following information shall be entered in the prisoner file management system in the course of imprisonment, where applicable:

적절한 경우라면, 다음과 같은 정보를 구금기간 중 피구금자 파일 관리 시스템에 입력하여야 한다.

(a) Information related to the judicial process, including dates of court hearings and legal representation;

(a) 사법절차에 관련된 정보. 공판기일 및 변호 정보를 포함한다.

(b) Initial assessment and classification reports;

(b) 초기 판정 및 분류보고서

(c) Information related to behaviour and discipline;

(c) 피구금자의 태도와 규율 준수 여부에 관한 정보

(d) Requests and complaints, including allegations of torture or other cruel, inhuman or degrading treatment or punishment, unless they are of a confidential nature;

(d) 청원 및 불복신청. 고문 또는 기타 잔인하거나 비인간적이거나 모욕적인 처우 또는 처벌에 관한 주장을 포함한다. 다만 기밀내용은 제외한다.

(e) Information on the imposition of disciplinary sanctions;

(e) 규율적 징벌내역에 관한 정보

(f) Information on the circumstances and causes of any injuries or death and, in the case of the latter, the destination of the remains.

(f) 부상 또는 사망의 정황 및 원인에 관한 정보. 사망의 경우 시신의 안치 장소.

Rule 9

제9조

All records referred to in rules 7 and 8 shall be kept confidential and made available only to those whose professional responsibilities require access to such records. Every prisoner shall be granted access to the records pertaining to him or her, subject to redactions authorized under domestic legislation,

제7조와 제8조에서 명시한 정보는 기밀로 다루어져야 하고, 업무 수행을 위하여 이 정보에 대한 접근이 요구되는 사람에 한하여 열람이 가능해야 한다. 피구금자는 자국의 법률에서 허용하는 경우 본인과 관련된 기록을 열람할 수 있어야 하며, 석방 시 해당 기록에 대한 공식 사본을 받을 권리가 부여

and shall be entitled to receive an official copy of such records upon his or her release.

Rule 10
Prisoner file management systems shall also be used to generate reliable data about trends relating to and characteristics of the prison population, including occupancy rates, in order to create a basis for evidence-based decision-making.

Separation of categories
Rule 11
The different categories of prisoners shall be kept in separate institutions or parts of institutions, taking account of their sex, age, criminal record, the legal reason for their detention and the necessities of their treatment; thus:

(a) Men and women shall so far as possible be detained in separate institutions; in an institution which receives both men and women, the whole of the premises allocated to women shall be entirely separate;

(b) Untried prisoners shall be kept separate from convicted prisoners;

(c) Persons imprisoned for debt and other civil prisoners shall be kept separate from persons imprisoned by reason of a criminal offence;

(d) Young prisoners shall be kept separate from adults.

Accommodation
Rule 12
1. Where sleeping accommodation is in individual cells or rooms, each prisoner shall occupy by night a cell or room by himself or herself. If for special reasons, such as temporary overcrowding, it becomes necessary for the central prison administration to make an exception to this rule, it is not desirable to have two prisoners in a cell or room.

되어야 한다.

제10조
피구금자 파일 관리 시스템은 교도소 수용률을 포함하여 수용인원의 동향과 특성에 관한 신뢰할 수 있는 데이터를 생성하여 증거기반 의사결정의 기초를 형성하는 데 이용되어야 한다.

피구금자의 분리
제11조
상이한 종류의 피구금자는 그 성별, 연령, 범죄경력, 구금의 법률적 사유 및 처우상의 필요를 고려하여 분리된 시설 또는 시설 내의 분리된 구역에 수용되어야 한다. 따라서

(a) 남성과 여성은 가능한 한 분리된 시설에 구금하여야 한다. 남성과 여성을 함께 수용하는 시설에서는 여성용으로 할당된 공간 전체를 완전히 분리하여야 한다.

(b) 미결수용자는 수형자와 분리하여 구금하여야 한다.

(c) 채무로 인하여 수용된 자 및 그 밖의 민사피구금자는 형사피구금자와 분리하여 구금하여야 한다.

(d) 소년은 성년과 분리하여 구금하여야 한다.

거주설비
제12조
① 취침설비가 각 방에 설치되어 있을 경우, 개개의 피구금자마다 야간에 방 한 칸이 제공되어야 한다. 일시적인 과잉수용 등과 같은 특별한 이유로 중앙교정당국이 이 규정에 대한 예외를 둘 필요가 있을 경우에도 방 한 칸에 2명의 피구금자를 수용하는 것은 바람직하지 않다.

2. Where dormitories are used, they shall be occupied by prisoners carefully selected as being suitable to associate with one another in those conditions. There shall be regular supervision by night, in keeping with the nature of the prison.

② 공동침실이 사용되는 경우에는 그 환경에서 서로 원만하게 지낼 수 있는 피구금자를 신중하게 선정하여 수용하여야 한다. 이 경우에는 시설의 성격에 맞추어 야간에 정기적인 감독이 수행되어야 한다.

Rule 13

All accommodation provided for the use of prisoners and in particular all sleeping accommodation shall meet all requirements of health, due regard being paid to climatic conditions and particularly to cubic content of air, minimum floor space, lighting, heating and ventilation.

제13조

피구금자가 사용하도록 마련된 모든 거주설비, 특히 모든 취침 설비는 기후상태와 특히 공기의 용적, 최소건평, 조명, 난방 및 환기에 관하여 적절한 고려를 함으로써 건강유지에 필요한 모든 조건을 충족하여야 한다.

Rule 14

In all places where prisoners are required to live or work:

(a) The windows shall be large enough to enable the prisoners to read or work by natural light and shall be so constructed that they can allow the entrance of fresh air whether or not there is artificial ventilation;

(b) Artificial light shall be provided sufficient for the prisoners to read or work without injury to eyesight.

제14조

피구금자가 기거하거나 작업을 하여야 하는 모든 장소에는

(a) 창문은 피구금자가 자연광선으로 독서하거나 작업을 할 수 있을 만큼 넓어야 하며, 인공적인 통풍설비의 유무와 관계없이 창문으로 신선한 공기가 들어올 수 있도록 설치되어야 한다.

(b) 인공조명은 피구금자의 시력을 해치지 아니하고 독서하거나 작업하기에 충분하도록 제공되어야 한다.

Rule 15

The sanitary installations shall be adequate to enable every prisoner to comply with the needs of nature when necessary and in a clean and decent manner.

제15조

위생설비는 모든 피구금자가 청결하고 적절한 방식으로 생리적 욕구를 해소하기에 적합해야 한다.

Rule 16

Adequate bathing and shower installations shall be provided so that every prisoner can, and may be required to, have a bath or shower, at a temperature suitable to the climate, as frequently as necessary for general hygiene according to season and geographical region, but at least once a week in a temperate

제16조

적당한 목욕 및 샤워설비를 마련하여 모든 피구금자가 계절과 지역에 따라 일반 위생상 필요한 만큼 자주 기후에 알맞은 온도로 목욕하거나 샤워할 수 있게 하고 그렇게 할 의무가 부과되어야 하되, 단 온대기후의 경우 그 횟수는 적어도 매주 1회 이상이어야 한다.

climate.

Rule 17

All parts of a prison regularly used by prisoners shall be properly maintained and kept scrupulously clean at all times.

제17조

피구금자가 상시 사용하는 시설의 모든 부분은 항상 적절히 관리되고 세심하게 청결이 유지되어야 한다.

Personal hygiene

Rule 18

1. Prisoners shall be required to keep their persons clean, and to this end they shall be provided with water and with such toilet articles as are necessary for health and cleanliness.

2. In order that prisoners may maintain a good appearance compatible with their self-respect, facilities shall be provided for the proper care of the hair and beard, and men shall be able to shave regularly.

개인위생

제18조

① 피구금자에게는 신체를 청결히 유지할 의무를 부과하여야 하며, 이를 위하여 건강 및 청결 유지에 필요한 만큼의 물과 세면용품을 지급하여야 한다.

② 피구금자가 그들의 자존심에 부합하는 단정한 용모를 유지할 수 있도록 두발 및 수염을 다듬을 수 있는 기구를 제공하여야 하며, 남성은 규칙적으로 면도할 수 있게 하여야 한다.

Clothing and bedding

Rule 19

1. Every prisoner who is not allowed to wear his or her own clothing shall be provided with an outfit of clothing suitable for the climate and adequate to keep him or her in good health. Such clothing shall in no manner be degrading or humiliating.

2. All clothing shall be clean and kept in proper condition. Underclothing shall be changed and washed as often as necessary for the maintenance of hygiene.

3. In exceptional circumstances, whenever a prisoner is removed outside the prison for an authorized purpose, he or she shall be allowed to wear his or her own clothing or other inconspicuous clothing.

의류 및 침구

제19조

① 자기의 의류를 입도록 허용되지 아니하는 피구금자에 대하여는 기후에 알맞고 건강유지에 적합한 의류가 지급되어야 한다. 이러한 의류는 결코 저급하거나 수치심을 주는 것이어서는 안 된다.

② 모든 의류는 청결하여야 하며 적합한 상태로 간수되어야 한다. 내의는 위생을 유지하기에 필요한 만큼 자주 교환되고 세탁되어야 한다.

③ 예외적인 상황에서 피구금자가 정당하게 인정된 목적을 위하여 시설 밖으로 나갈 때에는 언제나 자신의 사복 또는 너무 눈에 띄지 아니하는 의복을 입도록 허용되어야 한다.

Rule 20

If prisoners are allowed to wear their own clothing, arrangements shall be made on their admission to

제20조

피구금자에게 자기 의류를 입도록 허용하는 경우에는 피구금자의 교도소 수용 시 그 의류가 청결하

the prison to ensure that it shall be clean and fit for use.

Rule 21
Every prisoner shall, in accordance with local or national standards, be provided with a separate bed and with separate and sufficient bedding which shall be clean when issued, kept in good order and changed often enough to ensure its cleanliness.

Food
Rule 22
1. Every prisoner shall be provided by the prison administration at the usual hours with food of nutritional value adequate for health and strength, of wholesome quality and well prepared and served.
2. Drinking water shall be available to every prisoner whenever he or she needs it.

Exercise and sport
Rule 23
1. Every prisoner who is not employed in outdoor work shall have at least one hour of suitable exercise in the open air daily if the weather permits.
2. Young prisoners, and others of suitable age and physique, shall receive physical and recreational training during the period of exercise. To this end, space, installations and equipment should be provided.

Health-care services
Rule 24
1. The provision of health care for prisoners is a State responsibility. Prisoners should enjoy the same standards of health care that are available in the community, and should have access to necessary health-care services free of charge without discrimination on the grounds of their legal status.
2. Health-care services should be organized in close

고 사용에 적합하도록 적절한 조치를 취하여야 한다.

제21조
모든 피구금자에게는 지역 또는 나라의 수준에 맞추어 개별 침대와 충분한 전용침구를 제공하여야 하며, 침구는 지급될 때 청결하고 항상 잘 정돈되어야 하고 또 그 청결을 유지할 수 있도록 충분히 자주 교환되어야 한다.

급식
제22조
① 교정당국은 모든 피구금자에게 통상의 식사시간에 건강과 체력을 유지하기에 충분하고 영양가와 위생적인 품질을 갖춘 잘 조리된 음식을 제공하여야 한다.
② 모든 피구금자는 필요할 때 언제나 음료수를 마실 수 있어야 한다.

운동 및 스포츠
제23조
① 실외작업을 하지 아니하는 모든 피구금자는 날씨가 허락하는 한 매일 적어도 1시간의 적당한 실외운동을 하도록 하여야 한다.
② 소년피구금자 및 적당한 연령 및 체격을 가진 그 밖의 피구금자에게는 운동시간 중에 체육 및 오락훈련을 받도록 하여야 한다. 이 목적을 위하여 필요한 공간, 설비 및 용구가 제공되어야 한다.

보건의료 서비스
제24조
① 피구금자에게 보건의료 서비스를 제공하는 것은 국가의 의무이다. 피구금자는 사회에서 제공되는 것과 동일한 수준의 보건의료 혜택을 누릴 수 있어야 하며, 무상으로, 법적 신분으로 인한 차별 없이 필요한 보건의료 서비스를 이용할 수 있어야 한다.
② 보건의료 서비스는 일반 공공 보건당국과 긴밀

relationship to the general public health administration and in a way that ensures continuity of treatment and care, including for HIV, tuberculosis and other infectious diseases, as well as for drug dependence.

한 협조를 이루고 있어야 하며, HIV 감염, 결핵, 기타 감염성 질환 및 약물의존 등에 관한 것을 포함하여 치료 및 케어의 지속성을 보장할 수 있는 방식으로 조직되어야 한다.

Rule 25

1. Every prison shall have in place a health-care service tasked with evaluating, promoting, protecting and improving the physical and mental health of prisoners, paying particular attention to prisoners with special health-care needs or with health issues that hamper their rehabilitation.

2. The health-care service shall consist of an interdisciplinary team with sufficient qualified personnel acting in full clinical independence and shall encompass sufficient expertise in psychology and psychiatry. The services of a qualified dentist shall be available to every prisoner.

제25조

① 모든 교도소에는 피구금자의 육체적·정신적 건강을 진단, 증진, 보호, 개선하는 것을 업무로 삼는 보건의료 서비스가 마련되어 있어야 하고, 특별한 보건의료 조치가 요구되거나 재사회화에 저해가 되는 건강상의 문제가 있는 피구금자에게 각별한 주의를 기울여야 한다.

② 보건의료 서비스는 의학적으로 완전히 독립적으로 행동할 수 있는 충분한 자격을 갖춘 전문가, 그리고 충분한 수의 심리학 및 정신의학 분야의 전문가로 구성된, 즉 여러 전문영역에 걸친 팀에 의해 이루어져야 한다. 모든 피구금자는 자격을 갖춘 치과의사의 진료를 받을 수 있어야 한다.

Rule 26

1. The health-care service shall prepare and maintain accurate, up-to-date and confidential individual medical files on all prisoners, and all prisoners should be granted access to their files upon request. A prisoner may appoint a third party to access his or her medical file.

2. Medical files shall be transferred to the health-care service of the receiving institution upon transfer of a prisoner and shall be subject to medical confidentiality.

제26조

① 보건의료 서비스에 있어서 모든 피구금자에 대한 정확한, 최신의 개별 의료기록을 작성하고 관리하고 보안을 유지하여야 한다. 또한 피구금자는 요청 시 자신의 의료기록을 열람할 수 있어야 한다. 피구금자는 제3자에게 자신의 의료기록을 확인할 수 있도록 권한을 위임할 수 있다.

② 피구금자의 이송 시 그에 대한 의료기록은 수용시설로 전달되어야 하며, 의료상 비밀의무의 대상이 된다.

Rule 27

1. All prisons shall ensure prompt access to medical attention in urgent cases. Prisoners who require specialized treatment or surgery shall be transferred to specialized institutions or to civil hospitals. Where a prison service has its own hospital facilities, they shall be adequately staffed and

제27조

① 모든 피구금자는 응급상황 발생 시 즉시 의료지원을 받을 권리가 있다. 전문적 치료 또는 외과수술을 요하는 피구금자는 특수 교정시설 또는 국·공립병원으로 이송되어야 한다. 교도소에 의료설비가 갖추어진 경우, 해당 의료설비는 진료를 위하여 오게 된 피구금자에게 원활한 치료와 업무를 진행

equipped to provide prisoners referred to them with appropriate treatment and care.

2. Clinical decisions may only be taken by the responsible health-care professionals and may not be overruled or ignored by non-medical prison staff.

할 수 있도록 적정한 인력과 장비를 갖추어야 한다.

② 의료와 관련된 결정은 권한이 있는 보건의료 전문가가 내려야 하며 비의료분야에 종사하는 교도소 직원은 그 결정을 거부하거나 간과해서는 안 된다.

Rule 28

In women's prisons, there shall be special accommodation for all necessary prenatal and postnatal care and treatment. Arrangements shall be made wherever practicable for children to be born in a hospital outside the prison. If a child is born in prison, this fact shall not be mentioned in the birth certificate.

제28조

여성 교도소에서는 산전 및 산후의 모든 간호 및 처치를 위하여 필요한 특별한 설비가 갖추어져 있어야 한다. 가능한 경우에는 항상 시설 밖의 병원에서 분만할 수 있도록 조치하여야 한다. 아이가 교도소 내에서 태어난 경우 이 사실은 출생증명서에 기재되어서는 안 된다.

Rule 29

1. A decision to allow a child to stay with his or her parent in prison shall be based on the best interests of the child concerned. Where children are allowed to remain in prison with a parent, provision shall be made for:

(a) Internal or external childcare facilities staffed by qualified persons, where the children shall be placed when they are not in the care of their parent;

(b) Child-specific health-care services, including health screenings upon admission and ongoing monitoring of their development by specialists.

2. Children in prison with a parent shall never be treated as prisoners.

제29조

① 피구금자의 자녀가 피구금자와 함께 교도소에서 생활하는 것을 허가하는 결정을 내릴 때에는 그 자녀의 이익을 최우선으로 고려하여야 한다. 피구금자의 자녀가 교도소에서 부모와 함께 생활하는 곳에서는 다음과 같은 대비책이 마련되어야 한다.

(a) 피구금자가 자녀를 돌볼 수 없을 때 자녀가 생활하여야 할, 자격있는 직원이 근무하는 내·외부 보육시설

(b) 아동전문 보건의료 서비스. 전문가에 의한 입소시의 건강검진 및 발육에 대한 지속적 모니터링을 포함한다.

② 교도소에서 생활하는 피구금자 자녀는 어떠한 경우에도 피구금자로 처우해서는 안 된다.

Rule 30

A physician or other qualified health-care professionals, whether or not they are required to report to the physician, shall see, talk with and examine every prisoner as soon as possible following his or her admission and thereafter as necessary. Particular attention shall be paid to:

제30조

의사 또는 기타 자격이 있는 보건의료 전문가는 의사에게 보고할 의무 여부와 관계없이, 모든 피구금자에 대하여 입소 후 가능한 한 조속히 면담 및 진찰을 실시하여야 하고, 이후에도 필요에 따라 이를 실시하여야 한다. 다음의 사항에 각별한 주의를 기울여야 한다.

(a) Identifying health-care needs and taking all necessary measures for treatment;

(a) 각 피구금자에게 필요한 보건의료서비스가 무엇인지 확인하고 치료를 위한 모든 필요한 수단을 취할 것.

(b) Identifying any ill-treatment that arriving prisoners may have been subjected to prior to admission;

(b) 신규 입소 피구금자가 입소 전 학대를 받았는지 여부를 확인할 것.

(c) Identifying any signs of psychological or other stress brought on by the fact of imprisonment, including, but not limited to, the risk of suicide or self-harm and withdrawal symptoms resulting from the use of drugs, medication or alcohol; and undertaking all appropriate individualized measures or treatment;

(c) 구금으로 인한 정신적 또는 기타 스트레스 증상, 특히 자살 또는 자해의 위험 및 마약, 약물, 알코올 사용에 대한 금단증상을 확인하고, 모든 종류의 적절하고 개별화된 치료 또는 기타 처우를 실시할 것.

(d) In cases where prisoners are suspected of having contagious diseases, providing for the clinical isolation and adequate treatment of those prisoners during the infectious period;

(d) 피구금자에게 감염성 질환이 의심되는 경우, 감염기간동안 임상격리를 실시하고 적합한 치료를 제공할 것.

(e) Determining the fitness of prisoners to work, to exercise and to participate in other activities, as appropriate.

(e) 작업, 신체활동, 기타 활동 참여의 적합성 확인.

Rule 31

The physician or, where applicable, other qualified health-care professionals shall have daily access to all sick prisoners, all prisoners who complain of physical or mental health issues or injury and any prisoner to whom their attention is specially directed. All medical examinations shall be undertaken in full confidentiality.

제31조

의사 또는 자격이 있는 보건의료 전문가는 질환을 앓고 있는 피구금자, 신체적·정신적 건강 및 부상 문제를 호소하는 피구금자, 그리고 각별히 주의가 필요한 자 전원을 매일 진찰하여야 한다. 모든 의학적 검사는 철저한 보안을 유지하여야 한다.

Rule 32

1. The relationship between the physician or other health-care professionals and the prisoners shall be governed by the same ethical and professional standards as those applicable to patients in the community, in particular:

제32조

① 의사 또는 기타 보건의료 전문가와 피구금자와의 관계는 사회에서 적용되는 동일한 윤리적·전문가적 기준에 따라야 한다. 특히 다음과 같은 기준에 주의하여야 한다.

(a) The duty of protecting prisoners' physical and mental health and the prevention and treatment of disease on the basis of clinical grounds only;

(a) 피구금자의 신체적·정신적 건강을 보호하고 질병을 오로지 의료적 관점에서 예방·치료하여야 할 의무

(b) Adherence to prisoners' autonomy with regard to their own health and informed consent in the doctor-patient relationship;

(c) The confidentiality of medical information, unless maintaining such confidentiality would result in a real and imminent threat to the patient or to others;

(d) An absolute prohibition on engaging, actively or passively, in acts that may constitute torture or other cruel, inhuman or degrading treatment or punishment, including medical or scientific experimentation that may be detrimental to a prisoner's health, such as the removal of a prisoner's cells, body tissues or organs.

2. Without prejudice to paragraph 1 (d) of this rule, prisoners may be allowed, upon their free and informed consent and in accordance with applicable law, to participate in clinical trials and other health research accessible in the community if these are expected to produce a direct and significant benefit to their health, and to donate cells, body tissues or organs to a relative.

Rule 33

The physician shall report to the prison director whenever he or she considers that a prisoner's physical or mental health has been or will be injuriously affected by continued imprisonment or by any condition of imprisonment.

Rule 34

If, in the course of examining a prisoner upon admission or providing medical care to the prisoner thereafter, health-care professionals become aware of any signs of torture or other cruel, inhuman or degrading treatment or punishment, they shall document and report such cases to the competent medical, administrative or judicial authority. Proper procedural safeguards shall be followed in

(b) 자신의 건강에 대한 피구금자의 자기결정권을 지킬 것, 그리고 의사와 환자 간 관계에서 요구되는 설명과 동의

(c) 의료 정보의 비밀 유지. 다만, 이로 인하여 환자 또는 제3자에게 실제적, 직접적 위험을 초래하는 경우는 그러하지 아니한다.

(d) 고문 또는 기타 잔인하거나 비인간적이거나 모욕적인 행위 또는 처벌에 해당할 수 있는 작위 또는 부작위의 엄격한 금지. 금지되는 행위는 예를 들어 피구금자의 세포, 신체조직 또는 장기 적출과 같은 피구금자의 건강에 해를 끼칠 수 있는 의료적·학문적 시도를 포함한다.

② 제1항 (d)호를 제한하지 않는 범위 내에서 피구금자는 자신의 건강 회복에 직접적이고 현저한 도움이 될 것으로 기대되거나 친척에게 자신의 세포, 신체조직, 장기를 기부하기를 원하는 경우, 본인의 자유로운 의사에 의하여, 또한 의무적 설명을 거친 후의 동의하에, 현행법에 부합하는 방법으로 교도소 밖에서 실시하는 임상실험이나 기타 건강조사 활동에 참여할 수 있다.

제33조

의사는 피구금자의 신체적 또는 정신적 건강이 계속된 구금으로 인하여 또는 구금에 수반된 상황 어느 것에 의해서든 손상되었거나 또는 손상되리라고 판단하는 때는 언제든지 교도소장에게 보고하여야 한다.

제34조

입소 후 피구금자의 건강검사 또는 이후 치료과정에서 보건의료 전문가가 고문 또는 기타 잔인하거나 비인간적이거나 모욕적인 처우 또는 처벌의 징후를 인지한 경우 해당 보건의료 전문가는 이를 기록하고 관련 의료, 행정 또는 사법 기관에 보고해야 한다. 이 경우 해당 피구금자 또는 관련자를 예측할 수 있는 위험으로부터 보호할 수 있는 적합한 절차적 안전장치가 마련되어 있어야 한다.

order not to expose the prisoner or associated persons to foreseeable risk of harm.

Rule 35

1. The physician or competent public health body shall regularly inspect and advise the prison director on:

(a) The quantity, quality, preparation and service of food;

(b) The hygiene and cleanliness of the institution and the prisoners;

(c) The sanitation, temperature, lighting and ventilation of the prison;

(d) The suitability and cleanliness of the prisoners' clothing and bedding;

(e) The observance of the rules concerning physical education and sports, in cases where there is no technical personnel in charge of these activities.

2. The prison director shall take into consideration the advice and reports provided in accordance with paragraph 1 of this rule and rule 33 and shall take immediate steps to give effect to the advice and the recommendations in the reports. If the advice or recommendations do not fall within the prison director's competence or if he or she does not concur with them, the director shall immediately submit to a higher authority his or her own report and the advice or recommendations of the physician or competent public health body.

제35조

① 의사 또는 담당 공공보건기관은 정기적으로 검사를 행하고 다음 각 호에 대하여 소장에게 조언하여야 한다.

(a) 음식의 분량, 질, 조리 및 배식

(b) 시설 및 피구금자의 위생과 청결

(c) 시설의 위생관리, 난방, 조명, 및 통풍

(d) 피구금자의 의류 및 침구의 적합 및 청결

(e) 체육 및 스포츠 활동에 관하여 이를 담당하는 훈련된 인력이 없는 경우, 체육 및 스포츠 관련 규칙의 준수

② 소장은 의사가 제35조 제1항과 제33조의 규정에 따라 제공한 조언 및 보고를 참고하여야 하며, 그 조언 및 보고서의 권고내용이 효과를 발휘하기 위한 즉각적인 조치를 취하여야 한다. 만약 그 조언 또는 권고내용이 교도소장의 권한에 속하는 사항이 아니거나 동의하지 아니하는 내용인 경우에는, 교도소장은 자신이 작성한 보고서, 의사 또는 담당 공공보건기관의 조언 또는 권고내용을 즉시 상급 관청에 보고하여야 한다.

Restrictions, discipline and sanctions

Rule 36

Discipline and order shall be maintained with no more restriction than is necessary to ensure safe custody, the secure operation of the prison and a well ordered community life.

제한, 규율 및 징벌

제36조

규율 및 명령은 안전한 구금과 교도소의 안전한 운영, 그리고 질서 있는 공동체 생활을 유지하기 위하여 필요한 한도를 넘어 제한되어서는 안 된다.

Rule 37

The following shall always be subject to author-

제37조

다음 각 호는 항상 법률 또는 권한 있는 행정관청의

ization by law or by the regulation of the competent administrative authority:

(a) Conduct constituting a disciplinary offence;

(b) The types and duration of sanctions that may be imposed;

(c) The authority competent to impose such sanctions;

(d) Any form of involuntary separation from the general prison population, such as solitary confinement, isolation, segregation, special care units or restricted housing, whether as a disciplinary sanction or for the maintenance of order and security, including promulgating policies and procedures governing the use and review of, admission to and release from any form of involuntary separation.

규칙으로 정하여야 한다.

(a) 규율위반을 구성하는 행위

(b) 부과할 징벌의 종류 및 그 기간

(c) 그 징벌권을 갖는 기관

(d) 독방격리수용, 격리, 분리, 특수 관리시설, 구속시설 등 다른 피구금자들로부터 강제적으로 분리구금하는 형식. 이러한 구금방식이 규율에 따른 징벌로 행해지거나 질서 유지 및 보안을 위해 행해지는지의 여부를 불문하며, 모든 강제적 분리구금 형식의 이용, 검토, 도입 및 폐지를 위한 지침제정 및 절차를 포함한다.

Rule 38

1. Prison administrations are encouraged to use, to the extent possible, conflict prevention, mediation or any other alternative dispute resolution mechanism to prevent disciplinary offences or to resolve conflicts.

2. For prisoners who are, or have been, separated, the prison administration shall take the necessary measures to alleviate the potential detrimental effects of their confinement on them and on their community following their release from prison.

제38조

① 교정당국은 규율 위반을 방지하고 갈등을 해결하기 위하여 가능한 범위 내에서 갈등예방, 중재 및 기타 대안적 분쟁해결방법을 사용하도록 장려되어야 한다.

② 교정당국은 분리구금되고 있거나 이전에 분리구금된 적이 있는 피구금자에 대하여 필요한 조치를 취하여, 분리구금이 발생시킬 수 있는 피구금자에 대한 유해한 영향, 그리고 그의 석방 이후 사회에 미칠 유해한 영향을 완화시키도록 하여야 한다.

Rule 39

1. No prisoner shall be sanctioned except in accordance with the terms of the law or regulation referred to in rule 37 and the principles of fairness and due process. A prisoner shall never be sanctioned twice for the same act or offence.

2. Prison administrations shall ensure proportionality between a disciplinary sanction and the offence for which it is established, and shall keep a proper record of all disciplinary sanctions imposed.

제39조

① 어떠한 피구금자도 제37조에서 언급된 법률 또는 규칙에 의한 경우를 제외하고는 징벌을 받아서는 안 되며, 피구금자에 대한 징벌은 공정의 원칙과 적법절차원칙에 따라야 한다. 피구금자는 동일한 행동 또는 규율위반에 대해 이중으로 징벌받지 않아야 한다.

② 교정당국은 징벌 및 그 징벌의 원인이 된 규율위반 사이의 비례성을 보장할 수 있어야 하며, 부과된 모든 징벌내역을 정확하게 기록하여야 한다.

3. Before imposing disciplinary sanctions, prison administrations shall consider whether and how a prisoner's mental illness or developmental disability may have contributed to his or her conduct and the commission of the offence or act underlying the disciplinary charge. Prison administrations shall not sanction any conduct of a prisoner that is considered to be the direct result of his or her mental illness or intellectual disability.

③ 교정당국은 규율에 따른 징벌을 부과하기 전에 피구금자의 정신질환 또는 발달장애가 그의 행동, 규율위반행위, 규율상 비난을 받아야 할 행동에 영향을 미친 것인지, 그런 것이라면 어느 정도의 영향을 미쳤는지 확인하고 위반사실에 대한 원인을 규명하여야 한다. 교정당국은 정신질환이나 발달장애로 인한 규율위반을 징벌하여서는 안 된다.

Rule 40

1. No prisoner shall be employed, in the service of the prison, in any disciplinary capacity.

2. This rule shall not, however, impede the proper functioning of systems based on self-government, under which specified social, educational or sports activities or responsibilities are entrusted, under supervision, to prisoners who are formed into groups for the purposes of treatment.

제40조

① 어떠한 피구금자라도 교도소의 업무를 부여받거나 규율권한이 부여되어서는 안 된다.

② 그러나 이 규칙은 특정한 사교, 교육 또는 스포츠 활동이나 책임을 직원의 감독 하에 처우목적을 위하여 그룹으로 분류된 피구금자들에게 맡기는 자치에 기초한 제도의 적절한 활용을 배제하지 않는다.

Rule 41

1. Any allegation of a disciplinary offence by a prisoner shall be reported promptly to the competent authority, which shall investigate it without undue delay.

2. Prisoners shall be informed, without delay and in a language that they understand, of the nature of the accusations against them and shall be given adequate time and facilities for the preparation of their defence.

3. Prisoners shall be allowed to defend themselves in person, or through legal assistance when the interests of justice so require, particularly in cases involving serious disciplinary charges. If the prisoners do not understand or speak the language used at a disciplinary hearing, they shall be assisted by a competent interpreter free of charge.

4. Prisoners shall have an opportunity to seek judicial review of disciplinary sanctions imposed

제41조

① 피구금자의 규율 위반에 대한 모든 혐의는 관련 기관에 즉시 보고되어야 하고 이를 보고받은 기관은 즉시 이에 대한 조사를 실시하여야 한다.

② 피구금자는 그가 이해할 수 있는 언어로 자신에 대한 혐의사실에 대하여 즉각적인 통보를 받고 자신을 방어할 수 있는 적당한 시간과 시설을 제공받아야 한다.

③ 피구금자는 사법행정적 이익상 필요한 경우, 특히 중대한 규율위반 사항의 경우, 자신을 직접 방어하거나 필요시 법적 지원을 받을 권리가 있다. 만일 심의절차가 피구금자가 이해하거나 말할 수 없는 언어로 진행되는 경우 전문 통역가에 의한 지원이 무상으로 이루어져야 한다.

④ 피구금자는 자신에게 부과된 징벌에 대하여 사법심사를 요구할 기회를 가져야 한다.

against them.

5. In the event that a breach of discipline is prosecuted as a crime, prisoners shall be entitled to all due process guarantees applicable to criminal proceedings, including unimpeded access to a legal adviser.

⑤ 규율 위반이 범죄로 형사기소되는 경우 피구금자는 법률자문에 대한 장애없는 접근 등 형사소송절차에 적용되는 모든 절차적 권리를 보장받아야 한다.

Rule 42

General living conditions addressed in these rules, including those related to light, ventilation, temperature, sanitation, nutrition, drinking water, access to open air and physical exercise, personal hygiene, health care and adequate personal space, shall apply to all prisoners without exception.

제42조

조명, 환기, 온도, 위생, 영양, 식수, 야외활동, 운동, 개인위생, 보건, 적합한 개인 공간과 관련된 것을 포함하여 이 규칙에서 다루고 있는 일반적인 생활에 대한 조건은 모든 피구금자에게 예외 없이 적용되어야 한다.

Rule 43

1. In no circumstances may restrictions or disciplinary sanctions amount to torture or other cruel, inhuman or degrading treatment or punishment. The following practices, in particular, shall be prohibited:

(a) Indefinite solitary confinement;

(b) Prolonged solitary confinement;

(c) Placement of a prisoner in a dark or constantly lit cell;

(d) Corporal punishment or the reduction of a prisoner's diet or drinking water;

(e) Collective punishment.

2. Instruments of restraint shall never be applied as a sanction for disciplinary offences.

3. Disciplinary sanctions or restrictive measures shall not include the prohibition of family contact. The means of family contact may only be restricted for a limited time period and as strictly required for the maintenance of security and order.

제43조

① 제한 또는 규율에 따른 징벌은 어떠한 경우에도 고문 또는 기타 잔인하거나 비인간적이거나 모욕적인 처우 또는 처벌과 다름없는 것이어서는 안 된다. 특히 다음과 같은 취급은 금지되어야 한다.

(a) 무기한 독방격리수용

(b) 장기 독방격리수용

(c) 피구금자를 암실 또는 늘 불이 켜진 공간에 구금하는 행위

(d) 체벌 또는 피구금자의 식사·식수 공급을 제한하는 행위

(e) 집단 처벌

② 규율위반에 대한 처벌로 보호장비를 사용해서는 안 된다.

③ 규율위반에 대한 처벌 또는 제한적 조치로 가족과의 연락을 금지해서는 안 된다. 가족과의 연락은 제한적 시간에 한하여, 그리고 보안 및 질서 유지를 위하여 필요한 경우에 한하여서만 제한될 수 있다.

Rule 44

For the purpose of these rules, solitary confinement shall refer to the confinement of prisoners for 22

제44조

본 규칙에서 "독방격리수용"이라 함은 1일 중 최소 22시간을 실제 타인과의 접촉 없이 격리하는 것을

hours or more a day without meaningful human contact. Prolonged solitary confinement shall refer to solitary confinement for a time period in excess of 15 consecutive days.

의미한다. "장기 독방격리수용"이라 함은 연속 15일을 초과하여 독방 격리수용함을 의미한다.

Rule 45

1. Solitary confinement shall be used only in exceptional cases as a last resort, for as short a time as possible and subject to independent review, and only pursuant to the authorization by a competent authority. It shall not be imposed by virtue of a prisoner's sentence.
2. The imposition of solitary confinement should be prohibited in the case of prisoners with mental or physical disabilities when their conditions would be exacerbated by such measures. The prohibition of the use of solitary confinement and similar measures in cases involving women and children, as referred to in other United Nations standards and norms in crime prevention and criminal justice, continues to apply.

제45조

① 독방격리수용은 예외적인 경우에 한하여 최후의 수단으로만 이용되어야 하며, 가능한 최소한의 시간으로 한정해야 하고, 독립적인 심사를 조건으로 하며 담당기관의 승인 이후에 처분할 수 있다. 피구금자에 대한 형사판결을 이유로 하여 독방격리수용이 부과되어서는 안 된다.
② 정신적·신체적 장애가 있는 피구금자에 대한 독방격리수용 처분으로 인하여 그 상태가 악화될 수 있다면 독방격리수용 부과는 금지되어야 한다. 범죄예방 및 형사사법에 대한 유엔 기준 및 규범에서 규정하고 있는 여성 및 아동에 대한 독방격리수용 및 유사처분의 금지는 이 규칙에도 적용된다.

Rule 46

1. Health-care personnel shall not have any role in the imposition of disciplinary sanctions or other restrictive measures. They shall, however, pay particular attention to the health of prisoners held under any form of involuntary separation, includeing by visiting such prisoners on a daily basis and providing prompt medical assistance and treatment at the request of such prisoners or prison staff.
2. Health-care personnel shall report to the prison director, without delay, any adverse effect of disciplinary sanctions or other restrictive measures on the physical or mental health of a prisoner subjected to such sanctions or measures and shall advise the director if they consider it necessary to terminate or alter them for physical or mental health reasons.
3. Health-care personnel shall have the authority to

제46조

① 보건의료 담당자는 규율위반에 따른 처벌 또는 기타 제한적 처분을 부과할 수 없다. 그러나 보건의료 담당자는 강제적으로 격리된 피구금자의 건강상태에 각별한 주의를 기울여야 한다. 특히 해당 피구금자를 매일 방문하여야 하며, 피구금자 또는 교도소 직원의 요청에 따라 의료지원 및 치료를 하여야 한다.

② 규율위반에 따른 처벌이나 기타 제한적 처분이 그 처분을 받는 피구금자의 신체적·정신적 건강상태에 부정적인 영향을 미치는 경우 보건의료 담당자는 이를 즉시 교도소장에게 보고하고, 신체적·정신적 건강을 이유로 처벌이나 처분의 종료 또는 변경이 필요한지에 대한 의견을 전달하여야 한다.

③ 보건의료 담당자는 피구금자의 강제적 격리에

review and recommend changes to the involuntary separation of a prisoner in order to ensure that such separation does not exacerbate the medical condition or mental or physical disability of the prisoner.

대하여 심사하고, 피구금자의 건강상태 또는 정신적·신체적 장애가 격리로 인하여 더 악화되지 않도록 처분 변경에 대한 의견을 제시할 권한이 있다.

Instruments of restraint

Rule 47

1. The use of chains, irons or other instruments of restraint which are inherently degrading or painful shall be prohibited.

2. Other instruments of restraint shall only be used when authorized by law and in the following circumstances:

(a) As a precaution against escape during a transfer, provided that they are removed when the prisoner appears before a judicial or administrative authority;

(b) By order of the prison director, if other methods of control fail, in order to prevent a prisoner from injuring himself or herself or others or from damaging property; in such instances, the director shall immediately alert the physician or other qualified health-care professionals and report to the higher administrative authority.

보호장비

제47조

① 굴욕을 주거나 고통을 주는 쇠사슬, 발목수갑 또는 보호장비 사용은 금지되어야 한다.

② 기타 보호장비는 법으로 정해 두고 다음 각 호의 경우에만 제한적으로 사용되어야 한다

(a) 호송 중 도피에 대한 예방책으로 사용되는 경우. 다만 사법 또는 행정당국에 출석할 때에는 보호장비를 해제하여야 한다.

(b) 피구금자가 자기 또는 타인에게 침해를 가하거나 재산에 손해를 주는 것을 다른 수단으로써는 방지할 수 없어서 소장이 명령하는 경우. 이 경우 소장은 지체 없이 의사 또는 기타 자격이 있는 보건의료 전문가에게 알리고 상급행정관청에 보고하여야 한다.

Rule 48

1. When the imposition of instruments of restraint is authorized in accordance with paragraph 2 of rule 47, the following principles shall apply:

(a) Instruments of restraint are to be imposed only when no lesser form of control would be effective to address the risks posed by unrestricted movement;

(b) The method of restraint shall be the least intrusive method that is necessary and reasonably available to control the prisoner's movement, based on the level and nature of the risks posed;

(c) Instruments of restraint shall be imposed only for the time period required, and they are to be removed as soon as possible after the risks posed by

제48조

① 제47조 제2항에 의거하여 보호장비의 사용을 허가하는 경우 다음과 같은 원칙이 적용되어야 한다.

(a) 보호장비는 보호장비 없는 상태에서의 행동으로 인한 위험을을 예방하기 위한 다른 대체수단이 없을 경우에 한하여 사용되어야 한다.

(b) 보호장비는 위험의 정도와 유형에 따라 피구금자의 행위를 통제하기 위해 필요한 합리적인 방법으로 사용되어야 한다.

(c) 보호장비는 꼭 필요한 시기에 한정하여 사용되어야 하며 피구금자에 대한 보호장비가 없을 때의 행동에 위험성이 더 이상 존재하지 않는다면 즉

unrestricted movement are no longer present.
2. Instruments of restraint shall never be used on women during labour, during childbirth and immediately after childbirth.

시 제거하여야 한다.
② 진통 중, 분만 중 및 분만 직후의 여성에게 보호장비를 사용하여서는 안 된다.

Rule 49
The prison administration should seek access to, and provide training in the use of, control techniques that would obviate the need for the imposition of instruments of restraint or reduce their intrusiveness.

제49조
교정당국은 보호장비 사용의 필요성 및 그로 인한 침해를 줄이고, 보호장비 사용법을 교육하여야 한다.

Searches of prisoners and cells
Rule 50
The laws and regulations governing searches of prisoners and cells shall be in accordance with obligations under international law and shall take into account international standards and norms, keeping in mind the need to ensure security in the prison. Searches shall be conducted in a manner that is respectful of the inherent human dignity and privacy of the individual being searched, as well as the principles of proportionality, legality and necessity.

피구금자 및 거실에 대한 검사
제50조
피구금자 및 거실의 검사에 대한 적용 법령은 국제법적 의무에 따라야 하며, 교도소의 안전을 보장할 필요성을 고려하면서 국제기준과 규범을 참작하여야 한다. 검사는 피검사자의 인간으로서의 본질적 존엄성과 사생활을 존중하고 비례성, 합법성, 필요성 원칙을 지키는 방식으로 실시되어야 한다.

Rule 51
Searches shall not be used to harass, intimidate or unnecessarily intrude upon a prisoner's privacy. For the purpose of accountability, the prison administration shall keep appropriate records of searches, in particular strip and body cavity searches and searches of cells, as well as the reasons for the searches, the identities of those who conducted them and any results of the searches.

제51조
검사는 피구금자를 괴롭히거나 위협하거나 불필요하게 사생활을 침해하려는 목적으로 실시되어서는 안 된다. 교정당국은 책임의무를 이행하기 위하여 검사에 관한 내용을 적합하게 기록하여야 한다. 특히 알몸수색, 체강검사, 거실수색을 기록하고 검사의 이유, 검사 실시자 및 모든 검사결과를 기록하여야 한다.

Rule 52
1. Intrusive searches, including strip and body cavity searches, should be undertaken only if absolutely necessary. Prison administrations shall

제52조
① 알몸수색과 체강검사와 같은 침해적 검사는 불가피하게 필요한 경우에 한하여 실시되어야 한다. 교정당국은 침해적 검사를 대체할 수 있는 적절한

be encouraged to develop and use appropriate alternatives to intrusive searches. Intrusive searches shall be conducted in private and by trained staff of the same sex as the prisoner.

수단을 개발하여 사용하여야 한다. 침해적 검사는 다른 사람이 없는 곳에서 실시되어야 하며 교육을 받은 동성(同姓)의 직원이 실시하여야 한다.

2. Body cavity searches shall be conducted only by qualified health-care professionals other than those primarily responsible for the care of the prisoner or, at a minimum, by staff appropriately trained by a medical professional in standards of hygiene, health and safety.

② 체강검사는 피구금자의 보건의료 주책임자가 아닌 자로서 자격을 갖춘 보건전문가, 또는 적어도 의료전문가로부터 위생, 보건, 안전 기준에 적합한 교육을 받은 직원에 의해 실시되어야 한다.

Rule 53

Prisoners shall have access to, or be allowed to keep in their possession without access by the prison administration, documents relating to their legal proceedings.

제53조

피구금자는 자신의 소송절차와 관련된 서류를 열람하거나 소지할 수 있어야 하며, 이 서류에 대한 교정당국의 접근은 허용되지 않는다.

Information to and complaints by prisoners

Rule 54

Upon admission, every prisoner shall be promptly provided with written information about:

(a) The prison law and applicable prison regulations;

(b) His or her rights, including authorized methods of seeking information, access to legal advice, including through legal aid schemes, and procedures for making requests or complaints;

(c) His or her obligations, including applicable disciplinary sanctions; and

(d) All other matters necessary to enable the prisoner to adapt himself or herself to the life of the prison.

정보 및 불복신청

제54조

모든 피구금자는 수용과 동시에 지체 없이 다음의 정보를 서면으로 제공받아야 한다.

(a) 교도소법 및 구금 관련 법규

(b) 규정된 방식으로 정보를 구할 권리. 법률구조 프로그램을 포함하여 법률 자문을 받을 권리. 청원 및 불복절차.

(c) 피구금자의 의무. 규율위반에 대한 처벌을 포함한다.

(d) 교도소 내 생활에 적응하기 위하여 필요한 기타 모든 사항

Rule 55

1. The information referred to in rule 54 shall be available in the most commonly used languages in accordance with the needs of the prison population. If a prisoner does not understand any of those languages, interpretation assistance should be provided.

제55조

① 제54조에 명시된 정보는 피구금자의 필요에 따라 가장 통용되는 언어로 제공되어야 한다. 피구금자가 해당 언어를 이해하지 못할 때에는 통역지원이 제공되어야 한다.

2. If a prisoner is illiterate, the information shall be conveyed to him or her orally. Prisoners with sensory disabilities should be provided with information in a manner appropriate to their needs.
3. The prison administration shall prominently display summaries of the information in common areas of the prison.

② 피구금자가 문맹인 때에는 전항의 정보는 구술로 알려주어야 한다. 피구금자가 감각 장애가 있는 때에는 이 정보는 그들의 필요에 따른 적합한 방식으로 제공되어야 한다.
③ 교정당국은 해당 정보의 요약본을 교도소 내 공용지역에서 눈에 잘 띄는 장소에 비치하여야 한다.

Rule 56
1. Every prisoner shall have the opportunity each day to make requests or complaints to the prison director or the prison staff member authorized to represent him or her.
2. It shall be possible to make requests or complaints to the inspector of prisons during his or her inspections. The prisoner shall have the opportunity to talk to the inspector or any other inspecting officer freely and in full confidentiality, without the director or other members of the staff being present.
3. Every prisoner shall be allowed to make a request or complaint regarding his or her treatment, without censorship as to substance, to the central prison administration and to the judicial or other competent authorities, including those vested with reviewing or remedial power.
4. The rights under paragraphs 1 to 3 of this rule shall extend to the legal adviser of the prisoner. In those cases where neither the prisoner nor his or her legal adviser has the possibility of exercising such rights, a member of the prisoner's family or any other person who has knowledge of the case may do so.

제56조
① 모든 피구금자에게는 매일 소장 또는 그를 대리할 권한을 가진 직원에게 청원 또는 불복신청을 할 기회가 주어져야 한다.

② 피구금자는 자신에 대한 조사 중에 조사관에게 청원 또는 불복신청을 할 수 있어야 한다. 피구금자에게는 소장 또는 기타 직원의 참여 없이, 자유롭고 비밀이 유지된 상태에서 담당조사관 또는 다른 조사관에게 말할 기회가 주어져야 한다.

③ 모든 피구금자는 내용의 검열을 받지 않고 허가된 경로에 따라, 검토 또는 구제권한을 부여받은 사람을 포함하여 중앙교정당국, 사법관청 또는 기타 관청에 자신의 처우와 관련하여 청원하거나 불복신청하도록 허용되어야 한다.

④ 본 규칙 제1항 내지 제3항에 명시된 권리는 피구금자의 법률자문가에게도 적용된다. 이 때 만일 피구금자와 그 법률자문가 모두가 해당 권리를 행사할 수 없을 경우 피구금자의 가족이나 사안에 대한 지식이 있는 제3자가 해당 권리를 행사할 수 있다.

Rule 57
1. Every request or complaint shall be promptly dealt with and replied to without delay. If the request or complaint is rejected, or in the event of undue delay, the complainant shall be entitled to bring it before a judicial or other authority.
2. Safeguards shall be in place to ensure that

제57조
① 모든 청원 또는 불복신청은 즉시 처리되고 지체없이 회답되어야 한다. 만일 청원 또는 불복신청이 거부되거나 부당하게 지체되는 경우, 이 상황을 사법기관 또는 관련기관에 제소할 수 있다.

② 피구금자들이 청원 또는 불복신청을 안전하게

prisoners can make requests or complaints safely and, if so requested by the complainant, in a confidential manner. A prisoner or other person mentioned in paragraph 4 of rule 56 must not be exposed to any risk of retaliation, intimidation or other negative consequences as a result of having submitted a request or complaint.

3. Allegations of torture or other cruel, inhuman or degrading treatment or punishment of prisoners shall be dealt with immediately and shall result in a prompt and impartial investigation conducted by an independent national authority in accordance with paragraphs 1 and 2 of rule 71.

제기할 수 있도록, 그리고 신청자가 요구하는 경우 비밀이 유지될 수 있도록 보안장치가 마련되어 있어야 한다. 피구금자 또는 제56조 제4항에 명시된 자는 청원 또는 불복신청을 제기하였다는 이유로 위협 또는 불이익을 당하거나 보복의 위험에 노출되지 않아야 한다.

③ 피구금자에 대한 고문 또는 기타 잔인하거나 비인간적이거나 모욕적인 처우 또는 처벌사실에 대한 주장은 즉각 처리되어야 하며 제71조 제1항과 제2항에 의거하여 독립된 국가기관의 지체없는 공정한 조사가 실시되어야 한다.

Contact with the outside world

Rule 58

1. Prisoners shall be allowed, under necessary supervision, to communicate with their family and friends at regular intervals:

(a) By corresponding in writing and using, where available, telecommunication, electronic, digital and other means; and

(b) By receiving visits.

2. Where conjugal visits are allowed, this right shall be applied without discrimination, and women prisoners shall be able to exercise this right on an equal basis with men. Procedures shall be in place and premises shall be made available to ensure fair and equal access with due regard to safety and dignity.

외부와의 교통

제58조

① 피구금자는 필요한 감독 하에 일정 기간마다 가족 또는 친구와의 의사소통이 다음과 같은 방법으로 허용되어야 한다.

(a) 서신, 또는 이용가능한 통신, 전자, 디지털 및 기타 수단을 통한 의사소통

(b) 접견

② 배우자의 접견이 허용되는 경우 이는 어떠한 차별 없이 동등하게 허용되어야 하며 여성 피구금자의 경우 남성과 동등한 권리를 행사할 수 있어야 한다. 안전과 존엄성을 고려한 공정하고 평등한 접촉기회를 보장하기 위하여 접견절차가 존재하고 공간이 마련되어야 한다.

Rule 59

Prisoners shall be allocated, to the extent possible, to prisons close to their homes or their places of social rehabilitation.

제59조

피구금자는 가능하면 가정이나 사회복귀 장소와 근접한 곳에 구금되어야 한다.

Rule 60

1. Admission of visitors to the prison facility is contingent upon the visitor's consent to being searched.

제60조

① 교도소를 방문하는 접견자의 입장은 접견자가 보안검색에 동의함을 전제로 한다. 접견자는 언제

The visitor may withdraw his or her consent at any time, in which case the prison administration may refuse access.

2. Search and entry procedures for visitors shall not be degrading and shall be governed by principles at least as protective as those outlined in rules 50 to 52. Body cavity searches should be avoided and should not be applied to children.

든지 이에 대한 동의를 철회할 수 있으며 이 경우 교정당국은 접견자의 입장을 거부할 수 있다.

② 접견자에 대한 보안검색 및 입장절차는 접견자에게 모욕감을 주어서는 안 되며, 적어도 본 규칙 제50조 내지 제52조에 명시된 기본원칙에 상응하는 것이어야 한다. 체강검사는 피해야 하며, 어떤 경우에도 아동에게 실시할 수 없다.

Rule 61

1. Prisoners shall be provided with adequate opportunity, time and facilities to be visited by and to communicate and consult with a legal adviser of their own choice or a legal aid provider, without delay, interception or censorship and in full confidentiality, on any legal matter, in conformity with applicable domestic law. Consultations may be within sight, but not within hearing, of prison staff.

2. In cases in which prisoners do not speak the local language, the prison administration shall facilitate access to the services of an independent competent interpreter.

3. Prisoners should have access to effective legal aid.

제61조

① 피구금자는 스스로 선임한 법률자문가 또는 법률구조제공자와 접견, 소통, 상담할 수 있는 적절한 기회와 시간, 장소가 제공되어야 하며, 이는 지체·감청·탈취·검열 없이 이루어져야 하며, 어떤 법적 사안에 대해서도 비밀이 유지되어야 하며, 적용되는 자국 법규와 조화를 이루어야 한다. 법률상담 진행 시 교정직원의 감시는 허용되나 교정직원이 대화를 청취하여서는 안 된다.

② 피구금자가 구금지역의 언어를 구사하지 못하는 경우 교정당국은 독립 통역사의 지원을 허용해야 한다.

③ 피구금자는 효과적인 법률구조를 받을 수 있어야 한다.

Rule 62

1. Prisoners who are foreign nationals shall be allowed reasonable facilities to communicate with the diplomatic and consular representatives of the State to which they belong.

2. Prisoners who are nationals of States without diplomatic or consular representation in the country and refugees or stateless persons shall be allowed similar facilities to communicate with the diplomatic representative of the State which takes charge of their interests or any national or international authority whose task it is to protect such persons.

제62조

① 외국인인 피구금자는 소속 국가의 외교대표 또는 영사와 소통하기 위한 상당한 편의가 허용되어야 한다.

② 구금된 국가에 외교대표나 영사가 없는 국가의 국적을 가진 피구금자와 망명자 또는 무국적자에게는 이들의 이익을 대변하는 국가의 외교대표 또는 이러한 자의 보호를 임무로 하는 국가기관 또는 국제기관과 소통할 수 있는, 전항과 동일한 편의가 허용되어야 한다.

Rule 63
Prisoners shall be kept informed regularly of the more important items of news by the reading of newspapers, periodicals or special institutional publications, by hearing wireless transmissions, by lectures or by any similar means as authorized or controlled by the prison administration.

제63조
피구금자는 신문, 정기간행물 또는 시설의 특별간행물을 읽고 방송을 청취하고 강연을 들음으로써, 또는 교정당국이 허가하거나 감독하는 유사한 수단에 의하여 보다 중요한 뉴스를 정기적으로 알 수 있어야 한다.

Books
Rule 64
Every prison shall have a library for the use of all categories of prisoners, adequately stocked with both recreational and instructional books, and prisoners shall be encouraged to make full use of it.

도서
제64조
모든 교도소는 모든 범주의 피구금자가 이용할 수 있는 오락적, 교육적인 도서를 충분히 비치한 도서실을 갖추어야 하며 피구금자들이 이를 충분히 이용하도록 권장하여야 한다.

Religion
Rule 65
1. If the prison contains a sufficient number of prisoners of the same religion, a qualified representative of that religion shall be appointed or approved. If the number of prisoners justifies it and conditions permit, the arrangement should be on a full-time basis.
2. A qualified representative appointed or approved under paragraph 1 of this rule shall be allowed to hold regular services and to pay pastoral visits in private to prisoners of his or her religion at proper times.
3. Access to a qualified representative of any religion shall not be refused to any prisoner. On the other hand, if any prisoner should object to a visit of any religious representative, his or her attitude shall be fully respected.

종교
제65조
① 교도소 내에 같은 종교를 가진 피구금자가 충분히 있는 경우 그 종교의 자격 있는 대표자가 임명 또는 승인되어야 한다. 피구금자의 인원수로 보아 상당하다고 인정되고 또 여건이 허락하는 경우 이 조치는 상근제를 기초로 하여야 한다.

② 동조 제1항의 규정에 의하여 임명 또는 승인된 자격 있는 대표자는 정기적으로 종교의식을 행하고, 적당한 시간에 그 종교 소속의 피구금자와 종교적 개별 접견을 하도록 허가되어야 한다.

③ 어느 피구금자에게도 어떠한 종교의 자격있는 대표자에 대한 접근도 거부되어서는 안 된다. 반면 피구금자가 어떠한 종교적 대표자의 방문을 거절하는 경우 그의 태도는 충분히 존중되어야 한다.

Rule 66
So far as practicable, every prisoner shall be allowed to satisfy the needs of his or her religious life by attending the services provided in the prison and having in his or her possession the books of religious

제66조
실제적으로 가능한 한 모든 피구금자는 교도소 내에서 거행되는 종교행사에 참석하고 또 자기 종파의 계율서 및 교훈서를 소지함으로써 종교생활의 욕구를 충족할 수 있도록 허용되어야 한다.

observance and instruction of his or her denomination.

Retention of prisoners' property

Rule 67

1. All money, valuables, clothing and other effects belonging to a prisoner which he or she is not allowed to retain under the prison regulations shall on his or her admission to the prison be placed in safe custody. An inventory thereof shall be signed by the prisoner. Steps shall be taken to keep them in good condition.

2. On the release of the prisoner, all such articles and money shall be returned to him or her except in so far as he or she has been authorized to spend money or send any such property out of the prison, or it has been found necessary on hygienic grounds to destroy any article of clothing. The prisoner shall sign a receipt for the articles and money returned to him or her.

3. Any money or effects received for a prisoner from outside shall be treated in the same way.

4. If a prisoner brings in any drugs or medicine, the physician or other qualified health-care professionals shall decide what use shall be made of them.

Notifications

Rule 68

Every prisoner shall have the right, and shall be given the ability and means, to inform immediately his or her family, or any other person designated as a contact person, about his or her imprisonment, about his or her transfer to another institution and about any serious illness or injury. The sharing of prisoners' personal information shall be subject to domestic legislation.

Rule 69

In the event of a prisoner's death, the prison director

피구금자의 소유물 보관

제67조

① 교도소 규칙에 의하여 피구금자가 소지하는 것이 허가되지 아니하는 물건으로서 그의 소유에 속하는 모든 금전, 유가물, 의류 및 기타의 물건은 입소할 당시에 안전하게 보관되어야 한다. 보관물에 관하여는 명세서를 작성하고 피구금자의 서명을 받아야 한다. 보관물을 양호한 상태에 두기 위한 조치가 취해져야 한다.

② 모든 보관금품은 피구금자를 석방할 때 그에게 반환되어야 한다. 다만 석방 전에 피구금자가 금전을 사용하거나 보관물품을 교도소 밖으로 송부하는 것이 허가된 경우 또는 위생상의 이유로 의류를 폐기할 필요가 있을 경우에는 그러하지 아니한다. 피구금자는 반환받은 금품에 관하여 영수증에 서명하여야 한다.

③ 외부로부터 피구금자를 위하여 수취한 금전 또는 물품도 동일한 방법으로 취급되어야 한다.

④ 피구금자가 약물을 반입하는 경우, 의사 또는 기타 자격이 있는 보건의료 전문가는 약물의 용도를 확인하여야 한다.

통지

제68조

모든 피구금자는 자신의 구금, 다른 시설로의 이송 및 중병 또는 부상 발생에 대하여 즉시 가족 또는 통지인으로 지명된 제3자에게 알릴 권리를 가지며, 이러한 통지가 가능하도록 하여야 한다. 피구금자의 개인정보의 공유는 자국의 법규에 따른다.

제69조

피구금자의 사망 시 교도소장은 피구금자의 근친

shall at once inform the prisoner's next of kin or emergency contact. Individuals designated by a prisoner to receive his or her health information shall be notified by the director of the prisoner's serious illness, injury or transfer to a health institution. The explicit request of a prisoner not to have his or her spouse or nearest relative notified in the event of illness or injury shall be respected.

또는 비상연락처로 즉시 이 사실을 알려야 한다. 피구금자의 건강상태에 대한 정보를 수취하기로 지명된 사람은 교도소장으로부터 피구금자의 중병, 부상, 의료기관으로의 이송 등에 대한 통보를 받아야 한다. 피구금자가 자신의 질병 또는 부상을 배우자나 근친에게 알리는 것을 거부하는 경우 피구금자의 의사는 존중되어야 한다.

Rule 70

The prison administration shall inform a prisoner at once of the serious illness or death of a near relative or any significant other. Whenever circumstances allow, the prisoner should be authorized to go, either under escort or alone, to the bedside of a near relative or significant other who is critically ill, or to attend the funeral of a near relative or significant other.

제70조

교정당국은 피구금자의 근친 또는 배우자의 중병이나 사망소식을 피구금자에게 즉시 통지하여야 한다. 사정이 허락하는 한 피구금자는 단독으로 또는 계호 하에 위독한 친지 또는 배우자를 방문하거나 그들의 장례식에 참석할 수 있어야 한다.

Investigations

Rule 71

1. Notwithstanding the initiation of an internal investigation, the prison director shall report, without delay, any custodial death, disappearance or serious injury to a judicial or other competent authority that is independent of the prison administration and mandated to conduct prompt, impartial and effective investigations into the circumstances and causes of such cases. The prison administration shall fully cooperate with that authority and ensure that all evidence is preserved.

2. The obligation in paragraph 1 of this rule shall equally apply whenever there are reasonable grounds to believe that an act of torture or other cruel, inhuman or degrading treatment or punishment has been committed in prison, irrespective of whether a formal complaint has been received.

3. Whenever there are reasonable grounds to believe that an act referred to in paragraph 2 of this

조사

제71조

① 교도소장은 피구금자의 사망, 실종, 심각한 부상 발생 시, 내부 조사와 관계없이 이를 법원 또는 교정당국과는 독립적인 기관으로서 이러한 사건의 상황과 원인을 빠르고 공정하고 효과적으로 조사하도록 위임된 담당기관에 이를 지체 없이 알려야 한다. 교정당국은 이 기관에 최대한 협조하고 모든 증거물을 보존하여야 한다.

② 교도소 내에서 고문 또는 기타 잔인하거나 비인간적이거나 모욕적인 처우 또는 처벌이 행해졌음을 의심할 만한 정당한 근거가 있으면 공식적인 진정 제기 여부와 관계없이 본조 제1항의 의무사항이 동일하게 적용되어야 한다.

③ 본조 제2항에 명시된 행위를 하였다는 혐의를 인정할 만한 정당한 근거가 있는 경우 혐의 가능성

rule has been committed, steps shall be taken immediately to ensure that all potentially implicated persons have no involvement in the investigation and no contact with the witnesses, the victim or the victim's family.

이 있는 자가 조사에 관여하지 못하도록 하고 증인이나 피해자, 피해자의 가족과 접촉하지 못하도록 필요한 조치를 즉각 취하여야 한다.

Rule 72

The prison administration shall treat the body of a deceased prisoner with respect and dignity. The body of a deceased prisoner should be returned to his or her next of kin as soon as reasonably possible, at the latest upon completion of the investigation. The prison administration shall facilitate a culturally appropriate funeral if there is no other responsible party willing or able to do so and shall keep a full record of the matter.

제72조

교정당국은 사망한 피구금자의 시신을 존엄성을 존중하면서 대하여야 한다. 피구금자의 시신은 그의 최근친에게, 수인가능한 범위 내에서 최대한 빨리, 늦어도 조사가 완료된 이후에는 인계되어야 한다. 교정당국은 장례식을 치를 사람이 없는 경우 문화적으로 적절한 장례식을 치르고 모든 관련 사항을 기록하여야 한다.

Removal of prisoners

Rule 73

1. When prisoners are being removed to or from an institution, they shall be exposed to public view as little as possible, and proper safeguards shall be adopted to protect them from insult, curiosity and publicity in any form.

2. The transport of prisoners in conveyances with inadequate ventilation or light, or in any way which would subject them to unnecessary physical hardship, shall be prohibited.

3. The transport of prisoners shall be carried out at the expense of the prison administration and equal conditions shall apply to all of them.

피구금자의 이송

제73조

① 피구금자를 이송할 때에는 가급적 공중의 면전에 드러나지 아니하도록 하여야 하며 모욕, 호기심 및 공표의 대상이 되지 않도록 적절한 보호조치를 취하여야 한다.

② 환기나 조명이 불충분한 교통수단에 의하거나 불필요한 육체적 고통을 주는 방법으로 피구금자를 이송하는 것은 금지되어야 한다.

③ 피구금자의 이송은 교정행정의 비용으로 행하여져야 하며 모든 피구금자에 대하여 균등한 조건이 적용되어야 한다.

Institutional personnel

Rule 74

1. The prison administration shall provide for the careful selection of every grade of the personnel, since it is on their integrity, humanity, professional capacity and personal suitability for the work that the proper administration of prisons depends.

교도소 직원

제74조

① 시설의 적절한 운영관리는 직원의 진실성, 인간성, 업무능력 및 직무에 대한 개인적인 적합성에 달려 있는 것이므로, 교정당국은 모든 계급의 직원 채용 시 신중을 기해야 한다.

2. The prison administration shall constantly seek to awaken and maintain in the minds both of the personnel and of the public the conviction that this work is a social service of great importance, and to this end all appropriate means of informing the public should be used.

② 교정당국은 교정업무가 매우 중요한 사회공공사업이라는 확신을 직원 및 일반대중 모두에게 일깨우고 유지시키기 위하여 끊임없이 노력하여야 하며, 이러한 목적을 위하여 대중에게 정보를 전달하는 모든 적당한 방법을 사용하여야 한다.

3. To secure the foregoing ends, personnel shall be appointed on a full-time basis as professional prison staff and have civil service status with security of tenure subject only to good conduct, efficiency and physical fitness. Salaries shall be adequate to attract and retain suitable men and women; employment benefits and conditions of service shall be favourable in view of the exacting nature of the work.

③ 위 목적을 실현시키기 위하여 직원은 상근직의 전문 교정직원의 지위로 고용되어야 하고, 선량한 품행, 능력 및 건강이 결여되지 않는 한 임기가 보장되는 공무원 신분을 지녀야 한다. 직원의 보수는 적합한 남녀를 채용하여 계속 머물게 하기에 충분한 것이어야 한다. 고용상의 복리 및 근무조건은 고된 직무의 성격에 비추어 적합하여야 한다.

Rule 75

1. All prison staff shall possess an adequate standard of education and shall be given the ability and means to carry out their duties in a professional manner.
2. Before entering on duty, all prison staff shall be provided with training tailored to their general and specific duties, which shall be reflective of contemporary evidence-based best practice in penal sciences. Only those candidates who successfully pass the theoretical and practical tests at the end of such training shall be allowed to enter the prison service.
3. The prison administration shall ensure the continuous provision of in service training courses with a view to maintaining and improving the knowledge and professional capacity of its personnel, after entering on duty and during their career.

제75조

① 모든 교도소 직원은 적정한 교육수준을 갖추고 있어야 하며, 자신의 직무를 전문적으로 수행할 수 있는 자격과 수단을 제공받아야 한다.
② 모든 교도소 직원은 직무를 부여받기 전에 일반적 임무 및 특수 임무에 관하여 교육과정을 거쳐야 하고, 이 교육은 행형학 중 현대의 실증 기반의 최상의 실무를 반영한 것이어야 한다. 교육 이수 후 이론 및 실무 시험을 합격한 자만이 교도소 직무를 수행할 수 있다.
③ 교정당국은 직원들이 직무수행을 시작하고 업무를 수행하는 동안 지식과 전문성을 유지·향상시키기 위한 교육 코스를 계속적으로 제공하여야 한다.

Rule 76

1. Training referred to in paragraph 2 of rule 75 shall include, at a minimum, training on:
(a) Relevant national legislation, regulations and policies, as well as applicable international and regional instruments, the provisions of which must

제76조

① 제75조 제2항이 규정하는 교육에는 최소한 다음의 교육이 포함되어야 한다.
(a) 자국의 관련법규 및 지침, 그리고 적용가능한 국제적·지역적 법적 수단들로서, 그 조항이 교도소 직원의 업무 및 피구금자와의 상호작용의 지침이

guide the work and interactions of prison staff with inmates;

(b) Rights and duties of prison staff in the exercise of their functions, including respecting the human dignity of all prisoners and the prohibition of certain conduct, in particular torture and other cruel, inhuman or degrading treatment or punishment;

(c) Security and safety, including the concept of dynamic security, the use of force and instruments of restraint, and the management of violent offenders, with due consideration of preventive and defusing techniques, such as negotiation and mediation;

(d) First aid, the psychosocial needs of prisoners and the corresponding dynamics in prison settings, as well as social care and assistance, including early detection of mental health issues.

2. Prison staff who are in charge of working with certain categories of prisoners, or who are assigned other specialized functions, shall receive training that has a corresponding focus.

되는 것들.

(b) 교도소 직원의 업무수행시의 권리와 의무. 이에는 모든 피구금자의 인간의 존엄에 대한 존중, 그리고 특히 고문 및 기타 잔인하거나 비인간적이거나 모욕적인 처우 또는 처벌과 같은 특정한 행위를 하지 않도록 금지하는 것이 포함된다.

(c) 보안 및 안전. 이에는 동적 보안(dynamic security) 개념, 강제력과 보호장비의 사용, 폭력범 관리 등이 포함된다. 이때 협상, 중재와 같은 예방적·완화적 수법을 고려하여야 한다.

(d) 응급조치, 피구금자의 심리사회적 필요 및 그에 상응하는 교도소 환경 역학, 그리고 사회적 보호조치 및 지원. 정신건강 문제에 대한 조기 발견이 포함된다.

② 특정 부류의 피구금자를 관리하거나 기타 특수직무를 담당하는 교도소 직원은 그 부분에 중점을 둔 교육을 받아야 한다.

Rule 77

All prison staff shall at all times so conduct themselves and perform their duties as to influence the prisoners for good by their example and to command their respect.

제77조

모든 교도소 직원은 항상 모범을 보여 피구금자를 감화하고 존경을 받을 수 있도록 행동하고 임무를 수행하여야 한다.

Rule 78

1. So far as possible, prison staff shall include a sufficient number of specialists such as psychiatrists, psychologists, social workers, teachers and trade instructors.

2. The services of social workers, teachers and trade instructors shall be secured on a permanent basis, without thereby excluding part-time or voluntary workers.

제78조

① 가능한 한, 정신과의사, 심리학자, 사회복지사, 교사 및 직업교육강사와 같은 전문가가 교도소 직원으로 충분히 확보되어야 한다.

② 사회복지사, 교사 및 직업교육강사는 상근직으로 확보되어야 한다. 그러나 시간제 또는 자원봉사자를 배제하는 것은 아니다.

Rule 79

1. The prison director should be adequately qualified for his or her task by character, administrative ability, suitable training and experience.

2. The prison director shall devote his or her entire working time to official duties and shall not be appointed on a part-time basis. He or she shall reside on the premises of the prison or in its immediate vicinity.

3. When two or more prisons are under the authority of one director, he or she shall visit each of them at frequent intervals. A responsible resident official shall be in charge of each of these prisons.

제79조

① 교도소장은 성격, 행정능력, 적절한 교육과 경험에 의하여 그 직무를 감당하기에 충분한 자격을 지녀야 한다.

② 교도소장은 자기의 모든 근무 시간을 그 공적 임무에 바쳐야 하며 비상근직으로 임명되어서는 안 된다. 교도소장은 교도소 또는 인접한 장소에 거주하여야 한다.

③ 2개 이상의 교도소가 소장 1인의 소관 하에 있는 경우, 교도소장은 각 시설을 자주 방문하여야 한다. 이러한 시설의 경우 각 시설을 담당하는 상근 책임공무원을 두어야 한다.

Rule 80

1. The prison director, his or her deputy, and the majority of other prison staff shall be able to speak the language of the greatest number of prisoners, or a language understood by the greatest number of them.

2. Whenever necessary, the services of a competent interpreter shall be used.

제80조

① 교도소장, 그 대리자 및 기타 대다수의 교도소 직원은 최다수의 피구금자가 사용하는 언어 또는 최다수의 피구금자가 이해하는 언어를 구사할 수 있어야 한다.

② 필요한 경우에는 언제라도 능숙한 통역사의 도움을 받을 수 있어야 한다.

Rule 81

1. In a prison for both men and women, the part of the prison set aside for women shall be under the authority of a responsible woman staff member who shall have the custody of the keys of all that part of the prison.

2. No male staff member shall enter the part of the prison set aside for women unless accompanied by a woman staff member.

3. Women prisoners shall be attended and supervised only by women staff members. This does not, however, preclude male staff members, particularly doctors and teachers, from carrying out their professional duties in prisons or parts of prisons set aside for women.

제81조

① 남녀 피구금자를 함께 수용하고 있는 교도소에서 여성구역은 여성 담당직원의 책임 하에 관리하며, 이 여성직원이 그 구역의 모든 열쇠를 관리하도록 하여야 한다.

② 남성직원은 여성직원의 동반 없이는 여성구역에 들어갈 수 없다.

③ 여성피구금자는 여성직원에 의하여서만 보호, 감독되어야 한다. 그러나 남성직원, 특히 의사 및 교사가 여성교도소 또는 교도소 내 여성구역에서 전문적 직무를 수행하는 것을 배제하지는 않는다.

Rule 82

1. Prison staff shall not, in their relations with the prisoners, use force except in self-defence or in cases of attempted escape, or active or passive physical resistance to an order based on law or regulations. Prison staff who have recourse to force must use no more than is strictly necessary and must report the incident immediately to the prison director.

2. Prison staff shall be given special physical training to enable them to restrain aggressive prisoners.

3. Except in special circumstances, prison staff performing duties which bring them into direct contact with prisoners should not be armed. Furthermore, prison staff should in no circumstances be provided with arms unless they have been trained in their use.

Internal and external inspections

Rule 83

1. There shall be a twofold system for regular inspections of prisons and penal services:

(a) Internal or administrative inspections conducted by the central prison administration;

(b) External inspections conducted by a body independent of the prison administration, which may include competent international or regional bodies.

2. In both cases, the objective of the inspections shall be to ensure that prisons are managed in accordance with existing laws, regulations, policies and procedures, with a view to bringing about the objectives of penal and corrections services, and that the rights of prisoners are protected.

Rule 84

1. Inspectors shall have the authority:

(a) To access all information on the numbers of prisoners and places and locations of detention, as well as all information relevant to the treatment of

제82조

① 교도소 직원은 정당방위의 경우, 피구금자의 도주 시도, 법령에 의거한 명령에 대항하는 적극적, 소극적, 신체적 저항의 경우를 제외하고는 피구금자와의 관계에서 물리력을 행사하여서는 안 된다. 교도소 직원이 물리력을 사용할 경우 엄격히 필요한 한도를 넘지 않아야 하며 즉시 소장에게 사태를 보고하여야 한다.

② 교도소 직원은 공격적인 피구금자를 제지할 수 있도록 특수체력훈련을 받아야 한다.

③ 직무상 피구금자와 직접 접촉하는 교도소 직원은 특별한 경우를 제외하고는 무기를 휴대하여서는 안 된다. 더구나 무기의 사용에 관한 훈련을 받지 아니한 교도소 직원에게는 어떠한 경우에도 무기를 지급해서는 안 된다.

내·외부 감독

제83조

① 교도소와 형집행에 있어 정기적인 감독은 다음과 같은 이원적 체계로 구성되어야 한다.

(a) 중앙 교정당국에서 실시하는 내부 감독 또는 행정적 감독

(b) 교정당국으로부터 독립적으로 존속하는 기관에 의한 외부 감독. 이러한 기관에는 전문적인 국제기관 및 지역기관이 속할 수 있다.

② 내·외부 감독에서 감독의 목적은 교도소가 현행 법령, 지침 및 절차에 따라, 행형목적의 달성이라는 관점하에서 운영되고 피구금자의 권리가 보호되고 있는지 확인하는 것이다.

제84조

① 감독관은 다음과 같은 권한을 가지고 있다.

(a) 피구금자 인원과 장소에 관한 모든 정보 및 피구금자의 처우에 관한 모든 정보에 접근할 수 있다. 그들에 관한 기록과 구금조건을 포함한다.

prisoners, including their records and conditions of detention;

(b) To freely choose which prisons to visit, including by making unannounced visits at their own initiative, and which prisoners to interview;

(b) 어느 교도소를 방문할 것인지 자유롭게 결정하고, 자발적으로 사전 통보 없이 방문할 수 있으며 어떤 피구금자와 면담할 것인지를 자유롭게 결정한다.

(c) To conduct private and fully confidential interviews with prisoners and prison staff in the course of their visits;

(c) 방문 시 피구금자 또는 직원들과 단독으로 비밀면담을 실시 할 수 있다.

(d) To make recommendations to the prison administration and other competent authorities.

(d) 교정당국과 기타 담당기관에 권고사항을 전달할 수 있다.

2. External inspection teams shall be composed of qualified and experienced inspectors appointed by a competent authority and shall encompass health-care professionals. Due regard shall be given to balanced gender representation.

② 외부감독팀은 자격이 있고 경험이 많은 감독관으로 구성되며, 담당기관으로부터 임명받으며, 보건전문가가 포함된다. 또한 양성을 공평하게 대표할 수 있도록 구성되어야 한다.

Rule 85

제85조

1. Every inspection shall be followed by a written report to be submitted to the competent authority. Due consideration shall be given to making the reports of external inspections publicly available, excluding any personal data on prisoners unless they have given their explicit consent.

① 감독을 실시한 후에는 담당기관에 서면 보고서를 제출하여야 한다. 외부감독에 관한 보고서를 출판하는 것을 충분히 고려해 볼 수 있다. 보고서 출판 시에는 피구금자의 명시적 동의를 얻은 경우에만 피구금자의 개인정보를 수록할 수 있다.

2. The prison administration or other competent authorities, as appropriate, shall indicate, within a reasonable time, whether they will implement the recommendations resulting from the external inspection.

② 교정당국 또는 경우에 따라 기타 담당기관은 합당한 시일 내에 외부 감사를 통해 제시된 권고사항을 반영할 것인지를 명시하여야 한다.

II. Rules applicable to special categories

A. Prisoners under sentence

Guiding principles

Rule 86

제2부 특별한 범주에 적용되는 규칙

A. 수형자

지도 원리

제86조

The guiding principles hereafter are intended to show the spirit in which penal institutions should be administered and the purposes at which they should aim, in accordance with the declaration made under preliminary observation 1 of these rules.

아래의 지도원리는 교정시설이 운영되어야 할 정신 및 지향하여야 할 목적을 본 규칙 서칙 제1조의 선언에 맞추어 제시하려는 것이다.

Rule 87

Before the completion of the sentence, it is desirable that the necessary steps be taken to ensure for the prisoner a gradual return to life in society. This aim may be achieved, depending on the case, by a pre-release regime organized in the same prison or in another appropriate institution, or by release on trial under some kind of supervision which must not be entrusted to the police but should be combined with effective social aid.

제87조

형기종료 이전에 수형자를 사회에 단계적으로 복귀시키기 위하여 필요한 조치를 취하는 것이 바람직하다. 이 목적은 경우에 따라 같은 교도소 또는 다른 적당한 시설에 마련된 석방준비제도에 의하거나 일정한 감독 하에서 시험적으로 행하는 석방에 의하여 달성될 수 있다. 이 경우 감독은 경찰에 맡겨져서는 안 되고 효과적인 사회적 원조와 결부되어야 한다.

Rule 88

1. The treatment of prisoners should emphasize not their exclusion from the community but their continuing part in it. Community agencies should therefore be enlisted wherever possible to assist the prison staff in the task of social rehabilitation of the prisoners.

2. There should be in connection with every prison social workers charged with the duty of maintaining and improving all desirable relations of a prisoner with his or her family and with valuable social agencies. Steps should be taken to safeguard, to the maximum extent compatible with the law and the sentence, the rights relating to civil interests, social security rights and other social benefits of prisoners.

제88조

① 수형자의 처우는 사회로부터의 배제가 아니라 사회와의 계속적인 관계를 강조하는 것이어야 한다. 그러므로 지역사회기관들은 가능한 한 어디서든지 수형자의 사회복귀사업에 관하여 교도소 직원을 원조하기 위하여 참여해야 한다.

② 사회복지사는 모든 교도소와 연계하여 수형자와 가족 및 유용한 사회기관 사이의 모든 바람직한 관계를 유지하고 발전시키는 임무를 맡아야 한다. 법률 및 형사판결에 반하지 아니하는 한 수형자의 사법상의 이익에 관한 권리, 사회보장상의 권리 및 그 밖의 사회적 이익을 최대한 보전하기 위하여 필요한 조치가 취해져야 한다.

Rule 89

1. The fulfilment of these principles requires individualization of treatment and for this purpose a flexible system of classifying prisoners in groups. It is therefore desirable that such groups should be distributed in separate prisons suitable for thetreatment of each group.

2. These prisons do not need to provide the same degree of security for every group. It is desirable to provide varying degrees of security according to the needs of different groups. Open prisons, by the very fact that they provide no physical security against

제89조

① 이 지도원리를 실현하기 위해서는 처우의 개별화가 필요하며, 이 목적을 위하여 피구금자를 그룹으로 분류하는 신축성 있는 제도가 필요하다. 그러므로 이들 그룹은 각각의 처우에 적합한 개별 교도소에 배분되는 것이 바람직하다.

② 교도소가 모든 그룹에 대하여 동일한 정도의 보안조치를 할 필요는 없다. 상이한 그룹의 필요에 따라 다양한 수준의 보안조치를 취하는 것이 바람직하다. 개방교도소는 도주에 대한 물리적 보안조치 없이 피구금자의 자율을 신뢰하는 바로 그 사실

escape but rely on the self-discipline of the inmates, provide the conditions most favourable to the rehabilitation of carefully selected prisoners.

3. It is desirable that the number of prisoners in closed prisons should not be so large that the individualization of treatment is hindered. In some countries it is considered that the population of such prisons should not exceed 500. In open prisons the population should be as small as possible.

4. On the other hand, it is undesirable to maintain prisons which are so small that proper facilities cannot be provided.

Rule 90

The duty of society does not end with a prisoner's release. There should, therefore, be governmental or private agencies capable of lending the released prisoner efficient aftercare directed towards the lessening of prejudice against him or her and towards his or her social rehabilitation.

Treatment

Rule 91

The treatment of persons sentenced to imprisonment or a similar measure shall have as its purpose, so far as the length of the sentence permits, to establish in them the will to lead law-abiding and self-supporting lives after their release and to fit them to do so. The treatment shall be such as will encourage their self-respect and develop their sense of responsibility.

Rule 92

1. To these ends, all appropriate means shall be used, including religious care in the countries where this is possible, education, vocational guidance and training, social casework, employment counselling, physical development and strengthening of moral character, in accordance with the individual needs

에 의하여 신중하게 선발된 수형자의 사회복귀에 가장 유익한 상황을 제공한다.

③ 폐쇄교도소 내 수형자의 수는 개별처우가 방해받을 정도로 많지 않은 것이 바람직하다. 몇몇 나라에서는 이들 교도소의 수용인원이 500명을 넘지 않아야 하는 것으로 생각되고 있다. 개방교도소의 수용인원은 가능한 한 적어야 한다.

④ 다른 한편으로, 적당한 설비를 마련할 수 없을 만큼 작은 교도소를 유지하는 것은 바람직하지 아니하다.

제90조

사회의 의무는 수형자의 석방에서 그치는 것이 아니다. 그러므로 석방된 수형자에 대한 편견을 줄이고 사회복귀를 돕기 위하여 효과적인 갱생보호를 제공할 수 있는 정부기관 또는 사설기관이 있어야 한다.

처우

제91조

구금형 또는 이와 유사한 처분을 선고받은 자에 대한 처우는 형기가 허용하는 한 그들이 석방된 후에 준법적이고 자활적인 생활을 할 의지를 심어주고 이를 준비시키는 것을 목적으로 삼아야 한다. 처우는 그들의 자존심을 키워주고 책임감을 고취하는 것이어야 한다.

제92조

① 이 목적을 위하여, 종교적 배려가 가능한 국가의 경우 종교적 배려, 교육, 직업지도 및 훈련, 개별상황에 맞춘 사회원조활동, 취업상담, 신체의 단련과 덕성의 강화를 포함하는 모든 적당한 방법이 활용되어야 한다. 또한 수형자 개개인의 필요에 따라 그 사회적, 범죄적 경력, 신체와 정신의 능력과 적

of each prisoner, taking account of his or her social and criminal history, physical and mental capacities and aptitudes, personal temperament, the length of his or her sentence and prospects after release.

정성, 개인적 기질, 형기 및 석방 후의 전망이 참작되어야 한다.

2. For every prisoner with a sentence of suitable length, the prison director shall receive, as soon as possible after his or her admission, full reports on all the matters referred to in paragraph 1 of this rule. Such reports shall always include a report by the physician or other qualified health-care professionals on the physical and mental condition of the prisoner.

② 교도소장은 적당한 형기에 놓인 모든 수형자에 대하여 수용 후 가능한 한 신속하게 동조 제1항의 사항 전부에 관하여 완전한 보고를 받아야 한다. 이 보고에는 반드시 수형자의 신체와 정신상태에 관하여 의사 또는 그 밖의 자격을 가진 보건의료 전문가의 보고가 포함되어야 한다.

3. The reports and other relevant documents shall be placed in an individual file. This file shall be kept up to date and classified in such a way that it can be consulted by the responsible personnel whenever the need arises.

③ 보고서와 그 밖의 관계문서는 개별 문서철에 편철되어야 한다. 이 문서철은 항상 최신의 정보를 담도록 유지되고 필요한 때에는 언제라도 책임 있는 직원이 참고할 수 있도록 분류되어야 한다.

Classification and individualization

Rule 93

1. The purposes of classification shall be:

(a) To separate from others those prisoners who, by reason of their criminal records or characters, are likely to exercise a bad influence;

(b) To divide the prisoners into classes in order to facilitate their treatment with a view to their social rehabilitation.

2. So far as possible, separate prisons or separate sections of a prison shall be used for the treatment of different classes of prisoners.

분류 및 개별화

제93조

① 분류의 목적은 다음과 같은 것이어야 한다.

(a) 범죄경력이나 성격으로 인하여 악영향을 줄 가능성이 있는 수형자를 다른 수형자로부터 격리하는 것

(b) 수형자의 사회복귀라는 관점에서 처우를 용이하게 하고자 수형자를 그룹으로 분류하는 것

② 상이한 그룹의 수형자의 처우를 위해서는 가능한 한 별개의 교도소 또는 분리된 구역이 사용되어야 한다.

Rule 94

As soon as possible after admission and after a study of the personality of each prisoner with a sentence of suitable length, a programme of treatment shall be prepared for him or her in the light of the knowledge obtained about his or her individual needs, capacities and dispositions.

제94조

적당한 형기를 받은 수형자를 수용하고 인성검사를 실시한 후 가능한 한 신속하게 그 수형자의 처우에 관한 계획을 수립하여야 한다. 이 때 처우는 개인적 필요, 능력 및 성향에 관하여 얻은 정보를 참작하여야 한다.

Privileges

Rule 95

Systems of privileges appropriate for the different classes of prisoners and the different methods of treatment shall be established at every prison, in order to encourage good conduct, develop a sense of responsibility and secure the interest and cooperation of prisoners in their treatment.

특전

제95조

수형자의 그룹과 처우방법에 따라 각각 적합한 특전제도를 모든 교도소에 두어 선행을 장려하고 책임감을 향상시키며 처우에 관한 수형자들의 관심과 협력을 불러일으키도록 하여야 한다.

Work

Rule 96

1. Sentenced prisoners shall have the opportunity to work and/or to actively participate in their rehabilitation, subject to a determination of physical and mental fitness by a physician or other qualified health-care professionals.

2. Sufficient work of a useful nature shall be provided to keep prisoners actively employed for a normal working day.

작업

제96조

① 형을 받은 수형자에게는 작업활동 및/또는 사회복귀를 위한 활동에 적극적으로 참여할 수 있는 기회가 주어져야 하고, 이에 대하여는 의사 또는 그 밖의 자격을 가진 보건의료 전문가가 수형자의 신체적·정신적 적합성이 있는 것으로 확정할 것을 조건으로 한다.

② 통상 작업일에는 수형자가 활동적으로 작업하도록 유용하고 충분한 작업량이 주어져야한다.

Rule 97

1. Prison labour must not be of an afflictive nature.

2. Prisoners shall not be held in slavery or servitude.

3. No prisoner shall be required to work for the personal or private benefit of any prison staff.

제97조

① 교도작업은 성질상 고통을 주는 것이어서는 안된다.

② 수형자는 노예상태로 취급되어서는 안 된다.

③ 수형자는 교도소 직원의 개인적·사적 이익을 위해 작업하여서는 안 된다.

Rule 98

1. So far as possible the work provided shall be such as will maintain or increase the prisoners' ability to earn an honest living after release.

2. Vocational training in useful trades shall be provided for prisoners able to profit thereby and especially for young prisoners.

3. Within the limits compatible with proper vocational selection and with the requirements of institutional administration and discipline, prisoners shall be able to choose the type of work they wish to

제98조

① 가능한 한 수형자에게 제공되는 작업은 그가 석방 후 정직한 생계를 꾸릴 능력을 유지시키거나 증진시키는 것이어야 한다.

② 실용적인 직종의 직업훈련은 그 직종으로 소득을 얻을 능력이 있는 수형자와 특히 소년수를 위하여 실시되어야 한다.

③ 수형자는 적당한 직업선택에 부합하고 시설관리와 규율의 필요에 부합하는 범위 내에서 원하는 종류의 작업을 고를 수 있어야 한다.

perform.

Rule 99

1. The organization and methods of work in prisons shall resemble as closely as possible those of similar work outside of prisons, so as to prepare prisoners for the conditions of normal occupational life.
2. The interests of the prisoners and of their vocational training, however, must not be subordinated to the purpose of making a financial profit from an industry in the prison.

제99조

① 교도작업의 조직 및 방법은 가능한 한 교도소 밖의 동종 작업과 유사하게 하여 수형자를 정상적인 직업생활 환경에 준비시켜야 한다.

② 그러나 수형자의 이익 및 이들의 직업훈련의 이익은 교도소 내 사업에서 얻는 재정적 이익이라는 목적에 종속되어서는 안 된다.

Rule 100

1. Preferably, institutional industries and farms should be operated directly by the prison administration and not by private contractors.
2. Where prisoners are employed in work not controlled by the prison administration, they shall always be under the supervision of prison staff. Unless the work is for other departments of the government, the full normal wages for such work shall be paid to the prison administration by the persons to whom the labour is supplied, account being taken of the output of the prisoners.

제100조

① 시설의 공장 및 농장은 되도록 교정당국에 의하여 직접 운영되어야 하고 개인 계약자에 의하여 운영되지 않아야 한다.
② 수형자는 교정당국이 관리하지 아니하는 작업에 종사할 경우에도 항상 교도소 직원의 감독 하에 있어야 한다. 작업이 정부의 다른 공공부서를 위하여 이루어지는 경우가 아닌 한, 작업을 제공받는 자는 이러한 작업에 대한 충분한 통상임금을 교정당국에 지급하여야 하며, 이 때 수형자들의 생산고가 참작되어야 한다.

Rule 101

1. The precautions laid down to protect the safety and health of free workers shall be equally observed in prisons.
2. Provision shall be made to indemnify prisoners against industrial injury, including occupational disease, on terms not less favourable than those extended by law to free workers.

제101조

① 자유노동자의 안전과 건강을 보호하기 위한 규정은 교도소 내에서도 동일하게 준수되어야 한다.

② 직업병을 포함하여 산업재해로부터 수형자들을 보호하기 위한 규정이 마련되어야 하며, 이 규정은 법률에 의하여 자유노동자에게 인정되는 조건보다 불리한 것이어서는 안 된다.

Rule 102

1. The maximum daily and weekly working hours of the prisoners shall be fixed by law or by administrative regulation, taking into account local rules or custom in regard to the employment of free

제102조

① 수형자의 하루 및 주당 최대 작업시간은 자유노동자의 고용에 관한 지역적 기준과 관습을 참작하여 법률 또는 행정규칙으로 정하여야 한다.

workers.
2. The hours so fixed shall leave one rest day a week and sufficient time for education and other activities required as part of the treatment and rehabilitation of prisoners.

② 정해진 작업시간은 주당 하루의 휴일과 수형자에 대한 처우 및 사회복귀 원조의 일부로서 요구되는 교육과 그 밖의 활동을 위한 충분한 시간을 남겨두는 것이어야 한다.

Rule 103
1. There shall be a system of equitable remuneration of the work of prisoners.
2. Under the system, prisoners shall be allowed to spend at least a part of their earnings on approved articles for their own use and to send a part of their earnings to their family.
3. The system should also provide that a part of the earnings should be set aside by the prison administration so as to constitute a savings fund to be handed over to the prisoner on his or her release.

제103조
① 수형자의 작업에 대한 공정한 보수제도가 있어야 한다.
② 이 제도 하에서 수형자는 적어도 수입의 일부를 자신의 용도를 위하여 허가된 물품을 구입하는 데 사용하고 일부를 가족에게 보내는 것이 허용되어야 한다.
③ 이 제도는 아울러 교정시설이 수입의 일부를 떼어 저축기금을 마련하여 석방 시 수형자에게 교부하도록 규정하여야 한다.

Education and recreation
Rule 104
1. Provision shall be made for the further education of all prisoners capable of profiting thereby, including religious instruction in the countries where this is possible. The education of illiterate prisoners and of young prisoners shall be compulsory and special attention shall be paid to it by the prison administration.
2. So far as practicable, the education of prisoners shall be integrated with the educational system of the country so that after their release they may continue their education without difficulty.

교육 및 오락
제104조
① 성인교육에 관한 규정을 두어 이로써 혜택을 받을 수 있는 모든 수형자에게 행하여지도록 하여야 하며, 이 교육에는 종교교육이 가능한 국가의 경우 종교교육도 포함된다. 문맹자 및 소년수형자의 교육은 의무적이어야 하고 교정당국은 이에 특별한 관심을 기울여야 한다.

② 가능한 한 수형자 교육은 그 국가의 교육제도에 통합하여 수형자가 석방 후 어려움 없이 계속 교육받을 수 있도록 하여야 한다.

Rule 105
Recreational and cultural activities shall be provided in all prisons for the benefit of the mental and physical health of prisoners.

제105조
오락 활동과 문화 활동은 수형자의 정신적·신체적 건강을 위하여 모든 교도소에서 제공되어야 한다.

Social relations and aftercare

Rule 106

Special attention shall be paid to the maintenance and improvement of such relations between a prisoner and his or her family as are desirable in the best interests of both.

사회관계 및 갱생보호

제106조

수형자와 그 가족의 관계를 쌍방의 최상의 이익을 위하여 바람직한 것으로 유지하고 발전시키기 위하여 특별한 주의를 기울여야 한다.

Rule 107

From the beginning of a prisoner's sentence, consideration shall be given to his or her future after release and he or she shall be encouraged and provided assistance to maintain or establish such relations with persons or agencies outside the prison as may promote the prisoner's rehabilitation and the best interests of his or her family.

제107조

수형자의 형기가 시작될 때부터 석방 이후의 미래에 관한 배려를 하여야 하며, 교도소 외부의 개인 또는 기관과의 관계를 유지하고 수립하도록 권장하고 원조하여 수형자 자신의 사회복귀와 수형자 가족의 최상의 이익을 촉진하여야 한다.

Rule 108

1. Services and agencies, governmental or otherwise, which assist released prisoners in re-establishing themselves in society shall ensure, so far as is possible and necessary, that released prisoners are provided with appropriate documents and identification papers, have suitable homes and work to go to, are suitably and adequately clothed having regard to the climate and season and have sufficient means to reach their destination and maintain themselves in the period immediately following their release.

2. The approved representatives of such agencies shall have all necessary access to the prison and to prisoners and shall be taken into consultation as to the future of a prisoner from the beginning of his or her sentence.

3. It is desirable that the activities of such agencies shall be centralized or coordinated as far as possible in order to secure the best use of their efforts.

제108조

① 석방된 수형자의 사회복귀를 지원하는 정부의 또는 그 밖의 부서와 기관은 가능하고 필요한 한도 내에서 피석방자가 적절한 문서 및 신분증명서를 지급받고, 돌아갈 적절한 주거와 직업을 가지며, 기후와 계절을 고려하여 적당하고 충분한 의복을 입고, 목적지에 도착하여 석방 직후의 기간을 살아갈 수 있는 충분한자금을 받도록 하여야 한다.

② 이들 기관의 승인된 대표자는 교도소 및 수형자와 필요한 모든 접촉을 가져야 하며 또 수형자의 장래에 대하여 형기 시초부터 상담을 하여야 한다.

③ 이 기관들의 활동을 가능한 한 중앙에 집중시키거나, 효용이 최대화될 수 있도록 조정하는 것이 바람직하다.

B. Prisoners with mental disabilities and/or health conditions

Rule 109

1. Persons who are found to be not criminally responsible, or who are later diagnosed with severe mental disabilities and/or health conditions, for whom staying in prison would mean an exacerbation of their condition, shall not be detained in prisons, and arrangements shall be made to transfer them to mental health facilities as soon as possible.

2. If necessary, other prisoners with mental disabilities and/or health conditions can be observed and treated in specialized facilities under the supervision of qualified health-care professionals.

3. The health-care service shall provide for the psychiatric treatment of all other prisoners who are in need of such treatment.

Rule 110

It is desirable that steps should be taken, by arrangement with the appropriate agencies, to ensure if necessary the continuation of psychiatric treatment after release and the provision of social-psychiatric aftercare.

C. Prisoners under arrest or awaiting trial

Rule 111

1. Persons arrested or imprisoned by reason of a criminal charge against them, who are detained either in police custody or in prison custody (jail) but have not yet been tried and sentenced, will be referred to as "untried prisoners" hereinafter in these rules.

2. Unconvicted prisoners are presumed to be innocent and shall be treated as such.

3. Without prejudice to legal rules for the protection of individual liberty or prescribing the procedure to be observed in respect of untried prisoners, these prisoners shall benefit from a special regime which

B. 정신장애 및/또는 정신질환 수형자

제109조

① 형법상 책임능력이 없는 것으로 판명된 자 또는, 범죄 이후에 중증정신장애 및/또는 중증정신질환으로 진단받은 자의 교도소 생활이 그 상태를 더욱 악화시키는 경우, 이들은 교도소에 수용되어서는 안 된다. 이들을 가능한 한 신속히 정신보건시설로 이송하기 위한 준비대책이 세워져야 한다.

② 기타 정신장애 및/또는 정신질환 수형자는 필요한 경우 승인된 보건전문가의 감독 하에 특수한 시설에서 관찰되고 치료될 수 있다.

③ 보건의료서비스 부서는 정신의학적 치료가 필요한 기타 모든 수형자들에게 정신의학적 치료를 제공하여야 한다.

제110조

적절한 기관과의 협의를 통해 필요한 경우 석방 후 정신치료를 계속하고 사회정신학적 사후보호 제공이 보장되어야 한다.

C. 미결수용자

제111조

① 범죄의 혐의로 체포 또는 구속되어 경찰서 유치장 또는 교도소에 유치중인 채 아직 사실심리와 선고를 받지 아니한 자는 이 규칙에서 이하 '미결수용자'라고 한다.

② 유죄판결을 받지 아니한 피구금자는 무죄로 추정되고 무죄인 자로서 처우되어야 한다.

③ 개인의 자유를 보호하기 위한 법령이나 미결수용자에 관하여 준수되어야 할 절차를 규정하는 법령에 반하지 아니하는 한 미결수용자는 이하의 규칙에서 핵심사항에 관하여서만 기술하고 있는 특

is described in the following rules in its essential requirements only.

별한 제도에 의하여 혜택을 받아야 한다.

Rule 112

1. Untried prisoners shall be kept separate from convicted prisoners.

2. Young untried prisoners shall be kept separate from adults and shall in principle be detained in separate institutions.

제112조

① 미결수용자는 수형자와 분리수용되어야 한다.

② 소년 미결수용자는 성인과 분리되며 원칙적으로 별개의 시설에 구금되어야 한다.

Rule 113

Untried prisoners shall sleep singly in separate rooms, with the reservation of different local custom in respect of the climate.

제113조

미결수용자는 기후에 따라 상이한 지역적 관습이 있는 경우를 제외하고는 개별 거실에서 혼자 자야 한다.

Rule 114

Within the limits compatible with the good order of the institution, untried prisoners may, if they so desire, have their food procured at their own expense from the outside, either through the administration or through their family or friends. Otherwise, the administration shall provide their food.

제114조

시설의 질서와 부합하는 범위 내에서 미결수용자는 희망하는 경우 자기의 비용으로 교정당국, 가족 또는 친구를 통하여 외부로부터 들여온 음식을 먹을 수 있다. 그 밖의 경우에는 교정당국이 이들의 음식을 제공하여야 한다.

Rule 115

An untried prisoner shall be allowed to wear his or her own clothing if it is clean and suitable. If he or she wears prison dress, it shall be different from that supplied to convicted prisoners.

제115조

미결수용자에게는 청결하고 적당한 사복을 입는 것이 허용되어야 한다. 미결수용자가 죄수복을 입는 경우 그 죄수복은 수형자에게 지급하는 것과는 다른 것이어야 한다.

Rule 116

An untried prisoner shall always be offered the opportunity to work, but shall not be required to work. If he or she chooses to work, he or she shall be paid for it.

제116조

미결수용자에게는 항상 작업의 기회가 주어져야 하나 작업의 의무가 부과되어서는 안 된다. 미결수용자가 작업하기로 선택한 경우 보수가 지급되어야 한다.

Rule 117

An untried prisoner shall be allowed to procure at his or her own expense or at the expense of a third

제117조

미결수용자에게는 자기 또는 제3자의 비용으로 사법행정 및 시설의 안전과 질서를 해하지 않는 서적,

party such books, newspapers, writing material and other means of occupation as are compatible with the interests of the administration of justice and the security and good order of the institution.

신문, 필기용구 및 기타 소일거리를 구입하는 것이 허용되어야 한다.

Rule 118

An untried prisoner shall be allowed to be visited and treated by his or her own doctor or dentist if there are reasonable grounds for the application and he or she is able to pay any expenses incurred.

제118조

미결수용자가 합리적인 근거를 가지고 신청하고 모든 비용을 지급할 수 있는 경우 자신의 의사 또는 치과의사의 방문과 치료를 받는 것이 허용되어야 한다.

Rule 119

1. Every untried prisoner has the right to be promptly informed about the reasons for his or her detention and about any charges against him or her.

2. If an untried prisoner does not have a legal adviser of his or her own choice, he or she shall be entitled to have a legal adviser assigned to him or her by a judicial or other authority in all cases where the interests of justice so require and without payment by the untried prisoner if he or she does not have sufficient means to pay. Denial of access to a legal adviser shall be subject to independent review without delay.

제119조

① 미결수용자는 자신의 구금사유 및 제기된 혐의가 무엇인지 즉시 알 권리가 있다.

② 미결수용자가 스스로 선임한 법률자문가가 없는 경우, 미결수용자는 사법행정적 이익상 필요한 모든 사안에 대하여 법원 또는 기타 기관으로부터 법률자문가를 선임받을 권리가 있으며, 이 때 미결수용자가 비용을 지불할 수 없을 경우 법률자문가 선임은 미결수용자의 비용 지불 없이 제공되어야 한다. 법률자문가의 조력을 거부하는 경우에는 지체 없이 별도의 심의를 거쳐야 한다.

Rule 120

1. The entitlements and modalities governing the access of an untried prisoner to his or her legal adviser or legal aid provider for the purpose of his or her defence shall be governed by the same principles as outlined in rule 61.

2. An untried prisoner shall, upon request, be provided with writing material for the preparation of documents related to his or her defence, including confidential instructions for his or her legal adviser or legal aid provider.

제120조

① 미결수용자의 변호를 목적으로 미결수용자가 법률자문가 또는 법적으로 지원하는 자와 접견할 수 있는 권리 및 그 방식은 제61조에 규정되어 있는 기본원칙과 동일하게 다루어져야 한다.

② 미결수용자가 희망하는 경우 그의 변호에 관련된 서류 - 이에는 법률자문가 또는 법적으로 지원하는 자에게 전달하기 위한 비밀의 지시문서가 포함된다 - 작성을 위한 필기용구가 주어져야 한다.

D. Civil prisoners

Rule 121

In countries where the law permits imprisonment for debt, or by order of a court under any other non-criminal process, persons so imprisoned shall not be subjected to any greater restriction or severity than is necessary to ensure safe custody and good order. Their treatment shall be not less favourable than that of untried prisoners, with the reservation, however, that they may possibly be required to work.

E. Persons arrested or detained without charge

Rule 122

Without prejudice to the provisions of article 9 of the International Covenant on Civil and Political Rights,29 persons arrested or imprisoned without charge shall be accorded the same protection as that accorded under part I and part II, section C, of these rules. Relevant provisions of part II, section A, of these rules shall likewise be applicable where their application may be conducive to the benefit of this special group of persons in custody, provided that no measures shall be taken implying that re-education or rehabilitation is in any way appropriate to persons not convicted of any criminal offence.

D. 민사상의 피구금자

제121조

법률상 채무로 인한 구금 또는 기타 비형사적 절차에 따른 법원의 명령에 의하여 구금이 허용되고 있는 국가에서 이들 피구금자는 안전한 구금과 질서를 확보하기 위하여 필요한 한도를 넘는 어떠한 속박이나 고통도 받아서는 안 된다. 이들에 대한 처우는 작업의 의무가 과하여질 수 있다는 점을 제외하고는 미결수용자에 대한 처우보다 불리하여서는 안 된다.

E. 혐의없이 체포 또는 구금된 자

제122조

시민적 정치적 권리에 관한 국제규약 제9조에 저촉되지 아니하는 한, 범죄의 혐의 없이 체포 또는 구금된 자는 본 규칙 제1부와 제2부 C절에 규정된 바와 동일한 보호를 받아야 한다. 본 규칙 제2부 A절의 관련규정도 그 적용이 이 특수한 그룹에 속한 피구금자에게 이익이 될 때에는 동일하게 적용되어야 한다. 다만 범죄에 대한 유죄판결을 받지 아니한 자에게 어떤 방식으로든 재교육이나 갱생조치가 타당하다는 것을 암시하는 조치가 취해져서는 안 된다.

Body of Principles for the Protection of All Persons under Any Form of Detention or Imprisonment

G.A. res. 43/173, annex, 43 U.N. GAOR Supp. (No. 49) at 298, U.N. Doc. A/43/49 (1988).

SCOPE OF THE BODY OF PRINCIPLES

These principles apply for the protection of all persons under any form of detention or imprisonment.

USE OF TERMS

For the purposes of the Body of Principles:

(a) "Arrest" means the act of apprehending a person for the alleged commission of an offence or by the action of an authority;

(b) "Detained person" means any person deprived of personal liberty except as a result of conviction for an offence;

(c) "Imprisoned person" means any person deprived of personal liberty as a result of conviction for an offence;

(d) "Detention" means the condition of detained persons as defined above;

(e) "Imprisonment" means the condition of imprisoned persons as defined above;

(f) The words "a judicial or other authority" means a judicial or other authority under the law whose status and tenure should afford the strongest possible guarantees of competence, impartiality and independence.

Principle 1

All persons under any form of detention or imprisonment shall be treated in a humane manner and with respect for the inherent dignity of the

모든 형태의 억류·구금하에 있는 사람들을 보호하기 위한 원칙(약칭 국제연합 피구금자 보호원칙)

채택 1988. 12. 9

원칙의 적용 범위

이하의 원칙은 모든 형태의 억류 또는 구금하에 있는 사람들을 보호하기 위하여 적용된다.

용어

이 원칙에서는,

a. "체포"라고 하는 것은 범죄의 혐의로 인하거나 또는 권한행사에 의해 사람을 체포하는 행위를 말한다.

b. "억류된 자"라고 하는 것은 범죄에 대한 판결의 결과에 의한 경우를 제외하고, 인신의 자유를 박탈당한 모든 사람을 말한다.

c. "구금된 자"라고 하는 것은 범죄에 대한 판결의 결과 인신의 자유를 박탈당한 모든 사람을 말한다.

d. "억류"라고 하는 것은 위에서 정의된 억류된 자의 상태를 말한다.

e. "구금"이라고 하는 것은 위에서 정의한 구금된 자의 상태를 말한다.

f. "사법기관 등"이라고 하는 것은 법에 근거하고 그 지위 및 재임자격에 의하여 권한, 공평성 및 독립성에 대하여 가장 강한 보호를 받고 있는 법관, 기타 기관을 말한다.

원칙 1

모든 형태의 억류 또는 구금하에 있는 사람들은 인도적이고도 인간 고유의 존엄성을 바탕으로 처우되도록 해야 한다.

human person.

Principle 2

Arrest, detention or imprisonment shall only be carried out strictly in accordance with the provisions of the law and by competent officials or persons authorized for that purpose.

Principle 3

There shall be no restriction upon or derogation from any of the human rights of persons under any form of detention or imprisonment recognized or existing in any State pursuant to law, conventions, regulations or custom on the pretext that this Body of Principles does not recognize such rights or that it recognizes them to a lesser extent.

Principle 4

Any form of detention or imprisonment and all measures affecting the human rights of a person under any form of detention or imprisonment shall be ordered by, or be subject to the effective control of, a judicial or other authority.

Principle 5

1. These principles shall be applied to all persons within the territory of any given State, without distinction of any kind, such as race, colour, sex, language, religion or religious belief, political or other opinion, national, ethnic or social origin, property, birth or other status.

2. Measures applied under the law and designed solely to protect the rights and special status of women, especially pregnant women and nursing mothers, children and juveniles, aged, sick or handicapped persons shall not be deemed to be discriminatory. The need for, and the application of, such measures shall always be subject to review by a judicial or other authority.

원칙 2

체포, 억류, 구금은 법률의 규정에 엄격히 따르고 권한 있는 공무원 또는 그 목적을 위하여 권한이 부여된 자에 의하여만 집행되도록 해야 한다.

원칙 3

어떤 나라도 법률, 조약, 규칙 또는 관습에 의하여 인정되거나 존재하는 모든 형태의 억류 또는 구금된 자를 위한 인권에 대해서는 이 원칙이 그들의 권리를 인정하지 않거나 인정하는 범위가 보다 좁다는 이유로 그들의 기존의 권리를 제한하거나 침해해서는 안 되도록 해야 한다.

원칙 4

모든 형태의 억류 또는 구금된 자를 위한 인권에 영향을 끼치는 모든 조치는 사법기관 등의 명령에 의해 이루어지든가 또는 그 효과적 통제에 따르지 않으면 안 되도록 해야 한다.

원칙 5

① 이 원칙은 국내의 모든 사람에 대하여 인종, 피부색, 성, 언어, 종교 혹은 종교적 신조, 정치적 또는 기타의 의견, 민족 또는 사회적 출신, 재산, 출생, 기타 지위 등에 의한 어떠한 종류의 차별도 없이 적용되어야 한다.

② 법률규정에 따라 부인(특히 임산부 및 수유중의 모), 어린이, 소년, 노인, 환자, 장애자에 대하여 권리 및 그 특별한 지위를 옹호할 목적으로 고안된 조치는 차별로 간주되지 않도록 해야 한다. 이와 같은 조치의 필요성과 그 실시는 사법기관 등으로부터 항상 심사되도록 해야 한다.

Principle 6
No person under any form of detention or imprisonment shall be subjected to torture or to cruel, inhuman or degrading treatment or punishment. No circumstance whatever may be invoked as a justification for torture or other cruel, inhuman or degrading treatment or punishment.

원칙 6
억류 또는 구금된 자는 고문 또는 가혹하고 비인도적이며 굴욕적인 취급 또는 형벌을 받지 않도록 해야 한다. 어떠한 경우에도 고문과 기타 가혹하고 비인간적인 혹은 굴욕적인 취급 또는 형벌은 정당화되지 아니한다.

Principle 7
1. States should prohibit by law any act contrary to the rights and duties contained in these principles, make any such act subject to appropriate sanctions and conduct impartial investigations upon complaints.
2. Officials who have reason to believe that a violation of this Body of Principles has occurred or is about to occur shall report the matter to their superior authorities and, where necessary, to other appropriate authorities or organs vested with reviewing or remedial powers.
3. Any other person who has ground to believe that a violation of this Body of Principles has occurred or is about to occur shall have the right to report the matter to the superiors of the officials involved as well as to other appropriate authorities or organs vested with reviewing or remedial powers.

원칙 7
① 각국 정부는 이 원칙에 포함된 권리의무에 반하는 행위를 모두 법에 의해 금지하고 그와 같은 행위에 적절한 제재를 가하며, 불복신청에 대해서는 공평한 조사를 실시해야 한다.

② 이 원칙에 위반하는 행위가 행해졌든가 또는 행해질 것 같다고 믿기에 충분한 이유를 갖고 있는 정부직원은 이를 상급기관에 보고하고, 필요한 경우에는 심사 또는 구제권한이 주어진 다른 적절한 기관에 보고해야 한다.

③ 이 원칙에 위반하는 행위가 행해졌거나 또는 행해질 것이라고 믿기에 충분한 근거를 갖고 있는 누구라도 관련 공무원의 상급기관 및 심사 혹은 구제권한이 주어진 적절한 다른 기관에 보고할 권리를 갖는다.

Principle 8
Persons in detention shall be subject to treatment appropriate to their unconvicted status. Accordingly, they shall, whenever possible, be kept separate from imprisoned persons.

원칙 8
억류된 자는 유죄판결을 받지 않은 자로서의 지위에 상응하는 처우를 받도록 해야 한다. 따라서 억류된 자는 가능한 경우에는 언제라도 구금된 자와 분리되도록 해야 한다.

Principle 9
The authorities which arrest a person, keep him under detention or investigate the case shall exercise only the powers granted to them under the law and the exercise of these powers shall be subject to recourse to a judicial or other authority.

원칙 9
사람을 체포하고 억류하거나 사건을 수사하는 기관은 법률에 의하여 주어진 권한만을 행사하는 것으로 하고 그 권한 행사는 사법기관 등의 심사를 받도록 해야 한다.

Principle 10
Anyone who is arrested shall be informed at the time of his arrest of the reason for his arrest and shall be promptly informed of any charges against him.

원칙 10
체포된 자는 누구라도 체포 시에 체포이유를 고지받고 즉시 자기에 대한 피의사실을 고지받도록 해야 한다.

Principle 11
1. A person shall not be kept in detention without being given an effective opportunity to be heard promptly by a judicial or other authority. A detained person shall have the right to defend himself or to be assisted by counsel as prescribed by law.
2. A detained person and his counsel, if any, shall receive prompt and full communication of any order of detention, together with the reasons therefor.

3. A judicial or other authority shall be empowered to review as appropriate the continuance of detention.

원칙 11
① 누구나 사법기관 등에 의해 즉시 청문받을 실질적 기회를 받지 아니하고서는 억류되어서는 안 된다. 억류된 자는 스스로 방어하거나 법에 정해진 변호사의 조력을 받을 권리를 갖는다.

② 억류된 자(만일 변호사가 있는 경우에는 그 변호사)는 억류명령 및 그 이유에 대해 즉시 그 모든 내용의 통지를 받을 수 있는 권리가 보장되어야 한다.
③ 사법기관 등은 억류의 계속이 적절한지 여부를 심사할 수 있는 권한을 가져야 한나.

Principle 12
1. There shall be duly recorded:
(a) The reasons for the arrest;
(b) The time of the arrest and the taking of the arrested person to a place of custody as well as that of his first appearance before a judicial or other authority;
(c) The identity of the law enforcement officials concerned;
(d) Precise information concerning the place of custody.

2. Such records shall be communicated to the detained person, or his counsel, if any, in the form prescribed by law.

원칙 12
① 다음 사항은 정확히 기록되어야 한다.
a. 체포이유
b. 체포 시간, 피체포자를 구류 장소에 연행한 시간 및 최초의 사업기관 등 앞에 인치한 시간

c. 관계된 법집행관의 성명

d. 구류시설에 관한 정확한 정보

② 위의 기록은 억류된 자(만일 보호자가 있는 경우에는 변호사)에게 법에 규정된 형식에 의해 통지되어야 한다.

Principle 13
Any person shall, at the moment of arrest and at the commencement of detention or imprisonment, or promptly thereafter, be provided by the authority

원칙 13
누구나 체포 및 억류, 구금의 개시 시 혹은 그 후 즉시 체포·억류·구금을 집행하는 당국으로부터 체포·억류·구금에 관한 피구금자의 권리 및 권리행

responsible for his arrest, detention or imprisonment, respectively with information on and an explanation of his rights and how to avail himself of such rights.

사의 방법을 고지, 설명받을 수 있어야 한다.

Principle 14

A person who does not adequately understand or speak the language used by the authorities responsible for his arrest, detention or imprisonment is entitled to receive promptly in a language which he understands the information referred to in principle 10, principle 11, paragraph 2, principle 12, paragraph 1, and principle 13 and to have the assistance, free of charge, if necessary, of an interpreter in connection with legal proceedings subsequent to his arrest.

원칙 14

체포·억류·구금을 집행하는 당국에 의하여 사용되는 언어를 충분히 이해하지 못하거나 말할 수 없는 사람은 그가 이해하는 언어에 의해 원칙 11의 ②항, 원칙 12의 ①항 및 원칙 13에 관한 정보를 즉시 고지받을 권리를 갖고 체포에 이어지는 법률상 절차에 관하여 필요하다면 무료로 통역을 받는 권리를 갖도록 해야 한다.

Principle 15

Notwithstanding the exceptions contained in principle 16, paragraph 4, and principle 18, paragraph 3, communication of the detained or imprisoned person with the outside world, and in particular his family or counsel, shall not be denied for more than a matter of days.

원칙 15

원칙 16의 ④항 및 원칙 18의 ③항에 규정된 예외의 경우라도 억류 또는 구금된 자와 외부(특히 가족과 변호사)와의 교통은 수일간 이상 거부되어서는 안 된다.

Principle 16

1. Promptly after arrest and after each transfer from one place of detention or imprisonment to another, a detained or imprisoned person shall be entitled to notify or to require the competent authority to notify members of his family or other appropriate persons of his choice of his arrest, detention or imprisonment or of the transfer and of the place where he is kept in custody.

2. If a detained or imprisoned person is a foreigner, he shall also be promptly informed of his right to communicate by appropriate means with a consular post or the diplomatic mission of the State of which he is a national or which is otherwise entitled to

원칙 16

① 체포 후 즉시 그리고 체포·억류·구금의 장소에서 이송이 있을 때마다 억류·구금된 자는 가족 혹은 그가 선택하는 기타의 적절한 사람에게 체포·억류·구금 사실, 이송 사실 및 현재 구금되어 있는 장소를 통지하거나 관계당국에 대하여 통지하도록 요구하는 권리를 갖도록 해야 한다.

② 억류 또는 구금된 자가 이국인인 경우에는 그가 속하는 나라 또는 국제법에 의해 통지받을 권한을 갖는 나라의 영사관 또는 대사관에 억류 또는 구금된 자가 난민 또는 국제기관의 보호하에 있는 경우에는 권한을 갖는 국제기관의 대표에게, 적절한 방

receive such communication in accordance with international law or with the representative of the competent international organization, if he is a refugee or is otherwise under the protection of an intergovernmental organization.

법으로 통신을 할 권리도 즉시 고지받도록 해야 한다.

3. If a detained or imprisoned person is a juvenile or is incapable of understanding his entitlement, the competent authority shall on its own initiative undertake the notification referred to in the present principle. Special attention shall be given to notifying parents or guardians.

③ 억류 또는 구금된 자가 소년 또는 자기의 권리를 이해할 능력이 없는 경우에 관계기관은 직권으로 이 원칙에서 주어지는 통지를 행하도록 해야 한다. 부모 또는 후견인에게 통지를 하는 것에 특별한 주의를 기울이도록 해야 한다.

4. Any notification referred to in the present principle shall be made or permitted to be made without delay. The competent authority may however delay a notification for a reasonable period where exceptional needs of the investigation so require.

④ 이 원칙이 언급하는 통지는 지체 없이 실시되고 허가되어야 한다. 단, 관계기관은 수사를 위하여 예외적인 필요성이 있는 경우에는 통지를 합리적인 기간 지체할 수 있다.

Principle 17

1. A detained person shall be entitled to have the assistance of a legal counsel. He shall be informed of his right by the competent authority promptly after arrest and shall be provided with reasonable facilities for exercising it.

2. If a detained person does not have a legal counsel of his own choice, he shall be entitled to have a legal counsel assigned to him by a judicial or other authority in all cases where the interests of justice so require and without payment by him if he does not have sufficient means to pay.

원칙 17

① 억류된 자는 변호사의 조력을 받을 권리를 갖도록 해야 한다. 억류된 자는 관계당국에 의해 체포 즉시 그 권리를 고지받고 권리 행사를 위한 적절한 편의를 제공받도록 해야 한다.

② 억류된 자가 사법의 이익이 있으면서도 자력이 없어 자기가 선임하는 변호사를 갖지 아니하는 모든 경우에는 무료로 사법기관 등에 의하여 변호사의 선임을 받을 권리를 갖도록 해야 한다.

Principle 18

1. A detained or imprisoned person shall be entitled to communicate and consult with his legal counsel.

2. A detained or imprisoned person shall be allowed adequate time and facilities for consultation with his legal counsel.

3. The right of a detained or imprisoned person to be visited by and to consult and communicate, without

원칙 18

① 억류 또는 구금된 자는 자기의 변호사와 상담하기 위해 적당한 시간과 시설이 주어지도록 해야 한다.

② 억류 또는 구금된 자는 자기의 변호사와 통신하고 상담하기 위해 적당한 시간과 시설이 주어지도록 해야 한다.

③ 억류 또는 구금된 자가 지체 없이, 검열이 없고 완전한 비밀이 보장되어 자기의 변호사의 방문을

delay or censorship and in full confidentiality, with his legal counsel may not be suspended or restricted save in exceptional circumstances, to be specified by law or lawful regulations, when it is considered indispensable by a judicial or other authority in order to maintain security and good order.
4. Interviews between a detained or imprisoned person and his legal counsel may be within sight, but not within the hearing, of a law enforcement official.
5. Communications between a detained or imprisoned person and his legal counsel mentioned in the present principle shall be inadmissible as evidence against the detained or imprisoned person unless they are connected with a continuing or contemplated crime.

Principle 19
A detained or imprisoned person shall have the right to be visited by and to correspond with, in particular, members of his family and shall be given adequate opportunity to communicate with the outside world, subject to reasonable conditions and restrictions as specified by law or lawful regulations.

Principle 20
If a detained or imprisoned person so requests, he shall if possible be kept in a place of detention or imprisonment reasonably near his usual place of residence.

Principle 21
1. It shall be prohibited to take undue advantage of the situation of a detained or imprisoned person for the purpose of compelling him to confess, to incriminate himself otherwise or to testify against any other person.
2. No detained person while being interrogated shall be subject to violence, threats or methods of inter-

받고, 변호사와 상담 또는 통신할 권리는 정지되거나 제한되지 않도록 해야 한다. 단, 법률 또는 법률에 따른 규칙에 정해지고 사법기관 등에 의해 안전과 질서를 유지하기 위하여 불가결하다고 판단된 예외적인 경우에는 그러하지 아니하다.

④ 억류 또는 구금된 자와 그 변호사의 접견은 법집행관이 감시할 수 있지만 청취할 수는 없도록 해야 한다.

⑤ 이 원칙에 의한 억류 또는 구금된 자와 그 변호사의 통신은 억류 또는 구금된 자의 증거로서는 활용되지 않도록 해야 한다. 단, 그것이 계속적 혹은 의도적 범죄와 관계되는 경우에는 그러하지 아니하다.

원칙 19
억류 또는 구금된 자는 특히 가족의 방문을 받고 가족과 통신할 권리를 가지며, 외부사회와 교통할 충분한 기회를 부여받아야 한다. 단, 법률 또는 법률에 따른 규칙에 의하여 정해진 합리적인 조건과 제한에 따른다.

원칙 20
억류 또는 구금된 자가 요구하는 경우에 통상 주가에 합리적으로 가까운 억류 또는 구금시설에 유치되도록 해야 한다.

원칙 21
① 자백하게 하거나 기타 자기에게 죄를 돌리게 하며, 또는 타인에게 불리한 증언을 하게 하는 것을 강제하기 위하여 억류 또는 구금되어 있는 자의 상태를 부당하게 이용하는 것은 금지되어야 한다.

② 억류되어 있는 자는 조사받고 있는 동안에 폭력 협박 또는 결정능력 혹은 판단능력을 해치는 방법

rogation which impair his capacity of decision or his judgement.

으로 조사받지 않도록 해야 한다.

Principle 22

No detained or imprisoned person shall, even with his consent, be subjected to any medical or scientific experimentation which may be detrimental to his health.

원칙 22

억류 또는 구금된 자는 본인의 동의가 있는 경우에도 건강을 해할 우려가 있는 의학적 또는 과학적 실험을 받지 않도록 해야 한다.

Principle 23

1. The duration of any interrogation of a detained or imprisoned person and of the intervals between interrogations as well as the identity of the officials who conducted the interrogations and other persons present shall be recorded and certified in such form as may be prescribed by law.

2. A detained or imprisoned person, or his counsel when provided by law, shall have access to the information described in paragraph 1 of the present principle.

원칙 23

① 억류 또는 구금된 자의 조사기간 및 조사간격, 조사담당자, 기타 입회자의 성명은 법에 규정된 방식에 의해 기록되고 확인되도록 해야 한다.

② 억류 또는 구금된 자 도는 법에 규정된 대리인은 위의 정보에 접근할 수 있도록 해야 한다.

Principle 24

A proper medical examination shall be offered to a detained or imprisoned person as promptly as possible after his admission to the place of detention or imprisonment, and thereafter medical care and treatment shall be provided whenever necessary. This care and treatment shall be provided free of charge.

원칙 24

억류 또는 구금된 자에 대하여는 억류 또는 구금시설에 수용된 후 가능한 한 빨리 적절한 의학적 검사가 제공되도록 해야 한다. 이 치료와 진료는 무료로 제공되도록 해야 한다.

Principle 25

A detained or imprisoned person or his counsel shall, subject only to reasonable conditions to ensure security and good order in the place of detention or imprisonment, have the right to request or petition a judicial or other authority for a second medical examination or opinion.

원칙 25

억류 또는 구금된 자 또는 그 대리인은 제3자에 의한 2차적 의학적 검사 또는 의견을 사법기관 등에 요구하거나 신청할 권리를 갖도록 해야 한다. 단, 억류 또는 구금시설의 안전과 질서를 유지하기 위한 합리적인 조건에서만 그 예외를 인정한다.

Principle 26

The fact that a detained or imprisoned person underwent a medical examination, the name of the physician and the results of such an examination shall be duly recorded. Access to such records shall be ensured. Modalities therefore shall be in accordance with relevant rules of domestic law.

원칙 26

억류 또는 구금된 자가 의학상의 검사를 받은 사실, 의사의 성명 및 검사 결과는 정확히 기재되어야 하고 이들 기록에서의 접근은 보장되도록 해야 한다. 그를 위한 절차는 각 국법의 관련 법규에 따른다.

Principle 27

Non-compliance with these principles in obtaining evidence shall be taken into account in determining the admissibility of such evidence against a detained or imprisoned person.

원칙 27

증거를 수집하는 데에 이 원칙의 각 조항에 위반한 경우에는 억류 또는 구금된 자에 대한 증거의 증거능력의 결정에서 고려되어야 한다.

Principle 28

A detained or imprisoned person shall have the right to obtain within the limits of available resources, if from public sources, reasonable quantities of educational, cultural and informational material, subject to reasonable conditions to ensure security and good order in the place of detention or imprisonment.

원칙 28

억류 또는 구금된 자는 공적인 재원의 가능한 범위에서 합리적인 수준의 교육적, 문화적 자료 또는 정보를 얻을 권리를 갖도록 해야 한다. 단, 억류 또는 구금시설의 안전과 규율을 확보하기 위한 합리적인 조건에서만 예외를 인정한다.

Principle 29

1. In order to supervise the strict observance of relevant laws and regulations, places of detention shall be visited regularly by qualified and experienced persons appointed by, and responsible to, a competent authority distinct from the authority directly in charge of the administration of the place of detention or imprisonment.

2. A detained or imprisoned person shall have the right to communicate freely and in full confidentiality with the persons who visit the places of detention or imprisonment in accordance with paragraph 1 of the present principle, subject to reasonable conditions to ensure security and good order in such places.

원칙 29

① 관계법령의 엄정한 준수를 감독하기 위해 억류시설은 억류시설 또는 구금시설의 운영에 직접 관여하는 기관과는 별도의 권한을 갖는 기관에 의해 임명되고, 그 기관에 책임을 지며 자격과 경험을 갖춘 사람에 의하여 정기적으로 방문받도록 해야 한다.

② 억류 또는 구금된 자는 제①항에 따라 억류 또는 구금시설을 방문한 사람과 자유롭고 완전히 비밀이 보장된 상태에서 의사소통한 권리를 갖도록 해야 한다. 단 시설의 안전과 규율을 지키기 위한 합리적 조건에는 따르도록 한다.

Principle 30

1. The types of conduct of the detained or imprisoned person that constitute disciplinary offences during detention or imprisonment, the description and duration of disciplinary punishment that may be inflicted and the authorities competent to impose such punishment shall be specified by law or lawful regulations and duly published.

2. A detained or imprisoned person shall have the right to be heard before disciplinary action is taken. He shall have the right to bring such action to higher authorities for review.

원칙 30

① 억류 또는 구금 중에 징벌의 원인이 되는 행위의 형태, 과해진 징벌의 종류와 기간, 징벌을 과하는 기관은 법률 또는 법률에 따른 규칙에 명기되고 정확히 공표되도록 해야 한다.

② 억류 또는 구금된 자에게는 징벌이 집행되기 전에 청문을 받을 권리가 있어야 한다. 징벌을 받은 자는 상급기관에 재심을 신청할 권리를 갖도록 해야 한다.

Principle 31

The appropriate authorities shall endeavour to ensure, according to domestic law, assistance when needed to dependent and, in particular, minor members of the families of detained or imprisoned persons and shall devote a particular measure of care to the appropriate custody of children left without supervision.

원칙 31

관계기관은 각국의 법제에 따라 억류 또는 구금된 자의 부양가족, 특히 미성년자에게는 원조를 보장하도록 노력하고, 보호 없이 버려진 아동에 대산 적절한 조치를 위하여 특별한 수단을 강구하도록 해야 한다.

Principle 32

1. A detained person or his counsel shall be entitled at any time to take proceedings according to domestic law before a judicial or other authority to challenge the lawfulness of his detention in order to obtain his release without delay, if it is unlawful.

2. The proceedings referred to in paragraph 1 of the present principle shall be simple and expeditious and at no cost for detained persons without adequate means. The detaining authority shall produce without unreasonable delay the detained person before the reviewing authority.

원칙 32

① 억류된 자 또는 그 변호사는 언제라도 각국 법에 따라 사법기관 등에 대하여 억류의 합법성을 심사하고, 불법인 경우에는 즉시 석방을 받기 위한 신청을 할 권리를 갖는다.

② 제①항에 관한 신청절차는 간편·신속하고, 재산이 없는 억류된 자에 대해서는 무료에 의하도록 해야 한다. 억류기관은 억류된 자를 부당하게 지연시키지 않고 심사기관에 출석할 수 있도록 해야 한다.

Principle 33

1. A detained or imprisoned person or his counsel shall have the right to make a request or complaint regarding his treatment, in particular in case of

원칙 33

① 억류 또는 구금된 자 또는 그 변호사는 억류시설을 관리하는 책임 있는 당국 및 그 상급기관과 필요한 경우에는 심사 및 구제권한을 갖는 적절한 기관

torture or other cruel, inhuman or degrading treatment, to the authorities responsible for the administration of the place of detention and to higher authorities and, when necessary, to appropriate authorities vested with reviewing or remedial powers.

에 대하여 처우, 특히 고문과 기타 가혹하고 비인간적인 혹은 굴욕적인 처우에 관한 시정요구 또는 불복신청을 할 수 있는 권리를 갖도록 해야 한다.

2. In those cases where neither the detained or imprisoned person nor his counsel has the possibility to exercise his rights under paragraph 1 of the present principle, a member of the family of the detained or imprisoned person or any other person who has knowledge of the case may exercise such rights.

② 억류 또는 구금된 자 또는 그 변호사가 제①항의 권리를 행사할 가능성이 없는 경우에는 억류 또는 구금된 자의 가족 또는 사건에 관하여 지식을 갖는 자는 누구라도 제①항의 권리를 행사할 수 있다.

3. Confidentiality concerning the request or complaint shall be maintained if so requested by the complainant.

③ 시정요구 또는 불복신청에 관한 비밀은 신청인이 요구하는 경우에는 지켜지도록 해야 한다.

4. Every request or complaint shall be promptly dealt with and replied to without undue delay. If the request or complaint is rejected or, in case of inordinate delay, the complainant shall be entitled to bring it before a judicial or other authority. Neither the detained or imprisoned person nor any complainant under paragraph 1 of the present principle shall suffer prejudice for making a request or complaint.

④ 모든 요구 또는 불복신청은 신속히 처리되고, 부당한 지연 없이 회답하도록 해야 한다. 요구 또는 불복신청이 거부되거나 부당하게 지연된 경우에 불복신청자는 사법기관 등에 신청할 수 있도록 해야 한다. 제①항에 의한 요구 또는 불복신청을 한 자는 요구 또는 불복신청을 행한 것으로 인해 불이익을 받지 않도록 해야 한다.

Principle 34

Whenever the death or disappearance of a detained or imprisoned person occurs during his detention or imprisonment, an inquiry into the cause of death or disappearance shall be held by a judicial or other authority, either on its own motion or at the instance of a member of the family of such a person or any person who has knowledge of the case. When circumstances so warrant, such an inquiry shall be held on the same procedural basis whenever the death or disappearance occurs shortly after the termination of the detention or imprisonment. The findings of such inquiry or a report thereon shall be

원칙 34

억류 또는 구금기간에 억류 또는 구금된 자가 사망하거나 행방불명된 경우에, 그 사망 또는 행방불명의 원인 조사는 사법기관, 직권, 가족 혹은 사정을 아는 자의 신청에 의하여 행해지도록 해야 한다. 사망 및 행방불명이 억류 또는 구금 종료 직후에 발생한 경우에도 상황에 따라서는 위와 같은 절차의 조사가 행해지도록 해야 한다. 이와 같은 조사의 결과 및 그것에 관한 보고는 진행 중의 범죄수사를 방해하는 경우를 제외하고는 청구에 의해 이용 가능하도록 해야 한다.

made available upon request, unless doing so would jeopardize an ongoing criminal investigation.

Principle 35

1. Damage incurred because of acts or omissions by a public official contrary to the rights contained in these principles shall be compensated according to the applicable rules or liability provided by domestic law.

2. Information required to be recorded under these principles shall be available in accordance with procedures provided by domestic law for use in claiming compensation under the present principle.

원칙 35

① 이 원칙에 포함된 권리에 반하는 공무원의 작위 또는 무작위에 의하여 생긴 손해는 각국 법에 규정된 배상책임에 관한 법령에 따라 배상되도록 해야 한다.

② 이 원칙에 따라 기록되도록 요구되고 있는 정보는 각국 법에 정해진 절차에 이 원칙하에 배상을 요구하기 위하여 이용 가능하도록 해야 한다.

Principle 36

1. A detained person suspected of or charged with a criminal offence shall be presumed innocent and shall be treated as such until proved guilty according to law in a public trial at which he has had all the guarantees necessary for his defence.

2. The arrest or detention of such a person pending investigation and trial shall be carried out only for the purposes of the administration of justice on grounds and under conditions and procedures specified by law. The imposition of restrictions upon such a person which are not strictly required for the purpose of the detention or to prevent hindrance to the process of investigation or the administration of justice, or for the maintenance of security and good order in the place of detention shall be forbidden.

원칙 36

① 범죄혐의를 받고 억류되고 있는 자는 무죄로 추정되고, 방어에 필요한 모든 보장이 주어진 공개재판에서 법에 따른 유죄로 증명될 때까지는 무죄로 처우되도록 해야 한다.

② 수사 중 또는 공판 중의 위 사람에 대한 체포 또는 억류는 법이 정한 근거, 조건 및 절차하에 사법권의 집행 필요성을 위하여서만 행해지도록 해야 한다. 위 사람에 대한 제한의 강제는 엄밀히 억류의 목적을 위하여 요구되든가, 구사과정에서 방해를 방지하기 위하여 필요하든가, 사법집행을 위하여 필요하든가, 혹은 억류시설의 안전과 지서를 유지하기 위해 필요한 경우 이외에는 금지되어야 한다.

Principle 37

A person detained on a criminal charge shall be brought before a judicial or other authority provided by law promptly after his arrest. Such authority shall decide without delay upon the lawfulness and necessity of detention. No person may be kept under detention pending investigation or trial except upon the written order of such an authority. A detained

원칙 37

범죄혐의에 의하여 억류된 자는 체포 후 즉시 사법기관 등에 인도되어야 한다. 상기 기관은 지체 없이 억류의 합법성 및 필요성에 대해 판단해야 한다. 누구도 상기기관의 서면에 의한 명령 없이는 수사 중 또는 공판 중에 억류되지 않도록 해야 한다. 억류된 자는 상시 기관에 인도된 경우에 구속 중에 받는 처우에 관하여 의견을 진술할 권리를 갖도록 해

person shall, when brought before such an authority, have the right to make a statement on the treatment received by him while in custody.

Principle 38

A person detained on a criminal charge shall be entitled to trial within a reasonable time or to release pending trial.

Principle 39

Except in special cases provided for by law, a person detained on a criminal charge shall be entitled, unless a judicial or other authority decides otherwise in the interest of the administration of justice, to release pending trial subject to the conditions that may be imposed in accordance with the law. Such authority shall keep the necessity of detention under review.

General clause

Nothing in this Body of Principles shall be construed as restricting or derogating from any right defined in the International Covenant on Civil and Political Rights.

야 한다.

원칙 38

범죄혐의에 의하여 억류된 자는 합리적 기간 내에 심리를 받든지 또는 공판 전 혹은 공판 중에 석방될 권리를 갖도록 해야 한다.

원칙 39

법에 규정된 특별한 경우를 제외하고, 범죄혐의에 의하여 억류된 자는 사법기관 등이 사법권의 집행을 위해 별도의 결정을 하지 않는 한 공판 전 및 공판 중에 석방될 권리를 갖는다. 단, 법에 따라 부쳐진 조건에 따르도록 한다. 상기 기관은 억류의 필요성에 대한 심사를 해야 한다.

일반조항

이 원칙은 시민적 및 정치적 권리에 관한 국제규약상의 권리를 제한하거나 침해하도록 해석되어서는 안 된다.

The Princeton Principles on Universal Jurisdiction(2001)

The participants in the Princeton Project on Universal Jurisdiction propose the following principles for the purposes of advancing the continued evolution of international law and the application of international law in national legal systems:

Principle 1 - Fundamentals of Universal Jurisdiction

1. For purposes of these Principles, universal jurisdiction is criminal jurisdiction based solely on the nature of the crime, without regard to where the crime was committed, the nationality of the alleged or convicted perpetrator, the nationality of the victim, or any other connection to the state exercising such jurisdiction.

2. Universal jurisdiction may be exercised by a competent and ordinary judicial body of any state in order to try a person duly accused of committing serious crimes under international law as specified in Principle 2(1), provided the person is present before such judicial body.

3. A state may rely on universal jurisdiction as a basis for seeking the extradition of a person accused or convicted of committing a serious crime under international law as specified in Principle 2(1) provided that it has established a prima facie case of the person's guilt and that the person sought to be extradited will be tried or the punishment carried out in accordance with international norms and standards on the protection of human rights in the context of criminal proceedings.

4. In exercising universal jurisdiction or in relying upon universal jurisdiction as a basis for seeking extradition, a state and its judicial organs shall observe international due process norms including but not limited to those involving the rights of the accused and victims, the fairness of the proceedings,

보편적 관할권에 관한 프린스턴 원칙(2001)

보편적 관할권에 관한 프린스턴 프로젝트 참가자들은 국제법의 지속적 발전과 국제법의 국내법체계에 적용을 증진하기 위하여 다음의 원칙을 제안한다.

원칙 1 - 보편적 관할권의 기초

1. 이 원칙을 위해, 보편적 관할권은 오로지 범죄의 본질에만 근거한 형사관할권으로서, 그 범죄의 발생지, 범죄혐의자 또는 형확정자의 국적, 범죄피해자의 국적 또는 여타 그러한 관할권을 행사하는 국가와의 어떠한 관련성도 불문한다.

2. 보편적 관할권은 어떠한 국가의 권한 있고 통상적인 사법기관에 의해 이 원칙 2(1)에 상술된 국제법상 심각한 범죄 행위에 대해 정당하게 고발된 자를 처벌하기 위해 행사될 수 있다. 단, 이러한 관할권을 행사하기 위해서는 용의자가 사법기관에 출석할 수 있어야 한다.

3. 국가는 범죄인의 유죄가 일응 증명되고,, 인도요청된 자가 형사절차 상의 인권보호에 관한 국제적 규범과 기준에 따라 재판받거나 그 형이 집행된다면 이 원칙 2(1)에 상술된 국제법상 심각한 범죄의 피고인 또는 기결수의 인도(extradition)를 보편적 관할권에 근거하여 요청할 수 있다.

4. 보편적 관할권을 행사하거나 또는 보편적 관할권에 근거하여 범죄인인도를 요청할 때, 그 국가 및 사법기관은 피고인과 피해자의 권리, 절차의 공정성, 사법부의 독립성 및 공평성에 관한 규범(이후 "국제적 적정절차 규범"이라 칭함) 등의 국제적 적정절차 규범을 준수해야 한다.

and the independence and impartiality of the judiciary (hereinafter referred to as "international due process norms").

5. A state shall exercise universal jurisdiction in good faith and in accordance with its rights and obligations under international law.

5. 국가는 선의와 국제법상의 국가의 권리와 의무에 따라 보편적 관할권을 행사해야 한다.

Principle 2 - Serious Crimes Under International Law

1. For purposes of these Principles, serious crimes under international law include: (1) piracy; (2) slavery; (3) war crimes; (4) crimes against peace; (5) crimes against humanity; (6) genocide; and (7) torture.

2. The application of universal jurisdiction to the crimes listed in paragraph 1 is without prejudice to the application of universal jurisdiction to other crimes under international law.

원칙 2 - 국제법상 심각한 범죄

1. 이 원칙에 있어, 국제법상 심각한 범죄는 (1) 해적, (2) 노예범죄, (3) 전쟁범죄, (4) 평화에 반한 죄, (5) 인도에 반한 죄, (6) 집단살해죄, (7) 고문을 포함한다.

2. 위 제1항에 열거된 범죄행위에 대해 보편적 관할권을 적용하는 것은 국제법상 다른 범죄행위에 대한 보편적 관할권의 적용을 배제하지 않는다.

Principle 3 - Reliance on Universal Jurisdiction in the Absence of National Legislation

With respect to serious crimes under international law as specified in Principle 2(1), national judicial organs may rely on universal jurisdiction even if their national legislation does not specifically provide for it.

원칙 3 - 국내법의 부재 시 보편적 관할권에 대한 의존

원칙 2(1)에 상술된 국제법상 심각한 범죄에 관해서는, 국내사법기관은 국내법률이 구체적으로 보편적 관할권을 규정하지 않더라도 보편적 관할권에 의존할 수 있다.

Principle 4 - Obligation to Support Accountability

1. A state shall comply with all international obligations that are applicable to: prosecuting or extraditing persons accused or convicted of crimes under international law in accordance with a legal process that complies with international due process norms, providing other states investigating or prosecuting such crimes with all available means of administrative and judicial assistance, and under-taking such other necessary and appropriate measures as are consistent with international norms and standards.

원칙 4 - 책임성을 지지할 의무

1. 국가는 국제법상 범죄를 행한 자를 국제적 적정절차규범에 부합하는 법적 절차에 따라 기소 혹은 그 범죄 피고인 혹은 유죄확정자를 인도하거나, 그러한 범죄를 수사하거나 기소하려는 국가에 대해 모든 행정적, 사법적 조력을 제공하거나 또는 국제적 규범과 기준에 부합하는 그러한 여타의 필요하고 적절한 조치를 취하는 등에 적용되는 모든 국제적 의무를 준수해야 한다.

2. A state, in the exercise of universal jurisdiction, may, for purposes of prosecution, seek judicial assistance to obtain evidence from another state, provided that the requesting state has a good faith basis and that the evidence sought will be used in accordance with international due process norms.

2. 국가는 보편적 관할권을 행사함에 있어, 소추를 위하여 요청국가가 선의를 갖고 있고 취득 증거가 국제적 적정절차규범에 따라 사용된다면 다른 국가로부터 증거취득을 위한 사법적 조력을 요청할 수 있다.

Principle 5 - Immunities

With respect to serious crimes under international law as specified in Principle 2(1), the official position of any accused person, whether as head of state or government or as a responsible government official, shall not relieve such person of criminal responsibility nor mitigate punishment.

원칙 5 - 면제

원칙 2(1)에 상술된 국제법상 심각한 범죄에 관해서는, 국가원수, 정부수반으로서, 혹은 책임 있는 정부관료 등, 피고인의 공식적 지위로 인하여 그 자의 형사책임을 배제하거나 형을 경감하지 못한다.

Principle 6 - Statutes of Limitations

Statutes of limitations or other forms of prescription shall not apply to serious crimes under international law as specified in Principle 2(1).

원칙 6 - 시효

공소시효나 다른 형태의 시효는 원칙 2(1)에 상술된 국제법상 심각한 범죄행위에는 적용되지 않는다.

Principle 7 - Amnesties

1. Amnesties are generally inconsistent with the obligation of states to provide accountability for serious crimes under international law as specified in Principle in 2(1).

2. The exercise of universal jurisdiction with respect to serious crimes under international law as specified in Principle 2(1) shall not be precluded by amnesties which are incompatible with the international legal obligations of the granting state.

원칙 7 - 사면

1. 일반적으로 사면은 이 원칙 2(1)에 상술된 국제법상 심각한 범죄에 대하여 책임성을 제공해야 할 국가의 의무에 부합하지 않는다.

2. 원칙 2(1)에 상술된 국제법상 심각한 범죄에 관한 보편적 관할권의 행사는 사면을 부여한 국가의 국제법상 의무에 부합하지 않는 사면에 의해 배제되지 않는다.

Principle 8 - Resolution of Competing National Jurisdictions

Where more than one state has or may assert jurisdiction over a person and where the state that has custody of the person has no basis for jurisdiction other than the principle of universality, that state or its judicial organs shall, in deciding whether to prosecute or extradite, base their

원칙 8 - 국가 관할권 경합의 해결

두 개 이상의 국가가 범죄인에 대한 관할권을 주장하거나 주장할 수 있고 그 사람을 보호하고 있는 국가가 보편성 원칙 외에는 관할권에 대한 근거가 없을 경우, 소추 혹은 인도 여부를 결정함에 있어 그 국가 또는 그 사법기관은 이하의 기준의 종합적으로 판단하여 결정해야 한다.

decision on an aggregate balance of the following criteria:
(a) multilateral or bilateral treaty obligations;
(b) the place of commission of the crime;
(c) the nationality connection of the alleged perpetrator to the requesting state;
(d) the nationality connection of the victim to the requesting state;
(e) any other connection between the requesting state and the alleged perpetrator, the crime, or the victim;
(f) the likelihood, good faith, and effectiveness of the prosecution in the requesting state;
(g) the fairness and impartiality of the proceedings in the requesting state;
(h) convenience to the parties and witnesses, as well as the availability of evidence in the requesting state; and
(i) the interests of justice.

Principle 9 - Non Bis In Idem / Double Jeopardy

1. In the exercise of universal jurisdiction, a state or its judicial organs shall ensure that a person who is subject to criminal proceedings shall not be exposed to multiple prosecutions or punishment for the same criminal conduct where the prior criminal proceedings or other accountability proceedings have been conducted in good faith and in accordance with international norms and standards. Sham prosecutions or derisory punishment resulting from a conviction or other accountability proceedings shall not be recognized as falling within the scope of this Principle.

2. A state shall recognize the validity of a proper exercise of universal jurisdiction by another state and shall recognize the final judgment of a competent and ordinary national judicial body or a competent international judicial body exercising such jurisdiction in accordance with international

(a) 다자간 혹은 양자조약에 따른 의무
(b) 범죄발생지
(c) 요청국과 범죄자의 국적 관련성
(d) 요청국과 피해자의 국적 관련성
(e) 요청국과 범죄자, 범죄행위 및 피해자 간의 여타 관련성
(f) 요청국내 처벌의 가능성, 신뢰성 및 유효성
(g) 요청국의 사법절차의 공정성 및 공평성
(h) 당사자와 증인의 편의 및 요청국 내 증거의 취득가능성
(i) 사법의 이해관계

원칙 9 - 일사부재리

1. 보편적 관할권을 행사함에 있어, 국가 혹은 그 사법기관은 형사절차에 처해지는 사람에 대한 최초의 형사절차 혹은 여타 책임성에 관한 절차가 선의로 또한 국제규범과 기준에 따라 행해졌다면 동일한 범죄행위에 대하여 다수의 기소 혹은 처벌에 처해지지 않도록 해야 한다. 허위기소(sham prosecutions) 혹은 유죄판결 혹은 여타 책임성의 절차의 결과에 따라 약소한 처벌(derisory punishment)이 행해진 경우는 이 원칙에 해당하는 것으로 인정되어서는 안 된다.

2. 국가는 다른 국가의 보편적 관할권의 적절한 행사의 효력을 인정해야 하며, 국제적 적정절차규범에 따라 그러한 관할권을 행사하는 권한 있고 통상적인 국내 사법기관이나 혹은 국제적 사법기관의 최종 판결을 인정해야 한다.

due process norms.

3. Any person tried or convicted by a state exercising universal jurisdiction for serious crimes under international law as specified in Principle 2(1) shall have the right and legal standing to raise before any national or international judicial body the claim of non bis in idem in opposition to any further criminal proceedings.

3. 이 원칙 2(1)에 상술된 국제법상 심각한 범죄에 대한 보편적 관할권을 행사하는 국가에 의해 재판받거나 형이 확정된 모든 사람은 (모든) 국내적 혹은 국제적 사법기관에 대해 이후 모든 형사절차에 대해서 일사부재리원칙을 주장할 수 있는 권리와 법적 지위(legal standing)를 가진다.

Principle 10 - Grounds for Refusal of Extradition

1. A state or its judicial organs shall refuse to entertain a request for extradition based on universal jurisdiction if the person sought is likely to face a death penalty sentence or to be subjected to torture or any other cruel, degrading, or inhuman punishment or treatment, or if it is likely that the person sought will be subjected to sham proceedings in which international due process norms will be violated and no satisfactory assurances to the contrary are provided.

2. A state which refuses to extradite on the basis of this Principle shall, when permitted by international law, prosecute the individual accused of a serious crime under international law as specified in Principle 2(1) or extradite such person to another state where this can be done without exposing him or her to the risks referred to in paragraph 1.

원칙 10 - 범죄인 인도 거절의 사유

1. 국가나 그 사법기관은 보편적 관할권에 근거한 범죄인 인도요청을, 요청대상자가 사형선고 혹은 고문 및 그 밖의 잔혹한, 굴욕적인 또는 비인도적인 처벌이나 처우를 받을 가능성이 있을 경우 또는 요청대상자가 국제적 적정절차 규범을 위반한 허위 절차에 처해질 가능성이 있고, 그 반대 경우에 대한 만족스러운 보증이 없을 때에는 그러한 요청을 거부해야 한다.

2. 이 원칙을 근거로 범죄인인도를 거부한 국가는, 국제법이 허용하는 경우, 이 원칙 2(1)에 상술된 국제법상 심각한 범죄의 혐의를 받는 개인을 소추하거나 혹은 상기1항에 언급된 위험이 없이 범죄인 인도가 가능한 다른 국가로 그를 인도해야 한다.

Principle 11 - Adoption of National Legislation

A state shall, where necessary, enact national legislation to enable the exercise of universal jurisdiction and the enforcement of these Principles.

원칙 11 - 국내법의 채택

국가는 필요한 경우, 보편적 관할권 행사와 이 원칙의 시행을 가능하게 하는 국내법을 제정해야 한다.

Principle 12 - Inclusion of Universal Jurisdiction in Future Treaties

In all future treaties, and in protocols to existing treaties, concerned with serious crimes under international law as specified in Principle 2(1), states shall include provisions for universal juris-

원칙 12 - 조약 내 보편적 관할권의 포함

국가는 원칙 2(1)에 상술된 국제법상 심각한 범죄에 관한 보편적 관할권 규정을 향후 모든 조약 및 기존 조약에 대한 의정서에 포함해야 한다.

diction.

Principle 13 - Strengthening Accountability and Universal Jurisdiction

1. National judicial organs shall construe national law in a manner that is consistent with these Principles.

2. Nothing in these Principles shall be construed to limit the rights and obligations of a state to prevent or punish, by lawful means recognized under international law, the commission of crimes under international law.

3. These Principles shall not be construed as limiting the continued development of universal jurisdiction in international law.

Principle 14 - Settlement of Disputes

1. Consistent with international law and the Charter of the United Nations, states should settle their disputes arising out of the exercise of universal jurisdiction by all available means of peaceful settlement of disputes and in particular by submitting the dispute to the International Court of Justice.

2. Pending the determination of the issue in dispute, a state seeking to exercise universal jurisdiction shall not detain the accused person nor seek to have that person detained by another state unless there is a reasonable risk of flight and no other reasonable means can be found to ensure that person's eventual appearance before the judicial organs of the state seeking to exercise its jurisdiction.

원칙 13 - 책임성의 강화와 보편적 관할권

1. 국내 사법기관은 이 원칙에 부합하는 방식으로 국내법을 해석해야 한다.

2. 이 원칙의 어떠한 것도 국가가 국제법상 인정되는 합법적(lawful) 수단을 통해 국제법상의 범죄행위를 예방하거나 처벌할 권리 및 위무를 제한하는 것으로 해석되어서는 안 된다.

3. 이 원칙은 국제법상 보편적 관할권의 지속적 발전을 제한하는 것으로 해석되어서는 안 된다.

원칙 14 - 분쟁의 해결

1. 국제법과 국제연합헌장에 따라, 국가는 보편적 관할권을 행사함으로써 발생하는 분쟁은 특히 국제사법재판소에 그러한 분쟁을 제소하는 등의 모든 가능한 평화적 분쟁해결수단으로 해결해야 한다.

2. 다툼이 되는 문제가 미결상태인 경우, 보편적 관할권 행사를 하려는 국가는 기소된 자가 도주의 상당한 위험이 있고 그 사람이 그 관할권을 행사하려는 국가의 사법기관에 종국 출두하도록 할 다른 합리적인 수단이 없는 경우가 아니라면, 그 자를 억류하거나 혹은 다른 국가가 그 자를 억류하도록 해서는 안 된다.

Masstricht Guidelines on Violations of Economic, Social and Cultural Rights

Maastricht, January 22~26, 1997.

Introduction

On the occasion of the 10th anniversary of the Limburg Principles on the Implementation of the International Covenant on Economic, Social and Cultural Rights (hereinafter "the Limburg Principles"), a group of more than thirty experts met in Maastricht from 22~26 January 1997 at the invitation of the International Commission of Jurists (Geneva, Switzerland), the Urban Morgan Institute on Human Rights (Cincinnati, Ohio, USA) and the Centre for Human Rights of the Faculty of Law of Maastricht University (the Netherlands). The objective of this meeting was to elaborate on the Limburg Principles as regards the nature and scope of violations of economic, social and cultural rights and appropriate responses and remedies.

The participants unanimously agreed on the following guidelines which they understand to reflect the evolution of international law since 1986. These guidelines are designed to be of use to all who are concerned with understanding and determining violations of economic, social and cultural rights and in providing remedies thereto, in particular monitoring and adjudicating bodies at the national, regional and international levels.

I. The significance of economic, social and cultural rights

1. Since the Limburg Principles were adopted in 1986, the economic and social conditions have declined at alarming rates for over 1.6 billion people, while they have advanced also at a dramatic pace for

경제적·사회적 및 문화적 권리의 침해에 관한 마스트리흐트 가이드라인

마스트리흐트, 1997년 1월 22~26일

전문

경제적·사회적 및 문화적 권리에 관한 국제규약의 이행에 대한 림버그원칙(the Limburg Principles on the Implementation of the International Covenant on Economic, Social and Cultural Rights, 이하 "림버그원칙") 제정 10주년을 기념하여, International Commission of Jurists(제네바, 스위스)·Urban Morgan Institute on Human Rights(미국 오하이오주 신시내티)·Cetre for Human Rights of the Faculty of Law of Maastricht University(네덜란드)의 초청으로 1997년 1월 22일부터 26일까지 마스트리흐트에서 30명 이상의 전문가들이 만났다. 이 회의의 목적은 경제적·사회적 및 문화적 권리 침해의 특징과 범위, 적절한 대응 및 구제와 관련하여 림버그원칙을 보다 더 정교하게 발전시키기 위한 것이다.

참가자들은 1986년 이래의 국제법 발전을 반영한 것으로 이해한, 다음과 같은 가이드라인에 만장일치로 동의했다. 이 가이드라인은 경제적·사회적 및 문화적 권리의 침해를 이해·판단하고 그에 대한 구제책을 제공하는데 관련된 모든 사람들, 특히 국내적·지역적·국제적 차원에서 감시하고 판결을 내리는 조직들에게 유용하도록 만들어졌다.

I. 경제적·사회적 및 문화적 권리의 중요성

1. 림버그원칙이 1986년 채택된 이후, 전 세계 인구 1/4 이상 사람들의 경제적·사회적 조건은 극적으로 개선된 반면 16억이 넘는 사람들의 경제적·사회적 조건은 급격히 열악해졌다. 세계 인구 하위 1/5

more than a quarter of the world's population. The gap between rich and poor has doubled in the last three decades, with the poorest fifth of the world's population receiving 1.4% of the global income and the richest fifth 85%. The impact of these disparities on the lives of people — especially the poor — is dramatic and renders the enjoyment of economic, social and cultural rights illusory for a significant portion of humanity.

의 극빈층은 전 세계 소득의 1.4%를 차지하고 있는 반면 상위 1/5의 부유층은 85%를 차지하여, 부자와 빈자 사이의 소득 격차는 지난 30년간 2배가 되었다. 사람들 삶의 이러한 불공평한 격차가 주는 충격은 — 특히 가난한 사람들에게 — 심각하며, 상당수 인류에게 경제적·사회적 및 문화적 권리의 향유를 환상에 불과한 것으로 만들고 있다.

2. Since the end of the Cold War, there has been a trend in all regions of the world to reduce the role of the state and to rely on the market to resolve problems of human welfare, often in response to conditions generated by international and national financial markets and institutions and in an effort to attract investments from the multinational enterprises whose wealth and power exceed that of many states. It is no longer taken for granted that the realization of economic, social and cultural rights depends significantly on action by the state, although, as a matter of international law, the state remains ultimately responsible for guaranteeing the realization of these rights. While the challenge of addressing violations of economic, social and cultural rights is rendered more complicated by these trends, it is more urgent than ever to take these rights seriously and, therefore, to deal with the accountability of governments for failure to meet their obligations in this area.

2. 냉전종식 이후, 종종 국제 및 국내의 금융시장·금융기관들이 야기한 상황에 대한 대응으로서, 또한 많은 국가들의 부와 권력을 능가하는 다국적 기업들의 투자를 유인하기 위한 노력으로서 세계 모든 지역에서 인간복지 문제 해결에 있어 국가의 역할을 줄이고 시장에 의존하는 경향이 있다. 국제법상 경제적·사회적 및 문화적 권리를 보장할 책임이 여전히 궁극적으로 국가에 있음에도 불구하고, 경제적·사회적 및 문화적 권리의 실현이 국가의 행위에 상당히 의존한다는 것이 더 이상 당연시되지 않고 있다. 이러한 경향으로 인해 경제적·사회적 및 문화적 권리 침해를 다루는 과제가 한층 더 복잡해지게 된 반면, 이와 같은 권리들을 진지하게 받아들이고 따라서 이 영역에서 자신의 의무를 다하지 못한 국가의 책임을 다루는 것이 그 어느 때보다 절박하다.

3. There have also been significant legal developments enhancing economic, social and cultural rights since 1986, including the emerging jurisprudence of the Committee on Economic, Social and Cultural Rights and the adoption of instruments, such as the revised European Social Charter of 1996 and the Additional Protocol to the European Charter Providing for a System of Collective

3. 또한 1986년 이래 경제적·사회적 및 문화적 권리를 강화시키는 의미 있는 법적 발전들도 있었다. 여기에는 경제적·사회적 및 문화적 권리위원회에서 형성되고 있는 법리와 1996년의 개정 유럽사회헌장·집단청원제도를 도입한 유럽헌장 추가의정서·1988년의 경제적·사회적 및 문화적 권리영역에 대한 미주 인권협약 산살바도르 의정서와 같은 조약들의 채택이 포함된다. 7개의 유엔 세계정상

Complaints, and the San Salvador Protocol to the American Convention on Human Rights in the Area of Economic, Social and Cultural Rights of 1988. Governments have made firm commitments to address more effectively economic, social and cultural rights within the framework of seven UN World Summits conferences (1992~1996). Moreover, the potential exists for improved accountability for violations of economic, social and cultural rights through the proposed Optional Protocols to the International Covenant on Economic, Social and Cultural Rights and the Convention on the Elimination of All Forms of Discrimination Against Women. Significant developments within national civil society movements and regional and international NGOs in the field of economic, social and cultural rights have taken place.

회의(1992~1996)에서 마련된 구조 내에서 경제적·사회적 및 문화적 권리를 보다 더 효과적으로 다루겠다고 국가들은 굳은 확약을 했다. 게다가 제안된 경제적·사회적 및 문화적 권리에 관한 국제규약 선택의정서와 여성차별철폐협약 선택의정서*를 통해 경제적·사회적 및 문화적 권리 침해에 대한 책임성이 증대될 가능성도 존재한다. 경제적 · 사회적 및 문화적 권리 분야와 관련해 국내 시민사회운동과 지역적·국제적 NGO 내에서 의미 있는 발전이 있었다.

4. It is now undisputed that all human rights are indivisible, interdependent, interrelated and of equal importance for human dignity. Therefore, states are as responsible for violations of economic, social and cultural rights as they are for violations of civil and political rights.

4. 모든 인권이 불가분적이고 상호의존적이며 상호연관되어 있고 인간존엄을 위해 똑같이 중요하다는 것은 이제 반박의 여지가 없다. 따라서 국가는 시민적·정치적 권리 침해에서와 마찬가지로 경제적·사회적 및 문화적 권리 침해에 대해서도 책임이 있다.

5. As in the case of civil and political rights, the failure by a State Party to comply with a treaty obligation concerning economic, social and cultural rights is, under international law, a violation of that treaty. Building upon the Limburg Principles , the considerations below relate primarily to the International Covenant on Economic, Social and Cultural Rights (hereinafter "the Covenant"). They are equally relevant, however, to the interpretation and application of other norms of international and domestic law in the field of economic, social and cultural rights.

5. 시민적·정치적 권리의 경우에서와 같이, 경제적·사회적 및 문화적 권리에 관한 조약상 의무를 국가가 준수하지 않은 것은 국제법에 따라 당해 조약 위반이다. 림버그원칙을 기반으로 하여, 아래와 같은 고려사항들은 주로 경제적 · 사회적 및 문화적 권리에 관한 국제규약(이하 "사회권규약")과 관련된 것이다. 그러나 이것들은 경제적 · 사회적 및 문화적 권리분야의 다른 국제규범과 국내법의 해석·적용에 있어서도 타당하다.

* 역주: 개인진정제도 등을 내용으로 하는 사회권규약 선택의정서 및 여성차별철폐협약 선택의정서는 각기 2008년 12월 10일, 1999년 10월 6일 유엔총회에서 채택되었다.

II. The meaning of violations of economic, social and cultural rights

Obligations to respect, protect and fulfil

6. Like civil and political rights, economic, social and cultural rights impose three different types of obligations on States: the obligations to respect, protect and fulfil. Failure to perform any one of these three obligations constitutes a violation of such rights. The obligation to respect requires States to refrain from interfering with the enjoyment of economic, social and cultural rights. Thus, the right to housing is violated if the State engages in arbitrary forced evictions. The obligation to protect requires States to prevent violations of such rights by third parties. Thus, the failure to ensure that private employers comply with basic labour standards may amount to a violation of the right to work or the right to just and favourable conditions of work. The obligation to fulfil requires States to take appropriate legislative, administrative, budgetary, judicial and other measures towards the full realization of such rights. Thus, the failure of States to provide essential primary health care to those in need may amount to a violation.

Obligations of conduct and of result

7. The obligations to respect, protect and fulfil each contain elements of obligation of conduct and obligation of result. The obligation of conduct requires action reasonably calculated to realize the enjoyment of a particular right. In the case of the right to health, for example, the obligation of conduct could involve the adoption and implementation of a plan of action to reduce maternal mortality. The obligation of result requires States to achieve specific targets to satisfy a detailed substantive standard. With respect to the right to health, for example, the obligation of result requires

II. 경제적·사회적 및 문화적 권리 침해의 의미

존중·보호·충족의무

6. 시민적·정치적 권리와 마찬가지로, 경제적·사회적 및 문화적 권리도 국가에 세 가지 형태의 의무를 부과한다: 존중의무 · 보호의무 · 충족의무가 바로 그것이다. 이러한 세 가지 의무 중 어느 것 하나라도 이행하지 않는 것은 그러한 권리의 침해가 된다. 존중의무는 경제적·사회적 및 문화적 권리의 향유를 방해하지 않을 것을 국가에게 요구한다. 따라서 국가가 자의적인 강제퇴거에 관여할 경우 주거권을 침해하는 것이 된다. 보호의무는 제3자에 의한 그러한 권리침해를 방지할 것을 국가에게 요구한다. 따라서 사고용주가 기본적인 근로기준을 준수하도록 보장하지 않는 것은 근로권 및 공정하고 호의적인 근로조건에 관한 권리의 침해가 된다. 충족의무는 그러한 권리의 완전한 실현을 향해 적절한 입법적·행정적·재정적·사법적·기타 수단들을 취할 것을 국가에게 요구한다. 따라서 어려움에 처한 사람들에게 국가가 필수적 1차 의료를 제공하지 않는 것은 침해가 될 수 있다.

행위·결과의무

7. 존중·보호·충족의무 각각은 행위의무와 결과의무의 요소들을 함유한다. 행위의무는 특정 권리 향유의 실현에 알맞도록 합리적으로 고안된 조치를 요구한다. 예를 들어, 건강권의 경우 행위의무는 산모사망률을 줄이기 위한 조치계획의 채택과 실행을 연루시킬 수 있었다. 결과의무는 상세한 실체적 기준을 충족시키는 구체적 목표를 달성할 것을 국가에게 요구한다. 예를 들어, 건강권과 관련하여 결과의무는 산모사망률을 1994년 카이로 국제인구개발회의와 1995년 제4차 북경 세계여성회의에서 합의되었던 수준까지 감소시킬 것을 요구한다.

the reduction of maternal mortality to levels agreed at the 1994 Cairo International Conference on Population and Development and the 1995 Beijing Fourth World Conference on Women.

Margin of discretion

8. As in the case of civil and political rights, States enjoy a margin of discretion in selecting the means for implementing their respective obligations. State practice and the application of legal norms to concrete cases and situations by international treaty monitoring bodies as well as by domestic courts have contributed to the development of universal minimum standards and the common understanding of the scope, nature and limitation of economic, social and cultural rights. The fact that the full realization of most economic, social and cultural rights can only be achieved progressively, which in fact also applies to most civil and political rights, does not alter the nature of the legal obligation of States which requires that certain steps be taken immediately and others as soon as possible. Therefore, the burden is on the State to demonstrate that it is making measurable progress toward the full realization of the rights in question. The State cannot use the "progressive realization" provisions in article 2 of the Covenant as a pretext for non-compliance. Nor can the State justify derogations or limitations of rights recognized in the Covenant because of different social, religious and cultural backgrounds.

재량의 여지

8. 시민적·정치적 권리의 경우처럼, 국가는 각각의 의무를 이행하기 위한 수단들을 선택하는데 있어 재량의 여지가 있다. 국가의 관행과 국내법원 및 국제조약감시기구들에 의한 구체적 사건·상황에 대한 법규범의 적용은 경제적·사회적 및 문화적 권리의 보편적 최소 기준과 그 권리들의 범위·본질·한계에 대한 공통된 이해를 발전시키는데 기여하였다. 대부분의 경제적·사회적 및 문화적 권리의 완전한 실현은 대부분의 시민적·정치적 권리가 사실상 그런 것처럼 오직 점진적으로만 달성될 수 있다는 사실이, 특정 조치는 즉각 취해져야 하고 다른 조치들도 가능한 한 빨리 이뤄지도록 해야 하는 국가의 법적 의무의 성질을 변경하지는 않는다. 따라서 문제된 권리들의 완전한 실현을 향해 상당히 중요한 진전을 이루고 있음을 증명할 책임이 국가에 있다. 국가는 불이행에 대한 핑계로 사회권규약 제2조의 "점진적 실현" 조항을 원용할 수 없다. 또한 국가는 상이한 사회적·종교적·문화적 배경을 이유로 사회권규약상의 권리들에 대한 훼손이나 제약을 정당화할 수 없다.

Minimum core obligations

9. Violations of the Covenant occur when a State fails to satisfy what the Committee on Economic, Social and Cultural Rights has referred to as "a minimum core obligation to ensure the satisfaction of, at the very least, minimum essential levels of each of the rights [···]. Thus, for example, a State

최소핵심의무

9. 경제적·사회적 및 문화적 권리위원회가 "각 권리들의 가장 최소한의 필수적인 수준의 충족을 보장할 최소핵심의무···, 즉 예를 들어, 상당한 수의 개인들에게 필수적인 식량, 필수적인 1차 의료, 기본적인 주거와 집 혹은 가장 기초적인 형태의 교육이 결핍된 국가는 일응 사회권규약을 위반하고 있

party in which any significant number of individuals is deprived of essential foodstuffs, of essential primary health care, of basic shelter and housing, or of the most basic forms of education is, prima facie, violating the Covenant." Such minimum core obligations apply irrespective of the availability of resources of the country concerned or any other factors and difficulties.

는 것이다"라고 언급했던 것처럼 국가의 최소핵심의무를 국가가 충족하지 못할 때, 사회권규약 위반이 발생한다. 그러한 최소핵심의무는 해당국의 가용자원 또는 어떠한 다른 요인과 난관에 상관없이 적용된다.

Availability of resources

10. In many cases, compliance with such obligations may be undertaken by most States with relative ease, and without significant resource implications. In other cases, however, full realization of the rights may depend upon the availability of adequate financial and material resources. Nonetheless, as established by Limburg Principles 25~28, and confirmed by the developing jurisprudence of the Committee on Economic, Social and Cultural Rights, resource scarcity does not relieve States of certain minimum obligations in respect of the implementation of economic, social and cultural rights.

자원의 가용성

10. 많은 경우, 그러한 의무들의 준수는 대부분의 국가들에 의해 비교적 쉽게, 그리고 중요 자원과의 관련 없이 이행되어질 수 있을 것이다. 그러나 다른 경우들에서, 그 권리들의 완전한 실현은 충분한 재정적 그리고 물질적 자원의 유용가능성에 의존하게 될 수 있다. 그럼에도 불구하고, 림버그원칙 제25조~제28조에 의해 확립되었고 경제적·사회적 및 문화적 권리위원회의 발전하고 있는 법리에 의해 확인된 바와 같이, 자원부족은 경제적 · 사회적 및 문화적 권리의 충족과 관련된 국가의 어떤 최소의무를 경감시키지 않는다.

State policies

11. A violation of economic, social and cultural rights occurs when a State pursues, by action or omission, a policy or practice which deliberately contravenes or ignores obligations of the Covenant, or fails to achieve the required standard of conduct or result. Furthermore, any discrimination on grounds of race, colour, sex, language, religion, political or other opinion, national or social origin, property, birth or other status with the purpose or effect of nullifying or impairing the equal enjoyment or exercise of economic, social and cultural rights constitutes a violation of the Covenant.

국가정책

11. 국가가 작위 또는 부작위에 의해, 사회권규약상의 의무를 고의적으로 위반하거나 무시하는 정책 혹은 관행을 행하거나 요구되는 행위기준 · 결과기준을 달성하지 못할 때 경제적 · 사회적 및 문화적 권리에 대한 침해가 발생한다. 그뿐만 아니라 경제적 · 사회적 및 문화적 권리의 동등한 향유 또는 행사를 무효화시키거나 손상시키는 목적 · 효과를 가진, 인종·피부색·성·언어·종교·정치적 의견 혹은 기타 견해·국적·사회적 출신·재산·출생·기타 지위에 근거한 모든 차별은 사회권규약 위반이 된다.

Gender discrimination

12. Discrimination against women in relation to the rights recognized in the Covenant, is understood in light of the standard of equality for women under the Convention on the Elimination of All Forms of Discrimination Against Women. That standard requires the elimination of all forms of discrimination against women including gender discrimination arising out of social, cultural and other structural disadvantages.

젠더(gender) 차별

12. 사회권규약상의 권리와 관련하여 여성을 차별하는 것은 여성차별철폐협약에 따른 여성평등기준의 견지에서 이해되어진다. 그 기준은 사회적 · 문화적 그리고 다른 구조적 불리함으로 인한 젠더 차별을 포함하여 여성에 대한 모든 형태의 차별을 철폐할 것을 요구한다.

Inability to comply

13. In determining which actions or omissions amount to a violation of an economic, social or cultural right, it is important to distinguish the inability from the unwillingness of a State to comply with its treaty obligations. A State claiming that it is unable to carry out its obligation for reasons beyond its control has the burden of proving that this is the case. A temporary closure of an educational institution due to an earthquake, for instance, would be a circumstance beyond the control of the State, while the elimination of a social security scheme without an adequate replacement programme could be an example of unwillingness by the State to fulfil its obligations.

이행불능

13. 어떤 작위 혹은 부작위가 경제적 · 사회적 및 문화적 권리의 침해에 이르게 되는지를 판단할 때, 국가에게 그 규약상의 의무를 이행할 능력이 없는 것인지 아니면 이행할 의지가 없는 것인지를 구별하는 것은 중요하다. 통제범위를 벗어나는 사유로 인해 그의 의무를 이행할 수 없음을 국가가 주장하는 경우 국가가 그것을 입증할 책임이 있다. 예를 들어, 지진 때문에 교육기관을 일시적으로 폐쇄한 것은 국가의 통제를 벗어난 상황인 반면, 적절한 대체계획 없이 사회보장제도를 없애는 것은 국가에게 그 의무를 이행할 의지가 없는 경우라고 할 수 있다.

Violations through acts of commission

14. Violations of economic, social and cultural rights can occur through the direct action of States or other entities insufficiently regulated by States. Examples of such violations include:

(a) The formal removal or suspension of legislation necessary for the continued enjoyment of an economic, social and cultural right that is currently enjoyed;

(b) The active denial of such rights to particular individuals or groups, whether through legislated or enforced discrimination;

작위에 의한 침해

14. 국가의 직접적 행위 또는 국가가 불충분하게 규율한 법 주체를 통해 경제적·사회적 및 문화적 권리의 침해가 발생할 수 있다. 그러한 침해의 예는 다음과 같다:

(a) 현재 향유되고 있는 경제적·사회적 및 문화적 권리의 지속적 향유에 필요한 법률의 공식적 폐지 내지는 효력정지;

(b) 법령상 혹은 집행상 차별을 통해, 특정 개인이나 집단의 그러한 권리를 적극적으로 부정하는 것;

(c) The active support for measures adopted by third parties which are inconsistent with economic, social and cultural rights;
(d) The adoption of legislation or policies which are manifestly incompatible with pre-existing legal obligations relating to these rights, unless it is done with the purpose and effect of increasing equality and improving the realization of economic, social and cultural rights for the most vulnerable groups;
(e) The adoption of any deliberately retrogressive measure that reduces the extent to which any such right is guaranteed;
(f) The calculated obstruction of, or halt to, the progressive realization of a right protected by the Covenant, unless the State is acting within a limitation permitted by the Covenant or it does so due to a lack of available resources or force majeure;
(g) The reduction or diversion of specific public expenditure, when such reduction or diversion results in the non-enjoyment of such rights and is not accompanied by adequate measures to ensure minimum subsistence rights for everyone.

(c) 경제적·사회적 및 문화적 권리와 양립불가능한 제3자의 조치를 적극 지원하는 것;

(d) 평등 확대 및 가장 취약한 집단의 경제적 · 사회적 및 문화적 권리실현 증대의 목적과 효과로 채택된 경우를 제외하고, 이 권리들과 관련된 종래부터의 법적 의무와 명백히 양립불가능한 법령이나 정책을 채택하는 것;

(e) 경제적·사회적 및 문화적 권리중 어떠한 것이라도 그 보장 범위를 축소시키는 의도적 퇴보조치를 취하는 것;
(f) 국가가 사회권규약에 의해 허용된 제한 범위 내에서 행위 하거나 가용자원 부족 혹은 불가항력 때문이 아님에도, 사회권규약이 보장하는 권리의 점진적 실현을 계획적으로 방해하거나 중단시키는 것;
(g) 이 권리들을 향유치 못하게 되는 결과를 낳거나 모든 이에게 최저생활을 보장할 수 있는 적절한 수단이 수반되지 않은 채, 특정한 공공지출을 축소 또는 유용하는 것.

Violations through acts of omission

15. Violations of economic, social, cultural rights can also occur through the omission or failure of States to take necessary measures stemming from legal obligations. Examples of such violations include:
(a) The failure to take appropriate steps as required under the Covenant;
(b) The failure to reform or repeal legislation which is manifestly inconsistent with an obligation of the Covenant;
(c) The failure to enforce legislation or put into effect policies designed to implement provisions of the Covenant;
(d) The failure to regulate activities of individuals or groups so as to prevent them from violating

부작위에 의한 침해

15. 법적 의무로부터 도출되는 필요조치들을 취하지 않는 국가의 부작위를 통해 경제적 · 사회적 및 문화적 권리의 침해가 발생할 수 있다. 그러한 침해의 예는 다음과 같다:

(a) 사회권규약이 요구하는 적절한 조치를 취하지 않는 것;
(b) 사회권규약상의 의무와 명백히 모순되는 법률을 개정하거나 폐지하지 않는 것;

(c) 사회권규약 조항을 이행하기 위한 법률을 집행하지 않거나 정책을 실행하지 않는 것;

(d) 개인이나 집단이 경제적 · 사회적 및 문화적 권리를 침해하지 않도록 그들의 행위를 규제하지 않

economic, social and cultural rights;
(e) The failure to utilize the maximum of available resources towards the full realization of the Covenant;
(f) The failure to monitor the realization of economic, social and cultural rights, including the development and application of criteria and indicators for assessing compliance;
(g) The failure to remove promptly obstacles which it is under a duty to remove to permit the immediate fulfillment of a right guaranteed by the Covenant;
(h) The failure to implement without delay a right which it is required by the Covenant to provide immediately;
(i) The failure to meet a generally accepted international minimum standard of achievement, which is within its powers to meet;
(j) The failure of a State to take into account its international legal obligations in the field of economic, social and cultural rights when entering into bilateral or multilateral agreements with other States, international organizations or multinational corporations.

III. Responsibility for violations

State responsibility
16. The violations referred to in section II are in principle imputable to the State within whose jurisdiction they occur. As a consequence, the State responsible must establish mechanisms to correct such violations, including monitoring investigation, prosecution, and remedies for victims.

Alien domination or occupation
17. Under circumstances of alien domination, deprivations of economic, social and cultural rights may be imputable to the conduct of the State exercising effective control over the territory in

는 것;
(e) 사회권규약의 완전한 실현을 위해 가용자원의 최대치를 사용하지 않는 것;

(f) 준수 여부를 평가할 기준과 지표를 개발 · 적용하는 것을 포함하여, 경제적 · 사회적 및 문화적 권리의 실현을 감시하지 않는 것;

(g) 사회권규약이 보장하는 권리의 즉각적 실현을 방해하는 장애들을 지체 없이 제거하는 것이 의무임에도 불구하고 이를 행하지 않는 것;
(h) 사회권규약이 즉시 제공해야 하도록 요구하고 있는 권리를 지체 없이 이행하지 않는 것;

(i) 일반적으로 인정되는 권리실현의 국제적 최소기준을 권한이 있음에도 불구하고 충족치 않는 것

(j) 다른 국가, 국제기구 혹은 다국적 기업과의 양자협정 내지는 다자간 협정을 체결할 때, 국가가 경제적·사회적 및 문화적 권리 영역에서의 그의 국제법상 의무를 고려하지 않는 것

III. 위반의 책임

국가의 책임
16. 위 제 II 장에서 언급된 위반들은 그것들이 자신의 관할권 내에서 발생하였다면 원칙적으로 그 국가의 책임으로 돌려진다. 그 결과, 책임을 져야 할 국가는 감시·조사·소추·피해자에 대한 구제책을 포함하여 그러한 위반을 시정하기 위한 메커니즘을 수립해야 한다.

외국의 지배 혹은 점령
17. 외국의 지배를 받는 상황에서 경제적·사회적 및 문화적 권리가 박탈되었다면, 문제된 영토를 실효적으로 지배하고 있는 국가의 행위로 그 책임이 돌려질 수 있다. 이것은 식민주의, 다른 형태의 외

question. This is true under conditions of colonialism, other forms of alien domination and military occupation. The dominating or occupying power bears responsibility for violations of economic, social and cultural rights. There are also circumstances in which States acting in concert violate economic, social and cultural rights.

국지배 그리고 군사적 점령 상태하에서도 마찬가지이다. 지배세력 혹은 점령세력이 경제적·사회적 및 문화적 권리침해에 대한 책임을 진다. 또한 국가들의 연합 활동에 의해 경제적·사회적 및 문화적 권리가 침해되는 경우도 있다.

Acts by non-state entities

18. The obligation to protect includes the State's responsibility to ensure that private entities or individuals, including transnational corporations over which they exercise jurisdiction, do not deprive individuals of their economic, social and cultural rights. States are responsible for violations of economic, social and cultural rights that result from their failure to exercise due diligence in controlling the behaviour of such non-state actors.

비국가적 법주체들에 의한 행위

18. 국가의 보호의무는 국가가 사법권을 행사하는 다국적 기업을 포함하여 사적 법주체와 개인들이 다른 개인의 경제적·사회적 및 문화적 권리를 박탈하지 않도록 보장할 국가의 책임을 포함한다. 국가는 그러한 비국가적 법주체들의 행위를 규제하는데 있어 상당한 주의를 기울이지 않음으로 인해 발생한 경제적 · 사회적 및 문화적 권리들의 침해에 대해 책임이 있다.

Acts by international organizations

19. The obligations of States to protect economic, social and cultural rights extend also to their participation in international organizations, where they act collectively. It is particularly important for States to use their influence to ensure that violations do not result from the programmes and policies of the organizations of which they are members. It is crucial for the elimination of violations of economic, social and cultural rights for international organizations, including international financial institutions, to correct their policies and practices so that they do not result in deprivation of economic, social and cultural rights. Member States of such organizations, individually or through the governing bodies, as well as the secretariat and nongovernmental organizations should encourage and generalize the trend of several such organizations to revise their policies and programmes to take into account issues of economic, social and cultural rights, especially

국제기구에 의한 행위

19. 경제적·사회적 및 문화적 권리들을 보호할 국가의 의무는 국가들이 집단적으로 행동하는 국제기구에 참여하는 데까지도 확장된다. 자신이 회원국인 기구들의 프로그램과 정책으로 인한 침해가 발생하지 않도록 보장하기 위해 국가가 자신의 영향력을 행사하는 것이 특히 중요하다. 국제금융기관을 포함하여 국제기구들이 경제적 · 사회적 및 문화적 권리의 박탈을 야기하지 않도록 그들의 정책과 관행을 바로잡는 것은 경제적 · 사회적 및 문화적 권리의 침해를 일소하는데 결정적이다. 사무국과 비정부기구뿐만 아니라 그러한 기구의 회원국들이 개별적으로 또는 결정 기구를 통해 몇몇 기구들이 경제적·사회적 및 문화적 권리의 문제를 고려하여 자신의 정책과 프로그램을 개선하는 추세를 장려하고 일반화시켜야 한다. 특히 이러한 정책과 프로그램이 경제적 · 사회적 및 문화적 권리에 영향을 미치는 의사결정에 대한 국제기구의 압력에 저항하기에는 자원이 부족한 국가들에서 실행될 때 그러하다.

when these policies and programmes are implemented in countries that lack the resources to resist the pressure brought by international institutions on their decision-making affecting economic, social and cultural rights.

IV. Victims of violations

Individuals and groups

20. As is the case with civil and political rights, both individuals and groups can be victims of violations of economic, social and cultural rights. Certain groups suffer disproportionate harm in this respect such as lower-income groups, women, indigenous and tribal peoples, occupied populations, asylum seekers, refugees and internally displaced persons, minorities, the elderly, children, landless peasants, persons with disabilities and the homeless.

Criminal sanctions

21. Victims of violations of economic, social and cultural rights should not face criminal sanctions purely because of their status as victims, for example, through laws criminalizing persons for being homeless. Nor should anyone be penalized for claiming their economic, social and cultural rights.

V. Remedies and other responses to violations

Access to remedies

22. Any person or group who is a victim of a violation of an economic, social or cultural right should have access to effective judicial or other appropriate remedies at both national and international levels.

Adequate reparation

23. All victims of violations of economic, social and

Ⅳ. 침해의 피해자들

개인과 집단

20. 시민적·정치적 권리의 경우와 마찬가지로, 개인과 집단 모두 경제적·사회적 및 문화적 권리 침해의 피해자가 될 수 있다. 저소득층, 여성, 토착민과 부족, 점령지역의 주민, 망명자, 난민과 국내유민, 소수자, 노인, 아동, 소작농, 장애인, 노숙자와 같은 특정 집단들은 이러한 측면에서 불균형적인 피해를 입는다.

형사제재

21. 경제적·사회적 및 문화적 권리 침해의 피해자들은 단지 그들이 피해자 지위에 있다는 이유만으로 형사제재에 직면해서는 안 된다. 예를 들어, 노숙자가 된 사람을 법으로 범죄화하는 것과 같은 경우이다. 또한 어느 누구도 자신의 경제적 · 사회적 및 문화적 권리를 주장한다는 이유로 처벌받아서는 안 된다.

Ⅴ. 침해에 대한 구제와 기타 대책들

구제수단에 대한 접근권

22. 경제적·사회적 및 문화적 권리를 침해당한 모든 개인과 집단은 국내 및 국제적 차원 모두에서 효과적인 사법적 구제 또는 기타 다른 적절한 구제수단에 접근할 수 있어야 한다.

적절한 배상

23. 경제적·사회적 및 문화적 권리를 침해당한 모

cultural rights are entitled to adequate reparation, which may take the form of restitution, compensation, rehabilitation and satisfaction or guarantees of non-repetition.

든 피해자들은 원상회복, 금전배상, 복권, 변제, 재발방지보장의 형태가 될 수 있는 적절한 배상을 받을 권리가 있다.

No official sanctioning of violations

24. National judicial and other organs must ensure that any pronouncements they may make do not result in the official sanctioning of a violation of an international obligation of the State concerned. At a minimum, national judiciaries should consider the relevant provisions of international and regional human rights law as an interpretive aide in formulating any decisions relating to violations of economic, social and cultural rights.

침해에 대한 공식적 용인이 없을 것

24. 국내 사법기관과 다른 기관들은 그들의 어떠한 공표도 문제된 국가의 국제적 의무 위반을 공식적으로 용인하는 결과를 야기하지 않도록 보장해야 한다. 최소한, 국내 사법기관들은 경제적 · 사회적 및 문화적 권리 침해와 관련된 판결을 내릴 때 국제인권법이나 지역적 인권법의 관련 규정들을 해석의 길잡이로써 고려해야 한다.

National institutions

25. Promotional and monitoring bodies such as national ombudsman institutions and human rights commissions, should address violations of economic, social and cultural rights as vigorously as they address violations of civil and political rights.

국내기관들

25. 국가옴부즈맨 제도와 인권위원회 같이 인권을 증진·감시하는 기관은 시민적·정치적 권리의 침해를 다룰 때와 마찬가지로 헌신을 다해 경제적 · 사회적 및 문화적 권리의 침해를 다뤄야 한다.

Domestic application of international instruments

26. The direct incorporation or application of international instruments recognizing economic, social and cultural rights within the domestic legal order can significantly enhance the scope and effectiveness of remedial measures and should be encouraged in all cases.

국제조약의 국내적 적용

26. 경제적·사회적 및 문화적 권리를 인정하는 국제조약들을 국내 법질서 내에 직접 수용하거나 적용하는 것은 구제조치들의 범위와 실효성을 상당히 높일 수 있으며, 모든 경우에 있어서 장려되어야 한다.

Impunity

27. States should develop effective measures to preclude the possibility of impunity of any violation of economic, social and cultural rights and to ensure that no person who may be responsible for violations of such rights has immunity from liability for their actions.

면책

27. 경제적·사회적 및 문화적 권리에 대한 어떠한 침해도 면책이 불가능하게 하는 효과적인 수단들과 그러한 권리 침해에 책임이 있을 수 있는 자가 그의 행위로 인한 법적 책임으로부터 면제되지 않도록 보장할 효과적인 수단들을 국가는 개발해야 한다.

Role of the legal professions

28. In order to achieve effective judicial and other remedies for victims of violations of economic, social and cultural rights, lawyers, judges, adjudicators, bar associations and the legal community generally should pay far greater attention to these violations in the exercise of their professions, as recommended by the International Commission of Jurists in the Bangalore Declaration and Plan of Action of 1995.

법률전문가의 역할

28. 경제적·사회적 및 문화적 권리를 침해당한 피해자들이 실효성 있는 사법적 내지 기타 구제를 받을 수 있도록 하기 위해, 변호사·판사·심판관·변호사협회, 법조인단체는 1995년 국제법률가위원회가 뱅갈로르(Bangalore) 선언 및 행동강령에서 권고한 것처럼 직업활동을 수행할 때 사회권 침해에 훨씬 더 큰 주의를 기울여야 한다.

Special rapporteurs

29. In order to further strengthen international mechanisms with respect to preventing, early warning, monitoring and redressing violations of economic, social and cultural rights, the UN Commission on Human Rights should appoint thematic Special Rapporteurs in this field.

특별보고관

29. 경제적·사회적 및 문화적 권리의 침해를 방지하고, 조기에 경고하고, 감시하고, 시정하는 것과 관련된 국제 메커니즘을 보다 더 강화하기 위해, 유엔인권위원회(the UN Commission on Human Rights)*는 이 분야의 주제별 특별보고관을 임명해야 한다.

New standards

30. In order to further clarify the contents of States obligations to respect, protect and fulfil economic, social and cultural rights, States and appropriate international bodies should actively pursue the adoption of new standards on specific economic, social and cultural rights, in particular the right to work, to food, to housing and to health.

새로운 기준들

30. 경제적·사회적 및 문화적 권리에 대한 국가의 존중·보호·충족의무의 내용을 보다 더 명확히 하기 위해, 국가와 적절한 국제기구는 구체적인 경제적·사회적 및 문화적 권리, 특히 근로권·식량권·주거권·건강권에 관한 새로운 기준들을 채택하도록 적극적으로 노력해야 한다.

Optional protocols

31. The optional protocol providing for individual and group complaints in relation to the rights recognized in the Covenant should be adopted and ratified without delay. The proposed optional protocol to the Convention on the Elimination of All Forms of Discrimination Against Women should ensure that equal attention is paid to violations of economic, social and cultural rights. In addition, consideration should be given to the drafting of an optional complaints procedure under the

선택의정서

31. 사회권규약상의 권리들에 관한 개인이나 집단의 진정권을 부여하는 선택의정서가 지체 없이 채택되고 비준되어야 한다. 여성차별철폐협약 선택의정서안은 경제적·사회적 및 문화적 권리의 침해에 대해서도 똑같은 주의를 기울일 것을 보장해야 한다. 그뿐만 아니라 아동권리협약의 선택적 진정절차에 관한 초안을 신중히 고려해야 한다.

* 역주: 유엔인권위원회는 2006년 유엔인권이사회(Human Rights Council)로 대체되었다.

Convention on the Rights of the Child.

Documenting and monitoring

32. Documenting and monitoring violations of economic, social and cultural rights should be carried out by all relevant actors, including NGOs, national governments and international organizations. It is indispensable that the relevant international organizations provide the support necessary for the implementation of international instruments in this field. The mandate of the United Nations High Commissioner for Human Rights includes the promotion of economic, social and cultural rights and it is essential that effective steps be taken urgently and that adequate staff and financial resources be devoted to this objective. Specialized agencies and other international organizations working in the economic and social spheres should also place appropriate emphasis upon economic, social and cultural rights as rights and, where they do not already do so, should contribute to efforts to respond to violations of these rights.

기록과 감시

32. NGO, 정부, 국제기구 등 모든 관련 행위자들은 경제적·사회적 및 문화적 권리의 침해에 대해 기록하고 감시해야 한다. 관련 국제기구들이 이 분야에서 국제조약의 이행에 필요한 지원을 제공하는 것은 필수불가결하다. 유엔인권최고대표의 수임사항에는 경제적·사회적 및 문화적 권리의 증진이 포함되며, 효과적인 조치들이 신속히 취해지는 것과 충분한 직원과 재정자원이 이 목적에 투입되는 것이 필수적이다. 또한 경제적 및 사회적 영역에서 일하고 있는 전문기구 및 다른 국제기구들은 경제적 · 사회적 및 문화적 권리를 권리로서 충분히 강조해야 하고, 그러고 있지 않다면 이 권리들의 침해에 대응하기 위한 노력을 기울여야 한다.

(번역: 최규환)

영문 찾아보기

(A)

(B)

(C)

(D)

(E)

(F)

(G)

(N)

(O)

(P)

(R)

(S)

(T)

(U)

(V)

(W)

(X)

(Z)

(Ü)

한글 찾아보기

(ㄱ)

(ㄴ)

(ㄷ)

(ㅅ)

(ㅇ)

(ㅈ)

(ㅊ)

(ㅋ)

(ㅌ)

(ㅍ)

(ㅎ)

기타(숫자)

지은이

/

박찬운

현재 한양대학교 법학전문대학원 인권법 교수이자 변호사. 20대에 법률가가 되어(1984년 사법시험 합격) 40대 중반에 이르기까지 변호사로 일하면서 양심범, 사형수, 난민, 한센인 등 사회적 약자와 소수자의 인권을 위해 동분서주했다. 국가인권위원회 인권정책국장과 상임위원(차관급·군인권보호관 겸직)을 역임하면서 국가인권정책기본계획, 차별금지법, 사형제 폐지, 양심적 병역거부자에 대한 대체복무제 인정 등 인권위의 대표적 인권정책 권고에서 핵심적 역할을 맡았고, 특히 2020년부터 3년간은 수천 건의 진정사건을 맡아 그중 500여 건을 인권침해로 인정해 관련 기관에 피해자 구제를 권고했고, 초대 군인권보호관으로서 군인 인권 증진을 위해 노력했다. 바쁘게 살면서도 배우고 익히는 것에 남다른 관심이 있어 미국, 일본, 유럽을 오가며 전공인 인권법을 연구했고, 인식의 지평을 넓혀 보편적 인간이 되고자 노력했다. 2006년 대학으로 자리를 옮긴 이후 인권법 연구와 함께 일반 시민을 위한 대중적 글쓰기에 주력하고 있다. 주요 저서로는 『인권법』, 『국제범죄와 보편적 관할권』(2010년 대한민국 학술원 우수학술도서) 등 전공 도서와 『문명과의 대화』(2013년 문광부 우수문학도서), 『빈센트 반 고흐, 새벽을 깨우다』 등 인문 교양서를 출간했다.

한울아카데미 2496

【제3개정판】 인권법

지은이 | 박찬운
펴낸이 | 김종수
펴낸곳 | 한울엠플러스(주)
편집책임 | 조수임
편집 | 정은선

초판 1쇄 발행 | 2008년 8월 10일
제3개정판 1쇄 인쇄 | 2024년 1월 30일
제3개정판 1쇄 발행 | 2024년 2월 20일

주소 | 10881 경기도 파주시 광인사길 153 한울시소빌딩 3층
전화 | 031-955-0655
팩스 | 031-955-0656
홈페이지 | www.hanulmplus.kr
등록 | 제406-2015-000143호

Printed in Korea.
ISBN 978-89-460-7497-2 93360(양장)
978-89-460-8165-9 93360(무선)

* 책값은 겉표지에 표시되어 있습니다.
* 무선 제본 책을 교재로 사용하시려면 본사로 연락해 주시기 바랍니다.